중국 문화 사전

중국문화사전

초판 1쇄 찍은 날 | 2011년 5월 13일
초판 1쇄 펴낸 날 | 2011년 5월 20일

지은이 | 이스위(易思羽)
옮긴이 | 정광훈
펴낸이 | 서경석

편집 | 유경화 · 이수민
디자인 | 정용숙 · 이수민
펴낸곳 | 도서출판 청어람
등록번호 | 제1081-1-89호 등록일자 | 1999. 5. 31 어람번호 | 제3-044호
주소 | 경기도 부천시 원미구 심곡2동 163-2 서경B/D 3F (우) 420-822
전화 | 032-656-4452 팩스 | 032-656-4453
http://www.chungeoram.com
E-mail:chungeoram@chungeoram.com

ISBN 978-89-251-2270-0 03910

※ 원서 서지사항
易思羽 主編, 中國符号, 江蘇人民出版社, 2005.1

※ 일러두기
* 중국어 인명과 지명 등에 쓰인 한자는 특별한 경우를 제외하고 모두 우리말 한자음으로 읽었다.
* 본문의 괄호 안 주석과 본문 아래 각주는 모두 옮긴이의 것이다.

이스위(易思羽) 지음 | 정광훈 옮김

발전하는 중국의 밑바탕이 되는
중국 문화의 정수를 한눈에 읽는다!!

중국 문화 사전

中國文化辭典

目次

제3권 **머리를 긁적이며 하늘에 묻다 • 신체 편** | 259

제4권 구불구불 깊은 연못에서 우는 학 · 동물 편 | 399

제5권 길게 뻗은 대나무에 건 듯 바람은 불고 • 화초 편 | 505

제6권 금琴을 타고 붓을 들고 • 취미와 공예 편 | 613

제7권 하늘로 뻗은 남방의 누대 · 건축 편 | 709

· 무언의 말씀_ 머리말을 대신하여

"인류가 사고를 하자 신은 웃음을 지었다"고 밀란 쿤데라는 말했다.

세월의 풍파와 역사의 흔적은 신의 번개와 같은 지혜의 눈이 잠시 한눈을 파는 사이 황하의 모래처럼 수많은 인류와 그 '사고'라는 작품을 만들어냈다.

관련 연구에 따르면 인류는 수백만 년 전부터 이미 존재했다. 그렇다면 그 이전은 어땠을까? 그리고 만물을 조용히 관찰하고 중생을 굽어보던 '신'이 문득 한 무리의 백성들이 사색에 빠져 유구한 역사의 '중국 기호'를 갖게 된 것을 본다면 또 어떤 생각을 할까? 재미있어할까? 아마 그럴지도 모른다. 하지만 꼭 그렇지 않을 수도 있다.

신이 인류를 창조한 이래로 세상은 곧 문화를 가지게 되었고 그때부터 인간의 감정이 형형색색으로 물들었다. 문화는 마치 공기처럼 세상의 구석구석에 퍼져 우아한 정취를 뽐내고 훌륭한 작품들을 만들어냈다. 문화는 초목이 없는 빈약한 민둥산의 모습을 버리고 날이 갈수록 그 내용이 풍부해졌다.

뿐만 아니라 천박했던 문화적 외관이 '현弦 외의 운'까지 발산하면서 '상징성', '주체성', '초월성' 등의 층위가 차례로 나타났다. 그렇게 오랜 시간이 흐르자 우리는 형상을 보고 그 뜻을 알 수 있게 되고, 형상을 통해 그 정신을 꿰뚫어 볼 수 있게 되었으며, 그에 따라 '인문성', '역사성', '우주성' 같은 인류의 담론이 연륜이 쌓여가며 더욱 매혹적으로 변했다.

날이 갈수록 '여와女媧'의 자손들은 선조가 남긴 다양한 꽃씨를 받고 일종의 신기한 미감을 만들어냈으며, 그보다 훨씬 진하고 깊은 문화적 미감 또한 무의식적으로 받아들이고 활짝 열어젖혔다. 받아들인 것은 생활이었고, 활짝 열어젖힌 것은 신성神性이었다.

신성은 깊이를 더하고, 생활은 문명에 녹아들었으며, 문명은 역사를 추동하고, 역사는 의미를 통합하고 조정했으며, 의미는 그 몸집을 불려 문명을 축적하고, 문명은 생활로 녹아들어 오고, 생활은 신비로움으로 충만해지고, 신비로움은 하늘과 땅의 신에게 귀결되고, 하늘과 땅의 신은 기호를 만들고, 기호는 문자 그대로의 의미를 가리고 확장된 의미를 새롭게 열었다. 이런 가림과 열림의 과정이 부단히 반복되면서 기호의 이중적 기능이 완성되고, 인류문화는 이 쌍두마차를 따라 역사의 안개구름 속으로 얽혀 들어가게 되었다.

무엇을 기호라 하는가? 기호는 '인화人化'의 결정結晶이다.

그렇다면 인人은 무엇인가? 인은 생명의식을 갖고 그것을 형식화함으로써 공통된 정감을 환기시키는 생물이다.

인화는 곧 문화文化이고, 문화는 곧 새로움의 창조이며, 교류는 그것의 담지체이고, 감정은 그것의 내용이다. 문화의 기원으로 따지면, '인'은 곧 문화의 첫 번째 핵심 내용이고, '기호'는 그 형태이자 집약체이다. '인—문화—기호'는 모종의 동질적인 명제를 구성한다. 사람들은 바로 문화적 기호에서 그 심미적 정감을 강화하고, 생명의 리듬은 인류문화 최초의 아름다운 시가 되었다.

기호의 문화는 생명의 정서를 그 속에 농축하여 귀신처럼 그 역할을 기막히게 수행함으로써 무형無形 속에서 인류의 진보를 추동하는 최후의 동인을 구성했다고 할 수 있다. 이것이 바로 우리가 매번 자연 혹은 문화의 걸작을 만날 때마다 '신의 걸작' 이라며 경탄하는 이유가 아닐까?

우리는 여기서 '중국 기호 문화학' 이라는 하나의 학문을 새로 일으킬 생각은 없다. 왜냐하면 이런 대문화 관념 자체가 정밀한 사상이 담긴 하나의 거대한 학문이기 때문이다.

물론 고고학이나 색은索隱 작업처럼 하나하나 조목조목 따지지도 않을 것이다. 왜냐하면 역사의 인문적 오독이 바로 기호에 내재하는 인자이기 때문이다.

마찬가지로 중국과 서양의 기호 문화의 차이를 비교할 생각은 더욱 없다. 왜냐하면 인류는 개성을 허락하는 하나의 집이기 때문이다. 공통성과 개성의 공존은 지극히 자연스러운 현상이자 역사의 필연이기도 하다. 다원성은 기호 문화의 본질적 특징이다.

우리는 위에 언급한 내용들을 고려하여 중국 문화의 각 측면을 포괄하는 근 2백 개에 달하는 대표적 기호를 정선했다. 완벽하다고 할 순 없지만 전체적인 면모는 엿볼 수 있을 것이다. 아울러 우리는 생동적인 필치로 역사, 문화, 예술, 심미, 민속, 감상, 그리고 이미지를 한데 섞어 다양한 소리가 조화를 이루는 하나의 협주곡을 만들어내려 최대한 노력했다.

한 가지 짚고 넘어가야 할 점은 우리가 여기서 말하는 '기호' 가 국제적으로 유행하는 '기호학' 연구와 꼭 같지는 않다는 것이다. 지난 반세기에 걸쳐 국제 기호학 연구는 발전을 거듭해 온 반면 중국 국내의 이 문제에 대한 인식은 깊지 않았다. 그러나 이제 우리는 리여우정(李幼蒸) 선생의 아래와 같은 주장이 결코 빈말이 되지 않을 것임을 확신한다.

21세기 초에는 기호학 연구가 중국에서도 강한 빛을 발하고, 중국 기호학은 국제 기호학의 새로운 중심으로 자리 잡을 것이다. 동시에 기호학은 전통 중국의 인문적 이상을 현대화, 국제화하기 위한 효과적 도구로 작용할 것이다.

중화의 문화가 오랜 세월에 걸쳐 풍부하고 심오한 내용을 담아오는 동안 그 기호의 문화 역시 스스로의 체계를 깊고 풍성하게 엮어왔다. 이 책은 첫 번째 기호(문자)를 이용하여 두 번째 기호(이미지)를 설명하고 세 번째 기호(인상)를 밝혀내고, 아雅와 속俗을 함께 아우르는 방식으로 기호의 진정한 의미를 샅샅이 들여다봄으로써 독자들이 중화 문화의 정수를 느낄 수 있도록 하는 데 그 뜻을 두고 있다.

신은 여전히 웃고 계실까?

상해 연원燕園에서

수연거隨緣居 주인

제1권

고대의 신과 신화 속으로 · 신화 편

中國文化辭典

1. 반고盤古

일찍이 선진先秦 대의 위대한 시인 굴원屈原은 「천문天問」이라는 시에서 천지가 어떻게 열리고 우주는 어떻게 구성되었는지의 문제를 이렇게 제기했다. "아득한 태초의 일을 누가 전해주었을까? ……음양이 만물을 낳았다 하는데, 무엇이 근본이고 무엇이 변한 것인가? 둥근 하늘은 아홉 층이라 하는데, 누가 그것을 지었단 말인가? 참으로 위대한 이 공사를, 누가 처음에 시작했단 말인가?" 이렇듯 긴박하고 절실한 질문을 보며 옛사람들은 우주의 시초에 대해 의문을 가지지 않을 수 없었을 것이다. 그러나 굴원은 질문만 던지고 자세한 해석은 제시하지 않았다. 선진 대의 다른 책들을 봐도 답이 없기는 마찬가지다.

그렇다면 대체 천지를 개벽한 인물은 누구일까?

먼저 '반호槃瓠'의 신화를 살펴보자. 이 신화는 오령五嶺* 남북의 요瑤족, 묘苗족, 동侗족, 여黎족 같은 소수민족 사이에서 오랜 세월 유행했다. 전체적인 내용은 이렇다. 멀고 먼 옛날 고신왕高辛王 시대에 반호라는 신비로운 짐승이 있었다. 용과 개를 섞은 모습의 반호는 공주와 결혼하여 4남매를 낳는다. 이 넷은 각각 남藍, 뇌雷, 반盤, 종鍾의 네 성씨가 된다. 그들은 서로 결혼하여 자손을 번창시키고 반호를 공동의 조상으로 받든다. 세월이 흘러 반호는 언제부터인지 '반고盤古'라는 이름으로 바뀐다. 요족 사람들은 반고를 '반왕盤王'이라 부르며 제사를 지냈다. 그들은 인간의 생로병사와 부귀, 빈천 등을 모두 반왕

*오령五嶺: 오령에 대해서는 몇 가지 설이 있으나 일반적으로 남령南嶺산맥의 월성령越城嶺, 도방령都龐嶺, 맹저령萌渚嶺, 기전령騎田嶺, 대유령大庾嶺을 가리킨다. 남령산맥은 운남雲南에서 귀주貴州, 광동廣東, 광서廣西, 호남湖南, 강서江西, 복건福建까지 걸쳐 있는 거대한 산맥이다

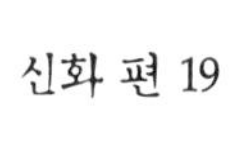

이 주관한다고 믿었다. 『술이기述異記』에서는 "남해南海에 반고씨의 묘가 있다"고 했다. 또 상임협常任俠의 논문 「사평파沙坪壩에서 출토된 석관 화상畵像 연구」에 기록된 「반왕가盤王歌」에 따르면 묘족 전설 속의 반고는 갖가지 문물의 창조자이다. 이는 하나님이 며칠 만에 만물을 창조했다는 『구약』 「창세기」의 기록과 유사하다. 동족 전설에서도 반고를 천지만물의 창조자로 부른다. 서남 소수민족 지역에서 가장 널리 전파된 개벽의 신 역시 반고이다.

1-1-1
동백산桐柏山 반고 사당의 반고상

중원의 한족 지역에서 반고 신화가 출현한 것은 대략 삼국시대부터이다. 현존 자료에 근거하면 오나라 손씨 세력이 영남까지 미치면서 남방에 유행하던 신화가 장강 유역의 문인들에게 알려지기 시작한 것으로 보인다. 삼국시대 때 서정徐整은 『삼오력기三五歷記』를 썼다. 그는 자료를 정리하면서 남방 소수민족의 반호 전설을 흡수하고 거기에 고대 경전의 철학적 요소와 자신의 상상력을 더해 반고 같은 천지창조의 영웅을 만들었으며, 이를 통해 천지개벽 이전 혼돈 상태였던 중원의 공백을 메울 수 있었다. 이때부터 반고는 중화민족 공동의 조상으로 자리를 잡는다. 옛사람들이 고민해 왔던 우주의 기원과 만물의 시초에 관한 문제가 신화의 창작을 통해 해결된 것이다.

중원 한족 지역의 신화에서는 이런 식으로 묘사한다. 멀고 먼 옛날, 천지가 아직 열리지 않았을 때 우주는 마치 거대한 알처럼 어둡고 혼돈스럽기만 했다. 반고는 바로 이 거대한 알 속에서 스스로의 생명을 키워갔다. 그는 원기를 흡수해서 양분으로 만들며 조용히 잠들어 있었다. 이러한 생육의 과정이 18,000년이나 지속되었다. 기나긴 세월을 거쳐 반고는 마침내 성숙의 단계에 이르렀다. 그러던 어느 날 반고는 잠에서 깨어났다. 눈을 뜨고 사방을 둘러보았으나 아무것도 보이지 않았다. 손을 펴보고 발도 움직여 보았으나 여기저기 벽에 부딪힐 뿐이었다. 더 이상 참을 수 없었던 그는 일어나려고 몸을 힘껏 위로 뻗었다. '우지직' 하는 소리와 함께 알은 박살이 났다. 거대한 알이 깨지면서 계란 흰자위처럼 투명하고 가벼운 양기는 천천히 위로 올라가고, 노른자처럼 혼탁하고 묵직한 음기는 아래로 점점 가라앉았다. 반고는 신선한 공기를 듬뿍 들이마셨다. 눈앞은 여전히 암흑이었지만 그 속에서 희미한 뭔가가 눈에 들어왔다. 가만 살펴보니 맑은 양기와 탁한 음기가 아직 확실히 나뉘지 않은 채 여러 곳이 붙어 있었다. 그는 불같이 화를 내며 어느새 거대한 도끼를 가져와 눈앞의 암흑과 혼탁을 향해 힘껏 휘둘렀다. 산이 무너지고 땅이 갈라지는 소리가 나더니 붙어 있던 부분이 모두 갈라졌다. 그가 머리로 떠받치고 있던 양기는 더욱 가벼워져 맑은 하늘이 되고, 혼탁했던 뭔가는 무겁고 딱딱한 대지로 변했다.

1-1-2
요족이 반호에게
제사를 지내는 모습

이렇게 하늘과 땅은 나뉘었다. 반고는 천지가 다시 붙을까 걱정되어 처음의 혼돈 상태로 돌아가 아예 머리로 하늘을 떠받치고 다리로 땅을 밟고 자신의 몸으로 하늘과 땅 사이를 지탱한다. 하늘과 땅은 분리된 후에도 운동을 멈추지 않았고 이로 인해 또 하나의 기적이 일어난다. 반고의 몸 또한 천지의 변화에 따라 변화를 거듭한 것이다. 하늘은 하루에 한 길 정도씩 높아졌고 땅은 한 길 정도씩 두꺼워졌다. 이에 따라 반고의 몸도 매일 두 길가량이 늘어났다. 그렇게 18,000년이 지났으니 반고의 몸은 얼마나 길어졌겠는가? 전설에 의하면 무려 9만 리에 이르렀다고 한다. 태산처럼 거대한 사람이 하나의 기둥이 되어 높디높은 천지 사이를 버티고 있었던 것이다.

또다시 많은 세월이 흐르면서 하늘과 땅은 더 이상 격렬하게 움직이지

1-1-3 전설 속의 반고와 관련있는 맷돌

않게 되었다. 천지의 구조가 이미 견고해졌으므로 반고는 그것이 다시 합쳐질까 걱정하지 않아도 되었다. 반고는 이제 쉬어야 할 때가 왔다고 느꼈다. 마침내 그는 보통의 인간들과 마찬가지로 땅에 쓰러져 생을 마감한다. 그러나 임종의 순간 그의 몸에서 거대한 변화가 갑자기 일어난다. 입에서 뿜어져 나온 기운은 천지 사이를 떠다니는 구름이 되고, 목소리는 천지를 놀라게 하는 우레가 되고, 왼쪽 눈은 찬란하게 빛나는 태양이 되고, 오른쪽 눈은 밝고 깨끗한 달이 되고, 사지와 몸은 대지의 사극四極과 오악의 명산이 되고, 수염은 흩어져 하늘 가득한 별이 되고, 피는 철철 흘러넘쳐 강과 거대한 하천이 되고, 피부와 털은 갖가지 화초와 초목이 되고, 이와 뼈는 빛나는 금속과 옥석이 되고, 그의 몸에 기생하던 작은 벌레들은 수많은 중생들이 되고, 그가 흩뿌린 땀은 이슬로 변해 대지 만물의 양분이 되었다. 이처럼

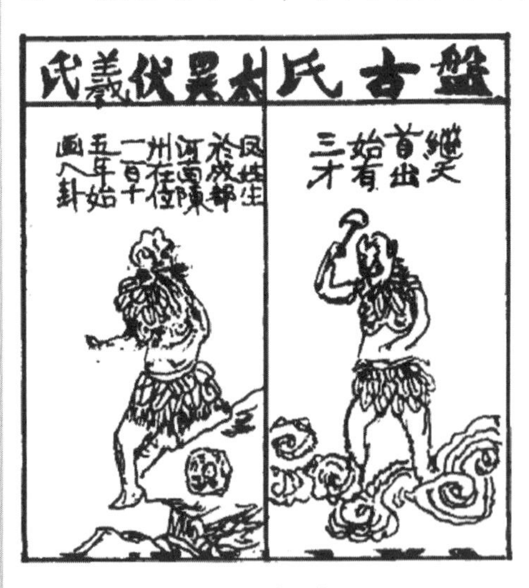

1-1-4 반고상

반고는 죽어가면서도 자신의 온몸을 이용하여 새롭게 창조된 세계를 더욱 풍요롭고 아름답게 만들었다.

반고의 신통력과 변화에 대해서는 이외에도 여러 전설이 전해진다. 전설들은 천지개벽의 시조 반고에 대한 사람들의 존경과 추앙으로 가득하다. '반고 천지개벽' 전설은 세상의 기원에 대한 상고시대 인류의 해석이라 할 수 있다. 인류의 인식은 개별 자연물들을 해석하는 이런 신화에서 비롯되었다. 이후 생산력이 높아지면서 인류는 인식 능력이 크게 발전했고, 이로 인해 자연계에 내재된 연관성과 공통점을 점차 발견하면서 추상적 사유와 개괄의 능력을 갖게 되었다. 그러므로 신화의 등장은 인류의 자연 정복과 관계가 깊다. 즉, 생산력 향상을 위한 인류의 가장 기본적인 사회적 실천이 관념의 형태로 반영된 것이 바로 신화였다. 반고가 '거대한 도끼를 도구로 사용' 했다는 전설 자체에 두 손의 노동으로 세계를 창조했다는 철학적 의미가 담겨 있는 것이다. 이것은 제한된 삶의 경험에 환상을 더한 것일 뿐이지만, 바로 이런 귀중한 탐색의 정신이 인류 인식의 발전을 촉진시키고 우매한 인류를 문명의 세계로 인도한 것이다.

세상을 창조한 영웅으로서의 반고의 신화는 이후 전파 과정에서도 일종의 특별한 함의를 표현하는 기능을 부여받는다. 예를 들어 어떤 사람이 "반고가 천지를 개벽한 이래로"라고 말하면, 이는 곧 "이 일이 처음 시작된 이후로"라는 의미가 된다. 뿌리를 찾고 근원으로 거슬러 올라가려는 모든 일에서 반고라는 말만 해도 사람들은 그것이 무엇을 의미하는지 알 수 있게 된 것이다.

1-1-5 반고산에서 조상에게 제사를 지내는 구역

2. 여와女媧

천지는 반고가 열어젖혔다. 그렇다면 인류는 누가 처음 만들었을까? 『성경』에서는 하나님이 자신의 형상을 본떠 땅의 먼지로 아담이라는 남자를 만들었다고 했다. 아담이 외로워할까 봐 하나님은 다시 자신의 몸에서 갈비뼈 하나를 꺼내 하와라는 여자를 만들었다. 이렇게 해서 인류는 번창을 위한 기본 조건을 갖추게 되었으며 서양인의 눈에 하와는 뭇 생명들의 어머니가 되었다. 그럼 중국에서 뭇 생명들의 어머니는 누구일까? 바로 여와이다. '여와' 라는 이름은 『초사楚辭』「천문天問」에 처음 보인다. 굴원은 이 시에서 "여와는 몸을 가졌으니, 누가 그것을 만든 것인가?" 라는 질문을 던졌다. 여와는 뭇 생명들의 어머니인데, 그렇다면 여와의 몸은 누가 만들었냐는 것이다.

1-2-1 여와
명明 소운종蕭雲從의 〈이소도離騷圖〉

1-2-2 여와도
하남 남양南陽의
한대 화상석

1-2-3 여와도
산동 임기臨沂의
한대 화상석

여와의 형상은 화상석에 흔히 표현되던 소재이다. 일반적으로 사람 머리에 뱀의 몸을 하고 있으며 원시적인 분위기가 강하다. 원시사회에서 여성의 가장 중요한 임무는 바로 아이를 낳고 기르는 것이었다. 뱀은 난생동물로 번식력이 왕성하다. 여와가 뱀의 몸을 가진 이유가 바로 이것이다. 물론 글로 기록된 서적에서는 좀 더 우아하게 여와를 묘사한다. 한대漢代의 허신許愼은 『설문해자說文解字』에서 "와는 고대의 신성한 여자로 만물을 만든 자이다"라고 해석했다. 이렇게 해서 여와는 여성 천신天神으로 확고히 자리를 잡는다.

1-2-4 돌을 녹여 하늘을 메우는 여와
『천벽연의天辟演義』

여와가 만물을 만들었다는 신화는 대략 주周나라 때부터 이미 유행했다. 민간에서는 그녀가 '흙을 뭉쳐 사람을 만들었다' 는 이야기가 널리 퍼졌다. 천지가 개벽한 후 대지 위에는 이미 산천초목과 조수어별이 생겨났지만 그때까지도 사람은 보이지 않았다. 인류가 없는 세상은 황량하고 쓸쓸하기 그지없었다. 여와는 그 사이를 걷다가 적막함을 느끼고 이 끝없이 넓기만 한 천지 사이에 뭔가를 넣어주어야겠다고 항상 생각했다. 그렇게 오랜 생각에 잠겨 있던 어느 날, 그녀는 연못가에서 무릎을 꿇고 앉아 손으로 황토를 파서 물과 섞어 물속에 비친 자신의 모습을 본딴 인형들을 만든다. 땅에 놓자마자 인형들은 생명을 갖게 되었다. 그들은 깡충깡충 뛰어다니며 환희의 함성을 질렀다. 여와는 이 광경을 지켜보며 무척 만족스러워했다. 이윽고 그녀는 진흙으로 수많은 남자와 여자들을 만들었다. 그러나 끝없는 들판과 비교하면 사람들은 아직도 너무 적었다. 여와는 너무나 힘들고 피곤해서 더 이상 일을 할 수가 없었다. 마지막으로 그녀는 아마 산비탈에서 내려온 등나무 줄기였을 밧줄을 한 가닥 가져와 진흙 속에 쑥 집어넣었다. 그런 다음 노란 진흙을 휘젓고 다시 밧줄을 들어 땅 위에서 휘둘렀다. 그러자 진흙 덩이들이 땅에 떨어지면서 환한 얼굴의 아이들로 변했다. 『풍속통의風俗通義』에서는 이렇게 묘사한다. "천지가 개벽했으나 사람이 아직 없었다. 여와는 흙을 뭉쳐 사람을 만드는 일에 온 힘을 다했다. 그런 다음 진흙 속에서 밧줄을 끌어당겨 사람으로 만들었다." 그로부터 얼마 후 대지 위는 사람들의 발자국으로 가득해졌다.

1-2-5 흙으로 사람을 빚는 여와
민간 전지剪紙 공예

그러나 여와는 여기서 멈추지 않았다. 그녀는 어떻게 하면 그들이 계속 살아갈 수 있을까를 고민했다. 이에 그녀는 남자와 여자를 짝지어주고 그들로 하여금 후손을 낳도록 했다. 인류 최초의 중매인이 되어 결혼이라는 제도까지 만들어준 것이다. 그래서 후대 사람들은 그녀를 신매神媒, 즉 결혼의 신으로 받들었다. 매년 음력 2월이면 '대뢰大牢'의 예(돼지, 양, 소의 세 희생을 바치는 예)로 그녀에게 제사를 드렸다.

오랜 세월 행복하고 평화롭게 살던 인류는 어느 날 공공共工에 의해 큰 타격을 받는다. 원래 물의 신이었던 공공이 황제의 후손 전욱顓頊과의 싸움에서 패한 후 분을 삭이지 못하고 뭔가를 들이받았는데, 하필 그것이 하늘을 떠받치는 기둥인 불주산不周山이었던 것이다. '우르릉!' 소리와 함께 기둥이 끊어지면서 하늘의 반쪽이 무너지고 대지의 귀퉁이 한쪽이 파괴되어 거대한 굴이 드러났다. 지면 곳곳에도 깊은 구덩이들이 파이면서 천지는 순식간에 혼란에 빠져들었다. 이때 자애로운 인류의 어머니 여와가 천지를 메우는 중임을 맡았다. 그녀는 먼저 수많은 오색의 돌들을 강에서 가져다가 삼발이 위에 놓고 끈적끈적한 액체로 녹였다. 이윽고 검게 파인 하늘의 상처들을 그것으로 하나하나 메웠다. 여와는 하늘이 다시 무너지지 않도록 거대한 거북 한 마리를 죽여서 네 다리를 잘라 그것으로 하늘의 기둥을 대체했다. 거북의 다리는 무척 튼튼했다. 이 기둥 덕분에 천지사방은 다시 평온해졌고 하늘은 더 이상 무너질 위험이 없어졌다. 재앙이 끝나면서 인류는 새로운 삶을 얻게 되었다.

1-2-6 복희여와도

하늘을 모두 메운 여와는 걱정없이 살아가는 아이들을 보고 기쁜 마음을 감출 수 없었다. 그녀는 곧 '생황笙簧'이라는 악기를 만들었다. 봉황 꼬리 모양의 대롱 열세 개를 반으로 자른 조롱박에 끼운 것이었다. 그녀는 생황을 아이들에게 선물로 주었다. 은은한 음악이 흐르자 여와가 만든 인간세상은 더 아름다워졌다. 이렇게 해서 위대한 여와는 음악의 여신까지 되었다. 여와가 만든 대나무 생황은 지금도 중국 남서쪽 묘족과 동족의 악사들 사이에서 연주되고 있다.

고대의 문헌 기록과 수많은 민간 신화에서 볼 때 여와는 기본적으로 최초의 모신母神이라 할 수 있으며, 이 모신이 담고 있는 핵심 내용은 바로 인류의 번성이다. 여와는 세상을 평화롭게 하고 천지의 질서를 회복해 준 지고의 여신이기도 하다. 여와 신화와 그 신앙의 탄생은 초기 원시 인류의 현실 세계에 대한 관념과 감정과 사유방식이 반영된 결과로서 자기 자신과 자연현상에 대한 인류의 천진무구한 인식이 그대로 투사되어 있다. 초기 원시 인류는 주변 세계, 특히 자기와 밀접한 관련이 있는 갖가지 자연현상과 사회현상에 큰 어려움을 겪을 때가 많았다. 이때 그들은 신화를 통해 그 해답을 찾곤 했다. 여와 신화에 보이는 자연환경과 사회생활 속의 갖가지 현상에 대한 해석은 원시 인류의 유치한 심리를 만족시켜 주었을 뿐 아니라 더욱 중요하게는 이런 각종 현상을 받아들이는 태도와 경건한 신앙심을 갖게 해주었다. 사람을 만들고 하늘을 메우고 길흉을 물리쳐 준 여와의 행위는 모두 인류 사회의 화해와 행복을 위한 것이었다. 여와의 공헌은 개인적인 범주의 가치 취향을 훨씬 뛰어넘어 민족적인 공동 가치의 도덕적 전형이 되고, 이로써 사회의 지속과 공고화에 큰 역할을 했다.

1-2-7 복희도
섬서 수덕綏德의
한대 화상석

1-2-8 복희도
강소 수녕睢寧의
한대 화상석

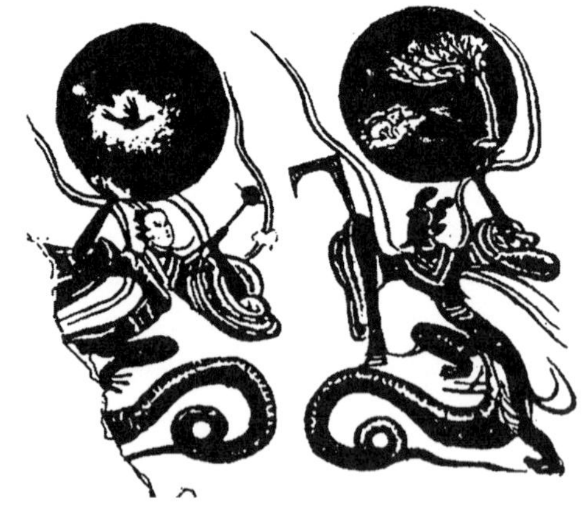

1-2-9 사람 머리에 뱀의 몸을 한 복희여와도
사천의 한대 화상 벽돌

여와의 형상은 부권 사회 이전에 탄생했다. 즉, 그녀는 모계 씨족사회의 신화 속 인물이었던 것이다. 그 후 오랜 종법 사회 속에서 여성들의 지위는 자꾸 낮아져 속박의 삶을 살아야 했다. 압박받는 여성들은 여와의 신력을 믿으면서 마음속 응어리를 풀고 어느 정도 심리적 위안을 얻을 수 있었다. 그것은 곧 무정한 세상 속의 유정有情이었고 균형을 잃은 양성兩性의 세상이 신성의 분위기 속에서 평형을 유지할 수 있도록 해주는 것이었다. 이를 통해 여성들은 정신적으로 삶의 윤활유를 찾고 현실의 삶을 대하는 용기와 믿음과 희망을 가질 수 있었다. 반대로 여와 계열의 신화에서 남성은 여신의 관심을 받지 못한다. 세속의 사회에서는 우위를 차지하는 그들이 신화 속에서는 차별을 받은 것이다.

인류의 행복을 위한 작업을 마친 여와는 마침내 휴식의 상태로 들어가 우주 사이의 만물로 전화한다. 『산해경山海經』에서 여와의 창자는 열 명의 신이 된다. 창자 하나가 열 명의 신이 된 것을 보면 그녀의 온몸이 얼마나 많은 존재로 바뀌었을지 짐작할 수 있다. 어떤 전설에서는 여와가 죽지 않

1-2-10 복희여와도
신강 투르판의
당묘唐墓에서 출토

1-2-11 곱자를 든 복희와 여와
산동 비현費縣의 한대 화상 벽돌

고 용을 타고 아홉 겹의 하늘로 곧장 올라갔다고 말한다. 이 두 가지 전설은 평범한 듯 보이지만 사실 평범하지 않다. 그녀는 자신의 공로를 내세우지 않았다. 평생토록 힘들게 일한 후 다시 한 번 스스로를 바쳤으니 그야말로 위대한 모성애의 발현이었다.

여와 신화는 흔히 복희伏羲 이야기와 연결되기도 한다. 전설에서 그는 여와와 남매 혹은 부부 사이였다. 이 전설이 등장한 시기는 아주 오래전인 것으로 보인다. 한대 화상석에서도 사람 머리에 뱀의 몸을 한 복희와 여와가 서로를 감고 있는 모습이 자주 보이기 때문이다. 이 그림들 속에서 복희와 여와는 허리 위는 사람의 모습으로 두루마기를 입고 관모를 쓰고 있고, 허리 아래는 뱀의 몸으로 두 꼬리가 꽁꽁 감긴 모습을 하고 있다. 어떤 신화에서는 복희가 동방의 상제上帝로 나온다. 그는 각종 문물과 전장제도의 최초 발명자이기도 하고 동방을 주관하는 봄의 신이기도 하다. 이런 대단한 업적 때문에 복희는 삼황三皇 중 최고이자 백왕百王 중에서도 최고의 신으로 추앙받는다. 독립된 여신 여와는 사회가 발전하면서, 특히 남성 중심의 사회가 되면서 점차 남성 신의 배우자 역을 맡는다. 그리고 복희는 남권 사회의 상징이 된다. 원시 인류의 눈에 생명을 창조하고 기르는 것은 곧 세상의 모든 아름다움을 창조하는 것이었다. 그녀는 곧 생명의 창조자이자 인류의 어머니였기 때문에 수많은 세월이 흐르는 동안에도 만물의 미덕을 자신의 한 몸에 담을 수 있었다.

3. 염황炎黃

중국 신화는 완전한 체계를 갖추었는가? 이 문제에 대해 서양 학자들은 대부분 부정적으로 답하고 중국의 학자들 역시 난감해하는 경우가 많다. 세계 4대 문명인 중국, 인도, 그리스, 이집트는 모두 풍부한 신화를 갖고 있다. 그러나 그리스와 인도 신화는 상당히 완벽하게 전해지고 있는 반면, 중국의 신화는 그보다는 훨씬 단편적으로 옛사람들의 작품 속에 산발적으로 기록되어 전해진다. 그래서 어떤 학자는 중국의 신화가 전혀 체계가 없어서 그리스의 각종 민족 신화와 견줄 정도도 안 된다고 말한다.

그러나 중국 신화 중 많은 부분이 유실되었다는 것이 전해지는 수량이 적다는 의미는 아니며 언급할 만한 체계가 없다는 의미는 더더욱 아니다. 중국 신화를 중국 전통문화의 배경에 근거하여 고찰하면 중국 신화에 앞뒤가 딱 들어맞는 체계, 그것도 대단히 방대한 체계가 있음을 인식하게 된다. 여기서 중국 전통문화의 배경이란 무엇일까? 바로 종법宗法을 말한다. 고대 중국은 종법 사회였다. 종법은 중국 고대사회 혈연관계의 원칙으로서 적장자嫡長子의 계승, 대종大宗과 소종小宗의 구별을 가장 기본적 내용으로 삼았다. 적장자는 선대의 자리를 그대로 잇는다. 적장자의 동생은 별자別子이다. 그는 장자, 즉 이미 자리를 이은 형과 함께 살 수 없으며 반드시 스스로 일가를 이루어야 한다. 별자는 일가를 이룬 후 그 일가의 시조가 되며 그다음부터는 다시 적장자의 계승 전통을 따른다. 대종은 바로 이들을 말한다. 별자의 차자次子와 기타 아들들은 서자庶子로 불린다. 별자의 장자, 장손, 장증손 등에게도 서자가 있을 수 있다. 이들은 모두 소종이라 부른다. 대종은 항상 별자를 계승하며 소종은 제1대 서자를 계승한다. 종법은 보이지 않는 혈

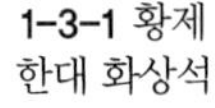

1-3-1 황제
한대 화상석

1-3-2 염제
명간본明刊本 『삼재도회三才圖會』

연관계이며 바로 이 혈연관계로 사회의 체계를 유지한다. 종법제도의 내용에 대해서는 『예기禮記』에서 이미 체계적으로 설명해 놓았다. 적장자 계승제도를 강조하고 대종과 소종의 구별을 엄격히 해야 한다는 것이 주된 내용이다. 이는 혈연관계의 존재를 강조하려는 것이다. 중국 신화 역시 종법의 문화 속에서 전파되었으므로 그 문화적 전통을 벗어날 수가 없었다. 이런 관점에서 봐도 중국 신화에 체계가 없다고 할 수 있을까? 중국이 염황의 자손이라는 것이 바로 이런 체계를 대변한다. 염제의 계보와 황제黃帝의 계보, 그리고 나중에 그들이 합해져서 된 신의 계보가 곳곳의 크고 작은 신들을 통치함으로써 방대한 가족이 형성되었다. 인간의 종법이 그러하듯, 이 신들의 가족 역시 수많은 지류는 있지만 결국 시조는 같다. 뿐만 아니라 신성을 가진 모든 인물들은 공동의 시조를 따름으로써 결국 하나의 대가족을 형성한다. 시조가 같은 이 대가족을 중국 신화의 체계로 봐야 할 것이다.

이 대가족의 두 시조가 바로 염제와 황제이다. 그들 역시 원래는 형제였다. 『국어國語』에 "소전少典이 교씨蟜氏의 딸을 아내로 맞아 염제와 황제를 낳았다"는 기록이 있다. 그들의 형제 관계를 실제로 고증할 수는 없다. 따라서 그 의미는 일정한 체계에 대한 동일시, 그것도 일종의 자각적 동일시가 될 수 있을 뿐이다. 소전 이후로 황제의 계보는 이 둘로 나뉘어 각자 발전한다.

1-3-3 신농
한대 화상석

염제는 태양신이다. 동시에 그는 신농씨神農氏와 지황地皇이기도 하다. 신화에 따르면 그의 어머니가 화양산華陽山에 올라 신의 흔적을 느끼고 염제를 낳았다고 한다. 이처럼 비범한 출생의 내력이 그에게 갖가지 비범한 능력을 가져다주었다. 그는 농사의 신이다. 전설에 따르면 그는 소의 머리에 사람의 몸이었다고 한다. 아마 농사의 신이라는 신분이 바로 이런 외형을 갖도록 했을 것이다. 그는 천하의 백성들에게 오곡의 파종법을 가르쳤다. 또 천하의 온갖 풀들을 맛본 후 먹어도 되는 게 무엇이고 먹어선 안 되는 게 무엇인지 백성들에게 가르쳐 주었다. 뿐만 아니라 그는 불의 신, 부엌의 신, 의약의 신이기도 했다. 그래서 어떻게 마찰로 불을 지펴 밥을 지어 먹고, 불로 어떻게 금속 용기를 주조하고, 약초로 어떻게 병을 치료하는지 사람들에게 가르쳐 주었다. 이처럼 위대한 시조 덕분에 그의 후손들까지

1-3-4 축융

하나하나 중국 신화의 무대로 올라와 혁혁한 공을 세울 수 있었다.

염제의 현손玄孫 축융도 유명한 불의 신이었다. 신화에 따르면 축융은 사람들에게 빛을 가져다주고 만물을 길러준 정의의 신이다. 그는 짐승의 몸에 사람의 얼굴을 하고 두 마리 용을 타고 다니며 형산衡山 위에 살았다. 축융의 태자는 중국 작곡의 창시자인 장금長琴이다. 축융의 또 다른 아들은 유명한 공공共工이다. 전욱과의 싸움에서 패한 후 분을 삭이지 못하고 불주산을 머리로 받아 하늘의 기둥을 무너뜨린 그 공공이다. 이 때문에 하늘은 서북쪽으로 기울고 땅은 동남쪽으로 푹 꺼지게 되었다. 공공에게는 후토后土와 수修라는 두 명의 아들이 있었다. 후토는 땅속 저승의 신이고, 수는 하루 종일 밖에서 걸어다녀 길의 신 혹은 여행의 신으로 받들어졌다. 『산해경』에는 "후토가 신信을 낳았다"고 되어 있다. 신의 아들은 죽을 때까지 태양을 좇은 것으로 유명한 과보夸父이다. 전설 속 구려족九黎族의 조상인 치우蚩尤도 염제의 후손이다. 염제는 딸도 셋이나 된다. 하나는 이름 없는 딸로 적송자赤松子를 따라 신선이 되었다 하며, 요희瑤姬라는 딸은 일찍 죽어서 이를 불쌍히 여긴 천제가 그녀를 무산의 운우雲雨 신으로 봉해주었다 하며, 또 한 명의 딸은 바로 유명한 정위精衛이다.

1-3-5 황제
한대 화상석

황제의 계보는 염제보다 약간 더 나중에 확립된 듯하다. 황제의 출생 역시 신비한 색채가 가득하다. 그의 어머니 부보附寶는 대지 신의 딸이다. 거대한 빛이 북두성을 감싸고 별들이 들판에 비치자 그녀는 태기를 느끼고 황제를 낳는다. 고서에서 황제는 '황제皇帝'라고도 쓴다. 이는 '황천皇天의 상제'라는 의미이다. 천상의 황제가 인간 세상에서 머무는 곳은 곤륜산昆侖山이다. 황제는 이곳저곳을 다닐 때 항상 여기서 출발했다. 황제는 다양한 중국 문화의 시조이다. 오곡과 초목을 재배하고, 새와 짐승을 기르고, 수레와 배와 집을 짓고, 도기와 철기를 제작하고, 화폐와 융단을 만드는 일 등이 모두 그에게서 시작되었다. 전설에 따르면 일산日傘, 공차기, 무덤, 책상, 거울, 음률, 서적, 문 등도 그가 사람들에게 준 것이라 한다. 이처럼 황제의 공로는 중국 문명의 거의 모든 측면에 걸쳐 있다.

황제의 계보는 아주 방대하다. 『사기史記』「오제본기五帝本紀」에서는 이렇게 썼다. "(황제는) 두 아들을 낳았으며 나중에 이들은 모두 천하를 가졌다. 첫째는 현효玄囂라 하며 그는 청양靑陽이 되었다…… 둘째는 창의昌意라 하며…… 촉산蜀山씨의 딸을 아내로 맞았다." 황제가 막대한 업적을 남겼기 때문에 그의 자손들 역시 자연히 사람들의 주목을 끌었다. 그런데 이런 그에게 아들이 둘밖에 없는 것은 아무래도 이치에 맞지 않아 황제의 계보에서 아들의 층위가 훨씬 확대된다. 『국어』「진어晉語」에서는 황제가 네 어머니에게서 태어난 스물다섯 명의 아들을 가졌다고 했다. 그중 열네 명은 아버지의 성을 따르고 훗날 열두 개의 친족을 이룬다. 나중에 『노사路史』*에서는 이를 더욱 확대하여 황제에게 마흔세 명의 아들이 있다고 밝혔다. 이렇게 해서 황제의 자손들은 숫자로 따지면 구주九州 전체에 분포하게 되며, 황제 역시 대단히 자연스럽게 한족과 수많은 소수민족의 시조로 받들어진다. 예를 들어 『산해경』「대황서경大荒西經」에서는 황제가 북적北狄의 시조라 했고, 「대황북경大荒北京」에서는 견융犬戎의 시조라 했다. 황제의 여러 아들들 중에 현효와 창의 두 계보가 가장 두드러졌다. 현효의 계보에서 몇 대만 지나면 바로 제곡帝嚳이다. 『사기』「오제본기」에서는 "제곡 고신高辛은 황제의 증손이다"라고 했다. 이 제곡이 바로 상商과 주周 민족의 시조이다. 『사기』「주周본기」에서는 제곡의 첫 번째 왕비 강원姜嫄이 거인의 발자국을 밟아 임

*노사路史: 송宋의 나비羅泌가 지은 잡사로 상고시대의 역사, 지리, 풍속, 전설, 신화를 기술했다

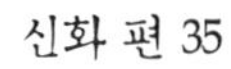

1-3-6 제곡 상

신을 하고 기棄를 낳았는데, 이 기가 바로 주족의 시조인 후직后稷이라고 했다. 『사기』「상商본기」에서는 제곡의 두 번째 왕비 간적簡狄의 아들 계契가 바로 상족의 시조라 했다. 간적은 현조玄鳥(즉, 제비)의 알을 먹고 임신해서 계를 낳았다고 한다. 전설에 따르면 요堯임금 역시 제곡의 후손이라 한다. 창의의 계보에서 몇 대가 지나면 전욱顓頊이다. 『세본世本』*에서는 "전욱이 궁선窮蟬을 낳고 6대 만에 순舜을 낳았다"고 했다. 또 "전욱이 곤鯀을 낳았다"고도 했다. 곤은 죽은 지 3년이 되도록 썩지 않았다. 그래서 오도吳刀로 배를 갈라보니 황룡 한 마리가 나왔고, 이 황룡이 바로 치수의 영웅 대우大禹였다.

염제와 황제 두 종족은 판천阪泉에서 싸움을 벌인 적이 있다. 싸움은 결국 황제의 승리로 끝난다. 황제가 승리하면서 두 부락은 다시 하나로 합쳐지고 그 후로 더 이상 나눠지지 않았다. 그래서 후대 사람들은 수많은 신화 속 주인공들이 누구에게서 비롯되었는지 알 수 없었으나 어쨌든 그들 모두가 염황의 자손임은 분명하다.

1-3-7 무산 신녀
청대 오우여吳友如의 목각

염황 자손의 혈연관계는 중국 대륙의 대가족을 형성했다. 염황 이후의 유명한 신화 속 인물 중에 염황과 혈연으로 이어지지 않은

*세본世本: 황제부터 춘추시대 제후들까지의 성씨와 계보, 거주지 등을 기록한 책으로 전국시대 조趙나라의 사관이 지었다고 전해진다

자는 없다. 그리고 혈연관계이기 때문에 그 계보를 찾을 수 있는 것이다. 세상에 혈연관계보다 더 긴밀한 관계가 있을까? 혈연관계로 형성된 신화의 체계가 완벽한 이유가 바로 이것이다. 물론 이 완전함 속에는 종법의 영향이 포함되어 있다. 신화의 창조는 혈연관계의 영향을 받고, 신화의 전파는 종법의 영향과 재창조로 가능했다. 염황 신화는 중국 신화의 기호로서 중국 신화의 체계를 대표한다고 할 수 있다.

1-3-8 황제 상

중국 신화는 염황의 체계만 있는 것이 아니다. 삼황오제三皇五帝가 대표적 예이다. 삼황에 대해서는 수인燧人, 복희, 신농 설도 있고, 복희, 신농, 축융 설도 있고, 복희, 신농, 여와 설도 있고, 복희, 신농, 황제 설도 있다. 오제는 일반적으로 동방의 태호太昊, 남방의 염제, 서방의 소호少昊, 북방의 전욱, 중앙의 황제를 가리킨다. 복희와 여와의 계보, 반고의 창세 계보 역시 중국의 유명한 신화 체계이다. 그러나 혈연관계가 염황의 체계처럼 명확하지 않아서 그만큼 사람들의 마음속에 깊이 각인되진 못했다.

1-3-9 삼황도三皇圖 청간본 『역대신선통감歷代神仙通鑑』

4. 대우大禹

1-4-1 하우夏禹 상 석각

1-4-2 하우왕

물은 생명의 근원이다. 인류 역사에서 물을 가까이 두지 않은 고대 문명은 없었다. "물이 있는 곳을 골라 산다"는 중국의 옛말은 초기 인류 역사의 흔적이다. 고대 신화에서도 하늘까지 넘치는 대홍수 이후에 인류는 새로운 삶을 얻었다. 서양 인류학자의 통계에 따르면 세계 각국에 퍼져 있는 홍수 신화는 100가지가 넘는다고 한다. 그러나 홍수는 우리에게 생명을 가져다주는 동시에 고통을 가져다주기도 한다. 그래서 그때마다 물과 관련된 영웅적 인물이 등장하곤 했다. 기원전 541년, 어떤 사람이 세차게 흐르는 황하를 보며 자기도 모르게 탄식을 내뱉는다. "우禹가 아니었으면 우리는 물고기가 되었겠지?"(『좌전左傳』 소공昭公 9년) 풍류 넘치는 인물이자 치수의 영웅이었던 대우를 가리키는 말이었다. 대우는 갖은 고생을 겪으며 거대한 홍수를 잠재우고 물의 재앙으로부터 백성들을 구해주었다. 만약 그가 없었다면 얼마나 많은 사람들이 거대한 파도 속에 휩싸였을지 모른다. 중국 첫 번째 시집 『시경詩經』은 바로 이 대우로부터 시작하여 상고시대 영웅의 개창의 흔적으로 거슬러 올라간다. 소위 “높고 큰 양산을, 우임금이 다스렸도다[奕奕梁山, 維禹甸之]”(「대아大雅」 편 ‘한혁韓奕’), “풍수가 동으로 흐르니, 우임금의 공적이로다[豐水東注, 維禹之績]”(「대아」 편 ‘문왕유성文王有聲’)가 그것이다. 거대한 중국 땅에서 신화의 흔적이 가장 많은 인물이 바로 대우이다. 우의 무덤과 우의 사당은 전국에 분포되어 있다. 중국 신화의 계보에서 대우만큼 사람들의 마음속으로 깊이 들어와 오래도록 그리움을 불러일으키는 인물은 찾기 힘들다.

대우치수大禹治水는 중국에 현존하는 신화 중에서 가장 널리 유행하고 가장 풍부한 내용을 가진 이야기이다. 이 장엄한 치수 신화 속에서 잊지 말아야 할 인물이 하나 있다. 바로 대우 이전의 비극적 영웅 백곤伯鯀이다. 천제가 세상에 홍수를 내려 인류에게 수많은 고통을 안겨주자 곤은 사람들이 너무나 불쌍했다. 곤은 천신天神으로서 천제에게 홍수를 거두어줄 것을 부탁했다가 거절을 당한다. 마음이 급해진 곤은 황제가 몰래 감춰둔 신의 흙 ‘식양息壤(무한히 자라나는 흙)’을 훔쳐다가 터진 둑을 메우고 홍수를 막았다. 홍수가 잠시 멈추면서 사람들도 점차 고통에서 벗어나기 시작했다. 그러나 이 소식을 들은 천제는 불같이 화를 내며 불의 신 축융에게 우산羽山 부근에서 곤을 죽이도록 했다. 곤은 원한과 분노를 가슴에 품은 채 생을 마감했다. 3년이 지나도록 그의 시체는 썩지 않았다. 천제는 이 소식을 듣고 곤이 요괴로 변해 자신을 해칠까 두려웠다. 그래서 한 천신으로 하여금 ‘오도’라는 보검을 들고 우산으로 가서 죽은 곤의 배를 갈라 버리도록 한다. 그러나 바로 그때 더욱 신기한 일이 일어난다. 갈라진 곤의 배에서 갑자기 규룡虯龍 한 마리가 튀어나와 똬리를 틀더니 하늘로 휙 사라져 버린 것이다. 사실 이에 대해서는 여러 설이 존재하지만 앞서 말한 설이 가장 타당하다고 볼 수 있다. 그래야 곤의 고귀한 뜻이 죽은 후에도 그대로 유지되고, 아버지의 뜻을 이어 홍수와 싸우리라는 대우의 뜻도 확실히 전해지기 때문이다.

1-4-3 응룡화하해도應龍畵河海圖
명 소운종蕭雲從 〈이소도離騷圖〉

1-4-4 계啓

곤이 실패한 영웅이라면 그의 아들 우는 선인의 교훈을 이어받고 변통의 책략을 세워 결국은 성공을 거둔 영웅이었다. 천제는 홍수가 가져다주는 엄청난 재앙을 깨달은 후 우에게 곤을 계승하라는 중임을 맡기고 정식으로 식양을 하사하며 인간세계로 내려가 물을 다스리고 사방을 안정시키도록 한다. 그러나 순조롭게 진행되던 공사에 생각지도 못했던 사태가 발생한다. 바로 물의 신 공공의 심기를 건드린 것이다. 공공은 원래 천제의 명을 받들어 홍수를 일으키고 백성들에게 벌을 내리는 신이었다. 그런데 우가 와서 치수를 하니 당연히 그와 대립할 수밖에 없었던 것이다. 그는 하룻밤 사이에 홍수의 수위를 몇 길이나 올려 버렸다. 수면이 노魯나라의 공상산空桑山까지 올라가 산꼭대기가 물에 잠겨 버렸다. 악신은 무력으로 다스려야 하는 법. 우는 절강 회계산會稽山에서 긴급회의를 갖고 천하의 군신들을 모아 공공을 칠 계획을 세운다. 거인 방풍防風씨는 산만한 성격 탓에 명령을 제대로 듣지 못하고 회의가 시작된 후에야 느릿느릿 산에 도착한다. 군기를 엄정하게 하기 위해 우는 안타깝지만 그를 죽일 수밖에 없었다. 그러자 다른 신들은 깜짝 놀라고 두려워하며 우의 명령에 철저히 복종했다. 우의 힘과 권위가 어느 정도였는지 짐작할 만하다. 역시 공공은 우의 적수가 아니었다. 우는 손쉽게 공공을 물리치고 치수 사업을 계속 이어간다.

부친의 교훈을 가슴에 새긴 우는 제방을 메우는 방법만으로는 홍수를 막을 수 없다고 생각했다. 근본적인 치수를 위해서는 물길의 소통을 주主로 하고 제방은 보조용으로 써야 한다는 것이었다. 그래서 그는 영민한 응룡應龍을 하늘 높이 보내 대지를 조감하고 땅의 모양을 판단토록 했다. 그런 다음 응룡이 꼬리로 땅에 표시를 하면 우는 백성들을 이끌고 그 뒤를 따라가 땅을 파고 물길의 폭을 넓혔다. 응룡의 꼬리를 따라 하나하나 물길을 열다 보니 동방의 큰 바닷가까지 이르게 되었다. 물길을 소통시키는 동시에 우는 거북을 한 마리 불러 식양을 싣고 그것을 따라다니며 필요한 곳에 식양을 조금씩 뿌린다. 식양을 많이 뿌린 곳은 나중에 명산이 되었다. 우가 치수 도중에 황하에 이르자 하백河伯이 세찬 파도 속에서 뛰어올라 치수를 위해 없어서는 안 될 하도河圖를 두 손으로 바친다. 이 '하도'의 설은 고대인들이 자연과의 사투에서 이미 지리와 물에 관한 지식을 상당히 보유하고 있었음을 반증한다.

그러나 치수의 과정은 순조롭지 않았다. 우는 수많은 괴물들을 만나 치수 도중에도 그들과 싸움을 벌여야 했다. 이는 곧 초기 인류가 치수의 과정에서 치러야 했던 갖가지 자연재해와의 사투를 말한다. 우는 홍수를 다스린 후 농업의 발전에 온 힘을 쏟았다. 예전에 수초가 자라던 낮은 땅에는 곡식을 심었다. 전설에 따르면 우는 치수 외에도 산천에 이름을 부여하고 구주九州를 나누는 작업도 수행했다. '구주'가 중국의 대명사가 된 것도 바로 이때부터이다.

이런 위대한 업적 때문에 사람들은 우를 '대우'로 높여 불렀다. 대우의 치수 이야기는 수천 년에 걸쳐 가가호호, 남녀노소를 막론한 모든 사람들이 알 만큼 널리 전파되었다. 중국 전통문화의 토양에 깊이 뿌리를 내린 대우 신화는 중국 민족의 의지와 희망을 그대로 반영한다. 초기 중국 민족은 항상 홍수의 재앙을 받으면서도 비관하거나 굴복하지 않고 용감히 맞서 싸웠다. 이런 모습은 자연스레 『구약성서』의 '노아의 방주' 이야기를 떠오르게 한다. 신이 홍수를 일으켜 살아 있는 모든 것들을 물에 잠기게 했으나 신앙심이 깊은 노아는 신의 권고에 따라 방주를 만들어 살아남을 수 있었다. 여기서 강조하는 것은 하나님의 권위와 생존자의 행운이다. 대우치수 신화에도 천제가 홍수로 인류를 정벌하는 이야기가 있지만 여기서 우는 운명에 굴복하지 않고 '방주' 같은 곳에 숨으려 하지도 않으며 오히려 백성들을 이끌고 홍수와 투쟁을 벌인다. 자연환경, 그리고 인류 사회의 악한 세력과 불굴의 투쟁을 벌여 결국 승리를 거두는 것이 '치수' 신화의 주제라고 할 수 있다.

대우치수 신화와 관련하여 대단히 흥미로운 이야기가 또 한 가지 전해진다. 우는 치수에 열중하느라 30세가 되도록 일가를 이루지 못했다. 그는 "결혼할 때가 되면 어떤 징조가 있겠지"라고 속으로 생각한다. 이런 생각을 하며 문득 고개를 들자 꼬리가 아홉 개인 하얀 여우 한 마리가 뛰어왔다. 우는 이것이 상서로운 징조임을 알 수 있었다. 왜냐하면 "꼬리가 아홉 개인 하얀 여우, 아내로 삼으면 집안이 번창한다네"라는 노래를 이미 들어왔기 때문이다. 과연 대우는 얼마 후 아름답고 우아한 도산涂山씨의 딸과 결혼한다. 결혼 후 나흘이 지나 대우는 다시 치수를 위해 떠난다. 그는 집 밖에서 13년을 열심히 뛰어다니며 여러 번 집의

1-4-5 구미호도
한대 화상석

문을 지나치고 어떤 때는 아이의 울음소리까지 들었지만 바쁜 치수 일 때문에 들어가서 만나보지도 못했다. 이것이 바로 "세 번이나 대문을 지나치고도 들어가지 않았다"는 이야기의 유래이다.

1-4-6 하계夏啓 상

마지막으로 대우는 회계會稽를 순찰하던 도중 피로 누적으로 갑자기 세상을 뜨고 만다. 그는 천자의 자리를 아들에게 물려주었다. 아들의 이름은 '계啓'였다. "돌이 깨지며 계가 나왔다"는 이야기의 '계'이다. 계는 중국 하夏 왕조의 개국 군주인 하계를 말한다. 이 '계' 역시 중국 문명시대의 시작과 연관이 있지 않을까 생각된다. 홍수 신화에서 '곤—우—계'로 이어지는 혈맥의 관계는 다른 측면에서 보면 이런 신화에 인류 사회의 내용이 부단히 보태졌음을 보여준다. 이는 곧 신화에서 전설로의 전화, 신족神族 세계에서 인간 사회의 조직으로 발전하는 단계를 보여주는 것이기도 하다. 오랜 사회적 실천과 정신적 탐색의 과정을 거친 후 사람들은 인간과 자연, 인간과 신을 분리하여 자기 자신에게 눈빛을 집중했다. 대규모의 전 방위적 치수를 위해서는 각 씨족 부락의 협조가 필수적이었다. 즉, 집단의 중심과 성숙된 사회구조가 필요했다는 말이다. 그래서 치수는 중국 민족이 좀 더 빨리 문명시대로 들어갈 수 있도록 해준 하나의 계기이자 국가 조직 형성의 요람으로도 볼 수 있다.

1-4-7 하백도河伯圖
명 소운종 <이소도>

5. 누조嫘祖

1-5-1 잠고도蠶姑圖
산동 유현濰縣의 목각화

'누조'라고 하면 사람들은 누구를 말하는지 어리둥절해 할 것이다. 그러나 그녀의 업적을 이야기하면 모르는 이들이 없을 것이다. 누조는 황제의 왕비로 양잠 기술을 발명한 신이다. 전설 속에 등장하는 중국의 잠신蠶神인 것이다.

생물공학이라는 현대 과학의 중요한 분야가 있다. 현대 과학의 수많은 성과들이 바로 이 영역에서 이루어졌다. 예를 들어 유도탄의 열 추적 시스템은 방울뱀에게서 배운 것이며, 스텔스기의 원리는 박쥐에게서 영감을 얻은 것이다. 거미그물은 강도가 일반 견직물의 수십 배에 이르고 탄성도 매우 뛰어나다. 그러나 현대의 발달한 과학으로도 거미줄 같은 실을 만들어낼 수가 없다. 반면 거미줄과 비슷한 잠사蠶絲는 수천 년 동안이나 인류 문명과 함께 발전했다. 잠사는 인류의 의복을 바꾸었고, 종이가 발명되기 전에는 문자를 기록하는 재료로도 쓰였다. 고대 그리스인들은 그처럼 고운 비단이 나무 위의 실에서 가져온 것임을 알고는 놀라서 입을 다물 수가 없었다고 한다. 그래서 중국 사학계의 태두 하내夏鼐는 이렇게 말했다. "비단길은 세계 물질문화에 대한 중국의 가장 큰 공헌일 것이다." 이 공헌을 가능케 한 최초의 인물이 바로 누조이다.

비단과 관련한 중국과 서방의 문화 교류에서 사람들에게 가장 잘 알려진 것은 비단길이다. 한 무제武帝 때 장건張騫이 서역으로 가는 길을 개통하면서 동서 문화는 전에 없던 활발한 교류가 이루어진다. 사서에서는 이를 '착공鑿空'이라 불렀고, 역사학자들은 여기에 '비단길'이라는 아름다운 이름을 붙여주었다. 로마인이 이 신기한 직물을 처음 접한 것은 기원전 53년이라고 한다. 유명한 로마 장군 크라수스는 수하의 일곱 개 군단을 이끌고 유프라테스 강을 건너 파르티아와의 전쟁을 시작하고 곧이어 안식安息국에서 온 페르시아인들과 전투를 벌인다. 싸움이 한창일 때 페르시아 군대가 갑자기 비단 군기를 확 펼친다. 펄펄 날리는 군기가 사람들의 눈에 들어왔다. 로마 군대는 찬란하게 빛나는 이 깃발에 깜짝 놀라 대패하고 돌아갔다. 크라수스는 분노와 수치를 이기지 못하고 스스로 목숨을 끊었다. 희대의 명장이 비단의 손에 죽었으니 그야말로 동서 문명의 충돌로 벌어진 첫 번째 기사奇事라 할 만하다. 고대 로마인들은 구름처럼 가볍고 얼음처럼 투명한 이 직물의 이름이 비단이고, 멀고 먼 중서 아시아의 '세레스'라는 신비한 동방 민족에게서 가져온 것임을 알게 되었다. 서기 1세기의 로마 박

1-5-2 청의신
명간본『삼교수신대전』

1-5-3 한대의 '승운수乘雲繡'

물학자 플리니우스는『박물지』에서 이렇게 썼다. "세레스의 숲 속에서는 실이 생산된다. 나뭇잎에서 생기는 이 실을 뽑아다 물에 적셔서 가지런한 실로 만든다. 이 실로 아름다운 무늬의 비단을 짜서 로마로 가져와 팔았다. 부귀한 귀족 부녀자들이 비단을 마름질하여 옷으로 만들었다. 눈부시게 아름다웠다." 이처럼 누조는 아주 일찍부터 세계 정치 문화에 나름의 영향을 미쳤던 것이다.

야생 누에를 발견하고, 집에서 누에를 기르고, 견직물로 만든 것 등이 모두 누조의 공로이다. 전설에 따르면 누조에게는 여러 이름이 있었다. 누조累祖, 뇌조雷祖, 나조羅祖, 서릉녀西陵女 등이 그것이다. 서릉녀는 누조가 서릉에서 태어났다는 설 때문에 붙여진 이름이다. 누조가 비단 문화를 대표했으므로 초기에 비단이 생산된 모든 땅이 누조의 고향이 될 수 있었다. 고고학의 연구에 따르면, 중국 동남부에는 4~5천 년 전에 이미 양잠을 하고 실을 뽑고 명주를 짜는 등의 활동이 있었다. 예를 들어 전산양錢山漾에서는 명주 조각과 끈과 실이 출토되고, 오강吳江 매언梅堰에서는 누에 무늬 흑도가 출토되고, 하모도河姆渡 유적에서는 누에 네 마리를 새긴 작은 상아 그릇이 발견되었다. 이 때문에 누조의 고향에 대해 소주蘇州 설, 의창宜昌 설, 염정鹽亭 설 등 다양한 설이 나왔다.

염정은 지금 사천 면양綿陽 경내에 있다. 그 지역의 방언에서는 '염정'과 '서릉'의 독음이 매우 비슷하다. 이 땅은 황제가 주로 활동했던 곳인 황제릉과 가까우며, 사서에도 황제가 옛 촉나라와 오래도록 인척 관계를 맺었다는 기록

1-5-4 채상도採桑圖
전국시대 동기銅器

이 있다. 그래서 고대 촉나라를 '잠충국'이라고도 했다. 또 '虫'을 부수로 쓰는 '촉蜀'은 누에의 이름이기도 하다. 그 지역에는 지금도 누에와 관련된 문화와 유적과 전설들이 대단히 많이 남아 있다. 『태평어람太平御覽』과 『용성집선록墉城集仙錄』에서도 잠신 마두낭馬頭娘이 촉국 광한군廣漢郡의 딸이 변해서 된 것이라고 말했다. 고대에 염정은 오랫동안 광한군에 속해 있었다.

1-5-5 채상도
한대 화상석

지금은 호북성 경내에 있는 의창은 선진 때까지는 초나라 땅이었다. 『전국책』에 "진秦 백기白起가 초나라의 서릉을 점령했다"는 기록이 있는데 여기서 서릉이 바로 의창의 최초 이름이다. 삼협三峽의 하나인 서릉협 역시 여기에서 이름을 따왔다. 의창은 고급 비단의 산지이다. 이 지역의 '오사埡絲'는 해외에서도 이름을 날렸으며, 오사 산지에 널리 퍼진 전설에서는 누에의 여신을 누조라 불렀다.

누조와 황제의 관계에 대해 『산해경』에서는 간단하게, 『사기』에서는 상당히 체계적으로 기록했다. 『사기』에 따르면 황제는 헌원軒轅의 언덕에서 서릉의 딸 누조를 아내로 맞아 정비正妃로 삼는다. 이는 아마 누조의 가족이 황제의 연맹에 참여했음을 표명하기 위한 정치적 행위였을 것이다. 이들의 후손들, 즉 순서대로 '현효'→'창의'→'고양高陽(전욱)'도 모두 천하를 차지했다. 그야말로 눈부신 가족이었다. 후대의 전설에 따르면 누조는 황제를 따라 남쪽으로 순행을 나섰다가 형산에서 죽어 그곳에 묻혔으며 무덤의 이름은 '선잠총先蠶塚'으로 불렀다고 한다.

『삼교수신대전三敎搜神大全』에는 남성 잠신에 대한 기록이 있다. "청의신

青衣神은 곧 잠총씨蠶叢氏이다. 전하는 바에 의하면, 잠총씨는 처음에 촉후蜀侯였다가 나중에 촉왕蜀王이 되어 항상 푸른 옷을 입고 교외에 나가 백성들에게 누에 치는 법을 가르쳤다. 마을 사람들은 그의 덕에 감동하여 사당을 짓고 제사를 지냈다. 제사는 서토西土에도 두루 퍼져 영험하지 않은 적이 없었다. 사람들은 그를 청의신이라 불렀으며, 청의현縣이라는 이름도 여기서 온 것이다." 이처럼 잠총씨는 왕후의 신분이었다. 그런데 의외인 것은 철저한 남권 중심의 사회에서 그의 명성과 영향이 누조에 훨씬 못 미쳤다는 것이다. 그래서인지 시인 이백은 「촉도난蜀道難」에서 이렇게 탄식했다. "잠총과 어부(전설 속 초나라 황제)가 나라를 연 것이 얼마나 아득한가! 그 뒤로 사만 팔천 년 동안이나, 진나라 변방과 인가의 연기가 통하지 않았다네[蠶叢及魚鳧, 開國何茫然. 爾來四萬八千歲, 不與秦塞通人煙]."

1-5-6 잠고궁 유현의 연화年畵

잠신은 여성과 관련이 있으며 생식 숭배와도 관련이 있을 것이다. 이는 이 신화가 대단히 일찍 탄생했음을 의미한다. 『묵자墨子』「명귀明鬼」 편에는 당시까지 남아 있던 남녀 야합의 풍속에 대한 기록이 있다. "송宋의 상림桑林과 초楚의 운몽雲夢 이런 곳은 남녀가 서로 교합하며 구경했던 곳이다." 겉모습으로만 보면 잠신은 여성의 몸처럼 아주 약했던 것 같다. 『산해경』「해외북경海外北京」에 잠신이 나무에서 실을 토하는 이야기가 나온다. "구사歐絲 들판은 대종大踵 동쪽에 있다. 한 여자가 나무에 무릎을 꿇고 기대 실을 토한다. 가지 없는 뽕나무 세 그루가 구사 동쪽에 있다. 그 나무는 길이가 백 길이나 되는데도 가지가 없다." 누에의 머리는 말의 머리를 닮았다. 그래서 민간에서는 '마두낭馬頭朗' 이라고도 부른다. 『수신기搜神記』에는 이런 기록도 있다. "아주 오랜 옛날 한 대인이 멀리 원정을 나가 집에는 딸 하나와 기르던 말 한 필만 남게 되었다. 딸은 아버지가 그리워 말에게 장난을 걸었다. '아버지께서 돌아오시도록 해주면 너한테 시집을 갈게.' 말은 곧 고삐를 끊고 아버지가 있는 곳으로 달려가 슬프게 울었다. 아버지는 급히 말을 타고 돌아왔다. 축생으로서 남다른 정을 가졌으니 꼴을 더 넉넉히 주며 길렀다." 그러나 말이 딸의 약속을 꼭 지켜달라고 조르자 아버지는 말을 죽여 버리고 말가죽은 뜰에 던져 햇볕에 말렸다. 얼마 후 아버지가 집을 비운 사이에 말가죽이 갑자기 그 딸을 감싸서 날아가 버렸다. "둘은 며칠 후 큰 나뭇가지 사이에서 발견되었다. 딸과 말가죽은 모두 누에가 되어 나무 위에서 실을 토하고 있었다. 그래서 사람들은 그 나무를 상桑이라 불렀다. 상은 곧 상喪이다." 신용을 지키지 않고 은혜를 갚지 않고 심지어 은혜를 원수로 갚는 내용은 이후에 더해진 내용임이 분명하다. 나중에는 '견우직녀' 와 '동영董永' 이야기도 더해지고 '천제', '옥황상제', '왕모낭랑王母娘娘' 등도 누조와 관련이 있게 된다.*

신화에서는 누조가 어떻게 누에를 기르고 실을 뽑고 명주를 짰는지에 대해서 상세히 묘사하지 않았지만 이후의 민간 전설에서는 그와 관련된 많은 이야기들이 전한다. 중국의 양잠과 실 뽑는 기술이 서방에 전해진 건 상당히 늦은 시기였다. 당대唐代의 유명한 승려 현장玄奘은 『대당서역기大唐西域記』에 이런 기록을 남겼다. 현장은 644년에 당나라로 돌아오던 중 우전于闐(지금의 화전和田)에서 한 가지 전설을 듣는다. 우전의 왕이 동국東國(일설에는

---

*동영은 효자로 유명한 한나라 때의 인물로 '동영과 칠선녀', '동영과 베 짜는 부인' 등 그와 관련된 이야기들이 다양한 형태로 전한다. 왕모낭랑은 전설 속 여신인 서왕모西王母를 가리킨다

중국)의 여자를 왕후로 맞이하면서 몰래 누에씨를 가지고 오라고 했다는 것이다. 신부는 누에씨를 모자에 몰래 숨기고 국경을 넘어와 우전에 양잠과 실 만드는 기술을 전해주었다. 이때부터 우전은 '즐비한 뽕나무가 그늘을 이루어' 스스로 비단을 만들 수 있게 되었다. 그보다 훨씬 먼 서방세계는 6세기 동로마의 유스티니아누스 대제에 이르러서야 비로소 인도인(일설에는 페르시아인)이 타림 분지의 서역 왕국에서 빈 죽장에 누에씨를 몰래 담아 비잔틴으로 가져왔다고 한다. 대략 550년 혹은 551년의 일이었다. 이때부터 양잠업이 동로마에 퍼지면서 서방세계에 뿌리를 내리게 되었다.

중국은 농업 대국이다. '남자는 밭을 갈고 여자는 베를 짜는' 것이 수천 년 동안 이어온 생산방식이었으며, 뽕나무를 심고 누에를 기르고 옷감을 짜는 일은 중요한 경제활동이었다. 그래서 상주 시대부터 명청대까지도 잠신에게 국가적으로 제사를 올리곤 했다. 잠신으로서의 누조가 얼마나 숭고한 지위와 문화적 의미를 가졌는지 충분히 알 만하다. 이렇듯 누조는 중국 잠사 문화의 대표적인 기호로 간주될 수 있는 것이다.

1-5-7 누조에게 제사를 지내는 모습

6. 정위精衛

1-6-1 정위

바다와 관련된 신화가 중국에도 많이 있을까? 해안선을 끼고 있는 나라라면 거의 모두 바다와 관련된 신화가 풍부하게 전해진다. 이는 바다와 인간 생활의 밀접한 관계 때문일 것이며 변화무쌍한 바다 본래의 특성과도 관련이 있을 것이다. 예를 들어 에게 해의 파도는 그리스신화 탄생의 요람이다. 그러나 동방의 중국은 사정이 다르다. 중국 역시 길고 긴 해안선이 있고 격한 파도가 있지만 중국 고대 신화 중에 바다와 관련된 내용은 많지 않다. 유명한 신화 속 인물과 이야기들은 대부분 산이나 강과 관련이 있지 대양과는 그다지 인연이 없다는 것이다. '정위전해精衛塡海(정위가 바다를 메우다)' 라는 유명한 신화 역시 작은 새 한 마리가 바다를 평평하게 메워 버렸다는 이야기이다. 이는 아마 중국이 대대로 농업 국가였기 때문일 것이다. 사람들은 끝없는 대지 위에서 해가 뜨면 일을 하고, 해가 지면 쉬며 적당한 비와 바람으로 오곡이 풍성해지기를 바랄 뿐이었다.

정위가 바다를 메운 이야기를 할 때 가장 자주 인용하는 자료는 『산해경』이다. 『산해경』「북차삼경北次三京」에서 이렇게 묘사했다. "발구산發鳩山 위에 산뽕나무가 많다. 이곳의 어떤 새는 모습이 까마귀 같고 머리에는 무늬가 있고 부리는 하얗고 발은 붉고 이름은 정위라 하며 스스로 제 이름을 부르며 운다. 이 새는 본래 염제의 딸로 이름이 여와女娲였다. 여와는 동해에서 놀다가 물에 빠져 돌아오지 못했다. 그래서 정위가 되어 항상 서산의 나무와 돌을 물어다가 동해를 메우는 것이다." 작고 예쁜 새 한 마리가 매일 높은 산과 바다를 오가며 바다를 메워 버리려 한 것은 앞으로는 사람들이 자기처럼 바다에 빠져 죽는 일이 없도록 하려는 것이었다. 아마 이 새가 '정위, 정위' 하고 울어서 사람들이 '정위' 라는 이름을 붙여주었을 것이다. 정위의 울음소리가 워낙 처량했기 때문에 사람들은 이 새가 자기의 이름을 부르며 억울한 마음을 달랜다고 생각했다.

이후 사람들은 정위를 용감한 바다제비와 짝지어주고는 둘이 낳은 새가 수컷이면 바다제비를 닮았다 하고 암컷이면 정위 자신을 닮았다고 했다. 정위는 동해의 물은 입에 대지도 않았다. 뿐만 아니라 항상 서산으로 가서 풀과 나뭇가지와 돌을 물어다가 동해로 가서 던졌다. 사람들에게 해를 주는 동해를 아예 메워 버리려는 것이었다. 사람들은 작은 새의 용기와 끈기에 감동하고 물에 빠져 죽은 소녀를 안타까워하며 이 새에게 '지조志鳥', '서조誓鳥' 혹은 '원금冤禽' 이라는 이름을 지어주었다. 민간에서는 '제녀작帝女雀' 이라고도 불렀다. 지금도 동해에서는 정위가 동해의 물을 먹지 않겠다고 맹세한 곳인 '정위서해처精衛誓海處' 를 찾을 수 있다.

신화의 내용을 볼 때 정위가 바다를 메운 이유는 자신의 원한을 푸는 동시에 동해가 더 이상 사람들에게 해를 끼치지 않게 하려는 것이었다. 작은 소녀가 비참하게 물에 빠져 죽고 작은 새 한 마리가 거대한 바다를 메우는 행위는 상상조차 힘들다. 그래서 사람들은 정위에게 염제의 딸이라는 신분을 부여한 것 같다. 그래도 정위라는 새는 거대한 바다와 비교하면 너무나도 작은 존재였다. 정위에게 비극적 색채가 강하게 느껴진 이유가 이 때문이다. 사람들은 항상 그가 원한을 갖게 된 이유보다는 그의 불굴의 의지에 더욱 감동한다. 바다를 두려워하지 않고, 푸른 하늘을 두려워하지 않고, 하늘과 사람에게 원망하지 않고, 스스로 결심하고 행동에 나서 목적을 이룰 때까지 결코 포기하지 않겠다고 맹세한다. 이런 정신은 봉건사회의 문인들에게 충분히 공감을 일으킬 만한 것이었다. 왜냐하면 뜻을 굽히지 않은 문인들은 흔히 권력과 모순을 일으켰고 결국 "사람들은 모두 취했는데 혼자만 깨어 있다가" 실의에 빠지곤 했기 때문이다. 썩어빠진 권력 앞에서 문인들의 힘은 너무나 미약했다. 그들은 진흙탕을 빠져나와 더럽게 물이 들지 않을 수는 있었지만 그 어둠의 현실을 바꾸기에는 역부족이었다. 세상을 향한 격분 후에 남는 것은 더욱 큰 실망과 참담뿐이었다. 이런 상황이 정위라는 새의 처지와 흡사했던 것이다.

가장 전형적인 예가 남북조 때의 시인 도연명陶淵明이다. 그는 「독산해경讀山海經」이라는 시에서 "만물과 함께했으니 이미 근심이 없고, 사물과 동화되어 다시는 후회하지 않았네. 한낱 옛 마음에만 머문다면, 어찌 좋은 날을 기대하겠는가[同物旣無慮, 化去不復悔. 徒設在昔心, 良辰詎可待]!"라고 읊었다. 도연명은 삶을 누구보다 사랑했던 사람이다. 그래서 자기에게 찾아온 고난에도 당당히 맞설 수 있었다. 「음주飮酒」에서 그는 이렇게 읊었다. "사람들 사는 곳에 움막을 지었으나, 시끄러운 거마 소리는 없다네. 어찌 그럴 수 있느냐 사람들이 묻는데, 마음이 멀어지니 땅도 절로 편벽지게 된 것. 동쪽 울타리 아래 국화를 따니, 멀리 남산이 보이는구나[結廬在人境, 而無車馬喧. 問君何能爾, 心遠地自偏. 采菊東籬下, 悠然見南山]." 그는 이상적인 사회를 아름답게 묘사하기도 했다. 유명한 「도화원시桃花源詩」와 그 서문에서 그는 "한나라가 있었는지도 모르고 위진은 더 말할 것도 없었다[不知有漢, 無論魏晉]", "봄에는 누에를 쳐서 긴 명주실을 거두고, 가을에는 곡식이 익어도 나라의 세금이 없네[春蠶收長絲, 秋熟靡王稅]"라고 읊었다. 이상의 실현을 위해 그는 자신의 뜻을 사해에 펼치고 백성들을 널리 구제하리라는 야망을 가지기도 했다. 그러나 "상품上品에는 빈한한 집안이 없고, 하품下品에는 권문세족이 없는"* 사회

*위진남북조 시대 관리등용 제도인 '구품중정제九品中正制'의 폐단을 지적할 때 흔히 쓰이는 말이다. 즉, 높은 점수의 상품에는 가난하고 힘없는 이들이 보이지 않고, 낮은 점수의 하품에는 권력을 쥔 세족을 찾아볼 수 없다는 것이다

에서 시인의 뜻은 받아들여지기 힘들었다. 결국 시인은 "쌀 다섯 말에 허리를 꺾지 않고" 사회의 모순을 피할 수 있었지만 마음속으로는 여전히 그 모순을 잊을 수가 없었다. 그래서 '정위'가 바로 그의 마음을 대변하는 기호가 된 것이다.

1-6-2 형천

도연명의 시에 형천刑天이라는 인물이 등장한다. 그 역시 끝까지 정의를 버리지 않은 영웅이었다. 『산해경』의 묘사에 따르면 형천은 본래 염제의 부하 중 한 명으로 하늘을 떠받치고 우뚝 선 거인이었다. 힘으로는 그를 당할 자가 없었다. 고서에 등장하는 그는 간척干戚 춤을 추고 있다. 한 손에는 방패를, 다른 한 손에는 도끼를 들고 춤을 추는 것이다. 그는 음률에도 정통해서 수많은 곡들을 지었다. 형천은 염제가 황제에게 자리를 물려준 것이 몹시 불만이었다. 혹자는 형천 자신이 왕위를 노렸기 때문이라고도 한다. 형천은 무기를 들고 황제에게 가서 염제에게 다시 왕위를 양보하라며 욕을 퍼붓는다. 물론 이건 상대가 안 되는 싸움이었다. 처음에 형천은 자신의 힘을 믿고 호기롭게 쳐들어가 황제의 시위군과 말들을 닥치는 대로 죽인다. 그러나 결국 형천은 황제의 부하에게 사로잡히고 만다. 끊임없이 욕을 퍼붓던 형천의 머리가 댕강 잘려 나간다. 이것이 바로 '형천刑天'이다. 황제는 마음속으로 형천의 용기를 흠모해서 그의 머리를 상양산常羊山 아래에 묻어주었다. 그런데도 형천은 굴복하지 않고 밧줄을 풀고 두 젖꼭지를 눈으로 만들고 배꼽을 입으로 만들고 무기를 들고 황제와 전투를 벌이고자 했다.

황제의 권위와 권력에 도전한 형천은 용감한 전사였다. 비록 황제를 위협할 만큼의 힘은 갖추지 못해서 비참한 결말을 맞고 말았지만 실패를 두려워하지 않은 영웅적 면모는 실패의 과정과 결과까지도 새로운 의미를 갖게 했다. 그 역시 정위와 마찬가지로 불복종, 비타협의 태도로 어둡고 낙후된 사회 세력과의 싸움에 나섰던 것이다.

혹자는 정위와 형천을 우공이산愚公移山의 우공과 같은 부류의 신화적 인물로 판단한다. 그러나 이건 타당하지 않다. 그들은 모두 현실의 모순과 싸웠지만 그 성격은 다르다. 정위와 동해, 형천과 황제의 모순은 조화될 수 없는 것이었다. 네가 죽어야 내가 사는 것이었다. 그러나 우공과 태행산太行山, 왕옥산王屋山의 모순은 극복하기 힘든 것이긴 하지만 그렇다고 네가 죽어야 내가 사는 정도는 아니었다. 그래서 우공은 상제의 도움을 받아 산을 옮길 수 있었던 반면, 정위와 형천은 개인의 영웅적 기개만으로 모순을 해결할 수밖에 없었다.

중국 지식인들은 "천하가 흥하고 망하는 데는 필부에게도 책임이 있다"는 원칙을 갖고 이상과 현실의 모순을 대해왔다. 이외에 "몸과 마음을 다하다가 죽은 후에야 그만두다", "천하 사람들이 근심하기에 앞서서 근심하고, 천하 사람들이 즐거워한 후에야 즐거워하다", "곤궁하면 홀로 자기 몸을 닦고, 영달하면 천하를 겸해 다스린다"는 말도 있다. 이런 사상에는 적극적인 면도 보이고 소극적인 면도 보이고 심지어 달관의 태도도 보인다. 이는 정위가 바다를 메우고 형천이 간척의 춤을 춘 것과는 다르다. 정위와 형천이야말로 "불가능을 알면서도 행동에 나서는" 책임감과 "한 번 떠나면 뒤돌아보지 않는" 장사의 기개를 보여준다. 그리고 이것이 바로 정위와 형천 신화가 보여주는 기호로서의 의미이다.

7. 항아姮娥

현존하는 중국 고대 문헌에 가장 자주 등장하는 신화 속 인물은 누구일까? 관련 학자들의 통계에 따르면 첫 번째가 황제, 두 번째가 복희, 세 번째가 달로 떠난 여신 항아이다. 항아에 관한 고대 문헌은 무려 189종, 389편이나 된다.

항아의 이야기를 달로 떠난 전설과 접목시킨 최초의 기록은 전국 초기에 완성되었다가 나중에 전부 유실된 『귀장歸藏』에서 볼 수 있다. 남조 유협劉勰의 『문심조룡文心雕龍』에서도 이를 언급했다. 유협은 "『귀장』경에서도 허황되고 기괴한 일을 설명하면서 후예后羿가 열 개의 해를 화살로 쏘아 떨어뜨리고 항아가 달로 도망갔다고 했다"고 썼다. 서한 유안劉安의 『회남자淮南子』에는 "예가 서왕모에게 불사의 약을 달라고 했는데 항아가 그것을 훔쳐 달로 달아났다"는 기록이 있다. 학자들은 항아가 달로 떠난 것이 '도둑질'을 통해 완성되었음에 주목했다. 이는 애초의 이야기와 완전히 다른 것인데도 이후의 수많은 이야기들은 모두 이런 식으로 전개가 되었다.

민간 고사와 옛 책들에 나와 있는 항아 이야기의 대체적 윤곽은 이렇다. 항아는 천상의 선녀로 예와 부부의 연을 맺는다. 예는 아홉 개의 태양을 활로 쏘아 천제를 노하게 하여 인간세상으로 좌천된다. 항아 역시 그를 따라 인간세상으로 내려온다. 신성神性을 조금이라도 회복하기 위해 이들 부부는 멀리 곤륜산의 서왕모에게 불사의 약을 부탁하기

1-7-1 달로 도망간 항아
한대 화상석

로 결심하고 갖가지 고난을 거쳐 마침내 약을 가져올 수 있었다. 예는 좋은 날을 골라 불사의 약을 먹고 항아와 천장지구의 부부가 되길 바랐다. 그러나 항아의 생각은 달랐다. 그녀는 예가 태양을 쏘아 인간세상으로 좌천될 때부터 그에게 불만이 있었다. 그런데 인간 부부로 영원히 남겠다고 하니 그건 더 받아들일 수 없는 것이었다. 게다가 예는 하루 종일 사냥에 빠져 집에 돌아오지도 않는 날이 허다했다. 항아는 생각할수록 화가 치밀어 서왕모가 준 약 두 알을 모두 먹어버렸다. 불사의 약은 한 알을 먹으면 오래도록 살 수 있고, 두 알을 먹으면 하늘로 올라갈 수 있었다. 항아가 하늘로 올라간 후 예는 깊은 슬픔에 잠겼다. 결국 그는 밤낮으로 항아만 그리워하다 병에 걸려 죽고 만다.

이런 이야기도 전해진다. 정월 14일 밤, 예는 꿈속에서 어떤 아이를 만난다. 항아가 보냈다는 그 아이는 항아도 남편을 너무나 보고 싶은데 지금까지 만날 방법이 없다가 이제야 기회가 왔다고 말한다. 그러면서 다음날 달이 뜨면 쌀가루로 둥근달 모양의 완자를 하나 만들어 집의 서북쪽 구석에 두고 항아의 이름을 세 번 부르라고 한다. 그러면 삼경에 항아가 인간세상으로 내려올 수 있다는 것이었다. 다음날 예가 아이의 말대로 하자 항아는 정말로 인간세상으로 돌아와 예전처럼 남편과 행복한 시간을 보냈다고 한다.

1-7-2 해를 쏜 후예
한대 화상석

물론 이보다 훨씬 많은 기록과 전설들은 더 부정적이고 비관적이다. 항아는 순간의 충동으로 불사의 약을 한 알 더 먹어 하늘로 올라갔으나 자신의

1-7-3 계수나무를 꺾은 항아
명 당인唐寅

행동이 후회되고 또 다른 천신들의 놀림도 받고 싶지 않아 춥고 적막한 월궁에 가서 살았다. 그뿐 아니라 보기 흉한 두꺼비로 변하는 벌까지 받고 말았다. 월궁에는 높이가 5백 길이나 되는 계수나무가 한 그루 있었다. 매일 한 남자가 와서 나무를 벴지만 나무는 금방 다시 자라났다. 사실 이 남자 역시 벌을 받는 중이었다. 오강吳剛이라는 이름의 그는 신선의 도를 배우다가 잘못을 저질러 월궁으로 쫓겨났고 매일 다시 자라나는 계수나무를 베는 벌을 받았다. 그래서 사람들은 날씨가 좋을 때면 둥근달 속에서 두꺼비와 계수나무와 나무를 베는 오강을 볼 수 있게 되었다.

항아가 먹은 약과 관련한 또 한 가지 이야기가 전해진다. 당대 이용李冗의 『독이지獨異志』「항아분월姮娥奔月」에서는 이렇게 말한다. "예가 선약을 불에 사르니 약이 만들어졌다. 그의 아내 항아가 몰래 그것을 훔쳐 먹고는 달로 도망갔다." 즉, 약은 그들 부부가 직접 만든 것이고 서왕모와는 무관하다는 의미이다.

항아가 달로 간 것은 사실 아름다운 이야기인데 왜 사서에서는 꼭 '훔쳤다' 고 기록해야 했을까? 또 하늘로 올라간 후 왜 항아를 흉한 두꺼비로 만들어 버렸을까? 많은 학자들이 그 원인으로 봉건사회의 '남존여비' 사상을 꼽는다. 남권 중심의 사회에서 남편의 약을 훔쳤으니 당연히 그에 합당한 벌을 받아야 한다는 것이다. 그러나 여기에는 예에 대한 사람들의 동정심도 어느 정도 작용했다고 봐야 한다. 부부가 함께 서왕모에게서 불사의 약을 얻어와 놓고 항아가 두 알을 다 먹어버렸으니 예의 입장에서는 당연히 억울한 일이라는 것이다. 그러나 아내가 곁에 있을 때 아껴주지 않은 예의 잘못도 막중하다. 그래서 굴원은 「이소離騷」에서 "예는 재미로 사냥하는 즐거움에 푹 빠져, 큰 여우를 활로 쏘기를 특히 좋아했네[羿淫游以佚畋兮, 又好射夫封狐]"라고 했다. 따라서 항아가 남편의 약까지 먹어버린 건 순간적인 충동보다는 부부간에 쌓여 있던 감정의 표현으로 보는 것이 타당하다. 항아가 인간세상으로 돌아와 부부가 다시 만난다는 앞의 민간 전설이 이를 뒷받침해 준다.

당대에 오면 항아를 꾸짖던 기존의 태도가 달라진다. 당대의 위대한 시인 이백과 두보는 항아를 동정하고 칭찬하는 시를 남기면서 항아와 두꺼비를 의식적으로 구분하려 했다.

이백은 「감우感遇」라는 시에서 항아에게 동정의 뜻을 표하고 달로 떠난 행위를 칭찬한다.

예전에 내가 듣기로 항아는,
약을 훔쳐 검은 머리칼을 유지했다네.
스스로 옥 같은 얼굴 사랑하지 않고,
신선의 골을 단련하길 바랐다네.
날아간 몸 돌이키지 않은 채,
웃음 머금고 밝은 달에 앉았으니.
궁궐에서 나방 눈썹 자랑했다면,
곧바로 시들어 버렸겠지.
昔我聞姮娥, 竊藥駐雲髮.
不自嬌玉顔, 方希鍊金骨.
飛去身莫返, 含笑坐明月.
紫宮誇蛾眉, 隨手會凋歇.

두보는 「달[月]」에서 항아를 토끼, 두꺼비와 따로 떼어 묘사함으로써 항아를 추하게 평가하기를 거부한다.

> *토끼는 제 머리 하얗게 센다고 걱정하고,*
> *두꺼비도 담비 갓옷에 연연하겠지.*
> *생각해 보면 외로이 홀로 된 항아는,*
> *차가운 날씨에 어찌 이 가을을 보낼까.*
> *兎應疑鶴髮, 蟾亦戀貂裘.*
> *斟酌姮娥寡, 天寒奈九秋.*

당대 말기의 대시인 이하李賀는 평생토록 애절한 사랑 시를 즐겨 지었다. 그러나 항아가 달로 도망간 것에 대해서는 다소 비판적이었다. "항아는 영약 훔친 것 후회하며, 푸른 바다와 푸른 하늘에서 밤마다 가슴 시리겠지[姮娥應悔偷靈藥, 碧海青天夜夜心]"(「항아」). 그러면서도 이하는 그녀의 아름다움에 대해서는 찬사를 아끼지 않았다. "항아는 눈썹먹을 그리지 않아도, 곱고 예쁘기만 하구나[姮娥無粉黛, 只是呈嬋娟]"(「달[月]」), "청녀와 소아*가 함께 차가움을 견디며, 달과 서리 속에서 어여쁨을

1-7-4 항아
청 오우여의 목각

*청녀와 소아: 청녀는 서리와 눈을 관장하는 전설 속 여신이고 소아는 항아의 별명이다

다투네[青女素娥俱耐冷, 月中霜裏鬪嬋娟]”(「상월霜月」). 항아의 아름다움이 그대로 전해지는 시구들이다.

항아의 신화는 지금까지 2천 년 넘게 전해오면서 최초의 작은 물결에서 큰 산을 거느린 넓은 강으로 변했다. 자세히 음미해 보면 항아 전설의 내용은 크게 두 갈래로 나뉜다. 하나는 아름다움에 관한 이야기, 하나는 달로 떠난 이야기이다.

아름다움에 관해서라면 고금의 이야기들이 다르지 않다. 천계에서 항아는 아름다운 여신이었고, 인간세상에서도 아름다움의 대명사가 되었다. 바로 이런 아름다움 때문에 항아는 민간 전설에서 다정스럽고 선량하고 총명하고 다재다능하고 명랑하고 우아한 모습을 보여준다.

1-7-5 항아
청 임위장任渭長의 목각

달로 떠난 것에 대해서는 의견이 다르다. 어떤 사람들은 그녀가 너무 이기적이라 하고 심지어 약을 훔치는 ‘절도죄’까지 범했다고 비난한다. 그러나 그보다는 항아의 행동을 동정과 찬미의 눈으로 바라보는 경우가 더 많다. 달은 밝고 고결하다. 사람들은 아름다운 항아를 달의 상징으로 삼고자 했고, 그래서 그녀는 달의 대명사가 되었다. 실제로 당나라 때는 달을 ‘항아의 얼굴’이라 부르기도 했다.

역대의 미술작품 중에도 항아를 주제로 한 것들이 대단히 많다. 또 역대 문인들 역시 항아를 자주 소재로 쓰면서 ‘월군月君’, ‘월주月主’, ‘월왕月王’, ‘월매月妹’ 같은 우아한 별명을 항아에게 붙여주곤 했다. 항아를 달과 연관지은 것은 아름다운 사물에 대한 인류의 자연스러운 관심의 결과이다. 봉건사회에서는 여성을 홍수나 맹수 등으로 보는 이들이 상당히 많았다. 특히 아름다운 여성에 대해서는 더욱 그랬다. 항아 역시 처음에는 이런 홀대를 받았으나 선을 추구하는 인류의 천성 때문인지 결국은 항아도 그 아름다움을 인정받게 되었다.

고대의 신화와 전설을 보면 항아는 항상 두꺼비와 함께 등장한다. 특히 한대의 화상석에 이런 경우가 많다. 그러나 항아 신화에서 두꺼비는 악한 존재가 아니라 오히려 인간들이 갈망하는 장생불사와 관련된 존재이다. 학자들의 연구에 따르면 서왕모 곁을 늘 지키는 두꺼비는 불로장생의 상징이라고 한다.

밝은 빛으로 사람들을 비춰주는 티 없이 깨끗한 달, 아름답고 선량하고 부드럽고 다정스러운 항아. 영롱한 달밤에 사람들은 고개를 들면 자연스레 이런 상상이 든다. 사람들이 달을 좋아하고 항아를 사랑하는 것은 광명에 대한 인류의 진솔한 표현이자 미를 사랑하는 마음의 자연스러운 발로이다. 항아는 자신의 용모로 달의 신이라는 자리를 차지하고 천지 사이에 오래도록 머물며 인간세상을 비춰주고 있는 것이다.

1-7-6 서왕모, 복희, 여와, 두꺼비 그림
한대 화상석

8. 서왕모西王母

왕모낭랑王母娘娘*이 옥황대제의 부인이란 건 대부분의 사람들이 안다. 그러나 그녀가 원래 어떤 신화 속 인물에서 왔는지는 잘 모를 것이다. 그녀가 바로 선진과 진한대의 전적에 자주 등장하는 서왕모이다. '서왕모' 라는 이름과 관련한 가장 믿을 만한 최초의 자료는 전국시대로 거슬러 올라가며, 서왕모 전설이 가장 성행하던 시기는 한대이다. 최근 반세기에 걸쳐 하남, 산서, 섬서, 사천, 절강, 강소, 호남 등지의 한대 중심 지구에서 서왕모를 제재로 화상석, 화상 벽돌, 구리거울, 구리 요전수搖錢樹(동전이 열매처럼 달려 흔들거리는 나무), 벽화, 옥기, 칠기 등이 대량으로 발굴되었다. 이 때문에 서왕모는 한대의 예술에서 가장 자주 등장하는 신화 속 인물로 간주된다.

1-8-1 서왕모도
사천의 한대 화상석

서왕모의 원형은 표범을 토템으로 숭배하는 부락의 신이었던 것으로 보인다. 『산해경』「서산경西山經」에 이런 기록이 있다. "옥산은 서왕모가 사는 곳이다. 서왕모는 사람의 모습에 표범의 꼬리와 범의 이빨을 가졌으며, 잘 울부짖고 흐트러진 머리에 옥으로 만든 장식을 썼다." 여기서 묘사한 서왕모는 완전한 원시 토템 신의 형상이다. 어떤 학자는 서왕모를 외래신으로

*왕모낭랑王母娘娘: '금모金母' 라고도 한다. 원래는 형벌과 재앙을 관장하는 여신이었으나 전파 과정에서 점차 부드러운 여성의 이미지가 더해져 나중에는 자비로운 여신의 이미지로 굳어진다. 곤륜산의 요지瑤池에 살아서 '요지금모' 라고도 한다

보기도 한다. 서왕모가 신의 이름이자 땅 이름이기도 하고, 그 땅의 위치가 고대인들이 보기에 가장 서쪽인 해가 지는 곳이기 때문이라는 것이다. 또 어떤 학자는 서왕모가 중국 서쪽에 위치한 흰 표범을 토템으로 숭배하는 한 부락이라고 말한다. 이처럼 서왕모는 서쪽 변경의 신화 속 인물이었지만 중국에서는 그녀를 전혀 멸시하지 않았으며 오히려 세대를 거치면서 더욱 아름다운 형상을 갖도록 해주었다.

1-8-2 서왕모, 쌍호도雙虎圖
산동 기남沂南의 한대 화상석

최초의 서왕모는 머리장식을 하고 있었다. 그렇다면 그녀는 남자였을까 여자였을까? 이 문제에 대해서는 확실한 답을 내릴 수가 없다. 왜냐하면 원시시대에는 남녀 모두 머리장식을 하고 귀를 뚫어 귀고리를 찰 수 있었기 때문이다. 서왕모 곁에는 항상 옥으로 만든 머리장식과 파랑새가 함께 한다. 이들은 모두 여성적 의미를 띤다. 따라서 서왕모는 불분명한 성적 형상에서 여성성이 풍부한 형상으로 바뀌었다고 볼 수 있다. 그렇다면 애초에는 성별도 알 수 없었던 흉신凶神이 어떻게 고귀하고 기품있는 여선女仙의 선두로 발전하게 되었을까? 서왕모의 형상은 중국에 들어온 후 먼저 황제黃帝의 아내로 바뀌었다고 한다. 남성 중심의 중국 고대사회에서 여신은 '왕'이 될 수 없었으므로 서왕모를 여자 신선 중에서 으뜸의 자리에 둔 다음 최고의 주신主神에게 '출가'를 시킨 것이다. 그리고 그 근원을 따져 보면 서왕모와 황제가 함께 살았다는 곤륜산으로 이어진다.

곤륜산은 서북쪽 먼 곳에 있는 신산神山이다. 『산해경』, 『회남자』 등의 고대 기록에 따르면 곤륜산은 인간세상에 있는 황제의 수도로 사람들이 꿈에 그리는 모든 것을 갖춘 신선의 낙원이기도 하다. 도교가 성행하면서 이 낙원은 서왕모가 독차지한다. 성안에 심은 불사의 나무 역시 그녀의 차지가 된다. 불사의 나무로 만든 불사의 약을 먹으면 신선이 되어 승천할 수 있다. 민간에 널리 유행한 '달로 도망간 항아' 전설이 바로 예가 서왕모에게서 얻은 불사의 약을 항아가 몰래 먹고 월궁으로 도망갔다는 이야기이다. '불사의 약'은 말 그대로 먹으면 장생불사하는 약이다. 전국시대에 일기 시작한 이런 신선 사상은 진나라 때가 되면 재앙이 될 정도로 범람한다. 진시황의 방사 서복徐福이 남녀 아이들 5백 명을 데리고 바다로 나가 돌아오지 않은 것이 바로 '장생불사'의 약을 찾기 위함이었다.

한대는 신선 사상이 온 조야에 퍼지고 아름다운 신선 이야기가 지어지던 시대이다. 한 무제武帝 때는 신선 사상이 극에 달했다. 사실 한 무제 자신이 바로 '전쟁을 치르고 신선을 배우면서' 일생을 보낸 인물이다. 통치자가 신선 사상에 푹 빠지자 아래의 관리들도 다투어 그를 따라 하면서 사회 전체에 신선을 찾는 풍조가 만연한다. 신선 사상 중에서도 특히 '장생불사' 설이 사람들을 유혹했다. 게다가 동한 초에 도교가 성행하자 연단鍊丹으로 신선이 되고 장생하려는 노력이 생활의 중요한 일부로 자리 잡는다. 바로 이런 신선 숭배의 광풍 속에서 서왕모 전설은 신화에서 선화仙話(신선 이야기)로 질적 비약을 이룬다. 서왕모는 선인仙人이 된 후 장생불사의 신약을 가졌기 때문에 한대에 몸값이 몇 배로 뛰고 사람들의 특별한 숭배를 받을 수 있었다. 그러나 호랑이 이빨과 표범 꼬리라는 서왕모의 흉한 모습은 선인의 형상과는 어울리지 않는 것이었다. 그래서 사람들은 서왕모의 형상을 가공하여 그녀를 동굴 속의 흉신에서 감정이 풍부한 절세미모의 여신으로 만든다. 뿐만 아니라 신성을 지닌 사랑스러운 옥토끼까지 만들어 서왕모 곁에서 공이를 들고 끊임없이 불사의 약을 찧게 한다. 어떤 의미에서 보면 약을 찧는 토끼야말로 서왕모의 상징이라 할 만하다. 서왕모가 자신에게 가장 소중한 불사의 약을 가지고 있음을 이 옥토끼가 증명해 주기 때문이다.

한대의 화상석과 화상 벽돌에는 항상 구미호, 두꺼비, 삼족오 등의 상서로운 동물이 서왕모 곁을 지키고 있다. 생명 연장과 자손의 번창을 상징하는 구미호는 서왕모 신화의 '장생불사' 모티브에 딱 들어맞는다. 두꺼비는 불사의 전형으로 해마다 깊은 가을이 오면 동면에 들어가 다음 해 꽃이 필 때 마치 새로운 생명을 얻은 듯 땅을 비집고 나온다. 삼족오는 서왕모 곁에서 시중을 드는 새이다. 그렇다면 왜 한대에 삼족오가 이런 역할을 맡았을까? 그건 바로 삼족오가 '불사'의 신성을 지니고 있다고 믿었기 때문이다. 정주鄭州의 화상 벽돌에는 태양의 신 희화羲和가 손에 '불사'의 신성을 지닌 삼족오를 들고 서왕모 곁에 서 있는 형상이 그려져 있다. 무덤 속의 서왕모 도상은 영혼불사의 바람을 기탁한 것이다.

1-8-3 태양 속의 삼족오
한대 화상석

서왕모는 한대 여성 신선의 으뜸이었다. 그렇다면 남성 신선의 최고 자리에는 누가 있었을까? 동왕공東王公이다. 동왕공의 내력은 너무 복잡해서 그의 원형이 무엇인지도 정확히 알 수 없다. 일반적으로는 그의 형상이 원시 자연숭배 사상, 그중에서도 태양숭배에서 왔다고 본다. 동왕공이 등장한 것은 대략 동한 장제章帝, 화제和帝 때이다. 동한 초에 서왕모가 이미 여성 신선이 되었으므로 사람들은 남성 신선이 한 명 있어야 짝이 맞는다고 보았다. 그래서 음양오행설에 근거하여 서왕모와 짝을 맺어준 남성 신선이 바로 동왕공이었다. 『신이기神異記』에서는 "동황산東荒山의 큰 석실에 사는 동왕공은 키가 한 길에 머리는 하얗고, 사람의 몸과 새의 얼굴에 호랑이 꼬리를 달고 있다"고 묘사했다. 서쪽에 백호가 있고, 동쪽에는 창룡蒼龍이 있고, 서왕모 자리 아래에는 호랑이가, 동왕공 자리 아래에는 용이 있다는 설이 여기서 왔다. 석제 사당에서 동왕공과 서왕모는 보통 두 석벽의 가장 높은 곳 가운데에서 서로 마주 보고 단정히 앉아 있는 형상이다. 그 아래로는 세속의 사람들이 잔치를 벌이고 전쟁을 하는 장면 등이 묘사되어 있다. 내용을 보면 두 신은 이미 한 쌍으로 굳어지고 신들 사이에서 대단히 중요한 위치를 차지하고 있는 것 같다. 신으로서의 그들의 직책은 단순히 사람들에게 복과 장생불사의 약을 주는 것에서 멈추지 않고 신선으로 오를 수 있는 능력까지 부여해 준다. 물론 동왕공의 출현은 서왕모의 외로움을 달래주기 위한 것만은 아니었다. 비록 동왕공은 서왕모를 대신한 새로운 주인공이 되지 못하고 심지어 서왕모와 동등한 자리에도 올라본 적이 없지만, 그가 사람들의 서왕모에 대한 숭배의 성격을 조금이라도 바꾼 것은 분명하다.

1-8-4 동왕공도
한대 화상석

시간이 흐르면서 중국 신선의 체계 역시 변화와 조정을 거치게 된다. 그 중에서도 가장 현저한 특징은 옥황대제의 지위는 날로 높아진 반면 동왕공의 지위는 계속 내려갔다는 것이다. 도교 신의 계보에서도 동왕공보다 높은 신들이 다수 등장했다. 이런 가운데도 서왕모는 여성 신선 중 수장으로서의 지위에 변함이 없었기 때문에 결국 동왕공과는 서로 어울리지 않게 되었다.

그래서 서왕모는 어쩔 수 없이 '개가'를 하게 된다. 처음에 사람들은 동왕공을 옥황대제와 연결시켜 보려 했으나 나중에는 아예 동왕공을 언급하지 않게 되었다. 옥황대제의 지위는 갈수록 높아져 결국 천상의 주인이 된다. 이와 함께 서왕모 역시 민간신앙에서 철저하게 신분이 바뀌어 옥황대제의 부인 '왕모낭랑'이 된다.

한대 이후에도 복희와 여와의 형상은 그다지 변함이 없었으나 서왕모의 도상은 그야말로 '불사약' 덕분인지 항상 새로워졌다. 서왕모의 '불사약'은 이토록 신비로운 것이었다. 전통적인 관념이 변화하는 과정에서도 '불사약'은 꺼지지 않는 순환의 생명력을 얻을 수 있었다. 서왕모의 탄생과 그 형상의 변화는 영원한 생명을 갈구하는 사람들을 위한 일종의 기호가 되었다.

9. 무巫

파巴와 초楚* 지방 사이에 무산巫山이라는 산맥이 있다. 무산은 중국 모계 씨족의 원류 중 하나이다. 이곳은 예로부터 여신의 전설이 가장 집중된 지역이었다. 도산씨의 딸 여교女嬌, 염수鹽水여신, 무산여신, 운화雲華부인 등이 그 예이다. 영산靈山이라고도 부르는 무산은 무당들의 거처이기도 했다. 무산에는 저강무교氐羌巫敎라는 원시종교가 있었다. 무교는 중국 전통 도교의 근원으로 선사시대 종교 중에서도 상당히 이른 시기에 출현한 종교 형식인 '무술巫術'을 숭배한다.

원시시대 인류는 언제 돌변할지 모르는 자연의 모습에 강한 두려움과 경외심을 느꼈다. 그들은 일종의 초자연적 힘이 이 세계를 지배한다고 믿었으며 그 힘의 신비로움이 그들로 하여금 이 힘이 모종의 신령으로부터 온 것이라고 상상하게 했다. 그래서 그들은 환상을 통해 자신의 몸, 혹은 어떤 사물의 초자연적 힘을 환기하고 이런 방법으로 타인과 대자연을 통제하려는 목적을 이룰 수 있었다. 이것이 바로 원시사회에서 자발적으로 형성된 무술이다. 이런 환상에는 원시생활의 경험뿐 아니라 심지어 원시적 예술과 과학까지 포함되어 있다. 신화와 비교하면, 신화는 인류의 낭만적 환상을 순수하게 표현한 것인 반면, 무술은 인류가 환상을 실현하는 방법을 표현한 것이다. 그래서 무술은 영험한 경우도 많지만 그만큼 실패하는 경우도 적지 않았다. 실패를 줄이기 위해서는 신령과의 안정적인 관계를 유지할 필요가 있었고, 오랜 세월을 거치면서 원시사회에는 신령과 전문적으로 통하는 사

*파巴와 초楚: 파는 지금의 사천성 동부, 초는 호남과 호북 그중에서도 특히 호북 지방을 가리킨다

람이 생겨나게 되었다. 그들이 바로 모계 씨족사회 때 등장한 무巫이다. 허신許愼의 『설문해자說文解字』에서는 "무巫는 곧 축祝으로 엄숙한 일과 신명을 다스릴 수 있는 자이다. 남자는 격覡이라 하고, 여자는 무라 한다"고 했다. 무는 곧 무당으로 원래는 여성이었다. 모계 씨족사회의 무는 대부분 부락의 나이 많은 여자가 담당했다. 그녀의 몸에는 신령의 힘이 함께했다고 한다.

무당에 대한 호칭은 민족과 국가마다 다르다. 외국에서는 Wizard(남자 무당), Witch(여자 무당), Sorcerer(마법사), Medicine Man(주술사, 약장수), Shaman(샤먼), Priest(승려), Magician(마술사) 등으로 불린다. 외국의 무당은 대부분 남성임을 알 수 있다. 하지만 중국은 소수민족을 봐도 무당이 여성인 경우가 많다. 여족黎族은 무당을 '낭모娘母'라 부른다. 원래 '낭모'는 여자만 맡았으나 나중에는 남자도 '낭모'가 되었다. 그러나 옷은 여자처럼 입어야 했다. 티베트 묵탈墨脫의 문파門巴족은 전문적으로 신을 모셔오는 여자 무당을 '쥐에무(覺母)'와 '바뭐(把莫)'로 남자 무당은 '양바(昂巴)'라 부른다. 운남 아창阿昌족은 무당을 '보파오(勃跑)' 혹은 '훠파오(活袍)'라 부르며 중국어로는 '모터우(魔頭)'라 부른다. 운남 독룡獨龍족은 무당을 '난무사(南木薩)'로 부른다. 중국 다우르족 중에는 샤먼 교를 신봉하는 사람들이 있다.

1-9-1 고산족의 점치는 나무 상자

샤먼 교의 무당은 샤먼이라 부르며 청대에는 이를 '살마薩瑪' 라 썼다. 충동적이고 불안하고 미친 사람이라는 의미이다. 다우르족에서는 그들을 '예더껀(耶德根)' 이라 부르기도 한다. 샤먼 교는 일종의 원시종교로 만물에 영혼이 깃들어 있다고 믿으며 천신天神, 조신祖神, 낭랑신娘娘神, 산신山神 등의 여러 신령들을 믿음의 대상으로 삼는다. 무당의 명칭도 변화를 거듭했다. 전국시대에는 신과 통하는 무당을 '무축巫祝' 이라 부르고, 초나라 지역에서는 '영자靈子' 라 불렀으며, 고대에 점을 치는 무당은 '일자日者' 라 불렀다. 또 당대 초에는 궁정의 남자 무당을 '귀사鬼師', 여자 무당을 '사파師婆' 라 불렀으며, 오대 때는 여자 무당을 '무녀巫女' 로 불렀다.

예나 지금이나 소수민족들은 무당에게 훌륭한 품성을 요구한다. 예를 들어 운남 경파景頗족은 무당의 일종인 '동사(懂薩)' 에게 사람들의 본보기가 되어 남의 것을 빼앗지도 훔치지도 말고 여자를 범하지도 말고 죽은 소나 돼지고기도 먹지 말라고 요구한다. 조상 대대로 내려오는 무당이라면 신임을 더 받는다. 납서納西족의 '동빠(東巴, 즉, 무당)' 는 부자 세습 방식이며 그들 중에는 심지어 18~19대를 이어온 무당도 있다.

1-9-2 막륙관莫六官 모남毛南족 가면

무당은 종종 생리적 결함이 있는 자 혹은 광증, 신경병이 있는 사람이 맡곤 한다. 병적인 상태의 사람이 비현실적인 무술의 세계를 훨씬 더 핍진하게 표현해 내기 때문이다. 이에 대해서는 사서에도 기록이 있다. 『남제서南齊書』 제55권 열전列傳의 '효의孝義' 편을 보면 한 무녀가 병에 걸린 후 무의巫醫가 되어 다른 사람의 병을 치료해 주었다는 기록이 있다. 당대에 점을 쳐주는 무당은 맹인이었다. 『독이지』에는 한 맹인 점쟁이에 관한 기록이 있다. 그는 유벽劉辟이라는 사람이 비참한 죽음을 맞이할 것이라고 예언한다. 유씨가 정말로 그렇게 되자 사람들은 이 점쟁이의 말을 철석같이 믿는다. 마을의 무당은 흔히 큰 병에도 죽지 않은 사람들로 충당했다. 사람들은 이런 무당이라면 귀신도 어찌할 수가 없어서 오히려 그들의 몸에 신비한 힘을 심어주어 사람과 귀신이 통할 수 있도록 해준다고 믿었다. 누가 무당의 역을 맡든 간에 그들은 반드시 특별한 능력이 있어야 했다. 그래서 무당은 지능이 떨어지거나 무능한 사람은 절대 맡을 수가 없었다. 진晉 간보干寶의 『수신기搜神記』에는 혀를 잘라 불을 토해내는 신기한 능력을 가진 무당이 언급되어 있다.

1-9-3 뇌왕雷王 모남족 가면

무당의 신비로움은 그들이 행하는 무술의 신비로움에서 연유한다. 무술은 크게 네 가지로 나뉜다. 첫째, 교감의 무술이다. 사람의 몸에서 떨어져 나간 머리카락, 손톱, 눈썹 혹은 타인과 접촉한 적이 있는 발자국, 옷 등이 몸과 감응을 일으켜 여기에 어떤 시술을 하면 그것이 몸에까지 영향을 줄 수 있다는 것이다. 예를 들어 그것들을 불로 그을리면 그것이 붙어 있던 원래 몸이 견디기 힘들 정도로 뜨거워지고, 그것을 얼려 버리면 몸이 부들부들 떨리고, 그것을 태워 버리면 생명까지 보장할 수 없게 된다는 것이다. 부부가 머리를 묶는 풍속도 이런 무속의 관념에서 온 것이다. 같은 이치로 남녀의 옷을 함께 포개놓으면 둘 사이에 사랑의 감정이 생길 수도 있다. 실제로 고산高山족이 이런 무술을 행한다고 한다. 전설 속 화서華胥가 바로 거대한 신의 발자국을 밟고 감응을 일으켜 복희 신을 낳았다. 둘째는 모방의 무술이다. 사람 모양의 상징(종이, 진흙, 밀랍 인형 등)에 무술을 부려 그 상징의 원래 대상이 신비한 힘을 느끼게 하는 방법이다. 예를 들어 어떤 사람의 모양대로 나무 인형을 만든 다음 이 인형을 사지에 두면 그 상징의 원래 대상이 곧 죽게 된다는 것이다. 셋째는 반항의 무술이다. 이는 어떤 물건이나 분장을 통해 부정한 것을 내쫓는 방법이다. 민간의 폭죽놀이, 축사逐邪의 물건을 걸어두는 것, 호신부를 차는 행위 등이 이런 무술의 관념에서 온 것이다. 넷째는 독毒을 쓰는 무술이다. 무당이 독을 사용하여 사람의 모든 것을 좌우하고 일정한 목적을 이루는 방법이다. 독충, 동물, 식물, 물건 등을 이용하여 중독을 시킨다.

무당은 접신接神 무당, 점치는 무당, 병을 치료하는 무당, 제사 무당 등으로 나뉜다. 접신 무당은 신령이 몸에 붙어 온몸을 떨고 알아듣기 힘든 말을 어지럽게 내뱉고 심지어 죽는시늉까지 한다. 『중화전국풍속지中華全國風俗志』 하편 제3권에는 저승사자가 된 남경의 한 여자 무당에 관한 기록이 있다. "사람들은 사람이 죽으면 저승사자가 와서 데리고 간다고 믿는다. 무당은 자기가 저승을 오가는 사자라고 말한다. 사람이 병에 걸려 오랫동안 낫지 않으면 항상 무당들을 불러 저승으로 가서 살펴봐 달라고 부탁한다. 무당은 침대에서 잠을 자거나 땅바닥에 누워 마치 죽은 사람처럼 가만있는다. 그렇게 한 시간 정도 지나 깨어나면 이를 이승으로 돌아왔다고 한다. 무당은 잠을 자면서 입에서 나오는 대로 어지럽게 말을 내뱉고 마을 사람들은 이 말을 진짜로 믿는다." 점치는 무당은 신과의 소통을 통해 사람의 길흉을 예측하는 것이 특징이다. 진晉 도잠陶潛의 『수신후기搜神後記』에서는 진대의 문학가 곽박郭璞이 점치는 무당이었다고 기록했다. 또 『유양잡조酉陽雜組』* 에는 이로 점을 치는 당대 무당의 이야기가 실려 있다. 무의巫醫는 대대로 전해오는 의술에도 정통한 무당을 말한다. 옛날에 농촌에서는 밤에 우는 아

*유양잡조酉陽雜組: 당나라 때 단성식段成式이 민간에서 듣거나 자기가 경험한 일들을 엮은 책으로 황당하거나 기이한 이야기들이 대부분이다

이를 달래는 무의의 주문이 유행했다. "티엔황황, 띠황황(天皇皇, 地皇皇). 우리 집에 밤에 우는 울보가 있네. 어르신이 오셔서 세 번 읊어주시면 날 밝을 때까지 쿨쿨 잘 텐데." 지금은 무의가 의학과는 전혀 무관한 미신일 뿐이지만, 고대에는 바로 이 무의가 제사를 주관했으며 그런 만큼 지위도 높고 역사와 천문 등의 문화적 소양도 상당했다. 요즘도 소수민족들 사이에서는 이런 무당들을 제사祭司라 부른다.

무당은 독특한 복장을 한다. 그중에서 가장 두드러진 것은 머리에 긴 뿔을 쓴다는 것이다. 이는 외국의 무당들에게서도 흔히 볼 수 있는 특징이다. 유럽 오리냐크 문화의 선사시대 사람들이 그린 암벽화의 무당은 머리에 사슴뿔을 쓰고 몸에는 짐승의 가죽을 걸치고 엉덩이에는 말꼬리를 달고 맨발로 펄쩍펄쩍 뛰고 있다. 중국 신양信陽의 무덤에서 출토된 담쟁이에도 선진시대 무당의 형상이 그려져 있다. 이 무당은 새의 날개를 상징하는 망토를 몸에 걸치고 머리에는 마치 새의 볏처럼 세 개의 뿔을 쓰고 있다.

무당 문화는 원시 문화의 대표적 양식이다. 무술은 의식, 주문, 부적, 법술 같은 요소로 구성된다. 무술의 도구도 벽사와 저주용 물건, 신의神衣, 신도神刀, 신고神鼓, 신전神箭 등으로 매우 다양하다. 무당들은 또 정무正巫와 부무副巫의 구분을 두고 금기와 사승 관계, 무당으로서의 활동과 특수한 생활 방식을 대단히 중시한다. 원시사회에서 무당은 사람과 자연의 투쟁을 위한 부속 수단으로서 무술을 이용하여 원시인들에게 일정한 의식과 신앙심을 전해주었다. 무당은 자연현상에 대한 해석(대부분 황당무계한 해석)을 통해 원시 인류에게 막강한 자연에 대한 자신감을 불어넣어 주었다. 그러나 사회가 발전하고 인류에게 자연을 통제하는 능력이 생김에 따라 무술은 그 낙후성이 현저해지고 후대의 무당들은 재앙으로부터 사람들을 구제해 주는 역할이 크게 줄어들었다. 결국 그들은 무술을 이용해 속임수를 쓰거나 사람의 마음을 불안하게 함으로써 오히려 사회에 부정적 영향을 미치게 되었다.

세계 각국에서 오래전부터 무술을 엄금하고 무당을 무겁게 처벌한 이유가 바로 이것이다.

고대 중국에서는 무술이 상당히 발달했다. 무당들은 각종 사회 활동에 광범위하게 참여하고 사회의 중요한 한 계층을 차지했다. 계급사회가 되어서도 무당의 지위는 곧바로 떨어지지 않았다. 통치 계급 밑에서 일정한 특권을 가지고 제사나 기복 활동에 종사했던 것이다. 황제의 아들 소백고少白皐 때부터 무술은 제사 문화의 한 구성 성분이 되기 시작했다. 당시 사람들은 누구나 제사를 할 권리가 있었고 누구나 무당이 될 수 있었다. 은상殷商 때에는 직업적인 무당이 출현한다. 『상서尙書』에 등장하는 당시 가장 유명했던 무당 무함巫咸은 상대의 명신名臣이었다. 『여씨춘추呂氏春秋』에는 "무함이 점대로 점을 쳤다"는 기록이 있다. 무함을 점대 점의 발명자로 본 것이다. 은상, 서주 때에는 상류 계층의 무당인 궁정 무당이 있었다. 이들은 지위가 왕조의 제사祭司에 상당했으며 군사와 정치적 대사의 성패를 점침으로써 상당한 발언권을 가졌다. 하, 상, 주 3대의 관리 제도에서 무巫와 사史는 제사祭事와 기사記事의 직무를 모두 수행했다. 하층 사회의 무당은 돌팔이 의사를 겸했기 때문에 흔히 '무의巫醫'라 불렸다. 진한 이후로 무당은 정치 투쟁의 주구가 되어 황당한 설들로 통치자가 백성들을 속이는 데 일조했다. 그래서 무당은 사회적 이미지가 점차 천박한 쪽으로 굳어졌으며, 이는 사회 발전으로 인한 필연의 추세였다.

1-9-4 토지土地 무료仫佬족 가면

전국시대 이후로 무당은 아무런 지위도 누리지 못했다. 심지어 근대의 여자 무당은 몸을 파는 가녀歌女로 몰락하기도 했다. 사정이 이러한데도 어느 시대든 항상 무당이 존재했던 이유는 뭘까? 이는 각 시대 통치 계급의 성향과 관계가 깊다. 입으로는 무당과 무술을 반대하면서도 실제로는 그들의 말을 믿고, 민간에서는 무술을 반대하는데도 상층에서는 오히려 비호해 줬던 것이다. 중국 무술의 또 한 가지 특징은 바로 무술의 종교화이다. 무술은 도교를 비롯한 종교의 부속품이 되었고 바로 이 종교 때문에 오랜 생명을 유지할 수 있었다. 그러나 역사적으로 무술은 종교와 첨예한 대립을 보이기도 했다. 불교의 전파는 중국 본토의 무술에게 재앙이나 다름없었다. 무당들은 자신의 무술이 모든 신령의 비호를 받아야 하기 때문에 어떤 특정 신을 믿어야 한다고 주장하지 않는다. 무당의 눈에는 천지 사이의 모든 것이 곧 신령이었다. 이는 종교적 신 관념의 배타성과는 완전히 다른 것이다. 무술은 실용을 추구했으나 종교의 힘은 바로 신앙에 있었다. 따라서 무당이 대부분 종교가 없거나 종교적 영향이 덜한 지방에 존재하는 것은 대단히 자연스러운 현상이다.

10. 마조媽祖

'동방의 메카'를 아는가? 음력 3월 23일은 중국 동남 해안 사람들이 신봉하는 여신 마조의 탄신일이다. 매년 이날이 되면 수많은 마조의 신봉자들이 복주 보전莆田 미주湄州의 마조 사당으로 와서 소원을 빈다. 마조가 이처럼 큰 영향력을 미치고 있기 때문에 사람들은 미주의 마조 사당을 '동방의 메카'에 비유하곤 한다.

1-10-1 마조
대만 민간 신상

세계적으로 봐도 해안선을 낀 나라는 어김없이 고유의 해신을 숭배한다. 마조는 바로 중국 동남 연안의 해신으로 민간에서는 해신낭랑海神娘娘이라 부르기도 하고 천비天妃, 천후天后라고도 한다. 마조는 그중에서도 가장 흔히 불리는 이름이다. 동남 해안에 퍼져 있는 각종 형식의 마조 사당(천후궁天后宮)에서 마조의 향불은 끊임없이 타오르고 있다. 내륙의 민간신앙

1-10-2 마조
복건의 전지

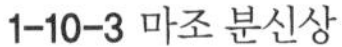
1-10-3 마조 분신상

1-10-4 마조

1-10-5 천후낭랑

에서는 '옥황대제'를 천계의 최고신으로 여기나 동남 해안과 대만 지역에서는 마조를 보호신으로 받들어왔다. 대만만 해도 마조 사당이 8백 곳에 이르며 대만인의 80%가 마조를 신봉한다. 마조신앙은 중국 동남 해안뿐 아니라 해외에도 상당한 영향을 미치고 있다. 동남아시아에서 유럽, 북아메리카 등지까지 마조의 신봉자들이 퍼져 있기 때문이다.

마조의 전설은 북송 때부터 시작되었다. 전설에 따르면 마조는 성이 임林, 이름이 묵默으로 962년에 복건 보전 미주에서 도순검都巡檢 임원林愿의 여섯째 딸로 태어났다. 어머니 진陳씨는 관음보살이 우담바라꽃을 주어 그것을 먹는 꿈을 꾸고 아이를 가졌다고 한다. 엄마 뱃속에서 나온 아이는 울지도 않았고 그래서 아버지는 '묵默'이라는 이름을 지어주었다. 임묵에게는 오빠와 동생이 네 명 있었고 평소 그들은 고기잡이를 업으로 삼았다. 하루는 낮잠에 든 임묵이 한참이 지나도 깨어나지 않자 부모는 딸에게 탈이 생긴 줄 알고 큰 소리로 깨웠다. 잠에서 깬 임묵이 몹시 힘든 듯 말했다. "오빠랑 동생을 지켜주려는데 왜 깨웠어요. 큰일 났단 말이에요!" 하지만 부모는 대수롭지 않게 생각했다. 며칠 후 바다에서 돌아온 임묵의 형제들은 통곡을 멈추지 않았다. 사흘 전에 큰바람이 불어 파도가 하늘을 덮치면서 큰형은 바다에 빠져 죽고, 바로 그때 나타난 한 여신이 나머지 세 형제를 구해주어 무사히 집으로 돌아올 수 있었다는 것이었다. 그제야 부모는 며칠 전에 딸이 한 말이 생각났고 딸이 형제들을 구했다고 여기게 되었다. 임묵은 어려서부터 바다와 함께 생활해 물의 성질에 익숙할 뿐 아니라 음양과 천문에 길흉까지 점칠 줄 알아서 그전에도 이웃이나 바다로 온 타 지방 사람들을 여러 차례 구해준 적이 있는 터였다. 이후 임묵은 28세에 사람을 구하기 위해 바다로 나갔다가 목숨을 잃고 만다. 은혜를 입은 사람들은 그녀가 신선이 되었다고 여겨 그동안의 미담을 이야기로 엮어 전하고 사당까지 지어 기념해주었다. 이렇게 해서 중국 최초의 해신 사당이 탄생한 것이다. 이때가 987년, 즉 북송 태종太宗 옹희雍熙 4년이었고 이후 해신 사당은 마조 사당으로 불리게 된다.

이와는 다른 설도 있다. 임묵은 돌도 되지 않아 신상神像을 보고 경건하게 합장을 했고 어려서는 혼자서 조용히 책 읽기를 좋아했다. 그러던 어느 날 기이하게 생긴 한 도인이 임묵의 집 앞을 지나다가 임묵의 마음이 이미 열려 있음을 알고 곧바로 제자로 삼아 '현미진법玄微眞法'을 전수해 준다. 이때부터 임묵은 신력神力이 생겨 사람들의 길흉을 점치고 병을 치료해 주고 재난에서 그들을 구해주었다. 임묵은 바닷가에서 20여 년을 보낸 어느 날 언니에게 이렇게 말한다. "멀리 떠나야겠어!" 그러고는 곧 배를 타고 떠나 돌아오지 않았다. 사람들은 그가 하늘로 올라갔다고 여겼다. 이렇게 해서 임묵은 도교의 여신 중 한 명이 되었다.

1-10-6
마조, 천리안, 순풍이順風耳

청 요복균姚福均의 『주정여문鑄鼎餘聞』에 따르면, 송 선화宣和 5년(1124)에 고려로 떠난 사신의 배 여덟 척이 폭풍을 만나 그중 일곱 척이 침몰하고 나머지 한 척은 어떤 여신이 돛대로 내려와 화를 면할 수 있었다고 한다. 이 일을 조정에 보고하자 황제는 곧 해신의 사당에 '순제順濟'라는 편액을 하사한다. 민간에서는 금군金軍과의 전투에서도 마조가 세 차례나 도움을 주어 송군이 승리를 거둘 수 있었다는 전설이 전해진다.

남송의 대학자 홍매洪邁는 『이견지지夷堅支志』에서 이렇게 썼다. "흥화군興化軍 경내에 임부인의 사당이 있었다. 영험함이 서려 있는 사당이었다. 바다로 들어가려는 사람은 반드시 그곳으로 가서 기도를 올린 다음에야 갈 수 있었다." 당시 마조는 이미 해신의 신분으로 사람들에게 널리 받아들여졌고 조정에서는 그녀를 '영혜부인靈慧夫人'으로 봉했다.

원대에는 해운업이 큰 발전을 이루어 마조에 대한 숭배도 훨씬 깊어졌다. 이에 따라 마조는 '천비天妃'로 봉해진다. 사서의 기록을 볼 때, 동남 해안 일대에서는 민간에서뿐 아니라 관부에서도 고기를 잡으러 바다로 나가거나 출항을 할 때면 꼭 마조에게 안전을 기원했다. 특히 관부에서는 중대한 해상 활동을 벌일 때면 반드시 마조의 사당으로 가서 길흉을 점치고 난 다음에 바다로 나갔다.

명대에는 중국의 항해 사업이 최고조에 이르면서 마조신앙도 크게 성행하고 마조의 전설 역시 많은 내용이 더해졌다. 그래서 중요한 인물과 사건들이 마조와 함께 이야기되곤 했다. 민간 전설에 따르면, 당시 정화鄭和는 몸에 낭랑의 호신부를 차고 무사히 서양 원정을 마칠 수 있었다고 한다. 또 정성공鄭成功도 대만을 수복할 때 마조의 보호와 도움을 받았다고 한다. 명대에는 마조를 '천사天使'로 봉하고, 명대의 마지막 황제 숭정崇禎은 그녀를 '벽하원군碧霞元君'으로 받들었다.

청대에도 마조신앙은 계속 성행한다. 청초에 마조는 청 해군이 남쪽 정벌에서 승리할 수 있도록 도와 주었다 하여 '천후天后'와 '천상성모天上聖母'로 봉해졌다. 마조의 사당이 '천후궁'으로 불린 게 이때부터다. 그뿐 아니라 조정에서는 마조의 탄신일과 승천일에 대신을 보내 후하게 제사를 지내고 국가의 공식 의례로 포함시켰다.

1-10-7 천후성모
남통南通의 전지

마조신앙은 중국 해상교통의 발전과 수많은 화교들 덕분에 해외로까지 퍼져 나갔다. 가장 멀리까지 퍼진 유럽의 프랑스, 덴마크 등지를 포함하여 전 세계 마조 신도의 수는 1억 명이 넘는다. 외국인들은 마조를 '중국의 여자 해신'이라 부르며, 일본에서는 마조를 주신으로 모시는 '천모교天母教'가 탄생하기도 했다. 마조가 태어난 복건의 작은 섬 미주에는 매년 해외의 수많은 마조 신도들이 성지순례를 온다. 특히 음력 3월 23일과 9월 9일이 가장 붐빈다.

현재 중국 전국의 마조 사당은 약 1천여 곳에 이른다. 그러나 마조의 원조 사당이라고 일컫는 곳은 복건 보전 미주의 마조 사당, 천진의 천후궁, 대만 북항北港의 마조 사당 세 군데뿐이다.

마조신앙의 사회적 영향이 도교와 근본적 관계가 있기 때문에 송대부터는 도교가 마조를 자신의 체계 안으로 끌어들인다. 사료의 기록에 따르면, 당시 마조의 사당과 궁관의 대부분을 도교가 대신 관리하면서 마조는 도교의 여신 중 하나로 굳어졌다. 명대에는 정통 도교 경전인 『도장道藏』「동신부洞神部」에 『태상노군설천비구고영험경太上老君說天妃救苦靈驗經』을 포함시켰다.

불교 역시 마조를 받아들이겠다는 뜻을 표했다. 특히 청대에는 민족 문제가 종교 문제로까지 번졌으므로 통치자들은 도교에 대해 강력한 제한 조치를 취한다. 이때 수많은 도교 궁관이 불에 타거나 불교 사원으로 바뀌었다. 이런 상황에서 불교는 마조의 사당을 받아들이기 시작하고 어떤 경우에는 마조의 제사 활동을 직접 관장하기도 했다. 명청대에 민간의 불교와 도교는 사실상 구분이 이미 모호해졌으며, 마조신앙 역시 청대에 이르면 삼교三教가 혼합되는 상황에 이른다.

마조신앙은 북송 때 탄생했다. 남을 돕는 것을 기쁘게 여기는 전통 미덕과 바닷가라는 특수한 상황이 어울려 탄생한 것이다. 훗날 도교는 재빠르게 민간의 전설을 흡수하여 마조를 도교 신의 계보에 편입시킨다. 이렇게 해서 마조는 최초의 원형과는 달리 미덕에 신성이 더해진 모습이 되었다. 인간세상으로 내려와 미래를 내다보고 사람들을 위급함에서 구해주는 천상의 옥녀가 된 것이다.

1-10-8 천비
명간본『삼교수신대전』

마조 전설은 동남 해안에서 처음으로 전파되었기 때문에 그쪽 지역의 문화적 특징이 깊게 스며 있다. 행상을 하고 사업을 하고 전쟁을 벌이고 재앙과 싸우는 등의 모든 일에서 마조만 경건하게 믿으면 원하는 바를 이룰 수 있다고 믿었다. 마조신앙에서 마조는 항해의 신이라는 단조로운 역할을 이미 넘어서 세상의 모든 화복을 주재하는 신선이 되었다.

11. 문신門神

중국 전통문화에서 문신은 상당히 눈여겨 볼 만한 문화 현상 중 하나이다. 문신 전설은 전파 범위가 다른 어떤 전설과도 비견될 만큼 광범위하며, '대문을 지키고 삿된 것을 몰아내는' 실용성까지 갖추고 있다. 뿐만 아니라 문에 붙이는 장식의 기능도 적지 않다. 사람들에게 가장 익숙한 문신 이야기는 역시 진경秦瓊과 위지공尉遲恭에 관한 것이다. 『서유기』 제10회에 문신의 내력에 관한 상세한 묘사가 있다. 대강의 내용은 이렇다. 당 태종이 꿈에 경하涇河의 늙은 용을 구하려다가 실패했다. 그러자 용은 피가 뚝뚝 떨어지는 자기 머리를 들고 태종에게 따져들었다. 태종은 온몸에 땀을 뻘뻘 흘리며 밤새도록 뒤척이다가 정신까지 혼미해져 6일 동안 조회에 나서지 못했다. 진경과 위지공은 이 사실을 알고 태종을 문밖에서 지켜준다. 두 장군이 문 옆에 시립해 있자 삿된 기미가 조금도 보이지 않았고 그날 밤 태종은 궁에서 편안히 잠들었다. 다음날 태종은 두 장군을 불러 무거운 상을 내리고 노고를 치하한다. "짐이 병을 얻어 며칠이나 잠에 들지 못했소. 하나 지난밤은 두 장군의 위용 덕에 편히 쉴 수 있었소. 경들은 일단 돌아가 쉬었다가 밤이 되면 다시 나를 지켜주길 바라오." 둘은 며칠 밤을 새며 황제의 곁을 지켰다. 그러나 병이 더 깊어짐을 느낀 태종은 두 장수가 계속 수고해 주기만을

1-11-1 문신
명간본 『삼교수신대전』

바랄 순 없었다. 태종은 여러 신료들을 불러 분부한다. “요 며칠 짐은 푹 쉴 수가 있었소. 하나 두 장수는 며칠 밤을 새며 고생이 이만저만이 아니었소. 그래서 짐은 솜씨 좋은 단청수를 불러다가 두 장군의 모습을 그대로 그리게 하려는데 경들의 생각은 어떻소?” 신하들은 황제의 뜻에 따라 두 명의 단청수로 하여금 진경과 위지공의 모습을 똑같이 그리도록 했다. 이 그림들을 문에 붙여놓자 밤에 아무 일도 생기지 않았다.

1-11-2 위지공과 진숙보
청대 양현洋縣의 문신

하남 안양安陽의 은허 유적에서는 문신의 남상이라 할 만한 문물이 출토되었다. 당시 사람들은 물소의 두개골로 궁문을 장식했다. 상서롭지 못한 기운을 막기 위함이었다. 이것이 나중에 가면 고대의 대문에서 흔히 볼 수 있는 ‘포수鋪首(짐승 머리 모양의 문고리 장식)’로 발전한다.

포수는 대부분 짐승의 모습이다. 이는 벽사辟邪의 기능과 관련이 있다. 옛 사람들은 짐승의 사나움으로 악귀의 공포를 대적할 수 있다고 보았다. 그래서 한대에는 문에 호랑이를 그리는 풍습이 유행했다. 백수의 왕 호랑이가 악귀까지 잡아먹을 수 있다고 믿은 것이다. 뿐만 아니라 닭, 개, 소 등의 가축을 포수로 쓰기도 했다. 송대의 심괄沈括은 『몽계필담夢溪筆談』에서 흔하지 않은 포수인 ‘게’ 포수에 대해 쓰기도 했다. “중원에는 게가 없다. 원풍元豊(북송 신종神宗 때의 연호) 연간에 나는 섬서陝西에 있다가 진주秦州의 어떤 사람이 마른 게를 얻었다는 얘기를 들었다. 지역 주민들은 흉측하게 생겼다며 그것을 괴물로 여겼다. 누가 병에 걸렸을 때 그것을 빌려다가 문에 걸어두면 차도가 있곤 했다. 사람들도 그것이 무엇인지 모르고 귀신도 몰랐던 것이다.”

『산해경』에 이런 기록이 있다. "망망대해에 도삭度朔이라는 산이 있다. 그 위에는 구불구불 3천 리나 되는 큰 복숭아나무가 있는데, 가지 사이 동북쪽의 귀문鬼門이라는 곳은 온갖 귀신들이 드나드는 문이다. 그 위에는 두 명의 신이 있다. 한 명은 신도神荼, 한 명은 울루鬱壘로 이들은 온갖 귀신들을 감독하고 거느린다. 악귀가 있으면 갈대 줄로 잡아다가 호랑이에게 먹이로 준다. 그래서 황제는 예를 차려 때에 맞춰 그들을 쫓아냈으며, 큰 복숭아인간을 세워두고 문에 신도, 울루, 호랑이 그림을 그리고 갈대 줄을 걸어 흉악한 악귀를 다스렸다." 흉악한 악귀는 형체가 있었으므로 잡아다가 호랑이 먹이로 줄 수 있었다.

벽사의 역할을 했던 신도와 울루가 바로 훗날 문신의 추형이 된다. 당시 신도와 울루는 복숭아나무 신선의 신분으로 문신에 충당되었다. 『예문유취藝文類聚』에서는 "복숭아나무는 오목五木의 정수이다. 지금도 복숭아나무 부절을 문에 붙여 삿된 기운을 누르는데, 이는 복숭아나무가 신성한 나무이기 때문이다"라고 했다. 관련 연구에 따르면 원시사회 때부터 이미 복숭아나무를 신목神木으로 간주했다고 한다. 그러나 복숭아나무 신인 신도와 울루를 문 위에 건 것은 한대부터이다. 한대의 대학자 정현鄭玄의 『예기禮

1-11-3 포수
섬서 수덕綏德의 한대 화상석

1-11-4 신도와 울루
명간본 『삼교수신대전』

1-11-5 당이 종규를 진사로 봉하다
안휘 목각 판화

記』「상대기喪大記」 주석을 보면 "문신에게 예를 올리다", "문신에게 반드시 예를 올리다" 등의 말이 있다. 한대의 민간에 이미 문신 숭배 사상이 퍼졌음을 알 수 있는 대목이다. 이후 문신 문화는 끊임없이 내용이 풍부해져 중국의 독특한 문 장식 예술로 점차 발전해 간다.

신도와 울루 문신에 원시 토템 숭배의 흔적이 남아 있다고 한다면, 진경과 위지공 문신은 현실적 색채가 훨씬 강하고 그만큼 짙은 공리주의 사상을 볼 수 있다. 문신의 임무는 문을 지키는 것이다. 따라서 무예가 뛰어나고 힘이 넘치고 남자답고 용맹스런 장군이 가장 이상적이다. 진경과 위지공이라는 두 영웅적 인물을 문신으로 높인 이유도 바로 이 때문이다.

문신은 상대를 압도하는 위엄이 있어야 한다. 그래야 적을 물리치고 주인의 문을 지킬 수 있기 때문이다. 그러나 이건 한 측면일 뿐이다. 더욱 중요한 것은 역시 주인에 대한 깊은 충성심이며, 이야말로 문신이 되기 위한 가장 큰 전제이다. 이는 군주에게는 무조건 충성을 바쳐야 한다는 역대 통치자들의 사상이 그대로 반영된 문화적 현상이기도 하다. 진경과 위지공은 탁월한 전공으로 사람들의 존경을 받던 대장군들이었다. 이런 그들이 당 태종을 위해 밤새도록 당직을 서자 황제 스스로도 미안했던지 '수고했다' 는 빈말과 함께 종이 사람으로 그들을 대체했다. 그렇지 않았다면 두 사람은 계속 문 앞에 서 있어야 했을 것이다.

1-11-6 주선진朱仙鎭의 종규 지마紙馬(청대)

충성이 가장 중요한 요건이므로 충신이라면 누구나 문신이 될 자격이 있다. 당 태종의 또 다른 충신 위징魏徵과 전설 속 인물 종규鐘馗 역시 훗날 문신으로서 대문에 붙여졌다. 당대에는 종규가 귀신을 먹었다는 전설이 유행했다. 송대 심괄의 『몽계필담』에 기록된 이야기는 이렇다. 당 태종이 밤에 꿈을 꾸었는데, 하나는 크고 하나는 작은 귀신 둘이 다가오더니 그중 큰 귀신이 말했다. "신은 종씨鐘氏로 무과에 급제하지 못한 선비입니다. 폐하를 위해 천하의 요괴들을 없앨 것을 맹세합니다." 저승의 충신이 들어와서인지 잠에서 깬 태종은 몸이 훨씬 건장해진 느낌을 받았다. 그래서 유명 화가 오도자吳道子를 불러 꿈에서 본 사람의 모습을 그리도록 한다. 당 태종은 그림을 한참 주시하다가 손으로 책상을 치며 감탄한다. "경과 짐이 같은 꿈을 꾸었나. 어찌 이리도 똑같단 말인가!" 이때부터 종규의 그림이 곳곳으로 퍼져 나가기 시작했고, 자연스럽게 종규는 대문에 붙이는 문신이 되었다.

1-11-7 청대의 조자룡 문신

1-11-8 문무 문신
섬서 봉상鳳翔

1-11-9 삼성三星 문신
산동 양가부楊家埠

경학자의 고증에 따르면 종규 이야기는 당대보다 훨씬 이전에 이미 존재했다고 한다. 그중에서 가장 이른 기록은 『좌전』의 '종규씨終葵氏'로 거슬러 올라간다. 그러나 우리는 사악함을 물리치는 종규의 역할에 현혹되어서는 안 된다. 문신을 받드는 여러 이유의 시작은 역시 충성이기 때문이다. 바로 이 충성 때문에 통치자들은 신속하게 문신을 받아들이고 전파하고 심지어 만들기까지 했다.

민간에서는 위에서 언급한 문신들 외에 온교溫嶠, 악비岳飛, 손빈孫臏, 방연龐涓, 소하蕭何, 한신韓信, 조운趙雲, 마초馬超, 마대馬岱, 배원경裴元慶, 이원패李元霸, 설인귀薛仁貴, 초찬焦贊, 맹량孟良, 양연소楊延昭, 목계영穆桂英 등도 그렸다. 그중에서 짝으로 대문에 붙이는 온교와 악비가 가장 유명하다. 소위 '온악이신'이 바로 그것이다. 이 문신들은 용맹스럽든 지혜가 뛰어나든 하나같이 충신들이다. 충성은 곧 그들의 공통된 특징이었다.

민간의 문신에는 이외에도 희신喜神, 유해劉海, 여의장원如意壯元, 송자관음送子觀音, 초재동자招財童子, 화합이선和合二仙 등도 있었다. 이들은 비교적 늦은 시기인 명대 이후에 탄생한 문신들로, 당시는 자본주의가 싹트던 단계라 재산이나 이익 같은 현실적 문제와 관련되는 경우가 많은 대신 무용武勇의 분위기는 희미해졌다. 사회적 가치관에 분명한 변화가 온 것이다.

1-11-10 오자五子 문신
산동 양가부

문신 문화는 중국의 종교 문화에도 영향을 주었다. 보통 중국의 사찰은 속칭 '형합이장哼哈二將'이라는 금강金剛 장수 둘이 사찰 문을 지킨다. 불경에서 금강역사라 부르는 이들은 금강저를 쥐고 불법을 지키는 임무를 맡고 있다. 그러나 중국인들 사이에서는 사찰 문신의 이미지가 강하다. 도교 전적에는 하늘의 문을 지키는 세 장수인 '천문삼장군天門三將軍'이 등장한다. 이 역시 민간 문신 숭배의 영향으로 볼 수 있다.

민간에서 가장 오랫동안 가장 넓은 지역에 퍼진 문신은 진경과 위지공이다. 신상의 양식에서도 이 둘은 대표성을 지닌다. 그들은 서 있기도 하고 앉아 있기도 하고, 길을 가거나 말을 타기도 하고, 도포를 걸치거나 갑옷을 입기도 하고, 채찍을 휘두르거나 금강저를 쥐는 등 다양한 모습을 하고 있다. 신상 옆으로는 흔히 '예전에는 당의 장수, 지금은 집을 지키는 신'이라는 대련이 걸린다.

문신의 양식 중에는 글자로 그림을 대신한 것도 있었다. 『효감현지孝感縣志』의 "형상을 그리지 않으면 붉은 종이에 신도와 울루라고 써서 그것을 대신했다"는 기록이 이를 말해준다.

1-11-11 신도와 울루
천진 양류청楊柳青

문신의 숭배는 풍성한 전통문화의 내용을 포함하고 있다. 과거 학자들은 그중에서 민속적인 측면에 주의를 기울였지만 사실 통치 계급의 사상 역시 이런 숭배 문화에 깊은 낙인을 찍었다. 문신 문화의 많은 요소들 중에 충성과 용맹이 가장 근본이고 그중에서도 충성이 가장 핵심이다. 문신이 수천 년을 전해 내려오고 황실과 민간 모두에서 받아들여진 것은 바로 충성이라는 이 근본정신 때문이었다.

12. 조신竈神

"백성은 먹을 것을 하늘로 삼는다"는 중국 역사의 가르침은 누구든지 명심할 필요가 있다. 그리고 이 가르침과 가장 밀접한 관련이 있는 신이 바로 조신(부뚜막 신)이다. 인가가 있는 곳이라면 어디든 부엌이 있고, 부엌에는 조신이 있게 마련이다.

민간에서 조신은 조군竈君, 조왕竈王, 조왕 할아버지 등으로 불린다. 매년 춘절이 다가올 때면 집집마다 조신을 하늘로 보냈다가 다시 청해 오는 의식을 치른다. 민간에는 "섣달 12월 23일에 갔다가 정월 보름에 다시 온다"는 설이 전해진다. 전설에 따르면 이 조신은 옥황대제가 인간세상의 집집마다 파견한 특별 사신이라고 한다. 다른 신선들과 달리 조신은 숫자가 엄청나게 많다. 옥황상제가 조신을 '사명주司命主(운명을 주관하는 신)'로 임명하여 인

1-12-1 조신
명간본『삼교수신대전』

1-12-2 조왕
하북 무강武强의 목판화

간세상의 집 숫자만큼 파견하기 때문이다. 조신의 임무는 인간의 선악을 파악해서 매년 12월 23일에 하늘에 '보고'하는 것이다. 옥황상제가 상벌의 근거로 삼기 위함이다. 그래서 조신은 어느 집이나 꼭 모셔야 하는 신이다. 조신의 신위는 일반적으로 부엌 벽에 세운다. 조신은 부녀자와 어린아이들까지 모두 아는, 사람들의 향불을 가장 많이 받는 민간신앙의 가장 보편적 신선이라 할 수 있다.

1-12-3 조왕 할아버지, 조왕 할머니

그렇다면 조신은 대체 누구일까? 역사적으로 조신에 관한 전설은 대단히 풍부하다. 어떤 전설은 남자이고 어떤 전설은 여자이다. 또 어떤 전설에서는 그가 장씨張氏라고도 한다. 이렇게 갖가지 설이 있다 보니 실마리를 잡기가 쉽지 않다. 옛사람들은 왜 조신이라는 존재를 만들어내려고 했을까?

조신의 전설은 원시 인류의 불에 대한 자연숭배에서 기원한다. 당시 사람들은 장기간의 경험을 통해 불을 이용하고 불씨를 지키는 방법을 알게 되었다. 인공으로 불을 만들어 물을 끓이고 밥을 짓기 시작하면서 부엌은 집안 살림에 절대 없어서는 안 될 요소가 되었다. 사람들은 불이 빛을 가져다주고 산 것을 익혀 배탈이 나지 않게 할 수 있으며 추운 겨울을 따뜻하게 보낼 수 있게 해준다는 것을 알았다. 동시에 그들은 불을 통제하지 못하면 상상조차 힘든 재앙이 닥쳐온다는 것도 알게 되었다. 그래서 원시 인류는 불을 숭배하는 한편 그것을 두려워했으며 어떻게든 불씨를 계속 살릴 방법을 찾으려 했다. 숭배와 두려움이 공존하는 상태에서 그들은 불이 가져다주는 온

1-12-4 조군竈君

기와 빛을 계속 누리고 싶었다. “만물에 영혼이 깃들어 있다”는 관념의 영향으로 사람들은 불을 조종하는 신, 즉 사람들이 불을 가져다 쓰는 것을 조절하는 신이 있다고 상상하게 되었다. 이런 이유로 ‘아주 자연스럽게’ 음식과 부엌을 관장하는 신인 조신이 만들어지게 된 것이다.

조신의 구체적인 유래에 대해서는 설이 분분하다. 원시시대 모계씨족사회에서 중국 최초의 조신은 여성이었다. 『장자莊子』에서는 그녀가 “붉은 옷을 입은 아름다운 여인의 모습이다”라고 했다. 나중에 조신의 모습은 곤륜산 위의 한 ‘선취先炊’, 즉 최초로 불을 때서 밥을 지은 노부인으로 바뀌었다. 『경조전서敬竈全書』 「조왕경竈王經」에서는 “조신은 곤륜산에 살며 이름은 종화노모원군種火老母元君이라 한다”고 했다. “위로는 천계와 통하고 아래로는 오행을 총괄하며 신명에 통달하고 음양을 살핀다. 인간세상에서 사명司命이 되어 수명의 길고 짧음, 부귀와 빈천을 주관하며 사람의 관직과 봉록을 관장한다.” 이 노인의 수하에는 오방五方의 오제五帝, 조군竈君, 조자竈子, 조손竈孫, 그리고 유화동자游火童子 등 36명의 신이 있다. 그녀는 사람들이 사는 집을 전문적으로 관리하고 집안 사람들의 선악을 하나하나 기록하여 한밤중에 하늘궁전에 아뢴다. 붉은 옷의 미녀가 조신 할머니로 바뀐 것은 진중한 신이어야 조신의 직책을 맡을 수 있다고 보았기 때문일 것이다. 이렇게 형상이 바뀐 후에야 조신 할머니는 조왕 할아버지와 어깨를 나란히 하고 인간세상의 엿을 함께 맛볼 수 있었다.

모권제가 부권제로 바뀌면서 조신 역시 점차 여성에서 남성으로 변한다. 한대 이후에는 남자 조신이 등장했다. 당시의 조신은 사람들의 존경을 한 몸에 받아 제수용품의 규격도 사직의 신과 동등한 수준이었으며 조왕의 역을 담당하는 사람 역시 함부로 무시할 수가 없었다. 허신의 『오경이의五經異義』에 따르면, 전욱顓頊(전설 속 오제 중 한 명으로 황제의 손자로 알려져 있다)의 아들 여黎가 축융화왕祝融火王이 되어 제사 때는 그를 조신으로 삼았다고 한다. 『회남자淮南子』 등의 책에서는 고대 신화 속 인물 염제炎帝를 조신으로 간주했다. 고대인들은 염제를 불의 신으로 여겼다. 전설에 따르면 축융은 염제의 신하였다고 한다. 하지만 그가 염제와 다른 점은 바로 전문적인 불의 신으로 혁혁한 명성을 누렸다는 것이다. 사람들은 더없는 존경을 받는 염제와 화신 축융에게 조신의 역을 맡기고 조왕의 신직은 사람들의 음식을 관장하는 것이라 여겼다. 조신의 남성 신분이 확정되자 사람들은 옥황대제의 딸을 부인으로 삼아주었다. 나중에는 '조왕 할머니'가 인간세상의 연기와 불을 즐긴다는 설까지 등장한다. 조왕 할머니는 매년 섣달 23일에 천궁으로 갔다가 30일에 돌아와 천하의 백성들에게 먹고 마시고 입을 것들을 주었다. 그래서 사람들은 폭죽과 종이와 구운 전병으로 그녀를 환영했다. 이때 사람들은 조

1-12-5 조마竈馬
산동 유현濰縣의 연화
가운데층이 조왕, 위층이 재신財神과 화합이선和合二仙,
아래층 가운데는 문신, 양쪽은 팔선八仙이다

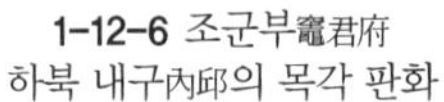
1-12-6 조군부竈君府
하북 내구內邱의 목각 판화

1-12-7 조왕 할아버지
산동 유현의 목각 판화

신의 공덕에 감사하고 그를 찬양하기 위해 부엌에서 제사를 지낸다. 불에 대한 숭배가 화신의 숭배에서 조신의 숭배로 전환된 것은 생산력의 발전과 인류 사회의 변화가 체현된 결과이다.

한대 이후에는 조신에 관한 전설이 갈수록 풍부해져서 서로 다른 이름의 조왕들이 출현한다. 그중 가장 널리 퍼진 조신은 장단張單이다. 장단은 자가 자곽子郭이다. 음력 월말마다 그는 그 달의 집안일을 모아서 천제에게 보고한다. 천제는 장단을 무척 신임하므로 그의 보고에 따라 상벌을 내리곤 한다. 『경조전서』「진군권선문眞君勸善文」에서는 조왕이 "집안의 향불을 받아 그 집안의 안녕을 보장해 주고, 집안의 선악을 살펴 공과功過를 아뢴다"고 했다. 장단이 잘못을 저질렀다고 보고한 사람은 큰 죄의 경우에는 수명에서 3백 일을 감하고 작은 죄도 1백 일이나 수명을 감했다. 집안에서 백성들은 거리낌없이 말하고 행동했으나, 장단이 오고 난 후에는 마음대로 할 수가 없었다. 잘못해서 그가 천제에게 일러바치기라도 하면 큰일이기 때문이었다. 그렇다고 이 신을 원망하고 미워할 수만은 없었다. 자칫하면 벌을 받을 수도 있었기 때문에 심지어는 그에게 잘 보이려고까지 했다. 더 나아가 사람들은 가난한 사람은 진심으로 조신에게 제사를 올려도 좋은 보답을 못 받고, 값비싼 제수용품을 들이는 부자들은 갈수록 부자가 된다고 생각했다. 인간세상의 더러운 관직 사회처럼 조신도 분명히 뇌물을 좋아하리라 본 것이다. 사람들은 장단이 사소한 내용도 일러바치지 못하도록 갖은 꾀를 동원했다. 그래서 매년 12월 23일에 부뚜막 앞에 엿을 잔뜩 쌓아놓고 살살 녹였다. 조신이 말랑해진 엿을 먹으면 이가 딱 달라붙어 말을 하지 못하고, 말을 하더라도 좋은 말밖에 하지 못할 것이었다. 사람들은 그를 하늘로 전송하면서 그의 그림 형상 옆에 이런 대련까지 붙였다. "하늘에서는 좋은 말을 해주시고, 인간세상에는 기쁜 일을 내려주소서." 또 제사를 지내는 도중에는 "좋은 말은

1-12-8 조신
산동 신강新絳의 목각 판화

1-12-9 조왕 할아버지
하남 주선진朱仙鎭

많이 해주시고, 좋지 않은 말은 적게 해주소서"라는 말을 끊임없이 중얼거렸다.

봉건통치자들은 통치 제도를 유지하고 백성들이 복종하도록 하기 위해 조신이 사람의 운명을 관장한다는 신화를 날조해 냈다. 탈없이 잘살려면 누구든 지주에게 순종하고 정권의 통치와 윤리도덕의 지배를 받아야 했다. 조왕의 행위는 곧 봉건시대 관리의 모습 그대로였다. 초하루와 보름마다 먹을 것을 바치고, 하늘에 보고할 때는 고기와 술, 엿 등의 뇌물을 더 얹어주어야 했다. 좋은 대접을 해준 집은 하늘로 올라가 좋은 말을 해준 반면, 가난한 집은 장단의 입을 막을 만한 음식이 없어 안 좋은 일이 모두 하늘에 보고되었다.

조신은 천제가 인간세상을 살필 수 있는 하나의 경로였다. 사람들은 권선징악을 실행할 수 있는 신의 힘을 통해 인간의 악행을 막아주길 원하면서도 장단이 뒤에서 남의 험담을 하는 것은 몹시 싫어했다.

지금은 조신의 상을 붙이고 조신에게 제사 지내는 민간의 풍습이 예전처럼 유행하고 있지 않다. 그러나 고대에 상당한 지위를 누렸던 이 대신大神은 일종의 전통적 기호로서 사람들의 마음속에, 즉 돈을 써서 재앙을 없애리라는 마음속에 여전히 남아 있다.

13. 염왕閻王

중국 고대에는 세계가 세 개의 공간, 즉 천간天間, 인간人間, 음간陰間(저승)으로 나뉜다는 설이 크게 유행했다. 천간은 옥황대제와 석가모니가 다스리는 신과 부처들의 낙원이다. 인간세상에서 도를 얻어 신선이 되거나 수행의 정점에 이른 이들도 이 천간에 올 수 있다. 그러나 세상의 대다수 사람들은 그 영광을 누릴 수 없으며 죽은 후에는 반드시 음간으로 가서 도착 보고를 해야 한다. 중국 민간 종교 전설에서 옥황대제는 천간의 최고 통치자이며, 염라왕은 음간의 혼령 중 지고의 권위를 갖는다. 그래서 "염왕이 3경에 죽으라 했는데 누가 감히 5경까지 살 수 있단 말인가!"라는 속담도 있다. 염왕은 이 정도로 살벌한 존재이다.

중국은 원시시대 때부터 사람은 죽으면 귀신이 된다는 관념이 이미 형성되었다. 당시 사람들은 만물에 영혼이 깃들어 있으므로 육체는 죽어도 그 영혼은 소멸하지 않는다고 믿었다. 죽은 사람의 영혼이 찾아가는 곳을 '명계冥界'라 한다. 원시사회에는 계급이 없었으므로 사람들 머릿속의 귀신 역시 귀천의 구분이 없었고 당연히 천당과 지옥의 개념도 없었다. 그러나 계급사회로 들어선 후에는 상황이 달라졌다. 황제 외에 조정의 대신, 부와 현의 각급 지방 관리 등이 정해지면서 통치 계급의 등급에 따라 일부 혼령은 신으로 승격되었다. 이때부터 귀신의 세계도 등급의 구분이 생겼다. 이후 몇 번의 곡절을 거쳐 명계는 옥황대제의 계보로 편입되고 그의 할당 구역으로 정해진다. 그러나 신의 나라로 올라갈 수 있는 영혼은 여전히 제한적이었다. 대부분의 중생들은 죽은 후 귀신의 세계로 떨어져야 했다.

귀신 세계의 최초 통치자는 '후토后土' 였다. 『산해경』「해내경海內經」에 "북해北海 안에 산이 있는데 이름이 유도산幽都山이다"라는 기록이 있다. 산에는 새, 뱀, 표범, 호랑이, 여우 등의 동물들이 산다. 이들은 대부분 검은색이고 물도 사람도 모두 검은색이다. 굴원은「초혼招魂」에서 남방의 이민족이 신봉하는 '지하의 명계' 에 대해 묘사했다. 토백土伯이라 불리는 그곳의 통치자는 무시무시한 뿔과 세 개의 눈, 호랑이 머리를 갖고 있으며 몸은 소처럼 건장하면서도 뱀처럼 구불구불하다고 한다. 그는 지하에서 죽은 사람의 영혼을 쫓아다니며 잡아먹는다. 전설에 따르면 '토백' 이 바로 조신 후토로 토지신의 전신이라고 한다. 옥황대제의 계보에서는 토지신도 해당 지역의 귀신을 관리하는 직책을 맡는다.

1-13-1 후토

불교가 중국으로 유입되기 전에는 태산泰山의 동악제東嶽帝가 명계의 주인으로 여겨졌다. 흔히 말하는 '동악대제' 가 바로 그이다. 한대 전후에는 원시종교에서의 저승이 태산으로 대체된다. 이때부터 동악신이 음간을 주재한다는 믿음이 퍼지게 되었다. 그런데 염라왕을 동악제의 몸과 합쳐 버린 이유는 뭘까? 주지하듯이 동악은 곧 태산이다. 옛사람들은 동쪽을 만물이 교차하고 봄기운이 일어나는 곳으로 여겼다. 그래서 태산은 오악 중에서도 최고라는 '오악독존五嶽獨尊' 의 영예를 누리기도 했다. 『운급칠첨雲笈七籤』「오악진형도서五嶽眞形圖序」에서는 "동악의 태산군君은 5,900명의 신령들을 거느리고 인간의 생사를 주관하는 온갖 귀신 중 최고 장수이다"라고 했다. "태산이 귀신을 다스린다"는 전설은 여기서 유래한다. 즉, 사람이 죽으면 혼령이 모두 태산으로 모이고 태산신이 음간의 최고 주재자가 된다는 것이다. 훗날 도교에서는 이 전설을 불교의 염라왕에게 갖다 붙였고 통치자들은 이에 대해 찬사를 늘어놓았다. 역대의 봉건 황제들은 자신의 통치와 동악의 권위 체계가 상통함을 과시하기 위해 항상 사자를 태산 등지로 파견하여 제사와 봉선의식을 거행했다. 동악제의 저승 통치 체계를 이용하여 백성들에게 겁을 줌으로써 그들이 황제의 통치에 순응하도록 하려는 것이었다.

'염라'는 고대 산스크리트어 '야마라자(Yamarāja)'의 중국어 음역으로, 이것을 한자 뜻으로 바꾸면 '박縛', 다시 말해 죄지은 사람을 잡는다는 의미가 된다. 그는 원래 인도 신화에서 음간을 관장하는 왕이었다. 불교에서는 이 설을 흡수하여 그를 음간 지옥의 주인으로 불렀다. 한대에 불교가 중국으로 전해지면서 기존의 신령 체계에 큰 변화가 온다. 불교도들은 지옥의 관념과 생사윤회의 관념을 중국 민중들 사이에 퍼뜨린다. 수당 이후에는 이 관념이 중국 본토에서 자생한 모든 저승의 관념을 대신하여 점차 가장 보편적인 저승신앙으로 굳어진다. 이때부터 중국 고대 신앙에 존재했던 산 위의 저승이 땅 아래로 옮겨간다.

한대 이후에는 도교 역시 불교의 지옥 윤회설을 받아들여 염왕을 저승 세계의 주재자로 만들었다. 당 말에는 지부십왕설地府十王說이 생겨났다. 이미 중국화된 지옥이 열 개의 대전으로 나뉘어 각 대전마다 한 명의 왕이 그곳을 관장한다. 흔히 말하는 '십전염라十殿閻羅'가 바로 이것이다. 전설에 따르면 염라왕은 원래 첫 번째 대전에 기거했으나 억울하게 죽은 귀신들을 항상 동정하고 현실로 돌려보내 준 이유로 다섯 번째 대전으로 좌천된다. 민간에 전해지는 십전염라왕의 이름은 이렇다. 첫 번째 대전의 진광왕秦廣王 장蔣, 두 번째 대전의 초강왕楚江王 역歷, 세 번째 대전의 송제왕宋帝王 여

1-13-2 십전염왕 제1전 진광왕

1-13-3 십전염왕 제2전 초강왕

1-13-4 십전염왕 제3전 송제왕

余, 네 번째 대전의 오관왕五官王 여呂, 다섯 번째 대전의 염라왕 포천자포包天子包, 여섯 번째 대전의 변성왕卞城王 필畢, 일곱 번째 대전의 태산왕泰山王 동董, 여덟 번째 대전의 도시왕都市王 황黃, 아홉 번째 대전의 평등왕平等王 육陸, 열 번째 대전의 전륜왕轉輪王 설薛. 각 대전의 염왕은 분업 형태로 서로 다른 일을 맡으며 공동으로 귀신의 세계를 관리한다. 사실 중국화된 십전염라는 중국 고대 통치 기구의 복사판에 불과하다. 다만 그것이 완전히 '귀신화' 되었을 뿐이다.

수당 이후 명청대까지 민간신앙에서는 이승에서 강직하고 사심이 없던 인물을 저승의 주인으로 믿기 시작했다. "살아서 강직한 자는 죽어서 저승의 관리가 된다"가 이를 두고 하는 말이다. 사람들은 공정하지 못한 현실의 삶에 불만을 갖는다. 그래서 저승의 염왕이 공평무사한 정의를 앞세워 백성들의 이익을 지켜주길 바란다. 이는 "선한 자는 선한 보답을 받고, 악한 자는 악한 보답을 받길" 바라는 마음이 반영된 것이다. 비록 이 바람이 순진하고 때로는 가엾기까지 하지만 그래도 사람들은 염왕을 부정하기보다는 그의 존재를 믿으려

한다. 생전의 강직하고 공정한 행동으로 죽은 후에는 염라왕이 되어 많은 민중들의 사랑을 받은 네 명의 신하가 있다. 한금호韓擒虎, 범중엄范仲淹, 구준寇準, 포증包拯이 바로 그들이다.

염라왕이 된 한금호 이야기는 정사인 『수서隋書』「한금호전」에도 나온다. 이웃의 한 노부인이 한금호 집 앞에 황제의 의장과 호위대가 모여 있는 것을 보고 무슨 영문인지 묻는다. 그중 어떤 자가 "우리는 왕을 모시러 왔습니다"라고 하고는 금방 사라졌다. 또 어떤 자는 한금호의 집으로 들어가 "왕을 알현하고자 합니다"라고 말했다. 좌우에서 "무슨 왕을 말하시오?"라고 묻자 그는 "염라왕입니다!"라고 답한다. 한금호의 자식들이 그를 잡아서 때리려 하자 한금호는 이렇게 말한다. "그만두어라. 살아서는 상주국上柱國이 되었으니 죽어서 염라왕이 되는 것도 족하지 않겠느냐." 그렇게 병석에 누운 한금호는 며칠 후 세상을 뜬다. 사료에는 이런 기록도 있다. 한금호는 유달리 담력이 뛰어나 정예병 5백으로 금릉金陵을 평정하고 진陳 후주後主 숙보叔寶를 사로잡았다는 것이다. 그러나 어떤 기록에서는 한금호 군의 군기가 엄격하지 않았으므로 그가 염라왕이 되었다는 것은 억지인 면이 있다고도 했다.

그에 비하면 구준과 범중엄이 죽은 후 염라

1-13-5 십전염왕 제5전 염라왕

1-13-6 십전염왕 제9전 평등왕

1-13-7 십전염왕 제10전 전륜왕

왕이 되었다는 전설은 훨씬 합리적이다. 구준은 북송의 명재상으로 끝까지 요遼와 항쟁할 것을 주장한 강직한 인사였다. 그러므로 그가 죽은 후 저승의 주인이 되는 것은 백성들의 바람에 부합하는 것이었다. 범중엄 역시 참지정사參知正事의 관직까지 오른 북송의 명신이다. 그는 권력자를 두려워하지 않고 직언을 꺼리지 않았다. 그의 「악양루기岳陽樓記」에 나오는 "천하의 근심에 앞서 근심하고, 천하가 즐거워한 후에 즐거워한다"는 말은 중국 고대의 문인정신이 그대로 담긴 청사에 길이 남을 명언이다. 송대의 공명지龔明之는 『중오기문中吳紀聞』에서 "범문정공 역시 염라왕이 되었다"는 전설을 소개했다.

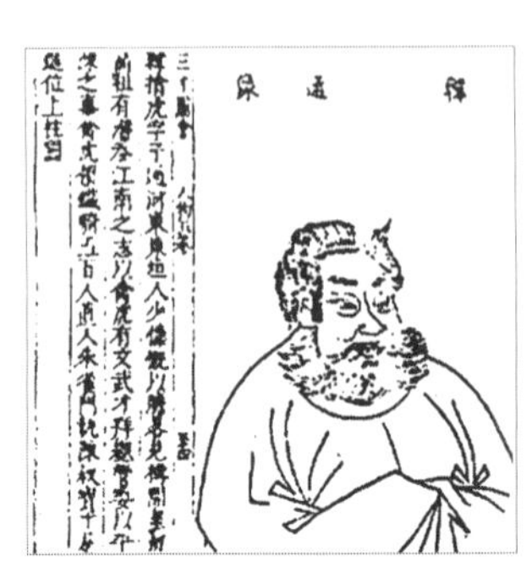

1-13-8 한금호 상
명대 『삼재도회』

고대 중국의 가장 유명한 염왕은 역시 포공 포청천이다. 포공, 즉 포증은 북송의 대신으로 용도각직학사龍圖閣直學士, 개봉지부開封知府 등을 역임했다. 그는 남에게 아첨하지 않는 강직한 성품과 엄격함, 공정함으로 백성들 마음속의 가장 훌륭한 청관淸官이 되어 '포청천' 이라는 미칭까지 얻었다. 심지어 그는 전설 속에서 반신반인의 존재가 된다. 그에 관한 이야기는 광범위하게 퍼져 나갔다. 장편소설 「포공안包公案」이 바로 포

1-13-9 지옥변상도
당 오도자吳道子

공이 억울한 송사를 공평하게 처리하는 이야기이다. 원명 시대에는 포공을 다룬 연극이 크게 유행했으며, 그중 「진향련秦香蓮」이라는 극은 지금도 수많은 이들의 심금을 울리고 있다. 포증이 염라왕이 되었다는 설은 송대에 이미 있었으며, "뇌물이 닿지 못하는 곳에 염라왕 포공이 있다"는 속담이 당시에 유행했다.

1-13-10 포증 상
『역대고인상찬歷代古人像贊』

지금까지 보면 특정 지역 외에 염라왕을 전문적으로 모신 사당은 없었다. 민간에서는 대부분 성황묘 혹은 동악묘 안에 십전염라十殿閻羅를 두고 성황 혹은 동악대제와 함께 향불을 누리도록 했다. 사당이 없는 숭배는 신격화된 중국의 많은 인물들 중에서도 보기 드문 특징이다. 인간세상에서 해결하지 못한 억울한 사건을 저승에서는 해결할 수 있을까? 염왕의 전설은 하나의 이상이다. 물론 여기에는 어두운 현실에 대한 부정과 반항의 정신이 스며들어 있다.

14. 괴성魁星

1-14-1 괴성도

옛 명승고적을 유람하다 보면 괴성루魁星樓, 괴성각魁星閣 같은 건물이 자주 눈에 들어온다. 그러나 '괴성'의 내력에 대해서는 대부분 사람들이 모를 것이다. 만약 '문곡성文曲星(북두칠성 중 자루와 바닥을 이어주는 부분에 있는 별로 문운文運을 관장한다)'이 어떤 역할을 하는지 묻는다면 아마 많은 사람들이 '공명'과 '이록'을 연상할 것이다. 그리고 눈앞에는 옛 독서인들이 장원급제를 위해 갖은 고생을 하는 장면이 떠오를 것이다. 중국 전통문화에서 괴성은 문창제文昌帝(즉, 문곡성)와 같은 직책을 맡고 문인들의 과거급제와 벼슬을 관장한다. '문창'은 사실 여섯 개의 별을 포함한다. 즉, 두괴斗魁(괴성) 위의 여섯 개 별을 통칭하는 이름이다. 이렇게 보면 괴성은 문창제의 하급 관원에 불과하다. 그러나 괴성에게 올리는 민간의 향불은 상관보다 훨씬 성대하다.

고대 중국에서 공명을 취하고자 하는 선비들은 괴성에 대해 매우 경건한 태도를 취했다. 괴성을 받듦으로써 괴성이 자기를 돌봐주어 문운이 형통하기를 바란 것이다. 그렇다면 괴성은 어떻게 민간으로 전해졌을까? 사람들은 술자리에서 가위바위보 놀이를 하며 '오괴수五魁首'라고 말하곤 한다. 이

'오괴수'가 바로 '괴성'과 관련이 있다. '오괴'는 곧 '오경괴五經魁', '오경괴수五經魁首'이다. 명대에는 바로 '오경'으로 관리를 뽑았다. '오경'은 『시詩』, 『서書』, 『예禮』, 『역易』, 『춘추春秋』의 다섯 경전을 가리키며, 각 경전의 1등을 '경괴經魁'라고 했다. 향시鄕試 1등부터 5등까지는 반드시 오경의 각 경괴여야 했다. 그래서 '오경괴'를 '오괴'라 간단히 불렀다. 근원을 따지면 이 '괴' 자는 옛사람들의 별자리 숭배에서 기원한다. 장수절張守節은 『사기정의史記正義』에서 "괴는 북두칠성의 첫 번째 별이다"라고 했다. 이 별은 곧 천추성天樞星을 말한다. 『사기』「천관서天官書」에서는 이를 '선기璇璣'라 불렀다. 이는 북두칠성 중 앞쪽 네 개의 별, 즉 천추, 천선天璇, 천기天璣, 천권성天權星을 총칭한다. 네 개의 별이 네모의 국자 모양으로 배열되어 있어 '두괴斗魁'라고도 한다.

1-14-2 괴성
대만의 민간 목각 신상

『사기』「천관서」에는 두괴나 천추성이 문운을 주재한다는 설이 없다. 그들은 천제의 마부로서 하늘 가운데를 운행할 뿐이다. 고대에 사계절을 정하고 오행을 조절하고 절기를 바꾸고 천문역법을 확정하는 등의 조치는 모두 북두성의 운행과 관계가 있다. 동한 이후에는 도교가 민간 북두신앙을 흡수하고 신격화하는 과정에서 북두성에 많은 사회적 기능을 부여했다. 세상의 부귀와 작록을 관장하는 것이 그 기능 중 하나였다. 과거제도가 시행된 후에는 작록을 주관하는 북두성의 기능이 선비들의 과거시험 운으로까지 확대되었다. 이외에도 민간신앙에 따르면 북두성의 네 번째 별인 천권성은 곧 문곡성으로 토끼띠와 닭띠 생이 여기에 속하고, 여섯 번째 별인 개양성開陽星은 곧 무곡성武曲星으로 소띠와 양띠 생이 여기에 속한다. 백성들은 문과의 장원과 무과의 장원은 하늘의 문곡성과 무곡성이 세상에 모습을 드러낸 것이라 여겼다.

괴성이 별자리 28수宿 중 규수奎宿와 동음인데다 '우두머리'의 의미까지 있어서 옛사람들은 규성奎星도 문운을 주관하는 신으로 여겼다. 28수는 동방 청룡青龍, 서방 백호白虎, 남방 주작朱雀, 북방 현무玄武의 네 그룹으로 나뉜다. 규수는 28수 중 하나로 서방의 백호 7수 중 첫 번째 별자리이다. 이 별자리에는 총 열여섯 개의 별이 있다. 송대의 대문호 소식蘇軾이 바로 하늘의 규수가 세상으로 내려온 인물이라는 전설도 있다. 이렇듯 규성은 문인들이 존경해 마지않는 신성神星으로 자리를 잡았다. 『사기』「천관서」에서 "규奎는 봉시封豕라고 하며 도랑이 된다"고 했다. '천시天豕' 혹은 '봉시'라고도 불린 규수는 하늘에서 도랑을 관리했다. 서한 시대까지는 규수에 아직 문운을 주관하는 기능은 없었던 것이다. 그러다가 동한 때 『효경위孝經緯』「수신계授神契」에서 "규가 문장을 주관한다"는 설이 처음 등장했고, 이때부터 규성이 문장을 주관한다는 민간신앙이 유행하게 되었다. 명말청초의 대학자 고염무顧炎武는 『일지록日知錄』에서 "지금 사람들이 받드는 괴성이 언제부터 시작되었는지는 알 수 없다. 규를 문장의 곳집으로 여기므로 사당에서 그에게 제사를 지내는 것이다"라고 했다. 민간의 규성 숭배는 '규수가 문장을 주관한다'는 믿음에서 온 것으로 봐야 한다. 그래서 고대에는 장원을 '괴갑魁甲', 해원解元(해시 혹은 향시의 수석합격자)을 '괴해魁解'라고도 불렀다.

이후에는 '괴' 자의 뜻이 왜곡되어 "귀신이 북두성을 빼앗는다"거나 "귀신의 발이 오른쪽으로 돌아 북두성을 찬다" 따위의 말이 생기기도 했다. 이때부터 괴성은 붉은 머리칼에 파란 얼굴을 한 악귀로 묘사되었다. 한 발로 큰 거북의 머리 위에 우뚝 서서 다른 한 발은 고리처럼 둥글게 구부리고 한 손으로는 국자를 들고 한 손으로는 붓을 잡고 있다. 전설에서 이 붓은 과거를 보는 선비의 이름에 점을 찍는 용도로 쓰인다고 한다. 일단 점이 찍히면 문운과 관운이 동시에 찾아온다. 그래서 과거시험을 보는 독서인들은 마치 신처럼 '괴성'을 받들었다. "큰 거북의 머리를 차지하다[獨占鰲頭]"라는 말도 유래가 있다. 황궁의 대전 계단 한가운데의 석판 위에는 용과 큰 거북이 조각되어 있다. 당송 때에 진사에 급제한 이들은 황궁으로 들어가 정전正殿 아래에서 황제가 하달하는 합격증을 받았다. 이때 1등인 장원에게만 큰 거북의 머리 위에 설 수 있는 자격이 주어졌기 때문에 '독점오두'라고 부른 것이다.

1-14-3 괴성

학문을 닦아 벼슬에 나아가는 것이 봉건시대 문인들의 금과옥조였다. 수십 년 동안 가난과 싸워가며 힘들게 공부한 후 국가고시에 합격해야만 거인擧人과 진사가 될 수 있었다. 시험에 합격만 하면 몸값이 100배는 뛰고 높은 관직과 봉록을 얻을 수 있었다. 명예는 물론 부귀영화까지 함께 딸려왔다. 하지만 이런 인재 등용 방식은 문인들을 관직과 봉록이라는 좁은 골목으로 몰아넣었다. 그들은 자신만의 사상을 가질 필요도 없었고 그저 천자가 지정한 '성현의 책'만 열심히 읽으면 그만이었다. 그야말로 "책 속에 옥 같은 여인의 얼굴이 있고, 책 속에 황금으로 만든 집이 있었던" 것이다. 일단 벼슬길에 오르면 만사형통이었다. 『유림외사儒林外史』*에 등장하는 범진范進은

*유림외사儒林外史: 청대 오경재吳敬梓가 지은 장편소설로 당시 과거제도와 지식인들의 세태를 신랄하게 풍자한 작품이다

1-14-4 괴두魁頭
산서 신강新絳의 민간 목판화

과거급제 전에는 모든 사람들이 무시하는 곤궁한 수재였으나 급제하여 거인이 된 후에는 곧바로 '천상의 별자리'가 된다. 수많은 이들이 그를 떠받들어 집을 주기도 하고 땅을 주기도 하고 돈을 주기도 했다. 어떤 사람은 그의 종이 되기도 했다. 그러니 마치 강을 건너는 붕어 떼처럼 수많은 선비들이 하루아침에 과거에 급제하여 용문龍門으로 뛰어들어 가길 바라는 것은 당연했다. 문인들의 영욕과 성패를 관장한다는 괴성의 존재를 결코 무시할 순 없었다. 문인들은 괴성을 행운의 신으로 여기고 숭배했다. 어떤 문인들은 시험을 볼 때 작은 괴성 조각상을 가슴에 품고 있으면서 신명이 보살펴 주고 문운이 형통하길 바랐다. 괴성은 중국 봉건사회 문인들의 심리 상태가 그대로 반영된 결과였던 것이다.

15. 복신福神

중국인들이 가장 좋아하고 숭배하는 신은 누구일까? "인간세상의 복록수福祿壽, 천상의 삼길성三吉星"이라는 속담이 있다. 복록수 3성星은 중국 민간에서 가장 환영을 받는 상서로운 신들이다. 그들은 인간에게 기쁨과 행운을 가져다주는, 향토적 색채가 넘쳐 나는 중국의 전통적인 축복의 신이다. 복을 내려주는 천관天官이 화려한 옷을 입은 채 손에 여의를 쥐고, 머리에 부귀의 목단꽃을 쓴 녹성祿星이 만면에 웃음을 띠고, 긴 용머리 지팡이를 잡고 큰 복숭아 한 알을 받든 수성壽星이 상서로운 구름을 좌우에 대동하고 인간세상으로 내려오는 길상도의 장면은 감동적이기까지 하다.

사람들은 보통 3성 중에서 복성을 중심으로 삼는다. 매년 춘절이 되면 민간에서는 '복福' 자를 뒤집어서 대문에 붙인다. 이는 곧 '복이 이른다[福到]'는 의미이다.* 인격화된 복성이 곧 복신이다. 복신은 행복의 신으로서 민간에서 가장 널리 환영을 받았다. '복'이라는 개념 자체가 대단히 광범위한 내용을 포괄하기 때문이다. '복'은 복, 운, 행복 등으로 해석될 수 있다. 『한비자』에서는 "장수와 부귀를 복이라 한다"고 했다. "오복 중에 장수가 가장 으뜸이다"라는 옛말도 있다. 『상서』「홍범洪範」에서는 오복을 '장수, 부귀, 건강, 훌륭한 덕성, (사고가 아닌) 늙어서 죽음'이라고 했다. 어떤 이는 오복을 '장수, 부, 귀, 안락함, 많은 자손'으로 보기도 했다(환담桓譚의 『신론新論』). 어쨌든 '복'은 사람들이 간절히 바라는 인생의 목표임이 틀림없다.

소위 복성은 세성歲星이자 목성木星이기도 하다. 복성은 수성, 녹성과 함

---

*중국어로 '뒤집다'의 의미인 '도倒'는 '到'와 음이 같다. 그래서 '복' 자를 일부러 뒤집어 붙임으로써 복이 이르기[福到]를 바라는 것이다

께 인간의 삶에서 가장 아름다운 세 가지 측면, 즉 행복, 장수, 부귀를 대표한다. 이 3성은 중국 민족의 전통적인 삶의 가치관을 체현하고 있다. 사람들은 3성에 경건하게 절을 올리며 부디 자기 집으로 복을 내려주길 바란다. 고대의 술사들은 세성의 빛이 백성들에게 복을 줄 수 있다고 믿었다. 이후 사람들은 세성이라는 이 자연물을 인격화하여 숭배하고 복신이라는 우상을 만들었다. 그러나 복신을 어떤 인물에 갖다 붙일지에 대해서는 여러 가지 주장이 있었다.

1-15-1 천관사복天官賜福
청대 판화

일반적으로 사람들이 가리키는 복성은 소위 '삼관三官' 중의 '천관天官'을 말한다. "천관이 복을 내린다"는 말도 이와 관련이 있다. '삼관'은 도교에서 주장하는 '삼관', 즉 천관, 지관地官, 수관水官 신앙에서 왔다. 동한 때 장릉張陵 등이 도교를 만들고 그가 죽은 후 아들 장형張衡이 부업을 이어 계속해서 도교를 널리 알렸다. 장형은 신기한 방법으로 도교를 퍼뜨렸다. 신도가 병에 걸리면 의사를 찾지도 약을 먹지도 말라 하고, 종이 한 장에 환자의 이름만 써주면 왜 병에 걸리는 벌을 받게 되었는지 설명하는 글 세 부를 써서 하늘, 땅, 물에 각각 바쳤다. 하늘에 주는 한 부는 산에 묻고, 땅에 주는 한 부는 평지에 묻고, 물에 주는 한 부는 물속으로 가라앉혔다. 이것이 바로 '삼관서三官書'이다. 이

1-15-2 천관사복
산동 유현 판화

1-15-3 복신
도주자사 양성

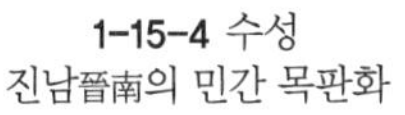

1-15-4 수성
진남晉南의 민간 목판화

1-15-5 마고헌수麻姑獻壽
『소수판각도고蘇繡版刻圖稿』

글이 하늘과 땅과 물에 닿으면 병은 곧 사라진다. 천관은 복을 내리고, 지관은 죄를 사면해 주고, 수관은 액운을 물리쳐 주기 때문이다. 이 설은 급속히 퍼져 나갔고 그중에서도 특히 "천관이 복을 내린다"는 설이 가장 큰 환영을 받았다. 그래서 사람들은 천관을 복신으로 여기고 그에게 제사를 올렸다.

'복을 내리는 천관' 은 민간 연화年畵(신년에 장식용으로 붙이는 상서로운 그림)의 중요한 소재 중 하나가 되었다. 천관은 복신 외에도 복성福星, 복판福判으로도 불렸다. 천관의 전형적인 형상은 이부吏部 천관의 모습이다. 즉, 조정의 관리처럼 붉은 도포에 용무늬가 새겨진 옥 허리띠를 차고 손에는 여의를 쥐고 발에는 조회용 가죽신을 신는다. 얼굴을 보면 가지런한 눈, 코, 입, 귀와 자비로운 눈썹, 선한 눈을 가졌다. 그러면서도 위엄을 잃지 않아 중후한 느낌을 준다. 수염은 다섯 갈래로 길게 늘어져 있고 얼굴은 밝으면서도 고귀한 분위기가 넘친다. 어떤 천관은 동자를 곁에 둔다. 동자는 손에 목련과 목단이 꽂힌 꽃병을 들고 있다. 어떤 천관은 만면에 웃음을 띠고 동자를 안고 있으며, 무릎 아래에도 네 명의 동자가 있다. 어떤 동자는 장수를 상징하는 복숭아를 받들고, 어떤 동자는 집안 가득한 자손을 상징하는 석류와 불수감을 들고, 어떤 동자는 넘치는 기쁨을 상징하는 봄 매화를 들고, 어떤 동자는 높은 관직과 재산을 상징하는 연꽃을 들고, 어떤 동자는 부귀를 상징하는 잉어 등불을 들고 있다. 고대에 민간에서는 음력 새해에 이런 연화를 붙여 천관이 복과 행운을 가져다주길 바랐다.

역사적 인물이 복신으로 발전한 경우도 있다. 도주자사道州刺史 양성楊成(陽城)이 바로 그이다. 『삼교원류수신대전』에는 "복신은 본래 도주자사 양공楊公으로 이름은 성成이다"라는 기록이 있다. 책에 따르면, 한 무제는 도주의 난쟁이들을 좋아해서 그들을 궁중의 노비와 배우로 썼다. 도주의 백성들은 아들을 낳으면 그중에 잘생긴 난쟁이를 골라 조정에 바쳐야 했다. 황제의 명령에 따라 도주에서 매년 바치는 난쟁이만 수백 명에 이르렀다. 불쌍한 난쟁이들이 부모들과 생이별하는 장면은 차마 눈 뜨고 볼 수 없을 정도였다. 양성은 도주자사로 있으면서 이런 악습에 치를 떨다가 결국 "도주에는 난쟁이는 있어도 노비는 없습니다"라고 천자에게 직간한다. 도주자사의 상주문을 읽은 한 무제는 자신의 과실을 뉘우치고 다시는 도주에서 난쟁이를 받지 않는다. 이에 감격한 도주의 백성들은 사당을 세우고 다채로운 색으로 양성의 형상을 그려 도주의 복신으로 삼고 받들었다. 뿐만 아니라 사방의 백성들까지 그의 형상을 그려 받들었고, 이때부터 양성은 복을 내리고 액운을 없애주는 '복신'이 되었다.

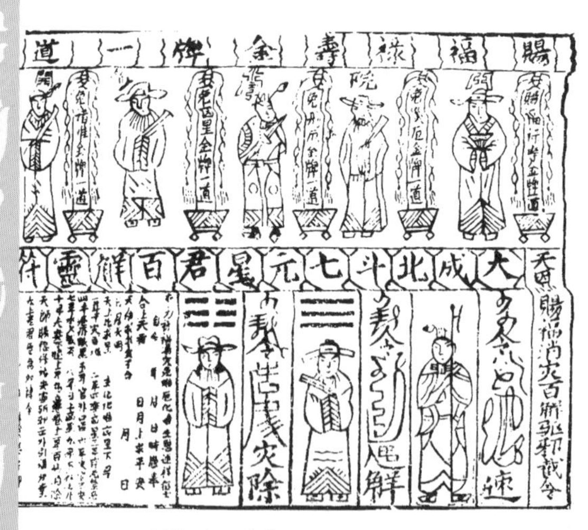

1-15-6 사복녹수금패일도賜福祿壽金牌一道(부적의 일부) 광동 목각 판화

도주자사가 난쟁이의 공납을 막은 것은 정사에도 나오는 역사적 사실이다. 그러나 그 자사는 양성楊成이 아닌 양성陽城이다. 게다가 그는 한 무제 때 사람도 아닌 당대 중기 사람이다. 양성이라는 지방관이 황상에게 맞서 도주의 백성을 재앙에서 벗어나게 해준 것은 복신이 되기에 충분한 업적이었다. 작자를 알 수 없는 원대의 『삼교원류수신대전』에서는 양성을 양성楊成으로 바꾸고 연대도 9백 년이나 앞당겼다.

복신(복성) 외에 수성도 아주 오래전에 탄생했다. 이 둘은 민간에서 서로 독립적으로 전파되다가 나중에 녹성이 보태져 복, 녹, 수 삼위일체의 '삼성三星'이 되었다. 이들이 함께 등장한 것이 언제인지는 정확히 알 수 없으나 명청대에 이미 사회에 유행한 것은 분명하다. 사람들은 누구나 복을 얻기를 희망하고 복신이 찾아와 주기를 바랐다. 그래서 복과 관련된 많은 단어들이 생겨났다. 좋은 지방은 '복지福地', 좋은 소식은 '복음福音', 복이 있게 생기면 '복상福相', 힘들이지 않고도 만사형통인 사람은 '복장福將', 사람들에게 희망과 행운을 가져다주는 이는 '복성福星', 먹을 복이 있는 사람은 '구복口福'이라고 한 것 등이 그 예이다.

1-15-7 삼성三星
복건 장주漳州의 목각 판화

복신, 녹성, 수성은 상서로움을 뜻하는 일종의 상징이자 행복과 희망에 찬 삶을 기탁하는 대상이다. 사람들은 이들을 통해 조화롭고 아름다운 삶을 바라는 동시에 현실의 삶에서 받은 마음의 상처를 치유한다.

16. 미륵彌勒

중국에서 미륵불을 모르는 사람은 없을 것이다. 자상하면서도 호탕한 웃음과 둥글게 튀어나온 큰 배는 특히 아이들이 좋아한다. 불교 사원의 불상들 중에서도 미륵불은 아이들이 가장 좋아하는 불상이다. 오대五代 이후의 전설에 등장하는 포대布袋 화상이 바로 미륵의 화신이지만, 사람들은 미륵불의 내력에 대해서는 잘 모른다. 사실 미륵불이 이처럼 친화력이 좋은 것에는 그의 겉모습이 아닌 더욱 심오한 이유가 있다.

불교의 삼세설三世說에 따르면 과거, 현재, 미래는 삼세불三世佛이 각각 주재한다. 즉, 연등고불燃燈古佛이 과거를, 석가모니불이 현재를, 미륵불이 미래를 주재한다. 미륵을 4대 보살 중 하나로 보는 설도 있다. 법상종, 삼론종, 천태종, 화엄종 등의 불교 대승종파는 미륵, 문수文殊, 관음觀音, 보현普賢을 4대 보살로 여긴다. 밀교에서는 미륵, 문수, 제개장除蓋障, 보현을 4대 보살로 보기도 한다. 이들은 각각 대일여래大日如來의 사덕四德을 대표하므로 '사행보살'이라고도 불린다. 미륵은 곧 무량한 마음으로 남을 교화하는 덕을 대표하고, 문수는 남의 마음을 헤아려 묘법을 설파하는 지혜의 근원을 대표하고, 제개장은 지혜를 가로막는 장애물을 없애주는 선정禪定의 덕을 대표하고, 보현은 보리菩提(깨달음)의 마음을 얻길 바라는 자증自證의 덕을 대표한다.

미륵은 산스크리트어로 Maitreya, 팔리어로 Metteyya이며 뜻풀이를 하면 '자씨慈氏'가 된다. 『미륵상생경』과 『미륵하생경』에 따르면 미륵은 브라만 가정에서 태어나 부처의 제자가 되어 부처보다 먼저 입멸하고 보살의 몸으로 천인에게 설법을 베풀고 도솔천에 머물렀다. 자씨라고 한 이유는 초

발심 때부터 육식을 하지 않았기 때문이다.

미륵은 미륵불 혹은 미륵여래라고도 부른다. 석가모니불은 그가 4천 세 때, 즉 인간세상에서는 57억 6천만 년이 지나면 미륵보살이 이 세상으로 내려와 용화수龍華樹 아래에서 부처가 되어 삼회三會 설법을 펼칠 것이라 예언했다. 『미륵상생경』에 따르면 미륵보살은 도솔천에 머물다가 그곳에서의 삶이 끝나면 인간세상으로 내려와 석가모니불의 자리를 대신한다. 그래서 미륵보살은 일생보처보살一生補處菩薩, 보처보살 등으로도 불린다. 또 이때는 이미 부처의 자리로 올라가 미륵불, 미래불이라 불리게 된다. 일생보처는 산스크리트어로 '최후의 윤회'를 의미한다. 이번 생을 지나면 다음 생에는 반드시 부처가 된다는 뜻으로 '보처補處'라고 줄여 부르기도 한다. 산스크리트어로 이 단어는 '일생 동안 묶이다'의 의미도 된다. 즉, 이번 생에서는 미계迷界(미망의 세계)에 묶여 있다가 다음 생에는 성불한다는 것이다.

1-16-1 석가모니불

불국에서 미륵은 하나의 보살을 가리키진 않으며 그 형상도 하나가 아니다. 『무량수경無量壽經』에서는 일생보처보살이 네

1-16-2 연등불燃燈佛

가지 층위로 나뉜다고 했다. 하나는 정위定位의 보살, 하나는 불지佛地에 근접한 보살, 하나는 도솔천의 보살, 마지막 하나는 도솔천에서 인간세상으로 내려온 부처이다. 미륵의 형상 중 하나는 보살이다. 이 보살은 금색의 몸에 44개의 팔, 머리에는 오지보관五智寶冠을 쓰고 자비롭고 온화한 표정을 짓고 있다. 미륵의 또 하나의 형상은 불상이다. 사천의 낙산대불樂山大佛이 대표적이다. 중국 민간의 사찰에서 받드는 미륵은 입을 벌리고 웃고 있는 뚱뚱한 미륵불로 중국인들에게는 아주 익숙한 형상이다. 이 형상은 오대의 계차契此(앞서 언급한 포대 화상의 법명) 화상에서 왔다. 전설에 따르면 그를 미륵의 화신이라고 여겨 형상을 만들어 받들었다고 한다.

1-16-3 호탕하게 웃는 미륵불(포대 화상)

중국의 미륵신앙은 서진 때 시작되었다. 당시 미륵신앙은 두 가지가 있었다. 하나는 상생신앙으로 도솔천에 있는 미륵보살을 신봉하는 것이다. 이를 신봉하는 이들은 도솔천에서 왕생하길 바랐다. 다른 하나는 하생신앙으로 미륵이 다음 생에 이 세상으로 내려와 용화수 아래에서 삼회 설법을 베푼다고 믿는 것이다. 이 신앙의 신봉자들은 자기도 그 세상에 태어나 용화수 아래에서 불법을 듣고 성불할 수 있다고 믿었다. 『법원주림法苑珠林』에는 불교의 중국화와 관련된 많은 이야기가 실려 있다. 그중 제16권을 보면 동진의 대우혈戴禺頁이 꿈에서 본 대로 미륵상을 만들어 회계의 용화사에 안치했다는 이야기가 나온다. 오대에 이르면 계차 화상이 미륵의 화신이 된다. 당시는 이미 미륵신앙이 중국에 널리 보급된 때였다.

미륵신앙이 퍼져 나가면서 미륵상像도 셀 수 없이 많아졌다. 그중 가장 유명한 건 역시 사천의 낙산 미륵대불이다. 이 불상은 낙산의 대도하大渡河와 민강岷江이 교차하는 지점 절벽에 있다. 거의 산 하나를 통째로 새긴 이 거대한 미륵대불은 높이가 71미터, 어깨 넓이가 28미터, 눈의 길이가 3.3미터에 이른다. 귓속은 산으로 들어가는 동굴이고, 머리 위에는 탁자 여덟 개를 놓을 수 있으며, 발등은 백여 명이 둘러앉을 수 있을 정도로 넓다. 그야말로 "산이 하나의 부처이고, 부처가 하나의 산이다". 낙산대불은 세계에서 가장 큰 불상으로 당 현종玄宗 개원開元 원년(713)에서 덕종德宗 정원貞元 19년(803)까지 총 90년에 걸쳐 지어졌으며, 그 조형 양식은 한국과 일본 등 아시아 주변 국가의 불상에 큰 영향을 주었다. 당 이전부터 미륵불은 이미 곳곳에서 만들어졌다. 남제南齊 건무建武 때 승호僧護는 섬현剡縣의 석성산石城山에 4미터 크기의 미륵불을 새기려 했다. 그러나 미처 완성하기도 전에 입적하여, 이후 승우僧佑가 양 무제梁武帝 천감天監 15년(516)에 완성한다. 사람들은 이 불상을 삼세三世석불 혹은 섬현석불이라 불렀다. 북위 헌문제獻文帝 때는 대동大同 운강雲岡에 미륵 동굴을 조성하고 16미터에 이르는 불상을 새겼다. 북위 때는 낙양으로 천도하여 용문龍門 석굴을 만들고 크고 작은 미륵불 수백 존을 제작했다. 북조 때는 산동의 황석애黃石崖와 천불산千佛山 등지에 미륵상을 만들었다. 당장유唐長孺의 「북조의 미륵신앙과 그 쇠락」에 따르면 남북조의 주요 불교 사적에 조성된 미륵불은 아미타불의 133존보다도 많은 150존에 이르렀다고 한다.

삼세불 중 미륵불은 미래불이다. 하층의 민중들이 미륵불을 좋아하는 까닭은 현실에 대한 낙담, 그리고 미래에 대한 희망의 기탁과 밀접한 관련이 있다. 사람들은 보통 과거를 주재하는 부처에는 그다지 관심을 보이지 않는다. 민간에 연등고불에 관한 전설이 적은 것은 이 때문이다. 심지어 대단히 믿음이 깊은 불교도조차도 연등고불을 모르는 경우가 흔하다. 현실과 너무나 멀리 떨어져 있기 때문이다. 현실 속의 석가모니불은 태평성대에 사람들로부터 최상의 예를 받곤 한다. 그러나 현실의 고난이 깊어지면 그들은 한편으로는 석가모니불에게 예를 취하면서도 또 한편으로는 미륵불을 생각하며 되도록 빨리 자신을 구원해 주길 바란다. 중국 사회는 통일과 분열을 반복하며 항상 혼란 상태에 있었고, 하층의 민중들은 태평성대에도 예기치 못한 자연재해를 맞아 극심한 고통에 빠지기도 했다. 이런 이유로 미륵은 사람들이 학수고대하는 미래의 부처가 되었으며, 사람들은 그의 출현이 인류에게 복음을 가져다주리라 믿었다.

1-16-4 미륵불

지난 역사를 보면 종교와 신앙을 이용하여 정치적 투쟁을 벌인 경우를 동서양 모두에서 찾을 수 있다. 미래불이라는 미륵불의 신분은 현실 부정의 의미를 담고 있었고, 사람들은 이 미륵불을 믿음으로써 현실에 대한 일종의 반감을 표현했다. 심지어 이런 믿음이 무장 항쟁의 욕망을 불러일으키기도 했다. 염불의 수행만으로는 고난의 바다를 벗어날 수 없었기 때문이다. 북위 승려 법경法慶은 새로운 부처, 즉 미륵불에 의지하여 당국에 반기를 들었을 뿐 아니라, 당시 유행하던 불교에도 도전하여 '과거의 마귀를 없애리라'는 명목으로 기존의 불교 질서를 파괴했다. 수나라 때는 미륵불의 이름을 빌린 모반이 더욱 잦아졌다. 『수서隋書』「오행지五行志」에 등장하는 송자현宋子賢이 그 예이다. 그는 환각술에 정통하여 매일 밤 누각에 올라가 부처의 모습으로 변신할 수 있었다고 한다. 그는 스스로를 미륵불이라 부르며 백성들의 맹신을 이끌어내고 군대를 일으켜 양제煬帝를 습살하려 했으나 결국은 실패하고 말았다. 당대에는 무측천까지 정권의 탈취를 위해 미륵의 기치를 이용했다. 그녀는 자신의 위치를 공고히 하려고 스스로를 인간세상으로 내려온 신불新佛이라 부르며 여론을 획책하고 민심을 호도했다. 불교 위경僞經『대운경大雲經』에서는 "태후는 인간세상으로 내려온 미륵불로서 당대에 염부제(불교에서 말하는 인간세상)의 주인이 되어 천하에 제도를 반포한다"고 했다. 무측천은 마치 진귀한 보물이라도 얻은 듯 거대한 대운사大雲寺를 짓고 당 천하를 자기가 맡아야 한다는 여론을 조성한다. 결국 재초載初 원년(689)에 무측천은 당의 국호를 주周로 바꾸고 스스로를 성신황제聖神皇帝라 칭한다. 무측천이 반포한 『대운경』의 영향으로 민간의 미륵신앙인들은 신불의 출현을 운성雲城과 관련짓고 이곳을 은성銀城이라 부르며 백색의 이상국으로 삼는다. 그래서 훗날 미륵에 의지해 거사를 일으킨 자들은 하얀 옷에 하얀 말을 타고 운성의 경계에서 서로 회합하곤 했다. 미륵하생 신화가 항상 모반과 관련되었기 때문에 통치자들의 눈에 미륵신앙은 점차 불교의 이단으로 굳어졌다. 그러나 미륵은 시종일관 백성들을 구원해 주는 빛이었고 송원 이후에는 미륵신앙의 불씨가 강남, 강북을 막론한 중국 전역으로 퍼져 나갔다.

17. 관음觀音

중국에서 관음은 아름다움, 차분함, 단정함, 우아함의 상징이다. 관음은 질고에 빠진 인간을 자비롭게 안아주고 속마음을 깊이 이해해 준다. 그래서 사람들은 세상에서 가장 아름다운 여인에게 관음의 형상을 부여한다. 중국인에게 그녀는 단순한 종교 속의 한 신이 아니라 이상적인 미의 투사 대상이다. 현재 사원에서 볼 수 있는 관음의 형상은 일반적으로 머리에 천관天冠을 쓰고 결가부좌를 하고 고개는 숙여 아래를 보고 손은 연꽃을 들거나 결인結印을 하고 있다. 사람들은 고개를 약간 숙인 관음의 모습에서 심금을 움직이는 일종의 자비의 힘을 느낀다. 아래를 향한 눈썹과 감은 눈으로 '눈' 밖의 의미를 기탁하여 부드러움과 자비로움 속에 담긴 무진無盡의 법력을 보여준다. 이런 관음의 모습은 서양의 비너스와도 견줄 만하다.

사천 대족大足 보정산寶頂山의 10대 명왕明王 중 첫 번째인 마두馬頭 명왕은

1-17-1 성관음聖觀音

1-17-2 천수관음

1-17-3 십일면관음

관음의 또 다른 화신이다. 눈을 부릅뜬 금강의 모습인 이 흉신은 인도 브라만교의 선신善神으로 이름은 쌍마동雙馬童 혹은 마두관음이라 한다. 보살은 원래 성性이 없어 남성과 여성 모두가 가능하다. 그러나 중국에 처음으로 전해질 당시의 관음은 남성이었다. 『화엄경』에서도 "용맹한 장부 관자재觀自在"라고 했다. 그러다가 당대唐代에 와서 갑자기 여성의 모습으로 바뀐다. 서방의 각 신명들이 중국이라는 종법제 사회에 발을 내딛기 위해서는 반드시 인격화, 세속화의 과정이 필요했을 것이다. 중국에서 가장 고통을 받는 이들은 여성이었다. 고통으로부터의 구원을 목적으로 하는 관음이 가장 먼저 생각한 것은 당연히 가장 큰 고통과 압박을 받는 여성들이었다. 대자대비한 관음의 모습과 일치하는 것은 바로 부드럽고 자애로운 여성의 형상이었다. 여성으로 모습으로 현신해야만 세간의 위대한 모성애를 빌려 사람들을 감화시킬 수 있었던 것이다.

1-17-4 불공견색不空羂索관음

자비를 통한 중생의 구제가 목적인 관음보살은 광세음光世音, 관자재, 관세자재觀世自在, 관세음자재, 관음성觀音聲 등으로도 불렸다. 당대에는 이세민李世民의 휘를 피해 관음보살로 약칭하고, 구세救世보살, 연화수蓮花手보살, 원통대사圓通大士 등의 별칭으로도 불렀다. 관음보살은 대세지보살과 함께 서방 극락세계 아미타불의 협시보살을 맡으며, 이 셋을 흔히 '서방삼성西方三聖'이라 부른다. '관

1-17-5 수주수數珠手관음

1-17-6 준제관음

1-17-7 여의륜관음

1-17-8 수월水月관음

음' 은 소리를 듣는 게 아니라 본다는 의미이다. 그의 법력이 어느 정도인지 알 만하다. 어려움에 처한 중생이 그의 이름을 염송하면 관음은 곧바로 그 소리를 보고 구해주러 달려간다. 그래서 관세음보살이라 칭하는 것이다. 또 아무런 장애도 없는 경지에서 자유자재로 일을 처리하기 때문에 관자재보살로도 불린다.

관음보살은 방향과 장소를 가리지 않고 중생의 구제에 나서는 만큼 그 형상 또한 대단히 다채롭다. 팔이 둘인 관음의 정상正像을 본모습으로 하고 나머지는 자유자재의 신력에 따라 다양한 모습을 보여준다. 두세 개 혹은 천 개, 만 개의 머리가 있기도 하고, 팔도 서너 개에서 만 개가 넘는 경우도 있으며, 눈도 대여섯 개에서 천 개, 만 개에 이른다. 또 그 화상化相도 천수천안千手千眼, 십일면十一面, 준제準提, 여의륜如意輪, 청경青頸, 향왕香王관음 등으로 다양하다. 이외에도 『마가지관摩訶止觀』 제2권에는 6관음이, 『제존진언구의묘諸尊眞言句義妙』에는 15관음이 등장하며, 민간에는 25관음과 33관음이 유행했다. 관음신앙은 인도와 서역에서 비롯되어 중국, 동남아시아, 일본 등지로 전파되었다. 양지楊枝관음(즉, 약왕藥王관음), 용두龍頭관음, 지경持經관음 등의 33관음 형상은 중국 당송시대의 관음과 일본 민속신앙의 결합으로 이루어졌다. 6관음에는 천수관음이 포함된다. 천수관음의 형상은 민간에 널리 퍼져 천수천안千手千眼관음, 천안천비千眼千臂관음, 천안천수천족천설千眼千手千足千舌천비관자재 등으로 진화했다.

관음신앙은 중국 전역에 광범위하게 퍼졌다. 북위 이후에는 관음상의 제작이 크게 유행하여 지금도 대동, 용문, 타산駝山 등지에 당시의 관음상 유물이 대량으로 남아 있다. 수당대에는 밀교가 들어왔음에도 관음상을 조성하는 풍조가 여전히 유행했다. 돈황 천불동의 보살상 중에도 관음상이 절반을 차지한다. 티베트에서도 관음신앙이 유행했다. 달라이라마는 스스로를 관음의 화신이라 불렀다. 관음과 관련된 불경으로는 『고왕관음경高王觀音經』, 『관세음구고경觀世音救苦經』, 『관세음십대원경觀世音十大愿經』, 『관세음삼매경觀世音三昧經』 등이 있다. 북주 때부터는 관음신앙의 영험과 관련된 각양각색의 감응설이 민간에 광범위하게 퍼진다. 관세음보살은 생일이 음력 2월 19일, 출가일이 9월 9일, 성도일이 6월 19일인 것으로 알려져 있다. 민간에서는 관세음을 소재로 만든 설창, 연극, 소설 등도 유행했다. 관음희戲로는 장대복張大復의 「해조음海潮音」, 나무등羅懋登의 「향산기香山記」, 경극 「관음득도得道」, 잡극 「어아불魚兒佛」, 근대 작가인 고수顧隨의 「마랑부馬郎婦」 등이 유명하다. 그중 대표격인 「해조음」의 내용은

1-17-9 마랑부馬郎婦관음

1-17-10 백의白衣관음

1-17-11 양지楊枝관음

이렇다. 묘장왕妙莊王에게는 세 딸이 있었다. 첫째는 묘음妙音, 둘째는 묘원妙圓, 막내는 묘선妙善이었다. 그중 첫째와 둘째는 이미 혼처가 정해졌으나 막내 묘선은 절대 시집을 가지 않고 출가해서 도를 배우겠다고 버텼다. 백방으로 달래도 소용이 없었던 묘장왕 부부는 결국 막내딸을 백작사白雀寺의 비구로 보낸다. 그러면서도 딸의 마음을 돌리려고 묘장왕은 백작사 주지에게 몰래 명하여 산에서 물을 긷고 나무를 캐는 등의 힘든 일을 딸에게 시키도록 한다. 하지만 딸은 이런 일을 힘들어하기는커녕 오히려 달게 받아들였다. 석가모니불은 그녀의 근기가 깊음을 알고 꿈속에서 불법을 전수해 주며 고행을 게을리하지 않도록 당부한다. 하지만 묘선의 고집에 격노한 묘장왕은 사원을 불태우라고 명한다. 묘선은 법력으로 화염을 피해 곧바로 향산香山으로 가서 도를 닦고 깨달음을 이룬다. 얼마 후 묘장왕이 중병에 걸렸다. 어의도 손을 쓸 수 없는 중병이라 온 나라에 명의를 찾는다는 방이 붙었다. 묘선은 이 소식을 듣고 승려의 몸으로 모습을 바꾸어 법술로 아버지의 병을 치료해 주었다. 그러나 아버지는 자기 딸이 병을 낫게 해준 사실도 모른 채 묘선이 향산으로 도망갔다는 소식만 듣고 곧바로 무사들을 이끌고 향산으로 쳐들어가 딸의 팔을 베고 눈까지 도려낸다. 수행으로 깨달음을 얻은 묘선은 곧 관음이었다. 그녀는 천수천안의 법상으로 화신하여 묘장왕을 크게 각성시키고 온 집안이 향산으로 가서 예불을 올리도록 했다. 관음은 부모에게 불법을 설하고 집안 사람들이 수도를 통해 올바른 깨달음에 이르도록 해주었다.

관음보살의 도량은 보타산普陀山에 있다. 보타산의 명성이 널리 알려진 것은 관음이 이곳에서 누렸던 영예와 밀접하게 관련된다. 보타산 관음 양쪽에는 남자와 여자아이, 즉 선재善財와 용녀龍女가 서 있다. 불경에 '선재동자오십삼참善財童子五十三參'이라는 설이 있다. 선재동자가 53명의 명사를 차례로 뵌 후 마지막에 보타산으로 가서 관음을 배알한다는 내용이다. 동자는 관음의 교화를 통해 보살이 된 후 관음을 도와 중생들을 구제하며, 동자의 몸으로 관음보살의 왼쪽에서 그를 협시한다. 용녀는 용왕의 딸이다. 그녀는 영취산靈鷲山에서 석가모니불에 예배를 올리고 도를 깨달은 후 관음을 보좌하며 동녀童女의 몸으로 관음보살의 오른쪽에서 그를 협시한다. 민간에서는 선재동자라는 이름만 보고 그를 '돈을 벌어다 주는 동자'로 받들기도 한다. 보타산에는 보제사普濟寺의 33신 관음, 법우사法雨寺의 남신男身 관음보살상 같은 각양각색의 보살상 외에 관음보살과 관련된 자연 경물도 대단히 많다. 유명한 자죽림紫竹林과 그 남쪽의 관음도觀音跳, 불정산佛頂山의 해천불국海天佛國, 해도海島 남단의 조음동潮音洞 등이 그 예이다.

1-17-12 용녀

1-17-13 선재동자

사람들은 보타산에 일단 들어서면 '부처를 가까이하는 자는 선하다'는 느낌을 받게 된다. 이들 선남선녀들은 천 개도 넘는 돌계단을 밟고 불정산에 올라 대자대비한 관세음보살의 보살핌을 바라며 예불을 드린다. 이런 경건한 신앙의 모습은 사람들에게 깊은 감동을 전해준다.

18. 비천飛天

사람들이 알고 있는 비천은 대부분 돈황에서 온 것이다. 갖가지 모습으로 가볍게 하늘을 나는 돈황 막고굴 벽화 속의 비천은 보기만 해도 즐겁다. 비천이 막고굴에만 있는 것은 아니지만 이곳의 비천 벽화가 비천 예술의 극치임은 분명하다. 그래서 비천을 돈황의 상징으로도 볼 수 있다. 비천의 전형적인 형상은 바람을 타고 나는 부드럽고 아름다운 선녀이다. 비천이 여럿 등장하는 벽화들도 있다. 이 비천들은 앞뒤로 서로 호응하며 하늘로 치솟아 오묘하고 다양한 자태를 뽐낸다. 특히 춤을 추듯 흩날리는 띠는 우아함 가

1-18-1 비천

득한 예술적 매력을 풍기며 동서고금을 막론한 많은 이들의 눈길을 사로잡는다.

비천의 고향은 인도이다. 산스크리트어로 비천은 '건달파乾闥婆(Gandharvas의 음역)'라 하며 '향음신香音神'으로도 불린다. 불교가 동쪽으로 전해지면서 비천도 함께 중국으로 왔다. 비천의 원형은 붓다가 설법할 때의 호법신인 건달파와 긴나라(천악신天樂神)이다. 붓다 곁에는 이들 외에도 천天, 용龍, 야차夜叉 등 총 여덟 명의 호법신이 있었으며 이들을 '천룡팔부天龍八部'라 일컬었다. 불교의 여러 신들 중에 비천은 지위가 상당히 낮다. 그러나 비천은 중국에 전해지면서 모든 이들이 좋아하는 신이 되고 돈황 예술가들의 수준 높은 창작과 뗄 수 없는 관계를 맺었다.

1-18-2 비천
신강 키질석굴

비천이 향음신이라고도 불리는 이유는 뭘까? 불교 전적에 관련 내용이 있다. 건달파들은 십보산十寶山에서 온몸에 향기를 풍기고 있다가 하늘의 신들이 음악을 듣고자 하면 바로 그 의도를 알아차리고 그곳으로 날아가 듣기 좋은 음악을 연주해 준다. 그래서 향음신이라 불린 것이다.

비천의 원형 중 하나인 건달파는 남성이지만 또 다른 원형 중 하나인 긴나라는 남성과 여성의 특징 모두를 갖고 있다. 말의 얼굴에 사람의 몸은 남성의 특징이고, 곱고 아름다운 용모는 여성의 특징이다. 가무에 능한 긴나라는 오묘하고 감동적인 소리를 발산하는 능력이 있으며 대부분 건달파의 아내가 된다. 긴나라의 주요 임무는 건달파와 같다. 즉, 서방의 극락세계에서 금琴을 타고 노래를 부르며 부처를 즐겁게 해주는 것이다. 불교 경전과 부처의 본생고사에서 비천의 역할은 한 가지에 그치지 않는다. 그는 부처의 선행을 예찬하고 찬송하고, 비천이 들어간 그림에서는 꽃을 뿌리며 축원하는 모습으로 그림 위쪽의 허공에 등장하며, 석가모니의 설법도에서는 시종과 호법신의 형상으로 등장한다.

그렇다면 중국 석굴 벽화에서 비천이 대부분 미인의 형상으로 표현되는 이유는 뭘까? 보살은 원래 남녀 모두가 가능한 형상이다. 비천 형상의 변천은 관음이 남자의 몸에서 여자의 몸으로 바뀌는 것과 일치한다. 이는 중국인의 불교 개혁, 그리고 불교에 대해 갖는 심미적 취향과 관계가 깊다. 불국의 세계에서 불조는 장엄하고 엄숙하고 보살은 고난의 구제를 위해 너무 무거운 짐을 지고 있으며 천왕 역사力士는 대부분 사나운 얼굴을 하고 있다. 따라서 비천의 자유롭고 시원스런 형상을 다른 신들이 대체하긴 힘들다. 중국인들이 보기에 이 형상을 대표할 수 있는 존재는 여성뿐이었다. 그래서 초당初唐* 때의 비천에서부터 이미 우아한 여성의 형상이 갖추어졌다. 이때 완성된 321굴의 비천에서는 선녀가 하늘로 올라가 춤을 추는 것 같은 모습을 볼 수 있다. 그러다가 성당盛唐에 오면 비천이 날씬하고 유연한 몸매의 여신 형상으로 등장한다. 당시의 비천은 온몸에 하늘하늘 날리는 띠를 두른 채 갖가지 자세로 하늘 가득 꽃비를 뿌리고 있다. 그야말로 자유롭고도 차분한 모습으로 끝없이 넓은 하늘을 날며 상서롭고 즐거운 분위기를 연출하는 것이다.

돈황 벽화의 비천 형상은 대략 두 차례의 발전 단계를 거쳤다. 한 번은 북조, 한 번은 수당시대이다. 북조 위魏나라 벽화의 비천은 몸체가 크고 V자형으로 굽어 있으며 서역의 요철凹凸식 기법을 사용하여 소박한 맛이 있

*초당初唐: 초당初唐, 성당盛唐, 중당中唐, 만당晩唐은 원래 당시唐詩의 풍격을 기준으로 당대를 넷으로 나눈 것이나 경우에 따라서는 당대의 역사를 나누는 기준으로도 쓰인다. 일반적으로 초당은 618~712년, 성당은 712~762년, 중당은 762~827년, 만당은 827~859년에 해당한다

다. 나중에는 대상을 선명하고 아름답게 표현하는 채색 조소의 기법을 써서 시원스럽고 깨끗한 비천 형상이 등장하기 시작한다. 그러나 신체의 역동성은 후대의 비천에 훨씬 미치지 못했으며 자세의 변화도 다양하지 못했다. 서역식의 비천은 반라의 상반신에 배꼽을 드러낸 모습이다. 인도의 선녀와 흡사한 이 형상은 서양 인체 예술의 영향을 받은 것이다. 운강과 용문 등지의 비천은 중원의 형식으로 모두 폭이 넓은 옷자락에 넓은 띠를 두르고 있다. 이는 유가적 심미관의 영향을 받아 비천이 더욱 중국화, 민족화한 것이다. 북조 주周나라 때는 석굴 네 벽을 가득 채울 정도로 비천의 수가 대폭 늘어난다. 이 비천들은 호탕한 기세를 보여주기도 하고 자세 역시 대단히 생동적이고 다채롭다. 수당대에는 벽화 예술의 수준이 최고조에 달하면서 비천 역시 번영을 이룬다. 이때는 비천이 석굴의 네 벽뿐 아니라 천장에도 등장한다. 당시의 비천들은 대부분 서방 극락세계를 상징하는 쪽빛 하늘을 날고 있다. 불국의 세계는 비천이 더해짐으로써 고요함 속에서도 인간의 즐거움을 보탤 수 있었다. 이는 예술가들의 대담한 상상력이 빚어낸 작품이었다. 어떤 비천은 피리를 불며 사뿐히 하늘에서 내려오고, 어떤 비천은 꽃을 손에 들고 구름 속으로 들어간다. 또 어떤 비천은 꽃바구니를 손에 받치고 하늘을 가로지르고, 어떤 비천은 띠를 휘날리며 힘껏 하늘로 치솟으며, 어떤 비천은 고개를 들고 팔을 휘저으며 상서로운 구름 주위를 돌고, 어떤 비천은 짝을 지어 서로를 쫓는다. 옷과 띠, 구름, 흩날리는 꽃, 몸의 자태가 조화로우면서도 변화무쌍한 선율을 이루어 사람들의 탄성을 자아낸다. 민간 예술가가 창조한 이 탁월한 비천 형상들 중에서도 다음의 여섯 가지가 특히 유명하다. 초당 321굴의 '일자一字 비천'은 두 팔을 일자형으로 쭉 뻗어 하늘 높이 솟구쳐 오르거나 날아내려 오는 형상이고, 성당 148굴의 '피리 부는 비천' 혹은 '육수六手 비천'은 여섯 개의 손이 모두 악기를 쥐고 있으며, 초당 220굴의 '빙빙 도는 비천'은 두 비천이 서로 머리와 꼬리를 잇고 상서로운 구름과 함께 빙빙 도는 모습이고, 성당 172굴의 '귀를 가린 비천'은 머리에 불광佛光을 두른 비천이 귀를 가리고 하늘로 솟구치는 모습이고, 성당 172굴의 '상행上行 비천'은 몸은 가볍게 위를 향하나 발은 오히려 아래를 힐끗 돌아보는 모습이고, 초당 321굴의 '하강下降 비천'은 손과 양팔을 가볍게 흔들고 머리를 든 채 나풀나풀 하강하는 모습이다.

혹자는 벽화 비천의 대표로 '코끼리를 타고 뱃속으로 들어가는' 모습을 그린 초당 329굴 벽화의 비천을 꼽는다. 이 벽화는 불교 고사에서 보살이 코끼리를 타고 마야부인의 옆구리로 들어가는 이야기를 그린 것이다. 싯다르타 태자, 즉 석가모니가 바로 이렇게 태어났다. 그림에서는 하늘을 가득 채운 비천을 묘사한다. 비천은 코끼리의 발을 절묘하게 떠받치고, 용을 탄 천인이 길을 안내하고, 오색구름과 꽃잎들이 함께 흩날리며 기쁨이 충만한 분위기를 연출한다. 이 그림은 당대의 무한한 번영의 상징이지만 사실 이 그림에만 상징적 의미가 담긴 건 아니다. 즐겁고 편안하고 부드러운 모습으로 노래하고 춤추고 온몸에서 향기를 내뿜는 비천 모두가 번창한 당대의 분위기를 표현하고 있는 것이다.

1-18-3 비천
신강 키질석굴

비천은 중국 민족 예술의 독특하고 아름다운 창조물 중 하나이다. 스타인*이 선선鄯善의 한대 유적지에서 발견한 날개 달린 그리스 양식의 천사와

*오렐 스타인(Aurel Stein): 19세기 말부터 20세기 초까지 활동한 영국의 탐험가이자 고고학자로 중국 돈황과 중앙아시아 지역을 집중 탐험했다. 돈황 막고굴 장경동藏經洞에 있던 수많은 두루마리 사본들을 영국으로 가져간 인물이기도 하다

도 다르고, 고대 인도의 천녀와 한대 화상석 속의 우인羽人과도 다르다. 이 형상은 한순간에 완성된 것이 아니라 북조에서 수당대까지 몇 세기를 거치면서 민간 예술가들이 공동으로 빚어낸 결과이다. 비천의 주요 특징은 나풀거리는 긴 띠로만 아름다운 여성의 날렵한 몸을 받치고 있다는 것이다. 날개와 꽃구름은 사용하지 않은 채 가벼운 띠만 길게 늘이거나 줄임으로써 사방 벽에 생동감을 불어넣는다.

중국에는 아주 오래전부터 비천과 흡사한 상상의 존재가 있었다. 원시시대 사람들은 거대한 자연의 힘에 속수무책이었기 때문에 상상 속에서나마 현실의 고난들을 해결하고 싶었다. 그래서 그들은 새처럼 날아서 빨리 자연의 재해를 벗어나는 상상을 했다. 『산해경』「해외남경海外南經」에서는 "동남쪽의 우민국羽民國 사람들은 머리가 길고 몸에 날개가 돋아 있다"고 기록했다. 이런 상상력을 불교가 차용하여 '우인승천羽人升天'의 이야기를 만든 것이다. 뿐만 아니라 날개 없이 신기한 도구를 사용하여 하늘을 나는 상상을 하기도 했다. 진대晉代 장화張華의 『박물지』에서 소개한 굉국肱國 사람은 "하늘을 나는 수레를 만들어 바람을 따라 멀리 여행을 떠났다"고 한다. 비천 형상은 바로 이런 상상들이 계속 이어진 결과였다.

1-18-4 비천

비천의 예술적 매력은 불교예술의 영역을 넘어선다. 그러나 그것의 주요 기능은 역시 불교 사상의 선전에 있었다. 불교가 중국에 전해진 때는 중국 사회가 혼란에 빠져 있던 시기였다. 사람들은 "백골이 들판에 뒹굴고 천 리를 가도 닭 울음소리가 들리지 않는" 고통의 나날을 보내고 있었다. 이때 불교가 사람들의 상처를 아물게 해주었고, 사람들은 부처를 바라보고 윤회와 미래와 천국에 자신의 희망을 기탁했다. 비천을 보며 사람들은 현실의 고난을 벗어나 서방 극락세계로 가서 행복하고 즐거운 삶을 누리는 환상을 가졌다. 이런 의미에서 비천은 사람들에게 복음을 전파하기 위해 불국에서 날아온 '천사'로도 볼 수 있다. 환희와 너그러움이 가득한 비천의 정취는 고통받는 사람들에게 깊디깊은 감동을 주었다.

제2권

널다리 위에서 세상일을 말하다 · 인물 편

1. 편작扁鵲

'편작의 환생', '다시 태어난 화타'는 중국인들이 최고의 의술을 펼치는 의사에게 보내는 찬사로서, 편작과 화타라는 두 신의神醫가 사람들의 가슴 속에 얼마나 크게 남아 있는지 엿볼 수 있는 말이다.

사마천司馬遷은 『사기史記』「편작창공扁鵲倉公열전」에서 "편작은 발해渤海군 막鄚 땅(지금의 하북河北 임구任丘) 사람으로, 성은 진秦이고 이름은 월인越人이다"라고 했다. 고증에 따르면 그는 주周 위열왕威烈王 19년(기원전 407)에 태어나 주 난왕赧王 5년(기원전 310)에 죽었다. 그가 '편작'으로 불린 이유는 뭘까? 이는 아마 사람들이 그를 높여 부른 말일 것이다. 옛사람들은 흔히 의술이 뛰어난 의사를 편작이라 부르곤 했다. 진월인은 오랜 세월 각고의 노력으로 의술을 펼치면서 이전 사람들의 경험을 총괄하고 새로운 의술을 대담하게 도입하여 해박한 지식과 고명한 의술을 지닌 명의가 되었다. 그는 남북을 오가며 질병으로 신음하는 사람들을 성심으로 치료해 주어 수많은 사람들의 존경과 환영을 받았다. 그래서 사람들은 편작이라는 존칭을 그에게도 붙여준 것이다.

편작은 탁월한 의사였다. 그는 선인들의 의학적 경험에 자신만의 연구를 결합하여 '얼굴색을 살피고[망望], 목소리를 듣고[문聞], 병세를 묻고[문問], 진맥을 하는[절切]' 사진법四診法을 창시하고 『난경難經』 2권을 지었다. 뿐만 아니라 그는 민간에서도 의술을 행하여 "열국을 주유하며 지역의 풍토에 따라 의술을 바꾸어" 백성들의 요구에 따라 자신의 의술을 펼쳤다. 조趙나라 수도 한단邯鄲에서는 그 지역 사람들이 부녀자에게 관심이 크다는 사실을 알고 즉시 '대하의帶下醫(허리띠 아래의 의사, 즉 산부인과 의사)'가 되었고,

나중에 액양額陽(지금의 섬서陝西 낙남洛南) 땅을 지나면서는 노인을 공경하는 사람들의 모습을 보고 '이목비의耳目痹醫(노인들의 귀와 눈, 마비 증상을 치료하는 의사)' 가 되었으며, 마지막으로 의술을 펼쳤던 진秦의 수도 함양咸陽에서는 사람들이 아이들을 무척 아끼는 모습을 보고 '소아과 의사' 가 되었다. 그는 중국 땅 대부분을 거치며 풍부한 의료 경험을 쌓아 각종 의술을 한 몸에 체득하고, 각 과의 임상치료에도 능하여 가는 곳마다 백성들의 사랑을 받았다. 그는 의사로서의 뛰어난 덕성과 심오한 의술을 함께 지녀 '국의國醫의 비조', '침술과 뜸의 창시자' 라는 칭호를 받으며 고대 중국의 10대 의학자 중 최고의 자리에 올랐다.

편작은 네 가지 진단법 중에서도 망진望診과 절진切診에 특히 뛰어났다. '의성醫聖' 장중경張仲景은 「상한잡병론서傷寒雜病論序」에서 편작에 대한 존경과 찬사를 이렇게 표현했다. "나는 월인이 괵국虢國에서 진료하고 제후齊侯의 얼굴색을 살핀 일화를 읽을 때마다 그의 능력에 감탄하지 않을 수 없었다. 죽은 자를 살아 있는 자처럼 보려고 하나, 이는 참으로 어려운 일이다!" 장중경이 말한 '괵국에서의 진료' 와 '제후의 얼굴색' 은 편작의 의술 활동에서 가장 널리 알려진 이야기이자 절진과 망진의 전형적 사례이다.

편작은 신기할 정도로 진맥에 능했다. 한 번은 편작이 괵국(지금의 하남河南 섬陝현 동남쪽)을 지나다가 괵국의 태자가 갑자기 쓰러져 죽었다는 소식

2-1-1 의술을 행하는 편작
산동山東 가상嘉祥의 한대 화상석

을 들었다. 그는 이상한 느낌이 들어 어찌 된 일인지 살피러 갔다. 편작이 왕궁에 이르렀을 때 대신들은 이미 장례 준비를 하고 있었다. 편작은 태자가 죽을 당시의 구체적 상황을 물은 후, 태자가 아직 희미하게나마 숨을 쉬고 있고 몸에도 온기가 남아 있음을 알았다. 그는 태자가 정말로 죽은 것이 아니라 '시궐병尸厥病(일종의 가사假死 상태)'에 걸렸다고 판단했다. 아직 치료의 여지가 있다는 의미였다. 편작이 침을 놓자 태자는 곧 깨어났다. 이윽고 태자의 두 겨드랑이 아래에 뜨거운 수건을 갖다 대주자 잠시 후 태자는 앉을 수도 있게 되었다. 그 후 20여 일의 탕약 치료로 태자는 완전히 건강을 회복할 수 있었다.

이것이 바로 민간에 전해지는 편작의 기사회생 이야기이다. 이 일로 당시 사람들은 편작을 신선으로 간주했다. 그러나 편작은 자만하지도, 자신의 능력을 내세우지도 않으며 이렇게 말했다. "병자를 구한 건 제 능력이 아닙니다. 병자가 원래 죽지 않았던 것뿐이지요."

편작이 의술을 펼치는 도중 제齊나라를 지나게 되었다. 제 환후桓侯는 편작의 의술을 익히 들었던 터라 그를 불러 크게 환대해 주었다. 환후를 만난 편작은 그의 얼굴색을 보고 병이 있음을 금방 알아차렸다. 편작이 환후에게 말했다. "환우가 있으십니다. 아직은 병이 깊지 않지만 그대로 두셨다가는 위험해집니다." 당시 환후는 달리 불편한 곳이 없었으므로 편작의 말을 믿지 않았고, 오히려 편작이 이를 빌미로 자기 재주를 뽐내고 이름을 날리려 한다고 생각했다. 닷새 후, 편작은 다시 환후의 얼굴색을 보고 병이 이미 혈맥까지 이르렀음을 알 수 있었다. 그래서 재차 치료를 권했지만 환후는 여전히 말을 듣지 않았다. 다시 닷새 후, 편작이 환후에게 말했다. "병이 이미 위장에까지 미쳤습니다. 계속 치료를 미루시면 아예 치료가 불가능해집니다." 환후는 여전히 편작의 권유를 따르지 않았다. 닷새 후 다시 환후의 얼굴색을 살핀 편작은 더 이상 고칠 수 없게 되었음을 알고서 한마디도 않고 환후 곁을 떠나 버렸다. 환후가 사람을 보내 그 이유를 묻자 편작이 말했다. "병이 깊지 않으면 탕약으로 치료할 수 있고, 병이 혈맥까지 이르면 침으로 치료할 수 있으며, 병이 내장까지 이르러도 방법이 없는 것은 아닙니다. 그러나 지금 환후의 병은 골수까지 이르러 더 이상 치료할 수가 없게 되었습니다. 그러니 이렇게 떠날 수밖에 없지요." 과연 얼마 후 제 환후는 세상을 떴다. 이것이 바로 유명한 편작과 제 환후의 이야기이다.

위의 두 가지 일화를 통해 편작의 망진과 절진이 얼마나 심오했는지 알 수 있다. 물론 이것이 그가 망진과 절진에만 능했다는 말은 결코 아니다. 그는 여러 측면으로 환자의 상태를 진단했다. 설태를 세밀히 살피고, 병자의 목소리와 호흡, 기침 소리를 듣고, 병에 걸리기 전과 후의 몸 상태를 자세히 물었다. 또 정확한 판단과 올바른 처방을 위해 병자 자신뿐 아니라 가족과 친구들까지 하나하나 살펴보았다. 이것이 바로 앞서 말한 망, 문聞, 문問, 절의 종합 진단법이다. 이 진단법은 편작이 중국 의학사에 남긴 크나큰 공헌이다.

편작은 진단의학의 대가일 뿐 아니라 '만능 치료사'이기도 했다. 앞에서 말한 괵국 태자의 병을 치료하면서 편작은 침과 뜸, 뜨거운 수건, 탕약의 세 가지 방법을 함께 썼다. 편작은 병의 종류가 너무 많은 건 백성들의 고통이고, 치료 방법이 너무 적은 건 의원의 고뇌라고 했다. 사람들을 질병의 고통으로부터 신속하고 효과적으로 벗어나도록 하기 위해 편작은 침과 뜸, 안마와 외과수술까지 연구했다. 편작이 후대에 추앙받는 신의神醫가 된 것은 단순히 그의 의술이 뛰어났기 때문이 아니라 그가 미신이 아닌 과학적 방법을 견지하고 권력을 두려워하지 않았기 때문이다. 편작은 미신으로 병을 막으려는 사람들의 생각을 깨고자 했다. 이는 의술과 미신이 구분되지 않았던 당시 사회에 대한 처절한 외침이었다. 그는 귀신과 무당만 믿고 의사를 믿지 않는 사람은 결코 병을 고칠 수 없다고 단언하였다. 아울러 그는 병을 진단하고 의술을 행함에 있어 '여섯 가지 불치不治의 원칙'을 내놓았다. 하나, 권세만 믿고 함부로 날뛰는 자는 치료할 수 없다. 둘, 재물만 탐하고 생명을 돌보지 않는 자는 치료할 수 없다. 셋, 폭음폭식에 아무거나 먹는 자는 치료할 수 없다. 넷, 병이 깊어지기 전에 미리 의원을 찾지 않은 자는 치료할 수 없다. 다섯, 몸이 약한데도 약을 복용할 수 없는 자는 치료할 수 없다. 여섯, 미신만 믿고 의술을 믿지 않는 자는 치료할 수 없다. 이외에도 그는 기존의 통념을 깨고 스승으로서 제자들을 받아들여 의학의 발전을 촉진했다.

"성공도 소하蕭何 때문이요, 실패도 소하 때문이다"*라는 속담이 있다. 편작의 명성은 의술에서 비롯되었으나 재앙 역시 바로 그 의술 때문에 일어났다. 편작이 진의 수도 함양에서 소아의로 이름을 날리자, 진 무왕武王은 편작을 불러 자기 병을 치료토록 했다. 편작이 막 치료를 시작하려 할 때 진의 태의령太醫令 이혜李醯가 앞을 가로막으며 말했다. "대왕의 병은 귀의 앞, 눈의 아래에 있습니다. 행여 탈이라도 생기면 귀와 눈이 멀 수도 있습니다." 이에 무왕은 걱정이 앞서 치료를 결심하지 못했다. 화가 난 편작은 침석鍼石(고대의 외과수술용 도구)을 던지며 말했다. "왕께서는 저에게 치료를 부탁하시고도 결국 돌팔이 의사의 말만 믿고 계십니다. 이런 식으로 나라를 다스리면 나라가 망하는 건 불을 보듯 뻔합니다!" 무왕은 그제야 치료를 결심하고 편작에게 자신의 난치병을 고치도록 했다. 이혜가 오래도록 고치지 못한 병을 편작이 말끔히 치료하자, 이 소식은 백성들 사이에 금방 퍼져 나갔다. 이혜는 부글부글 질투심이 일었다. 여기 이혜가 있는데 어찌 편작이 또 있단 말인가? 그는 곧 부하를 보냈다. 칼을 든 부하는 급히 말을 몰아 여산驪山 동북쪽 30리까지 편작을 쫓아갔다. 바람 앞의 촛불처럼 노약한 편작이 어찌 그 난폭한 자를 대적하겠는가? 천하의 의성醫聖은 길가의 수레바퀴

*한대漢代의 명장 한신韓信이 소하의 추천을 받아 대장군이 되었으나, 역시 소하의 음모로 인해 주살을 당한 것에서 유래한 속담이다. 일의 실패와 성공 혹은 좋고 나쁨이 같은 사람이나 같은 일에서 기인한다는 뜻이다

2-1-2 편작 사당

사이에서 처참히 살해당하고 말았다. 소식을 들은 진나라 백성들은 대성통곡하며 그가 죽은 남진촌南陳村에 그를 묻어주었다. 수천 년이 지난 지금까지 그의 묘지는 잘 보존되어 있다. 매년 청명이 되면 국내외 의학자와 사회 인사들과 각지 사람들이 찾아가 묘지를 정리하며 그를 기념한다. 오래도록 수많은 사람들의 사랑과 존경을 받아온 그는 죽은 사람도 살릴 수 있는 '신의神醫'로 받들어졌다. 그가 의술을 펼치며 지나갔던 수천 리 길에 사람들은 그를 위한 사당을 짓고 비석을 세우고 향불을 피웠다. 편작 사당의 벽에 쓰여 있는 아래의 시는 그의 일생과 함께 그에 대한 사람들의 애처로운 감정을 대변해 준다.

예전에 남의 집 집사였을 때는 의술을 미처 이루지 못했으나,
장상군長桑君을 만난 후 고금 사람들의 탄복을 받게 되었네.
천하의 인자한 사람도 죽은 사람을 다시 살릴 수 없었으나,
선생의 묘약은 괵국虢國의 왕자를 금방 일으켰다네.
해와 달이 아무리 밝아도 엎어진 동이 속을 밝힐 수 없지만,
선생의 바른 눈은 뱃속의 작은 티도 볼 수가 있었다네.
세상의 재앙과 복은 서로 맞물려 돌고 도는 것인가,
평생 남을 살려주었으나 돌팔이 의사에게 욕을 당하고 말았구나!
*천 년의 사당 앞 물가에서 상지수上池水*의 푸름을 배우며,*
재배再拜 올리고서 한 잔 술 청하여 내 마음속 속됨을 씻노라.

편작이 실존 인물인지에 대해서는 논란이 끊이지 않았다. 이 의견들은 크게 두 가지로 나뉜다. 하나는 편작이 분명 실존 인물이라는 것이다. 이를 지지하는 사람들은 편작이 대략 기원전 5세기 춘추전국시대에 태어났으며 '노의盧醫' 라고도 불렸다고 말한다. 당대唐代 초기의 양현조楊玄操는 『난경難經』의 서문에서 다음과 같이 말했다. "이 책은 발해의 진월인이 지은 것이다. 월인은 장상군의 비법을 전수받아 의학의 도를 깨우쳤으며, 오장육부를 꿰뚫어 보고 창자를 깎고 심장을 도려낼 줄 알았다. 헌원軒轅 때의 편작과 비슷하다고 하여 사람들은 그를 편작이라 불렀으며, 노盧나라에 살았으므로 '노의' 라고도 불렀다." 진월인은 빈부를 가리지 않고 모든 사람을 평등하게 정성껏 치료해 주었다. 의술이 매우 뛰어났으므로 사람들은 그를 '편작(고대의 길조 중 하나)' 이라 칭했다. 이 의견은 전한前漢과 후한後漢의 위대한 역사가 사마천의 『사기』와 반고班固의 『한서漢書』「고금인물표古今人物表」에 기록되어 있다. 두 역사가 모두 편작은 진월인 한 명뿐이며 대략 춘추 말기에 태어나 월왕越王 구천勾踐, 조간자趙簡子와 비슷한 시대를 살았다고 보았다.

다른 하나는 편작이 역사상 실존 인물이 아니며, '편작' 은 사람들이 신의神醫를 가리킬 때 쓰는 일반적인 호칭일 뿐이라는 주장이다. 일본 학자 삼전일랑森田一郎은 「편작창공열전」에 대한 주석에서 "편작은 침석을 가리키는 말일 뿐"이라고 했다. 또 그는 "진은 서쪽의 나라 이름이고 월은 남쪽의 나라 이름이며, '진' 이라는 성에 '월' 이라는 이름 자체가 '월인' 이 허구화된 인물임을 암시한다"고도 했다. 청대 학자 조소조趙紹祖는 『독서우기讀書偶記』 '편작' 편에서 이렇게 말했다. "이는 태사공이 지어낸 이야기일 것

---

*상지수上池水: 땅에 떨어지지 않은, 혹은 대나무에서 채취한 이슬을 말한다. 장상군은 편작에게 영약을 주며 상지수와 함께 복용하도록 했다

이다. 제나라에 있었다고 했다가 조나라에 있었다고 하며 어느 곳인지를 분명히 밝히지 않았고, 노의라고 했다가 또 편작이라고 하며 그 이름을 제대로 밝히지 않았으며, 춘추 초라고 했다가 춘추 말이라고 하며 어느 시대 사람인지를 제대로 밝히지 않았다. 이는 곧 편작이 스승인 장상군과 마찬가지로 일반 사람이 아님을 말해준다." 그들은 모두 『사기』「편작전」을 우언으로, 편작은 허구의 인물로 본 것이다.

두 가지 서로 다른 의견을 통해 우리는 중국 고대의 인물이 역사의 발전 과정에서 실재적 존재로부터 하나의 '종합적인' 기호로 전환하는 과정을 볼 수 있다. 민간에 전해져 오는 편작 관련 이야기는 중의학의 주요 성과 및 세상을 구제하는 신의의 의덕醫德, 의식醫識, 의격醫格을 집중 반영하고 있다.

2. 노반魯班

20세기 말 많은 학자들이 새로 발굴된 고고학 자료를 근거로 1만 년 중국 문명사의 연구 성과를 자신있게 발표했다. 중국 문명은 세계 4대 고대 문명 중에서도 가장 유구하다. 오랜 중국 문명의 역사를 돌아보면, 과학 기술의 발전이 찬란한 역사 발전의 큰 원동력이었음에도 그와 관련된 위인은 새벽별처럼 드문드문하다는 것을 알 수 있다. 피타고라스 정리나 4대 발명 등 무수한 지혜의 결정체들이 있지만 고대 그리스의 아리스토텔레스 같은 과학자는 찾아보기 힘들다는 말이다. 이 때문에 전설 속의 노반은 고대 중국의 위대한 과학자에 대한 연구에서 의미있는 하나의 기호가 된다.

노반은 역사적으로 실존한 인물로 전국시대 노魯나라 사람이었다. 성은 공수公輸, 이름은 반盤이며, '반盤'은 '반般' 혹은 '반班'으로도 쓴다. '노반'으로도 불린 것은 노나라 사람이었기 때문이다. 노반에 관한 최초의 기록 중에서는 『묵자墨子』의 '공수'와 '노문魯問', 특히 '공수'에 관한 기록이 가장 믿을 만하다. 공수에 관한 기록은 이렇다. "공수반은 초楚나라를 위해 구름 계단을 만들어 송宋나라를 공격하려 했다. 자묵자子墨子는 이 말을 듣고 제齊나라를 출발하여 열흘 밤낮을 걸어 영郢 땅으로 가서 공수반을 만났다." 이 기록은 묘사가 뛰어나고 많은 사람들의 입에서 회자되어 현재 많은 교과서에서 인용하고 있는 명문이다. '노문'에 관한 기록에서는 그가 수중 전투용 갈고리와 하늘을 나는 나무 연을 만들었다고 했다. 또 『예기禮記』「단궁檀弓」에는 그가 계강자季康子 어머니의 하관을 위한 기계를 만들고자 했다는 기록이 있다. 당시 사람들의 눈에 노반은 대단히 정교한 사람이었다. 『맹자孟子』「이루離婁」에서는 "공수자의 정교한 손재주로도 그림쇠와 곱자가 없으면 네모와 원을 만들 수 없다"고 했다. 그러나 그의 자세한 집안 내력에 대해서는 언급되어 있지 않다.

한대漢代에 이르면 노반에 관한 이야기가 많아진다. 『회남자淮南子』「제속훈齊俗訓」에는 노반이 묵자와 협력하여 발명을 했다는 기록이 있다. "노반과 묵자는 나무로 연을 만들어 날렸는데 사흘 동안 돌아오지 않았다." 왕충은 『논형論衡』「유증儒增」에 이런 이야기를 남겼다. "세상에는 노반이 손재주가 좋아 어머니를 잃어버렸다는 말이 전해진다. 솜씨 좋은 노반이 어머니를 위해 나무 수레와 말을 만들고 나무 마부에 각종 장치를 모두 갖추고 어머니를 그 위에 태웠는데, 한 번 말을 몰고 나간 다음 돌아오지 않아 어머니를 잃고 말았다는 것이다." 한대의 악부樂府「염가행艶歌行」에서는 낙양洛陽 궁전의 대들보에 조각을 새긴 사람이 노반이라고 했다. 이때까지도 노반의 신분은 여전히 '손재주가 좋은 사람'이었다.

한대 이후 노반의 이야기는 기호적인 인물의 특징을 드러낸다. 예를 들어 굳은 나무를 바로잡는 도지개, 곡식을 가는 맷돌, 문고리 받침과 문고리, 지금도 많이 쓰이는 삽, 대패, 집게, 곡척 등을 모두 노반이 발명하고 만든 것이라고 한다. 현대의 많은 과학자들은 이들 발명품에 대한 엄격한 고증을 거쳐 이들 설이 어느 정도 신빙성이 있다고 보았다. 그러나 한대 이후의 기록은 민간의 전설에서 기원한 것이 많다. 예를 들어 역도원酈道元의 『수경주水經注』「위수渭水」에는 이런 기록이 있다. "옛날 위수에는 촌류忖留라는 신상神像이 있었다. 이 신은 노반과 이야기를 나누던 중 노반이 모습을 보여달라고 하자 이렇게 말했다. '나는 얼굴이 추하고 당신은 사물의 모습을 잘 그리니 못 나가겠소.' 노반은 두 손을 맞잡고 말했다. '이제 나오셔도 됩니다.' 촌류가 머리를 내밀자 노반은 발로 땅에 그림을 그리기 시작했다. 촌류는 이를 눈치채고 곧바로 물속으로 들어가 버렸다. 그래서 물에 신상을 세울 때 그의 등만 물 위로 나오게 했다." 이는 노반의 그림과 조각술에 대한 묘사이다. 수신水神의 삽입은 일종의 형용이며, 이는 기이한 것을 즐겨 기록했던 당시의 풍조와 관계가 깊다. 또 『술이기述異記』 하권에서는 "목란배가 심양강潯陽江에 있었으니, 목란나무가 많아…… 노반이 목란을 깎아 배로 만든 것이다"라고 했다. 노반은 이제 배를 만드는 기술까지 갖게 된 것이다. 『술이기』 하권에는 이런 기록도 있다. "천모산天姥山 남쪽 봉우리에서 예전에 노반이 나무로 학을 깎아 만들었는데 한 번에 7백 리를 날았다. 후에 북산의 서쪽 봉우리에 이것을 놔두었다. 한 무제가 사람을 시켜 가져오게 하자 남쪽 봉우리로 날아갔다. 하늘에서 비가 올 것 같으면 날아가려는 듯 날개를 퍼덕이곤 했다. 노반은 돌을 깎아 구주도九州圖를 만들었는데 지금은 낙성洛城 석옥石屋산에 있다. 동북쪽 언덕 바닷가의 큰 돌거북도 노반이 만든 것이라고 한다. 여름이면 바다로 들어갔다가 겨울이면 산 위에서 머문다." 여기서 노반은 목공에서 석공으로 바뀌어 있다. 당대唐代 단성식段成式은 『유양잡조酉陽雜俎』 「폄오貶誤」에서 이렇게 썼다. "지금 사람들은 화려하고 정교한 건물을 볼 때마다 노반의 솜씨라고 억지로 갖다 붙인다. 양도兩都의 사찰 중에도 노반의 솜씨라고 하는 것들이 자주 보이니, 옛것을 헤아리지 못함이 이와 같도다."

물론 민간에 전해지는 노반의 전설은 훨씬 더 많다.

강소江蘇의 민간 전설 「수레를 만드는 노반」에서는 노반이 나무수레의 발명자라고 말하며, 서섬西陝현의 민간 고사 「기계송곳의 내력」에서는 노반이 기계송곳의 발명자라고 말한다. 한족뿐 아니라 소수민족의 전설도 마찬가지다. 백족白族의 민간 전설 「굽은 나무, 반듯한 목수」와 포의족布依族의 민간 고사 「먹통과 톱날」에서는 노반이 목수가 쓰는 먹통과 톱을 발명했다고 말하며, 역시 포의족 민간 전설 「집의 내력」에서는 인류가 노반에게서 집 짓는 법을 배웠다고 말한다. 노반은 각 지역의 실재 '상징물'과 직접 연관이 되기도 한다. 예를 들어 하북 조주趙州에는 노반이 조주교를 만들었다는 전설이 전해지고 있다. 원대元代 초에 간행된 『호남신문이견속지湖南新聞夷堅續志』에 관련 내용이 있는데, 지금까지도 그 이야기가 광범위하게 전해지고 있는 것이다.

민간에 널리 전하는 다른 인물들과 마찬가지로 노반 역시 결점은 있다. 『장통학예張通學藝』에 따르면, 노반의 외종질 장통은 노반을 스승으로 모셨으나 스승이 제대로 가르쳐 주지도 않고 제자가 자기를 뛰어넘을까 두려워해 장통이 혼자서 몰래 기술을 배울 수밖에 없었다고 한다. 출정을 나갔다 돌아오면 노반은 제자를 목마 위에 앉히고 앞만 보라고 한 후 꼬리 부분의 기관을 단단히 죄어 목마를 뛰게 하는 기술을 감췄다. 『목신木神의 내력』에는 노반이 아내에게 신기神技의 비밀을 숨기려다가 실패하는 이야기가 나온다. 노반의 아내는 세심한 관찰을 통해 노반이 일을 할 때는 코 위에 항상 땀이 세 방울 맺히지만 노반이 만든 목인木人이 일을 할 때는 얼굴에 땀방울이 맺히지 않는다고 딸에게 알려준다. 신기의 비밀을 들켜 버린 노반은 불같이 화를 낸다. 호남 토가족土家族에 전해지는 「노반의 누이」에는 노반이 죽공竹工을 무시하는 이야기가 나온다. 노반은 무엇이든 잘 만들었지만, 딱 한 가지 대나무 짜는 일은 할 줄 몰랐다. 대나무로 자리를 만들면 너도나도 그 위에 앉아 금방 더러워진다고 생각했기 때문이다. 그의 누이는 죽공을 배우라고 몇 번이나 노반을 설득했지만 노반은 듣지 않았다. 결국 누이는 자기가 직접 죽공 일을 배우리라 결심한다. 죽공을 멸시하는 노반은 누이가 재료를 구하지 못하도록 쇠테로 대나무를 칭칭 감아버린다. 그러나 누이는 심지어 대나무로 도

2-2-1 노반조물도

끼를 만드는 방법까지 알아낸다. 몇 번의 대결 끝에 노반은 스스로 패배를 인정하고 죽공 일을 배우게 된다.

노반의 이야기는 이외에도 여러 가지가 있다. 그는 후대인들이 시조로 모시는 목수와 미장이 기술뿐 아니라 다른 분야에서도 못하는 게 없었다. 예를 들어 「병을 고치는 노반」에서 그는 '술을 마시다가 목이 막힌' 환자를 치료한다. 노반은 본인뿐 아니라 주변 사람들도 상당한 재주를 갖고 있었다. 노반의 아내는 우산을 기막히게 만들었고(「노반의 아내 자랑」), 그의 며느리는 노반보다도 다리를 잘 만들었으며(「다리 짓기 시합」), 제자 조교아趙巧兒는 맷돌을 개량한 사람이라고 전해진다(「노반과 조교아」).

각 지역, 각 민족의 전설에서 노반의 능력은 갈수록 커졌다. 역대의 기술자들은 자신이 발명하고 창조한 건축물을 노반의 공으로 돌렸으며, 노반을 통해 자신의 노력과 탁월한 능력을 노래하고 기술 개발의 희망을 표현했다. 노반의 지혜는 그의 품성과 밀접한 관련이 있다. 노반의 전설에는 흔히 볼 수 있는 하나의 이야기 구조가 있다. 어떤 공사를 하던 중 기술자들이 난관에 부딪치면서 공사에 차질이 빚어져 제때에 공사를 마무리하지 못할 위험에 처한다. 기간 내에 완공하지 못하면 기술자들은 사형을 당하거나 옥살이를 해야 한다. 이때 노반이 나타나 문제를 해결하고 위험에 처한 기술자들을 구해준 후 유유히 자리를 뜬다. 강소江蘇의 노반 전설인 「금산보탑金山寶塔」이 대표적인 예이다. 이들 전설에서는 흔히 가난한 사람과 부자가 서로 대립하는데, 노반은 항상 약자 편에서 지혜롭게 부자들과 맞서 승리를 거둔다.

노반의 이야기가 전래 과정에서 다양해진 것은 민간 문학의 특징을 그대로 반영한 현상이다. 그러나 이 과정에서 노반과 그의 원형은 갈수록 멀어지고 말았다. 풍부한 지식을 자랑하던 그가 고상한 품성까지 갖게 되고 결국에는 '신'적인 면모로 가득하게 되었다. 이 궤적의 기점은 과학자이다.

노반의 수많은 발명은 현대 과학의 기준으로 봐도 손색이 없다. 하지만 그의 종점은 신적인 인물에 가깝다. 이 변화의 궤적은 되돌릴 수가 없다. 과학자는 신이 될 수 있지만, 신은 과학자가 될 수도 없고, 되어서도 안 된다. 우리가 접하는 노반에게서 과학자의 면모는 이미 사라졌다. 그가 하는 것은 모두 마땅히 해야 하고 능히 할 수 있는 것들이다. 과학자의 연구, 과학자의 실천, 과학자의 공헌은 모두 신의 후광에 가려지고 말았다. 사실 이는 동양 문화의 특징이기도 하다. 중국 고대의 수많은 과학자들이 모두 신격화의 흔적을 보인다. 흔히 말하는 '약왕藥王', '차왕茶王' 등이 이러한 기호들이다. 편작은 중국 선진先秦시대의 위대한 의학자이다. 『열자列子』「탕문湯問」에는 편작이 '심장을 바꾼' 이야기가 실려 있다. "편작이 두 사람에게 독주를 먹여 사흘 동안 정신이 없게 만든 다음, 배를 갈라 심장을 꺼내 서로 바꾸어놓고 신약을 먹이자 처음처럼 의식을 회복했다. 두 사람은 감사 인사를 올리고 돌아갔다. 공호公扈는 자기 집이 아닌 제영齊嬰의 집으로 가서 그곳의 처자식이 그를 알아보지 못했고, 제영도 공호의 집으로 가서 역시 처자식이 그를 알아보지 못했다. 두 집안은 옥신각신하다가 편작에게 어찌 된 영문인지 물었다. 편작이 사정을 설명해 주자 곧 잠잠해졌다." 2천여 년 전에 편작은 이미 심장이식 수술을 할 수 있었으니, 이 얼마나 위대한 과학적 성과인가! 그러나 그는 곧바로 신이 되어버렸다. 사마천은 편작이 신에게서 의술을 물려받았다고 말한다. "(신은) 곧 비방이 적힌 책을 모두 꺼내 편작에게 주었다. 홀연히 사라지는 모습은 사람이 아닌 듯했다. 편작은 그가 일러준 대로 30일 동안 약을 복용하고서 담장 밖의 사람까지 볼 수 있게 되었다. 이 능력으로 진찰을 하자 오장 속의 응어리까지 다 보였다"(『사기』「편작창공열전」). 편작의 신격화가 사마천의 의도는 아니었을 것이며, 사마천은 그저 신의 경지에 다다른 편작의 의술이 믿을 만한 것임을 말하고 싶었을 것이다. 그러나 과학자로서의 편작의 면모는 이 '합리화'의 과정에서 사라지고 말았다.

의식적, 무의식적 신격화로 인해 중국 고대 과학자의 과학적 면모는 사라지거나 희미해졌다. 이는 고대 중국에 위대한 과학자가 부족한 원인 중 하나이다. 또 고대 정통 사대부들의 노동에 대한 멸시 역시 중요한 원인이다. 소위 "마음을 쓰는 자는 사람을 다스리고, 힘을 쓰는 자는 사람에게 다스림을 받는다"가 바로 그것이다. 묵자는 성을 공격할 무기를 놓고 노반과 논쟁을 벌였다. 그의 사상인 묵학은 당시 공자의 유학과 어깨를 나란히 할 정도였다. 사람들은 두 학문을 '현학顯學'으로 함께 칭찬했다. 소위 "공자와 묵자의 제자가 천하에 가득하다"(『여씨춘추呂氏春秋』「유도有度」)는 이를 두고 하는 말이다. 그러나 묵자는 '농업과 공업에 종사하는 사람', 즉 소생산자의 이익을 대변하고, 스스로를 '천인賤人'으로 부를 만큼 출신이 미천했다. 노동에 대한 그의 외침은 사대부 문화와 충돌을 일으키고, 한대 이후에 그의 학문은 결국 현학의 지위를 박탈당하고 만다. 『묵자』에는 묵자가 수레를 만들 줄 알았다는 기록이 있으며, 한비자韓非子 역시 그가 솜씨 좋은 장인이었다고 말한다. 그는 하루 동안 날 수 있는 나무 새 한 마리를 3년의 공을 들여 만들었다. 이렇게 보면 그는 뛰어난 과학자임이 틀림없다. 하지만 그건 '노동'이었고, 그래서 역사책에 실려 천고에 빛나는 영광을 얻긴 힘들었

2-2-2 노반조물

다. 노동을 경시하는 또 하나의 전형적인 예는 고대 중국의 조각이다. 중국의 조각 전통은 고대 이집트와 그리스에서 발원한 서양 조각 전통과 고대 페르시아, 인도의 조각 전통과 함께 세계 3대 조각 전통으로 자리매김하고 있다. 가히 중국 고대 문화예술의 대종大宗이라 할 만하다. 그러나 봉건사회에서 조각은 몸을 쓰는 '노예의 일'로 간주되었고 문인 사대부들은 이를 거들떠보지도 않았다. 이런 현실은 중국 고대 조각가의 지위에 영향을 미쳤다. 청대清代 조각가 여광수黎廣修는 제자 다섯을 이끌고 곤명昆明 공죽사筇竹寺에서 5년에 걸쳐 5백 나한상을 만들었다. 조각상 하나하나가 서로 다른 얼굴을 하고, 동작은 다채롭고 풍부하면서도 질서가 있다. 수준 높은 대규모의 작품들은 세계 조각사에서 전혀 손색없는 것들이다. 그러나 중국 예술사에서 여광수가 인정을 받기 시작한 건 근대 이후의 일이다.

'신격화'된 노반의 전설은 그의 솜씨가 얼마나 뛰어났는지를 대변해 준다. 그러나 '신격화'는 과학자로서의 그의 특성을 흐릿하게 하고, '노동'은 과학자로서의 그의 성과를 과소평가했다. 중국은 과학의 고향이다. 현대 과학의 수많은 성과들을 고대 중국의 찬란한 문명 속에서 찾을 수 있다. 이것은 중국의 자랑이다. 그러나 과학 분야의 탁월한 위인이 많지 않다는 것 역시 부정할 수 없는 사실이다. 유감의 역사, 역사의 유감. 노반이라는 기호를 통해 우리는 이러한 정보를 찾을 수 있지 않을까?

3. 사士

'사'는 유구한 역사를 지닌 명칭이다. 공자의 사학私學으로부터 시작한다면 중화민족과 함께 2천여 년의 역사를 이어온 것이다. 우리는 역사의 각 단계마다 사의 흔적을 찾아볼 수 있다. 그들은 역사에 크고 복잡한 영향을 미쳐 왔고 생각할 가치가 있는 수많은 문제들을 남겼다.

사란 무엇인가? 사의 원래 뜻은 무엇인가? 많은 학자들이 이 문제에 대해 연구를 해왔다. 어떤 학자는 『좌전左傳』의 '사람의 열 가지 등급' 설을 인용하여 사가 최저 등급의 귀족이라고 말하며, 어떤 사람은 갑골문의 복사卜辭를 근거로 사가 점쟁이나 의사의 무리라고 주장한다. 또 어떤 학자는 진나라의 죽간과 한나라의 목편을 근거로 사가 상주商周시대 무인武人의 칭호라고 말한다. 이렇듯 서로 다른 많은 의견들이 존재하지만, 한 가지 확실한 사실은 춘추전국시대 이후 사가 점차 중국 지식인의 대명사가 되고, '사인士人'이라는 특수한 집단과 계층도 점차 굳어져 왔다는 것이다.

환담桓譚(기원전 43~기원후 28)은 사를 다섯 등급으로 나눴다. 향촌 급의 사는 가족을 돌보는 일에 바쁘고, 현縣 급의 사는 문학에 정통하고, 군郡 급의 사는 상급자에 충성을 다하는 행정관리이고, 중앙정부 급의 사는 회포가 크고 재능이 많은 학자이다. 그리고 이러한 모든 사 위에 존재하는 사가 국사國士이다. 이들은 일반 백성보다 훨씬 뛰어난 재능을 가진 인물들로 원대한 사상과 탁견을 가지고 천하의 대사를 계획하여 막대한 성과를 남긴다.

환담의 분류가 과학적인지는 좀 더 고려해 봐야 한다. 그러나 부정할 수 없는 것은, 사인이 지식과 재능을 갖춘 집단이며, 그 지식과 재능으로 사회에 봉사하고 그 사회를 이끌어갔다는 사실이다. 춘추전국시대의 "현자를 등용하고 재능있는 자를 천거한다", "능력과 인품만 보고 사람을 쓴다", "현자를 예우하고 재능있는 자를 공손히 대한다" 등의 구호를 통해 우리는 사회에 대한 사인들의 지대한 공헌을 엿볼 수 있다. 역사책을 펼쳐 보면 시대의 전면에서 사회의 개혁을 이끌어간 사인, '세상의 구제'를 위해 큰소리로 현실을 질타한 사인 등을 쉽게 찾아볼 수 있다. 철학, 사회과학에서 자연과학까지 그들은 다량의 귀중한 정신적 자산을 후대에 남겨주었다.

진한秦漢 이후의 봉건사회에서 혼란이 끝나고 다스림의 시대가 오는 과정을 살펴보면, 재능과 학식을 갖춘 사인들의 의지와 노력이 항상 드러난다. 혹자는 작전을 세워 난을 평정하고, 혹자는 전장에서 칼을 휘둘렀다. 그들의 지식과 재능은 매 순간마다 큰 힘을 발휘했다. 전란이 없던 시대에도 사인들은 계획을 세워 나라에 협조하거나 미비한 정책을 고치기도 하고, 백성의 뜻을 따르거나 목숨을 바쳐 백성들의 생각을 일깨우기도 했다. 그래서 노신魯迅, 양계초梁啓超 등의 대학자들이 '왕후장상의 족보'라고 비판한 24사史에서도 사인들의 빛을 가릴 순 없었다.

이외에도 고대 중국 문명사의 거의 모든 분야에서 사인의 그림자를 찾을 수 있다. 그들은 휘황찬란한 문학적 성과를 이루었고, 예지와 사변으로 가득한 병서와 바다처럼 넓고 호탕한 사서를 지었으며, 오묘하고 깊은 중국철학과 중의학을 포함한 선진 과학 기술을 창조해 냈다. 그중 특히 과학 기술 분야에서 중화민족은 세계가 놀랄 만한 성취를 이루었다. 그들의 발명과 창조는 영국 학자 조셉 니덤의 『중국의 과학과 문명』에 상세히 기록되어 있다. 어떤 통계에 따르면, 중국 고대의 과학적 발명 중 세계 최고 수준의 것이 근 100가지에 이른다고 한다. 이를 발명한 사람 중에는 장인, 환관, 궁녀, 농부 등도 있지만 가장 많은 비중을 차지하는 이들은 사인이었다. 이 발명품들은 중국 고대 사인의 총명함과 지혜의 실재적인 증거이자 중화민족의 자랑이기도 하다.

사실 각 영역에서 막대한 공헌을 한 사인은 소수에 불과하다. 동일한 사인 집단의 뛰어난 인재이면서도 지식과 재능을 발휘하지 못한 사인들도 많았다. 그들의 지식은 공명과 부귀를 얻거나 가문과 조상을 빛내기 위한 도구에 불과했다. 그들 대부분은 전제통치의 행렬에 끼어 천자의 발아래에 고개를 조아리고자 했다.

봉건사회에서 사는 갖가지 성분으로 이루어진 복잡한 집단이었다. 그러므로 그들에 대한 인식을 단순화해서는 안 되며, 그들에 대한 비판은 다양한 측면의 사고가 더욱 필요하다. 봉건사회의 성장과 안정과 몰락에 따라 사인 계층 역시 상당히 주체적이었던 태도에서 의존적인 경향으로 변하고 다시 역사의 뒷길로 사라지는 과정을 겪어왔다. 봉건사회 각 단계의 사인들에게는 항상 좋은 면과 나쁜 면, 선한 면과 악한 면이 병존해 왔다.

통치자의 사인 계층에 대한 복잡한 태도 역시 음미해 볼 만하다. 표면상으로 보면 통치자들은 사인을 소중히 대한 듯하다. 한족 정권이든 이민족의 정권이든 역대의 많은 왕조들이 사인의 종사라 할 공자를 '성인'으로 신봉하며 끊임없이 공자에게 봉호를 더해주고 공자를 만세의 사표로 삼은 것이 이를 증명한다. 한대의 찰거제察擧制*와 수당隋唐 이후의 과거제도까지 어떤 왕조도 사인의 선발을 중시하지 않은 적은 없으며, 특히 송宋대에는 반드시 학자여야 관리로 임용될 수 있었다. 그러나 사인을 중시한 근본적인 목적은 봉건통치의 유지였다. 사서의 기록에 따르면, 유방劉邦은 황제가 된 후 군신들에게 큰 잔치를 벌여주었다. 공신들 중 "어떤 자는 술을 먹고 공을 다투고, 어떤 자는 술에 취해 난동을 부리며 칼을 뽑아 기둥을 찌르기도 했다". 이처럼 황제에 대한 불경이 지나치자 사인 숙손통叔孫通이 조정의 의례를 제정한다. 이후 조정에 참여한 군신들은 "제후왕 이하 누구도 엄숙하고 조

*찰거제察擧制: 한 고조高祖가 기초를 닦고 문제文帝가 처음 시행한 등용제도로, 관리들의 천거와 심사를 통해 인재를 선발하는 방식이다

용한 분위기를 깨뜨리지 않았고…… 감히 떠들며 실례를 범하는 이가 없었다". 그러자 유방이 들뜬 소리로 외쳤다. "오늘에야 나는 황제의 귀함을 알게 되었다." 유방은 곧 숙손통에게 태상太常(구경九卿 중 하나)의 관직을 주고 금 5백 근을 하사했다. 북송北宋의 개국 황제 조광윤趙匡胤은 '건덕乾德' 이라는 연호를 사용했다. 그러던 어느 날 학식이 뛰어난 수하의 한 사인이 촉蜀 땅의 어느 망국의 왕이 '건덕' 이라는 연호를 사용한 적이 있다고 일러주었다. 불길한 생각이 든 조광윤은 곧 연호를 바꾸고 말했다. "앞으로 재상은 반드시 학자를 쓰겠노라." 조광윤은 사인을 높이 평가하고 아울러 그 전통을 후대에까지 전하려 했던 것이다. 황제들의 사인에 대한 이런 관심과 중시를 사인의 행운, 지식의 행운이라고 볼 수 있을까?

물론 봉건 제왕들의 사인에 대한 중시가 위의 몇 가지 사례처럼 표현된 것만은 아니다. 사실 그들을 어떻게 대우하고 처리할 것인지에 대해 깊은 고심을 한 경우가 훨씬 많다. 진시황의 분서갱유, 유학자의 관冠에 오줌을 눈 한 고조, 한 무제의 '독존유술獨尊儒術', '천하영웅은 모두 내 손안에 있다' 고 외친 당 태종太宗, 명 태조太祖의 준엄한 형법, 청 왕조의 문자옥文字獄 등등. 만약 역대 통치자들이 사인에 대해 별다른 관심이 없었다면, 이렇게 신경 쓰이는 일을 벌일 필요가 있었겠는가?

"여자와 소인배는 기르기가 힘들다"고 공자는 말했다. "가까이하면 불손해지고 멀리하면 원망하기" 때문이라는 것이다. 그러나 이 말이 역대 통치자들이 공문孔門의 사인을 대하는 근거로 쓰였으니 정말 아이러니가 아닐 수 없다. 통치자의 마음속에서 사인의 지위는 '소인' 혹은 '여자' 와 다를 바가 없었다. 통치자들의 어명으로 지은 정사正史에서 '부인의 견해' 와 '서생의 견해' 는 항상 함께 논의가 된다. 그래서 제왕들의 사인에 대한 관심은 항상 진퇴양난에 빠지곤 했다. 멀리할 수도 가까이할 수도 없고, 쓰려고 하면 걱정이 앞섰기 때문이다. 지식인을 증오하거나 멸시하는 임금이 꼭 왕조

말기의 폭군만은 아니었다. 오히려 소위 말하는 명군明君이나 성주聖主가 훨씬 많았다. 그리고 일반적인 현상 중 하나는 업적이 많은 제왕일수록 사인에 대한 속박과 감시가 더 심했다는 것이다. 온화한 수단으로 사인들을 '내 손아귀 속으로 불러 모은' 제왕들은 사인들을 마치 말을 훈련시키듯 대했다. 사인들의 오만한 성질을 없애 자기에게 복종케 함으로써 그들이 인격과 독립성을 잃고 황권의 충실한 종이 되게 하는 것이다. 사인들은 제왕에게 조종당하고 훈련받으면서 스스로 변화하고 적응하고 영합했으며, 자신의 원대한 뜻을 잃고 인격을 상실하고 재능을 버리고 스스로의 가치를 떨어뜨렸다. 이렇게 해서 지식과 역사적 진보와의 관계는 끊어지고 말았다.

봉건시대의 명군성주는 흔히 '현자를 등용하고', '현자를 예로 대한다'고 표방했지만 현실은 달랐다. 그 이유는 중국 봉건사회가 '제왕이 천하를 자기 재산으로 여기는' 전제독재 체제여서, (사인 계층을 포함한) 다른 모든 사람들의 독립된 요구와 사고를 배척했기 때문이다. 진시황은 모든 사안을 흑백으로 나누고 대권을 자기 한 몸에 집중시켰으므로, 조금이라도 이의가 있던 사인들은 누구나 매장의 화를 면치 못했다. 명 태조가 같은 성의 자제들을 왕으로 봉해주어 그들이 '왕실을 떠받쳐 보위하는' 정책을 쓸 때, 그 폐단을 지적한 지식인들은 감옥에 갇히거나 죽음에 처해졌다. 권력을 찬탈하려던 조조曹操는 공융孔融 등의 비판과 풍자에 귀를 기울이지 않았고, 위魏나라를 무너뜨리고자 했던 사마司馬씨는 혜강嵇康을 비롯한 사인들의 죄명을 열거할 수밖에 없었다. 지금 생각해 보면, 사인이 황권을 약화시킨다는 진시황의 질책, 사인이 '골육을 이간시킨다'는 명 태조의 주장, 공융 등이 연루된 '불효'의 죄, '청담의 풍조로 나라를 어지럽힌다'는 혜강의 죄목 등은 모두 황권의 절대적 권위를 지키기 위한 구실에 불과했다. '천하가 자기의 소유인' 통치 체제가 흔들릴 수 없음을 증명하는 하나의 주석일 뿐이었다.

사인들은 자신의 탄생으로부터 진나라의 중국 통일까지 3~4백 년의 긴 시간 동안 항상 혼란과 동요의 상황에서 생활하고 학문을 해왔다. 동일한 사회 환경, 반복된 관찰과 실천은 그들의 의식을 강화시켰으며 초기 사인 전통의 형성을 위한 필요조건이 되었다.

초기 단계의 사인들은 자기가 어느 학파에 속해 있든, 조정에 있든 초야에 묻혀 있든, 나라 안에 있든 나라 밖에 있든 예외없이 국가의 운명에 대한 관심과 걱정을 드러냈다. 그들의 사상과 학설과 행동은 모두 '우환의식' 의 체현이었다. 그들은 현실 비판으로 사회 병폐의 근원을 찾아내기도 하고, 합리적 처방으로 세상을 바꾸어 천하태평의 시대를 만들려고도 했다. 먼 옛날로 돌아가자는 노자의 소극적 주장 역시 사실은 현실에 대한 걱정에서 출발한 것이 아닌가? 그의 현실도피와 소극적인 태도는 어쩔 수 없는 탄식이었다. 국가와 민족의 운명에 대한 관심은 초기 단계 사인들의 공통된 특성이었던 것이다.

우환의식은 중국 고대 사인들의 하나의 전통이다. 이 의식은 먼저 국가와 민족과 민중의 운명에 대한 관심과 세상에 대한 책임감과 사명감으로 표현된다. 특수한 역사적 조건 아래에서 이러한 책임감과 사명감은 사인들을 움직이는 힘이 되었고, 이 힘을 통해 사인들은 민족과 민중을 위해 공헌했다. 이렇게 본다면 사인의 우환의식은 일종의 미덕이다. 이 미덕은 사회에 대해서는 동란과 파괴를 미연에 방지하려는 일종의 요구 사항으로 작용하고, 통치자에 대해서는 폐정을 혁파해야 통치를 공고히 하고 안정을 가져올 수 있다는 경종으로 작용하며, 사인 자신에 있어서는 하나의 건강한 정화제로 작용했다. 그러나 다른 측면에서 보면, '관료주의' 의 뿌리가 깊은 봉건사회에서 정권 변화에 대한 사인들의 지나친 관심은 그들의 우환의식을 점차 참여의식과 정치중심 주의로 바꾸고, 이러한 의식이 다시 정치권력에 대한 추구와 의존으로 전화하여 '관료 추종의 병폐' 를 가져오기도 했다. 이 때문에 비굴하게 굴복하고, 명령은 무조건 따르고, 권세에 빌붙어 이익을 꾀하고, 세속에 야합하는 등 주체의식이 점점 사라져 갔다. 이것은 필연적인 과정이었다. 이런 시각에서 보면, 우환의식은 사인의 주체의식을 약화시키는 경향으로 표출되어 결국 사인의 결점으로 바뀌고 만다. 그래도 양지良知를 잃지 않은 사인은 여전히 많았다. 그들은 전통의 긍정적 측면을 계승하고 우국우민의 미덕을 이어받아 이해득실의 관계에서 빠져나오려고 부단히 노력했다.

중국의 특수한 국가적 상황은 특수한 사인 집단을 형성했다. 우리는 그들의 역사적 족적에 대해 한숨을 쉴 필요도 없고, 허무주의의 태도를 갖거나 완전히 그들을 부정할 필요는 더더욱 없다. 그보다는 실사구시의 사고와 객관적이고 공정한 분석이 필요하다. 더욱이 사회와 역사의 거대한 변화가 시작된 오늘날, 우리는 얼마든지 새로운 시각으로 고대 사인들의 역할과 사회적 위치를 판단하고, 고유의 전통에 대한 공정한 평가를 통해 그들의 적극적 측면을 계승하고 저열한 근성은 잘라 버릴 능력이 있다.

4. 4대 미인[四美]

2-4-1 서시

『시경詩經』「국풍國風」 '주남周南' 에서는 "어여쁜 여인, 군자의 좋은 짝이로다"라고 노래했다. 중화민족의 5천 년 문화 전통에서 미인에 대한 사랑은 의심의 여지가 없는 것이다. 비록 공맹孔孟 유가 사상의 제약이 있긴 했지만, "손은 보드라운 새싹 같고, 피부는 엉긴 기름 같고, 목은 하얀 나무굼벵이 같고, 치아는 박씨와 같고, 매미 이마에 나방의 눈썹, 쌩긋 웃으니 보조개 어여쁘고, 아름다운 눈은 흑백이 분명하구나"(『시경』「위풍衛風」 '석인碩人')라는 시구는 미녀의 국가적 표준처럼 전해졌다. 그중에서도 특히 '4대 미인'은 천고의 절창絕唱으로 여겨져 왔다. 고대의 4대 미인은 바로 완사 서시浣紗西施, 출새 소군出塞昭君, 배월 초선拜月貂蟬, 취주 귀비醉酒貴妃이다.

'4대 미인'을 '네 가지 아름다움'과 함께 말하는 이유는 네 미인 각자가 자기만의 독특한 분위기를 갖고 있기 때문이다. 서시는 강남의 물가에서 비단을 씻던 소녀로서 '물의 빼어난 아름다움'을 모두 갖춰 '침어沉魚(물고기가 부

2-4-2 비단 씻는 서시

끄러워 물속으로 들어감)' 라고 불렸다. 왕소군은 비파 한 곡조로 변방의 전쟁을 없애고 광활한 초원의 기러기마저 그녀에게 반해 '낙안落雁(기러기가 부끄러워 땅에 떨어짐)' 이라 불렸다. 초선은 맑고 깨끗한 자태가 삼국 군사의 칼날을 무디게 하고 월궁月宮의 선자仙子도 그녀를 흠모하여 '폐월閉月(달도 부끄러워 숨음)' 이라 칭해졌다. 또 양옥환楊玉環은 아름다운 용모에 고귀한 자태로 3천 궁녀의 총애가 한 몸에 녹아든, 대당大唐의 화려한 목단이 되었다. 그래서 그녀는 '수화羞花(꽃도 부끄러워함)' 로도 불렸다.

서시는 이름이 이광夷光으로 춘추전국시대 절강浙江 제기諸暨의 저라촌苧羅村에서 태어났다. 그녀는 출신은 미천했으나 용모만은 경국지색이었다. 당시 월왕越王 구천勾踐은 오吳나라에 신하로 복종하면서도 복수의 날만 기다리며 와신상담하고 있었다. 나라가 위급함에 처하자 서시는 모욕을 참고 몸을 나라에 맡겨 정단鄭旦과 함께 오왕 부차夫差에게 바쳐졌다. 이후 그녀는 오왕이 가장 총애하는 왕비가 되었다. 그녀는 오왕이 자기에게 푹 빠져 정사를 소홀히 하도록 함으로써 구천의 재기를 음으로 도왔다. 결국 오나라는 구천의 손에 멸망한다. 전하는 바에 의하면, 오나라가 망한 후 서시는 범려范蠡와 함께 오호五湖에 배를 띄워 떠났으며 이후 그들의 행적은 아무도 몰랐다고 한다. 개인의 득실을 따지지 않고 나라를 위해 몸을 바친 서시의 정신은 수천 년 동안 후대인들의 존경을 받아왔다. 서시는 중국 4대 미인 중 첫 번째로서 미의 화신이자 대명사로 여겨졌다. 후대 사람들은 서시의 애국정신을 기념하기 위해 서시정, 서시묘 등을 만들었다. 서시정은 완사계浣紗溪 근처에 있으므로 흔히 완사정이라고도 한다.

2-4-3 월녀 서시

왕소군은 왕장王嬙이라고도 한다. 빼어난 미모에 식견도 남달라 민간의 평범한 여인에서 황궁의 궁녀가 된다. 기원전 33년, 호한사呼韓邪 선우單于가 또다시 장안長安으로 와서 화친을 요구한다. 한 원제元帝는 흉노와의 관계를 위해 궁녀를 뽑아 공주의 이름으로 그에게 시집을 보내려 했다. 후궁의 궁녀는 모두 민간에서 선발되었다. 그들은 새장 속

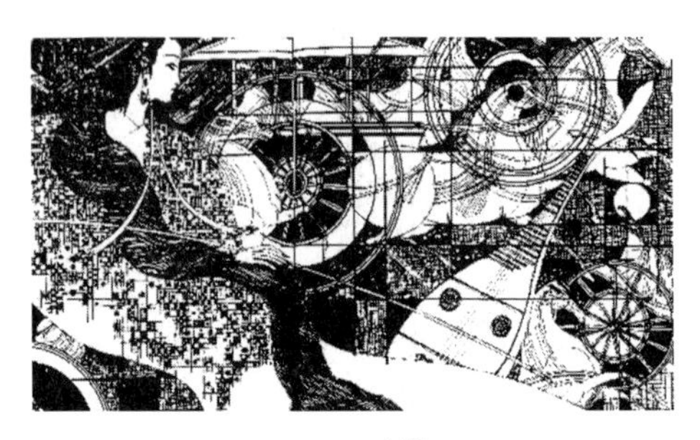

2-4-4 소군

새처럼 궁 밖으로 나갈 날만을 기다리고 있었다. 그러나 한나라를 떠나 흉노로 가야 한다는 소식은 결코 달갑지 않았다. 이때 왕소군이 자기가 직접 나서 흉노로 가겠다고 이름을 올렸다. 원제는 날을 택해 호한사 선우와 왕소군의 혼인을 맺어주었다. 호한사 선우와 왕소군이 원제에게 감사의 인사를 올릴 때, 원제는 한의 궁실을 더욱 빛나게 해준 왕소군의 미모와 우아함을 보았다. 왕안석王安石은 「명비곡明妃曲」에서 이렇게 묘사했다. "명비가 한나라 궁실을 처음 나설 때, 춘풍에 눈물 젖고 귀밑머리 드리웠네. 머뭇머뭇 수줍어하며 고개 돌리니, 오히려 군왕은 자제하지 못하였네." 원제는 왕소군이 너무나 아까워 어떻게든 붙잡고 싶었으나 때는 이미 늦었다. 황제는 내궁으로 돌아왔지만 그 모습을 잊을 수가 없어 궁녀들의 초상 중 소군의 초상을 가지고 오라고 명했다. 그러나 생김새는 비슷해도 본 인물의 아름다움을 대신할 수는 없었다. 분노를 참

2-4-5 국경을 나서는 소군

지 못한 원제는 화공 모연수毛延壽를 죽여 버렸다. “마음의 자태는 그림으로 그릴 수 없으니, 헛되이 모연수만 죽인” 것임을 원제는 몰랐다.

왕소군은 고향을 떠나 흉노 땅에 오랫동안 머물면서 그들과 사이가 무척 좋아졌다. 흉노인들은 그녀를 아끼고 존경했다. 그녀는 호한사 선우에게 더 이상 전쟁을 일으키지 말고 중원의 문화를 받아들이도록 설득했다. 왕소군은 민족 화합의 상징이 된 것이다. 한대에 화친을 위해 일부러 세운 여러 ‘공주’ 들 중에 소군이 유독 사람들의 입에 오르내리는 주된 이유가 바로 이 때문이다.

초선은 경국지색의 절세미녀로 야수와 영웅, 전사와 모사가 활개를 치던 삼국시대에 가장 눈부시고 가장 감동적인 인물이 되어 남자들의 몽매한 영욕과 명예욕을 무참히 꺾어주었다. 그녀의 미모는 삼국의 넋을 빼앗았고, 그녀의 재능과 지혜는 삼국시대 천하의 영웅들을 무색케 만들었다.

관한경關漢卿의 극본에 따르면, 초선의 성은 임任이고 원래 이름은 홍창紅昌이다. 궁중에서 초선관冠*을 관리했기 때문에 초선이라는 이름을 받았다. 『삼국연의三國演義』에서 그녀는 가무에 능하고 용모와 재능을 함께 갖춘 이로 등장한다. 그녀의 용모와 춤추는 자태는 이렇게 묘사되어 있다. “붉은 박판拍板의 빠른 장단에 제비 날기 바쁘고, 한 조각 지나는 구름이 화당畵堂에 머무네. 먹같이 검은 눈썹에 나그네는 한스럽고, 화사한 얼굴에 옛사람의 애간장이 끊어졌네. 천금 같은 그 미소 돈으로도 사지 못하고, 백보百寶로 꾸민 치장에 허리띠가 무슨 필요이리. 춤을 끝내고 주렴 너머로 눈빛 던지며, 어느 분이 초 양왕楚襄王인지 궁금해하네.” 초선의 아름다움을 흔히 ‘폐월閉月’ 이라 부른다. 『삼국연의』를 보면 그녀의 담력이나 식견이 결코 소군이나 서시에 뒤지지 않음을 알 수 있다. 다만 역사 속의 초선이 나관중羅貫中이 묘사한 것처럼 그렇게 아름다웠는지는 사서에 명확한 기록이 없

*초선관冠: 중국 고대 관리들이 쓰던 모자이다. 족제비 꼬리와 매미 모양 장식으로 만들어 ‘초선관’ 이라 불렀다

다. 그래서 많은 영웅호걸들을 흔들어놓은 이 미인의 실제 신분에 대해서는 여전히 논란이 되고 있다.

예로부터 삼국의 이야기가 널리 퍼진 만큼, 초선이 왕윤王允 집의 가기歌妓였다는 설이 사람들에게는 가장 잘 알려져 있다. 왕윤은 한 헌제의 사도司徒였다. 그는 동탁董卓의 발호에 불만을 품고 항상 그를 없애고자 했지만 별다른 묘책이 생각나지 않았다. 그러던 중 친딸처럼 대해주던 가기 초선이 그의 심사를 꿰뚫어 보고 "첩이 쓰일 곳이 있다면 만 번의 죽음도 사양하지 않겠습니다"라는 뜻을 표한다. 왕윤은 곧 '연환미인계連環美人計'를 꾸며, 초선을 먼저 동탁의 의붓아들인 여포呂布에게 주었다가 아직 혼인을 맺기 전에 다시 태사太師 동탁에게 바침으로써 둘 사이에 갈등을 불러일으키고자 한다. 초선은 왕윤의 계책을 금방 알아차렸다. 그래서 여포 앞에서는 이미 그에게 마음을 주었으나 동탁에게 몸이 묶여 있어 어찌할 수 없다고 말하고, 또 동탁 앞에서는 여포에게 희롱만 당하는 신세라고 한탄한다. 동탁과 여포는 초선의 말을 되새기며 서로 원수가 되고, 결국 여포는 동탁을 죽이고 삼족을 멸한다. 초선의 뛰어난 연기는 왕윤의 계획에 날개를 달아주어 조정의 큰 재앙을 순조롭게 제거할 수 있었다. 후대 사람은 이렇게 노래했다. "사도의 묘한 계책은 붉은 치마에 의지해, 무기도 쓰지 않고 병사도 쓰지 않았네. 호뢰관虎牢關에서 세 번 싸워 부질없이 힘만 썼구나, 승전의 노래는 봉의정鳳儀亭에서 불리었으니."*

그러나 초선을 여포의 부장 진의록秦宜祿의 아내로 보는 사람도 있다. 『삼국지三國志』「관우전關羽傳」에서 인용한 『촉기蜀記』의 내용에 따르면, 조조와 유비와 여포가 하비下邳에 있을 때, 관우가 조조에게 여포가 부장 진의록을 밖으로 파견 보냈으니 성을 무너뜨린 후 진의록의 처를 자기에게 달라고 청

* '호뢰관'은 동탁의 부장이던 여포가 반동탁 연합군과 전투를 벌인 곳이며, 봉의정은 여포와 초선이 밀회를 나누던 곳이다

했다고 한다. 이후에도 관우가 여러 차례 이를 언급하자 조조는 진의록의 아내가 절세의 미인인지 호기심을 갖게 되었다. 그래서 성을 친 날 곧바로 사람을 보내 진의록의 처를 자기 군막으로 데리고 와서 머물게 했고, 관우는 이 일로 마음이 상했다. 원대 잡극雜劇 중에는 이를 토대로 각색한 「달빛 아래서 초선을 참한 관공」이라는 이야기가 있다. 이 연극에서 조조는 미색으로 관우를 꾀어 자기편으로 끌어들이려고 초선을 관우에게 보낸다. 초선은 갖은 교태와 달콤한 말로 관우를 유혹하지만 관우는 꿈쩍도 하지 않다가 끝내 초선을 죽여 자신의 의지를 내보인다.

2-4-6 달에 절을 올리는 초선

결국 초선의 이야기가 소설로도 지어지고 희곡으로도 지어지고 거기에 문인들의 수식과 개작이 더해지면서 초선은 더욱 실체를 알기 힘든 인물이 되었다. 이들 이야기가 역사적 사실과 어느 정도 관련이 있는지, 그리고 어느 정도가 사실이고 허구인지 더욱 판단이 힘들어지고, 초선이 대체 어떤 인물이었는지도 해결하기 힘든 문제가 된 것이다.

양옥환은 호가 태진太眞으로 포주浦州 영락永樂(지금의 산서山西 영제永濟) 사람이며, 촉주蜀州 사호司戶 양현염楊玄琰의 딸이자 당 현종玄宗의 귀비貴妃이다. 탐스러운 요염함을 지닌 그녀는 가무에 능하고 음률에 정통했다. 현종 개원開元 22년(734)에 현종의 열여덟 번째 아들 수왕壽王 이모李瑁의 왕비가 될 당시 그녀의 나이는 16세였다. 이모 역시 비슷한 나이였다. 737년에 총애하던 무혜비武惠妃가 죽은 후 후궁의 수천 궁녀들 중 어느 누구도 현종을 만족시키지 못했다. 그때 고력사高力士가 현종의 환심을 사려고 수왕의 왕비인 양옥환을 추천한다. 740년, 현종은 온천궁으로 행차를 가면서 고력사에게 양씨를 불러오게 하고 그녀에게 태진이라는 호를 하사하며 태진궁에 머물도록 한다. 745년에 현종은 좌위중랑장左衛中郎將 위소훈韋昭訓의 딸을 수왕에게 주고 양씨를 귀비로 책봉한다. 당나라 황실에서 '아버지가 아들의 아내를 빼앗은' 기막힌 일이 일어난 것이다.

중국 봉건왕조에서 가장 휘황찬란했던 황제 이륭기李隆基의 모습에 옥환은 아득해졌다. 그녀는 그토록 위엄있고 존경스러운 사람이 있으리라고는 상상도 못했다. 차가운 권력의 지팡이를 쥐고 있어야 할 두 손으로 「예상우의곡霓裳羽衣曲」의 아름다운 선율을 연주하는 현종의 모습에 옥환의 가슴은 두근두근 뛰었다. 음악을 무척이나 사랑하는 두 마음이 음악을 통해 융화되어 음악에 의해 사랑의 선율을 이룬 것이다.

지음知音. 진심으로 자신의 음악을 알아주는 이를 어찌 거절할 수 있겠는가! 옥환과 이륭기는 천궁天宮에서 추위를 이기지 못해 인간세상으로 내려온 신선이나 다름없었다. 10년의 세월 동안 당 제국의 화려한 흥경궁興慶宮은 가무에 심취한 양귀비의 극장이었다. 그녀는 노래와 춤과 음악으로 사랑의 삶을 장식했다. 옥환은 어린 시절로 돌아가 근심을 몰랐던 그때를 다시 음미했다. 침향정沉香亭 앞의 목단은 해마다 활짝 꽃을 피웠고, 크고 장엄한 황궁은 그녀로 인해 생기발랄했으며, 그녀 스스로는 노년의 대당 황제가 마음을 의탁하는 따뜻한 보금자리였다. 그러나 이 비극의 끝이 치욕스런 핏빛의 황혼일 줄은 아무도 예상하지 못했다.

2-4-7 술 취한 귀비

엄동설한에 38년의 생애 동안 전란이라고는 한 번도 겪어보지 않은 귀비 양옥환과 황제 부군은 암흑 속으로 함께 빠지고 말았다. 그녀는 변경의 반역자가 자신에게까지 해를 끼치리라고는 예상치 못했다. 그녀는 비단 장막 뒤로 궁정 투쟁의 음모가 숨겨져 있으리라고는 생각지 못했다. 그녀는 피비린내 나는 전쟁을 겪는 동안 불가능이란 없었던 제왕이 그토록 확고부동했던 권력을 잃고 그녀에게 편안한 삶을 유지시켜 줄 수 없게 된 사실을 이해하지 못했다. 일세를 풍미했던 대당의 황제는 결국 가장 찬란했던 인생의 마지막에 마외馬嵬의 언덕에서 가장 참혹한 순간을 맞이하고 말았다. 그는 가장 사랑했던 여인이 자기 앞에서 목 졸려 죽는 모습을 두 눈으로 보았다. 그의 나약함이 그들의 사랑을 내다 버린 것이다.

장한가長恨歌는 시작되었고 그 한은 끝없이 이어졌다.

비극은 인류가 가진 가장 아름다운 것의 소멸을 보여주는 것이라고 어느 철학자가 말했다. 끝없이 이어질 것만 같은 천지도 언젠가는 다하겠지만, 양옥환의 목에 걸린 흰 비단은 그녀의 사랑과 영원히 함께하며 저승으로 통하는 계단 앞에서도 그 빛을 잃지 않을 것이다.

양귀비는 시도 잘 지었다. 『전당시全唐詩』에는 「장운용張雲容의 춤을 보고」라는 그녀의 시가 있다.

비단 소매에서 피어오르는 향기 끝이 없고,

가을 물안개 사이로 붉은 연꽃이 하늘거리네.

엷은 구름은 고갯마루에서 건듯 바람에 날리고,

못가의 어린 버들은 금방 물을 스치었네.

羅袖動香香不已, 紅蕖裊裊秋煙裏.

輕雲嶺上乍搖風, 嫩柳池邊初拂水.

여인이 여인의 춤을 그린 시이다. 사라졌다가 다시 나타나는 모습을 가을 물안개와 연꽃에 비유했다가 다시 정처없는 고갯마루 구름에 비유한다. 버들가지가 살짝 물에 스치는 모습이 비단 소매에서 피어오르는 향기로 다시 이어지면서 이 시는 신의 경지에 이른다. 양귀비의 이야기를 소재로 한 시는 상당히 많다. 두목杜牧의 「화청궁華清宮을 지나며」*도 그중 하나이다.

신풍新豊의 푸른 나무에서 노란 먼지가 일며,
어양漁陽으로 보낸 사절들이 말을 타고 돌아온다.
「예상霓裳」 한 곡이 천 개의 봉우리 위에 미치더니,
춤이 중원을 무너뜨리고 나서야 내려오는구나.
新豊綠樹起黃埃, 數騎漁陽探使回.
霓裳一曲千峰上, 舞破中原始下來.

이백李白의 「청평조사清平調詞」** 3수 중 "구름 같은 치마에 꽃 같은 얼굴, 봄바람은 난간을 스치고 이슬 젖은 꽃은 진하네[雲想衣裳花想容, 春風拂檻露華濃]"는 천고의 절창으로 유명하다. 귀비가 죽은 후 현종은 촉蜀 땅으로 들어섰다. "사곡斜谷 입구에 이르니 장맛비가 열흘 동안 이어졌고, 빗속 벼랑길에서 들리는 방울 소리는 산 사이에서 메아리쳤다. 황제는 귀비를 애도하며 그 소리를 모아 「우림령곡雨霖鈴曲」을 지었다"(『양태진외전楊太眞外傳』). 이것이 바로 송사宋詞 사패詞牌 「우림령雨霖鈴」의 유래이다.

역사서를 보면 양옥환이 정치에 참여한 행적은 거의 찾을 수 없다. 유일한 정치적 행동은 안록산의 능력을 알아차린 그녀가 이 호족 장수를 현종의

---

*안록산安祿山의 정황을 알아보려고 보낸 사신이 돌아오는 모습과 간신의 거짓 보고로 가무에만 빠진 현종의 모습을 탄식한 시이다

**현종과 양귀비가 궁중에서 목단꽃을 구경하다가 이백에게 시를 지어보라고 명하자, 이백은 이 시를 지어 바친다

편으로 끌어들이려다가 실패한 일뿐이다.

"화청궁에서는 이가 아팠고, 마외馬嵬 언덕에서는 몸이 아팠으며, 어양의 북소리 울려 퍼지자 천하가 아팠다." 결국 동방의 미인 양옥환은 정권 찬탈의 희생양이자, 옛 비단길 위의 처량하고 아름다운 원망의 영혼일 뿐이었다.

켜켜이 쌓인 역사의 먼지들을 들춰보면, '동방 최고의 미인' 이라는 이름 외에 그녀에 대한 평가가 얼마나 불공평한지 알 수 있을 것이다.

4대 미인은 우리와 같은 시대 사람도 아니고 우리의 현실과도 너무나 동떨어져 있지만, 음식과 요리에서만큼은 아직도 그들을 쉽게 찾아볼 수 있다. '서시의 혀' 라는 간식은 오래전부터 전해오는 음식이다. 상해의 한 유명한 요리사는 '양귀비닭' 이라는 독특한 요리를 만들었다. 연한 어미 닭을 포도주로 맛을 낸 것으로, 음식이 완성되면 술 향기가 사람을 취하게 만든다고 한다. 또 초楚 땅에서 태어난 왕소군이 이민족의 면 음식에 습관을 들이지 못하자 요리사가 그녀의 입맛에 맞도록 당면에 쫄깃한 밀가루 반죽을 섞어 오리탕에 함께 끓여주었다고 한다. 이후 사람들은 당면과 밀가루 반죽을 살진 오리와 함께 끓인 요리를 만들어 '소군의 오리' 라 이름 지었다. 서북 지방에서는 왕소군의 이름을 딴 '소군의 살갗' 이라는 음식이 아직도 인기를 끌고 있다. 또 '미꾸라지 두부' 라고도 부르는 '초선 두부' 가 있다. 미꾸라지는 교활한 동탁을 비유한다. 미꾸라지가 물이 끓어오르자 몸을 피할 곳이 없어 차가운 두부로 파고들지만 결국 두부와 함께 삶아지고 만다는 의미이다. 민간의 명절 음식 중에는 왕윤이 초선을 바쳐 미인계를 쓴 것에서 유래한 '초선의 탕위엔' *이라는 음식도 있다. 오늘날 우리가 이런 음식들을 앞에 두고 입맛을 다시는 것은 고대 4대 미인에 대한 그리움이 아닐까.

---

* '탕위엔' 은 새알심 모양의 간식으로 정월대보름에 주로 먹는다. '초선의 탕위엔' 은 왕윤이 동탁에게 올리는 탕위엔에 정신을 혼미하게 하는 여러 재료들을 섞어 여포가 쉽게 그를 죽이도록 도왔다는 전설에서 유래한다

5. 협俠

어떤 사람은 '협' 이 중국 지식인의 성격을 특징짓는 가장 중요한 요소 중 하나라 하고, 심지어 어떤 사람은 모든 중국인의 마음속에 의협義俠의 정서가 들어 있다고도 한다. "군자가 자기를 알아주는 이를 위해 죽으려 검을 들고 연경燕京을 나선다", "몸을 법령 밖에 두고, 방종하며 늘 억누르지 못하네", "그 사람은 이미 죽었지만, 그 뜻은 천 년에 길이 남으리."* 이처럼 우리는 옛사람들의 시를 통해서 협의 특성을 엿볼 수 있다. 김용金庸의 무협소설은 '성인의 동화' 로 불리며 수많은 대중들의 사랑을 받고 있다. 그가 창조한 대협大俠의 형상은 부녀자와 어린아이까지 알 정도로 사람들의 추앙을 받는다. 그렇기 때문에, 협이 가지고 있는 문화적 요소는 중국의 의협 전통을 해석하기 위한 의미있는 상징 부호가 된다.

협은 고대 중국의 일종의 특수한 사회집단이다. 그들은 자신의 독특한 행동방식과 도덕적 이상을 통해 역사의 발전에 영향을 미치고 전통 도덕규범과 인격의 형성에 나름의 역할을 했다. 이러한 영향으로 인해 중국 고대문학 중에 협객을 소재로 한 작품이 적지 않게 탄생했다. 당대의 일부 전기傳奇소설, 청대의 협의俠義소설 등이 전형적인 예이다. 이들 작품은 어려움에 처해도 구차해지지 않고, 의리를 중시하고 죽음은 가벼이 여기며, 위기에 처하고 고통에 빠진 자들을 구해주는 형상들을 만들어냈다.

협은 아주 오래전에 탄생해서 최소한 춘추 말 전국 초에는 남다른 활동을 했던 것으로 보인다. 그러나 '유가와 묵가가 모두 배척하여 기록하지 않

---

*첫 번째와 세 번째는 도연명陶淵明의 「형가를 읊는다[詠荊軻]」에 나오는 구절이고, 두 번째 구절은 장화張華의 「박릉왕궁협곡博陵王宮俠曲」에 나온다

았기' 때문에 당시의 수많은 여항의 협들이 끝내 후대 사람들에게 알려지지 못한 채 사라지고 말았다. 전국시대 맹상군孟嘗君, 평원군平原君, 신릉군信陵君, 춘신군春申君의 4대 귀공자는 모두 의리를 중시하고 재물은 가볍게 여기는 호협의 기풍을 갖고 있었다. 그들의 수많은 식객들 중에는 유협遊俠의 사士들이 적지 않았으며, 『사기』와 『한서』의 「유협열전」은 그들의 행적을 기록했다. 선진先秦 시기에는 협이 갖은 고초를 딛고 일어서면서 협객이 성행하기 시작했다. 예양豫讓, 요리要離, 맹승孟勝, 서약徐弱, 섭정聶政, 인상여藺相如, 주해朱亥, 모수毛遂, 노중련魯仲連, 우경虞卿, 당저唐雎, 형가荊軻, 고점리高漸離, 전광田光, 번어기樊於期 등의 유명한 자객들이 무더기로 출현한 시기가 바로 이때이다. 한대에는 유협의 대오가 더욱 확대되었으며, 그들이 처음 본격적으로 등장할 때와 비교하여 많은 변화와 발전이 있었다. 이 시기에도 사회는 여전히 격렬하게 움직였고 임협任俠의 사士들 역시 끊임없이 등장했다. 주가朱家, 곽해郭解, 진준陳遵, 원섭原涉, 극맹劇孟, 누호樓護 등이 이 시기의 대표적 협객들이다. 위진魏晉 대에는 호족이 세력을 확장하고 전란이 빈번하여 공경公卿 자제 출신의 많은 귀족 호협들이 대를 이어 등장했다. 당시 영천潁川, 남양南陽 등지의 황건군을 진압하고 우거기장군右車騎將軍이 되었다가 전당후錢塘侯로 봉해진 주준朱儁, 하내태수河內太守 왕광王匡, 원소袁紹 형제, 손견孫堅 부자 등은 모두 유협의 기질과 임협의 경력을 거친 이들이었다. 이 시기 사람들은 유협을 좋아한 나머지 "머리를 풀어 헤치고 허리띠도 차지 않은 채 더러운 옷을 입고 사람을 맞이하거나 한쪽 어깨를 드러낸 채 두 다리를 쩍 벌리고 앉는" 방자한 지경에까지 이르기도 했다. 수당오대는 강한 나라를 숭상하고 힘센 자를 찬양하는 시대였다. 힘과 무武를 중시하고 예법에 구속되지 않는 사회 환경에서 협은 세력 확장의 발판을 마련할 수 있었다. 유협의 풍조가 성행하면서 상등의 유협은 의를 따라 곤궁에 빠진 이들을 구해주고, 하등의 유협은 부탁을 받고 사람을 죽이거나 재물을 위해 남의 목숨을 해치곤 했다. 송원명청 때는 전제집권제도가 고도로 발달하고 중무경문重武輕文의 풍조가 완전히 뒤바뀌면서 유협의 풍조가 점차 약해져 갔다. 만청晩清 이후에는 하나의 특수한 사회집단으로서의 협은 이미 쇠락하였고, 사회구조의 변화에 따라 협은 원래의 기풍을 잃어버린, 사람들의 추억의 대상이 되고 말았다.

결국, 한 이후에는 봉건통치자의 금지와 탄압으로 인해 유협의 풍조가 점차 힘을 잃었던 것이다. 『사기』와 『한서』 이후 각 왕조의 정사正史에도 더 이상 유협전遊俠傳을 포함시키지 않았다. 그러나 사실 한대 이후에도 각 조대마다 유협은 끊임없이 등장했다. 다만 때로는 크게 흥성하고 때로는 침체를 겪는 부침이 있었을 뿐이다. 일반적으로 보면, 정치가 비교적 깨끗하고 세상의 도가 조화를 이룰 때면 협객의 풍조는 침체되었다. 반면에 암흑의 정치에 관리는 부패하고 사회는 불안한데다 여러 가지 재해까지 겹쳐 왕권과 정부의 비호도 받지 못하고 친척이나 친구들도 도움을 주지 못할 때, 백성들은 무기를 들고 도적이 되지 않으면 유협의 구원을 기대할 수밖에 없었다. 누군가가 의를 내세워 재앙에서 자기들을 구해주길 바란 것이다. 이때 협은 백성들이 의지할 사회적 힘으로 작용했다. 그래서 협객은 끊임없이 나타나 하나의 사회 풍조가 되었다. "난세에 하늘의 가르침은 유협을 중시한다"는 이를 두고 하는 말이다. 봉건 전제가 낳은 사회의 암흑과 관리의 부패와 불공정한 법령으로 인해 백성들은 칼을 든 유협을 의지하게 된 것이다.

역사적으로 협에 대한 정의는 다양하지만, 주로 어떤 행위와 규범이 협의 기준이 되는지에 대해서는 명확한 잣대가 부족하다. 예를 들어, 사마천은 「유협열전」에서 협을 경상卿相의 협, 포의布衣의 협, 필부匹夫의 협, 여항閭巷의 협, 향곡鄉曲의 협으로 나누고, 또 문협文俠과 무협武俠, 부귀한 협과 빈천한 협, 높은 곳에서 한 번 외치면 따르는 자가 구름처럼 모여드는 협,

각고의 수행으로 명예와 절개를 갈고닦는 협 등으로 나누었다. 심지어 외롭고 약한 사람을 괴롭히고 자신의 쾌락을 위해 제멋대로 구는 사람까지 협의 칭호를 붙여주었다. 후대에는 협이라는 이름만 있고 그 실체가 없어 더욱 그 수를 헤아리기 힘들게 되었다.

그러나 전체적으로 보면 협이 협이기 위한 몇 가지 기본 조건은 있다. 첫째, 협은 흔히 국가 체제를 벗어나 법규를 무시하고 정통 도덕관념에 얽매이지 않는다. 그들은 스스로 규칙을 만들어 하나의 무리를 형성하고, 흩어지면 독립적으로 활동하며 검을 믿고 횡행한다. 그래서 한비자는 협이 "무武로써 금기를 범하는" 자들이라고 노골적으로 말하고, 사마천은 그들이 "정의正義를 기준으로 삼진 않는다"고 했다. 둘째, 협은 뜻이 맞는 사람을 중시하고 호기로운 태도를 숭상하며, 개처럼 구차하고 파리처럼 엉겨 붙으며 남의 비위를 맞추려 하지 않는다. "말에 반드시 신의가 있고, 행동은 결과가 있으며, 한 번 승낙하면 성실히 이행하고, 자신의 몸을 아끼지 않고 남의 어려움에 뛰어들면서도, 자신의 능력을 자랑하지 않고, 자신의 덕을 치켜세우는 것을 부끄러이 여겼다." 이처럼 신의를 중시하고 재물은 가벼이 여기며, 어려운 세상을 구제함에 생사를 고려치 않는 의협의 정신을 후대 사람들은 끊임없이 칭송하고 노래해 왔다.

옛사람들의 협에 대한 평가는 칭찬과 비판이 엇갈렸다. 사마천은 『사기』에서 협에 대한 열전을 따로 써서 그들을 높이 평가했다. 위진남북조시대에도 협에 대한 평가는 호의적이었던 것 같다. 유협을 노래한 당시의 시가 아직도 많이 남아 있는 점이 이를 반증한다. 당대가 되면 이런 시들은 더욱 많아진다. 당대 시인 장호張祜는 대쪽 같은 성격에 스스로를 호협豪俠이라 부르며 「협객전俠客傳」이라는 글까지 지었다. 송대의 유극장劉克莊은 「잡술雜述」이라는 연작시를 지어 모수, 형가, 박랑장사博浪壯士, 주가朱家, 전횡田橫, 극맹 등을 적극 찬양했다. 이후 명대에는 도륭屠隆이 「의사전義士傳」을, 홍세

념洪世恬이 「협림俠林」을 지었다. 도룽은 춘추시대부터 명대에 이르는 100여 명의 의사 한 명 한 명에 대해 찬사를 아끼지 않았다. 그중에는 예양豫讓, 우경虞卿, 관고貫高, 난포欒布, 관부灌夫, 누호樓護, 손빈孫斌, 손빈석孫賓碩 등의 유명한 협객들이 포함되어 있다. 고계高啓는 「결객소년장행結客少年場行」에서 "빈객을 사귈 때는 유협을 사귀어야 하느니, 몸 바쳐 원수를 갚아줌에 마음속으로 의심도 않는다네. ……꼭 관직 있는 선비를 빈객으로 사귈 필요는 없으니, 위급해서 문을 두드리면 누가 자기 일처럼 생각해 줄까?"라고 노래했다. 시로써 유협의 도덕관념을 표현한 것이다. 일단 승낙하면 만인이 따르고, 한 번 꾸짖으면 천인이 그만두는 유협의 호기와 솔직함과 시원스런 모습을 통해 사인士人들은 뜻을 닦고 절개를 기를 수 있다고 생각했다. 그래서 이일화李日華는 "검협의 책을 독파하면 큰 기운이 백 척이나 더해진다"라고 했고, 부산傅山은 "소승은 외롭고 적막할 때 「자객」과 「유협전」을 탐독하면 곧 안색이 바뀌며 생기가 돌곤 했습니다"라고 고백했다. 이지李贄는 "고금 천하에 협을 대접하지 않고 헛되이 그를 내버리면 결국 그를 쓸 수 없다"고 했다. 심지어 그는 정영程嬰, 섭정, 난포 등을 본받아 '천하에서 가장 훌륭한 죽음'을 맞고 싶다고도 했다.

근대에 와서 장태염章太炎은 "천하의 중요한 일 중에 협사가 발을 담그지 않은 일은 없다", "난세에는 백성을 돕고, 태평하면 법을 도왔다"고 했으며, 이경성李景星은 "유협의 도는 궁지에 빠진 왕법王法을 도와 사람들의 원망을 없앨 수 있었다"라고 했다. 약하고 곤란에 빠진 이들을 돕고 자신의 재산을 버려가며 빈민을 구제한 것은 그야말로 숭고한 행동이었다.

만청晩淸에 이르면 열강의 침입과 청 정부의 부패로 중국은 다시 한 번 위기를 맞는다. 망국의 시기에 관리라는 자들은 권력자에게 아부하고 개인의 앞날만 따지며 탁상공론으로 전쟁을 이야기하고 중체서용中體西用 논쟁에만 집착했다. 일반 국민들은 어리둥절 순진하기만 했다. 이때 일단의 유협과 임협의 무리는 개혁파 인사와 진보적인 부르주아 지식인들의 지도하에 협사의 호기로운 행동을 본받아 열강의 침략과 청 정부의 통치에 반기를 들었다. "나는 스스로 칼을 비껴 잡고 하늘을 향해 웃으며, 나의 간과 쓸개를 두 곤륜산에 남기겠노라"*라는 외침이 이들의 뜻을 대변해 준다.

그러나 협사의 인격과 행동을 인정하지 않는 사람들도 많았다. 통치 계급은 말할 것도 없고, 반고班固와 순열荀悅 같은 학자들 중에도 각 왕조마다 유협을 부정하는 이들이 적지 않았다. 북제北齊의 안지추顔之推는 "곽해가 남의 원수를 갚아주고 관부가 제멋대로 성질부리며 땅을 요구한 것을 보면, 유협의 무리는 군자가 할 바가 아니다"라고 단정했다. 그는 유협의 행위가 순전히 혈기왕성한 천성 때문인데다 그 일의 가치나 적절성은 전혀 따지지 않으므로, 남에게 권하거나 칭찬해서는 안 된다고 했다. 송의 소철蘇轍과 금의 왕약허王若虛 역시 유협에 대해 부정적 태도를 취했다. 왕약허는 『사기변혹史記辨惑』에서 『사기』에 유협의 열전이 따로 있는 것은 매우 타당하지 못하며, 유협이 현실에 보탬이 되지 않음에도 작자가 흥미진진하게 기록한 것은 작자가 "개인적인 울분을 토로한" 것일 뿐이라고 했다. 명대 진의전陳懿典의 『독사만필讀史漫筆』에서도 섭정 등을 "모두 정의에 어긋나는" 자들이라고 했다. 심지어 유물 사상과 날카로운 비판정신을 갖고 있던 왕부지王夫之도 유협에 타격을 가한 한대의 통치자들을 적극 옹호하며 "원앙袁盎은 협이었다. 예로부터 협자와는 마음을 맺을 수가 없었다. 천하를 소유하고 나서 원래 유협이었던 사람 중에 천하를 어지럽히지 않은 자는 드물다"라고 했다.

유협의 행위가 정의에 어긋나고 군자의 도리와 맞지 않는다는 생각은 유협을 묘사한 문학작품에서도 찾아볼 수 있다. 당대의 「규염객虯髥客」, 「홍선

---

*무술戊戌 6군자 중 한 명인 담사동譚嗣同이 감옥의 벽에 남긴 절명시絕命詩이다. 무술 6군자는 무술변법 실패 후 도주를 택하지 않고 서태후에게 처형당한 담사동, 양예楊銳, 임욱林旭, 유광제劉光第, 강광인康廣仁, 양심수楊深秀를 말한다

紅線」, 「곤륜노昆侖奴」, 「진난봉陳鸞鳳」, 「무쌍전無雙傳」 등에 등장하는 협객들은 관부에 대항하고 궁에 침입하여 위로는 황궁의 귀척에서부터 아래로는 문무 대신들까지 벌벌 떨게 만들었다. 당시까지만 해도 협객은 독립적인 인격을 갖고 사회적으로 인정을 받았다고 할 수 있다. 그러나 송대 이후 특히 명대와 청대에는 예전의 불굴의 모습은 사라지고 오로지 자신의 호오와 순간의 감정에 따라 행동하는 모습이 자주 보인다. 명청 소설에 등장하는 한 협객은 술집을 지나다가 부자들이 술을 마시며 즐거워하는 모습을 본다. 그때 닭 한 마리가 그의 머리를 들이받는다. 그는 부자들이 자기를 놀리는 것이라 생각하고는 인정사정없이 그들을 모두 죽여 버린다. 협의소설 「시공안施公案」에서 우리는 조정과 관부와 항상 대립각을 세웠던 협객들이 충의를 배반하지 않고 공평무사한 어느 관리의 온순한 신하가 된 모습을 발견할 수 있다. 여기서 황천패黃天覇를 위시한 많은 강호의 협객들은 청렴하고 공정한 관리 시세륜施世綸에게 투항하여 충성을 다하고 그를 도와 사건을 해결한다. 이는 비록 당송대의 무협소설에 나오는 자객 보은의 전통을 그대로 계승한 것이지만, 황천패가 마천령摩天嶺에 있던 여성룡余成龍과 육문표陸文豹, 임용任勇 등의 녹림호걸을 소멸하고, 대모산大茅山에 있던 우륙于六, 우칠于七의 의군들을 에워싸고, 시세륜을 구출하기 위해 의형제를 살해하고 형수까지 죽음으로 몬 것은 분명 일반적인 자객 보은의 범주를 넘어서는, 당대의 협객은 절대 할 수 없었던 행동들이다. 노신은 「건달의 변천」이라는 글에서 날카롭게 이를 분석했다.

> 만주족이 들어오면서 중국은 점점 그들에게 굴복했다. '협기俠氣'를 가진 이들까지 감히 도적의 마음을 일으키지도 못하고, 감히 간신을 대놓고 꾸짖지도 못하고, 감히 천자를 위해 직접 힘을 쓰지도 못했다. 그래서 좋은 관리나 흠차대신에게 붙어 그들을 호위해 주고 그들

> 대신 도적을 잡아주었다. 이런 일들은 「시공안」에 잘 묘사되어 있다. 또 「팽공안彭公案」, 「칠협오의七俠五義」 같은 부류도 있는데, 이들은 지금도 다 사라지지 않았다. 그들은 출신이 깨끗하고 원래 나쁜 점은 없었다. 흠차의 아래에 있지만 결국은 평민의 위에 거하였으므로, 한쪽에 대해서는 명을 그대로 따라도 다른 한쪽에 대해서는 제 힘을 마음껏 뽐낼 수 있었다. 안정감이 늘었지만, 노예 근성 역시 그에 따라 많이 더해졌다.

봉건사회에 협이 존재하지 않았다면 막강한 권력이 횡행하고 공리는 드러나지 못하여 백성들은 큰 고통을 받아도 어디 호소할 곳이 없었을 것이다. 또 협의의 정신이 없었다면 친구를 팔아 영달을 꾀하고 자신의 이익을 위해 남을 해치는 일들에 아무런 도덕적 견제도 가하지 못했을 것이다. 그렇다면, 지금의 사회에도 '협기'가 전혀 없다면, 인심은 냉혹함으로 흐르고 사람과 사람의 관계는 진지함과 따뜻함이 부족해지지 않을까? 더구나 상품경제의 급속한 발전으로 오로지 효율만을 강조하는 현대사회 속에서 사람들에게는 성실하고 믿음직스럽고 정직하고 어려움에 처해도 구차해지지 않고 의를 보면 과감히 행동에 나서는 용기가 필요하지 않을까? 허장성세와 멋대로 권력을 휘두르는 일은 반드시 없어져야 하고, 거리낌없는 행동이 좋은 일만은 아닐 것이다. 이익 앞에서도 부화뇌동하지 않는 깨끗한 마음과 남에게 아첨하지 않는 강직한 품성이야말로 천박한 인격을 치료하는 명약이 아닐까? 그렇다면 현대인들은 이러한 원칙을 고수한 협사와 협의의 정신을 역사의 먼지 속에 묻어두지 말고 적극적으로 받아들여야 하지 않을까?

6. 은사隱士

은사의 역사는 중국 고대의 역사만큼이나 유구하다. 전설의 요순堯舜시대에 허유許由, 소보巢父 등 관직을 바라지 않는 은사가 출현한 이후로 중국 고대의 은사는 끊임없이 역사 속에 등장해 왔다. 그중 사적을 밝힐 수 있는 사람만도 수천 명에 이른다. 은사의 삶을 노래한 시와 노래도 부지기수다. 「어초문답漁樵問答」은 수백 년을 전해 내려온 고금古琴의 명곡으로서, 고기를 잡고 나무를 캐는 생활에 대한 은자의 동경과 속세의 굴레를 벗고자 하는 바람을 노래하고 있다. 당대 시인 장욱張旭은 「도화계桃花溪」에서 "들판 안개 너머로 숨은 듯 걸린 다리, 물가 작은 섬 서쪽의 고기 잡는 배에게 묻네. 복사꽃 하루 종일 물을 따라 흐르는데, 깊은 골짜기는 청계 어느 쪽에 있는지요[隱隱飛橋隔野煙, 石磯西畔問漁船. 桃花盡日隨流水, 洞在淸谿何處邊]?" 라고 노래하며 은사가 있는 곳이라 여겨지는 도화원으로 가고 싶은 희망을 내비쳤다.

은사는 중국 전통문화의 산물이다. 대부분의 은사들은 "부귀를 뜬구름처럼 여기며" 자기 몸을 깨끗이 하고 운명과 사물의 이치에 통달한 모습으로 표현되었다. 이는 분명 중국 문화에서 겸양을 중시하고, 중용을 행하고, 명리를 가볍게 여기고, 재물을 낮게 보는 특성을 따른 것이다. 그러나 반대로 은사의 특징이 중국 전통문화에 영향을 주기도 했다. 은사는 앞에서 말한 특성들의 매개체로서 이러한 특성을 더욱 강화하고 이들 특성이 면면히 이어지도록 했다. 그래서 혹자는 은사가 중국 문화의 막후의 주인공이며 은사의 성격이 중국 문화의 잠재된 흐름을 좌우했다고 주장한다.

은사는 중국 고대사회에서 관직을 갖지 않고 은거의 삶을 보낸 사인士人

을 말한다. 사는 중국 고대 관료 집단의 바탕이다. 춘추전국시대 이후 사는 지식인의 대명사나 마찬가지였다. 그러므로 은사는 관직에 나서지 않고 은거한 지식인으로서 중국 고대 지식인의 중요한 한 부분을 차지한다고 말할 수 있다.

은사는 중국 고대 군주제의 산물이다. 중국 봉건사회에서 군주는 생사여탈의 절대권력을 가졌다. 사인은 일단 관리가 되면 자유를 잃고 인격도 박탈당했다. "임금이 죽으라고 하면 신하는 죽을 수밖에 없었던" 것이다. 황제의 충실한 종이 되길 거부하는 사람은 관리가 될 수 없었고, 자유를 갈망한다면 산림에 몸을 기탁하는 은사가 되어야 했다.

은사 외에도 역사책에 나오는 은사의 호칭은 고사高士, 처사處士, 일민逸民, 유민遺民, 은자隱者, 은군자隱君子 등으로 다양하다. 다양한 이름에 걸맞게 그들의 유형 역시 각양각색이다. 이들 유형은 그들의 삶과 행동방식, 사상 등에 따라 몇 가지로 나눌 수 있다.

가장 간단한 분류법 중 하나는 부귀나 명리를 대하는 태도에 따른 분류로 진眞은사, 가假은사, 반半은사의 세 부류가 그것이다.

진은사는 부귀와 명리에 대한 생각을 완전히 끊고 깊은 산속이나 벽지에 숨어 지내는 부류이다. 이런 은사는 대부분 이름과 행적조차 남기지 않는다. 이름을 남긴 은사 중에 굳이 찾는다면 상고시대의 소보, 춘추 때의 장저長沮와 걸닉桀溺, 동한의 엄광嚴光, 송대의 임포林逋 등을 들 수 있다.

가은사는 상고시대의 허유許由나 동한의 양홍梁鴻처럼 명예를 사기 위해 은거하거나, 동한의 동부董扶와 수나라의 두엄杜淹, 위사韋嗣처럼 "공명의 첩경은 안개와 노을 속에 있다"고 여기며 나라에서 자기를 불러줄 때까지 기다리기 위해 은거를 했다. 제량齊梁 때의 '산속 재상' 도홍경陶弘景처럼 아예 조정과 심산을 마음대로 오가던 사람들도 이에 해당한다.

반은사는 두 부류로 나뉜다. 하나는 예전에 벼슬살이를 하다가 이런저런 이유 때문에 은거를 택한 이들로 동진東晉의 도연명陶淵明, 당대의 이비李泌 등이 여기에 해당한다. 다른 한 부류는 은거를 하고 있다가 능력을 발휘할 적당한 시대를 만나 현군을 보좌하며 함께 대업을 이룬 이들로서, 은상殷商 때의 강상姜尙, 서한의 장천張泉, 삼국시대 제갈량諸葛亮 등이 그렇다. 소위 '반은사'는 이처럼 인생의 전반부든 후반부든 반은 은사의 삶을 살고 나머지 반은 현실세계로 돌아와 사회에 참여하고 정치에 발을 담근 이들을 말한다.

'반은사'와 '은사'에 대해서는 송대 시인 육유陸游의 시가 적절한 설명을 해주고 있다. "뜻있는 선비 산속에 깃들어 산이 깊지 않음을 원망하나, 사람들은 이미 초심을 저버린 줄 알고 있다네. 엄광嚴光의 무리 굳이 들먹일 필요 있을까, 소보와 허유의 잘못이 지금까지 이어진 것을." 그는 진정한 은사는 산속으로 들어가면서도 그 산이 깊지 않을까를 걱정하고, 세상을 피해 살면서도 세상과 더 멀어지지 못할까 두려워하지만, 사람들에게 이미 이름이 알려진 은사는 애초에 은거를 결정하게 된 동기를 잊어버린다고 생각했다. 처음부터 다른 뜻이 있었던 엄광 이전에 이미 허유와 소보가 사람들에게 종적이 발견되어 '고상한 뜻'을 가진 '은사'로 이름을 날리면서 이런 폐해가 시작되었다는 것이다. 이는 비록 육유 개인의 느낌이긴 하지만, 사실 '반은사'에 대한 일반의 견해라고도 볼 수 있다. 정치와 관련있는 '반은사'는 무척 많다. 이윤伊尹, 부설傅說, 강상, 그리고 정치와 간접적으로 관계되는 귀곡자鬼谷子, 황석공黃石公, 진한 이후의 '반은사'인 장량張良, 사마덕조司馬德操, 제갈량, 남북조 이후의 도가 인물에 속하는 왕맹王猛, 당대의 위징魏徵, 송대의 진단陳摶, 원대의 유병충劉秉忠, 명대의 유기劉基, 주전周顚, 청대의 범문정范文程 등이 그중 유명한 인물들이다.

은사는 중국 정치사에서 한 가지 특징을 형성했다. 모든 반란과 모반의 단계 혹은 건국과 창업의 시기에 중국 문화의 막후에 있던 도가적 '은사'가 과감히 몸을 던져 산림에 은거한 지사들의 정신을 대표하고 명망을 갖춘 군주를 보좌하며 새로운 시대와 역사를 연다는 것이다. 이후 태평의 시대가 찾아오면, 그들은 조용히 자취를 감추고 유생이라 자임하는 사람들의 손에 그 성과와 책임을 넘겨준다. 그러므로 우리는 중국 역사의 흥망과 성패에서 거의 변하지 않는 한 가지 법칙이 있음을 알아야 한다. 즉, 혼란과 모반의 시기에는 대부분 도가 인물과 도가 사상의 공로가 크지만, 앉아서 도를 이야기하고 수신과 치국의 길을 논하는 태평성대가 오면 천하는 곧 유가의 천하가 된다는 것이다. 이처럼 도가적 인물의 '은사'가 고대 중국의 역사와 정치에 막대한 영향을 미쳤음에도 불구하고, 사마천같이 '고금의 변화에 능통한' 몇몇 외에 이런 상황을 깨달은 사람은 거의 없었다.

요임금이 허유에게 제위를 물려주려 한 것과 주나라 초기에 강태공이 백이伯夷, 숙제叔齊의 절개를 존중해야 한다고 말한 것은 잘 알려진 사실이다. 진시황은 자기 뜻을 고분고분 따르지 않는 유생들을 땅에 묻어 인심을 크게 잃었다. 한 고조가 태자를 새로 세우려 하자, 이에 반대한 장량張良은 평소 고조를 무시하며 상산商山에 은거해 있던 '반은자'들인 '사호四皓'를 억지로 끌어와 태자의 스승으로 삼았다. 결국 한 고조는 자신의 뜻을 꺾고 태자를 바꾸는 일을 다시 거론하지 않았다. 이외에도 역대 황제들이 산중의 '은사'에게 국가의 대계를 물은 일은 흔했다. 산속의 재상이라 일컫는 도홍경이 대표적인 인물이다. 이 때문에 상고시대의 '은사', 진한 이후의 '신선', 당송시대의 '고사'와 '처사' 등 작위는 없지만 명망은 고매한 칭호가 생기게 되었다. 특히 송대의 '처사'는 '반은사'의 모습으로 이름을 날려 후대 사람들이 "공명의 첩경은 안개와 노을 속에 있다"고 비웃을 정도였다. 벼슬에 나서지 않고 강학을 일삼던 남송, 북송 이학가理學家들의 풍조는 이런 전통문화 막후의 주인공인 '은사'의 유풍이 만들어낸 것이다. 청의 군대가 중원으로 들어온 후, 현명한 강희 황제가 박학홍유과博學鴻儒科를 수차례 열어

청나라에 투항해 신하 되기를 거부한 한족 지식인들을 끌어 모은 것도 사실 '은사'에 대한 정치적 조치 중 하나였다.

따라서 표면적으로는 중국 고대의 통치자들이 은사를 상당히 존중한 것처럼 보인다. 은사들, 그중에서도 특히 명사名士들은 민간에서 상당한 영향력을 미쳤기 때문에 조정에 대한 그들의 태도는 민심의 향배를 좌우하거나 반영할 수 있었다. 공자가 "숨은 인재를 등용하자 천하의 마음이 그에게 돌아갔다"라고 한 것도 이 때문이다. 전설상의 요임금 이후로 역대의 현명한 군주들은 모두 은사를 적극적으로 끌어들이고 위로했다. 은사가 그들의 근본 이익에 반하지만 않으면, 그들은 은사의 오만과 비협조적 태도를 기꺼이 받아들였다.

공자는 은사들의 비판과 조롱을 여러 차례 받았으면서도, 오히려 자신은 백이, 숙제, 노자 등의 은사들을 찬양하고 이해했다. 후대의 수많은 은사들은 그가 말한 "천하에 도가 있으면 나타나고, 도가 없으면 숨어라"라는 처세의 방법을 따랐다. 사마천은 「백이열전」을 『사기』 열전의 첫머리에 놓으며 은사들의 행동과 사상의 숭고한 가치를 존중하였다. 범엽范曄이 『후한서後漢書』에 「일명열전逸名列傳」을 새로 집어넣으면서부터 은사 계층은 중국 정사正史에서 고정적 지위를 갖게 되었다.

은사는 관직과는 거리를 두고 속세의 일에 신경 쓰지 않으면서도 그 자신은 문화적 수준이 상당했다. 그중 많은 사람들이 특히 시나 그림 등을 활발하게 창작했다. 고대 전원시와 산수시의 중요한 내용 중 하나가 바로 은거 생활의 묘사이다. 전원시와 산수시의 발전은 도연명, 맹호연孟浩然, 왕유王維, 임포, 이성李成, 범관范寬, 황대치黃大痴, 부청주傅青主 등의 공헌과 떼려야 뗄 수 없는 관계에 있다. 이렇게 본다면, 은사는 중국 전통문화의 보존과 발전에 대단히 긍정적인 의미를 남겼다고 할 수 있다.

은사의 정치적 태도는 소극적이었다. 개인적으로 큰 위기와 좌절을 맞았을 때나 심지어 국가와 민족이 위난에 처했을 때도 그들은 어려움을 알고 적극 나서는 게 아니라 멀리서 관망하며 스스로를 보전했다. 그들 대부분은 스스로의 고결한 향기에 취해 은거하며 사회나 백성들과 어느 정도 거리를 두었다. 근본적으로 보면 은사의 사상은 일종의 소극적 개인주의인 것이다.

은사는 중국 소농경제의 산물이다. 은사의 개별 노동은 소농경제의 단순한 재생산을 유지시키고, 자급자족의 자연경제는 은사가 세상과 떨어져서도 생활할 수 있게 해주었다. 생산과 소비가 고도로 사회화된 현대 산업사회에서 세상을 외면한 채 전원에 은거하는 삶은 찾아보기 힘들어졌으며, 중국 전통문화에서 은사는 이미 부귀를 뜬구름처럼 여기고 공명을 헌신짝처럼 버리는 태도의 상징적 부호가 되었다. 그렇지만 황제도 무시하는 그들의 기개와 절조, 고상한 뜻과 고요한 담박함으로 호연지기를 키워주는 그들의 가슴, 그들이 추구하는 학문과 도덕과 인품 속에서 현대를 사는 우리들이 섭취해야 할 영양분을 어느 정도 찾을 수 있지 않을까?

7. 종규鐘馗

전설 속의 신들 중에 의협의 정신을 가장 잘 갖춘 이로 종규를 들 수 있다. 우선 그는 무서운 협객의 얼굴을 하고 있다. 그러나 사나운 얼굴 뒤로 악을 원수보다 싫어하는 선량한 마음도 함께 갖고 있다. 이런 선명한 대비가 종규라는 고유의 예술적 형상을 만든 것이다.

종규는 '종규終葵' 라고도 한다. 민간의 전설에서 그는 귀신을 잡고 귀신의 목을 베고 귀신을 먹는 귀왕鬼王이다. 지옥의 여러 관리 중에 종규의 지위는 상당히 특수하다. 귀왕이라는 신분 때문에 염라대왕의 통제도 받지 않고, 악귀 쫓는 공을 세워 옥황상제로부터 '구마제군驅魔帝君' 으로 봉해지기까지 했으니 그의 지위가 얼마나 대단한지 짐작할 만하다. 집 안이 전기제품으로 가득해지면서 다른 신들은 모두 조용히 은퇴를 했지만, 사람들은 여전히 이 호탕하고 의리 깊은 사내를 문신門神으로 받들며 집 안에 높이 달아놓는다. 그의 영향력은 역시 유명한 문신인 진경秦瓊과 위지尉遲를 훨씬 뛰어넘는다.

2-7-1
외출하는 종규

2-7-2
요괴를 물리치는 종규

2-7-3
명대의 '종규' 목판화

종규가 귀신을 잡는 이야기는 민간에 여러 형태로 퍼져 있다. 전설에 따르면, 당唐 덕종德宗 때에 종규라는 과거 준비생이 있었다고 한다. 그는 표범 머리에 호랑이 이마를 하고 얼굴은 수염이 가득하고 눈은 부리부리했다. 이처럼 외모는 우락부락했으나 재주가 출중하고 무예도 남달랐다. 추계 과거시험이 있던 어느 해 종규는 응시를 위해 고향을 떠나 수도로 향했다. 고된 여정 끝에 장안에 이른 그는 고층의 누각이 숲을 이룬 화려한 모습에 취해 이리저리 거리를 구경하며 다녔다. 그러다가 이름 점을 쳐주는 좌판을 발견하고는 다가가 물었다. "제가 이번에 과거를 치를 작정인데요, 어떻게 될지 좀 봐주시겠습니까?" 이렇게 말하며 그는 '규馗' 자를 써주었다. 점쟁이는 '규' 자를 자세히 뜯어본 후 느릿느릿 말했다. "당신은 이번 시험에서 기막힌 문장을 씁니다. 하나 때가 안 맞습니다. 낙방은 물론이요 흉함이 많고 길함은 적게 됩니다." 점쟁이는 잠시 뜸을 들인 후 말을 이었다. "'馗' 자를 둘로 쪼개면 '구九'와 '수首'가 됩니다. 지금이 마침 9월이니 시험을 보면 틀림없이 장원입니다. 그러나 이 '首' 자가 한쪽에 버려져 있으니 필시 열흘 이내로 큰 재앙이 닥칠 것입니다. 부디 조심하십시오." 종규는 이 말을 듣고도 "대장부가 세상에 태어나 몸가짐만 바로 하면 무슨 큰일이 닥치겠는가?"라고 생각했다. 그래서 점쟁이의 말을 마음에 담지 않고 복비를 내

2-7-4
검을 잡고 선 종규

2-7-5
공물을 바치는 귀신

2-7-6
장원급제

2-7-7
하늘을 대신해
도를 행함

고 자리에서 일어났다.

며칠 후 종규는 시험장에 들어가 문제를 보고 단숨에 글을 써서 감독관에게 제출했다. 당시 주감독관은 이부시랑 한유韓愈였고 부감독관은 대학사 육지陸贄였다. 두 감독관은 종규의 시험지를 보고 눈이 휘둥그레지며 이구동성으로 말했다. “천재입니다, 천재입니다! 주옥 같은 글솜씨가 이백과 두보에 버금갑니다.” 그들은 종규를 1등으로 채점했다. 덕종 황제는 장원 종규의 재주가 출중하다는 한유의 말을 듣고 그를 궁으로 불러오라 명했다. 그러나 덕종은 종규의 추한 얼굴을 보자마자 언짢은 듯 말했다. “우리 조정은 순전히 신언서판身言書判으로 사람을 뽑는다. 그런데 어찌 이런 추한 자가 장원을 할 수 있단 말인가?” 한유가 급히 무릎을 꿇고 아뢰었다. “사람의 우열은 겉모습에 있지 않습니다. 폐하께서는 키가 3척에 불과한 안영晏嬰이 제나라의 재상이 되고, 말더듬이 주창周昌이 한 왕실을 보좌하고, 공자가 용모로 사람을 취하려 했다가 자우子羽를 잃었다는 말을 듣지 못하셨습니까? 부디 재고해 주시옵소서.” 덕종이 잠시 생각에 잠겼다가 말을 이었다. “공의 말도 일리는 있으나 우리 조정에는 태종 황제 때 18학사가 영주瀛州에 오른 미담이 전해지고 있소.* 이자를 장원으로 뽑았다가 짐이 사람을 볼 줄 모른다고 비웃지나 않을까 걱정이오.” 재상 노기盧杞는 속이 좁아 현명하고 능력있는 사람을 몹시 질투하였다. 황제의 의중을 알아차린 그는 곧 무릎을 꿇고 아뢰었다. “과거시험의 장원은 모름지기 능력과 용모를 겸비해야 합니다. 3백 명도 넘는 응시생 중에 그런 사람이 없을 리는 만무합니다. 다른 인재를 뽑는 것이 나으리라 사료됩니다.” 종규는 얼토당토않은 노기의 말을 듣고 “이렇게 몽매한 자가 조정에 있으니 어찌 나라를 그르치지 않겠는가!”라고 욕을 퍼붓고는 주먹을 휘둘러 노기를 때려눕혀 버렸다. 덕종은 이 광경을 보고 크게 노했

---

*영주는 신선이 산다는 전설 속의 산이다. 당 태종 이세민은 학문이 뛰어난 18학사를 초빙하여 매일 시문과 전적을 논하게 했으며, 그중 뛰어난 자를 일컬어 ‘영주에 올랐다[登瀛州]’고 했다

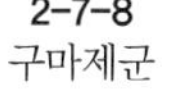

2-7-8
구마제군

2-7-9
생사의 죄를
헤아림

2-7-10
종규

2-7-11
술에 취해
언덕 아래 눕다

다. “감히 황제의 대궐에서 난동을 부리다니, 당장 이 무례한 놈을 끌어내라!” 분을 삭이지 못한 종규가 시립해 있던 장수의 허리에서 보검을 꺼내 들고 외쳤다. “뜻 잃은 고양이는 호랑이를 닮기 힘들고, 날개 잃은 앵무새는 닭만도 못하구나.” 말을 마친 그는 스스로 목을 끊고 죽었다. 덕종은 분기탱천 후 목숨을 끊은 종규의 모습을 보고 자신의 행동을 후회했다. 결국 덕종은 노기를 유배 보낸 후, 민심을 달래기 위해 종규를 장원의 예로 장사지내고 ‘구마대신’으로 봉해 천하를 다니며 세상의 악귀들을 물리치도록 했다.

종규가 지옥에 이르자 염라대왕은 그의 덕에 감동해 문文을 상징하는 함원含寃과 무武를 상징하는 부굴負屈의 두 장군을 붙여주고 내하교奈何橋를 지키는 귀신을 박쥐로 만들어 길을 안내하도록 했다. 종규는 도깨비들을 물리치는 데 큰 공을 세우고 위로는 옥황상제를 받들어 ‘익성제사뇌정구마제군翊聖除邪雷霆驅魔帝君’으로 봉해졌다.

귀신 잡는 종규에 대한 기록은 북송 심괄沈括의 『몽계보필담夢溪補筆談』에 최초로 보이지만, 이야기 자체는 당나라 개원開元시대로 거슬러 올라간다. 당 명황明皇(현종)은 여산驪山의 훈련장에서 궁으로 돌아온 후 몸이 좋지 않

2-7-12 진사급제

2-7-13 지옥의 판관

2-7-14 협객 종규

아 한 달 넘게 앓아누웠다. 어의도 손을 쓰지 못하고 있던 어느 날 밤, 명황은 꿈에서 하나는 크고 하나는 작은 두 귀신을 본다. 작은 귀신이 양귀비의 자향낭紫香囊과 명황의 옥피리를 훔친 후 대전 주위를 빙빙 돌자, 큰 귀신은 찢어진 모자를 쓰고 몸에는 떨어진 도포를 입고서 한쪽 팔을 드러낸 채 뒤를 쫓았다. 큰 귀신은 작은 귀신을 잡은 후 손으로 작은 귀신의 눈을 파낸 다음 몸을 두 갈래로 찢어 먹어버렸다. 명황이 두려운 소리로 물었다. "댁은 뉘시오?" 큰 귀신이 답했다. "저는 무과 시험에 떨어진 진사로 이름은 종규라 합니다. 폐하를 위해 세상의 요괴를 모두 없애고자 합니다." 꿈에서 깨어난 명황은 씻은 듯 몸이 나았다. 그는 곧 오도자吳道子를 궁으로 불러 종규의 초상을 그리게 한 후 대신들에게 나눠주며 명했다. "요괴를 물리친 열사는 상을 받아야 마땅하리라." 이렇게 해서 종규는 귀신을 전문적으로 잡는 신령이 되었다.

종규에 관한 희곡으로는 명대의 잡극 『경풍년오귀뇨종규慶豊年五鬼鬧鐘馗』가 있고, 소설로는 명대의 『종규전전鐘馗全傳』, 청대의 『참귀전斬鬼傳』과 『평귀전平鬼傳』이 있다. 민간 종교에서 종규는 귀신을 잡아 죽이고 역병을 몰아내는 신으로 묘사된다.

2-7-15
복을 부르는 종규

종규의 이야기를 보면, 그는 귀신을 죽이는 사자일 뿐 아니라 민중의 환대를 받는 정의롭고 늠름한 귀신이기도 하다. 『종규전전』을 보면 옥황상제가 대궐 앞의 신하를 미녀로 변하게 하여 종규를 유혹하지만 종규는 '금석도 넘보지 못하는 절개'로 답한다. 『평귀전』에서는 염라대왕이 옥황상제에게 "그는 정직한 사람입니다"라며 종규를 추천한다. 『경풍년오귀뇨종규』에서 중양진군中陽眞君은 그를 "올바르고 현명한 자"라고 칭찬한다. 이외에도 종규는 악을 물리치고 복을 가져다주는 인물로 백성들의 추대를 받아왔다. 『종규전전』에서 그가 석마石馬를 참하여 대재앙을 없애주자 백성들은 사당을 지어 그를 받들어 모신다. 『참귀전』에서는 종규가 재앙도 막아주고 재물을 뺏는 귀신까지 굴복시키자 역시 종규를 위한 사당을 지어 향을 피운다. 『평요전』에서도 종규는 액수를 속여 돈을 뜯어내는 채무귀신과 장부귀신을 물리쳐 백성들에게 영웅 대접을 받는다.

"누이를 시집보낸 종규"는 종규의 보은사상이 잘 드러난 이야기이다. 전

2-7-16 요괴 진압

2-7-17 더위를 식히는 종규

설에 따르면, 종규에게는 두평杜平이라는 고향 친구가 있었다. 그는 사람 됨됨이가 좋고 남에게 베풀기를 마다하지 않아 종규가 시험 보러 가는 비용까지 지원해 주었다. 추한 얼굴 때문에 장원의 자격을 박탈당한 후 계단에 머리를 받고 죽은 종규를 편안하게 묻어준 이도 바로 그였다. 귀왕鬼王이 된 종규는 두평의 은혜를 갚기 위해 섣달그믐에 귀신 졸개들을 직접 이끌고 고향으로 돌아가 누이를 그에게 시집보낸다.

2-7-18 누이를 시집보내는 종규

종규는 성격이 강직하고 악한 무리들을 원수처럼 싫어하고 귀신을 참하고 요괴를 없애주어 후대에 수많은 백성들이 벽사辟邪의 상징으로 그를 받들어 왔다. 휘주徽州의 대표적인 민속무 중에 '종규춤'이 있다. 이 춤은 '종규놀이'라고도 하며, 휘주 구암사진區巖寺鎭과 흡현歙縣 주가촌朱家村 일대에 지금도 유행하고 있다. 이 풍습은 명 만력萬曆 때부터 유행했다고 한다. 이들 지역에서는 매년 5월 단오가 되면 종규춤을 추며 5독毒을 없애고 악을 쫓고 복을 부르고 마을 주민들의 안녕을 기원한다. 옛날에는 종규 인형을 어깨에 지고 춤을 추었는데 나중에는 사람이 직접 종규로 분장해서 마을을 돌며 춤을 추는 형태로 바뀌었다. 공연을 보면 5독인 지네, 독사, 두꺼비, 전갈, 거미의 모자를 쓴 다섯 명과 몸에 회색 복대를 두르고 몽둥이를 들고 바닥이 부드러운 꽃무늬 신발을 신은 악귀가 꽹과리와 북소리에 맞춰 요란하게 소리를 지

2-7-19
사邪를 누르고
정正을 세우다

2-7-20
집안의 귀신을 물리치는 종규

르고 춤을 춘다. 이때 붉은 얼굴에 가슴까지 수염이 늘어진 종규가 자주색 도포를 입고 오른손에는 보검을 쥐고 역시 꽹과리와 북 장단에 맞춰 다섯 귀신과 대결을 벌인다. 앞에서는 박쥐가 길을 안내하고, 시자 둘은 한 명은 비단 우산을 들고 한 명은 술 항아리를 지고 뒤를 따른다. 호탕하게 술을 들이마신 종규는 취해서 비틀비틀하면서도 겉은 강해 보이나 속은 물러터진 귀신들을 일망타진한다. '종규춤' 은 이미 흡현의 중요한 민속활동이 되었다. 영벽靈壁 지방의 종규 그림에는 독특한 민족적 맛이 깃들어 있다. 사람들이 모두 귀신 잡는 종규 이야기를 할 줄 알고, 집집마다 종규 그림의 고수들이 있어 흔히 '종규 그림의 고향' 이라 칭해지기도 한다.

근래에 모 학자는 종규가 실존 인물이 아니라고 주장했다. 그는 종규가 음력 선달의 고대 대나大儺의식*에 쓰이던 귀신 쫓는 도구 '종규終葵' 에서 유래했을 것이라고 보았다. 원래 귀신을 쫓는 물건인 '종규' 가 귀신을 쫓는 사람 이름으로 되어 종규라는 인물이 실존한 것으로 전해졌을 수 있다는 말이다. 또 악으로 악을 제어하는 효과를 내는 종규의 무서운 얼굴이 나의儺儀의 방상方相(귀신을 몰아내는 신령)에서 기원했다고도 한다. 이 추론은 역사적 배경이 있다. 왜냐하면 종규는 전통적인 궁정 나례와 민간 나례에서 인격화된 신의 역할을 맡았기 때문이다. 그러므로 종규의 모습이 나례를 이끌어가는 방상에서 유래했을 가능성은 충분하다. 이외에도 귀신을 굴복시킨다는 면에서 종규는 문신門神인 신도神荼나 울루鬱壘와도 일맥상통하는 면이 있다.

2-7-21
문신

*대나大儺의식: 역귀를 쫓는 가면극 형식의 고대의식으로서 흔히 나례儺禮라고 한다

종규가 '종규終葵'에서 기원했든, 방상이나 신도, 울루에서 기원했든, 아니면 세 가지의 융합물이든 소설이나 희곡 속의 종규는 항상 정의롭고 곧은 기품을 지닌 채 백성들을 위해 재앙을 물리치는 역할을 한다. 종규가 수많은 사람들의 추앙을 받고 그의 신화가 끊임없이 이어지는 것도 바로 이 때문이다.

그래서 명대의 유명한 시인이자 화가 당인唐寅은 「종규를 기리며」라는 시에서 이렇게 노래했다.

열사의 골기는 굽힐 줄 모르고,
열사의 정신은 세월이 지나도 쇠하지 않네.
눈을 부릅떠 계단에 머리를 받고,
정의로운 마음으로 삿된 것들을 사로잡네.
그의 가르침을 받들고 그의 얼굴을 우러르며
귀신과 도깨비들이 모두 종적을 감추니,
천추千秋의 참된 영웅이로구나!
烈士骨, 不可屈, 烈士精, 久乃靈.
嗔爾目, 階可觸, 正爾心, 邪可擒.
欽爾風, 望爾容, 魑魅魍魎咸潛踪, 千秋之下眞英雄!

8. 아두阿斗

중국 고전의 명작 『삼국연의』는 수많은 이들의 입에 오르내리는 인물들의 형상을 창조해 냈다. 창을 잡고 시를 지으며 천자를 끼고 제후를 호령하는 조조, 한실의 종친이자 중산정왕中山靖王 유승劉勝의 후예인 유비, 단기필마로 천 리를 달리며 화용도華容道에서 조조를 풀어준 관운장, 하늘도 모르는 지략으로 군대를 진두지휘하는 제갈량 등등. 이런 다양한 인물들이 작자 나관중羅貫中에 의해 생생하게 묘사되면서 사람들의 감탄을 자아내는 것이다. 책에서 유비의 나약하고 무능한 아들—후주 유아두(유선劉禪)—은 "후주의 어리석음을 알 수 있다"는 나관중의 노골적인 표현과 "제갈공명이 있다 해도 오래 버티진 못할 것이다"라는 사마소司馬昭의 말로 인해 어리석고 미덥지 못한 아두로 각인되었다.

사실 『삼국연의』에서 유선이 못난 인물이 된 건 "즐거워서 촉나라는 생각나지 않습니다[樂不思蜀]"라는 말로 천하의 웃음거리가 되고, '투항'이라는 잘못된 선택으로 '어리석은 군주'라는 굴레까지 씌워졌기 때문이다. 이렇게 하여 아두는 다음의 세 가지 상징 부호를 갖게 된다.

(1) 행실이 못된 나쁜 아이들처럼 사회로부터 인정받지 못하는 사람

(2) 부모의 지나친 감싸기로 버릇이 나빠져 오로지 무능만이 가장 큰 장점이자 단점인 사람

(3) 조상이나 부모가 남겨준 재산으로만 버티다가 인생의 후반을 궁하고 비참하게 보내는 사람

아두의 원래 이름은 유선으로, 삼국시대 촉나라 소열제昭烈帝 유비와 미부인糜夫人 사이에서 태어났다. 유비의 하나뿐인 혈육을 보호하기 위해 상

산 조자룡은 혈혈단신 어린 유선을 품에 안고 피투성이가 된 채 이리 떼 같은 조조군 사이를 뚫고 나왔다. 유비는 백제성白帝城에서 제갈량에게 아들을 부탁하며 말한다. "아이가 도울 만하면 돕고, 그럴 인물이 못 되면 그대가 직접 성도의 주인이 되어주오." 이 말을 듣고 제갈량은 왕실의 후계자를 위해 기꺼이 반평생을 바친다.

2-8-1 백제성에서 아들을 부탁하는 유비

아두와 관련된 역사적 이야기는 상당히 많다. 그중 '장강에서 아두를 뺏은' 고사는 특히 잘 알려져 있다. 유비가 서천西川으로 들어간 틈을 타 동오의 손권은 장소張昭의 계책을 따라 어머니가 병에 걸렸다고 속이고 심복인 주선周善을 형주로 보내 손상향孫尙香(손부인)을 친정으로 모시고 오도록 한다. 그러면서 유비의 아들인 아두를 꼭 인질로 데리고 오도록 당부한다. 손부인이 아무 의심도 없이 아두를 안고 배에 오르려 할 때, 소식을 들은 조운이 급히 배를 몰고 와 아두는 두고 가야 한다고 설득한다. 손부인이 말을 따르지 않자 조운은 아두를 빼앗고, 뒤따라온 장비는 주선을 죽이고 조운과 함께 아두를 안고 무사히 형주로 돌아온다.

사실 처음에는 아두도 그런대로 괜찮았다. 제갈량을 의심없이 쓸 수 있다는 것도 쉽지만은 않은 일이었고, 동윤董允이나 곽유郭攸 같은 현신들을 기용하는 등 정치적으로도 상당히 깨끗했다. 다만 나중에 황호黃皓 등의 환관을 총애하면서 망국에 이른 것뿐이다. 그래도 같은 시기 조조나 손권의 후계자들과 비교하면 아두는 그나마 나은 축에 속한다. 주목할 점은 그가 제갈량 사후를 포함해서 20여 년이나 군주의 자리를 지켰고, 사서를 보면 재위할 동안 별다른 악행도 저지르지 않았다는 것이다. 위나라에 가서 "여기가 참 좋다"라고 말한 것도 일부러 속내를 숨기거나 명철보신하기 위한 어쩔 수 없는 대답이었을 것이다. 하지만 미덥지 못한 '유아두'로 역사에 남은 것도 바로 이 말 때문이었다.

노신은 말했다. "중국에서 힘있는 사람(유명인, 능력있는 사람, 부자)은 누구나 이런 운명을 갖는다. 어떤 사람이든 일단 힘있는 사람이 되면 그 '힘'의 크고 작음을 막론하고 항상 사람들이 그 주위를 에워싼다. 그래서 안으로는 그 힘있는 사람을 점점 어리석고 아둔하게 만들고, 밖에서는 사람들이 그 힘있는 사람의 본모습을 보는 게 아니라 주변 사람들을 통해 왜곡된 그의 환영을 보게 된다." 하나의 기적을 만들어내는 것은 어렵지 않다. 그러나 이 기적을 지켜 나가기란 결코 쉽지 않다.

유선은 간신을 총애해서 나라를 망치고 백성에게 재앙을 준 못난 군주이기도 하고 어리석음 속에서 나름의 지혜를 갖춘 말 잘 듣는 꼭두각시이기도 하지만, 무엇보다도 그는 현실에 금방 적응하고 안주하는 그냥 보통 사람이었다.

유선은 분명 촉나라의 멸망에 지도자로서의 막중한 책임이 있다. 그러나 부인할 수 없는 사실은 "나라를 위해 몸과 마음을 바치고 죽기 전에는 일을 그만두지 않겠다"는 말로 세상 사람들의 존경을 받은 제갈량도 결국 '직권남용'의 혐의를 면하기는 힘들다는 것이다.

이릉彝陵의 전투에서 패한 유비는 백제성에서 아들을 제갈량에게 맡기며 말한다. "아이가 도울 만하면 돕고, 그럴 인물이 못 되면 그대가 직접 성도의 주인이 되어주오." 물론 제갈량은 유비의 은혜를 갚기 위해 군주의 자리를 결코 넘보지 않는다. 하지만 그는 바로 그 지나친 주도면밀함과 너무나 완벽한 '보좌'로 인해 본래 세상일에 밝지 못한 유선을 그대로 방치하고 말았다. 조정 내부의 일이든 외적의 침입이든 모든 것을 자기가 맡아 해결하고, 인력배치나 군대의 통솔에도 빈틈을 보이지 않음으로써 유선에게는 아예 훈련의 기회조차 주지 않았다. 실천이 없으면 발언권도 따르지 않는 법이다. 특히 유선처럼 심궁에 묻힌 어린 군주에게 '나라를 다스리고 국정을 고민할' 기회도 주지 않고서 어찌 그에게 '명군성주'의 모습을 바랄 수 있겠는가? 촉나라는 제갈량이 죽은 후 "나라에 장군이 없어 요화廖化가 선봉에 서야 하는" 지경에 이른다. '혼군昏君'이네 '충신'이네 하는 논의는 잠시 접어두더라도 이런 결과에 대한 책임으로부터 제갈량은 과연 자유로울 수 있을까?

"여기가 좋아 촉나라는 생각나지 않습니다"라는 말은 꼬리표처럼 따라다니는 유선의 치욕이다. 이 말에 어떤 다른 의도가 있었는지는 알 수 없다. 그러나 당시 형세를 보면 유선의 처지는 '도마 위의 고깃덩어리'에 지나지 않았다. 사마소가 '승리자'의 오만한 태도로 "촉나라가 생각나지 않으시오?"라고 물었을 때, 유선이 어떤 대답을 할 수 있었을까? 10년 동안 나라를 부강하게 만들 계획으로 '와신상담'하며 오왕 부차의 말에게 먹이까지 주었던 월왕 구천의 치욕은 기꺼이 용서하면서, 왜 유선에게는 이런 가혹한 잣대를 대는 것인가?

월왕 구천은 후대 사람들의 존경을 받고, 남당南唐의 후주後主는 사람들의 동정을 받았다. 그런데 마찬가지로 적국의 죄인이 되어 눈칫밥을 먹었던 유선은 왜 사람들이 이해해 주지 않는가? 유선에게 가타부타 따질 만한 '가십거리'가 상대적으로 적어서 사가들이 함부로 '어리석고 무능한 군주'라는 딱지를 갖다 붙였을지도 모른다. 하나라의 걸왕桀王, 상나라의 주왕紂王, 주나라의 유왕幽王 등 망국의 군주들은 매희妹喜, 달기妲己, 포사褒姒 같은 '총희'와 함께 나라는 사랑하지 않고 미인만 사랑한 '아름다운 이야기'라도 남겼다. 그들에 비하면 유선은 참 억울할 만도 하다.

무후武侯(제갈량)의 사당을 가보면, 제갈량의 전각에는 손자까지 3대의 상이 세워져 있고, 관우와 장비의 상 앞에도 아들의 상이 있다. 그러나 유독 유비의 전각에는 아들 유선이 없고 손자 유심劉諶의 상만 있다. 사당을 찾은 관광객들은 항상 이를 궁금해한다.

전설에 따르면, 한 소열昭烈(유비)의 사당을 세울 당시에는 원래 유선의 상이 있었다고 한다. 그런데 사당을 짓고 얼마 지나지 않은 어느 날 밤이었다. 몽롱한 달빛 아래 사당 안에서 갑자기 북소리가 울리기 시작하더니 전각 안의 조상들이 하나하나 산 사람으로 변하는 것이었다. 유비가 유선에게 촉한의 강산을 잃어버린 경위를 따졌으나, 유선은 무릎을 꿇은 채 한마디도 답하지 못했다. 그때 유선의 아들 유심이 나섰다. 그는 유선이 간신 초주譙周의 말만 듣고 충신들의 간언은 한 귀로 흘렸으며, 제 목숨만 보전코자 선대 황제와 군신들이 애써 얻은 강산까지 버렸다고 일러바쳤다. 비록 위나라 장군 등애鄧艾의 군대가 성 아래까지 쳐들어왔으나, 아직 수만의 정병이 성 안에 있고 양식도 충분했으므로 검각劍閣에 주둔한 강유姜維의 대군이 돌아와 포위를 풀어줄 때까지 충분히 버틸 수 있었다. 유심이 아버지에게 항복을 해선 안 된다고 울면서 호소했지만, 유선은 그를 호되게 나무라기만 했다. 유선이 스스로 두 손을 묶고 문무 관원과 함께 위군을 영접하자, 유심은 모욕을 참지 못하고 자결했다. 그런데도 후안무치한 유선은 위의 수도 낙양에서 희희낙락 음주가무를 즐기며 "이곳에서 즐거이 지내니 촉은 그립지 않습니다"라는 망발을 했다는 것이다.

상황을 파악한 유비는 불같이 화를 내며 좌우에 명하여 유선을 사당에서 내쫓도록 했다. 그를 아들로 인정하지 않고, 손자 유심만 곁에 두겠다는 뜻이었다. 이때부터 유비의 전각에는 유선의 상이 사라졌다고 한다. 물론 위 이야기는 사람들이 꾸며낸 것이지만, 촉 사람들은 분명 어리석고 강단도 없는 유선의 조각상을 사당에 남기고 싶지 않았을 것이다.

아두의 삶은 대부분 타인의 손에 좌우되었다. 갓 태어나서는 유비가 장수들을 끌어들이는 도구로 썼고, 유비가 죽은 후에는 제갈량 앞에서 눈치만 보았으며, 제갈량이 죽은 후에는 강유姜維에게 대권을 넘겨주고, 정치에 신물이 나자 황호黃皓를 찾아 속마음을 호소했다. 이렇듯 편안한 삶만 찾으며 장구한 역사의 강에서 잠깐 스쳐 지나간 과객이 되고 말았기 때문에 사람들은 그에게 한숨짓는 것이다.

관우가 형주를 잃었다고 스스로 자책했음에도 사람들은 그를 '당대의 둘도 없는 무성武聖'이라고 칭찬하고, 제갈량이 크고 작은 모든 일에 권력을 휘둘렀음에도 사람들은 그를 '지혜의 신'이라 추켜세우며, 유비는 백성들의 사활을 돌보지 않고 자기 고집만 피우다 수십만의 군대를 잃었음에도 '인자한 군주'라는 평을 듣는다. 또 장비가 술 때문에 일을 그르치고 술 때문에 결국 죽었음에도 유비는 그를 적극 감싸주어 장비에게 억울하게 맞아 죽은 원혼들이 감히 호소도 할 수 없게 만들지 않았는가! 촉한은 조씨의 위나라에 비해 영토가 좁고 땅은 척박하고 인구도 적었다. 그에 비해 중원은 물산도 풍부하고 인재도 넘쳤으므로 중원을 얻으면 곧 천하를 얻는 것이었다. 당시 오촉의 연합으로 천하가 삼분된 상황에서, 관우는 안일하게 생각하다 형주를 잃고 장비는 술 때문에 사고를 쳐서 군대의 단결을 깨뜨렸으며 유비는 감정에만 앞서서 오나라를 쳤다가 군대를 전멸시키고 말았다. 오나라와 연합해서 조조에게 대항하는 책략을 바로 이 세 사람이 망친 것이다. 게다가 남방에서는 맹획孟獲이 반란을 일으키고, 북방에서도 호시탐탐 촉을 노리고 있었다. 그야말로 수습하기 힘든 만신창이 국면이었다. 유선이 제갈량과 한 배를 탄 것도 바로 이 때문이다. 이후 12년 동안 제갈량은 여섯 차례 기산祁山을 나와 국위를 떨쳤다. 제갈량이 죽자 유선은 강유와 함께 아홉 번이나 중원을 쳐서 한 왕실의 수명을 29년 더 늘려놓았다. 유선은 41년 동안 재위했다. 삼국시대 군주들 중 가장 오랫동안 자리를 지키면서 촉나라 백성들에게 가장 많은 혜택을 준 군왕이라는 말이다. 그런데도 왜 '한 가지 흠' 때문에 전반생의 '대덕大德'을 가려 버린단 말인가? 지하에 있는 유선은 나관중에게 이렇게 묻고 싶을 것이다. "선생, 뭔가 잘못된 것 아니오?"

9. 패왕覇王

현대 중국어에서 패왕은 서초패왕 항우項羽를 가리킨다. 항우는 진나라 하상下相 사람으로, 어려서 아버지를 잃고 숙부 항량項梁의 손에 키워졌다. 항우의 조상은 초나라 대장으로서 항성項城(지금은 하남성에 속함)에 봉읍을 받고 항씨 성을 가졌다. 항우가 어려서 책읽기와 검술에 관심을 가지지 않자 항량이 화를 내며 꾸짖었다. 항우는 이렇게 답했다. "책은 사람 이름을 적어놓은 것에 불과하고, 검술로는 겨우 한 명밖에 대적을 못합니다. 저는 만 명을 대적할 방법을 배우고 싶습니다." 이때부터 항량은 그에게 병법을 가르치기 시작했다. 항우는 기꺼이 병법을 배웠다. 하지만 어느 정도 알았다 싶으면 이제 됐다며 끝까지 배우려 하지 않았다.

기원전 210년, 진시황이 회계會稽로 순방을 오자 항량과 항우는 사람들에 섞여 황제를 구경하러 나갔다. 항우가 말했다. "저 자리는 제가 차지할 겁니다." 항량은 항우의 입을 재빨리 막았다. "말조심해, 이놈아, 멸족을 당하고 싶은 게냐!" 이때부터 항량은 항우가 남다른 포부를 갖고 있음을 알고 그를 더욱 애지중지했다.

기원전 209년, 진승陳勝과 오광吳廣을 영수로 하는 농민 기의군이 '초나라를 일으켜 세우리라' 는 기치를 들고 진 왕조에 창끝을 겨눴다. 전국 곳곳에서 동참의 목소리가 들려왔다. 스물넷의 청년 항우는 항량과 함께 강남에서 군대를 일으켰고, 유방은 강북에서 군대를 일으켜 호응

2-9-1 항우 가면

했다.

당시 절강浙江에서는 환초桓楚 등이 행동에 나섰다. 세력의 확장을 위해 항량은 항우를 환초에게 보내 반진反秦을 위한 연맹을 맺도록 했다. 환초가 말했다. "진나라가 비록 무도하나 군대만큼은 누구보다도 강하오. 천하를 뒤덮을 용맹이 없다면 대적할 수 없으니, 당신이 만 명을 대적할 수 있다면 우리는 기꺼이 당신을 따르겠소. 뜰에 무게가 천 근이나 되는 큰 솥이 있소. 저것을 들 수 있겠소?" 항우는 뜰로 나가서 먼저 환초의 수하 네 명에게 솥을 들어보도록 했다. 솥은 꿈쩍도 안 했다. 항우는 곧 소매를 걷어 올리고 솥 앞으로 뚜벅뚜벅 다가갔다. 솥발을 꽉 움켜쥐고 불끈 힘을 한 번 주자 거대한 솥이 마치 뿌리가 뽑히듯 점점 위로 올라왔다. 그는 여기서 멈추지 않고 들었다 놓기를 세 번이나 반복했다. 사람들은 눈만 휘둥그레 뜨고 멍하니 지켜보며 항우의 엄청난 힘에 놀라움을 금치 못했다. 환초는 두말없이 군대를 합쳐 항우를 따르겠다고 말했다. 이제 항우와 항량의 군대는 8천 명에 이르렀다.

진승과 오광의 난은 실패했지만 농민기의의 불꽃은 계속 타올랐다. 항우와 항량의 군대는 강북을 따라 신속히 진격했다. 그들은 도중에 다른 기의군을 병합하여 6~7만의 대군이 되었다. 강소江蘇 북부에서는 진군의 선봉대를 격파하고, 산동山東 남쪽에 주둔해서는 각지에서 올라온 장령들과 함께 진을 정벌할 방법에 대해 상의했다. 유방도 이 자리에 참석했다. 그들은 모사 범증范增의 의견에 따라 초 회왕懷王의 손자 웅심熊心을 초왕으로 세웠다. 항우는 노공魯公에, 유방은 패공沛公에 봉해졌다. 기의군은 산동 남서쪽에서 여러 차례 승리를 거뒀다. 그러나 승리에 도취한 사이 항량은 진의 주력인 장한章邯군의 습격을 받아 전사하고 만다. 항우는 팽성彭城(지금의 서주徐州) 서쪽까지 후퇴하여 그곳에 주둔했다. 장한은 30만 대군을 이끌고 조헐趙歇의 기의군을 격파하고 조나라의 거록성巨鹿城을 단단히 에워쌌다. 조헐은 여러 차례 사람을 보내 구원을 요청했다. 초왕은 송의宋義를 상장에,

항우를 차장에, 범증을 말장에 임명한 후 20만 대군을 이끌고 구원에 나서도록 명했다. 송의는 안양安陽(지금의 하남 안양시 남서쪽)에 이르러 군대를 주둔시키고 46일 동안 꼼짝도 하지 않았다. 답답해진 항우가 여러 차례 출격을 재촉했지만 소용없었다. 결국 항우는 송의를 죽이고 초왕에게 사실을 보고했다. 초왕은 항우를 상장군에 임명했다. 항우는 전군을 이끌고 장하漳河를 건넜다. 그는 군사들에게 명하여 각자 사흘 치 양식만 휴대한 후 밥 짓는 솥을 부수고, 타고 온 배에 구멍을 뚫어 침몰시키고, 막사의 천막까지 모두 불태우도록 했다. 전진만 있을 뿐 후퇴는 없다는 의미였다. 이것이 그 유명한 '파부침주破釜沉舟(솥을 부수고 배를 침몰시킴)'의 장면이다.

장한은 초군이 진군과 결전을 벌이려 한다는 소식을 듣고 군대를 아홉 길로 나눠 항우를 공격했다. 항우는 최선봉에서 군대를 독려했다. 병사들은 일당십의 용맹으로 진군과 맞서 아홉 차례의 격전에서 모두 승리를 거두었다. 진군과 감히 교전할 엄두를 못 내던 각지의 구원병들도 항우의 용맹에 감복하지 않을 수 없었다. 항우가 제후의 장령들을 소집하자, 그들은 무릎을 꿇고 고개를 숙이며 결의를 다짐했다. "상장군의 지휘를 따르겠습니다."

거록의 전투를 마친 항우는 제후군 30만을 이끌고 서쪽으로 장한의 군대를 바짝 뒤쫓아 궁지에 몰린 장한을 항복시키고 진군의 주력을 소멸했다. 같은 시간에 유방은 하남河南 남부와 섬서陝西 남서쪽으로부터 진격해 들어와 진의 수도인 함양咸陽에 순조롭게 들어갔다. 유방은 관중의 왕 자리를 차지하기 위해 군대를 함곡관函谷關으로 보내 항우의 서진을 막았다. 화가 난 항우는 당양군當陽君 등을 보내 손쉽게 함곡관을 점령하고 함양에서 가까운 홍문鴻門에 군대를 주둔했다. 당시 항우의 군대는 40만이었고, 유방은 10만에 불과했다. 분을 이기지 못한 항우는 유방을 없애고 말겠다는 뜻을 드러냈다. 이 소식은 항우의 숙부인 항백項伯을 통해 밖으로 새나갔다. 다음날 유방은 '사죄'의 뜻을 표한다며 거짓으로 말했다. "제가 어찌 감히 주인 행세를 하겠습니까? 그저 진의 관리와 백성들을 안정시키고 창고를 닫아 장군께서 오시기만 기다렸을 뿐입니다." 항우는 이 말을 듣고 유방을 용서해 주었다. 그러나 범증은 유방이 앞으로 강한 적이 될 것이라 예상하고, 이 기회에 그를 없애리라 마음먹었다. 그래서 자기가 직접 손을 쓰려 했으나 웬일인지 항우는 전혀 신경을 쓰지 않았다. 급해진 범증은 항장項莊에게 검무를 추다가 틈이 보이면 유방을 찌르도록 했다. 항백 역시 유방을 보호하기 위해 검무를 추면서 유방을 죽이려던 계획은 물거품이 된다. 유방은 놀란 가슴을 쓸어내리며 뒷간에 간다는 핑계를 대고 급히 그곳을 빠져나왔다. 이 장면이 역사적으로 유명한 '홍문연鴻門宴'이다.

며칠 후, 항우는 제후들을 이끌고 함양으로 들어갔다. 여기서 그가 첫 번째로 한 일은 바로 진왕 자영子嬰의 처단이었다. 사실 자영은 겨우 46일 동안 황제 자리에 있었던 터라 큰 죄를 물을 수는 없었다. 그러나 항우와 6국의 제후들은 자영이 진 왕조의 역대 폭군들을 대표한다며 그를 죽여 버렸다. 3백 리에 걸쳐 '다섯 걸음마다 망루가 있고, 열 걸음마다 전각이 늘어섰던' 아방궁도 항우에게는 노기만 돋우는 물건에 불과했다. 항우의 명령 한마디에 아방궁은 거대한 화염에 휩싸였고, 석 달이 지나도록 그 불은 꺼지지 않았다고 한다.

함양을 평정한 항우는 천하의 대사가 모두 정해졌다고 보았다. 이에 초왕을 의제義帝로 높이고, 20명의 후왕侯王을 봉했다. 유방은 한왕으로 봉해져 한중漢中과 사천四川 일대를 갖게 되었다. 항우는 스스로를 서초패왕이라 칭하며 황하 유역과 장강 하류 일대를 차지하고 팽성에 도읍을 세웠다. 실제로는 그가 모든 제후들을 다스리는 형국이었다.

항우의 분봉에 대해서는 유방뿐 아니라 다른 제후들까지 불만이 가득했다. 결국 얼마 지나지 않아 일은 터졌다. 제齊나라의 옛 귀족인 전영田榮이 스스로를 제왕이라 부르며 항우에 맞선 것이다. 항우는 군대를 이끌고 전영의 진압에 나섰고, 유방은 이 기회를 틈타 관중을 다시 점령했다. 이후 기원전 205년 4월에는 제후군 오륙십만을 소집하여 초나라 수도인 팽성까지 차지했다. 항우는 수하의 장수들에게 제나라에서 계속 전투를 이어가도록 한 다음, 자기는 정병 3만을 이끌고 팽성의 구원에 나섰다. 이때 팽성은 이미 한군에게 점령된 상태였으나, 항우의 공격으로 한군은 대패를 당했다. 항우는 팽성에서 휴수睢水까지 한군을 쫓아가 마구잡이로 죽였다. 10만 이상을 잃은 한군은 회복 불가능의 큰 피해를 입었고, 유방은 열 명 남짓한 기병의 엄호하에 겨우 그곳을 빠져나올 수 있었다. 그러나 유방의 아버지와 아내는 초군의 포로가 되고 말았다.

2-9-2 항우 가면

하남의 형양滎陽으로 도망친 유방은 각지의 패잔병들을 긁어모으고 관중에서 일부 사병들을 불러와 군대를 재정비했다. 이후 유방은 초군과의 정면 대결을 피하고, 초군 내부를 이간질시키고 제후국들을 매수하여 서초패왕에게 반기를 들도록 하는 방법을 택했다. 이 계책으로 모사 범증이 항우 곁을 떠나면서 서초패왕은 오른팔을 잃고 말았다. 한왕은 소수의 병력을 형양과 성고成皐 일대에 두고 항우의 대군을 견제하면서, 팽월彭越에게는 초군의 후방 보급선을 끊도록 명하고 한신韓信에게는 북쪽과 동쪽의 지방들을 탈취하도록 했다. 이때부터 한신의 힘은 점점 커져 갔다.

기원전 202년, 한왕이 하남의 광무廣武까지 퇴각하고 초군은 그 뒤를 바짝 쫓았다. 한왕은 육가陸賈 등을 보내 패왕을 설득했다. 자기의 아버지와 아내를 풀어주는 대신, 홍구鴻溝를 경계로 패왕과 천하를 양분해서 홍구의 서쪽은 한이 갖고 동쪽은 초로 귀속시키자는 것이었다. 패왕은 이 제안에

동의했다. 대장 종리매鍾離眛와 계포季布가 속임수에 불과하다며 절대 반대했지만, 패왕은 그들의 말을 듣지 않고 강화의 문서를 교환한 후 유방의 아버지와 부인 여씨呂氏를 풀어주었다.

사실 한왕의 강화 요구는 적의 공격을 잠시 늦추려는 계획일 뿐이었다. 겨우 두 달 후, 한왕은 홍구의 협약을 파기하고 군대를 조섭하여 초군에 대한 공격을 준비했다. 패왕은 무도한 배신자라며 유방에게 한바탕 욕을 퍼붓고는 즉시 대장 종리매와 계포, 번초樊楚, 우자기虞子期 등과 함께 30만 대군을 이끌고 고릉固陵을 향해 진격했다. 초군에게 대패한 한왕이 고릉을 버리고 성고로 도망가자, 초군은 성고까지 쫓아가 한군을 에워쌌다.

유방이 포위되자 한신과 팽월은 급히 구원병을 이끌고 해하垓下로 모여 초군을 둘러쌌다. 패왕의 군대는 해하로 퇴각하여 성을 지키다가 양식이 금방 바닥나고 말았다. 패왕은 어떻게든 성을 지키고자 했으나, 우자기와 계포는 더 이상 불가능하다며 허술한 틈을 찾아 포위를 뚫고 나가야 한다고 설득했다. 이에 패왕은 일개 부대를 이끌고 포위망으로 진격했다. 초군은 비록 수많은 사상자를 냈지만 패왕의 용맹만큼은 누구도 당할 수가 없었다. 그러나 필마단기로 곳곳에 깔린 한신의 군대를 대적하기는 역부족이었다. 초군은 전군의 반이 죽거나 다친데다 한군의 포위까지 풀리면서 사방이 적으로 둘러싸이게 되었다. 패왕은 해하의 군영으로 돌아올 수밖에 없었다. 한밤중에 들려오는 한군의 초가楚歌에 깜짝 놀란 패왕은 한군이 완전히 초나라를 정복했다고 생각했다. 그렇지 않고서는 한나라 군대에 이렇게 많은 초나라 사람들이 있을 리가 없었다. 패왕은 곧 자리에서 일어나 술을 들이켠 후 부인 우희虞姬를 보고 비분에 찬 노래를 불렀다.

힘은 산을 뽑고 기운은 세상을 뒤덮었으나
때가 불리하니 오추마烏騅馬도 달리지 않는구나.

오추마가 달리지 않으니 어찌한단 말인가?

우희여, 우희여, 어찌한단 말인가?

力拔山兮氣蓋世, 時不利兮騅不逝.

騅不逝兮可奈何? 虞兮虞兮奈若何?

패왕의 노래가 끝나자 우희가 화답했다. "한의 군대가 이미 우리 땅을 침략하여, 사방이 초나라의 노래로 가득하네. 대왕의 뜻 이미 다하였는데, 천첩이 어찌 삶을 꾀하리오[漢兵已略地, 四方楚歌聲. 大王意氣盡, 賤妾何聊生]." 우희는 노래를 마치고 스스로 목숨을 끊었다. 패왕이 마음 놓고 포위를 뚫을 수 있도록 부담을 덜어주려는 의도였다. 아내를 잃은 패왕은 상처 입은 맹호처럼 밤을 도와 포위를 뚫고 남쪽으로 말을 몰았다. 날이 밝고서야 이 사실을 깨달은 한군은 기병 5천으로 그를 추격했다. 회하淮河에 이르렀을 때 패왕에게는 겨우 백 명 남짓의 잔병만 있었다. 게다가 음릉陰陵(지금의 안휘 정원定遠현 북서쪽)에서는 길까지 잃어 늪지대에 빠지고 말았다. 동쪽으로 방향을 틀어 동성東城에 도착했을 때, 그에게는 28명의 군사뿐이었다.

패왕이 동쪽의 오강烏江까지 쫓겨오자 오강의 정장亭長*이 배를 강 언덕에 두고 기다리고 있다가 말했다. "강동이 비록 크다고는 할 수 없으나, 천 리가 넘는 땅에 수십만의 백성이 있으니 충분히 왕으로 칭할 만합니다. 대왕께서는 어서 강을 건너시지요." 패왕이 말했다. "사태가 이 지경에 이르렀는데 내가 무슨 낯짝으로 강동의 부로들을 만난단 말인가?" 이윽고 그는 병사들을 말에서 내리게 한 다음 짧고 간편한 무기만 들고 교전을 벌였다. 한군을 수도 없이 죽이는 동안 패왕은 십여 곳에 부상을 입었다. 그는 추격군 중에 원래 자기 부하였던 여마동呂馬童이 있는 것을 보고 말했다. "그대는 나의 오랜 친구이다.

*정장亭長: 진한대에는 향촌에 10리마다 하나의 정을 설치하고 정장을 두어 치안과 여객의 관리 등을 맡겼다. 정장은 대부분 병역을 마친 군인이 담당했다

나는 한왕이 내 머리를 가져오는 자에게 만호의 봉호와 천금을 하사한다는 소식을 들었다. 그대와의 오랜 우정을 생각해서 나의 머리를 그대에게 주겠노라." 말을 마친 항우는 스스로 목을 끊고 죽었다. 그때 나이 겨우 31세였다.

2-9-3 오강에서 자결하는 항우

진과의 싸움에서 항우는 기의군을 지휘하여 진군의 주력을 꺾은 승리자였지만, 유방과의 싸움에서는 결국 패배자였다. 항우의 짧고도 비장한 일생에 대해 송대의 여류시인 이청조李清照는 이렇게 노래했다. "살아서는 사람의 준걸이요, 죽어서는 귀신의 영웅이었네. 지금도 항우를 그리워하며, 강동으로 건너려 하지 않는다네." 사마천은 『사기』의 여러 곳에서 항우의 공적을 높이 사고 있다. 그는 항우가 "밭두둑에서 기의하여 3년 만에 다섯 제후를 이끌고 진을 멸했으며", "끝까지 패왕의 자리를 지키진 못했으나 근고近古 이래로 이런 사람은 일찍이 없었다"고 칭찬했다. 전장에서의 용맹함도 사마천은 잊지 않았다. 항우가 "성난 눈으로 꾸짖으면" 적장은 "감히 눈으로 보지 못하고 손도 꼼짝하지 못했다". 그러나 평소에는 "공경과 사랑으로 사람들을 대하고", "누가 병이라도 걸리면 눈물을 흘리며 음식을 나눠주었다". 사마천의 붓끝에서 항우는 더없이 용맹하고 호쾌한 영웅이었다. 그는 비록 실패했지만, 불의를 보고 과감히 나서는 용감

2-9-4 패왕별희

함과 공명정대하고 시원스러운 품격을 통해 영웅의 전형으로 사람들의 마음속에 영원히 기억되고 있다.

2-9-5 패왕의 상

오랜 역사 속에서 패왕은 이미 중국 민족 문화의 하나의 부호가 되었다. 그는 산을 뽑는 힘과 세상을 뒤덮는 기백, 솥을 부수고 배를 침몰시킨 배짱을 가진 동시에, 패왕별희覇王別姬와 사면초가四面楚歌, 강동의 부로들을 차마 보지 못한 슬픔을 간직한 인간이기도 했다.

10. 창힐倉頡

창힐은 한자漢字를 창조한 사람으로 전해진다. 일설에는 그가 황제黃帝의 사관이었다 하고, 일설에는 고대의 제왕이었다고도 한다. 전설에 의하면, 그는 머리에 눈이 네 개가 달려 천지신명과 통하고, 위로 북두칠성의 움직임을 살피고 아래로 귀갑龜甲의 무늬와 새 발자국의 모습을 읽고서 여러 가지 아름다운 모양을 본따 글자를 만들었다. 천지가 그의 노력에 감동하여 하늘에서 오곡의 비가 내리고 귀신이 밤에 울었다.

아주 오랜 옛날에는 줄을 묶어서 어떤 일을 기록했다. 창힐은 이를 대신해 중국에 자신만의 문자를 만들어준 것이다. 이토록 아름답고 풍부하고 훌륭한 문화유산의 창조에 대한 감사의 의미로, 송대宋代 이전의 학교와 도성의 문무백관들은 매년 가을마다 그에게 제사를 지내며 '창왕倉王'이라 불러주었다.

창힐이 죽은 후 사람들은 그를 기리기 위해 하남 신정현新鄭縣(당시의 수도) 남쪽의 높은 대臺(창힐이 죽은 곳이라 전해진다)를 '봉황함서대鳳凰銜書臺'라 칭했다. 송대에 어떤 사람이 이곳에 절을 짓고 탑을 쌓은 이후로는 봉대사, 봉대사탑 혹은 조자대造字臺라고도 불려왔다. 이 유적은 지금도 잘 보존되어 있다.

2-10-1 창힐 초상

유물이나 경관뿐 아니라 『황씨일서고黃氏逸書考』라는 옛 문헌에서도 우리는 창힐에 관한 기록을 찾을 수 있다. "창제倉帝 사황씨史皇氏는 이름이 힐이고 성이 후강侯岡

이다. 용 같은 큰 얼굴에 네 개의 눈이 반짝반짝 빛나며 실로 깊은 덕을 갖추고 태어날 때부터 글을 읽을 줄 알았다. 하도河圖에 기록된 글자를 받은 후, 땅의 변화를 끝까지 파헤치고 위로는 북두칠성의 움직임을 살피고 아래로는 귀갑의 무늬와 새의 깃과 산천과 손가락과 손바닥을 살펴 새로운 문자를 만들었다. 이 때문에 하늘에서는 오곡의 비가 내리고 밤에 귀신이 울고 용이 물속 깊이 숨었다. 110년을 다스리고 양무陽武(지금의 하남 원양原陽현 일대)에 도읍을 정했으며, 죽어서는 마을의 이향정利鄕亭에 묻혔다."

또 후대 사람들에 의해 '창힐의 조자대造字臺(창힐이 처음으로 글자를 만든 곳)'로 일컬어진 대는 지금의 서안西安시 남서쪽 15킬로미터 지점에 있다. 역대의 수많은 문인묵객들이 그곳을 찾아가 창힐을 기렸다.

수당隋唐 이후로는 조자대 앞에 여러 차례 사찰을 지었다. 여래불의 대제자 가섭迦葉이 조자대 앞에서 경문을 설법했다고 전해진다. 당대 시인 상관소용上官昭容은 "부처의 제자가 경문을 설한 곳에 헌원軒轅의 신하가 글을 새겨두었네"라는 시구를 남겼다. 또 당 현종 때의 시인 잠삼岑參은 "들판 사원의 황량한 대에 날이 저무니 차가운 하늘에 고목古木이 슬프네. 빈 섬돌에 새 발자국만 남은 모습은 글자를 만들 때와 같구나"라는 처량한 시를 남기기도 했다.

창힐이 글자를 만든 의도는 지혜를 활짝 열고 정감을 서로 나누고 기예를 전파하고 고금古今을 기록해서, 백성들에게 암흑이 아닌 광명을, 우매함이 아닌 총명을, 야만이 아닌 문명을 주기 위해서였다.

2-10-2 창힐의 묘

중국어 한자와 비중국어 한자형 문자는 지금까지 20여

종이 발견되었다. 이 20여 종의 한자형 문자는 2천 년의 역사 동안 이식, 귀화, 모방, 창조의 네 가지 발전 단계를 거쳤다. 현존 자료에 근거하면, 중국 내외에서 이미 발견된 '단순 차용' 한자와 '번식성 모방' 한자형 문자는 아래의 여덟 종이다.

첫째, 장자壯字이다. 대략 70~80% 정도는 한자를 차용하고 10~20%는 한자를 섞어 쓴다.

둘째, 남자喃字이다. 베트남에서는 한자를 유자儒字라 부르고, 모방해서 만든 본토의 한자는 남자라 부른다. 남자로 쓴 저작은 대략 1천여 종이 현존하며, 2천 8백여 글자가 이미 수집된 상태이다.

셋째, 묘자苗字이다. 중국 내외의 학자들은 줄곧 묘족이 자신의 문자를 만든 적이 없다고 여겨왔다. 그러나 최근의 연구 결과에 따르면, 상서湘西 지방의 묘족들은 한자를 차용해 왔고 세 가지 방식으로 한자를 모방한 문자를 만들었다. 이 문자들은 형태는 서로 다르지만 구조는 동일하며, 아직도 묘족들 사이에서 쓰이고 있다.

넷째, 요자瑤字이다. 광서廣西 등의 다섯 성에 분포해 있는 요족들은 모두 세 가지 언어를 갖고 있다. 따라서 요자의 사용법이 각 지역마다 똑같은 것은 아니다.

다섯째, 포의자布依字이다. 포의자로 쓴 민가와 신화 등 다양한 문예 양식이 지금까지 전한다. 그중에서도 「안왕安王과 조왕祖王」이야기가 가장 유명하다.

여섯째, 동자侗字이다. 동자는 한자를 빌려 동족의 언어로 쓴 것으로, 한자를 모방해서 만든 새로운 글자는 발견되지 않았다.

일곱째, 백족白族의 방괴자方塊字이다. 남조南詔* 대에 처음으로 쓰이기 시작했으며, 대부분 비각碑刻이나 민간의 예술에 쓰였다. 민간에서 지금도 사

*남조南詔: 8~9세기 약 100년 동안 존재했던 중국 남서부의 소수민족 정권, 영토는 지금의 운남 전체와 귀주, 사천, 티베트, 베트남, 미얀마의 일부에 걸쳐 있었다

용되고 있다.

여덟째, 합니자哈尼字이다. 합니족은 세 가지 방언을 쓰는데, 합니자는 그 중에서 '호니豪尼 방언'에만 쓰인다.

소위 '변이성 모방'은 번식성 모방과 달리 한자의 '원칙'만 차용하고 한자의 형체는 버리는 방식이다. 그 안에도 차용과 모방의 두 가지 방식이 있지만, 원형 그대로를 차용하지 않고 변형된 형태로 차용한다. 변형 차용은 음독音讀과 훈독訓讀으로 나뉜다. 변형 음독은 독음을 취하고 자형은 바꾸어 표현한다.

변이성 훈독은 한자의 독음이 아닌 의미를 취한다. 변이성 모방은 모방을 위주로 하고 예외적인 경우에만 차용을 한다. 이는 번식성 모방과 반대되는 점이다. 새로운 글자를 만들되 한자와 최대한 다르게 만드는 것이다.

변이성 모방 한자에는 수자水字, 거란 대자大字, 여진자女眞字, 서하자西夏字의 네 가지가 있다. 그중 수자 외의 세 가지는 각각 요, 금, 서하의 한자형 문자에 속한다. 거란, 여진, 서하의 원래 문자는 정권을 빼앗기면서 사라졌다. 이 세 정권은 송 왕조와 첨예하게 대치하며 한자의 차용을 거부하였지

2-10-3 창힐의 사당

만 그렇다고 한자의 영향을 벗어날 수도 없었다. 그래서 이처럼 '한자 같으면서도 한자 같지 않은' 한자형 문자를 만들어낸 것이다.

중국에는 창힐의 문자 창조에 대한 공헌을 묘사한 민가가 전해진다.

창힐이 한 가마니의 글자를 만들어,
공자에게 아홉 말 여섯 되를 전해주었네.
나머지 넉 되는 밖으로 전하지 않고,
부적을 그리라며 도사에게 주었지.
공자는 아홉 말 여섯 되의 글자를 익혀,
모두 여덟 말을 제자들에게 전해주었네.
제자들은 다섯 수레의 책을 지어,
천추만대에 영원히 전해주었네.
이로부터 학식이 높은 이를 '오거五車'라 부르고,
예로부터 재능이 많은 이를 '팔두八斗'라 불렀다네.

짧은 민가 한 수로 창힐의 문자 창조, 공자의 문자 전승, 도사의 문자 차용, 사람들의 문자 학습 과정들을 일목요연하게 정리하고 있는 것이다.

2-10-4 창힐 초상

물론 한자는 창힐 한 사람이 지은 것도 아니고, 한 시대 혹은 겨우 몇 대 만에 완성된 것도 아니다. 그러나 창힐이 한자의 창시자로서 인류 문명으로 들어가는 입구의 첫 번째 이정표가 되었고, 그를 통해 인류의 지식과 지혜가 기록되고 전해질 수 있었음은 부인할 수 없다. 그는 어둡고 모호한 상태의 인류에게 지혜의 빛을 비춰준 최초의 등불이 된 것이다.

11. 홍낭紅娘

중국의 전통 결혼은 부모의 명령과 매파의 말에 의해 이루어져 왔다. 홍낭은 남녀를 이어주는 사람을 전문적으로 가리키는 말로, 역사적 실존 인물이 아닌 고대의 예술가가 만들어낸 가상의 인물이다.

홍낭의 유래는 당대 원진元稹의 전기傳奇소설 「앵앵전鶯鶯傳」까지 거슬러 올라간다. 그러나 여기에 등장하는 홍낭은 최앵앵과 장생의 편지를 전해주는 평범한 여자 하인에 불과하다.

북송에 이르면, 한 문인이 민간 설창문학說唱文學 중 하나인 고자희鼓子戲 형식으로 「앵앵전」을 개작하여 「상조접련화사商調蝶戀花詞」라는 작품을 짓는다. 산문과 운문이 섞인 고자희의 형식에서 상상력을 발휘할 수 있는 부분은 겨우 12수의 가사뿐이므로, 여기서 극중 인물의 형상을 한껏 발전시키기는 힘들었다. 그래서 고자희에서도 홍낭은 최앵앵과 장생의 비극적 사랑을 그저 바라보는 존재일 뿐이다.

금 장종章宗 때 등장한 제궁조諸宮調* 「동해원서상기董解元西廂記」(약칭 「동서상」)의 소재 역시 최앵앵과 장생의 연애 이야기이지만, 여기서 인물의 성격에 대한 묘사는 이전과 확연히 달라진다. 제궁조가 장편의 서사시 형식이라 그만큼 역동성이 풍부한 인물이 필요했던 것이다. 만약 홍낭이라는 인물이 없었다면, 앵앵과 장생과 노부인(앵앵의 모친)이 서로 옥신각신만 하면서 핍진한 인물 묘사와 극적인 이야기 전개는 이루어지지 못했을 것이다. 「동서상」은 홍낭을 앵앵과 장생의 복잡한 사랑 이야기 속으로 집어넣어 둘의

---

*제궁조諸宮調: 운문과 산문이 결합된 중국 설창예술 중 하나로 송금원대에 주로 유행하였다. 동일한 궁조宮調의 여러 곡들을 하나로 잇고, 여기에 서로 다른 약간의 궁조를 함께 엮어 이야기를 풀어가는 형식이다

결혼에 결정적 작용을 하도록 만든다. 이때부터 홍낭은 애증이 분명하고 의리를 보면 과감히 행동에 나서는 모습을 점차 드러낸다. 사실 홍낭은 앵앵의 몸종에 불과할 뿐 장생과 앵앵의 연애와는 아무런 관계가 없는 인물이다. 하지만 그녀는 강한 정의감과 동정심으로 두 사람 곁에 머물며 봉건제도의 대표 격인 노부인과의 싸움에 적극 참여한다. 홍낭은 두 사람의 혼사에 있어서 만큼은 주인과 노비의 관계를 역전시킨다. 그래서 노부인을 '호랑이 할멈' 이나 '매정하고 독한 여자' 라고 욕하기도 하고, 심지어 앵앵과 장생이 두 차례나 목을 매고 자살하려 했을 때 그들을 죽음의 문턱에서 구해주기도 한다. 홍낭의 이러한 형상은 봉건 혼인제도의 질곡을 겪어야 했던 수많은 젊은이들의 가슴속 희망을 그대로 대변한다. 홍낭의 인격은 「동서상」에 이르러 이미 새롭게 창조되었다고 할 수 있다.

2-11-1 앵앵과 홍낭

원대에 이르면, 왕실보王實甫가 두 사람의 연애 이야기를 구두문학에서 희곡 무대로 옮겨놓으며, 이를 바탕으로 「동서상」의 주요 인물들을 예술적으로 가공하여 그들의 성격을 더욱 선명하게 드러내고 그들의 정신세계를 더욱 풍부하게 만든다. 홍낭의 전형적인 형상이 최종적으로 완성된 작품이 바로 왕실보의 「서상기西廂記」(「왕서상王西廂」)라고 할 수 있다. 그녀는 등장하자마자 주인공들보다 훨씬 더 관중의 관심을 받는다. 「왕서상」이 재창조한 홍낭 형상의 진정한 매력은 하층 출신의 그녀가 가진 순박함, 열정, 용감함, 자제력을 심층적으로 파헤친 데 있다. 예를 들어 이런 장면이다. 앵앵이 달밤에 가야금 소리를 들려준 후, 장생은 홍낭에게 자신의 바람을 전해달라며 이런 말을 덧붙인다. "나중에 돈과 함께 좋은 비단으로 보답을 하리다." 이 말을 들은 홍낭은 장생에게 보기 좋게 한마디 해준다. "못난 사람 같으니! 제가 당신 물건이 갖고 싶어서 여기에 온 건가요? 저한테 돈까지 주시겠다니, 제가 당신 돈이라도 탐냈단 말인가요? 저를 봄바람에 담장을 넘은 복사꽃 가지 정도로 보시는 것 같은데요, 그러느니 차라리 몸을 파는 게 낫겠네요. 제가 비록 보잘것없는 몸종이지만, 나름의 고집과 생각은 갖고 있어요." 이는 「동서상」에서 장생이 준 금비녀를 받아 챙기는 모습과는 정반대이다. 또 「왕서상」에서는 홍낭의 성격이 점차 변화하는 모습을 보여준다. 「동서상」에서 홍낭은 장생의 부탁을 받고서야 앵앵과 만나게 해준다. 그러나 「왕서상」에서 홍낭은 노부인이 약혼을 파기하자 강한 정의감과 약자에 대한 동정심을 보여주며, 이 동정심은 다시 적극적인 행동으로 이어진다. 홍낭은 노부인의 명령과 위협을 무릅쓰고 장생이 달밤에 가야금 소리를 들을 수 있도록 일을 꾸민다. 이후 밤마다 분주히 오가며 편지를 전하는 모습은 그녀의 성격을 행동으로 직접 보여주는 것이다. 또 그녀는 노부인의 잘못을 과감히 끄집어내어 수세적 상황을 뒤집어놓는다. "……당시 사방에 군대가 들어차 있을 때, 마님께서는 군대를 물려주는 사람에게 딸을 주겠다고 했어요. ……그래 놓고선 막상 군대가 물러나 안전해지자 예전에 한 말은 모른 척 덮어버렸어요. 이야말로 신의를 저버린 것이 아니고 무엇인가요? ……마님께서 꾸민 일을 당장 그만두지 않으신다면…… 마님도 집안을 제대로 다스리지 못한 죄에서 벗어날 수 없어요. 관아에서 내막을 추궁해서 마님이 의리와 은혜를 저버렸다는 사실을 밝혀내기라도 하면 그야말로 낭패가 아니겠어요?" 보잘것없는 몸종이 대의를 내세우고 이해까지 따지자, 겉으로는 위엄이 넘치는 노부인도 결국 할 말을 잃고 고집을 꺾을 수밖에 없었다.

왕실보는 완전히 새로운 사상과 시각을 바탕으로 홍낭의 성격을 예술적으로 가공하여 그녀의 형상에 새로운 광채를 더했다. 관객들은 「왕서상」에 이르러 앵앵과 장생의 이야기가 단순한 사랑 이야기의 수준을 뛰어넘었다고 느끼게 될 것이다. 우리는 이 작품을 통해 당시 하층민의 고상한 절조와 아름다운 마음의 일면을 엿볼 수 있다. 특히 홍낭의 천진함과 정의감은 고운 심성과 타인의 사랑에 대한 관심을 하나로 묶어 시대정신의 불꽃으로까지 승화시키고 있지 않은가!

2-11-2 홍낭

왕실보가 앞선 작가의 이야기를 융합하고 심화시켜 만들어낸 불후의 명작 「서상기」는 이후에도 면면히 그 여운을 이어왔다. 전국의 거의 모든 지방극에는 「서상기」의 제재를 개작한 희곡 작품이 포함되어 있다. 곤곡昆曲 「고홍拷紅」은 비록 홍낭을 위주로 전개되기는 하지만, 1절折의 짧은 편폭에 내용도 완전하지 못하여 그 영향이 크지 않았다. 그러나 순혜생荀慧生*이 공연한 「홍낭」은 장생과 앵앵의 연애가 주된 줄거리이되 주인공을 홍낭으로 설정하여 이야기를 짜고 모순을 전개함으로써 가장 널리 전파되고 가장 영향력이 큰 희곡이 되었다. 이 극에서 홍낭은 장생, 앵앵, 노부인과 비교하여 마치 부조의 양각처럼 독특하면서도 풍부한 형상을 보여준다. 「홍낭」은 기존의 「서상기」와 「서상기」 계열 작품의 특성을 새롭게 바꾸었다. 그래서 생단生旦** 위주의 구

*순혜생荀慧生: 순혜생(1906~1968)은 근대의 유명한 극작가이자 경극京劇 배우이다. 새로운 창법과 공연 방식으로 경극의 전통적 기교를 새롭게 바꾼 순파荀派 예술의 창시자이기도 하다. 대표작으로는 「홍루이우紅樓二尤」, 「홍낭」, 「금옥노金玉奴」 등이 있다

**생단生旦: '생'과 '단'은 중국 전통 희곡의 등장인물을 가리키는 용어이다. '생'은 남자 역할, '단'은 여자 역할을 맡는다

성을 과감히 탈피했을 뿐 아니라, 주제사상 역시 새로운 시대정신으로 일신하였다. 사랑이 있으면 결국 결실을 맺는다는 주제는 봉건 예교와 봉건 혼인제도의 굴레를 뛰어넘는, 시대를 초월한 영원성을 보여준다. 물론 「홍낭」의 주제는 여기서 그치지 않는다. 민족 모순과 계급 모순이 첨예하게 대립되던 1930년대에 사람들은 악을 원수처럼 여기고 의를 보면 참지 못하는 투쟁정신에 환호하고, 약자를 돌보고 곤란에 빠진 이를 도와주는 영웅적 기개와 협의의 정신에 이끌렸다. 당시 관중들은 부잣집 도련님과 아씨의 유치한 사랑놀이에 싫증나고, 귀족적 분위기의 거짓 꾸밈에 물릴 대로 물려 있었다. 이때 순혜생이 창작하고 주연을 맡은 「홍낭」의 주제의식과 시대정신은 관중의 심금을 자극하고 공명을 이끌어내기에 충분했다. 「홍낭」의 공연이 성공한 근본적 이유가 바로 이것이다.

2-11-3 월하노인月下老人

1990년대 말에는 영화 「홍낭」이 만들어졌다. 이 영화의 특징은 홍낭의 성격뿐 아니라 그녀의 마음속 감정까지 표현해 냈다는 것이다. 감독 황건중黃健中은 홍낭 자체가 본래 정감이 풍부한 사람이라고 말한다. 그녀의 매력적 성격은 사실 그녀의 인격과 인성을 그대로 보여주는 것이며, 예술에서 인성은 감정의 세계를 통해서만 표현된다는 것이다. 영화에서는 홍낭이 사람에게 보여주는 감정뿐 아니라 풀 한 포기, 나무 한 그루에 대한 느낌까지 세밀하게 그린다. 또 다수의 삽입곡을 통해 홍낭의 마음속 세계가 끊임없이 표출된다. 예를 들어 '아이의 노래' 는 자신의 어린 시절에 대한 아름다운 추억을 노래하며, '여인의 꿈' 은 여자 종으로서 갖는 근심과 상처, 그리고 한 여자로서의 희망과 바람을 담담하게 그리고 있다.

문학적 인물로서의 홍낭의 변화, 즉 부수적 인물에서 주된 인물로의 변화, 무개성의 인물에서 복잡한 개성을 가진 인물로의 변화, 평면적 인물에서 입체적 인물로의 변화는 곧 시대 변화의 흔적이자 문학가와 예술가들의 창작 이념이 혁신적으로 바뀐 자취이기도 하다. 각 시대의 서로 다른 홍낭의 모습은 문학과 예술을 사랑하는 사람들에게 예술적 양분이 되어 그 시대 사람들의 열렬한 환영을 받아왔다. 홍낭은 문화예술의 범위를 벗어나 일반 대중들의 삶에도 깊숙이 들어왔다. '부모의 명령과 매파의 말' 이 전부인 중국 전통 혼인제도는 홍낭의 역할이 없이는 불가능한 것이었다. 현대에 들어와서는 이러한 혼인제도가 타파되어 홍낭은 사람들의 생활에서 점점 멀어져 갔다. 그러나 '중개인' 이나 '매개체' 라는 의미를 가진 부호로서의 '홍낭' 은 일상생활과 각종 매체에서 여전히 통용되고 있다. '홍낭 기업', '홍낭 인터넷 중매', '홍낭 직업소개' 등은 누구나 알아들을 수 있는 단어가 되었으며, 이런 단어들 속에서도 우리는 중국 문화의 일면을 충분히 엿볼 수 있다.

12. 제공濟公

2-12-1 미친 화상

부처의 나라에서 나한羅漢은 4대 나한, 16나한, 18나한부터 5백 나한까지 다양하게 존재한다. 불경에는 5백 나한에 대한 전설이 자주 등장한다. 『현우경賢愚經』을 보면 석가모니가 바라나국에서 설법을 하자 5백 마리의 기러기가 하늘에서 날다가 부처의 목소리에 정신을 잃고 석가모니 앞으로 분분히 떨어진다. 이 5백 마리의 기러기는 결국 한 사냥꾼의 그물에 잡혀 전부 죽고 만다. 그러나 이미 불법을 들은 상태인지라 죽은 후에 하늘로 올라가 5백 나한이 된다. 『대당서역기大唐西域記』에는 남해 물가의 한 고목에 사는 박쥐 5백 마리에 관한 이야기가 나온다. 상인들이 나무 아래에 쉬러 와서 추위를 이기려고 모닥불을 때다가 그만 불이 고목에 옮겨 붙고 만다. 그중 한 상인이 밤에 염불을 외자 박쥐들이 그의 낭랑한 목소리에 빠져 화염이 치닫는데도 도망갈 생각을 하지 않는다. 이 5백 마리의 박쥐가 바로 5백 나한의 전신이라고도 한다.

중국은 오대五代 이후로 5백 나한을 성대하게 받들어왔다. 각지의 명산대찰에는 대규모의 나한당羅漢堂이 들어섰다. 대표적으로 북경의 벽운사碧雲寺, 상해의 용화사龍華寺, 곤명의 공죽사筇竹寺, 한양漢陽의 귀원사歸元寺에는 모두 5백 나한당이 있다. 그런데 이처럼 많은 나한들 모두가 양화상洋和尙의 모습을 하고 있다. 그중 유일하게 중국 본토의 풍모를 가진 나한이 있으니, 그가 바로 제공이다. 전설에 따르면, 제공은 나한당에 올 때 지각을 해서 안

2-12-2
시대를 바로잡고
세상을 구제하다

2-12-3
승려의 인생

2-12-4
술항아리 속의 세월

으로 들어오지 못하고 복도에 서 있거나(실제로 이런 사찰이 강남에 있다) 나 한당의 들보에 앉아 있어야 했다. 그럼에도 불구하고 제공은 아무 상관 없다는 듯 유유히 들보에 앉아 오른손으로 부채까지 부치고 있다.

제공의 조각상은 매우 독특하다. 그는 몸에는 찢어진 승복을 걸치고, 손에는 찢어진 부채를 들고 있으며, 얼굴 표정은 대단히 생동적이고 변화무쌍한 느낌을 준다. 오른쪽에서 보면 만면에 웃음을 띤 듯하여 '봄바람 가득한 얼굴' 이라 부르고, 왼쪽에서 보면 온 얼굴이 수심에 가득한 듯하여 '근심스런 눈썹의 괴로운 얼굴' 이라 부르며, 정면에서 보면 반은 울고 반은 웃는 듯하여 '울지도 웃지도 않는 얼굴' 이라 부른다.

제공은 사실 중국 역사 속 실존 인물이다. 그는 남송 초에 태어난 유명한 승려이다. 절강浙江 천태天台 사람으로 속명은 이수원李修元이며, 출가 후의 법명은 '도제道濟' 이다. 처음에 국청사國淸寺에서 머리를 깎고 계戒를 받은 다음 항주의 영은사靈隱寺로 가서 출가하고 정자사淨慈寺로 다시 옮겨갔다. 그는 계율을 지키지 않고 술과 고기를 즐겼는데, 특히 개고기와 절인 마늘을 좋아했다고 한다. 미치광이 같은 행동에 워낙 제멋대로라 사람들은 그를 '미친 화상' 이라 불렀다.

이수원은 암흑의 시대에 태어났다. 남송 왕조는 밖으로는 나라를 지킬 힘이 없어 이민족에게 스스로를 신하라 칭하며 굴복하고, 안으로는 백성을 다스릴 능력이 안 돼 도처에 탐관오리들이 넘쳐 났다. 정충보국精忠報國의 악비岳飛는 '막수유莫須有'*의 죄명 아래 억울하게 죽었다. 그야말로 수많은 비극과 비리가 넘쳐나던 시대였다. 나라를 위하고 백성을 위하려는 자는 힘이 있어도 쓸 수가 없었고 재주가 있어도 등용되지 못해 끓어오르는 피를 헛되이 식혀야 했다. 이수원은 젊어서 이런 시를 남겼다. "이익의 자물쇠와 명성의 고삐를 모두 벗어던지고, 탐관과 악의 무리를 없애려네. 안개와 구름 속에서 진리의 등불을 댕겨, 삼경에 외로운 그림자와 함께 시서詩書를 읽는다." 그의 독서는 공명과 이록을 위함이 아니었다. 악을 없애고 선을 알리며 재난으로부터 백성을 구제하는 길을 찾기 위함이었다. 그의 부친 이무춘李茂春은 조정에서 문관을 지냈다. 청렴하고 공평무사하고 정직하게 정사에 임했지만, 결국은 이익과 명성만 좇고 아부와 아첨이 난무하는 관료 사회로부터 배척당해 관직을 버리고 고향으로 돌아와야 했다. 18세가 되던 해, 이수원은 중생을 구제할 방법을 찾아 출가를 결심한다.

2-12-5 취몽인생

이후 그는 국청사에서 삭발하고 계를 받는다. 그때 지청智淸이라는 한 승려가 그에게 질투심을 느끼고 틈만 나면 그를 괴롭혔다. 결국 그는 국청사에서의 짧은 생활을 마치고 항주의 영은사로 옮겨가야 했다. 그러나 영은사

---

*막수유莫須有: 『송사宋史』「악비전」에 나오는 말이다. 대장 한세충韓世忠이 악비가 모반죄를 지었느냐고 묻자, 간신 진회秦檜는 악비의 아들 악운岳雲이 모반의 내용이 담긴 편지를 장헌張憲에게 주었고, 비록 편지를 찾진 못했지만 "그런 일이 있었을 것입니다[其事體莫須有]"라고 답한다. 이때부터 '막수유'는 '근거없는, 날조된'의 의미로 쓰이게 된다

에서도 뜻을 이루지 못하기는 마찬가지였다. 사원의 현실이 그의 마음속 기대와는 너무나 멀었기 때문이다. 사원의 계율은 쇠털처럼 무수했지만, 승려들은 오로지 개인의 출세를 위해 선을 닦을 뿐 백성들의 고통에 대해서는 묻지 않았다. 이수원이 생각하는 진정한 불교도는 '모든 중생을 구제함으로써 보리를 증명하는' 사람들이었다. 그가 추구한 것은 혼자만의 쾌락이 아닌 모두의 즐거움이었다. 수많은 계율들을 죽기 살기로 지키고, 현실은 외면한 채 형식적으로만 경문을 논하고 진리를 이야기하는 모습에서 이수원은 깊은 반감을 느꼈다. 이런 반감은 기이한 행동으로 표출되었다. 그는 경문을 논하지도 않고 참선도 하지 않았다. 고깃덩이를 우적우적 씹어 먹고 대접에 술을 부어 벌컥벌컥 들이켜며 모든 계율을 보기 좋게 짓밟아주었다. 사람들의 눈에 그는 돼먹지 못한 미친 화상에 불과했다. 결국 그는 영은사에서 쫓겨나 정은사로 갔다.

일상생활에서 그는 불공평한 일에 나서고 백성들을 구제하고 어려운 이들을 성심껏 도와주어, 당시 사람들은 이미 그를 '살아 있는 부처', '살아

2-12-6 아취도雅趣圖

2-12-7 제공 상

2-12-8 제공

있는 보살'이라 불렀다. 후대 사람들 역시 그를 칭송하여 '제공'이라는 호칭을 붙여주었다. 오랜 세월을 거치면서 그는 사람들의 우상이 되고 하나의 신으로 받들어졌다. 사람들은 그의 이야기에 살을 붙였고, 그의 이야기가 아닌 것까지 가져다 그의 것으로 만들었다. 제공의 형상은 갈수록 풍부해지고 갈수록 사람들의 마음속으로 깊이 파고들었다. 지금도 그의 형상은 소설이나 TV를 통해 집집마다 전해지고 있다.

중국 민간에서 '공公'이라는 칭호로 제사를 받는 인물은 '정의'의 포공包公, '충의'의 관공關公, '협의'의 제공 세 명뿐이다. 제공이 이처럼 사람들의 존경을 받는 이유는 그가 머리도 깎지 않고 얼굴도 씻지 않은 채 찢어진 승복에 해진 신발을 신고 마치 바보나 미치광이 같은 겉모습을 하고 있어서가 아니다. 그 이유는 바로 그가 불공평한 세상일에 과감히 나서 의지할 곳 없는 외로운 사람들을 돌보는 협의의 마음과 기백으로 그들을 위해 행동하기 때문이다.

2-12-9 광인의 세월

제공은 출가인의 신분으로 세상사에 관여하며 위기와 곤경에 처한 이들을 구제하는 것을 자신의 소임으로 삼는다. 미치광이 같은 그의 행동거지는 불교의 규율과 맞지 않으며, 세상일에 적극 참여하는 그의 사상은 불교의 소극적 둔세遁世 사상과도 저촉된다. 어떤 의미에서 보면, 제공은 불교의 개혁가라고 할 수 있다. 불교에서 말하는 극락세계는 서방과 내세에 있다. 그러나 제공의 이상 속 불교세계는 바로 지금의 인간세상에 있다. 다만 그는 자신의 사상을 마음껏 펼칠 수 있는 주지나 방장이 아니었으므로, 자신만의 능력과 방법으로 자신의 생각을 펼친 것뿐이다. 이수원은 일생 동안 불교를 통한 세상의 구제를 이상으로 삼았으나 결국 이를 완전히 실현하지는 못했다. 그의 삶 역시 곳곳을 떠다니는 한 조각 구름처럼 사시사철의 변화를 겪고 천둥번개와 비바람을 맞으면서 전혀 다른 모습으로 변해갔다.

제공은 죽은 후 항주 남서쪽 대자산大慈山의 호포虎跑에 묻혔다. 호포 서쪽의 2층짜리 제공탑이 바로 그의 뼈가 묻힌 곳이다. 지금도 세상 사람들은 그를 신으로 받들며, 강룡나한降龍羅漢(18나한 중 제17위인 가섭존자)이 인간세상에 다시 태어난 것이라고 말한다.

2-12-10 제공 상

13. 견우와 직녀[牛郎織女]

'직녀'와 '견우'라는 말은 『시경詩經』「소아小雅」 '대동大東'에 처음 나온다. "하늘에는 은하수가 있어, 살펴보니 또한 빛이 나네. 갈라진 저 직녀성은, 종일토록 일곱 번을 움직이네. 비록 일곱 번을 움직였으나, 비단의 무늬를 만들지 못하네. 반짝이는 저 견우성은, 수레 상자를 짊어지지 못하네. 동쪽에는 계명성啓明星, 서쪽에는 장경성長庚星이 있고, 굽은 천필성天畢星은 줄지어 펼쳐져 있구나."

견우직녀 이야기는 고대 사람들이 견우와 직녀라는 두 별자리의 운행을 통해 인간세상의 견우와 직녀가 사용하는 노동 도구의 이미지를 느끼고, 이를 예술적 상상으로 창조해 낸 결과물이다. 현대 천문학자들의 말에 의하면, 견우성은 독수리자리에 속하고 직녀성은 거문고자리에 속한다. 견우성은 첫 번째 하고성河鼓星, 두 번째 하고성, 세 번째 하고성의 세 별로 이루어져 있다. 흔히 말하는 견우성은 두 번째 하고성을 가리키며, 사람들은 첫 번째 하고성과 세 번째 하고성을 견우가 사용한 멜대와 그의 두 아이로 보고, 견우성 남동쪽의 별 여섯 개를 견우의 소로 간주한다. 직녀성 역시 첫 번째 직녀, 두 번째 직녀, 세 번째 직녀의 세 별로 이루어져 있다. 삼각

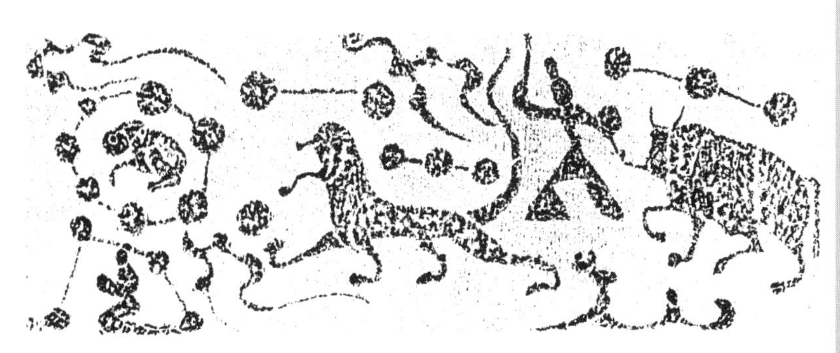

2-13-1 견우직녀
하남 남양南陽의 한대 화상석畵像石

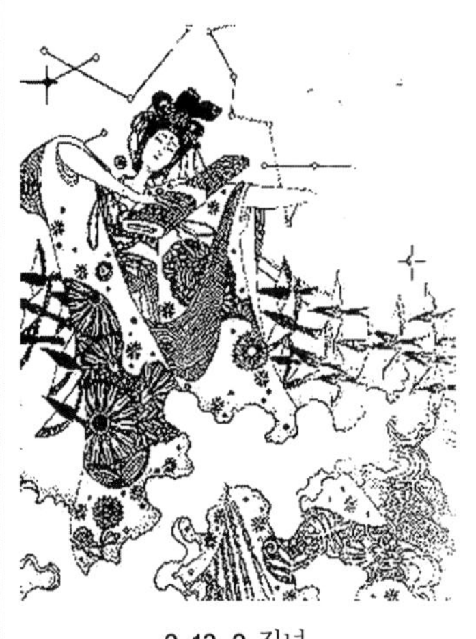

2-13-2 직녀

형을 이루는 세 별을 사람들은 직녀가 사용하는 북으로 간주한다. 직녀성의 남동쪽에는 별 네 개가 사각형을 이루고 있다. 사람들은 이것이 직녀의 베틀이라고 한다. 이렇듯 사람들은 별자리의 모습에서 노동 도구의 느낌을 받고, 이를 통해 예술적 상상력을 펼쳤다. 인간세상의 견우와 직녀의 삶과 감정을 별자리에 투영하여 아름다운 이야기를 만들어낸 것이다.

견우직녀 이야기에는 역사적 배경이 있다. 서주西周 초는 방직업이 상대商代보다 발전했지만 아직 대량 생산에는 이르지 못한 때였다. 그래서 귀족이 아닌 보통 사람들은 곱고 섬세하게 짠 옷을 입을 수가 없었다. 여직공들은 강도 센 노동을 하는 젊은 노예들이었으므로, 밤낮으로 일만 하며 친구와 연인을 만날 기회를 갖기 어려웠다. 여인들의 마음속에서 친구와 연인은 짜 놓은 옷감이나 마찬가지였다. 하늘의 별처럼 아름답게 빛나지만, 하늘에 걸려 있으므로 그저 바라만 보고 가까이 다가가지는 못한다. 그래서 자신의 심정을 하늘의 별에 기탁하여 직녀성이라 이름 지은 것이다. 견우성의 배경도 비슷하다. 견우는 당시 전문적으로 소를 치던 남자 노예들이었다. 그들은 매일 소와 양 떼를 방목했지만, 그중에 자기 것은 하나도 없었다. 그래서 자신의 바람을 저 먼 곳의 별들에 기탁한 것이다.

위魏나라의 조식曹植은 「구영주九咏注」에서 "견우는 남편이 되고, 직녀는 부인이 된다. 견우와 직녀의 별은 각각 하고성의 옆에 있다가 7월 7일에야 한 번 만날 수 있다"고 말했다. 이때부터 견우와 직녀는 비로소 부부가 되었다.

견우와 직녀의 감동적인 이야기는 한위漢魏 때에 기본적으로 완성이 되었다. 견우와 직녀는 부부이면서도 은하를 사이에 두고 떨어져 있어 매년 7월 7일에만 한 번 만날 수 있다. 이때 수많은 까치들이 다리를 놓아준다. 문인들은 이런 내용을 시와 글에 남겼다. 그중에서 비교적 완전한 기록은 남조南朝 때 양방梁昉의 「술이기述異記」와 송름宋懍의 「형초세시기荊楚歲時記」이다. 송대로 넘어와 이야기는 새로운 내용이 가미된다. 이렇게 해서 직녀가 목욕을 하고, 견우가 옷을 훔치고, 우의牛衣를 입고 하늘로 올라가고, 왕모王母가 은하를 만들고, 오작교에서 서로 만나는 이야기가 최종적으로 정형화된다.

2-13-3 멀고 먼 은하수

견우와 직녀가 칠월칠석을 만남의 날짜로 정한 이유에는 꽤 흥미로운 배경이 있다(오대五代 때에 잠시 7월 6일로 바꾼 적이 있으나, 송대부터는 다시 7월 7일로 되돌아갔다. 지금까지 이 날짜는 그대로 유지되고 있다).

한위 이전부터 7월 7일은 평범한 날짜가 아니었다. 『태평어람太平御覽』에는 이런 기록이 있다. "위나라 사람이 동훈董勛에게 물었다. '7월 7일은 좋은 날이라 하여 예로부터 음식도 달라졌는데, 이유가 무엇입니까?' 동훈이 말했다. '7월에는 곡식이 익고, 7일은 양수陽數라, 이때는 쌀죽으로 음식을 만들었지요.'" 7월 7일이 위나라 이전부터 길한 날짜였고, 그 이유는 곡식이 익는 달에 양수까지 더해졌기 때문이라는 것이다. 양수는 곧 좋은 때를 뜻하고, 곡식이 익는다는 건 풍년을 의미한다.

한위 때 이후로 7월 7일은 특별한 음식을 만드는 날의 의미를 넘어 사람들이 한데 모여 웃고 즐기는 날이 되었다. 사람들은 마음껏 노래하고 춤추고 놀며, 오색실로 서로를 묶어 우정을 표시했다. 한대에 7월 7일은 몇 가지 특수한 의미가 있었다. 첫째, 좀이 생기지 않도록 옷을 햇볕에 말리는 날이었다. 둘째, 약을 짓고 병을 치료하는 날이었다. 이 두 가지는 사실 웃고 즐기는 7월 7일의 의미와는 사뭇 다르지만, 어쨌든 이날이 평범한 날이 아니었다는 사실에는 변함이 없다.

이렇듯 고대 사람들은 7월 7일을 특별한 의미로 보았다. 사람과 신이 만나는 날을 7월 7일로 정한 것도 바로 이 때문일 것이다. 『태평어람』 권31에는 한 무제와 서왕모가 다섯 차례 만난 기록이 있는데, 만난 날짜가 모두 7월 7일이다. 『열선전列仙傳』에서 적룡赤龍이 도안공陶安公을 영접하고, 선인 왕자교王子喬가 후두산猴頭山에서 집안사람을 만나고, 선인 왕방평王方平이 오채경吳蔡經의 집에서 모임을 가진 날도 모두 7월 7일이다. 결국 7월 7일은 길상의 날이자, 환희의 날이자, 만남의 날이었던 것이다.

2-13-4 오작교 위의 만남

오작이 은하를 가득 메웠다는 기록은 『회남자淮南子』와 『풍속통風俗通』에 처음으로 보인다. 『회남자』에서는 "오작이 은하를 가득 메우고 다리를 만들어 직녀를 건너가게 해주었다"고 기록했으며, 『풍속통』에서는 "직녀는 칠석에 은하를 건넌다"고 했다. 그러나 왜 오작이 은하를 메우는지에 대한 설명은 없다. 송대 안기도晏幾道는 『자고천鷓鴣天』 「칠석운七夕雲」에서 이렇게 노래했다. "그날 아름다운 때에 까치가 말을 잘못 전해,

지금도 애간장 끊어지는 신선으로 남아 있구나." 전설에 따르면, 견우와 직녀가 혼인한 후 일할 생각을 하지 않자 천제는 노발대발하며 은하수를 사이에 두고 두 사람을 갈라놓은 다음, 까치에게 명하여 7일에 한 번만 만날 수 있다는 말을 전하도록 했다. 그러나 까치는 이 말을 매년 7월 7일에만 한 번 만날 수 있다고 잘못 전하고 말았다. 까치가 은하를 가득 메우는 벌을 받는 것도 천제의 명을 잘못 전달했기 때문이라고 한다.

물론 민간에서 다리를 놓아주는 역할을 까치에게 맡긴 것은 까치가 좋은 소식을 전해주는 길조이자 부부간 금슬도 좋고 둥지도 잘 만드는 새이기 때문이다. 까치가 힘찬 날갯짓으로 은하수까지 올라가 튼튼한 다리를 만들어 주어 견우와 직녀는 멀고 긴 은하를 건너 1년에 한 번씩 만남의 기회를 갖는 것이다. 좋은 소식을 전하는 새에게 아름다운 역할을 맡기는 건 당연한 일이 아니겠는가?

잠깐 동안의 만남이 끝나면 또다시 오랜 기다림만이 있을 뿐이다. 견우와 직녀는 예전처럼 은하를 사이에 두고 갈라져 다시 만날 때를 손꼽아 기다린다. 현대사회에서도 이별하는 남녀는 흔히 견우와 직녀에 비유된다. 음력 7월 7일이라는 슬픔 가득한 날짜 역시 지금까지 그대로 이어지고 있다. 그러나 요즘 들어서는 7월 7일이 다른 의미로 쓰이기도 한다. 즉, 견우와 직녀의 이야기에서 비극적 요소를 차츰 없애고 연인들이 서로 만나는 날로 기념하는 것이다. 그래서 중국에서는 이날이 중국식 밸런타인데이로 점점 바뀌고 있다.

2-13-5 직녀도

14. 청천青天

'청천'은 본래 '푸른 하늘'이라는 뜻이나, 고대에는 청렴한 관리를 가리키는 말로 흔히 쓰였다. 소설에서든 연극에서든 중국인은 항상 황제와 청렴한 관리의 이야기를 좋아했다. 백성들의 고통을 해결해 주고 악한 자들을 물리치는 모습을 보면서 마음의 위안을 찾는 것이다. 그래서 전국의 극장에서는 포공희包公戲가 공연되지 않는 날이 거의 없으며, 소주蘇州에서는 해서海瑞가 백성들에게 어떻게 복을 가져다주는지를 이야기하는 탄사彈詞* 「대홍포大紅袍」가 관객들에게 즐거움을 주고 있다. 포공은 민중들의 마음속에서 늘 강직하고 남에게 아첨하지 않으며 오로지 백성들을 위해 황제에게 명을 청하는 포청천으로 각인되어 있다. 지금도 포공은 희곡, 소설, 민간 전설 속에서 부지런히 활약하고 있다.

포증包拯(999~1062)은 여주廬州 합비合肥 사람으로 자가 희인希仁이다. 송 인종仁宗 때 진사 출신의 명신으로 이름을 날렸다. 그는 고대 중국의 손꼽히는 청관淸官 중 한 명이다. 사실 고대 관료 사회에서 청관이 순탄한 길을 밟기란 여간 어려운 일이 아니었다. 그러나 포증은 관운官運이 형통하여 처음에 주관州官과 현관縣官으로 시작했다가 천장각대제天章閣待制, 용도각대학사龍圖閣大學士, 개봉지부開封知府, 어사중승御史中丞을 거쳐 마지막에는 추밀부사樞密副使까지 올라갔다. 포증은 봉건통치가 몰락하고, 관료 사회는 부패하고, 백성들은 생계를 잃고, 이민족이 세운 요나라와 금나라가 중원을 빈번

---

*탄사彈詞: '탄사'는 일반적으로 명대 중엽에 시작되었다고 여겨지는 희곡 예술의 일종이다. 적게는 한 명, 많게는 서너 명의 공연자가 노래와 사설을 섞거나 혹은 사설 없이 노래만 하는 형식으로 공연하며, 삼현, 비파, 월금 등의 악기를 주로 쓴다. 소주 탄사, 양주揚州 탄사, 장사長沙 탄사 등이 유명하다

2-14-1 포공의 가면

2-14-2 포공의 가면

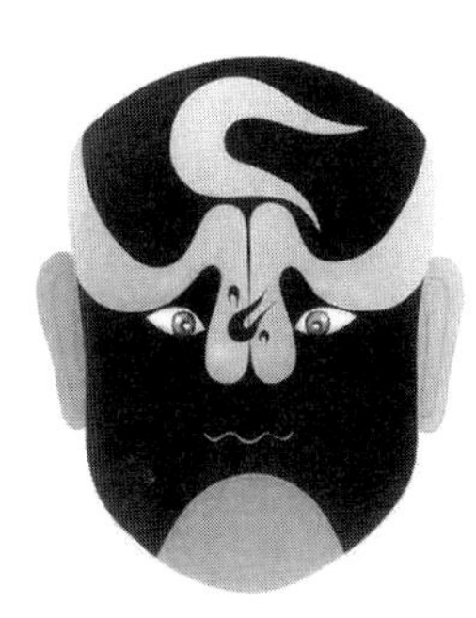
2-14-3 포공의 가면

하게 침범하던 어지러운 송대를 살았다. 그러나 대부분의 사람들에게는 힘든 시대 상황이 포증에게는 오히려 기회가 되었다. 그만큼 시대의 흐름을 잘 파악하여 난세의 영웅이 될 수 있었다는 것이다. 포증은 뛰어난 정치적 공로로 당시와 후대 사람들의 많은 존경과 사랑을 받아왔다. 포증은 대외적으로는 정병들을 뽑아 키우고, 군량을 비축하고, 방비를 튼튼히 하여 이민족의 침입을 막았으며, 대내적으로는 외척의 특권을 제한하고, 현명하고 능력있는 자를 뽑아 쓰고, 관료 사회를 정화하고, 백성들의 삶을 풍요롭게 하는 조치들을 취했다. 그중에서도 가장 눈에 띄는 공로는 바로 법제의 개편이었다. 그는 조령석개의 무분별한 법제들을 반대하며 “법제도를 하나로 통일하고, 일국의 최고 법을 제정해야 한다”고 주장했다. 또 국가와 개인의 이익 모두를 중시하여, 국가에만 이롭고 백성들에게는 불리한 악법을 과감히 버릴 것을 요구했다. 사법에 있어서는 덕치를 주로 하고 형벌은 부수로 하며, 예를 먼저 내세우고 무력은 뒤로 미루며, 도덕과 은혜로 신하와 백성들을 감화시켜야 한다고 주장하며 “작은 과실은 끝까지 추궁하면서 대죄는 꾸짖지 않는” 병폐를 강하게 비판했다. 포증은 판결을 내릴 때도 공평무사하기로 유명했다. 특히 그는 개봉의 지부로 있으면서 사건을 신속하게 처리하고, 탐관오리를 엄벌하고, 한 치의 사사로움도 보이지 않아 “왕실의 귀척과 환관들도 그에게는 손을 쓰지 못해 모두들 그를 꺼려했다"고 전해진다.

황종況鍾은 자가 백률伯律, 호가 여우如愚이다. 명 홍무洪武 16년(1383) 강서 정안靖安현의 용강주龍岡州에서 태어나 '용강'이라는 호를 쓰기도 했다. 황종은 부임지 소주에서 세금을 낮추고 요역을 평등하게 하고, 뽕나무의 재배를 권하여 백성들의 소득을 늘려주기도 했으며, 특히 산더미처럼 쌓인 억울한 사건들을 공평하게 처리하여 백성들의 칭송이 자자했다. 기록에 따르면, 그는 "매일 각 현의 송사를 돌아가며 처리하여, 1년이 되지 않아 경중을 막론한 죄수 1,520명을 심문했고", 어느 사건이든 칼날처럼 분명한 판결로 피해자의 억울함을 풀어주지 못한 적이 없었다고 한다. 이때부터 "아전들은 감히 나쁜 짓을 못하고 백성들은 원한 품을 일이 없어, 모두들 포용도包龍圖(포증)가 다시 태어났다고 칭찬했다". 1950년대부터 공연된 곤곡昆曲 『십오관十五貫』은 청대 초의 극작가 주소신朱素臣의 『십오관전기十五貫傳奇』를 개편한 작품이다. 지금도 중국 곳곳에서 공연되고 있는 이 연극이 바로 황종의 사건 판결을 제재로 한 작품이다.

명대에는 또 해청천이 많은 사람들의 칭송을 받았다. 해서海瑞는 자가 여현汝賢, 호가 강봉剛峰으로 경산시瓊山市 금화촌金花村 사람이었다. "목숨을 버리더라도 감히 황제를 말에서 끌어내린" 그의 절개는 "세 번 태어나도 서릿발 같은 절조를 바꾸지 않고, 만 번을 죽더라도 사직을 위해 몸을 바친다"는 미명을 후세에 남겼다. 부임 전부터 소주 사람들은 그의 명성을 익히 듣고 있었다. 작디작은 지현으로 있으면서 조정의 권력자인 엄숭嚴嵩의 측근 호종헌胡宗憲 등에게 타격을 가하고, 겨우 6품 경관의 신분으로 황제를

2-14-4 해서

꾸짖기까지 했으니 이름이 나지 않을 수 없었던 것이다. 그는 채소도 자기가 심은 것만 먹고, 고작 소고기 두 근으로 어머님 생신상을 마련했다고 한다. 이렇듯 얼음처럼 차갑게 원칙을 따르고 생활도 검소하기 그지없었으므로, 소주의 유지와 상인들은 그를 통해 한몫 챙겨볼 생각을 아예 하지도 못했다. 그러나 황제까지 꾸짖으며 한 시대를 풍미했던 명대의 청관 해서가 소주에서 순무巡撫의 직을 맡은 기간은 겨우 7개월 남짓이었다. 포부를 갖고 부임은 했지만, 결국 이런저런 번거로운 일을 감당하지 못해 울분만 품고 고향으로 돌아온 것이다.

포증, 황종, 해서의 행동은 유가의 민본주의 사상에 근본을 두고 있다. 엄격한 법 적용을 중시하는 그들의 청관清官의식은 백성을 근본으로 하는 유가 사상과 당시의 시대적 배경이 낳은 필연적 결과였다. 그들은 정의를 지키고 악을 물리치는 칼이자, 황권과 백성들의 이익 모두를 지켜주는 방패이자, 세상의 시비곡직을 공평하게 판단하는 저울이었다. 이런 그들이 당시뿐 아니라 후세에도 '포청천', '황청천', '해청천'이라 불리며 '정의'와 '공평'의 화신으로 여겨지는 건 당연했다. 관료 사회가 부패에 물들고 사회가 혼란해지면 사람들은 일제히 '포청천', '황청천', '해청천'을 찾았다. 이들 '구세주'가 고통만 당하는 백성들의 편이 되어주길 간절히 바랐던 것이다.

2-14-5 해서

15. 태감太監

태감은 중국에만 있는 것이 아니다. 고대 이집트, 로마, 터키와 한국 등 아시아 국가에는 모두 태감이 있었다. 하지만 중국의 태감제도가 그중에서도 가장 뿌리가 깊다. 기나긴 중국 역사에서 태감은 왕공귀족과 고관대작들의 생활뿐 아니라 복잡한 정치 투쟁에도 직접 발을 들여놓았다. 고대 중국에는 태감들이 정권을 잡은 왕조가 적지 않았다.

중국 최초의 시집 『시경詩經』의 「진풍秦風」 편 '거린車鄰' 에는 "우리 님께서는 보이지 않고, 태감의 명령만 있구나[未見君子, 寺人之令]" 라는 구가 있는데, 여기서 '사인' 이 바로 군주를 모시는 태감을 가리킨다.

태감은 원래 '환관宦官' 이라 불렸다. 『설문해자說文解字』에 따르면, '宦' 자는 '宀' 과 '臣' 의 뜻이 합해진 회의자로서, 원래는 '仕(벼슬)' 와 '學(배움)' 의 두 가지 뜻으로 쓰였다. '宀' 은 여기서 관청을 의미하고, 이 부수가 '臣' 과 합해져서 군주를 모시는 관리를 가리키게 되었다. 시간이 가면서 이 글자는 일반 관리를 지칭하는 뜻으로 쓰였고, 더 나중에 이르러 '환관' 은 거세 후 궁정에서 전문적으로 복역을 하는 남자의 의미로 굳어지게 되었다.

2-15-1 채륜

태감은 대단히 긴 역사를 갖고 있다. 옛 문헌에는 태감이 사인, 엄인奄人, 엄환奄宦, 내관內官, 내시內侍, 내감內監, 환자宦者, 환관 등으로 다양하게 기록되었다.

환관이 태감으로 불린 것은 명청 이후이다. 명대 초기에는 환관의 기구를 12감監으로 나누고,

각 감마다 태감통령太監統領을 한 명씩 세웠다. 나중에 환관 세력이 팽창하고 권력이 커지자, 환관들은 어디를 가든 모두 고위관리로 인정되어 '태감'으로 불리게 되었고, 이런 관습이 오래 지속되면서 태감은 환관의 또 다른 통칭이 된 것이다.

『주례周禮』와 『예기禮記』는 태감제도에 대해 자세한 설명을 해놓았다. 『주례』에는 엄인, 엄사, 사인 등의 명칭뿐 아니라 그들의 관직과 작위까지 기록되어 있다. 동한의 학자 정현鄭玄은 이에 대한 주석에서 태감 중 특히 '사士'라 칭해진 자들은 모두 현량賢良한 사람들이라고 말했다. 청대의 손이양孫詒讓은 『주례정의周禮正義』에서, 환관 중에 직무를 현명하게 한 자와 그렇지 않은 자를 뽑아서 현명한 자에게는 따로 작위를 주었다고 했다.

『예기』「내칙內則」에는 "예는 부부를 삼가는 것에서 시작한다. 궁실을 짓되 안과 밖을 분명히 하여, 남자는 바깥채에 거하고 여자는 안채에 거하도록 하며, 궁실 깊은 곳은 문을 단단히 걸어 잠그고 엄사가 그곳을 지키도록 한다"는 기록이 있다. 태감의 직책이 명확히 드러난 기록이다. 역시 『예기』의 「월령月令」에는 태감의 직책에 대한 기록이 더욱 자세히 나와 있다. "이 달에는 엄윤奄尹에게 명하여 궁중의 명을 펼치고, 궁문과 마을의 문을 살피고, 집단속을 잘하여 문을 꽉 닫도록 한다." 여기서 엄윤은 태감의 우두머리를 말한다. 『주례』에서는 이들을 내재內宰라 불렀다. 이들은 후궁의 업무를 맡은 사람들 중에 가장 직위가 높았다.

손이양은 『주례정의』에서 사인과 엄인을 구별했다. 그에 따르면, 왕궁의 건물과 정원 입구를 지키는 자를 엄인이라 하고, 임금을 바로 곁에서 시중하는 자를 사인이라 했다. 그들은 모두 궁형을 받은 사람들이었다. 이렇게 본다면, 중국 최초의 태감은 궁정을 관장하고 궁문 개폐의 권한을 가진 자들만을 의미했고, 정원의 청소 같은 잡역을 맡은 사람은 죄를 지어 궁형을 받은 자들이었다고 할 수 있다. 이후 태감은 정치에 참여하는 정도가 점점

심해진다.

최초의 태감은 전쟁 포로였다. 은나라 때는 포로로 잡은 강족羌族을 거세하여 강제로 부역을 시켰다. 나중에는 죄인을 궁형에 처해 궁중의 태감으로 보냈다. 주나라 때 시작된 궁형은 5형 중 사형 다음으로 무거운 형벌이었다.

서한 때에는 한 문제文帝가 궁형을 잠시 폐지하기도 했다. 그러나 얼마 후 한 경제景帝가 정권을 잡으면서 궁형을 다시 회복한다. 한대에는 죄인이 궁형을 원하면 원래 형벌을 한 단계 감해준다는 법이 있었다. 한 무제 때 사마천은 궁형을 받고 사형을 면해 위대한 저작 『사기』를 남겼다.

2-15-2 사마천

범죄자 혹은 전쟁 포로는 궁형을 받고 태감으로 충당되었다. 태감의 주된 구성원이 바로 이들이었던 것이다. 물론 나중에 가면 전쟁 포로는 더 이상 궁형을 받지 않게 된다.

태감이 되는 경로는 또 있었다. 중앙정부에서 엄인을 바치라고 각지에 포고령을 내리면, 민간에서 스스로 거세를 하고 궁으로 들어간다. 예를 들어 당대에 태감의 주요 공급처는 복건, 광동, 광서 지역이었다. 당시 이 지역은 산이 많고 논밭은 적고 문화도 낙후되었다. 그래서 생존을 위해 태감을 택한 것이다. 또 남해의 무역 중심이었던 광주에는 인신매매가 유행했다. 남방에서 끌고 온 노예들을 북방으로 팔아넘기곤 했는데, 그 노예들 중 일부는 궁으로 들어가 태감이 되었다.

송대에 이르면 위진 이래의 문벌제도가 완전히 폐지되고 과거제도가 크게 힘을 발휘한다. 수많은 한문寒門의 선비들이 스스로의 학식으로 등용문을 넘어 관리가 되었고, 어떤 사람들은 상업에 종사하여 큰돈을 벌었다. 사회의 하층민들이 처자식을 먹여 살리기에 가장 빠른 길이 바로 태감이었다.

거세를 하고 궁에 들어가 운만 좋으면 부와 명예를 한꺼번에 쥘 수 있었다. 그렇지 못하더라도 손해 볼 것은 없었다. 최소한 조정에서 의식주는 해결해 주었기 때문이다.

『명실록明實錄』의 기록에 따르면, 권력을 장악하고 황제를 뒤에서 조종하는 태감은 그 혜택이 구족까지 미쳤다. 그래서 어리석은 백성들은 언젠가는 엄청난 부귀를 누릴 수 있을 것이라 꿈꾸며 자손들이 형벌을 받고 태감이 되기를 원하기도 했다. 고염무顧炎武의 『일지록日知錄』에 따르면, 명 중엽 이후로 궁에 들어가 태감이 되려는 자가 갈수록 많아져서, 명 말에는 결원이 생긴 태감 3천 명을 모집하는 데 응모한 자가 무려 2만 명도 넘었다고 한다.

태감은 남성이 아니었다. 그들의 몸과 성격은 이미 남자의 그것을 잃은 상태였다. 동시에 그들은 여성도 아니었다. 그들은 남자와 여자 사이의 어정쩡한 상태였다. 정현은 『주례』 「천관天官」 '서언序言' 의 "엄십인奄十人"에 대한 주석에서 "엄奄은 정기가 막힌 자로서, 지금의 환관을 말한다"고 했다. 환관의 생리적 특성에 대해 분명히 밝힌 것이다. 태감의 목소리는 여자와 다를 바가 없었으며, 어떤 때는 기괴하기까지 했다. 태감이 남성성을 잃은 것은 분명하지만, 지난 역사를 보면 태감이 여자와 집안을 이룬 경우도 적지 않았다. 태감이 결혼을 한 주된 이유는 가정에서 위안을 찾아 고독감과 세상의 멸시로부터 벗어나려는 것이었다. 태감의 아내는 대부분 궁궐의 여관女官들이었다. 태감과 여관이 가정을 이룬 예는 한나라 때부터 시작되었다. 당시에는 그들을 '대식對食' 이라 불렀다. 세상과 격리된 궁정의 삶으로 인해 태감은 궁중의 여관과만 짝을 이뤄 서로를 의지할 수 있었다. 명 태조 주원장朱元璋은 태감의 결혼을 엄금했고, 이를 어긴 자는 살갗을 벗기는 박피형에 처했다. 그러나 명 중엽에 이르면 몰래 이루어지던 태감의 결혼이 공개적으로 행해지고 심지어 나중에는 결혼하지 않은 태감이 오히려 사람들의 멸시와 조롱을 받았다.

불완전한 신체와 어긋난 영혼은 태감들로 하여금 돈과 권력을 맹목적으로 좇도록 했다. 주대의 분봉제가 사라진 후 진한부터는 군현제가 시작된다. 그러나 태감제도는 왕조 교체의 영향을 받지 않고 그대로 남았다. 오히려 봉건 황제는 자신의 이익을 위해 태감제도를 끊임없이 발전시켜 왔다. 이로 인해 태감의 숫자 자체도 급격히 증가하고 그들의 직무와 권력 역시 날로 커졌다.

서주시대에 태감은 궁중의 노역자에 불과했다. 그러다가 나중에는 통치계급의 일원이 되어 높은 관직과 봉록을 받고, 공경대신에서 후侯까지 봉해져 국정을 좌우하고, 심지어 천자를 폐위시키기도 했다. 황제의 노예에서 황제의 수족이 되었다가 결국에는 어두운 정치의 주재자가 된 것이다.

태감의 활동에 대해서는 춘추전국시대의 사서부터 이미 기록을 남겼고, 서한 이후 각 조대의 정사와 야사에도 상세한 기록이 있다. 뿐만 아니라 유명한 소설과 희곡 등에도 태감에 대한 묘사가 적지 않다. 지하에서 출토된 도자기 인형 중에도 살아 있는 듯 생생한 태감이 있다. 신해혁명 이전 역대 왕조들의 흥망은 정도는 다르지만 모두 태감의 농간과 직접적으로 연관되었다. 특히 한, 당, 명 세 왕조의 멸망은 태감의 권력 전횡과 밀접한 관련이 있다.

진秦나라 때는 '지록위마指鹿爲馬' 로 유명한 태감 조고趙高가 있었고, 한나라 때는 '당고黨錮의 화' *를 일으킨 태감 집단이 있었으며, 당대에는 일곱 황제를 키우고 두 황제를 죽인 왕수징王守澄, 유극명劉克明, 고력사高力士, 구세량仇世良, 양복공楊復恭 등의 태감이 있었다. 명대에는 황제를 폐위시키거나 죽인 일은 없었지만, 황제를 끼고 권력을 휘두르며 특무기구까지 세워 관리와 백성들을 잔인하게 죽인 태감들이 즐비했다. 대태감 유근劉謹이 대

* '당고' 는 당인들을 꼼짝 못하게 가둔다는 의미이다. '당고의 화' 는 일반적으로 동한 때 환관에 의해 당인들의 벼슬길이 막히고 수많은 당인들이 죽은 사건을 말한다

표적인 인물이다.

이들 태감은 밤낮으로 황제와 함께 생활하며 황제의 모든 것을 알았다. 특히 어린 황제가 즉위하면, 태감은 황제의 선생으로 대단히 나쁜 영향을 끼쳤다. 당 말년의 구세량은 후배 태감에게 황제를 어떻게 구워삶을 것인지를 전수해 주기도 했다. 그에 따르면, 황제에게는 쉴 틈을 주지 않아야 한다. 한가해지면 꼭 책을 보거나 학자나 신료들을 만나려 할 것이고, 그렇게 되면 머리도 총명해지고 신료들의 건의를 받아들여 먹고, 마시고, 즐기는 것을 멀리하게 되니 우리 같은 환관들은 황제에게서 버림받아 설 자리를 잃는다는 것이었다. 구세량은 황제가 하루 종일 주색에 빠지고 사치스런 생활을 하도록 도와서 아예 딴생각이 들어설 틈을 주지 않아야 한다고 당부했다. 그래야 황제의 총애와 권력이 자기들에게 떨어지기 때문이다.

결국 태감은 어떻게든 황제를 조정에서 한 발 한 발 밀쳐 내고 권력을 잠식해 간 자들이었다.

물론 혼탁한 태감 집단 내에도 정직하고 재능이 넘치는 보배들도 있었다. 동한 명제明帝 때 환관 채륜蔡倫은 종이를 발명하여 세계 문화의 전파에 불후의 업적을 남겼고, 명대의 환관 정화鄭和는 근 30년 동안 여섯 차례나 대규모 선단을 이끌고 해외 원정을 나가 아시아와 아프리카 각국의 해상항로를 개척함으로써 중국과 세계 각지의 교류에 지대한 공헌을 했다.

2-15-3 정화

16. 태공太公

강태공姜太公은 이름이 많다. 여상呂尙, 여망呂望, 사상보師尙父라고도 하고, 성이 강姜이라 강상이라고도 불린다. 나이가 많았으므로 사람들은 그의 성 뒤에 태공을 붙여 흔히 강태공으로 불렀다. 그는 주대 제齊나라의 첫 번째 군주였다. 역대 제왕들은 그를 '무성武聖', '무성왕武聖王'으로 봉하고 민간에서는 그를 신으로 받들었다. 강태공은 나이가 아주 많은 상황에서 주 문왕을 만나 중용되었다. 이후 그는 주 무왕을 도와 주왕紂王을 정벌하고 상商을 멸망시킴으로써 큰 공을 세우고, 그 공로를 인정받아 제 땅에 봉해져 제나라의 개국 군주가 된다. 탁월한 공로에 나이까지 많아서 그는 점점 온갖 병과 재앙을 물리치고 백성들에게 복을 가져다주는 신으로 추앙받는다. "강태공이 여기 있으니 모든 일에 꺼릴 바가 없다"*는 속담은 여기서 온 것이다. 강태공이 군대를 이끌고 주왕을 벌한 이야기는 『상서尙書』, 『시경詩經』, 『일주서逸周書』, 『사기史記』 등에 확실한 기록으로 남아 있다. 강태공의 나이에 대해서는 갖가지 설이 분분하다. 그러나 역사학자 고힐강顧頡剛은 「태공망년수太公望年壽」라는 글에서 고문헌에 기록된 강태공의 나이는 모두 전국시대 제나라 유세객들의 헛소리일 뿐이라고 주장했다. '태공'의 원래 의미는 '어르신, 나리'인데, 후대 사람들이 이를 장수의 의미로 썼다는 것이다. '팽조彭祖'의 '祖', '노자老子'의 '老' 자를 보고 이들이 무려 8백 살도 넘게 살았다고 말하는 것과 같다. 또 『시경』「대아大雅」'대명大明'의 "목야牧野의 들판 넓디넓고, 박달나무 전차 휘황하네. 배가 흰 네 필의 말은 씩씩하고,

---

*만사가 순조롭게 풀린다는 의미로 민간에서는 집을 지을 때 이 문구를 써서 벽에 붙이기도 하고 부적으로 사용하기도 했다

군대를 이끄는 여상은 새매처럼 떨쳐 일어나네"라는 묘사는 그 빠르고 거친 전투장이 90세의 노인과는 어울리지 않는다. 그래서 고힐강은 강태공이 30세 정도에 목야의 전투를 치렀고, 80세 전후에 사망했다고 보았다. 강태공은 세상에 이름을 날린 고대의 첫 군사전략가로서 후대인들은 그를 '병가의 비조'로 받들었다. 그는 80세에 산을 나와, 90세에 출정하여, 100세에 나라를 세웠다. 세 왕조의 원로이자, 두 황제의 스승이자, 한 지역의 제후였다. 평생에 걸친 위대한 공적과 귀신도 울고 갈 재주와 베일에 싸인 인생은 지금도 불가사의다. 그래서 그는 눈부신 항성恒星처럼 넓디넓은 하늘에서 영원히 빛나고 있는 것이다.

2-16-1 태공 가면

강상은 역사의 무대로 나온 그날부터 신비한 색채가 가득했다. 그중 가장 유명한 일화는 '낚시하는 강태공'이다. 전설에 따르면, 그는 팔순의 나이에도 아이의 얼굴을 하고 새하얀 머리에 흰 수염을 휠휠 날리며 낚싯대를 들고 있었다고 한다. 영락없는 신선의 모습이었다. 『봉신연의封神演義』에는 강상의 당시 심정을 한마디로 표현한 시가 있다. "짧은 낚싯대에 긴 바늘 달고 은계隱溪를 지키니, 그 심정 어찌 헤아릴 수 있으리. 다만 당시의 임금과 재상을 낚을 뿐, 어찌 물속의 고기에 뜻을 두었으리?" 뿐만 아니라 민간에서는 "강태공이 드리운 낚시에 원하는 자가 걸려든다"(스스로 남의 속임수에 넘어간다는 의미)는 속담이 널리 유행했다.

강상이 어디 사람인지는 지금까지도 설이 분분하다. 사마천은 『사기』에서 그가 "동해상東海上 사람"이라고 했다. 혹자는 '동해상'을 '동해 바닷가'라고 해석하고, 혹자는 '동해상'을 지금의 하남河南 허창許昌으로 고증했다. 역도원酈道元은 『수경주水經注』에서 강상이 하남 급현汲縣 사람이라고 했다. 또 어떤 학자는 희姬(주나라의 원래 성씨)와 강姜 두 성의 혈연 및 지연 관계를 따져보고 강상이 동해 바닷가 사람일 순 없다고 주장했다. 물론 이 문제는 더 이상 중요하지 않다. 강상은 성이 강이지만, 그에게는 '여呂' 라는 씨가 또 있다. 강상이 살던 시대는 부계사회였지만, 여전히 어머니의 성인 '강' 을 따르고 있었다. 여상의 조상은 일찍이 우임금의 치수를 도왔고, 그 때의 공으로 여(지금의 하남 남양南陽 서쪽) 땅에 봉해졌다고 한다. 이 때문에 '여' 가 그의 씨가 되었고, 후대인들 역시 그를 여상으로 불렀다. 『사기색인史記索引』에서는 강상의 "성은 강, 이름은 아牙"라고 했고, 『사기집해史記集解』에서는 "아牙는 그의 자일 것이고, 상이 그의 이름이다"라고 했다. 또 『봉신연의』에서는 강상의 자가 자아子牙, 호가 비웅飛熊이라고 했다.

강태공은 탁월한 군사가로서 주 왕조를 도우는 일에 한마의 수고를 아끼지 않았다. 희창姬昌(주 문왕)은 5~6년에 걸친 동서의 정벌로 세력이 무척 커졌다. 사서의 기록에 따르면 "천하가 삼분되어 그중 둘이 주나라로 귀속된 것은 대부분 태공의 책략 덕분이었다". 주가 숭후호崇侯虎를 멸망시킨 바로 다음 해, 희창은 상을 멸하리라는 큰 뜻을 이루지 못한 채 세상을 뜨고 만다. 뒤이어 그의 아들 희발姬發이 즉위하는데, 그가 바로 주 무왕이다. 주 무왕 역시 아버지처럼 사람을 잘 골라 썼다. 그는 강태공을 무척 존경했다. 그래서 아버지처럼 강상을 스승으로 모시는 것에 멈추지 않고 아예 강상을 아버지처럼 여기며 '사상부', '상부尙父' 라고 불렀다. 세계 전쟁사에서 은상殷商 왕조의 목야전투는 시원하고 말끔한 전투로 후대 군사가들의 찬사를 받아왔다. 이 탁월한 전투가 바로 강상의 작품이었다. 목야전의 신속한 승리는 물론 주왕이 인심을 잃었기 때문에 가능했다. 그러나 강태공의 정확한 전략과 전술 역시 승리의 관건이었다. 『육도六韜』의 기록에 따르면, 무왕은 태공에게 적은 수로 많은 수를, 약함으로 강함을 이기는 방법에 대해 자주 물었다. 그만큼 당시 은상군의 규모가 방대했고, 최소한 군대의 숫자에 있어서는 주나라가 열세에 있었다는 반증이다. 목야전 역시 적고 약한 군대로 많고 강한 상대를 이긴 전투였음은 물론이다. 앞서 소개한 『시경』「대아大雅」'대명大明' 편의 "목야의 들판 넓디넓고, 박달나무 전차 휘황하네. 배가 흰 네 필의 말은 씩씩하고, 군대를 이끄는 여상은 새매처럼 떨쳐 일어나네"라는 시는 강태공이 목야전에서 활약할 때의 모습을 노래한 것이다.

강태공의 군사사상과 군사이론은 후대에 깊은 영향을 미쳤다. 선진 시기 5대 병서인 『육도』, 『손자孫子』, 『오자吳子』, 『사마법司馬法』, 『손빈병법孫臏兵法』의 저자는 모두 제나라 땅 출신이다. 또 책에서 언급한 10대 군사가 중 일곱 명이 제나라의 옛 땅에서 태어났다. 중국 병학 연구의 중심이 바로 이곳이었던 것이다. 물론 이는 강상의 영향과 불가분의 관계에 있다.

강태공은 위대한 군사 전문가이자 탁월한 정치가이기도 했다. 그는 주 문왕과 무왕 부자를 2대에 걸쳐 보좌하면서 주 왕실의 국력을 크게 증강시켰다. 강태공은 평화로운 시대에는 경제 발전이 무엇보다 중요함을 인식하고 있었다. 사마천은 그가 제나라를 다스리면서 "백성의 풍속을 따르고, 예를 간소히 하고, 상공업을 발전시키고, 어염魚鹽의 이익을 누리게 하자 많은 백성들이 제나라로 귀의하여 제나라가 대국이 되었다"고 했다. 처음으로 봉지에 가서 가장 먼저 할 일이 바로 민심을 얻는 것이었으므로, 백성들의 풍속을 따라 그들의 호감을 산 것이다. 동시에 그는 상 왕조가 남겨놓은 허례허식과 복잡한 절차들을 간소하게 만들었다. 그는 경제 발전의 고수이기도 했다. 백성들에게 상공업을 장려하자 제나라는 날이 갈수록 부강해져 동방의 대국이 되었다. 강태공이 제나라로 간 지 2년 후에 주 무왕이 병사하고 그의 아들 희송姬誦이 즉위한다. 그가 바로 주 성왕成王이다. 당시 강태공은 이미 세 왕조를 거친 원로이자, 주공周公의 선배이자, 지방의 실력자가 되어 있었다. 주공은 7년의 섭정 후에 장성한 성왕에게 정치를 넘겨주고 신하의 자리로 돌아간다. 강태공은 관채管蔡의 난을 평정하는 과정에서 다시 한 번 주 왕조를 위해 큰 공을 세운다. 주 왕조에게 제나라는 동방의 방패막

2-16-2 태공 사당

이이자 흔들림없는 기둥이었다.

'강태공' 전설과 문화의 원천은 후대에까지 큰 영향을 미쳤다. 대만과 동남아 각국에 있는 강태공의 후예들이 매년 임치臨淄로 와서 조상의 뿌리를 찾고, 강태공이 태어난 8월 초에 성대한 행사를 마련한다. 섬서 보계寶鷄시에는 '조어대釣魚臺'라는 명승지가 있다. 풍경이 기막힌 이곳은 강상이 낚싯대를 드리운 곳으로 전해진다. 조어대 아래에는 하얀 파도를 일으키며 물살이 급하게 흐르는 곳이 있다. 이곳은 '운무담雲霧潭'이라고 한다. 강상이 9년 동안이나 여기에 낚싯대를 드리워 물가 바위에는 무릎을 꿇은 자국이 깊게 패어 있고, 낚싯대를 놓은 자리에도 엄지손가락만 한 두께로 대나무 장대의 흔적이 남아 있다고 한다. 그리고 조어대 서쪽에는 태공묘太公廟가, 남쪽에는 무기동毋忌洞이라는 동굴이 있다. 강상의 낚시와 관련된 신비로운 전설은 상당히 많다. 무기는 원래 나무꾼이었는데, 강상의 비범함을 알아차리고 주 문왕에게 그를 추천했다고 한다. 『봉신연의』에서 강상이 낚시를 하다가 나무꾼 무길武吉을 만나는 이야기가 바로 이것이다. 강상은 열국을 주유하며 제후들 중 현명한 군주를 만나면 그를 보좌하고자 했다. 그러다가 서백西伯 희창이 노인을 공

2-16-3 위수에서 낚시하는 강태공

경하고 현자를 아끼며 웅대한 계획까지 갖고 있다는 소식을 듣고 주 땅으로 왔다. 이제 어떻게 희창의 관심을 끌 것인지가 문제였다. 강상은 박학다식하고 특히 병가의 책략에 대해서는 더욱 정통했다. 기발한 계책이 없이는 희창의 관심을 끌지 못할 것이었다. 이에 머리와 수염이 새하얗고 풍채가 남다른 노인이 물가에 나타난다. 『봉신연의』의 "차라리 곧은 것에서 취하지, 굽은 것에서 구하진 않네. 어찌 고운 비늘을 위해 드리웠으리? 다만 왕과 후를 낚을 뿐"이라는 시가 바로 이 상황을 묘사한 것이다.

그러나 태공이 문화적으로 나쁜 영향을 끼친 것도 있다. 누군가가 『뇌물사』라는 책을 쓰고자 한다면, 강상을 최초로 언급해도 무방할 것이다. 강상은 뇌물의 중요성과 필요성을 이론적으로 주장하기까지 했다. 강태공은 뇌물의 계책에 '문벌文伐'이라는 우아한 이름을 붙였다. 군사적 행동, 즉 '무벌武伐'과 상대되는 개념이었다. 강태공은 뇌물의 고수였다.

역사가들은 강태공의 죽음에 대해 자세한 기록을 남기지 않았다. 이는 강태공이 병 없이 아주 편안한 죽음을 맞이했음을 의미한다. 『사기』 「제태공세가」에서는 강태공의 죽음과 관련하여 딱 한마디만 했다. "태공은 백 세 남짓에 죽었을 것이다." 결국 관채의 난이 평정된 후 얼마 지나지 않아 세상을 떠난 것이다. 그가 건립한 제나라는 후손들이 계속 다스리면서 동방대국의 자리를 잃지 않았다. 춘추시대에는 춘추오패春秋五覇 중 첫 번째였고, 전국시대에도 전국칠웅戰國七雄에 들었다. 그럼에도 강태공의 무덤은 남아 있지 않다. 옛 문헌에 강태공의 무덤이 여러 곳 기록되어 있지만 안타깝게도 지금은 고증할 방법이 없다. 『제기보유齊記補遺』와 청대에 편찬된 『산동통지山東通志』에서는 『예기』의 기록에 근거하여 이렇게 썼다. "태공의 무덤은 현 남쪽 10리에 있다. 태공은 주나라에서 장사를 지냈고, 제나라 사람들이 그의 덕을 그리워하며 의관을 이곳에 묻었다." 사람은 이미 떠나고 의관만 남은 것이다. 그래서 민간에서는 강태공이 원래 신선이었는데 인간세상으로 내려와 임무를 완수한 후 종적도 없이 홀연히 사라졌다고 말하기도 한다. 그에 대한 그리움과 존경이 무한한 상상을 일으킨 것이다.

현대인들은 '태공'이라는 문화의 수레를 타고 그와 관련된 많은 문화산업을 만들어냈다. 강태공 여행센터가 임치(옛날의 영구營丘 땅)에 세워졌고, 1993년에는 임치 정부가 태공의 의관총 북쪽에 강태공 사당을 지었다. 주요 경관으로는 강태공 의관총, 강태공 사당, 구목공丘穆公 사당, 봉신유락궁封神遊樂宮 등이 있다. 이곳은 산동성의 중요한 도교 활동지로서 제 문화의 독특함을 느낄 수 있는 명승지가 되었다. 어떤 지방에서는 태공의 이름을 걸고 요식업을 시작하기도 했다. 다채로운 제 문화가 태공과 일맥상통한다. 정치, 경제, 군사, 과학 기술, 교육, 종교, 문학, 철학, 민속 등이 모두 여기에 포함될 수 있다. 제 문화는 고유의 변혁성, 개방성, 실용성, 포용성, 사변성과 함께 예를 존중하고 법을 숭상하는 특징으로 인해 중국 문화의 보고로서 그 가치와 의의를 잃지 않고 있다.

17. 제갈諸葛

'제갈' 이라는 성이 많은 사람들에게 익숙한 것은 당연히 삼국시대 촉의 승상 제갈량과 관련이 깊다. 『성씨자전姓氏字典』에 따르면, 유웅씨有熊氏의 후예 중에 첨갈씨詹葛氏가 있었는데, 제나라 사람들이 '첨갈' 을 잘못 말하여 점차 '제갈' 로 바뀌었다고 한다. 『삼국지』「오지吳志」의 '제갈근전諸葛瑾傳' 에 따르면, 제갈씨의 선조는 원래 갈씨葛氏로, 낭야琅邪 제현諸縣(지금의 산동 제성諸城현 남서쪽) 사람이었다. 나중에 갈씨가 양도陽都(지금의 산동 기수沂水현 남쪽)로 이주해 오자, 양도에 원래 있던 갈씨들이 그들을 제갈씨(즉, 제현의 갈씨)로 불러서 새로운 성씨로 굳어지게 되었다.

동한 『풍속통의風俗通義』에는 "삼국시대 촉한에 제갈량이 있었다. 양도 사람으로 무향후武鄕侯에 봉해졌다"는 기록이 있다. 당대에는 박창博昌 사람 제갈상諸葛爽이 있었다. 송대에는 의성宜城 사람 제갈고諸葛高가 있었는데, 붓을 만드는 장인이었다고 한다. 『중국인명대사전』에는 제갈씨 항목에 스물여섯 개의 사례가 수록되어 있고, 송대 『백가성百家姓』에는 제갈씨가 41번째 성에 배치되어 있다.

제갈씨 중에 가장 유명한 자는 단연 제갈량(181~234)이다. 그는 자가 공명孔明이며, 삼국 양도 사람으로 촉의 재상이 되었다. 한 사예교위司隸校尉 제갈풍諸葛豊의 후손인 그는 어려서 부모를 잃고 숙부 제갈현諸葛玄을 따라 예장豫章으로 왔다가 나중에 형주荊州(지금의 호북 양번襄樊)로 가서 10년 넘게 융중隆中에 은거하며 밭을 갈고 책을 읽는다.

2-17-1 제갈량

그는 「양보음梁父吟」을 지어 스스로를 항상 관중管仲과 악의樂毅에 비유했고, 사람들은 그를 와룡臥龍이라 불렀다. 건안建安 12년(207), 영천의 서서徐庶가 제갈량을 유비에게 추천하고, 유비는 '삼고초려' 끝에 그를 만난다. 제갈량은 유비에게 천하의 형세를 논한 다음, 형주와 익주 두 곳을 차지하여 익주 서쪽과 남쪽의 이민족들을 위로하고, 안으로는 내정을 정돈하고 밖으로는 손권과 우호를 맺어 조조에 대항하며 차근차근 천하통일을 완성해 갈 것을 제안한다. 소위 '융중대隆中對'의 내용이 바로 이것이다. 제갈량은 유비와 뜻이 맞아 결국 융중을 나와 유비의 핵심 모사가 되어 군대를 책임진다. 이후 손권과 연합하여 적벽대전에서 조조에게 승리를 거둔 후 형주와 익주를 차지하고 촉한 정권을 설립한다. 삼국정립의 국면이 형성된 것이다. 나중에 유비는 성도成都에서 황제에 올라 제갈량을 승상으로 임명한다. 건흥建興 원년(223), 유비가 죽고 유선이 즉위한다. 제갈량은 무향후에 봉해짐과 아울러 익주목을 맡아 군대와 나라의 대사를 관장한다. 집정 기간 동안 제갈량은 철저한 법치로 상벌을 엄하게 적용하고, 호강 세력들을 제지하고 현자를 등용했으며, 둔전을 넓혀 농사와 군대 모두에 득이 되도록 했다. 그는 남중南中을 평정한 후 남서쪽의 여러 이민족들에게 우호의 정책을 펴서 변경 지역의 개발을 촉진한다. 이후 북쪽으로 창끝을 겨눠 조조를 공격하고 천하통일을 도모한다. 그는 계책에 능하고 병법에 통달했으며, '연발궁노'를 새롭게 고치고, '목우유마木牛流馬'를 만들어 산지에서의 운송 방법을 혁신했다. 건흥 12년(234), 제갈량은 위나라 장군 사마의司馬懿와 위남渭南에서 대치하다가 오장원五丈原의 군중에서 병사하여

2-17-2 제갈량 상

정군산定軍山에 묻힌다. 원래 문집 25권이 있었으나 대부분 산실되고 없다. 『제갈량집』과 『출사표出師表』 등이 명편으로 지금까지 전한다.

후대인들은 제갈량의 위대한 공적을 기념하기 위해 유명한 '대공당大公堂'을 지었다. 대공당은 강남의 유일한 무후 기념당이다. 건축 면적 약 700평방미터에 남쪽으로 자리를 잡아 북쪽을 바라보는 모습이며, 앞쪽에는 '종지鍾池' 라는 큰 연못이 있다. 패루牌樓 형식의 대문에는 검은 칠이 되어 있고, 기둥은 방형이며, 정문 가운데 꼭대기에는 '성지聖旨' 와 '칙정상의지문敕旌尙義之門' 이라 쓰인 편액이 걸려 있다. 대문 양쪽의 담장에는 해서楷書로 '충忠' 과 '무武' 두 글자가 큼지막하게 쓰여 있다. 담장의 검푸른 기와와 파란 물에 비치는 건물이 아름답기 그지없다.

『제갈씨족직계표諸葛氏族直系表』, 『고릉팔경도高隆八景圖』, 『중약명제문中藥名祭文』, 『제갈량고사도諸葛亮故事圖』, 『계자서誡子書』, 『출사표』, 『후출사표』 등 제갈량과 관련된 서적들은 진작부터 널리 유행해 왔다. 특히 '삼고초려', '신하들과의 설전', '칠금칠종', '초선草船으로 조조의 화살을 빌림', '동풍을 부름', '공성계空城計', '팔진도의 교묘한 배치', '백제성에서 아이를 맡김' 등은 남녀노소 모두가 아는 유명한 이야기들이다. 제갈무후의 『계자서』에 나오는 명구 "담박하지 않으면 뜻을 밝힐 수 없고, 고요하지 않으면 멀리까지 이를 수 없다"는 예로부터 많은 문인들이 좌우명으로 써 왔다. 그렇다면 대공당 정문 위쪽에 걸린 '聖旨' 와 '敕旌尙義之門' 편액은 어디서 온 것일까? 원래 이 편액들은 제갈 팔괘촌八卦村의 제갈씨 선조 제갈길諸葛吉에게 준 것이었다. 제갈길은 제갈씨 32대손으로 자는 언상彦祥이며 명 홍무洪武에서

2-17-3
깃털 부채를 들고
윤건을 쓴 제갈량

영종英宗 연간에 살았다. 그는 영종 정통正統 4년에 1,121석의 곡식을 방출하여 이재민들을 구휼했다. 황제는 위의 편액들을 하사하며 「정제갈언상의민칙旌諸葛彦祥義民敕」이라는 성지까지 내렸다. "국가는 인자함을 베풀어 백성을 기르는 것을 으뜸으로 삼는다. 그대가 1,121석의 곡식을 내어 백성을 진휼했다는 소식을 유사로부터 듣고 짐은 무척 기뻤다. 지금 사람을 보내 양고기와 술로 그대를 위로하고 의민義民으로 표창하여 3년의 잡역을 면해주고자 한다. 충후함을 굳게 지킨 것을 높이 사 풍속으로 권장하고 아름다운 사례를 칭찬하는 뜻으로 삼으리라. 정통 4년 7월 초 4일." 황제가 내린 최고의 칭찬이 아닐 수 없었다. 이 일은 『난계현지蘭溪縣志』에 실려 있다.

제갈신추諸葛神推라는 것이 있다. 제갈교련주諸葛巧連珠라고도 하는 이것이 제갈량에게서 기원했는지, 혹은 언제 처음 시작된 것인지는 고증하기 힘들다. 제갈신추는 길흉을 예측하는 점사占辭의 일종이라 할 수 있다. 하지만 점을 친 결과가 워낙 구체적이고 정확하고 심지어 사람의 마음을 그대로 들여다보는 듯해서 많은 이들이 깜짝 놀라곤 한다. 이는 민간에서 유행하는 '관음신첨觀音神簽', '제갈신산諸葛神算' 등의 점사와 크게 다른 점이다.

2-17-4 사색에 잠긴 제갈량

중국 전통문화에서 제갈량은 지혜의 화신이다. 제갈량이라는 고유명사가 '지혜'를 의미하는 대명사로 바뀔 정도이다. 『출사표』의 기록처럼 제갈량은 "남양에서 몸소 밭을 갈며 난세에 구차하게 목숨을 보전하고 제후에게 이름이 들리기를 바라지 않은" 지식인에서 '일인지하, 만인지상'의 촉나라 재상이 되어 수많은 이들의 칭송을 받았다. 두보는 「영회고적詠懷古跡」 다섯 번째 시에서 이렇게 노래했다. "제갈씨의 큰 이름 우주에 드리웠으니, 종신宗臣으로 남긴 상像은 엄숙하고도 숭고하구나. 계획을 에둘러 삼국정립의 형세를 만들었으니, 만고의 밤하늘을 나는 깃털이어라. 빼어난 재주는 이윤伊尹과 강태공에 견주고, 빈틈없는 지휘는 소하蕭何와 조참曹參을 능가했네. 운이 다한 한 왕실을 끝내 회복하진 못했으나, 굳건한 뜻으로 죽을 때까지 군무軍務에 힘썼다네."

모종강毛宗崗의 제갈량에 대한 찬사는 더욱 솔직하고 구체적이다. 두보시의 상세한 해석이라 할 만하다. 그는 「독삼국지법讀三國志法」에서 이렇게 말했다. "지금까지의 전적들을 보면 현명한 재상들이 넘쳐난다. 그러나 만고에 이름을 떨친 사람으로 공명만 한 이는 없다. 은거하면서는 금琴을 뜯고 무릎을 감싼 채 은자의 풍류가 넘쳐났고, 나와서도 깃털 부채에 윤건綸巾을 쓰고 우아한 사람의 깊은 정취를 고치지 않았다. 초려에 있으면서 천하삼분의 이치를 알고, 천시天時에 이르자 무거운 명을 받들어 여섯 번이나 기산을 나가 사람의 일을 다했다. 칠금칠종, 팔진도, 목우유마는 귀신의 솜씨가 아닌지 의심할 정도였다. 운명할 때까지 온 힘을 다해 뜻을 이루려 했으니, 신하 된 자의 마음씀이 바로 이러하였다. 그는 관중과 악의보다 낫고 이윤과 강태공에 견줄 만한, 고금의 현명한 재상 중 첫 번째 기인奇人이었다." 한 지식인이 그토록 높은 수준에 도달하여 후대 지식인의 숭고한 찬사까지 얻은 것이다.

2-17-5 군대를 지휘하는 제갈량

제갈첨諸葛瞻(227~263)은 제갈량의 아들로 자가 사원思遠이다. 그는 기도위騎都尉에서 관직을 시작하여 상서복야尙書僕射, 군사장군軍師將軍까지 올랐다. 위나라 장군 등애鄧艾가 촉을 정벌하고 항복을 요구하자, 노하여 사신의 목을 베어버렸다. 전쟁에서 패하고 큰아들 제갈상諸葛尙과 함께 죽었다.

제갈근諸葛瑾(174~241)은 제갈량의 형으로 자가 자유子瑜이다. 오나라에서 벼슬하여 사마司馬까지 올랐다. 손권은 그를 촉에 사신으로 보내 제갈량과 회담을 나누도록 했다. 물러나서도 사적인 것에 연연하지 않아 오나라 군주는 그를 매우 아꼈다. 제갈근은 생각이 아주 깊었고 대장군, 좌도위, 예주목에 제수되었다. 그의 아들 제갈각諸葛恪 역시 오나라의 중신이었다. 제갈각은 어려서부터 이름을 날렸으며, 나중에 양도후로 봉해지고 형주목의 관직이 더해졌다.

제갈회諸葛恢는 자가 도명道明으로 진대晉代 낭야군 사람이다. 승상 왕도王導는 "제갈회가 흑두공黑頭公이 될 것이다"라고 했다. '흑두공'은 젊어서 높은 자리에 오른 자를 말한다.

제갈영諸葛穎은 자가 한漢으로 수대隋代 건강建康 사람이다. 그는 8세 때 이미 글을 지을 줄 알았다고 한다. 수 양제煬帝 때 저작랑著作郞이 되어 임금의 총애를 듬뿍 받았으며, 당시 사람들은 그를 '야갈冶葛'로 불렀다. 「난가북순기鸞駕北巡記」, 「행강도도리기幸江都道里記」 등을 지었다.

이렇듯 제갈은 역사적으로 대단히 유명한 성씨이자, 명가의 배출로 자랑을 삼을 만한 칭호였다. 역사가 발전하면서 제갈이라는 성은 지혜를 의미하는 대명사가 되었다. '사후제갈량事後諸葛亮(일이 끝난 다음에야 좋은 의견을 내는 것)', '구두장이도 셋이 모이면 제갈량보다 낫다'는 속담들을 보면, 제갈량이 지혜의 대명사로서 끊임없이 후대에 전해졌음을 알 수 있다.

18. 장원狀元

장원은 중국 봉건사회 과거제도의 특수한 산물로서, 과거시험에서 진사 전시殿試 1등이자 수만 명에 달하는 거자들 중 가장 우수한 자이다. 그래서 장원은 금자탑의 꼭대기라 불렸으며, 장원급제자는 '천하의 으뜸'으로 더할 나위 없는 영예를 누렸다.

과거제는 수 양제 대업大業 3년(607)에 시작되어 청 덕종德宗 광서光緖 31년(1905)에 폐지될 때까지 1,300여 년 동안 지속되었다. 그러니 그동안 얼마나 많은 장원들이 배출되었겠는가?

당대唐代의 과거에 대한 사료는 많은 부분이 빠져 있다. 또 오대십국의 난세에는 각국이 정상적으로 과거를 시행하지 못해서 장원에 대한 역사를 알기 힘들다. 이민족 정권 요, 금, 원은 문치文治를 무시했다. 게다가 세 왕조는 사회가 어지러웠던 관계로 과거시험 자료가 더욱 부족하다. 결국 북송과 남송, 명, 청대가 과거를 가장 중시하고 제도도 가장 잘 갖추고 있었던 것이다. 1992년 중경출판사에서 나온 『장원사화狀元史話』와 1993년 심양출판사에 나온 『중국역대장원록中國歷代狀元錄』에는 장원의 이름이 596명만 기록되어 있다. 1994년 7월 30일자 『문휘독서보文彙讀書報』의 기사에서는 당 무덕武德 5년(622)의 첫 번째 장원 손복가孫伏伽부터 청 광서 30년(1904)의 유춘림劉春霖까지 이름이 밝혀진 장원이 총 599명이라고 썼다. 또 1995년 상해문화출판사 편 『중국역대장원록』에는 역대 장원 602명의 이름이 수록되어 있다. 주랍생周臘生은 『중국송대역사연구中國宋代歷史研究』에서 10여 년에 걸쳐 수집한 장원 자료에 대한 정리와 통계 작업을 진행했다. 그에 따르면, 지금까지 장원은 약 886명이 있었고, 그중 이름이나 성이 확인 가능한 장원은 674명이다. 또 그중에서 장원의 신분과 급제 연도 외에 개인의 전기 자료를 찾을 수 있는 사람은 507명이다.

'금방金榜에 이름을 올리는 것'은 독서인들의 목표였고, 더욱이 '장원급제'는 거자擧子들의 최고 이상이었다. 10년, 심지어 수십 년을 차가운 방 안에서 책과 씨름한 것은 '천하에 이름을 날리기' 위해서였다. 장원 중에서도 일류라고 할 수 있는 인재들은 '청사靑史에 이름을 남겼다. 어떤 자는 정사正史(25사)에 전기를 남기고, 어떤 자는 지방의 현지縣志나 부지府志, 성지省志에 이름을 남겼으며, 어떤 자는 유명한 문학작품을 후대에 전하기도 했다.

특히 당송대의 과거시험은 명청대처럼 팔고문八股文을 중시한 것이 아니라 시문詩文과 사부詞賦의 창작 능력을 중시했다. 이로써 당시와 송사宋詞가 더욱 번영하고 수많은 천고의 절창들이 후대에 전해질 수 있었다. 그중에는 장원들의 작품도 적지 않았다. 이들 작품은 당대에는 단편으로 유행했으나, 송대 이후에는 시집과 문집으로 널리 퍼졌다. 불완전한 통계이긴 하지만, 당대에서 청대까지 세상에 자신의 작품을 남긴 장원은 총 188명이라고 한다. 역대 장원 수의 32%이다.

장원들 중에 어떤 이는 정치에 힘쓰고 백성들을 아끼며 공적을 쌓기도 하고, 어떤 이는 권력에 아부하지 않는 절개를 보여주기도 했으며, 어떤 이는 탁월한 문학적 재능을 발휘하기도 하고, 어떤 이는 학문에 심취하기도 했다. 그들은 역사의 흐름에 깊은 영향을 미치고 전체 봉건사회의 발전에 중요한 작용을 했다.

장원은 진사시의 1등으로, 장원급제자는 '천하의 으뜸'이라 칭해졌다. 그렇다면 장원은 어떻게 뽑았을까? 글재주가 가장 뛰어난 자를 장원으로 뽑았을까?

장원을 뽑는 방법은 진사시 과목의 변천과 밀접한 관련이 있다. 당대에는 시부를 중시하고, 송대에는 유가 경전에 편중했으며, 명청대에는 팔고문

실력으로 점수를 매겼다. 시대별 핵심 과목에 능한 자가 당연히 장원으로 뽑힐 확률이 컸다. 당대에는 주사主司가 점수를 매길 때 답안지의 이름을 가리지 않아서 행권行卷의 풍조가 유행했다. 장원으로 급제하기 위해서는 반드시 공경대신이 지원자의 대표 작품을 추천하는 과정을 거쳐야 했고, 이것을 행권이라 했다. 그런 다음 시험을 주관하는 예부의 주사(즉, '지공거知貢擧'를 말함)가 누구를 장원으로 뽑을 것인지 결정했다. 송대부터는 쇄원鎖院(시험장을 봉쇄함), 호명糊名(응시생의 이름을 가림), 예록謄錄(고시생의 답안지를 따로 베껴놓음)을 시행하여 사적으로 합격을 결정하는 폐단을 방지하고, 최종적으로 황제가 전시를 주관하여 친히 장원을 뽑았다.

전시를 통한 인재의 등용은 중국 봉건사회에서 1,300년도 넘게 지속되었다. 예전에는 이에 대한 연구가 문헌 자료에만 국한되었다. 그러나 1983년 3월, 조병충趙秉忠이 만력萬曆 26년(1598)의 시험에서 장원급제할 때의 답안지가 그의 고향 청주青州에서 발견된 후, 이 연구 분야는 새로운 자료와 함께 새로운 발전을 이루게 되었다.

고대에는 전시를 '대책對策'이라고도 했다. 청주에서 발견된 대책에서 조병충은 법제와 법치(실정實政), 사상과 도덕의 교육(실심實心)을 반복적으로 강조함과 아울러, 이 두 가지를 결합하고 상호보완할 것을 주장했다. 또 이를 황궁에서 먼저 솔선수범해야 한다고 당부했다. 동시에 조병충은 혼탁한 무리들을 내쫓고 청렴한 자들을 표창하며, 수입과 지출 장부를 명확히 하여 쓸데없는 낭비를 금하고, 함부로 재정을 낭비하는 자는 사면을 해주지 말 것을 제안했다. 국가 재산을 좀먹고 낭비하는 탐관오리들은 재산을 몰수하고 엄격한 벌로 다스려야 한다고 역설했다. 조병충의 진보적인 주장은 비록 4백 년 전의 것이지만 지금 시대에도 중요한 현실적 의의를 던져 주고 있다.

대책에서 조병충은, 하늘이 스스로 천하를 다스리지 못해 그 일을 임금에게 맡겼으므로, 임금의 자리는 곧 하늘의 자리요, 임금이 다스리는 백성은 곧 하늘의 백성(천민天民)이라고 말했다. 진보적 민본설이 반영된 주장이었다.

중국 전통사회는 항상 계급사회였고, 가장 주요한 두 계급은 관과 민이었다. 그러나 과거제도가 확실히 자리를 잡은 후로는 이 양대 계급 사이에 상하의 이동이 이루어졌다. 이런 경향은 한대에 이미 상당히 명확해졌다. 독특한 시대인 위진남북조는 따로 분석을 해야겠지만, 당송 이후로는 정권의 개방 범위가 훨씬 더 커지고 안정되었다. 결국 양한과 당송 이후의 전통계급사회는 계급들 사이의 개방성과 유동성이 그 특징이었다고 말할 수 있다. 이런 구조가 왕조의 안정과 통일을 촉진하여 사회의 하층에 머물던 인재들도 많은 표현의 기회를 가질 수 있었다. 그러나 제도의 단조로움과 딱딱함으로 일련의 문제들이 발생하여 중국 사회와 정치를 심각하게 옭아매기도 했다.

역사학자 전목錢穆은 이렇게 말했다. "사실 과거제도를 통해 정권은 확실히 개방되었다. 이것은 과거제도의 내재적 의의이자 정신적 생명이기도 하다. 한대의 선거제도는 봉건귀족이 정권을 개방한 경로 중 하나였고, 당대의 공개적인 인재 선발은 문벌이라는 특수 계층이 정권을 개방한 하나의 방법이었다. 당대의 개방은 한대보다 범위가 훨씬 넓고 자유로웠다." 그러나 응시자가 끝없이 늘어나면서 합격 정원도 확대될 수밖에 없었다. "당나라 3백 년 동안 정권의 개방으로 응시자들은 갈수록 늘어났다. 이에 정부는 정원 외 관리, 후보 관리까지 두었다. 벼슬의 수가 관직의 열 배, 관직을 구하는 자의 수가 벼슬의 열 배가 되었으니, 벼슬은 있으되 관리는 없고, 관리는 봉록이 부족하여 백성들만 괴롭혔다. 이것은 정권 개방의 큰 폐단이었다." 전목은 당대 이후를 과거의 사회라고 보면서 이렇게 말한다. "이런 사회의 최대 결점은 평범함, 산만함, 무조직, 무력함이다. 세습적 기초도 없는데다 상공업 자본의 대기업도 출현하지 않은 채 전 사회가 평등의 길을 향해 상당히 전진할 수 있었다. 그러나 사회의 불평등이 분명 병폐이긴 하지만, 조직과 힘이 때로는 불평등에서 오기도 한다. 지금까지 인류의 지혜는 평등하면서도 조직과 힘까지 갖춘 사회를 발견하지 못했다. 이런 평등 사회는 범위가 작으면 병폐도 가볍다. 그러나 불행히도 중국은 엄청난 규모의 사회였고, 항상 특수한 노력을 억제하려는 데 힘을 써왔다. 봉건귀족은 붕괴했지만 자본주의사회는 탄생하지 않았고, 문벌사회가 없어졌음에도 군권사회가 득세하기 힘들었다. 그래서 결국 과거제 사회로 걸어들어가 전진하지 못하고 정체하게 된 것이다. 이것은 중국 사회의 변화 속에 존재하는 객관적, 역사적 사실이다." 전목의 주장은 효율의 원칙에 근거하여 일반적인 사회 평등에 대해 비판을 가한 것이라 할 수 있다. 명말청초의 대유학자 고정림顧亭林과 왕부지王夫之 등도 비슷한 주장을 했다. 송대 이후로 중국이 너무 문약文弱해졌다는 것이다.

과거시험은 많은 이들에게 자신의 실제 재능과 역량에 대한 평가가 되었지만, 사실 '운명' 같은 우연적 요소가 크게 작용하기도 했다. 그래서 상당히 재능있는 자들도 시험장에서 좌절을 맛보고 합격자 명단에 이름을 올리지 못했다. 예를 들어 당대의 이고李翶, 이상은李商隱, 심아지沈亞之는 대여섯 번이나 떨어진 후에야 진사에 급제했고, 전기錢起 역시 시험에 떨어진 적이 있으며, 심천운沈千運은 시험을 볼 때마다 떨어져 나이 쉰이 넘어서도 공명을 이루지 못했다. 오융吳融, 정곡鄭谷 등 만당晚唐의 몇몇 시인들은 10~20년 동안 시험을 보기도 했으며, 서인徐夤은 17년, 황도黃滔는 23년, 맹계孟啓와 유득인劉得仁은 30년 넘게 시험을 보고도 결국 뜻을 이루지 못하고 죽었다. 시인 고황顧況의 아들 고비웅顧非熊 역시 30년 동안 시험을 보았고, 조송曹松은 평생 시험을 보다가 칠순이 넘어서야 급제했다. 한유韓愈는 19세 때인 정원貞元 2년(786)에 장안으로 와 진사시를 보기 시작하여 정원 8년 25세 때 진사가 되었으나, 박학홍사시博學鴻詞試(학문과 문장에 뛰어난 이를 뽑은 과거시험의 한

과목)에는 몇 년을 응시하고도 결국 합격을 못해 정원 11년에 도성을 떠날 수밖에 없었다. 그는 「재상에게 올리는 글」에서 "예부에서 네 번 시험을 쳐서 한 번 성공했고, 이부에서는 세 번 시험을 쳤으나 결국 이루지 못했습니다"라고 고백했다. 청대의 장건張謇 같은 사람도 첫 응시 후 35년 만에 진사가 되었다. 그는 시험에 참가한 것만 수십 차례였고, 평생 시험장에서 보낸 시간만 180일에 달했다.

2-18-1 장건 상

주자朱子는 이런 말을 했다. "과거시험이 사람을 옭아매는 것이 아니라 사람이 과거시험을 옭아맨다. 만약 높은 식견과 원대한 뜻을 지닌 선비가 성현의 책을 읽는다면, 내가 보기에 그는 글을 지어 시험에 응하되 성공이냐 실패냐는 생각 밖에 두어야 할 것이다. 그러면 매일 시험을 보더라도 거기에 묶일 일이 없다. 지금 세상에는 공자가 다시 태어나도 시험을 보지 않을 수 없다. 하지만 그 시험이 어찌 공자를 옭아매겠는가?" 주자가 강조한 것은 과거시험에 대한 개인의 태도였다. 즉, "성공과 실패를 생각 밖에 두면" 시험에 얽매일 이유가 없어지지만, 그렇지 않으면 시험에 얽매이게 되고, 이때 얽매이는 것은 바로 '사람의 마음' 이라는 것이다.

이론적으로만 따지면, 과거시험의 참가자는 많으면 많을수록 좋다. 국가의 입장에서는 최고의 인재를 뽑을 가능성이 그만큼 커지고, 또 사회적 입장에서도 응시자가 많을수록 기회가 넓어지고, 그래야 "초야에 현자가 남지 않고" 개인의 능력도 마음껏 발산될 것이기 때문이다. 그러나 하나의 국가, 특히 중국 같은 고전적 형태의 '국가' 가 필요로 하는 관리는 대단히 적다. 그래서 문 안과 문밖, 수요와 공급 사이에 일종의 긴장감이 끊이지 않았다. 과거제도는 갈수록 많아지는 응시자의 압력을 버텨야 했다. 인쇄술의 발달과 문화 교육의 확대로 궁핍한 오지의 자제들까지 시험을 볼 수 있게 되었고, 관부라는 특권이 주는 압박 때문에 일반 평민들은 어떻게든 부귀를 찾아 "자기 몸과 집안을 지키고자" 했다. 특히 하나의 왕조가 끝나갈 무렵에는 늘어난 인구에 생계 수단은 각박해져서 과거시험이 출세의 한 방법이자 추위와 배고픔에서 벗어나기 위한 살길이 되기도 했다. 게다가 합격 후에 펼쳐질 아름다운 앞날은 사람들에게 큰 유혹으로 다가왔다. 그래서 비단 문학과 정치적 재능이 뛰어난 자들뿐 아니라, 그 밖의 갖가지 소질과 다양한 재능을 가진 사람들까지 이 길로 몰려들었다. 그중에는 모험이나 투기 심리로 참가한 자들도 있고 아예 건달 같은 자들도 있었다. 폐단이 점차 심각해지자 선비들에 대한 대우도 떨어질 수밖에 없었다. 그들은 선비는커녕 인간적 대우도 못 받는 경우가 많았다. 시험의 내용이 갈수록 틀에 박혀지자, 품성이 저열하고 재능도 달리는 자, 특히 팔고문 외에는 아무것도 모르는 자들도 충분히 합격할 수 있었다. 이런 자들이 몇 년 후에 시험 감독관으로 다시 충원되었으니, 문풍과 사풍士風의 수준이 떨어지는 것은 불을 보듯 뻔했다.

과거제도는 이미 오래전에 우리 곁에서 사라졌으며 긴 역사의 강물에서 중국 지식인을 이해하는 하나의 부호가 되었다. 그러나 과거제도가 중국 민족에 끼친 영향은 결코 몇 마디 시비판단으로 단순화할 수 없다. '장원'은 여전히 중국인에게 "끊으려야 끊을 수 없고, 정리하려야 정리할 수 없는" 난제로 남아 있는 것이다.

제3권

머리를 긁적이며 하늘에 묻다 · 신체 편

1. 머리頭 | 2. 머리카락髮

3. 얼굴面 | 4. 눈썹眉

5. 눈目 | 6. 코鼻

7. 입口 | 8. 이齒

9. 수염鬚 | 10. 귀耳

11. 손手 | 12. 발足

13. 심장心 | 14. 피血

15. 뼈骨 | 16. 문신紋

17. 그림자影 | 18. 유방乳

19. 여음女陰 | 20. 남근男根

中國文化辭典

1. 머리[頭]

'두頭'는 곧 사람의 '머리[首]'이다. '頭' 자의 옛 글씨체는 다음과 같다.

① ② ③ 頭

①금문金文: 왼쪽에 '두豆'와 오른쪽에 '혈頁' ②소전小篆 ③해서楷書: 금문의 모양을 유지. 『설문해자』에서는 "頭는 머리이다. '頁'을 의미로, '豆'를 소리로 삼았다"고 했다. 결국 '頭'는 형성자이고, '頁'이 '머리'의 의미를 나타낸다는 것이다. '頁'의 갑골문은 오른쪽 그림과 같다. 머리가 큰 사람이 왼쪽으로 무릎을 꿇고 있다. 머리에는 눈이 있고 머리카락이 자라 있다. 몸에 비해 머리가 훨씬 크다. 현대어에서 '頁'은 '머리'의 의미로 쓰이지 않고 대부분 부수로 쓰인다. '頁'을 부수로 쓴 글자는 모두 '머리'와 관련이 있다. '정頂(정수리)', '령領(목)', '액額(이마)' 등이 모두 그렇다.

'頭' 자가 간체자 '头'로 바뀌면서, 이 글자가 사람의 머리와 관계가 있는지 알아보기 힘들게 되었다. 옛 글자에서 '首'는 사람 머리 모양으로 '頁' 자와 비슷하게 생겼다. 그러나 '頁' 자처럼 사람의 몸이 포함되어 있진 않다.

상형자 '首'의 모양은 이렇다. ①갑골문: 동물의 머리와 흡사하다. 뾰족한 입에 큰 눈. 머리 위에는 머리카락이 몇 올 자라 있다. ②금문: 사람의 눈과 눈썹을 그렸다. 사람의 머리로 볼 수 있다.

① ② ③

3-1-1 사람 얼굴 모양의 채도 단지
1975년 청해성 악도樂道현 유만柳灣에서 출토된 신석기시대 유물

3-1-2
사람 얼굴 모양의
붉은 도자기 단지
1973년 섬서 황릉黃陵 출토

③소전: 눈, 눈썹, 머리카락이 있어 의미가 더욱 분명해졌다. 지금의 '首' 자는 이 소전에서 온 것이다.

'首'의 원래 의미는 머리이다. '앙수활보昻首闊步(고개를 들고 성큼성큼 걷다)'의 '앙수昻首'는 '고개를 들다'의 의미이고, 노신의 유명한 시구 "눈썹 가로놓아 강한 자들의 질책에 차갑게 맞서고, 고개 숙여 기꺼이 약한 이들의 소가 되리라[橫眉冷對千夫指, 俯首甘爲孺子牛]"에서 '부수俯首'가 바로 '고개를 숙이다'의 의미이다.

머리는 사람 몸에서도 가장 중요한 부분으로 몸의 가장 위쪽에 있다. 그래서 '두목', '수령', '수장' 등의 단어가 파생되었다. 머리가 팔다리를 움직이듯, 선두에서 사람들을 이끈다는 의미이다. 또 팔다리와 비교할 때 머리야말로 사람을 다른 사람과 구별해 주는 중요한 표지라고 할 수 있다. 머리가 이처럼 중요했기 때문에, 고대사회에서는 '엽두獵頭(머리 사냥)'가 크게 유행한 적도 있었다. 고대에 엽두는 '괵수馘首', '제수祭首', '엽수獵首', '제효祭梟' 등으로도 불렸다. 모두 사람의 머리를 자른다는 뜻이다.

"반궁泮宮에서 머리를 바치다[在泮獻馘]"라는 『시경』의 기록에서 보이듯, 춘추시대의 전쟁에서도 엽두가 유행했다. 진나라 때는 적의 머리를 얼마나 베었는지에 따라 공을 논하고 진급을 결정했다. 잘려진 사람의 머리를 뜻하는 '수급首級'이 여기서 유래했다. 무기가 발달하지 않은 고대에는 사실 얼굴을 맞대고 싸우는 육박전으로 승부가 갈렸다. 머리를 자르는 행위는 적의 죽음을 확인하는 가장 간단하면서도 효과적인 방법이었다. 그래서 전쟁이 끝

3-1-3 사람의 얼굴이 부조된 채도 단지
청해성 악도현 유만에서 출토. 병의 몸에 나체상이 새겨져 있다.
전문가들은 이 병을 상고시대 사람들이 생식을 기원하며 썼던 제기祭器로 본다

난 후 조정에 알리는 보고문에는 적의 수급을 얼마나 얻었는지가 항상 포함되었다. 고대의 무협소설에도 협객들이 원한과 의리를 표현하기 위해 적의 수급을 베는 장면이 꼭 나온다. 『수호전水滸傳』에서 양산梁山의 영웅들은 원수의 수급을 베어 억울하게 죽은 가족에게 제사를 지내곤 한다. 무송武宋이 서문경西門慶과 반금련潘金蓮의 목을 베어 형 무대武大의 영전에 바친 것이 대표적이다.

3-1-4
사람 머리 모양의 채도 병
감숙성 태안泰安현
대지만大地灣에서 출토.
인두 모양의 채도 병은 흔하지 않다.
이 역시 제기였을 가능성이 크다

고대에는 '효수梟首'라는 무서운 형벌이 있었다. 죄수의 머리를 베어다가 나뭇가지에 매달고 사람들에게 보여주는 것이다. 그런데 '효수'라고 한 이유는 뭘까? '효'는 올빼미이다. 새끼 올빼미들은 어미가 먹이를 가져다주지 못하게 되면 한꺼번에 달려들어 어미의 살을 파먹는다고 한다. 이때 어미는 새끼들이 마음껏 먹을 수 있도록 나뭇가지를 꽉 물고 미동도 하지 않는다. 결국 나뭇가지에는 어미 올빼미의 머리만 남게 된다. 장대에 걸린 죄수의 머리가 어미 올빼미의 죽은 모습과 흡사하여 이런 이름이 붙은 것이다. 진나라 때는 모반죄나 대역죄를 지은 자에게 효수의 형벌을 내렸다. 이 형벌은 한대 이후에도 이어져 오다가 수나라 때 폐지된다. 명청대에는 강도죄를 저지른 자에게도 이 벌이 적용되었다. 머리를 잘라 내거는 것은 사람들에게 경각심을 불러일으키기 위해서였다. "모반을 일으키다가 머리가 잘렸으니, 백성들은 정부의 법령을 어길 생각을 아예 말라"는 것이었다. 하지만 이는 사자의 가족들에게

3-1-5 청동 가면
사천 광한廣漢 삼성퇴三星堆에서 출토된 상대 문물

3-1-6 청동 가면
상대 문물

너무나 큰 상처를 주는 비인도적 형벌이라 지금은 완전히 폐지되었다.

엽두의 풍습은 중국에만 있었던 것이 아니다. 삼국시대 심영沈瑩의 『임해수토지臨海水土志』에는 대만 고산족高山族의 엽두 풍속에 관한 기록이 처음으로 보이며, 청 건륭乾隆 때의 『대만부지臺灣府志』에도 관련 기록이 있다. 그들은 엽두를 영웅적인 행동으로 간주했다. 엽두는 성년이 되려면 반드시 거쳐야 하는 통과의례였다. 그들은 몇 명의 머리를 잘랐는지를 몸에 무늬로 새겼으며, 사람의 머리를 베지 못한 자는 멸시를 받고 성인이 될 자격을 부여받지 못했다. 관련 연구에 따르면, 근대 이후까지도 고산족 사이에서는 엽두로 판결을 내리는 풍습이 있었다고 한다. 부족 내부에 다툼이 생겨 쌍방이 한 치도 물러서지 않으면, 추장은 그들에게 나가서 사람의 목을 베어오라고 시킨다. 그래서 먼저 사람의 목을 가져오는 자를 신의 도움을 받은 자로 여기고 그의 주장을 받아들인다. 엽두를 영광으로 생각하는 관념은 세계 여러 지역에 퍼져 있었다. 예를 들어 운남雲南 와족佤族은 엽두에 능한 자의 말을 귀담아듣고 믿었으며 처녀들도 그들을 좋아했다. 북아메리카 동부의 인디언들은 머리카락이 박힌 두피를 얼마나 잘라냈느냐에 따라 전사의 용맹을 판단했다. 그들은 두피를 햇볕에 말린 다음 독특하게 장식하고 전공의 상징으로 소중히 보관했다.

3-1-7 고대 멕시코 인디언의 살인 제사

초기 원시 인류에게 자연현상은 불가항의 거대한 힘이었다. 그들은 사람의 능력을 훨씬 뛰어넘고 자연현상을 제어할 수 있는 초자연적 힘의 존재를 굳게 믿었다. 평화로운 자연현상에 대한 갈망과 열악한 자연현상에 대한 공포로 인해 인류는 초자연적 힘을 믿고 의존했으며, 점차 초자연적 힘을 다른 무엇보다도 숭배하게 되었다. 이런 숭배는 일련의 원시적 종교의식을 수반했다. 제사는 사람과 초자연적 힘을 연결시켜 주는 중요한 수단이었다. 사람들은 신에게 바치는 희생이 귀하면 귀할수록 신의 가호가 더욱 확고해진다고 믿었다. 원시종교가 발전하는 과정에서 어떤 지방은 사람의 머리가 중요한 제물이 되었다. 그리고 제물이 되는 동시에 사람의 머리는 그 자체가 숭배의 대상으로 바뀌었다.

3-1-8 삼수국인三首國人
『산해경山海經』에 따르면,
이 나라 사람들은 하나의 몸에
세 개의 머리가 달렸다고 한다

운남의 서맹西盟, 난창瀾滄, 맹련孟連 등에 거주하는 와족에게 엽두는 영예이자 중요한 제사의식이었다. 이곳에서는 근대적인 개혁이 이루어진 1956년 전후까지도 엽두의 제사의식이 유행하고 있었다. 제사의 전 과정은 세 단계로 나뉜다.

첫 번째 단계는 엽두이다. 와족의 엽두는 일정한 때가 있었다. 매년 두 번, 첫 번째는 2~3월, 두 번째는 7~8월이다. 엽두는 다양한 방식으로 비밀스럽게 진행되었다. 처음에는 복수와 약탈 전쟁에서 무작위로 엽두를 벌였다. 이것이 가장 일반적이고 널리 유행한 방식이었다. 이후에는 부대의 대장이 따로 엽두대獵頭隊를 보내 전문적으로 엽두 활동을 벌였다. 더 나중에는 개인적으로 엽두를 행하는 풍습이 생기고, 심지어 돈으로 사들인 노예의 목을 치는 의식도 행해졌다.

3-1-9 형천刑天
중국의 고대 신화 속 인물.
그는 황제에게 패하여 머리가 잘린 후로 유두를 눈으로, 배꼽을 입으로 삼았다

사람의 목을 자른 후에는 그 머리로 제사를 지냈다. 이것이 두 번째 단계이다. 원래 사람의 머리는 제물로 쓰였지만, 나중에는 사람의 머리 자체가 숭배의 대상이 되었다. 사람들은 사람의 머리에 제사를 올리며 각종 제물을 사람의 머리에게 바쳤다. 사람의 머리에 제사를 올리는 방식은 두 가지이다. 하나는 집단적 제사, 하나는 개인적 제사이다. 집단 제사는 먼저 잘라온 사람의 머리를 마을 사당의 말뚝에 바친 다음, 추장이 음식을 올리며 사람의 머리에 대고 부락을 보살펴 달라고 기도한다. 그런 다음 사람의 머리 위에 나뭇재를 뿌려 피와 재가 땅에 떨어지도록 하고, 마지막으로 피와 재가 섞인 흙을 집집마다 나눠준다. 마을 사람들은 이 흙을 씨앗에 섞어 파종할 때 땅에 뿌린다. 개인 제사는 사람의 머리를 각 집의 제단에 돌려가며 바치는 것을 말한다. 머리를 잘라온 사람의 집에서 가장 먼저 이틀 동안 제사를 올린다. 제사를 올릴 때는 가축을 죽여 희생으로 바친다.

마지막 단계는 사람의 머리를 보내주는 행위이다. 원래 사당 안에 있던 머리를 신림神林(신령의 숲)의 말뚝 위로 보내주는 것이다. 이때 주의할 점이 한 가지 있다. 반드시 머리의 방향은 땅 쪽을 향해야 한다는 것이다. 사람의 머리가 땅을 지켜준다는 의미이다. 엽두의 최종 목적은 결국 신에게 제사를 올려 오곡의 풍성함과 사람과 가축의 왕성한 성장을 기원하는 것이었다. 신림은 마을 밖 밀림 깊은 곳에 있었다. 그곳에는 사람의 머리를 바치는 말뚝이 늘어서 있었다. 각 말뚝마다 사람의 머리가 하나씩 놓였다. 마을마다 말뚝의 수는 일정치 않았다. 적으면 몇십 개, 많으면 백 개도 넘었다. 말뚝은 보통 두 가지 모양이다. 하나는 장방형 말뚝으로, 맨 위를 크게 만들고 우묵하게 파서 사람의 머리를 놓은 다음 석판으로 위를 덮는다. 말뚝 꼭대기에는 구멍을 하나 파놓고 이곳을 통해 음식과 술을 바친다. 다른 하나는 사람 모양의 말뚝으로, 중간 부분에 홈을 파서 사람의 머리를 보관하는 것이다.

고대에는 사람의 두개골을 손질해서 그릇으로 쓰기도 했다. 이 역시 엽두와 마찬가지로 신령스러운 무술巫術의 일종이라 할 수 있다. 즉, 두개골의 주인에 대한 저주의 의미인 것이다. 남조南朝 양梁나라 때 두즉杜前, 두안杜岸 형제는 악양왕岳陽王 소찰蕭詧을 따르다가 배반하고 다시 양 원제元帝 소역蕭繹에게 몸을 맡긴다. 뼛속 깊이 원한을 품은 소찰은 광평廣平을 점령한 후 성안에 있던 두씨 일족을 몰살한다. 그래도 분이 안 풀렸는지 그는 두씨 집안의 무덤을 파헤쳐 시신을 불태우고 두개골에 칠을 해 그릇으로 썼다. 이런 그릇을 칠완漆髋이라 불렀다. 양 원제가 천하를 평정한 후, 두즉 등은 소찰의 아버지 소명태자昭明太子 소통蕭統의 능묘를 파헤치고 해골을 태운다. 소통은 소역의 형이자 생전에 태자까지 올라간 인물이었다. 그런데도 원제는 두즉의 행위를 질책하지 않았다. 이를 통해 칠완이 얼마나 모욕적인 것이었는지 충분히 짐작할 만하다.

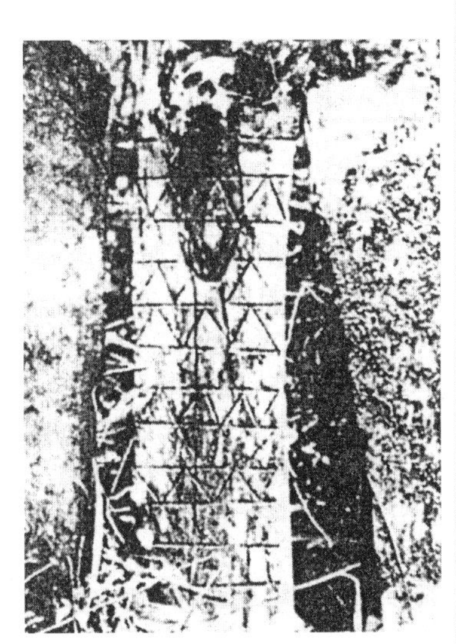
3-1-10 사람의 머리에 제사를 지내는 말뚝
운남 와족

2. 머리카락[髮]

옛사람들의 머리 모양은 변발辮髮, 피발披髮, 곤발髡髮, 속발束髮 등의 몇 가지로 나뉜다. 변발은 땋아서 늘어뜨린 머리이다. 사료에 보이는 최초의 변발은 원시사회의 마가요馬家窯 시기로 거슬러 올라간다. 청해靑海 대통현大通縣의 손가채孫家寨 문화 유적에서 출토된 한 채색 도기에는 사람들이 춤을 추는 모습이 그려져 있다. 한 조에 다섯 명씩 세 개 조가 손을 잡고 춤을 추는데, 표정이나 복장 등이 구체적으로 묘사되어 있진 않지만 사람들이 모두 두껍고 짧은 변발을 늘어뜨리고 있는 모습은 확인할 수 있다.

3-2-1 채도 대야

하남河南의 은허殷墟에서 출토된 옥기에서는 변발을 한 상나라 사람을 볼 수 있다. 이 옥인玉人은 무릎을 꿇은 채 두 손으로 무릎을 만지고 있으며, 머리카락은 정수리 쪽으로 한데 모였다가 머리 뒤쪽으로 짧은 변발을 늘어뜨린 모습이다. 섬서陝西 보계寶鷄 죽원구竹園溝에서 출토된 공형월銎形鉞(자루를 끼울 수 있도록 구멍을 뚫은 도끼)에도 이런 머리 모양의 사람이 새겨져 있다. 공형월은 상대에 유행한 무기의 일종으로, 도끼 자루의 구멍 위로 사람의 머리를 둥글게 새겼다. 이 사람 역시 은허의 옥인과 마찬가지로 이마의 머리카락이 가지

3-2-2
정수리에서 머리카락을 모은 상대의 남자

런하게 잘리고 머리 뒤쪽으로 짧은 변발이 늘어져 있다.

3-2-3 청대 남자의 변발

전국시대 이후의 한족 거주지에서는 속발이 유행하고 변발은 점차 사라졌다. 그러다가 청대 만주족에 이르러 변발이 다시 성행하게 된다. 일부 소수민족 사이에서는 변발의 풍습이 계속 유지되었으며, 문헌에도 관련 기록이 적지 않게 남아 있다. 고대 한족들은 탁발, 선비 등 소수민족의 변발을 '색두索頭'라 불렀다. 머리를 한 가닥으로 땋아 늘어뜨린 모습이 새끼줄을 꼬아놓은 것과 흡사했기 때문이다. 한족이 선비족을 부를 때 썼던 '색두' 혹은 '색두로索頭虜'라는 호칭은 적대와 멸시의 의미가 짙었다.

갑골문에서 '강羌' 자는 아래 그림과 같다.

이 글자에 대한 학자들의 의견은 분분하다. 혹자는 줄로 양을 끄는 모습이라고도 하고, 혹자는 사람의 머리 위에 밧줄을 올린 모습으로 속박을 의미한다고도 했다. 또 근래의 어느 학자는 이 글자가 강족羌族의 변발에서 온 것으로 보았다. 그는 당시에 이 글자를 만든 이유가, 한편으로는 강족이 한족처럼 속발에 관冠을 올리지 않는 종족임을 알리고, 한편으로는 그들이 노예일 뿐임을 나타내기 위해서였다고 주장했다.

피발은 머리카락을 풀어헤치는 것이다. 선비족鮮卑族은 머리카락을 짧은 변발로 묶은 후 아래로 흐트러뜨리는 것도 피발이라고 불렀다. 공자는 "관중이 아니었다면 우리는 머리를 풀어 헤치고 옷깃을 왼쪽으로 여미었을 것이다[微管中, 吾其被髮左衽矣]"라고 했다. 여기서 '被'는 '披'와 같다. 머리를 풀어 헤치고 옷깃을 왼쪽으로 여는 것은 문명이 발달하지 않은 변방의 옷차림이다. 다시 말해, 만약 관중이 나라와 백성을 부강하게 만들지 않았다면, 우리는 이민족의 통치를 받아 그들의 방식대로 진작 머리 모양과 옷차림을 바꿨을 것이라는 의미이다. 오월吳越 지역 사람들은 '단발斷髮과 문신'이 특징이다. 여기서 단발 역시 풀어 헤친 머리를 뜻한다.

거란족의 머리 모양을 사서에서는 '곤발髡髮'이라 불렀다. 곤발은 '곤두髡頭'라고도 한다. 천여 년 전 북방에서 생활하던 오환烏桓, 선비 등의 소수민족에게 곤발의 풍습이 있었다. 곤발의 모양은 이랬다. 보통 정수리 부분의 머리는 깎아내고 양쪽 귀밑머리와 앞이마 쪽의 머리는 남겨둔다. 살쩍에 남은 머리는 여러 모양으로 만들곤 했는데, 작은 변발로 땋아 어깨까지 늘어뜨린 경우도 있었다.

3-2-4 곤발을 한 거란 남자

마지막으로 언급할 머리 모양은 속발이다. 한족은 남자들은 속발을, 여자들은 머리를 빗어 쪽을 지었다. 앞에서 소개한 변발, 피발, 곤발과 구분하기 위해, 이런 한족의 머리 모양을 속발이라 통칭했다. 고대에 성년이 되지 않은 아이들은 남녀를 불문하고 정수리로 머리칼을 모은 다음 좌우 하나씩 작은 쪽을 만들었다. 그 모양이 쇠뿔과 흡사해서 '총각總角'이라고도 하고, 또 머리칼을 모아 쪽을 틀었기 때문에 '총계總髻'라고도 했다. 이런 풍습은 선진先秦시대에 이미 유행하고 있었다. 머리를 빗어 쪽을 튼 아이의 모습은 하남 안양의 은허 부호묘婦好墓에서 출토된 옥인에게서도 볼 수 있다. 이 무덤에서는 두 개의 옥인이 출토되었다. 둘은 전체적인 형상이 비슷하나, 그 중 하나는 생식기가 돌출된 모습이다. 즉, 하나는 남자, 하나는 여자라는 말이다. 두 아이의 정수리 부분에는 뿔 한 쌍이 봉긋 올라와 있었다. '총각'의 흔적이었다.

남자는 스무 살이 되면 관례를 치르고 여자는 열다섯에 계례를 치러 성년이 되었음을 표시했다. 이때부터 남녀 모두 머리 모양이 바뀌었다. 남자는 머리를 하나로 합쳐 상투를 올렸고, 여자는 좌우대칭으로 쪽을 틀었다. 쌍으로 쪽을 진 모양이 갈라진 나뭇가지[丫]와 흡사해서 여자를 '야지(丫髻)' 혹은 '야터우(丫頭)'라고 불렀다. 이후 '야터우'는 젊은 여자를 흔히 칭하는 말로 쓰이게 되었다. 여자들은 결혼할 때 다시 머리 모양을 바꿀 수 있었다. 여자들의 복잡다단한 쪽머리에 대해서는 여기서 일일이 설명하지 않겠다.

3-2-5
야지를 한
상대의 동자

옛사람들은 머리카락을 대단히 중시했다. 『효경』에서는 "신체발부身體髮膚는 부모에게서 물려받은 것이니, 함부로 훼손하거나 상하지 않게 하는 것이 효도의 시작이다"라고 했다. 이런 까닭에 이발에 관한 옛 기록을 찾기란 여간 어렵지 않다. 예법의 사회로 들어서면서 머리 모양의 변화는 예절과 직접 연관되었다. 규정대로 머리를 빗지 않으면 예절에 어긋나는 것이었다. 일례로 주 태왕周太王의 아들 태백泰伯은 오吳로 도망간 후 '단발과 문신'을 함으로써 더 이상 종묘에 대한 제사와 국가의 정사에 참여하지 않겠다는 뜻을 표한다. 머리를 풀어 헤치거나 스스로 곤발을 만드는 것은 세상을 피해 은거한 사람들의 행동 혹은 비정상적 행동으로 간주되었다. 사서의 기록에 따르면, 상商의 폭군 주왕紂王이 충신 비간比干을 잔인하게 죽이자 비간의 아들은 재앙을 피하기 위해 머리를 풀어 헤치고 미친 척했다. 강제적인 곤발은 형벌의 하나였다. '곤형'이라 불린 이 벌은 궁형宮刑, 의형劓刑과 동급의 형벌이었다. 궁형은 남성의 생식기를 자르고, 의형은 코를 베는 벌이었다. 사람들이 곤발을 얼마나 치욕적으로 생각했을지 알 만하다. 그런데 곤형은 머리를 귀 위쪽으로 짧게 자르기만 하는 형벌이었으므로 거란족의 곤발과는 머리 모양이 달랐다.

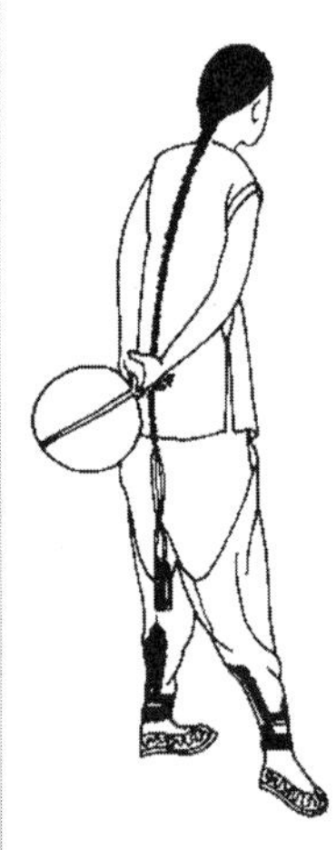
3-2-6
청대 남자의 변발

앞서 언급했듯이 고대인들은 머리카락을 쉽게 훼손해선 안 되는 신성한 것으로 간주했다. 조조가 '머리카락을 잘라 머리를 대신할' 수 있었던 것도 이 때문이다. 조조는 군대를 이끌고 허도許都를 지나던 중, 보리밭을 함부로 밟으면 목을 베겠다고 병사들에게 엄명을 내린다. 이후 조조는 자기 말이 날아오르는 비둘기에 깜짝 놀라 보리밭을 밟자 스스로 목을 베 죗값을 치르겠다고 나선다. 부하들이 극구 만류하고 나서야 조조는 칼을 거둔다. 대신 그는 머리카락을 잘라 머리를 대신하고, 자른 머리카락을 삼군에게 보여주며 이렇게 말하도록 한다. "승상이 보리밭을 밟아 본래 참수의 벌을 받아야 마땅하니, 지금 머리카락을 잘라 이를 대신한다."

머리를 남길 것인가 자를 것인가를 놓고 정쟁이 벌어지기도 했다. 산해관山海關으로 들어온 청나라 만주족은 한족을 압박하기 위해 머리를 깎아 변발로 만들라는 명을 전국에 내린다. 한족으로서는 결코 받아들일 수 없는 명이었다. 그러자 당시 청 정부는 소위 "머리를 남기려면 머리카락을 남기지 말고, 머리카락을 남긴 자는 머리를 남기지 않겠다"는 잔혹한 수단을 취한다. 이 때문에 수많은 한족들이 목숨을 잃었다.

3-2-7
목에 머리칼을 두른 청대 남자

전하는 바에 따르면, 당시 한족의 머리를 깎던 담당자는 작은 깃대를 항상 갖고 다녔다고 한다. 반항하는 자는 바로 머리를 베어 깃대에 걸고 사람들에게 보여주려는 것이었다. 그렇게 수백 년을 거치면서 청 조정의 변발은 민간의 풍습으로 굳어졌다. 태평천국의 난에 참여한 사람들은 청 조정에 항의하고 한족을 부흥시키는 의미로 변발을 풀고 머리를 길렀다. 청 정부는 그들을 '발비髮匪'라 욕하고, 민간에서는 그들을 '장모長毛'라 불렀다. 청말 민국 초에는 서구 문화의 영향을 받은 혁명파들이 다투어 변발을 없애고 짧게 머리를 잘랐다. 단발은 곧 혁명의 상징이 되었다. 반면 일반 백성들은 끝까지 변발을 사수하며 절대 머리를 자르려 하지 않았다. 곳곳에서 비극이 벌어지고 수많은 사람들이 눈물을 흘렸다. 누구는 손으로 변발을 잡고 있다가 손가락이 잘리고, 누구는 변발을 자르지 않으려고 고개를 돌리다 귀가 잘렸으며, 누구는 배나 다리 위에서 변발을 잡고 버티다가 물에 빠져 죽기도 했다. 이런 강력한 저항에도 불구하고 변발은 끊임없이 잘려 나갔다.

3-2-8 한대의 곤발 장면

고대의 민간신앙에서 모발은 사람의 영혼과 생명이 깃드는 곳이었다. 몸의 털과 손발톱이 상하는 것은 곧 '영혼이 상하는' 것이었다. 빗질로 빠진 머리카락과 잘라낸 손톱도 함부로 버려선 안 되는 것이었다. 이는 곧 부모님이 남겨주신 신체에 대한 존경의 표시였다. 머리카락과 손톱을 버려서는 안 되는 또 한 가지 이유는 바로 올빼미 때문이었다. 올빼미는 사람의 머리카락과 손톱을 좋아한다고 알려져 있다. 이 새는 낮에 숨었다가 밤에만 활동하므로 '밤에 노는 계집'이라고도 한다. 이 올빼미가 밤에 인가로 찾아와

3-2-9
아빈鴉鬢(까마귀처럼 시커먼 귀밑머리)으로 빗은 육조 진晉의 여자

사람의 머리카락과 손톱을 먹으면, 그 사람은 영혼이 상해 자기 몸에까지 해가 미친다고 사람들은 생각했다.

예로부터 사람들은 신생아와 어린아이의 배냇머리를 무척 소중히 여겼다. 아이를 낳으면 100일 동안(어떤 곳은 한 달) 머리를 잘라선 안 되었다. 그렇지 않으면 아이가 요절한다고 보았다. 지금도 한족들 사이에서는 이런 풍속이 있다. 배냇머리를 자르더라도 정수리의 머리는 남겨두어야 했다. 정수리는 속칭 '천령개天靈蓋'라고도 한다. 옛사람들은 천령개를 영혼이 드나드는 입구이자 생명의 뿌리로 여겼다. 어린아이의 천령개는 매우 약하므로 특히 조심해야 했다. 아이의 배냇머리를 잘라 보관하는 풍습이 아직도 많은 지방에 남아 있으며, 어떤 곳에서는 배냇머리로 붓을 만들어 기념하기도 한다.

한족과 많은 소수민족들 사이에서는 장례를 치를 때 머리와 수염을 깎지 않는 풍습이 있다. 남자들은 집안에 흉사가 생기면 한 달 혹은 100일 동안 이발도 하지 않고 수염도 깎지 않는다. 머리카락과 수염은 모두 부모에게서 물려받은 것이므로, 어른이 돌아가셨을 때 그것들을 함부로 버리지 않는 것이 마땅한 효도이자 애통함을 표시하는 방법이라고 생각한다. 혹자는 얼굴을 단장할 생각도 잊은 채 고인을 애도함으로써 효심을 표하는 것이라고도 말한다. 또 혹자는 망자가 자기 얼굴을 알아보지 못하도록 이발과 면도를 하지 않는다고도 한다. 얼굴을 못 알아보면 흉사가 자기에게까지

3-2-10
경학계驚鶴髻(놀란 학이 날아 오르는 모습의 쪽진 머리)로 빗은 당대唐代의 여자

미치지 않는다는 것이다. 앞의 두 가지 설은 유가 예교의 영향이라 할 수 있고, 세 번째 설은 민간의 미신과 관계가 깊다.

'결발부부結髮夫婦' 는 요즘도 흔히 쓰는 말이다. 처녀, 총각이 처음으로 짝이 되어 맺은 부부를 결발부부라 한다. 이 말은 머리카락이 곧 사람의 정수라는 관념과 관련이 있다. 어떤 지방에서는 결혼할 때 머리카락을 연결하는 풍속이 있다. 신부는 머리를 빗을 때 귀밑머리 한 가닥을 따로 갈라놓는다. 그런 다음 신랑의 머리에서 머리카락 몇 올을 뽑아 '작은 상투' 를 만들어 신부의 귀밑머리에 붙인다. 머리카락은 인체의 정수이자 영혼이 깃드는 곳이므로 머리카락을 맺는 것 자체가 두 사람의 영혼이 결합되었음을 의미한다.

3-2-11
조천계朝天髻(정수리 위로 높이 세워 쪽진 머리)

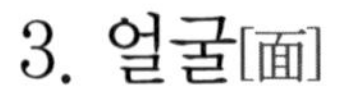

3. 얼굴[面]

'면面' 의 원래 뜻은 '검臉', 즉 뺨 부위이다. 『설문』에서는 "면은 안顔 앞쪽이다. '안' 은 눈썹과 눈 사이이다"라고 했다. '안' 은 두 눈썹 사이를 말하고, '안 앞쪽' 은 눈썹 아래 부분을 가리킨다. 결국 '안' 과 '면' 이 합해져야 얼굴 전체가 되는 것이다. '안면몰수' 란 말도 여기서 유래했다. 사실 '면' 은 좁은 의미로는 잘 쓰이지 않고 대부분 사람의 얼굴 전체를 가리키는 넓은 의미로 쓰인다.

얼굴의 아름다움은 인류의 아름다움에서 매우 중요한 위치를 차지해 왔다. 장사꾼들은 "여자와 아이의 주머니가 가장 털기 쉽다"는 우스갯소리를 하며 이 거대한 소비 집단들에 초점을 맞춰왔다. 화장품은 여성들의 중요 소비 품목 중 하나이다. 갖가지 피부 보호 용품과 화장품에 여성들은 기꺼이 지갑을 연다.

젊어지고 싶지 않은 여자가 있을까? 예뻐지고 싶지 않은 여자가 있을까? 고대의 여성들 역시 얼굴 화장에 무척 신경을 썼다. 시대별로 유행과 기호가 달라서, 어떤 화장법들은 지금의 우리가 보기에 너무 이상할지도 모른다. 고대 부녀자들의 화장법 중에는 '면엽面靨' 혹은 '장엽妝靨' 이라는 것이 있었다. 이 화장법은 연지나 물감을 양쪽 보조개에 항상 찍고 있어서 '소엽笑靨' 이라고도 불렀다. 면엽은 삼국시대 등鄧부인에게서 시작되었다고 한다. 등부인은 오나라 손권의 아들 손화孫和가 아끼던 부인이다. 하루는 손화가 장난을 치다가 등부인의 얼굴에 상처를 입혔다. 손화는 즉시 태의에게 흉터를 없앨 방법을 찾으라고 명했다. 태의는 흰 수달의 뼈를 옥가루, 호박琥珀 가루와 섞어 상처에 바르도록 했다. 그런데 약을 만들 때 호박을 너무

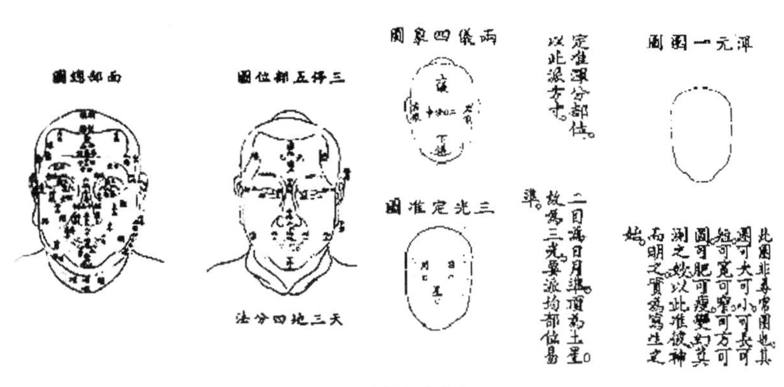

3-3-1 얼굴 해부도

많이 넣어 흉터를 없앤 후에도 얼굴에 붉은색의 작은 반점이 남고 말았다. 손화는 처음에는 이를 못마땅해했으나, 시간이 지날수록 오히려 이 반점 때문에 등부인의 얼굴이 더욱 예뻐 보인다고 느꼈다. 이때부터 손화가 등부인을 더욱 좋아했음은 물론이다. 궁중의 다른 비빈들은 손화의 총애를 얻고자 너도나도 연지로 얼굴에 붉은 점을 찍었고, 이것이 점차 하나의 풍습으로 굳어졌다.

이 이야기는 여러 역사서에서 인용되어 왔다. 그러나 사실상 면엽은 그보다 훨씬 오래전부터 있었다. 면엽은 고대 궁정 생활의 특수 기호 중 하나였다. 황제의 삼궁육원三宮六院(황제가 거주하는 내정內廷과 후궁)에는 무수한 비빈들이 있었다. 황제는 그들 중 자기가 내키는 여자를 골라 함께 잠자리에 들었다. 이때 월경이 온 궁녀들은 차마 입 밖으로 말을 꺼내지 못하고 얼굴에 붉은 점을 찍어 자신의 몸 상태를 알렸다. 황제의 일상을 관리하는 여관女官은 이 붉은 점을 보고 그 궁녀의 이름은 황제에게 들먹이지 않았다. 나중에 이 풍습이 민간에 전해져 부녀자들의 화장법 중 하나가 된 것이다.

성당盛唐 이전에 장엽은 보통 양쪽 보조개에 그려 넣은 콩알만 한 점을 가리켰으며, 흔히 이를 '원엽圓靨'이라고도 불렀다. 섬서 서안西安과 신강 투르판 등지에서 출토된 여자 인형의 얼굴에는 이런 화장법이 자주 보인다.

성당 이후에는 장엽의 범위가 더욱 넓어지고 형식도 다양해졌다. 별자리 모양의 화장은 '황성엽黃星靨'이라 부르고, 살구씨 모양의 화장은 '행엽杏靨'이라 불렀다. 그중에서도 꽃 모양의 화장법이 특히 유행했으며, 흔히 이를 '화엽花靨'이라 했다. 전통적인 원형과 꽃 모양의 화장법 외에 새 모양으로 얼굴을 치장하는 방법도 있었다.

고대 부녀자들의 화장법 중에 '사홍斜紅'이라는 것이 있었다. 얼굴에 초승달 모양의 붉은 장식을 그려 넣는 것이다. 이 화장은 색채가 진하고 모양도 기이했으며, 어떤 때는 일부러 깨진 모양으로 장식을 그리기도 했다. 그래서 멀리서 보면 하얀 얼굴에 상처가 두 군데 나 있는 것처럼 보였다. "사홍은 세로로 상처를 내되 상처를 길게 늘어뜨려선 안 된다네"(「유교시有教詩」)라는 당대 원진元稹의 시가 이를 묘사한 것이다. 어떤 여자들은 '상처'가 남았다는 느낌을 더욱 강하게 하기 위해, 핏자국처럼 상처 아래를 곤지로 붉게 물들이곤 했다. '사홍' 화장법의 기원은 손화가 등부인의 얼굴에 상처를 입힌 이야기와 비슷하다. 즉, 한 궁녀가 실수로 얼굴에 상처를 냈다가, 그 상처 때문에 오히려 황제의 총애를 받아서 다른 궁녀들이 이를 다투어 따라 했다는 것이다.

구중궁궐로 들어온 여자는 무기형을 선고받은 것이나 마찬가지였다. 후궁의 무수한 궁녀들 중 황제가 자기를 간택해 줄 날이 언제가 될지 기약할

3-3-2
화엽을 한 당대 여자

3-3-3
화전과 원엽을 한 당대 여자

3-3-4
화전을 한 당대 여자

3-3-5
당대 여자의 '사홍' 화장

수 없었다. 적막 속에서 청춘을 보내다가 평생토록 황제의 얼굴 한 번 못 볼 수도 있었다. 그들은 황제의 변태적인 심미안에 영합해서라도 총애를 받아야 했다. '초왕楚王이 가는 허리를 좋아하여 많은 궁녀들이 굶어 죽은' 것도 바로 이 때문이다. 물론 그렇지 않은 여자도 있었다. 사선녀謝仙女라 불리는 한 여인은 황제가 자기를 후궁으로 들이려 하자 일부러 얼굴을 수척하고 누렇게 뜨게 만들어 궁으로 불려가지 않았다고 한다.

여자는 천 가지 미美와 만 가지 표정으로 스스로를 꾸미지만 그 아름다움을 독차지하는 자는 오로지 남편뿐이었다. 남편이 아닌 다른 남자에게는 그 아름다움을 보여줄 수 없었다. 여자에 대한 남자의 절대적 통제권을 확보하기 위해, 성현이라는 사람들은 여자들이 문밖을 나서서는 안 된다고 못 박았다. 행여 나설 수밖에 없는 상황이라도 얼굴을 꽁꽁 가려야 했다. 여자는 원래가 남의 이목을 끌어서는 안 된다는 의미였다.

고대의 화장법에는 장엽, 사홍 외에 '액황額黃', '화전花鈿' 등도 있었다. 액황은 황색 안료로 이마를 꾸며서 붙은 이름이다. 사서의 기록에 따르면, 여자들이 이마를 황색으로 칠하던 풍습은 남북조 때부터 유행하기 시작했다. 이 풍습은 불교와 밀접한 관련이 있다. 남북조 때 불교는 황제의 적극적 지원하에 전성기를 맞는다. 불교가 유입되면서 서역 각지의 문화와 예술, 민간의 풍습이 중원으로 점차 들어와 중원 사람들의 일상생활에까지 깊은 영향을 미쳤다. 여자들은 도금한 불상에서 영감을 얻어 이마를 노랗게 물들였다. 당시에는 이것을 '불장佛妝'이라 했다. 세월이 흐르면서 이것이 이마를 노랗게 장식하는 화장법으로 굳어졌다. 방법은 크게 두 가지이다. 안료를 칠하는 방법과 장식을 붙이는 방법이 그것이다. 안료를 칠하는 방법은 붓이나 기타 도구로 황색 안료를 이마에 칠하는 것이다. 이마 전체를 칠하기도 하고 반만 칠하기도 한다. 장식을 붙이는 방법은 더 간편하다. 황색의 재료로 얇은 장식을 만들어 이마에 붙이면 그만이다. 대부분의 장식을 갖가지 꽃 모양으로 만들었기 때문에 '화황花黃'이라고도 불렀다. 어떤 의미에서 이 화장법은 이미 액황의 범주를 벗어나 화전의 형식에 더 가까워졌다고 볼 수 있다.

소위 화전은 두 가지 방식으로 나뉜다. 하나는 머리장식, 하나는 얼굴장식이다. 화전의 유래와 관련하여 가장 널리 알려진 인물은 남조 송宋 무제武帝의 딸 수양공주壽陽公主이다. 수양공주가 하루는 함장전含章殿에 누워 쉬고 있었다. 궁전 앞의 매화나무에 산들바람이 불어 매화 한 떨기가 공주의 이마에 떨어졌다. 꽃잎이 떨어진 이마는 그대로 물이 들어 아무리 씻어도 지워지지 않았다. 궁중의 여자들은 그 모습이 무척 예쁘다며 모두들 수양공주처럼 이마를 꾸몄다. 이후 이 화장법은 '매화장梅花妝'이라 불리며 하나의 풍속이 되었다. 화전이 당대의 상관완아上官婉兒에게서 시작되었다는 설도 있다. 무측천의 문학시종文學侍從이던 상관완아가 한번은 무측천이 신하들과 조정의 일을 논하는 장면을 훔쳐보다가 들키고 말았다. 이를 마땅찮게 여긴 무측천은 칼로 상관완아의 얼굴에 상처를 내도록 했다. 상관완아는 꽃장식을 붙여 흉터를 가렸다고 한다. 출토된 문물에 근거하면, 여자들이 이마에 화전을 붙이는 풍습은 위진남북조 때 이미 시작된 것으로 보인다. 화전의 유래와 상관완아는 별 관계가 없다는 말이다. 그러나 당대에 화전이 보편적이었음은 분명한 사실이다. 화전은 쇠뿔, 부채, 복숭아 모양 등으로 매우 다양했으며 특히 추상적인 도안이 많았다. 오밀조밀 적당한 크기의 화전을 이마에 붙이면 마치 신기한 꽃이 피어 있는 듯했다.

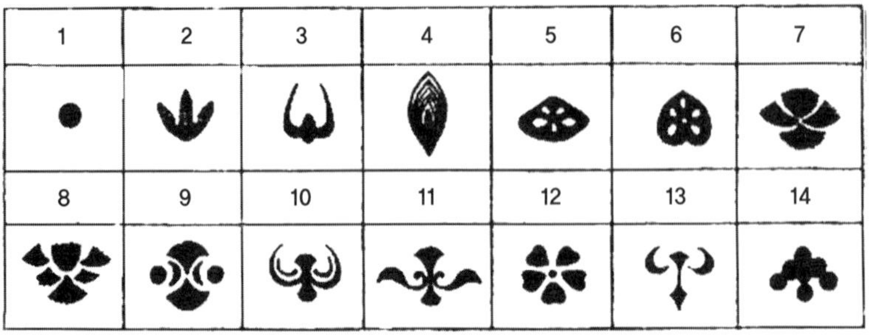

1	2	3	4	5	6	7
8	9	10	11	12	13	14

3-3-6 당대 여자의 화전 무늬

고대에 연지를 찍고 분을 바르는 일은 여자의 전유물이 아니었다. 남자 역시 얼굴에 분을 바르는 풍습이 있었다. 특히 한위漢魏시대가 그랬다. 하안何晏은 아름다운 용모에 새하얀 얼굴로 유명했다. 그래서 위 명제明帝는 그가 분을 칠한 것이 아닌지 의심하곤 했다. 한여름의 어느 날, 명제는 사람을 시켜 뜨거운 탕을 한 그릇 가져오게 하여 하안에게 마시도록 했다. 깨끗이 그릇을 비운 하안이 땀으로 범벅인 얼굴을 옷으로 닦았다. 그러나 새하얀 얼굴색은 그대로였고, 명제는 그제야 하안의 얼굴이 원래 그렇다고 믿었다. 하지만 하안이 실제로 분을 바르곤 했다고 주장하는 사람도 있다. 하안이 정말로 분을 발랐는지 그렇지 않았는지는 확인하기 힘들지만, 어쨌든 그가 '부분하랑溥粉何郎(분을 바른 하씨 젊은이)' 혹은 '분랑粉郎', '분후粉侯' 등으로 불린 것은 사실이다. 그래서 후대 사람들은 얼굴이 하얀 남자를 '부분하랑', '하랑분면何郎粉面', '분랑', '하분랑' 등으로 부르곤 했다.

고대 중국에서는 남자에 대한 심미적 기준을 여성화하는 경향이 있었다. 그래서 잘생긴 남자의 얼굴을 묘사하는 말로 '반질반질 빛나는 얼굴', '칠한 듯 매끈한 눈동자', '말끔한 눈썹과 어여쁜 눈' 등을 썼다. 그러나 잘생긴 얼굴만으로는 세상을 호령하는 위세와 호방함을 과시할 수 없었다. 북제의 난릉왕蘭陵王은 얼굴이 워낙 예쁘게 생겨서 군대를 이끌고 적군과 맞설 때 그에 맞는 위엄을 보여주지 못했다. 고심 끝에 그는 험상궂은 모습의 가면을 만들어 적진으로 들어갈 때마다 머리에 썼다. 과연 아군은 사기가 충만하고 놀란 적군은 그의 모습을 보고 도망가기에 바빴다. 사람들은 승리를 축하하기 위해 이 가면을 쓰고 춤을 추었다. 배우가 얼굴을 가면처럼 분장하는 '검보臉譜' 역시 이 풍속에서 유래했다고 한다. 화장술이 발달하면서 검보 역시 갈수록 화려해졌다. 배우 얼굴에 검보를 그려 넣는 방법은 명대부터 점차 성행하기 시작했다. 이후 경극京劇에 이르러서는 검보가 분장의 핵심이 된다.

검보는 갖가지 문양을 다양한 색깔로 얼굴에 그려 넣는 것이다. 검보의 종류는 대단히 많다. 서로 다른 색깔과 도안은 서로 다른 인물의 성격을 상징한다. 보통 붉은색은 충성과 용맹을, 검은색은 거칠고 직설적인 성격을, 흰색은 간사함 등을 상징한다. 도안은 색깔보다 더 복잡하며 상징하는 의미 역시 더 분명하다. 조광윤은 황제이므로 이마에 용 모양을 그려 넣어 표시한다. 포승은 청렴한 '청천青天'이라 이마에 달 모양을 그려 넣는다. 억울하게 죽은 종규는 복이 제때에 찾아오라는 의미로 이마에 박쥐 문양을 그려 넣는다(중국어에서 박쥐를 의미하는 '蝠'은 '福'과 발음이 같다). 두아돈竇兒墩은 호두쌍구虎頭雙鉤라는 갈고리 모양의 무기를 사용하므로 이마에 갈고리 문양을 그려 넣는다. 검보는 주로 정각淨角(중국 전통극에서 성격이 강하고 거친 남성 인물)이 사용한다. 이에 비해 축각丑角(중국 전통극에서 익살스런 역을 맡은 인물)은 대부분 코 주위에 흰색 분을 살짝 바르며 검보의 문양 역시 다양하지 않다.

4. 눈썹[眉]

'미眉(눈썹)'의 자전상의 의미는 '눈 위, 이마 아래의 털'이다. 문학작품 속의 눈썹에 관한 묘사와 비교하면 밋밋하기 그지없는 해석이다. 사람 얼굴의 오관五官 중에서 눈썹이 가장 실용적 가치가 없다고 흔히 말한다. 그러나 중국 고대문학에서 눈썹은 대단히 중요한 작용을 해왔다. 최초의 시집인 『시경』에서 이미 "쓰르라미의 이마와 나방의 눈썹…… 초롱초롱 검은 눈동자"라는 시구로 눈썹을 노래했다. 이는 눈썹과 눈의 아름다움을 절묘하게 묘사한 명구名句이다. 후대의 어떤 문학작품도 이 단순하면서도 영혼이 깃든 묘사를 넘어서지 못했다. 예로부터 중국 민족은 눈썹과 눈의 아름다움을 누구보다 숭상해 왔다. 세계 각국의 문학작품을 들춰봐도 중국처럼 눈썹에 대해 애착을 가진 경우는 없다.

우선 눈썹은 항상 여성의 대명사로 쓰였다. "궁문으로 들어오면 질투를 받고, 아름다운 눈썹의 여인은 받아들여지지 않았네"(낙빈왕洛賓王의 「이경업을 대신해 천하에 격문을 전함[代李敬業傳檄天下文]」에 나오는 구절), "6군이 움직이지 않으니 어찌할까나, 억울한 나방 눈썹의 여인이 말 앞에서 죽는구나"(백거이白居易의 「장한가長恨歌」 중 양귀비가 죽는 장면), "연지산燕支山의 긴 추위에 눈은 꽃이 되고, 나방 눈썹의 여인은 초췌하여 오랑캐 모래땅에 묻혔네"(이백李白의 「왕소군王昭君」에 나오는 구

3-4-1
회화 예술에서 눈썹을 그리는 갖가지 방법

절). 이런 수사법을 외국 문학에서는 좀처럼 찾기 힘들다. 또 중국어에는 눈썹을 형용하는 단어가 부지기수다. '아미蛾眉(누에나방 눈썹)', '쌍아雙蛾(여인의 아름다운 두 눈썹)', '대아黛蛾' 혹은 '대미黛眉(먹으로 그린 듯 짙은 눈썹)', '대라黛螺(짙은 눈썹과 소라처럼 쪽진 머리)', '취대翠黛(짙고 검푸른 눈썹)', '취우翠羽' 혹은 '취미翠眉(비취의 깃 같은 눈썹)', '미봉眉峰(어여쁜 눈썹의 끝부분)', '신월新月' 혹은 '미월眉月(초승달 같은 눈썹)', '유엽柳葉(버들잎 같은 눈썹)' 등이 모두 그렇다. 이 단어들을 통해 다채로운 눈썹의 모양과 색깔을 충분히 느낄 수 있다.

눈썹이 중요한 이유는 얼굴의 표정이 눈썹에 그대로 드러나기 때문이다. '미媚' 자의 글씨체를 우선 보자.

갑골문은 아래쪽은 여자가 무릎을 꿇고 있고 위쪽은 큰 눈에 눈썹이 두 가닥 나 있는 모습이다. 금문은 갑골문과 거의 차이가 없다. 그러나 소전으로 오면 확연히 달라진다. 상하 구조가 좌우 구조로 바뀐 것이다. 사람 위의 큰 눈은 '目'이 되었고, 굽은 눈썹 두 가닥은 가운데가 꺾인 모습이다. '媚'의 원래 뜻은 '아양' 혹은 '아첨'이다. 위에서 보이듯 갑골문과 금문은 눈과 눈썹을 특히 강조했다. 이는 곧 여인이 눈과 눈썹을 통해 남자에게 마음을 전한다는 의미이다.

중국 문학에는 독특한 묘사 방법이 한 가지 있다. 눈과 눈썹을 통한 마음의 전달이 그것이다. 사실 눈과 눈썹은 여성의 표정, 그중에서 특히 성적 표정을 나타내기 위한 특수 장치이다. '미목전정眉目傳情(눈과 눈썹으로 마음을 전하다, 윙크하다)'이라는 말이 있다. 이를 좀 더 속되게 표현하면 '미래안거眉來眼去(추파를 던지다)' 정도가 될 것이다. 즉, 남자와 여자가 서로의 마음을 은근히 드러내는 행동을 말한다. 또 '춘색횡미대春色橫眉黛(춘색이 짙은 눈썹에 걸렸다)' 혹은 '안각미초眼角眉梢, 은함춘의隱含春意', 즉 '눈초리와 눈썹 끝에 춘정이 어리다'라는 말도 있다. 이는 사랑의 감정이 얼굴에 은근히 드러난다는 것이다. 눈과 눈썹으로 마음을 표현하는 말은 이외에도 많다. "수줍어 찡그린 두 눈썹", "근심을 머금은 비취 눈썹", "눈썹을 날리고 기운을 토하다" 등이 모두 그렇다.

학자들은 중국 문학에 이런 묘사가 많은 이유는 중국인이 눈썹을 중요한 표현 수단으로 생각해 왔기 때문이라고 말한다. 아울러 이 현상이 중국 전통 예교의 속박과 관련이 깊다고 주장한다. 예교의 속박을 받은 중국인들은 '희로애락을 얼굴에 드러내지 않는' 것을 미덕으로 여겨왔다. 특히 남녀의 사랑은 더욱 드러내서는 안 되는 것이었다. 심지어 '사랑으로 맺어진 정식 부부'라 할지라도 대놓고 표현을 하면 음탕한 사람이라고 욕먹기 일쑤였다. 이렇듯 감정 표현의 길이 애초에 막혀 버렸으므로, 소리없는 표정으로 마음에서 우러나오는 정을 몰래 표현해야 했다는 것이다. 꼭 그렇다고는 할 수 없지만 어쨌든 상당히 설득력있는 주장임에는 분명하다.

눈썹과 눈은 사람의 얼굴 중에서 미감을 가장 진하게 이끌어내는 부분이다. 중국의 문인들이 눈썹에 큰 관심을 가져온 이유도 이 때문일 것이다. 미를 추구하는 여인의 마음은 어느 시대든 마찬가지였다. 중국의 여인들은 아주 오래전부터 눈썹 화장이 얼굴 전체의 아름다움을 배가시켜 준다고 믿어왔다. 이 믿음은 수천 년이 지난 지금까지 그대로 이어지고 있다.

3-4-2 당대 여인의 계엽미桂葉眉
당唐 주방周昉 「잠화사녀도簪花仕女圖」 부분

눈썹을 그리는 풍습은 일찍이 전국시대에도 있었다. 『초사楚辭』 「대초大招」에서는 "백옥처럼 분 바른 얼굴에 검푸르게 칠한 눈썹이 꽃 같은 향기를 뿌리네[粉白黛黑, 施芳澤只]"라는 시구로 여인을 묘사했다. 또 『전국책戰國策』「초책楚策」에서도 유세객 장의張儀가 초왕에게 "정주鄭周의 딸은 백옥처럼 하얀 얼굴에 눈썹이 검푸릅니다[粉白黛黑]"라고 말했다. 여기서 '대黛'는 눈썹을 칠하는 재료 중 하나로 분, 연지와 함께 당시 부녀자들의 필수 화장품이었다. 눈썹을 칠하는 풍습뿐 아니라 눈썹을 칠하는 전문 재료까지 이미 있었다는 말이다.

서한西漢대에 이르면 눈썹을 가꾸는 풍습이 더욱 유행한다. 한 무제武帝 유철劉徹은 "궁녀들로 하여금 눈썹을 '八' 자로 그리도록" 했으며, 동한의 명제明帝는 궁녀들이 눈썹을 검푸르게 칠하도록 했다. 심지어 당시 문인들은 아내에게 눈썹을 그려주는 일을 우아한 취미로 여기곤 했다. 서한의 장창張敞이 아내에게 직접 눈썹을 그려주곤 했는데, 이것이 점차 사람들 사이에서 유행하게 된 것이다. 그러나 이런 노골적인 애정 표현은 봉건시대의 예교에 어긋나는 것으로 간주되었다. 그래서 평소 장창과 사이가 좋지 않던 사람이 황제에게 그 사실을 일러바치고 행실이 부적절하다며 탄핵까지 했다. 황제가 장창을 불러 어찌 된 연유인지 묻자 그는 이렇게 답했다. "규방 안 부부의 사사로운 일은 눈썹을 그리는 것 이상이라고 신은 들었습니다." 황제는 장창의 말이 틀리지 않은데다 평소 그의 재능을 아껴온 터라 더 이상 질책하지 않았다. 이때부터 '장창이 눈썹을 그리다[張敞畫眉]'라는 말은 부부의 사랑을 의미하는 대명사가 되었다. 한나라 때 탁문군卓文君이 사마상여司馬相如에게 몸을 맡긴 이야기도 '재자才子와 가인佳人이 서로를 빛내준' 대

3-4-3 당대 여인들의 활미闊眉
당 영태永泰공주 묘의 벽화 중 일부

표적 예이다. 사서에서는 탁문군의 "눈썹 색이 멀리 보이는 산과 같이[眉色如望遠山]" 아름답다고 했다. 이 한마디로도 탁문군의 천 가지 아름다움과 만 가지 분위기가 충분히 드러난다. 그래서 당시 여인들은 탁문군을 따라 '원산미遠山眉'를 즐겨 그렸다고 한다.

3-4-4 탁문군의 원산미

위진남북조 때도 눈썹을 그리는 풍습은 여전했다. 사서의 기록에 따르면, 위 무제 조조는 "궁녀들이 검푸른 눈썹과 일자로 이어진 눈썹을 그리도록" 했다. '선아장仙蛾妝'이라 불린 이 가늘고 긴 눈썹 화장법은 제량齊梁시대에 크게 유행했다. 당시는 불교를 통해 서역 문화가 깊은 영향을 주던 때였다. 그래서 예로부터 전해오던 검푸른 눈썹 화장을 제치고 '황미불장黃眉佛妝'이라는 새로운 화장법이 등장했다. 얼굴을 노랗게 화장하는 이 방법은 인도에서 시작된 것으로 보인다. 얼굴 전체를 노랗게 칠한 서역 여자를 보고 중국 관리가 무슨 병에 걸려서 얼굴이 이 지경이 되었느냐고 물었다. 그러자 여자는 '불장佛妝'이라는 화장법일 뿐이라고 일러주었다 한다. 중국인들은 이 화장법을 모방하여 처음에는 이마를 노랗게 칠했다가 나중에는 눈썹을 노랗게 칠했다. 제량 이후 수당대까지 황미장은 궁정과 민간 모두에서 유행했다. 당시에 황미장을 노래한 시가 지금도 적지 않게 전한다. "가느다란 초승달이 노란 나방 눈썹에 걸렸네", "노란 나방 눈썹의 백옥 같은 얼굴이 수레에서 나오는구나" 등이 그러하다.

눈썹을 그리는 풍습은 경제적 요인과도 관련이 깊다. 눈썹을 그릴 때 쓰는 '눈썹먹[黛]'은 한대 이후 대부분 페르시아에서 수입되었다. 중국 강남에서도 생산이 되긴 했지만 소량에 불과했다. 수당대에는 페르시아 산 '나자대螺子黛' 하나의 가격이 '십十 금金'이나 되었다고 한다. 오대 후주後周 때에는 전란이 끊이지 않아 백성들의 삶이 피폐해지고 국고가 텅 비었다. 그래서 불상을 녹여 화폐를 주조하기까지 했다. 지출을 줄이기 위해 주 선제宣帝는 일반 백성들의 눈썹먹 사용을 금했다. 그러나 궁중의 여자들은 예외였다. 이렇게 해서 궁중 사람들이 아니면 모두 황미묵黃眉墨으로 눈썹을 그리게 되었다. 대미黛眉는 금지되었지만 황미黃眉는 계속 쓸 수 있었던 것이다. 그러나 황미묵 화장이 민간에만 유행한 것은 아니었다. "주 정제靜帝의 궁녀들은 황미묵으로 화장했다", "주 정제 때는 천하에 명하여 여자들이 눈썹먹을 쓰지 못하도록 하고, 궁녀들은 모두 황미묵을 쓰도록 했다"는 기록에서 보이듯 궁중에서도 이 화장법을 썼던 것이다.

황음무도한 군주로 유명한 수 양제隋煬帝에게 오강선吳絳仙이라는 왕비가 있었다. 그녀는 '긴 눈썹을 잘 그려서' 양제의 총애를 받았다. 그래서 당시 수천 명의 궁녀들이 모두 긴 눈썹을 그리느라 비싼 나자대가 동이 났다고 한다. 양제는 궁녀들의 긴 눈썹을 위해 세금까지 늘렸다. 그 돈으로 페르시아에서 나자대를 수입해 와 매일 궁녀들에게 나누어주었다. 나자대가 부족하면 구리 눈썹먹을 섞어서 주었다. 그러나 '아름다운 눈썹'의 오강선은 항상 나자대만 썼다.

3-4-5 당대 여인의 팔八 자 눈썹

당대에는 눈썹 화장이 더욱 성행했다. 이상은李商隱 「무제無題」의 "여덟 살에 몰래 거울을 보고, 긴 눈썹 이미 그릴 줄 알았네[八歲偷照鏡, 長眉已能畵]"라는 시구에서 보이듯, 여자아이들도 어른들처럼 눈썹을 그릴 줄 알았다. 지금의 어린 여아들이 몰래 하이힐을 신고 립스틱을 발라보는 것과 다를 바가 없다. 당대에는 또 크고 넓은 눈썹인 '활미闊眉' 도 유행했다. 이는 당시의 부녀자들이 대당의 웅장한 기상을 눈썹에 표현한 것이라고 한다.

사서의 기록에 따르면, 풍류가 철철 넘치던 당 현종은 '미벽眉癖' 이 있어서 화공에게 『십미도十眉圖』를 그려 궁녀들이 그림대로 눈썹을 다듬도록 했다고 한다. 양귀비에게는 세 명의 자매가 있었다. 그들은 모두 현종의 총애를 받았다. 그중 괵국虢國부인은 스스로의 용모에 자신이 넘쳤다. 그래서 평소 화장도 하지 않고 맨 얼굴로 황제를 대하곤 했다. 그런 그녀도 눈썹은 꼭 그렸다. "연지와 분으로 얼굴 더럽히기는 싫어했어도 눈썹은 엷게 그려 황제를 뵈었다네"라는 당대 장호張祜의 시가 이를 묘사하고 있다.

「십미도」 정도로는 부족했는지 영저瑩姐라는 송대의 한 기녀는 100일 동안이나 눈썹을 매일 다른 모양으로 그렸다고 한다. 영저가 워낙 눈썹을 잘 그려서 혹자가 이런 농담을 건넸다. "서촉西蜀에 「십미도」가 있다더니 눈썹 화장에 푹 빠진 너는 「백미도」는 충분히 그리겠구나. 시간이 있다면 너처럼 눈썹에 흥미있는 계집들을 데리고 눈썹의 역사(미사眉史)라도 한번 써보지 그러느냐." 이후 '미사' 는 기녀를 대신 가리키는 말로 쓰이게 되었다.

3-4-6 거안제미擧案齊眉

5. 눈[目]

미적 총체의 하나로서 눈썹과 눈은 뗄 수 없는 관계에 있다.

'目'의 갑골문과 금문은 굳이 설명할 필요도 없이 사람의 눈 모양을 정확하게 표현하고 있다. 소전에 와서는 가로로 놓인 사람의 눈이 세로로 세워지며 눈언저리가 사각형으로 바뀐다. 또 눈동자를 표시하는 작은 원도 두 가닥의 선으로 변해서 사람의 눈이라 보기 힘들다. 해서는 소전에서 왔다.

'目'과 관련된 글자들은 대부분 눈의 기능과 관련이 있다. 몇 가지를 들어보자.

'臣'은 흔히 '대신', 즉 지위가 높은 관리를 가리키지만, 이 글자의 원래 뜻은 '노예', '종'이다. 갑골문, 금문, 소전과 해서의 모양은 아래와 같다.

갑골문은 눈이 세로로 세워진 모양이다. 왜 세로로 눈을 그렸을까? 가로로 놓인 눈이 세로 방향으로 서려면 반드시 고개를 숙여야 한다. 감히 고개를 들지 못하고 숙여야만 하는 사람은 당연히 노예나 종들이다. 금문과 갑골문의 모양은 차이가 없다. 소전으로 오면 세워진 눈 모양으로 보기 힘들어지지만, 툭 튀어나온 눈알은 여전하다. 해서는 소전에서 왔다. 곽말약郭沫若은 『갑골문자연구』에서 '臣'의 갑골문과 금문은 "모두 세워진 눈의 형태이다. 사람이 고개를 숙이면 눈이 세로로 세워진다. '굴복하는 모양'이라고 한 것은 이 때문이다"라고 했다.

위 글자는 '見' 으로 원래 뜻은 '보다' 이다. 갑골문의 아래 부분은 왼쪽으로 무릎을 꿇고 있는 사람의 모습이다. 사람 위에는 큰 눈이 있다. 눈을 크게 그린 것은 뭔가를 봤음을 표시하기 위해서이다. 금문은 갑골문보다 더욱 형상적이다. 소전은 위쪽의 눈을 '目' 자로 바꾸고, 아래의 '人' 역시 간단히 '儿' 으로 썼다.

'省' 자가 만들어진 과정은 다분히 시적이다. 필법을 우선 보자.

아래는 눈이고 눈 위에 새싹 같은 것이 돋아나 있다. 봄날 새롭게 난 싹들은 멀리서 보면 초록빛이다. 그러나 가까이 가면 새싹은 어느새 사라지고 보이지 않는다. 왜 그럴까? 어느새 당신 발밑에 와 있어서 자세히 살펴보지 않으면 찾기 힘들기 때문이다. 그래서 『이아爾雅』 「석고釋詁」하에서는 "성省은 찰察(살핌)이다"라고 했다. 새싹이 돋아날 때의 초록빛을 보기 위해서는 세심한 관찰력이 필요하다. '省' 의 본뜻이 '관찰' 인 이유가 바로 이것이다. '省' 의 금문은 더욱 형상화되었다. 부릅뜬 눈은 눈동자의 움직임을 볼 수 있을 정도로 크다. 그러나 소전에서는 왠지 모르게 '目' 자 위의 빈 공간에 획을 하나 죽 그어놓았다.

'面' 자는 중간에 '目' 이 들어가 있으며 본래 뜻은 '얼굴' 이다. 『설문說文』에서 "면面은 안전顔前이다"라고 했다. 여기서 '顔' 은 두 눈썹 사이를 말하고, '顔前' 은 눈썹 아래 부분을 가리킨다. 이 글자의 필법은 상당히 특이하다.

중간에 큰 눈이 하나 있고, 그 눈 바깥을 사각형에 가까운 도형이 감싸고

있다. 결국 이 도형은 눈 주위, 즉 얼굴 부위를 표시한다고 볼 수 있다. 한가운데 '目'을 넣은 이유는 사람의 오관五官 중 '눈'이 가장 주의를 끌기 때문이다. 소전에 이르면 글자의 모양이 완전히 달라져서 중간의 '目'이 '𦣻', 즉 사람의 머리로 바뀐다.

'面' 자의 구조에서 보았듯이 눈은 사람의 얼굴 중 가장 주의를 끄는 부분이다. '눈은 마음의 거울'이라는 말도 그래서 나온 것이다. 눈은 사람의 마음을 가장 잘 표현하는, 영혼이 깃든 기관이다. 예나 지금이나 남자들은 아름다운 여인이 던지는 추파에 쉽게 넘어간다. "한 번 눈빛을 주니 성이 기울고, 두 번 눈빛을 주니 나라가 기운다"는 말도 있다. 미인은 눈만 잘 묘사해도 매력이 금방 드러난다. "아름다운 눈이 맑기도 하구나!", "아름다운 눈이 초롱초롱하구나!" 등의 묘사나 "눈동자 돌려 한 번 웃으면 온갖 애교가 넘쳐나, 단장한 후궁의 미녀들이 무색해지네[回眸一笑百媚生, 六宮粉黛無顔色]"라는 백거이 「장한가長恨歌」의 표현이 모두 그렇다. 「서상기」에는 최앵앵이 던진 추파에 장생이 넋을 잃는 장면이 나온다.

맑고 초롱초롱한 여자의 눈에 비해 남자는 '금강역사처럼 부릅뜬 눈'이 훨씬 많다. 주 무왕周武王이 황음무도한 상나라의 주왕紂王을 정벌하려고 맹진孟津을 건너려는데 갑자기 큰바람이 일었다. 무왕은 왼손에 황색 도끼를 들고 오른손에 흰 깃발을 든 채로 두 눈을 부릅뜨고 외친다. "천하 백성들의 고통은 이미 나의 것이 되었다. 누가 감히 나의 뜻을 막을 수 있단 말인가?" 그러자 곧바로 바람이 멈추었고, 무왕은 군대를 이끌고 순조롭게 행군할 수 있었다. 전국시대의 용사 주해朱亥가 진왕秦王에게 잡혀 호랑이 우리에 갇혔다. 주해는 조금도 겁먹지 않고 오히려 성난 눈을 부라리며 호랑이를 노려보았다. 그러자 눈알에서 피가 솟구치더니 호랑이의 몸을 적셨다. 호랑이는 그의 위세에 눌려 쳐다볼 엄두도 못 냈다. 위衛나라의 괴외蒯聵가 난을 일으키자, 공자의 제자 자로子路가 군대를 이끌고 구원에 나섰다가 다리가 부러져 성 밖에 쓰러졌다. 기회를 잡은 위나라 장수 호암狐黯이 자로를 죽이려 했다. 그러나 자로의 눈이 번득번득 빛나 감히 가까이 가지 못했다. 호암은 이렇게 부탁했다. "당신 눈이 너무 무서우니 눈을 감아주시오." 자로가 옷으로 눈을 가리고 나서야 호암은 자로를 죽였다.

눈이 이토록 위력을 발휘하는 이유는 옛사람들이 눈을 사람의 정기가 모이는 곳으로 생각했기 때문이다. 그들은 "오장육부의 정기가 모두 눈에 모이니 이것을 정睛(눈동자)이라 한다"고 했다. 뼈의 정기가 모여 동공이 되고, 근육의 정기가 모여 검은 눈동자가 되며, 기의 정기가 모여 하얀 눈자위가 된다. 그래서 옛사람들은 눈을 통해 사람의 내심을 보고, 눈을 '마음의 부호'로 여겼다. 맹자는 "사람에게 있는 것 중에 눈동자만큼 좋은 것이 없다. 눈동자는 그 악함을 가릴 수 없기 때문이다. 마음이 바르면 눈동자가 밝지만, 마음이 바르지 않으면 눈동자가 흐리다"고 했다. 사람의 선악은 반드시 눈에 드러나게 된다는 말이다.

고대인들은 눈을 보고 사람의 품성을 판단했다. 초 성왕楚成王은 상신商臣을 태자로 세우려고 윤자상尹子上에게 의견을 물었다. 자상은 상신이 '벌의 눈에 승냥이의 목소리'를 가졌다고 말하며, 이는 잔인한 성격이 밖으로 드러난 것이니 그를 태자로 세워서는 안 된다고 주장한다. 그러나 성왕은 자상의 의견을 듣지 않고 상신을 태자로 세운다. 나중에 성왕은 생각이 바뀌어 상신을 폐위시키고 따로 태자를 두려 한다. 이 소식을 들은 상신은 궁중 호위대를 끌고 가 성

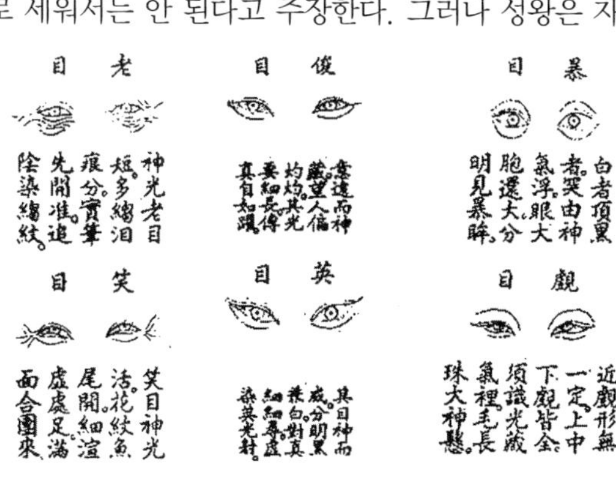

3-5-1 회화 예술에서 눈을 그리는 갖가지 방법

3-5-2 최앵앵

왕을 포위한다. 결국 성왕은 자결하고 상신이 즉위하니, 그가 바로 목왕穆王이다. 아버지를 죽음으로 몰면서까지 정권을 찬탈한 것을 보면 목왕은 분명 잔인한 사람이었다. 위왕魏王이 자순子順에게 물었다. "마회馬回는 어떤 사람이오?" 자순은 그가 강직한 절개가 없는 사람이라고 답한다. "긴 눈으로 돼지처럼 사물을 보는 자는 반드시 몸은 각이 져도 마음속은 둥급니다." 마회의 체구가 크고 건장하지만, 이런 눈을 가진 사람은 항상 의심이 간다는 의미였다. 아니나 다를까, 마회는 위왕에게 기용된 지 3개월 만에 지나친 아첨 때문에 처벌을 받는다.

육조六朝 때의 고개지顧愷之는 인물화를 잘 그렸다. 그는 사람을 그릴 때 눈은 꼭 자세히 그리지 않고 공백으로 놔두었다. 그 기간이 길게는 몇 년이나 되었다. 어떤 사람이 이유를 묻자, 그는 마음을 가장 잘 표현하는 것이 사람의 눈이라서 쉽게 붓을 들 수 없다고 말했다. 당시 이런 전설도 있었다. 고개지가 부채에 혜강嵇康과 완적阮籍(정치를 멀리하고 청담淸談과 문학을 일삼은 죽림칠현竹林七賢의 대표 인물들)의 초상을 그리면서 눈은 끝까지 그리지 않았다. 부탁한 사람에게 부채를 전해주면서 그는 이렇게 말했다. "눈을 그리면 말까지 할지도 몰라 그랬습니다." 양 무제梁武帝는 불교를 숭상했다. 절을 화려하게 장식하길 즐겼던 그는 항상 장승요張僧繇에게 명하여 절에 벽화를 그리도록 했다. 장승요는 금릉의 안락사에 백룡白龍 네 마리를 그리다가 두 마리는 눈을 찍지 않았다. 이유를 묻자 그는 눈을 그리면 날아가 버릴 것 같다고 했다. 잠시 후 천둥이 우르릉 치더니 용 두 마리가 구름을 타고 날아갔다. 그러나 눈을 찍지 않은 나머지 두 마리는 벽에 그대로 남았다. 이것이 바로 유명한 '화룡점정畵龍點睛' 이야기이다.

창세기 신화에서 눈은 순차적 발전 과정을 거친 후 등장한다. 그리스신화에서 태초의 신 카오스가 에레보스와 닉스를 낳고, 이 남매가 관계를 맺어 빛과 낮을 낳는다. 이후 창공의 신 우라노스가 세계의 주재자가 된다. 그는 대지의 여신 가이아와 관계하여 6남 6녀 외에 외눈박이 거인 셋, 백수百手의 거인 셋을 낳는다. 이것이 바로 혼돈에서 암흑이, 암흑에서 빛이, 빛에서 외눈이, 외눈에서 두 눈이 탄생하는 과정이다. 한족의 고대 신화에도 비슷한 이야기가 있다. 최초의 혼돈신에게는 칠규七竅(사람 얼굴에 난 일곱 개의 구멍)가 없었다. 그래서 보지도, 듣지도, 먹지도, 숨 쉬지도 못했다. 나중에 칠규가 뚫린 후 혼돈의 신은 죽었다.

고대의 신화와 전설에 등장하는 눈의 모양과 숫자는 각양각색이다. 남해의 소우산小虞山에는 귀고鬼姑라는 신이 있었다. 이 신은 '호랑이 머리에 용의 발, 구렁이 눈썹에 교룡의 눈'을 갖고 있었으며, 한 번에 열 마리의 귀신을 낳아 하루에 그것들을 모두 먹어치웠다. '교룡의 눈'은 비스듬한 혹은 세로로 세워진 눈을 말한다. 이런 눈을 가진 사람은 맹수처럼 잔인하다. 전

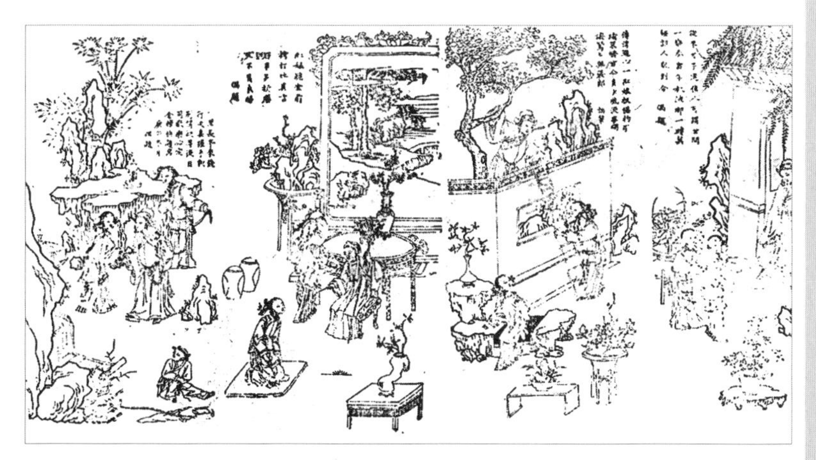

3-5-3 『서상기西廂記』 삽화

설상의 촉룡신燭龍神은 사람의 얼굴에 뱀의 몸과 곧은 눈을 가졌다. 그는 눈으로 밤과 낮의 변화를 주관했다. 눈을 감으면 밤이 되고 눈을 뜨면 낮이 되는 것이다. 『산해경山海經』에는 눈이 하나뿐인 사람들이 사는 '일목국一目國'이 등장한다. 그곳 사람들은 눈이 얼굴의 한가운데 박혀 있다. 또 눈이 세 개가 달린 '기굉국奇肱國' 사람, 목 뒤에 눈이 달린 '후안국後眼國' 사람, 눈이 네 개나 되는 '사목노옹四目老翁'도 등장한다. 창힐이 글자를 만들 수 있었던 것은 그가 눈을 네 개나 가졌기 때문이라고 한다. 그래서 "위로 북두칠성의 움직임을 살피고, 아래로 거북 껍질의 무늬와 새 발자국의 모습을 읽고서, 여러 가지 아름다운 모양을 본따 글자를 만들" 수 있었던 것이다. 그리스신화에서 오디세우스는 함대를 이끌고 트로이에서 귀환하다가 거인국 퀴클로페스를 지난다. 이 나라의 백성들은 눈이 이마 한가운데 하나밖에 없었다.

6. 코[鼻]

'自' 자는 원래 코 모양이었고 뜻도 코였다. '自' 자의 필법을 보자.

갑골문은 사람 코 모양이다. 위가 콧부리, 아래가 콧구멍이다. 금문, 소전, 해서의 모양은 일맥상통한다.

'自'의 원래 뜻은 '코[鼻]'이다. 『설문』에서도 "자自는 곧 비鼻이며, 코 모양이다"라고 했다. 그러나 '自' 자는 주로 '自以爲是(스스로를 옳다고 여기다)'처럼 자기를 가리킬 때 쓰인다. '코'가 왜 '자기'를 뜻하는 말로 쓰이게 되었는지는 의견이 분분하다. 혹자는 코를 나타내는 '自'와 자기의 '自'가 원래 음이 같아서 코의 '自'로 자기의 '自'를 대신했다고 말한다. 즉, 가차를 했다는 것이다. 또 혹자는, 사람이 보통 자기를 가리킬 때 검지로 자기 코를 가리키기 때문이라고 말한다. 지금도 이런 장면은 흔히 볼 수 있다. 사람들은 싸울 때 자기 코를 가리키면서 "난 무서울 게 없어!"라고 소리치곤 한다. 그래서 코의 '自'가 자기의 '自'로 뜻이 확장되었다는 것이다.

'鼻'는 '시작[始]'의 의미로도 쓰인다. 사람이 호흡할 때 가장 먼저 숨이 들어오는 부분이 바로 코이다. 코로 들어오고 난 후에야 폐로 들어가는 것이다. 이렇듯 코가 숨의 시작이 되므로 '시작'의 의미로 쓰이게 되었다. 시조始祖를 의미하는 '비조鼻祖' 역시 여기서 나온 말이다.

'鼻'의 원래 글자는 '自'로 썼다. 그러다가 '自'가 '자기'를 의미하는 '自'로 쓰이게 되면서 어쩔 수 없이 새 글자를 만들어야 했다. 이때부터 '自'와 '鼻'의 쓰임이 확실히 구분되었다. 문자의 역사에서 상당히 의미있는 일이었다.

'息(식)' 과 '臭(취)' 도 '鼻' 와 관련된 글자이다.

금문에서 '息' 자는 위가 '自' 아래가 '心' 이다. 소전과 해서도 모두 이를 따랐다. 『설문』에서 "息은 천喘(헐떡거림)이며, 心과 自의 뜻에서 온 것이다"라고 했다. 그러나 '헐떡거림' 이라는 해석만으로는 다소 부족하다. 단옥재段玉裁는 "사람의 숨이 급한 것을 천喘, 숨이 느긋하고 조용한 것을 식息이라 한다"고 했다. 숨은 코(鼻, 즉 自)를 통해 몸 안으로 들어오고 코를 통해 밖으로 나간다. 이렇게 한 번 들이마셨다가 내쉬는 것을 '일식一息' 이라 한다. "心과 自의 뜻에서 온 것이다"라고 한 이유도 이 때문이다.

'息' 의 원래 의미는 호흡할 때 들어왔다 나가는 숨이다. '휴식休息' 의 의미가 여기에서 나왔다. 단옥재가 말한 것처럼, 가쁜 숨을 '천' 이라 하고 느긋한 호흡을 '식' 이라 한다. 운동을 하거나 힘을 쓰면 호흡이 가빠진다. 휴식은 바로 이 호흡을 느긋하게 하는 것이다. '息' 에는 호흡 말고도 몇 가지 의미가 있다. 그러나 이 의미들은 코에서 파생된 것이 아니므로 여기서는 언급하지 않는다.

'악취를 맡고 얼굴색이 변하다[聞臭色變]' 라는 말처럼 '취臭' 와 관련된 단어들은 대부분 부정적 의미가 강하다. 그러나 원래 '臭' 는 악취의 의미가 아니었으며 발음도 'chòu' 가 아닌 'xiù' 였다. '臭' 는 코로 냄새를 구별한다는 의미인 '후嗅(xiù)' 의 원래 글자이다. '臭' 자의 필법을 보자.

갑골문을 보면 위쪽은 코[自]가, 아래쪽은 개가 한 마리 그려져 있다. 이 개는 머리는 위로, 꼬리는 아래로, 다리는 오른쪽으로 뻗었다. 개는 후각이 매우 발달한 동물이다. 따라서 개와 코로 냄새를 맡는다는 의미를 표현한 것은 대단히 적절하다. 소전은 위쪽도 코 같지 않고 아래쪽도 개의 모양이 아니지만, 여전히 그 구조는 갑골문을 따르고 있다. 해서는 소전의 모양을 기본적으로 따랐다.

'臭'는 '냄새를 맡다'에서 '냄새'로 의미가 확장되었다. '무성무취無聲無臭'는 귀로는 소리가 안 들리고 코로는 냄새가 맡아지지 않는 상태를 말한다. 여타의 물질과 마찬가지로 냄새 역시 양극으로 나뉜다. 더할 나위 없이 향기로운 냄새가 있는 반면, 잠시도 맡기 힘든 악취도 있다. 한 배에서 두 원수가 태어난 것이다. 그래서 '臭'에는 '좋은 향기'와 '나쁜 냄새'의 의미가 함께 들어가게 되었다. "동심지언同心之言, 기취여란其臭如蘭"이라는 말이 있다. 뜻이 맞는 말은 난초의 향처럼 향기롭다는 의미이다. 여기서 '臭' 자를 '코를 찌르는 악취'로 해석하면 전혀 말이 안 된다. 그러나 현대에 와서는 '취' 자가 대부분 '악취'의 의미로 쓰일 뿐, '좋은 향기'나 '냄새를 맡다'의 의미로는 더 이상 쓰이지 않는다. '自'가 '자기'를 뜻하는 말로 쓰이면서 '코'를 나타내는 글자를 새로 만든 경우와 다를 바 없다. '臭' 자 역시 '냄새를 맡다'라는 원뜻을 나타내기 위해 '嗅' 자를 따로 만들어야 했다.

사람의 얼굴에서 코는 심미적 가치가 별로 없는 것 같다. 사람들이 눈, 눈썹, 입술, 심지어 치아를 묘사할 때도 화려한 수식어를 동원하는 것과 달리 코를 찬미하는 사람은 별로 없다. '조롱박씨 같은 치아', '매미 이마에 나방 눈썹', '어여쁜 눈 초롱초롱도 하여

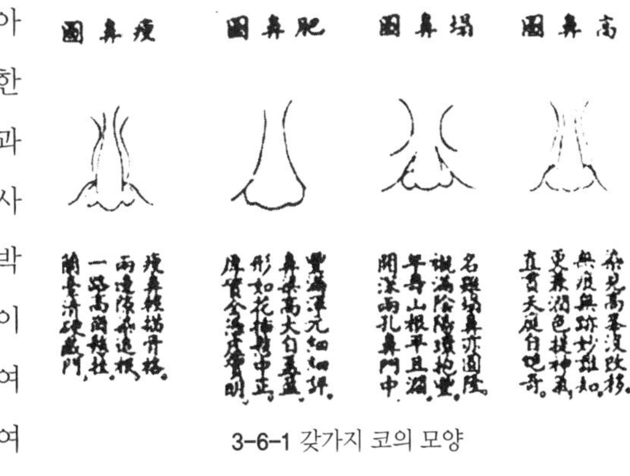

3-6-1 갖가지 코의 모양

라', '앵두 같은 입술', '붉은 입술과 새하얀 치아' 등의 찬사가 코와 관련해서는 없다는 말이다. 『사기』에서 사마천은 진시황이 '벌의 눈에 긴 코'를, 한 고조가 '높은 코에 용의 얼굴'을 가졌다고 말했다. 그러나 이 기록은 진시황과 한 고조가 보통 사람과는 다른 제왕의 상을 가졌다는 말일 뿐이지 코 자체에 대한 찬사는 아니다. 조설근曹雪芹은 『홍루몽紅樓夢』에서 '거위의 기름처럼 매끄러운 코'라고 영춘迎春을 묘사하고, '담낭을 매달아놓은 듯 오뚝한 코'라고 보옥寶玉을 묘사했다. 하지만 이는 조설근이 고대소설에 흔히 쓰이던 묘사들을 그대로 옮긴 것뿐이다. 그런 조설근도 대옥黛玉을 형용할 때는 달랐다. "찌푸린 듯 찌푸리지 않은 듯 검고 가는 두 눈썹, 기쁜 듯 기쁘지 않은 듯 정을 머금은 두 눈"이라고 묘사한 것이다. 대옥의 코를 언급하지 않음으로써 눈썹과 눈이 주는 미감이 코보다 훨씬 탁월함을 말하고 있다.

찬사의 수식어와 코는 별 상관이 없지만, 사실 코는 심미적 측면에서 상당히 중요한 위치를 차지한다. 얼굴에서 가장 잘 보이는 자리에 있으므로, 코가 못생기기라도 하면 사람들은 바로 트집을 잡는다. 크면 큰 코, 작으면 작은 코, 둥글면 매부리코, 붉으면 딸기코, 뭉툭하면 개발코, 평평하면 납작코라고 놀려댄다. 눈과 눈썹이 아무리 예뻐도 코가 못생겨 버리면 예쁜 얼굴이 되지 못한다.

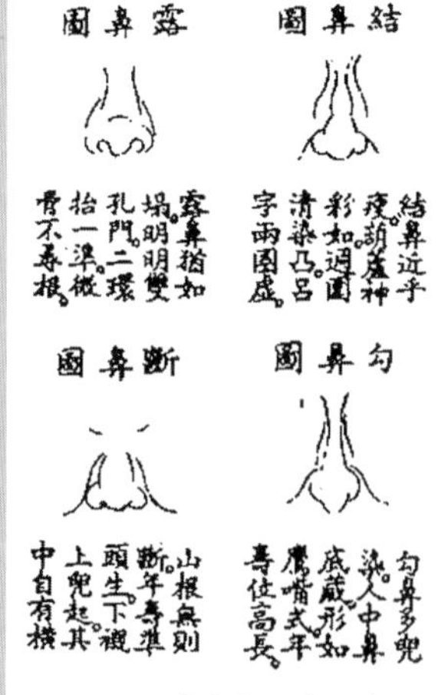

3-6-2 갖가지 코의 모양

코가 차지하는 비중 때문에 옛사람들은 '의형劓刑'이라는 형벌까지 만들었다. '劓'는 코를 베는 것이다. 코가 못생기기만 해도 사람들이 손가락질을 하는데, 하물며 코가 없으면 어떻겠는가? 중국 고대의 형벌 중에는 상상을 초월하는 것들이 많았다. 주나라 때는 '묵墨, 의, 비

剕, 궁宮, 대벽大辟'의 5형이 있었다. 묵형은 얼굴에 글자를 새겨 넣는 것이고, 비형은 발꿈치를 자르는 것이고, 궁형은 생식기를 떼버리는 형벌이고, 대벽은 사형을 말한다. 주나라 때는 의형이 자주 시행되었다. 의형을 받은 사람은 항상 변방으로 파견되어 수자리를 섰다. 추한 얼굴 때문에 그들은 인적 없는 먼 곳으로 떠나 여생을 보내고자 했다. 당시 수도에서 5백 리 떨어진 곳에 열두 개의 관문이 있었다. 이들 관문은 모두 코가 잘린 사람들이 지켰다고 한다.

한대漢代 초까지만 해도 의형은 대단히 보편적인 형벌이었다. 그러나 기원전 167년 한 문제文帝 유항劉恒이 폐지조령을 내린 후 의형은 관방이 규정한 형벌로서의 위치를 잃게 되었다. 후대에도 의형은 간혹 시행되곤 했지만, 원대를 제외하고 당, 송, 명, 청 등의 조대에는 더 이상 관방의 율령에 의형이 등장하지 않았다. 그래도 징벌 수단으로서의 의형은 계속 존재했다. 명 성조成祖 주체朱棣는 '정난靖難의 변'을 일으키고 남경을 점령한 후 건문제建文帝(명 혜제惠帝)에게 충성했던 신하들을 갖가지 벌로 다스린다. 그중 하나가 바로 의형이었다.

의형은 참혹한 역사의 일면이다. 그러나 의형이 워낙 유행했기 때문에, 이 참혹함 속에서도 웃지 못할 일이 벌어지곤 했다. 동한의 최실崔實이 「정론政論」에서 말한 내용이다. 6국을 멸한 진은 포로가 된 6국 병사와 백성들을 대부분 의형에 처했다. 그래서 세상에 코가 없는 사람이 있는 사람보다 더 많아져 심미관도 완전히 바뀌게 되었다. 코가 없는 사람이 보기 좋고 코가 있는 사람이 흉하다는 것이었다. 이는 문학가인 최실이 진시황의 잔혹함을 풍자한 말일 가능성이 크다. 그러나 지난 역사에는 실제로 이런 일이 있었다. 주나라 때는 의형과 묵형을 받은 사람들이 원래 살던 곳에 있기가 불편해서 이민족이 사는 지방으로 한꺼번에 도망을 갔다. 이민족들은 코가 없거나 얼굴에 글자를 새긴 사람들을 보고 깜짝 놀라 그 이유를 물었다. 그때 사람들은 중원의 풍속 중 하나라고 이민족들을 속였다. 이민족들은 중원의 문화를 숭상하여 자기들도 코를 베고 얼굴에 문양을 새겨 넣었다. 일부 이민족 지역에서는 이런 행동이 하나의 풍속으로 굳어졌다. 이 풍습은 당송대까지 이민족들 사이에 남아 있었고, 얼굴에 문신을 하는 풍습은 더 오래 지속되었다.

중국 고대의 예교 사상은 여성에 대한 압박이 매우 심했다. 그중 가장 중요하게 여기는 것이 바로 순결이었다. "굶어 죽는 것은 별일 아니나 순결을 잃는 것은 큰일이다"라는 말이 있을 정도였다. 여자들은 이런 교육을 받으며 순결을 지키는 것을 영예로 생각했다. 그들은 남편이 죽은 후 어머니가 개가를 권유하면 칼을 들고 자기 코를 베었다. 칼이 무뎌 베어지지 않으면 돌에 간 다음 베었다. 멀쩡한 코를 베는 것은 끝까지 '수절'을 하겠다는 의지의 표현이었다. 나라에서는 이렇게 절개를 지킨 여자들을 표창하고 정사正史의 「열녀전列女傳」에 넣어주었다.

7. 입[口]

입은 음식을 먹고 말을 하는 기관이다. 『고금도서집성古今圖書集成』에서는 『석명釋名』을 인용하여 '口' 부를 해석할 때, 소리를 내고 음식을 먹는 모든 부위를 함께 기록했다. 여기에는 턱, 뺨, 혀, 광대뼈, 입술 등이 포함된다. 중국어에서 입은 '취嘴' 로도 쓴다. 이 두 글자는 좁은 의미의 동의어로 볼 수 있지만, 실제 사용에 있어서는 말이든 글이든 상당한 차이가 난다. 여기서는 대략적 의미만을 고려하여 두 글자를 동일하게 보고자 한다.

입의 첫 번째 기능은 먹는 것이다. 고대사회는 생산력이 낮고 물자가 풍부하지 못했다. 배불리 먹을 수 있는 날이 아주 적었다. 게다가 가뭄이나 홍수 같은 자연재해가 빈번하여 먹는 것이 무엇보다도 중요했다. 그래서 사람들은 만나면 "밥 먹었어요?"라는 말로 인사를 대신하곤 했다. 시대가 변하면서 이 말은 원래의 의미를 잃었지만, 지금까지도 사람들은 이것을 인사말로 쓰고 있다. 외국인들이 "오늘 날씨 좋죠!"라고 인사를 건네는 것과 마찬가지다. 중국어를 처음 배우는 외국인들은 "밥 먹었어요?"라는 말에 고개를 갸웃하곤 한다. "내가 밥을 먹었는지를 묻는 거야, 아니면 나랑 같이 밥을 먹자는 거야?" 문화적 차이 때문에 빚어지는 풍경이다.

옛사람들은 각박한 삶의 조건과 싸워야 했다. 워낙 힘든 날을 보내다 보니 '입에 풀칠하다' 가 하루하루를 버틴다는 의미로 쓰이게 되었다. '입' 하나를 위해 모든 노력과 수고를 기울인다. 입만 만족시켜 주면 그런대로 괜찮다는 말이다. 곤궁한 삶을 이보다 더 절실하게 표현하는 단어가 있을까? 『상군서商君書』「농전農戰」에서는 "장사는 집을 부유하게 하고, 기술과 재주는 입에 풀칠을 해준다"고 했다. 중국에서는 춘절春節(중국의 설날) 때 집집마다 춘련春聯(춘절을 맞이하기 위해 섣달그믐 밤에 집의 기둥이나 대문 등에 붙이는 상서로운 문구)을 붙인다. 이때 자주 쓰이는 문구 중 하나가 바로 '인구평안人口平安' 이다. 여기서 '口' 는 음식을 가리킨다고 봐야 할 것이다. 그래서 '인구평안' 은 곧 '배불리 먹고 건강하다' 의 의미가 된다.

입의 두 번째 기능은 말하기이다. 또 병도 입으로 들어오고 재앙도 입으로 들어온다. 이런 옛말이 있다. "음식을 절제하면 병에 걸리지 않고, 말을 골라서 하면 재앙을 면할 수 있다. 질병과 재앙은 하늘에서 떨어지는 것이 아니라 입으로부터 나오는 것이다. 그래서 군자는 입으로 뱉고 입으로 들어가는 것에 조심하고 또 조심한다." 입의 첫 번째 기능인 '먹기' 가 기본적인 생존과 관련이 있다면, 두 번째 기능인 '말하기' 는 사회생활과 밀접한 관련이 있다. 옛사람들은 "한마디 말로 나라를 흥하게 할 수도, 망하게 할 수 있다"는 말로 그 중요성을 강조했다.

『국어國語』에는 이런 역사 기록이 있다. 주 여왕厲王이 폭정을 행하자 대신 소공召公은 "백성들의 원망이 크므로 부디 민의를 살피시기 바랍니다" 라고 간언한다. 그러나 여왕은 충언을 받아들이기는커녕 오히려 군사를 보내 감시를 강화한다. 조정에 대해 가타부타 따지는 자는 바로 사형이었다. 상황이 이렇게 되자 사람들은 함부로 말을 꺼내지 못하고 길에서 만나도 눈으로만 의사를 전달했다. 여왕은 으스대며 소공에게 말했다. "자, 보시게. 지금은 아무도 내게 험담을 못하지 않는가!" 그래도 소공은 뜻을 굽히지 않았다. "백성들의 입을 막는 것은 냇물에 둑을 쌓는 것이나 마찬가지입니다. 둑이 무너지면 많은 사람들이 해를 입습니다. 그러므로 냇물을 다루는 사람은 물이 잘 흐르도록 길을 내주고, 백성을 다스리는 사람은 그들이 말을 할 수 있도록 해주어야 합니다." 여왕은 끝내 그의 말을 받아들이지 않았다. 3년 후 참지 못한 백성들은 여왕을 몰아낸다. 황제가 백성의 뜻을 무시하고 그들의 입까지 막아버리니, 결국 백성들이 거대한 물결이 되어 낡은 질서를 씻어내 버린 것이다.

입의 힘은 결코 무시할 수 없다. 군웅이 권력을 다투던 전국시대에 백성들은 극심한 도탄에 빠졌다. 그러나 종횡가들은 오로지 입과 혀에 의지해 장수도 되고 재상도 되었다. 그야말로 '한 번 노하면 제후가 벌벌 떨고, 편안히 머물면 천하가 조용해질' 정도였다. 『사기』에는 이런 이야기가 있다. 장의張儀는 전국시대의 유명한 유세객이었다. 한번은 그가 초나라 승상과 술을 먹던 중 승상의 옥 하나가 없어지는 사건이 발생했다. 승상의 문인들은 장의를 의심했다. 장의가 원래 가난한데다 평소 품행도 바르지 못하니 그가 훔쳐갔음이 틀림없다고 봤다. 그들은 장의를 잡아다가 채찍으로 수백 대를 때렸다. 그러나 장의가 끝까지 부인하자 결국 그를 풀어줄 수밖에 없었다. 집으로 돌아온 장의는 아내에게 말했다. "내 혀가 아직 달려 있는지 좀 봐주시오." 아내가 웃으며 답했다. "아직 있습니다." 장의의 대답이 가관이었다. "혀만 달려 있으면 됐소!" '푸른 산이 있으니 땔나무 걱정은 없다'는 의미였다. 과연 장의는 나중에 이 혀에 의지해 높은 관직과 봉록을 받는다.

모수毛遂는 전국시대 조趙나라 평원군平原君의 문객이었다. 조나라는 초나라와 동맹을 맺고 싶어했다. 당시 초나라는 강하고 조나라는 약했다. 초나라는 전혀 급할 것이 없었다. 이때 모수가 자기가 임무를 완수하겠다고 적극 나선다. 자진해 나선다는 의미인 '모수자천毛遂自薦'은 여기서 나온 사자성어이다. 과연 모수는 초나라로 가서 현란한 말주변으로 초왕이 동맹을 맺도록 설득한다. 평원군은 '세 치 혀가 백만의 군대보다 강하다'는 말로 임무를 마치고 돌아온 모수를 칭찬한다. 말 잘하는 사람을 가리킬 때 흔히 쓰는 '세 치 썩지 않는 혀'라는 말이 여기서 나왔을 것이다.

'치망설존齒亡舌存(이는 빠져도 혀는 남다)'이라는 말이 있다. 부드러움이 딱딱함을 이긴다는 의미이다. 혀는 오므라들었다 늘어났다 부드럽지만 그 작용만큼은 만만치 않다. “혀는 뼈가 없지만 이빨보다 더욱 날카롭다”, “혀 밑에 사람이 눌려 죽다” 같은 속담들이 이를 대변해 준다. 그래서 우리는 평소 말을 할 때 되는대로 내뱉지 말고 먼저 신중하게 생각을 해야 한다. ‘신구개하信口開河’ 혹은 ‘신구개합信口開合’이라는 말이 있다. 뒷일은 책임지지 않고 입에서 나오는 대로 지껄인다는 의미이다. 이런 말은 상대에게 큰 상처와 피해를 준다. ‘신구자황信口雌黃’은 사실을 따지지도 않고 멋대로 결론을 내린다는 말이다. 여기서 ‘자황’은 황색의 광물로, 물감을 만들 때 흔히 사용한다. 옛날 사람들은 황지黃紙에 글자를 썼다. 그러다가 글자를 잘못 쓰면 자황을 그 위에 칠하고 다시 썼다. 자황의 색깔과 종이의 색깔이 같기 때문이다. 이와 관련된 성어로 ‘구중자황口中雌黃’이 있다. 자황을 칠해 글자를 다시 쓰는 것처럼, 잘못한 말을 금방 바꾼다는 의미이다. 『진서晉書』「왕연전王衍傳」에 이런 기록이 있다. “(왕연은) 심오한 말을 잘하고 오직 노자와 장자에 대한 담론만 일삼았다…… 이치가 맞지 않으면 금방 말을 바꿔서 사람들은 그를 ‘구중자황’이라 불렀다.”

한나라의 가규賈逵는 유달리 총명하고 경학에 능했다. 명성이 멀리까지 퍼지자 많은 이들이 그의 강의를 들으러 왔다. 어떤 사람은 만 리 길을 마다않고 찾아오고, 어떤 사람은 아예 식구들까지 데리고 가규의 집 옆으로 이사를 왔다. 사람들은 곡식을 바치며 그의 강의를 들었다. 어떤 사람이, 가규가 얻은 곡식이 밭이 아닌 입에서 나온 것이라며 그를 ‘설경舌耕’이라 칭했다. 이때부터 사람들은 입에 의지해 생계를 잇는 것을 ‘설경’이라 부르게 되었다.

초 회왕懷王에게는 정수鄭袖라는 애첩이 있었다. 초왕이 예쁜 첩을 새로 한 명 들이자 정수가 그 첩에게 말했다. “황제께서는 여자가 손으로 입을 가리는 모습을 무척 좋아하셔. 예쁨 받으려면 황제를 모실 때 손으로 입을 가리고 있으면 돼.” 새로 들어온 첩은 겉은 화려해도 머리는 안 돌아가는 여자였다. 그녀는 초왕을 보자마자 손으로 입을 가렸다. 이를 이상하게 여긴 초왕이 이유를 묻자 정수는 이렇게 답했다. "대왕의 입 냄새가 싫은가 보네요." 하루는 초왕, 정수, 새로 들인 첩 셋이 함께 수레를 타고 나들이를 갔다. 정수는 마부에게 "대왕께서 명령을 내리면 바로 행동에 옮겨야 한다"고 미리 일러두었다. 새로 들인 첩은 회왕 옆에 앉아 틈만 나면 입을 가렸다. 참다못한 회왕이 버럭 소리를 질렀다. "의형劓刑에 처하라!" 코를 베라는 말이었다. 마부는 명령을 받자마자 칼로 그녀의 코를 베어버렸다. 코를 잃은 여자는 초왕의 총애도 잃고 말았다. 이에 반해 정수의 위치는 날이 갈수록 높아져 나라의 대사에까지 참여하게 되었다. 유명한 시인 굴원屈原이 조정에서 쫓겨난 것도 음모에 능통한 정수가 초왕에게 참언을 올렸기 때문이라고 한다.

옛사람들은 관상을 보고 사람의 품격을 판단하곤 했다. 물론 입은 중요한 판단 기준 중 하나였다. 월왕越王 구천勾踐의 와신상담은 잘 알려진 이야기다. 그의 놀랄 만한 의지와 인내력은 존경스러울 정도다. 구천은 오왕이 병에 걸리자 심지어 그의 똥까지 핥으며 병세를 확인했다. 오왕이 자기를 철석같이 믿도록 하기 위해서였다. 그러나 구천이 월나라를 다시 일으켜 세우자 창업의 힘든 여정을 함께했던 범려范蠡는 배를 타고 떠나 버린다. 범려는 또 다른 대신 문종文種에게 이런 편지를 남겼다. "월왕은 긴 목에 새 주둥이를 가졌소. 이런 사람은 고통은 나눌 수 있어도 즐거움을 함께할 순 없소. 당신도 어서 떠나도록 하오." 편지를

3-7-1 회화 예술에서 입술을 그리는 갖가지 방법

받은 문종은 병을 핑계로 조정에 나가지 않았다. 그러자 어떤 사람이 문종이 모반의 마음을 품고 있다는 참언을 올렸다. 월왕은 문종에게 검을 하사하며 자살을 강요했다. 한나라의 반초班超가 아직 귀해지기 전에 관상을 보러 간 적이 있었다. 관상가는 그가 만 리 밖에서 제후諸侯에 봉해질 것이라고 확신했다. '제비 턱에 호랑이 목으로 멀리 날아가서 고기를 먹으니, 이것이 곧 만 리 밖 제후의 상' 이라는 것이었다. 훗날 반초는 멀리 변경에서 큰 공을 세우고 대업을 이룬다. 큰 입에 턱이 짧았던 왕망王莽은 '신新' 이라는 새 왕조를 세우고 순조롭게 황위에 오른다. 한 관상가가 왕망의 부름을 받은 적이 있었다. 왕망을 만나고 나오는 관상가에게 어떤 사람이 왕망의 관상을 물었다. '올빼미 눈에 호랑이 입' 이라 남을 잘 먹기도 하지만 남에게 잘 먹히기도 한다고 관상가가 말했다. 그는 즉시 이 말을 왕망에게 일러바쳤다. 왕망은 관상가를 죽이고 밀고자에게 큰 상을 내렸다. 그때부터 왕망은 항상 병풍 뒤에 숨어 있어서, 아주 가까운 사람이 아니면 그의 '진면목' 을 볼 수 없었다고 한다.

8. 이[齒]

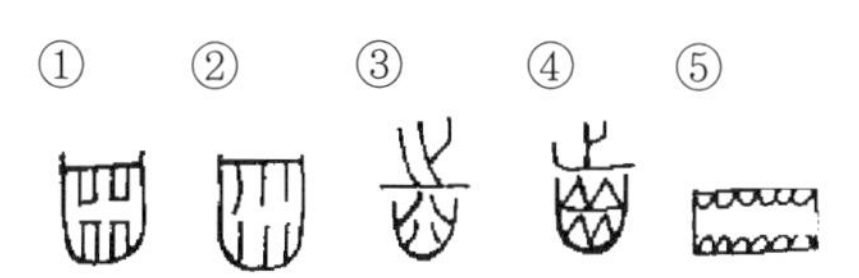

①은 갑골문이다. 하얀 치아가 입술 사이로 드러난 모양이다. ②에서는 직선으로 치아를 표시했다. ③은 금문이다. '止'를 넣음으로써 상형자를 형성자로 만들었다. ④는 소전체로 금문에서 발전한 모양이다. ⑤는 동파문東巴文(중국 납서족의 상형문자)으로 갑골문과 모양이 흡사하다.

'치아'는 이미 하나의 단어가 되었다. 그러나 고대에 '치齒'와 '아牙'는 서로 의미가 달랐다. 입술 바로 뒤쪽의 앞니를 '치'라 하고, 아래턱 위의 큰 이를 '아'라 한 것이다. 단옥재는 『설문』에 대한 주석에서 "앞쪽의 입술과 맞닿은 이가 '치'이고, 뒤쪽의 보거輔車에 있는 이를 '아'라 한다"고 했다. 보거는 뺨 부위를 말한다. 이처럼 옛사람들은 '아'와 '치'를 구분해 사용했다.

'순망치한脣亡齒寒'이라는 말이 있다. 여기서 '치'가 바로 앞니이다. 춘추시대에 진 헌공晉獻公이 괵虢나라를 토벌하러 가는 도중 우虞나라를 지나게 되었다. 헌공은 우나라에게 길을 좀 빌려달라고 부탁했다. 우나라의 궁지기宮之奇가 왕에게 말했다. "괵은 우리의 이웃입니다. '광대뼈와 턱은 서로를 의지하고, 입술이 없으면 이가 시리다'는 말도 있지 않습니까. 우리와 괵나라의 관계가 바로 그렇습니다." 그러나 왕은 궁지기의 말을 듣지 않고 우나라에 길을 내주었다. 진나라는 괵국을 멸망시킨 후 돌아오는 길에 우나라까지 무너뜨렸다. 사서에서는 스스로 멸망을 불러온 우나라 임금을 비난하며 '우공虞公'으로 신분을 낮춰 버렸다. '치랭齒冷'이라는 말도 있다. '남에게 비웃음을 사다'의 의미이다. 이 단어의 쓰임 역시 '齒'가 앞니를 가리키는 것과 관련이 있다. 웃으면 입이 벌어지게 마련인데, 웃는 시간이 길어지면 앞니가 차가워지는[冷] 느낌을 받기 때문이다.

고대에는 '齒'에서 파생된 의미가 대단히 많았지만 지금은 그중 일부만 남아 있다. 혹자는 '몰치난망沒齒難忘'에서 '齒'를 치아로, '沒齒'를 이가 빠진 것으로 해석한다. 즉, '이가 다 빠질 정도로 늙을 때까지'의 의미로 보는 것이다. 사실 이곳의 '齒'는 '나이'를 가리킨다. 소나 말 따위의 가축은 새끼 때 매년 하나씩 이빨이 난다. 그래서 사람들은 이빨의 수로 가축의 나이를 셈한다. 여기서 의미가 확장되어 사람의 나이까지 가리키게 된 것이다. '沒'은 '마지막까지 계속'의 의미이다. 따라서 '몰치'는 나이가 들어 생을 마감할 때까지, 즉 '평생'의 의미가 되며, '몰치난망'은 '평생 잊지 못하다'로 해석할 수 있다. '치양齒讓(나이를 봐서 서로 양보하다)', '치덕구존齒德俱存(나이나 덕행이 모두 존경할 만하다)' 등의 '齒' 역시 '나이'를 가리킨다.

『설원說苑』에는 이런 이야기가 있다. 상창常摐(노자의 스승이라 일컬어지는 인물)이 큰 병에 걸리자 노자가 문병을 가서 사람들에게 남길 말씀이 있는지 물었다. 상창이 입을 벌리며 노자에게 물었다. "내 혀가 아직 있느냐?" 노자가 답했다. "있습니다." 상창이 다시 물었다. "내 이가 아직 있느냐?" 노자가 답했다. "이는 없습니다." 상창이 또 물었다. "이유가 무엇인지 아느냐?" 이미 사물의 이치를 꿰뚫은 노자가 즉시 답했다. "혀가 아직 있는 이유는 그것의 부드러움 때문이고, 치아가 없는 것은 그것의 딱딱함 때문입니다." 상창이 흡족한 표정으로 말했다. "맞다! 그 이치를 알고 있으니 너는 이미 천하의 이치도 깨달은 것이니라." 이것이 바로 '치망설존齒亡舌存'이라는 성어의 유래이다.

치아는 입술 안쪽에 있지만 말을 하거나 크게 웃을 때는 밖으로 드러나게 된다. 옛사람들이 여자들에게 '웃더라도 치아를 내보이지 말라'고 했던 것은 단정하고 우아한 자태를 잃지 말라는 의미였다. 치아는 사람을 판별하는 중요한 흔적이 되기도 한다. 그래서 다른 사람이 알아보지 못하도록 얼굴뿐 아니라 이까지 훼손한 경우도 있었다. 춘추시대 오자서伍子胥는 치아가 고르고 보기 좋았다. 그는 초 평왕平王의 추격을 피해 달아나면서 사람들이 자기를 알아볼까 봐 산에서 돌로 자기 치아를 부러뜨렸다. 후대 사람들은 이 산을 호아산護牙山이라 부르고, 산 아래에 오자서의 사당을 지었다.

한왕韓王이 섭정聶政(전국시대의 협객)의 아버지에게 검을 만들도록 했다. 정해진 시간에 검을 완성하지 못하자 한왕은 섭정의 아버지를 죽였다. 당시 섭정은 아직 뱃속에 있었다. 장성한 섭정은 복수의 뜻을 세우고, 한 선인仙人을 만나 거문고를 배웠다. 남들이 알아볼까 봐 그는 나병 환자처럼 온몸을 검게 칠하고 숯을 먹어 벙어리가 되었다. 7년 후 그는 한나라로 돌아왔다. 그때 아내는 시장에서 빗을 팔고 있었다. 아내와 마주친 그는 이를 드러내고 씩 웃어주었다. 그러자 아내가 말했다. "당신 이가 제 남편 섭정과 똑같이 생겼군요!" 섭정은 그 길로 산에 돌아가 앞니를 돌로 짓이겨 버렸다.

물론 위의 이야기들은 민간의 전설이다. 오자서와 섭정이 이를 부러뜨리는 모습을 보여줌으로써 그들의 복수심을 부각시키려는 것이다. 오자서는 나중에 오나라로 달아나 대장이 되고 오왕 합려를 도와 초의 도성을 점령한다. 당시에 초 평왕은 이미 죽고 없었다. 그는 평왕의 시체를 꺼내 채찍으로 3백 대를 때림으로써 가족을 죽인 원수의 한을 푼다. 아버지의 원수를 갚는 섭정의 이야기는 순전히 지어진 것이다. 그가 원수를 피해 숨어 지낸 것은 사실이지만, 사람을 죽인 것은 자기를 알아주고 도와준 사람의 은혜를 갚기 위해서였다. 섭정은 한의 재상 협루俠累를 죽이고 자기도 자결한다.

송 태조 조광윤趙匡胤이 하루는 후원에서 화살로 참새를 잡으며 놀고 있었다. 그때 한 대신이 급한 일이 있다며 황제를 뵙고자 했다. 태조가 서둘러 후원을 나와 무슨 일인지 물었으나 사실은 전혀 급한 일이 아니었다. 태조가 버럭 역정을 냈다. "그따위 일이 뭐가 급하단 말이오?" 대신이 말했다. "참새를 쏘는 것보단 급하지 않습니까." 태조는 불같이 화를 내며 도끼 자루로 대신의 입을 내려쳤다. 앞니 두 개가 떨어져 나갔다. 대신은 땅에 엎드려 빠진 이를 품속에 주워 넣었다. 태조는 화가 더 치밀어 올랐다. "이빨을 박아 넣고 다시 나한테 대들 작정이냐?" 대신이 말했다. "소신이 어찌 그런 담력이 있겠습니까. 이 일은 사관이 기록할 것입니다." 태조는 그제야 노기를 감추고 비단을 하사하며 그를 위로했다. 성격은 불같았지만 송 태조는 그래도 잘못을 인정하고 스스로를 고칠 줄 아는 사람이었다. 그래서 천하를 휘어잡고 송대 초를 번영의 시대로 이끌 수 있었던 것이다.

북제北齊 무성제武成帝에게 지치智齒 하나가 새로 났다. 무성제가 태의에게 이유를 물었다. 옛사람들은 지치를 '전아顚牙(사랑니)'라 불렀다. 태의는 사랑니가 나는 것은 극히 정상적인 일이니 걱정하지 마시라고 했다. 그러나 웬일인지 왕은 화를 내며 태의를 때리기까지 했다. 나중에 왕은 서지재徐之才에게 똑같은 질문을 했다. 서지재는 아첨에 도가 튼 간신이었다. "지치는 총명하고 장수하는 사람에게만 납니다." 무성제는 흡족한 듯 크게 웃으며 무거운 상을 내렸다. 이후 무성제는 주색에 탐닉해 몇 년 못 살고 죽는다.

『산해경』에 '착치민鑿齒民'에 대한 기록이 있다. '착치'가 무슨 뜻일까? 한진漢秦 때에 두 가지 해석이 있었다. 그중 하나는 정처럼 긴 치아, 즉 뻐드렁니이다. 고유高誘는 『회남자淮南子』 주석에서 "착치민은 입 아래로 이가 하나 튀어나와 있는데, 그 길이가 세 자나 된다"고 했다. 곽박郭璞은 『해외남경海外南經』 주석에서 "착치 역시 사람이다. 정 같은 치아의 길이가 대여섯 자나 되어 이렇게 이름 지은 것이다"라고 했다. 다른 한 가지 해석은 남방 사람들의 이 뽑는 풍속에서 유래한다. 『관자管子』에서는 "오吳와 월越이 전투를 했는데…… 그 이를 뽑았다"라고 했다. 춘추시대 남방에 이를 뽑는 풍습이 있었음을 증명한다. 삼국 때 오나라 사람 심영沈瑩은 『임해수토지臨

海水土志』에서 대만 여자들은 시집갈 때 윗니를 하나씩 뽑는 풍습이 있다고 썼다. 진晉의 『박물지博物志』 권2에는 형주荊州의 요족僚族 남자들은 "성인이 되면 윗니를 하나씩 뽑아 몸을 장식했다"는 기록이 있다. 진의 『광지廣志』에서는 남방의 복족濮族도 이를 부러뜨리는 풍속이 있다고 썼다. 현대 학자들은 '착치'가 옛사람들의 이 뽑는 풍속을 반영한 것이라고 고증했다. 따라서 두 번째 해석이 더 타당하다고 볼 수 있다. 즉, '착치민'은 발치拔齒의 풍속이 있는 사람들을 가리키는 말이다.

중국의 고고학자들은 신석기 혹은 그보다 조금 늦은 여러 유적들에서 발치 풍속의 흔적을 발견했다. 특히 남방에 그런 흔적이 많았다. 예를 들어 산동 연주兗州의 왕인王因, 태안泰安 대문구大汶口, 교현膠縣 삼리하三里河, 강소 비현邳縣 대돈자大墩子, 호북 방현房縣 칠리하七里河, 복건福建 담석산曇石山, 광동 불산佛山의 하암河岩, 대만 병동현屏東縣의 아란비鵝鑾鼻 유적 등이 모두 이에 해당한다.

옛사람들이 치아를 뽑은 이유는 다양하다. 몸 장식, 즉 미의 추구도 그중 한 가지다. 송대 『태평환우기太平寰宇記』 권77에서는 아주雅州의 요족僚族들이 "나이가 들면 윗니를 빼서 마치 개의 이빨처럼 그것으로 장식을 했다"고 썼다. 또 권79에서는 융주戎州의 요족들이 "상투를 틀고 맨발을 벗고, 이를 뽑고 귀를 뚫는" 풍속이 있다고 썼다. 명대 『동번기東番記』에 따르면, 고산족高山族은 "남자는 귀를 뚫고 여자는 이를 뽑아 그것으로 장식을 했으며, 또 여자 나이 15~16세가 되면 입술 양옆의 치아 두 개를 잘랐다". 또 발치를 일종의 기념으로 삼기도 했다. 명대 『행변기문行邊紀聞』에 따르면, 흘로족仡佬族은 부모가 죽으면 아들과 며느리가 이를 하나씩 뽑아 관 속에 넣음으로써 부모와의 영원한 이별을 표시했다고 한다. 그뿐 아니라 발치를 사랑의 징표로 여기는 경우도 있었다. 청대 『검남식략黔南識略』에 의하면, 흘로족 여자들은 시집가기 전에 반드시 이를 하나 뽑아서 남편 집으로 보냈다.

또 청대 『대만사사록臺灣使槎錄』에 따르면, 고산족은 결혼할 때 남녀가 각각 이를 하나씩 뽑아 상대의 이를 소중히 보관했다고 한다. 죽을 때까지 변치 않는 마음을 표현한 것이다.

9. 수염[鬚]

'須(수)' 의 금문을 보면, 아래는 사람[人]이고 위는 사람의 머리이며, 입가에 수염이 몇 가닥 나 있다. 소전은 오른쪽이 '혈頁(사람의 머리)' 이고, 왼쪽은 '彡' 으로 '길다' 의 의미이다. 입가의 긴 털 역시 수염을 표시한다. 해서는 '須' 자 위에 '髟(표)' 를 넣어 수염의 의미로만 썼으며, 다른 의미는 '須' 를 썼다. 간체자에서는 이 두 글자를 합해서 '須' 로 통일했다.

지금은 '須' 한 글자로 남자의 수염을 모두 가리킬 수 있지만, 고대에는 수염이 나는 부위에 따라 다르게 불렀다. 대략적으로 보면 '턱에 난 수염은 수鬚, 뺨에 난 수염은 염髯' 이라 했다. 즉, 입술 주변으로 난 수염은 '수', 양쪽 뺨에 난 수염은 '염' 이라 했던 것이다. 입술 주변의 수염은 입술 위와 아래로 다시 구분하여, 입술 위는 '자髭', 입술 아래는 '승장承漿' 이라 불렀다. '漿' 은 물을 의미한다. 아마 입술 아래의 수염이 입에서 흘러나오는 액체를 받아주기 때문에 이렇게 부른 것 같다. 양쪽 뺨에서 자라나 머리카락과 이어지는 수염은 '빈鬢' 이라 한다. 이처럼 다양한 수염의 명칭을 통해 옛사람들이 수염을 얼마나 중시했는지 알 수 있다.

3-9-1
여러 가지 모양의 수염

수염은 남성의 두 번째 성징 중 하나이다. 그래서

'수미鬚眉'는 남자의 대명사로 쓰이기도 한다. 고대인들은 수염이 길고 빳빳해야 사내의 기백이 넘친다고 보았다. 무사의 초상을 그릴 때 수염을 성난 듯 힘있게 묘사하는 것도 이 때문이다. 남조 송나라의 저언회褚彦回는 길고 곧은 수염으로 산음공주山陰公主의 관심을 끌었다. 산음공주는 평소에도 음란하기로 소문이 자자했다. 산음공주가 속마음을 황제에게 알리자, 황제는 저언회를 서상각西上閣으로 불러 열흘 동안 묵게 했다. 산음공주가 매일 그곳으로 가서 유혹해도 저언회는 눈 하나 깜짝하지 않았다. 결국 공주는 이렇게 한탄한다. "당신은 창 같은 수염을 가졌으면서 대장부다운 기질은 전혀 없군요." 산음공주는 끝까지 저언회의 마음을 사로잡지 못했다.

사실 멋진 수염이 있는지 없는지를 근거로 남자의 기개를 판단할 순 없다. 조조는 흉노의 사자를 접견할 때 자신의 용모가 너무 평범하고 위엄이 없어서 사신을 제압하기 힘들 것이라 판단했다. 그래서 최염崔琰을 자기로 사칭하고, 자기는 칼을 들고 최염 옆에 시립했다. 조조는 멋진 수염이 있는 최염의 모습에 흉노의 사자가 존경을 표할 것이라 생각했다. 그러나 조조가 사람을 시켜 흉노의 사자에게 인상을 묻었을 때, 사자는 뜻밖에도 옆에 시립한 자의 영웅적 풍모만 칭찬할 뿐 최염에 대해서는 별다른 언급을 하지 않았다고 한다.

"신체발부는 부모에게 물려받은 것이라 함부로 훼손해선 안 된다"고 했

3-9-2
중국 전통극의 수염
포증包拯(「찰미안鍘美案」)

3-9-3
중국 전통극의 수염
조조(「군영회群英會」)

3-9-4
중국 전통극의 수염
탕근湯勤(「심두자탕審頭刺湯」)

다. 옛사람들이 머리를 자르지 않은 것은 분명하다. 그러나 수염까지 그대로 남겨두었는지는 한마디로 단언할 수 없다. 같은 신체발부의 하나임에도 수염은 머리카락만큼의 대접을 받진 못했다. 청의 만주족 군대가 산해관으로 들어와 한족에게 변발을 강요한 다음에야 이발업이라는 것이 처음으로 생겼다. 그만큼 머리카락을 소중히 여겼다는 반증이다. 고대에는 수염을 기르는 것이 보편적이긴 했지만, 사실 기르고 기르지 않고는 순전히 개인적인 기호에 의해 결정되었다. 물론 그때도 사회적 유행이나 풍속의 영향은 받았을 것이다. 예를 들어 요즘 시대에 옛날 사람처럼 수염을 길게 늘어뜨린 사람이 있다면, 사람들은 그를 이상한 눈으로 볼 것이다. 하지만 당신이 나름의 개성을 뽐내고자 수염을 기른다면, 그것은 전혀 이상할 것이 없다.

노신魯迅도 수염을 어떤 모양으로 기를까 고민한 적이 있었다. 젊은 시절 노신은 유행에 민감했다. 일본에서 막 돌아왔을 때 그는 날개처럼 위로 뻗은 수염을 기르고 양복을 입고 있었다. 고향으로 돌아오는 배에서 선원이 노신에게 말했다. "선생, 중국어를 참 잘하시네요." 노신을 일본인으로 잘못 본 것이다. "나는 중국인이오. 게다가 당신과 고향도 같고……", "하하하, 이 양반이 중국어로 농담까지 할 줄 아네." 노신은 곧 수염 모양을 바꿔야겠다고 생각했다. 게다가 사람들은 이런 말까지 했다. "어떻게 일본 사람들을 그대로 따라 한단 말이오. 체구는 작으면서 수염은 또 그렇게……." 노신은 그때마다 해명을 해주었으나, 그것도 너무 번거로운 일이라 결국 '민의'를 따라 수염의 끝을 아래로 틀었다. 그 후에도 일부 사람들이 수염에 대해 왈가왈부하자, 노신은 다시 수염을 양쪽으로 가지런히 빗었다. 그래도 사람들은 수군덕거렸다. 노신은 당시의 상황을 이렇게 썼다. "나는 회관에 홀로 앉아 내 수염의 불행을 몰래 슬퍼하며 그것이 왜 비방을 받는지 생각해 봤다. 그러던 중 문득 깨달음이 왔다. 화의 근원은 바로 수염의 양쪽 끝에 있었다. 이에 거울과 가위를 가져와서 위로도 날지 않고 아래로 끌리지도 않도록 잘라 버렸다. 수염은 예서隸書의 '一' 자 모양이 되었다." 우리에게 익숙한 노신의 일자 수염에 이런 내력이 있었던 것이다.

전국시대에는 '은단 수염(일본 모리시타 은단 상표에 그려진 인물의 '八' 자 수염)' 이 유행한 적이 있었다. 노신이 일본에서 돌아왔을 때의 바로 그 수염이다. 호남 장사長沙의 전국시대 초나라 묘에서 출토된 채색 나무인형들은 문무文武의 옷차림에 관계없이 대부분 수염을 기르고 있다. '은단 수염' 혹은 '윌리엄 식' 수염으로 끝부분이 위쪽으로 약간씩 뻗어 있다. 어떤 인형들은 아래턱에도 수염이 한 움큼 나 있다. 같은 모습의 인형들이 100여 종이나 된다. 고궁에 동진東晉 고개지顧愷之가 『열녀전列女傳』을 근거로 그렸다는 「열녀인지도列女仁智圖」가 소장되어 있다. 그림을 보면 위쪽에 춘추시대 유명인들의 초상이 그려져 있는데, 그중 몇몇은 은단 '八' 자 수염을 길렀다.

위진남북조 이후에는 남자들이 수염을 길게 기르기 시작했다. 그래서 수염을 묶는 풍습이 유행하기도 했다. 이 풍습은 강족羌族이나 갈족羯族 같은 북방 유목민족에게서 유래했을 가능성이 크다. 항상 말을 탔던 그들은 빈번한 전쟁 때문에 어떻게든 수염을 처리해야 했고, 이것이 일종의 풍속으로 굳어졌다는 것이다. 『진서晉書』에서는 서진의 유명한 문인 장화張華가 수염이 많아서 "비단끈으로 수염을 묶었다"고 썼다. 남제南齊의 최문신崔文伸이 제 고제高帝에게 수염 묶는 끈 한 가닥을 주자 황제는 무척 기뻐했다고 한다. 수대에는 남자가 수염을 묶는 것이 사회의 풍습 중 하나가 되었다. 최근 출토된 수대의 도용陶俑들을 살펴보면 수염을 묶는 방법이 상당히 다양했음을 알 수 있다. 당시 남자들은 수염에 신경을 쓰는 정도가 젊은 여자들이 머리에 신경 쓰는 것보다 더하면 더했지 덜하진 않았다. 문인, 장수, 평민들 할 것 없이 모두가 수염을 기르고 가꾸는 데 정성을 기울였다. 누구는 수염을 땋아서 아래로 늘어뜨리고, 누구는 두 갈래로 나눠 빗고, 누구는 원래 그대로 단정하게 아래로 늘어뜨리고, 누구는 수염의 양끝을 살짝 올리기도 했다.

남조의 문인 사령운謝靈運도 수염을 애지중지한 사람으로 유명하다. 그는 수염을 배 아래까지 길게 늘어뜨렸다고 한다. 게다가 그의 수염에 대한 사랑은 사후에도 계속되었다. 임종 시 그는 자기 수염을 남해 기원사祇園寺에 바쳐서 유마힐 조각상의 장식으로 써달라는 유언을 남긴다. 사령운은 자기 수염이 사원에서 잘 보존되길 바랐지만, 당대의 안락安樂공주는 그의 수염을 잘라다가 풀싸움의 노리갯감으로 써버린다.

불교회화와 석각 예술에서 수염은 있기도 하고 없기도 하다. 불교는 정욕을 경계하고 성을 배척하는 종교다. 불교의 보살은 성별을 구분해 주는 특징이 없으며, 보살의 변상은 보통 남자도 아니고 여자도 아니어야 한다. 대부분의 보살은 여자 얼굴을 하고 있다. 그러나 불경에 따르면 보살은 '선남자善男子' 출신이므로, 흔히 보살에 가느다란 수염을 올챙이 모양으로 그려 넣는다. 반면 길고 덥수룩한 수염을 가진 보살상은 없다. 북송 이후로는 이런 가느다란 수염도 사라진다.

관음보살상의 변화 과정이 전형적이다. 대부분의 사람들은 관음을 여자로 본다. 그러나 초기 관음은 원래 남자였다. 중국으로 전해진 후 점점 여성화된 것이다. 불교의 조상에는 아직도 그 흔적이 남아 있다. 예쁜 여자 옷을 입고 몸에 영락瓔珞을 두른 관음보살의 얼굴에 가느다란 수염이 뻗어 있는 것이다. 장대천張大千이 돈황敦煌에서 모사한 관음상이 바로 이런 모습이다. 관음의 초기 조각상 중에 얼굴과 복식이 여성화된 것들도 있다. 그러나 그보다는 승복을 걸치지 않고 상반신을 드러낸 채 수염을 기르고 긴 눈썹이 살쩍까지 이어진 형상이 훨씬 많다. 수대에 이르면, 그제야 여성적 특징들이 한데 모여 관음의 표준적 형상을 완성한다. 둥근 얼굴, 버들잎 눈썹, 앵두 같은 작은 입술이 바로 그렇다. 당대 이후부터는 관음이 봉관을 머리에 쓰고 고운 머리칼을 어깨에 드리운다. 표준적인 귀족 여성의 모습이 된 것

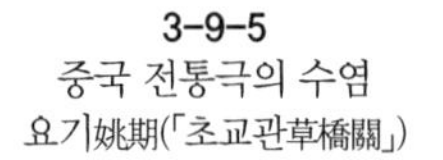

3-9-5
중국 전통극의 수염
요기姚期(「초교관草橋關」)

3-9-6
중국 전통극의 수염
두이돈竇爾墩(「도어마盜御馬」)

3-9-7
중국 전통극의 수염
노지심魯智深(「취타산문醉打山門」)

이다. 물론 수염은 더 이상 보이지 않는다.

수염은 중국 전통극의 여러 요소 중 가장 생동감 넘치는 역할을 한다. 중국 전통극에서는 수염을 '란커우(髯口)' 라고도 부르며, 수염을 통한 공연 예술을 '란커우 쿵푸(功夫)' 라고 부른다. 극의 인물에는 보통 '생生, 단旦, 정淨, 말末, 축丑' 이 있다. 그중 노생老生, 정, 축은 모두 긴 수염이 있으며, 특히 노생은 반드시 란커우를 달아야 한다. 란커우는 모양에 따라 '만란滿髯(길고 풍성한 수염으로 흔히 무장武將의 분장에 쓴다)', '산란(三髯, 세 가닥으로 갈라진 수염으로 흔히 제왕이나 고위관리, 문인들의 분장에 쓴다)' 등으로 나뉘며, 검은색, 흰색 등 색깔로도 나뉜다. "수염을 불고 눈을 부릅뜨다[吹鬍子瞪眼睛]"라는 말이 있다. 화를 낸다는 의미이다. 그러나 연극에서는 수염으로 화만 내는 것이 아니라 희로애락의 감정까지 모두 표현할 수 있다. 예를 들어, 수염을 불면 분노를 표시하고, 수염을 날리면 기쁨을 표시하고, 수염을 문지르면 근심을 표시하고, 수염을 쓰다듬으면 의기양양함을 표시한다. 이런 식으로 여러 감정을 표현할 수 있다. 뛰어난 배우는 수염으로 나름의 독특한 장면을 연출하기도 한다. 예를 들어, 유명 경극 배우 주신방周信芳은 「송사걸宋士傑」에서 새하얀 란커우를 파도 모양으로 만듦으로써 수염 자체의 아름다움뿐 아니라 정의감 넘치고 굴복하지 않는 인물의 성격까지 표현해 냈다.

10. 귀[耳]

'耳(이)' 의 원래 글자는 '귀' 모양이다. 『설문』에서는 "耳는 듣는 것을 주관하며, 상형자이다"라고 했다.

갑골문은 귀 모양 그대로이며 상형자이다. 금문 역시 귀 모양이다. 소전은 금문에서 오긴 했지만, 귀 모양과는 꽤 거리가 있다. 해서는 소전을 따랐다.

우리는 '신성神聖', '성인聖人' 이라는 단어를 흔히 쓰지만, 여기서 '聖(성)' 자의 원래 모습이 귀와 밀접한 관련이 있다는 사실은 잘 모른다.

'聖' 의 갑골문은 오른쪽 위가 귀 모양이고, 귀 아래에서 사람 하나가 오른쪽을 보고 있다. 왼쪽은 입이다(갑골문에도 여러 이체자異體字가 있다. 어떤 글자는 왼쪽의 '口' 가 없다). 귀를 유독 크게 쓴 것은, 남의 말을 잘 들으면 그 뜻을 금방 이해할 수 있기 때문이다. 이처럼 청각이 예민한(생각이 빠른) 사람은 분명히 지혜가 남다른 사람일 것이다. 금문과 갑골문의 기본적인 모양은 같다. '耳' 와 '口' 의 위치가 바뀌고 '人' 의 방향이 달라졌을 뿐이다. 소전은, '耳' 와 '口' 는 변화가 없고 '人' 아래에 획이 하나 더 그어져 사람이 '土' 위에 있는 모습이 되었다. 해서는 소전을 거의 그대로 가져왔다.

聖

아마 고대에는 머리 양쪽의 귀가 잘려 나가는 일이 많아서, 고문자 중에도 귀를 자르는 행위와 관련된 글자가 상당히 많은 것 같다. '取(취)' 자를 한번 보자.

갑골문 '取'는 왼쪽이 귀, 오른쪽이 손이다. 원래 의미는 손으로 귀를 따는, 즉 귀를 자르는 것이다. '取'와 비슷한 의미로 '聝(괵)' 자가 있다. '취'는 적을 죽여 왼쪽 귀를 베다가 바치는 것이고, '괵'은 적의 왼쪽 귀를 자르는 행위, 혹은 잘라낸 왼쪽 귀를 가리킨다. '聝'은 '馘'으로도 쓴다. 『좌전左傳』 선공宣公 2년의 "포로 250명을 잡아 100명의 귀를 잘랐다"는 기록에서 바로 이 '馘' 자를 썼다. '머리頭' 편에서 말했듯이 고대에는 전쟁에서 머리를 잘라 전공을 확인했다. '聝'과 '馘'이 글자가 다르면서도 같은 의미로 쓰인 것은 이 때문일 것이다.

'取' 자는 갑골의 복사卜辭에 흔히 보인다. 당시에 귀를 자르는 행위가 무척 성행했다는 반증이다. 사람뿐 아니라 사냥으로 잡은 짐승들도 왼쪽 귀를 베었다. 노예제 사회에서는 집단으로 사냥을 해서 큰 짐승은 공동으로 갖고, 작은 짐승은 개인이 가졌다. 그렇다면 사냥에서 각자가 얼마나 공헌을 했는지 어떻게 알 수 있을까? 바로 짐승의 왼쪽 귀를 얼마나 잘랐는지를 보고 판단했던 것이다. 귀를 자르려면 반드시 무력을 사용해야 했다. 그래서 '取'에 '탈취하다', '공격해서 가져오다' 등의 의미가 생긴 것이다. 옛날에는 '취처娶妻(장가들다, 아내를 얻다)'의 '娶'도 '取' 자로 썼다. 이를 통해 고대 약탈혼인의 풍속을 엿볼 수 있다. 『주역』에 "먼저 화살을 메기고 나중에 화살을 벗김은 도적이 아니라 혼인을 청함이다"라는 기록이 있다. 이 역시 무력으로 신부를 구하는 장면이다.

전쟁에서만 귀가 잘린 것은 아니다. 형벌로도 귀가 잘렸

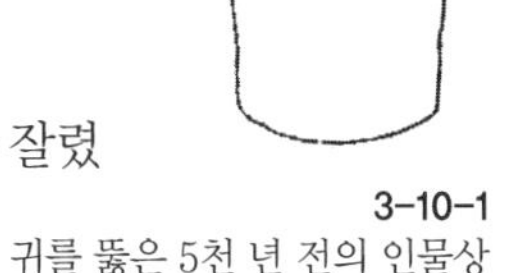

3-10-1
귀를 뚫은 5천 년 전의 인물상

3-10-2 귀고리를 단 원대의 귀부인

다. '刵(이)' 라는 형벌이 바로 그것이다. 『설문』에서 "刵는 귀를 자름이다"고 했다. 그 밖에 '聅(철)' 이라는 형벌도 있다. '耳' 옆에 '矢(시)' 를 붙인 것에서 알 수 있듯이, 이는 화살로 귀를 뚫는 형벌이다. 『사마법司馬法』에서는 "작은 죄는 철형聅刑, 중간의 죄는 월형刖刑, 큰 죄는 경형剄刑에 처한다"고 했다. '월' 은 다리를 자르는 것이고, '경' 은 머리를 자르는 것이다. 고대에는 인권이 철저히 무시되어 형벌에도 별의별 상상력이 동원되곤 했다. 그래서 많은 글자들이 신체를 해하는 행위와 관계가 깊었다. 물론 이런 글자들은 현대에 와서는 거의 쓰이지 않게 되었다. '聯(련)' 역시 귀를 베는 행위와 관계가 있다. 『설문』에서는 이렇게 썼다. "聯은 련連(잇다)이다. 이耳와 사絲(실)의 의미에서 왔다. 耳를 쓴 것은 귀가 뺨에 이어져 있기 때문이고, 絲를 쓴 것은 실이 끊어지지 않고 이어지기 때문이다." 그러나 현대 학자들은 '聯' 의 최초 의미가 귀를 뚫는 행위와 관계있을 것이라는 주장으로 『설문』의 기록을 반박한다. 전쟁이나 사냥을 통해 얻은 포로 혹은 짐승의 귀를 화살로 뚫은 다음 줄로 엮어 꼬치 모양을 만들었고, 이런 행위를 의미하는 '聯' 자가 나중에 '연결하다' 의 의미로 발전했다는 것이다. '치욕恥辱' 의 '恥' 자가 '耳' 를 부수로 쓰는 것도 주목할 만하다. 치욕이라는 일종의 심리현상도 귀와 관련되기 때문이다. 적군의 손에 죽어 귀가 잘리고, 형벌을 받아 귀가 잘리고, 잘린 귀가 다시 화살에 꿰어지는 것은 대단히 치욕스러운 일이다. 그만큼 '恥' 는 지난 역사의 진한 피비린내와 참담함을 내포하고 있는 글자이다.

당대에 무측천武則天은 여황제로 등극하여 국호를 '주周'로 고쳤다. 사람들의 반발을 걱정한 무측천은 혹리酷吏를 임용하여 조금이라도 '모반'의 혐의가 보이면 바로 탄압을 가했다. 혹리들의 형벌은 상상을 초월했다. 그들은 갖가지 혹형을 발명했다. '니이泥耳'가 그중 하나이다. 후대인의 고증에 따르면 '니이'의 과정은 이렇다. 먼저 죄인의 두 귀를 진흙으로 막은 다음 불로 달군다. 그렇게 진흙이 마르면 두 귀를 확 잡아당겨 찢어버린다. 불로 달구는 과정에서도 이미 참을 수 없는 고통을 받은 죄인은 귀가 떨어져 나갈 때 그대로 졸도해 버린다. 가혹한 고문이 두려운 나머지 죄인들은 거짓으로 죄를 자백하는 경우가 많았다.

현대사회에는 귀를 뚫는 것이 하나의 유행이 되었다. 각양각색의 귀고리가 여성들의 아름다움을 더해준다. 그러나 고대에는 귀를 뚫고 귀고리를 하는 것이 '비천함'을 나타내는 표시 중 하나였다. 명대의 전예형田藝蘅은 「유청일찰留靑日札」이라는 책에서 이렇게 썼다. "여자가 귀를 뚫고 귀고리를 하는 것은 고대부터 있었으나, 이는 천한 자들의 일이었다." 그러나 전예형은 귀를 뚫는 것이 왜 천한 자의 것인지는 설명하지 않았다. 진한시대의 황후와 비빈들은 귀를 뚫을 필요가 없었고, 일반 귀부인들도 귀를 뚫지 않아도 괜찮았다. 그들도 귓가에 '이珥'라는 장식을 달긴 했지만, 이 장식은 귀를 뚫을 필요 없이 비녀에 묶어서 귓가로 내리면 그만이었다. 그래서 이것을 '잠이簪珥'라고도 불렀다. 이 장식은 주위의 쓸데없는 말을 듣지 말라는 의

3-10-3
한대의 금귀고리

3-10-4
금대의 금귀고리

3-10-5
명대의 금 상감 보석 귀고리

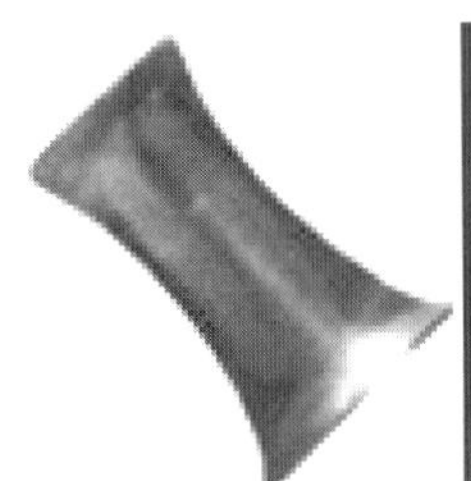

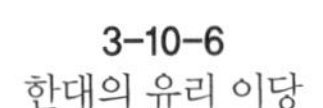

3-10-6
한대의 유리 이당

3-10-7
신석기시대의 옥결玉玦

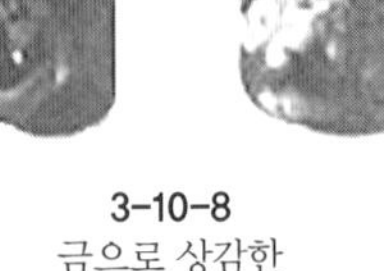

3-10-8
금으로 상감한
원대의 감 모양 호박 귀고리

미를 내포하기도 했다. 그러나 사대부와 평민 부녀자들은 달랐다. 그들도 잠이를 달 수 있었지만, 보통 귀에 작은 구멍을 뚫어 귀장식을 그곳에 끼웠다. 이런 귀장식은 '이당耳璫' 이라 불렀다. '당' 은 작은 방울이다. 이 방울을 귀고리 아래에 달아 걸으면 딸랑딸랑 소리가 났다.

사료에 따르면, 귀를 뚫는 것은 원래 이민족의 풍속 중 하나로 경고의 의미로 쓰였다고 한다. 행실이 부정한 이민족의 부녀자들이 문밖으로 나가면서 불미스러운 일이 자주 일어났다. 그래서 여자들이 몸가짐을 삼가도록 귀에 구멍을 뚫고 구슬을 달았고, 나중에 이 풍습이 중원의 민족들에게까지 전해졌다는 것이다. 이 주장은 믿을 만한 것이 못 된다. 예교를 중시하는 사회에 여자들의 말과 행실을 통제하기 위해 일부러 이런 해석을 갖다 붙였을 가능성이 크다.

귀를 뚫는 풍습은 아무리 늦어도 삼대三代 이전에 이미 존재하고 있었다. 1975년 감숙에서 사람 머리 모양의 도자기 하나가 발견되었다. 전문가에 따르면, 이 도자기는 지금으로부터 5,000년 전 신석기시대 앙소仰韶 문화의 유물이라고 한다. 이마에는 단발을 표시하는 진흙 가닥이 얹어져 있었고, 눈은 동그랗게 새겨져 있었으며, 양쪽 귀의 도톰한 부분에 장식을 다는 구멍이 하나씩 뚫려 있었다. 이와 흡사한 사람의 두상이 다른 유적에서도 발견되었다. 역시 귀에 구멍이 뚫려 있었다.

계급사회로 들어온 이후에는 귀를 뚫은 인형이 자주 보인다. 광동 청원淸遠의 서주西周시대 유적에서 출토된 청동 수레의 기둥 꼭대기는 사람 머리 모양이다. 이 사람은 눈이 깊고 코가 넓으며, 이마에 꽃무늬가 새겨져 있고, 귀에 구멍이 하나 뚫려 있다. 하남 광산光山 보상사寶相寺 부근의 춘추시대 무덤에서는 귀에 구멍이 뚫린 사람 머리 모양의 옥이 발견되었다. 이는 당시에 이미 귀를 뚫는 풍속이 있었음을 증명한다.

삼국시대에는 부녀자들의 귀 뚫는 풍습이 이미 보편화되었다. 『오서吳書』에는, 제갈각諸葛恪이 손권에게 말을 바치면서 먼저 말의 귀에 상처를 냈다는 기록이 있다. 현장에 있던 범신范愼이 제갈각을 비웃으며 이렇게 말한다. "말의 귀에 상처를 내는 것은 인仁에 상처를 내는 것이니, 이는 군자가 할 일이 아니오." 제갈각이 답했다. "딸에 대한 어머니의 사랑은 지극하지요. 그렇지만 어머니는 딸의 귀에 손수 구멍을 뚫고 구슬을 달아주지요. 이것이 어찌 인에 해가 된단 말이오?" 물론 이는 제갈각의 기지를 보여주는 대화이지만, 우리는 이 기록을 통해 당시에 어머니가 딸의 귀를 뚫어주는 풍속이 있었음을 알 수 있다.

수당대의 부녀자들은 귀를 뚫는 풍속이 거의 없었던 것 같다. 지금까지 남아 있는 도자기 인형이나 그림들에서 귀를 뚫은 예를 찾아볼 수가 없기 때문이다. 그나마 장적張籍의 시에서 유일하게 그와 관련된 묘사를 찾을 수 있다. "옥고리가 귀를 뚫었으니 뉘 집 여자인가? 스스로 비파 안고서 해신海神을 맞이하네"(「만중蠻中」). "귀 뚫어, 떨어질 듯 금귀고리 늘어뜨리고, 길게 감아 쪽진 머리를 감싸지 않았네"(「곤륜아昆侖兒」). 그러나 제목에서 알 수 있듯이 장

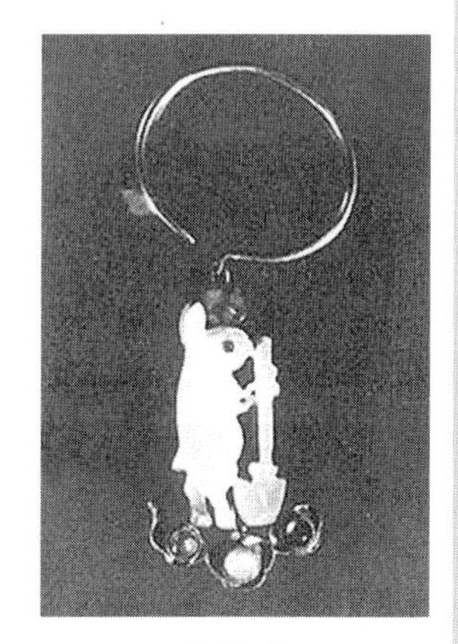

3-10-9
옥토끼가 약을 찧는 형상의 명대 금 상감 보석 귀고리

적이 묘사한 대상은 모두 이민족 여자들이다. 한족의 옷차림과 너무 달라서 시인의 흥미를 끌었던 것이다.

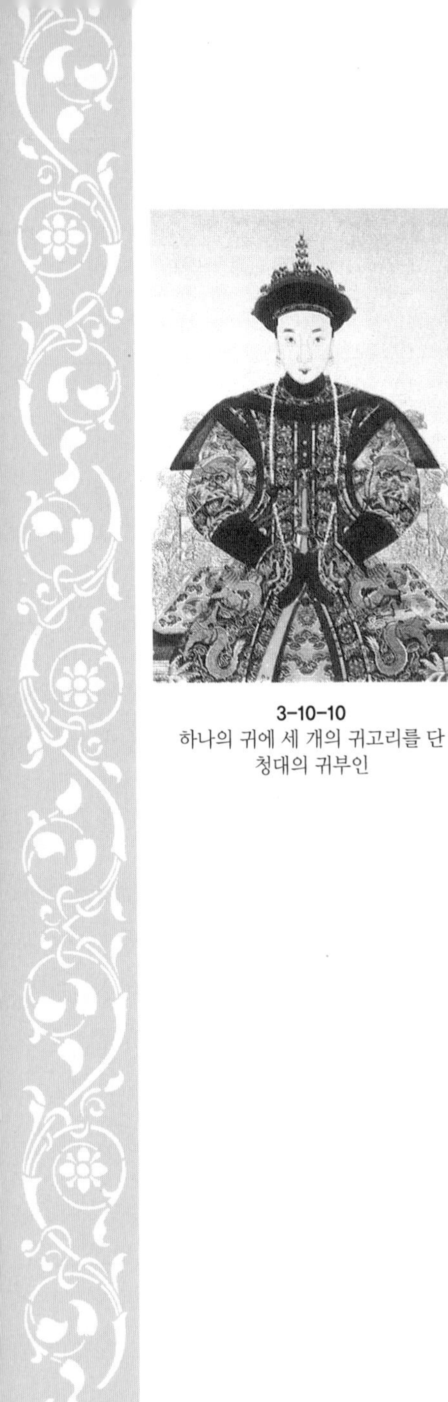
3-10-10
하나의 귀에 세 개의 귀고리를 단 청대의 귀부인

송대 이후에는 귀를 뚫는 풍습이 전에 없이 유행한다. 일반 부녀자들은 말할 것도 없고 황후와 비빈들도 예외가 아니었다. 남훈전南薰殿에 소장되어 있던 「역대제왕상歷代帝王像」에서 이런 모습을 볼 수 있다. 송명시대의 무덤에서 출토된 각양각색의 귀고리 역시 당시의 풍속을 대변해 준다. 이후 귀를 뚫는 풍속은 지금까지 계속 유행하고 있다.

11. 손[手]

‘手(수)’ 자의 갑골문은 아직 발견되지 않았다. 금문은 사람의 손 모양이다. 손가락 다섯 개가 모두 펴져 있고, 중지는 약간 굽어 있다. 소전은 금문과 거의 같다.

‘手’의 본래 의미는 사람의 손이다. 『설문』에서는 “手는 주먹(拳)이다”라고 했다. 단옥재는 이에 대해 “지금 사람들은 펴면 손이라 하고, 쥐면 주먹이라 하지만, 사실은 모두 하나다”라고 주석을 달았다. 권拳은 手(손)와 卷(말다)의 의미가 합해진 것이다. 즉, 손을 만 것이 주먹이다.

“행복한 생활은 어디서 올까? 두 손에 의지해 만들어가야지”라는 노랫말처럼, 인류의 삶에서 손은 절대적 역할을 해왔다. 『석명釋名』에서는 손을 이렇게 해석했다. “手는 수須(사용하다)이다. 사업事業할 때 사용하는 것이다.” 여기서 말하는 ‘사업’은 글자를 나눠서 해석해야 한다. 즉 ‘사’는 ‘종사하다’, ‘업’은 ‘모든 활동’을 가리킨다. ‘사업 성공’의 사업과는 다른 의미인 것이다. 결국 『석명』의 해석은, 어떤 활동이든 손을 사용하지 않을 수 없다는 말이다.

고대인들은 세상일을 신비화, 신격화하는 경우가 많았다. 그들은 위인의 탄생을 하늘의 뜻으로 여기고, 이 위인들이 세상에 나올 때는 하늘이 미리 조짐을 보여준다고 생각했다. 인류의 삶에서 손이 차지하는 특수한 역할 때문에 손과 관련된 전설은 대단히 많다. 흔히 말하는 ‘삼황오제三皇五帝’의 오제 중 하나인 전욱顓頊은 황제黃帝의 손자이다. 욱의 아버지 창의昌意가 한

번은 물가에서 검은 용과 마주쳤다. 용의 등을 보니 원옥元玉(검은 옥)에 그림이 새겨져 있었다. 그때 옆에 있던 한 노인이 앞으로 그가 낳을 아들이 황제의 업을 이을 것이라고 말해주었다. 전욱이 태어날 때 아이의 손에는 정말로 용무늬와 함께 옥 그림이 새겨져 있었다. 숙우叔虞는 주周 무왕武王의 아들이자, 주 성왕成王의 동생이다. 주 무왕이 숙우의 어머니와 밀회를 나눌 때 꿈에서 천제天帝가 그에게 말했다. "나의 명으로 너는 아들을 낳을 것이다. 이름은 우虞이다. 나는 그에게 당唐 땅을 하사하겠노라." 나중에 아이를 낳고 보니 손에 정말로 '虞' 자 문양이 있었다. 이렇게 해서 아이는 '우' 라 불리게 되었고, 주 성왕은 당 땅을 숙우에게 봉해주었다. 수 문제文帝는 태어날 때 손에 '王' 자 문양이 있었다고 한다. 양 무제는 태어날 때 오른손에 '武' 자가 그려져 있었다. 불후의 명작 『목단정牧丹亭』으로 이름을 떨친 명대의 탕현조湯顯祖 역시 태어날 때 손에 무늬가 있었다고 한다.

'머리카락[髮]' 편에서 언급했듯이, 고대인들은 머리카락과 손톱, 발톱 등을 함부로 상하게 해선 안 된다고 보았다. 이는 그것들이 가진 신성성에 대한 존중이다. 반대로 사람들이 재계齋戒할 때 머리카락과 손발톱을 자르는 것은 신에 대한 공경과 하늘에 대한 두려움의 표시로 볼 수 있다. 은殷 탕왕湯王 때에 가뭄이 심해지자 제사장이 말했다. "황상께서 사람을 제물로 삼아 기우제를 지내야 합니다." 탕왕은 "이것이 바로 내가 할 일이다!"라고 흔쾌히 답했다. 이윽고 그는 목욕재계하고 머리와 손발톱을 자른 후 스스로를 제물로 바쳐 교외의 상림桑林에서 기우제를 올렸다. 그의 정성에 감복했는지 얼마 지나지 않아 큰비가 내렸다. 주 성왕은 너무 어린 나이에 즉위하여 주공周公 단旦이 황제의 정무를 도왔다. 한번은 성왕이 병에 걸리자 주공이 자기 손톱을 잘라 강에 빠뜨리고 성왕 대신 자기에게 병을 내려달라며 기도했다. 의식을 마친 후 기도문은 집에 보관해 두었다. 성왕은 금방 병이 나았다. 성왕이 스스로 정무를 보게 되었을 때, 어떤 자가 주공이 정권을 찬탈하려 한다며 황제에게 참언을 올렸다. 주공은 초 땅으로 몸을 피했다. 성왕은 주공의 집을 뒤지다가 예전의 기도문을 발견하고 눈물로 주공을 다시 불러들였다.

3-11-1
손가락을 깨무니
마음이 아프다

악수는 현대인들의 대표적인 인사법 중 하나다. 그러나 고대에는 엄격한 귀천 사상 때문에 귀한 자가 천한 자의 손을 잡아주는 것을 특별한 은총으로 여겼다. 초왕을 피해 오나라로 도망간 오자서가 오왕을 아직 뵙지 못하고 있을 때였다. 한 빈객이 오왕의 아들 광光에게 오자서가 오왕을 만나고 싶어한다고 알려주자 광은 이렇게 반응했다. “오자서는 너무 추하게 생겨서 보고만 있어도 불편해진단 말이오.” 빈객은 이 말을 오자서에게 그대로 전했다. 오자서가 말했다. “그렇다면 장막으로 가리고 당 위에 계시면 되지 않겠습니까. 저는 그 아래에서 말씀을 올리겠습니다.” 광이 이를 허락해 주었다. 오자서가 반 정도 이야기했을 때, 광은 스스로 장막을 열어 오자서의 손을 잡고 같은 자리에 앉도록 청했다. 얼굴도 보기 싫다던 왕자 광이 오자서의 손까지 잡아준 것은 하늘이 내린 인재를 만난 기쁨이자 감사의 표시였다. 왕자 광은 나중에 오왕 합려闔閭가 되어 오자서의 도움으로 대업을 이룬다.

오대 후당後唐 때의 고계흥高季興이 한번은 복잡한 정국의 해법을 기막히게 제시해서 장종莊宗 이존욱李存勖을 기쁘게 한 적이 있었다. 장종은 손으로 고계흥의 등을 툭툭 쳐주었다. 더없는 영광이라 고계흥은 즉시 기술자를 시켜 옷에 난 황상의 손자국을 그대로 수놓게 했다. 천하의 간신 주면朱勔에게는 아끼는 비단 도포가 하나 있었다. 주면도 송 휘종이 어루만져 줄 때 입었던 이 도포에 황제의 손자국을 그대로를 수놓았다. 뼛속 깊이 박힌 노예 근성이 어느 정도였는지 알 만하다.

전란이 끊이지 않던 서진 때에 나기생羅企生이 은중감殷仲堪에 의해 발탁되었다. 환현桓玄이 은중감을 공격하자 나기생이 동생 준생에게 말했다. “은후는 인의는 있지만 결단력이 없어 이번 싸움에서 분명 패할 것이다. 그러나 나는 끝까지 그를 따르겠다.” 예상대로 은중감은 싸움에서 대패했다. 아무도 그를 따르지 않았으나 기생만은 그의 곁을 떠나지 않았다. 도망을 가던 도중 기생의 집을 지나게 되었다. 동생 준생이 말했다. “이런 생이별이 어디 있단 말입니까. 손이라도 한번 잡아보고 헤어져야지요.” 기생은 말머리를 돌려 손을 뻗었다. 준생이 순간 힘을 팍 써서 기생을 말 아래로 끌어내렸다. “형님! 집에 노모께서 계시는데 어디를 간단 말입니까?” 준생은 형의 몸을 감싸고 놔주지 않았다. 은중감의 말은 이미 사라지고 없었다. 준생은 억지로 형을 잡아두었다. 그러나 얼마 지나지 않아 기생은 환현을 따르기를 거부하다가 결국 환현의 손에 죽고 만다.

옛사람들은 어머니와 아들 사이에는 일종의 영감이 통하고, 이 영감은 손을 거쳐 전달된다고 믿었다. 증자曾子는 효성이 지극했다. 하루는 증자가 땔감을 캐러 나간 사이에 어떤 사람이 그를 찾아왔다. 증자가 없어서 바로 돌아가려 하자 증자의 어머니가 말했다. “조금만 기다려 보세요. 곧 돌아올 겁니다.” 그러면서 어머니는 오른손으로 자기의 왼쪽 팔을 꼬집었다. 증자는 갑자기 왼쪽 팔이 따끔거려 바로 집으로 돌아와 무슨 일인지 어머니에게 물었다. 어머니는 손님이 곧 가신다기에 증자를 부르려고 팔을 꼬집었다고 말했다.

고대의 여자들은 정치의 희생물이 되는 경우가 많았다. 연燕나라 태자 단丹이 자객 형가荊軻를 위해 양화대陽華臺에서 잔치를 베풀었다. 진왕의 암살을 부탁하기 위해서였다. 금琴을 타는 미인을 보고 형가가 한마디 던졌다. “손이 좋구나!” 잠시 후 태자 단이 사람을 시켜 옥쟁반 하나를 형가에게 바친다. 쟁반 위에는 놀랍게도 금을 타던 미인의 손이 놓여 있었다. 그나마 이

미인보다는 운이 좋은 미인이 있었다. 북제北齊의 노종도盧宗道가 자사刺史로 있으면서 하루는 빈객들을 집에 초청했다. 그중 마사달馬士達이라는 관원이 공후箜篌를 켜는 기녀의 손에 푹 빠졌다. "참으로 섬섬옥수 고운 손이로다!" 노종도는 즉시 기녀를 마사달에게 주었으나 마사달은 극구 사양했다. 노종도가 하인들을 시켜 기녀의 손을 자르겠다고 하자, 마사달은 어쩔 수 없이 그녀를 받아들였다. 기녀는 비록 남자에게 선물로 보내지긴 했지만, 어쨌든 고운 섬섬옥수만은 상처를 입지 않았다.

이처럼 봉건 예교의 박해를 받은 고대 여성들은 자신의 몸에 심한 상처를 냄으로써 절개를 표현하곤 했다. 코를 자르는 것도 그중 하나이고, 손이나 손가락을 자르는 일도 부지기수였다. 심지어 어떤 여자는 외간 남자의 손이 자기 손에 닿았다며 손을 잘라 버리기도 했다. 오대 시대에 왕응王凝이라는 사람이 있었다. 그가 외지에서 관리를 하다가 임지에서 죽자, 아내 이씨가 그의 유해를 업은 채 아들의 손을 잡고 고향으로 향했다. 개봉을 지나던 중 한 객잔에 머물려고 했으나, 객잔 주인은 여자 혼자 아이를 데리고 다니는 것이 수상해 투숙을 허락하지 않았다. 날이 이미 어두워져 이씨는 어떻게든 그곳에 묵으려 했으나 객잔 주인은 그녀의 손을 잡고 억지로 끌어냈다. 이씨가 하늘을 보며 통곡했다. "아녀자의 몸으로 절개를 지키지 못하고 손을 더럽혔구나. 이 손 때문에 내 몸의 순결까지 더럽힐 순 없다." 이윽고 이씨는 도끼를 가져다가 손을 잘라 버렸다.

3-11-2 손을 자른 왕응의 처

맛있는 음식을 보고 군침을 흘리는 사람을 흔히 '식지대동食指大動(식지가 크게 흔들리다)' 한다고 말한다. 이 말의 유래는 한 살인 사건과 관련이 있다. 초나라 사람이 정나라 영공靈公에게 큰 자라 한 마리를 바쳤다. 공자 송宋과 자가子家가 황제를 뵈러 가려던 차에 공자 송의 식지가 갑자기 움직이기 시작했다. 공자 송은 떨리는 손가락을 자가에게 보여주며 말했다. "나는 이렇게 식지가 떨리면 꼭 신기한 음식을 먹게 돼." 안으로 들어가 보니 요리사가 자라를 손질하고 있었다. 두 사람은 마주 보며 웃음을 지었다. 정 영공이 웃는 이유를 묻자, 자가가 조금 전 상황을 영공에게 알려주었다. 대부들이 자라를 먹기 시작했는데도 영공은 공자 송에게만은 요리를 내주지 않았다. 부아가 난 공자 송은 직접 손가락을 솥 안으로 집어넣어 맛을 본 다음 자리를 떴다. 영공이 화가 치밀어 공자 송을 죽이려 하였다. 공자 송은 재앙이 닥치기 전에 먼저 손을 쓰려고 했다. 자가는 걱정이 되는지 이렇게 말했다. "다 늙은 짐승도 죽일 때는 꺼려지는 법입니다. 하물며 임금이 아닙니까?" 그러자 공자 송이 도리어 자가를 모반죄로 엮으려 하였다. 결국 자가는 공자 송의 뜻에 따라 영공을 죽일 수밖에 없었다.

'상하기수上下其手'라는 성어가 있다. 수단을 부려 나쁜 짓을 저지른다는 말이다. 이 성어 역시 흥미로운 사연이 있다. 초나라와 진秦나라가 정鄭나라를 협공했다. 정나라의 황힐皇頡은 군사를 이끌고 초나라와 맞섰다가 크게 패하고 천봉술穿封戌에게 사로잡힌다. 하지만 공자 위圍는 자기가 황힐을 잡았다며 전공을 놓고 다툰다. 두 사람은 한 치도 물러서지 않다가 결국 백주리伯州犁에게 해결을 부탁한다. 당시 백주리는 공자 위에게 마음이 가 있었다. 백주리가 말했다. "그럼 범인에게 직접 물어보도록 하시지요." 백주리가 황힐에게 말했다. "저 두 사람이 모두 자기가 당신을 사로잡았다고 하오. 당신은 이름난 군자이니 사리를 잘 판단하리라 믿소." 이윽고 그는 한 손을 높이 들며 말했다. "이분은 우리 군주의 존귀한 동생이신 왕자 위이시오." 그런 다음 손을 밑으로 내려 천봉술을 가리키며 말했다. "이 사람은 성 밖 어느 작은 현의 현윤縣尹이오. 누가 당신을 사로잡았는지 말해주길 바라오." 황힐은 즉시 백주리의 뜻을 알아차리고 이렇게 말했다. "공자와 마주치자마자 꼼짝도 할 수 없었습니다."

손톱을 길러서 기네스북에 오른 사람도 있지만, 명대에는 이 때문에 죽을 뻔한 사람도 있었다. 명 태조 주원장은 빈둥빈둥 놀고먹는 사람을 무척 싫어했다. 한번은 화주和州에서 어떤 사람이 찾아왔는데, 그는 손톱이 한 자나 길어 있었다. 주원장이 그에게 벌을 내리려 하자 주위에서 만류했다. "비록 부지런하진 않으나 그렇다고 나쁜 일도 저지르지 않은 자입니다. 부디 용서해 주시지요." 다행히 그때는 주원장이 사람들 말을 잘 듣던 터라 바로 그를 풀어주었다. 주원장이 자기 눈에 안 들면 쉽게 사람을 죽이고 집권 기간에 수많은 사람들이 문자옥文字獄으로 억울하게 죽은 사실을 감안하면, 그래도 이 사람은 운이 꽤 좋았던 것이다.

12. 발[足]

지금 말하려는 '발'은 복사뼈 아래만을 가리킨다. 이 부분은 '각脚'이라고도 한다. 고대에 '족足'은 인체의 하지下肢 전체를 가리켰다. "넓적다리와 정강이 이하를 '족'이라 통칭"했던 것이다. '脚' 자를 처음 만들 때는 '止'로 표시했다. 아래를 보자.

①은 '止'의 갑골문이다. 한쪽 발 모양 그대로다. 아래는 발꿈치, 위는 발가락이다. "사람 발가락은 다섯 개가 아닌가요?"라고 물을 수 있다. 고대인들은 '三'으로 다수를 표시했다. 손가락을 그릴 때도 세 개만 그린 것과 마찬가지다. ②는 금문이다. 모양이 약간 변해 있다. ③은 소전이다. 금문과 거의 같다. '止'의 본뜻은 '발'이다. 한대에는 "왼쪽 발을 자르고, 5백 대의 태형을 가하는" 형벌이 있었다.

그렇다면 '足'이 허벅지 아래 부분을 가리키는 이유는 무엇일까?

'足'의 갑골문은 아래가 '止', 즉 발 모양이고 위가 '口'이다. 이것을 어떻게 해석해야 할까? 양수달楊樹達은 이렇게 말했다. "고股(넓적다리), 경脛(정강이), 척蹠(발바닥), 근跟(발꿈치)을 모두 합쳐 '足'이라 한다." 그는 '止'가 발을 대표하고, '口'가 넓적다리와 정강이 부위를 가리키는 상형자이기 때문에, '足'이 '止'와 '口'로 구성되었다고 본 것이다. 고대인들이 말한 '足'은 넓적다리, 정강이, 발을 포함한 다리 부분의 전체를 가리킨다. 그래서 갑골문은 '口'로 넓적다리와 정강이의 일부를 표시했다. 금문은 방형의 '口'를 원형으로 바꿔 더욱 형상적으로 만들었다. 소전, 갑골문, 금문은 일맥상통한다.

발은 길을 걸을 때 쓴다. 그러나 발에 대해 말하려면 과거 중국의 특수한 심미현상 한 가지를 언급하지 않을 수 없다. 바로 전족纏足이다. 고대 중국인들에게는 여자의 '작은 발'이 아름다움의 대상이었다. 여자들은 갖은 방법으로 자기 발을 학대하여 남권 사회의 심미적 잣대에 맞추려 했다.

3-12-1 청대의 전족 신발

여자는 작은 발이 아름답다는 관념은 진작부터 있었던 듯하다. 『시경』에서는 "달은 휘영청 밝고, 아리따운 임은 느릿느릿 발걸음을 옮기네[月出皎兮, 佼人了兮, 舒窈糾兮]"라고 했다. 장평자張平子의 「남도부南都賦」에서는 "비단 버선 신고 잔걸음으로 머뭇머뭇[羅襪躡蹀而容與]"이라 했고, 초중경焦中卿 시에서는 "발아래 비단 신발 밟으며, 사뿐사뿐 잔걸음으로 건네[足下躡絲履, 纖纖作細步]"라고 했다. 이처럼 큰 걸음이 아닌 잔걸음으로 천천히 걷는 것을 아름답게 여겼는데, 발이 작지 않고는 이런 행동이 불가능했다. 그러나 당시까지만 해도 억지로 여자들의 발을 묶는 변태적 습관은 없었다.

그렇다면 전족은 언제 시작되었을까? 흔히 남당南唐의 이후주李後主에서 시작되었다고 본다. 이후주에게는 요랑窅娘이라는 궁녀가 있었다. 그녀는 가녀린 몸으로 춤을 잘 췄다. 후주는 높이가 6척이나 되는 금 연꽃을 만들어 화려한 보물과 띠로 장식했다. 그런 다음 초승달처럼 요랑의 두 발을 비단으로 감싸 연꽃 위에서 춤을 추도록 했다. 요랑의 자태는 하늘에서 내려온 선녀처럼 고왔다. 이렇듯 요랑의 전족은 공연의 아름다움을 위해서였다. 지금의 발레와 상당히 흡사하다. 요랑의 춤이 황제의 넋을 쏙 빼놓자 궁녀들이 앞다투어 그녀를 모방했고, 이 풍습이 궁 밖의 민간에도 전해지게 되었다.

3-12-2 전족을 한 요랑

황상에게 잘 보이기 위해 궁녀들은 전족이라는 독특한 양식을 만들었다. 그러나 여자들의 이런 독창성이 결국은 여자들 자신을 옭아매고 말았다. 남자들은 미풍에도 쓰러질 것 같은 여자의 걸음걸이를 보고 사랑스럽고 애틋한 느낌을 받았다. 전족에는 또 한 가지 묘한 작용이 있다고 한다. 전족을 한 여자가 똑바로 걷기 위해서는 허벅지와 골반을 항상 긴장 상태로 두고 몸의 힘을 발꿈치에 집중해야 한다. 이렇게 하면 음부가 수축되어 성교할 때 처녀의 느낌을 유지할 수 있다고 한다. 남자들이 세 치 작은 발을 병적으로 좋아하자, 여자들 역시 아픈 줄도 모르고 계속 전족을 하게 되었다. 이렇게 한때의 유행이 나쁜 풍습으로 굳어지면서 자연 그대로의 발은 심하게 학대를 당한다.

송명대에는 이학理學의 영향으로 여자의 정절이 어느 때보다 강조되었다. "굶어 죽는 것은 사소하나, 정절을 잃는 것은 큰일이다"라는 말까지 있었다. 남자들은 미적 효과 말고도 전족에 또 한 가지 기막힌 효과가 있음을 발견했다. 그건 바로 구속이었다. 여자들이 쉽게 문밖으로 나가지 못하게 함으로써 폐쇄적으로 여자들의 정절을 지킨 것이다. 『여아경女兒經』에 이런 말이 있다. "무엇 때문에 발을 감쌀까? 굽은 발이 예뻐서가 아니라, 쉽게 방문을 나갈까 걱정되어 천 번 만 번 발을 싸매는 것이다." 또 민간에서는 이런 노래도 유행했다. "발을 싸매야지, 발을 싸매야지. 대문 밖으로는 한 발짝도 못 나가도록!"

3-12-3 청대의 '삼촌금련三寸金蓮' 술잔

송대 이후에는 변경의 소수민족을 제외하고 전족이 일반적인 풍습으로 굳어졌다. 이후 명청대에는 전족이 여자아이가 여인으로 성장하기 위해 반드시 거쳐야 할 통과의례가 되었고, 작은 발이 아름답다는 관념으로 인해 전족을 하지 않은 여자는 시집을 가기도 매우 힘들었다. 딸을 좋은 곳에 시집보내려고 엄마는 딸이 아주 어렸을 때 직접 전족을 만들어주었다. 자기가 어머니에게 받은 신체적 학대를 딸에게 그대로 전해주는 것이다.

지금의 여자들에게 전족은 이미 낯선 것이 되었다. 그러나 고대의 여자들은 전족이 주는 극도의 고통을 받아들였다. "작은 발 한 쌍, 눈물 한 항아리"라는 말이 있을 정도였다. 기록에 따르면, 여자들은 보통 4~5세부터 전족을 시작했다고 한다. 발을 싸맬 때는 먼저 엄지발가락을 제외한 네 발가락을 발 아래로 구부리고 흰 명주 끈으로 꼭꼭 감는다. 발이 고정되면 '끝이 뾰족한 신발'을 신는다. 낮에는 혈액 순환을 위해 식구들이 걷는 것을 도와주고, 밤에는 발을 싸맨 천이 풀리지 않도록 실로 꿰맨다. 7~8세가 되면 다시 발가락뼈를 구부린 다음 천으로 꽁꽁 싸맨다. 갈수록 압박이 심해지면서 발은 모양이 변하고, 결국에는 발끝의 엄지발가락으로만 걷게 된다. 이렇게 해서 작고, 마르고, 뾰족하고, 굽은 발이 완성되는 것이다.

한족 문인 사대부들은 전족을 병적으로 좋아했다. 시사詩詞든 소설이든 민간의 노래든, 어느 시대의 문학작품에서건 여자의 전족을 찬양하는 글을

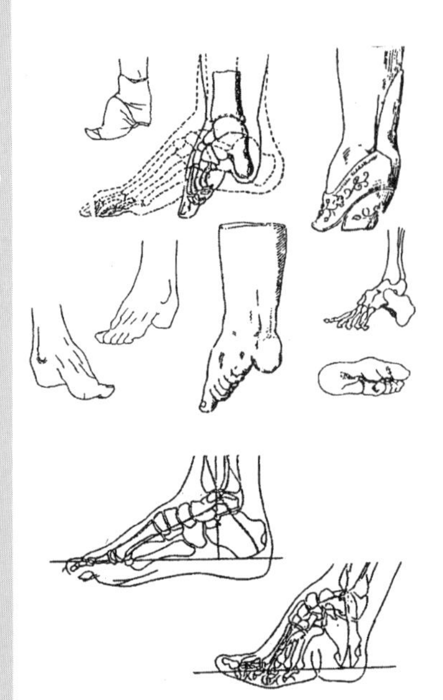

3-12-4 전족 후 발 모양의 변화

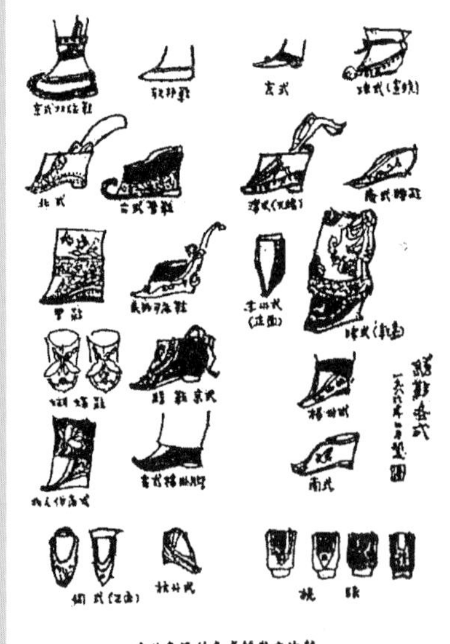

3-12-5 갖가지 전족 신발

쉽게 볼 수 있다. 명대 이후에는 전족을 전문적으로 연구하는 사람까지 생겼다. 예를 들어 『향련(전족의 미칭)품조香蓮品藻』 같은 글에서는 전족을 등급별로 나눠 평가를 내리고 있다. 명대 만력萬曆 연간에 타타르족이 자주 침입을 해오자, 어떤 자가 전족을 한 여자로 적을 막자는 해괴한 계책을 내놓는다. 타타르족이 침입을 해오는 건 그들에게 남자를 홀릴 만한 여자가 없기 때문이라는 것이었다. 타타르족 여자들에게 전족 풍습을 가르쳐서 중국 여자들처럼 연약하고 사랑스러운 모습으로 만들어주면, 타타르족 남자들은 여자에게 푹 빠져 정력을 소모하고 침입할 힘도 없어진다는 말이었다. 중국 남자들의 전족에 대한 관념이 이 정도였다.

만주족 여자들은 전족을 하지 않았다. 중원으로 들어온 만주족 통치자들은 여자의 전족을 악습으로 여기고 여러 차례 금지령을 내렸다. 순치順治 원년에 효장황후孝莊皇后는, 전족을 하고 궁에 들어오면 참형에 처한다는 명을 내린다. 순치 2년에는 앞으로 태어나는 여자는 모두 전족을 금한다고 명을 내린다. 또 순치 17년의 특별조령에서는 한족 여자들이 전족의 악습을 고칠 것을 요구하며, 전족을 하는 여자의 아버지 혹은 남편은 곤장 80대에 3,000리 밖으로 추방한다고 엄포를 놓는다. 강희康熙 원년에는 전족금지령을 내리고, 이를 어긴 자는 그 부모와 가장에게 죄를 묻도록 했다. 당시 한 대신은 자기에게 해가 미칠까 두려워, "신의 처를 먼저 큰 발로 풀어주겠다"고 상주문을 올렸다가 사람들의 웃음거리가 되었다고 한다. 그러나 만주족은 변발로 한족 남자들의 머리카락은 통제했지만, 여자들의 전족은 끝내 뿌리를 뽑지 못했다. 큰 발의 풍습은 한족들에게 전해지지 않았을 뿐 아니라, 오히려 건륭 때가 되면 만주족 중에 한족을 따라 발을 싸매는 이들이 생겨났다. 만약 건륭 황제가 연이어 성지를 내리지 않았다면, 만주족 여자들도 자연 그대로의 발을 잃었을지도 모른다.

청조의 황제들이 금지령 혹은 계도의 방법으로 전족을 허락하지 않았지만, 청이 끝날 때까지도 전족의 풍습은 사그라질 줄 몰랐다. 그래서 양계초梁啓超는 "강한 남자의 머리칼이 약한 여자의 발을 못 당했구나. 왕의 힘으로도 눈먼 자들의 마음을 고치지 못했네"라고 탄식했다. 사실 한족 여자들의 전족 풍습은 청대에 최고조에 이르렀다. 『입옹우집笠翁偶集』에서는 이렇게 썼다. "나는 사방을 돌아다니며 작디작은 발로 별 탈 없이 사는 모습을 보았다. 그렇게 작은 발로 사는 곳 중에 진秦의 난주蘭州와 진晉의 대동大同이 가장 심했다. 난주 여자들의 발은 커봐야 세 치, 작은 것은 그에도 못 미쳤다." 청 말 산서의

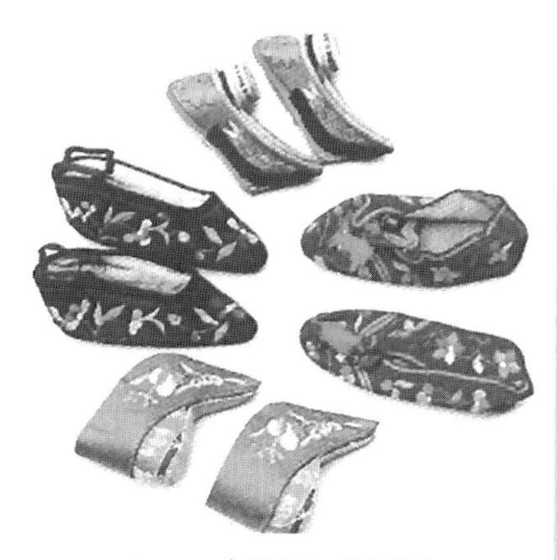

3-12-6 수를 놓은 전족 신발

3-12-7 '전족을 한 여인'
존 톰슨 촬영(1870년경)

대동에는 심지어 이런 풍습도 있었다. 매년 음력 6월 6일이면 대동에서는 '양각회晾脚會'가 열렸다. 이날은 잔뜩 꾸민 여자들이 무리를 지어 높이가 다른 앉은뱅이 의자를 들고 시끌벅적한 거리로 나선다. 여자들은 높은 의자에 엉덩이를 깔고 앉은 다음, 낮은 의자에 발을 내려놓고 일렬로 늘어선다. 그러면 일단의 남자들이 그곳으로 와서 여자들의 전족을 마음껏 감상한다. 하지만 한 번 지나가면 끝이고 다시 되돌아볼 수는 없다. 남자들은 감상을 하면서 평가를 내린다. 발이 작으면 작을수록 점수가 높았고, 가장 작은 발의 여자는 어깨에 잔뜩 힘이 들어갔다고 한다. 그야말로 희한한 광경이 아닐 수 없다.

청 말에는 여자들에게 전족을 풀도록 권고했다. 하지만 이 역시 쉽지 않은 일이었다. 사람들은 전족이 얼마나 나쁜 풍습인지 잘 알고 있었지만, 행여 시집을 제대로 못 갈까 봐 전족을 풀려 하지 않았다. 사람들의 인식을 바꾸기 위해 양계초는 '전족을 하지 않는 모임'까지 만들어 악습의 척결에 앞장섰다. 천족天足(자연 그대로의 발)운동이 각지에서 호응을 얻기 시작했다. 민국 때까지도 이 운동은 계속 이어졌다. 결국 의식있는 인사들의 끊임없는 노력 덕분에 전족의 누습은 질긴 목숨을 다하고, 중국의 여자들은 오랜 억압에서 벗어나게 되었다.

13. 심장[心]

갑골문에서 '心(심)'은 사람의 심장 모양이다. 조금 변화가 있긴 하지만, 금문 역시 기본적으로는 심장의 형상이다. 소전에 이르면 다시 모양이 변하여 심장의 형상성이 크게 약화된다. 소전에서 온 해서는 심장의 모습을 완전히 잃었다.

'心'의 본뜻은 사람과 동물의 심장이다. 현대의 과학적 인식으로만 따지면, 심장의 핵심 기능은 혈액순환이다. 그러나 옛사람들은 심장을 사유 기관으로 간주했다. '뇌'의 공로를 '심'의 이름 아래 두고, '심'을 신체의 '사령부'로 여겼다. 또 희로애락의 모든 감정 역시 심장이 주재한다고 보았다. 그래서 『순자荀子』「해수解蔽」에서는 "심心은 형체의 군주이다"라고 했고, 양경楊瓊은 이에 대해 "심장이 명령을 내려 몸의 온갖 곳이 움직이는 것이지, 몸의 온갖 곳이 심장을 움직이는 것은 아니다"라고 주석을 달았다. 뇌의 기능을 완전히 심장으로 돌린 것이다. '심상사성心想事成(마음으로 바라는 바가 이루어지다)'이라는 말이 있다. 여기서 '심' 대신 '뇌腦' 자를 넣어 '뇌가 바라는 바가 이루어지다'라고 하면 상당히 어색한 표현이 된다. 마찬가지로 '심리묘사心理描寫'를 '뇌리묘사'로 바꾸면 사람들의 웃음을 살 것이다. 오늘날 우리가 말하는 '심'의 의미는 대부분 심장을 사유의 기관으로 이해한 것이다. '心' 자를 넣어 만든 글자의 절대다수가 심리활동과 관계가 있으며, '심리활동'이라는 이 단어 자체와 그 밖의 많은 어휘들이 '심장은 사유의 기관'이라는 인식에서 출발한다.

그렇다면 심장에 사유 기능이 있다는 인식은 어디에서 왔을까? 어떤 이들은 '심규心竅' 설을 들먹인다. 사람의 심장에 여러 개의 '구멍'이 있고, 구멍의 숫자가 많을수록 사람이 총명하고 현명하다는 것이다. 은殷 주왕紂王은 황음무도하고 잔인한 왕으로 유명했다. 대신 비간比干이 수차례 간언을 올리자, 주왕은 버럭 성을 내며 왜 그렇게 잔소리를 해대는지 물었다. 비간은 "선을 닦고 인을 행하며 의리를 지켜야 합니다"라고 답한다. 머리끝까지 화가 치민 주왕이 말했다. "듣자 하니, 성인의 심장에는 일곱 개의 구멍이 있다는데 정말로 그런가?" 주왕은 곧 비간을 죽이고 심장을 꺼내봤다. "심장은 비간보다 구멍 하나가 더 많고, 용모는 반안潘安보다 3할은 더 낫네"라는 속담이 있다. 반안은 고대의 유명한 미남이다. 이 속담은 총명하고 잘생긴 남자를 비간의 심장과 반안의 용모에 비유한 것이다.

심장에 일곱 개의 구멍이 있으면 성인이고, 심장에 구멍이 있되 일곱 개가 안 되면 똑똑하지만 성인은 아닌 사람으로 간주되었다. 남조 송나라의 심유지沈攸之는 뛰어난 무재武才로 혁혁한 전공을 세웠다. 하루가 다르게 관직이 오른 그는 병권을 쥐고 권력을 휘두르다가 결국 모반의 마음까지 품는다. 그는 군대를 이끌고 영성郢城을 공격했으나 류세륭柳世隆의 강력한 방어에 결국 성을 함락하지 못한다. 갈 곳 잃은 그는 도망을 가다가 목을 매 죽고, 사람들은 그의 수급을 잘라 상을 받는다. 어떤 사람이 그의 배를 갈라보자 심장에 다섯 개의 구멍이 있었다. 심유지는 총명했지만 성현의 경지에는 이르지 못했고, 결국 죽어서 시체까지 난도질당하는 비극을 맞은 것이다.

원대 말기의 조정은 문란하기 그지없었다. 각지의 백성들이 몽둥이를 들고 일어나면서 전국은 대란에 휩싸였다. 당시 백안伯顔이라는 유명한 유학자가 고향으로 돌아가는 도중 농민군과 마주쳤다. 농민군은 백안이 명사임을 알고 수령에게 데려갔다. 수령은 농민군을 위해 봉사하면 부귀를 보장해 주겠다고 백안을 유혹한다. 백안은 그 자리에서 수령에게 욕을 퍼부으며 당장 죽여달라고 목까지 내민다. 백안이 죽은 후 어떤 사람이 그의 배를 갈라봤더니, 심장에 여러 개의 구멍이 나 있었다. 그는 이렇게 탄식했다. "성인의 심장에는 일곱 개의 구멍이 있다더니, 이분이 바로 성인이었구나!" 그는 백안의 심장을 다시 뱃속으로 집어넣은 다음 시신을 수습해 땅에 잘 묻어주었다.

3-13-1
마음의 병을 호소하는 서시

심장에 구멍이 많으면 총명한 것과 반대로, 우둔한 사람은 심장이 한 덩어리로 뭉쳐 있다고 한다. 또 그런 사람을 '구멍이 없는' 혹은 '한 구멍도 뚫리지 않은(아무것도 모르는)' 사람이라고 하며, 같은 맥락에서 갑자기 무슨 영감이나 생각이 떠오르면 '구멍이 뚫렸다' 고 말한다. 한나라의 유명 학자 정현鄭玄은 마융馬融에게서 3년 동안 경학을 배웠으나 달리 두각을 나타내지 못했다. 마융은 그가 마땅찮아 금방 쫓아내 버렸다. 쫓겨난 정현이 길을 걷다가 피곤한 나머지 나무 그늘 아래 잠시 잠을 청했다. 꿈에서 한 노인이 그의 심장을 갈라 먹물을 부어주며 말했다. "이제 넌 제대로 학문을 할 수 있으리라." 정현은 갑자기 무슨 영감이 떠올랐는지 즉시 마융에게 돌아가 다시 가르침을 청했다. 이후 그는 고대의 전적에 정통한 대학자가 되었다고 한다.

과학과 의술의 발달로 지금은 심장의 이식까지 가능해졌다. 그러나 높은 수술 비용 때문에 아직 보편적 단계까진 이르지 못했다. 사실 고대에도 심장이식으로 병을 치료한 전설이 있다. 노魯나라의 공호公扈와 조趙나라의 제영齊嬰 두 사람이 병이 생겨 함께 편작을 찾아가 치료를 부탁했다. 편작은 치료를 마친 다음 그들에게 말했다. "두 사람의 병은 모두 약물로 치료가 가능하오. 하지만 두 사람은 태어날 때부터 병이 하나 있었소. 평생토록 따라다닐 병이오. 내가 이번 기회에 병의 뿌리를 뽑아주면 어떻겠소?" 두 사람이 답했다. "증상이 어떤가부터 먼저 듣고 싶습니다." 편작이 공호에게 말했다. "공호 당신은 의지는 강한데 기가 약하오. 그래서 계획을 세워도 결단력이 없소. 제영은 정반대라오. 의지가 약한 반면 기가 강하오. 그래서 생각없이 지나치게 밀어붙이는 경향이 있소. 그러니 둘의 심장을 바꾸면 의지와 기가 적당히 맞춰질 것이오." 편작은 독주로 둘을 3일 동안 마취시킨 상태에서 가슴을 갈라 둘의 심장을 맞바꾸었다. 그런 다음 신약神藥으로 상처를 치료했다. 둘은 인사를 마치고 집으로 돌아갔다. 그런데 공호는 제영의 집으로, 제영은 공호의 집으로 향했다. 제영의 아내는 공호를 알아보지 못했고, 공호의 아내 역시 마찬가지였다. 두 아내는 모르는 사람이 남편 행세를 한다며 관아에 고발했다. 편작이 와서 사정을 말한 후에야 사건은 마무리되었다. 이 이야기는 심장이 일체의 사유활동을 지배한다는 고대인들의 생각을 그대로 대변해 준다. 심장이 바뀌면, 겉모습은 그대로여도 행동과 사고는 완전히 다른 사람이 된다는 것이다.

심장을 바꾸는 흥미로운 이야기를 하나 더 보자. 송나라 때 양楊씨 성을 가진 큰 부자가 있었다. 그는 노환으로 하루하루를 힘들게 보냈다. 그의 아들 종소宗素는 지극한 효성으로 마을에서 칭찬이 자자했다. 아버지가 병으로 눕자 종소는 가산을 털어 백방으로 의사를 찾았다. 용하기로 소문난 의원 진陳씨가 아버지의 맥을 짚어보더니, 환자의 정신이 이미 몸을 빠져나가 반드시 다른 사람의 심장을 먹어야 병이 낫는다고 말한다. 하지만 산 사람의 심장을 얻을 수 없으니 결국 치료가 불가능하다는 말도 잊지 않는다. 의원의 말을 들은 종소는 혹시 염불이라도 하면 효과가 있을까 싶어 승려를 불러다 불경을 읊도록 하고 자기도 재계에 들어간다. 하루는 그가 음식을 들고 산중의 사찰로 찾아가다가 길을 잃었다. 도중에 그는 돌로 된 감실을 하나 발견한다. 감실 안에는 서역의 승려 한 명이 앉아 있었다. 나이가 아주 많아 보이는데다 삐쩍 마른 몸에 갈색의 누더기 승복을 걸치고 있었다. 종소는 보통 사람이 아니라고 판단되어 그의 신분과 깊은 산중에 앉아 있는 이유를 조심히 물었다. 승려는 자기 성이 원袁이며, 시정의 소란스러움이 싫어 홀로 이곳에서 수년 동안 수행 중이라고 말했다. 그는 불경에 나오는 육리왕育利王을 동경한다고 말했다. 육리왕이 스스로의 몸을 호랑이 먹이로 바친 것처럼, 자기도 도토리와 밤을 먹고 샘물을 마시며 스스로 짐승의 먹이가 되고자 한다는 것이었다. 솔깃해진 종소는, 기왕 몸을 짐승에게 바칠 작정이라면 심장을 자기에게 보시하여 병든 아버지를 구해주시면 안 되겠냐고 묻는다. 승려가 호탕하게 웃으며 말한다. "어차피 짐승에게 바칠 것이라면, 그보다는 사람 목숨 하나를 구하는 게 낫겠지요." 그러면서 승려는 마지막으로 밥 한 끼만 배불리 먹여달라고 청한다. 종소는 기쁜 마음으로 자기가 가져온 밥을 공손히 바친다. 승려는 그 자리에서 밥을 다 먹어치운 다음 이렇게 말한다. "이제 밥도 배불리 먹었으니, 사방의 신들에게 절을 올린 다음 그대가 원하는 대로 해주겠소." 이윽고 그는 옷매무새를 가다듬고 감실에서 나와 동쪽을 보고 절을 올린 다음 번쩍 한 번 뛰어 높은 나무 위에 올랐다. 승려의 신통함에 종소는 넋을 잃었다. 승려가 종소를 가까이 불러 말했다. "단월檀越(불교에서 속세의 사람을 부를 때 쓰는 존칭)께서는 무엇을 원하십니까?" 종소가 말했다. "아버님의 병을 고쳐줄 살아 있는 사람의 심장입니다." 승려가 말했다. "단월이 원하는 바는 제가 이미 응낙을 했습니다. 이제 저는 『금강경』의 깊은 뜻을 단월에게 들려주고자 합니다. 괜찮겠습니까?" 종소가 답했다. "평소 저는 불교를 신봉해 왔습니다. 대사님을 만난 오늘 어찌 경문을 듣지 않겠습니까!" 승려가 말했다. "『금강경』에서는 과거의 마음도, 현재의 마음도, 미래의 마음도 얻을 수 없다고 했습니다. 단월께서 제 심장을 얻으려 하신다면, 이 또한 불가능한 일입니다." 말을 마친 승려는 큰 소리를 한 번 지르며 펄쩍 뛰더니 이내 원숭이로 변하였다. 종소는 기이하고 두려운 심정으로 집에 돌아왔다. 종소는 그제야 깨달았다. 손에 넣을 수 없는 산 자의 심장을 억지로 바라고, 그 바람이 너무 심하여 도리어 원숭이에게 놀림만 당했던 것이다.

심장을 사유활동의 중추로 여겼기 때문에, 고대인들은 원통하고 억울한 일을 당할 때면 꼭 심장을 갈라 진심을 보여주려고 했다. 당 예종睿宗 이단李旦이 물러난 후, 그의 어머니 무측천이 황위에 올랐다. 어떤 사람이 이단에게 모반의 마음이 있다고 고발하자, 무측천은 즉시 내준신來俊臣에게 사건의 심리를 명한다. 내준신의 가혹한 심문에 이단 주위의 사람들은 하나하나 모반죄를 인정하고 만다. 그러나 단 한 사람, 안금장安金藏은 죄를 인정하지 않았다. 그는 오히려 내준신에게 호통을 쳤다. "나 금장의 말을 못 믿겠다면, 내가 내 심장을 꺼내 보여주마. 황자께서는 절대 모반의 마음이 없었다." 말을 마치자마자 칼을 꺼내 배를 갈랐다. 오장이 흘러나오고 피가 바닥을 흥건히 적셨다. 안금장은 그 자리에서 정신을 잃었다. 무측천은 이 소식을 듣고 급히 사람을 보내 안금장을 궁중에서 치료하도록 했다. 오장을 다시 집어넣고 상처를 꿰맨 다음 약을 먹이자 이틀 후에 겨우 깨어났다. 무측천은 그를 바라보며 안타까운 듯 탄식했다. "내 아들도 모르는 나의 모정이 그대의 충심만 못하구나!" 무측천은 곧 심문을 멈추라 명하고, 예종은 가까스로 죽을 고비를 넘긴다.

14. 피[血]

옛사람들의 피에 대한 감정은 복잡했다. 그들은 피를 사람의 정수라고도 하고, 마력이 깃들어 있다며 경외시하기도 했다. 피에 대한 숭배 역시 두 가지 측면으로 나타났다. 하나는 벽사辟邪, 즉 불길한 것을 없애주는 기능이 있다고 본 것이고, 다른 하나는 치사致邪, 즉 사람을 불길하게 만든다고 본 것이다.

'머리' 편에서 언급했듯이, 고대인들은 초자연적 힘의 존재를 믿었으며, 제사는 사람과 초자연적 힘을 이어주는 중요한 수단이었다. 중국 고대의 제사는 여러 가지 형식으로 나뉜다. 그중 '사직社稷, 오사五祀(문신, 호신戶神, 우물신, 조왕신, 토지신 제사), 오악五嶽'에 지내는 제사는 반드시 피를 쓰는 혈제血祭여야 했다. 혈제는 곧 희생을 바치는 제사이다. 희생의 피로 신을 기쁘게 하는 것이다. '祭(제)' 자의 갑골문은 아래 그림과 같다.

『설문해자』에서는 "제는 제사이다. 示(시) 부수에, 손으로 고기를 쥔 모습이다"라고 했다. 왼쪽은 고기 모양이고, 오른쪽은 손이며, 점 세 개는 핏방울이다. 피가 뚝뚝 떨어지는 고기를 손으로 잡아 신에게 바친다는 의미이다. 고고학 자료에 따르면, 사실 신에게 바치는 것은 고기가 아닌 피라고 한다. 1856년, 독일 뒤셀도르프 네안데르 강 유역의 한 동굴에서 지금으로부터 4만~10만 년 전의 인류 화석이 발견되었다. 발견된 지명을 따라 이 인류는 네안데르탈인이라 불렸다. 유해 주위로는 붉은 돌 조각들이 산재해 있었다. 1993년 북경 주구점周口店에서 발견된 약 18,000년 전의 산정동인山

頂洞人 화석 주위에도 적철광 가루가 뿌려져 있었다. 인류학자들의 오랜 관찰과 연구 끝에, 현대에도 원시시대처럼 살아가는 일부 부족들은 적철광 분말과 붉은 돌 조각을 응고된 혈액으로 간주한다는 사실이 밝혀졌다. 그들은 사람의 선혈을 영혼이 머무는 곳이자 생명의 원천으로 여긴다. 그들은 적철광 분말과 붉은 돌 조각을 사자死者의 몸 위에 놓는다. 이는 곧 '수혈輸血'을 의미한다. 원시 인류는 이 '수혈' 의식을 통해 사자가 새로운 생명을 얻어 피안의 세계로 즐겁게 들어갈 수 있다고 보았다. 노예제 사회로 들어서면서 노예주들은 적철광 가루 정도로 만족하지 못했다. 그래서 소나 양, 심지어 사람의 선혈을 바쳐 제사를 지냈다. 상대商代의 노예주들은 귀신과 조상에게 제사를 지낼 때마다 수많은 노예들을 죽여 희생으로 바쳤다. 소, 양, 개, 돼지와 함께 바쳐진 이들은 '사람 희생'이라 불렸다. 갑골문의 기록에 따르면, 한 번의 제사를 위해 가장 많을 때는 무려 2,656명에 달하는 노예가 사람 희생이 되었다.

3-14-1 두아원竇娥冤

제사에 피를 바치는 것과 비슷한 개념으로, 고대인들은 새로 만든 기물(종이나 북 등)에 사람의 피를 발라주면 훨씬 견고하고 오래 쓸 수 있다고 보았다. 아울러 '피'의 세례를 받으면 기물에 신성과 영성이 생긴다고 믿었다. 기물에 피를 바르는 이런 행위를 '흔釁'이라 한다. 옛사람들은 제사나

점복, 전쟁 같은 대사를 벌이기 전에 항상 '흔' 의식을 치렀다. 흔례釁禮에는 동물의 피와 사람의 피가 함께 쓰였다. 사람의 피를 가장 많이 쓴 경우는 흔고釁鼓, 즉 북에 피를 바르는 의식일 것이다. 고대의 전적에는 전쟁 포로의 피를 북에 칠하는 장면이 자주 보인다. 전쟁에서 북은 명령을 내리는 중요한 도구이고, 전쟁 포로의 피로 북에 제사를 지내면 북에 적을 이길 수 있는 힘이 들어간다고 믿었기 때문이다.

'흔'이 기물에만 쓰인 것은 아니다. 피를 칠해 벽사辟邪를 바라는 모든 의식을 흔례라 했다. 『예기』에 따르면, 고대인들은 종묘를 다 지은 후 양과 닭의 피를 계단에 바르는 의식을 치렀다. 이 역시 불길한 것을 막기 위해서였다. 한나라 때는 정월에 개의 피를 문에 바름으로써 불길한 것을 쫓아내는 풍습이 있었다. 따라서 적이나 원수가 자기 집 문에 피를 칠하는 것만큼 불길한 것은 없었다. 『한서』「운창전雲敞傳」에 따르면, 어떤 사람이 왕망王莽을 놀래주기 위해 밤에 왕망 집 문에 피를 칠했다고 한다. 왕망은 피를 발견하자마자 백방으로 범인을 찾아 결국 그를 죽였다.

고대에는 또 '음지飮至'라는 풍습이 있었다. 전쟁을 마치고 돌아오면 먼저 종묘로 가서 술을 마시고 시조에게 전공을 보고하는 것이다. '음지' 의식의 목적은 종묘의 신으로 하여금 병사들의 피에 섞인 불길함을 깨끗이 씻어주도록 하는 것이다. 하夏 왕조의 군왕 무을武乙은 가죽 주머니에 피를 담아 거꾸로 걸고 화살로 그것을 맞혔다. 나중에 그는

3-14-2 화살로 혈낭血囊을 맞히는 무을

사냥을 나가 번개에 맞아 죽는다.

피가 가진 신성함 때문에 고대인들은 맹약을 할 때 '삽혈歃血' 의식으로 자신의 충정을 표시했다. 삽혈에 대한 『사해辭海』의 해석은 이렇다. "입에 피를 머금는 행위이다. 손가락을 피에 담갔다가 입 주위에 칠하는 행위라는 설도 있다." 예전에는 삽혈이 일종의 외교의식일 때도 있었다. 주로 신성하고 엄숙한 장소에서 이런 의식이 이루어졌다. 국가 간 전쟁이 끊임없던 시절, 국가와 국가 사이의 맹약은 대부분 군주의 삽혈이 필수였다. 전쟁에 나서기 전 혹은 군사를 모아 봉기를 일으키기 전날 밤에도 장령들은 제단에 올라 삽혈로 맹세를 했다. 삽혈의 풍습은 민간에도 전해졌다. 사람들은 의형제를 맺을 때 삽혈의식을 치렀다. 이때는 핏방울을 술에 떨어뜨린 다음 술을 나눠 마셨다. 동고동락, 공생공사의 의미였다. 처음에는 동물의 피로 삽혈을 했지만, 나중에는 사람마다 손가락에 상처를 내서 그 피를 술잔에 떨어뜨렸다.

사람의 피에 초자연적 힘이 있다는 믿음은 민국 때까지 이어진다. 노신의 소설 「약藥」에 등장하는 화로전華老栓의 아들은 폐병 환자이다. 화로전은 아들의 병을 치료하기 위해 사형장으로 가서 죽은 사람의 피를 가져다 만두에 바른다. 물론 노신의 의도는 민중들의 우매함을 비판하기 위해서였다. 혁명가는 민중을 각성시키기 위해 목숨까지 잃었지만, 민중들은 사람의 피가 병을 치료할 수 있다고 믿을 정도로 우매했던 것이다.

고대인들은 어떤 문제나 분쟁을 해결할 때 항상 신판神判의 방식을 썼다. 신판은 세계 각지의 민족들 사이에서 보편적으로 행해지던 재판 형식이다. 즉, 해결이 힘든 문제를 신에게 맡기고, 신의 예시를 통해 시비를 가리는 것이다. 신판에는 맹세, 점술, 저주 등 여러 방식이 있다. 그중 하나가 바로 피를 통한 판결이다. 피의 신판이란, 분쟁을 일으킨 쌍방이 어떤 행위를 해서 피가 나는 쪽이 지는 판결 방식이다. 그중에 비교적 널리 알려진 방법이

'작미판嚼米判(쌀을 씹어서 내리는 판결)' 이다. 고대 부남국扶南國에 이 작미판의 전통이 있었다. 어떤 집에서 물건을 잃어버리면, 주인이 쌀을 한 되 가져다가 신에게 바치며 도둑을 잡아달라고 기도한다. 그런 다음 쌀을 신의 발 아래 뿌렸다가 다음날 다시 거둬들여 집안의 노비들에게 씹어 먹도록 한다. 물건을 훔친 자는 쌀을 씹을 때 입에서 피가 나고 쌀도 씹어지지 않는다. 반대로 물건을 훔치지 않은 자는 쌀을 어렵지 않게 씹는다. 작미판은 민국 때까지도 사천의 이족彝族과 티베트 문파족門巴族 사이에서 유행했다. 부족 사람이 물건을 잃어버리고 찾지 못하면, 무당이 사람들을 불러놓고 쌀을 한 줌씩 나눠준다. 그런 다음 무당이 경문을 읊어 신을 부르면, 사람들은 물건을 훔친 자가 쌀을 씹으면 피가 나게 해달라고 빈다. 쌀을 입에 털어 넣고 꼭꼭 씹은 다음 뱉었을 때 쌀에 피가 묻은 자가 도둑으로 간주되었다.

와족佤族 지역에도 피의 신판이 유행했다. 물건을 잃은 사람이 도둑으로 지목한 사람이 절대 혐의를 인정하지 않는 경우, 종족의 지도자와 무당이 피의 신판을 거행한다. 그중에 '마장摩掌(손바닥을 비비는 행위)' 이라는 것이 있다. 쌍방이 손을 하나씩 내밀어 서로 비볐을 때, 쌍방이 모두 피가 나지 않거나 모두 피가 날 경우에는 둘 다 옳다고 보고 거기서 판결을 끝낸다. 그러나 혐의자의 손바닥에서 피가 나면, 그는 도둑으로 간주되어 주인에게 물건 값을 배상해야 한다. 만약 물건을 잃은 사람이 피가 나면, 이는 죄없는 사람을 모함한 것으로 간주하여 주인은 정중하게 사과를 해야 한다. 이외에 머리를 때리는 신판도 있다. 당사자인 쌍방이 같은 크기의 몽둥이를 하나씩 들고 일정한 거리를 유지한 상태에서 몽둥이로 상대의 머리를 가격하는 것이다. 제대로 때려서 상대가 피를 흘리면 승리, 맞아서 상처가 나면 패배가 된다. 또 손을 찌르는 신판도 있다. 증인이 대나무 침으로 쌍방의 손등을 찔렀다가 뽑는다. 피가 바로 나오는 사람의 말은 이치에 맞지 않고, 피가 늦게 나오거나 나오지 않은 사람의 말은 이치에 맞다고 간주한다. 위의 예들은 그야말로 우매하기 짝이 없는 재판 방식이지만, 당시의 역사적 조건하에서는 대단히 보편적인 신앙이었다. 신은 선한 자를 비호하고 악한 자를 싫어한다고 사람들은 믿었다. 또 죄를 지은 사람은 남의 이목은 속여도 신령은 속일 수 없다고 보았다. 그래서 신판의 결과를 기꺼이 따르고, 판결이 나면 더 이상 왈가왈부하지 않았다. 신판으로 사회의 질서를 유지했던 것이다.

사람들에게 피는 초자연적 힘의 원천이자 두려움의 대상이기도 했다. 특히 여성의 몸과 관련된 피는 '불결'하고 피해야 할 것으로 간주되었다. 고대에는 임산부와 월경 중의 여성을 기피했다. 선진 때는 출산에 임박한 여자나 월경 중인 여자는 다른 방에 혼자 머물러야 했다. 재계 중인 남편은 이 방에 들어갈 수 없었다. 재계라는 '깨끗한' 의식을 '불결한' 것으로 오염시킬 순 없다고 본 것이다. 한대에는 아이를 낳은 여자들과 접촉하는 것 자체를 불길하게 보는 지역이 대단히 많았다. 그래서 제사 같은 중요한 일을 맡은 사람이나 외지로 나가 일을 보려는 사람은 산모와 아예 왕래를 하지 않았다. 심지어 가족들까지 산모를 꺼리고 미워했다. 그래서 무덤 옆이나 길가에 움막을 지어 따로 살게 하고 한 달이 지난 후에야 집으로 불러왔다. 한 달이 되기 전에 누군가가 산모를 보게 되었다면, 그 사람에게는 대단히 불길한 일이었다. 행여 산혈産血이라도 묻으면 그보다 더 불행한 일은 없었다. 이런 이야기도 있다. 어떤 여자가 어쩔 수 없이 남의 집에서 분만을 하려고 이렇게 말한다. "제가 탯줄을 잘라 가져가겠습니다." 이 말을 들은 사람은 이를 재앙의 전조라 여겼고, 얼마 후 그 여자는 피살되었다고 한다. 고대에는 이런 전설도 있었다. 야행유녀夜行遊女라는 새는 난산 때문에 죽은 여자가 변한 새이다. 이 새의 핏방울이 아이의 옷에 떨어지면, 그 아이는 악운이 낀다는 것이다. 한대에는 월경 중인 여자는 제사에 참여할 수 없다는 규정도 있었다. 사람뿐 아니라 출산에 임박한 가축 역시 금기시되었다. 그래서 『예기』에서는 새끼를 가진 가축은 천자의 밥상에 오를 수 없고 제사에도 쓸 수 없다고 못박았다.

피에 대한 신앙과 금기는 색깔에 대한 믿음으로까지 이어졌다. 『논어』에서는 붉은색과 자주색 옷감으로 평상복을 지어서는 안 된다고 했다. 일종의 모독 행위라는 것이 그 이유였다. 고대에는 항상 붉은색 물건으로 벽사를 했다. 피의 색깔이 붉은색이기 때문이다. 피가 벽사의 기능이 있긴 하지만, 피 자체보다는 붉은색의 물건을 구하기가 쉽기 때문에 피를 대신해 쓴 것이다.

15. 뼈[骨]

골격은 몸을 지탱하는 줄기이다. 뼈와 살이 서로 붙어 있으므로, 사람들은 육친 관계를 '골육지친' 이라 부르곤 한다.

옛사람들은 뼈에 영성靈性이 있다고 보았다. 이런 전설이 있다. 형주荊州의 어떤 사람이 넘어져서 정강이가 부러졌다. 의사 장칠정張七政이 먼저 술로 환자를 마취한 후, 살을 갈라 못쓰게 된 뼈를 꺼낸 다음 다시 고약을 발라 낫게 해주었다. 2년 후 다시 다리가 아프다고 호소하자 장칠정은 이렇게 말했다. "예전에 꺼낸 뼈가 지금 추위에 떨고 있어서라오." 그들은 침상 밑에 박혀 있던 예전의 뼈를 어렵사리 찾아 뜨거운 물로 깨끗이 씻은 후 수건으로 감싸주었다. 그러자 다리의 통증이 말끔히 사라졌다.

3-15-1 삼장을 희롱하는 시마尸魔
『서유기』

『서유기』의 '백골정白骨精을 세 번 패주다'가 바로 뼈에 영성이 있다는 믿음에서 기원한 이야기다. 요괴는 미소녀로 변했다가 노부인으로 변했다가 다시 노인으로 변하며 손오공을 괴롭힌다. 손오공은 몇 번이나 요괴를 공격하지만, 그때마다 요괴는 땅에 가짜 머리만 남겨놓고 정신은 쏙 빠져나간다. 결국 손오공은 토지신과 산신 등의 협조를 얻어 도망을 못 가게 한 다음에야 요괴를 때려죽인다. 요괴는 죽은 후 원래 모습을 드러낸다. 그건 바로 사람의 해골이었다. 등뼈에는 '백골부인白骨夫人'

이라는 글자가 쓰여 있었다.

장자는 해골과 대화하는 이야기를 빌려 인생의 근심을 말한다. 해골은 죽은 사람의 두개골을 가리킬 수도 있고, 죽은 사람의 뼈 전체로 해석되기도 한다. 초나라로 들어선 장자가 텅 빈 해골 하나를 발견한다. 그는 말채찍으로 해골을 툭툭 건드리며 무슨 이유로 죽게 되었는지 묻는다. 삶을 탐하다가 죽었는지, 나라가 망해서 죽었는지, 전란으로 죽었는지, 그도 아니면 추위와 굶주림으로 죽었는지 혹은 수명을 다 누리고 곱게 죽은 것인지 묻는다. 말을 마친 장자는 해골을 베개 삼아 잠을 청한다. 한밤중에 장자는 꿈에서 해골을 본다. 해골은 이렇게 말한다. "변사처럼 말도 참 잘하시는구려. 당신이 말한 것들은 모두 산 사람의 근심이라오. 죽으면 다 소용없는 것들이오. 죽은 후의 모습이 어떤지 한번 들어보시겠소?" 장자가 듣기를 청하자 해골이 말을 잇는다. "죽으면 군주와 신하의 구분도 없고, 사계절의 변화도 사라진다오. 그저 천지와 함께 오래도록 조용히 지낼 뿐이라오. 임금이라도 이런 즐거움을 누리진 못하오." 장자가 믿기지 않는 듯 물었다. "나는 생명을 관장하는 신에게 당신의 형체와 뼈와 피부를 되돌려 고향의 부모형제, 친구들에게 보내달라고 부탁할 수 있소. 원하시오?" 해골이 눈살을 찌푸리며 말했다. "내 어찌 임금 같은 즐거움을 버리고 다시 번거로운 인간세상으로 돌아갈 수 있단 말이오!"

한족 지역 사람들은 항상 토장土葬을 신봉해 왔다. 일부 농촌에는 아직도 토장의 풍습이 남아 있다. 그러나 농토의 사용을 위해 정부가 화장火葬을 강요하면서 토장은 점차 자취를 감추고 있다. 사람들은 흙 속에 편히 묻히기를 바라며, 잘못하다 해골이 들판에 드러나면 어쩌나 근심했다. 옛사람들은 아무렇게나 버려진 뼈를 정성스레 묻어주는 것을 음덕陰德으로 여겼다. 그래야 나중에 자기도 그만큼 보상을 받는다고 생각했다. 명대의 명의 이시진李時珍은 인골로 약을 만드는 방사들을 적극 비난했다. 불인不仁의 처방이라는 것이 그 이유였다. "해골은 마땅히 땅에 묻어야지, 어떻게 식용으로 쓴단 말인가?" 이것이 이시진의 생각이었다.

그래서 고대소설에는 해골을 땅에 묻어 후하게 응보를 받는 이야기가 적지 않다. '신혼 밤에 화촉을 밝히고', '과거에 급제하는' 것이야말로 옛사람들의 가장 큰 즐거움이자 인생의 목표였다. 해골을 묻어줌으로써 돌아오는 보답 역시 이 두 가지와 관련이 깊다.

한 서생이 마른 해골을 땅에 묻어주었다. 해골의 귀신은 예전에 한 시험관과 뇌물을 준 응시자의 밀담을 엿들은 적이 있었다. 답안지에 어떤 표시를 해두면 바로 합격을 시켜주겠다는 내용이었다. 귀신은 은혜에 보답하고자 이 비밀을 서생에게 알려주는 한편, 원래 응시자에게는 급한 병을 주어 시험에 참가하지 못하도록 했다. 이렇게 해서 서생은 힘들이지 않고 진사시에 합격하고, 뇌물을 준 응시자는 남 좋은 일만 하고 말았다. 서생이 비록 해골을 묻어주어 '음덕'을 쌓긴 했지만, 최소한 그의 합격 과정은 결코 내세울 것이 못 되었다. 그러나 이야기는 이에 대해서 전혀 가타부타 말을 않고, 한 번의 우연한 선업으로 '합격자 명단'에 올랐다는 사실만 강조하고 있다. 해골이 아무렇게나 버려지는 것을 옛사람들이 얼마나 꺼려했는지 알 만하다. 이에 비해 아래의 이야기는 훨씬 낭만적이고 아름답다.

한 서생이 산책을 하던 중 수풀 사이에 널브러진 해골을 보고 측은한 마음이 들었다. 그는 곧 뼈를 추슬러 잘 묻은 다음, 흙을 향으로 삼고 물을 술로 삼아 사자의 영혼을 달래주었다. 한밤중에 한 여자가 그를 찾아왔다. 여자는 해골을 묻어준 은혜에 감사하기 위해 일부러 찾아왔다고 말했다. 알고 보니 그녀는 죽은 후 200년도 넘게 풍상을 맞고 있었던 것이다. 서생은 그녀와 부부처럼 1년 남짓을 함께 지냈다. 심지어 그녀는 서생에게 아이까지 하나 낳아주었다. 소식을 들은 서생의 모친은 요괴임이 틀림없다며 어서 헤어지라고 아들에게 강요한다. 결국 여자는 다시 만날 날을 기약하며 아이를 안고 고향으로 돌아간다. 이후에도 그녀는 서생이 부르면 곧 모습을 드러냈다. 그녀는 아이를 인간세상에 맡겨 길렀고, 18년 후 아이는 장성하여 아버지와 다시 만나고 결혼까지 했다. 그제야 아이의 어머니는 조용히 사라져 다시는 모습을 보이지 않았다.

여자가 죽으면 야차가 혼을 꼭 잡고 놔주지 않는다고 한다. 야차는 여자의 미색으로 남자를 유혹해 죽이고 그 피를 마신다. 그러다가 색과 돈에 혹하지 않는 남자가 나타나면, 여자는 이 남자를 믿을 만한 사람으로 보고 자기 해골이 있는 곳으로 데려가 해골을 파서 가져가 달라고 부탁한다. 그래야 야차에게서 벗어날 수 있기 때문이다. 남자는 여자의 부탁대로 해골을 고향으로 가져가 편안히 묻어준다. 여자는 은혜에 보답하기 위해 남자의 집안일을 도맡는다. 처음에 집안사람들은 그녀가 귀신이라 가까이 지내려 하지 않지만, 조석으로 정성을 다하는 모습에 감동하여 그녀를 귀신으로 보지 않고 계속 집에 머물도록 한다. 나중에 여자는 남자와 결혼하여 아이까지 낳는다. 물론 허구이긴 하지만, 우리는 이 이야기를 통해 옛사람들이 해골에 대해 어떤 관념을 갖고 있었는지 어느 정도 확인할 수 있다.

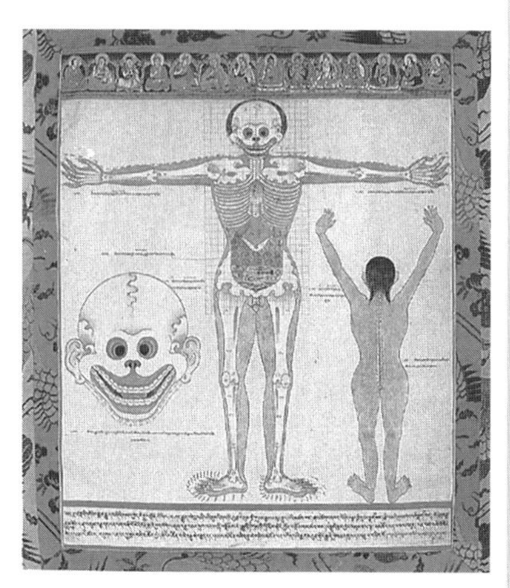

3-15-2 인체의 골격(정면)
티베트의 의사들은 사람의 골격이 치아까지 총 306개라고 말한다

해골에 대한 고대인들의 이런 관념 때문에 부모님을 찾는 효자 이야기도 대단히 많아졌다. 어렸을 때 아버지가 멀리 타향에서 죽자, 아들은 장성한 후 아버지의 유골을 찾아 고향에 안장해 드린다. 고대에는 교통이 불편해서 부모님의 유골을 찾는 여정이 길고도 험할 수밖에 없었다. 그래도 이 정도는 그

나마 낫다. 전쟁에서 죽은 사람들은 더욱 비참하다. 수년 동안 고생하며 아버지의 사망지를 찾더라도, 백골이 무덤처럼 쌓인 그곳에서 아버지의 유골을 가려내기란 불가능하다. 아버지의 유골을 알아보지 못한 효자는 황량한 들판에서 원통하게 울부짖다가 슬픔과 추위가 덮쳐 타향에서 객사하고 만다. 효자가 이런 참사를 당하지 않도록 하기 위해 사람들은 한 가지 이야기를 만들어냈다. 부자는 혈맥이 서로 이어져 있으므로, 아버지의 백골이 아들의 선혈을 빨아들인다는 것이다. 그래서 어떤 효자는 손가락 끝을 잘라 백골 하나하나마다 핏방울을 떨어뜨렸다. 역대의 많은 문학작품들이 효자의 이런 행동에 찬사를 아끼지 않았다.

옛사람들은 풍수설을 믿었다. 선조의 유체를 풍수가 좋은 땅에 묻어야 후손들이 복을 받을 수 있다고 보았다. 남송이 멸망에 임박했을 즈음 이와 관련된 사건이 하나 터진다. 원 왕조의 한 대신이, 송 황실의 능묘를 파서 역대 황제들의 해골을 돼지와 개의 뼈와 함께 묻으면 중원의 혈맥이 끊겨 몽고족이 순조롭게 중원을 통치할 수 있다고 주장한 것이다. 이 소식을 들은 송나라의 몇몇 의사義士들이 죽음을 무릅쓰고 황제의 유골을 빼돌려 다른 곳에 안장한다. 그러나 송은 끝내 망하고 말았다. 그나마 나중에 명이 다시 원을 대신했다는 사실이 구천의 의사들에게는 위로가 되었을 것이다.

3-15-3 들판에 널린 해골을 수습해 주는 주 문왕

옛날에는 또 장골葬骨의 풍습이 있었다. 시체가 썩은 후 그 뼈를 다시 꺼내 안장하는 것이다. 『묵자墨子』「절장하節葬下」에 이런 기록이 있다. "초 땅 남쪽에 염인국炎人國이 있었다. 그곳 사람들은 부모나 친척이 죽어서 살이 썩으면 살을 버리고, 그런 다음 그 뼈를 묻어주었다. 그래야 효자라 했다." 『수서隋書』에는 형주荊州 사람들의 장례 풍습이 기록되어 있다. 사람이 죽으면 그들은 일단 시신을 문밖의 정원에 안치한다. 그런 다음 한바탕 곡을 마치고 관을 산중으로 가져간다. 이후 13년 안에 다시 습골拾骨을 하고 작은 관에 넣어 안장한다. 습골은 반드시 길일을 택해서 했다. 소위 '습골'이란 살을 제거하고 뼈를 모으는 일을 말한다. 어떤 지방에서는 20~30년 후에 다시 습골을 하여 석굴 속에 안장하기도 했다. 장사長沙, 무릉武陵, 풍양澧陽, 형산衡山, 희평熙平 등지의 장례가 모두 이런 식이었다. 건륭 때의 귀주 지방지地方志에는 흑묘족黑苗族의 독특한 풍속이 기록되어 있다. 그들은 "사람이 죽으면 일단 염을 하고 마을의 울타리 옆에 두었다가, 20년 정도 지나면 온 마을이 한날을 택해 100개도 넘는 관을 함께 묻었다." 이 장례 풍습은 이후에도 상당히 오래 지속되었다고 한다.

고대에는 또 '세골장洗骨葬'이라는 것이 있었다. 묻은 지 여러 해가 지난 사자의 유골을 꺼내 물로 깨끗이 씻은 후 다시 안장하는 것이다. 강서 상요上饒 지역에 이런 풍습이 있다. 그곳 사람들은 망령이 재앙을 불러온다고 믿는다. 집안에 누가 병이 들면, 망령이 그렇게 만든 것이라고 여긴다. 그래서 망자의 무덤을 파고 관을 열어 물로 뼈를 씻어준다. 이것을 '제수除祟'라고 한다. 상당히 많은 지역에서 망령의 뼈가 깨끗하지 않으면 재앙이 온다고 믿고 있다. 절강 개화開化의 보마족普馬族은 사람이 죽으면 남녀를 불문하고 집 안의 늘 다니던 곳에 시신을 묻고 매일 물을 갖다 붓는다. 그런 다음 시체가 썩으면 다시 꺼내서 살은 따로 묻고 뼈는 깨끗이 씻어 비단 주머니에 담는다. 이때 사람들은 유골 주위를 빙 둘러 춤을 춘다. 이 유골은 집 안에 잘 보관했다가 3년 후에 안장해 준다. 만약 집안에 병자가 생기면, 유골을 꺼내서 다시 그 주위를 빙 둘러 춤을 춘다. 귀주의 일부 묘족은 가족이 땅에 묻힌 몇 년 후에 무덤을 파고 관을 열어 유골을 꺼내 하얗게 될 때까지 깨끗이 씻는다. 그

린 다음 천으로 뼈를 싸서 다시 묻어준다. 1~2년 후에 다시 뼈를 꺼내 씻어 주기를 일곱 번이나 반복한다. 가족 중에 누군가가 병에 들면, 조상의 뼈가 깨끗하지 못한 것이라 여기고 뼈를 꺼내 씻어준다. 소위 '세골묘洗骨苗'라는 장례 풍습이 바로 이것이다.

16. 문신[紋]

몸에 그림을 새기거나 무늬를 넣는 행위를 '문신'이라 한다. 흔히 '문文'이라고 하면 우선은 '문자', '문장' 같은 단어가 생각날 것이다. 그러나 '文'은 본래 사람의 몸에 무늬를 새긴다는 뜻이다. 『설문해자』에서는 "文은 뒤섞인 그림으로, 교차하는 무늬를 상형한 것이다"라고 했다. '文' 자의 모양을 보자.

〈갑골문〉

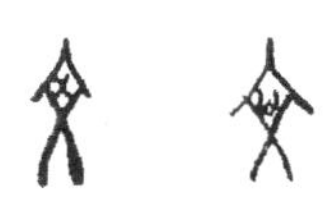

〈금문〉

3-16-1 '文' 자의 옛 필법

갑골문은 웃통을 벗고 똑바로 서 있는 사람의 모습이다. 가슴 한가운데에 '十' 자 무늬가 있다. 금문에서는 가슴의 무늬가 더 복잡해진다. 드러낸 가슴도 더 넓고 무늬도 훨씬 강조되었다. '文' 자가 강조하는 바는 바로 가슴의 문신이다. 즉, 가슴의 문신으로 글자 전체의 의미를 표현한 것이다. 고대의 문신 풍습이 그대로 반영된 글자이다.

문신의 기원은 오래전으로 거슬러 올라간다. 『예기』에는 "동방의 오랑캐 이夷는 머리를 풀어 헤치고 몸에 문신을 한다", "남방의 오랑캐 만蠻은 이마에 무늬를 새기고 발을 서로 마주 보게 한다"는 기록이 있다. 관련 연구에 따르면, 상고시대의 문신은 대부분 씨족사회의 토템과 연관된다고 한다. 고대인들은 흔히 자기 씨족이 모종의 동물, 식물 혹은 무생물과 친족의 관계 또는 다른 특수한 관계에 있다고 여겼다. 그래서 모종의 사물이 씨족의 보호자나 상징이 되었다. 어떤 씨족은 나무와 돌을, 어떤 씨족은 큰 나무를, 어떤 씨족은 용과 호랑이를 숭배했다. 이처럼 돌, 나무, 용, 호랑이 등이 씨족의 보호자이자 상징이 된 것이다. 그래서 그들은 상징물의 간단한 도상을 몸에 그리거나 이마에 새겨 씨족의 고유 혈통을 표시했다. 이것이 바로 흔히 말하는 토템 숭배이다. 관련 기록에 따르면, 대만 소수민족의 문신 풍속은 최소한 1,300년 이상의 역사를 갖고 있다.

고대의 월越 땅(지금의 절강 해안 일대) 사람들은 단발과 문신의 풍속이 있었다. 사료에 따르면, 이 풍속은 대단히 실용적인 이유 때문에 생겼다고 한다. 월 땅에는 물이 많다. 그래서 사람들은 "항상 물속에 있으므로 머리를 짧게 자르고 몸에 용(교룡)처럼 무늬를 새겨 피해를 입지 않도록" 한 것이다. 고대의 일본인 역시 문신을 했다. 그들은 월 땅 사람들과 마찬가지로 "잠수를 해서 물고기와 조개를 잡았고, 이때 문신이 큰 물고기나 괴물의 접근을 막아준다"고 여겼다. 어룡이 용처럼 새긴 사람의 문신을 보고 같은 종족으로 여겨 공격하지 않는다고 사람들은 믿었던 것 같다.

3-16-2 구룡을 그려 넣은 사진

많은 민족학 연구 자료에 따르면, 초기 원시 부족의 문신은 성년의 표지와도 관련이 깊었다. 씨족 토템의 상징으로서의 문신은 씨족 내 모든 사람들의 의무였다. 어떤 씨족은 어렸을 때부터 문신을 시작하여 성년식 때 완성하기도 하고, 어떤 씨족은 성년식 때 문신을 시작하여 몇 년에 걸쳐 완성하기도 했다.

대만 소수민족의 문신은 신분과 지위의 상징이기도 했다. 그들은 일정한 자격이 되어야만 문신을 새길 수 있었으며, 어느 부위에 어떤 무늬를 새길 것인지 역시 신분에 따라 달라졌다. 문신의 부위와 무늬가 개인의 경제적,

사회적 위치를 표시했던 것이다. 예를 들어, 태아족泰雅族 남자는 적의 머리를 가진 후에야 턱에 문신을 새길 수 있었고, 정해진 무기로 사람 사냥을 한 사람만 배에 문신을 할 수 있었으며, 가슴과 손에는 사람 사냥을 많이 한 사람만 문신을 새길 수 있었다. 사람 사냥이 금지된 후에는 사냥으로 잡은 짐승의 양에 따라 문신의 부위를 결정했다. 여자는 웃옷에 무늬를 다 넣고 난 후에야 얼굴에 문신을 새길 수 있었고, 가슴과 손발의 문신은 옷감 짜는 기술이 뛰어나거나 새로운 무늬를 짜는 기술을 발명한 여자만 할 수 있었다. 새하족賽夏族은 이런 규정도 있었다. 머리 두 개를 사냥하면 가슴에 가로로 줄을 하나 긋고, 세 개를 사냥하면 가로 줄 위에 세로 줄을 더할 수 있다는 규정이다. 이미 계급의 개념이 있었던 배만족排灣族 사이에서 문신은 귀족과 존귀한 이들의 상징이었다. 귀족이 아닌 사람은 가혹한 조건을 통과하고 귀족 우두머리의 특별 허가를 받은 후에야 문신의 자격이 생겼다. 일단 문신의 자격을 획득하면 사회적 지위가 크게 올랐으며, 이 권리는 딸에게 양도할 수 있었다. 또 딸이 성년이 되면 돈으로 문신권文身權을 사서 딸의 혼수로 삼았으며, 이것으로 약혼 시 많은 예물을 요구할 수도 있었다. 평민 여자가 귀족의 자제와 약혼해도 역시 사회적 지위가 크게 향상되어 문신권이 주어졌다.

3-16-3
『고금도서집성』에 실린 조제국雕題國 사람

대만 태아족의 문신에 관한 전설을 한 가지 보자. 한 남자가 여자에게 말했다. "당신의 못생긴 얼굴은 문신을 새기면 훨씬 아름다워질 거요." 여자가 동의하자 남자는 곧 검은 그을음으로 여자 옷에 무늬를 그려 시술 방법을 가르쳐 주었다. 그 후로 여자는 문신을 아름답게 여기게 되었다. 또 한

가지 이야기가 있다. 두 남자가 사냥해 온 사람의 머리에 문신을 새기며 놀고 있었다. 그런데 새긴 무늬가 퇴색되지도 않고 꽤 그럴싸하게 보여 둘은 자기 얼굴에도 문신을 새겼다. 이때부터 남자가 문신을 하는 풍습이 생겼고, 머리를 사냥해 와야만 문신을 할 수 있다는 규정도 만들었다. 심지어 태아족은 얼굴의 문신을 최고의 화장법이라 생각하며, 문신이 자연 그대로보다 훨씬 아름답다는 관념을 가졌다.

'중국인' 들은 문신을 오랑캐의 풍습으로 간주해 왔다. 여기서 '중국인' 은 고대 중원의 한족들을 말한다. 고대에는 북쪽 사람을 '적狄', 남쪽 사람을 '민閩', 서쪽 사람을 '강姜', 동쪽 사람을 '이夷', 그리고 중원 사람을 '하夏' 라 불렀다. 중원 지역은 중화문명의 발원지로서 오래전에 이미 예절과 제도의 사회로 접어들었다. 중원 사람들은 스스로의 문명을 자랑하며 머리도 묶지 않고 문신도 하지 않았으며, 단발과 문신을 '예에 어긋나는' 것으로 보았다. 『사기』에는 이런 기록이 전한다. 주나라의 기초를 닦은 고공단보古公亶父에게는 큰아들 태백太伯, 둘째 중옹仲雍, 막내 계력季歷이 있었다. 단보는 계력의 아들 창昌(훗날의 주 문왕)에게 마음이 가 있었으므로, 창이 나중에 왕위를 잇도록 계력을 왕으로 세울 생각이었다. 그러나 작은 아들을 왕으로 세우는 것은 장자를 우선으로 하는 당시의 원칙에 위배되는 것이었다. 태백과 중옹은 아버지의 뜻을 알아차린 후 곧바로 오월吳越 땅으로 떠난다. 그리고 그 지역의 풍속에 따라 머리를 자르고 몸에 문신을 새긴다. 자기들은 이미 '오랑캐' 가 되었으므로 더 이상 국가의 대사에 관여할 수 없다는 표시였다. 역대의 사가들은 기꺼이 자리를 양보한 태백과 중옹의 품성에 찬사를 아끼지 않았다. 『좌전』에는 이런 기록이 있다. 오왕 부차가 제나라를 정벌할 때 노나라에게 제사용 희생을 요구한 적이 있었다. 노나라는 즉시 사람을 보내 오왕의 요구가 '예禮' 에 맞지 않는다고 질책했다. 그러자 오왕은 이렇게 말한다. "나는 문신을 한 사람이니 예를 탓할 수 없소." 자기는 오랑캐 땅 사람이라 '예'를 논하지 않는다는 의미였다.

사회가 발전하면서 문신은 점차 특별한 의미를 잃고 순수한 하나의 장식으로 변해갔다. 문신을 할 것인가 말 것인가, 한다면 어떤 문신을 할 것인가도 개인의 취향에 의해 결정되었다. 당대唐代에 문신이 성행한 적이 있었다. 검남黔南 관찰사 최승총崔承寵은 큰 뱀 한 마리가 온몸을 감싸는 모양의 문신을 그렸다. 뱀의 머리가 오른손에 새긴 범의 아가리를 향하고, 뱀의 몸은 팔과 목을 감싼 다음 배에서 똬리를 틀었다가 정강이까지 뻗었다. 그가 술에 잔뜩 취해 옷을 벗자 사람들은 기겁을 했다고 한다. 이 이야기는 당시에 문신 기술이 얼마나 발달했는지를 반증한다. 근육과 관절 등 인체의 각 부분을 이용해서 생생하게 문신을 그려 넣은 것이다. 형주荊州 사람 갈청葛清은 목 아래부터 백거이白居易의 시 30수를 새겨 넣었다. 시 옆쪽으로는 그림까지 그려 넣어 온전한 살갗이 안 보일 정도였다. 사람들은 그의 몸을 '백사인행시도白舍人行詩圖'라고 불렀다. 당시에는 이미 전문 문신 기술자와 문신 도구가 있었으며, 심지어 몸에 문신을 찍는 도장까지 발명되었다. 도장에 촘촘히 박힌 침들을 이리저리 배열하여 갖가지 문양을 만들어냈다. 자기가 원하는 곳에 자기가 원하는 도안을 넣을 수 있었던 것이다.

당대 이후의 정사에서는 문신이 유행했다는 기록을 찾아볼 수 없다. 그러나 야사나 통속소설 등에는 문신에 대한 묘사가 적지 않다. 이들 기록을 전체적으로 보면, 당시 문신은 영웅적인 남성의 상징으로 작용했던 것 같다. 권법과 무예에 뛰어나거나 무기를 잘 다루는 사람만이 문신을 했기 때문이다. 후주後周 태조 곽위郭威는 참새의 나는 모습을 목에 새겨 넣어 사람들이 그를 '곽작아郭雀兒'라 불렀다. 『수호전』에도 문신을 한 영웅들이 다수 등장한다. 사진史進은 어깨와 가슴에 아홉 마리의 용을 그려 넣었다. 사람들은 그를 '구문룡九紋龍'이라 불렀다. 노지심이 '화화상花和尙'이라 불린 이유는 그의 등판에 꽃이 수놓아져 있기 때문이다. 그 외에 '청면수青面獸' 양지

楊志, '병관색病關索' 양웅楊雄 등도 몸에 꽃 문신을 넣었다. 멋진 문신을 넣으려면 그만큼 몸도 뒷받침이 되어야 했다. 백옥처럼 새하얀 피부를 가진 '낭자浪子' 연청燕青을 위해, 노준의盧俊義는 기술자를 특별히 불러와 그의 온몸에 꽃을 그려준다. 연청의 몸에 새긴 아름다운 꽃무늬에 수많은 사람들이 넋을 잃었고, 그의 명성은 멀리까지 퍼져 나갔다.

치장을 위한 문신은 보통 스스로가 원해서 했다. 그러나 고대에는 강제적인 문신도 있었다. '경형黥刑' 혹은 '묵형墨刑'이 바로 그것이다. 이 형벌은 죄인의 이마나 얼굴에 모욕적인 표시를 새겨 넣는 것이다. '이자는 범죄자'라는 사실을 만인에게 알리려는 목적이었다. 『수호전』에는 경형에 관한 묘사가 여러 번 나온다. 경형으로 얼굴에 글자가 박힌 무송武松은 장도감張都監 일가를 죽인 후 관병의 추격을 피하기 위해 머리카락을 풀어 헤치고 두타 행세를 한다. 이후 그는 '무행자武行者'로 불린다. 얼굴에 새긴 죄명은 평생의 치욕이었다. 그래서 송강宋江은 유명한 의사를 불러 얼굴의 글자를 지우도록 한다.

흥미로운 사실은, 당송 이후 문신이 몸을 치장하는 방법 중 하나였음에도 불구하고 여자의 문신에 관한 기록은 없다는 것이다. 이는 예교 사회의 속박과 관련이 깊다. '남녀수수불친男女授受不親'이라는 말처럼 여자의 몸은 함부로 남에게 보여서는 안 되는 것이었다. 현대사회에서 문신은 남녀를 불문하고 계속 유행하고 있다. 지금도 일부 사람들은 침으로 찔러서 문신을 새기는 전통적인 방법을 쓰지만, 대부분은 이보다 훨씬 간편한 '가짜' 문신을 사용한다. 그래서 혹자는 도안이 그려진 종이를 붙이기도 하고, 혹자는

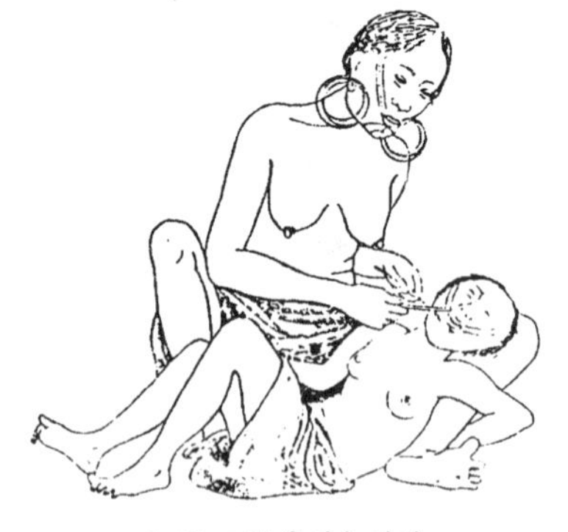

3-16-4 문신 시술 장면

물감으로 피부에 직접 도안을 그리기도 한다. 문신이 지겨워지면 언제든 떼거나 지울 수 있다. 문신은 이제 복잡한 사회적 의미를 모두 버리고 개인의 순수한 기호가 되었다.

17. 그림자[影]

고대인의 인식에서 '그림자'는 항상 개인의 영혼과 관련되었다. 그들은 그림자가 사람의 정기 중 일부라고 인식했다. 소박한 영혼신앙을 가진 고대인들은, 사람이 죽으면 "영혼[魂]은 하늘로, 형체[魄]는 땅으로 돌아간다"고 여겼다. '혼'과 '백' 두 글자는 의미가 서로 다르지만, '혼백'으로 이어 쓰면 사람의 정신과 영험한 기운을 가리키게 된다. 고대인들은 혼백을 기氣의 형태적 존재로 생각했다. '그림자'와 의미상 연관성이 있는 것이다. 그림자와 영혼의 연관성은 전 세계에 걸친 보편적 인식이다. 수많은 민족의 다양한 언어에서 영혼이라는 단어는 숨, 그림자 같은 단어를 빌려 쓰고 있다. 뉴잉글랜드 민족은 영혼을 그림자라 부르며, 오스트레일리아 타스마니아에서 '그림자'는 영혼을 함께 가리키는 말로 쓰인다. 북아메리카 인디언들은 영혼을 'Otahchup', 즉 '그의 그림자'라고 부르며, 아르헨티나 원주민의 'Loakal'이라는 단어는 그림자, 영혼, 메아리, 반사된 형상의 네 가지 뜻을 갖고 있다. 또 캘리포니아 지역에서 쓰는 'Pitus'라는 단어에는 생명, 영혼, 숨이라는 세 가지 뜻이 있다.

3-17-1 명대의 혼병魂甁
무덤에 함께 묻었던 것으로, 위쪽에 영혼이 들고나는 구멍이 있다

중국의 일부 민족들 사이에도 이런 현상이 존재한다. 사천, 운남, 귀주에 거주하는 이족彝族의 옛 책들을 보면, 한 글자가 그림자, 형상, 영혼의 세 가지 뜻을 대표한다. 또 이문彝文으로 쓴 운남의 고적『조신원류祖神源流』에서는 한 글자가 그림자, 이름, 영혼의 세 가지 뜻으로 쓰인다. 또 운남 노족怒族 약유인若柔人의

언어에서 사람의 영혼을 의미하는 '라룽' 은 그림자와 밀접한 관련이 있다.

사람의 그림자가 곧 사람의 영혼이라는 관념은 많은 소수민족들 사이에 퍼져 있다. 납서족은 사람에게 세 개의 영혼이 있다고 믿는다. 하나는 생명을 보호하는 영혼, 하나는 사람의 그림자, 하나는 신체의 영혼이다. 사람이 죽으면 첫 번째 혼이 가장 먼저 몸을 떠나고, 두 번째 혼(그림자)이 사라지고, 세 번째 혼이 조상의 땅으로 간다. 노족은 사람의 영혼이 여러 개라고 믿는다. 서로 다른 여러 각도에서 사람에게 빛을 비추면 여러 겹의 그림자가 나타나는 것이 그 증거라고 한다. 옛사람들은 그림자가 짧으면 영혼이 약하고 수명도 짧다고 여겼다. 그림자가 보이지 않으면 영혼이 이미 빠져나간 것이므로, 그 사람은 금방 죽는다고 여겼다. 그래서 고대에는 이런 풍속도 있었다.

"5월에는 지붕에 올라가지 않는다. 5월에 지붕에 올라가서 그림자를 보면 영혼이 금방 떠나간다."

"5월에는 지붕에 올라가면 안 된다. 5월에는 사람이 허물을 벗어[人蛻], 지붕에 올라가 그림자를 보면 영혼이 바로 떠나간다."

음력 5월은 하지 무렵이다. 태양이 북회귀선을 비춰 북반구 사람의 그림자가 가장 짧아지는 때이다. 따라서 5월에 지붕에 올라가면 태양에 반사된 그림자가 워낙 짧아서 심지어 아예 안 보이기도 한다. 과학적 인식이 부족했던 과거에는 더없이 불길한 일이었다. 위에서 '태蛻' 는 뱀이나 매미 등이 허물을 벗는 것을 말한다. 도교에서는 사람이 죽는 것을 '蛻' 라 한다. 득도한 사람이 죽은 후 형체는 하늘로 올라가고 옷만 남겨놓는 것을 허물을 벗는 것과 마찬가지로 본다. 하지에 지붕으로 올라가면 그림자가 사라지는 현상이 허물을 벗는 모습과 같으며, 이는 곧 영혼이 육체를 떠나는 것이라 여겼다.

사람의 그림자가 영혼이나 생사와 밀접하게 연관되었으므로, 그림자를 금기시하거나 그림자로 병을 치료하거나 주술을 거는 행위도 자연스럽게 생겨났다. 불경에서는 "제자가 스승을 따라 걸을 때 스승의 그림자를 밟아선 안 된다"고 했다. 심지어 사람의 그림자를 보면 길흉을 판단할 수 있다고도 생각했다. 당 경종敬宗 보력寶歷 연간에 왕산인王山人이라는 자는 사람의 그림자를 보고 그 사람의 길흉화복을 점쳤다고 한다. 그는 점을 치려는 사람의 생일날 오경에 등불로 그 사람을 비춰 그림자를 얻었다. 그는 사람의 그림자가 진하고 깊어야 좋다고 했다. 그림자가 깊으면 부귀를 누리고 장수한다는 것이었다. 따라서 대야나 우물에는 그림자를 비치지 않아야 한다고 그는 말했다.

『홍루몽』 제25회를 보면, 조이랑趙姨娘이 마도파馬道婆를 꼬드겨 가보옥과 왕희봉을 해칠 계획을 꾸민다. 이때 사용한 방법이 바로 두 사람의 그림자에 주문을 거는 것이었다. 방법은 이랬다. 마도파는 조이랑에게 종이를 달라고 해서 가위로 종이 인형 두 개를 만든다. 그런 다음 조이랑에게 두 사람의 사주를 물어 인형 위에 쓰고, 다시 파란 종이 한 장으로 청면귀靑面鬼 다섯 개를 만들어 한자리에 두고 조이랑으로 하여금 바늘로 찌르도록 한다. 가보옥과 왕희봉은 정말로 저주에 걸려 처음에는 소리를 지르며 방방 뛰다가 나중에는 아예 인사불성이 된다. 나흘 후 집안사람들은 이제 죽었다 생각하고 관까지 준비하나, 다행히 한 스님과 도사의 도움으로 두 사람은 33일이 지나 죽을 고비를 넘긴다.

운남 나평羅平현의 이족들 사이에서는 이런 말이 유행한다. "태양이 가장 먼저 나오고, 그림자가 따라서 생겨나네. 해가 붉디붉은 곳에서 나오고, 영혼은 그림자에서 생기네", "세상에 그림자가 있어 영혼도 모습을 드러내네. ……그림자가 당신을 따라 걸으니 영혼이 당신의 몸에 붙어 있다네. ……그림자가 없으면 태어나지 못하고, 영혼이 없으면 살아가지 못하네. ……그림자는 보이지 않고 영혼은 서쪽 하늘로 떠나는구나". 이족은 영혼이 곧 그림자이고, 영혼의 모습이 곧 그림자의 모습이라고 여겼다. 양산凉山 이족과 운남 녹권祿勸현의 이족은 햇볕에 반사된 자기 그림자를 다른 사람이 밟지 못하도록 한다. 그림자가 밟히면 자기 몸에 큰 재앙이 온다고 보는 것이다. 그래서 그림자를 밟은 사람에게 복수를 하기도 한다. 이족은 물속에 비친 그림자 역시 자기의 영혼이라고 생각한다. 운남 미륵彌勒현의 이족은 정월 초하루 오전에 물속에서 자기 그림자를 보지 못하는 사람은 그해에 죽는다고 여긴다. 물속 그림자에 대해 이족과 전혀 다른 생각을 가진 민족도 있다. 줄루족, 모소토인, 고대 인도와 그리스인은 모두 물속에 자신의 모습을 비추는 것을 금기시했다. 꿈속에서 물에 거꾸로 비친 자신의 그림자를 보았다면, 이는 곧 죽음을 암시한다고 믿었다. 백족白族에는 '터우카이(偸開)' 라는 저주 방식이 있다. '카이' 는 백족 말로 그림자를 의미한다. 상대의 그림자가 머문 곳의 흙, 풀, 나뭇잎 등을 가져오고 상대가 입는 옷을 훔쳐 와 무당을 불러 저주를 내리는 것이다. 그런 다음 칼로 이 물건들을 갈기갈기 자른다. 이렇게 하면 영혼이 피해를 입고 상대가 죽게 된다고 믿었다. 어떤 민족들은 그림자가 밟히거나 도난을 당하면 정신을 잃고 병이 생긴다고 믿었다. 이건 가축도 마찬가지였다. 영정永定 지역의 마사족摩梭族과 장족藏族은 하이에나가 야크의 그림자를 밟으면 야크가 곧 쓰러진다고 생각했다. 늑대가 울타리 꼭대기로 올라와서 그림자가 양떼에게 비치면 놀란 양떼들이 길길이 날뛴다고 생각했다. 또 사람, 새, 짐승의 그림자가 여자의 몸에 비치면, 그 여자는 임신을 한다고 여겼다. 마사족은 여자의 치마나 바지를 옥상에 널려고 하지 않는다. 매를 비롯한 새들의 그림자가 옷에 비치면 여자는 곧 임신을 해서 반은 새, 반은 인간인 아

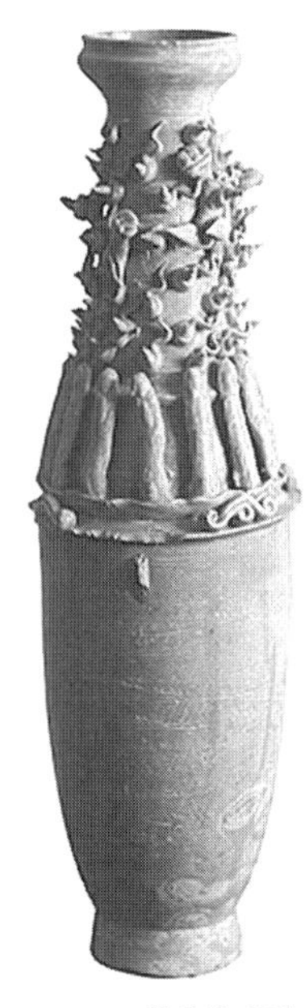

3-17-2 원대의 혼병

이를 낳는다고 믿는다. 또 마사족 여자들은 들판이나 길가에서는 절대 눕지 않는다. 짐승이나 새, 혹은 싫어하는 남자의 그림자가 몸에 비쳐 임신을 할까 걱정하는 것이다. 이 풍속은 지금도 남아 있다.

고대인들의 그림자에 대한 인식은 매우 다양했다. 그림자 없는 사람의 전설도 그중 하나이다. 서주西周 소왕昭王 때 동구東甌(지금의 절강 온주溫州)에서 미녀 두 명을 왕에게 바쳤다. 두 미녀는 예쁘고 애교가 많은데다 총명하기까지 했으며, 땅 위를 걸으면 발자국을 남기지 않고 낮에도 그림자가 생기지 않았다고 한다. 노자는 "걸으면 발자국이 사라지고, 서 있으면 그림자가 숨었다"고 전해진다. 양 무제梁武帝는 태어날 때 신비한 빛이 비쳤으며, 생김새도 무척 독특하고 햇빛 아래에서도 그림자를 볼 수 없었다고 한다. 물론 그림자가 없다고 말한 것은 이들이 보통 사람이 아님을 강조하기 위해서였을 것이다. "햇빛과 달빛 아래서도 그림자가 없는 사람은 신선이다"라는 말이 있다. 그림자는 일종의 허기虛氣이고, 신선의 몸에서 이 허기와 실체가 하나로 합쳐지기 때문에 그림자가 사라지게 된다.

그러나 그림자가 없는 것만 빼면 보통 사람과 완전히 똑같은 사람들도 있었다. 한나라 때 진류군陳留郡에 한 부옹이 살고 있었다. 나이가 90이 되도록 아들이 없었던 그는 한 시골 아낙을 아내로 맞아 한 번 잠자리를 가진 후 죽었다. 나중에 여자는 사내아이를 낳았다. 노인의 딸은 재산을 독차지하려고, 아버지가 워낙 늙어 아들을 낳을 수 없었다고 주장했다. 여자가 다른 남자와 사통해서 아이를 낳았다는 말이었다. 관아에서는 몇 년을 조사하고도 판결을 내리지 못했다. 승상 병길邴吉이 말했다. "사람이 늙어서 아이를 낳으면, 그 아이는 추위를 참지 못하고 그림자도 없다고 들었다." 당시는 8월의 한여름이었다. 승상은 아이와 같은 나이의 다른 아이를 하나 불러다가 두 아이 모두 옷을 벗도록 했다. 둘 중 노인의 아이만 추워서 벌벌 떨고 햇빛 아래에서도 그림자가 보이지 않았다. 이로써 아이는 부옹의 아들임이 밝혀져 재산을 나눠 받게 되었다. 유주柳州에도 이런 아이가 있었다. 조태曹泰라는 사람이 나이 여든다섯에 첩을 들여 증曾이라는 아이를 낳았는데, 그 아이 역시 햇빛 아래 그림자가 없었던 것이다. 아이는 70세까지 살았다고 한다. 이 일을 기록한 사람은 증의 손자라는 사람에게서 이야기를 들었다고 했다. 그림자의 유무로 친자의 여부를 판단하는 것은 아무런 과학적 근거도 없다. 아마 옛사람들은, 늙으면 기력이 쇠하고 원기가 부족하기 때문에, 어렵게 임신은 해도 아이는 그림자가 생길 수 없다고 본 것 같다. 이 역시 그림자를 혈기나 혼백과 연관시키는 고대인들의 인식과 관련이 깊다.

3-17-3 대야에 달라붙은 귀신
원 잡극 중 한 장면

옛사람들은 초자연적인 힘의 존재를 믿었다. 그래서 왕후장상은 하늘이 정하고, 태어날 때도 보통 사람과는 다르며, 알 수 없는 힘으로 세상을 주재한다고 보았다. 이런 초자연적 요소에는 그림자도 포함되었다. 당 중종中宗 이현李顯이 무측천에 의해 폐위되어 방릉주房陵州로 좌천되어 있었다. 어떤 사람이 나무를 캐다가 거울을 하나 주워 중종에게 바친다. 중종이 거울을 보자 거울 속 사람이 갑자기 이렇게 말했다. "천자가 되리라, 천자가 되리라." 그로부터 보름도 지나지 않아 무측천이 세상을 뜨고, 황제의 자리는 이현에게 돌아왔다.

유명한 농민군 우두머리 방랍方臘은 봉기를 일으키기 전에 이상한 일을 여러 번 겪었다. 하루는 그가 시냇물에 얼굴을 비춰보니 물속의 사람이 황제처럼 황관을 쓰고 황포를 입고 있었다. 이때부터 그는 스스로를 특별한 사람으로 여기고 모반의 야심을 키운다. 오월의 무숙왕武肅王 전류錢鏐는 어렸을 때 친구들과 매일 산에 올라가 놀았다. 산에는 거울처럼 매끈한 돌이 하나 있었다. 친구들은 그 돌거울 앞에서 놀다가 깜짝 놀랐다. 거울에 비친 전류가 머리에 면류관을 쓰고 몸에는 망포蟒袍와 옥대를 두르고 있었기 때문이다. 귀신이 나타났다며 호들갑을 떠는 친구들 앞에서 전류는 조금도 두려운 기색 없이 이렇게 말했다. “거울의 신령은 바로 나다! 다들 나에게 절을 올려라.” 친구들이 절을 하자 전류는 근엄하게 앉아 절을 받았다. 이후에도 그들은 항상 이 놀이를 했다. 그러던 어느 날 전류는 아버지 전공錢公에게 이 일을 말했다. 전공은 믿을 수 없다며 아들과 함께 돌거울이 있는 곳으로 갔다. 과연 아들이 말한 그대로였다. 놀란 전공은 곧바로 거울에 대고 몰래 기도를 올렸다. “제 아들이 정말로 부귀를 타고나 전씨 가문을 영예롭게 할 수 있다면, 부디 지금은 거울 속의 모습을 감춰주십시오. 다른 사람이 봤다가 큰 재앙을 당할까 두렵습니다.” 전류가 다시 거울을 보자 그제야 왕의 의관이 아닌 아이의 모습이 나타났다. 물론 위의 이야기들은 옛사람들의 숙명론적 세계관이 그대로 반영된 것일 뿐이다.

18. 유방[乳]

현대인들에게 유방은 성감 혹은 여성미의 상징이다. 그러나 초기 인류에게 유방의 가장 중요한 기능은 젖을 물리는 것뿐이었다. 여기에 심미적 기능은 존재하지 않았다. 신체의 다른 부분과는 달리, 옛사람들은 유독 이 기관에 대해서는 고유의 명사를 만들지 않았다. '유乳'는 상형자로서 본래 '젖을 먹이다'라는 뜻의 동사이다.

① ② ③

갑골문 ①은 어머니가 왼쪽을 향해 무릎을 꿇고 앉아 두 팔로 아이를 안고 젖을 먹이는 모습이다. 가슴 앞의 점이 바로 유방이다. 소전 ②의 오른쪽 휜 모양은 '女' 자가 변한 것이다. ③은 해서이다. '젖을 먹이다'에서 '유방'으로 의미가 확장된 것이다.

유방의 포육 기능 때문에 옛사람들은 돌출된 유방으로 '모친'의 '모母' 자를 표시했다. 갑골문에서 왼쪽을 보고 무릎을 꿇은 여인은 두 손을 가슴 앞에서 교차하고 있다. 이는 사실상 '女' 자의 모양과 같다.

'母'가 '女'와 다른 점은 가슴 앞에 여성의 유방을 상징하는 점 두 개가 있다는 것이다.

여자는 '어머니'가 되어 아이에게 젖을 물린다. 진정한 유방의 기능이 시작된 것이다. 그래서 유방의 돌출은 어머니의 상징이 되었다. 금문과 갑골문은 기본적으로 같다. 소전에 이르면, 유방을 표시하는 두 점이 두 개의 작은 횡으로 바뀐다. 해서는 금문에서 왔다.

초기 인류에게 어머니의 젖은 아이의 생명을 위해 반드시 필요한 것이었다. 그래서 유방 역시 생식기능의 사슬에서 빠뜨릴 수 없는 하나의 고리가 된다. 그러나 생식기 숭배와 비교하면 고대 중국의 유방 숭배 문화는 그 정도가 훨씬 덜하다. 지금까지 남아 있는 유방 숭배 관련 유물은 극소수다. 신석기시대 말기 홍산紅山 문화의 나체 임산부상이 하나의 예가 된다. 이 나체상에서 우리가 익숙한 여성의 육체미는 찾아볼 수 없다. 태아를 품고 있는 큰 배, 풍만한 유방과 튀어나온 엉덩이만 있다. 여기서 여성의 몸은 생육의 도구일 뿐이다. 나체상이 표현하는 바는 여성의 생식기능에 대한 찬미와 숭배이다.

유방에 대한 찬미와 숭배는 인류문화의 공통된 경험이다. 빌렌도르프 비너스상과 앞서 언급한 임산부의 나체상은 서로 궤를 같이한다고 볼 수 있다. 그러나 서양의 유방 숭배는 중국보다 훨씬 정도가 심하며 현존하는 유적 역시 훨씬 많다. 프랑스 르 콜롬벨(Le Colombel)과 페크 메를(Pech Merle)의 선사시대 동굴에는 기원전 15,000년 전의 종유석이 하나 있다. 이 종유석은 거꾸로 매달린 유방 모양으로 유두가 아래로 향해 있으며, 유두에는 황

3-18-1 생식 숭배의 의미가 깃든 사유경四乳鏡
동한東漢

3-18-2 당대의 사유경

석으로 작은 점을 그려놓았다. 기원전 5000년경에 만들어진 터키 중남부 차탈휘위크의 제단 벽에는 점토로 빚은 유방이 늘어서 있다. 유두 부위에는 동물의 이빨과 부리가 박혀 있었다. 스위스에서 출토된 신석기시대 문물 중에는 녹각을 새겨 만든 유방 한 쌍이 있다. 독일에서 출토된 철기시대 항아리 위쪽에는 4~6개의 유방이 돋을새김으로 새겨져 있다. 서구의 유방 숭배 문화 역시 그들 나름의 예술을 낳았다. 문학뿐 아니라 그림, 조각 등에서도 유방의 아름다움을 표현한 작품이 적지 않다. 『성경』에서는 "네가 젊어서 취한 아내를 즐거워하라. ……그녀의 가슴이 너를 항상 족하게 하리라"고 했으며, 또 "다른 여인의 가슴을 품어서는" 안 된다고도 했다. 잠언의 가르침대로 일부일처를 따르는 사람은 하나님께서 많은 자손들을 줄 것이라 했다. 『성경』「아가서」 1장에는 신체 각 부분의 아름다움이 주는 즐거움이 묘사되어 있다. 사랑을 노래한 많은 시들이 수백 년에 걸쳐 이 묘사를 모방해 왔다. "나의 사랑스런 짝이여, 그대는 참으로 아름답구나! 참으로 아름답구나! ……그대의 두 젖가슴은…… 백합꽃 속에서 풀을 뜯는 한 쌍의 작은 사슴 같다네." 혹은 "그대의 몸은 종려나무 같고, 그대의 두 젖가슴은 나무에 드리운 열매 같다네 / 내가 이 종려나무로 올라가 가지를 붙잡

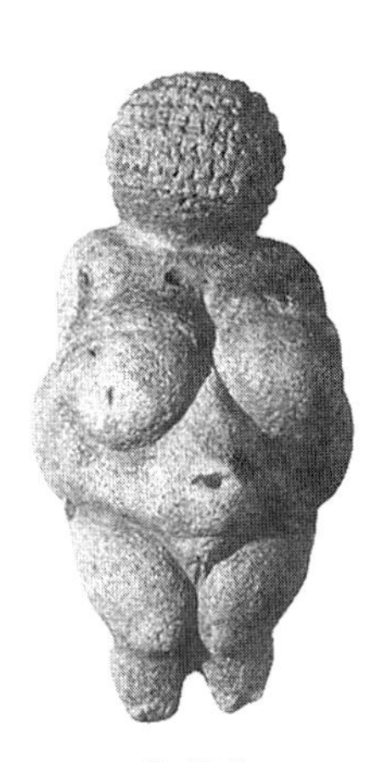
3-18-3
빌렌도르프 비너스상

3-18-4
홍산紅山 문화의
임산부 나체상

3-18-5
동유럽 라우지츠 지역에서
출토된 물병(기원전 1300년경)

고 싶다고 한 것은 / 포도 알처럼 주렁주렁 달린 그대의 가슴을 원해서라네 / 그대의 코에서는 사과 향기가 나고 / 그대의 입은 잘 익은 술과 같아 / 우리의 목을 시원하게 해주려 / 잠든 이의 입속으로 흘러들어 온다네."

중국 문학에는 이런 식의 묘사가 거의 없다. 대담하고 열정적으로 남녀의 사랑을 표현한 시들이 있긴 하지만, 육체의 아름다움을 찬양한 시는 찾기 힘들다. 물론 유방의 아름다움을 노래한 시는 더더욱 그렇다. 『시경』에는 남녀의 야합野合을 묘사한 노래가 있다. "들판에 죽은 노루를, 흰 띠풀로 곱게 싸서, 봄기운 완연한 아가씨를, 젊은이가 유혹하네. 수풀 속의 작은 나무, 들판에 죽은 사슴. 흰 띠풀로 꽁꽁 묶어, 옥 같은 아가씨에게 바치네. 천천히, 천천히 하세요. 내 앞치마 건드리지 마시고, 개가 짖지 않도록 해야죠." 젊은 사냥꾼이 사슴과 노루를 아가씨에게 선물로 바치며 구애하는 장면이다. 아가씨는 사냥꾼에게 마음을 주면서, 자기를 부드럽게 다뤄달라고 부탁하는 한편 남들 눈을 의식해 개가 짖지 않도록 해달라고 말한다. 젊은 남녀의 순박한 사랑을 진솔하게 표현한 시이다. 그러나 여기에 육체의 아름다움이 주는 기쁨은 묘사되어 있지 않다. 고대의 시가에도 여성의 몸에 대한 묘사가 있긴 하지만, 이 역시 아름다움을 상징하는 갖가지 대상들에 여성의 몸을 비유한 것일 뿐이다. 버들잎 같은 허리, 복숭아 같은 뺨, 앵두 같은 입술 등이 대표적인 예이다. 그러나 여기에 육체에 대한 구체적 묘사는 없다. 이것이 바로 동서양 문화의 차이이다.

이런 문화적 차이는 그림이나 조각에 그대로 반영되었다. 고대 그리스 조각가들은 올림푸스의 신과 올림픽의 건장한 운동선수들을 나체로 조각하여 숭배와 찬미의 뜻을 표했다. 문예부흥 이후의 예술가들은 성경 속의 인물을 반나체로 표현했다. 서양의 회화 예술은 핍진하고 사실적인 묘사로 유명하다. 서양에서는 누드가 그림의 중요한 소재로 자리매김했다. 그러나 중국에서는 1930년대 여류화가 반장옥량潘張玉良이 사람의 몸을 그렸다가 신랄한 공격을 받기 전까지 이런 누드화의 전통은 전혀 없었다. 중국의 전통 인물화에서 여성의 육체는 옷과 장식 속에서 허구화되었다. 치마의 주름과 긴 소매와 하늘하늘 날리는 허리띠, 그리고 이를 묘사하는 가는 선의 움직임은 관념 속의 육체를 표현할 뿐이었다. 생식 숭배와 관련된 초기의 형상들을 제외하면, 중국의 조각은 그림보다 더 나체의 존재를 찾기 힘들다.

문예부흥은 역사적으로 성해방이 고조에 이른 시기 중 하나이다. 당시에는 벌거벗은 가슴이 예술 창작의 주제가 되었다. 얼굴과 마찬가지로 나체의 젖가슴이 여성미를 표현하는 새로운 관념이 된 것이다. 이런 예술 작품의 주인공들은 대부분 유명한 고급 기녀들이었다. 그림 속에서 그들은 꽃의 신 플로라나 사랑의 신 비너스가 된다. 천한 기녀에서 고대의 여신으로 탈바꿈하는 것이다. 그림의 주제는 항상 여신이 깜짝 놀라 옷이 스르르 미끄러지면서 가슴이 저절로 드러나는 식이다. 유대 기독교의 역사에서 인류는 처음으로 하늘을 대신해 사물을 판단하는 권력을 쥐었다. 이에 따라 인체의 중요성 역시 처음으로 성체를 넘어서고, 육체의 즐거움에 대한 추구가 천부의 권리가 되었다. 성해방의 열기가 금세 유럽 전역을 휩쓸면서 엄숙하기로 유명한 독일까지 방탕한 성생활의 온상이 되었다. 종교개혁가 루터는 이런 풍조를 신랄하게 비판했다. "부녀자와 어린 여자애들이 사람의 앞뒤에서 훤히 가슴을 드러낸다. 그런데도 그들에게 벌을 주지 않고, 그들을 바로잡을 생각도 않는다." 16세기의 시가와 그림에서 훤히 드러난 가슴은 어렵지 않게 찾아볼 수 있다.

명대 중후반에도 문예부흥 때와 같은 성해방과 자유로운 성욕에 대한 열기가 상당했다. 음란소설과 춘화가 대량으로 등장했다. 그러나 이때에도 유방이라는 이 중요한 성적 기관에 대한 묘사는 없었다. 중국 남자들은 여자의 전족을 성감대로 즐겼다. 중국 고대의 음란소설에는 전족 때문에 남자들의 성욕이 분출되는 장면이 적지 않다. 하지만 여자들은 여전히 겹겹으로 옷을 입고, 출입할 때는 얼굴까지 가렸다. 춘화는 전통회화의 특징을 그대로 이어받아 어떻게든 사람들의 상상력을 자극하려 했다.

젖의 분비는 유방의 중요한 기능 중 하나이다. 세계의 아이들 대부분이 어머니의 젖을 먹고 자란다. 한 평민 여자가 어머니에게 젖을 물리는 고대 로마 이야기가 있다. 감동적인 효도 이야기는 세상에 많지만, 어느 것도 '로마의 미담' 으로 불리는 이 이야기에 견줄 수 없다. 지위가 낮은 어느 평민 여자가 죄를 받고 복역 중인 어머니를 면회하러 갔다. 간수는 그녀의 몸을 뒤져 몰래 감춰 온 음식물을 압수했다. 나중에 간수는 그녀가 자기의 젖을 어머니에게 물리는 장면을 보고 깜짝 놀랐다. 그녀의 감동적인 효성 덕분에 어머니는 감옥에서 풀려나고 모녀는 평생토록 정부의 보조까지 받았다. 이후 감옥까지 신전으로 바뀌어 여신을 숭배하고 효성을 찬양하는 장소로 쓰이게 되었다. 수세기 후 문예부흥 때에 이르러, 이 이야기는 기독교의 사랑의 미덕과 함께 수많은 예술 작품을 통해 묘사되었다.

이 로마의 여인은 어머니에게 젖을 한 번 물려 큰 영예를 얻었다. 사실 중국에도 이런 부류의 이야기는 적지 않다. 그러나 젖먹이 아들까지 내버리며 시어머니에게 젖을 물린 여인도 로마 여인 같은 영예를 누리지 못하고, 기껏해야 『열녀전』에 이름을 올리는 정도였다. 주사진周士晋의 어머니가 오랜 병으로 자리에서 일어나지 못하고 있었다. 의원은 사람의 젖을 먹어야만 나을 수 있는 병이라고 했다. 당시 주사진의 아들은 생후 9개월의 갓난아이였

3-18-6 시어머니에게 젖을 먹이는 며느리

다. 주사진은 아내 이씨와 상의한 후 아들을 길에 내다버리고 어머니에게 젖을 물렸다. 병이 나은 어머니가 손자를 찾자 주사진은 아들이 죽었다고 했다. 나중에 이씨는 더 이상 아이를 가질 수 없게 되었음에도 조금도 원망하지 않았다. 하늘도 감동했는지 12년 후 주사진 부부는 기적적으로 아들을 찾는다. 비슷한 예로 오씨 성의 여자도 있었다. 하지만 그녀는 주사진 부부처럼 운이 좋진 못했다. 그녀는 24세에 남편을 잃고 고된 일을 하며 시어머니를 봉양했다. 시어머니가 노환으로 드러눕고 이가 없어 음식도 씹지 못하자, 그녀는 아들에게 줄 젖을 시어머니에게 물렸다. 아들은 결국 굶어 죽고 말았다. 중국인은 효도를 유달리 강조한다. 이렇듯 "부모가 바라는 것보다 더 중요한 것은 없다"는 관념 때문에 결국 친자식까지 버려야 했던 것이다.

자식을 버리고 시어머니에게 젖을 물린 며느리뿐 아니라, 가슴을 잘라서 시어머니의 병을 낫게 한 며느리 역시 찬사를 받았다. 『열녀전』에는 자기의 젖가슴을 잘라 약에 섞어 시어머니의 병을 치료한 며느리들의 이야기가 적지 않다. 중국에서 유방은 이처럼 피비린내 나고 잔인한 모습으로 역사에 등장하고 있다.

3-18-7 명대의 춘화 〈구환求歡〉

19. 여음女陰

고대 한자에서 옛사람들은 '也(야)'로 여자의 음부를 표시했다. 허신許愼은 『설문해자』에서 "也는 여자의 음부다"라고 밝혔다. 이 글자는 몇 가지 필법이 있다. 『고주휘편古籀彙編』에 보이는 필법 세 가지를 보자.

女陰也象形 羊者切

秦刻石 也字

也古文以爲匜字魯大司徒匜 匜下重文

3-19-1 '也(여음)'의 옛 글씨체

'也' 자의 옛 필법을 보면, 여성 생식기의 대소 음순과 음핵을 그린 것임을 바로 알 수 있다. 후대에 일부 학자들은 『설문해자』의 주장에 의문을 제기하기도 했지만, 사실 허신의 견해는 정확한 것이었다.

인체 기호의 상징적 의미를 이야기할 때 생식기는 대단히 중요한 부분이다. 여기서는 '남근'과 '여음'이라는 두 단어로 생식기를 표현하고자 한다. 실제로 중국 고대어에서 '음陰'과 '근根'은 모두 남녀의 생식기를 가리킬 수 있었다. 남음男陰, 여음, 남근, 여근 등이 바로 그 예이다. '근'은 천지의 근원을 가리킨다. 따라서 생식기를 뜻하는 '근'에는 숭배의 의미가 포함되

3-19-2
여음 도안을 그린 도자기 항아리
감숙성 출토, 기원전 3000년

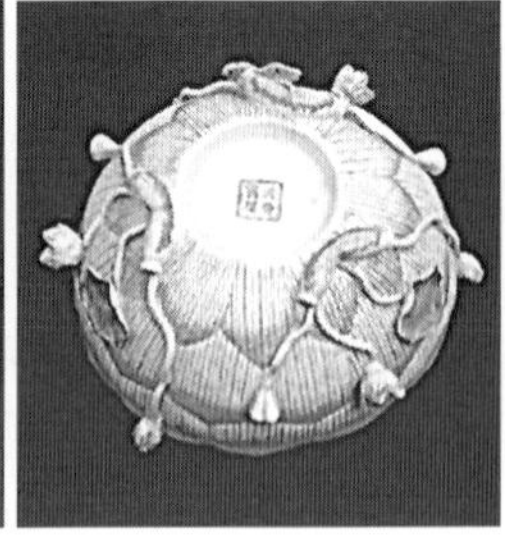

3-19-3
연꽃 장식의 물그릇
연꽃은 여음의 상징이다. 청대

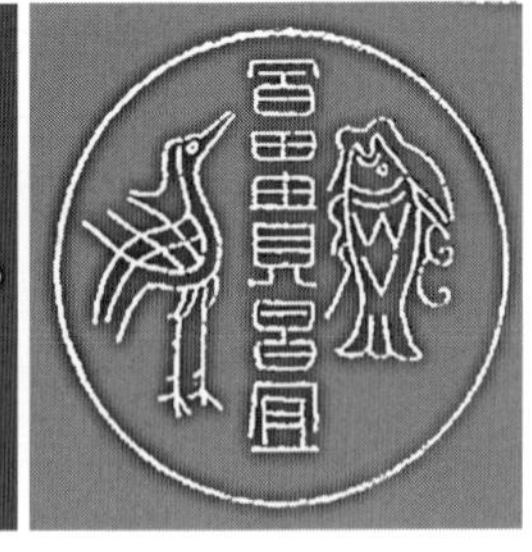

3-19-4
고대의 새와 물고기 도안
새는 남근을, 물고기는 여음을 상징하며, 둘을 합쳐 상서로운 의미를 표현한다

어 있다.

'근'은 원래 여성의 생식기를 가리켰다고 봐야 할 것이다. 『노자』에서는 "곡신谷神은 죽지 않으며 이를 '현빈玄牝(신비한 암컷)'이라 한다. 현빈의 문을 일컬어 천지의 뿌리라 한다. 끊임없이 이어져 있어 아무리 써도 힘들지 않다"고 했다. 이는 암컷의 생식기를 천지의 영원히 끊이지 않는 근원으로 본 것이다. 선사시대, 특히 모계사회에서 사람들이 가장 숭배한 것은 모성이었다. 생명을 낳는 여성의 생식력에 신비로움을 느끼고 여성의 몸을 생명의 근원으로 받들었다. 그러나 부계사회에 이르러 여성은 사회의 하층으로 밀려난다. 여성의 지위가 떨어지면서 사람들은 '음'으로 여성의 생식기를 가리키게 되었고, 반면에 남성의 생식기가 '근'의 지위로 올라갔다.

『노자』가 여성의 음부를 모성의 문이라 칭한 것과 마찬가지로 『성경』에서도 이를 '자궁으로 향하는 문'이라 표현했다. 서양의 고대 종교에서는 항상 음문陰門을 여성의 가장 큰 특징으로 보고, 이것이 모든 여인을 상징한다고 여겼다. 여기에 저속하거나 음탕한 의미는 전혀 없다. 모성의 생식력에 대한 숭배의 표현일 뿐이다. 일부 여신의 조각상에서 우리는 돌출된 음문을 확인할 수 있다. 그림 3-19-5의 인도 여신 마야데바를 보면, 어떤 자세에서는 음문이 두 겹의 감람 모양으로 현실적으로 표현되어 있고, 어떤 자세에서는 마름모꼴로 형상화되어 있다. 그림 3-19-6은 음문으로만 여성을 상징하고 있다. '생명의 문'으로

3-19-5 음문을 드러낸 인도 여신 마야데바

3-19-6
좌:생명의 문(인도의 사리탑에서 가져온 그림)
우:어머니를 숭배하는 호루스. 음문으로 이시스를 상징하고 있다

보이는 왼쪽 도상은 인도 뭄바이의 한 사리탑에서 온 것이다. 오른쪽의 그림은 태양의 신 호루스가 어머니 이시스에게 예를 취하는 그림이다. 여기서 이시스는 음문으로 형상화되었다.

생식기 숭배는 원시사회의 보편적 신앙이었다. 당시 사람들은 자연의 규율에 대해 무지했기 때문에, 우주의 모든 자연적 힘을 신기하게 느꼈다. 그래서 비, 바람, 천둥, 번개, 땅, 강물 같은 미지의 자연을 신의 힘으로 돌리고 그것을 다시 인격화하고 숭배했다. 생산력이 지극히 낮은 상황에서 자연의 정복은 인력에 의지하지 않고는 불가능했다. 생명의 탄생이 원시인들에게는 자연의 규율과 마찬가지로 신기하고 불가사의한 것이었지만, 동시에 그들은 새로운 인구를 얻기 위해 왕성한 생식력이 필요했다. 이 때문에 성에 대한 숭배는 보편적인 것이 되었다. 성에 대한 숭배는 사실 생식력에 대한 숭배였다. 원시 인류의 성에 대한 숭배에는 생식 숭배, 성교 숭배, 생식기 숭배 세 가지가 있으며, 생식 숭배든 성교 숭배든 모두 생식기와 밀접하게 연관된다. 처음에 그들은 성교와 생식의 연관성을 인식하지 못했다. '모성의 문' 을 통해 새로운 생명이 탄생하는 모습을 볼 뿐이었다. 그래서 생식기에 대한 숭배는 여음에 대한 숭배로 표현되었다.

3-19-7 와인도蛙人圖
내몽고 탁자산卓子山의 암벽화.
사타구니 아래의 삼각형이 음경, 그 아래 두 겹의 원이 여음이다.
오른쪽 아래는 여음으로 보이는 두 개의 도형이 있고,
배 가운데의 '매듭' 은 다산을 의미하는 듯하다

생식기 숭배의 표현 방식은 각양각색이다. 그중에서도 생식기의 우상을 세우는 방식이 가장 일반적이다. 이때 생식기는 사람의 몸과 이어지지 않은 상태이다. 사람으로부터 독립된, 사람보다 우월한 존재임을 부각시키기 위해서이다. 남성 생식기 우상은 발기된 상태이고, 여성 생식기 우상은 벌어진 상태이다. 생식기가 신비한 힘을 발휘하는 때가 바로 이때라는 의미이다. 남녀 생식기 우상에는 수많은 상징물이 존재한다. 사람들은 생식기 우상에게 경건히 제사를 올리고 머리를 조아린다. 온갖 종류의 기도와 숭배의식을 치르고, 먹을 것에서 사람의 피까지 가장 귀한 물건을 갖다 바친다.

3-19-8
임동臨潼 강채姜寨에서 출토된 물고기, 개구리 문양 채도 대야
개구리는 다산을, 물고기 두 마리는 여음을 상징한다

초기 원시 인류의 여성 생식기 숭배는 대략 세 단계를 거쳐왔다. 첫 번째는 새로운 생명이 나오는 문으로서의 숭배이다. 여음을 모방한 도자기 고리나 돌 고리 등을 떠받드는 방식이다. 이는 일종의 실물 숭배로서, 고리 모양의 물건으로 여음을 비유한 것이다. 두 번째는 물고기를 여음의 상징으로 여기고 숭배하는 것이다. 여기에는 두 가지 의미가 내포되어 있다. 하나는 물고기의 모양이 여성의 음부와 흡사하기 때문이고, 다른 하나는 왕성한 번식력 때문이다. 세 번째 단계는 개구리에 대한 숭배이다. 이 단계의 사람들은 태아가 여성의 자궁에서 자라다가 달이 차면 밖으로 나온다는 사실을 이미 인식하고 있었다. 그래서 번식력이

3-19-9
하란산賀蘭山 암벽화
여음을 삼각형으로 그렸다

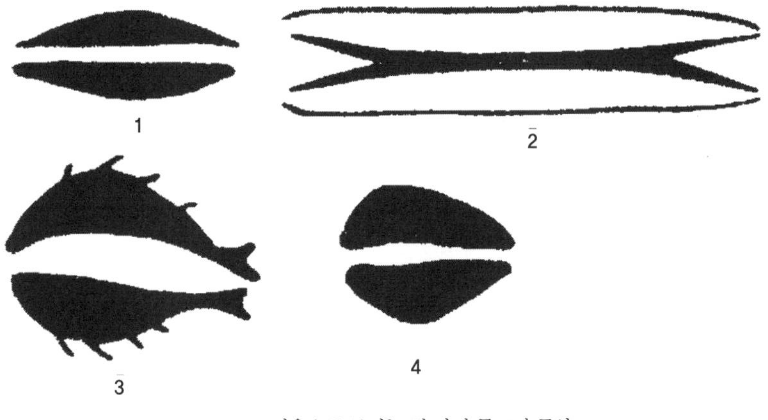

3-19-10 여음으로 보이는 몇 가지 물고기 문양

강한 개구리의 불뚝한 배를 여성의 자궁으로 상징화한 것이다. 이외에도 꽃, 사슴, 양, 여성의 월경혈을 숭배한 예도 있다.

3-19-11 아양바이

그 밖에 음부와 유사한 모양의 자연물들도 사람들의 숭배를 받았다. 중국의 백족 지역에는 '아양바이(阿央白)' 라는 돌이 있다. 이 돌은 가운데에 도랑이 파여 있는데, 이 도랑이 바로 여성의 질을 표시한다고 한다. 백족의 언어에서 '아양' 은 아가씨를, '바이' 는 생식기를 가리킨다. 결국 '아양바이' 는 여성의 생식기라는 뜻이다. 자식이 없는 백족 여자는 항상 이 돌로 와서 제사를 드린다. 어떤 사람들은 손이나 단단한 물건으로 도랑을 몇 번씩 긁기도 한다. 질을 넓혀 아이를 잘 낳게 해달라는 의미이다. 그 외에도 운남의 노음산老陰山, 사천의 타아동打兒洞, 귀주의 여음동女陰洞 등이 모두 여성의 생식기를 상징하는 자연물로서 숭배의 대상이 되고 있다.

복건 장주漳州에서 남쪽으로 100리가량 떨어진 동산도東山島의 해변에는 지금도 거대한 석여음石女陰이 남아 있다. 대소 음순, 음모, 질이 대단히 사실적으로 새겨져 있다. 섬의 주민들은 지금도 이 거대한 여음을 숭배한다. 돌의 표면은 수많은 사람들의 손길로 반질반질 윤이 난다. 그중에서도 특히 윤이 나는 부분은 긴 원형의 질 입구이다. 질 안쪽에는 작은 돌들이 있다. 아들을 바라며 사람들이 던진 돌이다. 지역의 전통 풍속에 따르면, 돌을 질의 작은 구멍 속으로 넣어야 아들을 낳을 수 있다고 한다.

중국 고대 문화에도 생식기 숭배에 대한 흔적이 곳곳에 남아 있다. 문자학자의 고증에 따르면, '帝(제)' 자의 탄생이 바로 여음의 숭배와 관련된다고 한다. 갑골문의 '帝' 자를 보면(그림 3—19—12), 위쪽의 역삼각형을 아래쪽의 세 발이 지탱하고 있는 모습이다. 역삼각형은 여성의 음부를 상징한다. 결국 '帝'는 모든 생명의 근원인 여성의 음부를 형상화한 것이다. '帝'가 우주의 조물주, 주재자로 해석되는 이유가 바로 이것이다. 신화에 등장하는 인류의 창조자 여와女媧의 '媧' 자 역시 어원상으로 여자의 음부와 관계가 깊다. '媧'의 '女' 편방은 당연히 여자와 관련이 있다. 그리고 전문가의 고증에 따르면, '咼(踋)'는 소리를 나타내는 부분으로 대부분 둥근 모양 혹은 용기와 관계가 깊다고 한다. 여자만이 가지고 있는 둥근 모양은 당연히 음부이다. 『설문해자』에서는 "와는 고대의 신성한 여인으로, 만물을 만든 자이다"라고 했다.

3-19-12 갑골문의 '帝' 자

사회가 점차 발전하면서 여음은 특수한 기능을 갖게 되었다. 사람들은 여음이 사악함을 누르고 적을 이기는 작용을 한다고 여겼다. 이런 관념은 청대까지 이어진다. 청 건륭 39년(1774), 산동에서 왕륜王倫을 우두머리로 하는 폭동이 발발한다. 청대의 필기 기록을 보면 이렇다. 왕륜 군대가 성을 공격하자 관병이 대포를 무수히 발사한다. 그러나 왕륜 군중의 마술사가 입으로 주문을 외우자, 포탄은 하나도 적중하지 않고 꼭 왕륜 군대에서 1~2자를 벗어나 떨어졌다. 이때 한 늙은 병사가 기녀들을 불러와 아랫도리를 벗고 음부를 왕륜의 군대가 있는 곳으로 향하게 한다. 그런 다음 다시 포탄을 날리자 신기한 일이 벌어졌다. 땅에 떨어진 포탄들이 다시 한 번 튀어 올라 적군의 복부를 때리는 것이었다. 관병의 환호성이 하늘을 울렸다. 사료의 기록 중에는 더 기이한 사건도 보인다. 청 말의 의화단義和團들은 여자의 음부로 적을 이길 수 있다는 믿음을 갖고 있었다. 뿐만 아니라 그들은 서양인 역시 음부의 마력으로 상대를 공격한다는 유언비어까지 퍼뜨린다. 서양인들은 여자들을 벌거벗긴 후 줄줄이 늘어 세워 창과 대포를 막고, 여자의 음부를 절개하고 '음문진陰門陣'을 펼쳐 공격을 막는다는 것이었다. 당시의 재상 서음헌徐蔭軒은 이 말을 그대로 믿고 퇴조 후 관리들에게 진지하게 '음문진'에 대해 일장연설을 늘어놓았다고 한다.

근거가 분명히 있지만 황당하기 그지없는 기록들이다. 주문으로 대포를 막고, 여자의 음부로 다시 주문을 무력화하고 창과 대포를 막았다 하고, 심지어 서양인들까지 20세기 초에 이런 행동을 했다는 것은 꼬리에 꼬리를 문 유언비어에 지나지 않는다. 말하는 사람이 워낙 많아 믿는 사람도 많아진 것뿐이다. 남근이 아닌 여성의 음부가 사악함을 누르고 적을 물리치는 작용을 한다는 믿음에서 우리는 숭배와 금기의 두 가지 요소를 동시에 볼 수 있다. 오랜 세월 전해 내려온 생식기 숭배의식이 아직 사람들의 잠재의식에 남아 있다는 증거인 동시에, 여성의 음부를 불결한 것으로 보는 현상 자체가 피에 대한 숭배와 금기의 이중적 태도와 일맥상통한다고 볼 수 있는 것이다.

3-19-13
음양이 한 몸인 조상신
묘족의 선조인 치우蚩尤의
상이라고 한다

3-19-14
운남 와족의 남녀 조상신
나체 조각상

20. 남근男根

생식기 숭배의 최초 양식은 여음에 대한 숭배로 나타났다. 그러나 삶의 경험이 점차 쌓이면서 남성의 생식기와 여성의 음부가 접촉해야 임신과 생육이 가능함을 깨닫게 되고, 남근에 대한 숭배도 생기기 시작했다. 여음의 숭배가 모계사회의 산물이긴 하지만, 그렇다고 남근의 숭배가 꼭 부계사회가 온 후에 출현한 것은 아니다. 사실상 남근 숭배는 모계사회 말기에 이미 등장했으며, 모계사회 중기부터 벌써 맹아가 보였다. 이는 초기 인류의 성에 대한 인식과 관련이 깊다. 모계사회에서 부계사회로의 전환은 남근 숭배 사상을 부추겼다. 물론 남근 숭배가 여음 숭배의 자리를 완전히 대신했다고 볼 순 없다. 지배적이었느냐 부차적이었느냐의 차이만 있을 뿐, 실제로 둘은 긴 역사를 거치면서 함께 존재해 왔다.

초기 원시 인류는 어머니만 새로운 생명을 낳을 수 있다고 인식했다. 그러나 이후, 특히 부계사회가 발전하면서 사람들의 인식은 또 다른 극단으로 향한다. 즉, 생명의 창조 주체가 바로 아버지라는 것이다. 남자가 여자와 교합하지 않는 이상 여자는 아이를 낳을 수 없다고 인식했기 때문에, 사람들은 남자가 새로운 생명의 창조 과정에서 절대적 영예를 누려야 한다고 보았다. 고대 그리스와 히브리 신화에서는, 식물의 씨앗이 대지에서 자라나는 것과 마찬가지로 태아는 아버지의 씨에서 만들어지고 어머니는 생장과 발육의 토양을 제공할 뿐이라고 여겼다. 이런 사상은 『구약전서』와 『리그베다』에서 많은 예를 찾을 수 있다. 오랜 세월 동안 사람들은 태아가 남성의 씨에서 만들어진다고 여겨왔다. 남근에 대한 숭배가 시작된 것도 바로 이 때문이다. 게다가 기나긴 남권 중심 사회에서 사람들은 남성의 혈통을 더욱 강조했고, 이로 인해 남근 숭배 사상이 여음에 대한 숭배보다 훨씬 발달하게 되었다.

한자 '且(차)' 자가 남근의 모양을 본딴 것임을 아는 사람은 별로 없을 것이다. 이 글자의 원래 의미 역시 지금의 의미와는 많이 다르다. 가장 대표적 의미는 바로 '조祖(조상)' 이다.

①은 갑골문 ②는 금문 ③은 전국시대의 문자 ④는 소전이다. 문자가 창조될 당시, 인류는 이미 부계사회로 접어든 상태였다. 따라서 남성 혈통 위주의 혈연관계를 강조하기 위해 '祖' 자를 남근의 형상으로 쓴 것이다. 헬리오스가 음문을 어머니의 상징으로 여기고 숭배한 것과 마찬가지로, 인류는 부계사회로 들어서자마자 남성 성기의 모형으로 옛 시조의 우상을 표현하고 제사를 올린 것으로 보인다. 그리고 조상에 대한 숭배를 표현하기 위해 '且' 옆에 '示(시)' 를 넣어 '祖' 자를 만든 것이다. 고대에 '示' 는 신을 가리켰다. 즉, 조상을 신처럼 숭배한다는 의미이다.

① ② ③ ④

조상의 신주를 모시는 위패는 지금도 명맥을 이어오고 있다. 해방 전의 농촌에서 위패는 어디서든 쉽게 찾을 수 있었다. 어떤 것은 붉은 종이로, 어떤 것은 나무로 만들었다. 위패에는 보통 '천지국(군)친사신위天地國(君)親師神位' 따위의 글자를 쓰거나 새겼다. 사실 이 위패가 바로 '且' 자의 형상이다. 이는 '且' 자의 원래 기능과 의미를 그대로 운용한 것이다. 남성의 생식기로 조상을 형상화하고, 그것을 숭배하는 의식 중 하나로 위패가 쓰인 것이다. 흔히 '모모지영위某某之靈位' 라고 쓰인 위패와 무덤 앞의 비석 역시 위가 뾰족한 '且' 자 모양이다. 심지어 '且' 자 위에 동그란 형상을 더해 '冒' 자 모양으로 만든 묘비도 있다.

중국 문화의 바탕이 된 '사서오경' 중에서 『주역』은 가장 오래된 전적이

3-20-1
석남근石男根
절강 소흥紹興 우릉禹陵.
기원전 4000년

3-20-2
티베트 라싸
약왕산藥王山의 석조

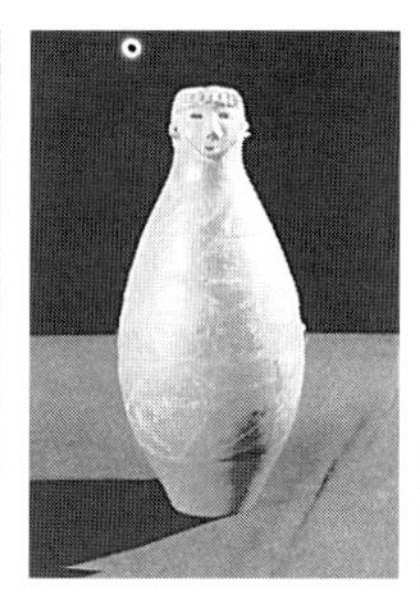

3-20-3
여자의 머리를 한
도자기 남근
내몽고 출토.
기원전 3000년 전후

자 중국철학의 기초이다. 『주역』의 괘를 기록할 때 쓰는 음양의 두 부호, 즉 건乾(—)과 곤坤(– –)이 바로 남녀의 생식기에서 온 것이다. 건과 곤에 대한 묘사는 이렇다. “무릇 건은 가만있으면 둥글다가 움직이면 곧아지며, 이로써 만물을 크게 낳는다”, “무릇 곤은 가만있으면 닫혔다가 움직이면 열리며, 이로써 만물을 널리 낳는다.” 이것이 바로 웅성 생식기와 자성 생식기의 활동이다. 남녀가 교합함으로써 새로운 생명을 낳고, 음양이 교감함으로써 만물이 창조되는 것이다. 하늘과 땅이 바로 우주 사이의 거대한 남녀이다. 그들의 힘찬 성교를 통해 우주의 생명은 풍성해진다. 이것이 바로 고갈되지 않는 생명의 원천이다.

3-20-4 남근에서 온 것으로 보이는 금강저金剛杵(명대)

『수호전』에서 이규李逵는 욕을 할 때 꼭 ‘냐오(鳥)’를 붙인다. 여기서 ‘냐오’는 남성의 생식기를 가리킨다. 요즘에도 흔히 음경을 ‘췌췌(雀雀)’라 부르고, 남자아이의 작은 생식기를 ‘샤오지지(小鷄鷄)'라 부르는 것과 흡사하다. 이런 별명 역시 선사시대의 생식기 숭배에서 유래한 것이다. 전문가에 따르면, 선사시대 사람들은 항상 새 무늬로 남근을 상징했다고 한다. 선사시대 유물 중에는 새 무늬가 그려진 그릇들이 대단히 많으며, 실제로 새 모양의 어떤 그릇들은 노골적으로 새를 남근의 상징처럼 쓰고 있다.

중국에서는 남근 조형물이 적지 않게 발굴되었다. 현대의 학자들은 이를 '조祖'라고 부른다. '조'는 재료에 따라 주로 도조陶祖, 석조石祖, 목조木祖 등으로 나뉘며, 그 밖에 옥조玉祖와 동조銅祖도 있다. 남근 조형물이 전국 각지에서 출토되었다. 이미 발굴된 신석기시대 후기와 상주商周시대의 남근 조형물은 소수의 석제 조형물을 제외하면 대부분 도자기로 만든 것이다. 학자들은 이 조형물의 용도에 대해 아직도 의견이 분분하다. 대부분의 학자들은 생식기 숭배의 대상으로 보지만, 일부 학자들은 조형물에 나 있는 구멍에 근거하여 장식용으로 쓰였다고도 주장한다. 그러나 어떻게 사용했는지는 여전히 알 수 없다.

이들 출토 문물은 대단히 형상적이고 생동감이 넘친다. 1988년 섬서 보계寶鷄 서쪽의 복림보福臨堡 앙소 문화 유적에서는 석조와 도조가 하나씩 출토되었다. 석조는 길이 약 13센티미터에 남자의 음경 모양이었으며, 청석을 약간 가공하여 만든 것이었다. 길이 4센티미터 정도의 도조는 앞쪽 끝에 요도의 입구 같은 작은 구멍이 있었으며, 맨 아래가 두 개의 고환과 함께 붉은색의 볼록한 부분 안쪽에 달라붙어 있었다.

3-20-5
새머리 도기 조각상
앙소 문화 유물

홀의 제작 역시 생식기 숭배와 관련이 깊다. 고대에는 항상 옥으로 조례, 제사, 상례 등에 쓰이는 예기를 만들었다. 주대의 무덤에서 자주 발견되는 홀 역시 그중의 하나이다. 홀은 전형적은 남근 모양이며, 홀의 크기는 권력의 대소를 상징한다. 고대의 대신들은 손에 홀을 쥔 채 조정에 들어갔다. 옥으로 남근의 모양을 만든 홀, 즉 '옥남근' 으로 천지와 조종祖宗을 알현한다는 의미였다.

이러한 남근 숭배 현상은 민족학 분야에서 많은 자료를 찾을 수 있다. 사천 목리현木里縣 대파촌大垻村의 한 동굴 안에는 천연 돌기둥이 하나 버티고 있다. 그곳에 거주하는 서번西番족과 장족들은 이것을 신성이 깃든 남성 생식기의 상징으로 간주한다. 결혼한 여자는 반드시 동굴 안으로 와서 향을 피우고 절을 올린 다음, 치마를 걷고 석조 위에 한 번 앉거나 무릎을 꿇어야 한다. 이런 식으로 석조와 접촉을 한 후에야 아이를 낳을 수 있다고 보았기 때문이다.

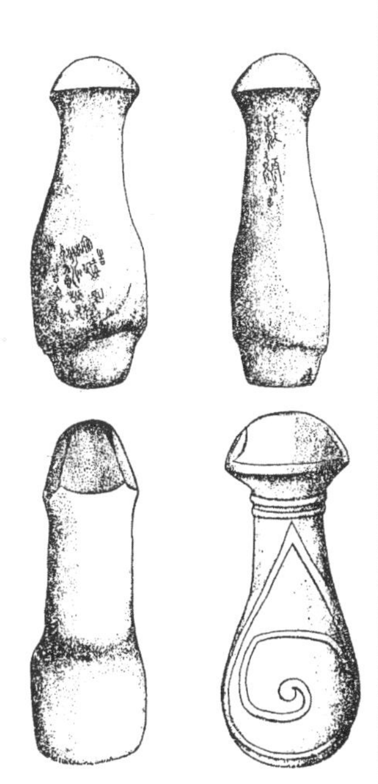

3-20-6 다양한 석조들

운남 영랑寧蒗현 영녕달파촌永寧達坡村의 마사족은 마을을 감싸고 있는 산언덕을 남신의 음경으로 여긴다. 그래서 아이를 갖지 못한 여자는 반드시 이 산언덕을 향해 절을 올리고 향을 피워야 한다.

3-20-7 당대의 탑
탑 역시 남근 숭배에서 기원한 것이다

티베트 문파족은 나무로 목조木祖를 두 개 만들어, 하나는 경작지 주위에 꽂아 농작물을 보호하고, 하나는 처마에 달거나 드나드는 문 혹은 길가에 둔다. 그들은 남근의 무한한 힘이 가족을 늘리고, 삿된 것을 물리치고,

집안을 보호해 준다고 믿는다.

3-20-8 한대의 남근 도자기 대야
들판에 남근이 하나 우뚝 솟아 있다.
운남 대리大理에서 출토

이런 예는 부지기수다. 탑, 돌기둥, 화표華表(궁전, 성벽, 능묘 등의 건축물 앞에 세우는 장식 돌기둥) 등 남근을 상징하는 물건들까지 언급하면 그 수는 더욱 많아진다. 예를 몇 가지 들어보자. 복건 장주漳州 동문 밖에는 돌기둥이 하나 세워져 있다. 높이 160센티미터, 직경 50센티미터로 위가 작고 아래가 큰 형태이다. 그 지역 사람들은 대대로 이 돌기둥을 숭배해 왔으며, 특히 아이를 낳지 못한 여자들은 반드시 그곳으로 와서 공을 드려야 한다. 천주泉州시의 신문新門 밖에는 땅 위로 석순石筍이 하나 솟아 있다. 상고시대 사람들은 이를 석조 토템으로 여기고 신봉했다. 장포漳浦현 조가보趙家堡 부근에는 음경처럼 생긴 돌기둥이 하나 있다. 지금은 이미 두 동강이 나 있지만, 아들을 바라는 사람과 자식이 병에 걸린 부모들이 여전히 찾아와 향을 피우고 머리를 조아린다.

3-20-9 천주泉州의 석순
생식기 숭배의 상징으로 높이가 3미터에 이른다.
12세기 이전에 인도에서 중국으로 전해진 것이다

민간의 풍속을 보면, 사람들은 대부분 어떤 상징적인 물건을 남근으로 간주하고 숭배한다. 『제경세시기승帝京歲時紀勝』에는 명대明代 북경 부녀자들의 원소절元宵節(정월 대보름) 소풍에 대한 기록이 있다. 여자들은 원소절이 되면 정양문正陽門(속칭 '첸먼(前門)' 이라고도 하는 북경성 내성의 정남쪽 정문)으로 가서 가운데 문에 박힌 못을 정성스레 문질렀다. 그래야 아들을 얻을 수 있다고 생각했기 때문이다. 워낙 사람이 많아서, 운 좋게 문지른 사람은 기뻐서 방방 뛰었지만 그러지 못한 사람은 잔뜩 풀 죽은 얼굴이 되었다. 중추절날 밤, 남경에서는 아이를 낳지 못한 여자들이 장락도長樂渡의 현제묘玄帝廟로 가서 철로 된 까마귀 장대를 문질렀다. 이 역시 아들을 달라는 의미였다.

초기의 남근 조형물은 생식기 숭배의 대상으로 존재했을 가능성이 크다. 그러나 한대 이후 심지어 송대와 명대의 유사 유물들까지 모두 생식기 숭배의 대상으로 쓰였다고 보긴 힘들다. 원시적인 생식기 숭배가 그토록 오랫동안 이어지진 않았을 것이기 때문이다. 연대가 훨씬 늦은 남근 조형물 중에는 크기나 모양으로 볼 때 실제 방중술의 도구로 쓰였을 가능성이 큰 것들도 있다. 명청소설에서는 이런 도구의 사용과 관련된 묘사들을 볼 수 있다. 남근 조형물과 흡사한 이들 물건을 소설에서는 '각모角帽' 혹은 '각선생角先生'이라 부른다. 해방 전까지만 해도 상해에서는 이 물건을 실제로 팔았고, 이름도 '각선생'이었다. 이 도구의 정식 명칭은 '촉기觸器'이고, '각모', '각선생'은 모두 속되게 부르는 별칭이다.

3-20-10
남자의 생식기를 상징하는
외국의 탑, 묘비, 기둥

중국 궁궐에는 태감이라는 독특한 집단이 있었다. 그들은 생식기가 잘린 채 황궁으로 들어와 황제의 삼궁육원에서 시중을 들었다. 생식기를 잘라도 그들은 잘린 생식기를 바로 버리지 않았다. 그들은 이것을 기름에 튀겨 기름종이로 잘 싼 다음, '되[升]' 속에 넣고 높은 들보의 한쪽에 걸어두었다.

태감이 죽으면, 친지들은 반드시 이 '보물'을 관 속에 함께 묻어주어야 했다. 생식기가 없는 불구의 몸으로 평생을 살았지만, 죽어서는 다시 온전한 몸이 될 것이라고 믿었기 때문이다. 만약 생식기를 잃어버리면 저승에서도 불완전한 몸이 되고 말 것이었다. 생식기를 '되' 속에 넣고 매단 것은, 거세된 후 궁중에 가서 높은 자리까지 오르고[升] 승승장구하라는 의미였다. 이 역시 생식기 숭배의 애처로운 표현 중 하나로 볼 수 있을 것이다.

제4권

구불구불 깊은 연못에서 우는 학 · 동물 편

1. 용龍

중국의 긴 역사와 문명은 신비와 불가사의로 가득한 수많은 신화와 전설을 남기고 있다. 거대한 마력을 지닌 프리즘처럼 이 수많은 이야기들은 중국 문명의 다채로움을 아름답게 비춰 보인다. 신비롭고 기이한 전설 속에서도 특히 용과 봉황은 역사학자들의 가공을 거쳐 유가와 도가의 이상향으로 옮겨져 마침내 중화민족의 상징이 되었다.

고대 문명의 세계로 거슬러 올라가 보면 상고시대 신화와 전설 속 인물인 반고나 삼황오제三皇五帝가 모두 용과 밀접한 관련이 있음을 알게 된다. 반고는 천지를 개벽한 전설 속 영웅이다. 『태평어람太平御覽』에는 그 옛날 천지가 달걀처럼 혼돈의 상태였을 때 반고가 그 속에서 태어났다는 이야기가 나온다. 1만 8천 년이 지나 천지가 개벽하자 밝음과 맑음은 하늘이 되었고 어둠과 혼탁함은 땅이 되었다. 반고는 죽어서 만물로 다시 화하였는데, 『역사繹史』의 기록에 따르면 그 숨결은 바람과 구름이 되고 소리는 천둥이 되었으며 왼쪽 눈은 해가 되고 오른쪽 눈은 달이 되었고 사지와 오체는 동서남북과 다섯 개의 산맥이 되었으며 피는 강물이 되고 근락筋絡(기혈의 통로)은 지리가 되고 근육은 땅이 되고 머리카락은 별이 되고 온몸의 터럭은

4-1-1 명나라 고궁의 석조 용무늬

초목이 되고 치아와 뼈는 금석이 되고 정수精髓는 주옥이 되었으며 흐르는 땀은 비가 되어 내렸다고 한다. 한데 뒤섞여 있던 우주는 반고의 힘으로 혼돈 상태에서 벗어나 만물을 낳았다. 이에 대해 당나라 시인 양형楊炯은 이런 의문을 가졌다. "반고는 어떤 신이기에 천지를 세웠는가? 얼마나 영험하고 신성했기에 산천을 이루었는가?" 시인의 질문처럼 반고는 어떻게 이런 신력을 갖게 되었을까? 감숙의 민간에 전해지는 「반고룡盤古龍」이란 노래가 약간의 해답을 준다. 노래에 의하면 반고는 평범한 사람이 아닌 용이었다. 반고가 한 번 꼬리를 휘둘러 위로 올라간 것은 하늘이 되고 아래로 떨어진 것은 땅이 되었으며, 그의 몸은 수많은 산봉우리로 변하고 피는 강과 바다가 되고 머리카락은 숲이 되었다고 한다.

여와女媧, 복희伏羲, 신농神農을 일컬어 삼황이라 하는데, 모두가 전설 속의 유명한 인물들이다. 여와는 돌을 제련하여 하늘을 메우고 흙을 빚어 사람을 만들었다. 복희는 그물을 만들어 물고기를 잡고 팔괘八卦를 만들어 모든 사람들이 알도록 했다. 신농은 밭을 경작하고 도기를 만들어 천하에 보급하였다. 수많은 신화 속에서 여와와 복희는 남매이자 부부이며 둘이 함께 중화민족의 시조로 여겨진다. 그런데 재미있는 것은 여와와 복희가 인간과 용이 합쳐진 모습으로 묘사된다는 점이다. 『사기보史記補』「삼황본기三皇本紀」에서는 여와가 "사람의 머리에 뱀의 몸"을 하고 있다고 말하고, 고본古本 『죽서기년竹書紀年』 역시 "복희는 사람 머리에 뱀의 몸"이라 기록하고 있다. 중국 근대의 학자이자 작가인 문일다聞一多는 민간에서 뱀과 용은 서로의 형상을

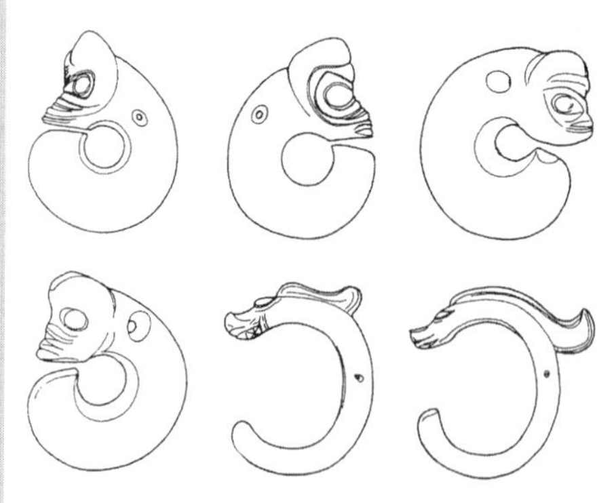

4-1-2 홍산紅山 문화 유적에서 출토된 옥룡

바꾸며 “용이라는 건 일종의 거대한 뱀일 뿐”이라고 주장했다. 그렇다면 중국 민족의 시조인 여와와 복희는 용의 화신이 된다. 인간의 시조가 곧 용의 시조인 것이다. 선조가 용이라면 자손이 용의 후예가 되는 것도 이상한 일이 아니다. 여와나 복희와 마찬가지로 염제炎帝 신농씨 또한 용의 화신이었다. ‘하늘에 감응하여 생명을 낳은’ 상고시대에 염제 신농은 어머니가 용에 감응하여 낳은 용의 자손으로 사람의 몸에 소의 머리를 하고 있었으며 강수姜水에서 자라나 불의 덕으로 왕이 되었다. 『제왕세기帝王世紀』에는 신농의 어머니 여등女登이 “화양華陽에서 노닐다 신룡神龍의 머리를 보고 감응하여 상양常羊에서 염제를 낳았다”는 기록이 전한다. 그래서 신농은 신룡이라고도 불린다.

삼황의 전설과 짝을 이루는 것이 오제의 전설이다. 오제가 누구인지에 대해서는 여러 가지 설이 있는데 그중 『사기』 「오제본기五帝本紀」의 기록이 가장 자세하다. 사마천은 「태사공자서太史公自序」에서 이렇게 말했다. “옛날 황제黃帝는 하늘과 땅의 법칙을 본받았고 사성四聖은 그 순서에 따라 각기 법도를 이루었다. 당요唐堯가 임금의 자리를 물려주었으나 우순虞舜은 기뻐하지 않았다. 이에 제왕들의 공을 기려 만세에 전하도록 그것을 싣는다.” 이른바 사성은 전욱顓頊, 제곡帝嚳, 당요, 우순을 말한다. 이들은 모두 황제의 후손이다. 황제 헌원씨軒轅氏는 염제 신농과 마찬가지로 유명한 전설 속 인물이다. 전설에 따르면 그 역시 한 마리 용이었는데 판천阪泉의 전투에서 염제와 싸워 이겼다고 한다. 『사기』 「천관서天官書」에 “헌원(황제)은 황룡의 모습을 하고 있다”는 말이 나온다. 이 부분의 주석에서는 “(황제는) 사람의 머리에 뱀의 몸을 하고 있으며 꼬리가 머리 위에 겹쳐 있고 황룡의 모습을 하고 있다”고 했다. 황제는 용의 몸에 용의 얼굴을 하고 있는데, 이는 어머니 부보附寶가 큰 번개에 감응하여 그를 임신하고 낳았기 때문이다. 『죽서기년』에 따르면 “황제 헌원씨의 어미는 부보라 하는데 큰 번개의 빛이 북두칠성의 첫 번째 별인 추성樞星을 감싸 돌며 벌판을 비추는 것을 보고 감응하여 아이를 잉태했다. 스물다섯 달이 지나 황제를 수구壽丘에서 낳았다. 갓난아기일 때부터 말을 할 줄 알았고 용의 얼굴을 하였으며 성스러운 덕이 있어 백 가지 신이 그를 알현하여 신하가 되었다." 『춘추합성도春秋合誠圖』에 따르면 "황제가 죽으려 하자 황룡이 떨어졌다"고 하는데, 이는 황제와 용이 운명을 같이한다는 뜻이다. 그가 세발솥(정鼎)의 주조에 성공한 이후 용을 타고 하늘로 돌아갔다는 전설 역시 황제가 용과 길흉화복을 함께했음을 보여준다.

4-1-3
하남 복양 서수파 유적의 용호龍虎 도상
피장자의 서쪽에는 호랑이 형상을,
동쪽에는 용 형상을 조개껍질로 표현했다

전욱과 제곡, 요, 순, 우는 모두 황제의 자손이자 용의 자손으로 그들의 전설 속에는 항상 용에 대한 언급이 나온다. 『초학기初學記』에서 우임금의 역사를 기술한 부분을 보면 그의 부친 곤鯀이 죽은 후 "석 달이 지나도 썩지 않아 오도吳刀로 그를 가르자 황룡으로 변하여 우를 낳았다"는 기록이 전한다. 우임금의 아들 계啓는 하夏 왕조의 첫 번째 왕이다. 그는 군왕의 귀한 신분이면서도 용의 후손으로서의 특징과 위엄을 힘써 강조했다. 그는 두 마리 용을 타고 두 귀에 푸른 뱀을 달아 장식한 모습으로 묘사된다. 심지어 그릇도 용의 형상으로 만들었다고 하니 그야말로 하 왕조는 용의 나라라고 할 만하다.

이처럼 상고시대 신화 속의 용은 대단히 화려하게 묘사되었다. 그렇다면 용은 대체 무엇이었을까? 자연계에 정말로 용이 존재한 적이 있었을까? 용의 진짜 모습은 과연 어땠을까? 신화에는 과연 얼마만큼의 역사적 진실이 담겨 있을까?

명나라 고궁 유적의 돌 조각 앞에 서면 뱀의 몸, 날카로운 뿔, 거친 수염, 거대한 발톱을 갖고 운무 속을 날아오르는 괴물이 용이라는 것을 누구나 알 수 있다. 그러나 상주商周시대 청동기 문양에서 용의 형상을 식별해 내라고 한다면 그 분야의 전문가라도 의견이 분분할 것이다. 미국의 화교 고고학자 장광직張光直은 상주시대 청동기의 동물 문양을 분석하면서 이렇게 말했다. "용의 형상은 이처럼 가변적이고 다양하기 때문에 금석학자들은 이 명칭을 상당히 탄력적으로 사용한다. 진짜 동물에는 맞지 않고 그렇다고 다른 신수神獸(예를 들어 도철饕餮, 비유肥遺, 기夔 등)*의 이름으로도 부를 수 없는 동물이 바로 용이다." 이처럼 상주시대 용 형상에 대한 개념은 여전히 모호하다. 선사시대의 용에 대한 인식은 더욱 불분명하다. 문양 하나를 놓고 왜 이렇게 서로 다른 견해가 나오는 걸까? 그 이유는 오늘날 우리가 알고 있는 용의 형상이 한위漢魏시대에 이르러서야 기본 형태를 갖추었기 때문이다. 그 이전에 존재하는 용의 형상은 각양각색으로 너무 잡다하다. 그래서 문자 기록이 없는 장식 문양을 설명하려면 온갖 자료들에 근거해 직간접적으로 분석, 판단하는 수밖에 없었고, 이 때문에 필연적으로 자의적인 해석들이 도출된 것이다.

용의 형상에 대해서는 고서에서도 의견이 분분하다. 동한 왕충王充의 『논형論衡』「용허龍虛」에서는 "용의 모습은 말 머리에 뱀의 꼬리를 하고 있다"고 했다. 원대 사응방謝應芳의 『변혹편辨惑編』에서는 "용은 도마뱀 같으며 오색이다"라고 했다. 명대 주국정朱國禎은 『용당소품涌幢小品』에서 이렇게 묘사했다. "용은 아홉 가지를 닮은 동물이다. 사슴 뿔, 소의 귀, 낙타의 머리, 토끼의 눈, 뱀의 목, 대합의 배, 물고기 비늘, 호랑이 발바닥, 매의 발톱을 합친 것이 용의 형상이다." 『장자莊子』의 설명은 더 알쏭달쏭하다. "용은 합쳐지면 형체를 이루고 흩어지면 무늬가 된다. 구름의 기운을 타고 음양 속

*도철은 흉악하고 탐식을 일삼는 전설 속 야수를, 비유는 다리 여섯에 네 개의 날개가 달린 뱀을, 기는 용처럼 생기고 다리가 하나인 전설 속의 동물을 말한다

4-1-4 서주 청동 예기禮器의 기룡夔龍 문양

을 날아다닌다." 이처럼 고대 중국인의 눈에 용은 끊임없이 변화하는 신비로운 모습이었고, 그만큼 안개 속에 싸인 수수께끼 같은 느낌을 주었다. 과연 용은 무엇이었을까?

선사시대를 연구하는 고고학자들은 최근 20년 사이에 대략 20여 개의 용 도상과 조형물을 발견했다. 고대의 용이 드디어 우리 눈앞에 모습을 드러낸 것이다. 그러나 외형에서 이들 용 형상들은 전혀 일치되지 않고 각각이 큰 차이를 보인다. 여기서 알 수 있는 것은 용 형상에 대한 고서의 온갖 묘사가 사실 전혀 근거없는 이야기는 아니라는 점이다. 고고학자들은 이 다양한 모습의 용을 말 원형, 돼지 원형, 악어 원형, 도롱뇽 원형, 뱀 원형 등으로 분류했다. 지금까지의 고고학 발굴 상황으로 보면 이들 용 원형은 주로 황하와 장강 유역의 신석기 중후기 유적지에서 발견되고 있다. 예를 들어 요녕 사해查海 문화의 석룡, 요녕 홍산紅山 문화의 옥룡, 하남 복양濮陽 서수파西水坡 앙소 문화의 조개껍질 용, 산서 도사陶寺 문화의 주회번룡문朱繪蟠龍紋, 섬서 보계寶鷄 북수령北首嶺 앙소 문화의 조탁어룡문鳥啄魚龍紋, 감숙 무산武山 마가요馬家窯 문화의 채회어룡문彩繪魚龍紋 등이다. 연대로 봤을 때 지금으로부터 약 8천 년 전의 것으로 추정되는 사해 문화의 석룡이 가장 빠르다. 이는 지금까지 중국에서 발견된 용의 실물 도상 중 형체가 가장 크고 시기도 가장 이른 것이다. 이 거대한 용 조각은 선사시대 거주지의 중심부에 보존되어 있었으며, 크기가 비슷한 적갈색의 돌 조각들을 약 20미터나 쌓아올려 만든 것이었다. 용은 머리를 치켜들고 입을 벌리고 있으며, 얼굴은 서남쪽을 향하고 구불구불한 몸에 등이 휘어진 채로 꿈틀거리며 땅을 기어가고 있는 모습이다. 용의 아랫배 쪽에서 제사용 구덩이 세 개가 발견되었는데 그 안에는 상당량의 돼지 뼈가 있었다. 이것이 용에게 제사를 지낸 흔적인지의 여부는 아직 알 수 없지만 용의 형상이 이미 등장한 것만은 분명하다. 또 다른 중요한 발견은 하남 복양 서수파 45호 무덤의 용호龍虎 도상이다. 무덤의 주인은 장년의 남성으로 신장이 크다. 몸을 세우고 다리를 쭉 뻗은 자세에 머리는 남쪽, 발은 북쪽을 향하고 있는데 몸 양쪽에는 조개껍질을 늘어놓아 만든 용과 호랑이의 형상이 있었다. 왼쪽에 자리를 잡은 용은 몸통이 구불구불하고 고개를 쳐들고 등을 구부린 모습이다. 오른쪽에 자리를 잡은 호랑이는 네 발로 걷는 모습이고 몹시 사납게 보인다. 사람이 중간에 있고 용과 호랑이의 등은 안쪽을 향하고 있으며 머리는 모두 북쪽을 향하고 있다. 문화사적 관점에서 이는 무덤의 주인이 용과 호랑이의 호위를 받으며 평화롭게 흙으로 돌아가 영혼의 안식을 얻는다는 뜻으로 볼 수 있다. 이 발견은 고대 중국의 좌청룡, 우백호 사상의 실제 증거이기도 하다. 이는 이후 호북 수현隨縣 전국시대 증후을묘曾侯乙墓 칠기 상자의 청룡백호도, 호남 장사長沙 마왕퇴馬王堆 한묘漢墓의 용입천문백화龍入天門帛畵와 화상석에 그려진 승천도의 내용과도 완전히 일치한다. '황제가 용을 타고 승천' 하는 신화를 생동감있게 보여주는 자료들이다.

4-1-5 전국시대 인물어룡도人物御龍圖 비단에 그림

용의 고고학적 발견은 선사시대에만 국한되지 않는다. 고고학자들은 원시시대와 역사시대의 유적지에서도 계속해서 용의 형상을 발견하고 있다. 예를 들어 하夏나라 이리두二里頭 문화 유적의 용무늬 도자기 파편, 상商나라 청동기와 옥기의 용무늬 도안, 서주西周 청동 예기禮器의 기룡夔龍 장식, 전국시대와 진한대의 백화帛畵 비룡 도안, 당송명청대 도자기의 황룡 형상 등은 모두 각 시대를 대표하는 중요한 발견들이다. 이러한 고고학적 발견은 매우 흥미로운 현상을 보여준다. 시대가 빠를수록 용의 형태가 더 큰 차이를 보인다는 것이다. 후대로 오면 용의 형상은 거의 비슷해진다. 즉, 상나라 이전의 원시적인 용의 형상은 대부분 각종 동물의 조합으로 이루어져 조형이 풍부하고 변화가 다양하다. 상주 시기의 기룡은 원시적 용 형상을 통합한 것으로 일반적으로 머리에 큰 뿔이 있고 몸은 하늘을 날고 있으며 사납고 포악한 모습을 하고 있어 강한 신비감을 준다. 전국시대와 진한대 이후에는 용 형상이 더욱 대담하고 화려해진다. 당송 이후의 용은 점차 고귀함과 권력, 재물의 상징이 되고 그 형상 역시 오늘날의 익숙한 용의 모습으로 고정된다.

4-1-6
서한 마왕퇴馬王堆 1호 묘의 백화帛畵

상형문자인 갑골문에서 용을 나타내는 글자는 우리가 용의 형상을 이해하는 데 중요한 근거 자료가 된다. 물론 상대 갑골문에서 '龍' 자는 하나로 통일되어 있지 않다. 전문가의 통계에 따르면 '龍' 자의 종류가 약 70여 종에 이르며 자형의 차이도 크다고 한다. 그러나 이 글자들이 모두 각종 동물의 형태를 보여준다는 점은 공통적이다. 대만학자 나지량那志良은 상대 갑골문과 옥룡의 형태를 비교하여 이 두 가지가 놀랍도록 일치한다는 것을 증명한 바 있다. 용의 고고학적 발견은 용 형상의 발전 과정을 실질적으로 재현해 보인다. 용 형상이 발전해 가는 독특한 모습은 동물 숭배가 보편적이었던 원시시대에 한 가지 혹은 여러 가지의 동물 형상이 부단히 조합되어 용 토템이 완성되었음을 보여준다. 다양한 동물의 모습이 하나로 조합된 용 형상은 중국 민족이 통일되어 가는 과정의 문화적 산물인 것이다.

서양에서 용(Dragon)은 등에 날개가 달리고 입으로 불을 뿜는 사나운 네발 짐승이다. 사악함과 탐욕, 죄악을 상징하는 서양의 용은 상서로움을 의미하는 중국의 용과 전혀 다르다. 서양 문학에서 용은 반드시 죽여야만 하는 악마의 상징이다. 성경에는 성 조지(Saint George)가 용을 죽여 악을 퇴치하는 이야기가 나오며 영국 최초의 장편 영웅 서사시 『베오울프(Beowulf)』에도 영웅 베오울프가 용을 물리치는 장면이 등장한다.

중국인에게 가장 익숙한 길상물인 용은 수천 년 동안 중국인의 일상생활과 뗄 수 없는 관계에 있었다. 중국인에게 용은 봉황, 기린, 거북과 함께 가장 상서로운 네 가지 동물 중 하나이자 강인한 생명력을 가진 존재이다. 중국 문명에서 용은 종교, 철학, 문학, 건축, 회화 등 갖가지 영역의 발전과 긴밀하게 연관되어 있다.

신앙의 대상인 토템으로서의 용은 종교와 불가분의 관계에 있다. 중국의 용 문화는 유교의 용, 불교의 용, 도교의 용으로 세분된다. 유교의 용 개념은 중국의 고대 정치사와 원시종교 문화가 융합되어 낳은 산물인 동시에 용신 숭배와 전통적인 오행 관념, 음양 관념이 상호 결합하여 생겨난 결과이다. 전자가 궁정의 용 문화라면 후자는 민간의 용 문화로 나타난다.

궁정의 용 문화는 제왕을 신격화하는 유학자들의 문화이다. 통치자들은

4-1-7
명대 청화자기에 그린 황룡 형상

용신을 숭배하는 민간신앙을 이용하여 제왕을 용의 화신으로 신격화시키고 신성불가침의 존재로 만들었다. 제왕을 용신처럼 숭배하는 문화는 중국 정치에서 나타나는 독특한 용 문화 현상이다. 중국의 역대 군왕들은 스스로를 용이라 칭했는데 춘추시대의 진晉 문공文公 중이重耳가 그 시초다. 진나라를 떠나 19년 동안 유랑생활을 하다 돌아와 왕위에 오른 그는 감격에 겨워 이런 시를 지었다. "용이 하늘을 나니 천하를 주유하네. 다섯 마리 뱀이 그를 따라 보좌하네. 용이 고향에 돌아오니 그 있을 곳을 찾았네." 그 후 제왕을 용에 비유하는 것은 점차 하나의 문화 현상이 되었다. 수천 년에 이르는 봉건제 속에서 용은 제왕만이 독점할 수 있는 상징이었다. 황제는 용의 화신으로 간주되어 '진룡천자眞龍天子'라 불렸다. 『사기』에서 최초의 황제 진시황은 '조룡祖龍'으로 일컬어진다. 서한의 고조 유방劉邦은 자신의 출생을 용과 연관시킨 최초의 선례를 남겼다. 사수정泗水亭에서 농민 반란을 일으킨 수장으로 대대로 초나라의 장수였던 항우項羽처럼 화려한 출신 배경을 가지지는 못했던 그는 정치적인 목적을 위해 자신이 용의 후손이라는 전설을 만들어냈다. 그 어머니가 연못가에서 졸다가 천신과 교접하는 꿈을 꾸었는데 그때 하늘이 온통 캄캄해지면서 천둥번개가 쳤다. 집에서 걱정하다 아내를 찾아 나선 유방의 아버지는 아내의 몸 위에 교룡이 올라탄 것을 보았고, 그 후 집으로 돌아온 유방의 어머니는 임신을 하였는데 그렇게 낳은 아이가 바로 유방이라는 것이다. 이 때문에 "한 고조의 자손이 모두 코가 우뚝한 건 보통 사람과는 다른 용의 후예이기 때문이다"라는 말이 생겼다.

유방을 필두로 중국의 역대 황제들은 모두 스스로를 용에 비유하기를 즐졌다. 황제의 몸은 용체龍體라 부르고, 황제가 잠자는 침상은 용상龍床이라 하고, 황제의 의자는 용의龍椅, 황제의 수레는 용련龍輦, 황제의 의복은 용포龍袍, 황제의 깃발은 용기龍旗라 불렀다. 궁궐 앞에는 반룡석주盤龍石柱가 세워지고 궁정 안에는 용 머리가 정교하게 조각되어 제왕이 거하는 곳에는 말 그대로 용이 없는 곳이 없었다. 연호에도 흔히 '龍' 자를 넣었다. 한나라 선제宣帝 유순劉詢과 동오 손권孫權의 '황룡黃龍' 연호나 삼국 시기 위나라 명제明帝 조예曹叡와 후조後趙 석감石鑒의 '청룡青龍' 연호, 당 고종高宗 이치李治의 '용삭龍朔' 연호, 당 중종中宗 이현李顯의 '신룡神龍'과 '경룡景龍' 연호, 남한南漢 유암劉岩의 '백룡白龍' 연호 등 중국 정치상의 '용 현상'은 한두 가지가 아니었다.

용이 상징하는 권위 때문에 용과 용무늬는 점차 통치 계급의 전유물이 되어갔다. 이러한 독점 현상은 특히 고대 복식에서 두드러지게 나타난다. 전문가들의 고증에 따르면 중국에서는 주나라 때 이미 비교적 완전한 복식 제도가 등장했다고 한다. 동한에 이르러서는 명제明帝 영평永平 연간에 승여乘輿(왕의 수레)에 일월십이장日月十二章*의 문양을 수놓게 했다. 삼공三公과 제후는 산룡구장山龍九章을 사용하고 구경九卿 이하는 화충칠장華蟲七章을 사용하되 모두 오색을 갖추도록 했다. 다시 말해 구경 이하의 관리들은 이미 용무늬를 사용하지 못하게 되었다는 것이다. 원 세조 쿠빌라이는 중원을 차지한 후 용 문양을 독점하는 방식으로 그 권위를 더욱 강화했다. 민간에서는 용이나 봉황의 무늬가 있는 주단을 만들 수도 판매할 수도 없었고, 이를 어길 시에는 물품과 돈을 모두 관에서 몰수하고 죄인은 엄벌에 처했다. 명 태조 주원장 역시 관복에 대한 규정에서 관리의 의복과 휘장에는 검정, 황색, 보라

---

*일월십이장日月十二章: 고대 중국의 제왕과 고급 관리들의 예복에 수놓는 열두 가지 문양을 의미한다. 해와 달[日月], 별[星辰], 산[群山], 용, 꿩[華蟲], 제기[宗彝], 수초[藻], 불꽃, 쌀알[粉米], 도끼[黼: 흰 실과 검은 실로 수놓은 도끼 모양의 무늬], 궁자[黻: 두 개의 궁자弓字가 서로 등을 대고 있는 모습의 무늬] 등의 문양을 포함하며, 이러한 장문章紋을 수놓은 예복을 장복章服이라 한다

색의 세 가지 색깔을 쓸 수 없으며 용봉의 문양도 사용할 수 없도록 했다. 아울러 이를 어길 시에는 옷감을 직조하고 염색한 자들에게까지 죄를 묻겠다고 명시했다. 이처럼 민간에서 용무늬를 사용하는 것은 엄격하게 막았으나 황제들 스스로는 용무늬를 거의 남용하다시피 했다. 명대 황제의 곤룡포를 장식한 열두 가지 문양 중에서 가장 중요한 것이 바로 용 문양이었다.

이른바 대중의 용 문화라 할 수 있는 민간의 용 문화는 사회생활 곳곳에서 보인다. 기우제 등 종교 행사로부터 비롯된 용 문화, 용선 경주나 용등 놀이 같은 오락을 위한 용 문화, 용과 관련된 명절을 중심으로 만들어진 갖가지 풍습과 금기, 지명이나 음식 이름, 약 이름 등 다양한 문화 현상이 민간의 용 문화를 풍성하게 구성하고 있다. 사람들 마음속에 용은 비를 주관하는 신이며 비의 신, 바람의 신, 우레의 신, 별의 신의 화신이자 상징이다. 용에게는 하늘과 통하고, 날기를 좋아하고, 물을 좋아하고, 위엄을 나타내고, 상서로운 징조를 보이는 등의 열 가지 대표적인 특징이 있다. '통천通天', 즉 하늘과 통한다는 용의 특징은 날기를 좋아하는 특성과 상보의 관계에 있다. 용의 신성함을 의미하는 통천은 하늘의 뜻을 대표하고 집행한다는 의미를 갖는다. 또 날기를 좋아하는 용의 특성은 곧 하늘로 통하는 경로이자 수단이다. '희수喜水', 즉 물을 좋아하는 것 또한 용의 특성이다. 『홍범洪范』에서는 "용은 연못에서 나는 짐승으로 형체가 계속 변하며 하늘에서 노닌다"고 했다. 하늘을 날고 물을 좋아하는 용의 특성은 용에게 천지와 소통하여 신의 사자 노릇을 하게 하는 능력을 부여할 뿐 아니라 상서롭거나 불길한 징조를 알리는 신성神性까지 갖게 한다. 동한 때 시작되어 민간으로 널리 퍼진 십이지에는 용이 일상에서 흔히 볼 수 있는 동

4-1-8
청대 자기에 그린 황룡 형상

물들과 함께 나열되어 있다. 이는 용이 당시 사람들에게 매우 친숙한 동물이었음을 보여준다.

4-1-9 명대 용의龍椅

외래 종교인 불교에서의 용은 중국 본토의 용과 여러 가지 면에서 다르다. 중국의 용은 '용신龍神'으로 불리지만 불교 속의 용은 '용왕龍王'이라 불린다. 중국의 용신 숭배에서 용은 지역적 제한이 없이 비를 주재하는 신으로 각 지역 각 민족의 보편적인 숭배를 받는다. 용의 외양 또한 기본적으로는 같으며 다만 얼굴색이 청색, 적색, 백색, 흑색, 황색의 다섯 가지로 구별될 뿐이다. 그러나 인도 불교에서 '용왕'은 일종의 지방신이다. 크게는 사해四海에서 작게는 호수와 하천까지 어디에나 용왕이 있다. 용왕들은 각자의 이름을 갖고 있으며 각각 하나씩 구역을 맡고 있다. 불교가 중국에 전래되면서 '용왕' 숭배도 함께 전해졌는데 수당대 이후 불교가 중국 각지에 전파되면서 용왕이나 용궁, 용주龍珠, 용녀 등의 이야기도 널리 퍼지게 되었다.

한편 도교의 용과 유교의 용은 중국 원시시대의 종교와 철학 사상이라는 공통된 연원을 갖고 있다. 다만 유교의 용이 철학 사상에 더 많은 근거를 두고 있다면 도교의 용은 원시 무속신앙에 보다 가깝다는 점이 다르다. 도교에서 용의 가장 큰 역할은 도사가 신선 세계로 올라가거나 귀신과 소통하도록 돕는 것이다. 불교가 중국에 전래되면서 용왕신앙도 함께 퍼지게 되었는데 도교 역시 이를 받아들여 도교만의 독특한 용왕신앙을 만들어냈다. 제천용왕諸天龍王, 사해용왕四海龍王, 오방용왕五方龍王이 그것이다. 그 후로 강이나 호수, 웅덩이나 우물 등 물이 있는 곳이라면 어디에나 용왕이 있어 홍수와 가뭄, 풍작과 흉작을 주재한다는 믿음이 생겨나게 되었다. 민간에는 용왕에 관한 전설이 널리 퍼졌다. 사람들은 가뭄과 홍수를 결정하는 용왕에게 감히 함부로 굴 수 없었다. 이는 하늘의 뜻에 따라 먹고 살아야 했던 농민들에게는 지극히 당연한 것이었다. 홍수나 가뭄이 닥치면 사람들은 용왕에게 제사를 올리고 공물을 바치며 날씨가 좋아지기만을 빌었다. 고대의 음력 달력에는 해마다 몇 마리의 용이 치수를 하는지가 적혀 있었는데 적게는 한 마리부터 많게는 아홉 마리에 달했다. 사람들은 그해에 치수를 하는 용이 적으면 가뭄이 닥치고 많으면 홍수가 난다고 믿었다.

용은 인간세계뿐 아니라 천문과 역법, 우주의 영역까지 넘나들며 주역과 팔괘 등의 철학 분야에서도 자주 등장했다. 『역경易經』의 첫 번째 괘인 건괘乾卦에는 '물속에 숨은 용(잠룡潛龍)', '밭에서 용을 보다', '용이 연못에서 뛰어오르다', '비룡이 하늘에 있다' 등의 구절이 있다. 『설문해자』에서는 용이 "춘분春分에 하늘로 올라가고 추분秋分에는 연못에 잠긴다"고 했다. 여기서 용은 하늘의 별자리를 의미하며 그것이 나타나고 숨고 이동함에 따라 춘하추동의 사계가 결정된다. 『묵자墨子』에는 청룡은 동쪽, 적룡은 남쪽, 백룡은 서쪽, 흑룡은 북쪽에 있다는 설이 전한다. 이것은 각기 다른 색깔의 용이 동서남북의 방향을 대표한다는 것을 의미한다. 중국 고대의 별자리 이십팔수二十八宿의 동방청룡칠수東方青龍七宿 중에서 각수角宿는 용의 뿔을, 항수亢宿는 용의 목을, 심수心宿는 용의 심장을, 미수尾宿는 용의 꼬리를 가리킨다.

4-1-10 한대 와당의 용무늬

4-1-11 한대 와당의 용무늬

용은 일상생활에서 매우 널리 쓰이는

문양일 뿐 아니라 문인 작가들이 자주 묘사하는 대상이기도 했다. 『시경』, 『초사』에서부터 후대의 전기傳奇, 지괴志怪소설에 이르기까지 용은 항상 중요한 역할로 등장했다. 용의 웅장한 외관과 기이한 신성은 중국 문학에 한없는 다채로움을 더해주었다. 문학 속에서 용은 신성하고 거대하며 위풍당당한 이미지를 갖는다. 『역경』에 나오는 "마침과 시작을 크게 밝히면 육위六位*가 때에 이루어지니 육룡六龍을 타고 하늘을 다스린다"는 구절은 호탕한 상상력을 보여준다. "하늘의 운행은 굳건하니 군자는 이것으로써 스스로 굳세게 함을 쉬지 않는다"는 이른바 자강불식自强不息의 구절에 나오는 '굳건한 하늘의 운행' 역시 용을 의미한다. 『초사』에서 용은 신선의 수레를 끄는 신수神獸로 등장한다. 「상군相君」 편의 "비룡을 몰고 북방을 정벌하네[駕飛龍兮北征]", "돌 많은 여울은 빠르게 흐르고 비룡 같은 배는 쏜살같이 날아가네[石瀨兮淺淺, 飛龍兮翩翩]" 같은 구절은 "육룡을 타고 하늘을 다스리는" 것과 같은 규모의 웅대한 상상력을 느끼게 해준다. 시가의 발전과 함께 용의 모습도 시 속에 자주 등장하게 되었다. '북방의 촉룡燭龍**', '용이 위수渭水 물을 마시다', '요임금이 하도河圖를 얻다', '황제가 세발솥[鼎]을 주조하다' 등의 전고典故가 대표적인 예들이다. 용은 『수신기搜神記』, 『요재지이聊齋志異』 등의 지괴소설에서도 자주 묘사되었다. 청대 포송령蒲松齡의 『요재지이』에는 용과 관련된 이야기만 십여 편에 달한다.

용의 웅장함과 강인함, 생동감은 중국의 전형적인 건강미를 보여준다. 이러한 용의 형상은 중국 궁정이나 사원 등의 건축에서 흔히 볼 수 있다. 북경 자금성에는 곳곳에 용의 도상이 있다. 태화전太和殿에는 용이 조각된 황

*육위六位: 음과 양의 천도天道, 유柔와 강剛의 지도地道, 인仁과 의義의 인도人道를 상징하는 역괘의 효

**촉룡燭龍: 북방의 종산鐘山에 산다는 거대한 붉은 용이다. 사람의 얼굴에 뱀의 몸을 하고 있으며 초 하나를 입에 물고 북쪽의 어두운 천문天門을 비춘다. 사계절과 밤낮의 운행을 주관하여 촉룡이 눈을 뜨면 낮이 되고 눈을 감으면 밤이 되며 숨을 내쉬면 겨울이 되고 들이쉬면 여름이 된다고 한다

제의 어좌가 있으며, 반룡蟠龍이 서린 금색의 여섯 기둥은 높이가 삼십 척에 이른다. 천장 한가운데의 금룡 장식은 세상에 둘도 없는 걸작이며 천장의 다른 부분에도 온통 용의 도안이 그려져 있다. 태화전 앞의 용 조각 돌계단 역시 매우 정교하고 아름답다. 유명한 구룡벽九龍壁은 270조각의 채색유리로 아홉 마리 용과 구름, 바닷물, 산석山石 등의 형상을 묘사하고 있는데 그중에서도 특히 강렬하게 굽이치는 용의 무늬는 마치 벽을 박차고 날아오를 것 같은 생동감을 보여준다. 산동 곡부曲阜의 공묘孔廟에도 독특한 반룡 기둥이 있다. 생생하게 묘사된 용은 "내뿜는 숨소리가 우레를 치는 듯, 굽이치는 기세가 하늘을 찌르는 듯" 보는 사람에게 깊은 인상을 남긴다.

예술적 형상으로서의 용은 역대 화가들이 즐겨 다루던 창작의 대상이었다. 동오의 조불흥曹不興, 동진의 고개지顧愷之, 남조의 장승요張僧繇, 당의 오도자吳道子, 송의 동우董羽, 명의 왕조汪肇, 청의 주심周尋 등은 용을 잘 그리기로 유명한 화가들이었다. 그중에도 특히 장승요의 용 그림이 가장 신묘했다고 한다. 당대 장언원張彦遠의 『역대명화기歷代名畵記』에 그에 관한 이야기가 나온다. 장승요는 금릉金陵 안악사安樂寺에 용 네 마리를 그리고는 눈까지 그리면 용이 날아가 버린다며 눈동자를 찍지 않았다. 사람들은 그의 말을 믿지 않고 어서 눈을 그리라고 했다. 장승요가 눈을 그려 넣자 정말로 얼마 안 있어 천둥번개가 치더니 벽이 부서지면서 용 두 마리가 구름을 타고 하늘로 날아가 버리고 눈을 그려 넣지 않은 나머지 두 마리만 벽에 남았다. 이것이 바로 '화룡점정畵龍點睛'이라는 고사성어의 유래다. 중국 회화가 전면적으로 발전했던 명청대의 용을 주제로 한 작품 중에서는 왕조의 인물산수화 〈기교도起蛟圖〉를 으뜸으로 쳐야 할 것이다. 이 작품은 주인과 시종 두 사람이 거센 비바람이 휘몰아치는 산길을 걷는 모습을 그리고 있다. 뇌성벽력에 놀라 고개를 돌린 주인은 하늘가에 비치는 검은 구름 사이로 한 마리 교룡이 발톱으로 허공을 움키며 날아가는 모습을 목격한다. 필법이 노련하

4-1-12 태화전의 반룡 무늬

고 거침없다. 비록 현실에 없는 상상을 그린 것이지만 사람, 비, 용의 관계를 기막히게 표현해 내어 감상하는 사람 또한 그림 속에 있는 듯 생생한 느낌을 전해준다.

중국 문화사에서 용은 최소한 7~8천 년을 전해 내려온 특별한 존재다. 초기의 용은 중국 민족의 신앙을 통일시키고 응집력을 강화하는 역할을 했다. 시간이 흐르고 시대가 발전하면서 용은 원시 토템의 의미를 넘어서 각 민족과 서로 호응하는 용의 문화로 발전했다. 여러 민족이 다원성을 가지고 존재하는 현실에서 용은 항상 융합의 공감대를 형성하는 하나의 연결 고리로 작용했다. 지극히 현실적이면서 또한 환상적인 용의 모습은 여전히 중국인의 민족적 신념과 정신을 보여주는 중요한 상징이다.

2. 물고기[魚]

물고기에 대해 언급하면 사람들은 흔히 '강태공의 낚시', '성문이 불타면 그 화가 못의 고기에까지 미친다', '연목구어緣木求魚', '물고기와 곰 발바닥을 둘 다 가질 순 없다', '고기 잡고 그물을 잃어버리다', '등용문登龍門'* 등 철학적 의미와 생활의 향취가 물씬한 고사성어와 속담들을 떠올릴 것이다. 고대 중국인들은 물고기로 사물을 묘사하거나 사물 간의 관계를 설명하기를 좋아했고, 이는 일찍이 유례가 없는 하나의 문화적 현상으로 굳어졌다.

중국의 물고기 문화는 유구한 역사를 자랑한다. 사실 중국 민족은 그 시작부터 물고기와 떼려야 뗄 수 없는 관계에 있었다. 중화문명은 황하와 장강 유역에서 발원한 '대하大河의 문명'이다. 강 근처에서 생활하던 중국 원주민들에게 물고기는 생존을 위해 없어서는 안 될 소중한 식량이었다. 고고학 자료에 따르면 이미 구석기시대부터 원시인들은 각종 어류를 잡아 먹을거리로 삼았다. 구석기시대 유적에서는 원시인들이 먹고 남긴 생선뼈가 흔히 발견된다. 신석기시대에 오면 어업 활동이 원시인류의 중요한 생산 수단이 되고 포획하는 어종과 어획량이 현저한 증가세를 보인다. 통계에 따르면 당시 원시인들이 잡던 어종은 수십 가지에 이르렀다고 한다. 여기에는 현대인들도 자주 먹는 청어, 잉어, 조기 등도 포함되었다. 갖가지 형태와 재료의 낚시 도구들도 다량으로 출토되었고, 그중에서 가장 흔한 것은 낚싯바늘, 표창, 작살, 그물 등이었다.

물고기의 포획을 일상화하고 그것을 식량으로 삼으면서 사람들은 물고

*등용문登龍門: 잉어가 중국 황하 상류의 급류를 이루는 곳인 용문을 오르면 용이 된다는 전설에서 유래한 말이다

기의 습성에 대해 충분한 인식을 갖게 되었고, 이러한 물질문화적인 기초 위에서 물고기신앙, 물고기 숭배 등이 널리 퍼지기 시작했다. 신석기시대에 물고기 문화가 발달했음을 알려주는 중요한 증거는 황하 유역과 장강 유역에서 발견된 다량의 물고기 모형(그림 4—2—1)과 물고기 문양(그림 4—2—2)이다. 물고기 문양은 실제 형상의 모방, 추상화, 반복 등의 다양한 표현 수법을 썼다. 사람의 얼굴을 한 물고기 문양(그림 4—2—3)은 그중에서도 상당히 특이하다. 이런 문양은 당시 토템 문화의 산물이거나 다산을 기원하는 샤머니즘적 기호인 것으로 추정된다. 물고기의 강한 생식력은 출산율이 몹시 낮았던 원시시대에 상당한 매력으로 다가왔을 것이다. 물고기에 대한 원시 인류의 애착과 숭배는 이후 수천 년의 세월을 거치면서 다양한 의미를 내포하는 신화와 전설, 민속신앙으로 정착되었다.

자연계의 물고기는 대표적인 수생동물이다. 이 때문에 중국 신화에서 물고기는 종종 수신水神의 형상으로 나타난다. 『제왕세기帝王世紀』에는 "황제黃帝가 낙수洛水가에 나가 큰 물고기를 보고 다섯 가축을 죽여 물에 던지자 하늘에서 큰비가 왔다"는 구

4-2-1
하모도 문화의 나무 물고기

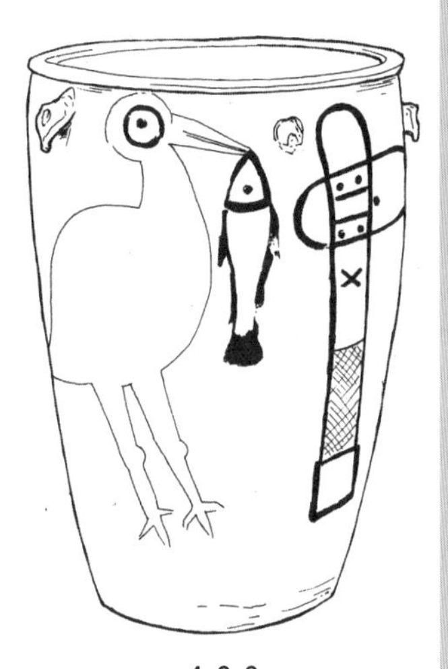

4-2-2
앙소 문화 도자기의 물고기 문양

4-2-3
반파半坡 문화의 인면어문人面魚紋

절이 있다. 여기서 큰 물고기는 낙수의 신이다. 황제가 가축으로 물고기에게 기우제를 올렸다는 내용을 통해 물고기신이 물을 관장한다는 옛사람들의 믿음을 확인할 수 있다. 『술이기述異記』에는 "관중關中에는 금붕어 신이 있다……. 백일간 비가 내리지 않아 천신에게 제사를 지내자 금붕어가 물에서 뛰어올랐고 그리고는 비가 왔다"는 이야기가 나온다. 여기서 제사의 대상은 천신이지만 비를 내리게 한 것은 금붕어다. 아마 금붕어 신이 천신보다 낮은 등급의 신일 것이다. 『산해경』에는 호어豪魚, 영어嬴魚, 자라 등 여러 가지 물고기신이 등장하는데 등이나 꼬리에 날개가 달려 있는 것으로 묘사되는 것만 십여 종류에 이른다. 『산해경』 속의 물고기신 중에는 사람의 얼굴에 물고기의 몸을 한 것도 있다. 사람의 형체를 한 물고기는 중국 고대인의 마음속에서 물고기신이 일종의 인격화의 과정을 거쳤음을 보여준다. 전설 속 황하의 신인 하백河伯이 바로 인격화된 물고기신이다. 굴원의 「구가九歌」 중 '하백'에서 하백은 물고기 비늘로 기와를 만든 물속 용궁의 신으로 묘사된다.

물고기신에 관한 여러 이야기 중에서도 특히 잉어의 전설이 가장 많다. 그중 가장 널리 알려진 것은 '등용문을 넘은 잉어'와 '잉어 등에 탄 신선'의 두 가지 전설이다. '등용문을 넘은 잉어' 이야기는 여러 문헌에 기록되었고 민간에도 널리 퍼졌다. 그중 신씨辛氏 『삼진기三秦記』의 기록을 보면 이렇다. "하진河津을 일명 용문이라고도 하는데 큰 물고기 수천 마리가 쌓여도 그 위를 오르지 못한다. 오르면 용이 되고 오르지 못하면 물고기로 남는다 하여 '아가미를 드러내는 용문'이라 부른다." 그런데 그 많은 물고기들 가운데 어째서 하필 잉어가 용문을 넘는다고 하는 것일까? 아마도 잉어가 다른 물고기에 비해 도약 능력이 뛰어나고 생명력도 강하기 때문일 것이다. 문양에도 물고기가 용으로 변하는 신화를 소재로 쓰곤 했다. 1981년 감숙 임조臨洮에서 출토된 금대金代의 어룡 변환 청동거울이 그 예이다. '잉어 등에 탄 신선' 이야기는 유향劉向의 『열선전列仙傳』에 처음으로 나온다. 옛사람들은 잉어가 신통력을 갖고 있어서 그 등에 타면 신선이 될 수 있다고 믿었다. 그래서 잉어를 상서로운 물고기로 여기며 숭배했다.

옛사람들은 물고기를 하늘의 별과도 연관 지었다. 천상의 물고기 별이 구름과 비를 다스린다는 것이다. 『성경星經』에는 "하늘의 어일성魚一星은 구름과 비를 주관하고 음양을 다스린다"는 내용이 있다. 물고기신은 비를 다스리는 신이고 비는 하늘에서 내리기 때문에 물속의 물고기와 하늘의 별을 연결시키는 것이 옛사람들에게는 이치상 당연한 일이었다.

물고기신의 전설과 함께 중국의 민간에는 물고기에 관한 다양한 풍습이 전해졌다. 물고기는 생산의 신이자 비의 신으로 숭배되는 상서로운 존재였다. 물고기가 생식력을 상징했기 때문에 옛사람들은 물고기를 빌어 자손의 번성을 기원했다. 민간에서는 혼례에 물고기를 사용하였는데 이것이 바로 자손의 번성을 기원하는 의미였다. 중국인에게 원만하고 행복한 결혼 생활은 자식을 낳아 잘 키우는 것과 밀접한 관련이 있었기 때문에 물고기는 점차 사랑의 상징이 되기도 했다. 옛날에는 남녀가 물고기로 편지를 전하는 풍습이 있었다. 물고기가 사랑의 매개가 된 것이다. 고악부古樂府『음마장성굴행飮馬長城窟行』에서는 이렇게 노래했다. "손님이 먼 곳에서 와서, 내게 두 마리 잉어를 주었네. 아이를 불러 잉어를 삶는데, 안에 하얀 비단 편지가 있네. 무릎을 꿇고 편지를 읽으니, 편지 속에 뭐라고 하였나? 처음엔 끼니를 잘 챙겨 먹으라 썼고, 끝에는 오래도록 그리워한다 하였네[客從遠方來, 遺我雙鯉魚. 呼兒烹鯉魚, 中有尺素書. 長跪讀素書, 書中竟何如. 上有加餐飯, 下有長相憶]." 그래서 후대 사람들은 연애편지를 '어서魚書'라 부르기도 했다. 또 『한서』「소무전蘇武傳」의 "천자가 숲에서 하늘을 향해 활을 쏘아 기러기[雁]를 맞혔는데 그 발에 비단 편지가 묶여 있었다"는 내용에 따라, 앞의 '어서'와 합쳐 흔히 편지를 '어안魚雁'이라 부르기도 했다. 오늘날에도 '물고기와 기러기가 편지를 전하다[魚雁傳書]' 라는 말은 사랑하는 연인들이 편지로 마음을 전하는 것을 뜻한다. 당시에도 "흰 눈 같은 비단 편지, 한 쌍의 잉어 모양으로 접었으니, 이 마음 아시려거든, 잉어 뱃속의 편지를 보소서[尺素如殘雪, 結爲雙鯉魚. 欲知心里事, 看取腹中書]"라는 구절이 있다. 민요에도 물고기로 사랑을 노래한 경우가 많다. 민가 『중가仲家족의 사랑 노래』*에 이런 가사가 나온다. "네거리에는 그이가 즐겨 앉고, 물결 부딪치는 물가에는 물고기가 즐겨 헤엄치네. 잉어는 모래사장의 물가를 좋아하고, 사랑하는 그이는 아가씨 맵시를 좋아한다네[十字街頭哥愛坐, 擊水灘頭魚愛游. 鯉魚就愛灘頭水, 情歌就愛妹風流]." 민간 종이공예에도 '두 마리 물고기 그림' 이나 '물고기와 연꽃이 함께 있는 그림(그림 4—2—4)' 같은 결혼을 축복하는 장식이 있다. 이는 젊은 남녀의 아름다운 미래에 대한 동경을 담은 장식이다. 일상에서 흔히 쓰는 표현인 '물고기와 물처럼 깊은 정' 또한 부부의 애정과 연인들의 사랑을 형용하는 말이다.

4-2-4 종이공예
물고기와 연꽃이 함께 있는 그림

비를 관장하는 물고기신은 농작물의 수확에도 관여를 하고 여기서 더 나아가 풍요로움과 넉넉함의 의미까지 갖게 되었다. 중국어로 물고기를 뜻하는 '魚(위)' 와 여유로움을 뜻하는 '餘(위)' 가 발음이 같기 때문에 평상시에도 사람들은 이 발음을 빌려 행운을 바라곤 한다. 새해맞이와 손님맞이를 위한 잔치 음식이나 조상들에게 차리는 제사 음식 중에도 생선 요리는 절대 빠져서는 안 되는 중요한 음식이다. 그 때문에 "생선이 없으면 잔치가 아니다"라는 속담이 생기기도 했다. 중국에서는 새해가 오면 길거리 상점들이

*중가족은 중국 소수민족인 포의布依족과 운남성의 일부 장壯족을 가리키는 옛 이름이다

나 가정집 대문에 통통한 어린아이가 커다란 붉은 잉어를 안고 있는 연화年畵를 내다 붙이는데, 이는 '해마다 여유로움이 넘치기'를 기원하는 그림이다. 새해에 생선을 먹는 것도 중국의 풍습 중 하나다. 생선을 먹는 방법은 지방마다 다르다. 강소江蘇의 일부 지역에서는 새해에 생선을 먹을 때 반드시 '두삼미사頭三眉四'라는 술 마시기 놀이를 한다. 주인이 생선 한 마리를 통째로 받쳐 들고 오면 생선의 머리가 향한 쪽에 앉은 사람이 술 석 잔을 마셔야 하고 꼬리가 향한 쪽에 앉은 사람은 술 넉 잔을 마셔야 하는 놀이다. 대개 생선 머리는 주빈을 향해 놓아 존경의 의미를 표하고, 생선 꼬리 쪽에는 주인이 특별히 청해온 술 잘 마시는 손님이 주로 앉는다. 남방의 소수민족 태傣족은 새해에 '대나무통 생선 구이'를 먹는다. 이 요리는 만드는 법이 독특하다. 강에서 잡아온 신선한 물고기를 손질해 내장을 빼내고 돼지고기와 양념을 뱃속에 채워 넣은 다음 갓 베어온 대나무로 통을 만들어 생선을 집어넣고 불에 천천히 굽는 식이다. 중국 남방의 일부 지역에서는 '생선이 나오면 술을 그만 마시는'* 풍습도 있다.

4-2-5 종이공예
잉어가 용문을 넘는 그림

일상에서 흔히 접하게 되는 물고기와 관련된 많은 전설과 사람들의 간절한 소망을 담은 여러 풍습들은 수천, 수백 년 동안 쌓여온 역사와 문화의 산물이다. 초기의 물고기 문화에 신비주의적 문화 색채가 다분했던 반면, 위진남북조 이후부터의 물고기에 대한 숭배는 점차 세속화의 길로 접어든다.

---

*장사長沙 지역에서 내려오는 풍습으로 옛날 가난했던 시절에는 잔치에 요리를 다섯 가지 이상 내놓지 않았는데 이때 여섯 번째 요리로 생선이 올라오면 손님들이 술을 더 이상 마시지 않고 밥에 생선 요리를 먹으면서 잔치를 마무리 지었다고 한다. 생선 요리가 나오면 더 이상 나올 음식이 없다는 뜻이기도 하다

3. 양羊

중국어에서 '미美(메이)'는 귀에 쏙쏙 감겨 기분을 좋게 만드는 글자이다. 하지만 이 글자가 양과 밀접한 관계에 있다는 사실은 잘 모를 것이다. 양이 어떻게 '미' 자와 관련된다는 것일까? 이 문제에 답하기 위해서는 먼저 글자의 풀이부터 살펴봐야 한다.

허신은 『설문해자』에서 "미美는 감甘이며, 양羊과 대大에서 온 것이다. 양은 육축六畜의 하나로 음식에 주로 쓰인다"고 했다. 이는 곧 양이 크면 살지고 맛있으며[肥美], 맛이 좋으면 입이 달다는 뜻이다. 이렇듯 옛사람들의 양에 대한 관심은 우선 그 고기 맛에 있었다. '羊大'가 '美'가 된 이유는 바로 양이 커야[羊大] 고기 맛이 좋기[美] 때문이다. '먹을 것을 하늘로 여기는' 고대인들의 관념이 반영된 글자이다.

이 정도로는 충분히 이해가 가지 않을 수 있다. 그래서 '羊', 그리고 '羊'과 관련된 한자들에서 또 다른 근거를 찾아보고자 한다. 『설문해자』에서는 또 "양은 상祥이다"라고 했다. 즉, 양이 상서로움, 훌륭함을 의미한다는 것이다. 따라서 이 역시 '미' 자의 의미와 관련이 깊다. 이외에도 음식과 관련된 한자 중에 '羊' 자가 들어간 경우가 적지 않다. '갱羹'이나 '수饈' 등이 그 예이다. 사실 육축의 하나인 양은 그 용도가 사냥개나 밭 가는 소와 전혀 다른 점이 있었다. 옛사람들에게 양은 항상 배불리 먹기 위해 키

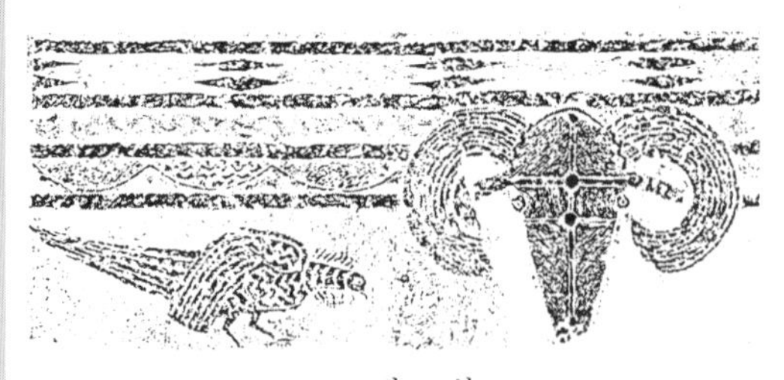

4-3-1 길吉—상祥
산동의 화상석

우는 가축이었다. 이에 대해서는 고고학의 발굴 자료가 뒷받침해 준다.

중국 양 사육 역사의 첫 페이지를 펼쳐보면 약 1만 년 전부터 원시 선조들이 양과 함께 살고 양을 음식으로 먹었음을 알 수 있다. 원시 목축시대의 동물을 그린 중국 북방 암벽화에서 가장 수가 많고 가장 흔히 보이는 소재가 바로 양이다. 내몽고, 감숙, 영하寧下, 청해, 신강 등지의 암벽화에는 양을 방목하는 장면이 흔히 보인다. 배리강裴李崗 문화, 하모도 문화, 앙소 문화, 석가하石家河 문화 등의 신석기 문화 유적에서는 양 모양의 도기가 출토되었다. 이 밖에도 용산龍山 문화, 제가齊家 문화 유적에서도 양 화석이 발견된 적이 있다. 위의 사실들 모두가 양이 아주 오래전부터 먹을 것의 하나로 길러졌음을 증명한다.

'양은 커야 맛이 좋다[羊大爲美]'는 원시시대의 음식 문화는 곧바로 양 토템 신앙을 촉발시켰다. 양은 먹을 것이 워낙 부족했던 원시시대 사람들, 특히 유목민족의 주된 식량 자원이었다. 사람들은 양만 있으면 굶어 죽지 않았고 그 반대의 경우에는 생명에 심각한 위협을 받았다. 그래서 원시사회와 선진시대의 일부 부족 중에 이런저런 형식의 양 토템 숭배가 존재했던 것이다. 관련 전문가의 고증에 따르면, 고대 중국의 북방에 거주하던 강족羌族이 바로 양 토템의 대표적 민족이었다. 선진 문헌 『산해경』에는 양의 형상에 관한 묘사가 적지 않다. 이들 형상은 상당히 복잡하고 다양한 모습을 보이지만 어느 것 하나 흥미롭지 않은 것이 없다. 이는 당시 사람들의 눈에 비친 양 토템의 특징을 집중적으로 반영한 기록이다.

4-3-2 흙으로 빚은 양(하모도 문화)

선진 이후 양 토템 문화는 생존의 토양을 점차 잃어간다. 그러나 양 문화 자체는 힘을 잃지 않고 계속 발전한다. 『춘추번로春秋繁露』, 『설문해자』, 『고공기考

工記』 등의 고적들을 펼쳐 보면 고대 중국인들이 이구동성으로 양을 찬미했음을 알 수 있다. 그렇다면 이처럼 식량 부족의 위기를 이미 벗어난 사람들이 양을 그토록 좋아한 이유는 뭘까? 이는 상당히 흥미로운 문화적 현상이다. 주지하듯이 한대 이후에는 '인의도덕'의 유가 학설이 사회의식의 주류를 점한다. 유가 사상의 영향을 깊게 받은 당시 사람들에게 군신, 상하, 부자의 엄격한 관계는 가장 우선적으로 갖춰야 할 가치였다. 그리고 양의 모습이 바로 그 본보기였다. 서한의 대유학자 동중서는 『춘추번로』에서 이렇게 양을 칭찬했다. "양은 뿔이 있으면서도 멋대로 굴지 않고 다 갖추고 있어도 쓰지 않으니 어진 이와 같다. 잡아도 소리 지르지 않고 죽여도 울지 않으니 의로운 이와 같다. 어미의 젖을 먹을 때는 반드시 무릎을 꿇고 받아먹으니 예를 아는 사람과 같다. 그래서 양이 상祥(상서로움)과 같다고 말하고, 그래서 경卿이 예물로 쓰는 것이다." 동한의 『백호통白虎通』에도 비슷한 기록이 있다. "경卿은 일제히 양을 예물로 쓴다. 양은 함께 모이긴 해도 패거리를 만들진 않는다. 경의 직무는 충성을 다하고 아랫사람을 거느리되 패거리에 의지하지 않는 데 있다." 양은 바르고 온순하고 착하다. 또 무릎을 꿇고 젖을 받아먹어 인의도덕을 잃지 않는다. 많은 이들이 훌륭한 덕을 양에 비유한 것도 이 때문이다. 동한 때에 '수양박사瘦羊博士(마른 양 박사)' 이야기가 유행한 적이 있다. 광무제光武帝 유수劉秀가 사냥을 다녀올 때마다 박사들에게 양 한 마리씩을 하사했다. 하지만 그때마다 살진 양과 마른 양이 들쭉날쭉이라 어떤 박사는 아예 양을 죽여 고기를 나누자고 하고 어떤 박사는 제비뽑기를 해서 나누자고 했다. 당시 견우甄宇라는 한 박사는 양을 죽이는 것이나 제비뽑기나 모두 체면이 서지 않는 짓이라 보고 항상 가장 마른 양을 받아 갔다. 그러자 다른 박사들도 자기 좋은 대로만 고를 수는 없게 되었다. 이후 사람들은 견우를 '수양박사'라 불렀다. 광무제는 수양박사의 고상한 품격을 높이 사 매일 조정에 나설 때마다 수양박사가 와 있는지 먼저 확인했다. 수양박사는 온 도성에 명성을 날리고 많은 사람들의 존경을 받게 되었다.

고대 중국인들에게 양은 전통적인 길상의 동물이기도 했다. '양'과 '상祥'이 같은 의미로 통한다는 것은 앞에서 이미 언급했다. 이는 '상' 자가 아직 만들어지지 않았을 때 '양'이 곧 '상'의 의미로 쓰였음을 뜻한다. 그래서 고대의 기물 중에는 '吉祥'을 '吉羊'으로 쓴 경우가 적지 않다. 청대 완원阮元의『적고재종정이기관식積古齋鐘鼎彝器款識』「한세漢洗」'대길양세大吉羊洗'의 "크게 길하니[大吉羊] 쓰는 것이 마땅하다",『춘추번로』의 "양을 말로 하면 상과 같다" 등의 기록도 그 예가 된다. 또 '양'은 '양陽'과 발음이 같다. 그래서 '삼양개태三羊開泰'라는 성어는 겨울이 가고 봄이 오고, 음은 줄어들고 양이 자란다는 상서로움의 의미를 내포한다.

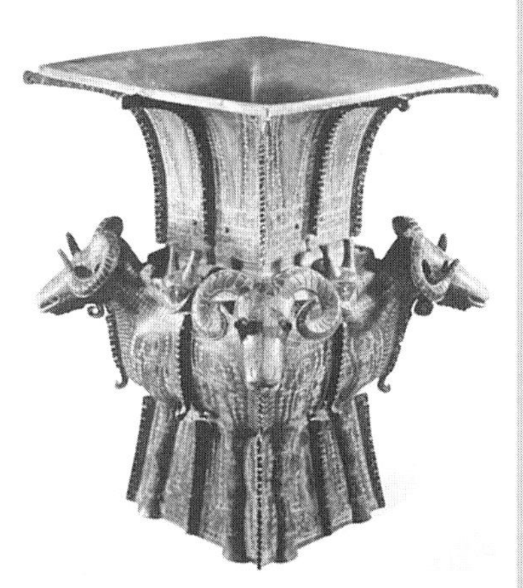

4-3-3 상대의 사양四羊 사각 청동 잔

길상의 상징으로서의 양은 중국 민간 문화에도 광범위하게 퍼졌다. 옛 한족들 사이에서는 매년 음력 6월 혹은 7월에 외삼촌이 조카에게 양을 선물하는 풍습이 유행했다. 원래는 살아 있는 진짜 양을 보냈으나, 나중에는 밀가루로 만든 양으로 바꿨다. 이 풍습은 침향沉香이 산을 갈라 어머니를 구한 이야기에서 유래한다. 침향은 화산華山을 갈라 어머니를 구한 후 어머니를 학대한 외삼촌 양이랑楊二郎을 죽이려 한다. 이를 계기로 양이랑은 남매의 정을 다시 회복해 매년 침향에게 살아 있는 양 한 쌍을 보내주었고(楊은 羊과 발음이 같다), 이때부터 양을 선물로 보내는 풍습이 전해지게 되었다.

카자흐, 몽골, 타지크 족들 사이에서는 '조양叼羊'이라는 마상 놀이가 유행했다. 축제날 양 한 마리를 수백 미터 떨어진 곳에 풀어놓고 말을 타고 무리를 지어 달려가 양을 낚아채는 놀이이다. 혹은 기수 한 명이 양을 가지고 기마대 사이에서 뛰쳐나오면 뒷사람들이 그것을 바짝 쫓기도 한다. 쫓는 기수들 중에는 양을 뺏으려는 자도 있고 양을 보호하려는 자도 있다. 양을 낚아채서 목표 지점에 도착하는 기수가 최종 승자가 되며 승자는 바로 그 자리에서 양을 구워 다 같이 나눠 먹는다.

석백족錫伯族의 결혼식 때 벌어지는 양뼈 뺏기 풍속도 흥미롭다. 이 풍속은 지금도 신강 지역에서 유행하고 있다. 신랑이 신부를 맞이하러 오면 신부의 부모는 신랑신부의 구들방에 양의 넓적다리뼈를 하나 놓고 양가의 형제자매들은 이 신방에 모인다. 그런 다음 신부의 어머니가 붉은 실로 묶은 술잔 두 개를 대야에 놓고 어느 것이 물이고 어느 것이 술인지 알 수 없게 재빨리 섞어서 신랑신부에게 잔을 하나 골라 마시도록 한다. 여기서 술을 마시면 대운이 온다고 믿어 연속해서 세 잔을 더 마셔야 했다. 이 과정이 끝나면 양가의 형제자매들이 양뼈 쟁탈전을 시작한다. 신랑 측에서 뼈를 차지하면 신랑이 부지런하고 능력있고 처자를 잘 돌봐 집안이 행복해진다는 의미이고, 신부 측에서 뼈를 차지하면 신부가 알뜰하게 살림을 잘 꾸려가 집안이 화목하고 부유해진다는 의미이다.

신강 카자흐 족 사이에서는 손님에게 양고기를 접대하는 풍속이 지금도 유행한다. 새로 사귄 친구가 집으로 찾아오면 양을 잡아서 대접한다. 밥을 먹을 때 먼저 양의 얼굴이 손님에게 향하도록 한 채로 양 머리를 올린다. 그런 다음 주인이 손님에게 청하여 칼로 양의 갈빗살을 도려내 좌중의 가장 어른에게 드리라 하고, 다음으로는 양의 귀를 잘

4-3-4 흙으로 빚은 양(육조)

라 가장 어린 사람에게 주도록 하고, 그 다음에는 마음에 드는 곳을 잘라 손님 자신에게 주도록 한다. 통째로 익힌 양은 카자흐 족 외에 몽고족, 타지크족의 전통 요리이기도 하다. 이들 역시 손님과 같이 식사할 때면 양 머리를 손님에게 바친다.

광주廣州의 다른 이름 중 하나인 '양성羊城'에도 나름의 전설이 있다. 주이왕夷王 때 다섯 신선이 각자 양 한 마리씩을 타고 광주로 내려온다. 그들은 양이 입에 물고 있던 곡식의 이삭을 그 지역 사람들에게 나눠주며 배고프지 않고 풍요롭게 살도록 빌어준다. 신선들이 떠난 후 양은 돌이 되었고, 이때부터 광주는 양성으로도 불렸다.

역대 중국의 공예미술품에서도 양은 아름답고 상서로운 예술적 형상으로 표현되어 왔다. 중국의 양 문화가 표현하는 기복祈福 사상, 즉 복은 부르고 재앙은 피할 수 있길 바라는 마음은 중국의 오랜 민족적 심리로 굳어졌다. 선량함과 상서로움을 특징으로 하는 양 문화는 수천 년 동안 중국인의 행동과 의식에 막대한 영향을 미쳐 왔다.

4-3-5 흙으로 빚은 양(상대)

4. 개[狗]

4-4-1 북방 원시 암벽화의 개 형상

개는 인류가 가장 일찍부터 길들인 동물 중 하나이자 인류의 가장 충실한 친구이다. 세계 각지에서 개는 상당히 복잡한 상징의 의미를 갖고 있다. 자연 조건과 문화적 환경의 차이로 인해 서로 다른 지역, 서로 다른 민족의 개 문화는 각자의 특징에 따라 서로 다른 사회 문화적 함의를 표출한다. 중국 전통문화에서 개는 일종의 정신적 상징물로서 중국 민족의 심오한 심리 구조와 사유 방식을 내포하며 풍부하고 다채로운 중국의 동물 문화 중에서도 찬란한 빛을 발산하고 있다.

상고시대 개의 형상은 중국의 초기 암벽화 예술에서 흔히 볼 수 있는 소재이다(그림 4—4—2). 선사시대 농경문화 유적에서 고고학자들은 개 형상의 도기를 발견한 적이 있다. 이들 형상은 새기거나 그리는 방식으로 대상을 매우 생동적으로 묘사함으로써 원시 인류의 뛰어난 관찰력을 체현해 냈다. 중국 북방의 수렵 문화에서는 개를 모티브로 한 암벽화가 무수히 많으며, 그 연대도 구석기, 신석기시대에서 문자 기록의 역사시대로까지 이어진다.

4-4-2
원시 암벽화의
개를 비롯한 동물 형상

그렇다면 저 까마득히 아득한 시대에 개의 형상이 대량으로 출현한 이유는 뭘까? 상고시대의 신화에서 그 답을 찾을 수 있을 것이다. 중국의 창세 신화를 보면 우리에게 익숙한 천지개벽의 영웅 반고가 등장한다. 죽어가는 몸에서 만물을 소생시켰다는 이 영웅이 바로 개의 머리에 사람의 몸을 한 모습이었다. 물론 고대의 신화를 그대로 믿을 순 없지만 여기에 원시 인류의 종교가 상당히 반영되었다는 사실 또한 부인할 수 없다. 신화학의 연구에 따르면 원시 신화 체계에서 세계 각 민족의 신은 동물 신—인수동체人獸同體—신인동형神人同形의 세 발전 단계를 거쳤다. 개의 머리에 사람의 몸인 반고의 형상은 이러한 발전 단계의 한 과정이었음에 틀림없다. 반고의 형상은 다음의 사실을 알려준다. 즉, 인수동체의 신 숭배 단계에서 원시 인류의 자아의식이 이미 싹터 자신의 몸을 가지고 신의 형상을 만들어내기 시작했다는 것이다. 그러나 원시 인류의 의식은 아직 자기 자신과 동물을 철저하게 구분할 수 없었으므로 동물의 신비성과 만물에 영혼이 깃들어 있다는 관념의 색채가 여전히 짙었다. 원시인들은 사람과 개의 결합이 신의 신성과 위력을 더욱 강화시켜 싸움에서 이기게 해주고 나쁜 것을 물리쳐 준다고 믿었을 것이다. 반고신화 외에도 상고시대의 씨족 혹은 부락에는 수많은 개 토템 전설이 있었다. 예를 들어 견융犬戎, 북적北狄 등의 부락은 각각 흰 개 토템과 들개 토템을 믿었다.

문자의 출현과 함께 중국 역사는 새로운 장이 열린다. 화하華夏문명의 찬란한 조명 아래에서 원시의 개 토템 신앙은 설 자리를 잃게 되지만 중국의 개 문화는 오히려 더 풍부해진다. 학자들의 통계에 따르면 중국 고대의 전적에 언급된 개의 별칭만 30가지가 넘는다. 오룡烏龍, 황이黃耳, 백망白望, 금축金畜, 수문후守門侯, 호주虎酒, 경족輕足 등이 모두 그 예이다. 한자 중에 '犭'을 부수로 쓰는 글자만도 5백 자가 넘는다. 이런 예들만 봐도 중국에서 개 문화의 영향이 어느 정도였는지 알 만하다. 역대의 도자기 예술에서도 개는 흔히 쓰이는 소재 중 하나였다. 개의 모습을 그대로 본뜬 당대의 자기

4-4-3 당대의 개 모양 자기 공예

작품은 무릎을 꿇은 자세와 전방으로 향한 눈이 주인에게 순종하는 온순한 개의 모습을 제대로 표현하고 있다(그림 4-4-3).

개는 사람의 생각을 잘 알아차리는 똑똑한 동물이다. 고대 중국인의 눈에 개는 항상 상서로운 동물 혹은 수호신으로 여겨졌다. 허신은 『설문해자』에서 "구狗는 고叩(두드려서 나는 소리)이다. 숨을 두드려 소리 내어 짖음으로써 지킨다"라고 했다. 이는 나쁜 것을 물리쳐 주는 수호신의 형상을 가리키는 것으로 봐야 한다. '구혈림두狗血淋頭(개의 피를 머리에 뿌리다)'라는 말이 있다. 심하게 욕을 퍼붓는다는 의미의 이 말은 사악한 것을 물리쳐 주는 개의 역할과 관련이 깊다. 한대의 『풍속통風俗通』에서는 이렇게 해석했다. "개는 손님과 주인을 구분하며 지키기를 잘한다. 그래서 사방 문에 두고 도적을 막도록 한다."

이처럼 주인을 알아보고 도둑까지 막아주었으므로 사람들이 개를 좋아하는 건 당연했다. 한대의 궁실에서는 개를 기르고 훈련시키는 전문 직책까지 두었다. '구감狗監'이라는 이 관직을 얻기 위해서는 황제의 허락을 받아야 했다. 남북조 때 통치자들은 소위 '구관狗官'이라는 관직을 개에게 하사하기도 했다. 당대에는 황제와 귀족들의 오락 장소에 개만을 위한 집인 '방坊'을 세웠다. 개를 좋아하고 기르는 풍조가 유행하면서 '상구相狗'라는 것이 모습을 보였다. 소위 '상구'는 우수한 품종의 개를 고르는 활동을 말한다. 관련 연구에 따르면 상구 활동은 전국시대에 이미 출현했으며 『순자』, 『춘추』 등의 선진 문헌에 관련 기록이 전한다.

개 사육의 유행은 개고기를 먹는 습관과도 관련이 있다. 현존 자료에 따르면 선진, 양한 때부터 이미 개고기를 먹는 습관이 보편화되었다. 한대의 시장에는 개 전문 도살업자들이 있었다. 유방 휘하의 맹장 번쾌樊噲가 바로 개의 도살을 업으로 하던 자였다. 한대의 개고기 식육 풍습은 당시의 그림에도 반영되었다. 한묘에서 발견된 유명한 〈포주도庖廚圖〉에 개고기 요리 장면이 담겨 있다. 지금도 중국의 많은 지역에서 개고기를 먹는다.

옛사람들이 개를 기른 가장 중요한 이유는 역시 개의 충성심과 온순함이다. "자식은 어머니의 얼굴이 추한 것을 싫어하지 않으며, 개는 주인집이 가난한 것을 싫어하지 않는다"는 옛말이 있다. 중국인이 개를 좋아하는 건 결국 개의 이런 품성을 좋아하는 것이다. 중국 고대문학 중에도 개의 품성을 칭찬한 작품들이 적지 않다. 도연명의 『속수신기續搜神記』에 이런 이야기가 전한다. 진대에 성이 양楊인 사람이 개를 한 마리 키웠다. 그는 집을 드나들 때 그림자처럼 개를 항상 데리고 다녔다. 한번은 그가 술에 취해 연못가를 지나가다가 풀밭에 누워 잠이 들었다. 그때 마침 산불이 났다. 바람까지 심하여 불길은 빠른 속도로 닥쳐왔다. 깜짝 놀란 개가 미친 듯이 짖어댔지만 주인은 깨어날 기미도 없었다. 개는 급한 마음에 물속으로 뛰어들어가 온몸에 물을 묻힌 후 주인이 누워 있는 풀밭에 마구 뿌렸다. 이렇게 여러 번 반복하자 주변의 풀이 모두 흠뻑 젖었다. 덕분에 주인은 불길을 피해 살았지만 개는 탈진해 죽고 말았다. 청대 서방徐芳의 『의견기義犬記』에도 비슷한 이야기가 있다. 어느 상인이 중모현中牟縣을 지나는 길에 한 젊은이로부터 개를 구해준다. 젊은이는 상인이 돈이 많다는 것을 알고 그를 죽여 시체를 물속에 던져 버린다. 이 광경을 지켜본 개는 몰래 젊은이를 따라가 집을 알아둔 다음 현의 관아로 찾아가 쉬지 않고 짖어댄다. 이를 의아히 여긴 관리가 개를 따라가자 개는 죽은 상인이 있는 곳으로 관리를 데리고 간 다음 다시 젊은이의 집으로 찾아갔다. 관리는 살인자를 체포했고 상인은 억울함을 풀 수 있었다.

의로운 개가 주인을 구한 이야기는 중국 고서에서도 흔히 보인다. 맏은 임무를 충실히 수행하고 주인에게 온 힘을 다하는 개의 품성은 '충군忠君'을 강조하는 봉건사회에서 널리 칭찬받을 만한 것이었다. 옛사람들은 항상 충효를 모두 갖춘 사람에게 찬사를 아끼지 않았다. 그러나 한편으로 통치 권력이 충군의 사상을 강조한 건 일종의 노예화 교육으로써 인간의 존엄과 독립적 자아를 억제하는 기제이기도 했다. 그래서 개와 관련된 중국의 문화에서 사람들은 한편으로는 개의 충성심을 칭찬하면서도 다른 한편으로는 시비를 따지지도 않는 개의 우매한 충성을 비판하고 욕했다. 현대 중국어에서 개와 관련된 단어는 보통 폄하의 의미로 쓰인다. 몇 가지 예를 들어보자. 인품이 형편없는 것을 가리키는 '파리처럼 들끓고 개처럼 구차함[蠅營狗苟]', '개의 눈으로 사람을 업신여김[狗眼看人低]', '이리의 심장과 개의 폐[狼心狗肺: 흉악하고 잔인한 마음을 가진 사람]', '개 입으로 상아를 토하진 못한다[口嘴吐不出象牙: 험한 입으로 품위있는 말은 못한다]' 등이 그 예이다. 또 '상갓집 개[喪家之狗]', '개도 급하면 담장을 뛰어넘는다[狗急跳墻]', '물에 빠진 개[落水口]' 등은 사람의 신세가 궁하고 처량해진 것을 말하며, '가무, 여색, 개 사육, 승마[聲色犬馬]', '여우 벗과 개 친구[狐朋犬友]', '개와 쥐 같은 도둑[狗盜鼠竊]', '닭처럼 울 줄 아는 사람과 개 같은 도둑[鷄鳴狗盜: 보잘것없는 재능이나 행동]'은 사람들을 속이고 업신여기고 작당하여 사리사욕이나 꾀하는 이들이나 그런 짓들을 가리킨다. 그 밖에 흔히 사용되는 '개 한 마리가 그림자를 보고 짖으니 뭇 개들이 따라 짖는다[吠形吠聲]'는 진위나 시비를 가리지도 않은 채 남의 말을 그대로 따라 하는 것을 말하고, '흙으로 구운 개와 기와의 닭[陶犬瓦鷄]'은 겉만 화려하고 알맹이는 형편없는 물건 혹은 사람을 가리키며, '개 꼬리를 담비 꼬리에 잇다[狗尾續貂]'는 일을 할 때 앞뒤가 맞지 않는 것 혹은 화사첨족의 쓸데없는 짓을 말한다. 또 '촉 땅의 개가 해를 보고 짖다[蜀犬吠日]'는 식견이 부족한 사람이 별것도 아닌 일을 신기하게 여긴다는 말이다.

중국의 민속 문화에서 개와 관련된 전설 혹은 신앙은 대단히 풍부하다. 가장 전형적인 예가 바로 민간에 성행하는 천구天狗가 해를 먹고 달을 먹는다는 전설이다. 『산해경』에서는 소위 '천구'에 대해 이렇게 설명했다. "그 모양은 살쾡이를 닮았는데 머리가 흰색이며 이름은 천구라 한다. '리우리우' 하고 울며 삿된 기운을 막아준다." 그런데 삿된 기운을 막아준다는 천구가 어떻게 해와 달을 삼킨다는 것일까? 『사기』「천관서天官書」의 해석은 이렇다. "천구는 큰 유성 같고 소리를 낸다. 아래쪽의 발이 있는 곳이 개와 닮았다." 결국 천구는 해와 달을 삼킬 수 있는 유성을 가리키는 것이다. 주지하듯이 천구가 해를 먹고 달을 먹는다는 말은 사실 일식과 월식의 천문 현상을 가리킨다. 천문학 지식이 조금이라도 있는 사람이라면 일식과 월식이 일어나는 이유를 잘 알 것이다. 달이 지구와 태양 사이에 위치하여 태양의 빛이 지구에 비치지 못하는 현상이 일식이고, 지구가 태양과 달 사이에 위치하여 태양의 빛이 달에 비치지 못하는 현상이 월식이다. 결국 천구는 일식이나 월식과는 전혀 관계가 없다는 말이다. 하지만 고대인들은 그 사실을 몰랐다. 그래서 일단 일식이나 월식이 발생하면 어떻게든 천구로 하여금 이미 먹어버린 해와 달을 토해내도록 했다. 천구가 해를 먹고 달을 먹었다는 전설은 민간에도 큰 영향을 미쳤다. 그래서 지금까지도 일부 농촌에서는 평소 모시는 신상 옆에 "천구를 쫓아내서, 슬하의 아이를 지켜주소서"라는 대련을 붙여놓곤 한다. 이처럼 중국의 개 문화는 민간에 깊은 영향을 미치면서 민속 문화의 정수 속으로 파고들었다.

5. 사슴[鹿]

사슴은 포유동물로서 아래에 상당히 많은 종을 포함하고 있다. 흔히 볼 수 있는 사슴으로는 꽃사슴, 고라니, 백록, 순록, 낙타사슴, 사향노루 등이 있다. 고대에 사슴은 국가의 상서로움을 상징하는 '인수仁獸(어진 짐승)'로 여겨졌다.

사슴이 '어진 짐승'으로서 사람들의 관심을 받은 것은 중국 전통문화에서 흔히 볼 수 있는 현상이었다. 일찍이 신석기시대 때부터 이미 사슴신과 사슴신을 믿는 신앙이 존재했다. 『산해경』에서는 "상신산上申山에는…… 짐승 중에 백록이 많다"는 기록이 있는데 여기서 묘사한 것이 바로 사슴신의 형상이다. 굴원은 「이소」의 "앞은 망서望舒*를 길잡이로 삼고, 뒤는 비렴飛廉으로 하여금 좇아오게 한다"는 구절에서 '비렴'이라는 신화 속 동물을 언급했다. 이 '비렴' 역시 사슴의 형상을 하고 있다. 『삼보황도三輔黃圖』의 '비렴'에 대한 해석은 다음과 같다. "사슴의 뿔에 까치의 머리를 하고, 뿔이 있고, 뱀의 꼬리, 표범의 무늬를 갖고 있으며, 바람을 불러 큰 소리를 낼 수 있다." 『한서』「무제기武帝紀」 진작晉灼 주注에서는 비렴이 "몸은 사슴 같고", "뿔이 있다"고 했다. 『문선』「상림부上林賦」에 인용된 주석을 보면, 곽박郭璞은 비렴을 '새의 몸에 사슴 머리'를 한 용작龍雀이라 했다. 기록마다 '비렴'에 대한 해석이 완전히 일치하진

4-5-1 민간 전지 예술의 사슴 형상

*망서望舒: 달을 위해 수레를 몬다는 신

않지만, 그것이 사슴을 원형으로 한 신화 속 동물이었음은 분명하다.

샤머니즘을 믿는 민족들 사이에서 사슴은 초인의 신력을 지닌 천신天神의 형상으로 등장했다. 악온극鄂溫克 등의 민족이 신봉하는 우주신의 형상은 바로 거대한 어미 사슴이다. 중국의 전통적 상징 체계에서 사슴의 뿔은 다중의 의미를 갖는다. 고고학의 발굴 자료에 따르면 석기시대의 '권력을 상징하는 지팡이' 혹은 '지휘봉'은 항상 사슴뿔로 만들었다. 사슴뿔이 하늘과 통한다는 관념은 민간 전설에서 용사가 하늘로 올라간다는 전형적 모티프 중 하나로 작용했다. 악륜춘鄂倫春 족의 〈사슴 전설〉에서 신록神鹿의 사슴뿔은 항상 하늘까지 이어지며 사람들은 이 거대한 사슴뿔을 따라 신화 속 천당까지 올라갈 수 있다.

인류는 사슴을 신으로 여기고 그것에 초자연적 힘을 부여했다. 이유는 대략 두 가지이다. 우선 사슴은 다른 동물은 따라오기 힘든 달리기 능력을 갖고 있다. 초기 인류에게는 사냥을 위해서든 전투를 위해서든 막강한 달리기 능력이 필수였다. 고대인들이 보기에 달리기에 탁월한 사슴은 곧 초자연의 신성을 지닌 존재였고, 사람들은 자기도 언젠가는 사슴처럼 이곳저곳을 마음껏 뛰어다니며 자연의 속박을 받지 않을 수 있을 것이라 상상했다. 두 번째 이유는 맹수를 막을 수 있는 유일한 무기인 사슴의 뿔이다. 강한 자만이 살아남는 자연 속에서 사슴은 탁월한 달리기 능력뿐 아니라 스스로를 보호할 수 있는 무기인 강한 사슴뿔까지 갖고 있었던 것이다.

사슴의 신성 때문에 옛사람들은 항상 사슴을 행운의 상징으로 여겼다. 『국어』「주어周語」에서 주 목왕穆王은 견융을 정벌해 백록 네 마리를 가지고 돌아온다. 이 백록은 신비로운 사슴의 일종이다. 신학을 바탕으로 한 봉건시대의 정치에서 백록은 곧 성인 혹은 황제의 출현과 함께 나타나는 징조였다. 『서응도瑞應圖』에 이런 기록이 있다. "천록天鹿은 장수하는 짐승이다. 오색으로 밝게 빛나며, 왕 된 자가 효도하면 천록이 이른다. ……왕

4-5-2 청해 지역 원시 암벽화의 사슴 형상

된 자가 옛 성현의 법도를 계승함에 빈틈이 없으면 백록이 온다.” 『송서宋書』「부서지符瑞志」에서도 “백록은 왕 된 자의 밝은 은혜가 아래에까지 미치면 온다”고 했다. 이렇듯 백록은 봉황과 마찬가지로 중국 민족에게 상서로움의 상징이었던 것이다.

사서에서 사슴을 왕위에 자주 비유하는 이유 역시 상서로운 동물로서의 사슴의 특징 때문일 것이다. 『육도六韜』에서는 “천하를 취함은 들판의 사슴을 쫓는 것과 같다”고 했다. 『사기』「회음후淮陰侯열전」에서는 “진이 그 사슴을 잃어버려 천하가 함께 그것을 쫓았다. 그래서 재능이 뛰어나고 발이 빠른 자가 먼저 얻었다”고 했다. 이렇듯 ‘사슴을 쫓음[축록逐鹿]’은 곧 천하 혹은 제위를 다툰다는 의미가 되었다. 사슴을 얻은 자가 천하를 얻고, 사슴을 잃는 자는 천하를 잃는다는 것이었다. ‘축록중원逐鹿中原(중원에서 사슴을 쫓다)’이라는 중국 성어가 있다. 이는 동주시대에 군웅이 함께 일어나 왕실은 약해지고 제후의 세력이 커지면서 왕위 쟁탈전이 매우 격렬하게 진행된 상황을 가리킨다. 이런 상황을 ‘축록중원’으로 비유한 것만 봐도 당시 사람들이 사슴을 얼마나 중시했는지 충분히 알 수 있다. 사슴은 신성이 깃든 동물이자 왕권과 상서로움의 상징이었기 때문에 역대의 통치자들은 모두 사슴을 즐겨 길렀다. 선진 시기에는 황제의 사냥과 사슴 사육을 위해 ‘녹원鹿苑’이라는 원림까지 만들었다. 진한대에도 황제를 위해 사슴을 기른 ‘상림원上林苑’이라는 곳이 있었다.

사슴은 ‘어진 짐승’으로서 고대의 정치와 깊이 연관되었을 뿐 아니라 민간의 예술 형상으로도 폭넓은 사랑을 받았다. 역대 각 왕조의 예술가들은 사슴을 묘사의 대상으로 삼아 아름답고 감동적인 예술 작품을 수없이 만들어냈다. 사슴 도안과 문양은 시대에 따라 달라졌지만 길상의 상징이라는 그 본질은 언제나 그대로였다.

4-5-3 서장 지역 암벽화의 사슴 형상

고대의 문학작품에서도 사슴은 단골로 등장하는 소재이다. 중국 초기의 문학 『시경』에는 사슴을 노래한 시들이 적지 않다. 『시경』「소아」'녹명鹿鳴' 에서는 "우우 사슴이 울며, 들판의 쑥을 먹네. 내게 아름다운 손님이 있어, 거문고 타고 생황을 분다네[呦呦鹿鳴, 食野之苹. 我有嘉賓, 鼓瑟吹笙]"라고 노래했다. '녹명' 은 제후들의 연회에서 연주되던 음악이다. 그래서 사람들은 성대한 연회를 '녹명연鹿鳴宴' 이라 부르곤 했다. 또 『초사』「애시명哀時命」에서는 "흰 사슴 타고 유유자적하네[騎白鹿而容與]"라고 읊었다. 송대 소철蘇轍의 「소경 심립의 〈백록〉에 차운함[次韻沈立少卿白鹿]」은 사슴을 묘사한 대표적 시라 할 만하다. "흰 사슴 몇 년을 길러도, 놀라고 의심 많아 길들여지지 않네. 울타리에 키우는 건 본성이 아니고, 먹을 것은 억지로 사람을 따랐네. 그림자 비치니 물에 뜬 얼음 같고, 날리는 털은 눈발을 땅에 뿌리는 듯. 홀로 노는 것이 벌써 피곤한지, 문득 정신을 가다듬고 있네. 들판의 빛은 밝아 한가로이 걷고, 안개 속 풀 돗자리에 몸을 뉘이네. 남다른 자태는 사람들이 모두 사랑하고, 맑은 뜻은 누구라도 좋아한다네. 날 따스하니 산속의 어린 초목이 무르익고, 바람이 산들 부니 골짜기 풀들은 봄이 되었네. 어떻게 하면 고삐를 풀어, 마음껏 뛰어다니며 본성을 따를까[白鹿何年養, 驚猜未肯馴. 軒除非本性, 飮食强依人. 照影冰浮水, 飛毛雪灑塵. 獨遊應已倦, 忽見乍凝神. 野色明幽步, 煙蕪荐臥身. 異姿人共愛, 淸意爾誰親. 日暖山苗熟, 風微澗草春. 何緣解韁縶, 奔放任天眞]." 사슴에 대한 애착이 절로 느껴지는 시이다. 이렇듯 중국 문인들에게 사슴은 무척이나 사랑스러운 동물이었다.

사슴은 고대 미술 작품의 소재로도 흔히 쓰였다. 일찍이 신석기시대에 사슴의 형상은 예술 창작의 주요 대상이었다. 북방의 초원 문화에서 사슴은 도기와 암벽화의 빼놓을 수 없는 주제였다. 청해, 서장 등지의 암벽에 대량으로 새겨져 있는 사슴의 형상이 그 예이다. 기물에 그린 사슴은 앞에서 보면 한 줄로 늘어서 있지만 위에서 내려다보면 둥글게 무리를 이루고 있다. 원시시대 사슴의 형상은 고대의 사슴 토템 문화가 시각 예술에 반영된 결과이다. 문명사회로 들어선 이후에는 사슴의 형상이 동기, 칠기, 옥기, 자기, 화상석, 와당 등의 기물에 광범위하게 보이며 그 수도 헤아릴 수 없을 정도로 많아졌다. 사슴의 형상은 중국 전통 공예인 채색 비단에도 쓰였다. 당대 채색 비단의 큰 사슴 문양이 그 예이다. 그림 속 사슴은 위엄과 기품이 넘치고 발걸음이 씩씩하며 상서로운 기운이 풍겨 나온다. 중국 불교 벽화에서도 사슴을 흔히 볼 수 있다. 당대 벽화에 자주 묘사되는 '녹왕본생鹿王本生' 고사가 대표적인 예이다. 중국 회화사를 보면 사슴 그림에 능한 화가들이 상당히 많았다. 요대 화가 야율종진耶律宗眞은 그중에서도 특히 유명하다. 사서의 기록에 따르면 그는 1041년에 송으로 사신을 가서 직접 그린 〈천각녹도千角鹿圖〉를 송 인종仁宗에게 바쳤다고 한다. 인종은 그림을 태청루太淸樓 아래에 걸어놓고 중신들이 감상할 수 있도록 했다. 청대 화가 우석혜牛石慧 역시 사슴 그림의 대가였다. 그의 명작 〈송록도松鹿圖〉가 후세에 전해지고 있다.

중국인들에게 사슴이 길상의 동물로 자리 잡은 것은 사슴이 풍기는 상서로운 기운뿐만 아니라 '녹鹿'과 '녹祿'의 발음이 같기 때문이기도 하다. 고대에는 '복록福祿'이라는 장식 문양을 자주 썼다. 전통적인 길상 도안 중에도 '녹학동춘鹿鶴同春', '복록장수福祿長壽', '가관수록加官受祿', '천수백록天

壽百祿', '녹위고승祿位高升' 등이 널리 유행했다. 『시경』「소아」'원앙鴛鴦'에는 "군자께서 만년토록 복과 녹을 누리시리라[君子萬年, 福祿宜之]"는 구절이 있다. 고대에 '복'과 '녹'을 대신 가리키는 동물은 각각 편복蝙蝠(박쥐)과 매화록梅花鹿(꽃사슴)이었다. '녹鹿'이 '녹祿'과 통하기 때문에 '복록福祿'은 곧 '복록福鹿'이기도 했다. 그래서 고대 중국의 화폐 중에 사슴의 형상을 주조한 것이 많았다. 옛사람들은 길에서 흰 사슴을 만나면 곧 관직이 오른다고 믿었다. 사승謝承의 『후한서後漢書』에는 이런 이야기가 전한다. 정홍鄭弘이 임회臨淮 태수가 되어 봄에 각지를 순행할 때 흰 사슴 두 마리가 그의 수레를 따라 왔다. 수행인들이 축하하며 말했다. "삼공의 수레에 사슴을 그리는 법이니, 이는 대감께서 재상으로 오르실 징조입니다." 이후 정홍은 정말로 높은 관직에 올랐다.

4-5-4 한대 와당의 사슴 문양

사슴은 학처럼 장수하는 동물이다. 그래서 불로장생을 추구하는 도교에서도 사슴은 장수의 신수神獸로 여겨졌다. 진晉 갈홍葛洪의 『포박자抱朴子』에서는 "사슴은 천 년을 살며, 오백 살이 되면 색이 하얘진다"고 했다. 또 『술이지述異志』에는 이런 기록이 전한다. "사슴은 천 년이 지나면 창록蒼鹿이 되고, 다시 백 년이 지나면 백록白鹿이 되고, 다시 오백 년이 지나면 현록玄鹿이 된다. 한 성제成帝 때 산중에 사는 사람이 현록을 잡아 삶아보니 뼈가 모두 검은색이었다. 현록을 포로 만들어 먹으면 2천 년을 산다고 선인仙人들은 말한다." 물론 현실 생활에서는 위와 같은 상황이 존재할 수 없지만, 사슴이 수천 년을 산다는 길상의 관념은 지금도 전통 민간신앙에 깊숙이 각인되어 있다.

6. 까마귀[烏鴉]

많은 사람들이 까마귀를 싫어하고 불길하게 여긴다. 까마귀는 생김새가 아름다움과는 거리가 멀고 몸집도 둔중한데다 깃털도 새까만 것이 확실히 별로 호감이 가는 동물은 아니다. 게다가 우는 소리도 처량하고 불길해서 사람들의 미움을 산다. 중국의 민간에는 "까마귀가 한번 울면 나쁜 일이 생긴다"는 믿음까지 있을 정도다. 까마귀가 아침부터 지붕 위에서 울거나 사람 머리 위를 날아가며 울면 그날은 반드시 재수없는 일이 생긴다는 것이다. 까마귀를 불길하게 여기는 정서는 현대인에게도 그대로 남아 있어서 영화 등에서도 불길한 전조나 처참한 장면을 묘사할 때는 흔히 고목의 가지 위나 묘지에서 까악까악 우는 까마귀를 등장시켜 긴장과 공포의 분위기를 조성한다.

까마귀가 사람들의 숭배와 애정의 대상이었던 시절도 한때 있었다고 하면 대부분 믿지 않을 것이다. 이 이야기는 해가 뜨고 지는 것을 담당하는 금까마귀의 전설에서 비롯되었으며 이 까마귀의 모습은 해와 합쳐진 이미지로 나타난다. 날개를 활짝 편 까마귀의 위쪽에 해가 그려져 있어서 금까마귀 혹은 태양까마귀라고 불리는 이 문양은 여러 신석기 시대 유적의 채색도기에서 찾아볼 수 있다. 중원 지역 앙소 문화의 채색도기나 감숙, 청해 지역 마가요 문화의 채색도기에서 모두 태양까마귀를

4-6-1 앙소 문화 채색도기의 금까마귀 문양

제재로 하는 문양들이 보인다. 그렇다면 까마귀와 태양이 대체 무슨 관계가 있기에 함께 등장하는 것일까? 이에 대해서는 지금도 의견이 분분하다. 비교적 타당하다고 여겨지는 가설은 두 가지이다. 첫째는 토템설이다. 해와 까마귀가 각각 하나의 부족을 나타내는 토템이며 해와 까마귀의 조합은 이 두 부족의 융합을 의미한다는 것이다. 또 다른 가설은 절기설이다. 금까마귀가 날개를 활짝 펴고 나는 모습이 태양의 운행을 상징한다는 설이다.

해와 까마귀에 관련된 신화와 전설은 상당히 많다. '태양까마귀'의 중국 고대 신화는 『산해경』에 제일 먼저 등장한다. 『산해경』「대황동경大荒東經」에서 "탕곡湯谷 위에 부상扶桑이라는 나무가 있다. 태양 하나가 다다르면 또 하나가 출발하니 모두 까마귀가 싣고 간다"고 했다. 온원곡溫源谷이라고도 하는 탕곡은 동쪽 바다 바깥에 있다. 태양이 여기서 목욕을 하기 때문에 무척 뜨거운 곳이라 여겨졌다. 그곳에 물속에서 자라난 커다란 나무 한 그루가 있으니 이것이 바로 부상이다. 태양은 매일 부상 위로 올라가 까마귀 등에 실려 상공을 난다. 처음에는 태양들이 차례로 나오고 들어갔다. 태양까마귀 한 마리가 돌아오면 다른 한 마리가 출발하는 식이다. 이렇게 규칙적으로 태양이 교대를 하자 천지의 만물도 질서정연하게 "태양이 나오면 하루를 시작하고 태양이 들어가면 쉬었다." 그러던 어느 날 열 개의 태양이 한꺼번에 하늘로 쏟아져 나왔다. 뜨거운 한낮이 계속되자 사람과 온갖 생물들은 더 이상 견디지 못할 지경에 이르렀다. 이에 천제는 신의 궁수인 예羿를 보내 이 문제를 해결하도록 했다. 예는 세상으로 내려와서 화살로 아홉 개의 태양을 맞혀 땅에 떨어뜨렸다. 화살에 맞아 떨어진 태양은 모두 까마귀로 변했는데 온몸이 황금색을 띠고 몸집도 몹시 커서 사람들은 그것들을 '해의 정령'의 화신이라 여겼다. 이 때문에 한대 화상석 도안을 보면 태양 가운데 항상 금색 까마귀의 형상이 그려져 있다. 이 까마귀는 세 발로 서 있기 때문

4-6-2 한대 화상석의 삼족오

에 "삼족오三足烏"라 부르기도 한다. 『회남자淮南子』「정신훈精神訓」에는 "해 속에는 금색 새가 있고 달 속에는 옥토끼가 있다"는 말이 나온다. 이 금색 새가 바로 까마귀다. 한대 화상 벽돌이나 화상석에서 삼족오는 대부분 '천계天界'의 신물神物로 표현된다. 이는 당시 사람들이 까마귀를 예지력을 지닌 신조神鳥로 보았음을 의미한다.

중국 고대 문헌과 민간 전설 속에서 사람들은 까마귀에게 신비스러운 후광을 덧씌웠다. 까마귀가 영험함을 갖고 있어서 하늘과 소통하며 길흉화복을 예시한다는 것이다. 한대 동중서는 『춘추번로』「동류상동同類相動」에서 다음과 같이 「상서전尙書傳」을 인용했다. "주나라가 장차 흥하려 할 때 커다란 붉은 까마귀가 입에 곡식을 물고 왕의 거처 위로 모여들었다. 무왕武王은 기뻐하였고 여러 대부 또한 기뻐하였다." 까마귀가 길조를 상징했음을 알 수 있다. 『시경』「소아小雅」'정월正月'에서는 "슬프구나, 이 내 몸은, 어디에서 녹을 얻을까? 까마귀가 날아 앉은 곳 보기를, 누구의 지붕에 앉았는지[哀我人斯, 于何以祿? 瞻烏爰止, 于誰之屋?]." 모씨毛氏는 이에 대해 "부유한 사람의 집에 까마귀가 모인다"고 주석을 달았다. 까마귀가 부잣집에 모여든다는 속설 때문에 까마귀는 길조를 뜻하게 되었다. 까마귀를 길조로 보는 설은 한대 응소應劭의 『풍속통의風俗通義』에도 나온다. "동쪽으로 태산泰山을 돌아보고 영양滎陽에 이르렀는데 까마귀가 울며 황제의 수레에 날아올랐다. 호분虎賁* 왕길王吉이 까마귀를 쏘아 맞히고 이렇게 문장을 지었다. '까마귀 까악까악 울어 활로 쏘아 왼쪽 겨드랑이를 맞혔네. 폐하께서

*호분虎賁: 천자의 행차 시 호위를 맡는 의장대

는 만수무강하시고 신은 이천 섬 관리가 되는 것이 꿈이네'"(「명제기거주明帝起居注」). 이에 황제가 관직을 하사하고 정자의 벽에 까마귀 그림을 그리게 했다. 까마귀를 얻는 것이 곧 길조를 얻는 것이었기 때문에 이 호위 무사는 까마귀 왼쪽 날개를 맞히고 봉록 이천 섬을 받는 군수관郡守官이 될 수 있었다. 남조 송나라 때 『세설신어世說新語』의 저자인 임천왕臨天王 유의경劉義慶은 문제文帝의 노여움을 사 가택에 구금된 적이 있었다. 그러던 어느 날 첩이 밤에 까마귀 우는 소리를 듣고 이를 좋은 징조라 여겼다. 그 뒤 정말로 유의경이 죄에서 풀려났다. 일설에 따르면 유의경은 이 일로 「까마귀가 밤에 울다[烏夜啼]」라는 곡을 지었다고 한다. 당대 단성식段成式도 『유양잡조酉陽雜俎』에서 까마귀가 좋은 일을 가져온다고 썼다. "사람이 길을 가는데 까마귀가 울며 앞에서 인도하면 좋은 일이 많이 생긴다"는 기록이 바로 그것이다.

고대에 새를 가지고 길흉화복을 점치는 것은 흔한 일이었다. 『시경』에 등장하는 새 점만 해도 수십 가지에 이른다. 고증에 따르면 까마귀를 길조로 보고 점을 치는 것이 까치를 길조로 보는 민속신앙보다 더 먼저 등장했다고 한다. 송대 홍매洪邁는 "세상에 전해지는 『음양국아경陰陽局鴉經』(지금은 전해지지 않는다)은 서한의 동방삭東方朔이 지었다고 하며 까마귀로 점치는 방법을 전문적으로 다룬 책이다"라고 했다. 또 "무릇 새가 지저귀는 소리로 점을 치려거든 먼저 그 소리를 센 다음에 방향을 측정해야 한다. 만약 갑일甲日이라면 첫 소리는 갑성甲聲이고 그 다음 소리는 을성乙聲이다. 이렇게 소리를 세고 그 완급을 판단하여 길흉을 점친다"고도 했다. 진晉의 간보干寶는 경제景帝 3년에 "목이 하얀 새와 검은 까마귀가 초나라 여呂 땅에서 무리 지어 싸웠다. 목이 하얀 새들이 싸움에 져서 사수泗水에 떨어져 죽은 것이 수천 마리였다"는 기록을 남겼다. 이는 초왕 유무劉戊가 오吳왕에게 붙어 모반을 꾀했으나 결국 싸움에 패해 도주하다 사수에서 죽는 훗날의 일을 예고한 것이었다. 한대 사람들에게 까마귀는 길조이자 승리의 상징이었음을 알 수 있다.

요즘에는 까치가 길조, 까마귀가 흉조지만 옛날에는 오히려 반대일 때도 있었다. 홍매는 『용재삼필容齋三筆』에서 "북방인들은 까마귀 소리를 길조로 여기고 까치 소리는 흉조로 여긴다"고 썼다. 또 이런 기록도 남겼다. "백락천白樂天이 강주江州에 있을 때 「원랑중의 〈양원외가 반가운 까마귀를 보고 부침〉에 답하다[答元郎中楊員外喜烏見寄]」에서 '남궁南宮의 원앙들 노는 곳에 어찌 까마귀가 와서 앉았는지. 옛 금장랑錦帳郎*들은 까마귀 소리 들으면 웃으며 서로 마주 보았다네. 까마귀가 반가운 소식 전해주니 내가 고향에 돌아가길 바라는 듯하네. 까마귀 머리가 희어져야 돌아갈 수 있으리니, 그때도 자네가 좋다고 반겨줄까 부끄럽네' 라고 했다. 까치 소리는 좋지 않고 까마귀가 도리어 기쁜 소식을 전한 것이다." 이것을 보면 까마귀와 까치가 지금과는 정반대의 의미였다고 믿지 않을 수 없다.

까마귀는 반포지효反哺之孝의 효성스러운 새로도 유명하다. 『설문해자』에서 까마귀를 '효조孝鳥' 로 풀이했다. 젊은 까마귀가 먹이를 찾아 먹을 힘이 없는 늙은 까마귀에게 먹이를 물어와 어린 시절의 은혜를 갚는다는 것이다. 진晉 성공成公은 『오부서烏賦序』에서 "까마귀는 오래전부터 상서로운 새였다. 그 어미에게 먹이를 물어와 봉양하니 길조다"라고 말했다. 까마귀가 효성스러운 새라는 이야기는 한나라 때 주로 유행했는데 이는 당시 사람들의 효를 중시하는 심리가 까마귀에게 투영된 것으로 보인다.

중국 소수민족의 전설 속에도 새를 보고 점을 치거나 길흉을 예견하는 내용이 자주 등장한다. 장藏족에게는 까마귀 울음소리를 듣고 여러 가지 징조를 예측하는 풍습이 있다. 그러나 까마귀를 길조로 믿었던 옛사람들의 생

---

*금장랑錦帳郎: 한대의 관제. 상서랑尙書郎이 당직을 설 때 관에서 비단 이불과 비단 장막 등을 내주어서 붙은 이름이다

각이나 까마귀를 불길하게 여기는 요즘의 풍속에는 사실 아무런 과학적 근거가 없고, 까마귀의 울음 역시 인간사의 길흉화복과는 별다른 관계가 없다. 현실에서 까마귀는 해충을 잡아먹어서 농가에 큰 이로움을 주는 새이다.

7. 토끼[兎]

토끼 이야기가 나오면 사람들은 흔히 달과 항아姮娥를 떠올린다. 고대 중국인들은 일찍부터 토끼와 천문 현상을 연관시켜 토끼가 별자리에서 나왔고 특히 달과 가장 관계가 깊다고 여겼다. 이 때문에 신화와 전설 속에서 토끼는 달에 있는 월궁月宮의 빼놓을 수 없는 일원이 되었다. 환하고 둥근 달 속에서 새하얀 옥토끼가 약을 찧고 있는 장면은 참으로 많은 상상과 감성을 불러일으킨다.

전국시대 초나라의 대부 굴원은 「천문」에서 이렇게 물었다. "달빛은 무슨 덕을 갖고 있기에, 이지러져도 다시 차오르는가? 그것은 무슨 좋은 것을 가지려고, 뱃속에 토끼를 두고 돌보는가[夜光何德, 死則又育? 厥利維何, 而顧菟在腹]." 여기서 '토菟'라는 글자는 토끼를 가리키는 것으로 보인다. 마왕퇴에서 출토된 한대의 비단 그림 〈승천도升天圖〉에도 달 속에 토끼가 그려져 있다. 달 속에 토끼가 있다는 전설은 중국의 음양오행사상과 밀접한 관련이 있다. 토끼는 음양의 양, 십이시에서는 묘시卯時에 해당한다. 묘시는 새벽 다섯 시로 해가 막 떠오르기 시작해 양기가 솟아오르는 때이다. 이 때문에 토끼는 양의 성질을 대표하여 음의 성질을 대표하는 두꺼비와 함께 달에 살게 되었다. 월궁에서의 토끼는 옥 절굿공이를 들고 장생불로의 약을 찧는 정령이다. 당대 이후, 전설 속의 광한궁廣寒宮(달 속의 선궁仙宮)은 이름처럼 그리 적막하지는 않았다. 달로 도망 온 선녀 항아, 계수나무에 도끼질을 하는 오강吳剛과 약을 찧는 옥토끼가 함께 살았기 때문이다.

토끼는 상당히 오래전부터 인류와 친숙했던 동물이다. 수만 년 전에 이미 야생 토끼는 원시인들의 주요 수렵 대상이었다. 신석기 문화 유적에서

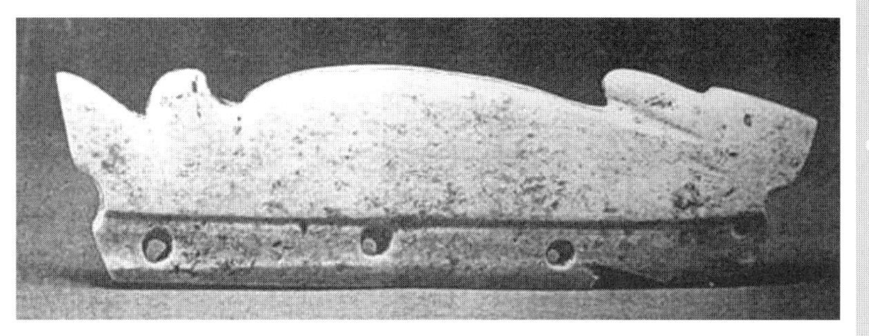

4-7-1 안휘 능가탄 문화 유적의 옥토끼 장식

고고학자들은 토끼를 원형으로 하는 공예품들을 다수 발견했다. 그중에서도 특히 안휘安徽성 능가탄凌家灘 문화 유적의 옥으로 된 토끼 장식은 선사시대 토끼 모양 공예품의 대표작으로 일컫는다. 회백색의 이 장식은 달리는 토끼의 형상을 하고 있다. 두 귀는 등에 바짝 붙이고 뒷다리는 번쩍 들고 있으며 꼬리는 위로 치켜 올라가 있다. 삼천여 년 전의 갑골문에도 토끼를 가리키는 '토兎' 자가 있다. 은허殷墟 부호묘婦好墓에서 출토된 옥으로 된 토끼 조각은 상商나라 말기의 작품으로 두 눈은 크고 동그랗고 얌전한 자세는 질박하고 단정하면서도 생동감이 넘친다. 산서 진후묘晉侯墓에서 출토된 서주시대의 청동 토끼 술잔은 현존하는 가장 오래된 토끼 형상의 청동 예기禮器이다. 토끼의 모습은 한대 화상석에도 자주 등장하는데 대부분 서왕모의 도상과 함께 있다. 송원대는 중국 도자기의 발달과 함께 장난스럽고 귀여운 토끼 모양을 한 도자기나 토끼 무늬가 자주 보인다.

사람과 토끼의 친숙한 관계는 토끼와 관련된 수많은 전설과 신앙을 만들고 발전시켰다. 중국 민간에는 토끼에 대한 신화와 전설, 우화가 대단히 풍성하다. 주 문왕文王이 "토한 아들의 고기가 토끼로 변했다"*는 이야기나

*은 주왕紂王이 문왕을 시험하기 위해 그 아들을 죽여 육젓을 담아 먹게 했는데 문왕은 자기 아들의 고기인 것을 알면서도 억지로 그것을 먹었다. 주왕은 문왕을 의심하지 않고 풀어주었고 문왕이 성 밖으로 나와 먹은 고기를 땅에 토하자 고기 조각이 모두 하얀 토끼로 변했다는 이야기다

"백읍고伯邑考*의 혼이 옥토끼가 되었다"는 전설이 대표적이다. 토끼는 민간에서도 사람들이 믿는 정령 중 하나였기 때문에 토끼와 관련된 세시풍속 역시 널리 퍼지게 되었다. 토끼와 관련된 명절이나 풍속도 상당히 많다. 예를 들어 옛사람들은 음력 정월 초하루에 토끼 머리와 좁은 깃발, 가면 등을 문 위에 내걸어 액을 쫓았다. 정월 대보름인 원소절元宵節에는 종이나 헝겊으로 토끼 모양의 등을 만들었다. 중양절重陽節 전후에 토끼 고기를 먹는 지방도 있었다. 이른바 "서리 맞은 토끼를 먹는다" 하여 복을 기원하고 병을 쫓으며 장수를 비는 행사이다.

토끼와 관련된 가장 유명한 명절은 물론 음력 팔월 십오일의 중추절中秋節이다. 중추절의 기원은 주나라 때 추분秋分에 달에 제사를 지내는 풍습으로 거슬러 올라간다. 옛사람들은 중추절에 밝은 달이 하늘에 걸리면 집에서 가족들과 단란한 저녁을 보내거나 시장 구경을 하며 한가롭게 노닐었다. 귀족과 부자들은 높은 누각에 올라 술을 마시며 달구경을 했고 문인들은 작은 배를 타고 갈대밭에서 달빛 아래의 은은한 경치를 홀로 감상했다. 달을 감상하는 외에도 달에 제사를 지내는 풍습도 있었다. 태음성주太陰星主나 월고月姑라고도 불리는 달의 신에게는 대개 여자들이 제사를 올렸다. 각지의 제사 방식은 조금씩 달랐는데 남방에서는 공중을 향해 멀리 절을 했고 북방의 북경이나 천진 지역에서는 '월광지月光紙' 나 '월광마자月光馬子' 라는 목판화를 붙이는 풍습이 있었다. 그림에는 반드시 옥토끼를 넣었는데 토끼가 사람의 몸에 관복을 입고 앉아 있는 모습이나 계수나무 아래에서 절구로 약을 찧는 모습이 주로 그려졌다. 판화의 위쪽에는 '태음성군太陰星君' 이나 '광한궁' 등의 글자가 들어갔다. 제사를 지내는 날 사람들은 달을 향해 절을 올리고 달빛을 감상하며 이 종이를 태웠다.

---

*백읍고伯邑考: 주 문왕의 큰아들이자 주 무왕武王의 형이다. 성은 희姬, 이름은 고考이다. 백伯은 그 항렬을 나타내며 읍邑은 세자의 신분 또는 봉해진 관직을 의미한다. 문왕이 왕이 되기 전에 죽었는데, 은 주왕에 의해 살해되었다는 전설이 있다

중추절에는 또 '토끼 어르신'을 빼놓을 수 없다. 북경 사람들은 토끼신을 가리켜 '토끼 어르신'이라 불렀고 제남濟南 사람들은 이것을 '토끼 임금님'이라 부르기도 했다. '토끼 어르신'은 사람들의 숭배를 받는 신령이기도 했고 아이들이 가지고 노는 장난감이기도 했다. '토끼 어르신'은 명대에 이미 북경, 천진 지역에서 널리 유행했다. 명대 기곤紀坤이 지은 『화왕각잉고花王閣剩稿』의 관련 기록은 이렇다. "북경에서는 중추절에 진흙으로 토끼 인형을 만든다. 사람처럼 의관을 입고 앉아 있는 모양인데 사람들이 거기다 예를 갖추어 절을 올린다." 옛 북경의 일상생활을 생생하게 묘사하기로 유명한 작가 노사老舍는 『사세동당四世同堂』에서 이 '토끼 어르신'에 대해 자세히 묘사했다. 민간에서 진흙으로 만든 이 토끼 인형은 토끼 머리에 사람의 몸을 하고 있으며 큰 것은 세 척尺, 작은 것은 한 치 정도의 크기이다. 일부러 위엄을 뽐내려는 모습이 천진난만하고 장난스럽게 느껴진다. 토끼의 얼굴은 붉은색과 흰색으로 정성 들여 묘사하고, 세모꼴로 갈라진 조그만 입매며 반짝이는 눈빛이며 쫑긋 세운 긴 귀는 귀엽고 생동적이다. 몸에는 무사의 복장을 입고 있는데 알록달록 화려한 옷에 투구와 갑옷을 걸치고 등에는 깃발을 꽂은 모습이 꽤 위풍당당하다. 호랑이나 말, 기린, 사슴을 타고 있거나 연꽃이나 구름 위에 앉아 있는 모습도 있다. 위엄이 넘치면서도 익살스러운 이런 모습들을 아이들은 무척이나 좋아한다. 그래서 '토끼 어르신' 인형은 잘 살든 못 살든 아이라면 누구나 좋아하는 장난감이 되었다. 큰 눈과 동그란 모양을 한 귀여운 토끼 등불도 정월 대보름 밤이면 아이들마다 손에 쥐고 골목을 쏘다니는 그 시절의 보물이었다.

중국 전통문화에는 토끼와 관련된 사자성어와 속담도 아주 많다. 예를 들어 민간에는 "뱀이 토끼를 둘둘 감으면 반드시 부자가 된다"는 속담이 있고, "얌전하기는 처녀 같고 활발하기는 달아나는 토끼 같다"는 말은 얌전하기도 하고 활발하기도 한 사람을 묘사할 때 자주 쓰인다. 북조北朝 민가인

4-7-2 송대 도자기 토끼 공예

「목란사木蘭辭」에는 암수 토끼를 구분하기 어렵다는 내용이 나오는데*, 후대 사람들은 이를 빌어 마구 뒤얽혀 복잡한 상황에 비유했다. 사자성어나 속담에 나오는 토끼의 특징은 아무래도 부정적이다. 토끼는 영리하지만 교활하기도 하고 겁도 많고 마음이 좁으며 질투도 많아 어린 여자아이 같은 느낌을 준다. '교토삼굴狡兎三窟', '토사구팽兎死狗烹' 등의 사자성어가 좋은 예다. 민간에 전해오는 토끼와 거북이의 경주 이야기도 게으르고 잔꾀가 많은 토끼의 특징을 잘 보여준다.

일상생활에도 토끼와 관련된 금기가 상당히 많다. 그중 가장 대표적인 건 임산부는 토끼 고기를 먹어서는 안 된다는 속설이다. 이것은 토끼 입이 언청이인 것에서 유래한다. 동한 왕충의 『논형』 제2권 「명의편命義篇」에 "임산부가 토끼 고기를 먹으면 아이가 언청이로 태어난다"는 구절이 있다. 한대에도 이미 이런 금기가 있었다는 것이다. 요즘에도 토끼 고기를 먹으면 아기가 언청이가 된다고 믿는 사람이 적지 않다. 옛날에 장사하는 사람들은 길에서 토끼를 마주치는 것을 꺼렸다. 토끼를 보는 날은 운수가 나쁜 날이라고 생각했다. 토끼가 뛰면서 잠시도 발을 멈추지 않는 모습이 오히려 불

* "수토끼는 멋대로 뛰어다니고, 암토끼는 눈을 반만 뜨고 있지만, 두 토끼가 나란히 달리게 되면 어느 것이 암놈인지 수놈인지 구별하기 어려워진다"라고 한 것에서 유래한다

안한 느낌을 주기 때문이다.

4-7-3 흰토끼 형상

중국의 문학작품에서도 토끼에 대한 내용을 흔히 볼 수 있다. 『시경』에도 구운 야생 토끼 고기에 술을 마시는 장면이나 토끼를 사냥하는 일상적인 풍경이 묘사되어 있다. 『전국책』과 한대 유향劉向의 문장에는 말보다도 빨리 하루에 오백 리를 달릴 수 있다는 제齊나라 토끼 '동곽준東郭逡'이 등장한다. 이 토끼는 그만큼 잘 달리는 개 '한자로韓子盧'와 서로 쫓고 쫓기다 결국 둘 다 죽는다.

중고中古시대에는 흰토끼가 매우 드물어 귀한 동물로 여겨졌다. 『후한서』 「광무제기光武帝紀 하」에는 "일남日南의 국경 밖에 있는 오랑캐가 흰 꿩과 흰 토끼를 바쳤다"는 기록이 나온다. 『예문유취藝文類聚』 제95권에서는 『포박자抱朴子』를 인용하여 "토끼의 수명은 천 년인데 오백 살을 채우면 털색이 희게 변한다"고 했다. 진晉의 장준張浚은 『백토송白兎頌』에서 흰토끼는 자질이 밝고 맑으며 고상한 덕을 가져 훌륭한 군자와 같다고 노래한다. 흰토끼는 민간에서도 길조를 의미하여 "흰토끼가 나타나면 천하가 태평하다"는 속담까지 전한다.

4-7-4 청대의 전지剪紙 공예

옥처럼 희고 깨끗하며 귀엽고 온순한 토끼는 백성들이 상서롭게 여기는 가축일 뿐 아니라 문인들도 즐겨 다루는 문학적 소재였다. 당대 한유韓愈는 「모영전毛穎傳」에서 기발한 상상력으로 토끼털 붓의 전기를 써서 작가의 가슴 속 울분을 날카로운 풍자와 슬픈 탄식으로 표현했다. 한대 두현竇玄의 조강지처는 남편에게 버림받고 「고원가古怨歌」를 지었다. 시 속에 나오는 '외로운 흰토끼' 라는 말은 버림받은 여인이 응어리진 한을 스스로 비유하는 말이 되었다. 당대 이백은 「술을 들어 달에게 묻다[把酒問月]」라는 시에서 "흰토끼 약을 찧다 가을 가고 다시 봄이 오니, 항아는 홀로 살며 누구와 이웃할까[白兔搗藥秋復春, 姮娥孤栖與誰隣]"라는 구절을 남겼다. 토끼가 등장하는 시구 중에 가장 유명한 것으로는 당대 시인 이하李賀의 "오질은 잠 못 이뤄 계수나무에 기대고, 이슬은 흩날려 가을달을 적시네[吳質不眠倚桂樹, 露脚斜飛濕寒兔]"*, "늙은 토끼와 외로운 두꺼비 하늘빛에 흐느끼고, 구름 누각 반쯤 열린 벽에 하얀 빛이 비스듬하네[老兔寒蟾泣天色, 雲樓半開壁斜白]"라는 구절을 들 수 있다. 그윽하면서도 비통하고 맑으면서도 기이한 느낌이 광한궁에 산다는 옥토끼를 절로 떠오르게 한다.

---

*오질吳質은 달의 신 오강吳剛을 가리키고, 寒兔는 차가운 가을달을 뜻한다

8. 거북[龜]

현대 중국어에서 '우구이(烏龜)' *는 상당히 불명예스러운 뜻으로 쓰인다. '구이순즈(龜孫子)', '우구이왕빠(烏龜王八)', '쉬터우구이(縮頭龜)' 역시 남을 욕하는 말들이다. 이렇듯 사람들에게 우구이는 치욕의 상징이다. 그러나 고대인들은 거북을 신성이 깃든 영물로 숭배했다.

고대 중국인들은 거북을 상서로운 동물로 여기고 용, 봉황, 기린과 함께 '사령四靈' 혹은 '사신四神'으로 불렀다. 소위 '사령' 중에 용, 봉황, 기린이 모두 현실에 존재하지 않는 신화 속 동물인 반면 거북은 유일하게 현실 속에 존재하는 동물이다. 거북은 배고픔과 갈증을 잘 참고 수명이 무척 길어서 껍질을 가진 동물 중에서 어른으로 간주된다.

중국 민족은 아주 오래전부터 거북을 숭배해 왔으며 이를 통해 다채롭고 풍성한 거북 문화를 이루었다. 고고학적 발굴에 따르면 중국인의 거북 숭배는 멀리 원시시대까지 거슬러 올라간다. 신석기시대에 속하는 하남 무양舞陽의 가호賈湖, 산동 대문구大汶口, 절강 하모도河姆渡 유적에서 모두 거북 숭배의 흔적이 발견되었다. 그 외에 동북 지역의 홍산紅山 문화, 안휘 능가탄凌家灘 문화, 양저良渚 문화 유적에서도 진귀한 옥거북이 발견되었다(그림 4—8—1). 전문가의 고증에 따르면 이 옥거북은 제사용이었다고 한다. 그렇다면 고대인들은 왜 거북을 제사에 썼을까? 『예기』「예

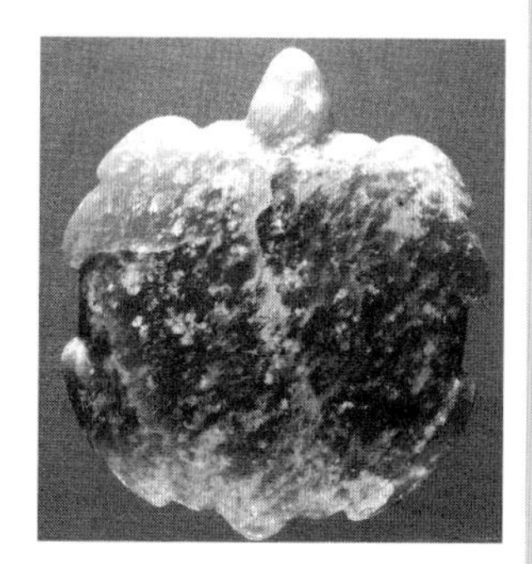

4-8-1 홍산의 옥거북

*우구이(烏龜): 원래 뜻은 거북이지만 흔히 바람난 여자의 남편을 가리키는 말로 쓰인다

운禮運」의 다음과 같은 기록이 답이 될 수 있다. "기린은 신의가 두텁고, 봉황은 지혜를 다스릴 줄 알고, 거북은 길흉을 점치고, 용은 변화에 능하다." 소위 길흉을 점친다 함은 거북에게 선견지명의 통찰력이 있음을 말한다. 거북의 이 신비로운 예지력은 그것의 독특한 생리 구조와 직접적인 관련이 있다. 이에 대한 『예통禮統』의 해석은 이렇다. "신귀神龜의 형상은 위가 둥근 것은 하늘을 본뜨고 아래가 모난 것은 땅을 본뜬 것이다. 산언덕을 본뜬 등짝 위에서는 검푸른 무늬가 교차하며 별자리를 이루어 검푸른 비단처럼 오색 빛이 밝게 빛나고 시간에 맞게 운행을 한다. 두 치의 길이로 길흉을 밝혀주니 말하지 않아도 믿을 수 있다." 거북의 신성함은 『산해경』「남산경南山經」에서 이미 밝혔다. 내용은 이렇다. "그중에 검은 거북이 많은데 모습은 거북 같으나 새의 머리에 도마뱀 꼬리를 하고 있다. 그 이름은 선귀旋龜라 하고, 그 소리는 나무를 쪼개는 것 같다. 그것을 차고 있으면 귀가 먹지 않고 발의 굳은살을 치료할 수 있다."

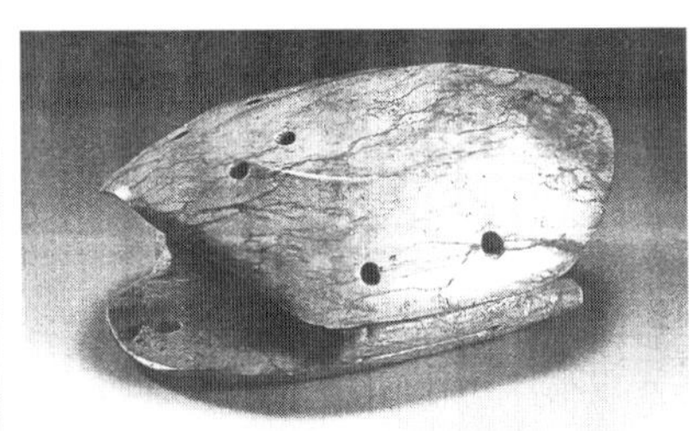

4-8-2 안휘 능가탄 문화 유적의 옥거북 장식

앞을 내다보는 거북의 신통력 때문에 하상주夏商周시대에는 거북점이 하나의 문화적 현상이 되었다. 『상서』「대우모大禹謨」의 기록에 따르면 순임금이 우에게 왕위를 물려주려 하자 우는 거북점으로 가부를 결정하겠다고 말한다. 그러자 순임금은 "짐의 뜻은 이미 굳어졌다. 귀신도 내 뜻을 따를 것이고, 거북점을 쳐도 마찬가지일 것이다"라고 말한다. 상대는 거북점이 가장 성행한 시기이자

체계적인 점술이 형성된 시대이다. 상대에는 점을 치면 반드시 그 내용을 거북껍질에 기록해야 했다. 우리가 익히 알고 있는 갑골문이 바로 거북의 등껍질에 새긴 문자이다. 서주 때에도 거북점 문화는 계속 발전하여 거북점이 나라의 대사가 되었다. 주나라 왕들이 거북을 태워 조짐을 보고 여러 일들을 결정한 경우는 은상 때보다 결코 적지 않았다. 『상서』「대고大誥」에 "영왕寧王께서 우리에게 대보귀大寶龜(크고 보배로운 거북)를 남기시어 하늘의 밝음을 잇게 하셨다"는 기록이 있다. 영왕은 주 문왕文王이다. 그는 후손들에게 하늘의 뜻을 전하고 국가의 안위를 상징하는 대보귀를 남겼다. 이 거북은 국가가 위기에 처했을 때 점을 치는 용도로만 쓸 수 있었다. 『예기』「예기禮器」에서 "대부의 집에서는 거북을 보물로 삼을 수 없다"고 했다. 주나라 사람들이 천명天命을 경외했다는 건 잘 알려진 사실이다. 『주례』「춘궁春宮」에 따르면 주나라 때는 거북점을 관장하는 태복太卜, 복사卜師, 귀인龜人, 점인占人 등이 있었다. 『시경』에도 거북점 치는 장면을 묘사한 부분이 적지 않다. 주나라 선왕 고공단보古公亶父가 "처음 시작하고 계획할 때, 내 거북으로 점을 치고[爰始爰謀, 爰契我龜]", 주 유왕幽王 때 "내 거북도 싫증이 나, 나에게 길흉을 알려주지 않고[我龜旣厭, 不我告猶]", 주 문왕과 무왕 때 "오직 거북점으로 그것을 바로 일러주었다[維龜正之]"는 『시경』의 구절들을 보면 당시에 국가적 대사로서의 거북점이 끊임없이 시행되었음을 알 수 있다. 거북점의 내용과 대상은 대단히 광범위했다. 제사와 전쟁, 잔치와 축수, 생사와 존망, 혼인과 상례, 집과 궁실의 건축, 농사와 수렵 등이 모두 거북점에 들어갔다.

4-8-3 양저 문화의 옥거북

춘추시대는 거북점이 대폭 보편화된 시기이다. 위로 천자에서부터 아래로 제후, 경대부, 가신에 이르기까지 모두 거북점을 썼다. 그전까지는 거북점을 천자와 왕실이 독점하고 제후 중에서도 큰 공을 세운 대신만 천자의 은총으로 거북점을 쓸 수 있었다. 그러나 춘추시대에 거북점이 보편화된 이후에는 천명과 신권神權의 거북점에 대한 사람들의 관념에 동요가 왔고, 이러한 현상은 거북점 문화의 쇠퇴로 직결되었다.

4-8-4 한대의 현무 형상

한대가 되면 하상주 때 성행한 거북점이 현저하게 줄어든다. 사람들은 길흉화복을 점칠 때 거북점을 거의 사용하지 않게 되었지만 거북은 상서로운 존재로서 여전히 사람들의 숭배를 받았다. 한대 화상석에서 자주 묘사되는 소재 중 하나로 현무玄武가 있다. 현무의 형상은 거북 혹은 거북과 뱀의 결합체이다(그림 4—8—4). 송대 홍흥조洪興祖는 『보주補注』에서 "현무는 귀사龜蛇라고도 한다. 북방에 위치해 있어 현玄이라 하고 몸에 비늘갑옷이 있어 무武라 한다"고 했다. 『예기』「곡례曲禮 상」에서는 "행진할 때는 주조朱鳥의 깃발이 앞장서고 현무의 깃발이 뒤를 따른다"고 했다. 이에 대해 공영달孔穎達은 "현무는 거북이다"라는 주석을 달았다. 한대에는 미신이 성행하여 현무가 삿된 것을 물리쳐 주는 상서로운 존재로 간주되었다. 『사기』「귀책龜策열전」에는 "남방의 한 노인이 거북으로 침상의 다리를 지탱했는데, 노인이 죽고 침상을 옮겨보니 거북은 그때까지 죽지 않고 있었다"는 기록이 있다. 그러면서 거북은 "하늘의 도를 알고, 아주 오래전 일에도 훤하며", "음양에 밝고 형벌과 덕에 정통하며, 이해利害를 미리 알고 화복을 볼 줄 안다"고 칭찬했다. 한나라 때는 구리거울에도 현무 문양을 많이 썼다.

현무는 북방의 방위신이기도 하다. 이는 고대인들의 '하늘은 둥글고 땅은 모나다'는 관념에서 기인한다. 고대인들은 융기한 원형의 거북 등껍질이 하늘을 상징하고, 네모인 거북의 배껍질은 땅을 상징하며, 거북의 다리는 하늘을 떠받치는 네 개의 기둥을 상징한다고 보았다. 『회남자淮南子』에서는 여와가 돌을 불려 하늘을 채울 때 "오鰲의 다리를 끊어 사방의 기둥을 세웠다"고 했다. 이에 대해 고유高誘는 "오는 거북이다. 하늘이 무너져 급히 거북의 다리로 기둥을 삼은 것이다"라는 주석을 달았다. 사실상 거북은 하나의 소우주, 즉 천지의 축소판이나 다름없었다.

중국에서 거북은 장수의 상징이다. 『회남자』에서 "거북은 천 년을 산다"고 했다. 후한 왕충王充의 『논형論衡』에서는 "거북은 3백 살에는 크기가 동전만 해져 꽃잎 위에서 노닐고, 3천 살에는 푸른 몸 주위로 발톱이 생긴다"고 했다. 임방任昉은 『술이기述異記』에서 "거북은 천 살에 털이 생기고, 5천 살이 되면 신귀神龜라 하고, 만 살이 되면 영귀靈龜라 한다"고 했다. 이 기록들 모두 거북을 장수의 상징으로 예찬하고 있다. 그렇다면 거북은 왜 그렇게 오래 살까? 그 비밀은 바로 거북의 목에 있다고 한다. 거북은 목을 쭉 빼서 기를 삼키고 생명을 연장하며, 목을 다시 껍질 속으로 쑥 집어넣어 위험을 피한다. 일단 목을 단단한 껍질 속으로 집어넣고 나면 꼼짝을 않고 먹이도 거의 먹지 않는다. 거북의 폐는 다량의 공기를 비축할 수 있다. 그래서 호흡을 늦춰 에너지 소모를 최소화하는 것이다. 중국인은 늘 수신과 양생에 신경을 쓰고 불로장생을 추구해 왔다. 중국어에는 '죽음'을 의미하는 여러 가지 표현 방식이 있다. '선서仙逝(신선이 되어 떠나다)', '하세下世(세상을 하직하다)', '안식安息(편히 쉬다)', '회가回家(집으로 돌아가다)', '장면長眠(긴 잠에 들다)', '산붕山崩(산이 무너지다)' 등이 그 예이다. 통계에 따르면 '죽음[死]'을 간접적으로 말하는 피휘사避諱詞만 대략 2백여 개에 이른다고 한다. '죽음'을 직접적으로 말하기 꺼려하는 것과는 반대로 양생의 도에 대한 언급은 거리낌이 없었다. 『양생론論』, 『양생주主』, 『양생연명록延命錄』 등의 고

서들은 모두 수명을 늘리는 비결에 관한 책이다. 중국의 도가는 거북을 가장 성공적으로 모방하였다. '청정무위, 수신양생' 은 도가가 숭상하는 목표였으며 이 목표의 본보기가 바로 거북이었다. 보통의 동물은 음식에 의지해 생명을 유지하지만 거북은 먹지 않고 마시지 않고 기를 조절해서 생존할 수 있다. 거북의 습성을 발견한 도가는 독특한 양생법을 만들어냈다. 즉 '기' 를 만물의 생성과 생명의 근원으로 보면서 '기' 의 조절에 힘쓴 것이다. 도가의 기공 중에 '귀식龜息' 법이 있다. '귀식' 은 기공을 수련할 때 거북처럼 천천히 호흡을 하는 방법이다. 북송 때의 도가서 『운급칠첨雲笈七籤』에서는 "정기精氣가 가득하면 배가 고프지도 목이 마르지도 않게 된다. 거북과 용은 태식胎息*으로 오래도록 생명을 유지한다"고 했다. 『포박자』「대속對俗」에서는 "거북과 학이 오래도록 산다는 것을 알고 그것의 도인導引**을 본받아 수명을 늘렸다"고 했다. 소위 '거북의 호흡' 과 '거북의 도인' 은 모두 거북이 기를 조절하는 방법을 가리킨다. 곡기를 끊는 도가의 '벽곡공辟穀功' 역시 거북의 습성을 모방한 것이다. 이른바 '귀장龜腸' 역시 거북처럼 뱃속을 최대한 비움으로써 수명을 늘리는 방법이다.

중국 민간에서는 흔히 '귀령학수龜齡鶴壽(거북의 나이와 학의 수명)' 로 장수를 비유하며, 길상을 상징하는 전통 도안에서도 거북과 학이 자주 등장한다. 문인들은 거북을 제재로 한 시에서 거북을 꼭 장수와 관련시켰다. 예를 들어 북송의 장뢰張耒는 「귀시龜詩」에서 "출렁이는 맑은 연못에 햇빛이 비치니, 물가에서 검푸른 등딱지를 쬐네. 사랑스러운 천 년의 자태, 연잎 하나에 몸을 숨겼구나[映日漾晴淵, 沿江曝黝甲. 愛爾千歲姿, 藏身一蓮葉]"라고 노래했다. 장수하는 거북에 대한 흠모의 정이 물씬 풍기는 시이다. 옛사람들은 거북을 숭배해서 '龜' 자를 이름에 즐겨 넣었다. 당대 시인 육구몽陸龜蒙, 종교 음악

*태식胎息: 코와 입이 아닌 태아처럼 배꼽과 온몸으로 호흡하는 방법

**도인導引: 호흡법과 신체 운동을 결합한 도가의 양생법. 주로 손발을 쭉 늘렸다가 바짝 당기고 몸을 이완하는 식으로 체조를 하기 때문에 '도인' 이라 한다

가 이구년李龜年 등이 그 예이다. 서재 이름에도 '龜' 자를 즐겨 썼다. 예를 들어 송대 시인 육유는 개인 서재를 '구당龜堂' 이라 이름 지었다.

거북을 숭상하는 풍조는 명대부터 큰 변화가 오기 시작한다. 원래 상서로움, 장수, 신령 등을 상징했던 거북이 말과 글 모두에서 상대를 비난하는 나쁜 의미로 쓰이게 된 것이다. 혹자는 거북에 대한 숭상이 폄하로 돌변한 것은 화상和尙(중) 출신의 주원장朱元璋에게 가장 큰 책임이 있다고 말한다. 주원장은 명나라의 황제로 오른 후 사람들이 자기가 예전에 중이었다고 말하는 것을 무척 싫어했다. 그래서 시나 글에 '화상' 과 '독두禿頭(대머리)' 라는 단어가 보이기만 하면 그 저자들을 바로 잡아다 죽였다. 인심이 흉흉해지는 건 당연했다. 또 '화상두和尙頭(중머리, 까까머리)' 라는 단어를 민간에서는 '귀두龜頭' 라고도 불렀으므로 문인들은 문자옥의 살벌한 분위기 속에서 거북의 이름을 빌려 주원장을 '우구이왕빠' 라며 욕했다. 이렇게 해서 거북의 지위가 순식간에 나락으로 떨어졌다는 것이다. 사실 이 해석은 흥미롭긴 하지만 실제 상황과는 맞지 않다. 옛사람들의 거북에 대한 태도 변화는 '세상과 다투지 않고 몸과 마음을 편안히 한다' 는 전통 거북 문화의 소극적인 삶의 태도를 전복시키려 한 것이 근본 원인이었다고 할 수 있다.

9. 봉황[鳳]

봉황은 용과 함께 중국 민족의 발상과 문화의 시작을 상징하는 존재로 간주된다. 수천 년 동안 봉황은 아름다운 상징으로서 중국 민족의 신화, 시가, 예술, 민족 심리 등에 반영되어 중국인들의 정신문화에 깊은 영향을 미쳐왔다.

중국 고대 신화에서 봉황은 일종의 신조神鳥이다. 봉황은 뭇 새들의 수장이자 날개를 가진 짐승 중 가장 아름다운 존재로 한번 날아오르면 온갖 새들이 뒤를 따른다. 고대에 봉황은 행운을 가져다주는 새 중의 왕으로 숭배되었다. 용과 마찬가지로 중국의 봉황 문화는 기원과 변화와 발전의 긴 역사적 단계를 거쳤다. 어떤 의미에서 보면 용 같은 순수한 상상 속 존재와 달리 현실의 새는 사람들에게 많은 영감을 가져다준다고 볼 수 있다. 공작, 제비, 꿩 같은 새들에게서 모두 봉황의 그림자가 엿보이기 때문이다.

갑골문에서 '봉鳳'은 '풍風'과 통용된다. '鳳' 자는 볏, 긴 털, 말린 꼬리를 가진 새의 형상이다. 꼬리 부분의 특징은 공작과 흡사하다. 선진의 전적에서 '봉'은 봉조鳳鳥, 봉황으로도 불렸다. 『설문』에서는 『천로天老』를 인용하여 이렇게 봉황을 묘사했다. "봉황의 형상은 기러기의 앞모습에 기린의 뒷모습, 뱀의 목에 물고기 꼬리, 황새의 이마와 원앙의 뺨, 용의 무늬와 호랑이의 등, 제비의 아래턱과 닭의 부리, 그리고 오색의 깃털을 갖추고 있다.

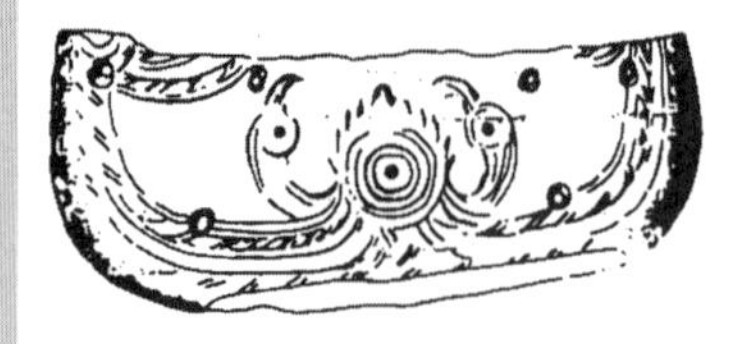
4-9-1 하모도 문화 상아 기물의 봉황 무늬

4-9-2 하모도 문화 골기骨器의 봉황 무늬

동방 군자의 나라에서 나와 사해 밖으로 날아가 곤륜산을 지나고 지주砥柱의 물을 마시고 약수弱水에서 깃털을 씻고 날이 저물면 풍혈風穴에서 잔다. 이 새가 나타나면 천하가 크게 안정된다." 이 기록을 통해 봉황이 온갖 새들의 특징을 한 몸에 모아놓았음을 알 수 있다. 『산해경』에서도 여러 번 봉황을 묘사했다. 「남산경南山經」 편의 기록은 이렇다. "단혈산丹穴山에 새가 있는데 생김새는 닭 같고 오색의 무늬가 있으며 이름은 봉황이라 한다. 머리의 무늬는 덕德, 날개의 무늬는 순順, 등의 무늬는 의義, 가슴의 무늬는 인仁, 배의 무늬는 신信이라 한다. 이 새는 자연을 마시고 먹으며 스스로 노래하고 스스로 춤춘다. 이 새가 나타나면 천하가 편안해진다." 기록을 통해 봉황이 오덕五德을 한 몸에 지닌 형상이었음을 알 수 있다.

그렇다면 원시의 봉황은 과연 무슨 새였을까? 학자들은 이 문제에 대해 여러 주장을 펼쳤지만 결국 의견의 일치를 보진 못했다. 그러나 문헌의 기록에 의하면 소위 봉황은 공작을 모체로 하여 꿩, 수대조綬帶鳥, 제비 등의 모습을 함께 모은 형상인 듯하다. 또 새롭게 발굴된 자료에 따르면 중국에서 신조, 봉황 그리고 그것의 신화 속 원시 형상은 최소한 6천여 년 전에 등장한 것으로 보인다. 1973년에 고고학자들은 절강성 여요余姚현의 하모도 문화 유적에서 정교하고 신비로운 분위기를 풍기는 새 모양 도안 두 가지를 발견했다. 그중 하나는 나비 모양 기물의 도안이었다. 가운데는 크기가 다른 동심원이고, 바깥쪽 둥근 면에는 타오르는 불빛 같은 무늬가 조각되어 있었으며, 양쪽으로는 두 마리 새가 고개를 들고 서로를 바라보고 있었다. 다른 하나는 뼈로 만든 칼에 있는 도안으로, 가운데가 마찬가지로 동그라미 모양이고 양쪽에 새가 있었다. 장강 중류 신석기시대 말기 석가하石家河 문화 유적에서도 고리 모양의 봉황 형상 옥기 하나가 발견되었다. 긴 부리와 꼬리를 잇고, 눈과 짧은 날개는 부조로 새기고, 여러 갈래로 나눈 꼬리의 긴 깃을 투각수법으로 표현한 봉황이었다. 이런 도상의 출현은 원시 인류의 토템 숭배와 관련이 있을 것이다. 일부 문헌에도 토템의 상징으로 보이는 봉황이 등장한다. 『초사』「천문」에는 봉황이 은족殷族의 '혈친'이라는 신화가 나온다. 기록은 이렇다. "높은 누대에 사는 간적簡狄*, 제곡帝嚳은 왜 그녀가 아내로 맞기에 적합하다고 여겼을까? 현조玄鳥가 그녀에게 예물을 주었을 때, 그녀는 왜 그렇게 기뻐했을까?" 또 「이소」에서는 "저 멀리 높이 솟은 옥 누대를 바라보니, 유융국의 아름다운 여인이 보이네. ……봉황이 이미 예물을 받아갔다 하니, 고신高辛씨(제곡)가 나보다 먼저일까 걱정되네"라고 했다. 이 두 기록은 굴원이 동일한 일에 대해 쓴 것이다. 그러면서 하나는 '현조'라 하고 하나는 '봉황'이라 한 것을 보면 '현조'가 곧 '봉황'임을 알 수 있다. 『상송商頌』「현조」에도 "하늘이 현조에게 명하여, 내려가 상商을 낳도록 했다"는 기록이 있다. 이 기록은 소위 상대의 '천수신권天授神權' 과정에서 하늘이 내린 상서로움을 전해주는 사신으로서의 봉황의 지위가 초보적으로 확립되었음을 알 수 있다. 상대의 봉황 형상은 비교적 흔히 보인다. 그 주요 형식은 두 가지로 나뉜다. 하나는 상주시대 청동기의 문양으로 도철饕餮 외에 가장 보편적인 문양이 바로 봉황이었다. 다른 하나는 봉황 모양으로 새긴 옥 조각이다. 상대의 용봉龍鳳 합체형 옥기가 그 예이다. 여기서 봉황은 발로는 구름을 밟고 머리로는 용을 지고서 하늘로 오르고 있다.

4-9-3 상대의 옥 봉황

*간적簡狄: 신화 속 유융有娀국의 미인으로 제곡의 왕비가 되며 훗날 봉황의 알을 먹고 은의 시조인 설契을 낳는다

서주 때에도 봉황 문양은 청동기의 장식으로서 어느 정도 위치를 점했다. 상대와 비교하면 봉황 도안의 신비감과 위엄이 다소 퇴색되었지만 대신 예술성과 감상성은 더욱 농후해졌다. 그 밖에 봉황 문화의 토템으로서의 기능 역시 사회에 닥쳐올 길흉을 상징하는 존재의 의미로 점차 대체되었다. 주 무왕武王이 주紂를 벌하자 봉황이 기산岐山에서 울었다는 전설, 그리고 『논어』 「자한子罕」에서 공자가 "봉황도 날아오지 않고 황하의 그림도 나오지 않으니 나도 이제 끝인가 보구나"라고 탄식한 것 등이 그 예이다.

춘추전국시대에 봉황의 도안은 더욱 자유분방해져 일종의 참신한 심미적 취향을 체현하게 된다. 초나라 무덤에서 출토된 비단 그림 〈용봉인물도龍鳳人物圖〉를 보면 신령인 봉황이 자유분방하고 힘차고 당당하고 비범한 기세를 연출하고 있다. 칠기에서도 많은 봉황 무늬가 쓰였다. 이 무늬들은 항상 변화무쌍하고 춤추듯 자유롭게 나는 모습을 표현하고 있다. 심지어 그중에는 봉황의 형상을 몇 개로 나눈 다음 다시 추상적인 형태로 모음으로써 형식적 미감을 충분히 살린 무늬도 있다.

진한시대에는 봉황에 여성의 이미지가 더해진다. 오대 후당後唐의 마호馬縞가 쓴 『중화고금주中華古今注』에 따르면 이런 풍조는 진시황 때 시작되었다고 한다. 진시황은 스스로를 조룡祖龍이라 부르며 궁중의 비빈들에게 봉황 비녀를 꽂고 봉황 머리 모양의 신발을 신도록 했다. 봉황을 표지로 하는 황실 여성의 복식과 궁정 장식은 여기서 비롯되었다. 한나라 때는 태황태후, 황태후가 종묘에 참배할 때 봉황 장식을 한 '봉관鳳冠'을 머리에 쓰도록 했다. 당대 무측천은 황제가 된 후 스스로를 상서로운 봉황과 연관시켰다. 그래서 중서성과 문하성 등의 정부기관을 봉각鳳閣과 난대鸞臺 등의 이름으로 바꾸었다. 또 증성證聖 원년에는 황제가 조회를 하고 제사를 지내는 명당인 '상시보봉上施寶鳳'을 새로 지었다. 이렇듯 무측천은 여성의 몸으로 봉황의 이미지에 여성의 특징을 더욱 강하게 심어준 인물이었다.

4-9-4 한대의 주작 형상

4-9-5 한대 와당의 주작 형상

한대의 화상석과 화상 벽돌에도 봉황 도안이 무척 많다. 그러나 한대에는 일반적으로 '봉황'을 '주작朱雀'이라 불렀다(그림 4—9—4, 4—9—5). 한무제 때에도 봉황은 궁정 건축의 장식 도안으로 쓰이고 실생활의 길상물로 자리매김했다. 이렇게 해서 봉황은 천상에서 인간세상으로 점차 내려오게 되었다.

4-9-6 봉황과 목단

위진남북조 때는 불교가 광범위하게 전파되면서 중국 전통의 봉황 문화 역시 외래의 불교예술과 결합하기 시작한다. 수당 이후에는 봉황이 항상 꽃 중의 왕 목단과 함께 길상의 도안을 이룬다(그림 4—9—6). 봉황은 처음에는 황제와 부귀를 상징했으나 후대에 민간에 전해지면서는 주로 부부의 사랑, 행복과 화해 등을 의미하게 된다.

송원 이후로는 봉황 문화의 함의가 갈수록 풍부해져 문학, 회화, 공예 장식 등의 각종 영역으로 미치기 시작한다. 명청대에는 봉황 도안이 건축, 도자기, 금속공예, 가구 등 모든 공예미술품에 보편적으로 쓰이게 된다.

봉황 역시 용과 마찬가지로 길상을 상징하는 일종의 신조였으므로 각 시대 예술가들의 많은 관심을 받았다. 중국 미술사에서 봉황의 예술적 형상은 충분히 표현되어 왔다. 역대의 봉건통치자들은 용의 이미지를 황권의 상징으로 규정하고 일반 사람들이 그것을 넘보지 못하도록 했다. 그래서 용의 조형은 항상 황궁 안에서만 볼 수 있었다. 그러나 봉황은 아름답고 고귀한 이미지가 여성의 몸으로 전이되어 여성의 대명사가 되었다. 이후 봉황 이미지의 발전과 전승을 통해 봉황 문화는 중국의 우수한 전통문화 속에서 나름의 특색을 갖출 수 있었다. 명청대에는 신부의 봉관이 민간의 복식이 되고, '해를 바라보는 붉은 봉황'이나 '꽃 사이의 봉황' 도안을 넣은 자수와 전지剪紙 공예가 중국 국내뿐 아니라 해외에까지 퍼진다. 그 밖에도 자기, 칠기, 벽화, 조각 등의 민간 공예품에서도 봉황 도안이 대대로 전해진다. 중국의 봉황 문화는 여전히 변화와 발전의 과정 속에서 아름답고 다양한 문화적 함의를 표현해 내고 있다. 예를 들어 지금도 신혼부부의 사랑을 축복해 줄 때 쓰는 '함께 나는 봉황[鳳凰于飛]', '함께 우는 난새와 봉황[鸞鳳和鳴]' 등의 성어 역시 봉황의 아름다운 이미지에서 가져온 것이다.

10. 학鶴

예로부터 학은 중국인이 가장 사랑하는 동물의 하나였다. 사람들은 학을 불로장생의 선금仙禽으로 여기며 그것을 타고 하늘로 올라가 신선과 만나길 바랐다. 중국의 민속에서 학은 항상 장생불사, 우화등선, 평안과 상서로움 등의 의미와 어울렸다. 『회남자』「설림훈說林訓」에서 "학은 천 년을 살며 그 노닒의 극에 이른다"고 했다. 당대의 왕건王建은 「한설閑說」에서 "복사꽃이 백 겹으로 만개해도 봄을 이루지 못하고, 학은 천 년을 살아도 신선이 되지 못하네[桃花百葉不成春, 鶴壽千年也未神]"라고 읊었다. 중국의 전통적인 길상 도안에서는 항상 학과 소나무로 '학수송령鶴壽松齡' 문양을 만들어 장수를 상징하는 장식으로 썼다. 또 노인의 건강과 장수를 오히려 어린아이에 비유한 '학발동안鶴髮童顔' 이라는 성어도 널리 쓰인다.

중국에서 학을 귀히 여기는 이유는 여러 가지이다. 우선, 학은 겉모습이 화려하면서도 우아하다. 몸이 가뿐하면서도 움직임에 절조가 있고 걸음이 시원시원하다. 『습유기』에 "주 소왕昭王 때 도수국涂修國에서 청란青鸞과 수단학修丹鶴을 암수 한 마리씩 보내와 담고潭皐의 곡식을 먹이고 용계溶溪의 물을 마시게 했다"는 기록이 있다. 이를 통해 학이 선진 때 이미 사람들에 의해 키워졌고 당시 왕후 귀족의 애완동물이었음을 알 수 있다. 또 『사기』「골계滑稽열전」에는 "제왕齊王이 순우곤淳于髡을 시켜 초나라에 곡鵠을 바치도록 했다. 순우곤은 성문을 나선 후 길에서 그 곡을 날려 버리고 빈 새장만 들고 초왕을 뵈었다"는 기록이 있다. 여기서 '곡' 이 바로 학을 가리킨다. 실제로 『예문유취』 권90에서는 '鵠' 을 '鶴' 으로 썼다. 『이아익爾雅翼』에서는 "고서에서 곡이라 했다. 곡은 학의 음이 변한 것이다"라고 했다. 이들 기록을 보면 학이 애완동물로서 다른 나라에 주는 진귀한 선물로도 쓰였음을 알 수 있다.

일반적으로 애완동물은 가축의 성격을 갖고 있지 않다. 학도 예외는 아니다. 당대 시인 이상은은 『서청시화西淸詩話』에서 맑은 물에 발을 씻고, 꽃 아래에서 바지를 말리고, 산을 등진 채 누각을 올리고, 금琴을 태워 학을 삶아 먹고, 꽃을 마주한 채 차를 마시는 행위를 해서는 안 되는 '살풍경殺風景' 한 짓이라고 보았다. 물론 학을 죽인 때도 있지만 그건 먹기 위한 것이 아니었다. 『한서』「교사지郊祀志 하」에 따르면 사람들이 학을 죽인 것은 학의 골수를 '황제곡선지술黃帝谷仙之術' 이라는 연금술의 재료로 쓰기 위해서였다. 그 밖에 사람들은 털을 얻으려고 학을 죽이기도 했다. 『삼국연의』의 공성계空城計 부분을 보면 성루에서 적정을 살피는 제갈공명이 머리에는 윤건을 쓰고 몸에는 학의 깃으로 만든 옷을 입고 있다.

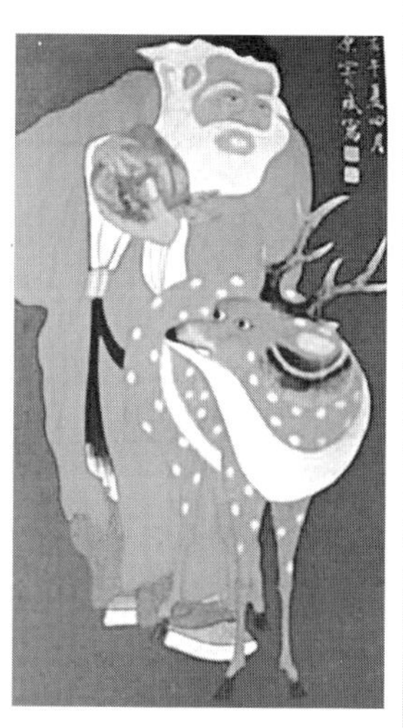

4-10-1 학을 탄 신선

장수의 새인 학은 맑은 날이면 항상 날개를 펴고 춤을 춘다. 옛사람들이 학을 길렀다는 것은 여러 기록에서 확인된다. 『좌전』에 등장하는 위衛 의공懿公은 학을 너무 좋아해서 하루 종일 학과 보내다가 나라까지 망하게 만든다. 그야말로 완물상지玩物喪志의 나쁜 예라 할 만하다. 춘추 오패五覇 중 하나인 오왕 합려闔閭 역시 학을 기르는 일에 정신이 팔렸다. 육조 때는 군주뿐 아니라 사대부까지 학을 기르기 시작했다. 진대晉代 사람인 양호羊祜가 대표적이다. 『여지기승輿地紀勝』「강릉부江陵府 상」에 따르면, 당시 형주를 다스리던 그는 강릉의 연못에 있는 학들을 잡아와서 춤을 가르쳐 빈객들을 즐겁게 했다고 한다. 『세설신어世說新語』「배조排調」에는 "옛날에 양숙자羊叔子(양호)는 춤을 잘 추는 학을 갖고 있어서 빈객들에게 그것을 자랑하곤 했다"는 기록이 있다. 양호의 학이 춤을 잘 추었다는 것에서 옛사람들이 학을 오락용으로 썼음을 알 수 있다. 당대에도 사대부들이 학을 기르는 풍조는 그대로 이어진다. 당대 풍지馮贄의 『운선잡기雲仙雜記』「금성기金城記」에 이런 이야기가 전한다. "위제천衛濟川은 천학天鶴을 길러 매일 죽을 먹이며 글자를 가르쳤다. 그렇게 3년이 지나자 글자를 알아볼 수 있었다. 그는 책을 읽을 때 항상 학에게 시켜 책을 물어오도록 했는데 한 번도 틀린 적이 없었다."

학에게 춤을 가르쳤다는 기록도 고서에 전한다. 송대 임홍林洪의 『산가청사山家淸事』「상학결相鶴訣」에서는 이렇게 썼다. "춤을 가르치기 위해 학이 배가 고파질 때까지 기다렸다가 먼 곳에 먹이를 놓아둔다. 그런 다음 손뼉을 치면서 유혹하면 학이 날개를 흔들면서 우는데 그 모습이 꼭 춤을 추는 것 같다. 그렇게 오랫동안 습관이 들면 손뼉 소리만 듣고도 일어난다." 명대 도륭屠隆의 『고반여사考盤餘事』「학품鶴品」에도 비슷한 내용이 전한다. "춤을 가르치기 위해 그것이 배가 고파질 때까지 기다렸다가 빈 들판에 먹을 것을 놔둔다. 그런 다음 어린아이를 시켜 손뼉을 치며 웃고, 머리를 흔들고 발을 들어 그것을 유혹하도록 한다. 그러면 학이 날개를 퍼덕이며 울다가 발을 움직이며 춤을 춘다. 이것이 습관이 되면 손뼉 소리만 듣고도 바로 일어나 춤을 춘다." 『시경』「소아」의 '학명鶴鳴'에서 "학이 구고九皐(굽이굽이 으슥한 곳의 연못가)에서 우니 그 소리가 들판에서 들리네"라고 했다. '고皐'는

4-10-2
학을 새긴 전국시대 사각 단지

물가 언덕을 가리킨다. 공영달은 이에 대해 "학은 잘 우는 새라서 연못에 있어도 그 우는 소리가 들판에까지 들린다"고 했다. 송대의 이학자 주희는 "(학은) 우는 소리가 높고 밝아서 8~9리 밖에서도 들린다"고 했다. 또 이시진도 『본초강목』의 '학' 항목에서 "(학이) 한밤중에 울면 그 소리가 하늘을 울린다"고 했다.

상술한 몇 가지 자료들을 보면 사람들이 학을 묘사하면서 꼭 울음소리를 빠뜨리지 않았음을 알 수 있다. 그래서 후대인들은 벼슬에 나가지 않은 채 재덕才德을 겸비한 사람을 흔히 '학명지사鶴鳴之士'라는 말로 칭찬했다. 중국 고대의 문인들은 학을 빌어 자신의 마음을 표현하곤 했다. 당 최호崔顥의 「황학루黃鶴樓」가 그중에서도 유명하다. "옛사람은 황학을 타고 이미 떠나고, 이 땅에는 헛되이 황학루만 남았네. 황학은 한번 떠나 돌아오지 않고, 흰 구름만 천 년을 유유히 떠 있구나[昔人已乘黃鶴去, 此地空餘黃鶴樓. 黃鶴一去不復返, 白雲千載空悠悠]." 송대의 대문호 소식은 학 묘사의 고수였다. 그가 여러 시문에서 묘사한 학의 이미지는 풍부한 의미를 담고 있어 음미해 볼 만하다. 먼저 「방학정기放鶴亭記」에서 그는 "맑고 아득하고 조용하고 거리낌이 없으며 세속의 더러움을 초연한[淸遠閑放, 超然於塵土之外]" 학의 품성에 대해 칭찬을 아끼지 않으며, "홀로 종일토록 계곡 사이에서 푸른 이끼를 쪼고 흰 돌을 밟는[獨終日於澗谷之間兮, 啄蒼苔而履白石]" 학의 삶의 방식을 무척 동경한다. '오대시안烏臺詩案'*이 터진 후 작자는 외로운 학을 스스로에게 비유한다. 「후적벽부後赤壁賦」에서 그는 "마침 외로운 학 한 마리가 강을 가로질러 동쪽에서 날아오는데, 날개는 수레바퀴 같고, 검정 치마와 하얀 저고리를 입고, 끼룩끼룩 길게 울며, 우리 배를 스쳐 서쪽으로 가는구나[適有孤鶴, 橫江

*오대시안烏臺詩案: 송 신종神宗 희녕熙寧 연간의 문자옥 사건을 말한다. 당시는 신종이 왕안석의 변법을 한창 시행하던 때였고, 어사중승 이정李定, 하정신何正臣 등은 소식의 글에 신법을 비판하는 문구가 있다는 죄명으로 소식을 체포한다. 이 사건이 어사대의 심문을 받았으므로 '오대시안'이라 부른다. 오대는 어사대의 별칭이다

東來, 翅如車輪, 玄裳縞衣, 戛然長鳴, 掠予舟而西也]"라고 읊었다. 어떤 미련이나 망설임도 없이 긴 울음소리를 내며 강을 가로질러 가는 외로운 학의 모습은 바로 시인 자신의 모습이었다.

중국 고대의 신화와 소설에서도 학은 늘 묘사의 대상이었다. 학에게 신선의 기운이 있으므로 학이 날아든 것은 곧 신선의 강림을 미리 보여주는 것이었다. 그래서 소설에서는 학을 항상 '우화등선'의 주제로 썼다. 우화등선은 선인화학仙人化鶴(선인이 학이 되어 날아감), 범인화학凡人化鶴(범인이 학이 되어 날아감), 학조비승鶴助飛升(학의 도움으로 날아오름)의 세 가지 방식이 있었다. 선인이 학이 되어 날아가는 경우는 고대소설에 흔히 보인다. 중국인의 전통 관념에서 신선과 학은 사실 한 몸이나 마찬가지다. 학이 곧 신선이며, 학 또한 불로장생이라는 신선의 특징을 갖고 있다. 그래서 신선이 학이 되고 학이 신선이 되는 장면이 소설 속에 자주 등장하는 것이 전혀 이상하지 않다. 범인이 학이 되어 날아가 신선이 되는 경우는 범인의 우화등선 중에서도 가장 독특한 형식 중 하나이다. 선학이 되어 날아가는 것은 고대 중국 사람들의 보편적 이상이었다. 신선은 근심없이 여유롭고 풍요롭게 살 수 있었으므로 신선이 되는 것은 곧 이상의 세계로 들어가는 것이었다. 학의 도움으로 날아오른다는 말은 범인이 학의 도움으로 신선이 되어 하늘로 올라간다는 의미이다. 지금도 사람들은 흔히 '학을 타고 서쪽으로 갔다[駕鶴西去]'는 말로 죽음을 표현하곤 한다.

학이 상서로운 동물인만큼 중국 고대의 공예품 중에도 학의 형상과 조형이 흔히 보인다. 하남 신정新鄭에서 출토된 전국시대 사각 주전자에는 학이 날개를 떨치고 날아가려는 형상이 새겨져 있다. 고대의 화가들도 학을 그림의 소재로 썼다. 명대의 궁정 화조화가 변문진邊文進이 바로 학 그림의 대가였다. 그가 〈죽학도竹鶴圖〉에서 그린 학은 살아 있는 듯 생동감이 넘치며 깃털의 처리가 매우 섬세하고 자연스럽다. 그 밖에 〈설매쌍학도雪梅雙鶴圖〉, 〈춘금화목도春禽花木圖〉 역시 학의 아름답고 우아한 자태뿐 아니라 속세를 초월한 그 기상까지 마음껏 표현해 내고 있다.

민간 예술에서도 학은 길상을 상징하는 문양으로 흔히 쓰였다. 민간의 전지 '녹학동춘鹿鶴同春'이 대표적인 예이다. 이 전지는 학과 사슴의 모습을 빌려 만물이 생동하는 봄날의 광경을 표현하고 있다.

4-10-3 녹학동춘鹿鶴同春

11. 뱀[蛇]

고대 중국인들의 마음속에서 뱀은 신성이 풍부한 일종의 영물이었다. 뱀을 숭상하는 문화적 인자는 세계 각지의 풍습에서 흔히 보이지만, 중국 민간 풍속에서 뱀의 지위는 특히 더 뚜렷하다. 중국의 거의 모든 지방, 모든 민족에서 뱀 문화의 그림자를 찾을 수 있다. 다른 동물 숭배와 마찬가지로 뱀신앙 역시 원시 문화에 근원을 둔다.

고고학자들은 신석기시대의 문화 유적에서 뱀의 도상을 대량으로 발견했다. 예를 들어 감숙 임조臨洮 마가요馬家窯에서 출토된 사람 머리 모양 도자기 주전자 뚜껑에는 머리는 들고 꼬리는 내린 뱀의 형상이 보인다. 지금으로부터 약 4~5천 년 전의 것인 이 기물은 뱀이 공예미술의 전당으로 들어오기 시작한 초기의 예로 볼 수 있다. 후대에 산서 양분襄汾에서 출토된 용산龍山 문화 형식의 도기 대야에는 머리와 꼬리가 서로 감긴 고리 모양의 뱀이 그려져 있었다. 양으로 따졌을 때 신석기시대 뱀 도상이 가장 많이 출토된 곳은 바로 지금으로부터 약 4~5천 년 전의 양저良渚 문화 유적이었다. 고고학자들은 복천산福泉山의 양저 문화 유적에서 수많은 뱀 문양의 도기를 발견했다(그림 4—11—1). 이들 뱀 문양은 세부 특징에 따라 두 가지로 나뉠 수 있다. 하나는 뱀의 몸 하나가 똬리를 튼 문양이다. 한가운데의 꼬리를 중심으로 세 번 몸을 둘

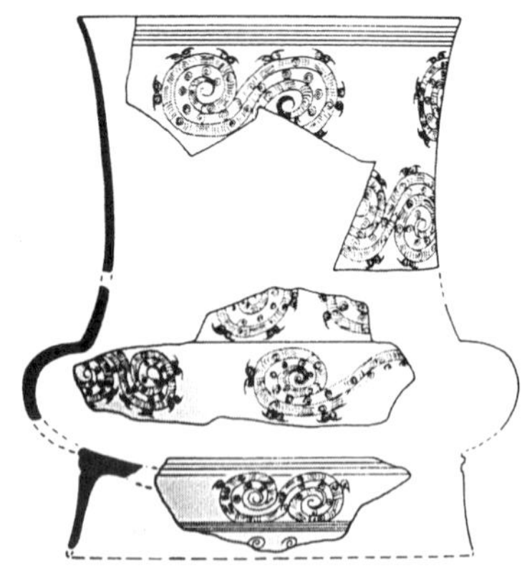
4-11-1 양저 문화 도기의 변형 뱀 무늬

러 똬리를 튼 모습이다. 다른 하나는 똬리를 튼 두 개의 몸이 하나로 연결된 모습이다. 뱀 옆에는 새가 춤을 추듯 날아오르는 문양이 있다. 뱀의 몸에 구름 모양으로 작게 말아놓은 것은 뱀 비늘 무늬를 상징한다.

신석기시대의 뱀 문양과 도상이 대량으로 발견된 것은 원시 인류의 뱀 숭배가 종교적 성격을 띠었음을 시사한다. 이후 시간이 흐르면서 뱀의 숭배는 일종의 문화적 전통의 형식으로 전승된다. 선진 때 쓰인 『산해경』은 뱀의 그림자가 책 전체를 관통하는 뱀 문화의 대작이라 할 만하다. 사산蛇山, 사수蛇水, 사곡蛇谷 등은 뱀을 지명에 쓴 예이고, 적사赤蛇, 황사黃蛇, 명사鳴蛇, 화사化蛇 등은 각양각색의 뱀의 종류를 가리킨다. 그 밖에도 머리 하나에 몸이 두 개인 뱀, 하나의 몸에 머리가 아홉 개인 뱀, 사람 머리에 뱀의 몸을 한 짐승 등 부지기수다. 이 뱀들은 날기도 하고 헤엄을 치기도 하며 하늘, 땅, 물속까지 없는 곳이 없다.

뱀 숭배의 관념은 현실 생활에도 그대로 표현되었다. 상주商周시대의 청동기 중에는 천자의 수레에 다는 두 마리 뱀 모양의 방울과 뱀 모양의 청동 국자 등이 있다. 감숙 영대靈臺의 서주시대 묘에서 출토된 청동검의 칼집에는 머리 하나에 몸이 두 개인 뱀이 투각되어 있다. 이 칼집은 독특한 조형의 심미적 가치가 매우 뛰어난 작품이다. 운남의 고전인古滇人 역시 뱀을 숭상했다. 실물 자료에 따르면 전국시대부터 서한 때까지 고전인에게는 뱀 숭배가 하나의 보편적 문화 현상이었다. 뱀 모양 바구니와 뱀 머리 모양 삽(그림 4-11-2, 4-11-3) 등이 이 시대의 유물이다.

4-11-2 고전인이 사용한 뱀 모양 바구니

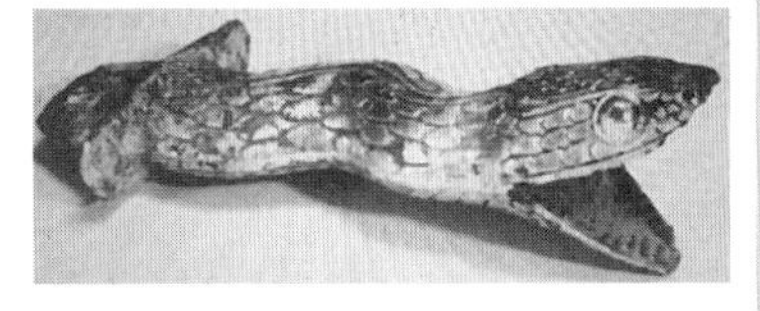

4-11-3 고전인이 사용한 뱀 머리 삽

4-11-4
한대 화상석의 복희와 여와

4-11-5
당대 비단 그림의 복희와 여와

중국 신화에 등장하는 인류의 시조 복희씨는 한대 화상석 도상에서 '뱀의 몸에 사람 얼굴, 소의 머리에 호랑이 코'의 형상으로 표현된다. 예를 들어 하남 남양에서 출토된 화상 벽돌을 보면 복희와 여와가 허리 위로는 도포를 입고 모자를 쓴 사람의 모습이지만 허리 아래로는 서로 꼬리를 말고 있는 뱀의 모습이다. 둘 중 하나는 곱자를, 하나는 그림쇠를 들고 있다. 이는 둥근 하늘과 모난 땅, 음과 양의 교합을 상징한다고 한다(그림 4—11—4, 4—11—5).

주목할 만한 것은 허구의 동물인 용의 형상이 뱀과 밀접히 관련된다는 점이다. 용은 허구의 동물이기 때문에 예술적으로 표현하기에 용이할 뿐 아니라 군주가 천하에 임할 때의 기세까지 표현할 수 있었다. 그래서 고대 중국에서 뱀의 예술적 형상은 용으로 대체되는 경우가 더 많았고 뱀을 직접 표현한 그림은 거의 찾기가 힘들어졌다. 공예나 기물에서도 뱀의 흔적은 날이 갈수록 줄어들었으며 그만큼 뱀의 위상도 천상에서 지상으로 뚝 떨어지고 말았다. 신성한 존재에서 보통의 동물로 바뀌면서 뱀은 상서로움과 풍요로움의 상징에서 다섯 가지 해충인 '오독五毒(전갈, 뱀, 도마뱀붙이, 지네, 두꺼비)'의 하나가 되고, 뱀에 대한 사람들의 태도 역시 경외에서 증오로 바뀐다. 숭배가 아닌 잡아 죽여야 할 대상이 되면서 신비로웠던 뱀의 외피가 한 겹 한 겹 벗겨진다. 그러나 이 과정이 일방적으로만 진행된 건 아니다. 뱀은 재복을 가져다주면서도 한편으로는 홍수나 가뭄을 불러올 수도 있었고, 인간에게는 재앙이면서도 무덤 속에서는 수호신이 되었으며, 장수의 영물이면서도 인간에게 잡아먹히는 동물이기도 했다. 이렇듯 뱀에 대한 사람들의 관념은 시종 뒤죽박죽에 변화막측이었다.

궁정 귀족 문화가 쇠퇴한 후 뱀의 문화는 민간에서 또 하나의 광경을 이룬다. 민간에 대량으로 등장한 사왕묘蛇王廟가 대표적인 예이다. 원대 마단림馬端臨의 『문헌통고文獻通考』 권90 「교사郊社」 편에 이런 기록이 전한다. "현령묘顯靈廟는 안릉 동북쪽에 있다. 예전에는 사왕의 사당이 있던 곳인데, 경덕景德 4년(1007)에 이름을 하사하고 대중상부大中祥符 4년(1011)에 조릉朝陵에서 관리를 파견하여 중사中祀의 예로 제사를 바꾸도록 했다." 늦어도 송대에는 사왕묘가 전국에 이미 퍼져 있었음을 의미한다. 복건성 장호樟湖 지역에는 지금도 명대에 지은 사왕묘가 남아 있다. 사당에서는 연공사신連公蛇神 3존과 이를 모시는 보살 3존을 받들고 있다. 전설에 따르면 성이 연連인 이 사당의 사신은 근처 '재현령再見嶺'에서 온 구렁이의 정기라 한다. 그해에 장호 지역에는 전염병이 돌아 수많은 사람이 죽었다. 마을에서는 곧 사람을 '재현령'으로 보내 성화聖火를 얻어오도록 한다. 그러던 어느 날 찬란한 금빛 한줄기가 하늘로 치솟았다. 구렁이 모양의 그 빛이 입에서 화염을 토하자 전염병은 금세 사라졌다. 이에 백성들은 구렁이의 은혜에 보답하고자 사당을 세우고 제사를 드리고 매년 음력 7월 7일이면 사신蛇神 행사*를 가졌다. 이 전설을 통해 사람들이 뱀을 얼마나 숭배했는지 짐작할 수 있다. 복건 서부의 사왕묘는 '명확하게 듣고 공정하게 판단하는' 장소로 알려져 있다. 사람들은 다툼거리가 생기면 바로 사왕의 신상 앞으로 가서 솔직하게 맹세를 했다. 대만 고산족의 뱀 숭배 풍속은 지금까지 이어지고 있다.

*사신蛇神 행사: 산속에서 뱀을 잡아다가 사신묘에 모두 모은 다음 나무통이나 단지에 넣고 키워 음력 7월 7일에 이 뱀들을 가지고 갖가지 축제를 벌인다. 지금도 장호 지역에서는 매년 이 행사를 벌인다

고산족의 태아인泰雅人, 농포인農布人, 배만인排灣人, 노개인魯凱人이 뱀을 숭배하며 그중에서도 배만인과 노개인이 가장 심하다. 그들은 종묘의 선조 형상 옆에 반드시 백보사百步蛇*의 형상을 따로 두고, 집안 장식, 생활용품, 무기 등에도 뱀의 형상을 새겨 넣으며 옷감의 자수나 붙이장식에도 뱀 문양을 쓴다.

고대 중국인에게 뱀은 일종의 수호신이기도 했다. 민간의 백성들은 집안의 뱀을 신으로 여기며 뱀이 곧 집안의 번영을 상징한다고 보았다. 예를 들어 지금도 소주의 농촌에서는 뱀을 소룡小龍이라 부르며, 집에서 뱀을 발견하면 반드시 집 밖에 놓아주어야 한다. 함부로 죽이면 집안에 큰 재앙이 닥친다고 믿는 것이다. 이외에도 뱀의 형상은 전지의 형식으로도 민간에 널리 퍼졌다. 산서와 섬서 지역에 지금도 유행하는 '토끼를 감싼 뱀' 문양의 전지 예술이 그 예이다. "뱀이 토끼를 감싸면 반드시 복이 찾아온다"는 말은 산서와 섬서 그리고 감숙의 일부 지역에 널리 유행하는 속담이다. 이 전지 예술에서 뱀과 토끼의 형상은 한 가지 모습만이 아니다. 어떤 것은 뱀이 머리와 꼬리를 둥글게 말아 가운데에 있는 토끼를 감싸주는 모습이며, 어떤 것은 뱀과 토끼가 정을 나누는 듯 머리를 마주한 모습이다.

뱀은 문학작품 속에서도 많은 이들의 사랑을 받았다. 『초사』 「천문」에서 굴원은 "머리가 아홉 개인 무서운 살무사, 어디로 재빨리 사라졌는가[雄虺九首, 倏忽焉在]?", "뱀 한 마리가 코끼리를 삼켰으니, 대체 그건 얼마나 큰 것인가[一蛇吞象, 厥大如何]?"라고 읊었다. 하지만 사실 이는 뱀을 특정해서 쓴 시는 아니다. 뱀에 대해 전문적으로 묘사한 중국 최초의 시는 진 부현傅玄의 「영사명靈蛇銘」으로 볼 수 있다. 시는 이렇다. "아름다운 영험한 뱀이여, 끊어져도 다시 이어질 수 있구나. 날 때도 날개가 필요하지 않고, 걸을 때도 발을 빌리지 않는다네. 위로는 하늘 높이 오르고, 아래로는 산악에서 노

*백보사百步蛇: 중국 남부와 대만, 베트남 북부 등지에 서식하는 뱀의 일종

니니, 이 명주明珠를 만나면, 그 몸이 용의 무리에 들겠지[嘉兹靈蛇, 斷而能續. 飛不須翼, 行不假足. 上騰雲宵, 下遊山岳. 逢此明珠, 預身龍族]." 부현이 묘사한 영험한 뱀은 거의 용에 가깝다고 볼 수 있다. 송대의 황희성黃希聖은 「영사靈蛇」라는 시에서 "이것은 용의 영령인지, 변화가 참으로 헤아리기 어렵구나[斷蓋龍之靈, 變化固難測]"라고 읊었다. 시인에게 용과 뱀은 이미 하나의 몸이었던 것이다. 소설에도 뱀에 관한 이야기는 자주 등장한다. 예를 들어 『삼국연의』 제1회에서는 크고 푸른 뱀이 한 영제靈帝를 깜짝 놀라게 하는 장면이 나오고, 『수호전』 제1회에서는 홍태위洪太衛가 길에서 뱀과 맞닥뜨린다. 또 『서유기』 제67회에는 당승 일행이 타라장駝羅莊에서 뱀 요괴와 싸워 이기는 장면이 나온다. 하나같이 생동적이고 흥미진진한 장면들이다. 뱀과 관련한 중국 고대의 문학작품 중에서 가장 감동적인 것은 역시 명대 풍몽룡馮夢龍 『경세통언警世通言』에 나오는 〈백낭자가 뇌봉탑에 영원히 묻히다〉라는 이야기이다. 서호의 약재상 허선許宣은 백사가 변한 귀신 백낭자와 사랑을 나누고 결혼까지 한다. 그러나 금산사의 승려 법해法海가 이를 알고 둘을 갈라놓으려 한다. 백낭자는 법해와 힘겨운 싸움을 벌이다 결국 뇌봉탑에 묻히고, 백낭자와 헤어진 허선은 머리를 깎고 승려가 된다. 이야기는 여기서 끝이 나지만 민간 전설에서는 여기에 살이 더 붙어 백낭자가 끝내 또 다른 뱀 요괴인 소청小青의 도움으로 법해에게서 벗어나 허선과 재회한다. 사람들에게 잘 알려진 「백사전白蛇傳」이 바로 이 내용을 담고 있다.

12. 닭[鷄]

열두 가지 띠 중에 닭은 열 번째로 십이지 중 '유酉'에 해당한다. "발 두 개에 깃이 있는 것을 금禽이라 하고, 발 네 개에 털이 난 것을 수獸라 한다"는 『이아』의 말에 따르면, 닭은 열두 가지 띠 중에 유일한 조류이다. 수없이 많은 자연계의 새들 중에 사람들은 왜 닭을 조류의 대표로 뽑았을까? 이에 답하기 위해서는 닭의 형상과 습성부터 살펴봐야 한다.

닭이 보통의 새들과 다른 점은 높이 솟은 볏과 화려한 깃털이다. 그 밖에도 닭은 발 뒤쪽에 '거距(며느리발톱)'라는 것이 돌출되어 있어서 싸울 때 상대를 찌르는 무기로 쓸 수 있다. 닭은 습성도 독특하다. 먹이를 찾아도 혼자 차지하지 않고 꼭 무리를 불러 함께 먹는다. 수탉은 새벽마다 큰 소리로 울어 날이 밝았음을 알린다. 중국 고대의 유가들은 본받을 만한 사물이나 동물의 모습을 빌려 자신이 추구하는 가치와 이상을 표현하곤 했다. 닭이 가지고 있는 독특함 역시 찬양의 대상이었다. 『이아익』에서는 이렇게 썼다. "머리에 관冠을 썼음은 문文이요, 넓은 발과 며느리발톱은 무武요, 적 앞에서 용감히 싸움은 용勇이요, 먹이를 보고 서로에게 알림은 인仁이요, 때를 놓치지 않고 우는 것은 신信이다." 옛사람들은 닭이 이 오덕五德 외에 '정절'의 미덕도 갖추었다고 보았다. 그래서 당대의 이빈李頻은 "비바람에도 변하지 않으니, 닭의 덕은 어찌 그리도 올곧은가[不爲風雨變, 鷄德一何貞]"라는 시구로 닭의 덕을 칭찬했다. 닭은 부부간의 사랑도 무척 깊다. 한 신문 보도에 따르면, 어떤 사람이 자기 집에서 기르던 수탉을 죽이자 이 닭과 밤낮으로 함께 지내던 암탉도 먹이를 끊고 죽었다고 한다.

물론 위의 일은 단순한 이야깃거리에 불과할 뿐이지만 고대 중국인들의 눈에 닭이 대길大吉의 상징이었음은 분명하다. 고대 민간의 풍속에서는 음력 정월 초하루를 계일鷄日로 여겼다. 계일이 되면 문에 닭 그림을 붙이고, 그 위에 갈대 끈을 걸고, 그 옆에 복숭아나무 부절을 꽂았다. 이렇게 하면 귀신들이 무서워서 문 안으로 들어오지 못했다고 한다. 이 풍속은 지금도 사천과 섬서 일대에 남아 있다. 산서 임분臨汾 일대에 유행하는 '신춘대길新春大吉' 연화를 보면 한 동자가 손에 여의와 연꽃을 든 채 수탉을 타고 있다. 이 역시 고대 계일 풍습에서 온 것으로 보인다. 음력 2월 초하루에 화북 지역에서는 태양계고太陽鷄糕라는 떡을 먹는다. 태양계고라는 이름은 태양에 닭이나 새가 살고 있다는 고대인들의 믿음에서 온 것이다. 사람들은 이 떡으로 제사를 지내면서 태양에게 바라는 희망을 닭에게 가탁했다. 섬서 일대에서는 매년 곡우 때마다 계왕진택도鷄王鎭宅圖를 벽에 붙이는 풍속이 지금도 유행하고 있다. 사람들은 곡우 날 아침 일찍 일어나 이슬에 먹을 갈아서 먹물을 만든다. 그런 다음 부리에 전갈을 문 붉은 볏의 수탉 한 마리를 종이에 그린다. 전갈의 몸은 붉은색으로 칠해 이미 죽었음을 표시한다. 벽에 이 그림을 붙이면 삿된 기운과 독충들을 피할 수 있다고 한다(그림 4—12—1).

4-12-1 계왕진택도鷄王鎭宅圖

닭이 벽사의 신이라는 건 기록으로도 남아 있다. 『습유기』에 이런 이야기가 전한다. 요임금 때에 기지祇支라는 나라에서 중명조重明鳥를 바쳐 왔다. 이 새는 눈은 닭 같고 울음소리는 봉황 같았으며, 한번 날개를 펴고 날아오르면 맹수와 사나운 호랑이까지 공격할 수 있어서 귀신들이 함부로 해를 끼치지 못했다. 후대 사람들은 대문을 깨끗이 씻고 중명조가 문 위로 떨어져 주길 바랐으나 새는 더 이상 모습을 보이지 않았다. 그래서 사람들은 나무로 새기거나 쇠를 불려 새의 형상을 만들어서 문 사이에 두었다. 그러자 도깨비와 요괴들이 모두 그것을 보고 발길을 돌렸다고 한다. 절강 금화金華 일대의 민간에서는 단오절 때 붉은 천으로 닭 염통(鷄心) 모양의 주머니를 만들어 찻잎, 쌀, 웅황 가루를 넣고 아이들의 가슴에 걸어준다. 이 주머니는 삿된 것을 물리치고 복을 불러오며, 또 '鷄心(지신)'의 발음이 기억력을 의미하는 '記性(지싱)'과 비슷해서 아이가 공부할 때 기억력을 좋게 만들어준다고 한다. 또 섣달에는 닭을 죽여 제사를 올리며 음양은 조화롭고 날씨는 너무 춥지 않고 비바람은 심하지 않기를 기원했다. 닭으로 조상에게 제사를 지내는 풍습은 더욱 흔했다. 사천, 운남 등지의 이족彝族은 조상에게 제사를 지낼 때 반드시 닭과 달걀을 제물로 올려야 했다. 그 밖에 고대에는 닭을 불살라서 비를 기원하기도 했다. 세 살짜리 수탉을 불살라 기우제를 지내는 풍습이 한대 동중서의 『춘추번로』에 언급되어 있다.

한나라 때 혼인 풍습에서도 닭은 대단히 중요한 역할을 했다. 여자는 시집을 갈 때 반드시 닭을 가지고 갔는데 흔히 이것을 '대로계帶路鷄(길을 안내하는 닭)'라고 했다. 또 결혼해서 아이를 낳으면 가까운 친지에게 붉은 달걀을 돌려야 했다. 결혼과 생식의 상징으로서의 달걀은 민간의 구어에서도 흔히 보인다. 예를 들어 사람들은 어린 남자아이를 놀리면서 항상 그 음경을 '샤오지지(小鷄鷄)'라고 부르고 고환은 '지단(鷄蛋, 달걀)'이라 부른다. 지금도 몸을 파는 여성을 흔히 '지(鷄)'라 하는데, 이 역시 닭이 가진 생식의 의미가 유용된 예라고 할 수 있다.

중국 문화에서 닭은 오락과 완상의 대상이기도 하다. 투계는 귀족의 오락 중 하나로 춘추시대부터 이미 기록으로 남아 있다. 이런 이야기가 전한다. 주 선왕宣王은 투계를 무척 좋아해서 투계 전문가인 기자紀子를 불러 투계의 사육과 훈련을 명했다. 열흘 후 선왕이 물었다. "훈련을 마쳤는가?" 기자가 답했다. "아닙니다. 다른 닭을 보거나 다른 닭이 우는 소리만 들어도 날뛰고 있습니다." 다시 열흘이 지나 선왕이 같은 질문을 했다. 기자는 이렇게 답했다. “아직도 안 됩니다. 심신이 여전히 들떠 있고 화기가 식지 않았습니다.” 다시 열흘이 지나 선왕이 물었다. “어떤가? 설마 아직도 안 되는 건 아니겠지?” 기자가 말했다. “거의 다 됐습니다. 날뛰는 것도 없어졌고 심신도 안정되었습니다. 다른 닭이 우는 소리를 듣고도 마치 듣지 않은 척 전혀 반응이 없으며, 어떤 예기치 못한 상황이 닥치더라도 미동도 않고 놀라지도 않습니다. 마치 나무로 만든 닭처럼 말입니다. 이런 닭이야말로 훈련이 잘된 닭이라 할 수 있습니다. 여느 닭들은 이런 닭을 한 번 보기만 해도 감히 싸울 엄두를 못 내고 몸을 돌려 달아나기 바쁩니다.” 선왕이 궁금한 나머지 직접 닭을 보러 갔다. 과연 그 닭은 마치 나무 닭처럼 주위의 움직임이나 소리에 전혀 반응을 하지 않았다. 그러나 그 정신만은 하나로 뭉쳐 있어 다른 닭들은 그 닭을 보자마자 감히 싸울 생각도 못하고 달아나 버렸다. 전국시대에 이르면 투계가 일반 백성들에게까지 퍼진다. 『전국책』「제책齊策」에 따르면 “임치臨淄의 7만 호 백성들은 하나같이 피리를 불고, 거문고를 타고, 금을 퉁기고, 투계를 하고, 개 경주를 하지 않은 이들이 없었다”고 한다. 백성들 모두가 투계에 빠졌던 것이다. 관련 기록에 따르면, 기원전 6세기 전후 노 소공魯昭公 때는 투계 때문에 전쟁까지 벌였다. 양한 때에도 명문의 자제와 부자들이 투계와 견마의 경주에 푹 빠졌다. 심지어 당대에는 “아이를 낳으면 문자를 가르칠 필요가 없다네, 투계와 개 경주가 책 읽는 것보다 나으니”라는 말까지 돌았다. 특히 당 현종 때는 왕이 투계를 무척 좋아해서 백성들도 이를 본받아 밤낮없이 투계에 몰두했다. 닭띠 황제가 투계는 목숨처럼 아끼고 조정은 소홀히 했으니 ‘안사安

4-12-2 투계 전지

史의 난' 같은 처참한 재앙이 일어나는 건 당연했다. 명대에는 민간에 전문 투계 조직인 '투계사鬪鷄社'까지 생겨났다. 산동, 강소, 하남 일대에는 지금까지 투계가 성행하고 있다.

중국에서 닭의 문화적 함의와 영향력이 이처럼 폭넓은 이유는 고대인들의 유구한 양계의 역사와 밀접한 관련이 있다. 고고학의 발굴 자료에 근거하면 중국의 양계 역사는 최소 8천 년 전까지 거슬러 올라간다. 신석기시대 중후기의 배리강裴李崗 문화, 북신北辛 문화, 앙소 문화, 대문구大汶口 문화, 용산 문화, 마가요 문화 유적에서 모두 집닭의 골격이 발견되었다. 당시 사람들이 이미 닭을 길렀다는 증거이다. 신석기시대 말기 굴가령屈家嶺 문화 유적에서는 대량의 닭 모양 도기가 출토되었다. 갖가지 자세의 이 도기들은 살아 있는 듯 생동적이고 민첩한 느낌을 준다. 상주시대에는 닭이 육축六畜의 하나로서 사람들의 생활과 더욱 밀접해졌다. 한자의 기원인 갑골문 중에는 닭의 형상으로 만든 글자가 상당수이며, 춘추전국시대에는 세계 최초의 양계장이라 할 수 있는 계파鷄坡(닭을 기르는 울타리)가 등장했다. 오왕 부차夫差는 성을 지어 닭을 기르기도 했다. 『오지기吳地記』의 관련 기록은 이렇다. "(오현吳縣) 동쪽 2리의 두원豆園은 오왕이 말을 기르던 곳이다. 여기에는 계파도 있었다. 계파는 가축을 기르는 곳이다." 『월절서越絶書』에도 월왕 구천이 '계산鷄山'을 만들어 닭을 길렀다는 기록이 있다. 진한 이후에는 양계가 더욱 성행했다. 동한 때 농촌에서는 닭을 풀어서 키우기도 하고 대량으로 가둬 키우기도 했다. 지금까지 출토된 한대의 갖가지 닭 모양 기물들을 보면 당시 공예의 수준이 얼마나 대단했는지 짐작할 만하다. 예를 들어 한대의 회도灰陶 수탉은 조형이 생동적이고 위엄이 넘치는

4-12-3 육조의 닭 머리 주전자

데다 두 발을 살짝 벌리고 있어 호전적인 모습을 보여준다. 병아리가 어미 닭의 등에 올라선 모습의 한대 회도는 질박함 속에서 생동하는 기운을 느끼게 해준다. 이처럼 당시 장인들은 생활의 소소한 부분에서 순간적인 아름다움을 포착하여 예술에 반영했다. 육조 때는 닭 형상의 자기가 대량으로 나와 시대적 분위기를 풍성하게 연출해 냈다.

4-12-4 육조의 닭 머리 주전자

백성들은 먹을 것이 곧 하늘이었다. 위에서 양계의 역사를 언급하긴 했지만 사실 양계의 궁극적 목적은 바로 먹기 위함이었다. 고대 중국의 음식 문화에서 닭은 혁혁한 위치를 점한다. 『예기』「월령」에는 천자가 음력 4, 5, 6월의 여름 석 달 동안 콩잎과 닭을 먹었다는 기록이 전한다. 상생상극의 오행 원리에 따르면, 여름은 불에 속하고, 불은 금을 이기고, 유금酉金은 금에 속하므로, 여름에 닭을 먹는 것은 이치상 당연하다. '오행설'이 비록 억지인 측면이 있긴 하지만 서로 다른 계절에 서로 다른 성질의 음식을 먹는 것이 보신과 영양의 균형에 큰 도움이 된다는 사실은 부인할 수 없다. 송대는 풍부한 음식 문화를 자랑한다. 송대 도성의 모습을 주로 소개한 『몽량록夢粱錄』만 보더라도 닭을 재료로 한 요리가 수십 종에 이른다. 명청대에는 닭과 관련된 음식 문화가 주로 궁정과 부잣집을 중심으로 더 발전했다. 지금도 닭과 관련된 요리는 부지기수다. 닭튀김, 훈제 닭, 닭구이뿐만 아니라 용봉정상龍鳳呈祥, 봉환초鳳還蕉* 등도 비교적 잘 알려진 음식이다.

*용봉정상은 새우와 닭을 주원료로 새콤달콤하게 만든 요리이고, 봉환초는 야채나 해산물 등으로 둥지 모양을 만든 다음 그 안에 닭고기를 놓은 음식이다

13. 쥐[鼠]

쥐가 십이지 중 첫 번째인 것에 대해 많은 사람들이 의아해하고, 심지어 어떤 이들은 화까지 낸다. 이해하지 못하는 건 그렇다 쳐도 화까지 낸다는 건 참 어리석고 우스운 일이다. 청대의 왕유광王有光이 그중 하나이다. 그는 『오하언련吳下諺聯』 권2에서 이렇게 말했다. "용은 신령스럽고 호랑이는 위엄과 용맹을 갖추어 바람과 구름이 그것을 호위해 준다. 그런데도 중간으로 떨어졌다. 비록 돼지 위에 올라탄다 하나 이미 쥐 아래에 굴복했으니, 이 어찌 도리에 어긋난 경우가 아니겠는가!" 또 청대의 유헌연劉獻延은 『광양잡기廣陽雜記』에서 십이지 중 쥐가 가장 앞에 있는 이유를 이런 식으로도 해석했다. "자시子時에 하늘이 열리는데, 이 자시를 갉아먹지 않으면 그 기氣가 열리지 않는다. 쥐는 갉아먹는 동물이므로 밤이 아직 끝나지 않았을 때가 바로 쥐가 득세를 하는 때이다. 그러므로 자시가 쥐에 속하는 것이다." 십이지 중 다른 동물들은 자시에 모두 잠에 빠져 있는데 오직 이 쥐만 활발히 움직이며 하늘이 열리는 것에 호응한다는 말이다. 옛사람들은 음양설과 동물 발톱의 수를 고려하여 십이지와 열두 가지 동물의 짝을 맞췄다. 옛 설에 따르면 자子, 인寅, 진辰, 오午, 신申, 술戌의 여섯 지지는 양에 속하므로 발톱이 홀수인 동물과 짝을 맞추고, 축丑, 묘卯, 사巳, 미未, 유酉, 해亥의 여섯 지지는 음에 속하므로 발톱이 짝수인 동물과 짝을 맞췄다고 한다. 이것이 바로 열두 가지 띠와 십이지지가 구성된 유래이다. 그렇다면 '자'와 쥐를 짝으로 맞춰 가장 앞에 둔 이유는 무엇일까? 그건 바로 '자' 시가 밤 11시부터 다음날 새벽 1시까지로 음과 양의 두 가지 속성을 모두 갖고 있기 때문이다. 그래서 짝을 맞출 동물도 반드시 음양의 속성을 함께 갖추고 있어야 했고, 쥐가 바로 앞발톱이 네 개, 뒷발톱이 다섯 개인 음양 겸비의 동물이었다.

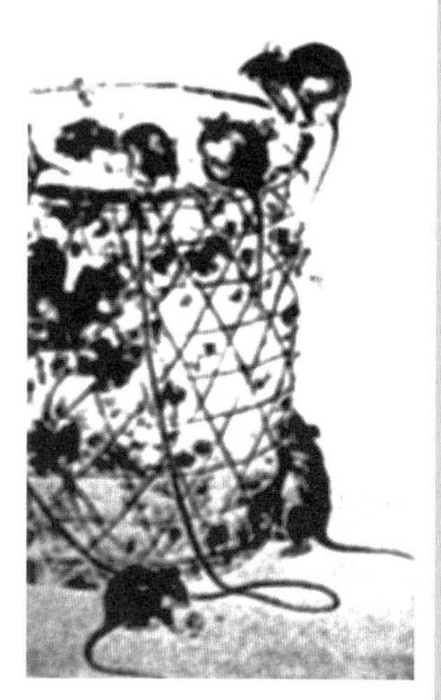

4-13-1 중국화 〈서해鼠害〉

고대에 사람과 쥐가 대립한 가장 큰 이유는 바로 양식이었다. 동시에 양식은 일부 지역에서 쥐 숭배 풍습을 가지게 된 한 원인이기도 했다. 쥐 혹은 쥐신 관련 전설은 중국 각지에서 흔히 볼 수 있다. 하북 지역의 민간에는 쥐가 황제를 도와 벼슬까지 받았다는 이야기가 전한다. 내용은 이렇다. 16국의 하나인 서량西涼에서 중원왕中原王에게 큰 초 한 쌍을 바쳤다. 어느 날 중원왕이 축전을 준비하며 초에 불을 붙이다가 쥐가 갉아먹어 생긴 큰 구멍을 하나 발견한다. 자세히 보니 그 안에는 화약이 담겨 있었다. 서량이 초를 바친 목적은 바로 화약을 폭발시켜 중원왕을 죽이려는 것이었고 중원왕은 쥐의 도움으로 죽음을 모면했던 것이다. 이후 이 쥐는 황제의 목숨을 살린 공으로 어서御鼠에 책봉된다. 비슷한 이야기가 서역에도 있다. 사서의 기록에 따르면 고대 서역에는 쥐의 나라[鼠國]가 있었다고 한다. 고증학의 연구 결과 이 나라는 바로 비단길에 위치한 불국佛國의 중심 우전于闐임이 밝혀졌다. 이 나라에도 쥐가 우전왕이 흉노를 물리칠 때 공을 세웠다는 이야기가 전한다. '서분鼠墳전설' 이라고도 하는 이 이야기는 현장의 『대당서역기』에 실려 있으며 신성 가득한 쥐들과 우전왕 사이의 일을 다루고 있다. 내용은 이렇다. 도성 서쪽 156리의 사막 길 한가운데 작은 산이 하나 있었다. 이 산은 쥐들이 파놓은 흙이 쌓여 만들어진 작은 무덤이었다. ……예전에 흉노가 수십만의 군대를 이끌고 국경의 성을 습격하여 이 쥐무덤 옆에 주둔한 적이 있었다. 그러나 당시 우전왕은 군대가 수만밖에

되지 않았다. 어찌할 바를 모르던 우전왕이 향을 살라 쥐의 신에게 기도를 드렸다. "만약 영험함을 갖고 계시다면 우리 군대를 도와주시길 비나이다." 그날 밤 우전왕의 꿈에 큰 쥐 두 마리가 나타나 말했다. "우리가 당신을 도와줄 테니 어서 군대를 정비하십시오. 내일 아침의 싸움에서 당신은 승리를 거둘 것입니다." 우전왕의 군대는 날이 밝기 전에 출동하여 적군을 습격했다. 흉노족은 전투를 위해 말을 타고 갑옷을 입으려 했으나 말의 안장, 사람의 옷, 활시위, 갑옷의 허리띠 등 실이 들어간 곳은 모두 쥐가 갉아 끊어져 있었다. 결국 우전왕은 흉노를 손쉽게 무찌른 후, 전공을 세운 쥐들을 위해 사당을 짓고 대대로 제사를 올리도록 했다.

지방의 민속에서도 쥐와 관련된 신앙을 곳곳에서 볼 수 있다. 청해와 감숙 등지에서는 매년 음력 정월 14일 밤에 '눈먼 쥐를 찌는' 풍속이 있었다. 밀가루로 눈먼 쥐 열두 마리를 만들어 고추씨로 눈을 붙이고 불에 찐 다음, 이튿날 대보름 새벽에 제사상에 올리고 향불을 피워 쥐들이 풀만 먹고 곡식에는 해를 입히지 않도록 해달라고 빈다. '조허모照虛耗'라는 풍속도 있었다. 음력으로 섣달 24일 밤에 침대 밑에 불빛을 비춰 어두운 구석에 있는 쥐를 쫓는 풍속이다. 쥐가 새로 마련해 놓은 설맞이 용품들을 갉아먹지 못하도록 하려는 것이었다. 절강 남부에는 대보름에 '쥐의 눈을 때리는' 풍속도 있었다. 검은 콩을 삶아놓고 들보 아래에 서서 콩을 들보 위로 던지며 들보에 숨은 쥐들을 모조리 쫓아달라고 비는 풍속이었다. 강소 일대의 '전창절填倉節' 풍속은 이보다 훨씬 효과적이었다. 매년 2월 2일 전창절에 사람들은 부엌의 재를 집 주위에 둘러 쥐가 들어오지 못하도록 했는데, 이를 '회권灰圈'이라고도 했다. 동북지역 조선족의 연기를 피

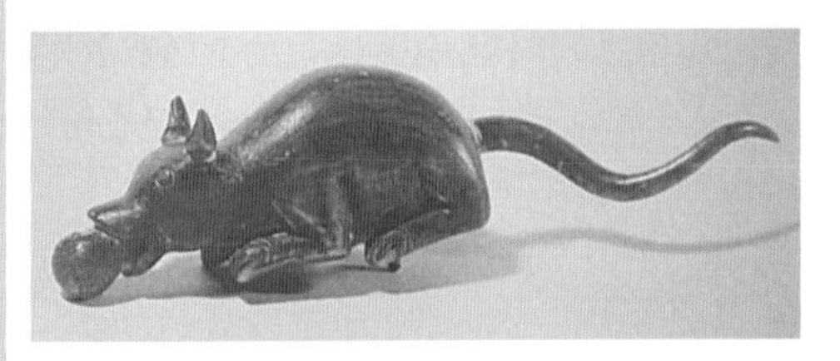

4-13-2 포도를 먹는 쥐(서한)

워 쥐를 쫓는 풍속이 이와 비슷하다. 민간 전설이나 민속에 비춰진 쥐는 인류에게 해가 되기도 하고 때로는 도움이 되기도 했다. 그래서 사람들은 쥐를 싫어하면서도 한편으로는 숭배하기도 했다. 이는 곰곰이 생각해 볼 만한 쥐와 관련된 문화적 현상이다. 생산력이 낮았던 고대의 사람들에게 가장 힘든 문제는 바로 양식이었다. 사람들과 양식을 직접 다툰 동물로는 새와 쥐가 있었고 그중에서도 쥐가 가장 두려운 존재였다. 그래서 옛사람들은 쥐와의 관계를 두 방향으로 설정했다. 하나는 생활 속에서의 실천, 즉 쥐를 쫓아내거나 아예 죽여 버리는 방법이었고, 다른 하나는 쥐에게 부디 은혜를 베풀어달라고 경건하게 비는 정신적인 방법이었다. 쥐에 대한 중국인의 이런 모순적인 태도는 이익은 취하고 해로움은 피하려는 심리가 그대로 반영된 것이다.

그러나 민속이 현실의 문제를 해결할 순 없었으며 그만큼 쥐가 인류에게 끼친 해로움은 막대했다. 쥐의 죄는 크게 네 가지로 귀결된다. 먹을 것을 다투고, 물건을 훼손하고, 제방을 무너뜨리고, 병을 퍼뜨린 죄가 그것이다. 통계에 따르면 쥐 한 마리가 매년 먹어치우는 식량은 12킬로그램, 못 쓰게 만들어 버리는 식량은 40킬로그램에 달한다고 한다. 또 이를 갉는 생리적 특성 때문에 옷, 책, 전선, 파이프관 등을 심하게 훼손한다. 또 천 리에 이르는 긴 제방에 수없이 많은 쥐구멍을 뚫기도 한다. 질병 역시 쥐들을 매개로 옮겨진다. 『20세기 10대 재앙』에 따르면 "지금까지 전 지구적인 흑사병이 세 차례 발생하여 사망자만 1억을 넘었다"고 한다. 그러니 인류가 이렇게 엄청난 위험성을 지닌 쥐를 몰살하려 한 것은 너무나 당연했다. 그러나 쥐는 사람들의 오랜 증오와 몰살의 시도에도 아랑곳 않고 오히려 날이 갈수록 자손

4-13-3 장가 드는 쥐

만대로 더 왕성하게 번식했다. 과학자들은 인류와 원숭이 외에 가장 똑똑한 동물로 쥐를 든다. 사실 쥐의 놀라운 적응력을 보면 이 주장에 금방 수긍이 갈 것이다.

중국 문학에서 쥐의 형상이 최초로 등장하는 작품은 바로 『시경』 「위풍魏風」 '석서碩鼠' 편이다. 해당 구절은 다음과 같다. "큰 쥐야, 큰 쥐야, 내 기장을 먹지 말거라. 3년 동안 너를 키워줬는데, 나는 생각해 주지도 않는구나. 이제 너를 떠나서, 저 낙토樂土로 가리라. 낙토여, 낙토여, 거기서 내 있을 곳을 찾아야지[碩鼠碩鼠, 無食我黍. 三歲貫女, 莫我肯顧. 逝將去女, 適彼樂土. 樂土樂土, 爰得我所]." 큰 쥐를 통치자에게 비유하면서 착취와 탐욕과 음란에 빠진 귀족 통치 계급에 대한 증오를 소박하고 자연스럽게 표현했다. 아울러 힘들게 착취를 견디면서도 좋은 날에 대한 희망을 버리지 않는 적극적 마음가짐을 보여주고 있다. 후대로 갈수록 쥐의 형상이 지닌 문학적 함의는 더욱 풍부하고 깊어진다. 당대 왕도王度의 소설 「고경기古鏡記」에는 풍성현豊城縣의 창고 관리 이경신李敬愼의 셋째 딸이 도깨비에 홀린 사건이 나온다. 쥐가 요괴로 변하여 인간세상의 여자를 모욕하는 이 내용은 쥐가 사람과 결혼하는 이야기의 선구가 되었다(그림 4—13—3). 도깨비를 소재로 한 이야기의 대가 포송령蒲松齡이 쥐와 관련된 이 문학적 형상을 놓칠 리 없었다. 『요재지이聊齋志異』 「아한阿汗」 편에서 그는 사람과 쥐의 사랑을 대단히 감동적으로 그렸다. 그중에서도 특히 아한(쥐)을 무척 정이 깊고 사랑스러운 존재로 묘사하여 사람들로 하여금 현실 속 쥐의 추한 모습을 잠시 잊게 만든다. 민간의 전설 중에도 쥐가 장가를 드는 이야기가 적지 않다. 이처럼 문학작품 속의 쥐는 현실의 쥐보다는 훨씬 사랑스럽게 그려졌다. 이는 고대 중국인들의 낙관적이고 여유로운 심미적 태도가 반영된 것이라 할 수 있다.

14. 돼지[猪]

'돼지' 에 대해 말한다 하면 『서유기』의 저팔계가 가장 먼저 떠오를 것이다. 어떤 사람이 젊은 여성들을 대상으로 당승을 포함한 『서유기』의 네 등장인물 중 누가 가장 사랑스러운지 설문조사를 한 적이 있다. 1위는 저팔계였다. 이유는 정감이 느껴진다는 것이었다. 꼴찌는 당승이었다. 너무 고리타분하다는 것이 이유였다. 이는 정감을 중시하는 현대 여성들의 미적 가치관이 어느 정도 반영된 결과이다. 손오공은 사람, 원숭이, 신의 삼위일체로 이루어진 존재이다. 저팔계 역시 사람, 돼지, 신의 면모가 섞여 있지만 그중에 신성은 적고 인성과 돼지의 특성이 훨씬 강하다. 그래서 현실에 더욱 가깝고 더욱 믿을 만하며 더 많은 이들의 사랑을 받는다. 혹자는 저팔계의 형상이 명대 후기 평범한 시민의 모습을 반영한 것이라 했는데, 이는 상당히 설득력있는 주장이다.

4-14-1 저팔계(전지)

돼지는 인류가 가장 먼저 길들인 동물 중 하나이다. 이는 고고학의 발견으로 이미 증명된 사실이다. 지금으로부터 약 1만 년 전 하북 서수徐水의 남장두南莊頭 유적에서 집돼지의 골격이 발견되었다. 광서 계림의 증피암甑皮岩 유적에서 발견된 약 9천 년 전의 돼지 이빨과 아래턱뼈는 개체수가 60~70마리에 달한다. 절강 여요의 하모도 유적과 안휘의 능가탄 유적에서는 다수의 돼지 모양 기물이 출토되었다. 그 형태는 아시아 산돼지와 현대 집돼지 사이의 원시 집돼지 계통에 속한다. 주로 집을 지키고 사냥에 쓰기 위해 개를 키

4-14-2 하모도 문화의 흙으로 빚은 돼지

운 것과 달리 인류가 돼지를 기른 목적은 순전히 잡아먹기 위함이었다. 그래서 먹을거리가 넉넉지 않았던 선사시대에 돼지는 재산의 상징이기도 했다. 한 학자가 돼지가 매장된 중국 신석기시대 유적에 대해 초보적 연구를 시행한 결과, 지금으로부터 약 7천 년 전의 자산磁山 문화 때부터 선사시대 사람들이 이미 의식적으로 돼지의 아래턱뼈와 이빨을 매장했음이 밝혀졌다. 근래의 학자들에 따르면 신석기시대 홍산 문화와 양저 문화 사람들은 대지의 어머니가 동물로 화신한 것이 돼지라고 믿었다고 한다. 그들의 눈에 돼지는 생명력과 생식력이 가장 뛰어난 동물이었고, 그래서 돼지가 그들이 가장 아끼는 심미적 대상이 되었다는 것이다. 물론 이 주장은 추론에 불과하지만 어쨌든 돼지가 중국 문화에 상당한 영향을 미쳤음은 분명하다.

돼지와 관련된 전설 중에는 지금 들어도 흥미로운 것들이 몇 가지 있다. 그중 하나가 『한시외전韓詩外傳』 제9권에 실린 맹모孟母와 돼지고기 이야기이다. 맹자가 밖에서 놀다가 돌아와 어머니에게 물었다. “주인집에서 돼지를 죽이던데 왜 그런 건가요?” 어머니가 답했다. “너한테 고기를 먹이려는 거란다.” 어머니는 순간 자신이 실언했음을 후회하며 이렇게 생각했다. “내가 저 아이를 가지고서 자리가 바르지 않으면 앉지도 않고 칼질이 바르지 않으면 먹지도 않으면서 태교를 했지. 그런데 지금은 오히려 아이를 속이

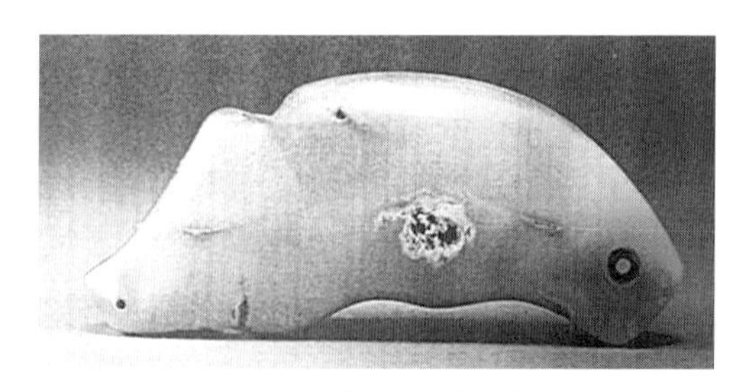
4-14-3 안휘 능가탄의 옥돼지

고 있으니 자칫하면 불신만 가르치겠구나." 이에 맹자의 어머니는 주인집에서 돼지고기를 사다가 맹자에게 먹여 거짓말이 아님을 확인시켜 주었다. 말이 아닌 몸으로 직접 보여주는 교육으로 아이에게도 신의를 잃지 않는 모습은 맹자의 어머니뿐 아니라 지금의 부모들도 교육의 본보기로 삼아야 할 것이다.

동한의 양홍梁鴻 이야기도 있다. 양홍은 어렸을 때 집이 가난하여 공부하는 틈틈이 산에 돼지를 풀어 키웠다. 그러다가 한번은 실수로 불을 내 남의 집 건물을 태워먹고 말았다. 양홍은 피해를 입은 집을 찾아가 자기 돼지로 피해를 배상해 주겠다고 했다. 건물 주인이 액수가 부족하다고 하자 양홍은 그 집의 잡일을 해주면서 갚겠다고 했다. 그 모습을 지켜보던 옆집 노인이 집주인에게 양홍이 보통 사람이 아니라며 집주인을 꾸짖었다. 집주인도 깨달은 바가 있었는지 돼지를 돌려주려 했으나 양홍은 받지 않고 그곳을 떠났다. 민사법이 완비되지 않았던 고대에는 의무의 이행이 외부의 제약이 아닌 주관적인 자각에 의해 이루어졌으므로 의무의 실현 여부는 당사자의 도덕적 수준에 따라 달라졌다. 따라서 자기가 갚아야 할 부채를 피하지 않은 양홍의 태도는 옛사람들이 민사의 관계를 처리할 때 참고해야 할 이상적 태도이자 법률의 체계가 빈약한 사회가 정상적으로 질서를 유지하기 위해 따라야 할 이상적 모델 중 하나였다고 할 수 있다. 물론 양홍의 소박하고 솔직함은 지금의 우리도 배워야 할 태도이다.

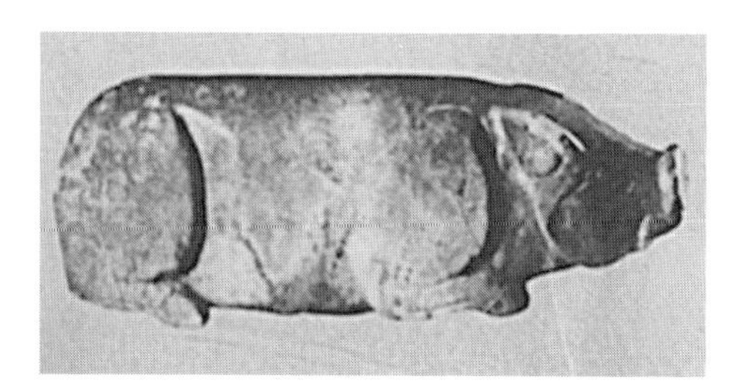

4-14-4 한대의 석돼지 '악握'

중국 각 민족의 풍속들 중에도 돼지와 관련된 것들이 상당히 많다. 한대에는 '세저歲猪' 혹은 '연저年猪'가 설음식 혹은 제사음식의 하나로 민간에 유행했다.

광동의 농촌에서는 '포대저抱大猪'의 풍속이 유행하기도 했다. 소위 '포대저'는 섣달 그믐날 밤이 되기 전에 밭으로 가서 흙 두 덩이를 안고 집으로 와서 댓잎을 이 흙덩이에 꽂아두는 것이다. 이렇게 하면 다음해에 돼지가 금방 살이 찐다고 한다. '견저우牽猪牛'는 귀주 중서부 산간 지역에서 유행한 풍속이다. 이 지역의 한족들은 정월 초하루 오후에 아이들을 시켜서 밧줄 두 가닥을 산 위의 크고 작은 바위 두 개에 묶고 양손으로 밧줄의 끝을 잡아당겨 바위가 돼지우리와 외양간 안으로 들어가도록 했다. 이렇게 하면 한 해 동안 가축들이 잘 자란다고 한다. 여기서 큰 바위는 소를, 작은 바위는 돼지를 상징한다. '봉문대길封門大吉'은 전국적으로 유행한 한족의 풍속이다. 매년 섣달그믐 직전에 대문에 '대문향大門香' 두 자루를 꼽고 돼지발톱을 제물로 바치고 촛불을 켜고 폭죽을 터뜨리고 대문에 '봉문대길'이라고 쓴 붉은 종이를 붙이고 지전을 태우고 대문을 꼭 잠근다. 바깥의 사람은 들어오지 못하고 집 안의 사람도 나가지 못하게 해서 앞으로 빚쟁이가 찾아와 빚을 독촉하는 일이 없게 해달라는 것이었다. 하북, 북경, 동북 지역의 한족들 사이에서는 '첩추요貼秋腰'가 유행했다. 소위 '첩추요'는 입추 날에 몸에 좋은 음식으로 여름 동안 소모된 체력을 보충하는 풍속을 가리킨다. 이때 먹는 음식이 바로 돼지고기를 주재료로 한 보양식이었다. 사천 중경重慶의 일부 한족들 사이에는 '어미돼지 귀신을 죽이는' 풍속도 유행했다. 집에 좋지 않은 일이 생기거나 가축에 병이 들면 '길일'을 택해 집에서 기르던 어미돼지를 죽여 사지를 찢고 머리, 발굽, 창자, 간, 폐 등을 대나무 바구니에 담아

4-14-5 상대의 돼지 모양 구리 술그릇

본당에 놓고 향을 피우며 기도를 올린다. 그런 다음 돼지고기와 내장 등을 나눠 먹는다. 이렇게 어미돼지 귀신을 죽이면 삿된 귀신을 몰아낼 수 있다고 사람들은 믿었다. 한족과 일부 소수민족의 결혼식에도 돼지와 관련된 풍속이 적지 않다. 예를 들어 섬서 서부西府 일대에는 신랑 쪽에서 신부 측에 돼지 족을 보내는 풍습이 있다. 이는 돼지 족을 의미하는 '제蹄' 자의 음(ti)이 '함께'를 의미하는 '제齊(qi)' 자와 비슷한 점에 착안하여 '함께 왔다가 함께 가라는', 즉 영원히 함께하라는 의미를 기탁한 것이다. 지금도 동북 지역의 일부 한족과 만주족 사이에는 결혼 전에 신랑 측에서 신부 쪽에 '이낭육離娘肉'이라 불리는 돼지고기를 보내는 풍습이 남아 있으며, 운남 서쌍판납西雙版納 일대의 포랑布朗족은 결혼식 때 돼지고기 꼬치를 선물로 준다. 이런 풍습들은 돼지의 민속적 형상을 빌어 행복한 결혼생활에 대한 바람을 표현한 것이라 할 수 있다.

비단 민속뿐 아니라 고대 중국의 공예미술품에도 돼지의 형상은 수없이 많다. 지금으로부터 약 5~6천 년 전의 대문구 문화 유적에서는 돼지 모양의 홍도 솥이 발견되었다. 이 기물에서 돼지는 네 다리로 힘주어 땅을 밟고 입을 벌린 채 고개를 들고 서 있다. 또 두 귀는 쫑긋 세우고 목은 앞으로 쭉 빼고, 배는 부르고 꼬리는 살짝 말린 모습이다. 절묘한 구상과 정교한 솜씨로 돼지의 형상을 소박하면서도 생동감있게 표현한 걸작이다. 호남 상담湘潭에서 출토된 돼지 모양 구리 술그릇은 은상시대의 유물이다. 돼지의 형상은 입이 길면서 살짝 올라가 있고, 배는 묵직한 느낌을 주며, 엉덩이는 둥글고 꼬리는 짧고,

4-14-6 대문구 문화의 돼지 모양 솥

귀는 작고 눈은 둥글다. 또 몸통과 머리 부분에 서로 다른 모양으로 새겨진 무늬는 시원스럽게 선이 뻗어 있어 아름다움을 더한다. 기물 전체의 무게중심이 아래로 향하여 묵직한 안정감을 주고 제작 기술 또한 매우 세밀하여 최고의 예술적 매력을 풍긴다. 한대에는 후장厚葬의 풍습이 성행하여 항상 옥이나 돌로 만든 돼지를 부장품으로 무덤에 넣었다. 이런 기물은 보통 사자의 손에 놓았으며 이를 '악握'이라 불렀다. 여기서 '악'의 함의는 사자가 빈손으로 떠나지 않게 하겠다는 것이다. 이는 사자를 입이 빈 채 떠나보내지 않게 하려는 '반함飯含'과 같은 맥락이다. 돼지 모양 '악'은 사자의 생전 재산의 상징으로서 무덤에 함께 묻혔다. 이는 곧 생전의 부귀를 다른 세상까지 가져가서 계속 누리라는 의미이다. 한대에는 이런 옥석 돼지가 상당히 많았으며 어떤 것은 금박으로 겉을 싸기까지 했다. 강소 보응寶應의 한묘漢墓에서 출토된 돼지 모양의 금박 '석악石握' 한 쌍이 그 예이다. 흰색 석재를 새겨 만든 이 기물은 몸 전체에 금칠을 해 반짝반짝 빛이 난다. 한대의 구리 합금 수레 장식과 화상석에서도 돼지 형상의 문양을 볼 수 있다. 한대 화상석의 돼지 형상에는 산돼지도 있고 집돼지도 보인다. 이들은 하나같이 자신감이 넘치면서도 각자가 나름의 오묘한 자태와 분위기를 연출하고 있다. 이외에도 서진의 돼지 모양 청유青釉 자기, 당대의 돼지 모양 백유白釉 자기 등도 모두 상당한 예술적 가치를 지니고 있다.

돼지는 음식 문화에서도 최고의 자리를 차지해 왔다. 선진 때 '포시炮豕'는 '8대 진미' 중 하나에 속했다. 요리법은 복잡했지만 그 진귀한 맛이 사람들을 끌었다. 송대의 유명인 종택宗澤과 소식은 돼지고기 음식 문화에 뜻밖의 공헌을 남겼다. 금화화퇴金華火腿는 금과의 전투에서 승리한 종택에게 선물을 하기 위해 마을 사람들이 돼지고기 뒷다리를 절여 임시변통으로 만든 음식이었으나 의외로 지금까지도 별미로 전해지고 있다. 대시인 소동파의 동파육東坡肉은 '기름지지만 느끼하지 않은' 돼지고기 음식이다. 요리의 비결은 물론 동파 선생이 원조이다. 동파는 「저육猪肉」에서 이렇게 썼다. “황주黃州의 좋은 돼지고기, 그 값이 진흙과 같으니, 부자는 먹으려 하지 않고, 빈자는 삶을 줄을 모른다. 불은 천천히, 물은 적게 하여, 스스로 익기를 기다릴 것이며, 급히 재촉하지 않아도, 불의 세기가 충분할 때 그 스스로 맛이 좋아진다.”

15. 말[馬]

중국에서 말은 생명력과 진취정신의 상징이었다. 중국 민족의 적극적이고 진취적인 태도를 가리키는 소위 '용마龍馬정신' 역시 같은 맥락에서 나온 말이다. 말은 육축 중에서 인류가 가장 나중에 길들이기 시작했으며 그 시기는 대략 신석기시대 말기 즈음이다. 이에 대해서는 고고학적 증거 외에 고대의 전적에도 기록으로 남아 있다. 예를 들어 『주역』「계사 하」에는 "소를 부리고 말을 탈 수 있게 하여 무거운 것을 끌고 먼 곳까지 이르러 천하를 이롭게 했다"는 기록이 있고, 『신당서』「왕구례전王求禮傳」에서는 "헌원軒轅 이래로 소를 타고 말에 탈 수 있게 되었다"라고 했다.

말의 먼 조상인 시조마始祖馬는 지금으로부터 약 5~6천만 년 전의 신생대에 살았으며, 이후 점신마漸新馬, 중신마中新馬, 상신마上新馬, 초원 야생마로 점차 진화하였다. 집말은 초원 야생마를 기른 것이다. 중국의 말은 아시아 말에 속하며 대략 몽고마, 하곡마河曲馬, 합살극마哈薩克馬, 이리마伊犁馬, 삼하마三河馬, 흑룡강마黑龍江馬, 철령만마鐵嶺挽馬, 서남산지마西南山地馬의 여덟 가지 품종으로 나뉜다. 옛사람들은 우수한 말은 준駿, 기驥, 효驍, 류騮, 록騄, 이騠로 부르고, 열등한 말은 노駑, 태駘, 건騫 등으로 불렀다. 그중에서도 명마는 따로 이름이 있었다. 예를 들어 주 목왕穆王의 팔준八駿은 적기赤驥, 도려盜驪, 백의白義, 유륜踰輪, 산자山子, 거황渠黃, 화류華騮, 녹이綠耳라 하고, 당 태종의 소릉육준昭陵六駿*은 백제오白蹄烏, 특근표特勤驃, 삽로자颯露紫, 청추靑騅, 십벌적什伐赤, 권모과拳毛騧라는 이름으로 불렸다.

---

*소릉육준昭陵六駿: 당 태종의 무덤인 소릉의 벽에 새긴 여섯 마리 준마를 가리킨다. 모두 태종이 생전에 전쟁을 치르면서 탔던 말들이다

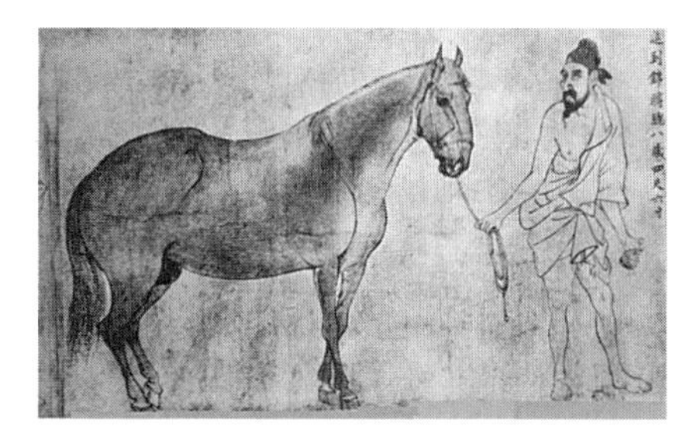

4-15-1 소릉육준의 첫 번째 말

4-15-2 소릉육준의 두 번째 말

말과 인간의 관계는 매우 밀접하다. 생산 활동과 전쟁 모두에서 말은 인간과 뗄 수 없는 동물이었다. 말 숭배에 대해서는 춘추시대 때부터 이미 기록으로 남아 있다. 『주례』「하관夏官」'교인校人'에서는 봄에는 마조馬祖에게, 여름에는 선목先牧에게, 가을에는 마사馬社에게, 겨울에는 마보馬步*에게 제사를 지냈다고 했다. 민간에서 마신馬神은 수초마명왕水草馬明王 혹은 마왕야馬王爺라고도 불렸으며 그 원형은 금일제金日磾**이다. 한 무제 때 마감馬監(말을 돌보는 관리)은 팔이 네 개에 눈이 세 개인 신으로 묘사되었다. 역대 왕조 대부분이 마신에 대한 제사를 제도로 만들었다. 예를 들어 명대의 주원장은 남경 태복사太僕寺에서 마신에 대한 제사를 주관하도록 했다. 한대부터는 매년 음력 정월 초엿새를 '말의 날'로 정했다. 기록에 따르면 이날의 날씨를 보고 그 해에 말이 잘 자랄지를 예상했다고 한다. 즉, 맑은 날씨는 육育(자람)을, 흐린 날씨는 쇠衰(쇠함)를 의미했다. 민간신앙에서는 누에의 신을 '마두낭馬頭娘'이라 부르기도 했다. 이 신은 머리는 말이고 몸은 사람인 소녀의 형상이라고 한다. 이는 옛사람들이 누에의 몸은 여자의 몸처럼 연약하고 머리는 말을 닮았다고 여겼기 때문일 것이다.

---

*마조는 천사성天駟星 별자리를, 선목은 처음으로 말을 방목한 사람을, 마사는 말을 기르는 곳에 세운 토지신 사당을, 마보는 말에게 재해를 내리는 신을 가리킨다

**금일제金日磾: 한 무제 때의 흉노족 왕자로 흉노족이 한나라 군사에게 패한 후 한궁漢宮으로 잡혀와 말을 기르는 관노가 된 인물이다

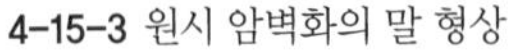

4-15-3 원시 암벽화의 말 형상

4-15-4 진 병마용

고대에 말이 주로 쓰인 곳은 역시 전쟁터였다. 춘추시대 전투의 주된 형식은 차전車戰이었으나 전국시대에 오면 기병과 기마전이 등장하기 시작한다. 『손빈병법孫臏兵法』에서는 "지형이 용이하면 전차를 많이 쓰고, 지형이 험하면 기병을 많이 쓰라"고 했다. 아울러 손빈은 기병의 장점은 이합집산을 쉽게 할 수 있다는 것이라고 했다. 조趙나라 무령왕武靈王은 전쟁에서는 "굳이 옛것을 본받을 필요가 없다"고 했다. 그는 품이 넓은 도포보다는 단이 짧고 소매가 좁은 호복胡服이 말 위에서 움직이기에 훨씬 편하다고 보고, 스스로 솔선하여 호복을 입은 후 모든 군대에서 호복을 착용하도록 명했다. 위의 두 사례는 전국시대의 장수와 왕이 기마전을 무척 중시했음을 증명해준다. 기마전에서 말의 속도는 전쟁의 승패와 직결된다. 한 무제는 민첩한 전투마를 얻기 위해 대완大宛을 정벌하여 준마 수십 필을 빼앗기도 했다. 남북조의 서사시 「목란사木蘭辭」에는 목란이 아버지를 대신해 군대에 나가면서 "동쪽 시장에서 준마를 사고, 서쪽 시장에서 안장을 사고, 남쪽 시장에서 고삐를 사고, 북쪽 시장에서 채찍을 사는" 장면이 나온다. 훌륭한 전마는 그에 어울리는 좋은 마구를 써야 '관산關山도 나는 듯이 넘을' 수 있는 것이다. 당대는 중국 기병의 최전성기였다. 그 이유는 동진부터 수대 말까지의 대란, 오호십육국과 남북조를 거쳐 당대까지 3백 년 동안 끊임이 없었던 전란과 관계가 깊다. 원대의 강역은 지중해 일대까지 미쳤다. 당시에는 그 누구도 전마의 사나운 기세를 막을 수가 없었다. 원대와 달리 청대는 말 위에서 천하를 얻은 건 아니었다. 명 말의 장수 오삼계吳三桂가 뒷문을 통해 청군을 끌어들였기 때문이다. 중국 전역을 손에 넣은 청군에게 가장 두려운 건 역시 백성들의 반란이었다. 청 조정은 백성들이 빠른 말을 가지면 여기저기서 신출귀몰하며 천하에 대란을 일으킬 것이라 생각하고 백성들이 아예 말을 기르지 못하도록 명을 내린다. 강희제는 말의 매매를 금지하는 법을 어기는 자는 모두 교수형에 처한다고 엄포를 놓았다. 또 법을 어기고 말을 기르는 자를 고발하면 상을 하사하되, 그 고발인이 팔기 신분이면 말을 상으로 주고, 일반 백성이면 형부의 창고에서 은 다섯 냥을 상으로 주겠다고 했다. 말을 기르는 자를 마치 적처럼 대한 것이다. 공중전 위주의 현대전에서는 말이 더 이상 큰 역할을 하지 못하게 되었고, '마혁과시馬革裹屍(말가죽으로 시체를 싸다. 즉, 전장에서 죽다)' 라는 말 역시 전장에 나간 군인이 죽음을 두려워하지 않고 전투에 임한다는 상징적 의미로만 쓰이고 있다.

중국 고대 예술에서 말의 형상은 대단히 아름답고 눈부신 자태를 자랑한다. 이미 원시사회 때부터 말의 암벽화가 등장했다. 북위 역도원酈道元의 『수경주水經注』에 이런 기록이 전한다. "하수河水 동북쪽 석암산石巖山을 지나 북성北城에서 오백 리 떨어진 곳의 산석 위에 자연 그대로의 무늬가 있는데, 모두 전마와 흡사한 형상으로 뚜렷하게 드러나 마치 그림처럼 보인다. 그래서 이 산을 화석산畵

4-15-5 동한의 동마銅馬

4-15-6 한묘 벽화의 목마도牧馬圖

石山이라 한다." 하남 안양安陽에서 출토된 상대의 옥마玉馬는 유치하면서도 귀엽고 천진난만한 모습이 옛사람들의 소박한 심미적 취향을 보여준다. 섬서에서 출토된 서주의 청동 망아지 술잔은 조형이 예스럽고 소박하며 비율이 적당하여 생생한 느낌을 준다. 옛사람들이 말의 형체미에 대해 정확한 인식을 하고 있었음을 알 수 있다. 전국시대 반원형 와당의 쌍마雙馬 문양은 가는 몸이 추상적인 느낌을 주면서도 생동적이고 활발한 맛을 잃지 않고 있다. 유명한 진나라의 병마용은 세상을 깜짝 놀라게 한 걸작이다. 곱고 선명한 색채는 진짜 말과 대동소이하고, 핍진한 형태와 사람을 압도하는 기세는 세계 조각사에서 더없이 높은 위치를 점하고 있다. 감숙 무위武威의 뇌대雷臺에서 출토된 동한의 동분마銅奔馬는 질풍처럼 내닫는 모습이 사람들의 감탄을 자아낸다. 곽거병霍去病 묘 앞의 화강석에 조각된 말은 소박하면서도 예스러운 분위기를 풍겨 한대 석조 예술의 대표적 작품으로 평가받는다. 회화 예술 분야에서는 한묘 벽화 〈목마도牧馬圖〉가 생동적이고 비범한 기세를 자랑한다. 당대 화가 중에는 염립본閻立本, 오도자吳道子, 왕유王維 등이 말을 그렸으며, 조로曹露와 그의 제자 한간韓幹은 말 그림의 대가였다. 지금도 남아 있는 한간의 〈목마도〉는 묵직하고 깊은 붓놀림으로 유명하다. 이외에 송대의 이공린李公麟, 원대의 조맹부, 명대의 구영仇英, 청대의 낭세녕郎世寧 등이 모두 말 그림의 고수로서 후세에 전해질 훌륭한 작품들을 남겼다. 현대 화가로는 서비홍徐悲鴻을 빼놓을 수 없다. 그는 서양화의 기법과 중국 전통화의 기법을 융합하여 수차례나 초원 깊숙이 들어가 건강하고 힘이 넘치는 말들을 그렸다. 화가들이 말을 선호하는 이유는 하늘이 내려준 우아하고 아름다운 신체 비율 때문일 것이다. 그리고 바로 이 점에서 그림 속의 말을 감상하는 것이 문학작품 속의 말을 음미하는 것보다 훨씬 부담없고 여유로운 느낌을 준다.

문학작품 속 말의 형상은 『시경』에 이미 등장했다. 「소아」 '백구白駒' 의 "반짝반짝 새하얀 망아지가, 내 밭의 콩잎을 먹었네. 그것을 붙잡아 묶어놓고, 오늘 밤을 보내면, 말했던 그 사람이, 이곳의 좋은 손님이 되겠지[皎皎白駒, 食我場藿. 縶之維之, 以永今夕. 所謂伊人, 於焉嘉客]"라는 구절이 그것이다. 하얗고 깨끗한 망아지를 정감 넘치게 그리며 사모하는 임과 연관시키고 있다. 남조 진陳 심형沈炯의 시 「늙은 말을 노래하다[咏老馬]」는 위와는 또 다른 맛을 풍긴다. "지난날 군대의 대오를 따라, 땀 흘리며 몇 번이나 동서를 오갔네. 하루에 천 리를 내달리고, 깊은 진흙을 세 길이나 튀겼지. 물을 건너다 자주 뼈가 상하고, 서리를 뒤집다 누차 말굽이 닳았네. 나이 저물었다 말하

4-15-7 한간의 〈목마도〉

4-15-8 서비홍 〈분마도奔馬圖〉

지 마시라, 길을 찾을 때는 오히려 헤매지 않으니[昔日從戎陣, 流汗幾東西. 一日馳千里, 三丈撥深泥. 渡水頻傷骨, 翻霜屢損蹄. 勿言年齒暮, 尋途尙不迷]." 호방하고 자신감 넘치는 시이다. 당대의 이백은 「자류마紫騮馬」에서 이렇게 읊었다. "자류마가 나아가다 또 울부짖으며, 벽옥의 두 말발굽을 번득이네. 물가에 와서 건너려 하지 않으니, 비단 말다래가 아까워서인가. 흰 눈 덮인 관산은 멀고, 누런 구름 낀 변방의 바다는 아득하네. 채찍 휘두르며 만 리 길 떠나는데, 어찌 규방의 아내를 생각하겠는가[紫騮行且嘶, 雙翻碧玉蹄. 臨流不肯渡, 似惜錦障泥. 白雪關山遠, 黃雲海戍迷. 揮鞭萬里去, 安得念春閨]." 장부의 남다른 기개가 느껴지는 시이다. 이후 송원명청의 문인들 역시 수도 없이 말을 노래했다. 그것이 시든 산문이든 문인들은 겉으로는 말에서 영감을 얻어 말을 묘사하지만 사실 이는 사람의 정과 사람의 뜻과 사람의 고통을 표현한 것이었다.

제5권

길게 뻗은 대나무에 건 듯 바람은 불고 · 화초 편

1. 매화[梅]

5-1-1 개자원芥子園 오색 인쇄 화보

매화는 장미과의 낙엽교목이다. 청대 『광군방보廣群芳譜』 권22에서 "매화는 여러 꽃나무 중에서도 으뜸이다. 그 꽃은 살구처럼 향이 진하지만, 살구는 비할 바가 못 된다"고 했다. 매화는 잎보다 꽃이 먼저 핀다. 앙증맞은 꽃이 한 떨기 혹은 두 떨기씩 한꺼번에 핀다. 꽃은 대부분 흰색과 담홍색이며, 향은 맑고 그윽하다. 가지 끝에 주옥을 꿰어 놓은 듯 달린 매화는 앙증맞기 그지없다. 매화는 낙엽교목 중에서 싹이 가장 일찍 돋는다. 음력 섣달 말이면 벌써 싹이 트기 시작한다. 그러나 서남쪽 온열대 지역의 매화는 개화 시기가 중원과 다르다. 10월에도 매화가 피기 때문이다. 당대唐代의 노선盧僎은 「시월매화서증十月梅花書贈」에서 이렇게 썼다. "그대는 사천 땅의 기후가 중원과 다름을 아는가. 매년 시월이면 매화가 핀다네. 황실 정원에선 이제 눈 속에서 꽃이 필 것이니, 이곳에선 꽃이 바로 눈이 됨을 어찌 알겠는가." 아주 오랜 옛날부터 매화는 넓은 지역에 분포했다. 『산해경』 「중산경中山經」에서는 "영산靈山

은…… 그 나무가 대부분 복숭아, 자두, 매화, 살구이다"라고 했다. 또 『시경』「소아」'사월四月' 에서는 "산에 아름다운 초목이 있으니, 밤나무와 매화로구나[山有佳卉, 侯栗侯梅]"라고 했다. 매화는 장강 이남의 각 지역에 분포하고 있다. 사서의 기록에 따르면 매화가 천하에 이름을 떨친 것은 대략 서한 초엽부터였다. 한대漢代의 양웅揚雄은 「촉도부蜀都賦」에서 "앵두와 매화로 덮고, 목란을 심었구나[被以櫻梅, 樹以木蘭]"라고 했다. 지금으로부터 2천여 년 전에 이미 매화가 중국 서부 지역의 도시 녹화를 위한 수종으로 쓰였던 것이다.

한과 진晉을 거쳐 남북조 때까지를 중국 매화의 첫 번영기라 할 수 있다. 이후 수, 당, 오대가 되면 매화의 재배가 더욱 성행한다. 당시에 매화의 품종은 주로 강매江梅와 궁분매宮粉梅였다. 두보는 「강매」에서 이렇게 노래했다. "매화 꽃술 섣달 전에 터지더니, 매화꽃이 새해 들어 많아졌구나. 봄기운 좋은 줄은 잘 알겠으나, 나그네의 시름은 또 어찌한단 말인가[梅蘂臘前破, 梅花年後多. 絕知春意好, 最奈客愁何]." 사천에서는 활짝 핀 주사매朱砂梅를 '홍매紅梅' 라 불렀다. 당대에는 또 녹색 꽃받침의 '녹악매綠萼梅' 가 처음으로 재배되었다. 송원대에는 매화 재배가 급격히 번성하기 시작했다. 명청대는 매화 재배가 최고조에 이른 시대로 남경의 매화산, 소주의 광복사光福寺, 항주의 서계西溪 등 수많은 지역이 매화를 심고 감상하는 곳으로 유명했다. 매화의 품종은 대단히 많다. 송의 범성대范成大는 『매보梅譜』에 90여 종의 매화를 실었고, 여기에 『군방보群芳譜』, 『화경花鏡』 등에 소개된 매화를 합하면 무려 2백 종도 넘는다. 사람들은 그중 백매와 홍매를 가장 좋아했다.

매화는 중국 10대 명화名花 중 으뜸으로 '설중고사雪中高士' 로도 불리며, 재배된 역사는 무려 2,500여 년에 달한다. 『사사류기事詞類奇』에서는 "물과 뭍에 사랑스러운 초목의 꽃향기가 심히 많으나, 매화만이 유독 천하보다 먼저 봄을 맞는다"고 했다. 그래서 사람들은 매화를 뭇 향기의 으뜸이자 봄을 알리는 사자로 간주했다. 양梁 간문제簡文帝는 「매화부梅花賦」에서 이렇게 썼다. "매화는 유독 일찍 피어 봄을 알려준다네. 혹은 햇볕을 받아 금빛을 발하기도 하고, 문득 눈과 섞여 은빛을 입기도 하네. 꽃잎이 떨어지다 하늘에서 흩날리니, 향기가 바람을 타고 멀리까지 미치는구나[梅花特早, 偏能識春. 或承陽而發金, 乍雜雪而被銀. 摽半落而飛空, 香隨風而遠度]." 매화는 혹한을 뚫고 피어나 은은한 향기로 봄소식을 알려주며 그러면서도 복사꽃이나 자두꽃과 봄을 다투지 않는다. 또 매화는 허영을 부러워하지 않고 스스로의 절개를 잃지 않는 청심淸心의 군자를 상징한다. 그래서 창송蒼松, 취죽翠竹과 함께 세한삼우歲寒三友라 일컫고, 난초, 대나무, 국화와 함께 사군자四君子를 이룬다. 예로부터 수많은 사람들이 매화를 아끼고 감상하고 그리고 읊고 심어왔다. 남북조의 유신庾信은 「영병풍시詠屏風詩」에서 "어젯밤에 새가 봄을 지저귀어, 놀란 울음에 사방이 꿈틀댔네. 오늘 아침 매화나무 아래에는, 꽃을 노래하는 이 반드시 있겠지[昨夜鳥聲春, 驚鳴動四鄰. 今朝梅樹下, 定有詠花人]"라고 읊었다. 지금까지 매화를 노래한 문학작품은 수도 없이 많았다. 그중 가장 유명한 것으로는 북송 임포林逋의 시 「산원소매山園小梅」의 "드문드문 그림자는 맑고 얕은 물에 비스듬히 기울고, 그윽한 향기는 달빛 황혼에 사뿐히 떠다니네[疏影橫斜水清淺, 暗香浮動月黃昏]"라는 구절을 들 수 있다. 임포는 매화에 푹 빠져서 평생토록 벼슬도 마다하고 결혼도 하지 않은 채 항주 서호의 고산孤山에 은거하며 매화를 심고 학을 벗으로 삼았다. 그래서 사람들은 그를 '매처학자梅妻鶴子(매화를 아내로, 학을 자식으로 삼음)'라 부르고 사후에는 '화정선생和靖先生'이라는 시호를 주었다.

5-1-2 선묘 매화

매화는 원래 우정을 상징하는 꽃이었다. 유향劉向의 『설원說苑』에 따르면 춘추시대 월越나라의 사절은 양梁나라로 갈 때마다 국왕에게 매화를 바쳐 우호를 표시했다고 한다. 위진 때부터는 매화와 관련된 시문이 점점 많아진다. 포조鮑照가 매화를 읊은 시인의 선구가 된 이래로, 양의 유견오庾肩吾, 하손何遜, 음갱陰鏗, 소자경蘇子卿, 북주北周의 유신 등이 모두 매화시를 지었다. 양 간문제 소강蕭綱도 「매화부」를 지었다. 남조 유송劉宋 때의 유개劉凱는 장안의 친구 범엽范曄(당시의 유명한 사학자)에게 매화 한 가지를 보내며 이런 시를 덧붙였다. "꽃가지 꺾어 역리를 만나, 변방 사람에게 보내네. 강남에는 있는 것이 없으니, 애오라지 봄 한 가지라도 보내야지[折花逢驛使, 寄與隴頭人. 江南無所有, 聊寄一枝春]." 매화와 관련된 이 일화는 천고의 미담이 되었다. 남조 민가 「서주곡西洲曲」에는 "매화 그리워 서주로 내려가, 매화 꺾어 강북에 부치네[憶梅下西洲, 折梅寄江北]"라는 구절이 있다. 이 풍속은 후대에까지 이어졌다. 수당 이래로 사람들은 섣달 말에 눈을 밟고 매화를 찾거나 매화 가지를 잘라서 병에 꽂아 공양하는 것을 아름다운 일로 여겼다.

5-1-3 기울어진 매화와 그림자

전설에 따르면 꽃에는 꽃의 신, 즉 화신花神이 있다고 한다. 『회남자淮南子』 「천문훈天文訓」에 "여이女夷는 북을 두드리고 노래를 불러 천지의 화기를 다스리고 온갖 곡식과 금수와 초목을 자라게 한다"는 기록이 있다. 동한의 학자 고유高誘는 여기에 "여이는 봄여름에 만물이 생장하는 것을 주관하는 신이다"라는 주석을 달았다. 그렇다면 여이는 전설 속 최초의 화신으로서 다산을 주관하는 그리스신화의 아르테미스에 상당한다고도 볼 수 있다. 불교에서 화신은 남자의 몸으로 가섭존자가 바로 그이다. 이외에도 중국에는 꽃을 전문으로 하는 신이 있다. 매 꽃마다 각각의 신이 있다는 것이다. 이들 대부분은 꽃을 사랑하는 일반 사람이 사후에 공경을 받은 경우이다. 매화의 신은 남조 송宋 무제武帝의 딸 수양壽陽공주로 알려져 있다. 그녀는 정월 초이레에 궁중에서 매화를 감상하다가 피곤해서 잠깐 잠이 들었는데, 그때 매화꽃이 이마에 찍혀 아무리 닦아도 지워지지 않았다고 한다. 사람들은 이 모습을 '매화장梅花妝(매화 화장)'이라 불렀다. 두보는 한 시에서 "동각에서 매화를 보고 시흥이 동하니, 하손이 양주에 있던 때 같구나[東閣觀梅動詩興, 還如何遜在揚州]"라고 읊었다. 하손은 남조 제량齊梁 사람으로 양주에 있으면서 「일찍 핀 매화를 노래하다[詠早梅]」라는 시를 지어 매화의 신이라는 영예를 받은 인물이다.

매화는 정신과 운치와 자태와 향과 색을 모두 갖추었다. 그래서 사람들은 다양한 시각에서 매화의 매력을 감상하곤 했다. 청대의 문인 공자진龔自珍은 이렇게 말했다. "매화는 굽어 있는 것이 아름다우며, 곧으면 자태가 없다. 기울어진 것이 최고이며, 똑바르면 볼 것이 없다. 성김이 귀한 것이며, 빽빽하면 모양이 나지 않는다." 사람들은 매화 중에서도 백매白梅를 극찬한다. 백매는 백설 같으면서도 백설보다 향기롭다. 그래서 한중선韓仲宣은 「그믐날 고씨의 숲 속 정자에서 연회를 갖다[晦日宴高氏林亭]」라는 시에서 "버들이 있는 곳의 구름은 이파리인 듯하고, 매화 사이의 눈은 꽃과 같구나[柳處雲疑葉, 梅間雪似花]"라고 읊었다. 백매를 읊은 명구는 색과 향을 함께 묘사한 경우가 많다. 왕안석王安石의 "멀리서도 눈이 아님을 아는 건, 그윽한 향기가 전해와서라네[遙知不是雪, 爲有暗香來]"가 대표적인 시구이다. 육유陸游의 『복산자卜算子』 「영매咏梅」는 매화의 정신과 운치를 살려 고결한 품격을 기막히게 표현한 명편이다. 시는 이렇다. "역사 밖 끊어진 다리 가에, 쓸쓸히 피었네 주인도 없이. 어느새 날 저물어 홀로 수심에 잠기는데, 바람에 비까지 맞고 있네. 힘들게 봄을 다툴 뜻이 없는데도, 뭇 향기의 시샘을 받는구나. 꽃잎 떨어져 진흙이 되고 갈려서 먼지가 되더라도, 그 향기만은 예전과 같기를[驛外斷橋邊, 寂莫開無主. 已是黃昏獨自愁, 更着風和雨. 無意苦爭春, 一任群芳妬. 零落成泥碾作塵, 只有香如故]."

옛사람들은 꽃을 자신과 동등한 생명의 본질을 지닌 존재로 대했다. 그만큼 꽃을 사랑했다는 것이다. 그들은 꽃에도 일정한 품격과 정신이 깃들어 있다고 보았다. 매화는 추운 겨울의 빙설 속에서도 꿋꿋이, 그리고 활짝 꽃을 피운다. 염량의 세태에는 전혀 아랑곳하지 않는다. 이런 매화의 모습은 스스로 절개를 지키고 깨끗한 마음을 잃지 않는 군자와 닮았다. 사람들이 매화를 노래하는 것은 이런 고상한 품격을 노래하는 것이다. 육유는 「매화절구絕句」에서 "매화는 새벽바람에 꽃망울 터뜨려, 사방 온 산에 눈이 쌓인다는데, 어떻게 이내 몸은 천억 개가 되어, 한 그루 매화에 하나의 내가 될까[聞道梅花坼曉風, 雪堆遍滿四山中, 何方可化身千億, 一樹梅花一放翁]"*라고 읊어 스스로를 매화에 비유하였다. 또 원대의 왕면王冕은 「백매」에서 매화의 고결한 정신을 이렇게 읊었다. "빙설의 숲 속에서 그 자태 드러내니, 향기에 먼지 섞인 도리桃李와는 다르다네. 한밤중에 홀연히 맑은 향기 피우더니, 하늘 땅으로 흩어져 만 리의 봄이 되는구나[冰雪林中著此身, 不同桃李混芳塵. 忽然一夜淸香發, 散作乾坤萬里春]."

송대에 매화가 문인들의 사랑을 받은 것은 회화 예술과 관련이 깊다. 북송 이래로 매, 난, 국, 죽은 소위 문인화의 전유물로 점차 굳어졌다. 북송 화가는 '묵매墨梅'의 화법을 창시하여 구부러진 매화의 가지와 비스듬히 기운 성긴 그림자까지 남김없이 묘사했다. 원대의 왕면은 「묵매」라는 시와 그림으로 이름을 날렸다. 그는 회계會稽(지금의 절강 소흥) 출신으로 자가 원장元

---

* '방옹放翁'은 육유의 호이며 여기서는 시인 자신을 가리킨다

章, 호가 자석산농煮石山農이다. 빈한한 가정에서 태어난 그는 진사 시험에 합격하지 못한 우울함을 달래고자 명산대천을 찾아다녔다. 묵매 그림에 능했던 그는 송의 화가 양무구楊無咎의 화법을 계승하여 많은 꽃과 빽빽한 가지로 그림에 생명력을 부여하고 그 속에 자신의 생각을 기탁했다. 고궁박물관에 소장되어 있는 그의 〈묵매도墨梅圖〉는 습묵濕墨으로 줄기를 그리고 담묵으로 꽃을 찍어 대단히 아름답고 자연스러우면서 생기발랄한 느낌을 준다. 그림에 붙인 제화시題畫詩는 이렇다. "내 집 벼루 씻는 연못 끝 나무, 하나하나 꽃이 핀 담묵의 흔적. 빛깔 좋다는 칭찬은 바라지도 않으니, 그저 맑은 기운만 천지에 가득했으면[吾家洗硯池頭樹, 箇箇華開澹墨痕. 不要人誇好顏色, 只留清氣滿乾坤]." 그야말로 시와 그림이 서로를 빛내주는 명작이 아닐 수 없다.

수당 이후 매화는 장식의 도안으로도 크게 유행했다. 1983년에 하남 섬현陝縣의 한 당묘唐墓에서 원주형의 초 두 자루가 발굴되었다. 그중 비교적 온전한 한 자루는 길이가 45센티미터, 직경이 5.5센티미터 정도였고, 표면에 상당히 공들인 흔적의 검은색과 녹색 매화 도안이 그려져 있었다. 이것은 지금까지 발견된 초 중에 가장 시대가 빠르다. 돈황 막고굴 제61굴에 불교의 '화택유火宅喩' 고사를 묘사한 벽화가 있다. 이 벽화에 그려진 우거牛車를 보면 네 기둥이 큰 휘장 하나를 지탱하고 있고 그 휘장에 매화 도안이 화

5-1-4 조지겸趙之謙의 매화도

려하게 수놓아져 있다. 명청대 공예품에서도 매화는 중요한 소재였다. 특히 눈 속에 핀 매화는 도기의 문양으로 흔히 쓰였다. 매화는 길상을 상징하는 도안이기도 하다. 중국어로 매梅와 미眉가 같은 음(mei)이기 때문에 매화가지 끝에 까치 한 쌍을 그려 '기뻐서 눈썹 끝이 올라간다[喜上眉梢]'는 의미를 대신 표현하곤 했다.

2. 난蘭

난화蘭花

난은 난과의 초본식물이며, 춘란春蘭, 산란山蘭, 초란草蘭, 타타향朶朶香 등으로도 불린다. 그중에서 사람들에게 가장 익숙한 이름은 춘란이다. 원기둥 모양에 육질의 뿌리를 갖고 떨기로 자라는 것도 있고, 마디 모양에 초질草質의 이파리를 갖고 향부자처럼 무성하게 자라는 것도 있다. 난은 일반적으로 이른 봄에 이파리에서 꽃대가 몇 가닥 나와 끝부분에서 엷은 황록색의 꽃이 은은한 향기를 내며 핀다. 『설문해자』에서 "난은 향초다"라고 했다. 난초의 향은 그윽하면서 짙은 향기가 멀리까지 퍼지므로 옛사람들은 이를 향조香祖, 국향國香, 왕자향王者香, 천하제일향 등으로 불렀다. 『광군방보廣群芳譜』에서는 이렇게 썼다. "난초의 그윽하고 맑은 향은 멀리까지 미치며, 짙은 향기가 옷에 스미면 열흘이 지나도록 사라지지 않는다." '왕자향' 은 한유韓愈의 「금조琴操」에 나오는 말이다. "공자는 제후들을 찾아갔다가 임용되지 못하고 위衛나라에서 노魯나라로 돌아와 산골짜기에 숨어들었다. 향란이 홀로 무성한 모습을 보고 한숨을 쉬며 탄식했다. '무릇 난은 왕자향이어야 하나 지금은 홀로 무성하여 뭇 풀들과 짝을 이루고 있구나.' 이윽고 수레를 멈추고 금을 가져다 튕기며 시대를 만나지 못한 스스로를 가슴 아파했다." 난초꽃의 그윽한 향기에는 신비감마저 감돈다. 있는 듯 없는 듯, 숨은 듯 드러난 듯, 진한 듯 옅은 듯, 먼 듯 가까운 듯 향기가 퍼진다. 그래서 "오래 앉아 있어도 방 안에 향기가 있는지 모르다가, 창문을 열자 나비가 날아오는"

상황이 벌어진다. 서로 다른 난초꽃은 서로 다른 향기를 풍긴다. 춘란, 연판란蓮瓣蘭, 혜란蕙蘭의 맑은 향, 한란寒蘭의 짙은 향, 건란建蘭의 계화향, 또 다른 건란의 달콤한 향, 호두란虎頭蘭의 단향檀香 등이 그렇다. 난은 맑은 향을 최고로 친다. 이 청향淸香은 다른 어떤 꽃에도 없는 향이다. 역대의 수많은 시인들이 그윽하고 맑은 난향에 대해 찬사를 아끼지 않았다.

야생란은 중국 남부와 동부의 산과 숲 속에 널리 분포해 있다. 아주 오래전부터 난은 관상을 위해 분재로 만들어졌다. 난은 품종이 매우 다양하며 겉모습이 단출하고 소박하면서도 우아하고 깨끗한 분위기를 풍긴다. 여기에 그윽한 향기까지 품었으니 사람들이 좋아하지 않을 수가 없었다. 난은 또 혼을 부르고 불길함을 없애주기도 했다. 『예문유취藝文類聚』에 따르면, 전국시대 정鄭나라에는 3월 3일 상사절上巳節마다 난초꽃으로 혼을 불러 액운을 쫓는 풍속이 있었다고 한다. 굴원의 「이소」를 보면, 난초로 장식을 만들고 목란의 떨어진 이슬을 마시는 장면이 자주 나온다. 이는 당시 초楚나라의 풍속이었으며 향초로 장식을 만드는 것 역시 벽사의 기능과 관련이 있다. 난초를 재배한 역사는 대략 2,500여 년에 이른다. 처음에는 난이 관상용뿐 아니라 실용적인 목적으로도 쓰였다. 난초꽃으로 목욕을 해서 몸에 향기가 돌고 마음까지 깨끗이 했던 것이다. 『대대례大戴禮』에서는 "5월 5일에 난을 쌓아 목욕을 한다"고 했고, 『초사』에서는 "난탕蘭湯에 목욕하고, 향기로운 꽃에 머리를 감는다"고 했다.

옛사람들은 난초꽃을 대단히 높이 평가했다. 굴원은 자신의 시에서 수십 번이나 난초를 언급했다. 「이소」에서는 "아침에 목란의 떨어진 이슬을 마시고, 저녁에 가을 국화의 떨어진 꽃부리를 먹네[朝飮木蘭之墜露兮, 夕餐秋菊之落英]"라고 읊었고, 이외에도 "가을 난초 엮어 노리개로 삼네[紉秋蘭以爲佩]", "추란이 무성하게 당 아래에 그물처럼 자랐구나. 푸른 잎에 하얀 줄기, 그 향기가 내게 스며드네. 추란은 푸르디푸르니, 녹색 잎에 자줏빛 줄기로구나

[秋蘭兮麋蕪, 羅生兮堂下. 綠葉兮素莖, 芳菲兮襲予. 秋蘭兮青青, 綠葉兮紫莖]" 등의 명구도 있다. 후대인들이 굴원을 난의 신이라고 추앙한 것도 이 때문이다. 난초꽃은 기운, 색, 자태, 풍치가 모두 맑고 깨끗해서 그 덕이 군자에 비유되었다. 도연명도 난초를 좋아했다. 국화도 좋아했지만 난초도 그만큼 좋아한 것이다. 그는 「유란幽蘭」이라는 시에서 "그윽한 난이 앞뜰에 피어, 향기 머금고 맑은 바람을 기다리네. 맑은 바람 시원하게 불어오니, 쑥대 속에서도 그 향기 다른 줄 알겠구나[幽蘭生前庭, 含薰待淸風. 淸風脫然至, 見別蕭艾中]"라고 읊었다. 그윽한 난의 품성을 자신의 고결한 정신에 비유한 것이다.

난은 깊은 향기를 내뿜는 품성 때문에 '공곡가인空谷佳人'이라는 아름다운 이름도 얻었다. 난초꽃은 야생에서 자라도 스스로의 몸을 깨끗이 하고, 깊은 산골짜기에서 자라도 사람이 없다고 향기를 멈추지 않고, 얼음이 얼고 눈이 내린 후에도 스스로의 품성을 바꾸지 않는다. 그래서 옛사람들은 난을 담박한 미인, 곤궁함을 즐기는 은사, 도를 닦고 덕을 지키는 군자에 비유하곤 했다. 『가어家語』에서는 이렇게 말한다. "지초芝草와 난초는 깊은 숲에서 자라며, 사람이 찾지 않는다고 향기를 숨기지 않는다. 군자는 도를 닦고 덕을 세우지, 곤궁하다고 해서 절개를 바꾸진 않는다." 또 『문자文子』에서는 "난초와 지초는 남이 찾아주지 않는다 해서 그 향기를 숨기지 않으며, 군자의 도를 행함은 남이 알아주지 않는다 해서 그만두지 않는다"고 했다. 『역易』「계사繫辭」에서는 "두 사람이 마음을 함께하면 그 뜻으로 쇠를 자를 수 있고, 같은 마음의 말은 그 향기가 난초와 같다"고 했다. 공자는 난초의 향을 선인善人의 도덕적 행위에 비유하며 "선인과 함께하면 지초와 난초가 있는 방에 들어간 것과 같다. 오래 지나도 그 향기를 알지 못하나 곧 그것에 동화된다"고 했다. 군자의 덕은 난을 감동시킬 수 있다고도 한다. 그래서 『예문유취』 권6에서는 『나함별전羅含別傳』을 인용해 "나함이 나이가 많아 벼슬을 그만두고 집으로 돌아오자 뜰에 갑자기 난초가 자라났다. 이는 그의 덕행에 감동한 것이다"라고 썼다.

난에 관한 역대의 시는 가장 먼저 그 깊음을 읊었다. 진陳의 주홍양周弘讓은 「산란부山蘭賦」에서 이렇게 노래했다. "기특한 풀이 있으니, 높은 산언덕 땅에서 난다네. 새가 다니는 길을 올려보고도 그것과 통하기를 끊어버리고, 사람 다니는 자취를 보고도 그곳에 가진 않는구나. 스스로 그렇게 높이 우뚝하니, 어찌 뭇 사람의 정으로 아껴줄 수 있으리. 차라리 새끼줄로 맬 순 있을지언정, 머물러 달라 붙잡진 못한다네. 하늘의 조화를 받고 함께 자라나, 초목과 더불어 같이 이르렀네. 평탄한 길에 들어서니 소리는 사라지고, 산 깊은 곳은 막히어 고요하기만 하네. 오직 금대琴臺에만 식견이 있다가, 남몰래 기계綺季*를 알게 되었네[愛有奇特之草, 產於空崖之地. 仰鳥道而裁通, 視行踪而莫至. 挺自然之高介, 豈衆情之服媚. 寧紉結之可求, 非延佇之能洎. 稟造化之均育, 與卉木而齊致. 入坦道而銷聲, 屛山幽而靜異. 獨見識於琴臺, 竊逢知於綺季]." 다음으로는 그 향기를 읊었다. 진晉의 부현傅玄은 「추란을 노래하다[咏秋蘭]」라는 시에서 "추란이 있는 음옥지, 연못물이 맑고도 향기롭구나. 물고기 한 쌍이 스스로 뛰어오르니, 두 마리 새가 때마침 돌며 나네[秋蘭蔭玉池, 池水淸且芳. 雙魚自踴躍, 兩鳥時迴翔]"라고 읊었다. 『순자荀子』에서는 "백성들은 초란椒蘭과 같은 나의 향기를 좋아한다"고 했다. 이는 난의 향기를 자기 자신에게 비유한 첫 예이다.

난화의 깊음은 곧 스스로 향기를 풍기는 군자의 품성을 대변한다. 명대 장우張羽는 「난화를 노래하다[咏蘭花]」에서 "하얗게 되었다가 다시 노란빛을 아우르며, 사람이 없어도 스스로 향기를 풍기누나. 한 치 마음은 원래 크지 않으나, 수많은 향을 담을 수 있다네[能白更兼黃, 無人亦自芳. 寸心原不大, 容得許多香]"라고 했다. 깊은 곳의 난은 고상한 성품의 은자를 닮았다. 그래서 소철蘇轍은 「난초를 보내주신 임琳 어르신께 답하다[答琳長老寄幽蘭]」라는 시에서

---

*기계綺季: 기계는 진말한초의 은사隱士인 '상산사호商山四皓' 중 한 명 기리계綺里季를 가리킨다. 여기서는 '은사'라는 넓은 의미로 쓰였다

"골짜기 깊은 곳에서도 난이 자라는 곳 보이지 않더니, 산들바람 좇다가 우연히 얻게 되었네. 해탈한 맑은 향은 본래 물든 바가 없어, 한 번 향기를 맡고도 참된 앎을 알겠구나[谷深不見生蘭處, 追逐微風偶得之. 解脫清香本無染, 更因一嗅識眞知]"라고 읊었다. 당대 시인 왕발王勃은 「칠석부七夕賦」에서 "금의 소리와 옥의 울림, 혜초의 마음과 난의 바탕[金聲玉韻, 蕙心蘭質]"이라는 표현으로 난화와 같은 인품을 칭찬했다. 그러나 한편 이 깊음을 아무도 알아주지 않는 마음으로 여겨 깊은 곳의 난초로 회재불우의 신세를 표현한 문인들도 있었다. 당대 초기 시인 진자앙陳子昻의 「감우感遇」 두 번째 시가 그렇다. "난초와 두약杜若은 봄여름으로 자라나니, 무성한 그 모습 어찌 그리 푸르고 푸른가! 빈 숲 속에서 그윽이 홀로 자태를 발하며, 붉은 꽃잎 자줏빛 줄기를 덮었네. 뉘엿뉘엿 해는 기울고, 하늘하늘 가을바람 불어오는구나. 한 해의 꽃은 다 떨어지려는데, 향기로운 뜻은 끝내 무엇을 이루었는가[蘭若生春夏, 芊蔚何青青. 幽獨空林色, 朱蕤冒紫莖. 遲遲白日晩, 嫋嫋秋風生. 歲華盡搖落, 芳意竟何成]?"

중국의 시와 그림은 서로를 돋보이게 한다. 많은 문인들이 난을 노래한 것처럼, 난을 그린 화가들의 붓 역시 그에 못지않았으며 나아가 그림 속에 시를 넣어 함께 어울리도록 했다. 남송 화가 정사초鄭思肖는 난초 그림에 "순수하게 군자일 뿐 소인은 전혀 없다[純爲君子, 絕無小人]"라는 시제를 넣었다. 조맹부趙孟頫의 묵필화는 대부분 고목, 대나무, 돌, 난초 등을 그린다. 마치 글씨를 쓰듯 유창하고 생기가 넘치는 그의 붓놀림은 소식 이후 문인화의 소재와 기교를 그대로 계승한 것이다.

난은 향초이면서도 가을바람을 두려워한다. 난화는 그윽한 향기 때문에 흔히 여성에 비유되곤 한다. 그래서 남조 때 송의 사령운謝靈運은 「강비부江妃賦」에서 "난초꽃 소리도 토하지 않고, 붉은 얼굴은 빛이 나는 듯[蘭音未吐, 紅顏若輝]"이라 했고, 진晉의 육기陸機는 「일출동남우행日出東南隅行」에서 "슬픈 노래는 맑은 소리를 토하고, 우아한 울림은 그윽한 난향을 퍼뜨리네[悲歌吐清

響, 雅韻播幽蘭]"라고 노래했다. 난화는 향기가 진해서 여자들이 항상 머무는 곳을 가리키는 말에도 흔히 쓰였다. 난방蘭房, 난실蘭室 등이 그 예이다. 한대에는 후비들의 궁전을 난규蘭閨라 불렀다. 덕이 없는 여자나 과부가 심은 난화는 향기가 나지 않는다는 말도 있다. 『안자춘추晏子春秋』에서는 "과부가 난을 심으면 자라긴 해도 향이 나지 않는다"고 했다. 물론 이는 여성을 천한 존재로 무시한 미신에 불과하다. 난은 임신의 상징으로도 쓰였다. 이와 관련된 이야기는 『좌전』「선공宣公」3년에 나온다. 정문공鄭文公의 첩 연길燕姞이 어느 날 천사가 난 한 다발을 주며 아들을 낳게 해주는 꿈을 꾼다. 얼마 후 그녀는 정말로 아들을 낳고 정문공은 아들의 이름을 '난'이라 짓는다. 그래서 사람들은 난의 꿈을 꾸면 임신의 징조가 있는 것으로 여겼다.

난은 타인의 자제에 대한 미칭으로도 쓰일 수 있다. 지란芝蘭, 난지蘭芝, 난옥蘭玉 등이 그 예이다. 남송의 진조陳造는 「과거급제한 이석을 축하하며[賀二石登科]」라는 시에서 "사가난옥의 참된 가문에, 소씨의 문장과 견줄 만하네[謝家蘭玉眞門戶, 蘇氏文章亦弟兄]"라고 노래했다. 여기서 '사가난옥'은 동진東晉의 대신 사안謝安의 조카 사현謝玄과 사랑謝朗을 가리킨다. 사람들은 이 둘을 '난지옥수蘭芝玉樹'라 불렀다. 또 후대 사람들은 남의 집 자손들을 '난계蘭桂'라 부르고, '난계제방蘭桂齊芳', '난자계손蘭子桂孫' 등의 말로 타인의 자손들을 축하하기도 했다. 난과 계수나무가 모두 빼어난 향기를 자랑하기 때문이다.

옥란玉蘭이라는 이름의 꽃이 있다. 하지만 이 꽃은 난화의 일종이 아니라 목란과의 낙엽 교목이다. 옥란은 초봄에 봉오리를 맺어 3월에 꽃을 피운다. 한 가지에 하나씩 나는 꽃은 큰 꽃잎이 아홉 개나 된다. 하얀색에 푸른빛이 감돌아 마치 옥색 같고 그 향은 난초와 같다. 바람이 불면 빛깔은 더 윤이 나고 향기는 더 진해져 옛사람들은 "하얀 바탕에 흔들거리는 빛", "빙설 같은 향과 색", "밝고 하얀 옥란화, 검은 먼지와 때를 받아들이지 않네"라는 말로 그것을 형용하곤 했다. 옥란은 대대로 장식 문양에 많이 쓰였다.

3. 대나무[竹]

대나무는 대형 벼과 식물의 일종이다. 땅속줄기는 목질木質이 되어 길거나 짧게 자라고 줄기에는 마디가 분명하며 마디 사이는 텅 비어 있다. 여러 갈래로 가지가 나고 가지 위에는 뾰족한 잎이 자라며 꽃은 좀처럼 피지 않는다. 『산해경』에서는 "파총산嶓冢山과 효수梟水 가에 복숭아나무 가지와 대나무가 많다"고 했다. 중국에는 장강 유역과 화남華南, 서남부 등지에 모죽毛竹, 자죽紫竹, 약죽箬竹, 강죽剛竹 등 3백 종에 이르는 대나무가 대량으로 자라고 있다. 『산해경』에 "운산雲山에 있는 계죽桂竹은 매우 독해서 사람에게 상처를 내면 반드시 죽게 만든다"는 기록이 전한다. 계죽이라는 대나무가 사람을 죽일 수 있을 만큼 독성이 강했다는 것이다. 고대에는 도지죽桃枝竹이라는 대나무도 있었다. 이 대나무는 복숭아가지처럼 생기고 마디가 있었다. 『위지魏志』에서 "왜국倭國에 도지죽이 있다"고 하고, 『설문』에서 "도지는 네 치 크기에 마디가 있다"고 했다. 배씨裴氏의 『광주기廣州記』에서는 "광주에 도지죽이 있다"고 했다. 『죽보竹普』에서 "도지죽은 껍질이 매끈하고 노란색이며 그것으로 자리를 만들 수 있다"고 했다. 문죽文竹이라는 것도 있는데 사실 이건 모양만 비슷할 뿐 대나무는 아니다. 가지가 아주 가늘고 이파리가 구름 모양이라 운편죽雲片竹이라고도 하며 분재에 쓰인다. 문죽은 깨끗하고 앙증맞아서 책상에 놓아두면 문아한 맛이 넘친다. 남천죽南天竹 역시 외관은 대나무지만 실상은 대나무가 아니다. 상록의 관목으로 천축天竺 혹은 남천죽藍天竹이라고도 하며 높이가 2미터에 이른다. 줄기 전체에 녹색 깃털 모양의 작은 잎이 덮여 있고, 가을과 겨울 사이에 이파리 사이에서 작은 열매들이 덩굴로 자란다. 겨울에 이 열매를 거실이나 서재에 두면 우

5-3-1『개자원화보芥子園畫譜』의 대나무

아한 정취가 절로 우러난다.

중국에서 대나무는 가장 특색있는 나무 중 하나이다. 푸른 대는 숲을 이루어 흔들흔들 다양한 자태를 자랑하고 바람이 불거나 비가 오거나 눈이 내릴 때마다 새로운 운치를 보여주므로 사람들이 무척 좋아한다. 대나무는 겨울에도 시들지 않아 소나무, 매화와 함께 '세한삼우歲寒三友'라 불린다. 대나무의 용도는 매우 광범위하다. 옛날에는 대나무줄기로 배, 자리, 악기, 취사도구 등을 만들 수 있었고, 건축 자재나 광주리, 키 같은 물건도 만들고 종이의 원료로도 썼다. 죽순은 음식의 재료로도 쓴다. 또 대나무가 불 속에서 빠지직 타는 소리가 귀신을 쫓는다는 설도 있다. 대나무가지는 온화한 관음보살의 표지이다. 일본에서 대나무는 영원한 젊음과 정복 불가능한 힘을 상징한다. 다채롭고 풍성한 중국의 대나무 문화는 대략 세 부분으로 나뉜다. 하나는 이야기와 전설, 하나는 대나무의 정직하고 겸손하고 깨끗한 정신을 표현한 문인들의 시와 그림, 하나는 옛사람들의 정신과 실제 생활에서 막대한 위치를 차지한 실용의 문화이다.

기이한 대나무에 대해서는 『산해경』 외에도 여러 기록이 전한다. 남조 때 성홍지盛弘之의 『형주기荊州記』에서는 이렇게 썼다. "임하의 동산에 큰 대나무가 있다. 둘레가 수십 아름에 높이도 수십 길이나 높다. 작은 대나무가 그 옆에서 자라나는데 모두 4~5아름은 된다. 아래에는 직경이 4~5길에 이르는 너른 반석이 있다. ……바람이 대나무에 불면 피리 부는 소리가 난다.” 그야말로 천지의 조화로 이루어낸 신기한 대나무라 할 만하다. 반죽斑竹(얼룩 대나무)과 관련해서는 이런 이야기가 전한다. 순舜임금이 운남雲南을 순유하면서 두 왕비 아황娥皇과 여영女英으로 하여금 소수瀟水와 상수湘水 일대에 머물도록 한다. 순임금이 죽자 두 왕비가 흘린 눈물이 대나무를 물들였고, 그래서 얼룩진 이 대나무를 반죽이라 부른 것이다. 이후 두 왕비는 소비瀟妃와 상비湘妃로 불렸다. 서진西晋 장화張華의 『박물지博物志』에도 “동정洞庭의 산에서 황제의 두 여인이 울었다. 그 눈물이 대나무에 흩뿌려져 대나무가 모두 얼룩졌다”는 기록이 있다. 봉황이 대나무를 먹었다는 이야기도 전한다. “황제黃帝 때 봉황이 황제의 오동나무에 둥지를 틀고 황제의 대나무 열매를 먹었다”는 『한시외전韓詩外傳』의 기록이 그것이다. 여기서 대나무 열매는 죽순을 가리킨 것으로 보인다. 다른 새들도 죽순을 먹었다. 『장자』에서 “원추鵷雛새는 연실練實이 아니면 먹지 않는다”고 했다. 여기서 연실은 대나무 열매, 즉 죽순이다. 죽순을 먹을 수 있다는 건 아주 오래전 사람들도 알았다. 『초국선현전楚國先賢傳』에 죽순을 바쳐 효도한 맹종孟宗 이야기가 나온다. “맹종의 어머니는 죽순을 좋아하셨는데 겨울이 다가올 즈음 돌아가셨다. 아직 죽순이 나오지 않은 때였다. 맹종이 대나무 숲으로 들어가 슬피 탄식하자 죽순이 밖으로 나와주었다. 맹종은 그것을 돌아가신 어머니께 바쳤다. 지극한 효성에 감동한 것이다.” 대나무와 관련된 전설이 이처럼 많다는 사실 자체가 옛사람들의 삶에서 대나무가 매우 중요한 위치에 있었음을 말해준다.

자연의 경물을 노래하는 문인들의 시에서 대나무의 실용적 가치는 사라진다. 문인들의 눈은 순전히 심미적인 것에 맞춰져 대나무의 형태와 그 정신의 묘사에 집중한다. 곧게 뻗은 줄기, 비어 있는 마디, 피지 않는 꽃, 서리에도 시들지 않는 대나무의 모습은 정직, 겸손, 영예와 이익을 멀리함, 절개 등의 고상한 인품과 어울린다. 대나무의 마디는 절조를, 마디 속이 빈 것은

5-3-2 들쭉날쭉한 대나무 그림자

겸손을, 가늘고 곧은 줄기는 정직을, 피지 않는 꽃은 허영과 이익을 멀리하는 모습을, 한겨울에도 시들지 않음은 정절을 대표한다. 대나무는 항상 은자와 현인의 상징이었다. 물론 은자와 현인들 역시 대나무와 함께하기를 좋아했다. 위진시대에는 죽림칠현竹林七賢이 있었다. 『진서晉書』와 『위씨춘추魏氏春秋』에 따르면, 죽림칠현은 혜강嵇康, 완적阮籍, 산도山濤, 향수向秀, 유영劉伶, 완함阮咸, 왕융王戎으로 항상 대나무 숲 속에서 모임을 가졌다. 현인이 대나무를 좋아했다는 이야기는 이외에도 적지 않다. 동진東晉의 왕자유王子猷가 그 예이다. 위대한 서예가 왕희지王羲之의 아들인 그는 예법에 얽매이지 않고 스스로를 맑고 깨끗하게 했다. 대나무를 워낙 좋아해서 거처를 옮길 때마다 대나무를 두루 심고 밤낮으로 거기서 노닐었다. 또 외출 후에도 죽림을 잊지 못해 "어찌 하루라도 이 군자 없이 보낼 수 있단 말인가!"라고 탄식하곤 했다.

대나무를 노래한 역대의 시문은 부지기수다. 이들은 모두 대나무의 모양과 자태와 품격에 착안했다. 제량齊梁의 시 중에는 대나무의 자태를 묘사한 것이 특히 많다. 제의 사조謝朓는 「영죽시咏竹詩」에서 "창 앞의 대나무 한 무더기, 새파랗게 홀로 기특함을 말하네. 남쪽의 가지는 북쪽의 이파리와 엇갈리고, 새로 난 죽순은 옛 가지와 섞이었구나[窓前一叢竹, 青翠獨言奇. 南條交北葉, 新笋雜故枝]"라고 노래했다. 또 양 간문제는 「수죽부脩竹賦」에서 "옥처럼 반질한 도지죽의 아름다움, 물고기 창자 같은 운모죽雲母竹의 이름. 해는 아름답게 꽃을 비추고, 바람은 가볍게 꽃을 흔드네[玉潤桃枝之麗, 魚脹雲母之名. 日映花美, 風動花輕]"라고 읊었다. 대나무의 품격 역시 바로 이런 대나무의 자태에서 온 것이다. 진陳의 하순賀循은 「부득협지수죽賦得夾池修竹」에서 "가을을 만나도 잎이 떨어지지 않고, 추위를 겪어도 색이 변하지 않네[逢秋葉不落, 經寒色詎移]"라는 구절로 대나무의 고결한 모습을 표현했다. 역시 진의 장정견張正見은 「부득계전눈죽賦得階前嫩竹」에서 "새파란 대나무 끝은 구름까지 뻗어 스스로 무더기를 맺고, 가벼운 꽃과 부드러운 죽순은 하늘을 뚫고자 하네[翠竹梢雲自結叢, 輕花嫩筍欲凌空]"라는 말로 대나무가 서로 뭉치는 모습과 하늘까지 닿고 싶은 죽순의 뜻을 칭찬했다. 양의 유효선劉孝先은 「영죽咏竹」에서 앞서 언급한 상비 이야기를 새롭게 해석하여 대나무의 절개를 표현했다. "대나무가 빈 들판 밖에서 자라, 가지 끝이 구름까지 백 자나 뻗었네. 아무도 그 높은 절개 알아주지 않아, 다만 스스로 곧은 마음 품고 있을 뿐. 상비의 눈물에 물들기는 수치스럽고, 궁궐의 금琴으로 들어가기는 부끄럽구나. 누군가가 긴 피리로 만든다면, 그를 위해 용의 소리를 토해내리라[竹生空野外, 梢雲聳百尋. 無人賞高節, 徒自抱貞心. 恥染湘妃淚, 羞入上宮琴. 誰人制長笛, 當爲吐龍吟]." 문인들은 풍설을 두려워하지 않는 대나무의 품성을 동경했다. 그래서 진의 음갱陰鏗은 「부득협지죽賦得夾池竹」에서 "추운 겨울을 이기는 성품을 보려면, 마땅히 눈 속에서 보아야 하리[欲見凌冬質, 當爲雪中看]"라고 읊었다.

5-3-3 추운 겨울을 견디는 절개

중국 문인들이 대나무를 좋아한 또 하나의 이유가 있다. 즉, 대나무가 맑고 깨끗한 이상의 환경을 만들어준다는 것이다. 집 사방 벽에 대나무를 심어놓으면 새파란 빛이 들어와 집 전체에 생기가 돈다. 혹은 창문 앞에 대나무를 심어놓으면 조용한 밤 창문 너머로 댓잎에 차가운 빗방울 듣는 소리가 들린다. 그야말로 "깊은 밤 바람 맞은 대는 가을 소리를 두드리고, 만엽萬葉의 천 가지 소리는 모두가 한이로다[夜深風竹敲秋韻, 萬葉千聲皆是恨]"(구양수歐陽脩 「목란화木蘭花」)라는 시구의 느낌이 절로 든다. 정원에 수죽脩竹을 심어놓고 그 사이를 걸으면 대나무들 사이로 반딧불이가 떠다니고, 울타리 밑에 대를 심고 댓잎 흔드는 바람 소리에 귀를 기울이면 옛 친구라도 찾아온 듯하다. 가을바람 쓸쓸히 대를 흔들고 귀뚜라미 울음 속에 이슬이 떨어질 때면 타향에서 홀로 지내는 나그네는 먼 곳의 사람이 절로 그리워진다. 그래서 이백은 「노로정가勞勞亭歌」에서 "참대나무 차가운 소리는 가을 달을 흔들고, 텅 빈 주렴의 홀로 자는 잠 속 귀향의 꿈은 길어라[苦竹寒聲動秋月, 獨宿空簾歸夢長]"라고 탄식했다.

글은 결국 한 단계를 거친 표현 방법이다. 이에 반해 시각 예술에서 표현하는 대나무는 훨씬 직관적이다. 문인의 그림이나 조각 혹은 민간공예 속의 대나무 형상은 죽竹 문화의 함의를 훨씬 풍부하게 해주었다. 그림 속의 대나무는 형形과 운韻을 함께 갖추었다. 송나라 때 문동文同은 "붓으로 그리기 전에 마음속으로 이미 대나무 그림을 완성시킨[胸有成竹]" 대가였다. 소식과 동시대 사람이었던 그는 묵죽을 특히 잘 그렸다. 그의 묵죽 화법을 계승한 후대의 화가들을 흔히 '호주죽파湖州竹派'라 부른다. 문동은 대숲 속으로 깊이 들어가 대를 자세히 관찰하고 가슴속에서 먼저 대나무를 완성한 후 창작을 시작했다. 두 폭의 〈묵죽도〉가 지금까지 전한다. 묵죽의 명가 중에는 이간李衎도 빼놓을 수 없다. 처음에는 왕정균王庭筠에게 배우고 나중에 문동의 화법을 따른 그 역시 대숲 울창한 곳으로 깊이 들어가 갖가지 대나무를 세심히 관찰했다. 『화죽보畵竹譜』, 『묵죽보』, 『죽태보竹態譜』를 지어 대나무의 생태와 그것의 표현법을 전문적으로 논했다. 그가 추구한 것은 대나무의 '맑고 참된' 면이었다. 즉, 자신의 생각에 녹아드는 진실하고 생동적인 대나무를 그리려 한 것이다. 고대의 중국화는 겉모습의 핍진함이 아닌 정신의 핍진함을 중시하여 후대로 갈수록 작가 개인의 주관적인 인상이 강해졌다. 대나무 그림의 대가인 원대의 가구사柯九思는 문동을 본받으면서도 매우 독창적인 화풍을 이루었다. 그는 주관적인 이미지를 중시하여 맑은 날, 비 오는 날, 바람 부는 날, 눈 오는 날의 대나무와 어린 대나무, 늙은 대나무의 갖가지 생태를 자신의 방식대로 잘 표현할 줄 알았다. 대표작으로 〈쌍죽도雙竹圖〉가 있다. 조맹부의 아내 관도승管道昇도 묵죽으로 유명했다. 그녀는 자가 중희仲姬로 사람들은 흔히 관부인이라 불렀다. 『묵죽권墨竹卷』(고궁박물원 소장) 등의 작품이 지금까지 전한다. 예찬倪瓚 역시 대나무 그림의 명가이다. 그는 "나의 대는 애오라지 가슴속의 초탈한 기상을 그릴 뿐이다"라고 말했다. 그는 사람됨이 유달리 깨끗하여 당시 사대부들은 그를 '고사高士'로 부르며 흠모했다. 뿐만 아니라 명대에 강남 사람들은 "예찬의 그림을 갖고 있는지 그렇지 않은지를 청탁의 기준으로 삼았다"고도 한다. 그의 영향력이 어느 정도였는지 알 만하다.

'竹'을 부수로 쓰는 한자는 거의 모두 대나무와 관련이 있다. 간竿, 롱籠, 부符, 필筆, 소笑, 간簡, 기箕, 관管, 전箭 등 고대의 상용자만도 1~2백 개에 이른다. 대나무가 옛사람들의 생활에서 반드시 필요한 존재였음을 알 수 있다. 『논어』「헌문憲問」에서 "즐거운 후에 웃는다[樂然後笑]"고 했다. 이는 곧 줄로 만든 현악기와 대로 만든 관악기의 음악을 듣고 즐거워 웃는다는 의미이다. 전箭은 화살이다. 『가어家語』에서 "산남山南의 대나무는 받쳐 주지 않아도 스스로 곧게 자란다. 그것을 잘라다 화살[箭]을 만들어 쏘면 가죽도 뚫을 수 있다"고 했다. 대나무로 잔거棧車도 만들었다. 잔거는 대나무가지를 엮어서 만든 덮개가 있는 수레로 민간에서 화물과 사람을 나를 때 썼다. 『설문』 '목木' 부에서 "잔棧은 붕棚(시렁)이다. 대나무로 만든 수레를 '잔'이라 한다"고 했다. 한대에는 '여교輿轎'라는 것이 있었다. 『한서』「엄조전嚴助

傳」의 "여교로 산을 넘었다"는 기록이 이를 말해준다. 이처럼 산을 넘을 때 쓰던 여교는 대부분 대나무를 짜서 만들어 상당히 가벼웠다. 그래서 '죽여竹輿', '편여篷輿', '편여編輿'라고도 불렀다. 대나무는 뗏목의 재료로도 쓰였다. 뗏목은 주로 나무줄기나 대나무를 줄줄이 묶어 평평하게 만든 배이다. 대나무로 취사도구를 만들기도 했다. 아주 옛날 사람들은 대나무 마디가 있는 죽통으로 '솥'을 만들어 썼다. 곡식을 죽통에 넣어 물을 붓고 다른 한쪽은 꽉 막아 불에 올려 굽는 것이다. 광서와 운남의 태족傣族 주거지에는 대나무로 만든 집이 있다. 대들보와 기둥을 대나무 틀로 설치하고 벽도 대나무로 엮은 집이다. '죽루竹樓'라 부르는 이 집은 아주 단순해 보이면서도 아름답다. 한 고조는 대나무 껍질을 머리장식으로 썼다. "고조는 정장亭長으로 있을 때 대나무 껍질로 모자를 만들었다. 대나무에 이제 막 생기기 시작한 껍질로 만든 모자로, 지금의 작미관鵲尾冠이 바로 그것이다. 귀하게 된 후에도 고조는 항상 그것을 썼다"는 『한서』의 기록이 이를 증명한다.

대나무는 그 용도를 광범위하게 넓혀 문화예술의 담지체로 사용됨으로써 아름답고도 실용적인 문화적 풍경을 만들어낼 수 있었다. 죽간과 악기가 바로 그것이다. 중국은 식물성 섬유로 만든 종이를 본격적으로 쓰기 전까지 약 1천여 년 동안 목간과 죽간을 글쓰기를 위한 재료로 사용해 왔으며, 음악 분야에서는 중국만의 독특한 관현악을 발전시켜 왔다.

책은 문화의 전승과 문화적 활동을 위한 핵심이다. 대나무가 책과 관련되면서 대나무는 더욱 깊은 문화적 함의를 갖게 되었다. 고대에는 책을 '간독簡牘'이라 불렀다. '간'은 대나무 쪽을, '독'은 나무쪽을 말한다. 상대 갑골문에도 '冊' 자가 있다. '冊'은 대나무 쪽을 이어놓은 모양이다. '간'은 가늘고 긴 박편이며, 이 간을 줄로 엮어서 만든 것이 바로 책이다. 보통 칼로 새기거나 붓에 먹을 묻혀 죽간 위에 글씨를 쓴다. 죽간의 푸른 겉면을 '멸청篾青'이라 하고 다른 한 면을 '멸황篾黃'이라 한다. 글자는 보통 '멸황' 면에 쓴다. 새 대나무는 수분이 많으므로 불에 쬐어 대나무의 푸른빛을 없애는 '살청殺青' 작업을 반드시 거쳐야 한다. 물기가 있으면 썩거나 좀이 일기 쉬우므로 불에 쬐어 말리는 것이다. '살청'은 '한청汗青' 혹은 '한간汗簡'이라고도 한다. 후대로 오면서 이 말들은 책 혹은 사서의 별칭으로도 쓰였다. "예로부터 누가 죽지 않았는가마는, 나는 나의 충심을 청사에 비추리라[人生自古誰無死, 留取丹心照汗青]"라는 남송 문천상文天祥의 시구가 그 용례이다. "은殷의 선인들에게는 책冊과 전典이 있었다"는 『상서尙書』 「다사多士」의 기록을 보면 은상殷商시대 때 이미 간책이 통용되고 있었음을 알 수 있다. 그러나 쉽게 부패하는 대나무의 성질 때문에 상대와 서주, 춘추시대의 간책 문자 자료는 지금까지 남아 있을 수가 없었다. 1978년에 호북성 수주隨州시에서 전국 초기의 죽간 더미가 출토되었다. 그때까지 발견된 죽간 중에 가장 이른 시기의 것이었다. 그 외에 초나라 묘와 한나라 묘에서도 죽간이 발견되기도 했다. 물론 식물섬유 종이가 사용되기 전에 글씨 쓰는 재료로 죽간과 목간만 사용된 것은 아니다. 백帛(비단)이라는 중요한 재료가 또 한 가지 있었다. 옛사람들은 '죽백竹帛'이라는 말로 죽간과 백을 병렬해 썼다. 『묵자』 「명귀明鬼」 편에 "옛 책의 죽백을 후대 자손들에게 남겨주다"라는 기록이 있다. 3세기 초에 채륜이 종이를 만들면서 식물섬유의 종이가 글쓰기용 재료로 쓰이기 시작한다. 값이 비교적 저렴한 종이는 간독을 역사의 무대에서 점차 밀어내고 글쓰기를 위한 주요 재료가 된다. 기록에 의하면

5-3-4 죽림칠현

이 과정은 대략 기원후 4~5세기에 완성이 되었다고 한다. 상대부터 4~5세기까지 약 1천여 년에 걸쳐 대나무가 사용되어 왔던 것이다. 당대에는 대나무 종이가 등장하면서 제지술의 큰 변화를 가져온다. 대나무가 겉모습만 바꾼 채 글씨를 위해 봉사할 수 있는 새로운 기회를 갖게 된 것이다.

고대 중국에서는 남방의 옛 음악을 사죽絲竹이라 불렀다. 『송서宋書』「악지樂志」에 "상화相和는 한나라의 옛 노래이다. 사와 죽이 번갈아 화음을 이루고 박자를 치는 사람이 노래를 한다"는 기록이 있다. 죽적竹笛(대나무 피리), 소簫(퉁소) 등은 사죽 중에서도 대표적인 악기이다. 전국시대 때는 퉁소가 '뇌籟'라 불렸고, 피리는 위구르어로 '나이'라 한다. '나이'는 페르시아어로 대나무를 의미하는 'nay'에서 왔다. 대나무의 음악적 기능에 대해서는 적지 않은 기록이 전한다. 『문사전文士傳』에서는 "채옹蔡邕이 회계의 고천정高遷亭을 지나다가 피리로 만들 만한 연죽椽竹을 발견했다. 그것을 가져다 써보니 과연 신기한 소리가 났다"고 했다. 또 『단양기丹陽記』에는 이런 기록이 전한다. "강녕江寧현 남쪽 30리에 자모慈母산이 있다. 바위가 쌓여 있고 강에 접해 있어 퉁소를 만들 만한 대나무가 잘 자란다. 영윤伶倫이 해곡嶰谷에서 대나무를 캔 이후로 오직 이 대나무에서만 보배를 볼 수 있어서 대대로 항상 악부樂府에 바쳐졌다."

영윤은 처음으로 대나무 피리를 가지고 음률을 정한 인물로 알려져 있다. 아주 오랜 옛날 황제黃帝가 악관 영윤을 곤륜산의 음지로 보낸다. 영윤은 대롱의 두께가 일정한 대나무를 찾아 피리를 만들고 새가 지저귀는 아름다운 소리에 따라 음률을 정한다. 이 피리에서 나오는 소리를 새의 울음소리에 맞춰 황종률黃鐘律이라는 기본음으로 정하고 거기서 나오는 소리는 궁음宮音으로 삼는다. 이때 수컷 새의 울음소리는 율律, 암컷 새의 울음소리는 여呂가 되었다고 한다. 이 이야기는 신화적 색채가 농후하지만 그렇다고 전혀 근거가 없는 것은 아니다. 음률학자의 고증에 따르면, 사천 관현灌縣의

한 새는 안정적인 G음을 확실히 낼 수 있다고 한다. 그러므로 새의 울음소리로도 충분히 음률을 정할 수 있었다는 것이다.

대나무 문화의 모든 것을 이 글에서 개괄하진 못했지만 그 맥락은 대략 위에 소개한 내용과 같다. 대나무 문화의 3대 분야는 각자 떨어져 존재하고 발전한 것이 아니라 서로 영향을 주면서 그 내용을 풍부히 채워왔다. 이런 과정을 통해 대나무는 중국 문화의 대표적 상징 중 하나가 되었다.

4. 국화[菊]

사군자 중 하나인 국화[菊]는 별명이 참 많다. 절화節花, 연년延年, 갱생更生, 제녀화帝女花 등이 모두 국화를 가리키는 말이다. 국화는 다년생 초본식물로 가을에 꽃이 핀다. 꽃은 크고 모양도 각양각색이다. 중국에서 국화를 재배한 역사는 2천 년 이상으로 매우 유구하다. 『산해경』에 "여아산女兒山의 풀 중에는 국화가 많다"는 기록이 있다. 『예기』에서는 "계추季秋의 달(음력 9월)에 국화가 노랗게 핀다"고 했다. 국화는 온갖 자태를 뽐내고 맑은 향을 풍겨 사람들이 무척 좋아하는 관상식물이 되었다. 굴원은 『초사』에서 "아침에 목란의 떨어진 이슬을 마시고, 저녁에 가을 국화의 떨어진 꽃부리를 먹네[朝飮木蘭之墜露兮, 夕餐秋菊之落英]"라고 노래하고, 또 "봄 난초와 가을 국화, 오래도록 끊이지 않고 영원하리라[春蘭兮秋菊, 長無絕兮終古]"라며 국화를 칭송하기도 했다. 난과 국화를 함께 노래한 것은 둘 모두 추위를 견디는 꽃으로 깊고 은은한 자태를 자랑하기 때문일 것이다. 굴원 이후 진晉의 왕숙지王淑之 또한 난과 국화를 함께 거론했다. 「난국명蘭菊銘」에서 그는 이렇게 읊었다. "난이 봄에 이미 무성하더니 국화가 또 가을에 듬뿍 피었구나. 향기는 백 가지 풀보다 향기롭고, 색은 온갖 꽃보다 곱네. 어느 것이 꽃향기의 바탕인지, 깊을수록 더 향기롭구나[蘭旣春敷, 國又秋榮. 芳薰百草, 色艶群英. 孰是芳質, 在幽愈馨]." '춘란추국'이라는 말이 바로 여기에서 왔다. 국화는 품종이 매우 다양하고 그만큼 색깔과 모양도 가지각색이다. 그러나 기록에 따르면 위진 이전에는 국화의 종류가 황국黃菊 한 가지뿐이었고 사람들은 이를 황화黃花라 불렀다. 북송 때 유몽劉蒙은 『국보菊譜』에서 국화의 품종을 36가지로 나누었다. 황색, 백색, 자주색, 붉은색과 여러 가지 중간색의 국화가

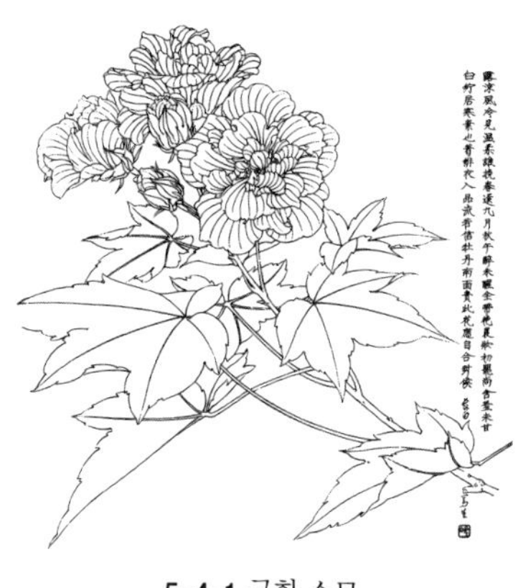

5-4-1 국화 소묘

모두 포함되었다. 남송의 사정지史正志, 범성대范成大, 심경沈競, 사주史鑄 등이 편찬한 『국보』에는 더욱 많은 국화 품종이 소개되어 있으며, 명대 왕상진王象晋의 『군방보群芳譜』에서는 175종에 이르는 국화 품종을 기록했다. 청대의 『광군방보廣群芳譜』에서는 이를 더 늘려 316종의 국화를 소개했다. 국화 품종들은 모두 아름다운 이름을 가지고 있다. 수해睡孩, 청운가사青雲佳士, 자운수객紫雲壽客, 금포사金褒姒, 병서시病西施, 옥지함향玉指含香 등이 그 예이다. 어떤 이름은 그 자체가 아름다운 전설을 말해주기도 한다.

국화는 보기에도 좋을 뿐 아니라 황국과 백국은 약으로도 쓰여 열을 내리고 눈을 밝게 하고 간의 피로를 덜어주는 효과를 낸다. 국화차 역시 열을 내리고 눈을 밝게 하고 혈압을 낮추는 효과가 있다. 당나라 때 민간에서는 국화떡을 간식으로 먹었다. 그러나 고대인들은 국화의 약리적 효과를 너무 과장하기도 했다. 국화가 장수의 꽃이고 국화를 곁에 두고 사는 사람은 장수한다는 설이 그렇다. “형주荊州에 있는 국화 연못의 원천은 그 옆에 향기로운 국화가 물가를 가득 덮고 있어서 거기서 나오는 액체가 무척 달았다. 깊은 골짜기 속 30여 인가의 사람들은 우물을 팔 수 없어 이 물을 받아 먹었다.

5-4-2 문인이 그린 국화

5-4-3 국화와 대나무

그들 중에 나이 많은 이는 2~3백세, 중간 정도도 백 살이 넘었고, 7~80세는 젊은 축에 속했다"는 『태평광기太平廣記』의 기록이 이를 말해준다. 국화는 몸을 가볍게 하고 기를 보충해 주어 장수에 도움이 된다고 한다. 『풍속통風俗通』의 내용도 크게 다르지 않다. "남양南陽 역현酈縣에 골짜기의 물이 아주 감미로운 감곡甘谷이라는 곳이 있었다. 산 위에 국화가 아주 많고 산 위에서 물이 흘러내려 와 그 액을 얻을 수 있었다. ……(남양 태수가) 그 소식을 듣고 역현에서 매월 20곡斛의 물을 바치도록 했다. 중풍에 걸린 여러 공公들이 그 물을 마시고 모두 나았다." 연단술에서도 국화는 장수의 꽃으로 여겨진다. 전설에 따르면 국화즙과 단사를 함께 복용하면 오래도록 장수할 수 있다고 한다. 『포박자抱朴子』에 관련 기록이 전한다. "유생劉生의 단련법에 따르면 국화즙, 연蓮즙, 가죽나무즙을 단사와 함께 쪄서 1년을 복용하면 5백 살까지 장수한다." 성홍지의 『형주기』에 나온 내용은 실명을 밝힌데다 국화가 보급되는 과정까지 적혀 있어 지어낸 이야기처럼 보이지 않는다. 기록은 이렇다. "역현에 국화물이라는 것이 있다. 태위 호광胡廣이 오랫동안 풍을 앓았는데 항상 이 물을 먹고 병이 마침내 나아 근 백 살까지 살았다. 천수를 누리지 못할 사람도 국화가 수명을 늘려주었다. 이 국화는 맛이 감미로웠다. 나중에 호광은 국화의 열매를 거둬다가 도성에 뿌리고 곳곳으로 전파해 심었다." 한대부터는 9월 9일마다 높은 곳에 올라 국화를 머리에 꽂고 국화차를 마시고 국화 시를 짓는 풍속이 있었다. 여기서 '九九'는 곧 '久久(오래고 오램)'를 의미한다. 국화가 가진 장수의 함의가 풍속에도 그대로 반영된 것이다. 국화주 역시 같은 효과가 있었다. 도연명은 「구월한거九月閑居」에서 "술은 온갖 근심을 없애주고, 국화는 나이 먹는 것을 억제해 준다[酒能祛百慮, 菊解制頹齡]"고 했다. 이 역시 장수의 상징으로 국화를 바라본 것이다. 명청시대의 공예품에도 국화는 단골로 등장한다. 어떤 것은 있는 그대로 국화를 그려 넣고, 어떤 것은 무늬로 만들고, 어떤 것은 국화 하나만 넣고, 어떤 것은 다른 꽃과 함께 무늬로 넣었다.

5-4-4 송 휘종의 필적

국화를 장수의 꽃으로 부른 것에는 인간의 생명 연장에 대한 바람이 반영되어 있다. 그것이 사실인지 아닌지는 별개의 문제이다. 그러나 후대로 가면 국화의 관상 가치가 국화를 좋아하는 더 큰 이유가 된다. 국화는 가을 서리에 온갖 초목이 다 시들 때 울타리와 밭두둑 사이에서, 화분과 꽃병 속에서 활짝 피어난다. 차가운 바람과 이슬 속에서도 꿋꿋이 핀 모습은 강한 세력에 굴하지 않고 고상한 품격을 지니고 정절을 지키고 뜻을 잃지 않는 군자와 은자를 생각나게 한다. 그래서 '화중은사花中隱士'라는 말도 생겨났다. 물론 여기서 '화'는 국화를 가리킨다. 진대晉代에는 국화를 덕행의 상징으로 보았다. 『진서』「문원전文苑傳」에 "나함羅含이 벼슬을 그만두고 집으로 돌아오니 계단 앞에 난과 국화 무더기가 자라났다. 사람들은 그의 덕행에 감응한 것이라 여겼다"는 기록이 있다. 도연명은 집 주변에 국화를 가득 심고 항상 국화와 함께 지냈다. 「음주飮酒」의 "동쪽 울타리 아래 국화를 따며, 편안히 남산을 바라본다[採菊東籬下, 悠然見南山]"라는 천고의 명구가 국화와 은자의 전형적인 모습을 잘 표현하고 있다. 후대의 시문에서는 '동리東籬'를 도연명 혹은 국화를 지칭하는 말로 쓰곤 했다. 도연명은 팽택彭澤의 현령으로 있은 지 80여 일 만에 쌀 다섯 말 때문에 허리를 꺾을 순 없다며 관직을 버리고 시골로 돌아와 「귀거래사歸去來辭」를 지었다. 명청대의 많은 그림과 공예품들이 도령陶令(즉, 도연명)과 국화를 제재로 썼다. 한 노인이 지팡이를 짚고 국화 무더기 속을 서서히 거닐다 먼 산을 바라보는 장면을 그린 것이다.

위진 이후에도 국화를 노래한 이들은 무척 많았다. 그들은 대부분 온갖 초목이 다 시들 때 홀로 꽃을 피우고 가을 서리를 두려워하지 않는 국화의 품성을 칭찬했다. 위나라 종회鍾會의 「국화부」는 국화를 독립적 제재로 삼은 첫 번째 부賦로 알려져 있다. 이 작품은 국화의 모습을 대단히 생동적으로 묘사하며 푸

5-4-5 문인이 그린 국화

르고 붉고 노란 국화의 아름다운 색채가 서시西施의 경국지색에 비견된다고 말한다. 그러면서 "온갖 초목이 시들 때 향기로운 국화는 꽃을 피우기 시작한다[百卉凋瘁, 芳菊始榮]"고 강조한다. 그는 국화의 다섯 가지 아름다움[五美]을 이렇게 정리한다. "노란 꽃 높이 걸림은 하늘의 끝을 본딴 것이요[黃華高懸, 准天極也]", "잡되지 않은 순수한 황색은 후토后土*의 색이요[純黃不雜, 后土色也]", "일찍 심어도 늦게 올라옴은 군자의 덕이요[早植晩登, 君子德也]", "서리를 무릅쓰고 싹을 토함은 굳세고 곧은 모습이요[冒霜吐穎, 象勁直也]", "흐르는 물속의 가벼운 몸은 신선의 음식이다[流中輕體, 神仙食也]."

문인들은 왜 이렇게 국화를 좋아했을까? 이는 국화가 꽃을 피우는 시기와 밀접한 관련이 있다. 당대 문인 원진元稹은 『국화』에서 "꽃무더기 집을 감싸니 도연명의 집 같고, 울타리 가로 빙 둘러 해는 점점 기우네. 꽃 가운데 국화를 편애하는 것은 아니나, 이 꽃이 피고 나면 다른 꽃은 더 없다네[秋叢繞舍似陶家, 遍繞籬邊日漸斜. 不是花中偏愛菊, 此花開盡更無花]"라고 노래했다. 가을 서리 속 국화는 이슬을 머금은 채 꽃을 틔운다. 봄날의 향기를 풍기는 꽃은 가을이 깊을수록 향기가 짙어진다. 다른 꽃들은 모두 질 때 국화만 홀로 향기를 뿜는 것이다. 국화는 외로운 가인佳人과 같다. 뒤척이다 잠에서 깬 아름다운 여인이 느릿느릿 침상에서 일어나 조용히 화장하는 모습과 닮았다. 국화는 또 시류에 섞이길 거부하는 은자와 같다. 세속과 어울리지 않

5-4-6 조지겸의 국화도

*후토后土: 후토는 대지를 높여 부르는 말 혹은 땅의 신을 가리킨다

는 고결한 성격 때문에 알아주는 이가 없어도 늘 그렇게 맑은 향을 풍긴다. 그래서 청의 유월俞樾은 『다향실총초茶香室叢鈔』에서 국화는 꽃의 6우友 중에서 '절우節友'라고 말했다. 중국의 역사를 보면 고결한 성품과 뜻을 지닌 지식인들이 무척 많았다. 그들은 평생을 곤궁하게 지내면서도 국화를 노래하며 스스로 힘을 북돋았다. 국화의 자신감, 강직함, 맑음, 곧음, 두려워하지 않는 품성을 보며 조용히 자신의 뜻을 지켰다. 국화의 형상은 곧 그들 자신이었던 것이다. 송의 정소남鄭所南은 「한국寒菊」에서 "꽃은 피어도 여느 꽃과 섞이지 않고, 성긴 울타리에 홀로 섰으니 그 정취 끝이 없네. 차라리 가지 끝에 향을 품고 죽을지언정, 어찌 북풍에 날려 떨어지겠는가[花開不并百花叢, 獨立疏籬趣未窮. 寧可枝頭抱香死, 何曾吹落北風中]"라고 읊었다. 이는 국화의 고고한 자태에 대한 묘사이자 세태의 추종에 대한 거부의 표현이기도 하다. 송의 당완唐琬은 「국화」라는 시에서 스스로를 국화에 비유하며 사랑과 절개에 대한 느낌을 표현했다. "몸은 동쪽 울타리에 기대고 마음은 서리를 업신여기며, 여느 꽃들과 더불어 봄 향기를 다투지 않네. 흰 나비 경박하여 꽃술 적시길 그만두게 하고, 잠이 든 노란 꽃은 밤마다 향기를 뿜네[身寄東籬心傲霜, 不與群紫競春芳. 粉蝶輕薄休沾蕊, 一枕黃花夜夜香]."

5-4-7 국화 사의화寫意畫

민간의 국화는 항상 실생활과 함께한다. 순수하게 형이상학적인 문인들과 달리 최소한 어떤 기물의 특성이나 그것의 감상과 꼭 관련된다는 것이다. 국화는 도자기에서 가장 흔히 보이는 무늬 중 하나이다. 당대의 월요越窯* 청자에 이미 숙련된 선線 새김 기교의 국화 장식이 들어가 있다. 이 전통은 원명청의 공예품에도 그대로 이어졌으며, 자기와 칠기 중에 국화를 조형으로 쓴 국화꽃잎 소반은 대단히 귀하게 여겨졌다. 북송 경력慶歷 3년(1043)에 지은 절강 서안瑞安의 혜광사慧光寺 탑에서는 퇴칠堆漆(기물에 여러 번 칠을 입히고 갖가지 무늬를 넣는 기법) 장식을 한 불경함과 사리함이 발견되었다. 이 사리함의 뚜껑에도 국화 도안이 들어가 있었다. 이 기물은 당시 전국적으로 유명했던 온주溫州 칠기의 하나였다.

국화는 보통 가을에 꽃을 피운다. 다른 때 피면 일반적인 현상에 어긋나는 것이다. 옛사람들은 자연현상에 위배되는 모든 일은 큰 사건이 일어날 징조라고 여겼다. 당 말 농민군의 수령 황소黃巢는 「제국화題菊花」라는 시에서 이렇게 읊었다. "솨솨 서풍은 뜰 담틀에 가득하고, 차가운 꽃술 향기에 나비도 찾지 않는구나. 언젠가 내가 청제青帝가 되면, 복사꽃 더불어 같은 곳에 피어나게 하리라[颯颯西風滿院栽, 蕊寒香冷蝶難來. 他年我若爲青帝, 報與桃花一處開]." 황소는 국화와 복사꽃이 함께 피는 것은 자기가 봄을 관장하는 신인 청제가 된 후에나 가능하다고 여긴 것이다. 그러나 재배 기술의 발달로 국화의 품종이 갈수록 다양해지면서 일부 품종은 본래의 습성에 변화가 왔다. 그래서 봄 국화, 여름 국화, 가을 국화, 겨울 국화로 나뉘어 4계절 내내 국화를 볼 수 있게 되었다. 황소의 상상이 현실이 된 것이다. 당대에 국화는 중요한 관상 화초로 일본에 전해졌다. 이후 일본에서 국화는 제국의 상징이 되었다. 유럽에는 '애국艾菊'이라 불리는 변종 야생화가 있다. 이 식물은 민간 약초의 일종으로 뱃속의 회충을 없애준다고 알려져 있으나 지금은 관상용으로만 쓴다.

---

*월요越窯: 당대까지 거슬러 올라가는 중국 최고最古의 도요지 중 하나로 지금의 절강 소흥紹興 일대에 있었다

5. 연꽃[荷]

연꽃은 수련과의 여러해살이 뿌리 수생 본초식물로 보통 음력 6월 전후에 꽃이 핀다. 잎은 한 장인 것도 있고 여러 장인 것도 있다. 꽃의 색은 진홍색, 분홍색, 담녹색, 흰색 혹은 섞인 색으로 다양하고, 꽃받침 하나에 여러 개의 꽃술이 있다. 꽃술이 두 개인 것을 병체련竝蔕蓮 혹은 병두련竝頭蓮, 세 개인 것을 일품련一品蓮 혹은 품자련品字蓮, 네 개인 것을 사면관음四面觀音 혹은 사면련四面蓮, 다섯 개인 것을 오자련五子蓮 혹은 수구련繡球蓮이라 한다. 이들은 연꽃 중에서도 귀한 품종으로 관상 가치가 매우 높다. 연꽃 줄기는 물속 바닥의 흙 속으로 들어가 연뿌리가 된다. 연꽃[荷花]은 연蓮, 연화蓮花라는 이름으로도 많이 쓰이고 수지水芝, 수화水華, 옥환玉環, 수부용水芙蓉, 유월춘六月春 등으로도 불린다. 『고금주古今注』에서는 "일명 수차水且, 일명 수지, 일명 택지澤芝, 일명 수화라 한다"고 했다. 꽃은 이미 핀 것은 부거芙蕖, 아직 피지 않은 것은 함담菡萏이라 한다. 『광아廣雅』에서 "함담은 부용이다"라고 했다. 연꽃의 '옥환' 이라는 별명에는 나름의 전고가 있다. 당 개원開元 천보天寶 연간 태액지太液池에 하얀 연꽃이 무성하게 핀 때였다. 당 명황 이륭기李隆基가 양귀비의 손을 잡고 그곳을 지나다가 좌우에 이른다. "이 연못의 수천 송이 백련이 어찌 나의 말을 알아듣는 꽃만 하겠는가!" 이 때문에 후대인들은 양귀비의 어렸을 적 이름인 옥환을 연꽃의 다른 이름으로 부르게 되었다. 연꽃에 관한 기록은 선진 때부터 이미 있었다. 『시경』「정풍鄭風」에서 "산에는 부소나무가 있고, 늪에는 연꽃이 있네[山有扶蘇, 隰有荷華]"라고 했다. 또 같은 편에 "저 연못 둑에 부들과 함담이 있네[彼澤之陂, 有蒲菡萏]"라는 구절도 있다. 함담은 연꽃이다. 이 『시경』의 기록들은 북방에도 곳곳에 연꽃이 있었음을 말해준다. 물론 강남의 연꽃을 노래한 시도 많았다. 진晉의 부현傅玄은 「가시歌詩」에서 "강남으로 건너가 연꽃을 따네. 부용이 풍성하게 피었으니, 빛나는 모습 늘어선 별과 같구나[度江南, 採蓮花. 芙蓉增敷, 曄若星羅]"라고 하고, "반짝반짝 빛나는 부거, 바람 따라 향기를 풍기네[煌煌芙蕖, 從風芬葩]"라고도 읊었다.

연꽃의 원산지는 중국이다. 인도에서 들여온 것이 아니다. 1973년에 하모도 문화 유적에서 7천여 년 전의 연꽃 꽃가루 화석이 발견되었다. 같은 해에 앙소 문화 유적에서는 약 5천여 년 전의 탄화한 연밥 두 알이 발견되었다.

연꽃은 바닥의 진흙 속에 뿌리를 둔다. 물 위에 우뚝 선 꽃은 그윽한 향기를 풍기며 여느 꽃들과는 다른 정취를 보여준다. 마치 목욕을 끝낸 미녀, 물 밖으로 나온 아름다운 선녀 같다. 고대의 황제, 귀족, 관리들은 정원 연못에 꼭 연꽃을 심었다. 이는 실용적인 목적이 아닌 순전히 감상을 위한 것이었다. 정원에 연못을 파서 다양한 종류의 연꽃을 심은 궁궐이 적지 않았다. 춘추전국시대 오왕 부차夫差의 완화지浣花池, 한대 어원御園의 임지淋池, 삼국 위궁魏宮의 부용원芙蓉園, 서진 동궁東宮의 현포지玄圃池, 낙양 서원西苑의 어지御池, 장안 대명궁大明宮의 태액지, 북경 이화원頤和園의 곤명호昆明湖 등에 모두 황제와 왕비의 감상을 위한 연꽃을 길렀다. 이런 이야기가 전한다. 당 원화元和

5-5-1 그윽한 자태의 부용

연간에 소창蘇昌이라는 한 서생이 소주에 살았다. 그곳에서 10리가량 떨어진 곳에 작은 마을이 하나 있었고 그 사이에 연꽃이 무성하게 자라는 연못이 하나 있었다. 하루는 소창이 못가에서 연꽃을 감상하는데 붉은 얼굴에 하얀 옷을 입은 소녀가 다가왔다. 둘은 첫눈에 반해 밀회를 즐겼다. 소창은 사랑의 징표로 옥고리 하나를 소녀에게 주었다. 한번은 소창이 연못가로 와서 연꽃을 물끄러미 바라보는데 하얀 연꽃이 이제 막 피는 모습이 너무나 아름다웠다. 그런데 자세히 꽃을 들여다보니 꽃술 안에 뭔가가 있었다. 바로 그가 소녀에게 선물해 준 옥고리였다. 그는 그 하얀 연꽃을 따버렸고 이후 소녀의 모습은 더 이상 보이지 않았다. 소녀가 곧 연꽃이었던 것이다. 문인들은 연꽃을 아름다운 여인으로 간주하곤 했다. 「낙신부洛神賦」에 "부용처럼 빛나며 푸른 물결 밖으로 나오네[灼若芙蓉出綠波]"라는 구절이 있다. 부용은 곧 연꽃이고 여기서는 낙신*을 물 밖으로 나온 부용에 비유했다. 역대 시문에서 연꽃은 낙신, 양옥환, 아황娥皇, 여영女英, 모장毛嬙, 탁문군卓文君, 상비湘妃, 항아, 용녀 등의 미인으로 그려지곤 했다. 중국 현대 작가 주자청朱自淸의 「하당월색荷塘月色」에서도 연꽃을 늘씬하고 아리따운 소녀에 비유하여 묘사했다.

연꽃의 또 한 가지 함의는 순결과 고상함이다. 옛사람들은 연꽃을 위로는 맑은 이슬을 머금고 아래로는 하얀 물결에 몸을 씻는 우아하고 고결한 꽃으로 여겼다. 진의 육균陸筠은 「부거」에서 "녹색 방에 푸른 열매를 머금고, 금색 가지에는 하얀 옥이 걸렸네. 굽어보고 올려보며 바람 따라 기울고, 반짝반짝 맑게 흐르는 물에 비치네[綠房含靑實, 金條懸白璆. 俯仰隨風傾, 煒燁照淸流]"라고 노래했다. 연꽃의 그윽한 향은 사방으로 퍼져 사람들의 사랑을 받았다. 진의 왕흠지王歆之는 「신경기神境記」에서 "구의산九疑山을 반쯤 지나 모두 대나무와 소나무 아래의 좁은 길로 가게 되었다. 그곳에 맑은 계곡이 있

*낙신: 전설 속에 등장하는 낙수洛水의 여신으로 미인을 가리키는 말로 흔히 쓰인다

고 계곡 안에 노란 연꽃이 있었다. 그 향기가 온 골짜기에 퍼졌다"라고 썼다. 북송의 성리학자 주돈이周敦頤는 「애련설愛蓮說」에서 연꽃을 사랑하는 이유를 이렇게 썼다. "내가 오직 연꽃을 사랑하는 것은 진흙에서 나오면서도 더럽지 않고 흐르는 맑은 물에 몸을 씻으면서도 요염하지 않기 때문이다. 가운데가 비었으면서도 겉은 곧고, 덩굴을 이루지도 가지를 뻗지도 않으며, 향은 멀리 퍼져 맑음을 더하고, 깨끗하게 우뚝 뻗어 있어 멀리서 감상은 할 수 있어도 쉽게 희롱하지는 못한다." 그래서 "연꽃은 꽃 중의 군자다"라고 그는 말했다.

연꽃에 내포된 이런 함의는 인도에서 기원한다. 인도 불교예술에서는 항상 연꽃으로 장식의 문양을 쓰는데 그 핵심적 의미 역시 성결聖潔이다. 불전에 따르면 석가모니가 태어나자마자 일곱 걸음을 걷자 그 걸음마다 아름다운 연꽃이 피어났다고 한다. 『화엄경』에서는 연꽃의 세계가 노사나불이 도를 이룬 세계라고 말한다. 연꽃은 선계의 꽃이다. 『화산기華山記』에서는 "산꼭대기에 연못이 있다. 연못에 천 송이 연꽃이 자라는데 그것을 먹으면 하늘로 올라 신선이 된다. 그래서 화산이라 한다"고 했다. 불교에서 연꽃은 성스러운 꽃이다. 삼국 때 위의 명제明帝가 불교를 금지하고 사원을 허물려 하자 한 인도 승려가 금대야에 물을 담아 궁전 앞에 놓고 사리 한 알을 던졌다. 그러자 물속에서 오색의 연꽃 한 송이가 피어올랐다. 깜짝 놀란 명제가 감탄하며 말했다. "영험함이 없다면 어찌 이런 기적이 일어나겠는가?" 명제는 곧 불교 탄압의 계획을 거둬들였고, 이후 수많은 불상과 보살상들이 연꽃 보좌 위에 앉은 모습으로 조각되었다.

불교가 동쪽으로 전해지면서 삼국 이후의 중국에도 연꽃 장식이 크게 유행한다. 중국 고건축의 조각도 불교의 양식을 흡수한 경우가 많아졌다. 연꽃 받침으로 만든 수미좌須彌座가 건물의 기초, 기둥의 주춧돌, 감실 보좌, 실내장식 등에 두루 쓰였다. '수미'는 불교 전설에 나오는 거대한 산으로 수많은 불보살들이 이 산에서 살았다고 한다. 이를 건물, 기둥, 감실 보좌의 기초로 쓴 것은 보살이 지키는 산처럼 견고하길 바라는 의미가 담겨 있다. 수미좌를 연꽃 모양으로 만듦으로써 진흙 속에서 나오지만 그것에 더럽혀지지 않는다는 뜻을 나타낼 뿐 아니라 아름다운 장식의 미까지 표현할 수 있었다.

전통 시가, 회화, 공예 장식에도 연꽃을 소재로 쓴 작품들이 흔히 보인다. 동한 때에는 이런 민가가 유행했다. "(노래)강남에서 연밥을 따야지. 연잎은 어찌 그리 오밀조밀한지, 물고기가 연잎 사이에서 노는구나. (후렴)물고기가 연잎 동쪽에서 놀고, 물고기가 연잎 서쪽에서 놀고, 물고기가 연잎 남쪽에서 놀고, 물고기가 연잎 북쪽에서 노는구나." 연으로 가득한 강남 연못의 생기발랄한 모습이 민간의 노래에 아주 소박하게 표현되어 있다. 연꽃은 진흙에 뿌리를 두고도 더럽혀지지 않고 오히려 화사하고 밝은 꽃을 피운다. 그래서 남녀노소를 막론한 모든 사람들이 좋아했다. 연꽃은 중국 전통 회화의 단골 소재이기도 하다. 명대 화가 여기呂紀의 〈잔하응로도殘荷鷹鷺圖〉는 가을날 연못에 매가 갑자기 달려들어 새들은 놀라 흩어지고 바람은 갈대를 흔들고 시든 연이 펄럭이는 장면을 묘사했다. 기물이나 공예품을 보면 월요 청자에 예쁜 연꽃 장식이 들어가 있고, 장사요長沙窯에도 채색 연꽃 도안이 들어가 있다. 북송 때 연숙燕肅은 연꽃 물시계를 발명했고, 춘추시대의 연학방호蓮鶴方壺(연꽃과 학을 새

5-5-2 먼 곳에 기탁한 뜻

긴 사각 주전자)는 형체가 매우 높고 크며, 북방 청자의 연꽃 잔은 기백이 흘러넘친다. '荷'의 중국어 발음 '허(he)'가 '화목'의 '和'와 같아서 명청대에는 연이 자식이 많은 것을 의미하기도 했다. 그래서 공예품 장식에도 연이 흔히 사용되었다. 또 '蓮'이 '連'과 발음이 같아서 길상도 〈연년유여連年有餘〉(연꽃, 물고기, 어린아이 그림)에도 연꽃 도안을 넣었다.

연꽃은 고대 중국의 십대명화 중 하나로 알려져 있다. 이 꽃은 진흙 속에서 나오면서도 더럽지 않고 햇빛을 바라보면서도 두려워하지 않고 맑은 자태를 뽐내면서도 요염하지 않은 모습 때문에 중국 원림에서 없어서는 안 될 존재가 되었다. 지금도 전국의 유명한 풍경지구와 원림에는 연꽃이 빠지지 않는다. 대표적으로 항주 서호의 유명한 풍경 중 하나인 '곡원풍하曲院風荷'는 물속의 연꽃과 정자, 누대, 누각, 다리가 여름날의 아름다운 원림 풍경을 이룬다.

연은 감상용에 머물지 않는 대단히 실용적인 화초다. 연의 여러 부분이 각각의 독립된 이름을 갖고 있는 것은 그런 부분들이 모두 식용으로 쓰일 수 있기 때문이다. 푸르게 익은 연밥송이를 그대로 먹으면 맑은 향이 돌면서 입이 상쾌해진다. 연잎으로 찹쌀을 싸서 찌면 안과 겉 모두에 맑은 향이 밴다. 연밥은 몸을 튼튼히 해준다. 『모시의소毛詩義疏』에서는 연밥이 "몸을 가볍게 하고 기를 보충해 준다"고 했다. 꽃과 잎사귀 역시 먹을 수 있다. 『습유기拾遺記』에 "한 소제昭帝가 유지柳池에서 노는데 그곳에 부용이 있었다. 자주색에 크기가 국자만큼 크고 꽃은 희고 잎사귀는 달았으며 모두 먹을 수 있었다. 향기가 수레 안까지 풍기고 연밥은 구슬과 같았다"는 기록이 있다. 『송서宋書』에는 이런 일화도 전한다. "장질臧質은 자가 문함文含이다. 그는 싸움에서 패하여 남호南湖까지 달아나 먹을 것이 없어 연밥을 먹었다. 추격병이 이르자 그는 목덜미를 감싸 물속으로 들어갔다. 그러나 코가 밖으로 나와 추격병이 이를 보고 목을 베 수도로 보냈다."

6. 목단牧丹

목단은 중국의 유명한 화초이다. 꽃은 무척 크고 단정하고 장중한 느낌을 주며 품종도 다양하다. 점잖고 귀티 나는 모습 때문에 '만화일품萬花一品'으로 불리기도 한다. 일명 목작약木芍藥이라고도 하는 목단은 작약과의 낙엽관목으로 초여름에 한 떨기씩 큰 꽃을 피운다. 꽃은 흰색, 붉은색, 자주색이 많으며 간혹 노란색 꽃도 있다. "곡우穀雨 지나 사흘째에 목단을 구경한다"는 소주蘇州 지방의 속담이 있다. 예전에는 곡우가 되면 목단이 피기 시작하여 목단을 곡우화라 부르기도 했다. 그러나 지금 일부 지방에서는 목단이 꼭 곡우에만 피진 않는다. 목단의 원산지는 중국 진령秦嶺 등지로 중국에서 목단을 재배한지는 1,500년이 넘었다. 목단은 『신농본초경神農本草經』에서 약초로 처음 기록되었다. 목단의 뿌리껍질은 '단피丹皮'라 하며 중의학에서 약용으로 쓴다. 단피는 열을 내리고 혈압을 낮추고 혈액순환을 촉진시키는 효과가 있다.

고대에는 목단이라는 이름이 따로 없어서 작약으로 통칭하다가 나중에는 목작약이라는 이름으로 불렀다. 진晉 최표崔豹의 『고금주古今注』에 "작약에는 초草작약과 목작약 두 종류가 있다. 목작약은 꽃이 크고 색이 짙으며 흔히 목단이라 부른다"는 기록이 있다. 『광군방보廣群芳譜』에서는 『통지通志』를 인용하여 "목단은 처음에 이름이 없어서 작약의 이름을 가져다 썼다. 그래서 처음에는 목작약이라 불렀다"고 했다. 그러나 혹자는 목단이라는 이름이 진한 때 이미 있었다고 주장한다. 앞서 언급한 전국시대의 『신농본초경』에 '단피'라는 이름이 등장하고, 동한 장중경張仲景의 『금궤요략金匱要略』에 "대황목단탕大黃牧丹湯의 처방은…… 대황 4량에 목단 1량이다"라는 기록이 이를 증명한다.

목단은 관상용 꽃으로도 유명하다. 당나라 때 중서사인中書舍人 이정봉李正封은 “국색國色은 아침에 거나히 술에 취하고, 천향天香은 밤에 옷을 물들이네[國色朝酣酒, 天香夜染衣]”라는 구절로 목단을 묘사했다. 이 때문에 목단은 ‘국색천향’이라는 이름을 갖게 되었다. 당 말의 피일휴皮日休는 「목단」에서 “시든 꽃 다 떨어지고 나야 향기를 토하니, 아름다운 이름 백화의 왕이라 부르네[落盡殘紅始吐芳, 佳名喚作百花王]”라고 하고, 서원여舒元輿는 「목단부」에서 “내가 꽃의 품계를 가만 생각해 보니, 이 꽃이 제일이라. 여느 꽃들은 떨어뜨리고, 홀로 봄날을 차지했네[我案花品, 此花第一. 脫落群類, 獨占春日]”라고 읊었다. 그래서 목단을 ‘백화의 왕[百花之王]’, ‘꽃 중의 으뜸[花中之冠]’이라 부른다. 목단은 수대에 유명해지기 시작해 당대에는 한 시대를 풍미하다가 남송 이후부터는 지위가 낮아지나 여전히 매화 등의 꽃과 영예를 다투고 있다. 수 양제는 동도 낙양에 서원西苑을 지은 다음 왕비들이 보고 즐길 수 있도록 천하의 기이한 화초들을 모두 모았다. 전하는 바에 의하면, 그중에 목단은 하북 역주易州에서 비래홍飛來紅, 원가홍袁家紅, 운홍雲紅, 일불황一拂黃, 연안황延安黃 등의 품종을 스무 상자나 가지고 왔다고 한다. 목단이 궁궐로 들어온 건 이때부터다. 당대에는 목단의 명성이 조야를 흔든다. 군왕부터 일반 백성들까지 모두 목단을 훌륭한 관상거리라며 좋아했다. 기록에 따르면 고종 황제는 군신들을 모아놓고 목단을 감상하는 잔치를 벌이고, 무측천은 서하西河의 사찰에 있던

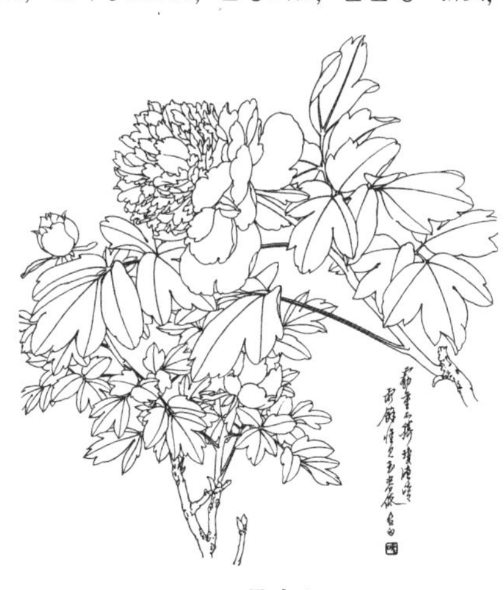

5-6-1 목단 소묘

귀한 품종의 목단을 궁으로 가져와 심었다고 한다. 또 당 현종과 양귀비는 침향정에서 밤에 목단을 감상하며 한림학사 이백을 불러다 시를 짓도록 했다. 이때 이백은 양귀비를 목단에 비유하며 "구름 같은 옷과 꽃 같은 얼굴[雲想衣裳花想容]", "붉고 고운 꽃 한 가지가 이슬 머금어 향기로운데[一枝紅艶露凝香]", "이름난 꽃과 경국지색이 서로 보며 즐거워하니[名花傾國兩相歡]" 같은 명구를 지었다. 그래서 후대인들은 이백을 목단의 신神이라 부르곤 했다. 늦봄의 수도 장안長安은 목단이 흐드러진 사원과 도관 사이를 분주하게 오가는 수레들로 넘쳐났다.

당대에는 목단이 낙양으로 쫓겨나는 일도 있었다. 송 고승高承의 『사물기원事物紀原』에 따르면 무측천은 후원에서 노닐다가 백화가 모두 꽃을 피우도록 하라는 명을 내린다. 그런데 유독 목단만 꾸물대며 꽃을 피우지 않자 무측천은 대노하여 목단을 모두 낙양으로 보내 버린다. 북송 때에 목단은 낙양이 으뜸이었다. 당시 목단은 품종만도 수백 가지에 이르렀다. 낙양 사람들은 목단만 그냥 '꽃'이라 부르고 다른 꽃은 '~꽃'이라고 이름을 불렀다. 이처럼 특정 표기를 하지 않고 일반 명사로 통칭하는 것은 그 대상이 현실에서 주도적 위치를 점하고 있음을 의미한다. 낙양은 날씨가 따뜻하고 강수량이 적당하고 땅이 비옥한데다 원예의 대가들이 좋은 화초 품종을 심어 색과 모양이 모두 뛰어난 목단의 진품들을 길러냈다. 이후 날이 갈수록 늘어난 목단 품종이 전국에 이름을 날리면서 '낙양의 목단은 천하제일'이라는 영예를 갖게 되었다. 송대 구양수歐陽脩의 『낙양목단기』는 최초의 목단 전문 서적이며, 그 외에도 주사후周師厚의 『낙양목단기』와 『낙양화목기洛陽花木記』, 이격비李格非의 『낙양명원기洛陽名園記』 등도 모두 낙양의 목단에 대해 기록한 책들이다.

음력 3월 늦봄, 차가운 봄기운은 이미 끝나고 무더운 여름은 아직 오지 않은 때, 초목은 자라고 새는 날고 기온은 적당한 이때야말로 답청을 나가기에 가장 좋은 때이다. 그리고 바로 이 때 목단이 활짝 피어나 사람들의 기분을 즐겁게 하고 문인아사들은 자기도 모르게 목단을 노래하곤 한다. 당대에는 목단의 감상이 크게 유행했고, 그만큼 목단을 제재로 한 시문도 많았다. 왕유王維는 「홍목단紅牧丹」에서 "초록의 고운 잎 한가롭고 고요한데, 붉은 옷 꽃잎은 옅다가 다시 짙어지네. 꽃의 마음 근심스러워 애간장 끊어지려 하니, 봄빛이 어찌 그 마음 알아주리[綠艶閒且靜, 紅衣淺復深. 花心愁欲斷, 春色豈知心]"라고 읊었다. 나은羅隱은 「목단화」에서 "동풍과 별다른 인연이라도 있는지, 비단 당겨 높이 말아 올리니 춘심을 이기지 못하네. 만약 말할 줄 알게 한다면 나라를 기울게 할 것이나, 바로 이 무정함 또한 사람을 감동시키누나[似共東風別有因, 繹羅高捲不勝春. 若敎解語應傾國, 便是無情亦動人]"라고 노래했다. 또 유우석劉禹錫은 "뜰 앞의 작약은 아리따우나 격조가 없고, 연못 위 연꽃은 깨끗하나 정이 부족하네. 오직 목단만이 진정한 국색이라, 꽃 피는 시절 경성을 흔든다네[庭前芍藥妖無格, 池上芙蓉淨少情. 唯有牡丹眞國色, 花開時節動京城]"라고 노래했다. 최초로 목단을 '국화國花'의 위치까지 올린 것이다.

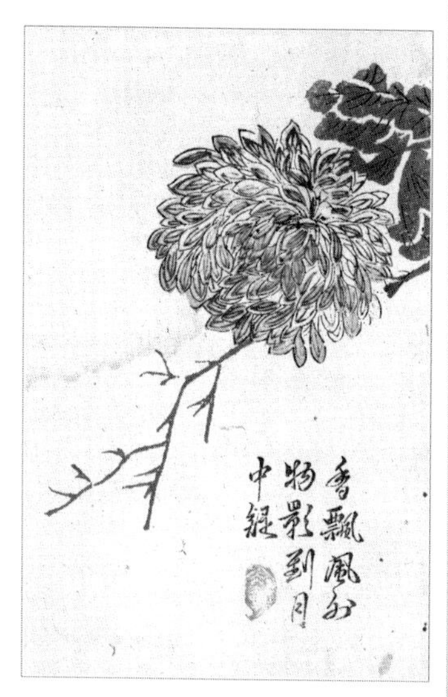

5-6-2 채색 목단도

민간에서도 목단과 관련된 많은 전설과 이야기들이 유행했다. 당대 개원, 천보 연간에 궁중의 침향정沉香亭 앞에 있던 목단화는 아침에는 진한 붉은색이었다가 한낮에는 진한 녹색으로 바뀌고 저물녘에는 진한 노랑으로 바뀌고 밤이 되면 하얀색으로 변하는데다 밤낮으로 각각 다른 향을 풍겼다. 현종은 그 모습을 보고 꽃이 아름다움을 뽐내는 것이니 놀랄 필요가 없다고 말했다 한다. 이런 이야기도 전한다. 장경長慶 연간(821~824)에 궁전 앞에 꽃이 크고 붉은 천 송이의 목단이 피었다. 날마다 밤이 되면 노랑나비, 하양나비 수만 마리가 꽃 사이로 날아들어 주위를 환하게 비추다가 새벽녘에야 날아갔다. 어느 날 목종은 하늘에 그물을 쳐서 나비 수백 마리가 도망가지 못하도록 한 다음 궁녀들에게 나비들을 쫓으며 놀도록 한다. 날이 밝고 보니 이 나비들은 모두 정교한 금나비와 옥나비가 되어 있었다. 궁녀들은 저마다 붉은 실로 금나비와 옥나비의 다리를 묶어 머리장식으로 쓰다가 화장함에 넣어두었다. 저녁이 되자 화장함에서 사방으로 불빛이 새 나왔다. 궁녀들이 화장함을 열어보자 다른 장식들 사이에서 뭔가가 꿈틀거렸다. 자세히 살펴보니 그 금옥의 나비들이 다시 살아 있는 나비로 변해 있었다.

5-6-3 부귀수富貴樹의 상징

목단은 '만화일품'으로 여겨졌으므로 재상 같은 높은 관직이나 귀인을 목단에 비유하곤 했다. 명청대의 회화와 공예품에서도 목단을 주요 주제로 사용하였으며, 다른 새나 짐승들과 함께 그려 갖가지 상서로운 도안을 만들기도 했다. 목단은 부귀의 꽃이다. 대청을 장식하는 '옥당부귀玉堂富貴' 도안은 활짝 핀 목단을 부귀에 비유한 것이다. 여기서 '옥'은 '옥란玉蘭'

의 옥이고, '당'은 해당화海棠花의 '당'과 같은 음이다. 호북 서쪽의 토가족土家族은 딸을 낳으면 목단을 심는 풍습이 있다. 딸을 낳으면 아버지가 바로 목단 한 그루를 뜰에 심는다. 그런 다음 매년 목단 뿌리를 팔아서 생긴 돈을 차곡차곡 모아 딸이 시집갈 때 지참금으로 준다. 이 역시 부귀를 바라는 마음이다.

유럽 사람들은 목단을 '가시 없는 장미'로 찬양한다. 고대 서양인들은 정원에 목단을 심으면 여러 가지로 몸에 좋고, 목단의 씨를 목걸이로 만들어 아이의 목에 걸어주면 치통을 예방할 수 있다고 믿었다. 목단의 꽃잎은 천식, 통풍, 간질 등에 효과가 있다고 한다. 그래서 고대에는 간질 환자의 목에 고리로 만든 목단화를 걸어주었다. 뱃사람들은 목단화를 차고 있으면 폭풍을 막을 수 있다고 믿었다.

7. 복사꽃[桃花]

복사꽃은 낙엽 소小교목으로 2월에 꽃이 핀다. 『예기』 「월령月令」에서 "중춘仲春(음력 2월)의 달에 복사꽃이 피기 시작한다"고 했다. 꽃은 담홍, 진홍 혹은 흰색이며 모양이 아름답고 색깔이 선명하다. 열매인 복숭아는 과육이 풍부하고 맛이 달고 향기로워 사람들이 무척 좋아한다. 그래서 『시경』에서는 "나에게 복숭아를 던져 주어, 예쁜 구슬로 보답하네[投我以木桃, 報之以瓊瑤]"라고 노래했다. 복숭아의 품종은 백도, 황도, 수밀도水蜜桃, 자도紫桃, 반도蟠桃 등으로 다양하다. 『서경잡기西京雜記』에 "한 무제 초에 상림원上林苑을 짓자 여러 신하들이 각자 과일을 바쳤다. 그중에 상핵도緗核桃, 자문도紫文桃, 금성도金城桃가 있었다"는 기록이 전한다. 복사꽃은 중국이 원산지로 관상용과 실용성의 특징을 모두 갖추고 있다. 봄날 복사꽃의 아름다운 빛깔은 사람의 마음을 설레게 한다. 붉은 꽃은 낭만이 가득하고 하얀 꽃은 깨끗하고 우아한 느낌을 준다. 복숭아나무는 매우 실용적이다. 여름 내내 그늘을 만들어주고 늦여름과 초가을에는 풍성한 열매까지 안겨주기 때문이다.

전설 속에서 복숭아는 아주 오래전부터 등장한다. 그중 어떤 것은 진위를 판별할 수 없고 순전히 억측에 불과한 기록도 있다. 신화 속에서는 복숭아나무를 과보夸父의 지팡이가 변한 것이라고 말한다. 과보는 해를 쫓다가 목말라 죽은 자이다. 그는 앞으로는 사람들이

5-7-1 복사꽃과 복숭아 소묘

자기처럼 도중에 목말라 죽지 않도록 지팡이를 던져 등림鄧林으로 변하게 했다. 『습유기』에 이런 기록이 있다. “부상扶桑에서 5만 리 떨어진 곳에 방당산螃螗山이 있다. 이 산은 해도 미치지 않고 땅이 차갑다. 그곳의 복숭아나무는 천 아름이나 되며, 꽃은 검푸른 색이고 만 년에 열매 하나가 연다.” 이런 신화의 기록과 달리 한대에는 복숭아나무 재배 기술이 상당히 발달하여 여름이면 큰 복숭아를 딸 수 있었다. 한 명제明帝 때는 상산常山이라는 사람이 큰 복숭아씨를 바쳐 원림에 심었다고 한다. 위진 대에 이르면 원림 곳곳에 복숭아나무를 심고 품종도 다양해진다. 『진궁각명晉宮閣名』에서는 “화림원華林園의 복숭아나무 738그루 중에 백도가 세 그루, 후도侯桃가 세 그루 있다”고 했다. 복숭아는 크기도 갈수록 커졌다. 『업중기鄴中記』에 따르면 “석호원石虎苑의 구비도勾鼻桃는 무게가 두 근 반”이었다고 한다. 복숭아는 아주 오래전부터 종묘의 제사상에 올랐다. 『주서周書』에 잔인한 일화가 한 가지 전한다. 진秦의 관리 조개지趙凱之가 오단생吳旦生이라는 사람에게 원한을 품고 그가 종묘에 있는 황제의 복숭아를 훔쳐 먹었다고 고발한다. 단생은 일개 백성이 어떻게 감히 황제의 복숭아를 먹을 수 있겠느냐고 항변하지만, 결국 왕은 그의 배를 갈라 복숭아를 꺼내라고 명한다. 사서에서는 이에 대해 “복숭아를 먹었으면 당연히 그 씨가 남았을 것인데, 왕이 이를 모르고 사람의 배를 갈라 복숭아를 찾게 한 것은 이치에 맞지 않다”는 글로 왕을 비판했다. 선진 때는 복숭아가 대단히 귀한 과일이어서 공을 세운 신하에게 하사하기도 했다. 『안자춘추晏子春秋』의 ‘이도살삼사二桃殺三士’, 즉 복숭아 두 개가 힘센 용사 셋을 죽인 이야기가 이와 관련이 있다. 용사 공손접公孫接, 전개강田開疆, 고야자古冶子는 힘이 세고 위풍당당했지만 그런 만큼 포악하고 예의가 없었다. 안자는 제 경공齊景公을 위해 세 사람을 없앨 계획을 세운다. 그는 경공으로 하여금 복숭아 두 개를 가져와서 셋에게 이렇게 말하도록 한다. “너희 셋 중에 공이 가장 큰 둘이 복숭아를 하나씩 가져가서

5-7-2 복사꽃 소묘

먹도록 하라." 공손접과 전개강이 스스로 공이 가장 크다고 여겨 먼저 복숭아를 낚아챘다. 그러자 고야자도 자기가 복숭아를 먹어야 한다며 칼을 뽑아 들었다. 공손접과 전개강은 자신들의 공이 고야자만 못하므로 복숭아를 먹어서는 안 된다고 생각했다. 그러나 복숭아를 다시 갖다 놓기가 부끄러워 둘 다 그 자리에서 목숨을 끊었다. 그러자 고야자 역시 자기만 구차하게 살아남을 수 없다며 자살을 택했다. 결국 세 용사는 허무하게 죽고 말았다. 이 이야기가 지금까지 전해오면서 혹자는 안자의 지략을 칭찬하고 혹자는 안자의 모함이 용사들을 죽였다고 비판하기도 했다.

『시경』「주남周南」에서 "어여쁜 복숭아나무, 활짝 꽃이 피었네. 그 아가씨 시집을 가면, 온 집안이 화목해지겠지[桃之夭夭, 灼灼其華. 之子於歸, 宜其室家]"라고 노래했다. 아름다운 여인을 복사꽃에 비유한 것은 "남국에 가인이 있으니, 아름다운 얼굴이 복사꽃, 자두꽃 같네[南國有佳人, 容華若桃李]"라는 『문선文選』의 시가 처음이다. 복사꽃을 노래한 당대 시인으로는 최호崔護가 유명하다. 그는 「제도성남장題都城南莊」에서 "지난해 오늘 이 문에서, 사람의 얼굴과 복사꽃이 서로를 붉게 비쳤네. 사람의 얼굴은 어디로 갔는지 모르겠고, 복사꽃만 여전히 봄바람에 웃고 있구나[去年今日此門中, 人面桃花相映紅. 人面不知何處去, 桃花依舊笑春風]"라고 읊었다. 복사꽃은 미인을 닮은 고운 자태 때문에 사람들의 칭송을 받아왔다. 그러나 고대의 시문을 보면 복사꽃을 폄훼하는 내용도 적지 않다. 소동파는 해당화를 노래하는 시에서 "대나무 울타리 사이에서 싱긋 한 번 웃으니, 온 산에 넘치는 도리桃李는 거칠고 속되기만 하구나[嫣然一笑竹籬間, 桃李漫山總粗俗]”라는 구절로 해당화는 높이 사고 복사꽃과 자두꽃은 폄하했다. 두보는 「만흥漫興」에서 가볍고 얇은 복사꽃을 이렇게 형용했다. “애간장 끊는 봄날의 강이 끝나려는 곳, 지팡이 짚고 천천히 걸어 방초의 물가에 섰네. 미친 듯 날리는 버들개지 바람 따라 춤추고, 가볍고 얇은 복사꽃은 물을 좇아 흘러가네[斷腸春江欲盡頭, 杖藜徐步立芳洲. 顛狂柳絮隨風舞, 輕薄桃花逐水流].” 어떤 시인들은 복사꽃과 자두꽃을 질투가 심한 속물로 묘사한다. 특히 매화를 숭상한 송대 사람들은 복사꽃을 저속하고 질투가 많은 꽃으로 폄하하면서 매화의 ‘고결함’을 강조했으며 심지어 복사꽃을 기녀와 함께 거론하기도 했다. 송의 정계程棨는 『삼류헌잡식三柳軒雜識』에서 “내가 꽃을 품평해 보면, 매화는 산림의 풍모가 있고, 살구꽃은 규방의 자태가 있고, 복사꽃은 문에 기댄 도시 기녀 같고, 자두꽃은 동성東城 밖의 가난한 여인 같다”고 했다. 소동파가 복사꽃을 저속한 꽃으로 묘사하기 시작했으므로 복사꽃을 ‘문에 기댄 도시의 기녀’로 전락시킨 첫 번째 책임은 그에게 돌려도 될 것이다. 그러나 말의 세상에서는 ‘지록위마指鹿爲馬’의 폐단이 흔히 발생한다. 복사꽃이 저속하다는 것은 사실 하나의 편견에 불과하며 꽃의 입장에서는 매우 억울한 일이 아닐 수 없다. 대신 복사꽃을 질투한 여자에 관한 이야기는 전한다. 남편이 정원의 복사꽃이 아름답다고 칭찬하자 나무를 베어버렸다는 이야기이다. 『투녀기妒女記』의 관련 기록은 이렇다. “무력양武歷陽의 딸이 완선무阮宣武에게 시집을 갔다. 그녀는 질투가 매우 심했다. 집에 복숭아나무가 한 그루 있었는데, 꽃잎이 반짝반짝 빛나는 모습

5-7-3 복사꽃은 여전히 춘풍에 웃음 짓고

을 보고 남편이 아름답다고 감탄하자 그녀는 불같이 화를 내며 계집종에게 칼을 가져와 나무를 자르고 꽃을 꺾어버리도록 했다."

지금은 복사꽃이 여자를 널리 가리키는 말로 쓰이는 경우가 많다. 예를 들어 도화운桃花運(여복), 도화겁桃花劫(사랑으로 인한 재앙 혹은 여복이 없는 것) 등은 모두 여자와 관련된 말들이다. 복사꽃과 자두꽃은 젊은 여성의 미모를 상징한다. '도리지년桃李之年'은 미모가 빛나는 젊은 시절을 의미한다. 여기서 나아가 '도리'는 인재를 가리키기도 한다. 『한시외전』에서는 "무릇 봄에 복숭아나무와 자두나무를 심는 자는 여름이면 그 아래에서 그늘을 즐기고 가을이면 열매를 얻을 수 있다"고 했다. 봄에 나무를 심어 가을에 열매를 맺는 과정은 인재를 기르는 과정과 흡사하다. 따라서 여기서 복숭아나무와 자두나무는 곧 후학들을 가리킨다. "복숭아나무와 자두나무가 천하에 가득하다[桃李滿天下]" 역시 같은 의미로 쓰인 말이다.

중국에는 복숭아나무와 관련된 많은 이야기들이 전한다. 그중 하나는 선계의 열매 복숭아와 관련된 이야기이다. 『한무고사漢武故事』의 관련 전설은 이렇다. "동군東郡에서 난쟁이를 바쳐 와 황제가 동방삭東方朔을 불렀다. 동방삭이 이르자 난쟁이는 손가락으로 동방삭을 가리키며 황제에게 말했다. '서왕모께서 3천 년에 한 번 열매를 맺는 복숭아를 심으셨는데, 이 자가 행실이 불량하여 세 번이나 그것을 훔쳐 갔습니다.' 이후 서왕모가 인간세상으로 내려와 복숭아 일곱 알을 꺼내서 두 알은 먹고 다섯 알은 황제에게 주었다. 황제는 복숭아를 먹고 그 씨를 따로 남겨두었다. 서왕모가 어디에 쓸 것이냐고 묻자 황제가 답한다. '이 복숭아가 너무 예뻐서 심어보려고 합니다.' 서왕모가 웃으며 '이 복숭아는 3천 년에 한 번 열매를 맺습니다. 인간 세상에서 심을 수 있는 복숭아가 아니지요'라고 말했다." 또 『윤희내전尹喜內傳』에서는 "노자가 서쪽으로 가서 태진왕모太眞王母에게 문안을 드리고 함께 푸른 복숭아와 자주색 배를 먹었다"고 썼다. 도교에서는 노자가 태진왕모의 복숭아를 먹었으니 반드시 신선이 되었을 것이라고 말한다. 복사꽃 역시 선계의 꽃이다. 도연명의 「도화원기」에서 복사꽃은 인간세상 밖 이상세계의 표지가 된다. 이백도 「산중문답山中問答」에서 이렇게 읊었다. "왜 푸른 산에 사느냐고 내게 물어도, 웃으며 답하지 않으니 마음 절로 한가롭네. 복사꽃 흐르는 물에 아득히 떠가니, 별천지이지 인간세상은 아니로구나[問余何事棲碧山, 笑而不答心自閑. 桃花流水杳然去, 別有天地非人間]." 이후 사람들은 도화원을 속세를 떠나 은거하는 이상의 세계로 간주하게 되었다.

다른 한 가지는 벽사 기능으로서의 복숭아에 관한 이야기이다. 사실 이 효능 역시 복숭아가 선계의 열매라는 것에서 비롯되었다. 『좌전』에서는 복숭아나무 활로 가시나무 화살을 쏘면 삿된 귀신을 없앨 수 있다고 했다. 『본초경本初經』에서는 "효도梟桃*는 나무에서 떨어지지 않고 백귀百鬼를 죽인다"고 했다. 『세시기歲時記』에서도 "복숭아는 오행의 정수로 삿된 기운을 누르고 백귀를 제압한다"고 했다. 『풍속통』에는 도삭산度朔山의 큰 복숭아나무 아래에 사는 신도神荼와 울률鬱律('울루'의 다른 이름) 형제가 인간세상의 백귀를 감시하고 있다가 사람에게 해를 끼치려는 귀신은 바로 잡아서 호랑이 먹이로 주었다는 이야기가 전한다. 그래서 민간에서는 섣달그믐에 복숭아나무로 부적을 만들어 그 위에 신도와 울률 혹은 호랑이 그림을 그려 문에 걸어두었다. 이것을 도부桃符라 한다. 나중에는 이 도부에 상서로운 문구를 적는 풍속도 생겼다. 앞의 경우는 문신門神으로, 뒤의 경우는 춘련春聯으로 발전했다. 문에 복숭아나무 가지를 꽂거나 걸어서 삿된 것을 물리치기도 했다. 『전술典術』에서 "복숭아나무는 오목五木의 정수이다. 지금 도부를 만들어 문에 붙이는 것은 사악한 기운을 누르기 위함이다. 이것은 신선의 나무이다"라고 했다. 『예문유취藝文類聚』에 기록된 『장자莊子』의 문장 중에

---

*효도梟桃: 효도는 겨울을 지나는 동안 나무에서 떨어지지 않은 복숭아를 가리킨다. 그 모양이 올빼미[梟] 머리와 흡사하여 이런 이름이 붙었다

이런 내용도 있다. "복숭아나무 가지를 문에 꽂고 그 아래에 재를 붙여놓으면, 어린아이는 들어갈 때 무서워하지 않아도 귀신은 무서워한다. 이는 귀신의 지혜가 어린아이만 못한 것이다."

복사꽃은 봄을 대표하는 꽃이다. 짝지어 나는 봄날의 제비, 복사꽃 만발한 산언덕, 부슬부슬 내리는 봄비, 짙은 버드나무 그늘이 한 폭의 아름다운 춘경도春景圖를 이룬다. 명청의 공예품은 이처럼 복사꽃, 버드나무, 제비를 함께 그리는 경우가 많다. 복사꽃은 봄날의 흔적이다. 복사꽃을 찾으면 곧 봄을 찾은 것이다. 백거이는 「대림사도화大林寺桃花」에서 "속세의 사월은 꽃향기 모두 사라졌으나, 산사의 복사꽃은 이제야 활짝 피었네. 봄이 어디로 돌아갔는지 찾을 수 없어 못내 안타까웠는데, 이 산중으로 옮겨왔을 줄은 미처 몰랐구나[人間四月芳菲盡, 山寺桃花始盛開. 長恨春歸無覓處, 不知轉入此中來]"라고 노래했다. 그러나 봄날의 복사꽃은 금방 시들고 만다. 시간은 금세 지나가고 사물도 아름다운 때 그대로 멈춰 있을 순 없다. 사람들은 복사꽃이 지는 모습을 보며 세월의 무상함을 느꼈다. 그래서 당대의 이하李賀는 "하얀색 적고 붉은색 많은 월녀越女의 뺨, 복사꽃이 사람의 얼굴가에 피었네. 안타까워라, 날 저물어 아리따운 향기 떨어지면, 매파도 쓰지 않고 봄바람에 시집가겠지[小白長紅越女腮, 桃花向人臉邊開. 可惜日暮嫣香落, 嫁與東風不用媒]"라는 시구로 짧기만 한 호시절을 아쉬워했다.

5-7-4 강남의 인상

전설 속에 등장하는 복사꽃신은 식부인息夫人이다. 식부인은 춘추시대 식후息侯의 부인으로 성은 규媯이다. 초문왕楚文王이 식국을 멸망시키고 식후 부부를 사로잡아 식부인을 자기 아내로 삼으려 했으나, 식부인은 초 문왕에게 절대 마음을 주지 않았다. 하루는 초 문왕이 사냥을 나간 틈에 식부인은 몰래 궁을 빠져나와 식후와 만난다. 그들은 둘의 사랑이 이승에선 더 이상 이루어질 수 없음을 깨닫고 함께 목숨을 끊는다. 당시는 복사꽃 한창인 3월이었다. 그래서 초나라 사람들은 식부인을 도桃부인으로 삼고 사당을 세워 제사를 올려주었다. 후대 사람들은 다시 그녀를 복사꽃을 주재하는 여신으로 격상시켰다.

8. 석류石榴

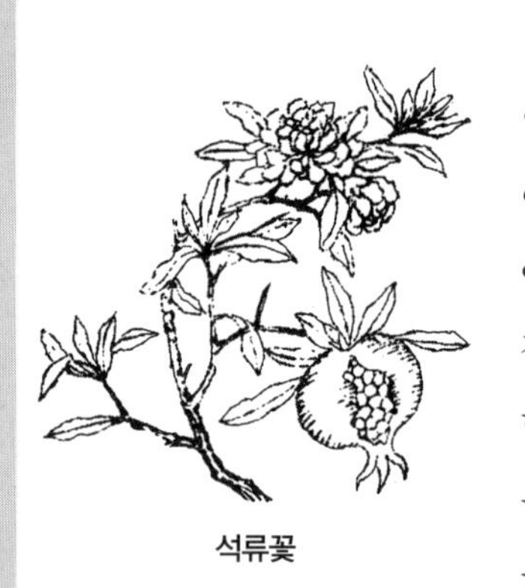
석류꽃

"천하의 기이한 나무, 구주九州의 이름난 열매"라는 영예를 갖고 있는 석류는 원래 이름이 안安석류이고, 원산지는 이란이며 아주 오래전에 중국으로 들어왔다. 진晉의 장재張載는 「안석류부」에서 "약류라는 기이한 나무가 있으니, 서해에서 처음으로 뿌리를 맺었네. 푸른 봄을 우러러 싹을 틔우고, 붉은 여름을 쬐어 빛깔을 발한다네[有若榴之奇樹, 肇結根於西海. 仰靑春以啓萌, 晞朱夏以發彩]"라고 했다. 『광아廣雅』에서 "약류는 석류이다"라고 했다. 또 옛사람들에게 '서해'는 곧 서방세계를 가리킨다. 서아시아에서 석류가 재배된 역사는 4,500년에 이른다. 3천 년 전의 이집트 파라오 18세 무덤벽화에도 가지 가득 열매가 달린 석류나무가 새겨져 있다. 중국에 석류가 전해진 때는 대략 기원전 2세기이다. 진대 『박물지』에 따르면 석류는 서한의 장건張騫이 서역으로 사신을 나갔다가 갖고 들어온 것이라 한다. 당시에는 석류를 '안석류' 혹은 '도림안석涂林安石'이라 불렀다. 진의 육기陸機가 동생에게 보낸 편지를 보면 "장건이 한의 사신으로 18년 동안 외국에 나가 있을 때 도림안석을 얻었는데, 이것이 바로 석류이다"라는 내용이 있다. 『서경잡기』에는 한 무제 때 새로 지은 상림원에 석류나무 열 그루를 키웠다는 기록이 있다. 이 역시 장건이 들여온 석류나무일 것이다. '도림'은 산스크리트어 'Darim'의 음역이다. '안석'이라 한 것은 석류의 산지가 안국(지금의 우즈베키스탄 부하라 시)과 석국(지금의 타슈켄트)이기 때문이다. '류榴'는 중국의 땅 이름으로 원래는 '류留'이다. 그래서 안석류를 '석류 같은[像榴]'을 의미하는 '약류若留'로 부른 것이다. 동한의 장형도 「남도부南都賦」에서 석류를 약류라 불렀다. '留' 자에 '木' 편방이 붙은 것은 삼국과 서진 때부터이다. 단약丹若, 금앵金罌, 천장天漿 등으로도 불리는 석류는 석류과의 낙엽관목 혹은 소교목에 속한다. 『광군방보廣群芳譜』에서는 달고, 시고, 쓴 세 가지 맛의 석류가 있다고 했다. 석류는 여름에 붉은 오렌지색 꽃을 피우고 공 모양의 열매를 맺는다. 열매 안은 여러 개의 방으로 나뉘어 있고, 방 안은 과즙이 풍부한 반투명의 씨앗들로 가득하다. 석류나무는 아름다운 무늬가 있어 고급 가구의 재목으로 쓰인다.

석류꽃의 붉은색은 아름다운 꿈속의 세계를 닮았다. 붉은 휘장 속으로 들어가는 미인의 모습이다. 청대 시인 오위업吳偉業은 "진홍 휘장에서 비단 소매 드리우고, 붉은 방에서 곱게 단장한 뺨이 나오네[絳帳垂羅袖, 紅房出粉腮]"라는 시구로 석류꽃을 묘사했다. 전설 속에서는 취취(醋醋)라는 한 선녀가 석류신으로 등장한다. 풍몽룡의 『성세항언醒世恒言』에 관련 이야기가 전한다. 당나라 때 최현미崔玄微라는 처사가 있었다. 그는 장가도 들지 않고 낙양 동쪽에 은거해 화초를 가꾸며 살았다. 하루는 그가 달밤에 홀로 꽃무더기 속을 거니는데 푸른 옷을 입은 한 여인이 다가왔다. 야심한 밤에 어인 연고로 이곳까지 왔느냐고 묻자, 그녀는 자기 집이 여기서 멀지 않고 지금은 친척 집에 가는 길인데 이 정원에서 잠시 쉬면 안 되겠느냐고 말했다. 최현미가 흔쾌히 허락하자 여인은 오던 길로 되돌아가 한 무리의 여자들을 데리고 왔다. 하나같이 곱고 예쁜 모습들이었다. 그중에 아취(阿措)라는 이름의 붉은 옷을 입은 여인이 석류꽃신이었다.

석류에 관한 역대의 시문을 보면 열매를 노래하기도 하고, 꽃을 노래하기도 하고, 때로는 꽃과 열매를 섞어서 노래하여 사람들에게 풍부한 상상의 여지를 남겨주기도 했다. 양梁 원제元帝는 「석류를 노래하다[咏石榴]」에서 '도림' 즉 석류를 밤의 불빛과 산호에 비유했다. "도림은 아직 피지 않았는데, 봄은 저물어 서로를 재촉하네. 등불처럼 타오르니 한밤의 불빛인 듯하고, 이어진 구슬은 일찍 핀 매화보다 낫구나. 서역에서는 뿌리를 가지고 오고, 남방에서는 술을 담아 온다네. 이파리 푸르니 새로 자른 듯하고, 꽃은 붉으니 예전에 심은 듯하구나. 다시 하양현 생각이 나니, 속 비치는 물에 산호가 피었겠지[涂林未應發, 春暮轉相催. 燃燈疑夜火, 連珠勝早梅. 西域移根至, 南方釀酒來. 葉翠如新剪, 花紅似故栽. 還憶河陽縣, 暎水珊瑚開]." 지금도 석류의 품종 중에 '화火석류'라는 것이 있는데 그 꽃이 마치 타오르는 불 같아서 붙여진 이름이다. 진의 부현傅玄은 석류를 솟아오르는 태양과 촉룡燭龍*에 비유하며 "새벽에는 마치 솟아오르는 태양이 부상扶桑**에 깃든 것처럼 밝고, 저물녘에는 마치 촉룡이 숨기고 있던 빛을 토해내는 것처럼 붉다"고 했다. 또 당대 시인 피일휴皮日休는 "어느 밤 봄빛에 붉은 주머니 터지더니, 푸르고 기름진 가지가 대낮처럼 빛나네[一夜春光綻絳囊, 碧油枝上晝煌煌]"라고 노래했다. 석류를 붉은 주머니에 비유한 것이다. 그 밖에 현대 시인 곽말약郭沫若은 석류가 여름날의 심장이라는 독특한 비유법을 쓰기도 했다.

석류꽃은 "삼춘이 지나고 모든 꽃이 떨어지는" 여름에 핀다. 보통 5월에 석류꽃이 피기 때문에 5월을 '유월榴月'이라 부르기도 한다. 한유는 「석류꽃[榴花]」이라는 시에서 "오월의 석류꽃 눈이 부시고, 가지 사이로 막 생긴 열매가 언뜻 보이네. 사랑스런 이곳은 차마도 다니지 않아, 푸른 이끼에 붉은 꽃잎만 어지러이 떨어지누나[五月榴花照眼明, 枝間時見子初成. 可憐此地無車馬, 顚倒青苔落降英]"라고 노래했다. 석류꽃은 진홍, 분홍, 노랑, 하양 등으로 색깔이 다양하다. 당대의 여자들은 석류꽃처럼 붉은 치마를 입어 사람들이 무척 좋아했다. 지금도 '석류치마'는 젊은 여자를 가리키는 말로 흔히 쓰인

---

*촉룡燭龍: 눈을 뜨면 천하를 비출 수 있었다는 고대 신화 속의 신으로 '태양'을 가리키는 말로도 쓰인다

**부상扶桑: 신화에 나오는 나무 이름으로 태양이 이 나무에서 뜬다는 전설이 있다

다. 이른바 "석류치마 아래에서 무릎 꿇고 절하다[拜倒在石榴裙下]"라는 말은 남자가 여인의 미색에 푹 빠졌음을 의미한다.

석류 열매 안에 다닥다닥 붙어 있는 씨들은 자손이 집에 가득한 모습을 연상시킨다. 그래서 사람들은 석류를 많은 자손들에 비유하곤 했다. 진 왕가王嘉는 『습유기』에서 오나라 궁중에 반지를 석류나무에 걸어 아들을 기원하는 풍속이 있었다고 썼다. 남북조 때도 이런 풍속이 있었다. 『북사北史』「위수전魏收傳」의 기록이 이를 증명한다. 북제의 안덕왕安德王 고연종高延宗이 조군趙郡의 이씨를 왕비로 삼았다. 결혼식 날 문선제文宣帝 고양高洋이 잔치에 참석하기 위해 이씨의 집으로 가자 새 왕비의 모친이 고양에게 석류 열매 두 개를 준다. 모두들 그 뜻을 몰라 어리둥절해 있을 때 위수가 옆에서 석류는 다산을 의미한다고 말해준다. 왕의 자손들이 번창하기를 바라는 마음에서 왕비의 모친이 석류를 준 것이다. 문선제와 안덕왕은 이를 듣고 크게 기뻐했다. 명청대의 공예품에도 석류를 무늬로 쓴 것들이 많다. 이 역시 자손의 번성을 바라는 의미이다.

고대 프랑스어로 석류는 씨가 많은 사과를 의미한다. 석류는 동지중해와 근동 지역에서 오랜 세월에 걸쳐 재배되어 왔으며, 석류나무는 페니키아인들이 전해주었다고 알려져 있다. 석류는 풍요의 상징이자 아테나, 아프로디테 여신의 표지이다. 숲 속의 선녀 로이는 바로 이 석류나무에 산다. 제우스의 아내이자 결혼과 출산을 주관하는 여신 헤라는 왼손에 석류를 하나 들고 있다. 로마신화의 주노는 결혼을 상징하는 석류나무 한 그루를 손에 쥐고 있다. 온화한 향기와 불꽃같은 꽃잎과 그 열매는 사랑과 결혼과 출산의 상징이라는 의미를 석류에게 부여해 주었다. 그래서 서양에서 신부는 항상 석류나무 가지로 만든 화관을 머리에 쓴다. 유대 기독교 시기에 석류 열매는 하나님의 무한한 사랑을 의미하고, 붉은 석류즙은 순교자의 선혈을 상징하고, 열매 속의 수많은 씨는 기독교도들을 상징했다. 또 껍질은 거칠지만 과

즙은 달콤한 석류 열매는 겉모습은 엄격하지만 마음은 인자한 목사를 상징했다. 인도 불경에 등장하는 여신 하리티는 왼손에 어린아이 한 명을, 오른손에 석류 하나를 들고 있다. 그녀는 원래 남의 아이들을 잡아먹는 잔인한 여신이었으나 석가모니의 깨우침을 통해 자손의 번성을 돕는 수호신으로 탈바꿈한다. 페르시아 종교에서 여신 아나시타는 인류의 번식을 관장한다. 그녀는 석류가 담긴 그릇을 손으로 받치고 있다.

9. 살구꽃[杏花]

"청명의 시절에 비는 부슬부슬, 길 위의 행인들은 넋이라도 끊어지려는 듯. 술집이 어디에 있느냐 물으니, 목동은 멀리 살구꽃 마을을 가리키네[清明時節雨紛紛, 路上行人欲斷魂. 借問酒家何處有, 牧童遙指杏花村]." 당대 시인 두목杜牧의 「청명清明」으로, 『강남통지江南通志』에 따르면 시인이 지주池州자사로 임명되었을 때 지은 시라고 한다. 시에서 묘사한 살구꽃 핀 마을 풍경은 시 속의 행인들 뿐 아니라 시를 읽는 독자들에게도 동경의 대상이다. 살구는 아름다운 꽃뿐 아니라 초여름에 나는 열매도 마을에 활기를 불어넣어 준다. 후대 사람들은 이 시를 여러 형식으로 바꿔가며 그 맛을 음미하곤 했다. 쉼표를 새로 찍어 사詞로 만들기도 하고 심지어 연극의 대사로 다시 쓰기도 했던 것이다. 하지만 그 형식이 어떻든 간에 가장 중요한 풍경은 역시 살구꽃 핀 마을이었다.

살구나무는 매화, 복숭아, 자두나무와 마찬가지로 장미과의 낙엽교목에 속하는 유명한 과실수이다. 잎은 계란 모양에 톱니가 나 있고, 꽃은 봄에 하나 혹은 두세 개씩 함께 피며 담홍색이다. 원형 혹은 타원형의 열매는 초여름에 익으며 껍질은 노란빛이 도는 오렌지색이다. 같은 색의 과육은 즙이 많고 열매 안의 씨는 크고 주름이 많다. 열매는 바로 먹을 수도 있고 말려서 먹을 수도 있다. 행인杏仁(살구씨 속)은 바로 먹기도 하고 기름으로 짜거나 약용으로도 쓰인다. 살구나무는 생명력이 강해서 별 탈 없이 자라면 수령이 백 년 이상에 달한다. 중국 내 분포 지역도 화북, 서북, 동북 지방을 모두 아우른다. 살구의 품종에 대해서는 고대에도 기록이 있다. 『서경잡기』에 따르면 한 무제가 상림원을 개축했을 때 각지에서 보내온 선물 중에 살구나무가 있었다고 한다. 품종은 문행文杏과 봉래행蓬萊杏 두 가지였다. 문행은 나무에 고운 무늬가 있고, 봉래행은 꽃이 오색으로 피고 꽃잎이 여섯 개라고 했다. 『술이기』에서도 오대산에 꽃잎이 여섯 개인 오색의 살구꽃이 피며 그 이름이 선인행仙人杏이라고 했다.

살구꽃은 중춘, 즉 음력 2월에 핀다. 중국 최초의 역법서인 『하소정夏小正』에서도 중춘에 "매화, 살구, 목야도木也桃(산복숭아)가 꽃을 피우기 시작한다"고 했다. 고대에 살구꽃은 농민 생활과 밀접한 관계에 있었다. 『농가언農家諺』이라는 한대의 책에서는 "(2월에) 살구꽃이 만발하고 뽕잎은 하얘진다"고 썼다. 『범승지서氾勝之書』에는 "살구꽃이 활짝 피기 시작하면 바로 부드럽고 무른 흙을 간다"고 했다. 그래서 살구꽃은 흔히 시기를 놓치지 말고 농사를 지으라는 의미로 쓰이기도 했다. 밭 가는 때를 의미하는 '망행望杏(살구꽃을 바라봄)'이라는 말이 여기서 나왔다.

살구꽃에 대해서는 아주 오래전부터 기록으로 남아 있다. 『산해경』에서는 "영산靈山 아래의 나무는 대부분 살구나무다"라고 했다. 『하소정』에는 "동산에 살구가 보인다"는 기록이 있다. 이는 살구의 인공 재배가 삼대三代 때 이미 시작되었음을 말해준다. 요즘도 스승이 제자들에게 강의를 하는 곳을 '행단杏壇(살구나무 단상)'이라 한다. 이는 『장자』「어부漁父」편의 "공자는 우거진 숲에서 노닐다가 살구나무 단상에 앉아 쉬곤 했다. 제자들이 책을 읽는 동안 공자는 노래를 부르고 금을 뜯었다"에서 나온 말이다. 의학계에서 훌륭한 의사를 높여 부르는 말인 '행림杏林(살구나무숲)'은 삼국시대의 한 전설에서 왔다. 동오東吳의 유명한 의사 동봉董奉은 사람들에게 치료를 해주고도 돈을 받지 않고, 다만 환자에게 다 나으면 그곳에 살구나무를 심어달라고만 부탁했다. 병이 심한 환자는 다섯 그루, 그렇지 않은 환자는 한 그루였다. 그렇게 몇 년이 지나자 병을 치료한 사람이 무수히 많아지고 살구나무도 수만 그루의 큰 숲을 이루었다. 사람들은 동봉을 '동선董仙'이라 부르고 그 숲을 '동선의 살구나무숲' 이라 불렀다. 의술이 뛰어남을 뜻하는 '행림춘만杏林春滿(살구나무숲에 봄기운이 가득함)' 역시 여기서 나온 말이다.

살구꽃을 노래한 시인은 남북조 때부터 보이기 시작한다. 유신庾信은 「행화시」에서 "봄빛이 바야흐로 들판에 가득 차니, 가지마다 비취색 꽃망울이 터졌구나. 어렴풋이 시골 마을을 비추며, 산성에 흐드러지게 피었네. 잘 꺾어 손님께 대접하니, 금쟁반에 붉은 옥이 선명하구나[春色方盈野, 枝枝綻翠英. 依稀映村塢, 爛漫開山城. 好折待賓客, 金盤襯紅瓊]"라고 노래했다. 살구꽃은 꽃받침이 꽃봉오리를 감싸고 있을 때는 순홍색이었다가, 봉오리가 점점 열리면서 붉은 빛깔도 옅어지고, 다 피면 순백색으로 변한다. 그리고 이때 꽃잎이 눈오듯 떨어지기 시작한다. 한유는 「행화」에서 "근처 북쪽 성 밖의 옛 사찰은 텅 비고, 살구꽃 두 그루는 붉었다 하얘지누나[居隣北郭古寺空, 杏花兩株能紅白]"라고 읊었다. "하얘질 듯 여전히 붉은 모습 사랑스러우니, 이것이 바로 조금 피어 반쯤 토한 때로구나[才憐欲白仍紅處, 正是微開杏花]"라는 남송 시인 양만리楊萬里의 시구 역시 살구꽃이 하얗게 변하는 모습을 묘사하고 있다.

붉은 살구나무는 봄날의 상징이다. 북송의 송기宋祁는 「옥루춘玉樓春」에서 "붉은 살구나무 가지 끝에 봄기운이 시끌벅적하네[紅杏枝頭春意鬧]"라는 명구를 남겼다. 특히 '요鬧' 자를 가져다 쓴 것이 매우 훌륭하여 옛 시에서 모범적인 글자 선택의 예로 항상 거론된다. 송기가 공부상서까지 관직을 맡아 당시 사람들은 그를 '홍행상서紅杏尙書'라 불렀다. 살구꽃은 흔히 봄비와 어울린다. 특히 강남에서는 더욱 그렇다. 앞서 소개한 두목의 시 「청명」이 그렇고, "소계정 위 풀숲은 무성한데, 동풍 부는 굽이굽이 난간에 기댄 이 누구인가? 제비 돌아오지 않았는데 봄기운은 저물고, 물가 모래섬엔 안개비 속 살구꽃이 차갑구나[蘇溪亭上草漫漫, 誰依東風十二欄? 燕子不歸春事晩, 一汀煙雨杏花寒]"라는 당대 시인 대숙륜戴叔倫의 「소계정」이 그렇다. 부슬부슬 내리는 차가운 빗속에 은은히 모습을 드러낸 담홍의 살구꽃을 보면 긴 봄비에 울적

해진 마음이 풀어지고 심지어 기분까지 은근히 좋아진다. 이런 기묘한 느낌을 역대의 시인들은 놓치지 않았다. 송대 시인 진여의陳與義의 "시집 속의 나그네 세월, 빗소리 속의 살구꽃 소식[客子光陰詩卷裏, 杏花消息雨聲中]", 그리고 육유陸游의 "작은 누각에 밤새도록 봄비 소리 들리니, 깊숙한 마을에도 내일 아침 살구꽃을 팔겠지[小樓一夜春雨聽, 深巷明朝杏花賣]"라는 시구가 대표적이다.

붉은 살구나무의 아름다움은 그 빛깔이 봄날의 분위기와 잘 어울린다는 데 있다. 남조 민가 「서주곡西洲曲」에서는 짝사랑에 빠진 여인을 "홑적삼은 살구처럼 붉고, 양쪽 귀밑머리는 어린 까마귀 색이네[單衫杏子紅, 雙鬢鴉雛色]"라고 묘사했다. 봄날의 생기가 느껴지는 표현이다. 또 "붉은 살구나무 한 가지가 담장 밖으로 나오다"도 봄날의 풍경을 느끼게 해주는 대표적 구절이다. 이는 당대 오융吳融이 지은 「길에서 살구꽃을 보다[途中見杏花]」의 "붉은 살구나무 한 가지 담장 밖으로 나오고, 담장 밖 행인은 홀로 근심에 들었네[一枝紅杏出墻來, 墻外行人正獨愁]"에서 온 구절이다. 후대의 시인들은 이 구절을 직접 인용하거나 글자를 조금 바꾸어 씀으로써 개성 가득한 미학적 분위기를 연출해 냈다. 송대 엽소옹葉紹翁의 시 「동산으로 갔으나 만나지 못하다[遊園不値]」의 "봄빛 가득한 동산은 걸어 잠글 수 없어, 붉은 살구나무 한 가지가 담장 밖으로 나왔네[春色滿園關不住, 一枝紅杏出墻來]", 원대 원호문元好問의 시 「행화잡시雜詩」의 "살구꽃 한 가지가 담장 밖으로 걸쳐, 반쪽 얼굴에 궁녀 화장을 하고 맑은 새벽에 나왔네[杏花墻外一枝橫, 半面宮妝出曉晴]." 등의 시구가 모두 그렇다.

살구꽃은 문인화에도 자주 등장하는 소재이다. 대부분 앞서 말한 "붉은 살구나무 한 가지가 담장 밖으로 나왔네"의 분위기와 상통하는 그림들이다. 원의 정윤단鄭允端은 오대 때 남당南唐 화가 서희徐熙의 〈행화도〉를 소장한 후 "봄비 무겁게 내린 후, 가지 하나가 석회 담장 서쪽으로 나와 있었네"

라는 구절로 그림을 칭찬했다. 명대 화가 진탁陳鐸은 자기가 그린 살구꽃 그림에 "그림자 따라 고개 돌린 곳에, 가지 하나가 주점 누각 앞을 비껴 털고 있었네[記得景鄉回首處, 一枝斜拂酒樓前]"라는 시제를 써넣었다. 명대 궁정 인물화가 사환謝環의 〈행원아집도杏園雅集圖〉는 당시 조정의 관리 양일청楊一清 등이 살구꽃 핀 동산에서 가졌던 모임을 그렸다. 원림의 배치에서도 살구나무 가지가 담장 밖으로 나오는 효과를 낼 수 있었다. 명나라 때 계성計成은 『원야園冶』에서 '차경借景(경치를 빌림)'이라는 장을 따로 두었다. 그는 원림을 지을 때 차경에 신경 쓸 것을 주장했다. 즉, 경치와 경치 사이에서 서로의 경치를 빌려오는 것이다. 서로 떨어진 누대 사이에 살구꽃을 담장 밖으로 걸쳐놓으면 서로의 경치를 빌려 더 크고 새로운 경치를 연출할 수 있다는 주장이었다.

10. 해당화[海棠]

해당화는 장미과의 낙엽교목이다. 가지는 부드럽고 촘촘하고 날씬하며 이파리는 긴 타원형으로 톱니가 나 있다. 꽃은 봄에 피며, 봉오리가 아직 열리지 않을 때는 진홍색이다가 열린 다음에는 담홍색이 된다. 꽃잎은 홑겹과 여러 겹, 꽃자루는 긴 것과 짧은 것, 꽃의 빛깔은 진한 색과 옅은 색으로 구분된다. 중국에서 해당화는 재배의 역사가 대단히 긴 전통 원예식물로서 빛깔이 진홍, 분홍, 유백색 등으로 다양하다. 『화경花鏡』의 이흠항伊欽恒 주석에 따르면 해당화는 흔히 '해당사품海棠四品'이라 불리는 첩경貼梗해당, 수사垂絲해당, 서부西府해당, 목과木瓜해당의 네 종류가 있다. 그중 해홍海紅이라고도 하는 서부해당은 키가 크고 목질이 단단하며 가지가 빽빽하다. 봄에 피는 꽃은 처음에는 연지 같다가 나중에는 밝은 노을색이 되며, 가을이 되면 앵두 같은 열매가 맺힌다. 수사해당은 앵두와 접을 붙여 만든 종이다. 나뭇가지가 춤추듯 하늘하늘 뻗어 있으며 곱고 붉은 꽃은 꽃 중의 명품으로 손꼽힌다. 첩경해당과 목과해당은 서부해당이나 수사해당만큼 사람들의 사랑을 받진 못한다. 사실 이 '해당사품'은 모두 장미과이면서도 서로 간에 상당한 차이가 있다. 서부와 수사는 사과 속, 첩경과 목과는 목과 속에 속한다. 옛사람들이 나무들의 비슷한 점만 보고 모두 해당으로 통칭하면서 현대 식물학자들이 상당히 애를 먹었다.

5-10-1 해당화

해당화의 원산지는 중국이다. 이에 대해서는 진대晉代에 이미 기록으로 남겼다. 해당화의 우아하고 맵시있는 자태는 사람의 마음을 흔들기에 충분하다. 안타까운 점은 해당화가 색은 아름다우나 향은 없다는 것이다. 『냉재야화冷齋夜話』에서는 시인 팽연재彭淵材가 평생토록 다섯 가지 한이 있었는데 그중의 하나가 해당화에 향이 없는 것이었다고 말했다. 『왕우칭시화王禹偁詩話』에 따르면 형주자사 석숭石崇은 활짝 핀 해당화를 보며 이렇게 말했다고 한다. "네가 만약 향기를 풍길 수 있다면, 금으로 만든 집에 너를 쌓아둘 텐데[汝若能香, 當以金屋貯汝]." 하희요何希堯 역시 「해당海棠」에서 같은 소망을 드러냈다. "비 맞은 연지는 점점이 사라지니, 반쯤 핀 시절이 가장 아리따웠네. 누군가 황금 집을 가지고 있다면, 동풍에 깊숙이 문 잠그고 어여쁜이 쌓아둘 텐데[着雨臙脂點點消, 半開時節最妖嬈. 誰家更有黃金屋, 深鎖東風貯阿嬌]." 『광군방보』에 따르면 남송 순희淳熙 연간에 진중秦中(지금의 섬서 중부)에 높이가 몇 길이나 되는 거대한 해당화나무가 있었고, 형남荊南(지금의 호북 남부)에도 그만큼 높고 큰 해당화나무가 있었다고 한다. 송대에 서徐씨 성의 한 은자는 집을 해당화나무 위로 옮기고 손님이 찾아올 때면 사다리를 이용해 손님을 나무 위로 안내했다고 한다. 황정견黃庭堅은 시에서 이곳을 '서노해당소徐老海棠巢(서씨 노인의 해당화나무 둥지)' 라고 일컬었다. 위에서 소개한 나무들은 아마 서부해당일 것이다.

목단은 '화왕花王' 이라 하고, 난은 '국향國香' 이라 했다. 또 매화는 남송 때 가장 사랑받는 꽃이었다. 해당화 역시 문인들이 높이 평가하는 꽃이었다. 왕우칭은 「상산해당商山海棠」에서 "봄에도 강한 맞수가 없으니, 꽃 중의 지존이로다[春里無勍敵, 花中是至尊]"라고 했다. 또 송의 진사陳思는 『해당보海棠譜』에서 이렇게 말했다. "매화는 봄의 앞을 차지하고, 목단은 봄의 뒤를 지켜, 시인묵객들은 특히 이 꽃들에 마음을 쏟았다. 오로지 해당화만 그 아름다운 자태와 아름다운 바탕이 두 꽃보다 못하지 않다." 옛사람들은 해당화의 장점을 많은 꽃, 고운 빛깔, 무성한 잎, 부드러운 가지로 보았다. 예쁘지만 요염하지 않고, 아름답지만 속되지 않고, 열여덟 소녀처럼 순결하고, 여느 꽃을 능가하는 빼어난 자태는 홀로 향기를 풍기는 목단과 어깨를 나란히 할 만하다고 생각했다. 명대 왕상진王象晉은 『이여당군방보二如堂群芳譜』에서 "꽃이 매우 풍성하다…… 바라보면 마치 처녀처럼 맵시가 흘러넘치니 요염하고 잡스럽기만 한 다른 꽃들은 비할 바가 못 된다"라는 말로 해당화를 칭찬했다. 해당화는 타고난 바탕이 무척 아름답고 흉내내기 힘든 자태를 가졌다. 그래서 당대의 어떤 이는 해당화가 꽃 중의 절색이요, 가장 풍류가 넘치는 꽃이라고도 했다.

송대의 문인들은 여느 꽃의 아름다움을 무색케 만드는 해당화의 색채에 찬사를 아끼지 않았다. 육유는 「해당가海棠歌」에서 "촉 땅 여인의 고운 화장 남을 꾸짖을 만하나, 해당화 앞에선 문득 무색함을 깨닫네[蜀姬艶妝肯讓人, 花前頓覺無顔色]"라는 구절로 해당화의 빛깔을 칭찬했다. 심립沈立의 『해당기』 서문에 따르면 송 진종眞宗은 「후원잡화십제後園雜花十題」를 지으면서 해당화를 첫머리에 두었다고 한다. 소동파는 「해당」이라는 유명한 시에서 "동풍은 솨솨 달빛에 떠다니고, 꽃향기 훨훨 날림에 달이 행랑으로 옮겨오네. 밤 깊어 꽃이 잠들까 저어하여, 높이서 불 밝히며 붉은 화장 비추는구나[東風裊裊泛崇光, 香霧霏霏月轉廊. 只恐夜深花睡去, 故燒高燭照紅妝]"라고 달빛에 비친 해당화를 노래했다. 이 시는 『태진외전太眞外傳』의 양귀비 이야기에서 온 것이라 한다. 상황(당 현종)이 침향정에 올라 양귀비를 부른다. 그때 양귀비는 새벽까지 술에서 깨지 않은 상태였다. 상황은 고력사와 시종들에게 명하여 귀비

5-10-2 비 맞은 해당화

를 부축해서 데리고 오도록 한다. 귀비는 화장이 남은 취한 얼굴에 귀밑머리는 흐트러지고 비녀는 비뚤어진 채 상황에게 절도 올리지 못했다. 상황이 웃으며 말했다. "어찌 귀비가 취한 것이겠는가. 해당화가 잠이 아직 부족한 게지." 술이 덜 깬 양귀비는 곧 잠이 부족한 해당화였다. 꽃과 미인이 구분되지 않는 물아불분物我不分의 모습이었던 것이다. 『소씨가보邵氏家譜』에는 이런 일화가 전한다. 소동파와 의흥宜興 사람 소민첨邵民瞻은 같은 해에 진사시에 합격한 벗이었다. 두 사람은 술자리를 함께하고 시를 주고받으며 친분을 쌓아갔다. 그러던 어느 날 동파는 소씨 집의 정원에 서부해당 한 그루를 심었다. 이 해당화는 9백 년이 지난 지금까지도 죽지 않고 무성하게 꽃이 핀다고 하니 그야말로 기적이 아닐 수 없다.

'해당'이란 글자가 들어간 또 한 가지 화초가 있다. '추秋해당(베고니아)'이 그것이다. 이 식물은 추해당과의 초본식물로 '팔월춘八月春'이라고도 한다. 초가을에 붉은색의 곱고 부드러운 꽃을 피운다. 『채란잡지採蘭雜誌』에 이런 기록이 있다. "옛날에 어떤 여인이 사랑하는 사람을 볼 수 없어 북쪽 담장 아래에 항상 눈물을 뿌렸다. 나중에 눈물을 뿌린 곳에서 화초가 자라났는데 그 꽃이 무척 곱고 빛깔은 그 여인의 얼굴 같았다." 여기서 말한 화초가 바로 추해당이다. 그래서 추해당은 상사초相思草, 단장화斷腸花로도 불린다.

당대의 청동거울 공예는 조형이나 무늬에 있어서 이전 시대와는 색다른 모습을 보여주었다. 해당화 모양의 조형 역시 이런 새로운 시도에 포함되었다. 명청의 공예미술품에도 흔히 해당화를 장식 문양으로 썼다.

11. 파초芭蕉

"파초는 비를 맞으면 달라지니, 일부러 창문 앞으로 옮겨 심었네. 그 빗방울 듣는 소리 사랑스러워, 고향 돌아가는 꿈에 잠겼으나, 꿈에서도 고향은 멀어 돌아가지 못하고, 잠에서 깨어나 몸을 뒤척여 본다[芭蕉爲雨移, 故向窓前種. 憐渠點滴聲, 留得歸鄉夢. 夢遠莫歸鄉, 覺來一翻動]." 당대 시인 두목의 「파초」이다. 인적 드문 깊은 밤, 빗방울이 파초를 때리면 어지러운 빗소리 속에서도 고요한 분위기가 더욱 고요해진다. 파초와 비는 적막, 고독, 그리움, 추억의 분위기를 연출해 낸다. 그렇다면 파초는 왜 비와 인연을 맺었을까? 비는 어떤 물체에 떨어지든 소리가 나게 마련인데 왜 하필 문인들은 유독 파초에 빗방울 듣는 소리를 듣고 감상에 젖었을까? 이는 파초라는 식물 본연의 특징, 그리고 문인들이 계속 이런 분위기를 시로 읊어온 것과 관련이 있다.

파초는 파초과의 다년생 초본식물이다. 『화경花鏡』에서 "파초는 일명 파저芭苴, 녹천綠天이라고도 한다"고 했다. 파초의 줄기는 녹색 혹은 녹황색이며 모양은 토란줄기 같고 사람 키의 두세 배까지 자라기도 한다. 부채 손잡이처럼 자라는 이파리는 사람 키 정도로 길며, 날개처럼 펴면 폭이 40~60센티미터 정도이고 끝은 둥그스름하다. 이삭 꽃차례는 아래로 드리우고, 꽃봉오리를 감싼 포엽苞葉은 홍갈색 혹은 자주색이며, 열매는 황색의 육질에 여러 개의 씨가 있다. 파초의 원산지는 중국 남부이다. 『삼보황도三輔黃圖』에 따르면, 한 무제 원정元鼎 6년(기원전 111)에 남월南越을 격파하고 부려궁扶

파초

荔宮을 세워 그곳에서 얻은 기이한 초목들을 심었는데 그중에 감초甘蕉 열두 뿌리가 있었다고 한다. 또 『남방초본장南方草本狀』에는 오나라 영안永安(258~264) 때에 손휴孫休가 원추리와 모양이 비슷한 수초水蕉를 얻기 위해 남방으로 사신을 보냈다는 내용이 있다. 이렇듯 파초는 재배된 역사가 2천 년도 넘고 대부분 관상용으로 쓰였다.

『유양잡조』에는 "남중南中에서 홍초紅蕉가 필 때면 붉은 박쥐들이 꽃 속으로 모여들었다"는 기록이 있다. 파초의 유명한 품종 중 하나가 바로 홍초이다. 홍초는 인초人蕉라고도 하며 꽃이 줄기 끝에 술잔처럼 붙어서 핀다. 빛깔이 연꽃 혹은 횃불처럼 붉어서 홍초라 하며, 고대의 기록에 따르면 복건과 광동 일대에서 났다고 한다. 그 밖에 수초, 아초雅蕉, 양각초羊角蕉, 우유초牛乳蕉 등도 있다. 수초는 초처럼 하얗고, 아초는 꽃이 상아처럼 크다. 파초의 꽃은 보통 한여름에 피어 한가을에 지며 열매는 꽃과 함께 자란다. 파초는 감초라고도 한다. 그러나 감초가 모든 파초를 포괄할 수 있는 건 아니다. 감초에는 양각초, 우유초, 그리고 크기가 연뿌리만 한 파초 세 가지가 있다. 『남주이물지南州異物志』에 관련 기록이 있다. "이 초(감초)에는 세 종류가 있다. 그중 하나는 열매가 엄지손가락만 하게 자라고 날카로우며 양의 뿔 같은 것이 있다. 그래서 양각초라 하며 맛이 가장 좋다. 다른 하나는 열매가 달걀만 하고 양의 젖처럼 생겨서 우유초라 하며 양의 뿔 같은 것은 없어진다. 다른 한 종은 연뿌리만큼 커서 길이가 6~7촌에 이르며, 정방형 모양에 맛이 달지 않은 가장 안 좋은 품종이다." 『학포여소學圃餘疏』에서는 파초 중에서 가장 사랑스러운 품종을 미인초美人蕉와 금련보상金蓮寶相으로 들었다. 기록은 이렇다. "파초는 복주福州의 미인초가 가장 사랑스럽다. 겨울과 봄을 지나면서도 시들지 않고 항상 조릿대 같은 붉은 연꽃을 토해낸다. 우리 땅에서도 그것을 심어서 기를 순 있으나 꽃이 피지 않으면 무익하다. 또 한 가지는 금련보상이다. 어디서 왔는지는 알 수 없으며 잎이 미인초처럼 작고 뾰족하다. 심은 지 3~4년 혹은 7~8년이 되면 꽃이 하나 핀다. 남도南都 호부戶部의 오현묘五顯廟에 각각 한 그루씩이 있는데 이들이 동시에 꽃을 피우면 구경꾼들이 구름처럼 모여든다. 꽃은 주황색이며 꽃잎이 연꽃보다 커서 이런 이름이 붙었다."

파초는 초본식물이면서도 멀리서 보면 꼭 나무기둥 같다. 꽃도 술잔처럼 크고 모양과 색은 부용 같고 뿌리는 토란 덩어리 같다. 파초 꽃줄기 끝에는 씨방이 있다. 파초는 보통 뭉쳐서 자라며 뿌리는 흙 밖으로 나오고 두세 줄기가 하나의 떨기를 이룬다. 이파리 뿌리에 있는 열매는 껍질을 벗겨 과육을 먹는다. 쉽게 문드러질 정도로 부드러우며 맛은 달고 시원하다. 『해사여록海槎餘錄』에서는 "해남의 파초는 일 년 내내 꽃을 피우고 열매를 맺는다. 두 가지가 있는데, 판초板蕉는 크고 맛이 싱거우며, 불수초佛手蕉는 작고 맛이 달다"고 했다. 어떤 지방의 원주민들은 파초를 먹여 아이를 키우기도 한다. 파초는 진대晉代에 이미 인공으로 재배가 되었다. 화림원華林園에 파초 두 그루가 있었다는 『진궁각명晉宮閣銘』의 기록이 이를 말해준다. 『유명산지遊名山志』에서는 "적암산赤岩山에는 물과 돌 사이에 감초 숲이 있다. 그 높이가 열 길에 이른다"고 했다. 재배의 주된 목적은 역시 관상용이었다.

파초를 노래한 시는 오래전부터 있었다. 굴원은 「구가九歌」에서 "파초를 건네며 번갈아 춤춘다[傳芭兮代舞]"고 했다. 『광군방보』에도 같은 구절이 있다. 진晉의 곽박郭璞은 「유선시遊仙詩」에서 "난초가 쑥과 파초 사이에서 자란다[蘭生蓬芭間]"라고 읊었다. 그러나 여기서 '파'가 단순한 향초의 일종인지 아니면 파초를 가리키는 것인지는 명확하지 않다. 높은 키에 큰 이파리의 파초를 정원에 심어놓으면 뜨거운 여름날 시원한 그늘을 만들어준다. 또 그것을 창문이나 문 앞에 심어놓으면 새파란 이파리가 눈을 즐겁게 마음을 편안하게 해준다. 그래서 당대 시인 요합姚合은 「파초병풍[芭蕉屛]」에서 이렇게 노래했다. "파초가 무성하게 자라나, 달빛에 그림자가 들쭉날쭉하네. 이파리 몇 개는 담장만큼 커서, 내 문의 병풍으로 삼았지. 들리고 보이는 것 조금씩 사라져, 귀와 눈이 편안하고 조용해졌네[芭蕉叢叢生, 月照參差影. 數葉大如牆, 作我門之屏. 稍稍聞見稀, 耳目得安靜]."

파초를 처음으로 비와 연관시킨 이는 분명 훌륭한 시인이었을 것이다. 그러나 그가 구체적으로 누구였는지는 알 수가 없다. 파초와 비의 이미지가 본격적으로 등장한 것은 당대의 시에서였다. 백거이는 어느 시에서 "창문 너머 밤비가 내리는지, 파초에 먼저 소리가 나는구나[隔窓知夜雨, 芭蕉先有聲]" 라고 했다. 파초를 창가에 심으면 푸른 이파리가 눈을 즐겁게 할 뿐 아니라 시원하고 맑은 느낌까지 준다. 여름날 소나기가 파초 잎을 때리면 다른 빗소리는 모두 사라지고 파초에 빗방울 듣는 소리만 방 안에 퍼진다. 남송의 왕십붕王十朋은 「파초」에서 "초목에 똑같이 비가 내려도, 파초 소리가 유독 많다네. 주인은 아직 충분히 심지 않았다 하니, 나그네의 근심은 어찌하란 말인가[草木一般雨, 芭蕉聲獨多. 主人栽未足, 其奈客愁何]"라고 읊었다. 이처럼 파초 소리가 유독 크고 많게 들리는 것은 그만큼 파초의 잎이 넓고 파초를 많이 심었기 때문이다. 그런데도 주인은 타향의 나그네가 파초에 비 듣는 소리를 듣고 고향 생각으로 시름에 잠길 것임을 알지 못한다. 그래서 두목은 「비[雨]」에서 "밤새도록 외로운 나그네 잠 못 이루니, 주인집 창문 밖에 파초가 있구나[一夜不眠孤客耳, 主人窓外有芭蕉]"라고 읊었다. 파초에 비 떨어지는 소리는 인위의 소음이 아닌 자연 그대로의 소리이다. 그런데도 이 소리에 잠들지 못함은 나그네의 시름이 그만큼 깊기 때문일 것이다. 파초에 떨어지는 빗소리는 보통 두 가지 분위기로 들린다. 하나는 흥겹게, 다른 하나는 근심스럽게 들리는 것이다. 전자보다는 후자의 경우가 훨씬 많다. 사람 소리 들리지 않는 깊은 밤, 마음은 풀어지고 낮에 힘들었던 몸까지 축 늘어지면서 사람들은 금방 감상에 젖어든다. 지난날이 꿈처럼 스치며 만감이 교차하니 쉬이 잠들 수가 없는 것이다.

옛사람들은 힘들고 짧기만 한 인생에 가슴 아파하며 때로는 자기가 꿈속에 있는지 꿈 밖에 있는지 망각하고 꿈을 또 하나의 삶으로 보곤 했다. 이러한 전통은 장자의 호접몽에서 시작되었다. 꿈은 끊어졌으나 파초에 비 듣는 소리는 그대로이다. 타향의 나그네는 옷까지 얇아 처량함이 뼛속까지 파고든다. 그래서 당대 시인 서응徐凝은 「열상 사람 방에서 잠자다[宿冽上人房]」에서 "정해진 곳 없는 뜬구름 인생 날리는 쑥 같은데, 숲 아래의 참된 승려가 우연히 보고 손짓하네. 깨어난 후 비로소 꿈인 줄 알았나니, 차가운 비가 파초에 듣는 소리 다시 들리는구나[浮生不定若蓬飄, 林下眞僧偶見招. 覺後始知身是夢, 更聞寒雨滴芭蕉]"라고 읊었다. 그래서 시름에 잠 못 드는 이들은 부질없는 질문을 던지곤 했다. 여본중呂本中의 시가 그렇다. "꿈 끊기고 슬픔은 더해져, 다시 긴 적막에 들었네. 어찌하여 오늘 밤 비는, 파초에만 떨어진단 말인가[夢斷添惆愴, 更長轉寂廖. 如何今夜雨, 只是滴芭蕉]." 파초와 비가 하나가 되어 만들어내는 이미지는 다른 화초들이 혼자만의 특징으로 만들어내는 이미지와 다르다. 이런 광경은 대부분 남방에서 이루어진다. 남방 출신의 혹은 남방에 가본 문인이라면 이런 광경에 익숙해서 파초에 빗방울 듣는 소리가 즐겁게 들린다. 양만리楊萬里의 시 「파초우芭蕉雨」가 그렇다. "파초는 비를 맞아 기뻐하고, 밤새도록 들리는 소리는 맑고도 곱구나. 작은 소리는 파리가 종이에 부딪는 소리를 그대로 배우고, 큰 소리는 산속 샘물이 떨어지는 듯 울리네[芭蕉得雨便欣然, 終夜作聲淸更姸. 細聲巧學蠅觸紙, 大聲鏗若山落泉]." 파초에는 또 하나의 문화적 이미지가 담겨 있다. 뜸들이며 쉽게 피지 않는 파초꽃의 모습은 마치 근심 속에서 뭔가를 기다리는 듯하다. 그래서 금金의 요효석姚孝錫은 「파초」에서 이렇게 읊었다. "봉황의 날개 서늘하게 푸른 하늘에 흔들리니, 텅 빈 뜰에 더위가 침범하지 못하네. 무슨 한스러운 일이 있기에, 꼭 껴안은 채 마음을 열지 않는가[鳳翅搖寒碧, 虛庭暑不侵. 何因有恨事, 常抱未舒心]."

12. 수선화[水仙]

수선화는 일명 '천총天蔥'이라고도 한다. 『남양시주南洋詩注』에서 "이 꽃은…… 본래 무당산武當山에서 나며 그 지역 사람들은 이것을 천총이라 한다"고 했다. 사실 수선화의 원산지는 지중해 연안이며, 중국의 수선화는 그것의 변종이다. 수선화는 석산石蒜과를 대표하는 다년생 초본식물로 마늘 모양 비늘줄기에 뿌리는 마늘 대가리 같고 겉에 얇은 껍질이 싸여 있다. 줄기 끝에는 육질의 두툼한 녹색 잎이 길고 평평하게 자란다. 겨울이면 잎 무더기 사이에서 꽃줄기가 올라온다. 일반적으로 비늘줄기 하나에 3~6개의 꽃차례가 있고, 각 꽃차례마다 4~6송이, 많게는 16송이까지 꽃이 핀다. 우산 모양의 꽃차례는 작은 술잔 같기도 하다. 흰색의 꽃부리는 끝이 뾰족한 꽃잎이 다섯 장이며, 그 안에 노란색 모자 모양의 부관副冠이 생긴다. 그래서 금잔은대金盞銀臺라는 이름도 붙었다. 이건 수선화의 홑꽃잎 품종이다. 겹꽃잎 품종은 옥영롱玉玲瓏이라 불린다.

수선화를 창틀이나 책상에 놓으면 무척 우아한 분위기를 풍긴다. 겨울의 꽃 수선화는 보통 춘절(음력 정월 초하루) 전후에 꽃을 피운다. 이때는 초목이 아직 소생하지 않을 때라 송, 죽, 매 등의 몇 가지 초목만 수선화와 짝을 이룬다. 그래서 '세한歲寒의 수선'이라고도 불린다. 엄동의 섣달에 수선은 비늘줄기가 물속의 돌 사이에 있다가 며칠 되지 않아 바로 싹을 틔운다. 꽃과 잎이 신선처럼 맑고 깨끗하다 하여 수선이라 하며, 절강과 복건 일대에 가장 많이 분포되어 있다. 수려한 꽃과 파릇파릇한 잎과 코를 찌르는 향기는 겨울매화보다 낫다고도 한다. 그 고결하고 우아한 모습은 그야말로 농가로 흘러들어 온 '국향國香'이라 할 만하다. 그래서 황정견은 「중옥의 수선화에 차운하다[次韻中玉水仙花]」에서 "진흙은 백련의 연뿌리를 만들 줄 알고, 똥더미도 황옥의 꽃을 피울 수 있건만, 가여워라, 국향은 하늘이 돌보지 않아, 인연 닿는 대로 작은 민가에 흘러들었네[淤泥解作白蓮藕, 糞壤能開黃玉花, 可惜國香天不管, 隨緣流落小民家]"라고 읊었다. 황정견은 수선화를 기막히게 묘사한 시인이었다. 「왕도충이 수선화 오십 가지를 보내와 기쁜 마음에 읊다[王道充送水仙五十枝欣然會心爲之作咏]」라는 시에서 그는 수선화를 '능파선자凌波仙子'라 부르며 이렇게 노래했다. "먼지를 일으키는 버선인 듯 파도를 건너는 선녀, 물 위를 찰랑찰랑 희미한 달빛 아래 걷네. 누가 이 애끓는 혼을 불러다가, 차가운 꽃으로 심어 애절한 슬픔에 부쳤는가[凌波仙子生塵襪, 水上盈盈步微月. 是誰招此斷腸魂, 種作寒花寄愁絕]." 황정견이 수선화를 '능파선자'로 묘사한 것은 파도 위를 사뿐히 걷는 자태와 얼음처럼 맑고 옥처럼 깨끗한 바탕과 차가운 듯 고우면서도 그윽한 향기를 가진 이 꽃이 성스럽고 순결한 선녀를 닮았다고 보았기 때문이다.

명대의 문진형文震亨은 『장물지長物志』에서 "육조 사람들은 수선을 '아산雅蒜'이라 불렀다"고 썼다. 그러나 현존 육조 문헌에는 이 용어가 보이지 않는다. 고대에는 산산蒜山이라는 산이 있었다고 전해지는데, 아마 이 산산 위에 있던 '산蒜'은 수선화였을 것이다. 남송 때도 수선화를 아산이라 부르는 사람들이 있었다고 한다. 명의 진계유陳繼儒는 『태평청화太平清話』에서 남송 보경寶慶 연간에 사람들이 수선을 아산이라 불렀다고 썼다. 그러나 송 초의 도사 진단陳摶을 시작으로 송대의 시가들 중에 수선을 읊은 작품들은 대단히 많다. 이는 수선이 당시에 광범위하게 재배되었고 그때부터 이미 이 화초를 수선이라 불렀음을 증명한다. 당대에는 수선화를 '목내기木奈祇'라 부르기도 했다. 단성식의 『유양잡조』에 관련 기록이 있다. "목내기는 불림국拂林國*에

*불림국拂林國: 고대 중국의 사서에서 로마, 특히 동로마제국과 그에 부속된 서아시아 지중해 연안 일대를 가리킬 때 쓴 지명이다

서 왔다. 뿌리가 달걀만 하고 잎은 세 자 정도로 길며 모양은 마늘을 닮았고 한가운데서 가지가 나온다. 줄기 끝에서 꽃잎이 여섯 개인 꽃이 피고 꽃 한가운데는 적황색이며 씨앗을 맺지 않는다. 겨울에 살고 여름에 죽는다." 여기서 말한 내용이 바로 수선화의 특징이다. 또 목내기의 발음은 페르시아어 Nargi, 아랍어 Narkim과 흡사하다. 이를 통해 볼 때 수선화의 원산지가 지중해 연안임은 분명하다. 다만 언제 중국에 전해졌는지는 고증하기 힘들다.

당시唐詩에 나오는 수선은 대부분 수선화가 아니다. 두군竇群은 「처제 원덕사에게 보내다[送內弟袁德師]」라는 시에서 "남쪽으로 건너가는 배에 오르면 곧 수선이나, 서원西垣*의 나그네는 그리움만 아득하네[南渡登舟卽水仙, 西垣有客思悠然]"라고 읊었다. 여기서 수선은 수선화가 아니라 자유자재로 물 위를 다니는 신선을 말한다. 백거이는 「강 위에서 원씨의 팔절구를 읊다[江上吟元八絕句]」에서 "큰 강 깊은 곳 달 밝은 때에, 밤새도록 그대가 지은 짧은 율시를 읊는다. 어느 수선이 자맥질해 나와 들을 테니, 도리어 나는 보허사步虛詞**를 노래하려네[大江深處月明時, 一夜吟君小律詩. 應有水仙潛出聽, 翻將唱作步虛詞]." 여기서 수선은 물속의 신선을 가리킨다. 이상은李商隱은 「새벽녘 판교에서의 이별[板橋曉別]」이라는 시에서 "돌아보니 높은 성에는 새벽 은하 떨어지고, 장정長亭 창문에 작은 파도가 부딪친다. 수선은 잉어를 타고 떠나려 하고, 밤새도록 부용은 붉은 눈물만 많이 흘렸네[回望高城落曉河, 長亭窓戶壓微波. 水仙欲上鯉魚去, 一夜芙蓉紅淚多]"라며 이별의 정경을 읊었다. 여기서 부용은 붉은 연꽃을, 수선은 위의 예와 마찬가지로 신선을 가리킨다. 피일휴는 「백련을 읊다[咏白蓮]」에서 "밤새도록 이슬을 두르고도 화장이 씻기지 않고, 하루 종일 물결 위를 걸어도 옮겨가지 않는구나. 수선이 되고 싶음은 다른 뜻이 아니라, 해마다 이 꽃과 만나고 싶어서라네[通宵帶路妝難洗, 盡日凌波步不移.

---

*서원西垣: 당송대 중서성中書省의 별칭이다. 궁중의 서쪽에 있어서 이렇게 불렀다

**보허사步虛詞: 가물가물 가볍게 움직이는 신선의 아름다움을 그리는 악부잡곡의 하나이다

盡日凌波步不移, 年年圖與此花期]"라고 읊었다. 여기서는 백련을 '수선'이라 칭했다. 사실 야생의 수선화는 대부분 산속의 모래흙에서 자라기 때문에 연못 속의 '수선'은 분명 수선화가 아니었을 것이다. 송대의 시에서는 진짜 수선화가 등장하기 시작한다. 유방직劉邦直은 "전당에서 예전에 수선의 사당을 들었는데, 형주에서는 지금 수선화를 보는구나[錢塘昔聞水仙廟, 荊州今見水仙花]"라고 읊었다. 앞서 『남양시주』에서 말한 무당산이 바로 고대에 형주 지역에 속했다.

수선은 향기가 겨울매화보다 낫고 자태는 연꽃과 비견되곤 한다. 그러나 전설 속에서는 수선화가 난꽃과 가장 비슷해서 둘을 '부부 꽃'으로 부르기도 했다. 『집이기』에 이런 이야기가 전한다. 하동의 어떤 사람이 젊었을 때 정원에서 혼잣말을 하고 있는 한 여인을 보았다. 그녀는 소매에서 수선화 한 떨기가 그려진 두루마리를 꺼내더니 그것을 보고 웃다가 다시 울다가 이내 시를 읊었다. 인기척이 나자 그녀는 급히 정원의 수선화 아래로 숨어들었다. 잠시 후 이번에는 난꽃 무리 사이에서 한 남자가 걸어나왔다. 그 역시 몹시 슬픈 표정이었다. 그는 우리 사이의 거리는 반걸음일 뿐이지만 마치 만 리 밖에 떨어져 있는 것 같다고 말했다. 그런 다음 두 편의 시를 읊더니 난꽃 속으로 다시 숨어들었다. 하동 사람은 이 광경을 보고 놀라면서도 그들이 읊은 시들을 어떻게든 기억하려고 했다. 이때부터 그는 이전보다 훨씬 뛰어난 시들을 짓기 시작했다고 한다.

13. 월계月季

월계는 장춘화長春花, 월월홍月月紅, 승춘勝春, 승화勝花, 승홍勝紅, 두설홍斗雪紅, 사계장미 등으로도 불린다. 장미과에 속하는 이 꽃은 키가 작은 낙엽관목으로 줄기와 가지 위에 듬성듬성 가시가 있다. 깃털 모양의 이파리는 3~5개씩 돋아 있으며, 여름에 피는 꽃은 여러 송이씩 함께 피기도 하고 한 송이로 피기도 한다. 꽃은 겹꽃잎이고 테두리가 깃털 모양으로 갈라져 있다. 꽃의 빛깔은 자주색과 붉은색이 많고 가끔 노란색도 있다. 꽃, 뿌리, 잎은 약으로도 쓰여 혈액순환을 촉진하고 어혈을 없애고 부기를 가라앉혀 준다. 월계는 원예 기술의 발달로 사시사철 달마다 꽃을 피울 수 있다. 지금의 월계는 품종이 다양하고 색깔도 풍부하다. 붉은색, 자주색 외에도 유백색, 엷은 노란색, 푸른빛이 도는 흰색, 거무스름한 자주색 등의 빛깔이 있다. 중국에서 월계는 전통 월계와 현대 월계로 구분된다. 전통 월계는 월월홍 혹은 철판홍鐵瓣紅을 말한다. 자월계紫月季로도 불리는 이 월계는 줄기가 가늘고 부드럽고 붉은 편이다. 이파리는 작고 얇으며 자주색을 띤다. 꽃은 진한 붉은색이며 보통 음력 4월부터 9월까지 상당히 오랫동안 계속 핀다. 아주 오래전부터 이 모습을 유지해 오고 있어서 전통 월계로 구분되는 것이다. 현대 월계는 역사가 2백 년에 지나지 않는다. 18세기 프랑스에서 중국 전통 월계를 유럽의 장미와 접목하여 길러낸 꽃이 큰 월계이다. 그때부터

월계

월계는 다른 종류의 장미와도 접목되어 빛깔이 서로 다른 여러 품종의 월계로 다시 태어났다.

고대에는 장미과의 관상식물을 모두 장미로 통칭했다. 황黃장미, 향수香水장미, 분단粉團장미 등이 여기에 포함된다. 매괴玫瑰, 월계 등도 모두 장미과의 초목이다. 장미를 소재로 처음 시를 남긴 이는 남조 제齊나라 시인 사조謝朓이다. 「장미를 읊다[咏薔薇]」라는 그의 시는 이렇다. "꽃받침 피어난 처음에는 자줏빛을 모으더니, 남은 빛깔은 오히려 붉은 꽃잎 날리는구나. 새로 핀 꽃은 흰 달과 마주하고, 옛 꽃술은 바람을 쫓아간다. 둘쑥날쑥 함께 빛나지 않는데, 누가 장미 무더기를 돌아보려 할까[低枝詎勝葉, 輕香幸自通. 發萼初攢紫, 餘采尙霏紅. 新花對白日, 故蕊逐行風. 參差不俱曜, 誰肯盻薇叢]." 후대 시에서 장미를 묘사할 때 대부분 붉은색에 가시가 있다고 말한 것을 보면, 아무래도 이것은 월계를 가리킨 듯하다. 이시진李時珍의 『본초강목本草綱目』에서도 월계는 꽃잎이 붉고 줄기는 푸르고 덩굴이 길다고 했다.

월계는 유명한 관상식물이다. 중국에서 월계를 재배한 역사는 약 1천 년에 이른다. 월계는 사시사철 꽃을 피운다. 사람들은 달마다 피는 월계를 뜰 곳곳에 심기도 하고 분재로도 만들었다. 이는 남방이나 북방이나 마찬가지다. 송나라 때 송기宋祁는 『익부방물약기益部方物略記』에서 이렇게 썼다. "이 꽃은 동방에서 소위 말하는 사계화四季花이다. 새파란 덩굴에 꽃은 붉다. 촉 지방은 서리와 눈이 거의 없어서 일 년 내내 꽃을 볼 수 있다. 12월에 일단 꽃이 피면 사시사철 이어져 달마다 한 번씩 절기를 시작한다. 추위와 더위에도 변함없이 항상 주기를 지킨다." 청의 고사기高士奇도 『북서포옹록北墅抱翁錄』에서 이렇게 말했다. "(월계는) 향이 무척 맑고 멀리까지 간다. 달마다 한 번씩 피어 사시사철 끊이지 않으며, 그것을 울타리 사이에 심어놓으면 새벽이슬에 젖은 자태가 참으로 곱다. 섣달의 눈에 비친 모습은 더욱 사람을 빠져들게 한다." 월계꽃을 노래한 시문도 적지 않다. 그중에서 양만리楊

萬里의 "열흘 붉은 꽃은 없다고 말하나, 이 꽃에는 봄바람 불지 않는 날이 없네……. 꺾어다가 기쁜 마음으로 새해에 보면, 오늘 아침이 겨울인지도 잊어버린다네[只道花無十日紅, 此花無日不春風. 折來喜作新年看, 忘却今晨是冬季]"라는 시가 가장 잘 알려져 있다. 시인들은 다른 꽃들에게는 없는 월계화의 특징을 강조했다. 예를 들어 명의 장신지張新之는 "오직 이 꽃만 싫증내지 않고 피어, 사시사철의 봄을 일 년 내내 차지한다네[惟有此花開不厭, 一年長占四時春]"라고 월계를 묘사했다.

일찍이 송대에 월계화는 중국 상선에 실려 남방의 유명한 항구인 천주泉州에서 바닷길을 통해 인도와 스리랑카로 전해졌다. 이후 세계 전역에서 월계화의 아름다운 자태를 감상할 수 있게 되었다. 외국에서는 월계를 '꽃 중의 황후'라는 아름다운 이름으로 부르기도 했다. 송대 사람들은 월계화의 요염한 자태와 짙은 향기, 그리고 달마다 꽃을 피우는 특징 때문에 '풍류화風流花'라는 이름을 붙여주었다. 송의 진경기陳景沂는 『전방비조全芳備祖』에서 '천하의 풍류 월계화'라며 꽃을 칭찬했다. 후대인들도 이런 월계화의 별명을 인용하곤 했다. 청의 손연孫衍은 「월계화」에서 "이미 겨울매화와 더불어 만년에 머물다가, 다시 복사꽃, 자두꽃을 따라 진하고 화려함을 다투네. 아름다운 이들 서로 보며 다들 칭찬하니, 천하의 풍류가 바로 이 꽃이로구나[已共寒梅留晚節, 也隨桃李鬪濃葩. 才人相見都相賞, 天下風流是此花]"라고 읊었다. 황제의 눈에도 월계화는 천 가지 자태의 천 가지 아름다움을 지닌 꽃이었다. 등춘鄧椿의 『화계畫繼』에 이런 이야기가 전한다. 송 휘종 조길趙佶이 궁정의 화가들을 시켜 용덕궁龍德宮 벽에 그림을 그리도록 한다. 완성된 그림을 하나하나 살펴본 휘종은 호중전壺中殿 앞 회랑의 월계화 그림에만 큰 관심을 보인다. 알고 보니 이 그림은 궁정으로 새로 들어온 소년 화가가 그린 것이었다. 휘종은 크게 기뻐하며 어린 화가에게 즉시 상을 내리도록 했다. 나중에 한 근신이 휘종에게 소년의 그림이 어떤 면에서 훌륭한지를 물었다. 휘종의 답은 이랬다. "월계를 제대로 그릴 줄 아는 사람이 매우 드무오. 이는 사시사철, 아침저녁으로 월계의 꽃과 잎이 모두 다르기 때문이오. 이 그림은 봄날 한낮의 월계화 모습과 한 치의 오차도 없소. 그래서 후한 상을 내린 것이오." 그만큼 휘종은 다른 초목보다 훨씬 월계를 아끼며 오랜 기간에 걸쳐 관찰해 왔던 것이다.

어떤 화초를 유독 아끼면 그 꽃이 시기에 따라 서로 다른 모습을 보여주고, 심지어 하루에도 아침, 점심, 저물녘의 모습이 다 다름을 깨닫게 된다. 청대에는 월계의 품종이 갈수록 다양해지고 문인들이 월계를 자주 노래하면서 그 명성도 자연스레 높아졌다. 월계에 대한 첫 전문서적인 『월계화보月季花譜』가 출판된 때도 청대이다. 이 책에서는 월계 중에서도 귀한 품종인 남전벽藍田璧, 금구범록金甌泛綠, 적룡함주赤龍含珠, 육조금분六朝金粉, 효풍잔월曉風殘月 등 40여 가지 월계를 소개했다. 아울러 국화와 월계를 비교하며 이렇게 말했다. "많은 품종과 풍부한 색상은 국화와 어깨를 나란히 할 만하다. 일찍이 국화는 꽃 중의 명사요, 월계는 꽃 중의 미인이라 했다. 명사는 거만한 경우가 많아 일시적으로만 찬사를 받는다. 그러나 미인은 애교에 능해 사철 내내 환영을 받는다. 사람들이 국화보다 월계를 더 좋아하는 이유다."

『광군방보』에서 "장미는 매월 꽃이 피어 월계화라 부르고, 또 장춘화長春花라고도 한다"고 했다. 이 꽃을 바치는 것은 사시사철을 푸른 봄처럼 지내시라는 의미이고, 이 꽃을 꽃병에 꽂아두는 것은 사시사철 평안하게 지내게 해달라는 의미이다.* 월계꽃은 변하지 않는 청춘과 달마다 새롭게 피어난다는 의미를 함축하고 있어서 명청시대 공예의 장식 문양으로 흔히 쓰이고 특히 다른 화초와 함께 길상도를 이루는 경우가 많았다.

*중국어로 꽃병의 '병甁'은 평안의 '평平'과 발음(ping)이 같다

14. 송백松柏

"날씨가 추워진 다음에야 소나무와 측백나무가 나중에 시듦을 알다[歲寒然後知松柏之後凋也]." 『논어』 「자한子罕」에 나오는 구절이다. 힘든 상황에서도 고상한 절개를 잃지 않는 사람을 비유하는 '세한송백'이라는 말이 여기서 나왔다. 사실 소나무와 측백나무는 서로 다른 식물이다. 소나무는 소나무과의 상록 혹은 낙엽교목으로 암수한그루이며 소수지만 관목인 소나무도 있다. 중국의 소나무는 백여 종에 이르며, 그중에 나한송羅漢松, 백피송白皮松, 설송雪松, 금전송金錢松, 흑송黑松, 유송油松, 마미송馬尾松, 황산송黃山松 등이 유명하다. 소나무는 껍질이 대부분 비늘 모양이며 줄기가 높게 솟아 있고 가지가 무성하며 잎 무더기는 바늘을 모아놓은 모양이다. 어떤 소나무는 줄기가 구불구불 휘어지고 가지도 비스듬히 걸려 기이한 자태를 뽐낸다. 어떤 소나무는 거친 나무껍질에 거북등무늬가 나 있으며, 어떤 소나무는 껍질이 아주 매끈하다. 소나무는 기름을 짜거나 식용으로 쓸 수 있는 동그란 열매를 맺으며 목재의 질도 대단히 훌륭하다. 소나무는 송진이 있어서 오랫동안 불에 타며 그만큼 횃불로 만들기에 적합하다. 『위지魏志』의 기록이 이를 증명한다. "손권은 스스로 군대를 이끌고 합비合肥의 신성新城까지 갔다. 위魏에서는 만총滿寵을 그곳으로 보냈다. 만총이 힘센 사내 수십 명을 모아 매일 소나무를 꺾어 횃불을 만든 다음 바람에 따라 불을 놓자 적이 물러갔다."

5-14-1 솔방울

측백나무는 측백나무과의 상록교

목 혹은 관목이다. 가는 잔가지를 아래로 드리우고, 작은 잎은 비늘 모양이며, 공 모양의 열매는 익으면 쩍 벌어진다. 중국에서는 장강 유역과 그 이남 지역에 분포하며 석회암 지대에서는 숲을 이루며 자란다. 측백나무과 식물은 종류가 무척 많다. 그중에 백柏, 측백側柏, 대만편백臺灣扁柏, 복건백福建柏, 원백圓柏, 자백刺柏 등이 유명하다. 측백나무는 성장 속도가 매우 빠르며 옅은 황갈색의 목재는 향기가 좋아서 관상용으로도 쓰고 건물, 배, 가구 등을 만들 때도 쓴다.

소나무와 측백나무는 공통점도 많다. 둘 다 겉씨식물이고 대부분 상록교목이다. 또 목재가 단단하고 무늬가 세밀하며 원림의 관상수로 흔히 쓰인다. 『논어』에서 둘을 함께 거론한 것은 둘 다 겨울을 지나는 동안에도 시들지 않고 세찬 눈보라 속에서도 고결함과 의연함을 잃지 않는 품성을 상징하기 때문이다. '송백'은 한쪽의 의미만 부각되는 편의사偏意詞이다. 중국 전통문화에서는 항상 소나무만 언급하고 측백나무는 언급하지 않는 경우가 많았다. 비록 한대에는 측백나무를 매우 중시하고 실상 측백나무가 소나무보다 실용적인 면에서 더욱 환영을 받았지만 문인들은 실용성의 측면이 눈에 들어오지 않았다. 관상성觀賞性을 지고무상의 가치로 여겼던 그들의 눈에는 소나무가 측백나무보다 훨씬 나았다. 송, 죽, 매의 '세한삼우'가 문인들의 마음속에서 차지하는 비중은 실로 컸다. 강직하고, 멋스럽고, 고결하고, 도도하고, 굴하지 않고, 고통을 감내하는 성품을 모두 이들에게 부여했다.

송백에 관해서는 『산해경』에서 이미 관련 기록을 남겼다. "서쪽 250리가 백어산白於山인데, 산의 위쪽에는 소나무와 측백나무가 많고, 아래쪽에는 상수리나무와 박달나무가 많다"는 「서산경西山經」 편의 기록이 그것이다. 송백은 항상 산속 돌샘가에서 자라며, 높고 험준한 곳에 우뚝 서서 해를 가리고 짙은 그늘을 드리운다. 그래서 굴원은 「구가九歌」에서 "산속의 사람 두

약처럼 향기롭고, 바위틈 샘물 마시며 소나무 측백나무 그늘에서 산다네[山中人兮芳杜若, 飮石泉兮蔭松柏]"라고 노래했다. 송백은 장수하는 나무다. 『광군방보』에서 "천 년 된 소나무는 아래에 복령茯笭이 있고 위에 토사兎絲가 있다"고 했다. 소나무 아래의 복령은 송진이 변한 것이다. 『현중기玄中記』에 "송진이 땅속으로 스며들어 천 년이 지나면 복령이 된다"는 기록이 있다. 이런 노송들을 보면 인간의 삶이 얼마나 짧고 무상한 것인지를 절로 깨닫게 된다. 그래서 진의 부현은 "흩날리는 쑥은 회오리바람 따라 일어나고, 향기로운 풀은 산 연못에서 꺾이었네. 세상에 천 년의 소나무가 있다 하니, 사람이 어찌 백 년을 살 수 있으리[飛蓬隨飄起, 芳草摧山澤. 世有千年松, 人生詎能百]"라고 읊었다.

측백나무 역시 장수한다. 『포박자』에서 "거꾸로 자라는 측백나무는 모두 하늘만큼 길고 땅만큼 오래 산다"고 했다. 측백나무는 소나무에는 없는 특징을 하나 더 갖고 있다. 바로 나무에서 향기가 난다는 것이다. 『한무고사』에 "백양대柏梁臺는 높이가 20길이고 모두 측백나무로 만들어 향기가 수십 리에 이른다"는 기록이 있다. 한대 사람들은 측백나무를 무척 좋아했다. 당시 측백나무는 문화적 측면에서나 생활의 측면에서나 사람들에게 상당한 영향을 미쳤으며 황제까지도 측백나무를 즐겨 심었다. 『태산기泰山記』에 이런 기록이 전한다. "산 남쪽에 있는 태산묘廟에 측백나무 천 그루를 심었는데 큰 것은 15~16아름이나 된다. 어르신들이 이야기하길 이 나무들은 한 무제가 심은 것이라 한다." 한대에 어사대의 별칭은 백대柏臺였으며, 『한서』「주박전朱摶傳」에는 어사부에 측백나무를 줄줄이 심었다는 기록이 있다. 그래서 후대에는 어사부를 백부柏府, 백서柏署로도 불렀다. 청대에는 안찰사按察使를 백대라 불렀다.

사람들은 송백에 도덕적 품성의 의미를 부여하기도 했다. "그것(예禮)은 사람에 있어서 큰 대나무와 화살대에 푸른 껍질이 있는 것과 같고 소나무와 측백나무에 단단한 목심이 있는 것과 같다. 둘은 천하 만물의 큰 근본에 거하므로 사시사철 가지와 잎을 바꾸지 않는다"는 『예기』「예기禮器」의 기록이 대표적이다. 또 만물에 영혼이 있다고 믿은 옛사람들은 송백을 삶 속으로 끌어들여 그 영혼을 느끼고자 했다. 군주를 상징하는 소나무가 그 예이다. 『몽서夢書』에서 "소나무는 군주이다. 꿈에 소나무를 보았다면 이는 군주를 본 것이다"라고 했다. 소나무는 영원한 천자의 강산을 상징하기도 했다. 『목천자전穆天子傳』에 "천자가 장송長松의 비탈진 길을 오르는데, 비탈진 길에 오래된 소나무가 있었다"는 기록이 전한다. 진시황은 태산의 소나무를 '대부송大夫松'으로 봉했다. 『한관의漢官儀』의 관련 기록은 이렇다. "진시황이 봉선의식을 치르기 위해 태산으로 오르던 도중에 폭풍우를 만나 소나무에 의지했다. 그래서 그 길을 새롭게 닦고 소나무를 대부송에 봉해주었다." 태산의 측백나무 역시 인성을 갖고 있어서 나무를 베면 피가 나왔다고 한다. 『종정기從征記』에 따르면, 태산 사당의 측백나무들은 둘레가 20아름이 넘었는데, 적미군赤眉軍이 이 나무를 베다가 피가 나오자 그만두었고 그때 쓰던 도끼가 지금까지 남아 있다고 한다. 난조와 봉황은 송백에 머물기를 좋아했다. 초공焦贛의 『역림易林』에 "온산溫山의 송백에 난조와 봉황이 살았다"는 기록이 전한다. 소나무는 길상의 동물인 용, 봉황과 함께 민간의 연화에서 함께 등장하는 경우가 많다. 또 소나무를 선학仙鶴과 함께 그린 그림도 흔하다. 『신경기神境記』에 이런 이야기가 전한다. "영양군營陽郡 남쪽의 석실 뒤편 천 길이나 되는 외로운 소나무에 항상 한 쌍의 학이 머문다. 이들은 아침에 날개를 서로 이었다가 저녁이면 짝지어 그림자를 만든다. 전하는 말에 의하면, 옛날에 어느 부부가 이 석실에 숨어 수백 년을 살다가 한 쌍의 학이 되었다고 한다."

송백이 장수의 상징이 된 것은 송백 자체가 오래 살기 때문뿐 아니라 사람들이 소나무 열매, 송진, 측백나무 잎 등을 먹고 장수했다는 전설에서도 기인한다. 『숭고산기崇高山記』에 이런 기록이 전한다. "숭악崇嶽에 큰 소나무가 있는데 나이가 백 살 혹은 천 살이라고 한다. 그 정기는 청우青牛로도 변하고 복귀伏龜로도 변하며 그 열매를 따다 먹으면 장수할 수 있다." 물론 이건 전설일 뿐이지만 어쨌든 소나무와 측백나무를 먹을 수 있다는 건 사실이다. 다음과 같은 고대의 사랑노래도 있다. "길을 따라 걷고 걸어 산비탈을 지나다가, 말은 측백나무 잎을 먹고, 사람은 측백나무 기름을 먹네. 항상 배부를 순 없지만 잠시나마 허기를 달랠 순 있다네[行行隨道, 經歷山陂, 馬啖柏葉, 人啖柏脂, 不可常飽, 聊可遏饑]." 고대의 의원들도 송백에 수명을 늘려주는 효과가 있다고 인정했다. 『한무내전漢武內傳』에 실린 약 중에 송백의 기름이 있는데 이것을 복용하면 수명을 늘릴 수 있다고 했다. 『본초경』에서는 송진을 오래 복용하면 몸이 가벼워지고 수명이 늘어난다고 했다.

송백은 궁문을 지키기도 했다. 『사기』에서 "송백은 모든 나무의 어른으로 궁문을 지킨다"고 했다. 묘지에 송백을 심는 전통도 오래전부터 있었다. 『진서晉書』에는 부모의 무덤가에 송백을 심었다는 기록이 여러 곳에서 보인다. "왕포王褒는 아버지가 제명에 돌아가시지 못한 것이 원통하여 세상과 인연을 끊고 관직에도 나가지 않은 채 무덤 옆에 집을 짓고 밤낮으로 무덤 앞에서 절을 올렸으며 서럽게 울다가 기절까지 했다. 무덤 앞에 측백나무 하나를 심어 항상 이 나무를 부둥켜안고 눈물을 흘려 나무의 색깔이 다른 나무와 달라졌다", "산도山濤는 모친상을 당하여 고향으로 돌아왔다. 그는 나이가 많았음에도 불구하고 상을 마친 후 손수 소나무와 측백나무를 심었다" 등의 이야기가 그 예이다. 또 『동관한기東觀漢記』에도 이순李恂이 직접 흙을 지고 부모님의 무덤 옆에 측백나무를 심고 무덤 아래서 살았다는 기록이 전한다. 또 묘지의 송백은 잘라서는 안 된다고도 했다. 『진서』에 관련 이야기가 전한다. "유건庾蹇은 자가 승포升褒이다. 누군가가 아버지 무덤의 측백나무를 베었는데 그게 누군지 알 수가 없어 이웃사람들을 불러다가 묘 앞에서 자책하며 고개 숙여 울고 아버지의 사당에 사죄했다. 이후로 아무도 범하는 자가 없었다."

다른 나무와 비교해 봐도 소나무는 속세를 초월한 모습이 더욱 돋보인다. 두보는 「위소부 반의 도움으로 어린 소나무를 찾아 심다[凭韋少府班覓松樹子栽]」에서 "우뚝하게 출중한 모습 느티나무와 버드나무가 아니고, 썩지 않고 푸르디푸르니 어찌 백양나무와 매화나무이겠는가? 남겨서 오래도록 천년의 뜻을 덮고자, 서리 견딘 뿌리 몇 치를 찾아 심네[落落出群非欅柳, 青青不朽豈楊梅. 欲存老蓋千年意, 爲覓霜根數寸栽]"라고 읊었다. 이는 느티나무, 버드나무, 백양나무, 매화나무는 소나무만큼 우뚝하거나 새파란 모습으로 추위를 견디지 못함을 의미한다. 이백은 「회양으로 가는 원단구와 영양에서 이별하다[潁陽別元丹丘之淮陽]」에서 "송백은 추위 견디기 힘들어도, 도리의 봄 좇기를 수치로 여긴다네[松柏雖寒苦, 羞逐桃李春]"라고 읊고, 「고풍古風」에서는 "송백은 본래가 홀로 곧아, 도리의 얼굴이 되긴 힘들다네[松柏本孤直, 難爲桃李顔]"라고 읊었다. 송백의 고상한 자태는 복숭아, 자두나무가 비할 바가 못 되며, 도리는 세속에 아첨하지만 송백은 세속을 초월하니 둘을 비교할 수 없다는 것이다. 여기서 이백은 스스로를 세속의 나무와 함께 섞이길 거부하는 송백에 비유하고 있다.

송백은 엄동설한을 겪고도 잎이 시들지 않으며 광풍이 닥쳐도 기둥이 꺾이지 않는다. 이는 곧 굽힐 줄 모르는 지조를 잃지 않고 어려움을 두려워하지 않는 군자의 형상과 닮았다. 혹독한 추위를 견디는 것은 송백의 본성이다. 그래서 위魏의 유정劉楨은 「사촌동생에게 주다[贈從弟]」라는 시에서 "우뚝 솟은 산 위의 소나무, 쏴쏴 부는 계곡의 바람. 바람 소리 어찌 그리 세차고, 소나무가지 어찌 그리 굳센지. 바람서리 참으로 처연한데, 일 년 내내 항상 단정하구나. 어찌 엄동설한을 만나지 않을까마는, 송백에게는 본성이 있다네[亭亭山上松, 瑟瑟谷中風. 風聲一何盛, 松枝一何勁. 風霜正慘愴, 終歲常端

正. 豈不罹凝寒, 松柏有本性]"라고 읊었다. 또 남조 송의 시인 포조鮑照는 「오랜 친구 마자교에게 주는 시[贈故人馬子喬詩]」에서 이렇게 노래했다. "소나무가 가파른 산비탈에서 자라, 백 척 아래에 나뭇가지 하나 없구나. 동남쪽으로는 황하의 꼬리를 바라보고, 서북쪽으로는 곤륜산의 낭떠러지에 숨었네. 들판의 바람이 산의 소리를 울리니, 새들은 밤에 놀라 떠나가네. 슬프고 처량함 새해까지 이어져도, 푸르디푸름은 항상 이와 같으니, 편안히 초목의 마음을 얻어, 추위와 더위의 바뀜을 원망하지 않는다네[松生隴坂上, 百尺下無枝. 東南望河尾, 西北隱昆崖. 野風振山籟, 朋鳥夜驚離. 悲涼貫年節, 蔥翠恒如斯. 安得草木心, 不怨寒暑移]."

5-14-2 그윽한 자태의 송백

'松' 자의 구성에서도 소나무의 특징을 엿볼 수 있다. '松' 자를 하나하나 떼어보면 '十八'과 '公'이 된다. 그렇다면 왜 '公'을 썼을까? 『광군방보』에서는 이렇게 말한다. "소나무는 모든 나무의 어른, 즉 공公이나 마찬가지다. 그래서 글자에 '公'을 쓴 것이다." 장발張勃의 『오록吳錄』에는 이런 기록이 전한다. "정고丁固가 꿈에 자기 배 위에 소나무가 자라는 모습을 보았다. 사람들은 그에게 '松 자는 十八公입니다. 그러니 18년 후에 공이 될 것입니다'라고 말했다."

중국 현대 작가 임어당林語堂은 「나무와 돌을 논하다」라는 글에서 소나무를 보는 중국인의 관점에 대해 이야기했다. 그에 따르면 나무 중에서도 소

나무가 가장 시적 정취가 넘친다. 소나무는 나이가 많을수록 좋으며, 위로 뻗은 소나무가지는 청춘과 희망을 상징하고, 아래로 뻗은 가지는 청춘을 내려다보는 노인을 상징한다. 그는 청대 문인 이어李漁의 소나무에 대한 견해를 이렇게 옮겨 적었다. "복사꽃과 버드나무 가득한 정원에 앉았으나 곁에 소나무 한 그루가 없다면, 이는 어린아이와 여자 사이에 앉았으나 곁에 존경할 만한 엄격한 어른이 한 분도 없는 것과 마찬가지다."

15. 계화[桂]

입추가 지나 가을바람이 솔솔 불어오면 계화는 십 리 밖까지 향기를 풍긴다. 전설 속에서 계화는 십 리까지만 향기를 풍기는 게 아니었다. 하늘과 바다 끝에서도 그 향기를 맡을 수 있었다고 하니 그야말로 만 리를 가는 향기라 할 만하다. 이 향기는 사람들에게 고향에 대한 그리움을 불러일으켜 고향의 산수가 눈앞에 어른거리게 했다. 목서木犀라고도 하는 계화는 목서나무과의 소교목이다. 잎은 타원형이고 대부분 가을에 꽃을 피우나 봄과 사계절 내내 피는 꽃도 있다. 꽃은 잎겨드랑이에서 사방으로 둥글게 꽃잎이 나와 작은 떨기로 모아지며 매우 향기롭다. 가지는 곧으면서도 여러 갈래로 갈라져 있다. 『문선』의 강엄江淹 시에 "푸르디푸른 산중의 계수나무, 겹겹이 에워싼 서리이슬의 색. 서리이슬이 그토록 단단히 감아도, 계수나무 가지는 스스로 곧게 자라네[蒼蒼山中桂, 團團霜露色. 霜露一何緊, 桂枝生自直]"라는 구절이 있다. 계수나무의 원산지는 중국으로 주요 품종은 네 가지다. 꽃이 하야면서 약간 노란 것은 은계銀桂, 노란 것은 금계金桂, 오렌지색은 단계丹桂라 한다. 그 밖에 사계계四季桂라는 품종은 꽃이 황백색이고 꽃피는 기간이 길어서 엄동과 혹서기 외에도 계속 꽃이 피는데 그중에서도 가을이 가장 왕성하다. 그러나 꽃의 수나 향기는 다른 품종만 못하다. 계화는 계자桂子, 단계丹桂, 암계巖桂, 구리향九里香, 목서화木犀花라고도 하며 사계절 내내 푸르고 향기가 진하다. 계화꽃은 방향제로도 쓸 수 있고 음식과 사탕의 향료로도 쓰인다. 계화는 재배된 역사가 2,500여 년에 이르며 중국 10대 명화 중의 '화중선객花中仙客'으로 일컬어진다. 중국인들은 계화를 무척 좋아했다. 화남과 서남 지역에는 야생의 큰 계화나무가 자라며, 회하淮河 이남에서는 정원

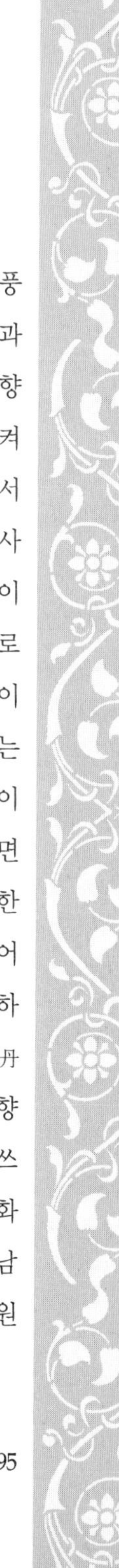

수로 재배가 가능하고, 화북 지역에서는 분재로만 쓰인다.

계화에 대한 기록은 아주 오래전 자료에도 나온다. 『산해경』에서는 "초요산招搖山 위에 계수나무가 많다. 계수나무는 키가 한 길 남짓이며 맛이 맵다"고 했다. 『초사』에는 '계주桂酒', '계주桂舟', '계기桂旗' 등의 단어가 나온다. 이는 선진시대 사람들의 일상생활에서 계수나무가 흔히 사용되었음을 말해준다. 특히 계화를 이용해 술을 담근 것을 보면 계화에 대한 당시 사람들의 인식이 상당했음을 알 수 있다(지금도 남경 사람들은 '계화주'를 즐겨 마신다). 「구가九歌」의 '동황태일東皇太一' 편에 "혜초로 싼 고기를 난초 받침에 받치어, 계화주에 산초탕과 함께 올리네[蕙肴蒸兮蘭藉, 奠桂酒兮椒漿]"라는 구절이 있고, '상군湘君' 편에서는 "아름답게 얼굴 화장을 하고, 물살 가르며 계수나무 배 타고 가야지[美要眇兮宜修, 沛吾乘兮桂舟]"라고 노래했다. 또 '산귀山鬼' 편에서는 "붉은 표범 타고 무늬 있는 살쾡이를 데리고, 신이나무 수레에 올라 계수나무 깃발을 묶네[乘赤豹兮從文狸, 辛夷車兮結桂旗]"라고 했다. 『초사』에 이런 단어들이 자주 등장하는 것은 그만큼 초나라에서 계수나무를 흔히 볼 수 있었기 때문이다. "초나라에서는 먹을 것이 옥보다 귀하고, 땔나무가 계수나무보다 귀하다"라는 『전국책』의 기록이 이를 말해준다. 계수나무는 먹을 수도 있었다. 『열선전列仙傳』에 "계보桂父는 상림象林 사람인데 항상 계수나무 껍질과 잎을 거북이 뇌와 섞어 먹었다"라는 기록이 있다. 『장자』에서도 "계수나무는 먹을 수 있어서 도끼로 그것을 벤다"고 했다. 계화의 향 때문에 계수나무 역시 향목香木이 되었다. 『동명기洞冥記』에 이런 기록이 전한다. "감천궁甘泉宮 남쪽에 곤명전昆明殿이 있고 그 가운데 영파전靈波殿이 있다. 모두 계수나무를 기둥으로 만들어 바람이 불면 스스로 향기를 풍긴다." 한대에는 계수나무의 인공재배가 시작되었고, 당송 이후에는 계수나무를 관상용 꽃나무로 정원에 두루 심었다.

계수나무는 키가 15미터까지도 크며 잎이 많고 꽃은 촘촘하게 피고 맑은 향기가 멀리까지 미친다. 옛사람들은 계화의 향기를 농濃(진함), 청淸(맑음), 구久(오래감), 원遠(멀리까지 미침)이라는 네 글자로 평했다. '구리향'이라는 아름다운 별명이 붙은 것도 이 때문이다. 명대의 심주沈周는 『객좌신문客座新聞』에서 이렇게 썼다. "형신사衡神祠는 그 길이 40여 리에 걸쳐 이어져 있다. 샛길들은 모두 한 아름의 소나무와 계화가 서로 간격을 두고 구름처럼 이어져 해를 가린다. 사람들은 새파란 녹음 속을 걷고, 가을이 오면 10리 밖에서 향기를 맡을 수 있다." 오래전부터 사람들은 계수나무 가지를 엮어 모자를 만들고 이를 '계관桂冠'이라 불렀다. 하지만 계수나무는 우수한 목재로 더 유명하다. 계수나무로 만든 기물과 가구는 귀하고 우아한 느낌을 준다. 『감자闞子』라는 고대의 책에는 이런 기록도 있다. "낚시를 좋아하는 노나라 사람이 있었다. 그는 계수나무로 먹이를 삼고 황금으로 낚싯바늘을 만들었다." 계수나무가 황금과 함께 거론되었다는 사실에서 옛사람들이 계수나무를 얼마나 귀하게 여겼는지 짐작할 만하다. 한대에는 '계궁桂宮'이라는 궁이 있었다. 유흠劉歆의 『서경잡기』에 따르면, 한 무제가 장안에 궁궐을 지어 '네 가지 보물'을 그곳에 숨기고 '계궁'이라는 이름으로 불렀다고 한다. 훗날 남조 진 후주는陳後主는 귀비 장려張麗를 위해 남경에 화건궁華建宮을 지었는데, 이 궁의 다른 이름이 바로 계궁이었다. 또 달에 계수나무가 있다고 여겨 달을 '계궁'이라 부르기도 했다. 심약沈約은 「대에 올라 가을 달을 바라보다[登臺望秋月]」에서 "계궁에선 하늘하늘 계수나무 가지 떨어지고, 이슬은 차가워 쓸쓸히 하얀 이슬로 엉기었네[桂宮裊裊落桂枝, 露寒凄凄凝白露]"라고 읊었다. 계화를 군자의 덕에 비유한 글도 있다. 『한림잡사초翰林雜事鈔』에는 한 무제가 동방삭에게 공자와 안회顔回 중에 누가 더 도덕적으로 뛰어난가를 묻는 내용이 있다. 동방삭은 이렇게 답한다. "안회의 덕행은 계수나무와 같아서 온 산에 향기를 풍기고, 공자의 덕행은 봄바람과 같아서 크게 불면 만물을 자라게 합니다."

『유양잡조』에는 계수나무와 관련된 전설이 하나 전한다. "달에 거대한 계수나무와 두꺼비가 있다. 계수나무는 높이가 5백 길도 넘는다. 나무 아래에 사람이 한 명 있는데 그는 아주 오래전부터 도끼로 나무를 베고 있다. 그런데 도끼를 들면 방금 베어냈던 부분이 원래대로 금방 아물었으므로 그는 영원히 나무를 베어야 했다. 매년 8월 중추에 계수나무가 노란 꽃을 만발하여 향기가 사방에 가득해야 그는 잠시 쉬며 인간세상과 더불어 중추가절을 보낼 수 있었다. 이 사람은 성이 오吳, 이름이 강剛이며, 서하西河 사람이다. 신선을 배우다가 잘못을 범해 천제로부터 영원히 달 속의 계수나무를 베는 벌을 받은 것이다." 과거를 보는 문인들이 월궁으로 가서 계화를 꺾는데, 단계를 꺾으면 장원, 금계를 꺾으면 방안榜眼, 은계를 꺾으면 탐화探花*가 된다는 전설도 있다. '섬궁절계蟾宮折桂(달에서 계수나무를 꺾다)' 라는 고사성어는 과거에서 높은 등수로 급제를 하라는 축원의 의미이다. 그래서 진사시에 급제하는 것을 흔히 '등섬궁登蟾宮' 이라 하고, 향시에 급제하는 것을 '절계折桂' 라 했다. 달 속의 광한궁廣寒宮에서 항아가 옥토끼, 두꺼비와 함께 산다고 하여 달을 '섬궁(두꺼비 궁)' 이라 부르기도 한다. 수당대에는 태자궁의 도서를 전문적으로 관리하는 사경국司經局이 있었다. 당 고종高宗은 이를 '계방桂坊' 으로 고쳐 불렀다. '桂' 의 중국어 발음인 '구이' 가 귀함을 의미하는 '貴' 의 발음과 같기 때문이다. 명청대에는 향시의 합격자를 9월에 발표했다. 이때가 마침 계화꽃이 피는 시기라 향시의 합격자 명단을 '계방桂榜' 이라고도 불렀다.

계화는 우정과 행운을 상징한다. 전국시대 연燕나라와 조趙나라는 항상 계화를 주고받으며 우호를 표했다. 군주에게 도道가 있으면 향기로운 계화가 피어 상서로움을 보여준다고 한다. 『예두위의禮斗威儀』에서 "군주가 금金을 타고 왕 노릇하면서 그 정치와 송사가 공평하면 향기로운 계화가 항상

*장원은 과거 진사시의 1등, 방안은 2등, 탐화는 3등을 가리킨다

피어난다"고 했다. 민간에서는 계화를 짜서 최생부催生符(분만을 촉진하는 신표)를 만들어 산모에게 주었다. 이 역시 행운과 축복을 의미한다. 원명청의 공예품에서는 계화를 계절의 꽃으로 삼아 행운을 상징하는 도안에 넣곤 했다. 계화는 가을의 꽃이므로 사람들은 항상 복사꽃과 계화를 같은 그림에 넣어 장수와 부귀를 기원했다.

16. 양류楊柳

양류, 즉 버드나무는 나무 중에서도 최고의 미인으로 여긴다. 청대의 장조張潮는 『유몽영幽夢影』에서 이렇게 썼다. "사물 중에서 능히 사람을 감동시킬 수 있는 것은, 하늘에서는 달만 한 것이 없고, 악기 중에서는 금琴만 한 것이 없고, 식물 중에서는 버드나무만 한 것이 없다."

버드나무[柳]에 대한 『광군방보』의 기록은 이렇다. "버드나무는 일명 '소양小楊', '양류楊柳'라고도 한다. 버드나무는 잘 자라고 성질이 부드럽고 약하며 북쪽 땅에 가장 많다. 가지가 길고 연하며 잎은 푸르고 좁고 길다. 키는 몇 척에서 몇 길까지도 크고, 아래로 축 늘어지는 버드나무는 수류垂柳(수양버들)라 하며 나뭇결이 부드럽고 매끄럽다. 연못이나 구불구불한 강변에 버드나무가 많은데 이를 유아柳衙라 한다. 마치 관아가 늘어선 것처럼 쭉 늘어서 있다는 의미이다." 버드나무의 명칭, 특징, 생장 환경, 대체적인 외관을 잘 개괄한 기록이다. 버드나무는 버드나무과의 낙엽교목 혹은 관목으로 종류가 대단히 많다. 흔히 볼 수 있는 것으로는 수류, 한류旱柳(능수버들), 기류杞柳(고리버들) 등이 있다. 버드나무는 생명력이 강하다. 그래서 『전국책』에서는 "버드나무는 옆으로 심어도 살고, 거꾸로 심어도 살고, 자른 다음에 심어도 산다"고 했다.

늘어진 버드나무

백양나무[楊] 역시 버드나무과의 낙엽교목이나 버드나무[柳]와는 다른 속

屬이다. 그러나 옛사람들은 흔히 이 둘을 함께 섞어 썼고, 그래서 어떤 때는 '양류'라는 말이 실제로는 버드나무[柳] 하나만을 가리키기도 했다. 겉모양을 보면 백양나무는 크고 버드나무는 그보다 작다. 그래서 버드나무를 '소양小陽'이라고도 한다. 『설문해자』에서는 이렇게 해석했다. "양楊은 가는 버드나무[蒲柳]로 '木' 부수에 '양昜' 소리를 썼다. 정檉은 물가의 버드나무[河柳]로 '木' 부수에 '성聖' 소리를 썼다. 류柳는 작은 백양나무[小楊]으로 '木' 부수에 '묘卯' 소리를 썼다." 버드나무에 대한 기록은 오래전부터 있었다. 『산해경』에서는 "옥민국沃民國에 하얀 버드나무가 있다"고 했다. 상고시대 사람들은 버드나무의 종류에 대한 인식이 상당히 깊었다. 예를 들어 『이아爾雅』에서는 "모旄는 늪버들[澤柳]로 늪에서 자라며 양楊은 갯버들[蒲柳]이다"라고 했다. 어떤 갯버들은 목질이 단단해서 화살로 만들어 썼다. 『모시의소毛詩義疏』에서 "갯버들 나무는 두 가지가 있다. 그중 하나는 껍질이 흰색이며 화살대로 쓸 수 있다"고 했다. 옛사람들은 고리버들의 존재도 알고 있었다. 『시의소詩義疏』에서 "고리버들은 물가에서 자란다. 모양은 버드나무와 비슷하고 잎이 크고 희며 나뭇결은 약간 붉다. 요즘 사람들은 이것으로 바퀴를 만든다"고 했다.

버드나무는 가지가 연약해서 조금만 바람이 불어와도 하늘하늘 날린다. 양梁 간문제 소강蕭綱은 「상동왕의 '양운루첨류'에 화답함[和湘東王陽雲樓檐柳]」이라는 시에서 "물가의 푸른 휘장이 닫히더니, 아롱아롱 붉은 문짝이 열리네[潭沱青帷閉, 玲瓏朱扇開]"라는 구절로 봄바람에 흔들거리는 버드나무 가지를 형용했다. 버드나무 가지는 땅에 끌리도록 자란다. 그래서 양 원제梁元帝는 「녹류淥柳」라는 시에서 "긴 가지 늘어져 땅을 스치고, 가벼운 꽃은 올라가 바람을 쫓네[長條垂拂地, 輕花上逐風]"라고 노래했다. 버드나무는 여름에 시원한 그늘을 만들어준다. 『문사전文士傳』에 따르면 위나라의 문인 혜강嵇康은 "집에 버드나무 한 그루가 있어서 그 주위로 동그랗게 물이 흐르도록 했다. 여름이면 무척 시원해서 그 아래에 머물며 놀았다"고 한다. 『문선』에는 고대에 버드나무가 가로수로 쓰였음을 증명하는 구절들이 자주 보인다. "가는 버드나무가 길을 끼고 자라다[細柳夾道生]", "2월의 버들개지가 길에 가득 날리다[二月楊花滿路飛]", "버드나무 가지가 항상 땅에 닿고, 연약한 버드나무가 쭉 뻗은 길에 그늘을 드리우다[柳條恒着地, 弱柳陰修衢]" 등이 그 예이다. 뿐만 아니라 정원, 오솔길, 연못가에 버드나무와 백양나무가 많이 심어졌음을 알려주는 시구들도 있다. "긴 백양나무가 맑은 연못에 그늘지다[長楊陰清沼]", "울창한 정원의 버드나무[鬱鬱園中柳]", "긴 백양나무 푸른 연못에 비치고, 가지런한 백양나무 넓은 나루를 끼고 있네[長楊映碧沼, 修楊夾廣津]" 등이 그 예이다. 『본초경』에 따르면 "버드나무의 꽃은 일명 버들개지(서絮)라 한다". 버들개지는 상처의 치료에도 쓰였다. 동한 최식崔寔의 『사민월령四民月令』에 "3월 3일부터 상제上除(음력 3월 상순의 첫 사일巳日)까지 버들개지를 딴다. 버들개지는 상처를 낫게 해준다"는 기록이 있다.

버드나무에 관한 전설은 대단히 많다. 『공씨지괴기孔氏志怪記』에 이런 이야기가 전한다. "회계會稽의 성일盛逸이 하루는 새벽에 일어나 보니 길에는 아직 행인이 없고 대문 안 버드나무 위에 사람이 한 명 있는 것이 보였다. 그는 키가 두 척에 붉은 옷을 입고 면류관을 쓴 채로 아래를 내려다보며 혀로 나뭇잎의 이슬을 핥고 있었다. 그렇게 한참을 있다가 갑자기 성일을 발견하고는 깜짝 놀란 표정을 짓더니 이내 사라져 보이지 않았다." 여기서 버드나무 위에 있던 사람은 분명 버드나무 신선이었을 것이다. 『역易』「대과괘大過卦」에서는 "마른 버드나무에 싹이 돋아나 늙은 남자가 젊은 여자를 얻으니 이롭지 않음이 없다"고 했다. 이는 버드나무가 싹을 틔우는 모습을 인간세상의 일과 신비롭게 연관시킨 것이다. 버드나무가 인간의 일을 예견했다는 고대의 기록은 꽤 많다. 『한서』의 기록도 하나의 예이다. "소제昭帝 때 상림원의 큰 버드나무가 부러져 땅에 쓰러졌다. 어느 날 이 나무에서 가지와 잎이 자라나더니 벌레가 그 잎을 갉아 글자를 썼다. '공손병이립公孫病已立(공의 손자 병이가 왕위에 오르다)' 이라는 글자였다. 소제가 붕어하고 후사가 없어 대신들은 창읍왕昌邑王을 옹립했다. 창읍왕이 즉위 후 음란무도하게 굴자 곽광霍光이 그를 폐위시키고 다시 소제의 형인 위태자衛太子의 손자를 옹립했다. 그가 바로 선제宣帝였으며, 그의 본명은 병이病已였다."

버드나무가 늘어진 곳에서는 진한 봄의 정취를 느낄 수 있다. 버드나무는 생명력이 강하고 잘 자란다. 그래서 일단 봄바람이 불어 싹이 트기 시작하면 어느새 푸른 잎이 하늘하늘 흔들리다가 울창한 녹음으로 금세 변한다. 이때 봄바람에 함께 하얗게 날리는 것이 바로 버드나무의 씨인 버들개지다. 버들개지는 중국어로 '리우쉬(柳絮)' 이며, 버드나무꽃이라는 의미의 '리우화(柳花)' 라고도 쓴다. 그 모습이 마치 바람에 날리는 솜[絮] 같다고 해서 '리우쉬' 라 부르는 것이다. 혹자는 버들개지를 눈꽃에 비유하기도 했다. 청대의 원매袁枚는 「버드나무꽃[楊花]」이라는 시에서 "버드나무꽃은 눈꽃과 더불어, 마찬가지로 근심이 없어, 누구의 집이든 상관치 않고, 바람 부는 대로 따라만 가는구나[楊花與雪花, 一樣無心緖, 不管是誰家, 隨風但吹去]" 라고 노래했다. 버드나무와 봄바람의 관계를 가장 잘 표현한 시인으로는 당대의 하지장賀知章을 들 수 있다. 「버드나무를 노래하다[咏柳]」라는 그의 시는 이렇다. "푸른 옥으로 치장한 높은 나무, 만 가닥으로 늘어진 녹색 실타래. 가는 이파리는 누가 마름질했는지, 2월의 봄바람이 가위질을 하였나[碧玉妝成一樹高, 萬條垂下綠絲絛. 不知細葉誰裁出, 二月春風似剪刀]." 버드나무를 푸른 옥에 비유한 것도 독특하지만, 이전에는 그다지 관심의 대상이 되지 못했던 버드나무 잎의 형상을 가위로 자른 것이라 하고 더구나 그 가위가 보통의 가위가 아닌 봄바람이라고 한 것은 특히나 기막히다.

『시경』「소아小雅」에 "지난날 내가 떠날 때, 버드나무 무성했지[昔我往矣, 楊柳依依]" 라는 구절이 있다. 이는 하늘거리는 버드나무가 서로 얽혀 있는 모습이 떠난 이의 가슴속에 그대로 남아 있음을 뜻한다. 버드나무는 가지가 길고 약해서 여성의 가늘고 연약한 허리에 비유되곤 했다. 그래서 여자의 가는 허리를 '버드나무 허리[柳腰]' 라고도 한다. 오대 때 시인 첨돈인詹敦仁은 "버드나무 허리의 춤이 끝나니 향기로운 바람이 이르고, 꽃 같은 뺨에 화장이 퍼져 붉은 술기운 도는구나[柳腰舞罷香風度, 花臉妝勻酒暈牲]"라고 노래했다. 또 푸르고 좁고 긴 버드나무 잎은 미인의 가는 눈썹에도 비유되었다. 그래서 미인의 눈썹을 흔히 '유미柳眉' 라고도 한다. 당대의 장안석張安石은 「옥녀사玉女詞」에서 "비단 돗자리, 은 병풍에 헛되이 먼지만 쌓이고, 버드나무 눈썹, 복사꽃 뺨엔 슬며시 봄이 사라지네[綺荐銀屏空積塵, 柳眉桃臉暗銷春]"라고 읊었다. 버드나무는 그 자체가 여인의 자태를 닮았다. 누가 가장 먼저 버드나무를 사람에 비유했는지는 알 수 없지만, 어쨌든 아주 오래전부터 그래 왔음은 분명하다. 『태평광기太平廣記』에 왕공王恭이라는 진晉나라 사람이 등장한다. 사람들은 봄날의 달빛에 반짝반짝 빛나는 버드나무처럼 아름다운 그의 자태를 무척 사랑했다고 한다. 『태평어람太平御覽』에는 이런 이야기도 전한다. 유전지劉悛之가 익주益州자사가 되어 촉 땅의 버드나무 수 그루를 바쳤는데 그 가지가 실처럼 아주 가늘었다. 무제武帝는 태창太昌의 운화전雲和殿 앞에 나무들을 심어두고 항상 그것을 바라보며 이렇게 말했다고 한다. "버드나무의 풍류가 참으로 좋구나. 장사상張似常(남북조 때의 신하)을 닮았어." 버드나무를 감상하며 곧바로 누군가의 모습을 떠올렸던 것이다. 후대의 문인들 역시 버드나무를 사람의 전체적인 풍모 혹은 신체의 일부에 비유했다. 두보는 「절구만흥絕句漫興」에서 "한 집 건너 버들이 연약하게 하늘거리니, 마치 열다섯 소녀의 허리와 같구나[隔戶楊柳弱裊裊, 恰似十五女兒腰]"라고 노래했다. 백거이 「양류지楊柳枝」의 "진한 이슬 머금은 이파리는 눈물 흘리는 눈 같고, 미풍에 하늘거리는 가지는 춤추는 허리 같구나[葉含濃露如啼眼, 枝裊輕風似舞腰]"라는 시구 역시 버드나무를 사람에 비유하고 있다.

17. 두견화[杜鵑]

두견화(진달래꽃)는 일명 영산홍映山紅이라고도 한다. 매년 음력 3~4월이면 남방 산지에서 두견새의 울음소리와 함께 흐드러지게 피어나 저녁노을처럼 온 산을 붉게 물들이기 때문에 두견화라는 이름을 갖게 되었다. 두견화는 진작부터 '꽃 중의 서시西施'라는 아름다운 이름을 가졌다. 두견화로 가장 유명한 운남 지방은 두견화를 재배한 역사가 약 1,500년에 이른다. 민간의 전설에 따르면 아주 오랜 옛날 두견새 한 마리가 밤낮으로 피를 토하며 슬피 울어 온 산을 붉게 물들였기 때문에 두견화라는 이름이 붙었다고 한다. 두견화는 두견화과의 관목으로 상록수도 있고 낙엽수도 있으며, 가지는 여러 갈래로 자라고 타원형의 잎은 어긋나며 자란다. 꽃은 봄에 피며 가지 끝에 2~6송이씩 떨기를 이룬다. 꽃의 색깔은 옅은 자주색, 붉은색, 분홍색, 노란색, 흰색으로 다양하며 그중에 붉은색이 가장 흔하다. 꽃부리 안에는 일정치 않은 반점 같은 것이 있는데, 사람들은 이것을 두견의 눈물이라 부른다. 두견화는 장강 유역과 그 이남의 산지와 정원에 고루 분포되어 있고 모두 산성토에서 자란다. 두견화의 꽃, 이파리, 열매는 약으로도 쓴다. 두견은 흔히 볼 수 있는 관상용 꽃나무이며 운남에서 재배되는 두견화는 각국에 수출되어 정원수로 쓰인다. 현재 중국에는 약 460여 종의 두견화가 있고, 세계 각지의 두견화는 대부분 중국의 두견화와 직접적인 혈통 관계에 있다.

두견화는 2월 한식이면 꽃이 터진다고 한다. 당대의 조송曹松은 「한식 날에 두견화로 시를 지음[寒食日題杜鵑花]」에서 "한 떨기 또 한 떨기, 한식 때에 함께 피었네. 누가 불을 금하지 않았는지, 모두 이 꽃가지에 있구나[一朶又一

朶, 并開寒食時. 誰家不禁火, 總在此花枝]"라고 노래했다. 이때쯤 강남 각지에 마치 불이 난 것처럼 흐드러지게 피기 시작하는 두견화는 그동안의 겨울 한기를 흔적도 없이 쫓아버리고 만물이 소생하는 아름다운 광경을 보여준다. 사람들은 두견화 덕분에 마음이 환히 밝아지고 붉게 타오르는 영산홍을 보면서 희망을 되새긴다.

이백은 「경계 동정에서 정소부 악에게 보내다[涇溪東亭寄鄭少府諤]」에서 "두견화 피어 봄은 이미 끝나가니, 능양으로 돌아가 늦도록 낚시하려네[杜鵑花開春已闌, 歸向陵陽釣魚晩]"라고 했다. 이 구절을 보면 일부 지방에서는 두견화가 늦은 봄이 되어서야 피기도 함을 알 수 있다. 두견화가 필 때는 어떤 조짐이 한 가지 나타난다. 바로 자규子規(뻐꾸기)가 운다는 것이다. 이 새는 사람이 변한 것이라는 설도 있다. 『성도기成都記』에 "망제望帝가 죽고 그 혼이 새가 되었다. 이 새는 두견이라 하고 자규라고도 부른다. 자규는 피눈물을 흘려 두견화가 되었다"는 기록이 있다. 전설에 따르면 옛 촉나라에 두우杜宇라는 국왕이 있었다. 그는 주나라 말년에 황제에 올라 망제라 칭하고, 나중에는 승상에게 자리를 물려주고 은거에 들어갔다. 그때가 마침 자규가 우는 2월이어서 촉 땅 사람들은 그를 그리워하며 이 새를 두견이라 불렀다고 한다. 또 어떤 전설에서는 그가 승상의 아내와 사통하여 부끄러움에 괴로워하다 죽고 그 영혼이 두견으로 변했다고도 한다. 이상은의 시 「금슬錦瑟」의 "장자의 새벽 꿈은 나비에 빠지고, 망제의 춘심은 두견에 의지하네[莊生曉夢迷蝴蝶, 望帝春心托杜鵑]"라는 시구는 바로 이 전설을 가져다 쓴 것이다. 양웅揚雄의 『촉왕본기蜀王本紀』에는 이런 내용이 나온다. 촉나라 망제 때 하늘에서 재앙을 내려 홍수가 범람했다. 망제는 이를 다스리지 못해 별령鱉靈을 재상으로 삼아 그에게 옥산의 물길을 트도록 한다. 덕분에 백성들은 다시 편안히 본업에 종사할 수 있게 되었고, 이후 망제는 별령에게 임금의 자리를 물려준다. 그가 떠날 때 마침 자규가 울어 촉나라 사람들은 자규의 울음소리를 들으며 망제를 그리워했다. 이백은 「선성에서 두견화를 보다[宣城見杜鵑花]」에서 이렇게 읊었다. "촉국에서 일찍이 자규 우는 소리 들었는데, 선성에서 다시 두견화를 보는구나. 한 번 울고 한 번 필 때마다 한 가닥씩 애간장 끊어지고, 삼춘의 삼월에 삼파三巴*가 그립구나[蜀國曾聞子規鳥, 宣城還見杜鵑花. 一叫一回腸一斷, 三春三月憶三巴]."

두견이라는 이름은 새와 꽃의 두 가지 의미를 포함하지만 이 둘의 문화적 형상은 다르지 않다. 즉, 꽃이 있으면 새가 생각나고, 새가 있으면 꽃이 생각나며, 나아가 앞서 말한 망제의 전설까지 생각나게 된다. 자규의 피눈물이 두견화가 되었다는 이야기는 매우 감동적이다. 이는 마음속의 깊은 내면에 대한 사람들의 동경을 표현한 것이라 할 수 있다. 사람들은 꽃을 감상하는 동안 꽃과 새가 함께 생각나고, 새의 울음소리를 들으며 고향에 대한 그리움이 깊어진다. 앞서 소개한 이백의 「선성에서 두견화를 보다」가 그렇다. 또 피눈물을 흘리는 두견의 모습은 원통하고 억울한 심정을 떠올리게 한다. 그래서 두견은 '마음속 원통함'을 상징하기도 했다. 송대 시인 양손재楊巽齋의 「두견화」가 그렇다. "선홍빛 뚝뚝 떨어져 밝게 노을에 비치니, 모두가 원한 섞인 새의 피눈물이로다. 나그네는 집이 있어도 돌아가지 못해, 꽃을 대하고도 아무 말 없이 서로의 마음만 품는다네[鮮紅滴滴映霞明, 盡是冤禽血流成. 羈客有家歸未得, 對花無語兩含情]." 두목의 「두견」은 망제 두우를 원망 가득한 인물로 보며 천고에 길이 남을 장면을 묘사해 냈다. "두우는 무에 그리 원통한지, 해마다 촉 땅에서 그리도 울어대는가. 지금도 쌓인 한을 머금고, 외로운 혼을 늘 애통해하네. 향기로운 풀은 헤매던 애간장이 맺힌 것이요, 붉은 꽃은 피로 물든 흔적이로다. 산천이 모두가 봄빛이라, 오열한들 그 누가 알아줄까[杜宇竟何冤, 年年叫蜀門. 至今銜積恨, 終古吊殘魂. 芳草迷腸結, 紅花染

*삼파三巴: 삼파는 파군巴郡, 파동巴東, 파서巴西 지역을 합한 말로 지금의 사천성 동부에 해당한다. 이백이 태어난 곳 혹은 어린 시절을 보낸 곳으로 여겨진다

血痕. 山川盡春色, 嗚咽復誰論].” 시인들은 두견의 피눈물과 상비湘妃의 눈물로 얼룩진 대나무를 함께 언급하곤 했다. 이는 두 가지 모두 애간장 끊어지는 심정을 상징하기 때문이다. 시 속에서 이 두 가지 이미지는 서로 위치를 바꾸기도 했다. 백거이 「강상송객江上送客」의 “두견의 소리는 우는 듯하고, 상비의 대나무 얼룩은 피와 같구나[杜鵑聲似哭, 湘竹斑如血]”라는 구절이 그 예이다.

민간에서는 두견화로 이별과 향수의 정을 기탁했다. 일부 문인들 역시 두견화의 이런 상징성을 시에 반영했다. 예를 들어 명대 시인 마세준馬世俊은 「밤에 자규 소리를 듣고[夜聞子規]」에서 “망부석은 산으로 돌아가 멀리 임을 바라보고, 혼백은 새가 되어 떠나고 그 피는 꽃이 되었네[石望夫歸山望子, 魂爲鳥去血爲花]”라고 했고, 청대 시인 송상宋湘은 「두견화가 활짝 피어 노래 짓다[杜鵑花盛開作歌]」에서 “그대는 보지 못했는가, 두견화 피어, 가지마다 불타는 봄이 온 것을. 또 보지 못했는가, 두견새 날며, 소리마다 돌아감만 못하다고 외치는 것을[君不見, 杜鵑開, 一枝一枝燒春來. 又不見, 杜鵑飛, 一聲一聲不如歸]”이라고 읊었다. 두견새를 통해 고향을 그리워하는 나그네의 심정을 애절하게 표현한 시로는 북송 진관秦觀의 「답사행踏莎行」이 대표적이다. “안개에 누대는 사라지고, 달빛에 나루터는 희미해지고, 도화원 바라보는 눈길은 끊겨 찾을 길이 없구나. 외로운 객사에서 봄추위 견뎌낼 수 있을까, 두견새 소리 속에 저물녘 해가 기우네[霧失樓臺, 月迷津渡, 桃源望斷無尋處. 可堪孤館閉春寒, 杜鵑聲裏斜陽暮].”

18. 부용芙蓉

『화경花鏡』에 따르면 부용은 일명 목련木蓮, 혹은 문관文官, 거상拒霜이라고도 한다. 부용은 잎이 오동나무와 비슷하며 크고 날카롭다. 『원경본초圓經本草』에서는 지地부용이라고도 불렀다. 『군방보群芳譜』에는 목木부용, 전관화轉觀花라는 이름도 있다. 흔히 부용화라고도 부르는 부용은 아욱과의 낙엽관목으로 가지 표면에 털이 있고 손바닥 모양의 이파리에는 3~5개의 깊은 균열이 있다. 부용화는 9~10월 사이에 차례로 핀다. 꽃은 종류가 여러 가지이나 단엽이 대부분이고, 잎이 많은 꽃은 빛깔이 흰색, 담홍색, 진홍색 등으로 다양하다. 황색의 꽃은 드물고 그만큼 귀하게 여긴다. 부용화가 핀 모습은 그야말로 장관이다. 오대 때 시인 담용지譚用之는 「가을에 상강에서 자며 비를 만나다[秋宿湘江遇雨]」에서 "가을 불 만 리에 걸친 부용의 나라[秋火萬里芙蓉國]"라는 구절을 남겼다. 어떤 꽃은 아침에 순백의 꽃을 피웠다가 낮에는 도홍색이 되고 저녁에는 다시 진한 붉은색으로 변하기도 한다. 그래서 이 품종의 꽃을 흔히 취부용醉芙蓉이라 한다. 부용은 대부분 물가에 심는다. 꽃은 흔히 지혈을 위한 약에 쓰고 이파리 역시 종기를 없애고 해독 작용을 하는 약으로 쓴다.

유종원은 「상안의 목부용을 용흥정사에 옮겨 심다[湘岸移木芙蓉植龍興精舍]」라는 시에서 "기하는 다른 꽃과 섞이는 것을 꾸짖고 나무라나, 도리어 이 꽃은 고원에서 자란다네[芰荷譲難雜, 反此生高原]"라고 했다. 기하는 수水부용, 즉 연꽃[荷花]을 말한다. 이처럼 옛사람들은 연꽃과 비교를 하면서 목부용의 특징을 인식했다. 고대에 부용은 대부분 연꽃, 즉 수부용을 가리켰다. 「이소離騷」에서 "기하를 마름질해 옷을 만들고, 부용을 모아다가 치마를 만드네[制芰荷以爲衣兮, 集芙蓉以爲裳]"라고 했는데, 여기서 기하는 연꽃의 잎을, 부용은 연꽃을 가리킨다. 그러나 지금은 목부용을 부용으로 부른다.

부용의 원산지는 중국 서남부이며 특히 촉 지방에서 많이 자랐다. 촉의 성도성成都城은 곧 부용성이었다. 사료에 따르면 오대 후촉後蜀의 군주 맹창孟昶은 성도 전역에 부용을 심도록 했다. 깊은 가을이면 수놓은 비단처럼 수많은 부용이 활짝 피어나 부용성, 용성蓉城, 금성錦城 등으로 불린 것이다. 지금도 성도를 '용蓉'으로 약칭하는 것 역시 이 때문이다. 부용성은 인간세상뿐 아니라 선계에도 있었다. 구양수는 『육일시화六一詩話』에서 오랜 친구 석만경石曼卿이 천상에 있는 부용성의 주인이 되는 꿈을 꾸었다고 썼다. 석만경은 구양수보다 십여 세가 많고 관직은 태자중윤太子中允까지 이른 인물이다. 이 때문에 석만경은 후대인들에게 10월 부용화의 수호신으로 받들어졌다. 송 섭몽득葉夢得 『석림연어石林燕語』의 이야기에 등장하는 정도丁度는 후대인들에게 부용화신花神으로 받들어진 인물이다. 북송 경력慶歷 연간에 한 관리가 날이 밝아 조정으로 가던 길에 서른 명 남짓의 미녀들과 마주친다. 그들은 둘씩 짝을 지어 말을 타고 당시 한림학사 정도를 모시고 가고 있었다. 그는 항상 검소하기만 한 정도가 어디서 이런 많은 여자들을 데리고 왔는지 놀랍고 궁금했다. 그래서 그는 맨 끝에 있던 사람에게 조심히 물었다. "정 대인께서 가족들을 데리고 어디로 가시는 중인가요?" 그 사람이 답했다. "우린 가족이 아니라 부용관芙蓉館의 주인을 맞이하러 온 이들입니다." 관리가 급히 조정으로 가서 소식을 전했을 때는 정도가 이미 저 세상으로 떠난 후였다. 그제야 관리는 여자들이 부용화신을 모시러 온 부용선녀들임을 알게 되었다. 당대에 부용선녀는 무희 비란飛鸞과 경풍輕風을 가리키기도 했다. 당대 소악蘇鶚의 『두양잡편杜陽雜編』에 이런 내용이 전한다. "절강浙江 동쪽 나라에서 무희 비란과 경풍을 바쳐 왔다. 두 여인은 겨울에는 솜옷을 입지 않고 여름에는 땀을 흘리지 않았으며 먹는 음식이 대부분 여지, 비자나무 열매, 노란 꽃가루, 용뇌 같은 것들이었다. 그들은 노래를 워낙 잘해서 노랫소리를 한번 내면 마치 난새와 봉황의 소리를 듣는 것 같았다. 그래서 궁중 사람들은 '보배로운 휘장에 향기가 가득하니, 한 쌍의 옥부용玉芙蓉이로구나' 라며 찬사를 아끼지 않았다."

촉 땅뿐 아니라 남방에도 각지에 부용이 있었다. 부용나무는 남쪽으로 갈수록 더 크고, 어떤 지방에서는 아주 귀한 품종이 자라났다. 명대 왕세무王世懋의 『학포잡소學圃雜疏』에 따르면, 강서의 부용은 모두 큰 나무로 자라나 누각 위에서 보면 무척 아름다웠다고 한다. 또 소동파는 항주에서 관직 생활을 할 때 둑을 쌓아 부용을 두루 심었는데, 그 모습이 오색 비단처럼 찬란했다고 한다. 절강 남쪽의 온주溫州 역시 부용의 고향 중 한 곳이다. 청대 노대여勞大輿의 『구강일지甌江逸志』에 따르면, 온주의 부용은 높이가 오동나무와 비슷하고 음력 8월에 꽃이 피어 9월이면 곳곳에 만발한다. 그래서 온주 경내의 구강은 부용강이라 불리기도 했다.

부용화는 늦가을에 국화보다 일찍 핀다. 이때는 초목이 다 시들고 서리가 내릴 때라 쓸쓸한 가을바람 속에서 스스로 피었다가 스스로 떨어지는 것이다. 송대 유겸劉兼의 시 「목부용」의 "그 잎은 무성하여 서리가 밤을 비추고, 그 꽃은 찬란하여 불이 가을을 불태우네[是葉葳蕤霜照夜, 此花爛漫火燒秋]"가 이 모습을 묘사한 구절이다. 부용은 서리가 내린 후에 피어 국화보다도 더 추위와 서리를 잘 견디므로 거상화拒霜花라고도 한다. 실제로 송대의 진여의陳與義는 부용을 노래하는 시의 제목을 「거상」으로 지었다. 그중 한 구절은 이렇다. "진한 이슬은 붉은 뺨을 적시고, 서쪽 바람은 초록 치마를 날리네[濃路濕丹臉, 西風吹綠裳]." 소식은 「진술고의 '거상화' 에 화답함[和陳述古拒霜花]」에서 이렇게 읊었다. "온갖 숲이 모두 노랗게 쓸렸으나, 부용만 홀로 향기롭다네. 서리를 거부한다는 이름이 적절치 않음을 깨달아, 곰곰 생각해보니 도리어 서리와 가장 화목하구나[千林掃作一番黃, 只有芙蓉獨自芳. 喚作拒霜知

未稱, 細思却是最宜霜]." 시에서 서리와 가장 '화목' 하다는 것이 부용의 품성을 그대로 보여준다. 맑고 우아한 자태로 홀로 향기를 풍기고 가을 강가의 적막함을 즐기며 동풍을 원망하지 않는 부용의 모습은 고결하게 스스로의 절조를 지키는 군자의 모습이었다.

부용화의 변색은 다른 꽃에서는 보기 힘든 매우 독특한 특징이다. 그래서 부용의 기질은 군자의 기질이나, 부용의 형상은 차갑고 고운 여인의 형상에 비유되곤 한다. 그래서 당대의 최로崔櫓는 「산길의 목부용[山路木芙蓉]」에서 "헛되이 절세가인의 진홍색 꽃을, 깊은 산 후미진 곳 향해 피게 하였네[枉教絕世深紅色, 只向深山僻處開]"라고 읊었다. 부용화의 색깔이 변하는 과정은 마치 적막하고 무료한 미인이 억지로 화장하는 모습을 닮았다. 송대의 왕안석王安石은 「목부용」에서 "물가의 무수한 목부용, 이슬에 젖은 연지색이 진하지 않으니, 그 모습 미인이 이제 막 취하여, 푸른 거울 억지로 들고 화장을 귀찮아하는 것 같구나[水邊無數木芙蓉, 露染臙脂色未濃. 正似美人初醉着, 强擡青鏡欲妝慵]"라고 노래했다.

제6권

금琴을 타고 붓을 들고 · 취미와 공예 편

中國文化辭典

1. 서법書法

은상시대에는 현대적인 일기예보도 없고 과학적인 예측 시스템도 구비되지 않아 사람들은 갑골을 태워 앞날의 길흉을 점치곤 했다. 갑골문은 바로 이런 점복의 과정과 결과를 기록한 문자이다. 지금까지 남아 있는 수만 편의 갑골 조각 중에 인식이 가능한 글자는 약 천여 개다. 갑골문은 그 탄생부터 실용성과 예술성을 겸비했다고 말할 수 있다. 서법의 측면에서 갑골문자는 5기로 나눌 수 있으며, 풍격으로는 정교함과 솔직함의 두 가지로 대별된다. 이런 풍격의 구분은 금문金文, 전서篆書, 예서隸書, 해서楷書, 심지어 행서行書에도 마찬가지로 적용된다. 예를 들어 금문 「장반墻盤」은 정교한 풍격에 속하고, 「산씨반散氏盤」은 솔직한 풍격의 전형에 속한다. 이사李斯의 소전 「역산각석繹山刻石」은 정교하나, 같은 시기의 조서에 쓰인 글자는 솔직하다. 또 「조전비」 같은 한대漢代의 예서 비각은 정교하나, 당시의 죽간과 목간은 대단히 솔직하다. 이와 달리 초서는 정교한 작품이 없고 전부 솔직하고 자유롭다. 그 이유는 무엇일까?

초서가 막 탄생한 동한 말기에 유명한 문학가 조일趙壹은 실용적이지 못하다는 이유로 초서를 폐기해야 한다고 주장한다. 당시에는 대다수 사람들이 글씨 쓰기의 실용적 목적은 신경 쓰지 않고 하루 종일 초서에 매달림으로써 마음의 위안을 삼았다. 그래서 "옷깃과 소매

6-1-1 '영수가복永受嘉福' 와당

가 까맣게 물들고, 입술과 이가 항상 검었다". 실용성은 정교함의 온상이었다. 정교함이 과한 것은 바로 정형화된 관방의 글씨였다. 청대 문인들이 추구한 "오烏(검고), 방方(반듯하고), 광光(밝은)" 관각체館閣體의 효과가 어땠는지는 초서와 비교해 보면 알 수 있다. 초서가의 글씨는 자유로움의 극치였던 반면, 관각체 글씨는 자기 억제의 정점이었던 것이다. 초서가에 대한 역사의 기록을 보면, 회소懷素는 "문득 서너 마디 절규하더니, 가로세로 할 것 없이 온 벽을 천만 글자로 가득 채웠다"고 했고, 장욱張旭은 "왕공 앞에서 모자를 벗고 정수리를 드러내더니, 구름처럼 붓을 휘둘러 종이에 떨어뜨렸다"고 했다. 반면 관각체 서예가는 옷깃을 바로 하고 똑바로 앉아 조충서鳥蟲書*를 쓰듯 조심스러웠다. 하나는 호방한 반면 하나는 신중했으며, 하나는 소탈한 반면 하나는 엄숙했다. 서로 다른 두 가지 인생의 태도가 작품 속에 남김없이 드러난 것이다.

이제 오늘날의 관점을 보자. 20세기 말 이후 컴퓨터가 보급되면서 펜의 사용이 줄고 붓은 일상생활과 더욱 멀어지게 되었다. 그래서 혹자는 필묵을 위해 제단을 만들고 높은 제단에 서법을 바칠 수밖에 없을 것이라고 말한다. 서예에 관심을 쏟는 많은 인사들이 이런 걱정을 한다. "서예는 곧 망하고 말 것인가?"

답은 물론 '아니다' 이다. 각 조대의 관방 글씨체로 인해 서예는 실용적 글쓰기에 크게 의존하게 되었다. 당 이후, 특히 명청대의 과거시험은 문인들에게 '오, 방, 광' 에 맞춰 글씨를 쓰도록 요구했고, 이로 인해 일상의 서법이 개성 말살의 단계에까지 이른다. 19세기 말 이래로 만년필과 볼펜의 사용이 늘면서 붓은 실용적 영역에서 벗어나기 시작하고, 1905년의 과거제 폐지 역시

*조충서鳥蟲書: 조서와 충서를 함께 부르는 말로, 충서蟲書 혹은 조충전鳥蟲篆이라고도 한다. 금문의 일종이며 춘추시대 중후반부터 전국시대까지 유행했고 회화와 장식의 효과가 뛰어나다. 글자와 새의 모양을 하나로 융합하거나 새 모양을 글자 옆에 장식하여 '조서' 라 부르고, 글자가 벌레의 몸처럼 구부러진 모양이라 '충서' 라 불렀다

'오, 방, 광' 관각체의 앞길이 끊기는 결정적 계기가 된다. 한대 홍도문학鴻都文學의 서법가로부터 명대의 중서사인中書舍人, 청대 사고전서의 필사자까지 궁정의 서법가들은 틀에 박힌 규범적 한자를 쓰는 능력을 키워왔다. 오늘날의 컴퓨터가 실용적 글씨쓰기를 대체할 수 있음은 이미 분명해졌다. 그러나 실용성을 벗어난 예술성의 전승은 여전히 서법의 생존과 발전의 주요 동력이 될 수 있다. 다시 말해, 컴퓨터가 일상생활을 대체한 만큼 우리는 더 많은 시간을 순수예술 창작에 쏟을 수 있다는 것이다.

6-1-2 「장천비張遷碑」

그렇다면 서법의 예술성은 과연 어디에서 찾을 수 있는가? 다른 예술과 마찬가지로 서법의 주요 특징 중 하나는 서정성이다. 당대의 대문학가 한유韓愈가 말했듯이, 글씨는 희로애락의 각종 감정을 표현할 수 있다. 예를 들어 안진경의 「제질고祭侄稿」는 죽은 조카에 대한 애도를, 소동파蘇東坡의 「황주한식시黃州寒食詩」는 어쩔 수 없는 답답함 속에서도 활달함을, 그리고 「난정서蘭亭序」는 천인합일의 자유로움과 담박함을 표현하고 있다. 유명한 「난정서」에 대해 좀 더 살펴보자. 왕희지王羲之는 밝고 쾌청한 3월에 이 「난정서」를 썼다. 당시 51세의 왕희지는 사안謝安, 손작孫綽 등 41인과 소흥의 난정에서 연회를 가졌다. 그들은 산림에 마음을 맡기고 자연에 몸을 던져 흐르는 물에 잔 띄우고 술을 들이켜며 시를 지었다. 「난정서」는 난정시집蘭亭詩集에 붙인 서문으로, 정교한 필법에 자연스럽고 오묘한 구도가 최고에 이른 명작이다. 그야말로 서정성과 예술성이 완벽하게 결합된 서법의 전형인 것이다. 동진東晉 명사의 이런 풍류를 명대 서예가들의 필법과 구도로는 표현할 수

6-1-3 조맹부趙孟頫 모사 「난정서蘭亭序」

없다. 왕희지를 축지산祝枝山*과 비교해 보면 느낌이 더욱 분명해진다. 즉, 왕희지가 좀 단일하게 글씨를 익혔다면, 축지산은 자신의 본성을 선명하게 드러낸다는 느낌을 주는 것이다.

서법도 정감을 절실하게 표현하기 위해서는 기법의 도움을 받지 않을 수 없다. 그래서 혹자는 서법을 '족쇄와 수갑을 차고 추는 춤' 에 비유하기도 했다. 기법의 풍부함과 간략함에 따라 글씨의 풍격이 달라진다. 서법의 장애도 없고 마음의 장애도 없이, 마음과 손 모두를 막힘없이 움직여, 사람과 글씨를 하나로 통일하는 것이 바로 서예가들의 이상이자 목표이다. 그리고 이 목표에 도달하기 위해서는 도구를 능숙하게 쓰는 것이 대단히 중요하다. 종백화宗白華(1897~1986, 중국의 철학자, 미학자이자 시인)가 서법의 특수성을 언급하면서 붓을 주요 대상으로 삼은 것도 바로 이 때문이다. 도구의 숙련된 사용이 신의 경지에 이르러 대상과 정신이 하나가 되도록 한다면 서법의 역사에 큰 자취를 남길 수 있을 것이다.

서예의 기법은 크게 필법筆法, 자법字法, 묵법墨法, 장법章法으로 구성된다. 전서는 대부분 중봉中鋒의 붓을 쓰고, 예서는 전서의 기초 위에 곧거나 굽은 획을 더해주고, 해서는 제안提按**의 기법을 강화하고, 행서는 붓을 놀릴 때 붓끝의 방향을 계속 바꿔주므로 상당히 복잡하다. 자법에는 글자의 점과

*축지산祝枝山: 명대의 서예가. 이름은 윤명允明, 자는 희철希哲이며 오른손가락이 하나 더 있어 스스로를 '지지생枝指生' 이라 부르기도 했다. 예서, 행서, 해서, 초서에 모두 능했고 특히 초서를 잘 썼다. 초서 「자서시自書詩」, 「낙화시권落花詩卷」, 해서 「출사표出師表」 등이 유명하다

**제안提按: 붓을 들어서[提] 가는 획을 긋고, 눌러서[按] 두꺼운 획을 긋는 필법

획을 가까이하여 고르게 분포시키는 방법이 있고, 붓을 규칙에 맞게 거두고 놓는 방법도 있다. 위에서 거두고 아래에서 놓거나, 아래에서 거두고 위에서 놓거나, 왼쪽에서 거두고 오른쪽에서 놓거나, 왼쪽에서 놓고 오른쪽에서 거두는 방법 등이 그렇다. 묵법에는 농濃, 담淡, 건乾, 고枯, 습濕 등이 있다. 장법은 주로 자간과 행간의 처리를 말한다. 필법의 운용과 자법, 장법의 처리 방식에 서예가의 정신이 그대로 묻어난다.

예술로서의 서법에는 당연히 예술가의 느낌이 들어가야 한다. 수년 전에 어떤 사람이 "회소가 밤에 가릉嘉陵의 강물소리를 듣고 초서를 깨달았다"는 기록을 읽고서 가릉 강가의 한적한 곳을 찾아가 조용히 물소리를 들었다고 한다. 자리에 앉고 몇 분이 지나자 귓가에 우르릉 천둥소리와 쟁쟁 가야금 타는 소리가 들려왔다. 느렸다가 급했다가, 긴박했다가 늘어졌다가, 컸다가 작았다가, 높았다가 낮았다가 하는 소리가 마치 천군만마가 땅속에서 튀어나온 듯했고, 그 기세는 대나무가 갈라지듯 끊이지 않고 부드러우면서도 강하고 세밀했다. 바로 그때 그는 깨달았다. 초서의 기세, 초서의 느낌, 초서의 변화, 초서의 오묘함이 모두 바로 이 순간에 있었던 것이다. 자연을 통해 깨달음을 얻었다는 서예사의 많은 사례들을 그대로 실감할 수 있었다. 자연의 객관적 사물 모두가 서법과 통하고 그 자체가 바로 서법이었던 것이다. 이처럼 약동하는 정신을 그대로 옮긴 서법이 있었던 반면, 정태적인 사물의 모습을 본뜬 서법도 있었다. 이런 서법은 그다지 빼어나지도 않

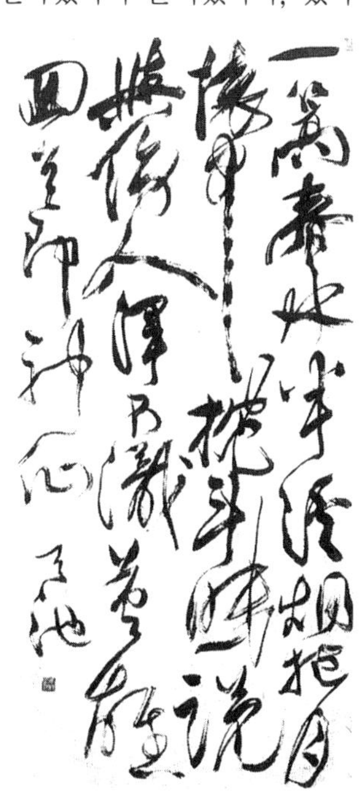

6-1-4 서위徐渭의 초서

고, 심지어 서툴어 보이기까지 한다. 그럼에도 이런 시도는 서법의 역사에서 상당히 자주 보인다. 조충서, 용봉서龍鳳書, 운서雲書, 과두서蝌蚪書, 선인서仙人書, 도해서倒薤書, 귀서龜書, 사서蛇書 등 수십 종이나 된다. 이 서체들은 모두 회화의 스케치나 크로키처럼 자연의 물상에서 특징적인 점과 선을 빠르게 포착했다. 예를 들어, 당 무측천은 빗자루로 땅을 쓰는 듯한 모양의 비백서飛白書를 좋아했고, 2차 대전 이후 일본의 '묵상파墨象派', 1980년대 이후의 '현대파 서법' 역시 이런 경향이 짙다.

상형象形을 현대 서법의 구세주로 여기는 사람들이 있었다. 그러나 이들은 겉으로만 신선해 보이는 중국 역사상의 수많은 '구세주'들과 마찬가지로 현실에서는 금방 부정되고 말았다. 상형이라는 하나의 연이 끊이지 않고 길게 이어진 줄을 찾은 것은 분명하지만, 사실 그 줄은 너무나도 가늘고 약했던 것이다.

이처럼 흥미로운 생각은 당나라 때도 있었다. 당 고조高祖 때 구양순歐陽詢은 서법으로 천하에 이름을 날렸다. 당시 한 고려인이 구양순의 글씨를 너무나 좋아해서 일부러 사람을 보내 글씨를 구하려 했다. 고조가 이 사실을 듣고 말했다. "구양순이 멀리 고려에서도 이름을 날리고 있구나. 고려 사람들은 구양순의 글씨를 보고 그의 몸이 아주 우람하리라 상상할지도 모르겠다." 사실 구양순은 아주 왜소했다. 그래서 장손무기長孫無忌는 "우뚝 솟은 팔이 '산山' 자가 되고, 머리는 어깨 사이로 쑥 들어가 있네. 누가 기린각 위에, 이 원숭이 하나를 그려놨을꼬"라는 말로 그의 용모를 비웃기도 했다. 당 고조는 어떻게 그토록 왜소한 구양순이 굳세고 힘찬 글씨를 써낼 수 있는지 이해할 수 없었다. 그러나 소동파는 "사람의 용모는 아름다움과 추함이 있으나, 군자와 소인의 모습은 가릴 수 없다. 말에는 달변과 어눌함이 있으나, 군자와 소인의 기질은 속일 수 없다. 글씨에는 정교함과 졸렬함이 있지만, 군자와 소인의 마음은 어지럽힐 수 없다"는 말로 남다른 탁견을 보여주었다. "글씨는 그 사람과 같다"는 말을 정신적 측면에서 해석해야지 어찌 겉모습으로 판단할 수 있겠는가?

마찬가지로 학자다운 풍모에 대한 오해도 적지 않다. 서예전을 관람할 때면 '淡泊明志, 寧靜致遠(담백해야 뜻을 밝게 하고, 고요해야 멀리까지 미친다)' 같은 글씨를 보고 작가를 속세에서 벗어난 고매한 이로 칭찬하는 사람이 꼭 있고, 혹자는 '君不見黃河之水天上來(그대는 보지 못했는가, 황하의 물이 하늘에서 내려오는 것을)' 같은 글자를 보고 '기세가 웅장하고 크다'며 칭찬한다. 또 어떤 사람은 시를 잘 쓰는 시인의 글씨를 보고 학자다운 풍모가 넘친다고도 말한다. 이처럼 문학비평을 서예 비평으로 대체한 사례는 예로부터 지금까지 아주 많았다. 사실 이 두 가지가 그렇게 밀접한 관련성이 있는 것은 아니다. 서예와 문학에 공통점이 있다면, 이는 서예의 창작 역시 어떤 규범에 속박되지 않고 사람의 감정이 자유롭게 서식할 수 있는 하나의 독립된 왕국으로 이해되어야 한다는 것이다.

과학 기술의 발전으로 지금 사회는 예전의 조상들이 상상할 수도 없을 만큼 변화되었다. 그러나 인간의 삶은 그때나 지금이나 유한하다. 이렇게 시간이 제한되어 있는 상황에서 우리는 삶의 즐거움을 어디서 찾을 수 있을까? 그것은 바로 예술이다. 중국의 독특한 서법 예술을 통해 당신은 필묵이 가져다주는 즐거움을 시적으로 누릴 수 있을 것이다.

2. 중국화中國畫

6-2-1 진홍수陳洪綬 인물화

10여 년 전, 중국화에 관심을 가져온 한 사람이 "중국화는 이미 말로에 접어들었다"고 공언한 적이 있다. 심지어 지금의 중국화는 쓰레기나 마찬가지라고 혹평한 사람도 있었다. 재밌는 사실은 그때도 수많은 사람들이 여전히 중국화에 정력을 쏟아붓고 있었다는 것이다. 중국화에는 과연 어떤 매력이 있을까?

일반적으로 중국화는 소재에 따라서는 산수, 인물, 화조의 세 가지로, 표현 수법에 따라서는 사의寫意와 공필工筆 두 가지로 나뉜다. 공필화는 대상을 핍진하게 묘사하는 반면, 사의화는 필치가 간략하다. 공필화는 궁정에서 많이 보이는 반면, 문인화가들은 대부분 사의에 능하다. 예를 들어, 신강에서 출토된 비단 그림 「호복여자상胡服女子像」은 공필로 그린 인물화이다. 그림 속 인물의 높게 쪽진 머리와 양쪽 귀밑머리가 화가의 세밀한 기교를 그대로 반영한다. 현재 요녕遼寧성 박물관에 소장되어 있는 당대 주방周昉의 「잠화사녀도簪花仕女圖」는 공필화의 전형이다. 화가는 그림 속 인물들이 편히 쉬고, 강아지와 놀고, 사뿐히 걷고, 나비를 잡고, 꽃을 감상하는 모습들을 정교한 붓놀림으로 생생하게 표현했다. 예운림倪雲林의 「어장추제도漁莊秋霽圖」는 사의화의 걸작이다. 가까운 곳의 몇 그루 고목, 먼 곳의 뾰족한 산들, 그 사이의 텅 빈 물이 간략함으로 복잡함을 다스리는 화가의 빼어난 기법과 산수에 뜻을 맡긴 담박함과 초연함을 그대로 체현하고 있다.

역대의 많은 황제들이 서화를 좋아했다. 당 태종의 이왕二王(동진東晉의 왕희지王羲之와 왕헌지王獻之 부자)에 대한 추앙, 당 현종의 미인에 대한 편애는 진작부터 미담으로 전해져 왔으며, 송 휘종徽宗과 고종高宗은 국가보다도 서화를 더 아껴 수많은 정객들의 놀라움을 샀다. 휘종 조길趙佶의 「유아로안도柳鴉蘆雁圖」를 한번 보자. 현재 상해박물관에 소장되어 있는 이 그림은 쌍구雙鉤와 사의의 기법을 써서 공필과 사의를 겸하고 있다. 거친 사의와 정교한 공필이 서로에게 생기를 불어넣고 있다. 강산은 잃었어도 서화는 짙고 무거운 필치를 남긴 것이다.

다행히도 훗날 조씨 송나라의 왕손 조맹부趙孟頫가 선조들에게 영예를 안겨준다. 그는 중국의 서화로 대도大都를 정복하고 원나라 몽고족의 통치를 이겨냈다. 고궁박물관에 소장되어 있는 그의 「수촌도권水村圖卷」은 중국화의 대표적 걸작이다. 화가는 극소의 필묵으로 느긋한 먼 곳의 산, 드문드문한 나무, 은은한 인가의 연기 등 전형적인 강남의 산수를 그려냈다. 이처럼 적음으로 많음을 다스리는 기법은 그림을 더욱 생기 넘치게 만든다. 이는 예운림의 작품 풍격과 거의 일치한다고 볼 수 있다. 훗날 명대의 동기창은 회화의 남북종론南北宗論을 주장한다. 그에 따르면, 남종화의 중요한 특징 중 하나는 필묵의 간략함과 의경意境의 심원함이다. 동기창 자신의 그림이 바로 남종화의 대표라 할 수 있다.

의경은 문인화의 정수이다. 의경은 화가들이 만들어낸 의상意象을 통해 전달된다. 의상은 상징적 의미의 화조초충花鳥草蟲일 수도 있고, 담백하면서도 심원한 산수운무山水雲霧일 수도 있고, 비흥比興에 기탁한 독특한 인물일 수도 있다. 문인들은 매, 난, 국, 죽 사군자의 청아함, 진흙 속에 피는 연꽃의 고결함, 송백의 항상 푸르름을 좋아하여, 사군자와 소나무, 학, 연꽃, 파초 등의 소재로 자신이 추구하는 정신세계를 표현했다. 이처럼 상징의 수법에 능한 화가의 대표로는 원대의 예운림, 명대의 서위徐渭, 청대의 팔대산인八大山人과 정판교鄭板橋 등을 들 수 있다. 길이가 무려 10미터도 넘는 천진예술박물관 소장 「팔대산인하화도八大山人荷花圖」는 수묵의 연꽃을 위주로 그려 청 왕조와 섞이지 않겠다는 화가의 고결한 정신을 표현하고 있다. 팔대산인의 붓끝에서 과장된 모습으로 변형되어 있는 물고기와 새는 항상 남을 백안시하고 무리와 섞이지 않는 화가들의 모습을 보여준다. '팔대산인'의 작품에 보이는 '곡지哭之', '소지笑之' 등의 낙관 역시 나는 원래 그렇고 누구도 나를 어찌할 수 없다는 고매함과 깨끗함의 생생한 표현이다.

산수의 머물 수 있고, 볼 수 있고, 노닐 수 있는 성격은 산수에 기탁하려는 문인들의 바람을 충분히 반영했다. 산수화의 준법皴法과 점법點法은 그 풍격에 직접적 영향을 주고, 구도의 선택 역시 화면을 전혀 다르게 만들어준다. 당대 이사훈李思訓이 개창한 청록산수靑綠山水는 색채를 운용하여 봄 산과 가을 물을 표현했고, 오대五代 때 동원董源이 개창한 수묵산수水墨山水는 피마준披麻皴과 점자준點子皴의 기법을 써서 강남의 산수를 표현했다. 송대의 곽희郭熙는 고원高遠, 심원深遠, 평원平遠이라는 산수화의 '삼원법三遠法' 구도를 제안했다. 동시에 그는 사계절에 걸친 산수의 변화를 "봄 산은 담백하게 미소를 머금은 듯하고, 여름 산은 짙푸르면서 물방울이 떨어지는 듯하고, 가을 산은 밝고 깨끗하게 화장한 듯하고, 겨울 산은 애잔하고 고요히 잠이 든 듯하다"는 말로 개괄했다. 그의 「유곡도幽谷圖」가 바로 애잔하고 고요하게 잠든 겨울 산의 모습이다. 눈 온 뒤의 깊은 계곡. 가까이로는 노목의 마른 줄기와 뻗은 가지들이 보이고, 먼 곳으로는 산봉우리들이 구름까지 우뚝 솟아 있다. 화가는 담묵의 주름으로 산석을 물들이고, 농묵으로 나무줄기의 윤곽을 그렸으며, 가지는 매의 발톱처럼 묘사했다. 도드라진 고목이 멀고 옅은 배경과 대비를 이루며 겨울 산수의 특징을 절묘하게 표현하고 있는 것이다.

제재로 따지면 인물화가 화조나 산수에 시대적으로 앞선다. 인물화에서는 항상 아름다운 여인을 제재로 삼곤 했는데, 이는 대부분의 화가가 남자였기 때문일 것이다. 서양의 인물화 역시 이 점은 마찬가지다. 중국화와 서양화 모두 흔히 제재로 삼는 인물들이 있다. 바로 종교 인물이다. 중국화에서는 세속의 인물에도 관심을 두었는데, 이는 서양의 사생 전통과 맥락을 같이한다고 볼 수 있다. 간략한 필치와 생생한 묘사는 중국 인물화의 일반적 특징이다. 송대 양해梁楷의 「이백행음도李白行吟圖」가 대표적이다. 화가는 간략하면서도 정련된 필묵으로 이백의 우뚝한 재능과 고집스런 면모를 표현해 냈다.

6-2-2 팔대산인 화조도

필묵은 중국화의 중요한 표현 수단이다. 이 수단을 쓰는 목적은 화가의 마음속 정취를 펼쳐 보이기 위해서이다. 그러나 어떤 화가는 평생 필묵에 속박되어 지나치게 필묵만 강조하고 정취는 소홀히 한다. 이는 수단과 목적이 뒤바뀐 것이다. 반면 어떤 화가는 정취만 중시하고 수단으로서의 필묵의 기본적 역할을 무시한다. 중국화의 대가들은 모두 마음속 정취에 따라 필묵을 쓰는 능력이 매우 뛰어나다.

회화는 흔히 서예, 인장印章, 시가와 함께 언급되며 수많은 문인화가들이 시문서화詩文書畫의 사절四絕을 추구해 왔다. 조맹부, 오창석吳昌碩, 제백석齊白石이 바로 '사절'의 고수들이다. 오창석은 그림 곳곳에서 전주篆籀체에 대한 자신의 내공을 드러냈으며, 제관題款, 인장, 제시題詩, 화면을 훌륭하게 조화시켜 전체적인 배치의 기교를 충분히 뽐냈다. 20세기 이후의 많은 화가들이 중국화와 서양화의 결합을 시도했다. 그러나 부단한 예술적 실천은 우리들에게 다음과 같은 사실을 알려준다. 중국과 서양의 생경한 전통을 억지로 갖다 붙이면 중국 것도 서양 것도 아닌 채로 결국은 살아남지 못하게 된다는 것이다. 물론 서양의 것을 '가져와' 중국의 것에 쓴다면 역사는 그 효과를 충분히 인정해 줄 것이다. 서방의 영향을 받은 20세기 중국 화가들 중에도 상당한 성과를 이룬 이들이 있다. 그들이 성공한 이유는 서양화의 기법과 중국화의 의경을 잘 조화시켰기 때문이다. 임풍면林風眠의 중국화가 대표적인 예이다.

서양화를 편애하는 사람은 항상 중국화를 낮게 보고, 중국화에 집착하는 사람은 서양화를 못마땅해한다. 가장 바람직한 태도는 뛰어난 중국화가 반천수潘天壽처럼 서양화도 즐기고 중국화도 소중히 여기는 것이다. 그는 중국화와 서양화를 세계적인 두 봉우리에 비유했다. 중국화가 에베레스트산이라면 서양화는 알프스산맥이다. 두 산은 하늘 위로 우뚝 솟아 자신을 뽐내지만, 실은 산 아래의 육지와 산 사이의 구름을 통해 서로 연결되어 있다는 것이다.

3. 종이[紙]

제지술은 중국인이 세계 문명에 이바지한 4대 발명 중 하나이다. 종이의 사용은 서법 풍격의 변화에 영향을 주었을 뿐 아니라 인류 문명의 진보에도 막대한 역할을 했다.

종이는 원료에 따라 마지麻紙, 죽지竹紙, 피지皮紙, 혼합 펄프지, 재생지 등으로 나눌 수 있고, 산지에 따라서는 선지宣紙, 촉지蜀紙, 고려지高麗紙 등으로 나눌 수 있다. 또 선지는 가공 방법에 따라 다시 생선지生宣紙, 숙선지熟宣紙, 반생숙지半生熟紙로 나뉜다. 생선은 흡수성이 강하고, 숙선은 물을 먹지 않으며, 반생숙지는 그 중간이다.

전통적 관점에 따르면 종이는 동한의 채륜蔡倫이 만들기 시작했다고 전해진다. 『후한서』에는 한 화제和帝 원년(105)에 채륜이 "나무껍질, 마의 자투리, 해진 천, 어망으로 종이를 만들어" 황제에게 바치고 상을 받았다는 기록이 있으며, 『사기』에서는 "이때부터 모두 종이를 써서 천하에서는 이를 '채후지蔡侯紙'로 불렀다"고 했다. 그러나 고고학적 발견에 근거하면, 채륜 이전 서한 때 이미 마섬유를 원료로 하는 마지가 있었다. 최초의 서한지는 1933년 신강에서 발견된 '나포뇨이지羅布淖爾紙'이다. 1970년대 감숙에서 발견된 '금관지金關紙'와 '마권만지馬圈灣紙', 그리고 섬서에서 발견된 '중안촌지中顏村紙'가 모두 서한 때의 마지이다. 1986년 감숙 천수天水 방마탄放馬灘에서 발견된 '방마탄지' 역시 서한의 마지이다. 이는 지금까지 발견된 최초의 종이 지도이기도 하다. 결국 동한의 채륜은 서한 제지술을 바탕으로 그 기술의 수준을 더욱 높인 인물이라고 볼 수 있다. 동한 말기에 이르면, 제지의 명인 좌백左伯이 만든 '좌백지'와 위탄이 만든 먹을 '연묘휘광姸妙輝

光' 이라는 말로 함께 칭찬하기도 했다. 20세기를 전후하여 신강, 내몽고, 감숙 등지에서 발견된 동한의 종이에는 대부분 글자가 쓰여 있었다. 종이에 글자를 쓰는 것이 동한 후기에 이미 상당히 보편화되었다는 의미이다. 동한에서 서진西晉까지는 종이와 죽간이 함께 쓰인 시대이다. 진의 종이는 '황潢' 이라는 염색 과정을 거쳤는데, 황벽나무로 노란 물을 들였으므로 '황지黃紙' 라고도 불렀다. 이 종이는 염료인 황백黃柏(황벽나무의 껍질을 말린 것)에 함유된 알칼로이드가 살충과 방충의 기능을 해주었다. 황색은 오행 중에 토土를 대표했다. 고대에는 신성하고 엄숙한 물건을 항상 황색으로 장식하고, 중요한 서적이나 문서 역시 황색으로 만들었다. 황색은 눈에 자극을 주지 않았으며, 이는 위진남북조 때 사람들이 황지를 즐겨 사용한 이유이기도 하다.

위진남북조의 서예가들은 대부분 마지를 썼다. 육기陸機의 「평복첩平復帖」이 바로 백마지에 쓴 글씨이다. 왕희지는 마지 외에 잠견지蠶繭紙도 사용했다. 유명한 「난정서」가 바로 이 잠견지에 쓴 것이라고 한다. 그러나 안타깝게도 원본 글씨는 이미 사라지고 없다. 백마지는 당대 이후에도 흔히 사용되었다. '소두小杜' 라고 일컫는 당대 시인 두목杜牧의 명필 「장호호시張好好詩」가 바로 백마지 위에 쓴 작품이다.

당대는 제지의 전성시대이다. 중국의 옛 종이 중에서도 서화용 명지名紙로 손꼽히는 '종이의 왕' 선지가 바로 이때 만들어진다. '선지' 라 부른 이유는 선주부宣州府(지금의 안휘 경현涇縣)에서 생산되었기 때문이다. 선지는 푸른 박달나무 껍질과 사전沙田(수분을 유지하기 위해 크고 작은 돌을 깔아놓은 밭)의 볏짚을 주원료로 하여, 버드나무, 복숭아나무, 등나무로 108단계의 공정(72가지라는 설도 있음)을 거쳐 최소 9~10개월이 지나야 완성할 수 있다. 선지는 질감이 부드럽고 잘 구겨지지 않으며, 무늬가 빽빽하고 색깔은 맑고 옥처럼 윤이 난다. 또 벌레가 끼지도 않아 장기간 보존하기에 좋다.

'천수를 누리는 종이' 라는 미칭이 붙은 것도 바로 이 때문이다. 선지의 대량생산은 당대에 제지술이 그만큼 발달했음을 의미한다. 당대에는 선지뿐 아니라 경황지硬黃紙, 설도전薛濤箋 등도 있었다. 경황지는 납蠟경황과 보普경황 두 가지로 나뉜다. 납경황은 대부분 예전의 명필을 그대로 모사하거나 문헌을 초사할 때 썼다. 유명한 「만세통천첩萬歲通天帖」이 바로 납경황을 써서 쌍구법雙鉤法으로 모사한 작품이다. 당대의 설도薛濤(768~832)는 서화용 종이의 질을 개선한 인물이다. 설도는 자가 홍도洪度로 당대 장안 사람이다. 아버지를 따라 촉 땅으로 들어가 성도成都의 유명한 기녀가 되었다. 사람들은 그녀를 '여교서女校書' 라 칭했으며 시집이 세상에 전한다. 「선화서보宣和書譜」에서는 그녀의 글씨를 "여자의 기운은 찾아볼 수 없고, 필력이 엄격하고 힘차다"는 말로 칭찬했다. 그녀는 열 가지 색의 작은 편지지를 만들었는데, 사람들은 이를 '설도전' 혹은 '촉전蜀箋' 이라 불렀다. 지금도 성도에 가면 '설도전' 을 모방한 편지지를 볼 수 있다. 설도가 종이 염색술에 큰 공헌을 함으로써 서예용 종이는 더욱 아름다워질 수 있었다.

오대 때는 제지술이 훨씬 섬세해진다. 당시 최고 수준의 제지술을 대표하는 종이로는 징심당지澄心堂紙를 들 수 있다. 징심당지는 이욱李煜(오대 남당南唐의 군주)이 궁중에서 소장하던 종이로 휘주徽州에서 생산되었다. "계란의 막 같은 질감에 옥처럼 견고하면서도 깨끗하고 엷고 섬세한 표면에서는 윤기가 흘러" 당시에 최고의 종이로 평가되었다. 남당이 멸망한 후 송대의 문인들은 궁중에서 징심당지를 얻어 친지들에게 나눠 주었다. 궁중의 비고秘庫 깊은 곳에 수십 년간 보관되어 극소수의 고위층 인사들만 쓸 수 있었던 진품이 세상의 빛을 보게 된 것이다. 사람들은 그 아름답고도 섬세한 제지술에 경탄해 마지않았다.

송원 때는 전대의 종이를 대량으로 모방해 만들면서도, 한편으로는 출판업의 성행으로 죽지竹紙가 보편적으로 퍼지자 서화에서도 이 종이를 사용하기 시작했다. 송대에는 편지지의 제작 수준이 대단히 높았다. 특히 아화砑花(종이를 문질러 꽃 모양으로 부조 효과를 내는 기술)가 크게 유행해 '아화전砑花箋'이 한 시대를 풍미했다. 원대의 서예가들은 보통 황마지와 전지箋紙, 죽지를 썼다. 명대의 서예가들은 주로 폭이 더욱 커진 전지를 썼다. 전지는 반생숙지에 속하는 종이로 명대 서예가들의 많은 환영을 받았다. 청대 이후에는 대부분 선지를 썼으며, 지금의 서예가들은 연습용으로는 모변지毛邊紙와 원서지元書紙를 많이 쓰고*, 창작할 때는 대부분 생선지와 반생숙의 색지를 쓴다.

명청대는 선지의 발전이 최고조에 이른 시기이다. 당시 선지는 궁정과 관부의 공문용 종이로 쓰였다. 청 도광道光 연간의 '왕육길지汪六吉紙'는 조정에 공물로 들어가 그 값이 백 배로 뛰었다. 당시 종이는 품질뿐 아니라 예술적인 면에서도 대단히 뛰어났다. 청대 궁정에서 쓰던 종이는 '숨은 꽃무늬 위로 용 문양을 넣은 선지'로서 종이 자체가 하나의 훌륭한 예술품이었다. 선지는 중국의 전통 공예 중 하나로 1915년 파나마 만국박람회에서 금상을 수상하기도 했다.

청대 분백암화용문선粉白暗花龍紋宣

*모변지는 원래 명 말에 강서에서 생산되던 죽지竹紙의 일종을 말하나 지금은 황색빛을 띠는 연습용 종이를 흔히 가리키며, 원서지는 부드러운 모죽毛竹을 원료로 만든 종이로 역시 죽지의 일종이다

4. 붓[筆]

수많은 서양인들이 붓을 보기만 하면 '중국! 중국!' 이라고 감탄하곤 한다. 붓은 중국 문화의 중요한 상징으로서 중국인의 머릿속에 이미 깊이 각인되어 있다.

중국은 아주 오래전부터 붓을 생산하고 사용해 왔다. 은상시대 도자기 조각 표면의 '사祀' 자가 바로 붓으로 쓴 것임이 고고학적 연구 결과 밝혀졌다. 당시에 이미 붓이 사용되었던 것이다. 갑골문의 '율聿' 자가 바로 '필筆' 자이다. 『설문해자』에 따르면, 연燕나라에서는 붓을 '불弗' 로, 오吳나라에서는 '불율不聿' 로, 초楚나라에서는 '율聿' 로, 진나라에서는 '필筆' 로 불렀다. 가장 오래된 붓의 실물은 하남 신양信陽 장태관長台關 2호 묘에서 출토된 전국 초기 초나라 붓이다. 1954년에 장사長沙 좌가공산左家公山 초나라 묘에서 전국 중기의 대나무 붓대 토끼털 붓이 출토되었다. 호북 형문荊門에서도 초나라 붓이 발견되었다. 한대의 붓은 상당히 많은 수가 출토되었다. 1931년 거연居延에서 출토된 한대의 붓은 나무로 붓대를 만들었다. 지금까지 출토된 동한 이전의 붓은 모두 토끼털 혹은 이리털 등의 억센 털을 사용했고 크기가 상당히 작은 편이다. 동한 때의 붓은 털을 묶지 않은 붓대의 한쪽 끝을 뾰족하게 깎아 각필角筆이라 불렀다. 이는 점토에 한자를 쓰기 편하도록 특별 제작한 양식이다. 당송 이후 붓 제작 공예로 유명해진 지역

6-4-1 청 분채묘금운룡자관필粉彩描金雲龍瓷管筆

은 안휘 선성宣城, 절강 호주湖州, 강서 등이다. 당송 때 선성은 붓 제작의 중심지로 이곳에서 만든 선필宣筆은 천하에 이름을 날렸다. 선필은 토끼털을 재료로 썼으며 흔히 '자호紫毫'라 불렀다. 현재 일본 나라현 정창원正倉院에 소장되어 있는 당나라 붓은 끝이 비교적 짧고 닭발톱 모양인 전형적인 당대의 '계거필鷄距筆'이다. 필관筆管(붓대)에는 죽관竹管, 반죽상감양상아관斑竹象嵌鑲象牙管, 금관상아金管象牙 등이 있다. 계거필은 붓끝이 짧고 단단해서 먹물을 적게 먹는다. 그래서 송대에는 유명한 '무심산탁필無心散卓筆'이 등장했다. 송대의 서예가 채양蔡襄이 바로 이 산탁필을 즐겨 사용했다. 송대에 붓을 잘 만든 이들은 제갈諸葛 씨가 대부분이었다. 제갈고高, 제갈원元, 제갈풍豊, 제갈방方 등이 바로 그들이며, 그중에 특히 '세상에서 제일가는 필공'의 영예를 받은 제갈고가 가장 유명했다. 송대의 소식은 「동파제발東坡題跋」에서 "또 마음을 쓰지 않은 것이 한 가지 있는데, 이를 산탁필이라 한다. 오직 제갈고만이 이것을 만들 수 있다"고 했다. 제갈고가 무심산탁필 제작의 명가였음을 알 수 있다. 남송 이후에는 조정이 남쪽에 자리 잡으면서 정치, 경제, 문화의 중심도 남쪽으로 이동하게 되었다. 원대에는 절강 오흥吳興(지금의 호주湖州)의 붓 제조업이 크게 융성하여 나중에는 선필의 위상을 앞서기까지 했다. 호필湖筆은 까다로운 재료의 선택과 꼼꼼한 공정으로 유명하다. 원재료로부터 완품까지 근 100가지의 공정을 거쳐야 한다. 완성된 붓은 끝이 뾰족하고 가지런하며, 도톰하고 둥근 모양에 윤기가 좌르르 흐르고 힘이 넘친다. 소위 '첨尖, 제齊, 원圓, 건健'의 '사덕四德'을 갖춘 천하제일의 붓이었던 것이다. 오흥 출신의 유명한 붓 공예가들은 대단히 많은데 그중에서도 으뜸인 명가는 풍응과馮應科이다. 명청대의 붓 제작은 여전히 호필이 위주였으며, 청초의 주호신周虎臣은 강남 전역에 이름을 떨친 붓 공예가였다. 당시 붓 공예는 국경을 넘어 한국과 일본까지 전해졌다. 붓 공예는 실용성뿐 아니라 장식적인 면에도 크게 신경을 썼다. 『서경잡기西京雜記』에 따르면

"천자의 붓은 보석을 섞어 붓받침을 만들고, 털은 모두 가을 토끼의 털이었으며…… 갖가지 보석으로 상자를 만들어 옥벽과 비취의 깃으로 옆면을 꾸몄다". 청대의 당병균唐秉鈞 역시 『문방사고도설文房肆考圖說』에서 이렇게 썼다. "한나라 때는 붓을 만들 때 황금으로 새기고 화씨벽으로 장식하고 수주隋珠로 꿰어 비취 무늬를 넣었다. 붓대는 무늬있는 무소뿔이 아니면 반드시 상아를 써서 지극히 화려했다." 이처럼 붓을 예술적으로 장식하는 작업이 한대부터 이미 시작되었던 것이다. 그러나 지금까지 남아 있는 화려한 붓들은 대부분 명청대의 것들이다. 이 시기의 붓은 대단히 정교하게 붓끝을 다듬고 붓대에도 예술성을 더했다. 금관, 은관, 자관紫管, 반죽관斑竹管, 상아관, 대모관, 자단관紫檀管, 법랑관 등의 붓대에 상서로운 도안을 조각하거나 상감했다. 이들 붓은 글씨를 쓰는 단순한 도구가 아니라 그 자체가 더없이 아름다운 예술품인 것이다.

붓 제작을 위해서는 상당한 노력이 필요했다. 거의 모든 동물의 털이 붓의 제작에 쓰였다. 토끼털, 양털, 말털, 사슴털, 오소리털, 살쾡이털, 쥐수염, 호랑이털, 이리털, 여우털, 수달털, 원숭이털, 거위털, 오리털, 돼지털, 닭털 등 동물의 털뿐 아니라 심지어 태발胎髮, 머리카락, 사람의 수염으로도 붓을 만들었다. 이 밖에 대나무나 띠 같은 식물도 붓의 제작에 쓰였다.

6-4-2 청 주칠묘금종호조필朱漆描金鬃毫抓筆

붓은 붓털의 부드러움에 따라 연호軟毫, 경호硬毫, 겸호兼毫로 나눌 수 있다. 토끼털, 사슴털, 이리털, 쥐수염 등은 경호에 속한다. 토끼털 붓은 산토끼털로 만들며, 그중 상품은 흑자색 토끼털로 만들어 '자호紫毫'라 불린다. 족제비털 붓은 흔히 쓰이는 경호이다. 쥐수염 붓은 위진시대에 보편적으로 사용하던 붓으로, 장지張芝, 종요鍾繇, 왕희지가 모두 이 붓을 사용했다. 왕희지의 명작 「난정서」를 바로 이 쥐수염 붓으로 썼다고 한다. 요즘에는 족제비나 산토끼가 드물어서 구하기 쉬운 돼지털로 붓을 만든다. 이 돼지털 붓은 족제비털 붓이나 자호보다 훨씬 억세서 쉽게 사이가 벌어진다. 경호와 반대되는 것이 연호이다. 옛사람들은 닭털 붓, 태발 붓 등을 연호로 흔히 사용했으며, 청대 이후에는 양털 붓이 많이 쓰였다. 양털 붓은 재료를 구하기도 쉽고 가격도 저렴하며 먹물도 잘 먹는다. 게다가 오래 쓸 수도 있어서 서예가들이 상당히 좋아했다. 그러나 양털 붓은 너무 부드럽기만 해서 탄성이 좋아야 하는 점화點畫에는 거의 쓸 수가 없었으며, 글씨도 전서나 예서 정도만 쓸 수 있고 행서를 쓰기는 힘들었다. 미불米芾이 경호로 쓴 행서에서는 붓의 우수한 탄성이 그대로 드러나나, 등석여鄧石如가 양털 붓으로 쓴 행초는 기력이 뜻을 따르지 못한 느낌이 역력하다. 경호의 쉽게 벌어지는 단점과 연호의 부족한 탄성을 보완하기 위해 만든 것이 겸호필이다. 흔히 볼 수 있는 겸호필에는 칠자삼양七紫三羊, 오자오양五紫五羊 등이 있다. 자와 양은 각각 경호와 연호의 비율을 의미한다. 일반적으로 볼 때, 행초서를 쓸 때는 족제비털 붓 혹은 겸호를 사용하는 것이 좋고, 해서, 전서, 예서를 쓸 때는 양털 붓과 겸호 중에 선택을 할 수 있다.

6-4-3 청 묘금칠관종호조필描金漆管鬃毫抓筆

붓은 붓털의 길이에 따라 장봉長鋒과 단봉短鋒으로 나뉜다. 장봉은 먹물을 많이 머금을 수 있고, 단봉은 탄성이 좋다. 장봉은 양털 붓이 많고, 단봉은 대부분 경호이다. 크기에 따라서도 붓은 조필抓筆, 두필斗筆, 제필提筆, 연필聯筆, 병필屛筆 등으로 나눌 수 있다. 가장 간단한 구분법은 붓을 대해필大楷筆, 중해필中楷筆, 소해필小楷筆, 규필圭筆로 나누는 것이다.

혹자는 공력이 뛰어난 서예가일수록 지필을 가리지 않는다고 말한다. 하지만 이건 오해다. 청대의 서예가이자 재상인 유용劉墉은 "지필을 가리지 않는 것은 고심을 하지 않는 것이다. 옛사람들의 지필에 대한 정성은 지금 사람들이 상상할 수 없을 정도였다"고 말했다. 좋은 붓의 관건은 좋은 붓털이다. 좋은 붓이 되려면 옛사람들이 말한 '첨, 제, 원, 건'의 '사덕'을 갖추어야 한다. '첨'은 먹물을 묻혀 붓털을 고르면 붓끝이 바늘처럼 뾰족해야 한다는 것이다. '제'는 붓끝을 납작하게 펼치면 끝이 가지런해야지 송곳니처럼 툭 튀어나와서는 안 된다는 의미이다. '원'은 붓털의 허리 부분이 둥글고 도톰해야지 텅 비어서는 안 된다는 것이다. '건'은 붓털이 부드러우면서도 힘이 있고 탄성을 갖추어야 한다는 것이다. 일상에서 쓰는 붓이 사덕을 갖추었다면 상당히 좋은 붓이라 할 수 있다.

5. 먹[墨]

'문방사보' 중 하나인 먹은 쉽게 훼손되는 성질 때문에 원래 모습 그대로 지금까지 남아 있는 경우가 매우 드물다. 그래서 사람들은 먹에 대해 다소 생소하게 느끼곤 하지만, 사실 먹의 세계는 대단히 흥미롭고 풍부한 의미를 내포하고 있다.

먹이 사용되기 시작한 시기는 붓과 같거나 조금 더 빠르다. 1980년 섬서 임동臨潼 강채촌姜寨村에서 출토된 공이, 돌판, 사발과 흑적색의 산화된 돌은 먹 사용의 원시적 추형이라고 여겨지고 있다. 글씨만 써놓고 새기지는 않은 은상시대의 갑골문을 보면, 어떤 것은 주사를, 어떤 것은 검은 먹을 쓰고 있다. 이는 당시에 이미 먹이 자주 쓰였음을 반증하다. 한위시대에는 송연묵松烟墨(솟먹)이 크게 유행했다. 위탄韋誕이 만든 먹은 마치 칠을 한 듯 밝게 윤이 났다. 중국 고대의 먹 공예가 변혁기를 지나 성숙기에 들어섰음을 의미하는 것이었다. 당시에는 먹의 모양도 둥근 환丸에서 곧은 모양으로 바뀌었다. 당대에는 먹 제조 기술이 더욱 발달해서 채색 먹까지 흔히 쓰였다. 당시 먹 제조의 중심은 수도 장안과 그 근방이었다. 오대 때의 유명한 먹 제작자 해초奚超와 해정규奚廷圭 부자는 끊임없이 기술을 개선하여 유연묵油煙墨을 생산하기 시작했다. 풍취를 사랑한 남당 후주 이욱은 해정규를 '묵무관墨務官'으로 봉하고 국성國姓을 하사

6-5-1
명 정군방
천부어향묵天府御香墨

했다. 그의 먹은 "옥처럼 단단하고 쇠뿔처럼 무늬가 있었으며", "기름지고 가지런한 표면은 칠한 듯 광택이 났다"고 한다. 이로써 '이묵李墨'은 천하에 이름을 날리게 되었다. 송대에는 황제가 이씨의 '신안향묵新安香墨'을 근신들에게 하사하곤 했다. 송 휘종 때는 이씨 부자가 거주하던 흡주歙州가 휘주徽州로 이름이 바뀌고, 이때부터 휘묵徽墨이 독보적 위치를 점한다. 선화 연간에는 이묵이 워낙 귀해져서 "황금은 얻기 쉬워도 이묵은 구하기 힘든" 지경이 된다. 그래서 송대 먹 공예의 대가 반곡潘谷은 이정규의 먹을 보고 그 자리에서 무릎을 꿇고 '천하의 보물'이라며 감탄했다고 한다. 북송의 먹 제작자들은 먹 안에 약재를 즐겨 넣었다. 소동파는 두꺼비즙을 섞어 먹을 만들었다고 한다. 사향 역시 당시 먹 제작자들이 즐겨 사용하던 재료이다.

중원으로 들어온 원대의 몽고족은 문文을 무시했다. 이에 따라 먹의 제작 역시 별다른 발전이 없었다. 명대에는 먹 공예의 수준이 더욱 높아졌고, 휘묵의 제작은 흡파와 휴녕休寧파 둘로 나뉘었다. 흡파는 나소화羅小華, 정군방程君房, 방우로方于魯 등이 유명했고, 휴녕파는 왕중산汪中山, 소격지邵格之가 대표적 인물들이었다. 청대의 먹 공예 명가에는 '사대묵가'로 불리는 조소공曹素功, 왕근성汪近聖, 왕절암汪節庵, 호개문胡開文이 있다. 청대의 먹 제작자들은 '집금묵集錦墨'*을 즐겨 만들었다. 근대에 이르면 먹물의 등장으로 전통 먹 제조업이 큰 타격을 입는다. 다만 조소공 먹물, 호개문 먹물 등 품질이 좋은 먹물은 여전히 전통적인 먹 제조 방법을 이어가고 있다.

6-5-2
청 호개문
인마묵묵마인묵人磨墨墨磨人墨

먹은 원료에 따라 유연묵, 송연묵, 혼합묵 등으로 나눌 수 있고, 먹 제작

*집금묵集錦墨: 어떤 하나의 주제를 갖고 여러 개의 먹에 각각의 형식과 도안을 넣어 만든 먹 세트

의 대상과 용도에 따라서는 일반 먹, 진상용 먹, 장식용 먹, 선물용 먹 등으로 나눌 수 있다. 또 외부 장식에 따라서는 원색묵, 칠의漆衣묵, 수금漱金묵, 칠변漆邊묵 등으로 나눌 수 있으며, 외형에 따라서는 방형, 장방형, 원형, 타원형, 기타 불규칙한 모양의 먹 등으로 나눌 수 있다. 그리고 색깔에 따라서는 흑묵과 황묵, 주묵, 홍묵, 백묵, 종묵棕墨, 남묵藍墨 등의 채색묵으로 나눌 수 있다.

고대 문인들에게 먹은 하나의 도구이자 완상품이었다. 고대의 먹 공예가들 중에는 스스로가 문인인 경우가 많아서 문인의 기호를 누구보다 잘 알았다. 그래서 먹을 만들 때도 항상 보고 즐길 수 있는 진품珍品으로 만들려고 했다. 명가 정군방의 묵보 『정씨묵원程氏墨苑』은 완상할 수 있는 먹의 다양한 양식을 모아놓아 문인의 우아한 정취를 느낄 수 있다.

정군방은 안휘 흡현 사람으로 이름은 대약大約, 자는 유박幼博, 호는 소야筱野이며, 군방은 그의 별자이다. 『정씨묵원』은 총 12권으로 그가 평생에 걸쳐 만든 먹의 정수들을 수록하고 있다. 그중 제1권과 2권은 고대 신화, 천문, 민간 전설과 관련된 도안이다. 태극도, 하도河圖, 낙서洛書, 일초생日初生, 월초생月初生, 28수도宿圖, 동군東君, 운중군雲中君 등의 도안이 포함되어 있다. 제3권과 4권에서는 동악 태산泰山, 서악 화산華山, 남악 형산衡山, 북악 항산恒山, 중악 숭산嵩山, 청휘조해월淸輝照海月, 수목담청화水木湛淸華 등의 도안으로 중국 산수의 절경들 대부분을 표현하고 있다. 제5권과 6권에서는 수계도修禊圖, 백자도百子圖, 구자도九子圖, 죽림칠현竹林七賢, 음중팔선飮中八仙 등의 도안이 인물들을 대단히 생동적이고 핍진하게 묘사한다. 제7권과 8권에는 백록도百鹿圖, 구영매九英梅, 백마도百馬圖, 여산 송연廬山松烟, 천마天馬, 구미호 등의 생물과 영물, 기이한 꽃 도안이 들어가 있다. 제9권과 10권은 대부분 『시경』, 『역경』 등의 유가 경전에서 소재를 끌어왔다. 팔괘방위도八卦方位圖, 감당甘棠, 원앙우비鴛鴦于飛, 감감벌단坎坎伐檀 등의 도안이 보인다. 제11권과 12권에는 대부분 금강법륜金剛法輪, 육근청정六根淸靜, 미륵彌勒, 유마설법도維摩說法圖 등의 불교 관련 도안들을 수록했다. 위의 도안들은 중국 문화의 갖가지 측면들을 중점적으로 반영하고 있다. 문인들은 이처럼 다양한 도안의 먹을 완상하면서 무궁한 상상력을 발동하고 창작의 영감을 얻었다.

'귀마방우도묵歸馬放牛圖墨' 은 현존하는 정군방의 먹 중에서도 훌륭한 작품으로 손꼽힌다. 이 먹은 현재 고궁박물관에 소장되어 있으며 『정씨묵원』에도 그 도안이 있다. 둥근 모양의 이 먹은 한쪽 면에 얇게 부조를 새겨 졸졸 흐르는 시내와 무성한 숲을 묘사했다. 원경의 네 마리 말과 근경의 세 마리 소가 어떤 것은 고개를 숙여 물을 마시고 어떤 것은 누워서 쉬고 있다. 시정과 아름다움이 가득한 전원의 방목도가 아닐 수 없다. 다른 한 면에는 양각의 해서로 '귀마방우歸馬放牛' 부를 이렇게 새겼다. "말을 화산의 그늘로 돌려보내고, 소를 복숭아나무 숲 마을에 풀어두네. 무武를 꺾고 문文을 닦아 제도를 전하고, 은하수를 밝게 비춰 삼광三光을 아름답게 하네. 먹이 세상에 쓰이니 왕도가 창성하리라." 먹의 귀퉁이 한쪽에는 '군방사방제君房士芳制' 라는 낙관을 찍었다. 동기창董其昌은 「묵원서墨園序」에서 이렇게 정군방을 찬양했다. "백년이 지나면 군방은 사라져도 군방의 먹은 남을 것이다. 천년이 지나면 군방의 먹은 사라져도 군방의 이름은 남을 것이다."

6-5-3 청 호개문 문진권묵文秦權墨

6. 벼루[硯]

벼루는 백 대에 전해질 만큼 튼튼한 재질 때문에 많은 사람들의 사랑을 받아왔다. 중국 최초의 벼루는 언제 만들어졌을까?

벼루의 유구한 역사는 신석기시대까지 거슬러 올라가며 그 추형은 뭔가를 가는 도구였다. 고고학적으로 지금까지 발견된 최초의 벼루는 1975년 호북성 운몽雲夢 진秦나라 묘에서 출토된 전국시대 말기의 석연石硯(돌벼루)이다. 한대 이후에는 석연, 도연陶硯, 옥연玉硯, 칠연漆硯, 목연木硯 등으로 벼루의 종류가 점점 다양해진다. 유명한 '십이봉十二峰 도연'이 바로 이 시대의 대표적인 벼루이다. 원래는 장식을 더하지 않고 실용적 목적으로만 쓰이던 벼루가 이때부터는 문양을 더해 감상용으로도 쓰이기 시작한다. 위진남북조 때는 도자기업의 발달로 인해 자연瓷硯이 대량으로 사용되기 시작하는 동시에 구리로 만든 벼루까지 등장한다. 당대부터는 새로운 벼루의 재료들이 등장하면서 중국 역사상의 '4대 명연'인 단연端硯, 흡연歙硯, 조연洮硯, 징니연澄泥硯이 생산되기 시작한다.

단석端石의 산지는 단주端州의 단계端溪 연안이다. 단연이 그토록 값비싼 이유는 재료로 쓰는 돌 자체가 아름답기 때문이다. 갖가지 문양이 들어가 있는 돌은 "풍류 가득한 문인처럼 맑은 윤이 나기도 하고", "요염한 여인이 갖은 교태를 부리는" 듯도 하다. 그 밖에 옛사람들은 벼루에 눈이 있는 것을 귀하게 여겼다. 단석에 바로 이런 눈이 있다. 이 눈은 동물의 화석 혹은 색깔 있는 진흙이 변한 결핵으로 흔히 석핵石核이라고 불리며 새나 짐승의 눈과 닮아서 석안石眼이라고도 한다. 그중에서도 가장 귀하게 치는 것은 구관조의 눈 모양이다. 북송의 구양수는 『연보硯譜』에서 이렇게 썼다. "단석은 단계에서 난다. 빛깔이 가지런하고 밝고 윤이 나며…… 또 벼룻물이 먹을 소모하지 않으면 좋은 것으로 보며, 구관조의 눈이 있으면 귀한 것이다." 옛사람들은 단석의 눈을 '활안活眼, 누안淚眼, 사안死眼'으로 나누기까지 했다. 북경 원명원圓明園에 소장되어 있던 '백일안단연百一眼端硯'은 하늘의 솜씨를 옮겨놓은 듯 아름다운 최상품의 벼루이다. 단석의 눈을 절묘하게 디자인하고 솜씨 좋게 조각하여 벼루에서 천인합일의 신비로운 느낌이 나도록 한 것이다. 흡연은 옛 흡현 일대에서 생산된 벼루이다. 지금으로 따지면 강서 무원婺源과 안휘 흡현, 기문祁門, 휴녕休寧 등지를 포괄한다. 흡연에는 금성연金星硯, 나문연羅紋硯, 미자연眉子硯, 금운연金暈硯, 은성연銀星硯 등의 종류가 있다. 조하연洮河硯의 산지는 감숙 난주蘭州 남조하南洮河 연안의 탁니卓尼현이다. 조하연은 맑고 윤이 나는 질감에 푸른빛을 띤다. 벼루의 겉면을 보면 옅은 흑색의 물결무늬가 아름답게 이어져 있다. 징니연은 도기 벼루에 속한다. 선어황鱔魚黃 또는 선두황鱔肚黃이라 불리는 상품은 질감이 매끄럽고 부드러우며 먹이 잘 갈린다. 다음으로 좋은 것은 녹두사綠豆沙, 혹은 차엽말茶葉末이라 불린다. 그다음은 매괴자玫瑰紫 혹은 하두홍蝦頭紅이라 불리는데 흔히 볼 수 있는 것은 아니다.

6-6-1 당 거북이 모양 석연石硯

당송 이후에는 '4대 명연' 외에도 갖가지 재질의 벼루들이 등장한다. 벼루의 모양 역시 다양해졌다. 기존의 원형, 네모, 키 모양, '봉鳳' 자형 외에 금형琴形, 연꽃잎 모양, 매미 모양 등 각종 자연물의 형태로도 벼루를 만든 것이다. 이처럼 독특한 조형의 벼루를 통해 중국 문인묵객들의 우아한 취향을 엿볼 수 있다. 이 벼루는 다른 문방구들과 함께 서화의 창작에 훌륭한 환경을 제공해 주었을 뿐 아니라 문화적 함의가 넘치는 문인의 분위기를 만들어준 것이다.

명청시대는 벼루의 사용과 수집, 완상이 최고조로 유행한 시기이다. 당연히 먹을 제조하고 수집하는 명가들 역시 수도 없이 많았다. '양주팔괴揚州八怪(청대 중엽 양주에서 비슷한 풍격으로 작품 활동을 벌인 8인의 서화가)' 중 한 명인 고봉한高鳳翰이 바로 유명한 먹 공예가이자 수집가이다. 그는 53세에 이미 천 가지도 넘는 벼루를 모았다. 나중에 그는 이 벼루들 중에 165개를 엄선하여 112폭의 그림으로 탁본한 다음 제기題記를 더하고 도장을 찍어 『연사硯史』라는 책으로 만든다. 그는 벼루의 이름도 흥미롭고 풍취가 넘치게 지었다. '청주홍사연靑州紅絲硯', '한구자철연邗溝紫鐵硯'은 벼루의 산지에 따른 이름이고, 연꽃잎을 닮은 '전전연田田硯', 호리병박 모양의 '대호연大瓠硯', 꽃구름 모양의 '자운연紫雲硯' 등은 벼루의 겉모양에 따라 지은 이름이다. 또 벼루를 사용한 주인의 이름을 따른 것도 있다. '노학암저서제이연老學庵著書第二硯', '염당유연念堂遺硯' 등이 그 예이다. 『연사』 서문에서 고봉한은, 자기는 역사책을 짓고 싶었으나 그럴 능력이 되지 못했고, 그 대신 『연사』를 사마천의 『사기』처럼 본기, 세가, 열전 등으로 나눴다고 밝혔다. 그러나 고봉한은 55세에 풍에 걸려 오른손을 못 쓰게 되고, 결국 그의 『연사』 또한 원래 계획대로 완성하지 못하고 중단되고 만다. 다행히 그로부터 백 년이 지나, 『연사』에 푹 빠진 왕상王相, 벼루 조각의 명가 왕왈신王曰申, 그리고 훗날의 오양지吳讓之가 함께 『연사』의 번각 작업을 완성한다.

6-6-2 명 장원급제 청화자연靑花瓷硯

벼루는 재질에 따라 석연, 도연陶硯, 목연, 자연瓷硯, 동연

銅硯, 철연, 옥연 등으로 나눌 수 있다. 그중 석연과 도연이 가장 흔하다. 산지에 따라서는 단연, 흡연, 저각연苴却硯, 조하연, 하란산석연, 청주연 등으로 나눌 수 있다. 좋은 벼루 중에서도 최상으로 인정받는 단연에는 청화青花, 어뇌동魚腦凍, 빙문동冰紋凍, 초엽백蕉葉白, 녹단綠端 등의 벼루가 포함된다. 역대의 서화가들은 고양이 눈, 봉황 눈 같은 동물 눈 모양의 석안이 박힌 벼루를 숭배하다시피 아꼈다. 벼루 중에서 가장 흔하면서도 쓰기 좋은 것은 석연이다. 품질이 좋은 석연은 석질이 세밀하고 윤기가 흐르며 먹이 잘 갈리고 붓이 손상되지 않는다. 물론 사용 가치와 함께 완상의 가치까지 있는 석연을 상품으로 친다. 각공의 솜씨는 석연의 완상 가치를 판가름하는 결정적 요소이다.

6-6-3 청 기와모양 징니연

먹물의 보급으로 현대인 중에 벼루를 쓰는 사람은 많지 않으며 흔히 접시가 벼루를 대신하곤 한다. 그러나 먹을 갈려면 반드시 벼루가 필요하다는 사실에는 변함이 없다.

7. 피영皮影

피영은 중국 고유의 극 형식이자 중국 최고最古의 극 형식 중 하나이다.

피영은 당나귀 가죽이나 소가죽을 무두질하고 적당한 크기로 자른 후, 다시 극중 등장인물과 배경에 따라 자르고 새겨서 색을 입히고 평평하게 다림질하고 장정을 하는 순서로 제작한다. 공연할 때는 공연자가 먼저 흰 천을 세운 다음, 천 뒷면을 등불로 비춰 빛이 반사되게 한다. 공연자는 피영을 손으로 조종하여 빛의 반사를 이용해 피영의 형상을 흰 천에 재현한다. 일반적으로 피영희 한 가지가 완전한 이야기 하나를 서술한다. 피영희를 진행하는 과정 중에 공연자는 옆에서 노래로 반주를 하며 이야기를 풀어나가거나 극중 여러 인물의 역을 맡아 이야기를 진행한다. 그래서 사람들은 항상 "입 하나로 천고의 일을 풀어내고, 두 손으로 백만 병사를 춤추게 한다"고 말한다. 무척 단순한 방법으로 활발한 형상들을 수도 없이 만들어냄으로써 사람들에게 즐거움을 주는 예술 형식이 먼 고대로부터 지금까지 이어져 오고 있는 것이다.

피영의 유구한 역사는 서한시대까지 거슬러 올라간다. 『한서』「외척전外戚傳」에 따르면, 한 무제는 가장 총애하던 이李부인이 죽자 깊은 슬픔에 빠졌다. 이에 소옹少翁이라는 산동 지역의 한 방사가 밤에 등불을 펼쳐 놓고 장막을 설치하고 고기와 술을 차리고, 무제는 다른 장막에 있으면서 멀리 이부인의 모습을 볼 수 있도록 해준다. 이 방사가 사용한 도구가 아마 피영이었을 것이다. 혹은 피영과 유사한 다른 재료로 이부인과 흡사한 움직이는 형상을 만들었을지도 모른다. 도구는 피영 외에도 등불과 장막이 필요하고, 관람자인 한 무제는 반드시 다른 장막에 있어야 한다. 이러한 도구와 관람

방식이 바로 피영희의 추형으로 볼 수 있는 근거이다. 그러나 이후의 사서에는 피영에 관한 기록이 전혀 없다. 그 이유는 아마 피영이 대아지당大雅之堂에 오를 수 없는 '백희百戲'에 속해서 널리 전파되지 못하고 그 영향도 크지 않았기 때문일 것이다.

송대에 이르면 상황이 달라진다. 북송 때부터 피영이 크게 유행하기 시작한 것이다. 북송 때는 큰 도시마다 많은 '와사瓦肆'*가 있었다. 와사에서 공연되는 민간예술은 셀 수 없이 많았다. 관중들은 비바람과 더위, 추위에도 아랑곳 않고 매일 공연을 봤다. 와사의 '백희' 중에 '영희影戲'라는 전문 공연이 있었고, 당시에 이미 유명한 '영인影人'들까지 등장했다. 동십오董十五, 조칠趙七, 조보의趙保義 등이 바로 그런 사람들이다. 송대 고승高承의 『사물기원事物紀原』에는 송 인종仁宗 때 거리에서 유행한 삼국 '피영희'에 관한 기록이 이렇게 전한다. "저자에는 삼국시대 이야기를 하는 자들이 있었다. 그중 어떤 자는 이야기를 더 꾸며서 영인을 만들기도 했다." 당시 피영에 푹 빠진 어떤 사람이 벌인 황당한 사건을 기록한 책도 있다. "경사에 부자의 자제가 한 명 있었는데 어려서 아버지를 잃어 재산을 모두 차지했다. 무뢰한 자들이 갖은 방법으로 그를 꾀어내면서 이 아들은 영희에 푹 빠져 버렸다", "관우를 참하는 장면만 나오면 저도 모르게 눈물을 흘리며 공연자에게 하루만 늦춰달라고 부탁하곤 했다. 공연자가 말하였다. '운장은 매서운 장수였습니다. 지금 목을 베면 그 귀신이 화를 불러올 수도 있으니, 목을 베는 즉시 제사를 올리는 것이 어떨까요?' 그 아들은 이 말을 듣고 무척 기뻐했다. 이에 공연자가 술과 고기를 마련할 비용을 요구하자 그는 은그릇 수십 개를 내놓았다. 관우를 참하고 나자 제사 때처럼 음식을 크게 펼쳐 놓았다. 무뢰배들이 모두 모여들어 마음껏 먹고 그 아들에게 그릇들을 나눠 주

---

*와사瓦肆: 송대의 도시에 퍼져 있던 오락과 상업 지구를 말한다. '와사瓦舍' 혹은 '와자瓦子'라고도 하며, 시정의 갖가지 공연들이 이곳에서 행해졌다

길 청했다. 아들은 감히 거역하지 못하고 모두 나눠 주었다." 어리석은 부잣집 자제의 이야기이긴 하지만, 우리는 이 이야기를 통해 당시의 피영희 기술이 얼마나 발달해 있었는지 짐작할 수 있다. 피영희라는 예술 형식이 이미 성숙의 단계에 와 있었던 것이다.

청의 개국부터 청 말, 민국 초까지는 중국 피영희가 최고조로 발달한 시기이다. 대대로 가업을 이으면서 수많은 피영희 예인들이 배출되었다. 영인의 제작부터 영희의 연기, 노래, 유행 지역 등 모든 면에서 최고조에 이르렀다. 당시 많은 왕실 귀족과 고위 관료들이 솜씨 좋은 장인들에게 피영의 제작을 부탁해서 영희 상자에 보관해 두고 사적으로 영반影班을 운영하는 것을 영광으로 여겼다.

땅덩어리가 워낙 넓은 터라 중국의 피영희 예술은 서로 다른 지역에서 각각의 풍격과 유파로 나뉘어 발전했다. 피영 인물의 형태에서도 이러한 지역적 특성이 그대로 드러난다. 중국의 서북 지역과 동북 지역은 독립적이고 체계적인 미학적 특징을 각각 형성함으로써 중국 피영 형상의 대표가 되었다. 섬서를 중심으로 하는 서북 지역의 전통 피영은 인물의 조형적 특징이 화려하고 섬세하며, 생生과 단旦은 양각의 공검空臉(뺨 부위를 텅 비게 제작하는 방법) 방식을 쓴다. 인물의 몸매는 하늘하늘 가늘며 손가락은 길고 가지런하다. 얼굴을 보면 이마는 높고 콧마루가 곧으며, 붉은색의 작은 입에 눈과 눈썹이 가늘다. 얼굴의 윤곽선에는 색을 칠하지 않는다. 긴 수염과 긴 머리카락은 진짜 머리카락을 붙여서 만든다. 남자 주인공의 신발창을 보면 앞발은 평평한데 뒷발은 들려 있어 생동감을 준다. 하북을 중심으로 하는 동북 지역의 전통 피영은 인물의 조형이 순박하고 거칠면서도 우아함을 잃지 않는다. 인물들의 몸은 꾸밈이 없이 투박하며, 손가락은 펼친 듯 쥔 듯 추상적이면서 간결하다. 생과 단의 얼굴은 양각의 공검으로 만든다. 커다란 코에 붉은 입술은 끝이 올라가 있으며, 둥그스름한 눈썹에 봉황의 눈을 하고 있다. 얼굴의 윤곽선은 검은색을 칠해서 막 앞쪽에서 보면 대단히 선명하다. 긴 수염과 긴 머리카락 역시 가죽을 새겨서 모양을 만들며, 검은 선을 사용하는 난발亂髮 외에는 일반적으로 진짜 머리카락을 쓰진 않는다. 남자 주인공의 양발 밑창은 모두 같은 높이에 있어서 공연 시 움직이고 멈추는 동작이 분명히 드러난다.

민간의 전통적인 피영 공예는 가죽을 만들고, 도안을 그리고, 새겨서 모양을 만들고, 색을 입히고, 다림질하고, 기름을 묻히고, 장정을 하는 몇 가지 단계로 나뉜다. 가죽은 갓 잡은 소의 가죽이나 당나귀 가죽을 최고로 친다. 가죽은 맑은 물에 며칠을 푹 담근 후 꺼내 양면을 반복해서 비벼 깨끗하게 만든다. 그런 다음 투명해질 때까지 얇게 문지르고 깨끗하게 씻어 나무 널에 묶어서 그늘에 말린다. 도안을 그리는 작업은 이렇다. 가죽 재료가 마련되면 젖은 수건으로 닦은 다음 단단한 나무로 밀어 평평하게 만든다. 그런 다음 철침으로 가죽에 도안을 그리고, 이 가죽을 목판이나 납판에 깔아놓고 도안에 따라 새긴다. 새기는 작업을 마치면 깨끗이 닦은 다음 납작하게 눌러 색을 입힌다. 색은 주로 홍, 황, 청, 녹, 흑의 다섯 가지 순색을 사용한다. 일반적으로 혼합색은 사용하지 않으나 색의 짙고 옅음의 차이는 있으며, 가죽의 양면 모두에 색을 칠한다. 착색이 끝나면 그늘에 말리고 평평하게 다림질을 한다. 여기에 동유桐油를 바르거나 투명 칠을 해서 투명도와 내구성을 강화한다. 마지막으로 완성된 각 부분을 연결한다. 영인의 두 손, 두 팔, 두 팔뚝, 상반신, 하반신, 두 다리 등 총 열 곳의 관절을 줄로 잇고, 목 위에는 철사 한 가닥을 묶어 영인 전체를 지탱하는 지지대로 사용한다. 또 양손 끝에 철사 한 가닥씩을 각각 줄로 묶어 피영을 조종하기 위한 손잡이로 쓴다. 이렇게 해서 하나의 온전한 피영이 완성된다.

피영희의 레퍼토리는 셀 수 없을 만큼 다양하다. 인물도 제왕, 관리, 후비, 궁녀, 장수, 병사, 협객, 서생, 부인, 아가씨, 종, 촌부, 노인, 아이, 이민족, 신선, 도사, 귀신, 요정 등 없는 사람이 없다. 인물의 형상은 생生, 단旦, 정淨,

축丑이라는 중국 연극의 배역을 그대로 따르며, 격식화된 얼굴 분장으로 인물의 강직함과 부드러움, 아름다움과 추함, 선과 악, 충성스러움과 간사함을 표현한다. 예를 들어 우아하고 고상한 역의 생과 단은 보통 양각의 공검으로 그 순수함과 부드러움을 표현하는 반면, 화검花臉(강하고 거칠고 용감하고 난폭한 성격의 남자 배역)은 얼굴에 갖가지 모습과 색깔을 담기 편하도록 음각의 실검實臉(공검과 반대되는 개념으로 뺨 부위를 실제로 채워 넣는 제작법) 방식으로 새긴다. 어떤 때는 공검과 실검을 결합한 얼굴을 만들기도 한다. 이렇게 하면 얼굴의 색채가 훨씬 더 선명하게 막에 비춰짐으로써 독특한 예술 효과를 이끌어낼 수 있다. 또 축각丑角의 배역은 칠분검七分臉(정면과 옆면의 중간으로 약 70% 정도가 보이도록 한 얼굴)이 되도록 설계한다. 이렇게 하면 두 눈이 모두 드러나고 표현할 수 있는 얼굴의 범위를 훨씬 넓힐 수 있다. 피영의 조종 방법을 보면, 청 도광 이전까지는 목우의 조종과 흡사하게 여덟 가닥의 줄을 묶었으나, 나중에는 이런 복잡한 방법이 각 지역에 따라 간소화되었다. 그래서 지금은 피영의 조종 방식과 기술이 지방마다 다르지만, 기본적으로는 목에 하나, 양손에 하나씩 총 세 가닥의 조종 손잡이를 쓰고 있다. 여덟 가닥의 줄을 사용하는 방식은 이미 사라진 상태이다.

개혁개방 이후 전통문화가 되살아나는 분위기가 마련되었지만, 현대적인 영상 및 음향 장비의 발전과 새로운 오락 형식의 충격으로 피영희는 점차 생존의 위험에 처하게 되었다. 피영희라는 이 독특한 민간예술과 그에 수반되는 문화적 전통이 생존의 기반이 파괴되면서 힘을 잃어가고 있는 것이다. 많은 지방에서 피영은 민간예술의 소장품으로 각광을 받고 있다. 그러나 그것을 손으로 조종해 공연하고 여기에 핏줄과 같은 노래를 더해줄 사람이 없다면, 각공의 섬세한 솜씨가 담긴 유구한 피영은 그저 보기 좋은 하나의 공예품에 지나지 않게 된다. 마치 희귀동물의 박제처럼 생명의 박동이 없는 존재가 되고 마는 것이다.

8. 도기陶器

도기의 발명과 사용은 인류가 구석기시대에서 신석기시대로 넘어갔음을 뜻하는 표지 중 하나이다. 도기와 이후에 출현하는 자기는 인간의 삶에 없어서는 안 될 일상 용기가 되었다.

중국의 도기가 언제 기원했는지에 대한 학계의 의견은 여전히 분분하다. 그러나 최소한 1만 년 전에는 도기가 출현했다는 사실에 의심의 여지는 없다.

도기는 탄생 후 제작과 사용 방식에서 몇 차례의 큰 발전 단계를 거친다.

지금으로부터 약 7천 년 전의 앙소仰韶 문화는 중국 신석기시대 채도가 가장 번성했던 시기이다. 앙소 문화의 도기 제작은 상당히 성숙한 단계에 이르렀다. 도기는 모양이 아름답고 반듯했으며, 대부분이 가는 진흙 홍도와 모래가 섞인 홍도였고 회도와 흑도는 적은 편이었다. 장식은 채색 도안 위주로 기물에 정교하고 아름다운 채색 꽃무늬를 그려 넣었다. 이는 당시 사람들의 생활과 예술 창작의 지혜를 반영한 것이었다. 이외에도 반들반들 윤을 내거나 박인拍印을 하는 장식법도 있었다. 조형의 종류에는 배杯(잔), 발鉢(사발), 완碗(공기), 분盆(동이), 관罐(단지), 옹瓮(항아리), 우盂(주발), 병瓶, 증甑(시루), 부釜(솥), 정鼎(세발솥), 기물 덮개, 기물 받침 등이 있다.

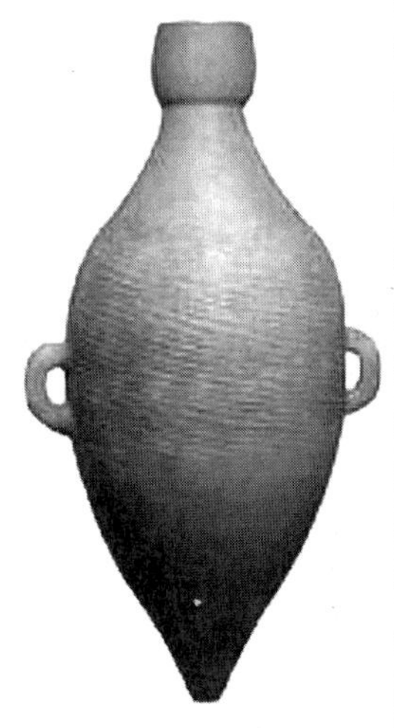

6-8-1
쌍이첨저도병雙耳尖底陶瓶

시대와 분포 지역의 차이로 인해 앙소 문화는 다시 반파半坡 유형과 묘저구廟底溝 유형으로 크게 나뉜다. 대표적인 기물로는 쌍이첨저도병雙耳

尖底陶瓶과 채도어조문세경병彩陶魚鳥紋細頸瓶을 들 수 있다. 앞의 것은 높이가 54센티미터에 직경이 6.5센티미터이며, 1972년에 섬서 임동臨潼현 강새姜塞에서 출토되어 지금은 중국 역사박물관에 소장되어 있다. 이 병은 가는 모래로 만든 홍도이며 물을 긷는 도구로 쓰였다. 작은 입, 뾰족한 바닥, 깊은 배가 특징이며, 배 양쪽으로는 줄을 묶을 수 있도록 귀를 달았다. 병이 비어 있을 때는 무게중심이 위로 향하고, 물을 길을 때는 물속에서 병이 거꾸로 뒤집히며, 물이 병 안으로 들어오면 무게중심이 아래로 이동해 자동으로 병이 세워져서 사용하기에 편리하다. 앙소 문화의 대표적 유물인 이 병은 아름다운 디자인에 실용성까지 뛰어나 당시 앙소인들의 지혜를 그대로 체현하고 있다.

마가요馬家窯 문화는 황하 상류 지역에 위치했다. 그들의 채도 제작 기술은 상당히 성숙해 있었고 수량도 무척 많았다. 마가요의 채도는 대부분 홍도이며 진흙 홍도와 모래가 섞인 홍도로 나뉜다. 채색을 넣은 면이 아주 넓어서 진흙 홍도 중 많은 수가 주둥이와 외벽 모두에 꽃무늬가 있으며, 내부 채색도 성행하여 기물의 내벽에 무늬를 그려 넣곤 했다. 심지어 어떤 용기는 모래가 섞인 도기인데도 채색이 되어 있다. 이런 경우는 아주 드물다. 꽃무늬는 변화가 심하면서도 일정한 규율이 있고 아름답다. 모래를 섞은 도기는 대부분 표면을 새끼줄 무늬로 장식하며, 소수만이 평행선, 꺾은선, 삼각형, 혹은 진흙을 덧붙인 무늬를 사용한다. 마가요 문화의 도기는 조형에 있어서 자신만의 독특한 특징을 지니고 있으며, 기물의 형태에는 완, 발, 분, 관, 호壺, 병, 배 등이 있다.

6-8-2 채도쌍련배彩陶雙蓮杯

채도쌍련배彩陶雙連杯는 높이가 10.8센티미터, 구경 8센티미터의 진흙 황도黃陶로서, 둥근 동이 모양의 소형 용기 두 개가 이어져 있으며 받침에는 구멍이 뚫려 있다. 잔의 주둥이에는 검은 칠을 하고 위쪽 배 부분은 넓고 긴 선으로 물결 문양을 넣어 얼핏 보면 파도가 맹렬히 치는 듯하다. 상당히 성숙한 기법이라고 할 수 있다.

흑도는 용산 문화의 가장 중요한 특징이다. 용산 흑도의 재료는 가는 진흙, 진흙, 모래가 섞인 흙의 세 가지로 나눌 수 있다. 그중에서 가는 진흙으로 얇게 빚은 흑도를 최고로 친다. 이런 흑도는 몸통의 두께가 0.5~1센티미터밖에 되지 않으며, 검은 표면에 자르르 윤이 흘러 단각蛋殼 흑도라 불리기도 한다. 무늬는 단순한 편이다. 문질러서 낸 광택을 기물의 주된 장식으로 쓰기 때문이다. 이 무늬와 검은색의 유기적인 결합이 바로 흑도의 아름다움과 풍취가 가장 잘 드러나는 부분이다.

흑도의 조형은 각양각색이다. 복잡한 조형이 위주고 단순한 것은 소수이지만, 단정하면서도 장중하고 질감은 매끈하고 섬세하며, 흐르는 광택은 우아함을 뽐낸다. 부드럽고 고요하고 기품이 넘치는 진주 같은 아름다움을 갖고 있는 것이다. 흔히 보이는 형태로는 완, 분, 관, 옹, 단이배單耳杯(귀가 하나 달린 잔), 정 등이 있다.

흑도는 보통 물레로 제작했기 때문에 조형이 고르고 반듯하며, 엄청난 고열에 구워서 견고하고 단단하다. 또 대부분 예기禮器로만 쓰고 일상 용기로는 거의 쓰이지 않았으므로 생산량이 대단히 적었다. 그만큼 진귀한 기물임은 물론이다. 용산 흑도는 원시 의례의 예기이자 섬세한 예술품으로서 흑진주 같은 신비로움과 매력을 영원히 잃지 않고 있다.

진흙 재질의 흑도 고병배高柄杯는 가늘고 높은 조형을 이루고 있다. 나팔 모양의 큰 입에 깊은 배와 둥근 바닥을 가진 잔 아래로 길고 가는 손잡이가 있고, 손잡이 가운데는 배처럼 불룩 솟아 있다. 손잡이 표면에는 세로 방향으로 작은 구멍들이 가지런히 뚫려 있으며, 그 아래로 둥근 받침이 있다. 받침의 배 부분에는 활시위 무늬가 장식되어 있다. 수려한 조형과 정교한 솜씨에 잔의 가장 얇은 부분은 0.5센티미터도 되지 않아 놀라움을 자아낸다. 기물 전체에 검은 광택이 비치며 매끈하고 윤이 흐르는 질감에서 우아하고 매혹적인 자태가 느껴진다. 그야말로 절세의 걸작이자 고대 도예의 정수라 할 만하다.

용俑(인형)의 출현은 봉건사회의 의식이 반영된 결과이다. 상주商周시대에는 묘주墓主의 생전의 신분, 재산, 신앙 등을 뽐내기 위해 항상 산 사람을 순장했다. 그러다가 춘추시대에 이르면 산 사람 대신 도용陶俑을 무덤에 배장하기 시작한다. 도용은 진흙을 빚어 구운 인형이다. 빚기가 용이한 진흙의 특성 때문에 산 사람처럼 인형을 만들 수 있는 것이다.

도용은 춘추시대에서 전국시대로 넘어가는 즈음에 최초로 등장했다. 도용 중 최고의 걸작은 역시 섬서 임동 진시황릉에서 출토된 병마용이다. 진용秦俑은 지금까지 중국에서 발견된 최대 규모의 진흙 형상이다. 인형과 말은 실물과 크기가 똑같고, 무기와 마차, 마차의 장식 또한 실제로 사용되던 것 그대로이다. 군대의 편제와 대열 역시 당시 진군의 실제 상황과 일치한다. 핍진하게 제작된 모든 형상들이 최고의 사실감을 표현한다. 도용의 형상은 매우 다양하다. 장군, 마부, 기사, 사수 등이 신분에 따라 서로 다른 옷을 입고 서로 다른 자세를 취하고 있다. 어떤 것은 가슴을 펴고 우뚝 서서 용맹함을 드러내고, 어떤 것은 밝은 얼굴로 총명한 기지를 표현하며, 어떤 것은 범의 등과 곰의 허리로 위엄을 뽐내고, 어떤 것은 긴 수염에 기백이 넘친다. 하나같이 살아 있는 듯 생생하고 똑같은 모습은 전혀 없다. 정교하고 섬세하게 빚고 새긴 형상, 특히 인물의 기질까지 그대로 드러낸 수법은 중국 고대의 조소예술이 이미 상당한 수준에 이르렀음을 증명한다.

진용은 일단 본뜨고 빚어서 부분부분을 만든 다음 이것들을 붙여서 원형을 제작하고, 다시 빚고, 붙이고, 새기고, 그리는 기법을 동원하여 형체를 만들었다. 그런 다음 빨강, 초록, 남색, 노랑, 자주색, 흰색, 갈색 등으로 채색을 했으며 각 도용마다 농담에 변화를 주었다.

진 병마용은 방대한 진용과 엄정한 조직의 금위군禁衛軍을 그대로 옮겨놓았다. "육합六合을 쓸어 천하를 하나로 통일한" 진 제국의 막강한 군사력과 기세를 그대로 표현하고 있다. 병마용은 진군의 모습을 볼 수 있는 역사적 유물일 뿐 아니라 전무후무한 웅장함을 자랑하는 조소예술의 보배이다.

당삼채唐三彩는 유약을 입힌 당대 도자기의 총칭으로 고령토高嶺土를 사용하여 질감이 깨끗하면서 섬세하다. 두 번으로 나누어 굽는데, 먼저 원형을 만들어 구운 다음 유약을 발라 다시 굽는다. 모래 속의 금속산화물을 이용하므로 색깔이 고르게 나타난다. 유약에는 착색제로 구리, 철, 코발트, 망간 등을 넣는다. 이 유약을 발라 구우면 녹색, 노랑, 남색, 자주색 등의 다채로운 색깔이 나오는데, 그중에서도 노랑, 녹색, 흰색의 3색이 주를 이루므로 보통 '당삼채'라 부른다.

당삼채의 형태는 병, 호, 관, 발, 반盤(대야), 배, 침枕(베개) 등의 생활용품부터 도용과 동물, 각종 가옥, 가구, 연못, 수레 등의 모형까지 다양하다. 대부분이 무덤에 묻는 용도로 쓰였고, 실제 생활에 쓰인 것은 소수이다.

당삼채는 공예, 재질, 외관 등의 특징이 일반적인 유약 도자기와 다르다. 다채로운 색깔의 유약이 흐르면서 갖가지 무늬를 연출한다. 우아한 조형과 화려한 색채는 성당의 경제 번영과 부국의 기운을 표현함과 동시에, 숙련된 도기 공예와 귀족적인 예술 풍격을 마음껏 드러낸다.

삼채봉수병三彩鳳首瓶은 높이 32센티미터, 구경 5~3.8센티미터, 바닥의 직경이 9.7~8.9센

6-8-3 삼채봉수병三彩鳳首瓶

티미터로 아름다운 조형과 섬세한 수공을 뽐내는 물병이다. 봉황 머리 모양의 입, 가는 목, 깊고 둥근 배, 작고 둥근 받침에 목 부분 한쪽에는 고리 모양의 손잡이가 붙어 있다. 병 전체에 황색, 녹색, 갈색의 유약이 자연스럽게 흐른다. 배 부분의 한쪽에는 말을 타고 활사냥을 하는 그림이 새겨져 있고, 다른 한쪽에서는 꽃잎 속에 둘러싸인 봉황이 생동적인 장식과 핍진한 자태를 뽐내고 있다. 여기에 입구의 봉황 머리는 섬세함을 더하고 있다.

9. 자사紫砂

청대 오건吳騫은 『양선명도록陽羨名陶錄』에서 자사 기물의 시초와 관련된 전설 하나를 소개했다. 한 승려가 산천을 방랑하다가 의흥宜興의 정촉丁蜀에 이르러 큰 소리로 외쳤다. “부귀를 팝니다.” 그러나 아무도 관심을 보이지 않자 그는 이렇게 외쳤다. “귀함은 사고 싶지 않다면, 부유함만이라도 사는 것은 어떻습니까?” 마을 사람들은 곧 그를 따라 산속의 한 동굴로 갔다. 사람들은 동굴에서 오채색의 아름다운 흙을 캐서 그릇을 만들고 자사라는 이름을 붙였다. 돈이 끝도 없이 마을로 흘러들어 왔다.

의흥 자사의 시작은 도자기 제조의 유구한 역사와 밀접한 관련이 있다. 송원대에 도자기업이 이미 성숙의 단계에 이르고 명대에 차를 마시는 풍습까지 크게 유행함에 따라 의흥의 자사는 마침내 문인들의 미적 시야와 백성들의 일상생활 속까지 스며든다. 자사 도기의 기원은 명대 중엽으로 거슬러 올라간다. 이 도기들은 유약도 바르지 않고 원래의 진흙 그대로 구워 대부분 자홍색 혹은 밤색을 띠었다. 강소 의흥에서만 생산되는 섬세하고 철분 함유량이 높은 자색의 진흙을 구워 만들었다. 자사는 찻주전자 외에 찻잔, 차반茶盤, 문구, 액자, 도기 공예품 등으로도 제작되었다. 역대의 자사 공예가들은 심혈을 기울여 다채로운 자사 문화를 창조하고, 문인명사와 고관대작들은 자사에 풍부한 문화적 함의를 불어넣었다. 이를 통해 만 년에 걸친 도기 문화와 천 년에 걸친 차 문화를 집대성한 자사는 장구한 역사 속에서 우아한 향기를 그윽하게 뿜어내고 있다.

강소 의흥 정촉진의 자사는 수천 년의 도자기 역사에서 지극히 숭고한 위치를 점하고 있다. 뛰어난 실용적 기능과 제각각의 독특한 조형미, 풍부하고 다채로운 장식, 섬세하고 아름다운 장인의 솜씨 등이 이를 가능하게 해주는 것이다.

의흥 자사호의 탁월한 기능에 대해서는 명청대부터 많은 문인들이 찬사를 아끼지 않았다. 명말청초의 문인 이어李漁는 이렇게 말했다. "찻물을 붓는 데 사砂보다 좋은 것은 없고, 찻주전자 중에 양선陽羨보다 나은 것은 없다", "찻주전자는 사가 제일 좋다. 향기도 빼앗지 않고 묵은 냄새도 없다. 이것으로 차를 우리면 원래 맛을 잃지 않고 색, 향, 맛이 모두 그대로 남아 있다." 이런 전설도 전한다. 미장일을 하는 어떤 사람이 집을 수리하면서 찻주전자를 천장에 깜빡 두고 내려왔다. 며칠 후 올라가 주전자를 꺼내보니 차의 색과 향, 맛이 전혀 변하지 않았다. 이는 자사 원료의 독특한 성질 때문이다. 자사는 석영, 고령토, 적철광, 운모 등이 함께 산출되며 만들어진다. 여기에 섭씨 1,100~1,180도의 고열을 가하면 석영, 운모의 잔해와 이중의 구멍이 생성되어 투과성이 아주 좋게 된다. 바로 이 점이 차의 색과 맛을 그대로 유지해 주는 것이다. 또 자사는 씻기가 편하고 찬물과 뜨거운 물 모두에 적응을 잘한다. 그래서 엄동설한에 끓는 물을 붓거나 화로에 놓고 달궈도 금이 가지 않는다. 이는 자사에 알루미늄이 다량 함유되어 있고, 냉열이 급변하면서 생기는 인력을 앞서 말한 구멍들이 막아주기 때문이다.

문인들에게 차를 마시는 일은 일상의 습관이었다. 소동파는 자사호인 제량호提梁壺(동파호)로 차를 우리며 "솔바람과 대나무화로, 제량호가 서로 호응하네"라는 시구를 남겼다. 명 사가四家 중 한 명인 문징명文徵明의 『수음자차도樹陰煮茶圖』에는 깊고 고요한 숲 속에서 문인아사들이 함께 차를 음미하며 담소를 나누는 모습이 묘사되어 있다.

각양각색인 자사의 조형은 자사 예인들의 창조적 재능을 보여준다. 현존하는 역대의 걸작 자사호는 형태적 특징에 따라 기하형, 자연형, 근문筋

紋(힘줄 무늬)형의 세 가지로 나눌 수 있다.

기하형은 흔히 '광화光貨' 라 불린다. 이는 원형, 방형과 그 밖의 기하학적 모양을 바탕으로 한 것이다. 이 조형은 선의 장식과 변화, 몸체의 광택을 중시한다. 그중에서 방형 기물은 '쭉 뻗은 선, 선명한 윤곽, 안정감' 이 있어야 하며, 선은 주로 직선과 가로선 위주이고 곡선과 가는 선이 보조 작용을 한다. 원형 기물은 '둥글고 안정감있고 고른 조형' 을 중시한다. 각 측면이 모두 조화를 이루고 균등해야 하는 것이다. 현존 최고最古의 '광화' 조형은 남경 중화문中化門 밖에 있는 명나라 가정 때 태감 오경吳經의 묘에서 출토된 제량호이다. 이 자사호는 단순하고 명쾌한 선, 허와 실의 어우러짐, 엄격한 구조를 자랑한다. 자연형은 '화화花貨' 라 불린다. 이 조형은 '정련과 선택' 의 예술 수법으로 자연 형태 속의 미학적 가치를 표현한다. 이 자사호는 일반적으로 부조, 반半 부조, 얇은 부조 등의 예술 양식을 적용하며 시각적으로는 화해와 균형을 추구한다. 지금 볼 수 있는 것 중에 가장 오래된 '화화' 조형은 '공춘수영호供春樹癭壺' 를 들 수 있다. 이 자사호는 나이 많은 은행나무의 옹이를 제재로 삼은 걸작이다. 진명원陳鳴遠(청대 초의 유명한 의흥 자사호 공예가)의 '남과호南瓜壺' 는 예술적 독창성이 더욱 빛난다. 그는 호박을 호의 몸체로, 줄기를 호의 뚜껑으로, 이파리를 호의 주둥이로 삼았으며, 이파리의 무늬를 생동적으로 새겨 아雅와 속俗을 모두 느낄 수 있는 걸작을 탄생시켰다. '속시삼우호束柴三友壺' 역시 그의 대표작이다. 아름다운 상상 속의 삶으로 사람을 이끄는 이 자사호는 일상생활에 바탕을 두면서도 그 생활을 넘어선 우아한 삶의 분위기

6-9-1 시대빈 인포방호印包方壺

를 물씬 풍기고 있다. 명대의 자사 대사大師 시대빈時大彬이 만든 '인포호印包壺'는 네모 도장 모양의 차호茶壺를 보자기가 감싼 모습이다. 호의 뚜껑은 꽃 모양으로 매듭을 지었고 방형의 주둥이는 운치를 더한다. 이 자사호는 진명원의 작품과 더불어 후대 사람들로부터 "궁중에서는 대빈의 호를 지겹도록 언급하고, 해외에서는 명원의 접시를 어떻게든 얻으려 한다"는 찬사를 받았다.

근문형은 공예가들이 자연계의 꽃잎, 박의 꼭지, 구름, 물의 무늬 등을 규범화하여 생동적인 근문을 정확하고 엄격한 구조 속에 집어넣은 것이다. 시대빈의 18반국뢰호瓣菊雷壺가 그중의 하나이다. 이 기물은 열여덟 개 꽃잎 무늬로 구성된 원형의 자사호이다. 뚜껑과 주둥이의 꽃잎이 서로 정확히 들어맞고, 힘줄 무늬는 기이하고 독특하며, 꽃잎의 면은 크기가 일정하다. 살집이 있지만 뚱뚱하지 않은, 균형 잡힌 풍만함을 보여주는 보배이다.

자사의 장식은 비록 소박함과 우아한 조형이 위주지만, 그 방법은 매우 다양하다. 몸체 자체에 구조적인 변화를 주는 것 외에도 그림을 새기거나, 진흙으로 그리거나, 유약을 발라 장식의 미를 더한다. 이런 장식에는 문인들의 취미가 갈수록 더 반영되었다. 바둑, 서화, 문방구에 대한 애착이 가장 주를 이루었다. 명 말에 가장 성행했던 이 장식은 소박하고 깨끗한 특징을 보인다. 우아하고 속되지 않은 자사호의 형태에 문학과 서화의 요소를 가미한 것이다. 명대 만력 연간에 이르면 명각銘刻이 크게 유행한다. 시대빈의 육각호六角壺 바닥에는 '萬曆丙申年時大彬'이라는 글자가 두 줄의 해서로 새겨져 있고, '一杯清茗, 可沁詩脾, 大彬(맑은 차 한

6-9-2 이형분채호梨形粉彩壺

잔이 시상으로 스며드네, 대빈)' 이라는 글자도 새겨져 있다. 단순한 하나의 낙관이 아닌 문학과 서예, 전각의 아름다움까지 추구한 것이다. 이런 형상이 문인 서화가들의 참여를 이끌어내어 자사의 양식은 갈수록 다양해졌다. 예를 들어 정판교鄭板橋, 오창석吳昌碩은 모두 자사호에 휘호를 남겼다. 청대 가경嘉慶, 도광道光 연간에는 금석 서화가 진홍수陳鴻壽의 출현으로 자사의 각화刻畫가 최고조에 이른다.

진홍수는 본적이 절강, 자가 자공子恭, 호가 만생曼生이다. 그는 가경 6년(1801)에 국자감으로 들어와 나중에 강소 회안淮安의 동지同知로 임명된다. 평소 서법을 좋아하고 특히 마애 석각과 비첩에 푹 빠졌던 그는 행서를 우아하고 아름답게 잘 썼으며, 한대의 예서 역시 단순하면서도 고상함이 넘치게 썼다. 뿐만 아니라 그는 그림에도 능했으며 특히 그의 전각은 당시 최고라고 해도 과언이 아니다. 문학예술에 대한 폭넓은 수양이 차 문화에 대한 깊은 이해와 함께 만생호曼生壺 탄생의 바탕이 된 것이다. 만생호의 예술적 특징과 풍격은 호의 형태, 이름, 명문銘文 등의 유기적인 결합으로 표현되었다. 해박한 학식으로 문인의 아취가 가득한 명문을 짓고, 품위 넘치는 장식을 의식적으로 집어넣었다.

만생호의 조형은 갖가지 형태의 기물에서 기원하며 장식의 수법은 서법을 위주로 한다. 진흙 그림 장식은 청대 건륭 연간에 성행했다. 진흙 원형을 완성한 후 진행하는 이 장식에는 상당한 수준의 그림 솜씨가 요구된다. 소재는 화조나 산수 등이 대부분이다. 채색 그림 장식 역시 건륭 연간에 시작되었다. 이 장식은 전통적인 진흙 그림 장식에 채색 공예가 더해져 발전한 것이다. 저온인 상태에서 이미 완성된 자사 기물에 화훼, 산수, 인물 등을 그려 넣는다. 마지막으로 언급할 것은 상감 공예이다. 이 장식 덕택에 자사 작품은 더욱 고급스럽고 화려한 예술적 효과를 갖게 되었다. 예를 들어 단순하고 한결같은 상아로 섬세한 무늬를 만들면 우아하고 맑은 정취를

6-9-3 석포초방호錫包礎方壺

6-9-4 자사죽절각시호紫砂竹節刻詩壺

표현할 수 있다. 남경박물관 소장 '석포초방호錫包礎方壺'는 청 도광 9년(1829)에 양팽년楊彭年이 만들었다. 이 자사호는 참신한 장식으로 유명해지긴 했지만, 사실 기물 자체의 지나친 육중함이 오히려 자사호의 본성을 해치고 있다. '자사죽절각시호紫砂竹節刻詩壺'는 죽절竹節형의 납작한 자사호이다. 대나무 마디 모양의 자홍색 몸체에 죽엽 장식을 넣고 제자題字를 새겼다. 몸체 가운데에 '單吳生作羊豆享'을 금문 여덟 자 4행의 음각으로 새겨 넣었으며, 뒤에 '曼生'을 해서의 양각 낙관으로 넣었다. 청대의 도예가 양팽년이 만든 다구는 진만생이 새긴 글자와 그림들을 넣으며 한 시대를 풍미하고 '만생호'라는 칭호를 얻었다. 이 자사호는 참신하고 섬세한 제작기법으로 대나무의 고상한 본성을 잘 표현했으며, 아름다운 조각과 자연스러운 조형, 얇으면서도 견고한 품질로 큰 영예를 누렸다.

자사 예술은 오랜 역사와 독특한 풍격을 자랑해 왔다. 섬세한 전통 공예문화가 미적인 즐거움을 안겨주며 수많은 사람들의 사랑을 받아온 것이다.

10. 옥玉

중국 문화에서 옥은 광범위한 의미를 갖는다. 허신은 『설문해자』에서 옥을 아름다움과 오덕五德을 겸비한 돌이라고 했다. 여기서 말하는 오덕은 옥의 다섯 가지 본성을 가리킨다. 견고한 재질, 반지르르한 광택, 아름다운 색채, 섬세하고 투명한 조직, 경쾌하면서도 멀리까지 미치는 소리를 가진 미석美石은 모두 옥으로 간주된다. 이 기준에 따르면, 진옥眞玉(각섬석角閃石)뿐 아니라 사문석蛇紋石, 녹송석綠松石, 공작석孔雀石, 마노, 수정, 호박, 홍록석紅綠石 등의 채석옥彩石玉까지 옛사람들이 생각한 옥에 포함된다.

중국은 옥의 세계적 산지이다. 유구한 채굴의 역사뿐 아니라, 분포 지역도 대단히 넓고 매장량도 풍부하다. 『산해경』에 따르면, 중국의 옥 산지는 2백여 곳에 이른다. 가장 유명한 산지는 신강 화전和田이다. 화전옥은 매장량이 가장 많고 광택도 가장 좋고 품질도 가장 우수하며, 그만큼 가격도 가장 높다. 화전옥은 중국 고대 옥기의 주요 재료였으며 역대 황실은 화전옥으로 만든 옥기를 무척 아꼈다. 화전옥 외에 감숙의 주천酒泉옥, 섬서의 남전藍田옥, 하남의 독산獨山옥과 민현密縣옥, 요녕의 수암岫巖옥 등도 중국 옥기에 흔히 쓰이는 재료이다. 하늘의 기술을 훔친 듯 정교한 옥기는 조각을 하는 것이 아니다. 옥보다 강도가 더 센 금강사, 석영, 자류석 등의 '해옥사解玉砂'로 물과 함께 옥석을 갈고 다듬어 만드는 것이다.

중국의 옥기는 7천 년의 빛나는 역사를 자랑한다. 7천 년 전 남방 하모도河姆渡 문화의 선조들은 돌로 기물을 만들면서 따로 예쁜 돌을 골라 몸을 치장하고 장식품으로 썼다. 이것이 바로 중국 옥 문화의 시작이다. 지금으로부터 4~5천 년 전 신석기시대 중후반에는 요하遼河 유역, 황하 상하, 장강

남북쪽 곳곳에서 중국 옥 문화의 서광이 찬란하게 빛났다. 당시 옥공예는 이미 단순히 돌을 다듬는 기술에서 벗어나 독립적인 수공업의 한 분야가 되었다. 태호太湖 유역의 양저良渚 문화와 요하 유역의 홍산紅山 문화에서 출토된 옥기들이 그중에서도 가장 이목을 끈다.

양저 문화의 옥기는 종류가 매우 다양하다. 당시의 전형적인 옥기로는 옥홀, 옥벽, 옥월玉鉞, 삼차三叉형 옥기, 고리형 옥 목걸이 등이 있었다. 양저의 옥기는 크기가 커서 묵직하면서도 근엄한 분위기를 풍긴다. 대칭과 균형은 실용적으로 맞춰져 있고 엷게 부조한 장식법이 뛰어나다. 특히 선각線刻의 섬세한 기술은 후대 사람들도 감히 다다를 수 없는 경지였다.

양저의 옥기와 비교했을 때, 홍산 문화에는 판에 박은 듯한 방형의 옥기가 거의 없다. 대신 동물 옥기와 원형의 옥기가 특색을 이룬다. 전형적인 기물로는 옥룡玉龍, 옥수玉獸형 장식, 둥근 테두리 모양 옥기 등이 있다. 옥장玉匠들은 대상의 조형적 특징을 파악하고 옥 재료의 성질을 절묘하게 이용하여 몇 번의 칼질로 기물의 형상을 생생하게 만들어냈다.

상商나라는 문자를 처음으로 쓰기 시작한 노예제 국가이다. 상대 문명은 장중한 청동기뿐 아니라 다양한 옥기로도 유명했다.

화전옥을 쓰기 시작한 것도 바로 상대의 옥장들이었다. 상대에는 청동제기를 모방한 벽옥궤碧玉簋, 청옥궤靑玉簋 등의 실용적 기물들이 등장했다. 동물과 인물 옥기가 기하형 옥기의 숫자를 훨씬 넘어섰다. 뿐만 아니라 최초로 색깔을 넣은 옥기인 옥별玉鱉(옥자라)도 이때 처음 등장했다.

서주 때는 은상 옥기의 쌍선雙線 묘사 기법을 계승함과 동시에, 옥의 한쪽 면을 비스듬한 거친 선 혹은 음각의 가는 선으로 다듬는 기술을 개발했다. 이 기법은 새 모양 옥도玉刀와 짐승 얼굴 무늬 옥 장식에서 두드러지게 나타난다.

동주의 왕실과 제후들은 각자의 이익을 위해 옥을 자신의 화신으로 삼았다. 그들은 옥 장식을 차고 스스로를 덕이 있는 군자로 표방했다. 그래서 "군자는 이유없이 옥을 몸에서 떼지 않는다"는 말도 있다. 당시 패옥佩玉이 유달리 발달했던 이유도 바로 이 때문이다. 용, 봉황, 호랑이 모양의 패옥은 당시의 시대정신을 표현했으며, 동태미가 부각되는 S 자의 조형은 강한 중국적 분위기와 민족적 특색을 반영했다. 장식의 무늬는 곡문穀紋(곡식의 씨앗이 발아하는 모양의 무늬)이 처음으로 등장했다. 여기에 투각透刻의 기법을 더하고, 바닥은 단선을 엮은 무늬나 쌍선의 나뭇잎 무늬로 장식해 풍성하면서도 조화롭게 보이도록 했다.

한대의 옥기는 전국시대의 정교한 옥공예를 계승하고 발전하여 중국 옥문화의 기본적인 틀을 세웠다. 한대 옥기는 예옥禮玉, 장옥葬玉, 식옥飾玉, 진설옥陳設玉 네 가지로 크게 나뉜다. 그중에서도 한대 옥기의 특색과 옥공예의 수준을 가장 잘 체현한 것이 바로 장옥과 진설옥이다.

송대는 5대 시대 대란의 여파로 강성한 왕조가 세워지진 못했다. 그러나 송대가 중국 문화사에서 매우 중요한 시대임에는 틀림없다. 송, 요, 금은 서로 전쟁을 벌이면서도 교류를 끊지 않았다. 그래서 경제, 문화 방면에서 밀접한 왕래를 지속하고 옥기 예술 역시 공동으로 번영을 이루었다. 송 휘종 조길은 옥에 아예 푹 빠져 버린 황제였다. 게다가 금석학의 흥기, 세밀화의 발달, 도시경제의 번영, 사실주의의 심화와 세속화된 문화적 경향은 송, 요, 금의 옥기가 공전의 발전을 이루는 데 직접적인 영향을 미쳤다. 송, 요, 금의 옥기는 실용적인 장식용 옥이 중요한 위치를 차지했다. 옥은 예禮적인 성격이 크게 감소한 반면 완상의 미가 크게 증가했으며 옥기는 현실 생활에 더욱 가까워졌다.

명청시대는 중국 옥기의 발전이 최고조에 이른 때이다. 재질의 아름다움, 세공의 정교함, 조형의 넉넉함, 작품의 수, 사용 범위 등 모든 면에서 전대를 훌쩍 뛰어넘었다. 명청 황실은 옥을 무척이나 아꼈다. 특히 건륭 황제는 자기가 옥을 사랑하는 이유를 이론적으로 뒷받침하려는 노력까지 했다.

명청 옥기는 갖가지 조형을 자랑한다. 그중에서 다구가 가장 유행했고, 옛 옥기를 모방한 기물도 그 수를 헤아리기 힘들 정도다. 이 시대의 옥기는 회화, 조각, 공예의 표현 수법을 참고하고, 양각 선, 음각 선, 볼록 효과, 투각, 입체 효과 등의 기법을 응용하여 최고의 예술적 경지에 이르렀다. 중국 옥기는 7천 년 동안 끊임없는 발전을 거쳐 결국 초자연적 힘을 지닌 기물이 되었으며, 옥은 이미 중국 전통문화 깊숙한 곳까지 스며들어 전통문화 지킴이의 역할을 충분히 수행하고 있다.

11. 채등彩燈

서양의 카니발에 매력을 느끼는 중국 젊은이들이 적지 않다. 그러나 사실 중국에도 사람들을 흥분시키는 명절이 있다. 특히 춘절, 원소절, 중추절 같은 전통 명절에 중국인들의 즐거움은 더욱 커진다. 이런 명절의 분위기를 한껏 고조시키기 위해 사용하는 것이 바로 고운 빛깔의 채등이다. 중국 민간에는 명절 때마다 등롱을 매달고 비단끈을 묶는 풍습이 있다. 특히 원소절은 휘황찬란한 채등에 둘러싸여 저마다 즐거움을 만끽하므로 '등절燈節'이라는 아름다운 이름까지 붙여주었다. 매년 이맘때가 되면 도시든 시골이든 하늘 가득 꽃등을 걸어놓고 노래를 부르고 춤을 춘다. 중국 사람들 모두가 화목하고 즐거운 축제의 분위기에 푹 빠지는 것이다. 사서의 기록에 따르면, 한 무제는 원시 전통을 계승하여 정월 15일에 성대한 등불을 들고 하늘의 신 '태일太一'에 제사를 올렸다. 이것이 바로 원소절에 등롱을 내거는 전통의 시작이다. 후대에 이 전통이 하나의 풍습으로 자리 잡으면서 채등 예술 또한 갈수록 번성하게 된다. 정월 15일은 관부와 민간 모두에서 정식으로 등롱을 거는 날로 간주했으므로 '정등일正燈日'이라 불리기도 했다. 당대의 웅유등熊孺登은 「정월십오正月十五」라는 시에서 "한 왕실의 남겨진 일들이 오늘 밤 눈에 보이고, 초나라 성곽의 밝은 등불이 곳곳에 펼쳐지네"라는 말로 밤새도록 골목골목을 수놓는 등불을 절실하게 묘사했다. 어떤 지방에는 '새추등賽秋燈(갖가지 등불을 펼쳐 놓고 그 아름다움을 견주는 것)'이라는 중추절 등불 풍속이 있었고, 그 밖에도 종교나 제사, 의례와 관련된 등불 풍속이 대단히 많았다. 이런 풍속들 하나하나가 민간 채등 예술의 발전을 촉진시킨 것이다.

중국 민간 채등은 눈이 모자랄 만큼 풍부하고 다채로운 양식을 자랑한다. 관상용 등, 놀이용 등뿐 아니라 궁궐 등, 누각 등, 용등, 혼을 부르는 등 등 그 기능도 제각각이며, 구조적으로도 개체형 등, 자모子母 등과 함께 육방궁六方宮 등, 등산燈山, 등루燈樓 등의 조합형 등도 있다. 또 조형 역시 어등魚燈, 호등虎燈처럼 사물의 형체를 모방한 것도 있고 기하형의 등도 있다. 그리고 작동 원리로 따지면, 기동氣動 등, 기부氣浮 등, 인동人動 등과 주마등, 천등天燈, 윤등輪燈 등의 전동電動 등으로 나눌 수 있다. 또 종이 등, 밀짚 등, 빙등冰燈처럼 여러 재료로 갖가지 모양의 꽃등을 만들기도 한다. 풍격으로 보면 중국 민간 채등은 크게 궁정식, 향토식, 공예식, 현대식의 네 가지로 나눌 수 있다. 궁정식 꽃등은 제작 기술과 세심한 조각 모두에 신경을 기울여 아름답고 고급스럽고 우아하고 장중한 풍격을 자랑한다. 향토식 꽃등은 대부분 소박한 재료를 사용하며, 조형의 구조와 장식 모두에서 짙은 향토미가 풍긴다. 공예식 꽃등은 전문 공예가가 만든 것이다. 풍격은 앞의 두 가지를 겸비하여 섬세하고 아름다우면서도 생기가 넘친다. 중국 민간 전통 채등의 예술적 풍격을 가장 잘 대표하는 등이 바로 이것이다. 현대식 꽃등은 재료, 공예, 조형 등에서 모두 현대의 과학 기술과 심미관의 영향을 받은 것으로 선명한 시대감이 드러난다. 민간의 공예가들은 민족의 정취에 바탕을 두고 천연 혹은 인공의 원료를 이용하여 자르고, 붙이고, 새기고, 수를 놓는 등의 민간 공예로 다양한 색과 조형을 자랑하는 채등 예술을 창조해 냈다.

중국 민간 채등 예술은 유구한 역사를 자랑한다. 일반 백성들이 즉흥적으로 창작해 낸 소형 작품 외에 전문 공예가들의 작품 역시 그 규모가 부단히 확대되고 갈수록 아름다움을 더해갔다. 이로써 수준 높은 기술, 큰 규모, 농후한 지역적 특색, 넓은 유통 범위를 바탕으로 사방에 이름을 떨친 전문 생산기지들이 만들어졌다. 그중 지금까지도 명성을 잃지 않고 있는 산지로는 불산佛山, 조주潮州, 천주泉州, 소주蘇州, 협석硤石, 북경 등이 있다.

복건과 광동 일대에서는 원소절을 중시해서 채등 예술이 계속 발달해 왔다. 남송 때 복주의 꽃등은 임안臨安의 등축제에서 "수많은 등 중에 소주와 복주가 최고(『무림구사武林舊事』)"라는 찬사까지 받았다. 또 "달이 고탑의 천 년 그림자를 끌어당기고, 무지개가 십 리 등불의 긴 길에 걸렸네"라는 아름다운 시는 천주의 채등을 찬양한 것이다. 속칭 '등색燈色'이라고 불리는 불산 채등은 명대에 '지마화룡紙馬火龍'의 관등축제로 성황을 이루었고, 조주의 채등은 원명 전에 크게 흥성한 후 점차 대나무로 엮고 명주를 붙이는 스탠드가 지역적 특색으로 자리 잡게 되었다. 과거에 조주에서는 성대한 제사와 등불의식이 끝날 때마다 참가한 꽃등에 대해 평가를 내리는 전통이 있었다. 이런 전통이 스탠드 형 꽃등의 발전에 막대한 영향을 미쳤음은 두말할 나위가 없다.

6-11-1 「백사전白蛇傳」 조주潮州

흐르는 듯 부드러운 광채와 생동적인 형상의 절강 채등은 정교한 기술과 아름다운 디자인으로 전국에 이름을 날렸다. 그래서 『건순세시기乾淳歲時記』에서는 "원소절에 궁중에 등불을 늘어놓았는데 소주의 등이 최고였다"고 기록했다. 소주의 채등은 무늬와 색깔이 매우 다양하며 소박하고 예스러우면서 아름답다. 송대의 무골無骨등, 주자珠子등, 명청대의 연꽃등, 주마등, 그리고 이후의 대형 용선龍船등이 모두 대표적인 명품들이다. 양주揚州, 남통南通, 진강, 단양 등지의 꽃등 역시 그 지역적 특색을 잃지 않았다. 남경 부자묘夫子廟 등불축제의 명성은 명대부터 지금까지 이어지고 있다. 토끼등, 사자등 등은 순박하고 간소한 조형에 향토적 분위기가 넘친다. 절강 해녕海寧시 협석에서 생산된 '주렴등'은 한 시대를 풍미한 후 오늘날 '침공針孔등'의 선구가 되었다. 그 밖에도 항주, 온주溫州, 낙청樂淸, 동향桐鄕 등지에서도 독특한 개성의 꽃등을 생산했다. 예를 들어 온주 일대에서 유행한

'주돈珠囤' 은 민족적 풍격과 지역적 특색이 농후했다.

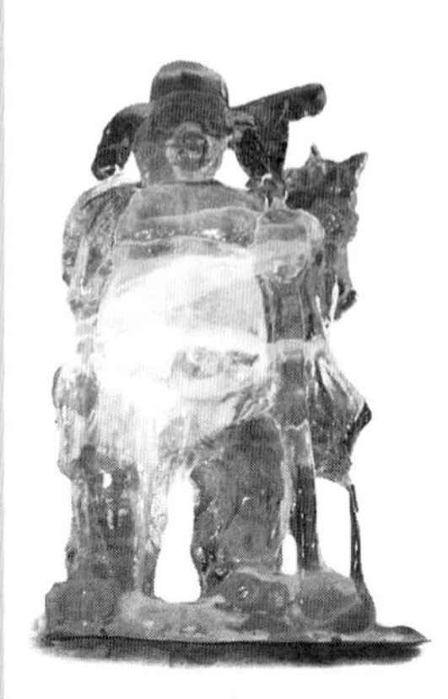

6-11-2 「저팔계」
북경

북방의 채등은 북경의 궁등宮燈과 하얼빈의 빙등이 가장 유명하다. 이들 채등은 남방의 풍격과는 또 다른 강렬한 지역성을 보여준다. 북경의 대표적 등인 궁등은 대부분 홍목, 자단紫檀 등의 귀한 목재로 틀을 짜고 견사와 유리로 겉면을 만들어 무늬를 새기거나 그림을 그린다. 그래서 고급스럽고 우아하고 시원스런 느낌을 준다. 빙등은 중국 북방에서만 볼 수 있는 독특한 채등 양식이다. 특히 하얼빈은 세계적으로 유명한 집단적 빙등 예술로 '빙성' 이라는 영예까지 받고 있다. 자체가 이미 투명하게 빛나는 얼음에 현대 과학의 전광까지 더해져 몽환과 현실이 서로 교차하는 느낌을 준다. 이로써 자연스럽고 소박한 분위기에 울긋불긋한 색채가 더해진 환상적 예술 효과를 이루는 것이다. 근래에는 사천의 공룡 등불축제와 '매해煤海의 빛' 이라는 산서의 등불축제가 갑자기 유명해졌다. 세심한 구상과 큰 규모를 자랑하는 이들 축제에서는 현대적인 음향과 조명 기술을 동원하여 전통적인 채등과는 다른 형식과 개념을 선보인다. 현대적인 채등 예술의 발전을 보여주는 동시에 참신하고 강렬한 심미적 자극과 시각적 즐거움을 주는 것이다.

중국 민간 채등 예술의 형질과 색채는 불을 사용한 중화민족의 역사적 궤적과 민간 채등 예술의 발전 과정을 대단히 형상적으로 보여주며, 민간예술의 활발한 생기를 드러냄과 동시에 민속적 특색까지 반영하고 있다. 태고시대의 활활 타오르는 모닥불로부터 문명시대의 번쩍번쩍 빛나는 채등에 이르기까지 불의 원시적 체험에서 발생한 신앙과 풍속, 문화적 이념, 미학적 취향을 시종일관 관통하고 있으며, 생활의 불, 하늘의 불, 제사의 불, 예술의 불을 체현함으로써 원시적인 혼합 문화 형태가 심미적이고 상징적인 문화로 발전하게 되었다. 광동 불산의 원소절 등불축제에는 항상 용선龍船을 소재로 하는 채등이 등장한다. 사람들은 이를 통해 적절한 바람과 비를 기원하고 오곡의 풍성함과 만선滿船을 기원한다. 그리고 민간 등불축제에 항상 등장하는 '어등魚燈'은 '풍요'와 '여유'의 의미를 내포한다. 뿐만 아니라 '어'가 '옥玉'과 같은 음(위yu)이므로 '금옥만당金玉滿堂'의 아름다운 꿈을 바란다는 의미도 된다. 역사가 쌓이고 문화적 수준이 높아지면서 채등은 등불이 가지고 있던 단순한 실용적, 감상적 가치를 뛰어넘어, 예술적 매력과 높은 문화적 가치와 사회적 효과를 가진 중요한 예술 활동이 되었다. 단순히 눈을 즐겁게 하는 감상의 대상이나 장식품이 아닌 풍부한 의미와 광범위한 기능과 심미 가치를 지닌 인문적 존재가 된 것이다. "농사짓는 사람이 등불을 보면 바람이 순조롭고 비가 적당하여 오곡이 풍성해지고, 장사하는 사람이 등불을 보면 모든 것이 뜻대로 되어 가업이 흥한다네"라는 민요가 있다. 사람들은 울긋불긋 화려한 채등을 보며 아름다운 삶을 갈망하고 미래에 대한 희망을 꿈꿨다. 육각의 작은 등 여섯 개가 육각의 큰 등 하나를 감싸는 '자모등'은 '육육대순六六大順'의 상서로운 의미를 내포한다. 여기에 박쥐 문양과 '수壽' 자 장식을 더하면 행복과 장수를 함께 빈다는 의미가 된다. 악귀를 내쫓고 복을 불러들이며 조상과 신에게 제사를 지내는 등의 기복적 의미를 내포함으로써 채등은 끊임없이 중국 사람들의 열정을 끓어오르게 한다. 중국 문화의 생기와 활력, 그리고 중국 사람들의 생활에 대한 열정이 아름다운 채등의 불씨를 서로 전함으로써 중화민족의 유구한 문화는 그 빛을 끝없이 발산할 것이다.

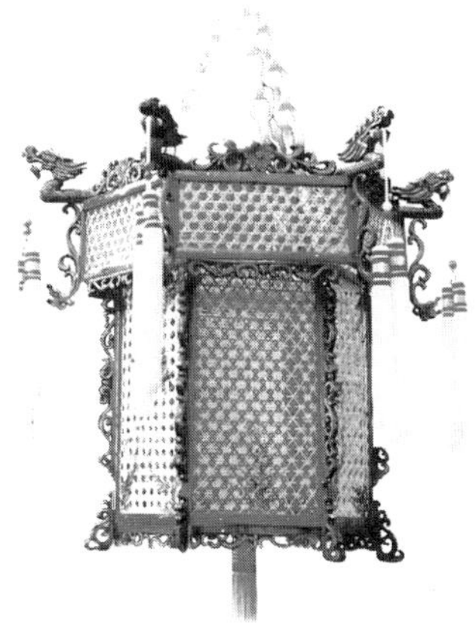

6-11-3 「육방궁등六方宮燈」
항주

12. 연[風箏]

연(풍쟁風箏)을 북방에서는 '지연紙鳶(종이 솔개)' 이라 하고 남방에서는 '요鷂(새매)' 라 한다. 연은 묶거나 붙여서 형체를 만든 후 바람의 힘을 이용해 하늘로 날리며 즐기는 민간의 공예품이다. 역사적으로 연은 풍연風鳶, 풍요風鷂, 지요紙鷂, 지아紙鴉(종이 까마귀) 등의 여러 가지 이름이 있었다. 민간 풍속에서 연은 다른 많은 공예품들과 마찬가지로 다양한 민족문화의 매개로서 문화예술의 교류에 적지 않은 역할을 했다. 최초의 연은 불운을 없애고 풍년을 바라는 일종의 아름다운 희망을 담았다. 사람들은 '연을 끊음' 으로써 병을 하늘에 날려 보내 버릴 수 있다고 생각했다. 이런 바람이 점차 하나의 풍속으로 굳어진 것이다. 지금도 유방濰坊 국제 연축제, 북경 연축제 등은 연의 독특한 아름다움을 마음껏 발산할 수 있는 국내외 애호가들의 성대한 축제가 되고 있다.

지연의 기원은 군사 활동과 관련이 깊은 듯하다. 전하는 바에 의하면, 한나라의 대장 한신은 연을 이용해 첩보 활동을 벌였고, 당대의 장비張丕는 전황이 어려워지자 연으로 구원병을 불렀다고 한다. 구양수의 『신당서新唐書』에도 연과 군사 활동에 관한 이야기가 기록되어 있다. 이처럼 중국 고대의 연은 최소한 2천 년의 역사를 갖고 있는 것이다. 연의 전신은 '목연木鳶' 으로도 불리고 '비작飛鵲' 으로도 불리는 일종의 도구이다. 연은 춘추시대 목연에서 한위漢魏, 남북조시대의

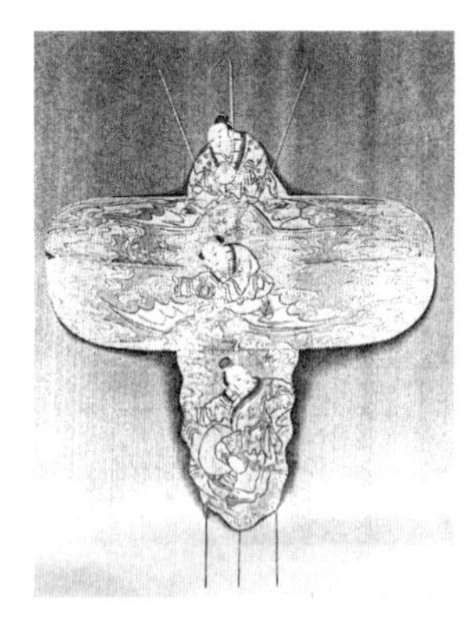

6-12-1 복수쌍전福壽雙全
산동 유방

지연, 그리고 다시 오대의 연에 이르기까지의 오랜 역사를 거치면서 군사 도구에서 오락품의 하나로 바뀐다. 『남사南史』「후경전侯景傳」에는 양 무제梁武帝가 반란군에 의해 남경에 잡혀 있을 때 어떤 사람이 종이 까마귀를 만들어서 바람에 날려 편지를 전했다는 기록이 있다. 이 기록은 남북조 때 연이 만들어지기 시작했다는 주장의 근거로 쓰인다. 오대 이전의 연에 관한 기록을 보면 대부분 군사, 첩보, 통신 등과 관련이 깊고 순수하게 오락의 목적으로 쓰인 경우는 없다. 풍쟁風箏이라는 이름은 오대 때로 거슬러 올라간다. 『순담록詢萏錄』에 따르면, 오대 때 이업李鄴이라는 사람이 궁중에서 종이 솔개를 만들고 줄을 이어서 바람에 날리며 놀았다고 한다. 나중에 이 솔개의 머리에 대나무 피리를 만들어 달자 바람이 대나무 안으로 들어와 쟁箏 소리를 냈다고 한다. 그래서 연을 풍쟁이라 부르게 된 것이다. 오대 때는 연이 이미 가지고 노는 도구의 하나로써 대단히 섬세하게 제작되었다. 송대에 연날리기는 전국에서 유행하는 풍속으로 자리를 잡았으며, 송대 이후에는 연이 수량, 종류, 성능 등의 측면에서 이전보다 훨씬 큰 진전을 이루었다. 북송 장택단의 「청명상하도」와 소한신蘇漢臣의 「백자도百子圖」에는 연을 날리는 모습이 묘사되어 있다. 명대 화가 서위徐渭는 연에 관한 다음과 같은 시를 남겼다. "내 일찍이 연을 날리며 즐거워하였으나, 올해는 왜 이리도 늙어버렸는가. 이제 어찌 다시 봄나들이 말을 타고, 연줄 끊는 아이를 한가로이 볼 때가 있으리." 청대에 이르면 연의 양식이 더욱 다양해지고 연날리기도 어느 때보다 성행하게 된다. 현재 고궁에는 부의가 어렸을 적 가지고 놀던 작은 연 세 점이 소장되어 있다.

연은 그 자체가 벌써 전아한 풍격과 갖가지 자태를 지닌 예술품이다. 연이 사람들에게 주는 첫 번째 인상은 바로 조형미이다. 어떤 것은 겉모양을 중시하고, 어떤 것은 내면의 정신을 중시하고, 어떤 것은 겉모양으로 정신을 묘사하고, 어떤 것은 겉모양과 정신이 적절하게 갖추어져 있다. 이처럼 연은 내용과 형식의 아름다움이 완전하게 통일된 하나의 예술품이다. 연을 감상할 때는 다양한 양식이나 종류에만 중점을 두어서는 안 된다. 더 중요한 건 중국의 회화, 서법, 물리, 민속, 공예 등의 지식이 연이라는 하나의 물체 속에 융합되어 묶고, 붙이고, 그리고, 날리는 네 가지 기예를 한꺼번에 보여준다는 것이다. 그중에서도 가장 이목을 끄는 것은 역시 그리기의 기교이며, 그만큼 색채가 연 공예의 결정적 표현 수단 중 하나가 되었다.

6-12-2 단봉조양丹鳳朝陽
천진

중국 연은 다양한 종류와 갖가지 조형을 자랑한다. 금어金魚, 나타哪吒, 손오공, 종규, 팔선八仙, 매, 나비, 비둘기, 산수, 인물, 화훼, 문자 등이 가장 대표적이다. 연의 제작은 묶고 붙이고 그리는 과정을 거치며, 조형은 대부분 대칭으로 만든다. 대칭 구조는 하늘에서 평형을 유지할 수 있을 뿐 아니라 예술적 미를 더해준다. 중국 연은 큰 것은 몇 미터짜리도 있고, 몇 센티에 지나지 않는 작은 것도 있다. 제작 과정의 정교함과 아름다움은 세계적으로 이미 정평이 나 있다.

중국에서 연을 만드는 곳은 만들지 않는 곳이 없을 정도로 전국에 광범위하게 퍼져 있다. 그중에서도 특히 중요한 곳은 강소 남통, 북경, 천진, 산동 유방 등지이다. 남통의 연은 독특한 지역적 특성 때문에 오래전부터 이미 유명했다. 유구한 역사를 지닌 북경의 연 역시 명대의 관련 기록이 지금도 남아 있다. 북경의 '풍쟁합風箏哈'과 천진의 '풍쟁위風箏魏'는 연의 이름에 연 제작으로 유명한 성씨를 직접 넣은 것이다. 북경 연은 여타의 지역과 달리 섬세한 제작 기법 외에 채색도 대단히 중시한다. 천진은 민간 연화年畫 예술로 유명한 곳이다. 그래서 연도 젊은 남녀의 사랑을 묘사한 그림처럼 대단히 화려하고 아름답다. 산동 유방의 연은 오랜 세월 동안 대대로 전해져 전국적인 연 제작의 중심지가 될 만큼 지금도 활발히 제작되고 있다. 청 말에 공예가 왕씨가 만든 '선학동자仙鶴童子'와 '뇌진자배문왕雷震子背文王' 연은 정교한 솜씨로 특히 유명하다. 유방의 연은 종류가 대단히 많은데 그중에서도 '용두오공龍頭蜈蚣'과 '창응蒼鷹'이 가장 훌륭하다는 평가를 받는다.

연은 정적인 조형미와 동적인 공간미를 함께 갖추고 있을 뿐 아니라 민간예술의 특징까지 선명하게 보여준다. 연은 민속 문화의 중요한 구성 요소 중 하나로서 전통문화의 계승과 발전에 나름의 역할을 해왔다. 연이라는 이 민속 문화는 홀로 고립된 것이 아니라 다른 민속 문화의 영향을 받으며 발전해 왔다. 이 점은 연의 소재와 제작, 그리고 연을 날리는 과정에서도 그대로 드러난다.

숭배는 민속신앙의 중요한 요소 중 하나이다. 동물을 소재로 한 연의 출현은 동물 숭배와 밀접히 관련된다. 황제의 형상을 용과 연관 지은 상고시대의 신화를 그 예로 들 수 있다. 『보삼황본기補三皇本紀』에 따르면, 염제 신농씨의 어머니인 교씨嶠氏의 딸은 소전少典의 왕비가 된 후 신룡神龍을 감동시켜 염제를 낳는다. 그래서 염황의 자손들은 스스로를 용의 후손으로 간주한다. 사람들이 지금까지도 용을 중화민족의 상징으로 여기는 이유가 바로 이것이다. 용에 대한 숭배는 용 문화를 탄생시키고, 용을 소재로 한 연을 탄생시켰다. 전통 연 중에는 신화, 귀신, 신령과 관련된 연이 대단히 많다. 팔선이 바다를 건너고, 소무가 양을 치고, 항아가 달로 떠나고, 선녀가 꽃을 흩뿌리는 것 등이 모두 민속신앙과 밀접하게 연관된 소재들이다. 이외에도 사람들은 박쥐와 사슴도 연의 소재로 흔히

6-12-3 팔선경수八仙慶壽
천진

쓰는데, 이는 복과 재물운을 상징한다. 그리고 백학白鶴은 우아함과 고귀함을, 원앙은 변치 않는 사랑을, 비둘기는 평화를, '길吉'과 '여餘'와 발음이 같은 닭[鷄]과 물고기[魚]는 상서로움과 풍요로움을 상징한다. 희곡과 연화 등의 민간예술에 대한 연의 영향은 더욱 두드러진다. '길경유여吉慶有餘' 연, '백사전白蛇傳' 연, '요지부회瑤池赴會' 연, '소군출새昭君出塞' 연 등이 모두 그런 예이다.

끝없는 하늘로 높이 날아오르는 연을 보며 사람들은 저마다 상상의 나래를 편다. 슬픔과 기쁨, 걱정과 희망을 연과 함께 모두 날려 보낸다. 사람들은 연을 보며 아름다운 이상과 자유의 희망을 품어왔다. 너무나 평범해 보이는 놀이에 불과하지만, 연날리기는 풍부한 중국 전통문화의 의미들을 내포한 채로 지금까지도 사람들에게 독특한 매력을 발산하고 있다.

13. 전지剪紙

중국 고대의 4대 발명은 익히 잘 알려져 있다. 그중에서도 제지술은 대단히 중요한 발명 중 하나이다. 제지술이 발명되기 전에는 진정한 전지(종이 오리기) 예술이 존재할 수 없었다. 종이의 발명이 바로 전지라는 이 전통 민간예술을 키워낸 것이다. 매년 춘절, 단오, 중추절, 동지 등의 명절 혹은 결혼, 출산, 생일 같은 잔치 때마다 사람들은 붉은 종이를 잘라 갖가지 상서로운 형상을 만들어서 창문을 장식하거나 혼수 예물 혹은 장수를 비는 선물 위에 놓고 축복을 빌었다. 전지는 대표적인 중국 민간예술 중 하나이다. 전지 예술은 원래 손재주가 뛰어난 부녀자들이 나름의 기지를 뽐내는 방법이었으나, 나중에는 민속 문화가 발달하고 생활의 수준이 높아지면서 하나의 예술로 발전하게 되었다. 전지 예술은 역사도 오래됐을 뿐 아니라, 중국의 넓은 땅과 많은 인구, 다양한 민족으로 인해 각 지역, 각 민족의 풍속과 서로 연관되면서 소재와 디자인이 다채로워지고 예술적 풍격 역시 다양하게 되었다.

6-13-1 대후단화對猴團花 꽃 전지(북조北朝)

지금까지 중국에서 발견된 최초의 전지는 북조 때 것이다. 1960년 초에 신강 고창의 고묘들에서 다섯 폭의 둥근 꽃 모양 전지가 발견되었다. 그중 '대후단화對猴團花(원숭이 대칭 둥근 꽃) 전지'는 무척 앙증맞다. 당대 단성식段成式은 『유양잡조酉陽雜俎』에서 "입춘 날에 사대부 집안에서는 종이를 잘라 작은 깃발을 만들어 미인의 머리에 달거나 꽃 아래에 묶었다"고 했다. 이는 당대에 이미 전지 공예가 있었음을 알려주는 기록이다. 서안에서 출토된, 가죽을 잘라 꽃무늬를 새긴 모자가 증거가 될 수 있다. 송대의 전지는 선물, 채등, 그릇 등의 장식으로 쓰이면서 점차 번성하기 시작했다. 남송 때는 전지를 업으로 하는 공예가가 출현했다. 명대의 협사등夾紗燈은 전지를 깁 사이에 끼워 촛불이 꽃무늬를 비출 수 있게 했다. 청대가 되면 수많은 전지의 양식이 세상에 퍼진다. 강희 연간에 꽃 그림으로 유명한 화가 추원두鄒元斗의 「세조도축歲朝圖軸」을 보면, '문전門箋(복을 바라는 의미로 춘절 때 대문에 붙이는 전지 형식의 장식)' 다섯 개가 세로로 걸린 장면이 있다. 이것이 문전 전지의 최초 양식이라고 할 수 있다. 근원을 따져 보면 민간 전지 예술은 문인화가와는 무관한 반면 민간의 풍속과는 떼려야 뗄 수 없는 관계인 것으로 보인다. 그래서 전지를 '민속예술'의 하나로 부르는 것이다. 이처럼 민속예술로 간주하면 전지는 다양한 종류로 나뉠 수 있다. 창문 꽃, 담장 꽃, 천장 꽃, 등불 꽃, 문전, 신발 꽃, 복식 꽃, 제사 전지 등에서 보이듯, 민간 전지 예술은 보통 사람들의 생활 속 곳곳으로 이미 들어와 있는 것이다. 예를 들어 춘절에 붙이는 '괘전掛錢', 결혼하는 신부에게 달아주는 '희화喜花', 축수나 축하용 '선물 꽃', 단오절에 붙이는 '오독五毒' 꽃무늬, 중추절에 창문에 붙이는 옥토기 창문 꽃, 농촌의 부녀자들이 비가 많은 여름에 잘라 만드는 '소청낭掃晴娘', 동지에 만드는 '구구소한九九消寒(동지부터 시작해서 겨울을 아홉 개의 9일, 총 81일로 나눈 일종의 달력)'의 매화, 광동 불산의 제사용 '용의龍衣', 섣달그믐에 복을 빌며 만드는 조주潮州의 '가문평안家門平安'과 '신공보우神功保佑'

6-13-2 결혼희자화結婚喜字花
산동 액掖현

전지, 그리고 운남 태족傣族의 불교용 '면탑불도緬塔佛圖' 와 '동찰冬扎', 동북 소수민족의 각종 민속 전지 등등 이루 헤아릴 수 없을 만큼 다양하다. 이들 전지는 모두 과거의 민속 활동을 그대로 옮긴 이미지 자료이다. 그중 가장 흔히 보이는 창문 꽃은 보통의 창문 격자에도 잘 어울려 장식의 효과를 높여준다. 빛의 차단을 최소화하기 위해 창문 꽃은 그다지 크게 만들지 않으며, 대부분 가는 선으로 형상을 만들어 영롱한 실내장식의 효과를 연출한다. 창문 꽃의 소재는 매우 광범위하다. 그중에서도 동물과 희곡 속 인물을 표현한 것이 가장 특색있다. 흔히 보이는 것으로는 '길상희경吉祥喜慶', '오곡풍등五穀豐登', '연년유여連年有餘', '희상미초喜上眉梢' 등이 있다. 희곡을 제재로 한 것으로는『삼국연의』,『서유기』등이 있다. 채등 전지는 채등 위에 장식한 전지를 가리키며, 장식용 도안, 희곡 인물, 상서로운 문자 등이 소재로 쓰인다. 채등 전지는 바깥 둘레를 돋보이게 하고 가는 선을 많이 써서 빈 공간을 크게 만든다. 채광 효과를 고려했기 때문이다. 채등의 전지 장식은 두 가지 민간예술의 독특한 결합 방식이다. 지금까지 소개한 것들이 중국 전지에서 가장 흔히 보이는 형식이다. 그러나 실제 용도를 보면 전지의 응용 범위는 이보다 훨씬 넓다.

중국은 땅이 넓고 인구가 많아 민간의 풍속 역시 대단히 다양하다. 각지의 민속 전지도 그 내용과 풍격이 제각각임은 물론이다. 이는 해당 지역의 자수 공예와 민간의 풍속 활동과 밀접한 관계가 있다. 청나라 때 고록顧祿이 지은『청가록淸嘉錄』을 보면 이 점이 더욱 분명해진다. 같은 성의 전지라도 서로 다른 경우가 많다. 예를 들어, 광주 조주의 전지는 섬세하고 부드러운 아름다움을 주는 것도 있는 반면 휘황찬란한 풍격을 자랑하는 것도 있다. 산서, 산동, 하북 등지의 전지는 섬세하고 정교한 면은 부족하지만 소박하고 천진한 면이 볼만하다. 특히 하북 울현蔚縣 채색 창문 꽃 전지의 선명하고 고운 빛깔은 명절의 즐거움을 한껏 더해준다. 길림의 전지는 긴 선의 조형으로 유명하다. 선이 굵고 힘찬 길림 부여扶餘의 전지는 말을 타고 활을 쏘는 모습이 대부분이다. 그 지역의 생활과 소박하고 진실한 민족적 특성을 반영한 것이다. 전지 공예는 단순한 수공예의 계승만으로 볼 순 없다. 그보다 더 근본적이고 중요한 측면은 이를 통해 민족의 도덕, 문화, 관념, 감정을 전승하고 발전시킬 수 있다는 것이다. 이처럼 민속 문화의 연속은 문자를 통해서만 이루어지는 것이 아니며 수공예의 전수 역시 중요한 전승 경로 중 하나가 된다.

6-13-3 봉천목단鳳穿牧丹
광동 징해(澄海)

민간 미술에서 사용하는 재료는 대부분 쉽게 구할 수 있는 간단한 것들이다. 그중에서도 전지 예술은 재료비가 많지 않고 도구도 간단하며 시간과 장소에 구애되지 않고 여러 작품들을 만들 수 있다. 전지 공예의 가장 기본적인 도구는 가위이다. 그 밖에 종이에 모양을 새길 때 사용하는 작은 칼, 밀랍 판, 가루약 주머니, 숫돌 등이 있다. 전지의 방법은 크게 '전剪'과 '각刻'으로 나뉜다. 이 두 가지는 제작 방식과 사용 도구가 다소 차이가 있다. 가위로 직접 오리는 방식은 상당한 기술이 필요하며, 칼로 새기는 것만큼 대량으로 제작할 수가 없다. 색깔은 붉은색, 녹색, 갈색, 흑색 등의 단색이 가장 흔하며, 이런 것들은 대부분 창문 꽃 장식과 자수의 밑그림으로 쓰인다. 표현 수법은 음각, 양각과 둘을 함께 쓰는 음양각 등이 있다. 과거에는 농촌의 부녀자든 시골을 돌아다니는 민간 전지 공예가든 모두 흔한 옷가위와 색종이 몇 장으로 순식간에 갖가지 형상들을 만들어내곤 했다. 이런 전지 예술은 목탄이나 분필로 밑그림을 그릴 필요도 없었다. 그들은 오로지 두 손의 놀림으로 하나의 예술품을 만들어냈다. 그러니 국내외 예술가들이 그들의 기막힌 솜씨에 감탄하지 않을 수 없었다.

민간의 전지 예술은 다른 예술과 마찬가지로 일상의 삶에서 기원했으면서도 그 삶보다는 더 높은 수준에 이르렀다. 그래서 전지는 대부분 노동하는 사람들의 사상과 감정, 심미관 등을 표현해 왔다. 전지를 통해 인류문화의 대략적 발전 과정과 역사적 사건들도 볼 수 있다. 조취趙翠의 『해여총고陔余叢考』에는 "오 지방에는 비가 오래도록 내리면 규방에서 전지로 여자 모양을 만든 다음 손에 빗자루를 들고 처마 아래에 매달아 날씨가 맑아지기를 기원했다. 이를 '소청낭'이라고 한다"는 기록이 있다. 물론 일기예보가 발달한 오늘날에는 이런 전지의 필요성이 사라졌다. 명대 초에는 백련교도의 난이 있었다. 이때 임삼林三의 아내 당새아唐賽兒는 스스로를 불모佛母라 부르며 종이로 칼과 말과 사람을 만들어 관병들의 간담을 서늘케 했다고 한다(심덕잠沈德潛의 『만력야획편萬曆野獲編』을 참고). 각 지역 전지의 풍격을 보면, 강남, 장성 이북, 화북, 화남 등지가 모두 각각의 특성이 있다. 일반적으로 서북쪽 장성 이북 지역은 칼로 새기는 경우가 적어서 거칠고 소박한 반면, 강남의 소주와 절강 일대 전지는 정교하고 섬세한 아름다움을 준다.

전지 예술은 대체로 다음과 같은 심미적 특징을 가진다.

우선, 사람들의 삶을 아름답게 장식하고 진실한 감정을 표현한다. 민간의 전지는 생활의 정취와 전원의 분위기가 물씬 풍긴다. 춘절 때 붙이는 곱고 붉은 창문 꽃은 봄날의 햇빛을 토해내는 듯하고, 알록달록 화려한 문전은 바람에 따라 산들산들 날리며, 원소

6-13-4 희상미초喜上眉梢
하북 울현

절의 다채로운 등꽃은 아름답고 화려하게 빛나며, 새 집 천장에 붙이는 천장 꽃은 휘황찬란함을 더한다. 이들 전지는 명절의 즐거움과 축하의 분위기를 짙게 풍기는 동시에 사람들에게 전지 예술의 독특한 매력을 심어준다. 전지 공예가들은 기막힌 손재주로 삶을 아름답게 꾸밈으로써 실용성과 심미성의 통일을 이루어내고 있는 것이다.

다음으로는, 전지를 통해 즐거운 방식으로 교훈을 심어주고 아름다운 희망을 기탁한다는 것이다. 전지의 수많은 소재는 대부분 사람들이 가장 익숙하고 가장 흥미를 느끼는 사물과 해당 지역의 민요, 민가, 희곡, 신화 등이다. 이들 제재는 창문 꽃, 등꽃 등의 형식으로 표현되어 마음과 눈 모두를 즐겁게 해줄 뿐 아니라, 일의 시비곡직과 도덕적 관념을 명백히 밝혀주고, 그 지역의 전통 민간예술을 보존하고 전파하는 역할까지 한다.

이처럼 전지 예술은 광범위한 지역에 퍼져 그 독특한 매력과 순수함을 통해 사람들이 가장 좋아하는 민간예술 형식 중 하나로 이미 자리매김했다.

14. 가면[面具]

축제 때 사람들은 머리가 큰 인형을 쓰고 허리에 찬 북을 두드리며 즐거워하고, 젊은 남녀들은 가면무도회에서 마음껏 즐기고, 묘회廟會에서 사람들은 기괴한 가면을 쓰고 춤을 추곤 한다. 대체 어떤 신비로운 힘이 가면에 이런 매력을 심어주었을까? 이 신비로운 문화적 도구는 어떤 과정을 통해 신성의 존재에서 보통의 존재로 바뀌었을까?

인류 최대의, 그리고 최고最古의 꿈은 자연의 정복이 아닌 자연의 초월이다. 육체적인 초월은 도구의 제조와 기술의 진보로 표현되며, 정신적인 초월은 종교적 상상과 예술의 추구로 표현된다. 가면의 오묘함은 바로 이 두 가지 초월의 방식을 하나로 융합할 수 있다는 것이다. 이때 가면을 쓴 사람은 영혼과 육체가 하나의 새로운 형태로 동시에 바뀌어 전혀 다른 경지로 진입하게 된다. 그러므로 가면을 만든다는 것은 또 하나의 자아, 즉 나와 타자를 초탈하는 상징적 의미의 자아를 만드는 것이다. 가면의 이런 독특한 기능은 다른 어떤 종교와 예술적 창조 수단도 갖기 힘든 것이다. 가면은 거짓이 아닌 생명을 가진다. 무술巫術의 세계와는 동떨어진 현대인으로서의 우리가 가면의 거친 아름다움을 맛보는 동시에 그 안에 담겨 있는 원시적 힘을 느끼기는 매우 힘들다. 그러나 가면을 만들고 사용하는 시골 사람들의 눈에 가면은 영원한 영험과 매력을 가진 존재이다. 왜냐하면 가면이야말로 하늘과 땅의 크고 작은 귀신과 정령들을 상징하기 때문이다. 요족瑤族의 제문이 이 점을 분명히 밝히고 있다.

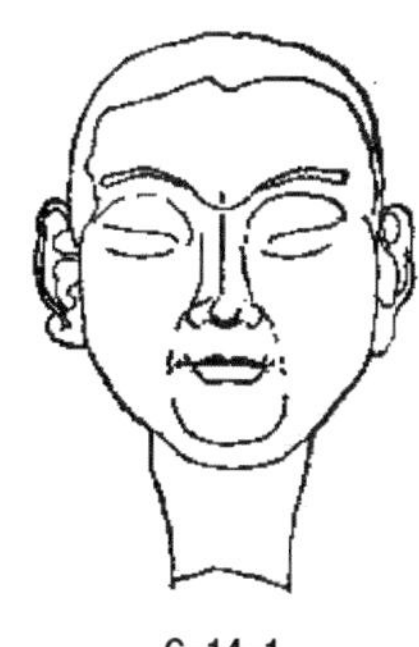

6-14-1
북경 출토
거란 은銀 가면

신의 머리에 눈을 그리고 귀를 그리고,
코도 있고 눈도 있지만 몸은 없고,
머리는 귀신의 머리, 몸은 사람의 몸.
십자로에서 머리를 벗지 않고,
이승의 사람을 저승으로 데려가네…….

가면의 생산과 매력의 근원은 반드시 특수한 사회 심리와 종교적 관념을 기초로 해야 한다. 그중 가장 중요한 것은 바로 머리와 환상적 얼굴에 대한 숭배이다. 영혼이 정수리의 구멍으로부터 나온다는 생각은 선사시대부터 이미 있었다. 감숙에서 발견된 도기 인형 머리들은 정수리에 콩알만 한 작은 구멍이 나 있다. 유명한 반파半坡 채도 물고기 얼굴 인형에도 정수리에 삼각형의 구멍이 뚫려 있다. 옹기 관에 남아 있는 작은 구멍과 마찬가지로 원시인들은 이것들을 영혼이 출입하는 통로로 간주했다. 그래서 옛사람들은 영혼이 있는 곳인 머리가 육체의 존망에 결정적 작용을 한다고 여겼다. 석기시대 원시인들은 사냥을 하거나 의식을 거행할 때 항상 동물 혹은 사람의 해골을 머리에 쓰고 짐승이나 신의 모습을 흉내 냈다. 이는 곧 자신을 초자연의 생명력과 하나로 융합하리라는 강렬한 욕망을 표현한 것이다. 사람들이 머리를 바꾸는 방법의 신통함을 깨닫고 일부러 이를 써먹기 시작하면서 머리는 가장 거칠고 조잡한 가면으로 탈바꿈하게 되었다. 귀주 토가족土家族에게는 가면의 기원에 관한 전설이 있다. 이 전설은 머리의 숭배에서 가면의 숭배로 전환되는 과정을 대단히 형상적으로 묘사한다. 아주 오랜 옛날, 목동 몇 명이 들판에서 해골 하나를 주워 머리에 쓰고 시끄럽게 떠들며 소를 몰고 마을로 돌아왔다. 그때 마을에는 전염병이 돌고 있었는데, 목동들이 해골을 쓰고 마을을 휘젓고 다니자 전염병이 금방 사라졌다. 이때부터 사람들은 해골을 신령으로 보기 시작했다. 각 마을에서는 천재지변이 일어나거나 신에게 제사를 지낼 때면 항상 해골 모양의 나무 가면을 만들어 머리에 쓰고 사악한 귀신들을 쫓아내고 마을의 안녕을 기원했다. 고대 중국인들은 확실하게 분간하기 힘든 얼굴을 '귀검鬼臉(귀신 얼굴)'이라 부르곤 했다. 전국시대 초나라에서는 부릅뜬 두 눈에 귀신의 머리와 귀신의 얼굴을 닮은 동전을 발행했다. 기괴한 모습 때문에 사람들은 이 동전을 '귀검전鬼臉錢'이라 불렀고, 고고학계에서는 지금도 이 이름을 그대로 사용하고 있다. 이들 실제의 혹은 상상의 얼굴은 사람들에게 시각적 불안감과 심리적 경외심을 불러일으키며 종교적 숭배의 대상이 되었다. 물론 이는 인간의 자연에 대한 숭배이자 인간이 자신의 형상을 피안의 세계에 투사시켜 초자연적인 힘을 강화한 결과이기도 하다. 어떤 학자는 중국 귀신의 환상 속 얼굴을 신령의 얼굴, 요괴의 얼굴, 이민족의 얼굴 등으로 나누기도 했다.

중국 가면의 시초는 선사시대로 거슬러 올라가며, 상주 때에 이르면 이미 성

6-14-2 장족 전통극의 나찰 가면

6-14-3 사자머리 가면

행의 단계에 이른다. 상대에는 가면을 쓰고 각종 의식에 참가하기도 했고, 기물에 갖가지 가면의 문양을 새겨 넣기도 했다. 이때는 가면의 주된 용도가 장식보다는 악귀를 위협하거나 쫓는 데에 있었다. 성격이 호방하고 낭만적이었던 한대 사람들은 쉽게 모습을 바꾸는 신기한 가면에 상당한 매력을 느꼈다. 그래서 가면은 백희百戲에서 가장 흔히 사용하는 분장 방법이 되었다. 남북조 때는 북방에서 백희의 가면 공연이 대단히 유행했다. 『수서隋書』「음악지音樂志」에 따르면, 양梁나라 때는 서역의 가면이 최초로 궁정에 전해졌다고 한다. 송宋나라 때는 인문적 정취가 넘치는 예술 양식(희곡, 설창문학, 문인화 등)이 급격히 발전하면서 가면 문화 역시 최고의 번영기에 이른다. 송원 양대에 걸친 중국 예술의 발전에는 희곡의 공헌이 가장 컸다. 기존의 가무백희와 비교하면 송원의 희곡은 인물 성격의 형상화에 더욱 중점을 두었다. 송원의 희곡이 눈썹과 눈으로 인물의 감정을 전달하기 위해 얼굴 화장을 많이 쓰면서 가면은 점차 보조적인 위치로 퇴화하게 된다. 주의할 점은 희곡 가면의 사용이 송원 이후에는 대부분 신선이나 요괴, 동물 등의 역할로 제한되었다는 것이다. 이 때문에 송대 이후 희곡의 흥성과 검보臉譜(중국 전통극 배우들의 얼굴 분장) 예술의 보급은 오히려 중원 가면 문화가 점점 쇠락의 길로 접어드는 계기가 되고, 명청대에는 가면 문화가 더 이상 예전 모습을 찾지 못하는 지경에 이르고 만다. 송원 이후부터 명청대에 이르기까지 가면 문화는 남방은 성행하고 북방은 쇠퇴하는 상황으로 굳어진다. 여기에 한족과 소수민족의 문화가 융합되면서 옛 전통에 새로운 활력을 불어넣고, 이것이 근현대 남방 가면 문화 발전의 기초로 작용한다.

현대미술의 분류 기준에 따르면 가면은 당연히 조형 예술에 속하며, 가면과 검보는 모두 얼굴 분장의 기본적인 방법들로 볼 수 있다. 외국에서는 지금까지 중국의 검보에 대해서만 인식하고 있었다. 그러나 사실 중국의 분장 문화는 검보와 가면 두 부분으로 구성되어 역사적으로 완전한 하나의 체계를 형성해 왔다. 얼굴에 칠을 한 행위로부터 시작한다면 검보의 연원은 가면의 출현 시기와 거의 같은 선사시대로까지 거슬러 올라갈 수 있다. 그러나 하나의 완전한 예술 양식으로서의 검보는 원명 이후 중국 희곡이 본격적으로 무대에 등장하면서 점차 형태를 갖추게 된다. 이는 가면이 흥성하기 시작한 때보다 훨씬 늦은 것이다.

6-14-4 장족 해골 가면

가면을 '조형 예술'의 하나로만 본다면, 이는 가면의 심미적 함의를 지나치게 무시한 처사이다. 실제 생활에서 대다수의 가면은 특정 의식과 뗄 수 없는 관계에 있었다. 사람들이 가면을 창조하고 사용한 주된 이유는 삶의 희망, 이상, 가치관 등을 표현하기 위해서였다. 단순히 가면 하나만으로는 이런 복잡한 의미를 전달하기란 불가능하다. 반드시 특정 의식이나 행위와 결합해야 그 의미를 충분히 표현할 수 있다는 것이다.

위의 내용을 종합하면, 가면이 내포한 문화적 함의는 종교적 의의, 사회적 기능, 심미적 가치의 세 가지 측면으로 나뉠 수 있다. 최초의 가면은 실제 생활에서 '심미의 대상'이 아닌 '위력을 과시하는 물건'이었다. 종교적 상징 체계의 요소 중 하나로서의 가면은 사람들이 설정한 우주의 패턴을 반드시 반영했으며, 가면이 참여한 의식 활동들은 모두 무술巫術 활동에 감추어진 인간의 사고를 반영했다. 최근 들어 실내에 거는 가면 벽장식이 인테리어의 하나로 점차 유행하고 있다. 일부 외지 상인들은 먼 길을 마다 않고 대륙의 시골까지 찾아와 민간에서 만든 가면을 고가로 구입해서 관광객이나 공예품 수집가들에게 몇 배 가격으로 팔기도 한다. 이런 가면들은 이미 농촌을 벗어나 현대사회의 장식품 중 하나가 된 것이다. 그러나 중국 가면의 '미감'을 거실에 앉아 맛보기는 힘들다. 가면 자체가 원래 농촌에서 태어나 농촌에서 자란 것이기 때문이다. 다행히 중국 가면의 총체적인 기능은 지금도 유지되고 있다. 익숙한 환경에서 수많은 사람들의 존경과 숭배를 받으며 여러 중요한 의식에 직접 참여하고 있는 것이다.

6-14-5 광동 사자춤 원숭이 가면

중국 가면에 사용되는 재료는 매우 다양하다. 최초의 가면은 짐승 가죽으로 만든 것으로 보인다. 원시인들은 동물의 머리 모양대로 동물 가면을 만들어냈다. 당대 돈황의 나례儺禮의식 속 종규는 온몸을 표범 가죽으로 감싸고 있다. 사천 서부 구채구九寨溝 등지의 저족氐族은 지금도 동물 가죽 가면을 사용하고 있다. 다음으로 등장한 가면은 도기와 석재 가면이다. 이런 가면은 대부분 건물이나 그릇의 장식에 쓰인다. 지금도 문머리나 문짝에 거는 벽사용의 호두패虎頭牌, 탄구呑口(벽사용으로 문미에 거는 동물 혹은 귀신 머리 모양의 장식), 동물 머리 문고리 등이 바로 이런 것들이다. 그 밖에도 식물, 종이, 금속 등도 가면의 재료로 쓰인다.

인류가 가면을 만든 원래 이유는 스스로의 수호신으로 삼기 위해서였다. 그러나 수천 년의 역사를 거치면서 가면은 귀신을 쫓고 신을 숭배하는 기능에서 오락의 기능으로 점차 바뀌고, 흉악한 모습에서 상서로운 모습으로 바뀌고, 사나운 모습에서 귀여운 모습으로 바뀌었다. 이런 과정에서 가면은 중국인들의 다양한 희망을 담아왔으며 지금까지도 그 독특한 문화적, 심미적 가치를 잃지 않고 있다.

15. 고금古琴

2003년 11월 7일, 유네스코 파리 본부는 제2차 '인류 구술 및 비물질 유산 대표작'을 발표했다. 이때 중국은 1차로 들어간 곤곡昆曲에 이어 고금이 두 번째 영예를 얻는다. 중국의 고금은 3천여 년의 역사를 지닌 세계에서 가장 오래된 탄彈악기 중 하나이다. 중국 고대의 대표적인 정신문화인 고금 예술은 중국 음악사, 미학사, 사회문화사 등에서 광범위한 영향을 미쳐 왔다.

금은 중국에서 가장 오래된 악기 중 하나로, 전설에 따르면 신농, 복희시대 때부터 이미 있었다고 한다. 동한 허신의 『설문해자』에서는 "금琴은 금禁이고, 신농이 만들었다"고 했으며, 『구당서』 권29 「악지樂志」에서는 "금은 복희가 만들었다"고 했다. 물론 이 기록들을 그대로 믿을 순 없지만, 아무리 늦어도 서주 때는 금이 이미 유행했던 것으로 보인다. 『상서』에 따르면 "순임금은 오현五絃의 금을 타며 「남풍南風」의 시를 노래했다"고 한다. 또 『시경』 「관저關雎」에서는 "올망졸망 마른풀을 이리저리 캐고, 정숙하고 아름다운 숙녀를 금슬로 벗한다네[參差荇菜, 左右采之, 窈窕淑女, 琴瑟友之]"라고 했다. 이들 자료는 민족적 색채가 풍부한 고금이 대단히 유구한 역사를 가지고 있음을 증명한다.

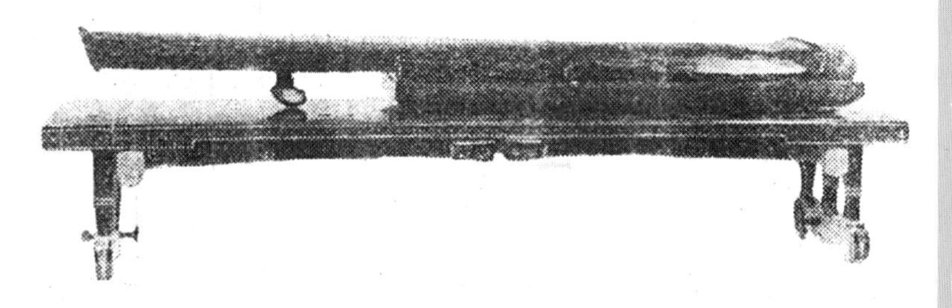

6-15-1 한대 초의 칠현금(장사 마왕퇴)

예로부터 금은 문인 사대부와 깊고 두터운 관계를 유지해 왔다. 문인아사를 대표하는 하나의 상징으로서의 의미가 있었던 것이다. 일찍이 춘추전국시대에 이미 사양師襄, 사광師曠, 유백아俞伯牙 등의 고금 예술가가 등장했다. 특히 공자를 대표로 하는 유학의 대가들은 금을 무척이나 아꼈다. 당시 열국을 주유하던 공자는 진채陳蔡에서 식량이 떨어지고 제자들이 병으로 쓰러지는데도 오히려 노래를 부르고 금을 탔다. 당시 공자의 인생 태도와 정치적 믿음이 얼마나 굳건했는지 알 만하다. 『사기』「공자세가」에 따르면, 공자에게 금을 가르쳐 준 인물이 바로 사양자이다. 그리고 사광의 금 연주는 사람들의 감탄을 자아낼 뿐 아니라 짐승과 새들까지 춤추게 했다고 한다. 『여씨춘추』와 『열자』에 나오는 유백아와 종자기鍾子期의 지음知音 이야기는 더욱 잘 알려져 있다. 유백아가 금을 타면 종자기는 그 의미를 금방 깨달았다. 우뚝 솟은 높은 산에 뜻을 두든 세차게 흐르는 물에 뜻을 두든 언제나 유백아의 마음을 꿰뚫어 보았던 것이다. 종자기가 죽자 백아는 자신의 음악을 알아주는 이가 사라졌다는 슬픔에 죽을 때까지 금을 연주하지 않았다. 뜻을 높은 산이나 흐르는 물에 두는 것은 정신적인 면모를 가리킨다. 이렇듯 문인 사대부들은 누구에게 보여주기 위해 금을 연주하지 않았다. 음악에 마음을 표현하고 정을 기탁하여 음악이 주는 지선至善과 지미至美의 가치를 사람들이 느낄 수 있도록 했던 것이다. 이 때문에 금은 4대 문인 예술이라 일컫는 금기서화琴棋書畵 중에서도 첫머리에 위치하여 고대 문인들이 지극히 아끼는 예술 형식이 되었다.

양한에 이르러 금은 형식적으로 큰 발전을 이룬다. 장사 마왕퇴에서 출토된 칠현금은 대단히 정교하게 제작되어 있다. 한대 말기에 이르면 금의 판면이 완전히 평평해진다. 울림통이 이전보다 커져서 금의 예술적 표현력을 크게 향상시킨다. 사천에서 출토된 한대의 인형은 다양한 표정들을 짓고 있다. 그중 하나는 얼굴을 왼쪽으로 돌린 채 입을 크게 벌리고 두 손으로 현을 어루만지고 있다. 절정의 단락을 노래하고 있는 듯 무척이나 생동적이다. 또 다른 인형은 다섯 손가락을 모두 편 채 금을 탄다. 하늘을 향한 얼굴 표정이 편안하면서 자연스럽다. 당시에는 유가의 선비들 중에도 금을 타는 이들이 많았다. 사마상여司馬相如가 탁문군卓文君과 금으로 인연을 맺어 몰래 도망간 이야기는 천고의 미담으로 전해진다. 그는 「장문부長門賦」에서 고금을 '아금雅琴'이라 칭했다. 그만큼 문인아사들은 금에 대해 애착을 가졌다. 동한의 학자 채옹蔡邕은 음률에 정통할 뿐 아니라 금도 기막히게 연주하여 「금부琴賦」라는 작품까지 지었다. 그가 창작한 금곡 다섯 수는 「채씨오농蔡氏五弄」이라는 이름으로 후대에 널리 전해졌다.

위진시대의 문인묵객들은 금을 수신과 정신 수양의 도구로 떠받들었다. 그들은 예교의 속박을 반대하고 자연으로 돌아가 본성대로 살 것을 주장했다. 이것이 바로 고금의 연주가 전성기에 들어서게 된 이유이다. 당시 두각을 나타내는 예술가로는 채문희蔡文姬, 완적阮籍, 혜강嵇康 등이 있었다. 그중 채문희는 「호가십팔박胡笳十八拍」으로 역사에 이름을 남겼다. 그녀는 채옹의 딸로 한 말의 전란 때 흉노의 포로로 잡혀가 좌현왕左賢王의 처가 되었다가 나중에 조조의 도움으로 돌아온다. 이 노래는 흉노에 두고 와야 했던 두 아들을 사무치게 그리워하며 지은 것이다. 현학玄學의 대표 인물 중 한 명인 완적은 어려서 채옹을 스승으로 모셨다. 음률에 정통했던 그는 아름답고 오묘한 금 소리로 조조의 신임을 받기도 했으나, 나중에는 사마씨의 포악한 정치를 피하기 위해 술에 의지해 현담을 즐기며 미친 척했다. 그의 「주광酒狂」이 바로 이런 울분의 마음을 표현한 노래이다. 완적과 이름을 나란히 한 이로 혜강이 있다. 그는 "명교名教를 뛰어넘어 자연에 나를 맡긴다"는 말로 예교에 대한 반감을 노골적으로 드러냈다. 그는 금을 안고 현을 뜯고, 산야를 두루 다니며 좋은 벗들을 만나기를 즐겼다. 지은 곡으로는 「광릉산廣陵散」, 「혜강사농嵇康四弄」 등이 있다. 「광릉산」은 유유자적의 삶을 표현한 곡으로 후대인들에게 깊은 인상을 남겨 희대의 음이라는 찬사를 받았다.

6-15-2 「수음자차도樹陰者茶圖」 문징명

남조 때는 군주와 제후들 대부분이 문학과 음악을 좋아했으며, 그만큼 적지 않은 문인 금가琴家가 출현했다. 하지만 그들은 사족 집단의 통제 때문에 뜻을 펼치지 못하고 산림에 은거하며 금기서화로 낙을 삼았다. 이는 위진의 현풍玄風과도 밀접한 관련이 있다. 당시의 유명한 금가로는 종병宗炳과 류운柳惲 등이 있다. 종병은 금 연주뿐 아니라 산수화에도 능했다. 그는 "금을 어루만져 뭇 산들이 메아리를 울리도록 하겠다"고 호기롭게 말하곤 했다. 그의 연주가 얼마나 풍부한 상상력을 갖고 있었는지 알 만하다. 그의 금곡은 산수와 관련이 깊었는데, 이는 당시의 주류 문화가 그대로 반영된 것이다. 류운은 금과 바둑에 특히 능했다. 그는 혜원용嵇元容과 화개華蓋를 스승으로 삼고 그들의 정수를 함께 받아들였다. 당시의 문인아사들은 금을 연주할 때 고상하고 시원시원하면서 우아한 분위기를 잃지 않았다. 그래서 금의 기본적 풍격인 '고아高雅'함을 완성하게 되었다.

수당대에는 전문 금가가 갈수록 많아졌다. 그중에서도 문인 금가의 역할은 상당했다. 이량보李良輔는 「광릉지식보작서廣陵止息譜作序」를 짓고, 여위呂渭는 그것을 다시 36박으로 발전시켰다. 또 설역간薛易簡의 「금결琴訣」, 진사강陳士康의 「이소離騷」 등도 금학의 번영을 말해주는 작품들이다. 당시 금은 그림의 소재로도 자주 사용되었다. 오대 주문구周文矩의 「금완합주도琴阮合奏圖」를 보면 총 다섯 사람 중에 두 명이 금을 타고 있다. 난화지蘭花指(엄지와 중지는 구부리고 나머지 손가락은 위를 향한 모양)로 구부린 손가락을 현 위에서 놀리고 있는 모습이 무척이나 여유롭다.

문인아사들은 푹 빠질 정도로 금에 대한 애착이 강했다. 송대의 구양수歐陽修는 「삼금기三琴記」에서 금 소리에 대한 사랑을 표현했고, 소식蘇軾은 현사賢師의 금 연주를 들은 후 세상 사람들이 다른 악기의 방해로 현사의 미묘한 금 소리를 제대로 들을 수 없음을 안타까워했다. 당대의 시인 왕유王維는 불우한 벼슬살이로 인해 은거나 다름없는 삶을 살았다. 이런 그에게 금서기화는 평생의 벗이 되었다. 『구당서』 「문원전文苑傳」에서는 그가 "금을 타고 시를 지어 종일토록 읊고 노래했다"고 썼다. 음악과 문학을 통해 정신적 해탈과 심리적 위안을 찾았던 것이다.

송원시대에는 서로 다른 사승 관계에 따라 경사京師, 양절兩浙, 강서江西의 금파가 출현했다. 그중에서도 절파浙派의 성과가 가장 뛰어났다. 그래서 성옥간成玉磵은 「금론琴論」에서 "경사와 양절 모두 금에 능한 자들이 많았지만 운지법은 서로 달랐다. 경사는 지나치게 딱딱하고 강서는 너무 가벼웠다. 양절은 질박하면서도 거칠지 않고, 꾸밈이 있으나 화려하지 않았다"고 했다. 북송문인들의 금에 대한 사랑은 유별났다. 구양수는 사람들과 이별할

6-15-3 「금완합주도」 주문구

때 금을 잘 타는 손도자孫道滋를 불러 안타까운 심사를 금 소리로 달랬다. 소식은 금학에 조예가 깊었다. 후대인들은 수많은 그의 사詞들을 노래로 만들어 불렀다. 황제들도 금의 매력에 도취되었다. 송 태종 조광의趙匡義는 지도至道 원년에 "구현금九絃琴과 오현완五絃阮을 만들고 37권의 악보까지 새로 지었다". 또 고종 조구趙構는 방패 모양의 금을 만들어 신하에게 하사했다. 국방에 소홀하지 말라는 의미였다. 휘종 조길趙佶은 남방과 북방의 명품 금들을 모두 거둬들여 '만금당萬琴堂'이라는 곳에 보관했다. 이후 명청대에 이르면 금은 그야말로 백가쟁명, 백화제방의 국면을 연출하게 된다.

금은 중화민족 최고最古의 현악기이고, 금악琴樂은 중화민족의 정신을 가장 잘 표현할 수 있는 민족 음악이다. 한위漢魏 이래로 중국의 고금은 문인 사대부와 혈맥의 관계를 유지해 왔다. 이로써 금은 단순한 오락이 아닌 '도道를 싣는' 하나의 도구가 되어 전통 문인정신의 함양에 중요한 작용을 했다. 고유의 맛과 느낌을 가진 이 고금은 지금까지도 그 신비하고 독특한 매력을 마음껏 뽐어내고 있다.

16. 검보臉譜

천극川劇(사천 지방의 전통극) 변검變臉 예술의 화려함에 사람들은 눈을 떼지 못한다. 홍콩의 한 유명 예술가는 천극의 대가에게 직접 이 절기를 사사받기도 했다. 그러나 천극은 중국 희곡 예술의 대가족 중 한 성원에 불과하다. 검보는 희곡의 중요한 표현 수단 중 하나로서 중국의 전통극에서만 볼 수 있는 독특한 화장 조형예술이다. 중국의 전통극은 종합적 성격이 강한 무대예술이다. 음악, 춤, 미술, 무술, 잡기 등의 요소를 한데 융합한 것이다. 관중에게 보여주는 시각적 형상의 측면에서 검보는 분위기를 더욱 무르익게 만드는 화룡점정의 역할을 하며, 그만큼 극중 인물의 조형에서 중요한 역할을 차지한다.

검보의 역사는 중국 상고시대의 종교의식과 민간 무용에서 사용된 가면으로 거슬러 올라간다. 당송대에 이르면 가면 외에도 '염면染面', 즉 얼굴에 화장을 해서 귀신의 형상을 표현하는 무대예술이 등장한다. 맹교孟郊 「현가행弦歌行」의 "역귀를 쫓으며 북치고 피리 불고, 깡마른 귀신의 염면은 이빨만 하얗네[驅儺擊鼓吹長笛, 瘦鬼染面惟齒白]"라는 구절은 당시의 무대 화장을 형상적으로 묘사하고 있다. 시대가 발전하면서 가면의 사용은 점차 줄어들고 지금은 대부분의 전통극이 검보를 주로 사용한다.

6-16-1 명대의 단각丹角 검보

원대는 중국 희곡의 황금기로서 검보도 큰 발전을 이루었다. 바로 이때 후대 '정검整臉(하나의 기본 색조로 얼굴을 화장하고 눈과 눈썹만 강조하는 방식)' 형식의 바탕이 마련되고, 세 가지 대표적 화장 방식이 이미 성숙기에 이른다. 정의로운 인물에 쓰이는 '결면潔面' 화장, 우스꽝스럽거나 부정적 인물에 쓰이는 '화면花面' 화장, 거칠고 호방한 성격의 인물에 쓰이는 '구검勾臉' 화장이 바로 그것이다. 명청대에는 지방극이 크게 유행하면서 검보 예술이 공전의 발전을 이룬다. 다양한 검보의 양식 하나하나가 일정한 성격으로 정립되고 도안 역시 더욱 복잡해진 것이다.

얼굴에 색을 칠하는 방식에 따라 희곡의 검보는 크게 유검揉臉, 말검抹臉, 구검의 세 가지로 나뉜다. 유검은 염검染臉이라고도 한다. 배우가 손으로 안료를 찍어 얼굴 전체에 고루 바른 후 다시 붓으로 눈썹과 안와 등 중요 부위를 가볍게 그리는 방법이다. 약간의 과장은 있지만 큰 변화를 주진 않는다. 말검은 손으로 얼굴에 백분을 한 겹 바른 후 붓으로 눈썹의 윤곽과 얼굴의 주름에 검은 칠을 하는 것이다. 구검은 붓으로 눈썹, 안와, 콧구멍, 입가 등의 윤곽을 넣고 얼굴과 이마 등에도 각종 문양을 그리는 방법이다. 검보는 보통 정淨과 축丑이 맡는 인물들에 쓰이며, 생生과 단旦의 배역에는 잘 쓰이지 않는다. 희곡에서는 생과 단의 화장을 소면素面, 결면潔面이라 부르고, 검보는 보통 화검花臉이라 칭한다. 물론 희곡의 각종 검보는 오랜 세월에 걸쳐 고유의 특색과 체계를 갖추며 발전해 왔다.

오늘날 중국에는 경극京劇, 곤극昆劇, 진극晉劇, 진강秦腔, 천극, 휘극徽劇, 한극漢劇 등 약 3백여 종의 전통극이 존재한다. 검보는 중국 전통극의 중요 구성 성분인 동시에 공연의 과정에서 고유한 특성과 기능을 발휘하는 독립적 예술이기도 하다.

검보의 첫 번째 특징은 도안화圖案化이다. 극의 연출은 형식적 미감을 추구한다. 검보는 선명한 색채와 아름다운 조형으로 극의 외적 장식미를 더욱 돋보이게 한다. 어떤 측면에서 검보는 과장된 화장 예술로 마음과 눈을 즐겁게 하는 효과를 보여준다고 할 수 있다. 예를 들어 경극의 검보는 이마와 뺨 부위의 색깔로 인물이 나뉜다. 붉은 얼굴의 관공關公, 자주색 얼굴의 상우춘常遇春, 늙고 붉은 얼굴의 황개黃蓋, 검은 얼굴의 포증包拯, 하얀 얼굴의 양부楊阜, 녹색 얼굴의 정교금程咬金, 금색 얼굴의 여래불 등이 그러하다. 검보는 현실적인 사람의 얼굴색과는 거리를 둔 색채의 '이형離形'을 보여준다. 현실에서 기원하면서도 대담한 과장을 더한 것이다. 사람들이 흔히 말하는 "붉고 푸른 분과 눈썹먹이 얼굴에 종횡으로 퍼져 있다"는 바로 이를 두고 한 말이다. 검보의 변형을 위해서는 '취형取形'이 필요하다. 취형은 현실생활 속의 자연스런 모습에 따라 검보를 그리는 것이다. 점, 선, 형, 색을 유기적으로 결합한 도안은 미적 효과를 두드러지게 한다. 취형의 방식은 여러 가지가 있다. 눈썹을 그리는 방법만 해도 버들잎 눈썹, 구름 눈썹, 불꽃 눈썹, 사마귀 눈썹, 나비날개 눈썹, 봉황꼬리 눈썹, 수미壽眉 등으로 매우 다양하다. 그 밖에 안와, 입가, 이마 등도 모두 도안화된 묘사로 '이형득사離形得似(형태에서 벗어나면서도 그 형태와 닮음)'의 장식미를 추구한다. 검보의 '이형'과 '취형'이 도안화의 장식적 효과를 추구하는 이유는 사람들의 주의를 이끌어 그 내면을 전달하기 위해서이다. 고대 중국 미학의 주된 내용이 바로 형태를 통한 내면의 전달[以形傳神]이다. 이런 미학 사상은 미술에만 국한되지 않고 검보 같은 무대예술과 여타의 예술 영역에도 광범위하게 적용된다.

6-16-2 항우 검보

검보의 두 번째 특징은 성격화이다. 일반적으로 희곡의 검보는 인물의 성격적 특성을 부각시켜 '포폄을 빗대고 선악을 구별하는' 예술적 기능을 수행한다. 관중들로 하여금 그 겉모습을 보고 내면을 알아차릴 수 있도록 한 것이다. 검보는 상징과 함축의 방식으로 인물의 성격을 표현한다. 이 역시 색과 형상의 두 가지 측면에서 살펴볼 수 있다. 색은 성격을 표현하는 중요 요소 중 하나이다. 검보의 색은 중국 민족의 생활 습속과 문화 전통을 그대로 체현한다. 예를 들어, 붉은색은 진실함과 충심을, 황색은 노련함을, 자주색은 강직함과 용기를, 검은색은 바르고 올곧음을, 흰색은 간사하고 음험함을, 분홍색은 강직한 어른을 나타내며, 금색과 은색은 대부분 신이나 부처 등의 초탈한 인물에 쓰인다. '취형'은 인물의 특징을 부각시키는 중요한 방법이다. 검보는 사마귀, 박쥐, 나비 같은 동물의 형상을 취하기도 하고, 창, 갈고리 같은 병기 모양을 얼굴에 그려 부호로 삼기도 한다. 예를 들어 경극의 검보에서 포증의 얼굴은 곧고 힘이 넘치는 흰 눈썹과 '청천靑天'을 상징하는 검은 이마 위의 하얀 초승달이 특징이다. 이는 암울한 시대를 비춰주는 밝은 달처럼 포증을 우러러본다는 의미이다. 그 밖에도 노지심魯智沈 검보의 사마귀 눈썹은 항상 가장 선두로 나서 싸움을 벌이는 그의 용감함을 상징하며, 후예后羿 검보의 아홉 개 태양은 그가 아홉 개의 태양을 활로 쏜 인물임을 시사한다.

6-16-3 경극 「두오공斗悟空」 검보

검보의 세 번째 특징은 규격화이다. 희곡의 검보는 일종의 부호로서 오랜 세월에 걸쳐 그에 상응하는 심미적 관습과 일정한 규칙을 형성해 왔다. 검보 예술은 점, 선, 형, 색을 규칙적으로 조직하여 장식적 성격의 도안을 만듦으로써 희곡 예술의 전파에 기여해 왔다. 검보의 구도를 통해 우리는 인물의 성격과 품성, 신분 등을 엿볼 수 있다. 예를 들어 정검은 진지한 성격을 표시하고, 십자문검十字門臉(대들보처럼 이마부터 코끝까지 이어지는 무늬를 그린 다음 다시 눈 사이를 연결하여 십자 모양으로 그린 검보)은 희극적이거나 비극적인 성격을 표시한다. 이런 검보의 형식은 이미 하나의 규칙이 되었다. 검보는 각 부분의 모양 역시 다채롭다. 눈 하나만 보더라도 나비날개눈, 곧은 안와, 뾰족한 안와, 봉황 안와, 둥근 안와 등으로 매우 다양하다.

공연예술의 규격화와 마찬가지로 검보의 규격화 역시 검보 예술이 엄격하면서도 생동적인 예술적 특성을 갖도록 해주었다. 다채롭고 풍부한 희곡 검보의 도안화, 성격화, 규격화에는 민족예술에 대한 중국인들의 애착과 심미적 창조 정신이 그대로 녹아들어 있다.

17. 중국 매듭[中國結]

매듭은 중국 민족문화의 정수 중 하나로서 오랜 역사와 풍부한 문화적 함의를 갖고 있다. 중국의 매듭은 단순히 묶고, 매고, 감는 기능을 뛰어넘어 하나의 의식 형태로 발전했다. 구체적 물건이 하나의 추상적 부호가 되고, 추상적 개념이 다시 구체적 형상으로 전환된 것이다. 중국의 매듭을 자세히 살펴보면 그 무궁한 오묘함을 발견할 수 있을 것이다. '승繩(줄)'과 '신神'의 음이 비슷해서 중국 문화에서는 예로부터 줄을 숭상해 왔다. 문헌의 기록에 따르면 "여와는 진흙 속에서 줄을 끌어와 사람을 만들었다"고 한다. 또 구불구불한 줄이 마치 용의 모양과 흡사하여 중국인을 용의 후예로 간주하고 줄로 용신의 형상을 표현하기도 한다. 줄로 이은 매듭[結]은 생명력을 갖고 있다. 결과, 결합, 단결, 영결동심永結同心 같은 단어들은 모두 협력, 화해, 친밀함, 따듯함의 느낌을 준다. '결'은 '길吉'과 음이 비슷하다. 그래서 중국인들은 '결'에 행복, 장수, 기쁨, 재물 등의 풍부한 의미를 부여했으며 그만큼 매듭 역시 특수한 문화적 상징으로 지금까지 전해지고 있다.

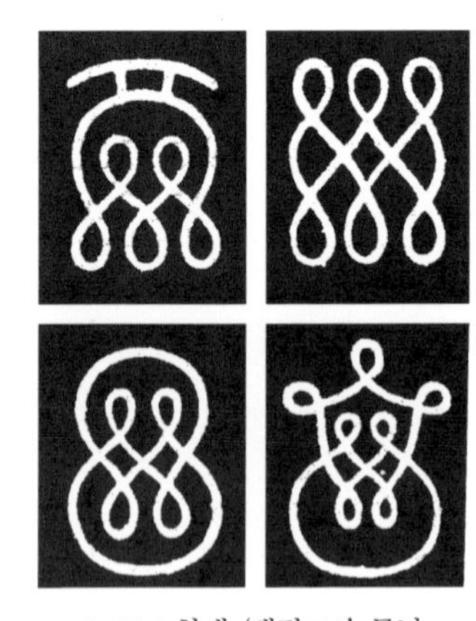

6-17-1 한대 '백길百吉' 무늬

"군자는 반드시 옥을 차야 한다"는 말에서 보이듯 고대인들은 옥을 무척 아꼈다. 사람들은 줄로 옥을 묶어 몸에 차고 다님으로써 하나의 장식이 추상적 도덕관념을 상징할 수 있도록 했다. 칼자루에 장식한 '법륜결法輪結'은 악을 물리치고 선을 따른다는 의미를 함축한다. 담뱃대는 나비매듭[蝴

蝶結]으로 장식했다. '호蝴' 가 '복福' 과 음이 비슷하므로 복이 스스로 찾아온다는 의미이다. 본명년本命年(자기 띠와 같은 띠의 해)에는 병과 악귀를 물리친다는 의미로 허리에 붉은 줄을 묶는다. 부채에 장식하는 길상결吉祥結은 길인은 하늘이 돕는다는 의미를 나타낸다. 단오에는 오색실로 줄을 엮어 아이들의 목에 묶었는데, 흔히 이를 '장명루長命縷' 라 불렀다. 위의 사례들은 모두 매듭에 길상의 의미를 부여하는 행위이다. 이렇듯 중국 매듭의 양식은 매우 다양하고 매듭의 도안은 길상의 의미와 미적 가치를 함께 지니고 있다.

'동심결' 은 비단 띠로 엮어 만든 고리 모양의 매듭으로 서로 사랑한다는 의미를 내포한다. 양 무제梁武帝는 「유소사有所思」에서 "허리 사이의 비단 띠 한 쌍이 꿈속에서 동심결이 되었네"라고 노래했다. 송대 시인 임포林逋는 "당신 눈에 눈물 가득, 첩의 눈에 눈물 가득, 비단 띠 동심결 아직 이루지 못하였는데 강가의 파도는 이미 잔잔해졌네"라는 시구를 남겼다. 그리움과 이별의 정이 모두 '매듭' 으로 표현되고 있는 것이다. 그래서 예로부터 사람들은 '동심결' 로 변하지 않는 사랑을 표시하곤 했으며, 신혼방의 휘장 고리도 반장결盤長結로 장식해서 변치 않는 사랑을 다짐했다. '결발부처結髮夫妻' 역시 비슷한 의미이다. 신혼 첫날밤 부부가 각각 머리카락을 한 올씩 뽑아 묶음으로써 영원한 사랑을 맹세하는 것이다.

'반장결' 은 '반장결盤腸結' 이라고도 한다. 옛사람들은 '굽이굽이 애타는 마음' 혹은 '창자를 끊듯 애끊는 마음' 등으로 멀리 떨어진 임에 대한 그리움을 표현하곤 했다. '반盤' 은 '반蟠' 과 음이 같다. 이 글자는 빙빙 감겨 있는 모습으로 풀이되며, 견고함을 뜻하는 '반磐' 과도 통한다. 결국 반

6-17-2 중국 매듭

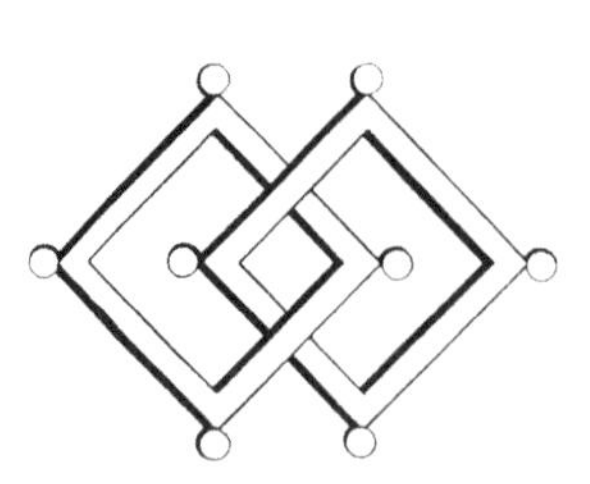

6-17-3 마름모 꽃모양 매듭

장은 굽이굽이 오래도록 변치 않는 마음을 의미한다. 반장결은 가운데 매듭을 거의 마름모 모양으로 짜서 주위로 여덟 개의 고리를 만드는 것이다. 그래서 흔히 '팔길八吉'이라고도 부른다. 반장결에 '여덟 가지 길상'의 의미가 부여된 것도 바로 이 때문이다. 중국인들은 '사물에 뜻을 기탁하여' 매듭으로도 속마음을 전달하곤 했다. 작은 매듭 하나가 본래의 사용가치를 훨씬 뛰어넘어 마음을 전달하는 담체로서 오랜 세월 동안 전해진 것이다.

매듭을 만들기 위해서는 일단 두 손의 섬세한 손놀림이 필요하다. 끈을 순서에 맞게 똘똘 말고, 묶고, 뚫고, 감고, 짜고, 뽑는다. 가장 큰 특징은 처음부터 끝까지 끈 하나로 매듭을 완성한다는 것이다. 완성품은 상하좌우가 대칭을 이룬다. 매듭 예술은 길상매듭과 복식매듭의 두 가지로 크게 나뉜다. 고대에 길상매듭은 사원의 휘장과 승려의 가사에 쓰였다. 사람들은 이 매듭이 삿된 기운을 피하고 재앙을 없애주고 흉함을 길함으로 바꿔준다고 여겨 길상매듭이라는 이름을 붙여주었다. 복식매듭은 대부분 팔찌와 허리띠 등에 쓰인다. 사람들은 기본적인 기능과 의미에 근거하여 매듭의 이름을 붙이고, 길상의 의미가 내포된 다른 도안을 함께 조합하여 각양각색의 매듭 장식을 만든다. 일반적으로 매듭의 제작에는 길이 1미터, 두께 4~6밀리미터의 끈을 쓴다. 끈의 재료는 비단, 면, 마, 나일론, 혼방 직물 등으로 매우 다양하다. 어떤 끈을 쓸 것인지는 일반적으로 매듭의 용도를 보고 결정한다.

매듭의 제작에 쓰이는 끈은 결이 간단할수록 좋다. 결이 복잡한 끈은 그 자체로는 예쁠지 몰라도 매듭으로 엮기에는 오히려 적합하지 않다. 끈의 두

께는 장식물의 크기와 질감에 따라 결정해야 한다. 물론 크고 거친 질감의 장식이라면 거친 끈을 고르고, 작고 섬세한 장식이라면 가는 끈을 골라야 할 것이다. 끈의 강도 역시 적당한 것이 좋다. 너무 딱딱하면 일단 매듭을 짓기가 힘들고, 행여 매듭을 만들더라도 섬세하지 못한 느낌을 준다. 반면 너무 물러도 문제다. 매듭의 윤곽이 뚜렷하지 않고 힘이 없어 선이 주는 리듬감을 표현해 내지 못하기 때문이다. 매듭 장식 하나를 만들더라도 전체적인 아름다움을 고려해야 한다. 길이와 두께가 적당한 끈을 찾는 것은 기본이며, 끈의 무늬와 매듭의 모양이 고르고 매듭과 장식물이 잘 어울려야 한다. 끈의 색깔도 반드시 신경 써야 한다. 고옥古玉 같은 우아한 물건과 짝을 이루는 매듭이라면 커피색이나 검푸른 계통의 끈을 써야 할 것이다. 반면 단조로우면서도 깊은 색감의 물건에 어울리는 매듭이라면 금색이나 은색 혹은 밝은 붉은색 계통의 끈을 쓰는 것이 낫다. 그래야 매듭 장식의 전체적인 분위기에 생동감이 넘친다. 중국 매듭에는 구슬, 금, 은, 옥, 법랑 등을 함께 장식하기도 한다. 잘 어울리기만 하면 사람들의 눈을 훨씬 더 끌 수 있기 때문이다.

중국 매듭은 여전히 유행 중이다. 곳곳에서 중국식 복장을 하고 있는 젊은 여성들을 볼 수 있다. 끈으로 엮어 만든 매듭단추가 신비롭고 예스러운 동방의 미를 더한다. 가느다란 한 가닥 끈이 매듭의 처음과 끝에 이어지고 여기에 다양한 디자인의 장식이 더해지면서 길상의 의미가 함축된 독특한 조형과 아름다운 색감의 장식품이 만들어진다. 고전미 넘치는 수공 예술을 현대 생활과 접목하여 '변형매듭'을 만듦으로써 현대적 미감이 더해진 새로운 예술적 정취를 맛보게 하는 것이다.

18. 인장印章

6-18-1 '경사敬事'
전국시대

인장은 중국 민족 예술의 걸작 중 하나이다. 그 독특한 향기의 자취를 찾아 천태만상의 섬세한 인장의 맛을 느껴보자.

중국의 인장 예술은 3천여 년의 역사를 갖고 있다. 현존 실물 자료에서 볼 때, 상대 말기에 이미 문자를 새긴 동새銅璽가 출현한 것으로 판단된다. 비록 형태는 단순하고 거칠지만 인장의 기본적 요소를 갖추고 있다는 점에서 중국 인장의 초기 형식으로 볼 수 있을 것이다. 동한의 허신은 『설문해자』에서 "인印은 정사를 맡은 자가 지니는 증표이다"라고 했다. 인장이 아주 오래전부터 국가 권력의 상징이었음을 말해준다. 옥새는 황권의 상징이었고, 관인官印은 각급 관리들이 권력을 행사하기 위한 근거였다. 늦어도 춘추전국시대에는 인장이 개인의 증표와 관방 권력의 상징으로 광범위하게 사용된 것으로 보인다. 사회와 경제의 발전으로 상품의 교환과 행정 업무를 위한 신표가 필요하여 관방용과 개인용 인장이 널리 쓰이게 되었다. 인장의 명칭은 시대마다 다르다. 진秦 이전에는 인장이라는 이름이 없었다. 당시에는 인장을 일률적으로 '새鉨(즉, 새璽)'라 불렀다. 진이 6국을 통일한 후에는 '새'

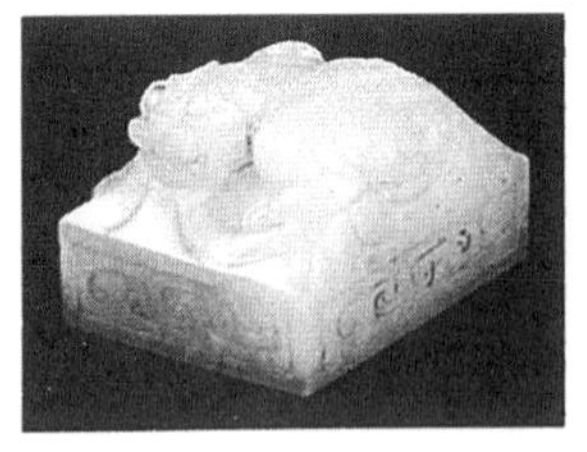

6-18-2 '황후지새皇后之璽'
서한

가 천자 전용으로 바뀌고, 신하와 백성들의 인장은 '인印'으로만 불렸다. 한대에는 황제의 인장은 그대로 '새'로 칭하고, 관인과 개인용 인장에 '장章', '인장', '인신印信' 등의 명칭이 등장하기 시작했다. 당 이후에는 황제의 인장을 '보寶'라 칭하기도 했으며, 관인과 개인용 인장은 '기記', '주기朱記', '관방關防', '도장圖章' 등의 이름으로도 불렸다.

전국시대의 고새古璽는 소박하고 예스러우면서 독특했다. 힘찬 기운이 넘치는 것도 있고, 정교하고 단정한 느낌의 인장도 있었다. 모두 특정 시대의 서풍書風과 주조 기술이 반영된 것이다. 고새는 실용성에 더 중점을 두긴 했지만 사실 예술적으로 훌륭한 작품도 적지 않다. 연燕나라의 낙마인烙馬印이 대표적이다. '일경도췌거마日庚都萃車馬'라는 글자가 새겨진 이 인장은 말이 하늘을 나는 듯 호방한 기세의 걸작이다. 한 변의 길이가 7센티미터로 크기나 구도의 독특함에서 전국시대뿐 아니라 한위를 통틀어도 독보적 위치를 점한다. '일경도'는 연나라의 지명이고, '췌거'는 부거副車를 가리킨다. 말의 몸통에 인장을 찍어 일경도 관부 소속 부거의 말임을 표시했다. 진나라 때는 천하통일로 인장의 양식 역시 어느 정도 통일을 이룬다. 소전이 6국의 옛 문자를 대신하면서 진나라 인장도 전국시대의 기이하고 독특한 풍격에서 소박하고 안정된 분위기로 바뀐다. 한대는 중국 인장 발전사의 첫 절정기이다. 전체적인 풍격은 단정하고 엄격하면서 여유가 넘쳤으며, 우아하고 묵직하면서도 소박한 미적 풍모를 이루었다. 육조의 인장은 자유분방했으며, 당송대는 엄숙하고 세밀했다. 육조 이후에는 인장이 서화와 인연을 맺기 시작했으며, 원대를 지나면서 점차 문인 예술의 하나로 정립되었다. 당시의 이런 인장을 흔히 '문인 인장'이라 부르며, '전각'이라는 표현 역시 이때부터 쓰이기 시작한다. 이후 전각 예술은 부단한 발전을 거듭하여 명청대에 이르면 인장 역사상의 두 번째 절정기가 찾아온다. 이때는 인장 예술의 유파가 매우 많아지고 인장의 예술적 가치에 더욱 주목하게 된다. 당시의 인장은 흔히 '유파 인장'이라 불린다.

문인 전각 예술은 원대에 큰 발전을 이룬다. 조맹부趙孟頫와 오연吳衍은 스스로 인장을 전각하고 한대 인장을 숭상하는 분위기를 이끌며 '원주문元朱文'과 '한백문漢白文'이라는 원대의 양대 인장 구도를 형성했다. 이로써 그들은 한대 인장과 명청대의 유파 인장을 이어주는 다리 역할을 했다. 명대 중엽 이후에는 문인 전각 예술이 고도의 발전기에 이르고 개성있는 전각가들이 등장해 큰 성과를 거둔다. 그들은 진한의 풍격을 따라 우아하고 질박한 만명晩明의 인장 예술을 이끌었다. 명대 서화의 대가 문징명文徵明의 장남 문팽文彭은 시, 서, 인 모두에서 일가를 이루며 일대종사의 인가印家라는 영예를 받았다. 그는 인장의 예스러운 맛을 살리기 위해 어린아이에게 이제 막 완성한 인장을 일부러 상자에 넣고 "종일토록 흔들도록 했다"고 한다. 그의 '금파의송완학琴罷依松玩鶴' 석장石章에서는 시원스런 각도刻刀의 놀림과 생동하는 기운이 넘쳐 난다.

6-18-3 '금파의송완학琴罷依松玩鶴' 문팽

명대가 깔아놓은 기초 위에서 청대의 전각 예술은 더 큰 발전을 이루었다. 전각의 유파가 넘쳐 날 정도로 많아졌다. 휘파徽派는 명 말에 하진何震에서 시작하여 청대에 가장 큰 유파가 된다. 건륭 때에는 절파浙派가 새롭게 일어나 남북 대치 국면을 형성한다. 남방에서는 남종南宗, 절종浙宗이라 칭하고, 북방에서는 북종北宗, 휘종徽宗이라 칭했다. 절, 휘 양대 진영은 청대 전기와 중후기 인장 예술 집단의 대세를 이루었다. 만청晩淸에 이르면 절파와 휘파의 세력이 점점 약해지고, 조지겸趙之謙, 황사릉黃士陵, 오창석吳昌碩 등의 독창적 풍격을 지닌 명가들이 출현한다. 바로 그들이 만청의 인장 예술을 고도의 성숙 단계로 밀어올렸다. '인장 밖에서 인장을 찾은' 조지겸은 여러 가지 글자체를 대담하게 하나의 인장에 넣어 '서로 다른 종파를 하나로 합친' 거장이 되었다. 그는 평생토록 인장을 3백 개밖에 파지 않았으면서도 이토록 높은 경지에 올랐다. 과연 '천구인일天九人一', 즉 90%는 하늘에서 내려준 자질이고 나머지 10%가 사람의 노력이라는 칭호가 부끄럽지 않은 거장이었다. 황사릉의 인장은 밝고 날카로운 풍격을 자랑한다. '밝고 깨끗함 속에서 예스러움과 소박함을 찾은' 것이다. 마국권馬國權은 황사릉의 인장이 "평온함 속에서 움직임이 엿보이고, 곧음 속에 우아함이 깃들어 있다"고 총평했다. 오창석은 시, 서, 화, 인에 모두 능한 대가였다. 그는 여러 예인들의 장점을 터득하여 자신의 중후한 인장 풍격을 이루어냈다. 그는 석고문石鼓文을 특히 잘 썼다. 일부 인장의 전각법은 확실히 석고문에서 그대로 가져온 것이다. 하지만 그보다는 석고의 거칠면서 들쭉날쭉한 맛을 자신의 인장과 어울리게 한 경우가 훨씬 많다. 전각 예술에서 오창석이 이루어낸 성과는 시, 서, 화, 인이 하나로 융합되는 새로운 시대가 왔음을 의미한다. 일찍이 그는 중국 최초의 전각 예술가 집단인 서령인사西泠印社를 설립하여 대표로 추대되기도 했다. 청대 이후 근대 인장 예술가 집단에서는 제백석齊白石 파가 하나의 이정표를 세웠다고 할 수 있다. 민간의 색채가 농후한 그의 인장은 "촌스러움을 우아함으로 바꾸고, 소박하고 후덕하면서도 속됨을 탈피했다"고 평가받는다.

인장은 이름뿐 아니라 그 재료도 대단히 풍부하다. 주된 재료는 석재, 금속, 뼈 등이다.

초기에 관방과 개인용 인장에 널리 사용된 금속은 구리이다. 춘추전국에서 송원까지의 인장은 대부분 동인銅印이다. 한대의 왕후들은 권력을 과시하기 위해 금인을 쓰기도 했다. 은인이 처음 등장한 때는 전국시대이다. 상아, 무소뿔, 소뼈나 양뼈 같은 짐승의 뼈 역시 인장의 재료로 쓰였다. 특히 상아는 재질이 단단하면서도 부드럽고 오랜 세월이 지나도 무늬가 그대로라 당송대에 관인으로 많이 쓰였다. 그러나 상아 인장은 열에 약하고 깨지기 쉽고 쥐들이 잘 갉아먹어 지금까지 남아 있는 수량이 얼마 되지 않는다. 원 말의 왕면王冕은 석재로 전각을 한 최초의 문인이다. 명대 중엽 이후에는 석재가 전각의 주재료가 된다. 수산석壽山石은 인장에 쓰는 각종 석재 중에서도 최고로 친다. 복주福州 수산에서 생산되는 이 돌은 전갱田坑, 수갱水坑, 산갱山坑으로 구분된다. 전갱에서 생산되는 전황동석田黃凍石은 전황이라고도 하며 수산석 중에서도 1등품으로 친다. 석질이 매끄럽고 투명하며 깨끗하다. 절강 청전青田현에서 나는 청전석 중에는 난의 꽃잎처럼 투명하면서도 여린 난화청전蘭花青田이 가장 유명하다. 또 절강 창화昌化에서 생산되는 계혈석鷄血石 중의 상품인 계혈동鷄血凍은 백, 홍, 흑의 삼색이 섞여 있어 흔히 '유劉, 관關, 장張' 석이라고 부른다. 옥석 중에서는 양지옥羊脂玉을 상품으로 친다.

인장을 감상하기 위해서는 재료뿐 아니라 가장 중요한 몇 가지 요소, 즉 인면印面, 인관印款, 인식印飾에 대해 알고 있어야 한다.

인면은 글자를 새기고 찍는 면을 말한다. 인면의 무늬는 양문陽文과 음문陰文으로 나뉜다. 금석학자들은 보통 음문을 백문白文으로, 양문을 주문朱文(홍문紅文)으로 부른다. 두 방식을 섞은 '주백간문인朱白間文印' 도 있다. 인면의 무늬는 나름의 규칙이 있다. 즉, 글자와 글자, 행과 행 사이의 배치와 전체적인 구도에 신경을 써야 한다는 말이다. 어떤 인면은 경계가 되는 격자가 있다. 이 격자는 전자田字격자와 세로격자로 나뉜다. 어떤 인장은 네 면에 테두리를 두르기도 한다. 내용적으로도 인면의 무늬는 많은 정취와 의미를 함축한다. 송대 문학가 구양수의 '육일거사六一居士' 인장은 '옛 자료 1천 권, 장서 1만 권, 금琴 하나, 바둑 한 판, 술 한 주전자' 에 늙은 자기 자신을 더해 '육일' 이라 한 것이다. 여유와 즐거움이 절로 넘치는 인장이다. 수수께끼처럼 글자를 쪼개서 인장으로 만든 경우도 있다. 남송의 사 작가 신기질辛

棄疾의 '육십일상인六十一上人' 인장의 수수께끼는 바로 자기의 성이다. 당백호는 '강남제일재자江南第一才子'라는 인장을 썼다. 그의 목소리가 귓가에 들리는 듯 자신감이 철철 넘치는 인장이다. 인관, 즉 관식款識은 인면을 새긴 후 인장의 옆면이나 꼭대기에 따로 새기는 글자를 말한다. 흔히 '변관邊款'이라고도 하며 서화의 낙관과 마찬가지의 역할을 한다. 인식은 장식미를 더하기 위해 인장 위에 새기는 조각이며, 보통 '인뉴印鈕(혹은 '인뉴印紐')'라고 부른다. 『설문해자』에서 "뉴鈕는 인장의 코이다"라고 했다. 줄로 묶을 때 쓰는 인장의 꼭대기가 코처럼 툭 튀어나와 있기 때문이다. 사실 인뉴만으로도 하나의 독립적 예술이 될 수 있다. 단뉴壇鈕, 귀뉴龜鈕, 타뉴駝鈕, 마뉴馬鈕, 그리고 황제의 옥새에 새기는 용뉴龍鈕 등 다양한 형식이 있다. 이 동물들은 지극히 작은 공간에 발을 딛고 있지만, 살아 숨 쉬는 듯 생생한 모습과 각양각색의 자태는 인장을 아끼는 사람들에게 적지 않은 즐거움을 준다.

6-18-4 '경황일권사난정硬黃一卷寫蘭亭' 호곽胡钁

제7권

하늘로 뻗은 남방의 누대 · 건축 편

中國文化辭典

1. 화표華表

북경 천안문 앞의 금수하金水河 옆으로 높고 큰 돌기둥 두 개가 우뚝 솟아 있다. 기둥 꼭대기에는 괴수 한 마리가 서 있고, 꼭대기 아래로는 상서로운 구름이 펼쳐지고 용 한 마리가 기둥의 몸체를 위쪽으로 휘감고 있다. 이것이 바로 화표이다.

화표는 중국에만 있는 건축이다. 그렇다면 화표는 어떻게 만들어졌고 그 기원은 무엇일까?

기원에 관해서는 일반적으로 두 가지 가능성을 든다. 중국 고대의 황제는 백성들의 의견을 듣기 위해 궁전 밖에 '간고諫鼓' 라는 것을 걸고 대로 양쪽에 '방목謗木' 을 세웠다. '간고' 는 궁전 밖에 거는 북을 가리킨다. 백성들은 할 말이 있으면 북을 때려 원통함을 호소했다. 황제는 북을 때린 관리나 백성을 궁 안으로 불러와 직접 말할 기회를 주었다. '방목' 은 교통의 요지나 교차로에 세우는 나무기둥을 말한다. 관리나 백성들은 나무 위에 자신의 의견이나 건의사항을 글로 적었다.

화표

이처럼 '간고' 와 '방목' 은 황제가 궁궐 밖 사정에 관심을 기울이고 있음을 표시하기 위한 도구였다. 대부분은 이름뿐인 장식용에 불과했을 것이다. 더구나 '간고' 나 '방목' 이 결국은 전해 내려오는 이야기에 불과한데다 항상 태평성대의 명군과 함께 언급된다는 점에서 그 신뢰성은 훨씬 줄어든다. 예를 들어 『회남자淮南子』 「주술훈主述訓」에는 "요임금은 간언하는 북을 설치하고, 순임금은 비판하는 나무를 세웠다"는 기록이 있다. 『후한서』 「양진전楊震傳」에서도 "신이 듣건대, 요순시대에는 간고와 방목을 조정에 세웠다 합니다"고 했다. 사실 이 기록은 이 책을 쓴 사람조차도 믿기 힘들었을 것이다.

더구나 이런 방목과 간고는 시간이 지나면서 간언을 받아들이는 원래의 기능이 점차 상실되고 지금의 이정표나 다름없는 물건이 된다. 이것이 바로 화표의 기원설 중 하나이다.

다른 한 가지는 화표가 한대의 승로반承露盤에서 기원한다는 설이다. 한대는 도가 학설이 유행하여 신선을 찾고 도를 묻고 장생을 추구하는 분위기가 팽배했다. 당시 사람들은 이슬에 옥가루를 섞어 복용하면 불로장생할 수 있다고 믿었다. 그래서 한대에는 궁궐에 하늘의 감로를 받기 위한 도구를 설치했다. 이것이 바로 '승로반'이다. 승로반의 형태는 아주 간단하다. 기둥을 땅에 세우고 기둥 꼭대기에 원형의 큰 동반銅盤 하나를 설치하면 끝이었다. 밤 동안 이슬이 동반에 모이면 아침에 담당 관리가 이슬을 옥가루와 섞어 황제에게 바쳤다.

승로반은 이후에도 오랜 세월에 걸쳐 계속 사용되었다. 현재 북경 북해北海공원의 경화도瓊華島 위에 바로 이 승로반이 하나 세워져 있다. 높은 돌기둥 위에는 한 신선이 두 손으로 얇고 둥근 동반을 받든 채로 서 있다. 고증에 따르면 이 신선 승로반은 청대의 것이라 한다.

승로반이 역대 황제들에게 불로장생의 행운을 가져다주진 않았다. 대신 승로반은 화표의 기원 중 하나로서 황궁에 위엄을 더해주는 도구가 되었다.

최초의 화표는 어떤 모양이었을까? 『고금주古今注』의 기록은 이렇다. "요임금이 세웠다는 비판의 나무는 어땠을까? 지금의 화표 나무이다. 기둥 끝에 나무를 가로질러 그 모습이 마치 꽃과 같았으며, 전체적인 형태는 길고

桔槔 같았다." 길고는 고대에 물을 긷던 도구이다. 장대의 한쪽 끝에 물통을 달고 다른 한쪽 끝에 줄을 묶어서 위아래로 움직여 물을 긷는 것이다.

위 내용에 근거하면 이런 결론에 이를 수 있다. 즉, 최초의 화표는 사실 매우 단순한 도구였다. 맨 위쪽에 나무를 하나 가로지른 기둥일 뿐이었고, 궁정에서만 쓴 것이 아니라 곳곳에 널려 있었다는 것이다. 「청명상하도清明上河圖」를 보면 무지개다리 양쪽 길가에 나무기둥이 하나씩 세워져 있는 장면이 있다. 기둥 끝에는 '십十' 자로 교차된 짧은 나무가 있고, 더 위 꼭대기에는 선학仙鶴이 한 마리 있다. 이것이 바로 당시의 화표이다.

처음에는 곳곳에 세워졌던 화표가 나중에는 중요 건축물의 표지가 되고 더 나아가 황가의 위엄을 부각시키는 역할까지 한다. 그사이에 상당히 긴 변화와 발전의 시기가 있었을 것이다. 그러나 안타깝게도 그와 관련된 역사 자료는 극소수이다. 아무도 이 발전의 과정을 체계적으로 그려낼 수 없는 상황이지만 그래도 어느 정도 추측은 가능하다.

최초의 화표가 나무로 만들어졌음은 의심의 여지가 없을 듯하다. 그러나 나무로 만든 화표는 바람이나 햇볕, 비에 노출되면 금방 썩게 마련이다. 그래서 중국의 다른 건축과 마찬가지로 화표 역시 목재에서 석재로 점차 대체된다. 이렇게 해서 지금의 화표 모양이 된 것이다.

현재 우리가 볼 수 있는 화표는 상당히 많다. 천안문 광장의 화표뿐 아니라, 교량 끝과 중요한 건축물들의 앞뒤에도 화표가 세워져 있다. 예를 들어, 유명한 노구교盧溝橋의 양쪽 끝에 화표가 하나씩 있고, 남경 자금산紫金山 위의 능묘 앞에도 화표 한 쌍이 있으며, 북경대학 교정 안에도 화표 한 쌍이 세워져 있다. 북경대학의 화표는 원래 원명원에 있었다. 원명원이 영불 연합군의 공격으로 소실되면서 안에 있던 석조물들이 각지로 흩어졌고, 이때 화표 한 쌍이 북경대학 교정으로 옮겨진 것이다. 지금은 북경대학의 명물 중 하나가 되었다.

우리가 지금 볼 수 있는 화표는 대부분 명청대의 유물이다. 명청 이전의 화표는 사실 찾아보기 힘들다. 그러므로 화표에 대한 아래의 묘사는 현존 실물에 의존할 수밖에 없다.

일반적으로 화표는 기둥머리, 기둥몸체, 대좌臺座의 세 부분으로 나뉜다.

기둥머리는 다시 두 부분으로 나뉜다. 아래는 단층 혹은 2층의 석반이다. 이 석반은 '승로반'이라 불린다. 앞에서 이야기했듯이 이 승로반은 한대에 이슬을 받아서 옥가루와 함께 복용했다는 설과 관계가 있다. 물론 후대에 이르러 사람들은 이런 불로장생의 미신적 이야기를 더 이상 믿지 않게 되었고, 대신 승로반은 하나의 장식으로서 건축의 일부가 되어 계속 존재해 왔다. 그리고 이슬을 받든 그렇지 않든 모두 '승로반'이라 부르게 되었다.

승로반 위에는 보통 작은 동물이 서 있다. 사자와 흡사한 이 동물은 입을 벌리고 혀를 내민 모습이다. 이름은 '후犼'이고 신화에 나오는 짐승이다. 우는 소리가 크고 워낙 멀리까지 미쳐 '후'라는 이름을 붙여주었다.

천안문 앞 화표 위의 '후'는 남쪽을 향하고 있다. 사실 천안문 뒤쪽에도 화표 한 쌍이 자리를 잡고 있는데, 이 화표의 '후'는 북쪽, 즉 자금성 쪽으로 얼굴을 향하고 있다. 이런 배치 방식은 나름의 이유가 있다. 전하는 말에 의하면, 뒤쪽의 '후' 한 쌍이 자금성 쪽을 보는 것은 황제가 구중궁궐에만 머물지 말고 궁 밖으로 나와 민정을 살피길 바라는 의미라고 한다. 그래서 이 '후' 한 쌍을 '망군출望君出'이라고도 부른다. 다른 한 쌍의 '후'는 자금성 밖을 보고 있다. 이는 황제가 황궁 밖에서 너무 오래 머물며 조정의 일에 소홀할까 봐 걱정되니 일찍 돌아오길 바란다는 의미이다. 그래서 이 '후'에는 '반군귀盼君歸'라는 이름이 붙었다. 결국 화표 위의 '후' 두 쌍은 황제가 정무에 부지런히 힘써주길 바란다는 의미를 내포한다. 하지만 결국 이는 백성들의 아름다운 바람을 기탁한 것일 뿐이다. 역대 황제들 중에 백성의 바람을 들어준 이가 얼마나 되겠는가?

화표의 기둥몸체는 원래 나무로 만들었으나 나중에는 점차 석재 형식으로 바뀌었다. 명청 이후의 화표는 모두 몸에 용이 조각된 형상이다. 그 이전의 화표는 현존하지 않아 알 수가 없다. 소위 용주龍柱는 기둥의 중심이 팔각형이고, 그 표면을 큰 용 한 마리가 휘감고, 용 주위로는 상서로운 구름이 조각된 화표의 기둥을 말한다. 용주의 상단에는 좌우로 상서로운 구름을 가득 새긴 운판雲板이 있다. 멀리서 보면 크고 우뚝한 화표 위로 상서로운 구름이 하늘로 오르고 용이 그 사이를 휘감고 있어 비범한 기운이 느껴진다.

화표의 대좌는 일반적으로 수미좌須彌座 형식으로 만든다. 수미좌는 중국 고대 건축에서 늘 사용되던 대좌 형식으로 불교와 함께 중국에 들어온 것이다. 부처가 수미산에서 경문을 설법했기 때문에 불교 건축에서는 보통 불상 아래의 석좌를 수미좌라 불렀다. 이후 중국에서 불교가 크게 성행하면서 수미좌 역시 중국 건축의 전형적 양식 중 하나가 되었다. 화표처럼 장중한 비석은 수미좌에 놓아야 가장 적합할 것이다.

천안문 앞 화표의 수미좌는 다른 곳의 수미좌와 약간 다르다. 수미좌 위쪽으로 난간을 한 번 더 두른 것이다. 난간의 네 귀퉁이에도 소형 기둥머리가 하나씩 있고, 각각의 기둥머리 위에는 작은 돌사자가 서 있다. 돌사자의 머리와 위쪽의 '후'는 같은 방향을 보고 있다. 역시 같은 소망을 담고 있는 것이다.

2. 사당祠堂

중국 문화에는 개성적인 것들이 상당히 많다. 사당도 그중의 하나로 봐야 한다.

사당의 등장은 수천 년을 이어온 중국의 종법제도에 따른 것이다. 소위 종법제도의 핵심은 바로 혈연을 각종 사회관계를 이어주는 수단이자 기준으로 삼는 것에 있다. 구체적으로 말해 종법제도는 혈연관계로 적서를 구분하고, 장유와 존비의 등급, 가부장의 권력, 정권의 갖가지 통제 체계를 규정하여, 황제 세습의 제도 아래 봉건사회에만 존재하는 가家와 국國의 불가분의 관계를 구성한다. 그 정신적 지주는 바로 혈통을 중시하고, 조상을 숭배하고, 몸을 닦고, 집안을 바로잡고, 나라를 다스리고, 천하를 평정한다는 종법적 사회의식이다. 이러한 사회의식 아래에서 조상 숭배와 혈연 중시는 필연적으로 사회의 흐름이 될 수밖에 없었으며, 이러한 의식의 흐름이 외부적으로 표출된 형태 중 하나가 바로 사당이다.

종법제도는 서주 때부터 이미 등장했지만 사당은 그보다 훨씬 뒤인 명청대에 와서야 출현한다. 물론 그사이에는 길고 긴 발전과 변화의 과정이 있었다. 애초에는 조묘祖廟만 있고 사당은 없었으며, 조묘를 세울 수 있는 자격도 황제와 왕공대신에게만 주어졌다. 종법제도가 매우 엄격했던 만큼 고대 중국은 조묘에 대한 규정 또한 엄격했다. 예를 들어 『주례』의 규정에 의하면 "천자는 일곱 개의 사당[廟]을, 대부는 세 개의 사당을, 사士는 한 개의 사당을 두었으며, 서민은 집에서 제사를 지냈다."

천자의 조묘는 태묘太廟라 한다. 태묘는 황가의 사당에 상당하며 그 규모는 당연히 전국 최고다. 현재 북경 노동인민문화궁 내의 태묘가 바로 명대

주씨 황제의 조묘이다. 장엄하고 엄숙한 분위기와 금빛 휘황한 건축이 지고무상의 지위와 위엄을 그대로 보여준다. 각지에 분봉된 제후와 일반 대신들의 가묘 혹은 사당의 규격은 황가의 사당에 미치지 못한다. 관직이 낮아질수록 그 규모가 줄어듦은 물론이다. 『주례』의 해석에 따르면 일반 서민들은 조묘가 없어 집에서 조상에게 제사를 지내야 했다. 이런 상황은 명대에 와서야 바뀌게 된다.

7-2-1 북경 태묘의 측백나무 숲

명대에는 종법제도가 더욱 강화되었다. 조정은 서민들도 조상의 사당을 지어 제사를 지낼 수 있도록 허락해 주었다. 『명회전明會典』「제사통례祭祀通例」에서는 이렇게 규정했다. "서민은 마을의 토지신, 연고가 없는 귀신, 조부모, 부모에게 제사를 지내고 조왕신에게도 제사를 지낼 수 있다. 나머지는 모두 금한다." 마침내 서민들도 조상에게 제사 지낼 장소를 갖게 된 것이다. 이때부터 중국의 종법제도는 사회 최하층에서도 자기만의 형식을 갖게 된다.

중국의 전통적 종법제도는 사당에 많은 기능을 부여했다. 청대 옹정 황제는 『성유광훈聖喻廣訓』에서 "가묘家廟를 세워 제사를 올리고, 가숙家塾을 지어 자제를 가르치고, 의전義田(가난한 이들을 구휼하기 위한 밭)을 설치하여 가난한 백성들을 돕고, 족보를 다듬어 소원한 이들과 연락해야 한다"고 규정하고 사당에 적지 않은 임무를 부여했다. 많은 기능을 담당하기 위해서는 그만큼의 충분한 공간이 필요했다. 그래서 사당은 건축 공간이 넓어지고 구조 역시 상당히 독립적인 형식으로 바뀐다.

7-2-2 사당 대문

강남 지역의 사당을 예로 들면 대부분이 중국의 전통적인 사합원식 건축이다. 주된 건물을 가운데 축선을 따라 짓고, 앞에서부터 대문, 향당享堂, 침실을 차례로 배치하고, 좌우 양쪽에 회랑과 곁채를 짓고, 앞뒤 양쪽을 통해 두 곳의 마당에 진입할 수 있도록 했다. 향당은 조상에게 제사를 지내는 곳으로 평소에는 가족회의를 열거나 잘못을 저지른 가족 성원을 심판하는 장소로 쓰였다. 침실은 조상의 위패를 모시는 곳이다. 개인 글방을 사당 안이나 사당 옆의 부속 건물에 설치하는 가족들도 적지 않았다.

사당은 그 자체의 특성으로 인해 형식적으로든 내용적으로든 대단히 엄숙할 수밖에 없었다. 따라서 사당의 활동에 참여하는 가족들은 많지 않았고, 그만큼 가족 권력의 중심으로서 사당이 해주어야 할 단합의 역할이 제대로 이루어지지 않았다. 더 많은 가족들이 사당의 활동에 참여할 수 있도록 일부 사당에서는 희대戲臺 같은 오락 목적의 건물을 세우기도 했다. 희대는 일반적으로 마당을 사이에 두고 향당과 마주 보게 지었다. 그래야 향당 양쪽의 회랑과 곁채도 관중석으로 쓸 수 있기 때문이다.

사당은 결혼, 장례 등 각종 의식을 치르는 중요한 장소이기도 했다. 일부 지방에서는 남자가 신부를 데리고 마을에 들어오면 신부는 먼저 사당에서 참배를 한 후에야 남자의 집으로 들어갈 수 있었다. 결혼하고 사흘이 지나 신부 집으로 돌아갈 때도 신랑은 먼저 사당으로 들어가 조상에게 제사를 올려야 했다.

어떤 지방의 사당은 종교 활동과도 관계가 깊다. 절강 건덕建德 신엽촌新

葉村은 매년 음력 3월 초사흘에 마을 전체에서 신을 맞이하는 행사를 벌인다. 징을 울리고 북을 치고 오색의 깃발을 펼치며 성대하게 맞아들인 신상은 매년 서로 다른 사당에 모셔지고 사람들은 앞다투어 신상에 참배한다. 그 기간 동안 사당 안 희대에서는 연극이 공연되고 사당 밖에는 노점들이 늘어선다. 이곳의 사당은 종교용 건축의 의미까지 겸하고 있는 것이다.

7-2-3 사당의 대청

사실 사당의 역할은 위에서 말한 몇 가지보다 훨씬 많다. 중국의 전통적 씨족 활동 중 하나인 족보의 수정 역시 사당 안에서 이루어진다. 한 씨족이 족보를 수정하기 위해서는 씨족의 최고 어른이 사당 안에서 결정을 내리고 합당한 사람들을 뽑은 다음 사당 안에서 의식을 거행하여 조상에게 분향하고 족보의 수정을 시작한다고 선포해야 한다.

사당은 조상에 대한 제사와 기타 활동을 위해 적합한 장소를 제공할 뿐 아니라, 또 다른 측면에서는 종법제도를 통해 가문의 힘과 지위를 보여주는 매개로서의 역할까지 해야 했다.

황가의 사당인 북경 태묘의 광활한 정원과 빽빽이 늘어선 측백나무는 보는 사람으로 하여금 엄숙함을 느끼게 하고, 숙연한 건물들이 가지런히 배열된 모습은 절로 존경심을 불러일으키며, 백석으

7-2-4 사당 바깥의 모습

7-2-5 북경 고궁 태묘의 전전前殿

로 깔린 3층의 기반부와 열한 칸의 넓은 방들은 사당의 숭고한 위치를 대변해 준다. 전체적으로 볼 때 분위기의 연출과 건축양식 모두에서 황가 사당의 기세와 위엄을 마음껏 표출하고 있는 것이다.

황족이 아닌 일반 종족의 사당은 이렇게까지 까다롭지 않다. 그러나 그들 역시 여러 가지 측면에 신경을 기울여 사당을 통해 종족의 권위를 보여주려 했음은 분명하다. 이런 요소들은 흔히 사당의 규모, 건축양식, 장식 방법 등을 통해 확인할 수 있으며 그중에서도 특히 사당의 대문에서 잘 드러난다.

절강 난계蘭溪의 제갈촌諸葛村에 있는 승상의 사당을 보자. 이 사당에는 지붕을 덮은 양식의 다섯 칸짜리 대문이 있다. 대문은 앞쪽 처마기둥과 금주金柱(처마기둥 안쪽에 있는 기둥)의 위치에 설치하고, 가운데 세 칸에 문을 설치하고, 처마기둥 사이에 난간을 설치하고, 금주 사이에는 널문을 두고, 문밖 양쪽 공간은 정교한 벽돌 차단벽으로 좌우 팔八 자 모양을 만들었다. 사당은 마을의 동남쪽 입구 큰길가에 연못을 사이에 두고 위치해 있다. 다섯 칸의 헐산歇山식 지붕(네 모서리의 지붕 끝을 날아가듯 위로 들어 올린 방식)과 팔자형의 차단벽, 양쪽으로 이어진 흰 담장이 명문가로서의 기세를 마음껏 드러낼 뿐 아니라 제갈량의 담백하고 밝은 뜻과 조용하면서도 원대한 성품을 보여주는 듯하다. 같은 마을에 있는 다른 사당들의 대문은 비록 섬세한 장식은 비슷하나 규격이나 기세 모두에서 승상의 사당에 훨씬 미치지 못한다.

사당은 봉건 종법제도하의 동족 사람들이 공동으로 조상에게 제사를 지내는 건축물로서 줄곧 남성만의 성전이 되어왔다. 남존여비 시대에 여성은 사당과 전혀 인연이 없었다. 그러나 딱 한 군데 예외가 있다. 이 사당은 여성만을 위해 설치되었다. 안휘 흡歙현 당월棠樾촌 서단에 위치한 전국 유일의 여사당 '청의당淸懿堂'이 바로 그것이다.

청의당은 여성이 사당으로 들어가 제사를 지내고 여성의 대사를 상의할 뿐 아니라 여성 조상을 모시는 위패까지 있다. 이 사당은 청나라 가경 연간에 지어졌다. 염상으로 당월촌의 부호가 된 포鮑씨 24대조 포계운鮑啓運이 세운 것이다. 포씨는 휘상徽商의 업적을 위해 희생을 아끼지 않은 포씨의 부녀자들을 기념하고자 이 사당을 지었다. 『민국흡지民國歙志』에 따르면 당월 포씨의 열녀가 명청 양 대에만 59명에 달했다고 한다. '청의'라는 이름은 '깨끗한 정절과 아름다운 덕행'을 의미한다. 그야말로 '정절'의 부녀자를 위한 송가頌歌라 할 만하다.

가장 흥미로운 점은 청의당의 방향이다. 일반적으로 사당은 북쪽에 자리를 잡고 남쪽을 바라보도록 짓지만, 유독 이 여사당은 남쪽에 앉아 북쪽을 바라보고 있다. 이 색다른 구상은 "남자는 하늘이고 여자는 땅이며, 음양은 서로 어긋난다"는 『역경』의 교훈에서 가져온 것이다. 그러니 여자 사당을 남자 사당과 반대 방향으로 지은 것은 당연했다.

3. 도관道觀

도관은 도교에서 신에게 제사를 지내고, 도를 닦고, 포교하고, 재齋를 올리는 장소로서 도궁道宮과 도관을 합한 말이다. 그래서 흔히 궁관宮觀이라고도 한다.

신을 받드는 일련의 건축 중 하나로서의 도관의 기원은 고대 중국 문명의 장례, 제사 활동과 관련이 깊다. 고고학 자료에 따르면, 고대인들은 사람이 죽으면 또 다른 세계에서 삶을 이어간다고 믿고 다른 세계에서 쓸 부장품을 무덤 안에 넣어주었다. 부계제도가 확립된 후에는 이 매장의 풍습 위에 조상에 대한 제사의 풍습이 더해진다. 인류 문명이 발전을 거듭하면서 고대인들은 제사의 장소를 실외에서 실내로 옮기고 조상의 영혼을 상징하는 '신주' 혹은 '묘주廟主(위패)'를 향해 제사를 올렸다. 중국 문명의 전통적 종법제도와 관념은 혈연관계를 강조하고, 이것이 다시 조상 숭배의식을 부추겼다. 하, 상, 주로부터 춘추전국시대에 걸쳐 형성된 소위 '좌조우사左祖右社(궁궐 동쪽에 조상의 사당을 두고 서쪽에 사직단을 두어 좌우대칭을 이루도록 한 것)'의 제사제도는 중국 봉건시대 내내 명맥을 이어왔다. 이런 경향이 종교 건축에도 반영되어 유가의 전당인 종묘와 도교의 전당인 사묘祠廟, 그리고 여기에 부속된 일련의 건축 역시 발전을 거듭했다.

도교 제사 건축의 다른 한 가지 기원은 진한시대에 유행한 신선사상이다. 처음에 궁관은 신과의 소통을 위한 평범한 건축물이었다가 나중에는 신에게 제사를 드리는 장소로 점차 발전하게 된다. 최초의 도교 도관은 섬서 종남산終南山의 '누관樓觀'이라고 전해진다. 「누관본기전樓觀本紀傳」에 따르면, "누관은 옛날 주 강왕康王의 대부 관영윤關令尹의 고택이었다. 풀을 엮은 망루를 만들어 별을 관찰하고 기후를 살폈기 때문에 누관이라 이름을 지은 것이다. 이것이 바로 궁관의 시작이다". 하늘과 사람을 이어주는 장소인 누관이 바로 도교 건축의 또 하나의 기원임을 알려주는 기록이다. 한 무제는 항상 큰 공적을 남기고 싶어했다. 어떤 사람이 한 무제의 이런 성향을 알아차리고 한 가지 제안을 했다. "지금 폐하께서 구성緱城처럼 관을 지어 육포와 대추를 갖다 놓으면 신선이 마땅히 찾아올 것입니다." 이에 무제는 "장안에 비렴계관蜚廉桂觀을 짓고, 감천甘泉에 익연수관益延壽觀을 지어…… 신선의 무리를 불러 모으도록 했다". 이 기록들을 통해 궁, 관이라는 이름이 도교가 탄생하기 전부터 있었고 그 역할 역시 도관과 흡사했으며, 이것이 후대에 도관이라는 명칭이 생긴 이유와 밀접한 관계가 있음을 알 수 있다.

도교 탄생 초기에는 종교 조직과 활동 장소를 모두 '치治'로 불렀다. 한 말에 장도릉張道陵은 오두미교五斗米教를 처음으로 결성하여 파촉巴蜀 땅에 24치를 설립했다. '치'는 '려廬'나 '정靖'으로도 칭하고 '정실靜室'이라고도 불렀다. 남북조 때는 도교의 활동 장소를 '선관仙館'이라 불렀으며, 북주 무제 때는 '관觀'이라 고쳐 불렀다. 이는 별자리를 관찰하고 기후를 살핀다는 의미였다. 당대에 이르러서는 황제가 노자老子를 조종으로 삼고 황제의 거처를 '궁宮'이라 불렀으므로 도교의 건축 역시 '궁'이라 불리게 되었다. 당대 이후에는 흔히 궁관으로 붙여 부르곤 했다.

도교는 민간 무속신앙과 신선의 방술에서 기원하여 동한 말년에 그 기초가 형성되었다. 따라서 그때까지 성숙된 종교 이론이나 포교와 수련을 위한 고정적 장소는 아직 없었다. 남북조 때는 불교가 극성을 이루자 도교도 불교의 제반 형식을 본받아 종교로서의 모습을 점차 완비해 간다. 당대에 도교는 노자를 선조로 받들어 '태상현원황제太上玄元皇帝' 혹은 속칭 '태상노군太上老君'이라 불렀다. 이로써 노자는 불교의 석가모니와 동등한 지위의 천신이 되었다. 동시에 도교는 역사와 전설 속 인물과 제사 때 모시는 자연계의 신 모두를 도교 신의 체계 속으로 집어넣어 종교적 의궤를 어느 정도 완성했으며, 이로써 도교의 궁관 역시 불교의 사원과 필적하는 수준까지 이르게 되었다.

도교의 성행은 통치자의 지원이나 격려와 떼어놓고 생각할 수 없다. 역대의 통치자들은 불교의 힘이 지나치게 커질 것을 우려해 때로는 강하게 때로는 약하게 도교를 장려하는 조치들을 취해왔다.

당대에는 각 주에 불사의 건설을 명하면서 도관도 한 곳씩 짓도록 했다. 당 장안성에는 대형 도관이 10여 곳이나 있었다. 그중에서 유명한 곳은 현종의 공주인 금선金仙과 옥진玉眞이 출가하여 여자 도사가 되었던 두 도관과 시내 중심의 대로 옆쪽으로 구획 하나를 차지하고 있던 현도관玄都觀이다. 송대에는 도교를 더욱 중시했다. 송 진종眞宗 때에는 각지의 주요 사당이 모두 도관이었다. 그중 무려 2,620칸에 이르는 옥청玉淸의 소응궁昭應宮은 전국에서 가장 크고 가장 화려한 도관이었다. 당송 이후에도 발전을 거듭한 도교는 원대에 더욱 극성을 이루었다가 명청 이후에는 점차 시들기 시작한다.

당송 두 왕조 660여 년은 유, 불, 도 3교의 건축양식이 서로 영향을 주고받아 통일을 이룬 시기이다. 도교의 건축양식 역시 이런 통일의 분위기 속에서 완성되어 갔다. 궁, 전, 당, 청, 문, 궐 같은 유가의 관방 건축양식도 도교 건축에 대량으로 이식되었지만, 도관에 더 큰 영향을 준 것은 역시 불교의 건축양식이었다.

도교의 많은 종교 의례가 불교를 모방했기 때문에 도관의 건축양식은 불사와 기본적으로 같다. 예를 들어 불사의 산문에는 두 명의 금강역사를 두고, 도관에는 용호龍虎의 신상을 둔다. 불사 천왕전에는 사천왕을 두고, 도관에는 사치공조상四値功曹像을 둔다. 불사의 대웅전에는 삼세불을 모시고, 도관 삼청전에는 노자의 일기화삼청상一氣化三淸像을 모신다. 또 불사의 계단戒壇이나 전륜경장과 유사한 건축이 도관에도 있다. 그러나 도관에는 대불각大佛閣, 오백나한당, 금강보좌탑 같은 불사의 특수 건축물이 없다. 이밖에도 도관 내부의 조각상과 벽화의 제재는 속세에서 흔히 보이는 것들이 많으며 건축의 풍격 역시 속세의 그것에 가깝다. 따라서 도관의 종교적 분위기는 불사만큼 농후하진 않다.

도교 궁관 건축의 평면 배치 방식에는 두 가지가 있다. 하나는 가운데 축선을 따라 좌우대칭으로 쭉 배열하는 전통적 건축양식이고, 다른 하나는 오행팔괘五行八卦의 방위에 근거하여 주요 건물의 위치를 정한 다음 다시 팔괘의 방향을 따라 방사선 모양으로 건물을 배치하는 상당히 신비로운 방식이다. 앞의 것은 대칭식 건축으로 도교 정일파正一派의 본당인 상청궁上清宮과 전진파全眞派의 본당인 백운관白雲觀이 대표적이다. 산문 안쪽으로 정면에 주전主殿을 설치하고, 양옆으로는 영관靈官과 문창전文昌殿을 설치하고, 가운데 축선에 규모가 서로 다른 옥황전玉皇殿 혹은 삼청전三淸殿, 사어전四御殿을 설치하며, 보통 서북쪽 귀퉁이에는 신선과 만나는 곳인 복지福地를 둔다. 어떤 궁관은 지세의 특징을 충분히 활용하여 앞을 낮추고 뒤를 높임으로써 주전이 더욱 위엄있게 보이는 효과를 만들기도 했다. 선당膳堂과 방사房舍 등의 부속 건물은 축선의 양옆이나 뒤쪽에 배치한다.

두 번째 오행팔괘식은 강서 삼청산三淸山 단정파丹鼎派의 건축이 대표적이다. 삼청산의 8대 도교 건축인 뇌신묘雷神廟, 천일수지天一水池, 용호전龍虎殿, 함성지涵星池, 왕후묘王祜墓, 첨벽운묘詹碧雲墓, 연교전演教殿, 비선대飛仙臺가 모두 중간의 단정丹井과 단로丹爐를 둘러싼 채 팔괘의 방향에 따라 하나하나 배열되어 있다. 그리고 남북으로 길게 이어진 가운데 축선의 양끝으로 여타의 건축들 모두가 하나하나 펼쳐져 있어 전체적으로 엄밀한 건축 체계를 형성한다. 이는 인체라는 소우주가 자연이라는 대우주에 대응하여 함께 '정기신精氣神'을 수련한다는 도교 내단內丹학파의 사상이 건축에 반영된 결과이다.

도교 건축의 장식은 도교가 추구하는 길상여의吉祥如意(바라는 대로 운이 따름), 연년익수延年益壽(수명을 오래도록 늘려 나감), 우화등선羽化登仙(신선이 되어 하늘로 올라감)의 사상을 선명하게 반영한다. 예를 들어, 일월성신과 산수암석은 널리 비치는 광명과 영원히 견고한 생명을 뜻하고, 부채, 물고기, 수선화, 박쥐, 사슴은 선함, 부유함, 신선, 복, 녹을 상징한다. 또 송백, 영지, 거북, 학, 대나무, 사자, 기린, 용봉 등은 우정, 장수, 군자, 벽사, 상서로움을 상징한다. 이외에도 복福, 녹祿, 수壽, 희喜, 길吉, 천天, 풍豊, 낙樂 등의 글자를 변형시켜 창살이나 문짝, 처마, 기둥 등에 그대로 옮겨 쓰기도 한다. 도교 건축의 장식은 전통 민속 문화에도 깊은 영향을 미쳤다. 예를 들어 팔보도八寶圖, 복수쌍전도福壽雙全圖 같은 그림은 원래 도교 사상과 신선 고사에서 기원한 도안임에도 실제로는 도교의 범주를 훨씬 뛰어넘어 각종 가옥의 장식과 일상의 도구에 사용되었다. 특히 팔선八仙과 관련된 도교 이야기와 도안은 모르는 사람이 없을 정도이다.

'자연'은 도교가 추구하는 최고의 경지이다. '자연을 아름다움으로 삼는', '자연의 도'를 체현하기 위해 도교의 궁관 건축은 대자연과의 화해를 무척 중시했다. 수많은 궁관들이 산을 의지하고 물이 흐르는 곳에 지어졌다. 숲으로 들어가 신비함을 더하고, 산으로 그 기세를 더욱 웅장하게 하고, 물로 그 자태를 더욱 수려하게 함으로써 산수와 건축이 자연스럽게 융합하는 독특한 풍격을 만들었다. 이를 통해 "왕은 땅을 본받고, 땅은 하늘을 본받고, 하늘은 도를 본받고, 도는 자연을 본받는다"는 도가의 사상을 충분히 표현하고, 사람과 자연이 하나가 되는 '천인합일'의 최고 경지에 도달하려 했다.

도교의 궁관 건축은 중국 전통문화의 중요한 구성 요소 중 하나로서 중국 고건축 중에서도 대단히 특별한 위치를 차지하고 있다. 중국 고대의 종교, 철학, 사상을 연구하고, 중국 전통 철학의 기원과 구조를 이해하고, 민족문화의 심층을 해부하고, 새롭고 독특한 민족문화를 건설하기 위해서는 도교의 궁관 건축이 내포하는 역사적, 예술적 가치를 올바로 인식할 필요가 있다.

4. 궁전宮殿

궁전은 중국 고대의 황제가 거주하던 대형 건축군群이자 중국 고대의 가장 중요한 건축 유형이다. 기나긴 중국 봉건사회에서 황권을 중심으로 하는 중앙집권제는 최고의 발전을 이룬다. 이 중앙집권제와 봉건사상이 가장 집중적으로 표출된 곳이 바로 궁전이다. 동시에 궁전은 여러 측면에서 중국 건축예술 중에서도 최고의 수준을 대표하고 있다.

궁전은 권력의 집중과 궤를 같이한다. 원시사회에서 서주에 이르는 동안 궁전은 거주, 모임, 제사 등의 다양한 기능이 하나로 통합된 미분화 단계에서 제사 기능이 따로 떨어져 나감으로써 군왕과 후비가 조회를 하고 거주하는 특정 장소로만 쓰이게 되었다.

신석기시대 중기 반파半坡 취락 유적에서 고고학자들은 건축군의 중심에 위치한 큰 집을 하나 발견했다. 모여서 의사를 결정하고 종교의식을 거행하던 장소였을 이곳은 씨족과 부락의 권력의 중심으로서 훗날 궁전 건축의 추형일 가능성이 크다.

7-4-1 북경 고궁 태화전

신석기시대 말기는 부계사회가 확립되면서 사유재산의 관념이 출현하고 빈번한 전쟁으로 권력의 집중 추세가 명확해진 시기이다. 당시의 유적에서는 궁전의 바탕이라고 할 만한 건축의 흔적들이 적지 않게 발견된다. 이렇듯 신석기시대 말기가 되면 건축 기술로 보나 사회적인 수요로 보나 궁전의 출현은 이미 필연적이었던 것이다.

하남 언사偃師 이리두二里頭의 상대 초기 궁전 유적은 지금까지 확인할 수 있는 최초의 궁전이다. 이리두 유적에서는 두 곳의 궁전 유적이 발견되었다. 그중 2호 궁전은 회랑이 정원을 감싸고 가장 앞쪽에는 넓고 큰 문을 설치하고 축선의 맨 끝에 전당殿堂을 세운 흔적이 있었다. 전 안쪽은 탁 트인 전당前堂과 통행을 봉쇄한 후실이 있었으며, 정원과 건물 전체는 단단히 다진 땅 위에 기초를 닦은 상태였다. 이런 정원의 조성과 전조후침前朝後寢 혹은 전당후실前堂後室의 건축 구조는 중국의 전형적인 궁전 배치 방식이 되었다.

주대의 궁전 건축은 상대보다 훨씬 발전했다. 형식이 일정한 규격에 맞고 배치 역시 더욱 엄정해졌다. 섬서 기산岐山 봉추鳳雛에 있는 서주의 궁전 유적이 전형적이다. 이 궁전은 완벽한 두 채의 사합원四合院 양식이다. 가운데 축선을 따라 문병門屛, 문간방, 전당, 후실을 설치하고, 그 사이에 크고 작은 뜰을 조성했으며, 좌우에는 회랑을 둘렀다. 기록에 따르면, 동주의 궁전은 궁 밖에 쌍궐雙闕을 세우고, 5중의 대문과 외조外朝, 치조治朝, 내조內朝의 세 대전을 배치했다고 한다. 바로 봉추의 궁전 건축에서 이런 배치의 흔적을 찾아볼 수 있다.

전국시대에는 대臺를 높이 짓는 것이 유행이었다. 연燕나라 하도下都와 조趙나라 한단邯鄲에서는 가운데 축선을 가로지르는 일련의 높은 대 위에 궁전을 지었다. 진나라의 궁전은 섬서 함양 북쪽 고원의 남쪽 가장자리에 있다. 가운데에 자리한 1호 궁전의 유지는 높은 평원에 의지해 축대를 만들고 그 위에 건물을 올렸다. 진시황은 함양에 6국의 궁전을 그대로 모방하여 궁전을 짓고 위하渭河 남쪽에 아방궁阿房宮을 지었다. 당대 시인 두목杜牧은 「아방궁부」를 통해 이 거대한 궁전의 규모와 기세를 표현했다. 현재 발굴된 아방궁의 기초 터만도 동서로 약 1킬로미터, 남북으로 약 5~6백 미터에 달한다. 사실 이것도 일부에 불과하다.

서한의 장안에는 미앙궁未央宮, 장락궁長樂宮, 건장궁建章宮 등이 있었다. 궁마다 각자의 궁성을 두고 주요 궁문 밖에는 쌍궐을 지었다. 미앙궁은 조회용 궁전으로 평면의 방형이다. 궁의 4면에는 각각 문을 설치했다. 각 면의 길이는 2킬로미터 전후였으며, 전체 궁성의 정문인 남쪽의 단문端門이 장안성 남벽의 서안문西安門을 정면으로 마주 보았다. 단문의 북쪽은 미앙궁의 전전前殿으로 용수산龍首山을 뚫어 기초를 다졌다. 그 앞쪽으로는 광정廣庭을 조성하고, 좌우와 뒤쪽에 그다음으로 중요한 전당들을 지었으며, 서쪽으로는 창지滄池, 점대漸臺 등의 유명한 풍광을 넣은 원림을 만들었다. 미앙궁은 동쪽으로 장안, 명광明光의 두 궁을 마주 보고, 북쪽으로 동시, 서시와 이웃하는 좋은 땅에 자리를 잡았다. 또 궁전 전체가 하나의 축선을 따라 반듯한 대칭으로 배치되었고 규모도 대단히 방대했다. 진한대에는 황제가 이궁離宮과 원림까지 광범위하게 지어 중국 궁전 건축사의 첫 번째 절정기를 이루었다.

전국시대와 진한대에 높은 대의 건축이 유행한 것은 상당히 흥미로운 현상으로 크고 높은 건축을 추구했던 당시 사람들의 경향이 반영된 결과이다. 이런 경향은 당시에 유행하던 신선신앙의 영향 때문이다. 누각의 건축 기술이 아직 충분히 발전하지 않은 상태에서 이런 목표를 가능하게 해준 것은 오래전부터 전해 내려온 숙련된 땅 다지기 기술밖에 없었다. 그렇기 때문에 높은 대 형식의 궁전 건축의 출현은 전혀 이상할 것이 없었다.

7-4-2 북경 천단의 기년전祈年殿

중국 궁전 건축의 두 번째 절정기는 수당대이다.

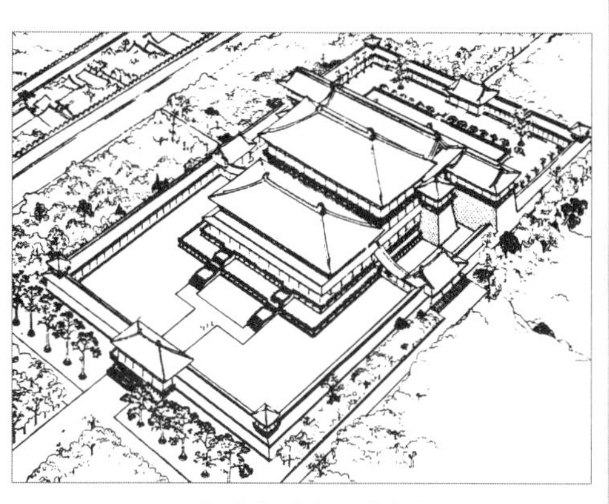

7-4-3 당 장안 대명궁 인덕전麟德殿

당 장안성은 엄정한 직선 배치 방식으로 조성되었다. 성곽의 북쪽 한가운데 자리를 잡은 궁성은 세 구역의 궁전으로 구성되었고 태극궁太極宮을 조회용 대궁으로 삼았다. 태극궁은 요凹 자형 평면 궁궐을 정문(승천문承天門)으로 삼았으며, 안쪽으로 태극전太極殿과 양의전兩儀殿이 있었다. 즉, 당대의 대조大朝, 상조常朝, 일조日朝는 주나라 천자의 삼조三朝에 상당하는 것이었다. 양의전 뒤에는 감로전이 있었다. 가운데 축선 좌우로는 대칭으로 건물과 뜰을 만들어 궁 안의 부서들을 그곳에 두었다. 이로써 거대하고 질서정연한 하나의 건축군을 형성하게 되었다. 이들 외에도 궁 안에는 전정殿亭과 관각館閣들이 서른여섯 곳이나 더 있었다. 태극궁 동쪽은 동궁東宮과 이어지고 서쪽은 액정궁掖庭宮과 이어졌다. 이들 궁에는 각각 태자와 후비가 거주했다.

장안성 밖 동북쪽은 태명궁太明宮이다. 이 궁전의 조회 방식은 태극궁과 비슷하다. 단봉문丹鳳門 안에 순서대로 함원含元, 선정宣政, 자신紫宸의 세 대전을 설치하여 삼조를 맞춘 것이다. 함원전은 좌우의 두 각과 함께 요凹 자 모양의 궁궐을 이루어 빛나는 기세를 뽐냈다. 대명궁 뒤쪽은 태액지太液池가 있는 원림 지역이다. 호수를 따라 수많은 경관용 건물들이 늘어섰다. 이들은 함원전과 함께 중국 고대의 건축예술 중에서도 최전성기의 최고 수준을 자랑한다.

당 장안성은 고대 도성 건축사의 일대 기적이었다. 장안성은 위진 이래의 도성 형식을 기초로 하면서도 그보다 훨씬 큰 발전을 이룬 궁성이었다. 엄격한 배치와 질서정연한 구획으로 태극궁의 중심적 위치를 두드러지게 하는 동시에 지고지상의 황권 사상을 표현했다.

수당의 궁전 건축은 좌중우左中右 방향이 대칭을 이루는 구조를 도입하여 가운데 축선에 순서대로 삼조를 배치했다. 이런 궁전 배치 방식은 후대 궁전의 본보기가 되었다. 수당 시기의 궁전 건축은 규모가 거대하고 기세가 웅장하면서도 우아한 아름다움을 잃지 않았다. 비록 궁전의 분위기는 삼엄하지만, 우리는 궁전의 수많은 건축을 통해 당시 건축가들의 왕성한 창조력과 진취적인 낭만주의 정신을 만끽할 수 있는 것이다.

중국 고대 궁전 건축의 집대성은 역시 명청대의 자금성紫禁城이다.

자금성 혹은 고궁故宮이라고도 불리는 북경의 궁성은 원 대도의 궁성을 기반으로 하여 명 영락永樂 4년에 처음으로 지어졌으며, 이후 명청대의 끊임없는 개보수를 거쳐 지금의 모습으로 완성되었다. 도성의 남쪽 벽과 궁성의 남쪽 벽이 모두 원 대도의 기초에서 남쪽으로 이동했기 때문에 궁성의 길이가 더 길어졌다. 또 궁성의 정문 오문午門과 황성의 정문 승천문承天門 사이에 단문을 새로 세움으로써 궁 앞의 광장만 세 개의 문을 통과하는 거대한 기세를 자랑하게 되었다.

궁 안은 전조前朝의 삼대전三大殿, 후침後寢의 삼대궁三大宮, 어화원御花園으로 구성되었다. 각각 세 개의 전殿으로 이루어진 전조와 후침은 모두 '공工' 자 모양의 석대 위에 자리를 잡았다. 궁성의 가로 축선을 전조 앞으로 옮김으로써 가운데 축선의 기세를 더욱 시원스럽게 만들었다. 가운데 축선의 좌우 앞쪽에는 문화전文華殿과 무영전武英殿을 두고 뒤쪽에는 동서 6궁과 외外 6궁을 두었다. 이들 건축은 가운데 축선을 더욱 돋보이게 한다. 명대에는 궁성 북쪽에 경산景山을 조성하고, 청나라 건륭 때는 산 위에 오정五亭을 지었다. 이 오정은 축선을 알맞게 마무리하는 역할을 했다.

자금성의 전체 건축군은 태화전을 중심으로 하며, 나머지 건축의 규모와 호화로움의 정도는 등급에 따라 점차 낮아진다. 따라서 자금성의 건물들은 규모가 크고 호화로우면서도 번잡하거나 꽉 막힌 느낌을 주지 않는다. 황권 유지의 바탕이 되는 정치와 제도의 함의들을 똑똑한 장인이 명쾌한 물질적 구조로 표현한 것이다. 더욱 흥미로운 사실은 고궁의 수많은 세부 부분들이 모두 각각의 상징적 의미를 가짐으로써 고대 중국 전통문화의 정수를 드러내고 황권정치에 있어 유불도 사상이 갖는 정신적 의미를 체현한다는 것이다.

예를 들어 '자금성' 이라는 이 이름은 중국 고대 철학 및 천문학과 관련이 깊다. 유가에서는 '천인감응' 과 '천인합일' 을 강조한다. 그래서 고궁의 구조가 전설 속의 '천궁天宮' 을 모방한 것이다. 고대 천문학에 따르면, 항성恒星은 3원垣으로 나뉘고 28수宿가 그 주변을 감싼다. 3원 중 자미원紫微垣은 중천中天에 위치하여 모든 별자리의 중심이 된다. 자금성의 '자' 가 바로 '자미정중紫微正中' 의 '자' 이다. 황궁이 인간세상의 '중심' 이라는 의미이다. '금' 은 황실이 있는 장소로, 비할 수 없는 존엄한 곳이라 침범을 엄금한다는 의미이다.

고궁 건축의 이름에는 항상 '인仁', '화和', '중中', '안安' 등의 글자가 붙는다. 천안문, 태화전 등이 그 예이다. 이들 글자는 중국 유가 사상의 핵심인 '중정中正' 과 '인화仁和' 의 의미를 대표한다.

황제와 황후가 거주하는 건청궁乾清宮, 교태전交泰殿, 곤녕궁坤寧宮의 명칭 역시 유가 경전인 『역경』과 관련이 있다. 『주역』에 따르면, '건' 은 '하늘' 을 상징하고 '남성' 을 대표하며, '곤' 은 '땅' 을 상징하고 '여성' 을 대표한다. 중간의 '태' 는 '평안, 소통' 등을 의미한다. 따라서 전체적으로는 '천지가 모두 편안하다' 는 의미가 된다. 이는 황제와 황후의 관계가 원만함을 암시한다. 여기에 '깨끗하고 바름[清正]', '평온하고 고요함[寧靜]' 을 더해 황궁

생활이 더없이 아름다움을 보여준다.

고궁의 색깔에도 심오한 의미가 담겨 있다. 고궁은 대부분 황색의 유리 기와를 쓰고 실내의 색깔 역시 대부분 황색이다. 이는 고대 경전 『상서尙書』의 오행설에 기원을 둔다. 옛사람들은 세상이 '금金, 목木, 수水, 화火, 토土' 의 오행으로 구성되어 있으며, 이 다섯 가지 원소가 서로를 낳고 서로를 이기며 끊임없이 세상을 변화시킨다고 보았다. 황색은 '토(흙)' 를 대표하며, 흙은 만물의 근본이다. 황제 역시 만민의 근본이기 때문에 황궁을 황색으로 꾸민 것이다. 고궁에서 유일하게 검은 유리기와를 사용한 건축은 책을 보관하는 문연각文淵閣이다. 오행에서 '흑색' 은 '수(물)' 를 상징한다. '수' 는 '화(불)' 를 이기므로 책을 보관하는 건물에 검은 기와를 써서 화재 예방의 의미를 표현한 것이다.

완벽한 고대의 건축예술에 심오한 인문정신을 더한 자금성은 중국의 전통 건축 기술과 사상을 집대성하여 중국 궁전의 최고봉이자 중국 고대 문명의 상징이 되었다.

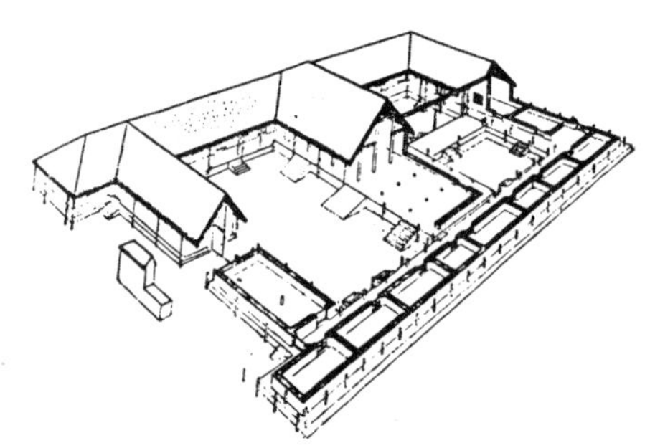

7-4-4 주대 궁궐 복원도

5. 원림園林

원림의 출현은 상商대까지 거슬러 올라가며 춘추시대에는 각지에 이미 원림이 광범위하게 퍼져 있었다. 이런 기록이 전한다.

"오왕 부차夫差는 고소대姑蘇臺를 3년에 걸쳐 완성했다. 굽이굽이 펼쳐진 길이가 5리나 되었다. 건물을 호화롭게 장식하느라 인력을 모두 소모했다. 천 명이나 되는 궁의 기녀를 위해 춘소궁春宵宮을 따로 지었다. 밤새도록 술을 마시려고 천 석들이 술잔을 만들었다. 또 큰 연못을 조성하고 연못 안에 청룡주青龍舟를 만들어서 기녀의 가무를 펼쳐 놓고 매일 서시西施와 물놀이를 즐겼다. 또 궁중에 신령을 모시는 사당인 관왜각館娃閣을 지어 구리로 문고리를 만들고 옥으로 문 아래의 횡목을 만들었다. 궁의 난간은 모두 옥으로 장식했다."

당시 원림은 황가 원림의 분위기가 농후하여 제왕의 향락을 위한 목적이 주를 이루었지만, 산수를 고려한 설계에도 이미 상당한 관심을 기울이고 있었다.

황가 원림에 비해 사가私家의 원림은 훨씬 규모가 작았다. 황가의 원림은 수천 이랑이나 되는 큰 면적으로 대부분 도성의 교외나 그 밖의 광활한 땅에 조성했으나, 사가의 원림은 대부분 주택과 함께 만들어졌으며 면적도 커봐야 수십 무, 작으면 10무도 되지 않았으므로 황가의 원림과는 비교가 되지 않았다. 용도 면에서도 황가의 원림, 특히 대형 황가 원림은 정치, 일상생활, 오락을 겸한 다용도라 사실상 황제의 행궁이나 마찬가지였다. 반면 사가의 원림은 주로 독서, 휴식, 손님 접대에 쓰이는 정도였다. 설계 면에서도 황가의 원림은 대부분 웅장한 기백을 중시해서 건물 역시 높고 거대하게 지었다. 또 장식은 황록색의 유리 벽돌기와를 주로 쓰고 들보에 섬세한 조각을 넣고 기둥에도 화려한 그림을 넣어 휘황찬란한 분위기를 연출하고, 시야가 확 트이도록 전체적인 구도를 잡아 더없이 높은 황가의 지위를 부각시켰다. 이에 반해 사가의 원림은 조용하고 담백하면서도 우아한 문인의 향취가 풍기도록 했다. 따라서 건축 역시 화려함을 추구하지 않고 소박하면서도 섬세하고 맑은 분위기를 추구했다. 하지만 이런 담백한 환경 속에서도 자기만의 독특함을 잃지 않으려 애썼다. 그래서 시끌벅적한 도시와 떨어진 무릉도원의 세계를 연출하곤 했다.

7-5-1 물 위의 정자

한대에 이르면 진정한 의미의 개인 원림 건축이 등장한다. 이런 기록이 전한다.

"무릉茂陵의 부호 원광한袁廣漢은 수만 꿰미의 돈을 집에 보관해 두고 심부름꾼 아이만도 8~9백 명이나 두었다. 북망산 아래에 원림을 지었는데 동서로 4리 남북으로 3리에 달했다. 물줄기를 안으로 끌어들이고, 돌을 쌓아서 높이 10여 장에 길이가 몇 리나 되는 산을 만들었다. 하얀 앵무와 자주색 원앙, 야크, 파란 토끼를 기르고 기이한 금수들을 그 사이에 풀어놓았다. 모래를 옮겨 섬을 만들고 물을 쳐서 파도를 만들었다. 그 안에 갈매기와 해학海鶴을 길러 새끼와 알이 숲과 연못에 넘치도록 했다. 기이한 나무와 신비한 풀도 심지 않은 것이 없었다. 2층으로 둥글게 집을 짓고 그 사이에 회랑을 만들어 오고 갈 수 있도록 했다. 해가 질 때까지 다녀도 다 둘러

볼 수 없었다."

원림 안에 산과 물을 이어 만들고 갖가지 동물과 기이한 화초까지 키웠던 것이다. 이런 경관은 기본적으로 전문 장인匠人이 조성한 것이다. 어떤 측면에서 보든 원광한의 원림은 최초의 사가 원림이라 할 만하다.

그러나 사가의 원림이 본격적으로 유행하기 시작한 것은 위진남북조 때이다. 위진남북조는 중국 역사에서 전쟁이 가장 빈번한 시기이자 중국 사상의 대전환 시기이기도 하다. 정치에 실망한 문인 사대부들은 단약의 복용에 매달리고 현리와 청담에 빠졌다. 게다가 불교까지 성행하면서 사대부들은 불교를 숭상하고 속세를 멀리하는 사상에 심취했다. 그들은 도시에서 살면서도 언젠가는 산림에 은둔하리라는 생각을 항상 갖고 있었다. 그래서 문학에서는 산수시가 크게 유행하고, 그림에서도 산수화가 유행하기 시작했으며, 건축 분야에서도 문인 사대부들은 집 근처에 다투어 원림을 조성하고자 했다.

동진 때 시인 도연명陶淵明은 이러한 사상의 대표적 인물 중 하나이다. 그는 「도화원기桃花源記」에서 속세와 떨어진 상상 속의 산수를 그려냈다. 그러나 그곳도 결국은 이상 속 도화원일 뿐이었다. 현실에서는 자기가 직접 자연의 아름다움을 느낄 수 있는 환경을 가꾸어야 했다. 이렇게 해서 자연의 정취를 추구하는 산수 원림이 발전하게 된 것이다.

남송 때 사가 원림은 번창의 단계에 이른다. 정강靖康의 변으로 낙양의 명사들이 황급히 남쪽으로 도망가 항주와 오흥吳興 일대에 자리를 잡는다. 이때 그들은 북방 원림의 풍격까지 강남으로 가져온다. 지금

7-5-2 원림의 한 귀퉁이

소주성 남쪽의 창랑정滄浪亭이 바로 당시의 유풍을 희미하게나마 간직하고 있다. 명대 말기에 이르면 강남에도 그 지역의 독특한 문인 건축양식이 유행하기 시작한다. 지금의 남경 첨원瞻園, 무석無錫 기창원寄暢園, 절강 가정嘉定의 추하포秋霞圃 등이 당시에 조성된 원림들이다.

청 중엽부터는 서양 원림의 풍조가 유행하면서 전통 문인 원림의 주류적 지위가 점차 흔들린다. 양주 서호西湖에 둥실둥실 떠다니는 그림배들과 상해 성황묘城隍廟의 수많은 사람들을 통해 당시 원림의 분위기를 엿볼 수 있다. 상해 성황묘의 원림은 상업 지구의 원림이 새롭게 무대에 등장한 것이라 할 수 있다. 지금도 남아 있는 양주의 개원個園과 청포靑浦 곡수원曲水園은 모두 당시 신흥 계층의 미적 취향을 은근히 대변해 준다. 같은 시기에 북방의 경극이 남방의 곤극昆劇(원대에 시작되어 명대를 거쳐 청 중엽까지 크게 유행한 중국 남방의 전통극)을 점차 몰아낸 것에서도 그 운명적 의미를 찾을 수 있다. 문화적 분위기가 유달리 강했던 소주는 세월의 발걸음이 여전히 느릿느릿했다. 소주의 문인 원림 망사원網師園은 옛 분위기를 독창적으로 유지하며 창원暢園(소주의 전형적인 소형 원림으로 청 말에 조성되었다)을 잇는 또 하나의 예술적 지표가 되었다.

청 말에는 태평천국의 난이 강남의 문인 원림에 최후의 일격을 가한 후 해파海派 원림이 유행을 이끈다. 현존하는 상해의 내원內園, 예원豫園, 점청당點淸堂, 소주의 사자림獅子林 등이 여기에 해당한다.

육조 때 발흥한 사가 원림이 남방에 집중된 것은 원림을 조성하기에 적당한 남방의 자연환경과 경제적 여유, 인문정신 등의 제반 조건이 잘 어우러졌기 때문이다.

먼저 자연환경을 보자. 산수 원림을 조성하기 위해서는 당연히 산과 물, 그중에서도 특히 물이 필수이다. 산은 흙을 쌓아서 인공으로 만들면 되지만 물은 다른 것으로 대체할 수가 없다. 자연적인 수원이 없으면 설사 3척 깊이로 땅을 파내도 어느 정도 규모가 되는 연못은 만들 수가 없다. 남방은 이 점에서 매우 유리하다. 강남 지역은 종횡으로 강과 하천이 흐르고 물길이 그물처럼 펼쳐져 있어 수자원이 매우 풍부하다. 천연의 산언덕이 원림을 만들기에 좋은 조건을 제공해 주지만, 사실 남방에서는 산이 없어도 큰 문제가 되지 않는다. 절강 일대는 황석黃石이 대단히 많고 특히 소주 지역은 예로부터 태호석太湖石의 산지로 유명했다. 강가나 호숫가에서 캐는 태호석은 흐르는 물에 씻겨 색의 짙고 옅음이 다르고 표면에 종횡으로 무늬가 나 있다. 이 때문에 산을 쌓는 석재 중에서도 최상품으로 치고 정원에 쭉 늘어놓아 경관을 꾸밀 때도 쓰인다. 게다가 강남은 기후가 온화하고 습도가 높아서 상록식물을 기르기에 적당하고 수목과 화훼의 품종도 대단히 다양하다. 이런 요소들이 모두 강남 지역의 원림 발달에 유리한 조건으로 작용했다.

원림의 조성을 위해서는 웬만한 사람은 부담하지 못할 정도로 많은 비용이 필요했다. 그러나 강소와 절강은 예로부터 농업과 수산업에 수공업까지 발달한 지역이다. 소주와 항주 일대는 양한 이후 비단의 생산이 크게 늘면서 상품경제가 발달하고 도시가 급격한 번영을 이루었다. 경제의 발달은 원림의 조성에 중요한 물질적 조건이 되었다. 또 원림은 일종의 문화적 창조였으므로 그만큼의 인문적 환경도 구비되어야 했다. 강남은 예로부터 문풍文風이 강한 지역이었다. 송 왕조의 남하로 수많은 관리와 문인, 상인들이 소주와 항주로 이주해 오면서 이 지역은 개인 원림의 조성이 하나의 풍조가 된다. 명청대에는 과거를 통해 수도에서 관리가 된 강남 지역의 인사들이 적지 않았다. 그들이 퇴임하고 고향으로 돌아와 넓은 땅을 구입

7-5-3 회랑

하고 원림을 조성했다. 특히 청대 후반에는 북방의 심각한 전란으로 관료와 상인들이 재산을 가지고 남쪽으로 피신을 와 강소와 절강 일대에서 땅을 구입하고 저택과 원림을 짓고 살았다. 이 시기에 조성된 원림은 양과 질 모두에서 역대 최고라 할 만하다. 이로써 강소와 절강 일대는 사가 원림의 집중지가 되었다.

문화적, 역사적 이유 등으로 인해 남방의 사가 원림은 늘 한층 깊은 예술적 함의를 지녔다. 원림은 그 자체가 하나의 건축예술이다. 중국의 산수 원림은 시작부터 산수화나 산수시와 불가분의 관계였고, 이 때문에 고대 원림이 추구하는 최고의 경지에 이를 수 있었다. 원림 속의 산수, 식물, 갖가지 건축과 그들이 만들어내는 공간은 하나의 물질적 환경일 뿐 아니라 일종의 인문적 환경이자 사람들에게 생각과 느낌을 전해주는 공간이었다.

원림에서 가장 흔히 보이는 식물은 송松, 죽竹, 매梅의 '세한삼우歲寒三友'와 연꽃이다. 세한삼우의 함의에 대해서는 더 말할 필요가 없을 것이다. 남방의 거의 모든 사가 원림에는 진흙 속에서 피면서도 그것에 더러워지지 않는 연꽃이 심겨 있다. 이는 절개를 굽히지 않는 깨끗한 연꽃의 성품에 대해 문인아사들이 존경과 숭배를 표현한 것이다. 문인들은 원림 속에 위와 같은 식물들을 심음으로써 주위의 경관을 아름답게 할 뿐 아니라 그것이 갖고 있는 함의를 통해 스스로의 인격을 도야했다.

이 밖에 곳곳의 명승지 역시 원림의 조성에 응용되었다. 소주의 사가 원림에서는 정원 앞이나 집 뒤에 오악五嶽을 상징하는 석봉石峰을 여러 개 세워둔다. 이런 명산이나 유명한 경치가 원림으로 들어오면서 그에 수반된 역사적, 문화적 함의까지 함께 원림으로 들어와 원림의 분위기를 더욱 깊이 있게 만든다. 뿐만 아니라 중국의 원림은 항상 시적 정취와 그림의 분위기로 예술적 경지를 표현한다. 이런 정취와 분위기는 경관의 공간뿐 아니라 건물의 편액과 주련柱聯을 통해서도 표현된다. 혹은 건물에 직접 시나 사를 붙여 그 정취를 더욱 풍성하게 만들기도 한다. 소주 졸정원拙政園을 예로 들어보자. 이 원림의 서쪽에는 연꽃 가득한 연못이 하나 있다. 여름이 가고 가을이 오면 연꽃이 지고 연밥송이도 꺾여 연못에는 떨어진 연잎만 가득하다. 그래서 이곳에 정자를 하나 짓고, "남아 있는 마른 연잎에 빗소리가 들리네[留得枯荷聽雨聲]"라는 당대 시인 이상은李商隱의 시구에서 따와 '유청각留聽閣'이라는 이름을 붙였다. 정자에 앉아 가을비 속에서 맑은 차를 음미하며 그윽한 정취를 느꼈던 것이다. 여기서 멀지 않은 물가에 부채 모양의 작은 정자가 하나 더 자리를 잡고 있다. 고요한 밤이면 청풍이 서서히 불어오고 하늘에 걸린 밝은 달이 물에 비친다. 정자의 이름은 '여수동좌헌與誰同坐軒'이다. 이는 소식 「점강순點絳脣 · 항주」의 "누구와 함께 앉을까? 밝은 달과 맑은 바람과 나[與誰同坐, 明月淸風我]"라는 시구에서 따온 것이다.

7-5-4 물 위의 정자

강남 원림의 정취는 직접 느껴봐야 한다. 연못가의 작은 정자에 몸을 두고 숲 속의 오솔길을 한가로이 거닐면 원림의 깊은 정취가 절로 우러날 것이다.

6. 우물[井]

7-6-1 남경 명대 고궁의 우물

현대화로 이미 먼지투성이가 돼버린 '우물'은 기억 속에서 점차 사라지고 있다. 그렇지만 현대를 사는 우리는 과학기술이 가져다주는 빠름의 혜택을 누리는 동시에 옛 문화의 역사 또한 망각해서는 안 될 것이다. 우물이 바로 이런 역사의 한 부분이다.

우물의 역사는 상상 이상으로 유구하다. 인류의 탄생 때부터 이미 우물이 있었다는 주장은 다소 과장된 면이 있지만, 우물의 역사가 최소한 선사시대로 거슬러 올라가는 것만은 분명하다. 인류가 산림에서 황야로 내려오고 수렵에서 농경으로 삶의 방식을 바꿨을 때부터 우물은 인류의 동반자였다.

그러나 지금까지 발견된 옛 우물은 시대가 그보다 훨씬 나중이다. 1970년대 절강 하모도河姆渡에서 발견된 우물은 역사가 5천 년도 넘는다. 지금까지 중국에서 발견된 우물 중에 가장 오래된 것이다. 고고학의 분석에 따르면, 원래 이 지역은 천연 혹은 인공의 솥바닥 모양 물구덩이가 있었고 사람들은 이 구덩이에 고인 물을 마셨다. 물이 마르면 구덩이 안에 수직으로 우물을 팠다. 우물 벽의 붕괴를 방지하기 위해 파기 전에 먼저 구덩이 안쪽으로 나무말뚝을 박아서 사각형의 말뚝 담장을 만들었다. 그런 다음 물이 보일 때까지 담장 안의 진흙을 파냈다. 이렇게 해서 우물 파는 작업을 완료한 것이다. 나무 말뚝이 안쪽으로 기울어지는 것을 방지하기 위해 사각의 나무틀 하나를 말뚝에 덧씌웠다. 고대인들이 얼마나 과학적으로 우물을 팠는지 알 수 있다. 후대인들 역시 우물을 팔 때 이 방법을 그대로 썼다. 하모도 사람들의 우물 조성 기술이 이미 성숙 단계에 이른 점에서 볼 때, 고대 중국인들이 우물을 사용하기 시작한 때는 그보다 훨씬 이전으로 거슬러 올라갈 수 있다.

황하 유역에서 가장 오래된 우물은 하남 탕양湯陽 백영촌白營村에서 발견된 지금으로부터 약 4,500년 전의 우물이다. 이 우물의 입구는 지표에서 약 2.65미터 떨어져 있으며, 거의 정방형인 우물의 네 벽에는 직경 10센티미터 정도의 둥근 나무막대를 아래에서부터 위로 한 층 한 층 쌓아 올려 총 46층을 만들었다. 가장 아래층의 나무 받침대가 우물 입구에서 11미터나 떨어져 있는 대단히 깊은 우물이다. 우물을 깊이 파면 더 좋은 수원을 찾을 수 있지만 그만큼 개착하기가 힘들다. 이런 깊은 우물은 당시 사람들이 이미 음용수와 관개용수를 구분해 썼다는 주장의 근거가 될 수 있다.

수많은 우물들이 음용수의 수원으로 쓰였기 때문에 위생이 무엇보다 중요했다. 고고학자들은 하모도의 우물을 복원하면서 놀라운 사실을 발견한다. 먼지가 들어가지 않도록 하기 위해 우물 위쪽으로 간단한 정자까지 만들었던 것이다. 1980년대에 절강 가선嘉善의 신항新港에서 발견된 4천여 년 전의 우물은 그 구상이 더욱 참신하다. 당시 사람들은 우물 바닥에 10센티미터 두께로 조개껍질을 깔았다. 물을 걸러서 깨끗하게 하려는 것이었다. 조개껍질층 위에는 수질을 유지해 주는 나무통을 세웠다. 이는 현존하는 최초의 정화수 장치이다.

나무로 만든 우물 내벽은 쉽게 썩어서 우물이 오염되고 심하면 우물 자체가 붕괴될 수도 있다. 그래서 사람들은 나무뿐 아니라 다른 재료로도 우물의 내벽을 제작하기 시작했다. 그중에서 가장 흔한 것이 도제陶製 내벽이다.

도제 우물 내벽이 등장한 시기 역시 늦지 않다. 안휘 함산含山 능가탄凌家灘의 신석기시대 우물에서는 진흙 덩어리를 구워 만든 우물 내벽이 발견되었다. 후대 도제 우물 내벽의 추형으로 볼 수 있다.

현존하는 우물 중에 진정한 도제 우물로 볼만한 것은 북경에서 발견된 전국시대의 우물이다. 수년 전 북경성을 개축하던 도중 광안문廣安門, 선무문宣武門, 화평문和平門 일대와 법원사法源寺, 도연정陶然亭 공원 등에서 총 60여 곳에 달하는 원형의 도제 우물이 발견되었다. 학자들의 추정에 따르면, 이들 중 절대다수는 전국시대 북경성 주민들의 식수용 우물이었다고 한다. 가장 깊은 것은 10미터 정도이며, 이 우물은 열여섯 개의 도제 판을 내벽으로 만들었다. 도제 우물 내벽의 출현은 우물 굴착 기술의 일대 혁신이라 할 만하다. 목재 구조 우물의 오염 문제를 해결하고 우물의 수명도 늘릴 수 있기 때문이다.

7-6-2 한대의 도정陶井

그러나 도제 우물 내벽 역시 아주 튼튼한 것은 아니었다. 그래서 오래지 않아 벽돌 내벽이 출현한다. 지금까지 알려진 최초의 벽돌 내벽 우물은 한대에 등장했다. 이후 벽돌 내벽 우물은 급속히 퍼져 나가 지금까지도 사용되고 있다.

우물에는 원래 어떤 시적 정취나 분위기가 없었다. 그러나 인류의 삶과 대대로 호흡을 함께하면서 그 나름의 영험한 분위기를 갖추게 된 듯하다. 선인들은 우물 속의 달콤한 물을 길으면서 무한한 감사의 마음을 느꼈고, 이에 우물의 난간을 형형색색으로 장식하곤 했다.

우물의 난간은 처음에 안전을 위해 설치했다. 그러나 사람들은 이 난간도 정교하게 새기고 꾸미면 좋은 볼거리가 될 수 있겠다고 생각했다. 그래서 갖가지 모양의 아름다운 우물 난간이 출현했다. 지금 우리의 눈에 보이는 우물 난간이 바로 우물의 표지와 상징이라고도 볼 수 있다. 그중에는 6각형도 있고, 8각형도 있고, 부조를 하거나 글자를 새긴 것도 있고, 북 모양, 바구니 모양, 연꽃 모양도 있다.

우물을 오래 사용하면 난간 곳곳에 두레박줄의 홈이 생기게 마련이다. 몇 센티미터 깊이의 홈이 수십 개나 파인 우물 난간도 있다. 이 홈의 수와 깊이는 사용 기간의 차이에 따라 달라진다. 두레박줄의 홈은 항상 기름을 바른 듯 반지르르해서 저도 모르게 손으로 문지르고 싶어지고, 그때마다 귓가에는 '물방울이 떨어져 바위를 뚫는다' 는 옛말이 맴돈다.

사람들의 삶과 우물이 밀접한 관계를 맺으면서 우물을 지명으로 쓰는 곳도 많아졌다. 고성 남경의 금사정金沙井, 양공정楊公井, 동정항銅井巷, 판정板井, 쌍정항雙井巷, 요귀정邀貴井, 육각정六角井 등이 모두 그러하다.

고요한 난간이 있는 우물가에서 마음씨 좋은 노인이 우물의 내력과 아름다운 전설을 이야기해 주면 우물의 정취에 푹 빠져 그곳을 떠나고 싶지 않을 것이다.

고대에 우물은 항상 용이 육지에 발을 내딛는 출발점 중 하나로 묘사되곤 했다. 그래서 우물이 바다와 통한다는 이야기를 흔히 들을 수 있다. 어떤 지방에서는 이런 이야기를 지방지에 버젓이 싣기도 했다. 예를 들어 『변경유적지汴京遺迹志』에는 송나라 때 개봉에 있던 '해안정海眼井' 이라는 우물이 바다와 통했으며, 당시에 철탑, 백옥석불白玉石佛 등과 함께 일곱 가지 절경으로 불렸다는 기록이 있다. 그러나 이 우물이 어떻게 바다와 통했는지에 대해서는 구체적 설명이 없다. 남경 자금산紫金山에는 조수에 반응하는 유명한 우물이 있다. 『육조사적편류六朝事迹編類』에 따르면, 이 우물은 강 하류의 조수에 따라 수위가 오르내렸다고 한다.

위의 이야기들은 모두 전설이지만, 그보다 훨씬 많은 우물에 관한 이야기들이 사실로 전하고 있다. 북경 고궁의 '진비정珍妃井'은 자희의 명령으로 광서 황제의 애첩 진비를 던져 버린 우물로 지금까지도 한 맺힌 영혼이 떠돌고 있다고 전해진다. 남경 계명사鷄鳴寺 경양루景陽樓 아래의 '연지정臙脂井'은 남조 진陳 후주後主가 총애하던 왕비와 함께 수나라 군대의 공격을 피했던 곳이다.

장사長沙의 백사정白沙井은 예로부터 유명한 강남의 우물 중 하나였다. 1639년 『장사부지長沙府志』에서 이렇게 기록했다. "백사정은 현 동남쪽 2리에 있으며, 우물은 한 척 남짓에 지나지 않으나 맑은 샘물이 감미로워 온 성의 관민들이 먹어도 마르질 않는다. 장사에서 제일가는 샘이다." "무석無錫의 석산은 산에 주석[錫]이 없고, 평호平湖의 호수는 물이 평평[平]하며, 상덕常德의 덕산은 산에 덕이 있고, 장사의 사수沙水는 물에 모래[沙]가 없네"라는 민요가 있는데, 여기서 사수가 바로 백사정의 물을 가리킨다. 백사정의 물은 수질이 깨끗해서 차를 끓이면 맛과 빛깔이 유독 아름답고, 술을 담그면 향이 깊고 그윽하며, 약을 달이면 약효가 뛰어나다고 한다. 뿐만 아니라 계절에 상관없이 일정한 수위를 항상 유지하며 영원히 마르지 않는다고 한다. 지금도 수많은 사람들이 불원천리하고 이곳으로 와서 샘물을 퍼간다. 해방 후에 백사정은 여러 차례의 수리를 거쳐 우물둔덕에 화강석을 깔고, 사방을 돌난간으로 둘러싸고 나무를 심어 가운데에 '백사고정白沙古井'이라는 비석을 새겼다.

7-6-3
모산茅山에 있는
양梁 천감天監 16년 때의 우물

7. 능묘陵墓

능묘는 제왕과 후비를 매장하고 제사를 지내던 중국 고대의 건축군을 말한다.

일반적으로 능陵은 지면 위의 봉토 부분을 가리키고, 묘는 지표 아래의 무덤 건축을 가리킨다. 그러나 후대에 오면서 점차 능과 묘를 함께 붙여 제왕의 무덤과 그 부속 건물을 가리키는 말로 쓰게 되었다. 궁전, 사당과 마찬가지로 능묘 역시 정치적 성격이 대단히 강한 대형 건축에 속한다.

산정동인山頂洞人(북경시 주구점周口店 용골산龍骨山 정상의 동굴에서 발견된 약 18,000년 전의 인류 화석)부터 이미 중국 대륙에서 생활한 사람들은 매장의 관념을 갖고 있었다. 신석기시대 말기에는 사유제의 출현으로 권력이 집중되면서 대형 무덤이 등장하고 부장품이 많아지고 무덤의 지리적 위치 역시 특별해졌다. 예를 들어 양저良渚 문화에서는 제단을 만들고 대규모 무덤을 조성함으로써 묘주의 존귀한 지위를 과시했다. 그러나 아득한 상고시대에는 매장제도가 상대적으로 간략했다. "옛날에는 묘를 쓰되 봉분을 올리지 않았다"는 『예기禮記』「단궁檀弓」의 기록과 "고대의 무덤은 섶으로 두껍게 옷을 입혀 들판 가운데 묻되 봉분도 올리지 않고 나무도 심지 않았다"는 『역易』「계사繫辭」의 기록이 이를 증명한다. "묘를 쓰되 봉분을 올리지 않는" 전

7-7-1 진시황릉 병마용갱

통은 서주 때까지 이어진다.

상대부터는 이미 매장제도를 대단히 중시하기 시작했다. 대형화된 무덤과 풍부한 부장품이 이를 대변해 준다. 안양安陽 후가장侯家莊의 상대 말기 왕릉을 예로 들면 '아亞' 자 모양의 묘실이 안쪽으로 묘도와 연결되어 있으며 총 면적은 700제곱미터가 넘는다. 164명의 사람을 순장하고 수많은 부장품을 묻었다. 유명한 부호묘婦好墓는 묘주가 상왕 무정武丁의 왕비 중 한 명일 뿐이나 부장품은 무려 2천 건에 이른다. 그러나 상대에는 아직 능묘의 지상 건축이 보이진 않는다.

주대에는 종법제도가 발달했다. 이에 따라 장례제도 역시 조정의 예제禮制에 포함되어 진정한 의미의 능이 출현하게 되었다. 『주례』「춘관春官」을 보면 벼슬의 등급에 따라 봉분의 정도와 나무의 숫자를 정하는 것이 '총인冢人'의 직무 중 하나로 되어 있다. 주대에 이미 지상의 봉분이 등장했다는 의미이다. 그러나 지금까지 알려진 바에 의하면 최초로 지상에 왕의 무덤을 조성한 것은 그보다 좀 더 나중이다. 비교적 전형적인 예로는 하북 평산平山현의 전국시대 중산국中山國 왕묘와 하북 한단邯鄲의 조趙나라 왕릉을 들 수 있다. 두 무덤 모두 봉분을 올렸으며 봉분의 정상에는 침전의 유적이 있다. 봉분 위로는 나무를 두루 심었던 것으로 보인다.

진정한 의미의 황릉은 섬서성 임동臨潼현 여산驪山의 진시황릉이다. 이 황릉은 조형과 구획이 대단히 엄정하고 가지런하다. 능 언덕은 땅을 단단히 다져 3층으로 만들고 꼭대기에는 침전을 지었다. 봉분 위로는 측백나무를 둘러 산림을 상징했다. 이런 형상 때문에 고대 제왕들의 분묘를 능침이라고도 하고 산릉이라고도 불렀다. 황릉 주위로는 두 겹의 담이 두르고 있으며, 담의 정중앙에 문궐門闕을 지어 서로 대칭을 이루게 했다. 능의 담장 밖으로 거대한 병마용 갱이 있다.

한나라의 능묘는 진나라를 계승했다. 서한의 능묘는 대부분 장안 서북쪽의 함양咸陽에서 흥평興平 일대까지 분포되어 있다. 능은 모두 정방형으로 꼭대기가 잘린 피라미드 모양이다. 능 위에 침전을 짓고, 사방에 담을 두르고, '십十' 자 축선으로 대칭을 이루게 했다. 제릉의 옆에는 후비, 공신귀척의 분묘가 조성되었다. 형식은 제릉과 비슷하나 규모는 훨씬 작다. 또 제릉 주위로는 관서와 귀족 저택, 정원을 짓고 담을 둘러 능읍陵邑이라 칭했다. 특별 귀족 거주지의 하나가 된 것이다. 동한의 제릉은 대부분 낙양 북망산에 분포되었다. 형식은 서한을 계승했으나 규모는 줄고 능읍도 사라졌다. 남조의 제릉은 규모가 크지 않고 봉분 위에 침전도 짓지 않았다. 대신 능 앞에 신도神道를 길게 조성하고 신도 양쪽으로 석각한 기린(혹은 벽사), 묘비, 비석을 배열했다.

당대의 능묘는 한릉 이후의 또 다른 전형적 양식을 보여준다. 당대의 능묘 열여덟 곳 중 열다섯 곳이 자연의 산언덕을 능으로 삼았다. 주위로는 방형의 담장을 조성해서 사방 가운데에 궐문을 짓고, 바깥쪽에 돌사자를 설치했다. 정남쪽으로 긴 신도를 만들어서 남쪽 끝에 큰 궐문을 설치하고 양쪽으로 석인, 석마, 주작, 화표 등을 배치했다. 능의 꼭대기에는 침전을 짓지 않았으나 대신 문 안에 헌전獻殿(제사를 지내고 재물을 바치는 대전)을 지었다. 오대십국의 제릉은 규모가 크지 않았다. 이미 발굴된 남당 두 황제와 전촉 황제 왕건王建의 무덤을 보면, 당시의 제릉은 내부 장식에 특히 신경을 썼고 조각과 벽화의 구도와 기법이 상당한 수준에 이르렀음을 알 수 있다.

7-7-2 소릉昭陵

북송의 능묘는 한당漢唐의 특징을 종합하면서

도 그것을 더욱 규격화했다. 제릉의 주요 부분은 상궁上宮이라 불렀다. 십자 축선으로 대칭을 만들고, 방형의 담장을 둘러 사방 가운데에 문을 설치하고, 모퉁이에는 누각을 짓고, 남쪽으로 신도를 설치하고 궐문을 지었다. 신도 양쪽에는 대칭으로 대조회大朝會의 의장을 배열했다. 여기에는 궁녀, 관원, 사신, 말, 코끼리, 양, 호랑이 등의 석각이 포함되었다. 신도의 최남단에는 궐문을 지어 유대乳臺라 불렀다. 이외에도 상궁의 북쪽에는 하궁下宮을 지었다. 하궁은 황제와 왕후의 초상에 제사를 지내기 위한 건물이다. 제릉의 북서쪽은 후릉으로 그 형식은 제릉과 같으나 규모가 작았다.

지금까지 발견된 제릉 중에 송 이전의 것은 몇 개 되지 않는다. 따라서 묘실의 형식을 전면적으로 판단하기에는 어려움이 따른다. 그러나 관련 자료를 보면, 한 이전의 묘실은 대체로 토혈土穴에 목곽을 넣는 사각의 단실單室인 반면, 한 이후는 대부분 벽돌로 지은 반원 구조로써 전, 중, 후의 3실 혹은 전, 후 2실로 구성되어 있으며 묘도도 상당히 길다.

명대의 능묘는 특정 지역에 능을 집중 조성하는 송대의 전통을 계승하는 동시에 신도의 건축에 더 신경을 써서 능묘 앞쪽의 분위기를 훨씬 돋보이게 했다. 능의 몸체는 큰 변동이 있었다. 명릉은 완전히 궁실처럼 만들었다. 이는 조회의 구조를 그대로 옮긴 것이다. 그중 전조前朝 부분은 궁실의 모양을 따라 건물과 뜰을 세로 방향으로 조성하고, 뒤쪽의 침전 부분은 명루明樓와 보성寶城(명루는 왕릉 앞쪽의 누각을, 보성은 왕릉 주변의 담장을 말한다)으로 개조했다. 청대 능묘의 형식은 명대와 기본적으로 같지만 규모는 좀 작아졌다. 또 각 능마다 신도를 만들고 후비의 능묘를 따로 조성했다. 묘실은 모두 다실多室 방식의 반원형 구조이다.

고대 중국의 능묘는 의례적 성격이 강한 건축으로서 주로 제왕의 영혼을 지키고 법통을 영원히 보존하는 기능으로 쓰였다. 따라서 숙연함과 숭고함, 변하지 않는 예술적 분위기가 건축에 표현되어야 했다. 능묘 위에 심는 늘

푸른 송백이 바로 능묘가 추구하는 바를 표현한다. 당대 이전에는 능묘 자체의 조형을 중시했다. 십자의 축선이 대칭을 이루는 절두截頭형의 몸체는 안정감과 엄숙함을 동시에 보여준다. 능의 꼭대기에 침전을 지은 것은 건축의 신성함을 더욱 두드러지게 하기 위해서였다. 그러나 이때까지만 해도 능 주변의 환경에 대해서는 그다지 신경을 쓰지 않았다.

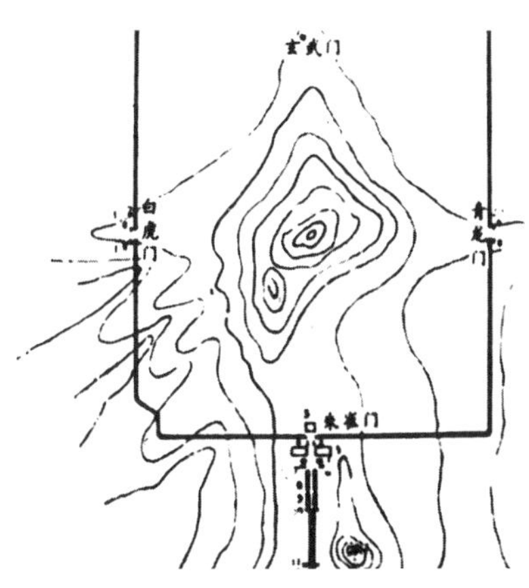

7-7-3 건릉乾陵 평면도

환경을 중시하기 시작한 것은 당대부터이다. 이때부터 능 앞에 긴 신도를 조성하고 문궐과 석각을 배열함으로써 기념적인 특성을 강화했다. 그리고 자연 그대로의 산을 봉분으로 삼아 능 앞에 닿을 때까지 신도의 높이를 점차 높임으로써 웅장하고 확 트인 기세를 보여주었다.

송대의 능묘는 한당의 수법을 종합하여 제릉과 후릉后陵을 집중적으로 짓고 전체적으로 짜임새있는 능묘 환경을 조성했다. 뿐만 아니라 풍수 사상의 영향을 받고 '오음성리五音姓利(사람의 성을 궁상각치우의 오음으로 나눠 그 길함을 따지는 것)'의 주장에 의지했다. 이에 따르면 '각' 음에 속하는 국성 '조趙'가 병丙과 임壬의 방위(서쪽으로 치우친 북쪽)에서 득이 있으므로 반드시 "동남쪽의 땅을 높이고, 서북쪽의 땅을 낮추는" 구조를 택해야 했다. 그래서 송대의 각 능은 모두 앞(남쪽)이 높고 뒤(북쪽)가 낮다. 여기에 남쪽으로는 숭산嵩山을 마주하고 북쪽으로는 낙하洛河에 의지하는 지형은 뒤쪽이 더욱 기울어지는 결과를 가져왔다.

명청대의 능묘 예술은 대단히 독특하고 성숙한 수법을 자랑한다. 근거는 이렇다. 첫째, 건물을 집중해서 짓고 주변 환경이 주는 효과에 중점을 두었다. 그래서 정면을 훤히 트고 나머지 삼면을 산들이 포근히 감싸 안아 앞이 낮고 뒤가 높은 작은 분지 형식을 띠었다. 또 건물들을 인간의 정상적 시야 이내에 둠으로써 전체적으로 웅장한 기세를 보여주고 완전한 예술적 효과를 거두도록 했다. 둘째, 각 능이 하나의 산봉우리를 마주 봄으로써 자연의 산릉을 사람이 만든 능묘 건축의 한 구성 요소로 삼았으며, 이를 통해 건축 예술의 형상적 의미를 강화했다. 셋째, 능묘 앞쪽의 배치에 특히 신경을 썼다. 청릉은 각 능마다 앞쪽에 신도, 비루碑樓를 설치했다. 명 13릉은 신도가 하나뿐인데 석비방石碑坊부터 장릉長陵 앞에 이르는 총 7.5킬로미터의 이 신도를 3단으로 나누어 예술적 효과를 부각시켰다. 사실상 신도가 전체 능묘 지구의 척추 역할을 하는 것이다. 넷째, 가지런한 대칭과 엄숙한 조형을 자랑하는 능묘 건축이다. 특히 명루와 보성은 튼튼하고 힘이 넘치는 성곽의 느낌을 준다.

8. 누각樓閣

누각은 고대 중국의 다층 목조 건축이다. "누樓는 겹으로 된 집"이고 "각閣은 누이다"라고 했다. 다시 말해 누각은 나무로 구조를 만든 2층 혹은 그 이상의 집인 것이다.

애초에는 누와 각이 달랐다. 누는 집 위에 다른 집을 바로 이어서 지은 것으로 중간에 처마가 없었다. 그래서 수루竪樓라고도 불렸다. 각은 상하층 사이에 처마와 툇마루까지 있는 누를 말한다. 시간이 지나면서 툇마루를 가진 각과 보통의 누를 함께 누각으로 통칭하게 되었다. 누와 각의 구분이 불명확해진 것이다. 같은 형식을 어떤 때는 누라 부르고 어떤 때는 각이라 부른다. 황학루黃鶴樓와 등왕각滕王閣 등이 그 예이다. 대 위에 지은 건축도 단층이든 다층이든 상관없이 누라 부르기도 한다. 성루城樓, 각루角樓 등이 그 예이다.

누의 출현과 발전은 고대 중국의 '경천敬天' 사상과 관련이 있다. 양저 문화의 반산反山, 요산瑤山, 회관산匯觀山 등지에서는 모두 큰 규모의 제단 유적이 발견되었다. 높이가 10여 미터에서 수십 미터에 이르는 제단의 꼭대기에는 상당수의 무덤들이 있었고, 무덤 안에는 '천지와 통하는' 옥훌과 벽옥이 함께 묻혀 있었다. 이를 근거로 전문가들은 이들 제단이 천지와 소통하려는 당시 사람들의 갈망이 반영된 것이라고 보았다. 육가陸賈의 『신어新語』에 따르면 "초楚 영왕靈王은 높이가 백 길이나 되는 건혜대乾谿臺를 만들어 구름 위로 올라 천문을 보고자 했다". 조씨 위나라 때는 '중천대中天臺'를 지으려 했다. 소위 '중천대'란 하늘과 이어지는 끝도 없이 높은 대를 말한다. 이는 하늘로 뻗고자 하는 당시의 건축 사상을 가장 노골적으로 반영한 구상이라 할 수 있다. 이후에 지어진 '누'와 '각' 등의 고층 건물이 바로 이 사상의 영향을 깊게 받았다.

누라는 건축양식이 정식으로 등장한 것은 시대적으로 상당히 늦다. 정확한 사료 기록에 근거하면 진시황의 명령으로 지은 아방궁阿房宮을 그 시초로 봐야 할 것이다. 진시황은 전국을 통일한 후 기술자들로 하여금 함양궁 옆 상림원上林苑에 하늘의 해를 가릴 정도의 거대한 아방궁을 3백여 리에 걸쳐 짓도록 한다. 아방궁은 "전전이 동서로 5백 보, 남북으로 50장丈에 이르렀으며, 위로 만 명이 앉을 수 있고, 아래로 5장의 깃발을 세울 수 있었다……. 다섯 걸음마다 누를 하나씩 세우고, 열 걸음마다 각을 하나씩 세웠으며, 회랑은 비단 띠처럼 빙 두르고, 처마 끝은 마치 새가 높은 곳에서 먹이를 쪼는 듯했다. 지세에 따라 지은 높고 낮은 누각이 마치 갈고리가 이어진 것처럼 보였다". 숲 속의 나무처럼 빽빽이 들어선 궁중의 누각이 그야말로 장관을 이뤘던 것이다.

목조 누각의 출현은 중국 목조 건축의 성숙을 나타내는 표지 중 하나이다. 양한은 누각 건축이 하루가 다르게 발달한 시대이다. 비록 지금은 실물을 볼 순 없지만, 동한 중후기 무덤의 부장품 중에는 방형의 3~4층 누각 모형이 항상 포함되어 있다. 모형을 보면 각 층 사이에 처마를 두고 그 위로 난간을 설치했다. 이처럼 처마에 난간을 더하는 방법은 전국시대의 동기銅器에서도 볼 수 있다. 한대에는 이 기술을 목조 건물에 이용하여 햇빛을 가리고 비를 피하고 조망의 효과까지 본 것이다. 리듬감 있게 나오고 들어간 각 층의 처마와 툇마루는 안정감 속의 변화, 그리고 허실과 명암의 대비가 이루어진 중국 누각의 독특한 풍격을 보여준다.

당송 이후에는 누각 건축의 응용 분야가 갈수록 광범위해졌다. 기능적으로 보면 다음의 몇 가지로 나눌 수 있다. ①종교 누각: 사원의 중심 건축으로 누각 안에 항상 높고 큰 불상을 모셨다. 대규모 조합을 이룬 배전配殿들 역시 누각으로 지어졌다. 높게 뻗은 배전들의 모습은 가로로 평평하게 펼쳐진 대전과 대비를 이루었다. ②문화 누각: 책이나 경서를 보관하는 누각이다. 명대 절강 영파靈波의 천일각天一閣, 사고전서를 보관했던 문연文淵, 문진文津, 문란文瀾, 문소文溯, 문휘文彙 등의 청대 황실 장서각 등을 예로 들 수 있다. ③군사용 누각: 성루城樓, 전루箭樓, 적루敵樓, 도시 중심가의 종루鐘樓, 고루鼓樓 등이 그 예이다. ④감상용 누각: 먼 곳의 풍경을 조망하기 위한 높고 큰 누각이다. 이런 누각은 그 자체로도 하나의 경치가 된다. ⑤주거용 누각. 실제 생활에서 위의 누각들은 대부분 두 가지 이상의 기능으로 함께 쓰였다.

불사나 궁전 소유의 누각을 제외하면 역사적으로 누각은 대부분 유람용으로 명승지나 원림에 지은 경우가 많았다. 부지는 항상 도시 근교의 강이나 호수를 임한 지역으로 정했다. 도시와의 긴밀한 관계를 고려하여 '좋은 경치를 얻기' 위해서였다. 또 누각은 그 자체가 자연의 아름다움과 함께 '좋은 경치가 되기도' 했다. 지금까지 남아 있는 고대의 누각은 대부분 유람과 감상을 위해 지어진 것들이다. 강남의 3대 명루로 불리는 악양루岳陽樓, 등왕각, 황학루, 그리고 북경 이화원의 불향각佛香閣 등이 그 예이다.

중국의 전통문화 정신은 인간과 자연의 조화를 특히 중시한다. 누각이 바로 이런 특징을 체현하고 있다. 끝없는 하늘, 끝없는 땅, 끝없이 넓은 대자연 속에서 사람들은 자신의 유한함에 불안을 느껴 천지와 교류함으로써 일종의 정신적 승화를 이루고자 했다. 항아姮娥, 우인羽人, 비선飛仙은 이러한 욕망을 표현한 신화적 환상이며 누각은 이를 현실의 경치로 체현한 것이다. 그래서 중국의 누각과 고대 유럽의 다층 건물은 정신적 풍격에 있어서 큰 차이를 보인다. 유럽의 건물은 벽돌을 쌓아서 만들고 창문도 크지 않았다. 건물 밖으로 회랑을 내지 않아 안과 밖을 철저히 분리했다. 그리고 뾰족한 꼭대기로 향하는 수직적 형태를 강조하여 넓은 대지는 전혀 신경 쓰지 않은 느낌을 준다. 인간과 자연 사이의 거리감을 오히려 부각시킨 것이다. 반면 중국의 누각은 개방적이다. 건물 안팎을 훤히 트고 각 층에 회랑을 둘러 조망이 편하게 했다. 또 수평으로 설치된 각 층의 처마, 회랑, 난간이 수직 방향의 동태적 형태감을 크게 낮춰 언제든 대지에 관심을 돌릴 수 있도록 했다. 굽은 형태의 지붕과 치켜 올라간 지붕 끝은 조형의 딱딱함을 대폭 줄여 대자연과 아름다운 조화를 이룬다. 자연에 대한 인간의 무한한 사랑을 기탁하여 '천인합일'의 숭고한 이상을 체현한 것이다. 이러한 인문정신을 가장 잘 표현한 누각이 앞서 말한 강남의 3대 명루이다.

황학루는 호북 무창武昌의 장강 남쪽에 자리 잡고 있다. 삼국시대 때 처음 지어져 당대부터 이름을 날리기 시작했다. 황학루가 유명해진 건 "옛사람은 이미 황학을 타고 떠나고, 이 땅에는 황학루만 쓸쓸히 남았네"라는 최호崔顥의 시구 덕이 크다. 송대의 황학루는 성의 대臺 위에 지어졌다. 대 아래로는 녹음이 그늘을 이루고 안개 낀 수면이 끝없이 펼쳐졌다. 중앙의 주루主樓 두 층은 평면의 방형이다. 그중 아래층을 좌우로 쭉 내밀고 앞뒤로 회랑을 만들어 배루配樓와 통하게 했다. 날개처럼 쭉쭉 뻗은 들쑥날쑥한 지붕들이 웅장한 기세를 자랑한다. 누각에 오르면 철철 흐르는 장강뿐 아니라 삼진三鎭(무창, 한구漢口, 한양漢陽)의 풍광까지 눈앞에 펼쳐진다. 창건 이후 황학루의 형태는 각 조대마다 달라졌지만, 그 웅장하고 고고하고 독특한 개성만은 한결같았다.

남창南昌 공강贛江 동쪽 언덕에 위치한 등왕각은 당 고종 영휘永徽 4년(653)에 지어진 후 많은 고초를 겪어왔다. 지금까지 약 1,300년에 걸쳐 훼손과 중건을 반복할 때마다 옛 누각의 풍모를 그대로 재현했을 뿐 아니라 규모도 갈수록 늘렸다. 등왕각이 처음 지어졌을 때는 귀인들이 모여 술을 마시며 금 타는 소리를 듣고 그림을 감상하는 장소에 불과했다. 그로부터 22년 후에 유명한 문학가 왕발王勃이 홍주洪州 도독의 초청으로 누각에 올라 유명한

「등왕각서滕王閣序」를 썼고, 이때부터 등왕각이 천하에 이름을 날리게 된 것이다. 당대 중승어사中丞御史 왕중서王仲舒는 등왕각을 중건한 후 문인 한유韓愈를 누각으로 초청하여 고금의 명문인 「신수등왕각기新修滕王閣記」를 쓰도록 했다. 뿐만 아니라 백거이의 「종릉전송鐘陵餞送」, 두목杜牧의 「회종릉구유삼수懷鐘陵舊遊三首」, 주이존朱彝尊의 「등등왕각登滕王閣」 등의 시도 지금까지 사람들에게 널리 불리고 있다.

악양루는 호남 악양 동정호洞庭湖 서쪽 언덕에 있다. 전하는 바에 따르면 삼국시대에 이곳에 군대를 사열하는 누각이 있었다고 한다. 당대에 이백은 "누각에 오르니 악양의 끝이 보이고, 강물은 멀리 동정호에서 활짝 열리네"라고 노래하고, 두보는 "예전에 동정호를 들었고, 지금은 악양루에 올랐네"라는 시구를 남겼다. 송대에는 악양루를 중건하고 범중엄范仲淹이 「악양루기」를 씀으로써 누각의 명성이 천하에 알려졌다. 지금의 악양루는 청 광서 5년에 지은 것이다. 평면 직사각형 모양에 정면이 세 칸이고 주위로 행랑이 둘러 있으며, 총 3층에 각 층마다 처마가 있고, 전체 높이는 20미터에 이른다. 지붕은 굴곡이 진 투구 모양으로 현존하는 중국 최대의 투구형 지붕 건물이다. 지붕은 황색 유리기와로 덮었고 지붕의 날개가 하늘로 솟구쳐 있다. 악양루는 대단히 좋은 위치에 자리를 잡았다. 악양 고성古城 위에 우뚝 솟아 있어, 뒤로 악양성에 기댄 채 동정호를 내려다보고 멀리 군산도를 마주하고, 북쪽으로는 장강에 의지하고 남쪽으로는 상강湘江과 통하기 때문이다. 누각에 올라 먼 곳을 바라보면 끝없이 푸른 물결에 흰 돛이 점점이 보이고 물에 비친 구름 그림자가 다채로운 정경을 연출해 낸다. 강남의 3대 명루를 대표로 하는 전통 누각이 중국 건축 문화와 심미관, 나아가 중국 전통 문화 전체에서 차지하는 비중은 굳이 언급할 필요가 없을 정도로 막대하다.

9. 패방牌坊

'패루' 라고도 하는 패방은 중국에만 있는 굴처럼 생긴 문 모양 건축이다. 대부분은 건축군의 가장 전면에 세우지만 도시의 중심부, 사방으로 통하는 큰길의 양쪽에 세우기도 한다. 패방은 도시와 건축군 내에서 공간을 나누고 조절하는 역할을 하고 건축군의 예술적 표현력을 높여주어 중국 건축 문화의 전형적 표지 중 하나로 여겨지고 있다.

패방의 역사는 대단히 길다. 그렇다면 '패방' 이라는 이름은 어디서 왔을까?

고대 중국의 농촌에서는 흔히 건물의 문을 '구문衢門' 이라 불렀다. 기둥 두 개를 세운 다음 횡목 하나를 올려서 문을 만든 것이다. 나중에는 비와 눈이 들이치지 않도록 횡목에 지붕을 올렸다. 이런 집 모양의 문이 바로 패방의 최초 양식이었을 것이다.

도시에서는 이방里坊의 문이 대량으로 세워졌다. 이방은 중국 고대 도시 내 거주지의 기본 단위로서 도시를 방형 혹은 직사각형의 구역으로 나눈 것이다. 이방 안에는 주택을 가지런히 배열했다. 이 방식은 춘추전국시대에 이미 형성되었다. 고대에는 이방의 문을 '여閭' 라 불렀다. 건축군의 가장 앞에 있든 대로변에 세워졌든 패방은 항상 대문의 특징을 갖고 있었다. 이 때문에 건축과 도로를 표시하고 통제하는 것이 패방의 가장 기본적 기능이 되었다.

예의를 중시하는 중국은 오래전부터 '표려表閭' 제도가 있었다. 즉, 공신들의 성명과 그들의 사적을 돌에 새기고 여문閭門에 설치하여 공덕을 표창하는 것이다. 건축학자 유돈정劉敦楨의 분석에 따르면, 이런 여문 위에는 흔히 방坊의 이름을 쓰고 표려제도에 따라 표창할 사적을 목패木牌에 새겼으므로 패방이라는 이름은 여기서 기원했을 가능성이 크다.

훗날 목조 건축을 모방한 이런 패방은 갈수록 장식이 화려해진다. 날개 모양의 처마와 두공이 설치되고 각종 장식이 더해짐으로써 이방을 떠나 독립적인 하나의 '건축 소품'이 되었다. 그러나 원래 가지고 있던 대문으로서의 상징적 의미와 공덕을 표창하는 기능은 그대로 남았다.

건축 재료로 보면 패방은 목패방과 석패방, 그리고 유리패방 등의 몇 가지로 나뉠 수 있다. 하지만 어떤 패방이든 건축 구조는 공통적이다. 즉, 밑받침, 기둥, 편액 횡목, 자판 등으로 구성되고, 그 규모는 패방의 칸 수, 기둥과 지붕의 수로 나뉜다는 것이다. 가장 단순한 형태는 두 개의 기둥으로 이루어진 한 칸짜리 패방으로 지붕은 1층에서 3층까지 만들 수 있다. 가장 흔히 보이는 패방은 네 개의 기둥을 세운 세 칸짜리며, 기둥 여섯 개에 다섯 칸짜리는 대형 패방으로 볼 수 있다. 이런 패방은 대부분 아주 넓은 대로나 묘도에 설치되며, 지붕은 3층, 5층, 심지어 9층까지 다양하다. 기둥과 칸 수가 같다면 지붕의 수가 많을수록 패방은 더욱 복잡해지고 형상미도 훨씬 풍부해진다.

패방은 형태가 복잡하고 규모도 일정치 않지만 봉건사회에서는 그 특수한 기능으로 인해 건축과 사용에 있어서 엄격한 제한이 있었다. 건축의 허가 여부에서부터 건물의 규격까지 엄격한 규정을 두었던 것이다. 황제의 신묘

7-9-1 북경 전문대가前文大街의 패루

神廟와 능침에서만 6주柱 5칸의 패방을 설치할 수 있었고, 일반 백성이나 신하들은 4주 3칸의 패방이 한계였다. 공림孔林의 '만고장춘萬古長春' 방에 사용된 6주 5칸의 패방은 특별히 예외를 둔 경우이다. 공자 같은 '성인' 정도만 이런 영예를 얻을 수 있었다.

7-9-2 십삼릉十三陵 패루

패방을 세우는 일은 상당히 큰 사업이었다. 절대 이유없이 패방을 세울 순 없었으며 건축의 의미가 반드시 들어가야 했다. 사람들은 풍부한 감정과 바람을 패방에 기탁하여 옳은 일을 칭찬하고 표창하고 서로를 축복해 주었다.

일반적으로 패방은 건축 목적에 따라 다음의 몇 가지로 나눌 수 있다.

상징성 패방: 가장 흔한 패방이다. 궁전, 능묘, 사원 같은 건축군의 전면에 일종의 상징으로서 세워진다. 북경의 동시와 서시 교차로에는 각각 네 개의 패방이 세워졌다. 동성東城과 서성西城의 중심지구임을 표시한 것이다. 이 패방들은 교통에 방해된다는 이유로 이미 철거되고 없지만, 아직까지도 사람들은 이곳을 '동사東四'와 '서사西四'로 부른다. 그만큼 패방이 오랜 세월 동안 상징적 작용을 해왔던 것이다.

대문식 패방: 일련의 건축물 맨 앞에 세워지는 상징성 패방은 사실 대문의 자리에 위치하면서도 담장에 의지하지 않은 채 독립적으로 존재하며 패방의 기둥 사이 혹은 문 안쪽에 문짝도 설치하지 않는다. 그래서 사람들은 밑으로 자유롭게 통과할 수도 있고 에둘러 지나갈 수도 있다. 진정한 의미의 문의 역할을 못하는 것이다. 산동 곡부曲阜 공묘孔廟의 첫 번째 대문은

영성문櫺星門이다. 이 문은 석패방의 형식을 취하여 4주 3칸에 지붕은 올리지 않았다. 기둥 사이에 나무 울타리 문을 설치하고 양쪽으로 담장과 이었다. 전체 건축군에서 진정한 대문의 역할을 하는 것이다.

장식성 패방: 흔히 보이는 장식성 패방은 두 가지이다. 하나는 상점 앞쪽에 세우는 패방이고, 다른 하나는 사원, 사당 등 중요 건물의 대문에 보이는 패방이다. 상점 앞의 패방에는 상점 지붕이 높이 뻗어 있는 경우가 흔하다. 다채로운 그림들로 가득한 기둥이 사람들의 시선을 사로잡고, 기둥 끝에는 각양각색의 깃발을 건다. 사람들이 멀리서도 볼 수 있게 해서 광고 효과를 노리는 것이다.

사원이나 사당의 대문에 흔히 보이는 장식성 패방은 대문에 웅장한 기세를 더해준다. 대부분 벽돌이나 돌로 대문 주위의 벽에 패방의 모양을 쌓는 방식이다. 이런 패방은 기둥 위의 편액 횡목과 지붕 위의 장식까지 모두 갖추어져 있어도 독립적인 건축으로 볼 순 없다. 담장에 붙은 하나의 장식으로 변한 것이다. 하지만 그 형상은 벽돌로 세운 패방보다 훨씬 자유롭고 색채도 더 풍부하다.

기념성 패방: 대부분 충효와 절의를 갖춘 인물을 기념하기 위한 패방이다. 공덕패방, 정절패방, 효자패방 등이 여기에 속한다. 산동 봉래蓬萊시의 척가戚家사당 남쪽에 척계광戚繼光 부자의 공적을 기리기 위해 세운 '척계광부자총독방總督坊'이 있다. 명 가정 44년(1565)에 적군을 제압한 척계광 부자의 공을 기리기 위해 조정에서 세워준 것이다. 4주 3칸에 지붕이 다섯 개, 높이는 9.3미터, 폭이 8.3미터에 이르고, 3중의 두공에 처마가 튀어나와 있으며, 용마루에는 망새와 짐승이 장식되어 있다. 편액과 그림판의 조각이 정교하고, 투조透彫와 부조로 새긴 물고기, 용, 말, 새 등의 도안은 풍부한 입체감을 더한다.

절강 무의武義현 곽동촌郭洞村에는 효자패방이 하나 있다. 마을 사람인 하제계何諸啓의 아내 전全씨의 효성과 미덕을 찬양하기 위해 세운 것이다. 전씨는 스물둘에 과부가 되어 위로는 늙은 시어머니를 모시며 효도를 다하고 아래로는 아비 없는 자식을 기르며 갖은 고초를 겪었다. 어린 아들은 어머니의 가르침을 따라 학업에 열중하여 성인이 된 후 『무의현지武義縣志』의 저자로 발탁되었다. 이 일로 전씨는 조정으로부터 상을 받았고, 당시 절강의 관리는 어명에 따라 효덕의 패방을 지었다. 그래서 패방 꼭대기에 '성지聖旨' 라 쓰인 석판이 하나 세워져 있다.

패방의 그림자는 지금도 중국 대륙 곳곳에 남아 있다. 뿐만 아니라 바다 건너 먼 나라에서도 패방을 볼 수 있다. 패방은 이미 유구한 중국 문명의 상징 중 하나로서 먼 이국 땅에서까지 그 존재를 확인하고 있는 것이다.

미국의 수도 워싱턴에는 전 세계 차이나타운 중에서 가장 크고 호화로운 중국 패방 하나가 서 있다. 높이가 14.5미터, 폭이 23미터에 달하는 화려하고 휘황찬란한 패방이다. 이 패방은 3문, 5문 방식의 중국 패방 전통을 완전히 뜯어고쳐 폭이 근 19미터에 이르는 거대한 문 하나를 도로에 가로질러 놓았다. 거대한 패루 위는 일곱 개의 지붕이 덮고 있으며, 패방 전체에 7천여 개의 황색 유리기와와 59개의 두공이 사용되었다. 또 3,284마리의 용을 새기고 그려 넣어 그야말로 위엄이 넘치는 장관을 연출했다.

아시아에서는 일본 요코하마 차이나타운 거리 남단에 3주 2문의 대형 패방 하나가 웅장하게 서 있으며, 이곳이 바로 중국성이라는 의미로 차이나타운 안쪽에도 패방 몇 개가 세워져 있다.

이처럼 크고 작은 패방들이 세계 각국에 적지 않게 퍼져 있다. 유구한 중화문명이 다채로운 패방을 통해 매혹적인 기품과 아름다움을 뽐내고 있는 것이다.

10. 다리[橋]

7-10-1 아래에 구멍이 하나인 석교石橋

다리는 교통을 위한 건축물로서 아주 오랜 옛날부터 존재해 왔다.

다리의 기원을 따지면 일반적으로 자연의 천연 다리에서 영감을 얻어 만든 것으로 본다. 고고학계에서는 최소한 6천여 년 전에 중국에 이미 다리의 추형이 있었다고 말한다. 하모도 문화의 태호太湖 지역에서는 사개 구조의 건축 재료가 발견되었는데, 이 사개 구조가 바로 다리 제작의 기초였다. 거의 같은 시기에 북방 앙소 문화의 반파 유적에서는 부락을 감고 있는 도랑이 발견되었다. 비록 지금은 눈으로 볼 수 없지만 당시 사람들이 다리를 통해 부락의 통로로 오갔을 것이라는 가정은 충분히 가능하다.

상대에는 진정한 의미의 다리가 이미 있었다고 봐야 한다. 『사기』「은殷본기」에서는 "부세를 두터이 하여 녹대鹿臺의 돈을 채우고 거교鉅橋의 곡식이 가득 넘치게 한다"고 했다. 이에 대해 복건服虔은 『집해集解』에서 이렇게 썼다. "거교는 창고 이름이다. 허신許愼은 '거는 녹수鹿水의 큰 다리이고, 그곳에 곡식을 운반하는 물길이 있었다' 고 했다." 거교가 바로 큰 다리였음을 말하고 있는 것이다.

그러나 춘추전국시대까지 중국의 다리 건설은 수량이나 규모에 있어서 아직도 낙후된 수준이었다. 『시경』을 보면 다리가 없어서 물을 지나가거나 밟고 건넌다는 시구가 많이 있다. "깊은 물에 이르면 뗏목을 타거나 배를 타고, 얕은 물에 이르면 자맥질하거나 헤엄을 친다네"라는 구절이 그 예이다.

선진시대의 전적에는 다리 건설에 대한 기록이 일부 남아 있다. 그러나 대부분 다리를 만든 사람에 주목할 뿐 다리 만드는 기술에 대해서는 등한시했다. "자산子産이 정鄭나라의 정치를 돌보면서 자기가 타는 수레로 진수溱水와 유수洧水에서 사람들을 건너게 해주었다. 맹자가 말했다. '은혜를 베풀었을 뿐 정치를 알진 못한 것이다. 11월에 사람이 다니는 수레가 지어지고, 12월에 수레가 다니는 다리가 지어지면, 백성들은 물을 건너는 일로 근심하지 않아도 된다'"는 『맹자』「이루離婁」의 기록이 그 예가 된다.

진한시대는 중국 교량 건설의 역사에서 첫 번째 정점이라 할 수 있다. 진나라는 중국을 통일한 후 극히 짧은 국운에도 불구하고 한漢 문화를 중심으로 하는 통일의 국면을 초보적으로 마련해 놓았고, 한나라는 진의 제도를 계승 발전시켰다. 동한은 중국 건축사에서 발전이 가장 빨랐던 시대이다. 인조 건축자재를 발명하고, 벽돌 구조와 석조 구조의 건축 방식을 창조하고, 새로운 아치형 천장을 발전시킨 것이 바로 이때이다. 이런 기술들은 진한 이후 다리 건설의 발전에 중요한 기틀로 작용했다. 동한 때에는 불교가 중국으로 전해져 중국 조형예술에 신선한 분위기를 심어주었고 건축 역시 불교예술의 색채와 융합하게 되었다. 또 이 시기에는 철로 만든 공구가 광범위하게 사용되어 대규모 다리 건축에 유리한 조건을 제공해 주었다.

7-10-2 쇠밧줄 다리

사실 교량의 건설은 한대부터 상당히 빈번하게 이루어졌다. 한의 조충국趙充國은 군둔전을 다스리면서 72개의 교량을 지었다. 교량의 건설이 당시에 이미 보편적이었다는 말이다. 『한서』에는 당시 사람들이 "배를 타면 위험하고, 다리로 가야 안전하다"고 인식했다는 기록이 있다. 통행을 보증할 만한 다리가 충분히 있지 않고서는 이런 인식이 불가능했을 것이다.

진한 이후 중국의 교량 기술과 교량 건설은 기본적으로 원래의 전통을 그대로 따라갔다. 교량 건설의 기술과 관련된 당시의 자료들이 아직도 대량으로 남아 있다. 북송 때 유호喻皓가 편찬한 『목경木經』 3권, 이성李誠이 편찬한 『영조법식營造法式』이 대표적이다.

보통 우리는 교와 량을 붙여서 쓴다. 그러나 사실 고대에는 교와 량에 구분이 있었다. 단옥재는 『설문해자주』에서 교량에 대해 이렇게 해석했다. "량梁이라는 글자는 나무로 물을 건너는 것으로, 즉 지금의 교橋이다. 『맹자』에서는 '11월에 수레가 다니는 다리가 지어진다' 고 했고, 『국어國語』에서는 『하령夏令』을 인용하여 '9월에 길을 닦고 10월에 다리를 만든다' 고 했으며, 『시경』 「대아大雅」에서는 '배를 이어서 다리를 놓는다' 고 했다. 모두 지금의 다리[橋] 제작을 가리키나, 경전에 보이는 것은 '梁' 이라 말하고 '橋' 라 말하지 않았다", "수량水梁이라 함은 물속의 량梁을 가리킨다……. 하나의 나무로 된 것은 '강杠' 이라 하고 나무를 나란히 이은 것은 '교' 라 한다. 크면서 경사가 진 것을 '교' 라 한다." 즉, 비교적 큰 강을 건널 때 쓰이고 모양이 아치형인 것이 '교' 라는 말이다. 결국 고대의 '교' 는 지금의 무지개다리라고 볼 수 있다.

그러나 교와 량을 구분하지 않고 같은 건축양식으로 보기도 한다. 허신은 『설문해자』에서 "교는 수량水梁이다"라고도 하고 "량은 수교水橋다"라고도 했다. 교와 량을 사실상 같은 사물로 본 것이다.

중국 고대 사료에서 다리와 관련된 기록은 허다하다. 다리는 처음 등장

7-10-3 부교浮橋

한 시기도 빠르지만 그 종류 역시 매우 다양하다. 그중 가장 대표적인 것으로는 양교梁橋, 색교索橋, 공교拱橋가 있다.

『시경』「대명大明」의 "위수渭水에서 친히 영접하시며 배를 이어 다리를 놓으시네"라는 말에 대해 주희朱熹는 이렇게 해석했다. "교량을 만드는 것이다. 물에서 배를 만들어 줄지어놓고 그 위에 판을 덧대 지나가게 하는 것이다. 즉, 지금의 부교浮橋이다." 부교에 관한 중국 최초의 기록이 바로 이것이다. 그러나 부교를 진정한 의미의 교량이라고 볼 순 없다. 진정한 교량은 역시 양교부터 시작된다고 봐야 할 것이다.

앞서 언급했듯이 양교는 물길 위에 나무를 나란히 배열해서 만든다. 구조가 비교적 간단한데다 원료가 되는 목재 역시 흔히 구할 수 있어 중국에서 양교는 짧은 기간에 큰 발전을 이룬다. 그러나 이처럼 나무로 기둥과 들보를 만든 교량 구조는 약점도 적지 않아서 급격히 발전하는 교통수단에 적응하지 못했다. 그래서 후대인들은 이를 개조하여 돌기둥과 나무들보로 긴 교량을 만들어 사용했다. 진한 때의 위교渭橋, 파교灞橋가 바로 이런 교량에 속했다. 또 진한시대에는 철제 항타기가 발명되었다. 항타기의 출현으로 교량은 기초를 더욱 튼튼히 했고, 그만큼 홍수 같은 자연재해도 잘 견딜 수 있게 되었다. 교량의 광범위한 사용에 좋은 기반이 마련된 것이다.

그러나 목재 다리는 비바람의 침식에 약했다. 그래서 사람들은 교량의 바닥을 나무 대신 흙이나 돌로 바꾸고 그 위에 집을 짓기도 했다. 이로써 교량 자체를 보호할 수도 있고 행인들이 다리를 건너다가 잠시 쉴 수도 있게 되었다.

중국에는 색교(현수교)라는 독특한 다리가 있다. 초기의 색교는 대부분 대나무를 짜서 만들었으며 주로 중국 서남부에서 많이 사용되었다. 『사천명승기四川名勝記』에는 진나라 때 이빙李冰이라는 사람이 사천에서 색교를 만들었다는 기록이 있다. 또 당대의 『원화군현지元和郡縣志』에서는 "오랑캐들이 큰 강 위에 등나무 다리를 만들었는데, 이를 '착笮'이라 한다"고 했다. 색교는 아주 이른 시기에 출현했으며, 이는 지리적 환경과 밀접한 관계가 있다. 중국 서남부는 험준한 산이 많고 강의 흐름이 세차다. 이런 강물과 협곡에서는 배를 띄우기도 힘들고 다리를 설치할 수도 없다. 그래서 사람들이 사용한 방법이 바로 공중에 줄을 거는 것이었다. 나중에 이 기술을 발전시켜 밧줄 여러 가닥을 병렬해 놓음으로써 최초의 현수교가 탄생하게 되었다. 여기에 다시 바닥에 나무판을 깔고 잡을 수 있는 난간을 양쪽에 설치하여 명실상부한 다리를 만든 것이다. 현수교 위를 건너는 느낌은 참으로 신기했을 것이다. 송대 시인 범성대范成大는 이렇게 묘사했다. "하늘에 다리를 걸쳐 놓았으니 큰바람이 지나가면 번쩍 들리는 모습이 마치 어부가 그물을 말리고 염색공이 비단을 햇볕에 쪼이는 것 같았다. 수레를 버리고 있는 힘껏 달려야 했고…… 동행인들은 실색했다." 하지만 대나무 색교도 나무다리처럼 쉽게 부식한다는 문제 때문에 나중에는 쇠밧줄 다리가 등장했다. 가장 유명한 쇠밧줄 다리로는 사천 노정瀘定현의 노정교를 들 수 있다.

7-10-4 정교亭橋

북위 때 작성된 『수경주水經注』 「곡수谷水」에는 '여인교旅人橋'에 대한 다음과 같은 기록이 있다. "모두 돌을 쌓아 만들었다……. 낙양궁에서 6~7리 떨어져 있고 전부 큰 돌을 썼다. 아래쪽을 둥글게 만들어 물이 통하고 큰 배가 충분히 지나갈 수 있게 했다." 다리 위로는 사람이 다니고 다리 아래로는 배가 통과하는 것이 바로 공교(무지개다리)의 특징이다. 이는 중국 고적에서 확인할 수 있는 석石공교에 관한 최초의 기록이다. 물론 석공교가 실제로 등장한 시기는 북위 이전으로 봐야 할 것이다.

석공교는 등장 시기가 약간 늦었지만 일단 세상의 빛을 보고 나자 신속하게 각지로 퍼져 중국 역사상 가장 생명력이 강한 교량 양식이 되었다. 남북에 걸친 각 지역에서의 풍부한 경험을 바탕으로 석공교는 지금까지도 무궁한 발전의 가능성을 지니고 있다. 중국의 교량 전문가들은 석공교의 조형예술과 구조에 많은 정력과 열정을 쏟아부어 불후의 걸작들을 만들어냈다. 그중에서도 가장 유명한 것이 바로 하북의 조주교趙州橋이다.

위에서 소개한 몇 가지 교량은 중국 고대 교량의 주요 양식으로서 수천 년을 이어왔다. 그러나 청 말이 되면 이런 상황에 변화가 오기 시작한다. 1881년에 중국은 첫 번째 철로를 갖게 되었다. 이때부터 원래는 서양 것인 철교와 콘크리트 다리 등의 신식 교량이 중국에 등장했고, 이와 관련된 신식 교량 건설 도구 역시 두각을 나타내기 시작했

7-10-5 이화원頤和園의 구멍이 17개인 다리

다. 이러한 신형 교량과 신식 기술이 빠른 기간 내에 중국에서 뿌리를 내리고 꽃을 피우고 열매를 맺음으로써 신식 교량이 끊임없이 지어졌다. 그중에서 가장 유명한 것으로 1936년에 모이승茅以升이 주도하여 만든 전당강錢塘江대교를 들 수 있다. 안타까운 사실은 당시 중국 최대의 철도교였던 이 다리가 완공 후 얼마 지나지 않아 폭파되고 말았다는 것이다. 남경의 장강대교 역시 유명하다. 이 다리는 해방 후 중국이 독립적으로 건설한 첫 번째 철도, 도로 겸용 다리였다. 개혁개방 이후 교량의 건설은 놀랄 만큼 빠르게 발전했다. 수량만 대폭 증가한 것이 아니라 양식 역시 매우 다양해졌다. 하지만 신형 현수교가 날이 갈수록 발전을 거듭하고 있는 지금도 중국 고대로부터 이어져 온 교량의 시공 기술은 여전히 자신의 생명과 활력을 유지하고 있다.

11. 궐闕

'포잔수결抱殘守缺(낡은 것을 끌어안고 놓지 않는다는 의미)'이라는 중국 사자성어가 있다. 여기서 '결'은 '궐闕'과 무슨 관련이 있을까? 허신은 『설문해자』에서 "궐은 문관門觀이다"라고 했다(문관은 궁궐, 관부, 사당, 능묘 등의 입구로 보통 한 쌍의 문으로 이루어져 있다). 궐과 중국 고대의 문이 상당히 밀접한 관계에 있었음을 말해준다. 그러나 역시 궐은 문이 아니라 '문관'일 뿐이다. 그렇다면 문관은 또 무엇인가? 문관의 함의를 모르면 궐의 정확한 정의를 이해할 수 없다.

이러한 내용을 제대로 알기 위해서는 고대 건축의 구조에서 그 해답을 찾아 고대 문의 구조를 먼저 살펴봐야 한다. 고대에는 초루譙樓라 부르는 망루식 건축이 있었다. 아랫부분의 기둥이 매우 높고 꼭대기에 작은 망루가 있어서 이곳에 올라 주위를 경계할 수 있었다. 시야가 확 트이도록 이런 초루는 일반적으로 대문 앞에 지어졌다. 또 차마가 대문을 출입할 때 방해되지 않도록 꼭 대문 좌우 양측에 배치했다. 이렇게 해서 두 초루의 가운데가 또 하나의 문이 되었다. 그러나 이 문 가운데에는 문짝이 없이 "가운데가 빈 채로[闕然] 길이 되었다"(『석명釋名』). 그래서 이를 '궐문闕門'이라 부르고, 양쪽의 초루는 자연스럽게 '궐闕'로 부르게 된 것이다.

궐에는 두 가지 유형이 있다. 하나는 독립된 쌍궐雙闕이다. 쌍궐 사이에 문을 두지 않고 위쪽을 지붕으로 덮는 방식이다. 이런 독립적 쌍궐은 당송대까지 능묘에만 쓰이다가 이후에는 쓰이지 않게 되었다. 다른 하나는 문과 궐을 합한 궐이다. 즉, 쌍궐 사이를 단층이나 2~3층의 처마를 친 문루門樓로 연결하는 것이다. 이러한 궐 양식은 송원대의 발전을 거쳐 명청대에 북경 자금성 오문午門의 형식이 되었다.

처음에 궐은 성문 앞의 부속 시설로 출현했다. 그러다가 점점 궁전, 사당, 능묘, 심지어는 일반 저택 앞에도 궐이 세워지게 되었다. 궐은 대문을 표시하며 특히 성궐城闕에 올라가면 먼 곳을 조망할 수도 있다. 그래서 '궐'을 '관'이라 칭하기도 하는 것이다. 『이아爾雅』에서 "관은 궐을 말한다"고 했고, 이에 대해 최표崔豹는 『고금주古今注』에서 다음과 같이 해석했다. "궐은 관이다. 옛날에는 문마다 두 개의 관을 세웠다. 앞에서 이것이 궁문임을 표시하는 것이다. 위쪽은 머무를 수 있게 했고, 그 위에 올라가면 먼 곳을 바라볼 수 있었다. 신하들이 조회에 나아갈 때 이곳에서 자기가 빠뜨린 바[闕]가 없는지 살폈으므로 '궐'이라 했다." 성벽에 성루가 등장하면서부터 궐은 '관'으로서의 의미가 점차 사라졌으며 대신 건축군의 입구를 표시하는 건축물로 굳어지기 시작했다. 귀천의 구별이나 가문의 위엄, 예의의 숭상 등을 표시하는 장식적 건물이 된 것이다. 궐 중에서도 궁궐과 성궐은 교통의 중심지에 설치되었으므로 통치자들은 항상 왕조의 법령과 포고문 등을 그 위에 걸어 나라 사람들에게 보여주었다.

궐은 결缺과 중국어 발음이 같다. 그래서 고대에는 상징적 의미까지 갖고 있었다. 대신들은 조회에 나가 임금을 뵐 때 궐 앞에서 스스로를 반성하며 자기에게 무엇이 모자란 지[缺], 무엇이 없는지 살폈다고 한다. 이렇게 해서 궐은 도덕적 함의까지 갖추게 되었다.

중국 건축 문화사에서 한대는 '궐'이라는 건축양식이 크게 번성한 시기이다. 그래서 '한가궁궐漢家宮闕'이라는 말도 나온 것이다. 한대 초에는 한 고조가 진 흥락궁興樂宮의 기초 위에 장락궁長樂宮을 지었다. 『한서』에는 "오봉五鳳 5년에 난새와 봉황이 장락궁 동궐 나무 위에 모였다"는 기록이 있다. 이는 한대의 궁궐과 관련된 정식 기록이다. 한대의 궁전은 사방 문 앞에 항상 사궐四闕을 설치하여 사방의 창룡蒼龍, 백호, 현무, 주작을 표시했다. 이와 관련하여 『고금주』에서는 이렇게 설명했다. “창룡궐에는 창룡을 그리고, 백호궐에는 백호를 그리고, 현무궐에는 현무를 그리고, 주작궐에는 주작 두 마리를 그렸다.” 동창룡, 서백호, 북현무, 남주작의 팔괘 방위 관념이 한대의 문궐제도에서 이미 정형화되었음을 알려주는 기록이다.

궐은 대부분 흙과 나무로 지어졌기 때문에 오랜 세월이 지난 지금은 그 웅장한 구조를 보기 힘들다. 일부 고서들을 통해 당시의 형상을 짐작하고, 지금까지 남아 있는 석궐과 화상석 등을 보며 그 인상을 느낄 수 있을 뿐이다.

중국에 보존되어 있는 궐의 대다수는 동한 때의 석궐로서 사천, 산동, 하남 등지에 분포되어 있다. 건축된 연대로 따지면 숭악삼궐嵩岳三闕이 가장 빠르다. 그중에서 계모궐啓母闕과 소실궐少室闕은 동한 연광延光 2년(123)에 지어졌으며, 태실궐太室闕은 동한 원초元初 5년(118)에 지어졌다. 그래서 이 세 궐은 중국에서 가장 오래된 사당 앞 신도궐로 불린다.

세 궐의 건축 구조는 기본적으로 같다. 모두 돌을 파서 쌓아 올리고 동서 대칭으로 만들었다. 궐은 기초, 몸체, 지붕 세 부분으로 이루어지고, 각 궐은 다시 정궐正闕과 자궐子闕로 나뉜다. 정궐은 높고 자궐은 낮으며, 정궐이 안쪽에 자궐이 바깥쪽에 있다. 정궐은 지붕이 ‘사아四阿’ 식(중국 전통 건축의 지붕 중 최고급 양식이다. 가운데 용마루를 중심으로 사방에 합각마루가 비스듬히 연결되어 있으며 지붕의 면은 약간 굽어 있다)이고, 자궐은 정궐에 바짝 붙어 있으며 지붕은 반半 ‘사아’ 식이다. 궐의 몸체는 장병형의 돌을 쌓아 만들고, 벽에는 전예체篆隸體 글씨로 쓴 편액이 있다. 또 석판 하나하나에 얕은 부조로 화상畵像을 새겼는데, 세 궐을 합하면 이런 화상이 총 170폭도 넘는다. 소박하고 예스럽고 생동적인 그림은 그 자체로 중요한 가치를 지닌다.

또 하나의 유명한 석궐로 사천 아안雅安에 있는 고이高頤 묘의 궐을 들 수 있다. 이 궐은 동서 2궐로 이루어져 있으며 두 궐 사이의 거리는 약 13미터이다. 동궐은 궐의 몸체만 남아 있다. 이 몸체는 북쪽을 보고 있으며 ‘한고

익주태수무음령漢故益州太守武陰令……' 이라는 글이 새겨져 있다. 서궐은 높이가 5.8미터, 폭이 1.6미터이다. 지붕의 용마루에는 주작이 인끈을 물고 있는 모습이 새겨져 있다. 이 부조는 매우 선명하고 생동감이 넘쳐 동한 석궐에서 찾아보기 힘든 수작으로 꼽힌다. 궐의 몸체에서 처마까지 총 5층의 석조石雕가 있다. 1층은 도철饕餮을 새기고, 2층은 두공 사이에 인물고사를 부조로 넣었다. 3층은 꽃무늬 도안을 주위에 새기고, 4층은 인물, 차마, 금수를 부조했다. 5층은 종횡으로 교차하는 각목 모양을 새겨 넣었다. 궐 전체의 분위기가 정체됨이 없이 생기가 넘치고 조각은 화려하고 세밀하다.

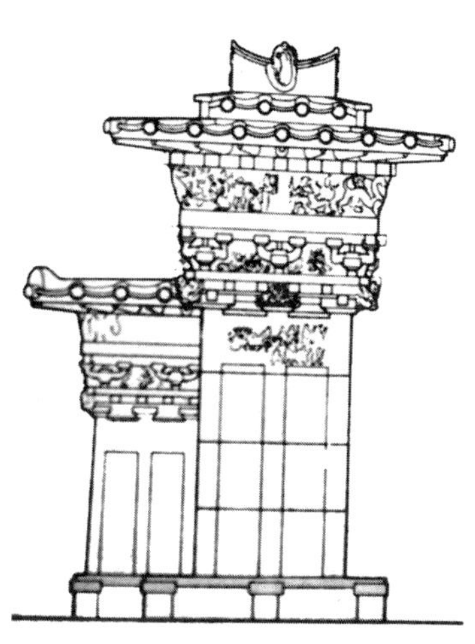

7-11-1 사천 아안 고이묘궐

현존하는 실물, 그리고 한대의 벽돌과 화상석을 통해 우리는 당시의 궐을 두 가지 부류로 크게 나눌 수 있다. 하나는 문이 없는 궐이고, 하나는 문이 있는 궐이다. 문도 어떤 것은 낮고 어떤 것은 궐의 몸체 정도로만 높고, 어떤 것은 훨씬 크고 높아서 다층 누각의 모양을 하고 있다. 이런 양식은 좀 더 나중에 출현했을 것이다. 아마 동한에서 육조 때 유행한 양식이 아닐까 한다. 한대의 궁궐식 성궐은 후대의 성문城門에 상당한다. 『수경주』에서는 "그 동봉궐東鳳闕의 높이가 7장 5척이다"라고 했다. 토목으로 지은 궐뿐 아니라

7-11-2 한대 화상 벽돌에 새겨진 단궐單闕

7-11-3 한대 화상석의 궁궐

돌로 만든 석궐도 대단히 많았다. 하남 등봉登封의 한 태실太室, 소실少室, 계모啓母 세 곳의 석궐은 동서 양 궐의 거리가 20여 척이다. 또 사천 한묘漢墓의 석궐 역시 거리가 20여 척 정도이다. 이렇게 가까운 거리에는 문을 설치할 수가 없다. 따라서 묘궐은 일반적으로 문을 설치하지 않았다고 추정할 수 있다.

신기한 사실은 이런 묘궐이 한대 이후의 능묘에서는 갑자기 사라졌다는 것이다. 묘도가 시작되는 지점의 묘표墓表가 원래 묘궐의 자리를 대신했다. 당송대가 되면 이미 건축군의 앞에 설치되었던 궐도 점점 사용되지 않고 방치되기 시작한다. 사회가 발전하면서 궐의 본래 의미가 퇴색되었기 때문일 것이다. 원명 이후로는 궐이 아예 뭔지도 모르는 경우가 많았다. 궁궐과 성궐에서는 점점 문과 궐이 하나로 통합되는 경향으로 흐른다. 그래서 양 궐 사이를 단층 혹은 다층의 건축으로 연결하여 궁성 문루의 두 날개를 궐과 서로 연결시킨 양식이 등장한다. 북경 자금성의 오문이 바로 그렇다. 오문의 좌우 양쪽으로 튀어나온 건물은 사실상 고대 궐의 희귀한 유산으로 볼 수 있다.

7-11-4 한대 화상석의 쌍궐

12. 석굴石窟

절벽에 구멍을 뚫어 만든 동굴인 석굴은 초기 불교의 중요한 건축양식으로서 인도에서 기원했다. 석굴은 석굴사石窟寺라고도 한다. 신도들이 모여서 경문을 읊고 수행하는 승방으로 볼 수 있는 것이다.

불교가 처음 전해질 때는 석굴이 없었다. 불교도는 "밖으로는 먹을 것을 구걸하여 색신을 수양하고, 안으로는 불법을 구걸하여 지혜를 기른다"는 부처의 가르침에 따라 낮에는 마을로 가서 불법을 설하고 저녁에는 산림으로 돌아와서 나무 아래에 앉아 참선에 전념했다. 이후 마가다국의 빔비사라왕이 죽림정사를 보시하고 나서야 인도의 불승들은 사원과 석굴을 갖게 되었다.

인도에 석굴이 출현한 이유는 인도의 기후와 관계가 있다고 한다. 인도의 여름은 무덥고 길다. 일반 집에서는 찌는 더위를 참기가 여간 힘든 게 아니다. 석굴은 절벽에 뚫기 때문에 주변의 무성한 수풀로 더위를 피할 수 있는데다 조용하고 여유로운 환경은 수행자들이 불법에 심취하기에 더없이 좋았다. 또 다른 중요한 이유는 바로 절벽에 석굴을 뚫으면 사찰을 짓는 경비를 줄일 수 있고 석굴 자체도 오랜 세월 보존할 수 있다는 것이었다. 이런 이유로 고대 인도에서는 석굴이 불교 건축의 하나로서 크게 유행했다.

7-12-1 낙양의 용문 석굴

인도의 석굴은 대략 두 가지 양식으로 나뉜다. 하나는 정사

精舍식 승방이다. 방형의 작은 동굴을 만들어 정면으로 문을 열고 나머지 세 면에는 소규모 감실을 뚫는다. 승려들은 이 감실에 앉아 수행을 한다. 다른 하나는 지제굴支堤窟이다. 이 석굴 양식은 면적이 상당히 크다. 동굴 속 뒤쪽 중앙에 중심이 되는 기둥을 세우고 기둥의 몸을 탑의 형상으로 새긴다. 신도들은 이 지제(탑) 기둥의 주위를 돌며 석가모니에게 참배한다.

불교는 동한 때 중국으로 들어왔다. 불교의 중요한 건축양식 중 하나인 석굴 역시 이때 전해졌다고 보면 된다. 불교와 마찬가지로 석굴이 중국에서 첫발을 내디딘 곳 역시 서역이었다. 이후 석굴은 불교를 따라 감숙을 경유해서 중원으로 들어오고 다시 북방의 광범위한 지방으로 퍼져 나갔다.

역사적으로 석굴의 개착이 최고조에 이른 시대는 위진남북조였다. 중국에 현존하는 석굴들 대부분이 이 시기에 개착되었다. 가장 유명한 석굴로는 네 곳을 든다. 감숙의 돈황 막고굴莫高窟, 산서 대동大同의 운강雲岡 석굴, 하남 낙양의 용문龍門 석굴, 감숙 천수天水의 맥적산麥積山 석굴이 바로 그곳이다. 이 4대 석굴 외에도 수많은 석굴들이 마치 흩어진 진주처럼 중국 대륙에 퍼져 있다. 신강 배성拜城의 키질 석굴, 고차庫車의 쿠무투라 석굴, 감숙 영정永靖의 병령사炳靈寺 석굴, 하남 공현鞏縣 석굴, 산서 태원太原의 천룡산天龍山 석굴, 하북 한단邯鄲의 향당산響堂山 석굴 등이 그중에서도 유명하다.

7-12-2 감숙 천수의 맥적산 석굴

키질 석굴은 깎아지른 절벽에 수 킬로미터나 이어져 있다. 중국에서 개착 시기가 제일 빠르고 지리적으로는 가장 서쪽에 형성된 대형 석굴군이다. 대략 서기 3세기부터 석굴을 파기 시작해서 8~9세기까지 이어졌다. 전 세계 어느 석굴도 이처럼 긴 세월에 걸쳐 형성된 곳은 없다. 쿠차(龜玆) 석굴군은 비교적 집중적으로 분포되어 있고 벽화의 내용이 대단히 풍부하다. 불교의 내용을 표현한 '본생고사', '불교고사', '인연고사' 등의 벽화뿐 아니라 세속의 생활을 표현한 벽화도 대량으로 발견된 것이다. 한 석굴 전문가는 쿠차 석굴을 고대 쿠차 문화의 백과전서라고 말했다. 키질 석굴은 이 쿠차 석굴군 중에서도 으뜸으로 평가된다.

키질 석굴의 건축 특징을 가장 잘 체현한 것이 바로 중심주中心柱식 석굴이다. 이 석굴은 주실과 후실로 나뉜다. 주실의 정면 벽에는 주존 석가모니불이 자리하고, 양쪽 벽과 천장에는 '본생고사' 같은 석가모니의 사적이 그려져 있으며, 후실은 보통 '열반' 불상이 있다.

키질 석굴의 벽화가 사람들에게 주는 가장 깊은 인상은 마름모 구도이다. 마름모 하나하나에는 '본생고사'가 한 편씩 그려져 있다. 막고굴이 연환화連環畵 형식으로 '본생고사'의 줄거리를 표현한 것과 달리 키질 석굴은 하나의 그림에 하나의 이야기를 담았다. 각 그림은 '본생고사' 중에서 가장 대표적인 줄거리를 뽑은 것이다. 이야기의 주요 인물 혹은 동물을 구도의 중심으로 삼고, 여타의 인물, 동물, 배경 등을 주위에 채워 넣었다.

운강 석굴은 북위 중엽에 처음 개착되었다. 문성제文成帝 화평和平 연간(460~465)에 대규모로 조성되기 시작한 운강 석굴은 60여 년 후인 효명제孝明帝 정광正光 5년에 완공되었다. 유명한 고승 담요曇曜의 주도로 "수도 서쪽 무주새武州塞의 산에 석굴을 파서 다섯 곳의 굴을 뚫은" 것이 그 시작이었다. 지금의 석굴번호 제16~20번까지가 바로 유명한 '담요 5굴'이다.

운강 석굴은 다양한 목조 건축을 모방하기도 하고, 불경의 독특한 주제를 부조로 새기기도 하고, 장식 문양을 세밀하게 새기기도 하고, 살아 있는 듯 생생한 악무樂舞의 장면을 조각하기도 했다. 이러한 조각 예술은 진한 대의 예술 전통을 계승, 발전시키고 불교예술의 정수를 흡수, 융합하여 독특한 예술 풍격으로 승화한 것으로 후대의 수당 예술에 깊은 영향을 주었다. 중국 예술사에서 막중한 위치에 있는 이 조각 예술은 중국과 아시아 각국 문화 교류의 역사적 증거이기도 하다.

운강 석굴에 새겨진 종교 인물의 형상은 대단히 신비하고 다채롭다. 석불은 가장 큰 것이 17미터, 가장 작은 것은 몇 센티미터에 지나지 않는다. 생생한 모습과 오묘한 구도가 사람들의 눈을 즐겁게 한다. 운강 석굴의 조각은 중국 3대 석굴 중에서도 웅장한 기백과 풍부한 내용으로 유명하다.

막고굴은 돈황에서 동남쪽으로 25킬로미터 떨어진 명사산鳴沙山 동쪽 기슭의 절벽에 조성되었다. 속칭 천불동千佛洞이라고도 하는 이 석굴은 상하가 5층, 길이가 1,600미터에 달한다. 막고굴은 전진前秦 건원建元 2년(366)에 처음으로 개착된 후 수대를 거쳐 원대까지 계속 그 수가 늘어났다. 현존하는 492개의 석굴에는 45,000평방미터의 벽화와 2,415존의 채색 조각상이 보존되어 있다. 가장 큰 석굴은 높이가 45미터에 달하지만 가장 작은 것은 한 자도 되지 않는다. 석굴의 벽화는 변화무쌍하고 웅장한 구도, 선명하고 다채로운 색감, 세밀하면서도 물 흐르듯 자연스러운 선이 놀라운 예술적 감염력을 전해준다. 수당 시대의 벽화는 돈황 벽화 중에서도 최고라 할 만하다. 다양한 경변도經變圖가 대부분인 당대 벽화는 화려하고 장엄한 천

7-12-3 돈황 막고굴

국의 모습을 표현하면서 불상, 불교 사적, 경변, 신화, 공양인 등의 제재와 도안을 그려 넣었다. 조각상은 진흙을 빚어 만든 채색 조각으로 제각각의 특징적인 모습을 자랑한다. 막고굴은 현존하는 중국 최대 규모의, 가장 풍부한 내용을 담고 있는 석굴 예술의 보고이다. 청 광서 26년에는 유명한 장경동藏經洞이 발견되면서 수많은 역사 문물과 예술품들이 세상의 빛을 보았다. 그러나 이 문물들은 당시 열강들에 의해 대량으로 유출되어 각국에 흩어지고 말았다.

맥적산 석굴은 감숙성 천수현 경내에 있다. 동진 16국의 하나인 후진 때부터 청대까지 끊임없이 석굴을 뚫어 "사람의 힘으로 만들었으나 마치 신의 공력으로 이루어진 듯한" 대규모 석굴군과 유명한 불교 성지를 이루었다. 맥적산 석굴은 깎아지른 절벽에 굴을 파서 서로 엇갈리면서도 규칙적으로 배열을 했으며 절벽에 잔도를 설치하여 석굴 사이를 이었다. 중국에서 가장 험준한 석굴이라 할 만하다. 현존하는 총 194개의 석굴 감실에는 흙으로 빚거나 돌로 새긴 7,200여 개의 조각상이 있으며, 벽화의 길이는 1,000평방미터를 넘어간다. 신을 인격화한 석굴의 조각상에서는 삶의 정취가 절로 흘러나온다. 이 조각상들은 수천 년에 걸친 중국 조각 예술의 발전 과정을 체계적으로 반영하고 있다.

용문 석굴은 하남성 낙양시 남쪽 교외에 자리 잡고 있다. 용문 협곡 동서 양쪽의 가파른 절벽이다. 이곳은 동서로 산이 대치하고 있고 이수伊水가 그 가운데로 흐르기 때문에 마치 문궐의 모습과 흡사하다. 그래서 고대에는 '이궐伊闕'이라 부르기도 했고, 당대 이후에는 대부분 '용문'이라 불렀다. 용문 석굴이 있는 암벽은 석질이 우수하여 칼로 새기기가 편하다. 옛사람들이 여기에 석굴을 뚫은 것도 바로 이 때문이다.

용문 석굴은 북위 효문제孝文帝(471~477) 때 개착되기 시작하여 4백여 년이 지나 완성되었다. 지금까지 1,500년의 역사를 이어오고 있는 것이다. 용문 석굴은 남북의 길이가 1킬로미터이고, 현존하는 석굴의 수는 1,300여 개이며, 감실, 제기題記, 비각碑刻, 불탑, 불상 등이 무수하게 보존되어 있다. 그중에서도 빈양중동賓陽中洞, 고양동古陽洞, 봉선사奉先寺가 가장 대표적이다.

빈양중동은 북위(386~512)시대의 대표 작품이다. 석굴 내부에는 11존의 대불상이 있다. 맑은 얼굴과 자연스런 표정의 주존 석가모니상은 북위 중엽 석굴 예술의 걸작이라 할 만하다. 주존의 받침 앞쪽에는 건장한 자태의 돌사자 두 마리가 조각되어 있다. 주존 좌우에는 두 제자와 온화한 미소를 머금은 보살상이 시립하고 있다. 그 밖에도 석굴 안에는 여러 보살이 새겨져 있으며, 불법을 경청하는 제자들의 부조가 생생함을 더한다.

고양동은 용문 석굴 중에서 개착 연대가 가장 빠르고 내용도 가장 풍부한 석굴로 역시 북위시대의 대표 석굴 중 하나이다. 석굴 안에는 수많은 감실과 조각상들이 보존되어 있고 대부분의 불상에 제기가 쓰여 있다. 제기에

7-12-4 산서 대동의 운강 석굴

는 당시 이 상을 만든 사람의 이름과 연대, 제작 이유 등이 적혀 있다. 북위의 서법과 조각 예술의 연구에 더없이 귀중한 자료들이다. 중국 서법사의 이정표인 '용문 12품' 중 19품이 고양동에 있다. 위비체魏碑體를 대표하는 '용문 12품'은 글자체가 단정하고 반듯하며 힘있는 기세를 자랑한다. 이 글씨들은 용문 석굴 비각 서법 예술의 정수로서 역대로 많은 이들의 칭송을 받아왔다.

봉선사는 용문 석굴 중 규모가 제일 크다. 전하는 바에 의하면 무측천이 '지분전脂粉錢' 2만 관貫을 하사하여 석굴의 조성을 도왔다고 한다. 봉선사는 당대 석각 예술의 풍격을 집중적으로 구현했다. 봉선사의 불상 9존은 그 자체가 하나의 예술적 완성체이다. 그중에서도 노사나盧舍那 불상은 찬란한 아름다움을 뽐내는 걸작으로 높이가 약 17미터에 달한다. 지혜가 엿보이는 두 눈이 지그시 아래를 향하고 가볍게 닫은 입술이 온화한 미소를 머금어 깨끗하고 선량한 품성과 우아한 자태를 보여준다.

용문 석굴은 거대한 규모와 충만한 기운, 석굴 내부의 세밀하고 다채로운 조각들로 세계에서 가장 위대한 고대 예술의 보고 중 하나로 칭송받아왔다. 아울러 이 석굴은 완전한 체계와 독특한 예술적 언어로 조각 예술 창작의 각종 규율과 법칙을 제시했다. 용문 석굴 이전의 석굴 예술은 대부분 간다라 예술의 요소를 유지해 왔으나, 용문 석굴은 멀리는 인도의 석굴 예술을 계승하고 가까이는 운강 석굴의 풍모를 이어받고, 위진의 낙양과 남조南朝의 선진적인 한족 문화를 서로 융합했다. 용문 석굴의 조각 예술은 처음부터 중국 민족의 심미의식을 강렬히 추구하여 석굴 예술을 중국화, 세속화시켰고, 이를 통해 중국 석굴 예술 변혁의 이정표가 되었다고 할 수 있다.

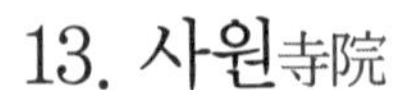

13. 사원寺院

사원, 불탑, 석굴을 불교의 3대 건축이라 부른다. 그중에서 사원은 불상을 모시고, 불교의식을 행하고, 승려가 거주하는 곳으로서 중국 불교 건축의 가장 중요한 요소가 되었다. 석굴과 마찬가지로 사원 건축 역시 인도에서 기원했다. 초기 인도불교에는 사원이 없었다. 앞서 이야기했듯이 빔비사라 왕이 죽림정사를 보시한 후에야 사원과 석굴을 갖게 된 것이다.

인도인들은 사원을 '승가람마僧家藍摩' 혹은 간단히 '승가'라 부른다. 승가람마는 크게 두 가지 양식으로 나뉜다. 하나는 정사식, 하나는 지제식이다. 정사식 승가는 전당과 불탑을 설치하고 전당 안에 불상을 모시며 주위에 승방을 만든다. 지제식 승가는 산에 의지해 구멍을 뚫어 석굴을 만들고 그 안에 불탑과 승려들의 생활공간을 만드는 방식이다. 이 두 가지 양식의 승가가 차례로 중국에 들어오면서 각각 사원과 석굴 건축으로 발전했다.

사실 '사寺'라는 명칭은 원래 불교의 사원을 가리키는 말이 아니었다. 진대 이후에는 보통 관사官舍를 '사'라 불렀고 한대에는 조정 소속의 정부기관을 가리키는 말이었다. 한대 중앙 행정기관의 아홉 개 관서를 합해서 '구사九寺'라 불렀다. 구사 중 '홍려사鴻臚寺'가 바로 인도 고승들의 접대와 숙식에 쓰이던 곳이었다. 국빈들을 접대하는 지금의 예빈사禮賓司나 국빈관과 마찬가지였다. 결국 '사'는 불교가 중국으로 전해진 후 중국인들이 불교를 존중하기

7-13-1 소형 사원

위해 불교 건축에 붙인 새로운 이름이었던 것이다. 조정의 고급 관서인 '사'를 불교 건축을 가리키는 말로 썼다는 점에서 당시 통치자들의 불교에 대한 존중을 짐작할 수 있다.

백마사白馬寺는 중국 관방에서 최초로 지은 불사이다. 동한 영평永平 연간에 명제明帝가 인도에서 온 고승을 홍려사로 모신 후 '사'라는 이름을 최초로 붙여 백마사를 창건했다고 한다. 북위 태무제太武帝 때는 사원을 다시 '가람'으로 불렀다가 수나라 때는 '도량'으로 고쳐 부르고, 당대에는 다시 '사'라는 명칭을 회복했다.

중국으로 전해진 인도의 불사는 대단히 빠른 속도로 중국의 전통적인 궁전 양식과 융합을 이루어 중국적 건축 풍격을 갖춘 불교 건축이 되었다. 당시는 중국의 건축 체계가 이미 틀이 잡히고 건축가들도 풍부한 기술과 경험을 바탕으로 많은 의례용 건축과 고층 누각을 지은 상황이었다. 불사와 불탑은 처음부터 이런 전통적 요소의 영향을 받았으며, 불사는 불교의 중국화 과정과 더불어 중국적 특색이 점점 농후해지게 되었다.

동한부터 남북조까지는 전란이 끊이지 않은 시기이자 중국에서 불교가 크게 발전한 시기이기도 하다. 이에 따라 남북조의 사원 건축은 최고의 발전 단계에 이르게 된다. 북위를 예로 들면, 당시 전국의 승려는 2백만, 사원은 3만 곳에 달했다. 낙양성 한 곳에만 1,360개의 사원이 있었으며, 남조의 건강建康에는 이른바 '사백팔십사四百八十寺'가 있었다. 불교의 성행으로 당시의 종교 건축은 전대미문의 대성황을 이루었다.

위진남북조 때의 사원은 이미 중국의 전통적인 정원식 구조를 받아들였다. 이 양식에는 두 가지가 있었다. 하나는 불전佛殿 중심의 사원으로 일반적인 세속의 건물과 별 차이가 없는 양식이다. 주로 중소형 사원 혹은 관서나 주택을 개조해서 만든 사원에서 보인다. 다른 하나는 탑을 사원의 중심으로 삼는 양식이다. 신자가 탑을 빙빙 돌며 공경의 의미를 표하는 의식에서 기원한 이 양식은 대형 불사를 신축할 때 많이 쓰였다. 동한의 백마사, 부도사浮屠祠와 『낙양가람기洛陽伽藍記』에 소개된 북위 때 낙양의 영녕사永寧寺 등이 이에 해당한다. 영녕사는 중심 목탑의 높이가 9층에 달해 50킬로미터 밖에서도 볼 수 있었다고 한다. 또 앞쪽은 사원의 문, 뒤쪽은 불전이었고, 사방을 회랑이 감싸고 승방이 천 칸도 넘었으며, 사원의 담장은 기와로 덮고 사방에 문을 하나씩 설치했다고 한다.

당송대에는 선종의 부각으로 '칠당가람七堂伽藍' 양식이 크게 유행했다. 즉, 일곱 가지 서로 다른 용도의 건물을 짓는 것이다. 명대 이후에는 칠당가람이 이미 정형화되어 남북을 중심 축선으로 하여 남쪽에서 북쪽 방향으로 차례로 산문, 천왕전, 대웅보전, 법당, 장경루藏經樓를 배치했다. 동서 배전으로는 가람전, 조사전祖師殿, 관음전, 약사전 등이 들어섰다. 사원의 동쪽은 승려들이 생활하는 곳이었다. 여기에는 승방, 향적주香積廚(주방), 재당齋堂(식당), 차당茶堂(접대실), 직사당職事堂(창고) 등이 포함되었다. 서쪽에는 주로 운회당雲會堂(선당禪堂)이 있었다. 이곳은 각지에서 찾아온 승려들이 접대를 받고 묵는 곳이었다.

근대 중국의 사원은 전통적인 궁전 건축양식을 흡수했다. 건축구조에 있어서는 평면 배치로 대칭을 이루었다. 설계 시 종축을 주선으로 횡축을 보조선으로 하여 암시, 부각, 대비 등의 수법으로 건축물 사이에 미묘한 허실의 관계를 드러냄으로써 중국 건축의 '함축미'를 구현했다. 건축 자체도 남북 방향의 중심선을 축

7-13-2 현공사懸空寺

으로 하여 가장 중요한 건물들을 모두 이 가운데 축선 위에 세우고, 다음으로 중요한 건물들을 축선의 동서 양쪽에 배치했다. 남쪽에서 북쪽 방향은 차례대로 산문山門이 되고, 산문의 정면은 전당이 되었다. 불사의 기본적 건축들은 두 가지 군으로 나뉘었다. 산문과 천왕전을 한 조로 하여 둘을 합해 '전전前殿'이라 부르고, 또 다른 한 조인 대웅보전은 불사의 중심 건물이 되었다.

전당殿堂 건축은 중국 전통 건축의 풍격과 특징을 그대로 보여준다.

전당의 지붕은 중국 건축의 요소들 중에서 겉으로 가장 잘 드러나고 그만큼 가장 중요한 부분이다. 정면에서 보든, 측면에서 보든, 위에서 보든 지붕은 모두 곡선이다. 우아하고 아름다운 곡선의 지붕, 특히 날개처럼 뻗은 서까래의 역동적인 모습이 사람들에게 깊은 인상을 남긴다.

대전大殿은 일반적으로 들보와 기둥 구조를 쓴다. 먼저 세로 방향으로 주춧돌에 기둥을 세우고 기둥 위에 들보를 설치한다. 그런 다음 들보 위에 다시 짧은 기둥을 세우고 그 위에 짧은 들보를 더한다. 이렇게 짧은 기둥을 층층이 겹쳐서 층이 올라갈수록 점점 짧아지는 들보 구조를 만든다. 맨 위층에는 척주脊柱를 세워 나무틀을 짠다. 평행으로 짠 나무틀 사이는 각목을 가로 방향으로 끼워 기둥의 상단을 연결하고, 각 층의 들보 끝과 척주 위에는 틀과 직각을 이루는 도리를 설치한다. 도리 위에는 서까래를 배열함으로써 지붕의 하중을 견디고 가로 방향의 구조를 연결한다. 이러한 나무틀은 중국의 전통적 건축 방법으로 지진에 강한 이점이 있다.

14. 대臺

'대'와 관련된 단어는 흔하다. 계단[臺階], 창턱[窓臺], 무대, 저울[臺枰] 등이 그렇다.

그렇다면 '대'는 어디에서 온 것일까? 고어의 '대'는 지금의 '대'와 같은 의미였을까?

물론 차이가 있다. 『설문해자』에서는 "대는 관觀이다. 네모나고 높은 것이다"라고 했다. 다른 전적들을 봐도 거의 비슷하다. 『석명釋名』「석궁실釋宮室」에서는 "대는 지탱하는 것이다. 흙을 견고하고 높게 쌓아 스스로 지탱할 수 있다"고 했고, 『이아爾雅』에서는 "모나고 높은 것을 대라 한다"고 했으며, 『노자』에서는 "9층의 대도 흙을 쌓음으로써 시작한다"고 했다. 대부분의 기록에서 흙을 쌓아서 네모나고 높게 만든 것을 대라고 한 것이다.

대라는 이 건축양식이 형성된 것은 신석기시대 말기의 제단과 어느 정도 관련이 있다. 양저 문화의 반산反山, 요산瑤山, 회관산匯觀山 등지에서는 대형의 제단 유적이 발견되었다. 제단은 높이가 10여 미터에서 수십 미터에 달했고 꼭대기에는 상당수의 무덤까지 있었다. 이를 근거로 전문가들은 이들 제단이 당시 사람들의 경천사상과 일맥상통한다고 보았다. 양저 문화와 상문화 사이의 전승 관계를 고려한다면, 상대 이후 대의 최초 기능은 천지에 제사를 올리는 의식과 밀접히 관계되었다고 판단할 수 있다.

노예제 사회와 봉건제 사회가 틀을 완성해 감에 따라 대는 점점 권력과 지위의 상징이 되고, 예법이 완비되면서 대를 쌓는 풍조가 유행하기 시작한다. 『귀장歸藏』에는 "옛날에 하후夏后가 장례를 시작하면서 진晉의 언덕에서 신에게 제사를 올리고 강 북쪽에 예대叡臺를 만들었다"는 기록이 전한다.

주대에는 영대靈臺가 등장했다. 『죽서기년竹書紀年』에는 "(제신帝辛) 40년에 주나라가 영대를 지었다"는 기록이 있으며, 『시경』에는 "영대를 지을 계획을 세워 측량도 하고 재기도 하니, 백성들이 거들어주어 며칠 만에 완성했네"라는 구절이 있다.

사실 영대는 고대 천인감응의 원시 사상과 원시종교 관념의 산물이다. 영대의 '영'은 신비로운 축대의 원시적 함의를 표현한다. 고대인들은 산봉우리에 구름이 서리는 모습을 보고 하늘로 통하는 길이 반드시 있을 것이라 믿었다. 그래서 높은 대를 만들어 이를 상징화했다. 육가는 『신어』에서 "초 영왕靈王은 높이가 백 길이나 되는 건혜대를 만들어 뜬구름에 올라 천문을 살피려 했다"고 기록했다. 천지와 소통하려는 고대인들의 갈망이 축대의 중요한 동력이었던 것이다.

영대는 천지와의 소통 외에도 여러 가지 용도가 있었다. 흙을 높이 쌓아 해시계를 만들어 그림자를 살피기도 하고, 건물 위에 따로 높은 대를 쌓아 건물의 또 다른 기초로 쓰기도 했다. 축대는 군사적 목적으로도 쓰였다. 장수는 높은 대에 올라 전군을 호령했다. 그 밖에 적군의 동태를 살피는 군사 시설로도 쓰이고 적군의 상황을 전달하는 봉화대로 발전하기도 했다.

"하늘의 모습을 보고 상서로운 기운을 살피는" 천문대에 대한 기록이 사서에 적지 않게 남아 있다. 관성대觀星臺, 관상대觀象臺, 건혜대, 통천대通天臺 등이 천문대로 유명했으며, 그중에 원 경염景炎 원년(1276)에 세운 하남 등봉登封의 관성대가 현존한다. 관성대는 높이가 9.46미터로 몸체와 석조 규표圭表로 구성되었다. 위쪽에 가로 방향의 들보를 하나 설치하고, 대의 북쪽 벽에 홈을 만들어서 홈 아래로부터 북쪽 방향으로 31.19미터 길이의 석조 규표를 펼쳐 놓았다. 들보의 그림자가 규표의 표면에 투사되면 그 그림자의 길이를 관측하여 태양의 각도를 확인할 수 있었다.

진시황의 낭야대琅琊臺, 조조의 관도대官渡臺 등은 통치자의 공적을 과시하려고 지은 것이다. 놀이와 휴식을 위해 높은 대를 지은 경우는 부지기수였다. 춘추시대 오나라의 고소대姑蘇臺, 한 건장궁建章宮의 점대漸臺, 조씨 위나라 때 처음 지어진 동작대銅雀臺 등이 그 예이다. 그러나 가장 유명한 것은 역시 초 영왕의 장화대章華臺이다. 장화궁이라고도 하는 장화대는 초 영왕 6년(기원전 535)에 지어진 이궁離宮으로서 "높이가 열 길, 기초만도 열다섯 길에 달하는" 웅장한 대였다. 전하는 바에 의하면, 초 영왕은 가는 허리의 여자가 음악에 맞춰 춤추는 것을 특히 즐겼다고 한다. 그래서 많은 궁녀들이 왕의 환심을 사고자 배고픔을 참아가며 허리를 졸랐다. 장화궁이 '세요궁細腰宮'이라는 별칭을 가진 이유이다. 그러나 이 장화대는 초나라에 막대한 재앙을 가져오고 말았다. 국왕이 대를 지으면서 백성들은 피곤에 절고 국고는 바닥이 나버린 것이다. 이후 장화궁은 전란으로 무너지고 초 영왕 역시 산속에서 죽고 만다.

고대의 장성 역시 적지 않은 대를 남겼다. 적의 감시와 방어를 위한 적대敵臺와 봉화대가 바로 그것이다. 진한부터 명대 이전까지의 장성은 모두 황토를 찧어 쌓았다. 이때 장성 안팎으로 중요한 길목이나 적의 동태를 살피기 적당한 곳에는 반드시 적대와 봉화대를 올렸다. 사각 모양에 위가 작고 아래가 큰 대였다. 명대부터는 벽돌을 쌓아 장성을 지었다. 이때도 30~100보마다 적대를 하나씩 세웠다. 평면이 사각인 것도 있고 둥근 것도 있었으며, 대 안이 꽉 찬 것도 있고 텅 빈 것도 있었다. 안쪽이 빈 적대는 명 중엽에 만들어졌다. 2층 높이에 성 밖으로 돌출되어 있었으며, 아래층과 성의 맨 윗부분이 수평을 이루었다. 아치형 구조의 대 안쪽에는 조망실眺望室과 성루를 설치했다. 명 장성의 봉화대는 모두 산봉우리 가장 높은 곳에 지어졌다. 봉화대 사이의 거리는 약 5킬로미터였고, 위쪽에 성가퀴와 조망실을 설치했다. 대는 밧줄 사다리로 오르내리고, 대 위에 섶을 쌓아두었다가 적 상황이 수상하면 낮에는 연기를 피우고 밤에는 불을 올렸다. 이렇게 해서 정해진 노선에 따라 빠른 속도로 군영까지 소식이 전해졌다. 봉화대 몇 개마다 총대總臺를 하나씩 설치했다. 총대는 보통 군영 부근에 지어졌으며, 밖으로 담장을 둘러 마치 속을 비운 적대와 같은 모양이었다.

위에서 언급한 여러 가지 용도 외에 대의 또 한 가지 용도는 바로 가옥 건축의 토대였다. 건물을 의미하는 '실室', '궁宮' 등의 글자가 갑골문에는 '㑒'로 쓰여 있다. 좀 더 자세히 살펴보면 가옥들이 모두 '대'를 대표하는 '구口' 자 위에 지어진 사실을 알 수 있다. 이때 가옥 건축 아래의 '대'는 사실상 흙을 쌓아 만든 '토대'라고 볼 수 있다. 이 토대가 점점 높고 커지면서 독립된 하나의 '대'로 발전한 것이다. 노자가 "9층의 대도 흙을 쌓음으로써 시작한다"고 말한 것도 바로 이 때문이다.

양사성梁思成(현대 중국의 유명한 건축학자이자 건축가)은 대, 지붕, 기둥을 중국 건축의 3대 요소라고 말했다. 따라서 대 위에 가옥을 짓는 것은 자연스러운 발전의 추세였다. 지금의 '당堂'은 원래 의미가 토대였다. 그래서 나중에는 '토대'와 '전당'을 구별하기 위해 '당隚'이라는 글자를 따로 쓰기도 했다. 높고 큰 토대隚 위에는 그에 상응하는 거대한 건물을 세우게 마련이므로, 이렇게 높고 큰 건물을 흔히 '당堂'이라 불렀다. 이는 대 위의 건물을 '대'로 통칭한 것과 일맥상통한다. 나중에는 보통 중심이 되는 건물을 대부분 '당'이라 불렀다. 청당廳堂, 천당川堂, 대당大堂 등이 그 예이다.

사실 대는 건축물의 토대였다. 간단히 말해 인공으로 만든 작은 산 위에 집을 지었다는 말이다. 하지만 그뿐이 아니었다. 대는 크고 화려한 건물이기도 했다. 진의 함양궁과 당 대명궁의 함원전 유적에 대한 고고학 연구가 이 점을 분명히 말해준다. '대'는 그 자체가 독립적 존재의 건축양식이었던 것이다. 『이아』에서는 "네모나고 높은 것을 대라 한다"고 했다. 이는 '단壇'과 흡사한 성격의 대를 말한 듯하다. 고대의 '단'은 천단天壇, 지단地壇처럼

평지에 흙을 높이 쌓은 대를 가리켰기 때문이다.

건축술의 수준이 높아지면서 대의 역할 역시 날이 갈수록 중요해졌다. '천인합일' 사상의 영향으로 사람들은 높이 솟구친 건물을 통해 하늘과 대화할 수 있기를 갈망했다. 조씨 위나라 때 위왕이 '중천대'를 지으려는 구상을 한 적이 있다. 그러자 허관許綰이 가래를 지고 들어와 이렇게 말했다고 한다. "대왕께서 중천대를 지으시려 한다는 말을 듣고 조그만 힘이라도 보탤까 합니다. 신은 하늘과 땅 사이의 거리가 9천 리라고 들었습니다. 그러니 토대를 만들려면 사방 천 리의 땅이 필요합니다. 땅 끝까지 다해도 토대를 만들기에 부족할 것입니다." 이 말을 들은 위왕은 아무 말 없이 대 쌓기를 그만두었다고 한다. 이 '중천대'가 바로 하늘과 닿으려는 더없이 높은 대라고 할 수 있다. 이는 끝없이 하늘로 올라가려 했던 당시의 건축 사상이 그대로 반영된 것이다. '누'나 '각' 같은 훗날의 고층 건물 역시 이런 건축 사상을 바탕으로 지어졌다.

15. 정亭

정(정자)은 일반 사람들에게도 생소하지 않다. 고대에도 정은 있었고 지금도 정은 곳곳에서 볼 수 있다. 정은 오랜 역사를 지닌 중국 전통 건축양식 중 하나이다. 그러나 전국시대와 진한 때의 정은 1급 행정기구였다. 허신은 『설문해자』에서 "정은 정停이다. 사람들이 머무르고 모이는 곳이다"라고 했다. 정과 관련된 관직으로 정장亭長이 있었다. 전국시대에는 국경 지방에 정을 설치하고 정장을 두었다. 정장은 적군을 감시하고 막는 역할을 했다. 서한 때는 농촌에 10리마다 하나씩 정을 설치하고 각 정마다 정장을 두었으며 10정이 모여 1향이 되었다. 정장의 주된 임무는 치안의 관리였다. 뿐만 아니라 여행객들을 돌보고 백성들의 이런저런 일들을 처리해 주기도 했다. 정장은 대부분 병역을 마친 사람으로 충당했다. 진 말 농민봉기의 영수였던 유방은 원래 사수정泗水亭의 정장이었다.

이런 행정기구로서의 정 외에 '역정驛亭', '우정郵亭' 등도 있었다. 역정이나 우정이라는 이름을 보면 이것들이 여행길의 교통 편의를 위해 일정한 간격을 두고 지어진 건물이었음을 짐작할 수 있다. 사회가 발전하고 원림 산업이 성장하면서 기능이 다른 정들은 점차 분화되고 서로 다른 양식의 정들이 수천 년에 걸쳐 중국 대륙에 퍼졌다. 정의 생김새는 둥근 정, 사각 정, 육각 정 등으로 매우 다양하다. 정은 상황에 따라 구조가 다르고 재료도 상당히 광범위하다. 뿐만 아니라 간단한 구조로 쉽게 만들 수 있는 정의 특성 때문에 사람들은 항상 정을 세워 특정 시기의 중요 인물과 사건의 상징물이나 기념물로 삼았다. 사람들은 자신의 마음을 정에 기탁하여 옛일을 추억하거나 옛사람들에게 존경의 뜻을 표했다. 이렇게 해서 수많은 정들이 다른 건축들보다 훨씬 더 많은 역사적, 인문적 함의를 갖게 되었다.

호남 멱라汨羅에는 독성정獨醒亭이 있다. 애국시인 굴원을 기리기 위한 정자이다. 호남 멱라의 옥사산玉笥山은 그가 생을 마친 곳이다. 이 정자에서 맑은 멱라강을 보고 있노라면 죽음에 임박한 굴원의 모습이 상상되곤 한다. 그런데 이 정자는 왜 독성정이라 불리게 되었을까? 여기에는 감동적인 이야기 하나가 전한다. 『초사楚辭』에 나오는 「어부漁父」라는 시가 바로 이 정자와 깊은 관련이 있다.

기원전 280년 무렵, 상수湘水 가에서 물고기를 잡던 한 늙은 어부의 눈에 멀리 굴원의 모습이 들어왔다. 굴원은 초췌한 얼굴에 슬픈 표정으로 손에 향초를 들고 머리에는 높은 관을 쓰고 허리에 긴 칼을 찬 채 뭔가를 깊이 읊조리고 있었다. 어부가 먼저 인사를 건넸다. "삼려대부三閭大夫가 아니십니까? 어쩌다가 이런 초췌한 몰골이 되셨습니까?" 굴원은 노인이 자기에게 큰 관심을 보이자 길게 탄식하며 말했다. "사람들은 모두 취했으나 나만 깨어 있고, 사람들은 모두 탁하나 나만 깨끗합니다." 이 구절은 훗날 천고의 명구名句가 되었다. 어부가 이 말을 듣고 말했다. "왜 다른 사람들을 따라 함께 취하지 않으십니까? 왜 다른 사람들처럼 탁해지지 않으십니까? 지금 대부께서는 스스로 괴로움을 자초하는 게 아닌가요?" 굴원이 언성을 높였다. "내 깨끗한 몸을 어떻게 더러운 무리와 섞는단 말입니까? 강물에 몸을 던져 고기밥이 될지언정 그자들을 도울 생각은 추호도 없습니다." 어부는 굴원의 뜻이 그토록 강한 것을 보고 더 이상 그의 마음을 움직일 수 없겠다고 판단했다. 이에 노로 뱃전을 두드리며 초 지방의 민가 한 자락을 불렀다. "창랑의 물이 맑으면 내 갓끈을 씻고, 창랑의 물이 탁하면 내 발을 씻으리." 굴원은 어리석은 군주 아래 탐욕스런 신하들이 득실대고 조정은 어지럽기만 한 시대를 살았다. 그는 모함을 받고 두 번이나 조정에서 쫓겨났다. 이후 초의 도성이 적군의 공격으로 쑥대밭이 되자 더 이상 비분을 참지 못하고 멱라강에 의연히 몸을 던졌다. 백성들은 굴원의 시신을 수습하여 강 언덕에 묻어주었다. 사람들은 종즈(粽子)를 싸서 강물에 제사를 올리며 그를 기렸고, 이 행위는 훗날 단오절에 종즈를 먹는 풍습으로 굳어졌다. 그리고 사람들은 강가에 작은 정자를 세워 '독성' 이라 이름 짓고 애국시인 굴원에 대한 존경과 그리움의 정을 표했다.

취옹정醉翁亭은 안휘성 저주滁州에서 서남쪽으로 6~7리 떨어진 낭야산에 있다. 동진 낭야왕(원제元帝)이 이곳으로 피난을 와서 붙여진 이름이다. 산승 지선智仙이 지은 이 정자는 북송 태수 구양수歐陽修가 낭야산의 산사로 가던 도중 잠시 쉬었던 곳이기도 하다. 자호가 '취옹' 인 구양수는 정자에 올라 술을 마시면서 「취옹정기」를 지었고, 소식이 이 글을 써서 비석에 새긴 이후 취옹정이라는 이름이 세상에 알려지게 되었다. 구양수는 당송팔대가 중 한 명으로 어려서부터 책을 빌려 읽어 평을 내리고 모래밭에서 글자를 연습하는 등 각고의 노력을 기울였다. 이후 과거에 응시하여 관직이 정사政事에까지 이르렀으나 순탄치 않은 벼슬살이와 더불어 남의 모함까지 받아 저주 태수로 좌천된다. 저주는 워낙 외진 곳이라 별다른 사무가 없었고, 그래서 한가로운 삶을 보낼 수 있었다. 그는 항상 낭야사에 올라 술잔을 기울이고 주지승 지선과 막역지교를 맺었다. 지선은 구양수가 도중에 쉴 수 있도록 일부러 이 정자를 만들어주었다. 구양수의 음주는 일종의 정신적 의탁이었다. "취옹의 뜻은 술에 있지 않고 산수 사이에 있으며, 산수의 즐거움은 마음으로 그것을 얻어 술에 기탁하는 것이라네"라는 「취옹정기」의 구절이 이를 말해준다. 그는 자연의 맑고 산뜻함을 사랑하고 관료 사회의 탁하고 더러움은 증오했다. 그래서 「취옹정기」를 읽다 보면 그 심원한 경계에 다시 한 번 작가의 뜻을 음미하게 된다.

「취옹정기」와 관련된 또 한 가지 흥미로운 이야기가 전한다. 구양수는 「취옹정기」를 쓴 후 몇 번이나 문장을 고쳤는데도 도무지 만족스럽지가 않았다. 그래서 원고를 성문에 붙이고 사람들의 의견을 구했다. 한 늙은 나무꾼이 그곳을 지나다가 사람들의 글 읊는 소리를 듣고 의견을 냈다. 저주 지방에 산이 워낙 많으니 그것을 다 기록하려면 너무 번잡스럽다는 것이었다. 구양수는 이 의견을 듣고 산의 경치를 묘사한 앞쪽의 2백 자를 "저주를 둘러싼 것이 모두 산이로다"라는 한마디로 확 줄여 버렸다. 이렇게 해서 간결하고 응축미가 넘치면서도 깊은 경계를 느낄 수 있는 절묘한 구절이 탄생한 것이다.

호남 장사長沙에는 애만정愛晩亭이 있다. 이 정자에 대해 말하려면 당대 시인 두목杜牧을 언급하지 않을 수 없다. 그는 「산행」에서 애만정의 아름다운 경치를 이렇게 묘사했다. "멀리 차가운 산에 오르니 돌길은 비스듬하고, 흰 구름 깊은 곳에 인가가 보이네. 수레를 멈추고 앉아 늦은 단풍 숲을 즐기나니, 서리 맞은 잎은 2월의 꽃보다도 붉구나[遠上寒山石逕斜, 白雲深處有人家. 停車坐愛楓林晩, 霜葉紅於二月花]." 물론 시인은 그로부터 몇백 년 후 만산홍엽의 이 산에 학문을 닦고 인재를 기를 악록서원岳麓書院이 세워지리라고는 예상치 못했을 것이다. 청 건륭 연간에 악록서원 원장 나전羅典은 생기 넘치는 악록서원의 주변 환경에 이끌려 서원에서 멀지 않은 청풍협靑楓峽에 우아한 정자 하나를 세웠다. 이곳에서 사람들은 경치를 감상하고 학문을 논하고 술자리를 열고 음악을 즐겼다. 그러던 어느 날 나전의 친구 하나가 정자로 찾아왔다. 그는 전쟁터에서 오랜 풍상을 겪은 장수이면서 시서에도 정통한 풍류 넘치는 사람이었다. 그가 나전에게 정자의 이름이 무엇이냐고 묻자 나전은 오히려 친구에게 좋은 이름을 지어달라고 부탁한다. 잠시 생각에 잠겨 있던 친구의 뇌리에 두목의 「산행」 구절이 문득 떠올랐다. 친구가 흥분하며 나전에게 말했다. "정자의 이름은 이미 나왔네. 옛적에 두목이 '수레를 멈추고 앉아 늦은 단풍 숲을 즐긴다[停車坐愛楓林晩]' 고 노래했네. 여기 '애만愛晩' 이라는 두 글자가 이 정자의 정취와 딱 맞아떨어지지 않은가!" 이렇게 해서 애만정은 악록의 절경이자 중국의 유명한 정자 중 하나가 되었다.

이름난 정자라면 난정蘭亭 역시 빠뜨릴 수 없다. 절강 소흥紹興에 있는 이 정자는 동진 서예가 왕희지王羲之가 천고에 전한 「난정집서」 때문에 잘 알려지게 되었다. 영화永和 9년 음력 3월 초사흘, 왕희지는 사안謝安을 비롯한 당시의 명류들을 난정으로 초청하여 수계修禊 활동을 거행한다. 수계는 고대의 풍습 중 하나였다. 음력 3월 초사흘에 물가에서 놀며 상서롭지 못한 기운을 씻어버리는 의식이다. 세월이 흐르면서 수계는 봄놀이의 일종으로 점차 굳어진다. 모임에 참석한 명사들은 난계蘭溪 가에 앉아 옻나무 술잔을 물에 띄웠다. 누구든 술잔이 자기 앞에서 멈추면 시 한 수를 지어야 했고, 시를 짓지 못하면 벌주 한 잔을 마셔야 했다. 이날 스물한 명의 명사가 지은 시는 총 41수였다. 왕희지는 이 시들을 모아 『난정집』으로 엮고 여기에 서문인 「난정집서」를 직접 써서 덧붙였다. 난정이라는 이름은 춘추시대 월왕越王 구천勾踐에게서 유래한다. 구천이 이곳에 난을 심어 난저蘭渚라는 지명이 생겼고, 난정이라는 이름 역시 이 난 때문에 붙여진 것이다.

16. 기둥[柱]

기둥은 중국 목조 건축의 가장 중요한 부재이다. 중국 건축의 '골격'이 바로 기둥인 것이다. 혹자는 중국 건축을 큰 나무에 비유하면서 나무의 줄기는 기둥, 가지는 동량, 나뭇잎은 지붕이라고 말했다. 기둥은 무겁고 거대한 들보와 지붕을 지탱하는 역할을 하는 것이다. 『석명釋名』에서 "주柱는 주住이다"라고 했다. 여기에 담긴 의미 역시 앞서 말한 바와 같다.

중국에서 건축 부재로서의 나무기둥은 원시 혈거시대부터 이미 있었다. 지금으로부터 7~8천 년 전 절강 하모도 문화 유적에서는 상당량의 나무 부재들이 발견되었다. 이 부재들 중에는 장붓구멍과 장부로 가공된 것도 있었다. 솜씨는 조잡했지만 중국 역사상 최초로 발견된 사개 구조라는 점에서 당시에 이미 나무기둥이 건축에 보편적으로 사용되었음을 알 수 있다.

춘추전국시대에는 철기의 광범위한 사용으로 건축 기술의 수준이 크게 향상되었다. 이후 진대에 이르면 건축은 첫 번째 절정기에 이른다. 아방궁 같은 대규모 건축이 바로 이때 출현하기 시작했다. 이런 대형 건축에서는 가공을 거친 사각 기둥을 이미 사용하고 있었다. 한대에는 나무기둥의 양식이 더욱 풍부해졌다. 뿐만 아니라 나무구조를 모방한 돌기둥도 등장하고, 팔각형, 요철 형식, 대나무를 엮은 모양,

7-16-1 기둥머리

심지어 사람 형상의 기둥까지 만들어졌다. 위진남북조는 중국에 전해진 불교가 크게 성행하기 시작한 때이다. 이에 따라 불교 건축이 중국 각지에 널리 퍼지고, 일반 건축에서도 기둥을 연꽃으로 화려하게 장식하는 등 불교적 색채가 강하게 가미되었다. 수당대에 이르면 중국 기둥의 양식이 일대 진전을 이루며, 송원명청대에는 기둥의 양식이 더욱 완벽해진다. 이때는 기둥의 종류와 형식도 크게 확대되어 원래는 건축의 부재일 뿐이었던 기둥이 건축에서 반드시 필요한 장식의 하나가 된다.

중국의 가옥 건축은 유구한 역사와 풍부하고 다채로운 내용을 자랑한다. 이에 따라 기둥의 종류 역시 자연히 많아지고 서로 다른 위치의 기둥은 서로 다른 이름을 갖게 되었다. 예를 들어 툇마루의 기둥은 '첨주檐柱'라 했고, 용마루를 지탱하면서도 지붕의 양쪽 벽에 있지 않은 기둥은 '중주中柱'라 했다. 이 두 가지 외에도 실내의 기둥은 '금주金柱'라 통칭했고, 그중 가운데 위치한 네 기둥은 '점금주點金柱'라 하고 나머지는 '부副점금주'라 했다. 또 들보 위의 작은 기둥은 '동주童柱' 혹은 '주유주侏儒柱', '촉주蜀柱'라 했다.

예로부터 나무기둥의 단면은 대부분 원형이었다. 이 모양이 역학적으로 하중을 견디기에 적합하고 목재의 가공도 편하기 때문이다. 원형 기둥은 직주直柱와 사주梭柱 두 가지로 나뉜다. 직주는 나무기둥의 두께가 전반적으로 일정한 것이고, 사주는 위에서 2/3 정도 지점부터 점점 작아지는 기둥을 말한다. 이외에도 팔각주, 방주方柱, 매화주梅花柱 등도 있다. 팔각주는 다시 정正팔각과 소小팔각 등의 여러 양식으로 나뉜다.

나무기둥은 건물에서 차지하는 공간이 크지 않다. 그러나 건물의 분위기 조성에 있어서는 대단히 큰 영향을 미친다. 기둥은 독립적으로 존재하지 않고 항상 일정한 공간 속에 존재한다. 따라서 환경이 다르면 기둥에 대한 요구도 달라지곤 한다. 고대의 장인들은 먼저 건물의 등급을 구분했다. 대전,

후전, 전전, 배전配殿 등이 그 예이다. 건물의 등급을 나눈 다음에는 역시 서로 다른 등급의 기둥을 거기에 맞췄다. 원형의 기둥을 으뜸으로 치고, 팔각주는 그다음, 사주는 그다음으로 쳤다. 당대의 건축으로 아직까지 남아 있는 오대산 남선사南禪寺의 대전은 방주를 썼다. 표면에 무늬를 새긴 조화주雕花柱 중에서 비교적 흔히 볼 수 있는 기둥은 용주龍柱이다. 이외에 화조, 물고기, 박쥐 등 상서로움을 상징하는 동식물 도안 기둥도 있다. 이처럼 길상의 의미가 담긴 기둥이 언제부터 만들어졌는지는 지금으로서는 확인할 수가 없다. 현존하는 최초의 조화주는 북송 연간에 지어진 섬서 태원太原 진사晉祠 성모전聖母殿의 기둥이다. 나무로 만든 용 여덟 마리가 정면의 첨주 여덟 개를 하나씩 감싸고 있다. 이 기둥은 조화주의 추형이라 할 수 있다. 다만 기둥에 직접 조각을 하는 방법은 아직 쓰지 않았다. 용이 서린 모습을 새긴 나무기둥은 명청 이후에 조금씩 사용되다가 나중에는 돌기둥 형식으로 바뀌게 된다.

사실 동서양을 막론하고 대부분의 고대 건축이 '기둥의 예술'을 대단히 중시했다. 줄지어 늘어선 기둥이 한꺼번에 보이면 그 자체가 장관일 뿐 아니라 마치 기둥 사이사이마다 무한한 의미가 담긴 듯한 공간감까지 느끼게 된다. 고대의 장인들은 기둥이 곧기만 하면 너무 단조로울 것 같아 '수분收分'이라는 새로운 양식을 발전시킨다. 소위 '수분'은 기둥을 상, 중, 하 3단으로 나누어, 가운데는 그대로 두고 위와 아래는 일정한 비율에 따라 점점 작게 만드는 것이다. 수당대에는 기둥 위쪽 끝의 폭을 약간 줄이고 명청대에는 기둥의 상단만 폭을 줄였다. 이런 양식은 기둥이 더 높이 솟은 것 같은 느낌을 주는 동시에 멋스러우면서도 안정감을 준다. 송대에는 상단뿐 아니라 하단까지 줄였다. 결국 베틀에 쓰는 북[梭]처럼 가운데는 두껍고 위아래는 가는 모양이 된 것이다. 그래서 이런 기둥 양식을 '사주梭柱'라고 불렀다.

또 한 가지 흥미로운 건 기둥이 완전한 수직이 아니었다는 사실이다. 시각적 편차로 인해 곧은 기둥은 완전한 평행이나 수직으로 보이진 않는다. 이런 착시 현상을 고려해서 일부러 기둥을 조금 기울여 완전히 평행하고 수직인 것처럼 보이게 한 것이다. 이 방법은 2천여 년 전의 고대 그리스 건축에서 이미 사용되었고 중국 건축에서도 사용되었다. 이처럼 안쪽으로 약간 기울어진 경사를 송대에는 '주측각柱側脚'이라 했다. 정면 주측각은 기둥 높이의 1%, 측면 주측각은 기둥 높이의 0.8%가 규정이었다. 이 방법은 당대와 원대의 건축에서 확인할 수 있다. 일부 건물들, 예를 들어 영락궁永樂宮의 용호전龍虎殿 같은 경우는 주측각이 기둥 높이의 2.9%나 되었다.

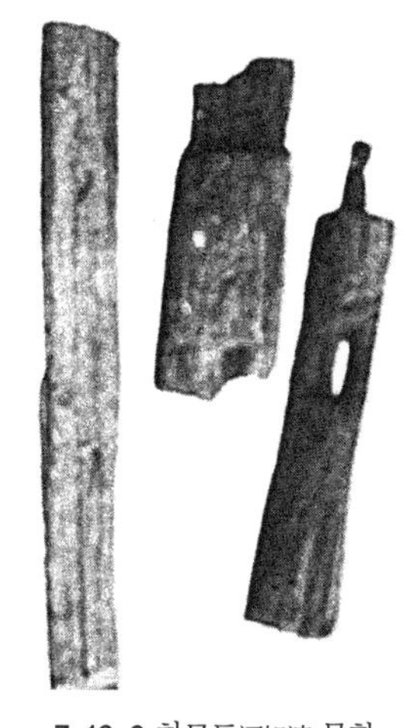
7-16-2 하모도河姆渡 문화 유적에서 발견된 사개 부품

기둥은 대부분 세 부분으로 구성된다. 받침, 몸체, 머리가 그것이다. 중국 최초의 나무기둥은 땅속에 '심는' 방식이었다. 기둥이 아래로 깊이 들어가 버리는 것을 방지하기 위해 기둥의 아랫부분에 큰 돌을 하나 놓았다. 이것이 바로 가장 원시적인 주춧돌이었다. 고대에는 이 주춧돌을 '질質'이라 불렀다. 이 글자는 '질礩'이나 '질櫍'로도 썼다. 주춧돌의 재료가 금속, 석재, 목재로 나뉘었음을 의미한다. 이후에는 쉽게 썩는 나무의 성질 때문에 원래는 기둥의 발 쪽에 있던 돌덩이를 지면 위로 올리는 동시에 기둥의 아랫부분에 가로 방향으로 나무토막을 깔았다. 물이 나뭇결을 타고 올라와 부패하는 것을 방지하기 위해서였다. 한대 이후에는 이것을 석재로 바꾸었고, 불교가 들어오면서 여기에 연꽃무늬 같은 도안을 조각했다. 당대에는 대부분 동이를 엎어놓은 모양으로 이것을 만들었기 때문에 '복분覆盆'이라고 불렀다. 당대의 장인들은 이 복분에 연꽃잎을 즐겨 조각하곤 했다. 송, 요, 금

대에는 연꽃잎 외에 각종 무늬를 조각했으며, 원대에는 조각장식을 넣지 않은 소박한 복분을 썼다. 명청대에는 원대의 전통 위에 다시 조각장식을 넣었고 이후로는 조각장식이 기둥의 필수 요소가 되었다. 이 때문에 기둥의 조각장식은 건축 연대를 파악하는 중요한 근거가 되기도 한다.

17. 탑塔

한대 이전에는 중국에 '탑'이라는 말이 없었다. 문헌자료에서도 탑과 관련된 기록을 찾을 수 없다.

탑은 불교 건축 중 하나로서 불교와 함께 중국으로 들어왔다. 시대는 동한 초기, 지금으로부터 약 2천 년 전이다.

탑의 산스크리트어를 영어로 옮기면 '스투파(Stupa)'가 된다. 그래서 중국인들은 항상 탑을 '솔도파窣堵波'로 음역하거나 '부도浮圖', '부도浮屠'로 번역했다. 『대당서역기』에서는 "스투파가 소위 말하는 부도이다"라고 분명히 밝혔다. 고대 인도에서 스투파는 불교보다 먼저 출현했으며 당시에는 무덤 양식 중 하나였다. 스투파의 형상은 이랬다. 가장 아래층에 원주형의 받침을 설치하고 그 위에 바리때를 엎은 모양으로 둥근 더미를 쌓았다. 이 더미 꼭대기에 사각형의 제단을 설치하고 제단 위에 다시 우산 모양의 덮개를 세웠다. 그래서 전체적으로 보면 불규칙한 원뿔 형태가 되었다. 전하는 바에 의하면 석가모니가 사망한 후 그의 제자들이 유골을 여덟 개의 스투파에 나눠 묻고 인도 내의 서로 다른 지방에 퍼뜨렸다고 한다. 이때부터 인도의 평범한 무덤이 불교와 인연을 맺게 된 것이다.

아육왕阿育王은 인도에서 가장 위대하고 전공이 탁월했던 군주 중 한 명이다. 그는 인도에서 왕으로 있는 동안 불교의 장려에 큰 힘을 기울였다. 불교도들은 석가의 발자취가 닿은 곳마다 스투파를 설치했고, 이 때문에 스투파는 불교의 전문 건축으로 자리 잡게 된다. 아육왕은 불교를 널리 퍼뜨리기 위해 각지에 84,000좌에 이르는 스투파를 짓고 승려들까지 딸려 보냈다. 그중에 일부가 중국으로 흘러들어 왔을 것이라고 흔히 말한다.

『후한서』「명제본기明帝本紀」에 이런 이야기가 전한다. 명제가 꿈에 금인金人이 궁전의 정원에서 사방으로 날아다니는 모습을 보았다. 대신들에게 꿈에 대해 묻자 한 신하가 답했다. “서방의 신이 있으니 이름을 부처라 합니다. 폐하께서 보신 금인이 혹시 부처가 아닐까 합니다.” 이에 명제는 서방으로 사람을 보냈다. 사신은 서역의 승려 가섭마등迦葉摩騰과 축법란竺法蘭을 만나 낙양으로 모시고 왔다. 그리고는 당시의 홍려사를 백마사로 바꾸고 신비한 그림으로 부도를 성대하게 장식했다. 이것이 아마 탑과 관련된 중국 최초의 기록일 것이다.

중국에 전해진 불교의 탑은 각지로 빠르게 퍼져 나가며, 그사이에 세 차례의 전성기를 맞는다.

동한 말에서 위진남북조까지는 중국 역사에서 가장 혼란했던 시기라 할 수 있다. 전란으로 한 치 앞을 내다볼 수 없었던 사람들은 현실의 고통을 잊기 위해 아득한 미래에서 정신적 위안을 찾았고, 사람들에게 잠시나마 현실을 잊게 해주는 역할을 바로 불교가 했다. 남방과 북방의 통치자들 모두가 불교를 숭상하여 사원을 짓고 탑을 올리는 일에 열정을 쏟았다. 사서의 기록에 따르면, 북위 연창延昌(512~516) 연간에 “사찰이 전국적으로 13,127곳에 달했으며”, “신귀神龜(518~521) 연간에는 3만 곳도 넘었다”고 한다. 그리고 “남조 사백팔십 사찰에, 안개비 속 수많은 누대들”이라는 두목의 시구는 비록 실제 수는 아니더라도 건강성建康城 내에 사탑이 얼마나 많았는지를 충분히 짐작케 한다. 이 시기에 제작된 탑은 목탑 위주였다. 그리고 인도의 스투파와 중국의 전통 누각이 결합하여 누각 양식의 탑이 최초로 탄생하기도 했다. 이

7-17-1 누각식 탑

렇듯 남북조는 중국 탑 역사의 첫 번째 절정이라 할 수 있다.

당 왕조가 들어선 후 국력은 날이 갈수록 강해진다. 여기에 황제가 적극적으로 불교를 숭상하면서 불교는 새로운 발전을 이루게 된다. 당대에는 서방과의 교통이 크게 발달하여 수많은 불교 경전들이 중국으로 들어온다. 이때 불경에 대한 이해가 다양해져 불교가 여러 종파로 나뉘게 되고, 각 종파가 경쟁하듯 사찰을 짓고 불탑을 세우면서 중국 탑 역사의 두 번째 절정이 찾아온다. 당시의 탑은 전통적인 누각 형식뿐만 아니라 밀첨密檐식(이 양식에 대해서는 아래에서 설명) 탑과 벽돌로 내부까지 꽉 채워서 쌓은 탑도 상당히 유행했다. 그 밖에 벽돌을 쌓아 목재 누각처럼 만든 탑 등 매우 다양한 양식이 있었다. 이는 탑을 쌓는 장인들이 스스로의 독특한 지혜와 재능을 이용하여 스투파 형식의 영향을 점차 벗어나 탑 제작의 중국화 과정을 완성시켜 갔음을 보여준다.

7-17-2 벽돌탑

송원이 교체되는 시기의 탑은 과도기적 특징을 보여준다. 오랜 남북 대치의 상황으로 탑의 양식 역시 남북의 두 전통으로 분화된다. 북방은 벽돌로 안쪽까지 채워 쌓은 밀첨식 위주였다. 1층의 탑신이 높아지면서 2층부터는 처마가 밀집되는 양식으로 9~13층까지가 일반적이었다. 남방은 평면이 팔각 혹은 육각형인 목제 누각 양식의 탑이 주가 되었다. 송대 탑 제작 기술의 최대 공헌은 누각식 탑의 내부 구조에 변화를 줬다는 것이다. '벽내정상식壁內折上式(아래층의 입구를 통해 탑 내부로 들어가 시계 방향의 계단을 따라 위층으로 올라가는 방식)', '회랑식', '탑 내부를 비운 방식', '탑의 벽을 뚫은 방식' 등이 그 예이다. 이런 양식들은 명청 이후의 불탑 구조에도 직접적인 영향을 미친다.

현존하는 중국 탑의 수는 약 1만 좌로 세계 최대이다. 탑의 양식 또한 매우 다양해서 최소 6~7종에 이른다.

그중 하나가 스투파 양식이다. 불교가 중국으로 들어올 당시의 양식이자 인도의 원형에 가장 가까운 양식이다. 현존하는 최초의 스투파식 탑은 16국 북량北凉 때의 것이다. 이 탑은 반원의 복발覆鉢(상륜相輪부가 시작되는 노반 바로 위에 주발을 엎어놓은 것처럼 만든 장식)로 탑신의 주요 부분을 만들었다. 아래층의 탑신은 원형의 경문 기둥이며, 이 경문 기둥 아래에 팔각형의 받침이 있다. 반원 모양의 탑신 위로는 7중의 상륜을 올리고 꼭대기는 보개를 덮었다. 상륜은 윤곽이 둥글고 풍만한 느낌을 주며, 보개는 납작하고 평평한 반구형이다. 이런 단층 스투파식 외에 2층 혹은 다층의 스투파식 탑도 있었다. 즉, 2층이나 다층의 탑신을 포개서 올리는 것이다. 오대시대의 석굴인 막고굴 제16굴의 「오대산도五臺山圖」에 이런 탑이 그려져 있다. 대부분은 4층이지만 2층짜리도 소수 있다. 스투파라는 외래 건축양식이 전해지자마자 중국인들은 이를 개조하여 본토의 전통과 융합하였다.

다음은 누각식 탑이다. 누각은 중국의 전통 건축양식으로 한대 이후부터 중국 전 지역에 광범위하게 유행했다. 각지에서 출토된 부장품 중에는 도자기로 만든 누각 모형이 적지 않다. 층수는 보통 2층에서 4층까지이며 멋스러운 처마가 사방으로 뻗은 모양이다. 진한대 이래 전형적인 중국 건축의 특징을 보여주는 것이 바로 누각이다. 누각식 탑은 중국의 전통 건축과 스투파를 결합한 건축양식이다. 중국과 외국 건축 문화의 결합이 낳은 산물인 것이다. 구체적 양식은 이렇다. 누각이 주된 몸체가 되고 층수는 1층에서 13층까지 다양하다. 각 층은 4면에 창문이 나 있어서 올라가면 먼 곳의 조망이 가능하다. 탑 꼭대기는 '찰刹'이라 한다. '찰'은 사실상 스투파의 축소판이라 할 수 있다. 가장 아래는 찰의 받침이 되고, 중간은 복발이 되며, 스투파의 우산 모양 장식과 덮개는 보륜과 보개가 된다. 누각과 스투파를 결합한 이런 양식은 중국과 외국의 건축 풍격을 자연스럽게 융합한 것이다. 중국 전통 건축의 처마 양식을 그대로 남겨 높은 곳에 올라 먼 곳을 조망하려는 사람들의 요구를 만족시킬 뿐 아니라 스투파를 절묘하게 줄여 탑 꼭대기로 씀으로써 강한 불교적 의미를 탑에 부여할 수 있었다. 누각 양식의 탑이 중국에서 큰 환영을 받고 중국 탑의 기본 양식 중 하나가 된 것도 바로 이런 이유 때문이다.

밀첨식 탑도 대표적인 양식 중 하나이다. 소위 밀첨이란 각 층마다 처마 각의 수를 늘려 처마의 면적을 넓힌 양식을 말한다. 일반적인 밀첨탑은 8각이고 많으면 12각인 것도 있다. 처마의 각이 조밀하므로 멀리서 보면 탑 전체가 원뿔 모양이 된다. 밀첨식 탑은 다른 양식보다 훨씬 둥글게 보이므로 오랜 세월이 흘러도 원만하고 여유로운 느낌을 잃지 않는다.

다른 한 가지는 금강보좌金剛寶座식 탑이다. 사료의 기록에 따르

7-17-3 밀첨식 탑(육화탑六和塔)

7-17-4 북경 서직문 밖 금강보좌탑

면, 중국은 수나라 때부터 이미 금강보좌식 탑이 있었다. 이 양식은 기원전 3세기 인도에서 지어진 불타가야탑佛陀伽耶塔에서 기원한다. 금강좌 위에 큰 탑을 하나 올리고 금강좌 네 귀퉁이에 각각 작은 탑 하나씩을 세우는 방식이다. 이는 부처가 금강좌에서 성도했음을 기념하는 것이다. 금강보좌탑 중에 가장 보존 상태가 좋고 아름다운 것으로 북경 서직문西直門 밖의 대각사大覺寺탑을 들 수 있다. 이 사찰은 명 영락 연간에 지어졌다. 탑의 아래 부분은 높이가 10미터에 이르는 대형 받침이다. 받침은 가운데가 비어 있고 안쪽에는 보좌가 설치되어 있으며, 탑 꼭대기까지는 사다리로 직접 통하고 윗부분은 평평한 대이다. 이 대의 가운데와 네 귀퉁이에 각각 보탑을 한 좌씩 올렸다. 가운데 탑은 13층이고 나머지 탑은 모두 11층이다. 탑신 전체에 고대 인도의 불상, 범문, 보화를 새겨 장식했다. 탑의 받침은 총 5층인데, 매 층마다 많은 감실을 만들고 각 감실마다 좌불坐佛을 한 존씩 새겨 넣었다. 오랜 세월이 흘러 비바람에 침식된 부분이 적지 않지만 보존 상태가 거의 완벽하여 사람들의 감탄을 자아낸다.

중국 여러 지역에서 보이는 또 다른 양식의 탑이 있다. 이 탑은 라마교의 유행과 관계가 있어 보통 라마탑이라 불린다. 라마탑은 티베트, 청해青海, 운남雲南 등지에 주로 분포하며 다른 지역에서도 가끔 보인다.

상술한 몇 가지 탑 외에 아육왕탑, 다보탑 등의 양식도 있다. 어떤 탑 양식은 중국에만 있다. 송원 이후부터 점차 유행하기 시작한 문봉탑文峰塔이 바로 그렇다. 이 탑은 순전히 중국 전통 풍수설의 영향하에 지어진 것이다. 풍수설의 관점에 따르면, 도시가 남쪽(동남, 서남)에 산이 없거나 지세가 낮은 곳이라면 기를 모을 수가 없

7-17-5 문봉탑

어서 도시 전체의 운이 나빠진다고 한다. 그래서 천재지변뿐 아니라 사람으로 인한 재앙도 많고 특출한 인재도 나지 않는다는 것이다. 풍수가들은 바로 이 방향의 땅을 골라 그곳에 탑을 올렸다. 풍수를 바꾸어 운명까지 바꾸려는 이유였다. 이런 풍수 보탑은 이름도 우아하다. 앞서 말한 문봉탑 외에 문성탑文星塔, 문필탑文筆塔도 있다. 이 탑들은 대부분 불탑의 형식을 취하고 심지어 탑신 전체에 불상까지 새겼다. 그러나 탑의 형식은 취했지만 부처의 그림자도 찾을 수 없는 탑들도 있다. 산서 양릉襄陵의 문봉탑이 그렇다. 8각 9층의 이 탑은 밋밋한 면에 아무런 장식도 하지 않았다. 각 층의 8면에는 벽돌로 편액을 쌓고 '수상秀爽'이라는 두 글자를 넣었다. 탑을 완성한 후의 기쁘고 여유로운 마음이 느껴진다.

탑은 양식도 각양각색이고 건축 자재도 서로 다르다. 불교가 이제 막 중국으로 들어왔을 때는 대부분의 탑이 목탑이었다. 그러다가 인도의 탑이 중국으로 들어온 후에는 중국의 전통적인 누각 양식과 신속히 결합하여 목조 구조의 누각식 탑이 크게 유행하게 된다. 북위 낙양의 영녕사탑이 대표적이다. 사료에 따르면, 9층의 부도로 이루어진 이 탑은 "4면에 세 개의 문과 여섯 개의 창을 내고, 문마다 붉은 칠을 하고, 문짝에는 다섯 줄의 금못을 박아" 휘황찬란하기 그지없었다고 한다. 또 높이가 40길, 근 1백 미터에 이르러 낙양성의 장관 중 하나가 되었다. 그러나 목탑은 비바람에 금방 침식되고 화재에도 약해 석탑과 벽돌탑이 곧이어 등장한다.

벽돌탑은 목조 구조의 누각식 탑과 연대가 비슷하다. 『낙양가람기洛陽伽藍記』에는 서진 태강太康 6년에 낙양 태강사에 3층의 벽돌탑을 지었다는 기록이 있다. 이는 고대 문헌에 기록된 중국 최초의 벽돌탑이다.

석탑은 전 시대에 걸쳐 비교적 광범위하게 유행한 탑의 일종이다. 현존하는 최초의 석탑은 감숙에서 출토된 북량시대의 석탑이다. 이 석탑은 높이가 몇십 센티미터에 지나지 않을 정도로 상당히 작다. 이후의 석탑은 그보

다 훨씬 높고 컸지만 역시 10여 미터를 넘진 않았다. 예를 들어 북송 초에 세워진 절강 항주 영은사靈隱寺의 두 석탑은 높이가 약 10미터에 목조 구조의 누각을 모방하여 8각 7층으로 올렸다. 이 탑은 목탑 양식으로 돌을 새겨 만든 것임에도 누각의 두공과 들보, 창문 등의 조각이 대단히 섬세하고 아름답다. 그래서 현존하는 석탑 중 가장 대표적이라 할 만하다.

18. 영벽影壁

영벽은 사실 담이다. 영벽은 건물의 대문 밖 혹은 안에 설치한 담을 말한다. 대문과 정면으로 서 있어 시선을 가리기 때문에 사람들은 밖에서 집 안의 상황을 바로 볼 수 없다. 차단막의 역할을 하는 것이다.

영벽은 진정한 의미의 담이라 할 수 없으므로 '영벽'이라 불린다. 또 대문을 드나드는 사람과 직접 마주 보기 때문에 '조벽照壁'이라고도 한다.

영벽은 흔히 대문 밖에 설치하는 것으로 알려져 있다. 그러나 실제로는 대문 안과 밖 어디든 설치할 수 있고 양쪽 모두에 설치한 경우도 상당히 많다.

대부분의 영벽은 건축군의 정문 밖에 있다. 이때 영벽은 대문을 마주 보면서 대문 바깥쪽 좌우의 패루 혹은 기타 건물과 함께 대문 앞의 광장을 형성한다. 이렇게 해서 비교적 적은 건물로도 꽤 웅장한 효과를 내는 것이다. 북경 자금성의 영수궁寧壽宮은 거대한 규모의 황가 건축으로 건륭 황제가 퇴임 후 태상황이 되면 거처하기 위해 만든 건물이다. 그래서 구조와 배치에 있어 황가 건축의 웅장한 기백을 대단히 중시했다. 건물의 입구는 남쪽을 바라보는 황극문皇極門이며, 대단히 긴 영벽 하나가 이 황극문을 마주 보고 있다. 영벽 위에는 유리를 구워 거대한 용 아홉 마리를 만들어놓았다. 이것이 바로 유명한 구룡벽九龍壁이다. 황

7-18-1 고궁 안의 영벽

극문과 구룡벽, 동서 양쪽의 흠희문欽禧門과 석경문錫慶門이 이 궁전 건축군의 대문 앞 광장을 이룬다.

위와 같은 건축의 오묘함을 잘 모르는 관광객들은 구룡벽의 아름다운 유리 용에만 정신이 팔려 건축의 전체적인 효과를 놓치는 경우가 대부분이다. 사실 이 건축군에서 영벽이 차지하는 위치를 이해해야만 영수궁 광장의 드넓은 기상을 느낄 수 있는 것이다.

문 안에 세우는 영벽도 있다. 일반적으로 대문과 상당히 떨어져 있는 이 영벽은 앞에서 언급한 문 밖의 영벽과는 다르다. 영벽을 문 안에 세우는 가장 큰 이유는 외부 시선의 차단이다. 사람들이 대문으로 들어오자마자 집 안의 뜰을 한눈에 볼 수 없게 만드는 것이다. 아울러 이런 영벽은 집 안에 구불구불한 길이 깊게 나 있는 느낌을 주기도 한다.

중국 북방의 전형적 건축인 사합원을 보면 문 안에 영벽을 세운 경우가 흔하다. 일반적으로 사합원의 규모가 크지 않으면 대문이 대부분 사합원의 동남쪽에 있으므로, 일단 대문으로 들어가면 바로 곁채의 측면 벽이 나온다. 그래서 이 측면 벽의 벽면에 영벽을 따로 붙이거나 아예 벽면 위에 영벽을 그려 버리기도 한다. 그러나 사합원의 규모가 크면 보통 안과 밖 모두에 뜰이 있으므로, 바깥뜰의 대문 외에 안뜰의 대문에도 영벽을 설치하여 방문자의 시선을 막곤 한다.

황제나 황족이 거주하는 대저택이라면 훨씬 복잡해진다. 규모가 커지는 것은 물론 영벽을 새기는 솜씨도 훨씬 정교해진다. 명청 양 대에 걸쳐 황제의 침궁으로 쓰인 자금성 양심전養心殿이 그렇다. 양심전으로 통하는 첫 번째 문인 준의문遵義門 안쪽에 마주 보고 있는 것이 바로 영벽이다. 황제와 황후가 생활하는 자금성의 다른 궁원 안에도 대부분 목제 혹은 석제 영벽이 있다.

세 번째는 앞에서 소개한 두 가지 영벽과 달리 장식의 의미가 차단의 의

미보다 더 강한 영벽이다. 대문 양쪽에 설치하는 영벽이 바로 그것이다. 자금성 건청문乾淸門은 내정으로 들어가는 주요 입구인만큼 대단히 중요한 대문이다. 그러나 건축 의례에 따르면 건청문은 건물의 크기와 토대의 높이, 지붕의 형식, 심지어 문의 장식까지 어느 것도 황성 태화문太和門의 수준을 넘어설 수 없었다. 건축 의례를 위반하지 않으면서도 문의 기상을 돋보이게 하기 위해, 장인들은 건청문 좌우 양쪽에 영벽을 하나씩 더 늘려 대문 옆에서 팔자 모양으로 나뉘도록 했다. 이렇게 해서 영벽은 대문과 함께 하나의 완전한 체계를 이루게 되었다.

자금성 안에는 황제와 후비들의 생활공간이 대단히 많다. 이런 공간들은 스스로가 건물이 딸린 하나의 뜰이 되어 각각 출입문을 하나씩 두었다. 문은 대부분 담벼락에 붙여서 만들었다. 담에 문으로 쓸 구멍을 뚫어 그 위에 지붕을 올리고 처마로 장식하는 것이다. 어떤 구멍에는 이것이 문임을 확실히 표현하기 위해 양쪽에 영벽을 쌓기도 했다. 이런 경우 영벽은 실질적인 차단의 역할을 더 이상 하지 못하고 순수하게 대문의 한 구성 요소로만 작용한다.

영벽은 위치도 다르고 기능도 다양하다. 그러나 어떤 경우든 영벽은 반드시 벽정壁頂, 벽신壁身, 벽좌壁座 세 부분으로 이루어진다. 벽정은 영벽의 가장 윗부분으로 지붕의 역할을 한다. 바람과 비를 피하는 것 외에 장식의 효과까지 있다. 제작 방법 역시 지붕과 마찬가지이다. 용마루도

7-18-2 녹綠 영벽

있고 기왓등도 있다. 벽정은 영벽의 크기와 장식 정도에 따라 무전廡殿, 헐산歇山, 현산懸山, 경산硬山 등 다양한 양식을 사용한다.*

영벽은 다른 많은 중국식 건축과 마찬가지로 수미좌 혹은 이를 변형한 형식의 대좌를 사용하여 단정하고 안정적인 느낌을 준다.

영벽에서 가장 주된 부분이 벽신이다. 벽신은 영벽의 중심이자 장식이 중점적으로 더해지는 부분이기도 하다. 장식은 대부분 벽신의 중심과 주변 네 귀퉁이에 집중된다. 벽신의 중심은 '합자盒子'라 하고 네 귀퉁이는 '차각岔脚'이라 한다. 장식의 소재는 각종 동물과 기이한 화초 등 대단히 다양하지만 항상 해당 건물과 관련이 있는 내용이었으며 건물이 다르면 꼭 변화를 주었다. 예를 들어 자금성의 중화궁重華宮은 청나라 건륭 황제가 태자 때 생활하던 곳이다. 그래서 궁문 좌우 영벽 중심의 '합자'와 주위의 '차각'을 모두 용무늬로 장식했다. 또 양심전은 황제가 거주하던 침궁이라 유리 영벽의 중심 합자를 모두 '연꽃 위에 원앙이 누워 있는 모습'으로 채웠다. 해당 모양의 합자에서 새하얀 원앙 한 쌍이 푸른 물위에서 놀고 그 주위를 녹색 연잎과 연밥, 그리고 노란 연꽃이 감싸고 있다. 이 영벽 네 귀퉁이의 차각에는 각각 서로 다른 꽃을 장식했다. 이렇게 영벽 전체에 풍부한 색채를 넣어 변화무쌍하면서도 온화한 느낌을 풍기게 했다.

구룡벽은 영벽 중에서도 가장 화려하고 웅장한 기세를 자랑한다. 일반적으로 황가의 건축에 쓰이며 현존하는 구룡벽 중에서 제일 유명한 것은 자금성의 영수궁이다.

영수궁 구룡벽은 청 건륭 36년에 지어졌다. 영벽의 총 길이는 약 30미

---

*무전지붕은 가운데 용마루 하나와 주변의 네 지붕마루 등 총 다섯 개의 마루로 구성된 지붕이다. 헐산지붕은 가운데 용마루 하나와 주변의 네 지붕마루 외에 다시 지붕마루 네 개가 뻗어 있는 지붕으로 네 모서리의 지붕 끝이 날아가듯 위로 뻗어 있다. 그래서 마루는 총 아홉 개가 된다. 현산지붕은 역시 다섯 개의 마루에 담벼락이 처마 안으로 쏙 들어가 있는 모습이며, 경산지붕은 현산지붕과 달리 처마가 담벼락 밖으로 나오지 않는 양식이다

7-18-3 고궁 안의 구룡벽

터, 높이는 3.5미터이며, 대좌 부분을 제외한 전체에 유리벽돌 기와를 이어 붙였다. 벽정의 꼭대기는 노란색의 유리기와로 무전지붕 형식을 썼다. 가운데 용마루의 양쪽 끝에 동물 형상을 새겨 넣었으며, 20여 미터에 달하는 용마루에는 유리로 만든 용 아홉 마리가 붙어 있다. 좌우 각 네 마리가 얼굴을 가운데로 향해 화염보주火焰寶珠 하나를 쫓고 있는 모습이다. 그 중심에는 좌룡坐龍 하나가 얼굴을 정면으로 향하고 있다. 좌룡만 황색, 나머지 여덟 마리의 몸은 모두 파란색이며, 보주는 백색이고 주위에 황색의 구름이 감싸고 있다. 아름답고 화려한 색채로 인해 이 아홉 마리의 용은 영벽에서도 가장 눈길을 끈다. 구룡의 몸 아래에는 녹색 물결무늬가 깔려 있으며, 구룡들 사이에는 여섯 벌의 험준한 산석들이 구룡을 나누어놓고 있다. 벽신은 하늘색 밑바탕에 남색의 구름무늬를 새겨 멀리서 보면 아홉 마리의 거대한 용이 푸른 하늘과 강물 사이를 날아오르는 것 같은 느낌을 준다.

7-18-4 북경 천단天壇의 소규모 영벽

황가의 건축이기 때문에 영벽 전체의 조각 기법도 대단히 정교할 수밖에 없다. 벽면의 처리를 보면 아홉 마리의 용을 모두 굴곡이 깊은 부조의 수법으로 새겼다. 특히 용의 머리 부분은 벽면보다 20센티미터 이상 높다. 뿐만 아니라 화면을 나누는 역할을 하는 산석 역시 벽면보다 상당히 높다. 반면 배경이 되는 물결무늬와 구름무늬는 얕은 부조의 수법을 썼다. 이렇게 해서 화면 속의 용이 더욱 돋보이는 것이다. 색채 면에서 보면, 배경인 구름무늬와 물결무늬는 모두 기본색에 가까운 남색과 녹색을 써서 청록색의 바탕을 만들었다. 아홉 마리의 용은 각각 황색, 남색, 백색, 자색, 등황색 등의 5색을 쓰고, 화염보주 여덟 알 역시 백색과 황색의 화염 무늬를 썼다.

이 영벽은 면적이 40여 제곱미터에 달하며 270여 개의 유리벽돌을 이어 붙여 만들었다. 영벽의 유리벽돌 중에 같은 것이 하나도 없기 때문에 설계 과정에서 전체 영벽의 구도와 형상에 대해 세심한 주의를 기울인 다음 전체 영벽을 미리 분할해야 했다. 그래야 유리벽돌 하나하나의 이음매가 상하좌우로 서로 겹치지 않고, 또 그래야 각 용의 머리 부분이 이음매로 떨어지지 않고 완전한 용머리 형상이 드러나기 때문이다. 이 단계가 끝나면 유리벽돌 하나하나를 서로 다른 색으로 칠해 구웠다. 그런 다음 다 구워진 유리벽돌을 이어 붙여 영벽을 완성했다. 지금도 구룡벽의 화려한 빛깔은 처음 그대로이다. 고대 장인들의 솜씨가 얼마나 뛰어났는지 감탄하지 않을 수 없다.

제8권

붉은 봄빛을 타고 오르다 · 색깔 편

中國文化辭典

1. 홍색[紅]

홍색은 주색朱色이나 적색赤色, 즉 해가 뜰 때의 색깔, 활활 타오르는 불의 색깔, 혹은 선혈의 색깔을 가리킨다. 세 가지 모두 선명하고 짙은 붉은색을 가리키는 건 마찬가지지만 사실 여기에는 미세한 차이가 있다. 상고시대 사람들은 적을 정색正色으로 보고, 주와 홍을 간색間色으로 보았다. 세 글자가 다른 이유도 바로 이 때문이다. 『설문해자』에서 "주絑는 새빨간색이다"라고 했다. 고대에 '絑'는 '주朱'와 같은 의미로 쓰였다. 적색은 곧 일색日色이다. 『예기』「단궁상檀弓上」에서는 "주나라 사람들은 적색을 숭상하여 상사喪事가 있으면 해가 막 나오기 시작할 때 염을 했다"고 했다. 적색은 주색보다 약간 약하다. 고대인들은 적과 주를 확실히 구분했다. 하지만 시뻘건 해[赤日]가 활활 타오르는 뜨거운 여름을 '주하朱夏'라고는 불러도 '적하赤夏'라고는 부르지 않았다. 적은 곧 홍이다. 그러나 초기의 홍紅은 옅은 홍색이었다. 『초사』「초혼招魂」에 "붉게 칠한 사방 벽의 나무판, 천장에는 검은 옥의 들보[紅壁沙版, 玄玉梁些]"라는 구절이 있다. 왕일王逸은 이에 대해 "홍紅은 적백赤白이다"라는 주석을 달았다.

붉은색은 눈에 확 들어온다. 붉은색 하면 붉은 태양, 화염, 흥분, 격동 등의 이미지가 떠오른다. 그래서 따뜻한 색조 중에서도 붉은색은 가장 강렬하다. 기쁜 일, 신호등, 도로의 표지 등에 붉은색을 쓰는 이유이다.

붉은색은 빛의 삼원색 중 하나이다. 파장이 가장 길고 대기 투과율도 가장 높아서 시각적으로 가장 빠르게 포착할 수 있는 것이다. 붉은색이 사람들에게 주는 인상은 기쁨, 고귀함, 분투, 화염, 충동, 열정, 선명, 사랑, 매운탕, 춘절, 결혼 등이다. 대부분 희열이나 행복 등과 관련되는 적극적 색이자 중국인이 가장 좋아하는 색이다. 물론 때로는 피, 공포, 저급함 등이 연상되기도 한다.

색채와 자연의 관계부터 살펴보자. 봄은 만물이 소생하는 활기찬 계절로 푸른색과 관련이 있다. 그래서 청춘이라 하는 것이다. 여름은 붉은 태양이 뜨겁게 타오르므로 주하라 부른다. 가을은 하얀 서리와 이슬이 내려 소추素秋라 한다. 붉은색은 붉은 해를 보는 느낌과 직접 관련이 있다. 그래서 고대인들의 눈에 태양은 곧 '적오赤烏(붉은 까마귀)'였다. 적오는 '금오金烏'로도 불렸다. 이것이 바로 태양에 대한 고대인들의 이해 방식이었으며 태양 표면의 색에서 기인한 상상력이었다.

자연의 관념이 인간사회까지 이어지면서 색채 역시 그에 상응하는 의미를 갖게 되었다. 남방의 천제인 염제炎帝는 불[火]에 속하고 여름을 주관한다. 불이 적색이기 때문에 염제는 적제赤帝로도 불린다. 이는 신화에서 붉은색을 응용한 경우이다. 주나라 사람들은 적색을 길한 색으로 보고 숭상했다. 『논어』「옹야雍也」에 이런 구절이 있다. "공자가 중궁仲弓에 대해 말했다. '밭갈이 소의 새끼가 붉은 털이 자라고 반듯한 뿔이 난다면 그것을 제사의 희생으로 쓰지 않으려 해도 산천의 신이 그것을 가만두겠는가[子謂仲弓曰, 犁牛之子騂且角, 雖欲勿用, 山川其舍諸]'?" 여기서 '성騂'이 바로 적색을 뜻한다. 이렇듯 주대 사람들은 적색의 소를 가장 좋은 소로 간주했다. 범문란范文瀾은 『중국통사中國通史』에서 "주 왕조는 적색을 숭상했다……. 화華는 '적赤'의 의미를 포함하고 있다. 주례를 따르고 적색을 숭상하는 사람과 종족은 모두 화인華人이고 제화諸華라 통칭한다"고 했다. 그래서 중국은 '적현赤縣'이라고도 불렸다. 『사기』「맹자순경孟子荀卿열전」에서도 "중국은 적현신주赤縣神州라 부르며 적현신주 안에는 9주州가 있다"고 했다.

주대 이후에는 한나라가 화덕火德이라 적색을 숭상했다. 『사기』「고조본기」에 이런 기록이 있다. "고조가 술에 잔뜩 취해 밤에 풍豐 서쪽의 늪을 지나던 중 수하 하나에게 앞장을 서도록 했다. 앞장섰던 수하가 돌아와서는 큰 뱀이 앞에서 길을 막고 있다고 보고했다. 고조가 곧 앞으로 나가 칼을 뽑아 뱀을 잘랐다. 뱀의 몸이 둘로 잘리며 길이 열렸다. 뒤따르던 자들이 뱀이 있던 곳에 도착해 보니 한 노파가 밤중에 울고 있었다. 연유를 물으니 노파가 이렇게 말했다. '내 아들은 백제白帝의 아들이오. 뱀으로 변해 길을 막고 있었는데 방금 적제赤帝의 아들이 몸을 동강내 갑자기 사라져 버렸다오.'" 『한서』에서는 이렇게 썼다. "한나라는 요堯의 운을 이어받아 복덕이 이미 흥했으며, 뱀을 잘라 참언讖言에 부합하고 깃발은 적색을 숭상하였으니 이는 곧 화덕에 들어맞는 것이었다." 한 무제武帝가 태어나기 전 경제景帝는 붉은 돼지 한 마리가 구름 속에서 내려와 궁 안의 숭방각崇芳閣으로 들어가는 꿈을 꾸었다. 깜짝 놀라 잠에서 깬 경제는 즉시 수레를 타고 숭방각으로 갔다. 고개를 들어 올려다보니 하늘에서 붉은 용 한 마리가 구름을 타고 날다가 숭방각의 대문과 창문을 덮고 있었다. 궁 안의 비빈들까지 모두 붉은 꽃구름이 숭방각을 감싼 모습을 보았다. 붉은 구름이 사라지자 붉은 용 한 마리가 궁중의 대들보와 기둥 사이를 빙빙 돌았다(『태평광기』 권3 「한무제」에서 인용).

『명사연의明史演義』를 보면 몽고족에게 포로로 잡혀간 명 영종英宗의 침실에 매일 밤 적광赤光이 마치 용이 서린 것처럼 황제를 감쌌다는 이야기가 있다. 적광은 황제의 머리를 감싸고 있는 둥근 후광을 가리킨다. 고대의 책들을 보면 거의 모든 황제들이 후광에 싸여 그 존귀함이 더욱 부각된다. 이 때문에 붉은색은 고귀와 존엄의 색으로 간주되어 왔다. 고대의 궁전은 실내를 붉은색 위주로 단장했다. 제왕의 궁전은 단지丹墀, 주궐朱闕, 단영丹楹 등으로 불림으로써 축복과 부귀를 상징했다. 고대에는 부귀한 자들의 집을 주문朱門이라 불렀다. 두보는 "주문에는 술과 고기 냄새가 진동하고, 길에는 얼어 죽은 뼈가 널렸네"라는 시구에서 이 주문이라는 단어를 썼다. 또 주호朱戶(붉은 집), 주저朱邸(붉은 저택), 주륜朱輪(붉은 수레) 등도 모두 권력을 가진 존귀한 자들의 전용어였다. 홍색의 복식은 예로부터 고귀함을 상징했다. 『시경』「칠월七月」에서는 "가장 고운 붉은 천으로 공자의 바지를 만들어야지"라고 했고, 『예기』「월령」'맹춘삼월孟春三月'에서는 "천자는 명당明堂의 태묘에 거하며…… 주의朱衣를 입고 적옥赤玉을 찬다"고 했다. 옛 고관들의 복식이 붉은색이었다는 점도 이와 일맥상통한다. 상고시대 산정동인山頂洞人은 옷을 적철광으로 염색하고 시체의 가슴에 붉은 가루를 뿌렸다고 한다. 중국의 서예와 그림에 쓰는 낙관 역시 붉은 인주를 씀으로써 곱고 선명하면서도 장중한 느낌을 더한다. 지금도 정부기관의 인장은 붉은 인주를 쓴다. 사실 많은 국가들이 붉은색에 대해 기본적으로 같은 관점을 갖고 있다. 이는 국빈을 맞이하는 장면을 통해 쉽게 확인이 가능하다. 대개 레드카펫 위를 서서히 걸으면서 마중 나온 사람들에게 감사의 뜻을 전하기 때문이다. 적광은 신비한 색채이다. 사방의 신 중 하나로 '주작朱雀'이 있다. 주작은 남쪽을 지키고, 남쪽은 화火에 속한다. 주는 곧 적赤이고, 적은 곧 화이다. 그래서 남문을 단봉문丹鳳門이라 부른다. 단은 곧 주朱이고, 봉은 곧 작雀이다.

모든 색깔에는 그것이 적용되는 범위와 대상이 있게 마련이다. 중국 전통 혼례 때 쓰는 붉은색 '희囍' 자, 붉은 등롱, 신부가 머리에 쓰는 붉은 수건 등은 모두 축복의 의미를 담고 있다.

붉은색은 피의 색깔이기도 하다. 누구든 붉은색을 보면 피가 자연스레 연상되곤 할 것이다. 상고시대에는 맹약을 할 때 붉은색의 단주丹朱로 옥석이나 죽간에 글을 썼다. 이를 단도丹圖 혹은 단서丹書라 한다. 핏빛의 글씨로 목숨까지 걸겠다는 의지를 담은 것이다. 사마천은 「보임안서報任安書」에서 "저의 선친은 부부剖符*나 단서를 받은 공이 없습니다"라고 했다. 여기서

---

*부부剖符: 황제가 제후나 공신에게 분봉을 할 때 부절을 둘로 쪼개 나눠준 것에서 유래한 말로 보통 봉읍을 받거나 관직을 하사받았다는 의미로 쓰인다

말한 단서가 바로 이런 의미이다. 피는 또 두려움이나 벽사와 관련된 색이기도 하다. 『논어』「향당鄕黨」에서는 엷은 홍색과 자주색 천으로 속옷을 지어선 안 된다고 했다. 이들 색깔이 간색間色이라 부정한데다 부녀자들의 옷으로 쓰였기 때문이기도 하지만, 동시에 이는 피에 대한 꺼림의 표현이기도 했다. 고대에는 삿된 것을 물리칠 때 항상 붉은색 물건을 썼다. 벽사의 효능이 있는 피를 쉽게 구할 수가 없어 붉은색 물건으로 피를 대체한 것이다. 임혜상林惠祥은 『문화인류학』에서 토인들의 문신에 대해 "처음에는 피를 붉은 안료로 썼을 것이나 시간이 흐르면서 대부분 적토赤土를 썼다"고 했다. 『맹자』에도 소의 피를 종에 발라 제사를 지내는 장면이 나온다. 붉은색이 항상 피를 연상시킴으로써 사람들의 뇌리에서 붉은색은 전쟁, 유혈, 위험 등의 이미지나 불길한 느낌과도 겹치게 되었다.

전설 속의 길조 봉황도 대부분 붉은색이다. 『예문유취藝文類聚』(권19 '조부鳥部' 상)에서는 "봉조의 몸은 적색이 많고, 난새의 몸은 청색이 많다"고 했다. 『결록주決錄注』의 기록에 따르면, 태사공 채형蔡衡이 후한 광무제光武帝에게 신선辛繕의 홰나무에 산다는 봉황에 대해 이런 말을 한다. "봉황과 닮은 새는 다섯 가지가 있습니다. 적색이 많으면 봉황, 청색이 많으면 난새, 황색이 많으면 원추鵷雛, 자색이 많으면 악작鸑鷟, 흰색이 많으면 고니입니다. 이 새는 청색이 많으므로 난새이지 봉황이 아닙니다." 그러나 채형의 말과 달리 사서를 보면 난새 중에서도 적색인 것이 있었다. 허신은 『설문해자』에서 "난은 적신령赤神靈의 정령이다. 적색에 오채색이 섞였으며, 생김새는 닭과 같고 울음소리에 오음五音이 들어 있어 그 소리에 대한 찬송이 지극하다. 주 성왕 때 저강氐羌에서 이 새를 바쳤다"고 했다.

난새든 봉황이든 적색이 많든 적든 붉은색에 오채색이 섞였으면 더없이 아름다웠을 테고 그만큼 사람들에게는 고귀한 느낌을 주었을 것이다. 고궁 같은 고대의 황궁은 붉은 담장과 황색 기와가 녹색의 나무와 파란 하늘 사이에서 더욱 돋보인다. 여기에 처마 아래 금벽에 가득한 채색 그림이 건물 전체를 유달리 화려하고 아름답게 만든다. 저자 불명의 『상중기湘中記』에서는 상수湘水를 이렇게 묘사했다. "상수의 물은 워낙 맑아 대여섯 길의 깊이인데도 바닥이 훤히 들여다보인다. 자갈은 주사위 돌처럼 오색이 선명하고, 흰 모래는 서리와 눈 같으며, 붉은 언덕은 아침노을과 같다."

물론 색채가 드러나기 위해서는 사물이 있어야 한다. 붉은 색채는 그와 어울리는 물체가 있어야 비로소 효과를 보게 되며 그렇지 않으면 전혀 다른 결과가 나오게 마련이다. 예를 들어 얼굴이 반지르르 붉지 않고 시커멓거나, 머리카락이 검지 않고 빨갛다면 전혀 다른 느낌이 들 것이다. 명청시대 사람들은 외국인을 '붉은 털'이라 부르며 마치 괴물이라도 만난 것처럼 대했다. 명대에는 네덜란드인과 그들이 만든 대포를 '홍이紅夷'라 불렀다. 고대의 책에도 이런 붉은 머리털 사람에 대한 기록이 있다. 『귀장계서歸藏啓筮』에 따르면 "공공共工(중국 고대 신화에 등장하는 서북 지방의 홍수신)은 뱀의 몸에 머리카락이 붉었다"고 한다. 중국 문예의 신인 괴성魁星(고염무의 고증에 따르면 규성奎星이다)은 서생처럼 흰 얼굴도 아니고 서양의 무사이 여신처럼 아름답지도 않은 푸른 얼굴과 붉은 머리칼의 귀신이다. 하지만 겉모습은 내세울 게 없는데도 고대의 학궁學宮 대부분이 이 신을 모셨다. 한마디 덧붙이자면 부엌신은 의외로 매우 예쁘다는 것이다. 부엌신은 매일 불에 쪼이고 연기에 그을려 얼굴이 시커멀 것이라고 생각하기 쉽지만, 서진의 사마표司馬彪는 『장자』에 주석을 달면서 "(부엌신은) 미녀의 모습에 붉은 옷을 입고 이름은 '계髻'라 한다"고 썼다. 사람을 겉모습으로 판단해선 안 되듯이 신 또한 겉모습으로 판단할 수 없는 것이다.

붉은색은 서양 유화의 삼원색 중 하나로 예술적 표현력이 대단히 뛰어나다. 유명한 인상파 화가 마네는 홍, 백, 흑 삼색의 배합을 즐겨 사용하여 그림의 윤곽이 선명했다. 1107년에 중국에서는 홍, 남, 흑으로 인쇄한 지폐가 처음으로 등장했다. 이 지폐는 송원 판화의 성행에 중요한 공헌을 했다. 경극의 검보 중에서 관공은 홍검紅臉을 사용한다. 관공의 붉은 얼굴은 충의, 광명, 정직을 상징한다. 서양의 전통에서 붉은색은 사랑을 상징한다. 이는 꽃과 관련이 깊다. 가장 전형적인 예가 장미이다. 흥미로운 점은 경박하고 지조없는 여자의 옷도 붉은색으로 묘사된다는 것이다. 기독교 『계시록』에서 음탕한 여자는 자주색과 주홍색 옷을 입고 주홍색의 짐승을 탄다. 그 짐승은 머리가 일곱 개, 뿔이 열 개이며, 온몸이 더러운 이름으로 가득하다.

색깔을 표시하는 단어를 보면 상당히 재미있는 현상을 발견할 수 있다. 예를 들어 단어를 사용하는 순서가 그렇다. 중국인은 '홍' 과 다른 색깔을 함께 쓸 때면 꼭 '홍' 다음에 다른 색을 말한다. 홍록등紅綠燈(신호동), 홍백희사紅白喜事(남녀의 결혼과 천수를 누리고 죽은 이의 장례), 홍남녹녀紅男綠女(예쁘게 차려입은 젊은 남녀), 홍장소과紅裝素裹(원래의 의미는 아름다운 여자의 우아하고 아담한 장식이나 흰 눈 위로 붉은 태양이 비치는 아름다운 광경을 말할 때 흔히 쓴다) 등이 그렇다. 이 밖에도 중국어에는 '홍' 을 수식어 어근으로 삼는 경우가 흔하다. 홍분紅粉(연지와 분, 아름다운 여인), 홍낭紅娘(남녀의 사랑을 맺어주는 여자), 홍인紅人(인기가 많은 사람), 홍안병紅眼病(결막염 또는 걸핏하면 남을 질투하는 병) 등이 모두 이에 해당한다.

붉은색은 성적인 것과 관련된 장소에도 흔히 쓰인다. 홍등가가 대표적 예이다. 고대에 붉은색은 질병을 막는 색이기도 했다. 『형초세시기荊楚歲時記』에 따르면 옛사람들은 8월 10일에 붉은색 물을 이마에 찍어 질병을 예방했으며, 이를 '천구天灸' 라 불렀다. 이 밖에도 붉은색은 급진, 좌파, 공산당을 상징하기도 한다. 붉은색을 보면 분노가 느껴지기도 한다. 화가 많이 나면 얼굴이 벌겋게 달아오른다. 스페인 투우사는 붉은 망토로 투우를 자극한다. 붉은색은 재정상의 결손액을 표시할 때도 쓰인다. '적자赤字' 가 바로 그것이다. 이 말은 영국에서 재무 상황을 기록할 때 붉은색으로 자본의 감소나 결손액을 쓴 것에서 유래한다.

예로부터 붉은색은 여성과도 관련이 깊었다. 붉은색은 중국 여성들이 가장 좋아하는 색으로 미녀의 대명사가 되었다. '홍' 은 '공工' 과 통한다. '여공女紅(여기서 '홍' 은 '공' 으로 읽는다)' 은 방직, 바느질, 자수 같은 여자들의 일을 가리킨다. 『한서』 「역이기전酈食其傳」에서 "농부는 가래를 놓고, 공녀는 베틀을 내린다"고 했다. 여기서 '공녀紅女' 는 '여공' 일을 하는 부녀자를 말한다. '홍장紅粧' 은 여자의 고운 화장을 가리킨다. 「목란시木蘭詩」에 "언니는 동생이 온다는 소식을 듣고 문가에서 곱게 화장을 하네[阿姊聞妹來, 當戸理紅粧]"라는 구절이 있다. 이후 홍장은 미녀를 가리키는 말로 널리 쓰이게 되었다. 앞서 언급한 '홍낭' 은 원래 『서상기西廂記』의 등장인물이다. 최앵앵의 시녀인 그녀는 천진하고 총명하고 용감한 성격으로 최앵앵과 장생의 인연을 맺어준다. 그래서 민간에서는 적극적으로 남녀의 인연을 맺어주는 사람을 '홍낭' 이라 부르게 되었다. '홍루紅淚' 는 여자의 눈물을 말한다. 당대 시인 이영李郢은 「아내를 위해 생일의 소감을 씀[爲妻作生日寄意]」이라는 시에서 "돌아오지 못하는 여정이 한스러워, 푸른 창문에서 붉은 눈물 주르르 흘리겠지[應恨客程歸未得, 綠窓紅淚冷涓涓]"라고 슬퍼했다. 조설근曹雪芹의 『홍루몽』으로도 유명한 '홍루紅樓' 는 원래 화려하고 아름다운 누각을 말하나, 부귀한 여인들의 거처를 가리키는 말로 항상 쓰여왔다. 당 말 시인 위장韋莊은 『장안춘長安春』에서 "장안의 춘색은 본래 주인이 없어, 예로부터 모두 다 홍루 여인의 것이었네[長安春色本無主, 古來盡屬紅樓女]"라는 시구를 남겼다. 이외에도 '홍수紅袖(미인의 소매, 미녀)', '홍안紅顔(미인의 얼굴, 미녀)' 등이 모두 여성과 관련된 단어들이다. 하지만 '홍진紅塵' 은 여성과 전혀 무관한 말이다. 이 단어는 원래 번화한 도시의 먼지를 뜻하는 말이나 시간이 흐르면서 점차 번화하고 시끄러운 도시 자체를 가리키는 말이 되었다. 한대의 반고班固는 「서도부西都賦」에서 "사방이 둘러싸인 번화한 도시에 구름 같은 연기가 서로 이어졌네[紅塵四合, 煙雲相連]"라고 묘사했다. 더 나아가 불교와 도교에서는 '홍진'을 아예 인간세상을 가리키는 말로 쓰게 되었다.

중국에는 '홍사紅絲(붉은 실)'를 당겨 아내를 고르는 풍습이 있다. '홍사'는 결국 부부의 인연을 상징하는 것이다. 원대 고명高明은 『비파기琵琶記』에서 "병풍 사이의 공작은 사람이 맞추기가 힘들고, 장막 안의 붉은 실은 누가 감히 끌어당길까[屛間孔雀人難中, 幕里紅絲誰敢牽]"*라고 노래했다. 여기서 홍색은 남녀의 사랑을 의미하는 색이 된다. '홍두紅豆(팥)'라는 낱말의 중심은 '홍'이지 '두'가 아니다. 홍두는 상사두相思豆, 상사자子, 홍칠두紅漆豆, 원앙두, 낭군두라고도 한다. 왕유王維는 「상사相思」라는 시에서 "홍두가 남쪽 지방에서 자라, 봄이 오니 몇 가지나 피었을까? 부디 그대는 많이 따두시길, 이야말로 가장 그리운 것이나니[紅豆生南國, 春來發幾枝? 願君多采擷, 此物最相思]"라고 노래했다.

색깔이 사람들에게 주는 시각적 인상은 대체로 비슷하다. 옛사람이든 지금 사람이든, 중국인이든 외국인이든 색깔에 대한 느낌이 완전히 다를 순 없는 것이다. 독일 예술사학자 그로세는 『예술의 기원』이라는 책에서 "사람들은 항상 사냥이나 전쟁의 열기 속에서 혹은 감정이 가장 흥분해 있을 때면 꼭 붉은색을 보게 된다"고 했다. 인류 생활을 그린 신석기시대의 벽화 역시 이런 주장을 뒷받침한다. 당시 사람들은 붉은색을 바탕색으로 삼아 그림 그리기를 좋아했다. 어떤 곳에서는 붉은색이 진실함의 상징이기도 하다. 네팔의 일부 지역에서는 주인과 손님이 만날 때 꼭 혀를 내밀어 보여준다. 붉은 혀를 내미는 것이 진실한 마음을 상대에게 보여주는 것이라 믿기 때문이다.

*당대의 화가 두의竇懿가 병풍 사이에 공작을 그려놓고 공작의 눈을 맞추는 자를 사위로 삼은 이야기, 그리고 당대의 재상 장가정張嘉貞이 재주와 용모가 남달랐던 곽원진郭元振을 사위로 들이기 위해 다섯 딸에게 실을 하나씩 주며 장막 뒤에서 기다리게 하고 곽원진은 그중에 붉은 실을 골랐다는 이야기이다

2. 등색[橙]

홍색에 황색을 더하면 등색이 된다. 등색은 홍, 황, 남 삼원색 외에 가장 눈에 잘 띄고 쉽게 판별이 되는 색깔이다. 등색이 주는 가장 직접적 느낌은 빛, 따뜻함, 활기참, 격렬함, 햇볕, 식욕, 충동, 화려함, 환락, 달콤함, 풍성함, 온화함 등 주로 긍정적 이미지지만, 때로는 질투, 의심 등의 부정적 측면이 연상되기도 한다. 이외에도 등색은 노력과 인내를 상징하기도 한다. 등색은 상업 광고나 공공시설의 표지에 광범위하게 사용된다. 안정감을 주는 색이기 때문이다. 라파엘의 명화 「의자에 앉은 성모」는 등황색으로 모성애를 표시했다. 붉은색과 푸른색을 주된 색조로 하고 등황색과 어두운 녹색으로 이를 보조함으로써 선명하면서도 부드럽고 우아한 느낌을 준다.

등색은 홍색만큼 열정적이지도 않고 황색처럼 시원시원하지도 않다. 하지만 등색이 주는 온화한 느낌은 남녀의 사랑과도 같다. 이외에도 등색에는 부자연스러움, 어색함 등의 느낌도 있고, 달콤한 행운의 느낌이 있는 반면 낙담, 실망, 괴로움 등의 느낌도 있다. 등색은 홍색보다 훨씬 예쁜 느낌을 준다. 『태평어람太平御覽』에 이런 내용이 있다. "학자초鶴子草는 덩굴로 자란다. 꽃은 둥글고 먼지색이며 꽃자루는 옅은 자주색이다. 잎은 버들을 닮았지만 그보다 짧다. 여름이면 꽃이 피며, 남방 사람들은 이를 '미초'라 부른다. 따다가 햇볕에 말려 얼굴 장식으로 쓴다. 그 모양이 하늘을 나는 학과 같다. 날개, 꼬리, 부리, 발 어느 것 하나 없는 것이 없다. 풀이 무성하게 자라 봄이 되면 벌레가 두 마리 생긴다. 벌레는 이 풀의 이파리만 먹는다. 월越 땅의 여자들은 이것을 경대 안에 넣어 누에처럼 기르고 풀을 따다가 먹인다. 벌레는 늙으면 더 이상 먹지 않고 허물을 벗고 나비가 되며 적황색이다. 여자들은 이것을 가지고 다니는데 이를 '미접媚蝶' 이라 한다"(「영표녹이嶺表錄異」에서 인용). 여기서 말한 적황색의 미접이 바로 등색이다.

천자가 거주하는 황궁의 담장 역시 눈에 잘 띄는 등황색이었다. 사실 담장 외에도 천자가 쓰는 수많은 물건들이 이 색깔이었다. 천자가 타는 수레는 '황옥黃屋' 이라 했다. 육조 때 시인 사령운謝靈運은 「경구의 북고에 따라 나섰다가 부름에 응해 지은 시[從遊京口北固應詔]」에서 "옥새는 진실된 마음을 일깨우고, 황옥은 숭고함을 보여주네[玉璽誡誠信, 黃屋示崇高]"라고 노래했다. 하지만 이때의 황색은 정황색이 아니라 등색에 치우친 황색이다. 등색은 관복 복색의 등급에서도 앞에 위치한다. 당대에는 6품 이상 4품 이하의 관복이 '비緋' 색, 즉 등색이었으며, 송대에는 1품에서 4품까지의 관복이 모두 비색이었다.

등색과 황색은 분명 가까운 색이며 밝기 역시 비슷하다. 괴테는 색깔의 밝기를 연구한 적이 있다. 그는 『색채학』에서 황색과 등색의 밝기 비율은 9:8, 등색과 홍색의 밝기 비율은 8:6이라고 했다.

등색은 물론 과실수인 등자나무와 직접적인 관련이 있다. '황등' 은 이 색깔을 가진 등자나무의 열매를 가리키며, 등황은 황색에 치우친 등색 혹은 그냥 등색을 가리킨다. 등자나무가 대부분 남방에서 자라기 때문에 정통 등색은 남방에서 온 것으로 볼 수 있다. 왕창령王昌齡은 「강동으로 떠나는 이탁을 보내며[送李擢遊江東]」라는 시에서 "초나라의 등자나무와 귤나무는 어둡고, 오 땅 입구의 안개비는 근심스럽네[楚國橙橘暗, 吳門煙雨愁]"라는 구절을 남겼다. 등자나무와 귤나무는 같은 종이며 과실의 색깔 역시 다르지 않다. 주방언周邦彥은 「소년유少年遊」라는 사詞에서 "물과 같은 병주 땅의 칼, 눈보다 새하얀 오 땅의 소금, 섬섬옥수로 새로 난 등자열매를 쪼개네. 비단 휘장 이제 따뜻해지고 짐승의 연기(짐승의 얼굴을 새긴 향로의 연기) 끊이지 않음에 마주 보고 앉아 생황의 음을 맞춰보네[并刀如水, 吳鹽勝雪, 纖手破

新橙. 錦幄初溫, 獸煙不斷, 相對坐調笙]”라고 노래했다. 흰색과 등색이 서로를 비추는데다 푸른 연기와 비단 휘장까지 더해져 꿈인 듯 환상인 듯 황홀한 느낌을 준다.

태국에는 요일 색이라는 것이 있다. 목요일의 색깔은 등색, 일요일은 적색, 월요일은 황색, 화요일은 분홍색, 수요일은 녹색, 금요일은 옅은 청색, 토요일은 옅은 자주색이다. 상징적 의미가 그다지 분명하지 않은 이 요일 색은 단순한 풍습일 뿐인 것 같다. 고대 바빌론 성에는 칠성단이 있었다. 그중 등색인 2층에서는 목성에 제사를 드리고, 흑색인 1층에서는 토성에 제사를 올렸다. 나머지 층은 각각 적색, 황색, 녹색, 청색, 백색으로 나뉜다. 2층이 등색인 것은 바빌론 사람들이 목성에 대해 느꼈던 인상과 밀접한 관계가 있을 것이다.

등색은 홍색과 황색 사이의 색이라 적황색이라 불리기도 한다. 고대에는 '제緹' 라는 글자로 이를 표시했다. 『설문해자』에서는 '제' 가 견직물 중 하나라고 했다. 이외에 증繒, 견絹, 기綺, 겸縑, 제綈, 환紈, 위緭, 소素, 련練, 표縹, 진縉, 천綪, 조繰, 치緇 등의 글자를 보면 이들 색깔이 복장과 관련이 있음을 알 수 있다. 당대 초에는 등색으로 전마를 장식하기도 했다. 소위 '제기緹騎' 가 바로 그것이다. "성 밖 나무는 적황의 기병을 비추고, 물새는 붉은 기를 피하네[郊樹映緹騎, 水禽避紅旌]"라는 유우석劉禹錫의 시구에 이 단어가 쓰였다. 그 밖에도 '제막緹幕', '제관緹管', '제첨緹簽' 등의 용례도 있었다. 이백은 "역에 다다라 적황의 천막을 말아 올리고, 당에 올라 수놓은 옷을 받았네[臨驛卷緹幕, 升堂接繡衣]"라고 노래했다. 당시 많은 사람들이 등색을 좋아했음을 알 수 있다.

3. 황색[黃]

황색(노랑)은 햇빛의 색과 흡사하다. 그래서 야외, 개방, 젊음, 총명, 활동, 희망 등의 느낌을 준다. 동시에 황색은 지상의 황금, 풍년의 희열, 생명의 근원 등을 상징하여 항상 명랑함, 귀함, 희열, 황금, 수확, 풍요, 놀라움, 의심 등을 연상시키기도 한다. 노랑은 삼원색 중 하나로서 지성을 대표한다. 나머지 삼원색 중 빨강은 감정을, 파랑은 정신을 대표한다.

'황'은 땅의 본색이다. 『역易』「곤坤」에서는 "하늘과 땅은 검고 누렇다"고 했다. 중국 민족이 바로 이 황색의 땅에서 발상한 것이다. 복건服虔은 『좌씨전左氏傳』 주注에서 "하늘은 검고 땅은 누렇다. 샘이 땅속에 있으므로 황천黃泉이라 한다"고 했다. 중원을 가로지르는 황하 역시 황색의 땅과 마찬가지로 황색의 강이다. 그래서 선인들은 땅을 숭배하고 더 나아가 황색을 숭배하게 되었다. 진晉의 반악潘岳은 「서정부西征賦」에서 "천 리를 이은 황색의 땅, 끝없이 펼쳐진 기름진 평야[黃壤千里, 沃野彌望]"라고 노래했다. 『주례』에서 보장保章씨는 다섯 가지 구름의 색을 보고 길흉, 가뭄과 홍수, 풍년과 흉년을 짐작한다. 그에 따르면 "청색은 벌레, 백색은 죽음, 적색은 전쟁으로 인한 재앙, 흑색은 홍수, 황색은 풍년"을 상징한다. 이렇듯 "백성을 기름은 황색에서 시작했던" 것이다. 『백호통의白虎通義』「호편號篇」에서는 "황은 중화中和의 색이고 자연의 본성이라 만세토록 변하지 않는다. 황제가 처음에 제도를 만들어 그 중화를 얻고 만세토록 항상 간직했으므로 황제라 칭하는 것이다"라고 했다. 제帝는 곧 땅[地]이고, 황제는 곧 황지黃地, 즉 '후토后土'를 말한다.

천지의 색이 정치에도 반영되면서 황색은 황권의 색채가 되었다. 중국에서 황색은 고대 황가의 색이자 신비하고 존귀한 색이다. 황옥黃屋과 옥새는 곧 황권의 상징이었다.

고대의 전설 중에는 황제와 황색에 관한 이야기가 많다. 요순 때부터 이미 황색은 황제와 인연을 맺었다. 역대 제왕들이 황색을 숭상한 것은 사실 전설 속 황제黃帝와 관련이 깊다. 『용어하도龍魚河圖』에 이런 기록이 있다. "하늘이 시조를 주시고 제호帝號를 세우셨다. 황룡이 그림을 지고 황하에서 나와 황제에게 주었다. 황제는 신하들에게 이를 써서 천하에 보이도록 했다." 또 이런 기록도 있다. "황룡이 낙수洛水에서 나와 순임금에게 갔다. 용 비늘의 무늬가 글자를 이루어 좌우에 명하여 글을 쓰도록 했다. 이를 마치자 용이 떠났다"(『예문유취』에서 인용).

그렇다면 황룡이란 무엇인가? 전설 속의 신비한 동물 중 하나이다. 흔히 등장하는 전설 속 용보다 훨씬 신비롭다. 황룡의 출현은 흔히 서응瑞應(임금의 선정에 감응하여 하늘이 내리는 상서로운 징조)과 인과관계를 이룬다. 『서응도瑞應圖』에서는 이렇게 기록했다. "황룡은 사룡四龍의 우두머리이자 사방의 정색正色이며 신령의 정수이다. 커졌다가 작아졌다가, 어두워졌다가 밝아졌다가, 짧아졌다가 길어졌다가 할 수 있으며, 금방 있었다가 금방 사라지기도 한다. 임금이 물을 막아 고기를 잡지 않으면 그 온화함에 응하여 연못에서 헤엄을 친다."

후대에도 이와 유사한 이야기들은 적지 않았다. 『고금주古今注』의 기록은 이렇다. "고조 5년, 황룡이 화양지華陽池에 열흘 남짓 보였다. 9년에는 장안에서도 보였으며, 오봉五鳳 4년에는 황룡이 광한廣漢에 나타났다. 감로甘露 원년에 황룡이 신풍新豊에서 보였고, 2년에는 용이 상군上郡에 나타나 오색의 하늘로 번쩍 뛰어올랐다. 승상 이하 신료들이 황제의 장수를 축하했다. 장제章帝 건초建初 3년에 황룡이 여남汝南 항項씨의 밭 안쪽 집에 나타났다. 길이가 다섯 길도 넘고 키가 두 길이나 되었으며, 집을 비추는 빛이 나무까지 이어졌는데 모두 황색이었다. 애제哀帝 영원永元 10년에 황룡이 영천潁川 정릉定陵의 민가 우물 속에 나타났다. 황색에 눈은 거울 같았다. 또 파군巴郡의 탕거宕渠에도 나타났는데 초목의 색이 모두 황색이 되었다."

『태평광기』 권139 「소씨蘇氏」에는 이런 기록이 있다. "북주北周 정제靖帝 대상大象 때 양무陽武의 소씨 집이 강가에 있었다. 뜰에서 개 짓는 소리가 들려서 가보니 세 마리 짐승이 보였다. 모양은 물소 같았고, 하나는 황색, 하나는 적색, 하나는 흑색이었다. 한참을 싸우더니 흑색은 죽고 황색과 적색은 모두 강으로 들어갔다. 흑은 (북)주가 숭상하는 색이고, 죽었다는 것은 멸망을 의미한다. 몇 년이 지나 주는 결국 멸망했다. 수隋는 천하를 차지한 후 깃발과 희생은 적색을 숭상하고 군복은 황색을 숭상했다"(『광고금오행기廣古今五行記』에서 출전).

황색은 황금과 비슷한 색이라 고귀한 느낌을 준다. 고대의 황궁은 황색을 가장 고귀한 것으로 여겼다. 황색은 황궁, 사직, 제단 등에만 쓸 수 있었다. 황궁이라도 모든 건물에 황색 유리기와를 쓰진 않았다. 청나라 옹정 때는 황제가 공묘孔廟만 전부 황색 유리기와를 쓰도록 특별 허락했다. 공자에 대한 존경의 표시였다. 명 성조成祖 때 지은 남경 대보은사탑大報恩寺塔은 높이가 80여 미터에 달하며 외벽은 전부 유리벽돌을 끼워 쌓았다. 유약의 색깔은 흰색, 옅은 황색, 진한 황색, 진한 홍색, 갈색, 녹색, 남색, 흑색 등으로 다양하다. 황색과 등황색 위주에 다른 색깔을 서로 교차하여 오채색의 아름다운 탑신을 만들었다. 장엄하고 웅장하면서도 알록달록한 색채가 눈에 띄어 당시에 이미 세계적인 명물이 되었다.

황권의 황색은 신비로우면서도 압도적인 느낌을 준다. 동쪽에서 떠오르는 태양과 대자연의 황색은 금빛 찬란한 생기로 가득하다. 봄에 피는 샛노란 유채꽃, 황금 물결이 일렁이는 가을 논을 보고 있노라면 온몸에 활력이 솟는다. 갓 태어난 병아리와 새끼 오리도 부드럽고 앙증맞은 노란 털이 나 있다. 그러나 옛사람들에게 가을은 흙과 생명의 느낌보다는 꽃이 지고 낙엽이 떨어지는 서글픈 느낌이 더 컸던 것 같다. 구양수의 「추성부秋聲賦」가 그렇고 "창문 앞에서 고운 귀밑머리 빗고, 거울을 보며 화황을 붙이네[當窓理雲鬢, 對鏡帖花黃]"라는 「목란사木蘭辭」의 구절이 그렇다. '화황을 붙이는' 것은 북위 때 여자들의 화장법 중 하나였다. 황금색의 종이를 잘라 별, 달, 꽃, 새 따위로 갖가지 모양을 만들어 이마에 붙이거나 얼굴에 노란 점을 칠하는 화장법을 말한다. "강가의 단풍은 새벽에 떨어지고, 숲 속의 나뭇잎은 이제 막 노래졌네[江楓曉落, 林葉初黃]." 양梁 간문제簡文帝의 「여소림천서與蕭臨川書」에 나오는 구절이다. 깊은 가을의 풍경이 쓸쓸한 느낌을 준다. "푸른 구름의 하늘, 노란 꽃의 땅, 서풍은 바짝 불어오고 북방의 기러기는 남쪽으로 날아가네. 이른 새벽 하얀 서리로 숲을 취하게 한 이는 누구인가, 모두가 이별하는 이의 눈물이겠지[碧雲天, 黃花地, 西風緊, 北雁南飛, 曉來誰染霜林醉, 總是離人淚]"라는 『서상기』의 노래 역시 마찬가지다.

황색은 불교에서 숭상하는 색깔이기도 하다. 승복도 황색, 사찰도 황색이다. 불교는 황색을 탈속의 색으로 간주한다. 부처님의 광명이 바로 황금색이고 법신도 황금색으로 찬란히 빛난다. 역사적으로 대부분의 왕조가 백성들의 황색 복장 착용을 금지했다. 오로지 승려만 입을 수 있었던 것이다. 불교에서는 아주 오래전부터 황색을 써왔다. 『승사략僧史略』에 따르면 후주後周 때부터 검은 옷을 기피하고 황색 옷을 입기 시작했다고 한다. 또 티베트 라마교의 '황교黃教'라는 한 교파는 거의 모든 곳에 황색을 쓴다.

곽말약郭沫若의 해석에 따르면 갑골문 '黃' 자는 고대 옥패玉佩를 본딴 글자이다. 즉, 원래는 '황璜' 자였는데 나중에 황색의 '황黃' 자로 이를 빌려 썼으며, 지금은 가차의 의미로만 쓰이고 본래 의미는 사라졌다는 것이다. 『한간汗簡』에는 '黃' 자가 뜻을 나타내는 '건巾' 자 옆에 소리를 나타내는 '黃' 자를 붙인 형태로 쓰여 있다. 이를 통해서도 황색이 복식과 밀접한 관계였음을 알 수 있다. 어휘상으로 보면 황색의 종류는 매우 다양하다. 납황蠟黃, 초황蕉黃, 구황韭黃, 단황蛋黃, 등황, 금황金黃, 아황鵝黃, 압황鴨黃, 총황葱黃, 정황正黃, 우황右黃, 영황苓黃 등이 그렇다. 고대에 황색을 의미하는 단어였던 '상緗'은 담황색을 가리키고 '견絹'은 보릿짚 색깔을 가리킨다. 한족은 황색을 숭상했다. 황색이 신성, 존엄, 강토를 상징했기 때문이다. '황'이 포함된 단어는 대부분 좋은 의미이다. 황도길일黃道吉日(일을 처리하기에 좋은 길일), 황금시대, 황포가신黃袍加身(황포를 몸에 걸침, 권력을 잡음), 황룡, 등황謄黃(천자의 조서), 황옥黃屋(천자의 수레) 등이 그 예이다. 그러나 시간이 흐르면서 황색은 나쁜 의미로도 쓰이게 되었다. 황모아두黃毛丫頭(계집아이), 황색 잡지, 황색 신문, 황탕黃湯(나쁜 의미로 말할 때의 술), 황천 등이 그렇다.

영어에서 황색은 나약함의 상징이다. 중국어 황색에는 이런 의미가 없다. 예를 들어 Yellow—belly는 겁쟁이를, Yellow—dog는 비겁한 사람을 가리킨다. 기독교에서 황색은 교리에 어긋나는 비열한 색채로서 질투, 간사함 등을 표현한다. 「최후의 만찬」을 보면 예수를 팔아넘기는 유다가 바로 황색의 도포를 입고 있다.

괴테에게 황색은 온화하고 즐겁지만 불쾌감을 느끼게 하는 색이기도 했다. 다른 색과 조금이라도 섞이면 금방 원래 색을 잃어버리고 더럽고 미운 색으로 변하기 때문이다. 그러나 괴테는 황색에 소량의 홍색을 더하면 '따뜻한' 효과를 볼 수 있다고도 했다. 세계의 수많은 예술가들이 황색을 좋아한다. 특히 외국의 예술가들이 중국의 예술가들보다 훨씬 더 황색을 좋아하는 것 같다. 중용中庸의 미덕을 숭상하지 않기 때문이다. 반 고흐가 대표적이다. 그는 극단적으로 황색을 좋아했다. 황색의 밭, 황색의 집뿐만 아니라 길과 나무도 황색으로 그리고 별이 반짝이는 하늘과 달빛의 밤까지 황색으로 그렸다. 그중에서도 대표적인 것은 바로 황색 해바라기이다.

4. 녹색[綠]

녹색은 생명과 환경의 색이다. 하늘과 바다를 제외하고 대자연의 가장 큰 면적을 차지하는 색이 바로 녹색이다. 절대다수 식물의 색이기도 한 녹색은 고요함, 평화로움, 안정감을 상징하는 동시에 활력, 편안함, 신선함, 청춘, 봄, 젊음의 느낌을 주는 색이다.

푸름[綠]은 청춘의 표현이다. 향기롭고 푸르른 초목은 봄날의 생기를 대변한다. 자연계는 온통 녹색으로 가득하며 중국 문화사에서도 녹색은 깊은 인문적 흔적을 남겼다.

자연계의 색채가 인문적 색채로 바뀌면서 그 의미도 확대되었다. 관련 연구에 따르면 색깔에 대한 인류의 인식은 3단계를 거쳤다고 한다. 첫 번째 단계는 사물로 색깔을 대체한 것이다. 장미로 붉은색을 대체하는 경우가 그 예이다. 지금도 사람들은 사물을 인식할 때 이런 방식에 의존하곤 한다. 두 번째는 색깔을 사물에 비유하는 것이다. 도홍桃紅(복숭아처럼 붉은색), 압황鴨黃(새끼오리의 깃털 같은 황색) 등이 그 예이다. 세 번째 단계는 뜻을 색깔에 기탁하는 방법이다. 색채에 추상과 상징의 의미를 부여하는 것이다.

자연계의 녹색은 청춘과 생기의 표상이다. "푸르디푸른 강변의 풀", "봄풀이 자라나는 연못가", "어지러운 꽃은 사람의 눈을 미혹시키고, 옅은 풀에 말발굽이 빠지겠네" 등의 시구는 모두 한창으로 치닫는 봄날의 풍경을 묘사한 것이다. 그래서 이런 젊음과 생기발랄함에서 녹색의 이미지가 파생된다. 예를 들어 '녹빈綠鬢'은 새까만 머리칼을 의미한다. 옛사람들은 여인의 검은 머리를 흑발이라 하지 않고 청사青絲라 불렀다. '청青' 자가 '흑黑' 자보다는 시적 정취가 훨씬 강하다. 또 '청사'보다는 '녹빈'이 더욱 우아하고 시적이다. '녹빈'은 '홍안'과 함께 젊은 여인을 형용하는 말로 자주 쓰였다. 양나라 때 오균吳筠은 「규원시閨怨詩」에서 "녹빈은 근심 속에서 변하고, 홍안은 눈물 속에서 사라지네[綠鬢愁中改, 紅顔啼中滅]"라고 했다.

마찬가지로 여인의 옷은 '취수翠袖(비취색 소매)', '녹수綠袖(푸른 소매)'라 하고, 여인의 거처는 '녹창綠窓(푸른 창)'이라 말하곤 했다. 두보는 「가인佳人」에서 "하늘은 차갑고 비취색 소매는 얇은데, 날 저물도록 긴 대나무에 기대어 있네[天寒翠袖薄, 日暮倚修竹]"라는 구절로 아름다운 여인을 묘사했다. 또 온정균은 「보살만菩薩蔓」에서 "옥 누대 밝은 달에 오래도록 그리워하니 버들가지 하늘하늘 힘없는 봄이구나. 문밖의 풀은 무성한데 그대 보내는 말소리 들리네. 수놓은 비단의 금빛 비취, 향촉은 녹아 눈물이 되었네. 꽃은 지고 두견새 우는데, 푸른 창가에서 못다 꾼 꿈에 헤매노라[玉樓明月長相憶, 柳絲裊娜春無力. 門外草萋萋, 送君聞馬嘶. 畫羅金翡翠, 香燭銷成淚. 花落子規啼, 綠窗殘夢迷]"고 노래했다.

전설에 의하면 요임금 때 용 한 마리가 황하에서 나왔는데 천문과 별자리 그림, 즉 하도河圖를 등에 지고 있었다고 한다. 현대인들은 이 용을 녹색 털이 등에 길게 자란 큰 거북으로 상상한다. 『상서』에 근거하면, 이 용은 당시에는 대단히 보기 힘들었던 녹모대귀綠毛大龜(녹색 털 거북, 즉 녹조가 등에 붙어 털처럼 보이는 거북으로 그 신비로운 모습 때문에 신귀神龜라고도 불린다)였을 것이다. 이 거북의 등에 그려진 별자리 그림은 수천 년 동안이나 사람들에게 신비로운 대상이 되었다.

거북은 영험한 동물이다. 긴 수명 때문에 거북은 소나무, 학 등과 더불어 장수의 상징으로 여겨져 왔다. 거북의 푸른 털 역시 장수를 연상시킨다. 젊었을 때는 머리칼이 새까만 녹빈이었다가 늙으면 하얗게 새고 거기서 더 장수하면 다시 황색으로 바뀐다고 옛사람들은 말했다. 또 신선이 되거나 더 이상 늙지 않으면 몸의 털과 머리칼이 검푸른빛으로 변한다고 했다. 『태평광기』를 보면 선인仙人의 모발이 녹색으로 변하는 이야기가 적지 않다. 예를 들어 『전기傳奇』에서 가져온 「배항裴航」 이야기, 『집이기集異記』에서 가져온 「옥녀玉女」 이야기 등이 그렇다.

고대에는 녹색 술이 대단히 많았다. 포도로 만든 고대의 술이 바로 녹색이었다. 이백의 「양양가襄陽歌」가 이를 증명한다. "백 년 3만 6천 날 동안, 하루에 3백 잔은 기울여야지. 멀리 보이는 한수는 오리 머리처럼 푸르니, 이제 막 포도주를 거를 때 같구나. 이 강이 춘주春酒로 변한다면, 누룩을 쌓아 지게미 언덕의 누대를 지으리라[百年三萬六千日, 一日須傾三百杯. 遙看漢水鴨頭綠, 恰似葡萄初發醅. 此江若變作春酒, 壘麴便筑糟丘台]." 백거이 「문유십구問劉十九」의 "푸른 개미처럼 새로 거른 술, 벌겋게 달아오른 작은 질화로. 하늘에서 눈이 내리려는 이 저녁, 어찌 술 한잔하지 않으리[綠蟻新醅酒, 紅泥小火爐. 晚來天欲雪, 能飮一杯無]?"라는 구절에도 푸른 빛깔의 술이 등장한다.

녹색은 항상 편안한 느낌을 주고 보기에도 좋아 장식에 많이 쓰였다. 송대의 그림배는 녹색을 기본으로 칠하고 그 사이에 다른 색을 넣어서 화려하고 눈에 잘 띄었다. 구양수는 유명한 「채상자採桑子」에서 이렇게 노래했다. "연꽃이 핀 후 서호가 좋아졌다니 술을 싣고 올 때로구나. 깃발은 쓰지 않은 채 앞뒤로 붉은 휘장과 녹색 덮개가 따르네. 꽃 깊은 곳으로 그림배 저어 들어가니 향기는 금 술잔에 가득하고 안개비는 은은하구나. 생황의 노래 한 자락에 취해 돌아오노라[荷花開後西湖好, 載酒來時. 不用旌旗, 前後紅幢綠蓋隨. 畫船撑入花深處, 香泛金卮, 煙雨微微, 一片笙歌醉裏歸]." 그림배와 녹색의 연과 푸른 물이 천연의 풍경화 한 폭을 그려냈다.

녹색은 고대의 관복官服에서도 중요한 색이었다. 당오대 때 관리들은 품계에 따라 네 가지 색의 관복을 입었다. 3품 이상은 자색, 4품과 5품은 비緋색, 6품과 7품은 녹색, 8품과 9품은 청색의 관복을 입었다. 이외에도 신분을 표시하는 '어부魚符(물고기 모양의 부절)'를 '어대魚袋'라는 주머니에 넣어 차고 다녔다. 3품 이상은 주머니를 금으로 장식하여 금어대라 부르고, 5품 이상은 은으로 장식하여 은어대라 불렀다. 자색과 비색의 관복에 걸맞은 어대를 하사했던 것이다. 송 신종神宗은 9품 18급으로 관직의 등급을 개편한 후 관복 역시 4품 이상은 자색, 6품 이상은 비색, 9품 이상은 녹색으로 바꾸었다. 명대에는 1품부터 4품까지가 비색, 5품부터 7품까지가 청색, 8품과 9품은 녹색이었다.

공예품에서도 녹색은 다른 색채와 쉽게 어울리는 장점이 있다. 당삼채唐三彩에서 녹색은 삼채 중 하나로서 우아한 분위기를 연출한다. 고대에는 유리병풍이라는 공예품이 있었다. 남북조 때 손량孫亮은 투명하게 빛나는 녹색의 유리병풍을 만들어 맑은 날 달빛 아래에 펼쳐 놓고 감상하곤 했다. 그에게는 조매朝妹, 여거麗居, 낙진洛珍, 결화潔華라는 네 애첩이 있었다. 하나같이 절색이었다. 네 애첩을 병풍 안에 앉혀놓고 밖에서 보면 사이에 가로막는 물체가 아무것도 없는 듯했다. 다만 향기는 밖으로 통하지 않아 손량은 외국에서 바친 네 가지 향을 그들에게 주었다. 일단 옷에 묻으면 몇 년이 지나도 그대로고, 백 번을 빨아도 사라지지 않는 향이라 '백탁향百濯香' 이라 했다. 혹은 네 애첩들의 이름을 따 조매, 여거, 낙진, 결화향이라고도 했다. 물론 그때의 유리병풍은 지금은 볼 수 없다. 그러나 유리처럼 투명하게 빛나는 녹색의 공예품이었을 것이라는 상상은 충분히 가능하다. 이 유리병풍은 당시의 구리거울보다도 훨씬 아름다웠을 것이다.

고대의 궁전 건축은 다양한 빛깔의 유리기와를 썼다. 황, 녹, 남, 자, 흑, 백, 홍 등이 주요 색깔이었으며 그중에서도 황, 녹, 남이 대부분을 차지했다. 황색은 가장 존귀한 색이라 황궁, 사직, 제단 등의 건축에만 썼다. 그다음으로는 녹색을 가장 많이 사용했으며 혹은 녹색으로 테두리를 상감하기도 했다.

도자기 역시 마찬가지다. 청 강희 연간에 '분채粉彩' 라는 도자기 양식이 탄생했다. 강희 오채五彩를 기초로 만든 이 도자기는 마치 서양화를 그린 듯해서 '양채洋彩'로도 불리고, 색조가 부드럽고 조화로워서 '연채軟彩'라고도 불린다. 분채는 오채에서 사용하는 안료에 비소를 섞은 유리 재료를 넣어 유탁 작용을 일으키도록 한다. 유리 재료가 작은 알갱이로 분산되어 자기를 구우면 유약의 농담이 달라지면서 입체감이 살아나게 되는 것이다. 홍색은 담홍색으로, 녹색은 담녹색으로 변하고 그 외에도 각종 빛깔이 맑고 우아한 분위기를 연출하여 도자기가 훨씬 부드러워진다. 여기에 화조충어花鳥蟲魚의 그림을 핍진하게 더하면 그야말로 "꽃에 이슬이 맺히고, 나비에 솜털이 보슬보슬"할 정도까지 이르게 된다. 분채 자기는 옹정시대에 최고 수준에 올랐다. 강희 후기에 만들어진 법랑 채색 자기는 강희, 옹정, 건륭 삼대에 걸쳐 매우 귀중하게 여겨지던 궁정 기물로 흔히 '고월헌古月軒'이라고도 한다. 법랑은 재료를 대부분 외국에서 들여왔으며 화법畵法이 무척 섬세했다. 또 서양화의 화법을 흡수하여 아름답고 독특한 유화의 효과를 내기까지 했다.

문화에는 공통성이 있다. 다양한 문화에서 녹색은 대부분 긍정적이고 적극적인 의미를 상징한다. 녹색 꿈, 녹색 희망, 녹색 미래 등이 그 예이다. 또 녹색 불을 켜다, 녹색과 평화 등의 표현도 세계 각국이 거의 공통적이다. 성녀 힐데갈드(St. Hildegard)는 자신의 책에서 여러 번 녹색에 대해 언급했다. 그녀는 녹색이 생명력의 색이며 사람들이 에메랄드를 숭배하는 이유는 그것이 바로 녹색이기 때문이라고 했다. 그녀의 말에 따르면 "(에메랄드는) 태양이 떠오르는 이른 새벽에 만들어지고, 이때가 바로 녹색의 대지와 푸른 초원이 가장 맑고 깨끗한 시간이다……. 한낮의 열기는 녹색이 만들어지도록 더욱 재촉하고…… 에메랄드는 사람들의 모든 허약함과 질병을 강력하게 없애준다. 태양이 그것의 형성을 재촉하고 그것의 물질적 바탕이 바로 공기 중의 녹색에서 근원하기 때문이다." 이슬람교에서 녹색은 무하마드의 색이다. 이슬람교의 영원한 낙원은 녹색이다. 기독교에서 녹색은 천당의 파란색과 지옥의 붉은색 사이에 있는 색으로 사람들에게 반성의 마음을 불러일으키고 부활을 기대하게 하는 색이다. 그래서 구원과 희망을 상징하는 기독교의 십자가는 항상 녹색으로 그려진다. 또 성배의 보석도 녹색이고 「최후의 만찬」 속 하나님의 보좌 역시 녹색의 벽옥으로 만든 것이다. 그러나 녹색의 의미가 다 같은 건 아니다. 예를 들어 서양에서는 꿈에 녹색이 유난히 많이 나오면 소극적인 성격이 적극적인 면을 앞지르는 것이라고 여긴다. 영어에서도 'green with eye'는 질투심이 심하다는 뜻이고 'green rage'는 화가 머리끝까지 치민다는 의미이다. 『오델로』에서 질투는 '녹색의 괴물'이다. 또 녹색은 아직 덜 익은 과일을 상징하며, 사람으로 따지면 경험 없는 풋내기이다.

일상에서 녹색은 폄하의 의미로 쓰이기도 한다. '녹색 모자(綠帽子, 서방질하는 여자의 남편)'가 그렇다. 고대에 녹색은 천함, 낮음의 함의를 가졌다. 이는 복식 문화와 관련이 깊다. 당대에 7품 이하의 관리들은 모두 녹색 혹은 청색 적삼을 입었다. 백거이는 「미지를 추어하며[憶微之]」에서 "헤어지고 각자 푸른 바닷가로 버려지더니, 허리 굽은 채 녹색 적삼 속에서 함께 늙어가네[分手各抛滄海畔, 折腰俱老綠衫中]"라고 했다. 여기서 '녹색 적삼'은 관직이 낮은 사람을 말한다. 송원대에는 낮은 계층의 사람들이 녹색 옷을 입었다. 『시경』에 나오는 "녹의황상綠衣黃裳"(녹색 저고리에 황색 치마)도 이런 의미를 포함한다. 이처럼 녹색 옷을 입은 사람은 종묘에 들어가 제사를 올릴 수도 없었다. 앞서 말한 '녹색 모자'의 기원은 한대까지 거슬러 올라간다. 『한서』 「동방삭전東方朔傳」에 "동군董君은 녹책綠幘을 쓰고 (손을 묶는) 깍지를 착용한 채로 주인을 따라 앞으로 나아가 대전 아래 엎드렸다"는 기록이 있다. 여기서 녹책은 녹색 두건을 말한다. 한나라 때부터 이미 녹색 두건은 신분이 미천한 하인의 전용 복장이었던 것이다. 봉연封演의 『봉씨풍문封氏風聞』

「기정奇政」을 보면, 연릉령延陵令이 된 이봉李封이 죄를 지은 관리와 백성들에게 곤장을 때리지 않고 녹색 두건을 씌우는 방법으로 모욕을 주는 장면이 있다. 당대에 녹색 두건은 모욕적 복장이었던 것이다. 원명 이후에 기생과 관련이 있는 남자들은 반드시 녹색 두건을 쓰도록 한 제도 역시 여기에서 기원한다.

청나라 때 팔기의 자제들로 이루어진 군대는 황, 백, 남, 홍기를 들었다. 그러나 유독 한족 병사들은 녹색 깃발을 들었다. 이때도 녹색은 여전히 배척을 받는 색이었다. 경극의 검보에서도 녹색은 폄하의 의미가 담겨 있다. 정교금程咬金(당의 개국공신 중 한 명) 같은 녹림의 사내들은 녹색이 들어간 검보로 고집 세고 사나운 성격을 표현했다. 그렇다면 강도를 녹색으로 표시하는 건 왜일까? 밤중에 황폐한 무덤에서 나오는 도깨비불은 희미한 녹색에 가깝다. 그래서 황야나 산속에 갑자기 출현하는 강도를 녹색으로 표현한 것이다.

녹색을 무척 아끼는 민족이나 나라가 있는 반면 녹색을 기피하는 나라도 있다. 아일랜드 사람들에게 녹색은 그레이트브리튼으로부터의 독립을 위한 투쟁의 상징이자 국가의 색이다. 그러나 필리핀은 녹색을 기피한다. 열대 국가라 물릴 정도로 녹색이 많기 때문이 아닐까 한다. 반면 아랍 국가들은 국기에 녹색이 들어 있는 경우가 많다. 뜨거운 사막의 푸른 오아시스에 대한 아랍인들의 갈망이 반영된 것으로 볼 수 있다.

녹색이 평화와 희망의 상징이 된 종교적 유래가 있다. 『구약』을 보면 하나님이 노아의 가족들에게 방주로 피하도록 한다. 홍수가 지나간 후 노아는 상황을 알아보기 위해 비둘기를 보낸다. 비둘기는 녹색 올리브 나뭇가지 한 가닥을 물고 와서 홍수가 이미 끝났음을 알려준다. 노아는 다시 온 가족을 이끌고 육지로 돌아온다. 이것이 바로 UN기에 올리브 나뭇가지가 그려진 유래이다. 아울러 우편사업의 상징이 녹색인 것도 바로 여기서 유래한다.

녹색은 한 시대의 유행 색이 되기도 했다. 이는 정치문화와 관련이 있다. 예를 들어 1960~70년대에는 초록색 복장이 유행했는데, 이는 군인이 환영을 받던 사회적 분위기와 군인이야말로 가장 혁명적 존재라는 인식과 관련이 있다. 당대의 궁정화 중에는 녹색을 바탕으로 하는 착색법이 있었다. 이는 순전히 색채에 대한 심미관 때문이다. 또 고대 건축에서는 청록색의 유리기와를 많이 사용했고, 유명한 당삼채 도자기는 황, 녹, 갈색으로 이루어져 화려하고 고귀하고 우아한 느낌을 주었다. 최근에는 광고에도 녹색을 사용하는 빈도가 갈수록 높아지고 있다. 이는 녹색의 자연으로 돌아가길 바라는 마음과 환경보호의식이 널리 퍼졌기 때문이다.

5. 청색[靑]

하늘은 푸르다. 하늘과 관련된 단어들은 '청靑' 자로 형용하는 경우가 대부분이다. 높은 하늘을 뜻하는 청운靑雲, 청소靑霄, 청명靑冥, 봄을 의미하는 청양靑陽 등이 그렇다. 청색은 녹색과 남색 사이의 색이다. 『순자』「권학勸學」에서는 "푸른빛은 쪽[藍]에서 나왔지만 쪽빛보다 더 푸르다"라고 했다. 청색의 명도와 선명도는 남색보다 더 높고 남색에 비해 황색 성분이 조금 더 많다. 그러나 녹색만큼 황색의 비율이 높지는 않다. 일상생활에서는 청색과 남색을 보통 구분하지 않으며 푸른 하늘이 곧 남색 하늘이다. 그 밖에도 청색은 다른 색깔과 혼동되는 경우가 많다. 예를 들어 '청총靑葱'은 짙은 녹색을, '청취靑翠'는 선명한 녹색을 가리키며, '청련색靑蓮色'은 사실 옅은 자주색을 가리킨다. 청색이 주는 이미지는 맑은 샘, 상쾌함, 안정, 고결함, 조용함, 깨끗함, 부드러움 등이다.

청색은 동쪽을 가리킨다. 『설문해자』에서 '청'은 동쪽의 색이라고 했다. 물론 이는 청색의 본뜻이 아닌 상징적 의미로 주진周秦의 오방五方과 오색五色 설을 가져다 쓴 것이다. 청색은 봄의 빛깔이다. 봄에는 온갖 풀들이 파릇파릇 자라난다. 그래서 옛사람들의 마음속에 봄[春]과 푸름[靑]은 늘 함께 하는 것이었다. 중국 고대 신화에 등장하는 다섯 천제天帝 중 동방을 주관하는 청제靑帝는 곧 봄의 신이기도 하다. 양 원제梁元帝는 『찬요纂要』에서 "봄은 청춘을 이름이다"라고 했다. 옛사람들은 봄이 되면 꼭 파릇파릇 난 풀을 밟고[踏靑] 매화를 찾아 나섰다[訪梅]. 고대에는 어린 소녀를 '청아靑娥'라 부르기도 했다. 생기가 넘치고 희망이 가득한 이름이다. 당대 시인 이상은李商隱은 「상월霜月」에서 "청녀와 소아가 함께 차가움을 견디며, 달과 서리 속에서 아름다움을 다투네[青女素娥俱耐冷, 月中霜裏鬪嬋娟]"라고 노래했다. 여기서 청녀는 서리와 눈을 주관하는 여신이고, 소아는 달의 여신인 항아姮娥를 가리킨다.

청신青神이라는 고대 전설 속 인물이 있다. 고대 촉나라의 잠총씨蠶叢氏가 바로 그이다. 이백도 「촉도난蜀道難」에서 "잠총과 어부(전설 속 초나라 황제)가 나라를 연 것이 얼마나 아득한가[蠶叢及魚凫, 開國何茫然]!"라는 시구로 잠총을 언급했다. 『광여기廣輿記』에 따르면 잠총씨가 푸른 옷을 입고 양잠을 가르쳐 주어 백성들이 그를 청신이라 부르고 사당을 세웠다고 한다.

『한무고사漢武故事』에는 청조青鳥에 관한 이야기가 전한다. "7월 7일에 황제가 승화전承華殿에서 재계를 하는데 한낮에 갑자기 청조 한 마리가 서쪽에서 날아와 전 앞에 멈췄다. 황제가 동방삭에게 묻자 삭은 '이는 서왕모가 온다는 뜻입니다. 잠시 후 왕모가 이를 것입니다' 라고 답했다." 청조에 관한 전설은 이외에도 대단히 많으며, 훗날 청조는 문학작품에서 소식을 전하는 사절의 대명사가 된다. "청조는 구름 밖 소식을 전하지 않고, 정향은 빗속의 그리움만 헛되이 맺었네[青鳥不傳雲外信, 丁香空結雨中愁]"라는 시구의 '청조' 가 바로 이 의미로 쓰였다.

명청대에 '청루青樓' 는 기녀의 거처를 가리켰다. 그래서 기녀를 청루의 여자라 부르기도 했다. 사실 이 용어는 육조六朝 이전에 훨씬 더 자주 쓰였다. 기녀와는 무관한 보통의 여자가 사는 곳을 가리켰기 때문이다. 조식曹植은 「미녀편美女篇」에서 "여인이 사는 곳을 물으니, 성 남단에 있다 하네. 청루는 큰길가에 있고, 높은 문은 두 겹 횡목으로 닫혔구나[借問女安居, 乃在城南端. 青樓臨大路, 高門結重關]"라고 노래했다. '청' 으로 거처의 이름을 지은 것 중에 '청려青廬' 도 있다. '청려' 는 원래 푸른 천으로 만든 천막을 뜻하나 보통은 신랑신부가 맞절하는 장소를 가리킨다. 『악부시집』「고시위초중경작古詩爲焦仲卿作」에 "그날 소와 말은 우짖고, 신부는 청려로 들어갔네[其日牛馬嘶, 新

婦入青廬]"라는 구절이 있다. 당대 단성식段成式은 『유양잡조酉陽雜俎』「예이禮異」에서 "북조의 혼례에서는 푸른 천으로 집을 만들어 문 안팎에 두고 이를 '청려'라 했다. 여기서 맞절을 했다"고 썼다.

'청'이 화염을 가리키는 경우도 있다. 고대 도가에서는 연단을 할 때 불이 순청색의 화염이 되면 성공한 것으로 보았다. 그래서 후대인들은 학문이나 기술이 완숙의 단계에 이른 것을 '노화순청爐火純靑'이라고 했다.

'청금靑衿'은 주나라 때 태학생이 입던 의복으로 역시 청색이었다. "푸르디푸른 그대의 옷깃, 아득하기만 한 내 마음[靑靑子衿, 悠悠我心]"이라는 『시경』의 구절이 이를 말해준다. 훗날 '청삼靑衫'이 독서인의 표지가 된 것도 여기서 유래한 듯하다. 물론 도사도 머리에 푸른 당건을 쓰고 계집종도 푸른 옷을 입었으나, 이건 '청'의 지위가 달라진 이후의 일이다.

세상사가 변하는 만큼 청색 복장 역시 역사적으로 많은 변화가 있어왔다. 『예기』「옥조玉藻」에서는 "군자는 여우의 푸른 갖옷에 표범의 소매를 단다"고 했다. 대부나 사士를 의미하는 군자가 청색 옷을 입는다고 했으니 당시 청색은 높은 계층의 사람들에게 상당히 환영받는 색이었음을 알 수 있다. 『예기』「월령月令」을 보면 천자가 "청의靑衣를 입고 창옥蒼玉(푸른 옥)을 착용한다"고 했다. 푸른 옷이 천자의 복색이기도 했던 것이다. 후대에는 황후도 누에가 태어날 때 청색의 옷을 입었다. 『진서晉書』에 따르면, 진 무제의 황후는 누에가 태어나려고 하면 길일을 택해 비녀 열두 개를 착용하고 청의를 입었다고 한다. 최소한 진대까지는 청색의 복장이 고귀함의 상징이었음을 알 수 있다. 그렇다면 청색의 이런 위상은 어디로부터 온 것일까? 이는 상고시대 사람들의 천제天帝에 대한 숭배와 관련이 있다. 당시 사람들은 색깔을 시공과 대응시켜 세계를 인식하고자 했다. '천제'는 다섯 방향의 오제五帝를 말한다. 동방의 청제, 남방의 적제, 서방의 백제, 북방의 흑제, 중앙의 황제가 그들이다. 고대인들은 사방과 사계절을 서로 짝하여 '청'을 봄에 돋아나는 식물의 색으로 간주했다. 그래서 청제가 봄을 주관하는 계절신이 된 것이다. 천자가 초봄에 청의를 입고 황후가 누에가 날 때 청의를 입는 것 모두 이와 관련이 있다. 봄의 신을 기쁘게 하여 축복을 바란 것이다.

그러나 후대로 가면 청색의 위상이 급격히 떨어진다. 푸른 옷이 오히려 가난과 천함의 상징이 된 것이다. 백거이의 「비파행」 중에 “좌중에서 누가 가장 눈물을 많이 흘렸는가, 강주사마의 푸른 적삼이 흠뻑 젖었구나[座中泣下誰最多, 江州司馬青衫濕]”라는 구절이 있다. 여기서 ‘푸른 적삼’이 바로 가난하고 초라한 신세를 대변한다. 청삼의 ‘삼’은 독서인의 신분임을 알려주지만, 이것이 ‘청의’로 바뀌면 계집종이나 어린 하인의 의미가 된다. 한나라 때 채옹蔡邕이 지은 「청의부青衣賦」의 ‘청의’가 바로 계집종을 가리킨다. 진대의 유총劉聰은 회제懷帝로 하여금 청의를 입고 순서대로 술을 따르게 했다고 한다. 더없이 존귀한 황제를 하인 취급하여 모욕을 준 것이다. 대략 한대부터 시작해서 수당대에 이르면 ‘청의’, ‘청상青裳(푸른 치마)’, ‘청삼’, ‘청포青袍(푸른 도포)’ 등이 모두 천한 사람의 대명사가 되고 상류사회에서는 청색의 복식을 아예 하지 않았다. 그러나 청색이 순전히 배척만 당한 것은 아니다. 문인들의 눈에 청색은 맑고 고결한 색이기도 했기 때문이다. 이백의 호 ‘청련거사青蓮居士’에도 이런 의미가 담겨 있다.

고대에 청색과 흑색은 의미상 서로 통하기도 했다. 검은 눈동자는 청안青眼이라고도 불렸다. 이는 완적阮籍의 청백안青白眼 이야기에서 온 것이다. 완적은 사마씨가 위나라 정권을 찬탈한 살벌한 시대에 입으로는 절대 왈가왈부하지 않고 오로지 눈으로만 상대에 대한 호불호를 표현했다. 그래서 자기가 존경하거나 마음에 드는 인물은 검은 눈동자로 똑바로 본 반면, 혐오하거나 마음에 들지 않는 인물에게는 흰자위만 보이며 멸시의 뜻을 전했다. 지금도 흔히 쓰는 ‘청래青睞(주목, 호의)’라는 말도 바로 이 ‘청백안’ 이야기에서 온 것이다. 이외에도 남을 똑바로 보며 존경의 뜻을 표하는 것을 ‘청

안상간青眼相看', 남에게 호의를 표하는 것을 '수청垂青'이라 한다. 또 중국인의 머리칼은 검은색인데도 대부분의 중국 문학에서는 '흑발'이라 쓰지 않고 '청사青絲'라는 단어를 썼다. 여성의 경우에는 '녹빈綠鬢'이라고도 했다. 옛사람들이 눈이나 머리칼의 색을 '흑'으로 쓰지 않은 건 검은색을 기피했기 때문일 것이다. 검은색은 상복의 색이고 '죽음'과 관련된 불길한 글자와 항상 연관되었다. 반면 '청'이나 '녹'은 생기발랄하고 젊은 이미지가 강했다.

고대에는 군영의 천막도 청색이었고 상업 지역에서도 청색을 흔히 썼다. 송대 사람들이 가게의 문 위에 내건 깃발은 대부분 청색이었다. 주점의 청기青旗가 그 예이다. 원진은 「낙천의 '중제별동루'에 화답함[和樂天重題別東樓]」이라는 시에서 "손님을 부르려 멀리서 붉은 소매 은밀히 흔들고, 주점에는 작은 청기를 높이 걸었네[喚客潛揮遠紅袖, 賣壚高掛小青旗]"라고 노래했다.

기氣를 관찰하는 사람은 무형의 푸른 기운[青氣]을 볼 수 있었다고 한다. 『진서』「원제기元帝紀」에 이런 기록이 있다. "함녕咸寧 연간에 바람이 태사太社에 불어닥쳐 나무가 꺾였는데 나뭇가지에 푸른 기운이 있었다. 점쟁이가 동완東莞에 황제가 될 자의 상서로움이 있다고 하여 동완으로 봉지를 옮기고 낭야琅邪에서 왕노릇했다." 여기서 청기는 상서로운 기운이다. 또 『월절서越絕書』에서는 "청기가 위에 있으면 계획이 아직 정해지지 않았다는 뜻이고, 청기가 오른쪽에 있으면 장수는 약하고 병사는 많다는 뜻이며, 청기가 뒤에 있으면 장수는 용맹하나 곡식은 적고 앞은 크나 뒤는 작다는 뜻이고, 청기가 왼쪽에 있으면 장수는 적고 병졸은 많으며 무기가 적어 군대가 피로하다는 뜻이며, 청기가 앞에 있으면 장수가 사나워서 군대가 반드시 온다는 뜻이다"라고 했다.

푸른색 짐승 중에 풍생수風生獸라는 것이 있다. 표범과 비슷하게 생겼다는 이 짐승에 대해 『십주기十洲記』에서는 이렇게 기록했다. "염주炎洲는 남해에 있다. 땅은 사방 2천 리이고 육지에서 9만 리 떨어져 있다. 섬 위에 풍생수가 있는데 모양은 표범 같고 색은 푸르며 크기는 살쾡이만 하다. 그물로 그것을 잡아다가 몇 수레의 땔감을 쌓아 불태우면 땔감이 다 타도록 불 속에 그대로 있으면서 털 하나 그을리지 않고 베고 찔러봐도 칼이 들어가지도 않는다. 가죽주머니를 때리듯 쇠망치로 수십 차례 내려치면 죽긴 하는데 입이 바람 쪽으로 향하면 금방 살아서 일어난다. 그때 돌 위의 창포 잎으로 코를 막으면 즉사한다. 뇌를 꺼내다가 국화와 함께 복용하면 다섯 근만 먹어도 5백 년의 수명을 얻을 수 있다." 『산해경』을 보면 '청전호青田壺'에 관한 전설이 있다. 청전국에서 신령스런 과실이 나는데 그 씨가 쌀이 한 말이나 들어갈 만큼 크다. 씨 안에 쌀을 넣으면 금방 술로 빚어져서 '청전호'라 불렀다고 한다.

명 영락永樂, 선덕宣德 연간의 청화자기는 섬세한 재료와 유약, 푸른색의 농염함, 다양하면서도 반듯한 조형, 우아한 무늬 등으로 유명하다. 이 자기의 착색 안료는 기본적으로 '소마리청蘇麻離青'을 수입해서 썼다. 이 청화 안료는 망간 함유량이 낮아서 청색 안의 자홍색 색조를 줄일 수 있으며, 불의 세기를 잘 조절하면 사파이어 같은 선명한 빛깔과 광택을 얻을 수 있다. 반면 철의 함유량이 높아서 청화 부분에 검은 반점이 종종 나타나곤 한다. 이렇게 자연적으로 형성된 흑반黑斑과 농염한 청람색이 기막히게 잘 어울리면 영락, 선덕 연간의 청화자기 중에서도 모방이 불가능한 성공작이라고 평가받았다.

청색 색조에는 표縹와 하늘의 푸른색 등도 포함된다. 표는 청백색이다. 당대의 이선李善은 『문선文選』에서 조식曹植의 「칠계七啓」에 "표는 녹색이면서 약간 희다"라고 주석을 달았다. 고대의 기록에 따르면, 『손자孫子』는 표색의 비단줄로 묶고 『목천자전穆天子傳』은 흰색의 비단실로 묶고 『고공기考工記』는 청색 줄로 묶었다고 한다. 사람들은 하늘의 푸른색을 늘 좋아했다.

특히 하늘을 즐겨보던 고대의 문인들은 하늘색에 대단히 민감했다. 그들의 눈에 하늘색은 높고도 원대한 색이었으며 만 리 먼 곳으로 마음껏 떠날 수 있게 해주는 색이었다. 그래서 당대 시인 관휴貫休는 「동양으로 돌아가는 노사군과 이별하며[盧使君歸東陽二首]」라는 시에서 "마음이 괴로우니 검은 귀밑머리만 빠지고, 꿈에선 걸핏하면 푸른 하늘로 들어가 기댄다네[心苦只應消鬢黑, 夢遊頻入倚天靑]"라고 썼다. 물론 하늘색은 민간에서도 환영을 받았다. '청천靑天' 은 먹구름으로 가득한 하늘과 대비되어 정의, 고결함 등의 함의를 가졌다. 포공包公을 포청천으로, 황종況鍾을 황청천으로, 해서海瑞를 해청천으로 부른 이유도 이 때문이다.

6. 남색[藍]

남색(파랑)은 빛의 삼원색 중 하나이다. 바다의 색깔로서 생명에 독특한 양식을 부여하여 서양 문명은 흔히 남색문명이라 불렸다. 남색은 하늘의 색이기도 하다. 남색에는 냉정, 심원함, 투명, 명랑, 상쾌함, 평화, 지혜, 고요함, 이성, 안정, 차가움, 처량함 등의 다양한 느낌이 있다. 고대 이집트에서 남색은 하늘의 신 아몬과 관련이 있다. 남색의 가장 대표적인 상징 의미는 정신과 지력이다. 남색의 차가움은 사람들에게 깊은 사고에 들도록 한다. 남색은 색상환에서 유일하게 차가운 계열의 색으로 불리며 따뜻한 계열의 홍색과 선명한 대비를 이룬다. 홍색은 물질적인 반면 남색은 정신적이다. 남색은 소통과 교류의 색이자 가장 낭만적이고 가장 변화무쌍한 색이다.

사료에 따르면 2,500년 전에 아시아에서는 천초茜草와 전람靛藍으로 염료를 만들었다고 한다. 남藍은 본래 '요람蓼藍'이라는 이름의 식물이다. 그래서 '藍' 자의 머리에 '++'를 얹은 것이다. 고대인들은 바로 이 식물에서 남색과 청색의 의미를 끄집어냈다. 남과 청은 매우 가까운 색이다. 청이 곧 남에서 나온 것이며 두 색은 색의 단계에서 미세한 차이가 있을 뿐이다. 그래서 옛사람들은 '청' 자를 쓸 곳에 '남' 자를 대신 쓰고 그 반대로 쓰기도 했다. '청천靑天'을 '남천'으로도 부르는 것이 그 예이다. 앞서 언급했듯이 고대의 태학생들은 '청금', 즉 푸른색의 긴 적삼을 입었다. 그런데 이 푸른 적삼을 옛사람들은 남포藍袍로도 불렀다. 당대 시인 제기齊己는 「교서 최정화와 더불어 회포를 말함[與崔校書靜話言懷]」이라는 시에서 "같은 해에 함통리咸通里에서 태어나, 부처를 섬기고 유생이 되어 그 뜻이 참으로 높았네. 내 본성은 이미 승복을 달갑게 걸치게 되었으나, 자네의 마음은 오히려 남포 벗기를 기다리는군[同年生在咸通里, 事佛爲儒趣盡高. 我性已甘披祖衲, 君心猶待脫藍袍]"이라고 술회했다. 청대의 예복에는 남령藍翎이라는 일종의 장식이 있었다. 모자 뒤에 꽂는 장식으로 갈조鶡鳥라는 새의 남색 깃털로 만들었다. 처음에는 지위가 낮으면서 공을 세운 관리에게 주는 상이었으나 나중에는 돈만 주면 살 수 있는 물건이 되었다. 고대인들은 흔히 녹, 청, 남 세 가지 색을 함께 연관시키곤 했다. 셋이 모두 가까운 색이기 때문이다. 그래서 백거이는 "해 뜨는 강가의 꽃은 불처럼 붉고, 봄이 찾아온 강물은 쪽빛처럼 푸르구나[日出江花紅似花, 春來江水綠如藍]"라고 노래했다.

남전옥藍田玉이라는 유명한 옥이 있다. 남전은 섬서성 서안 동쪽의 현 이름이다. 오래전 진나라 때 이미 설치된 이 현은 옥석의 산지로 이름을 날렸다. 그래서 한대 이후에는 "남전생옥藍田生玉(남전에서 옥이 나다)"이라는 말로 명문가에서 현명한 자제가 배출되었음을 비유하곤 했다. 『삼국지三國志』 「제갈각전諸葛恪傳」의 배송지裴松之 주석을 보면 손권이 "남전에서 옥이 난다는 말이 진실로 거짓이 아니로구나"라며 제갈각을 칭찬한다. 또 "남전의 시내는 물에 남색의 기운이 많다"는 말도 있는데, 이 역시 물속에 아름다운 옥이 있어서 햇빛이 물에 비치면 있는 듯 없는 듯 남색의 옅은 연무가 은은히 피어나기 때문일 것이다. 그래서 옛사람들은 "물이 구슬을 품어 시내가 아름답고, 돌이 옥을 감추고 있어 빛을 발한다"고 했다. 또 이상은은 「금슬錦瑟」이라는 시에서 "남전의 햇볕은 따스하고 옥에선 연기가 이는구나[藍田日暖玉生煙]"라고 했다.

남색은 도자기, 염색 등의 분야에서도 자신만의 독특한 매력을 발산해 왔다. 수당대에는 남색을 가미해서 도자기를 구워 채색 유리기와를 만들어 냈다. 『태평광기』 권15 「신선감우전神仙感遇傳」을 보면, 남북조 때 왕기王基라는 사람이 왕옥산王屋山 동북쪽의 도관으로 가서 안쪽을 보니 "엄정하면서도 화려한 누대와 전각은 모두 금옥으로 장식되었고, 맑고 깨끗한 땅은 전부 푸른 유리였다"는 기록이 있다. 제람霽藍은 코발트를 재료로 한 고온의 석회 알칼리 유약이다. 특히 선덕宣德의 제람은 사파이어 빛깔에 윤기가 흘러넘쳐 독보적인 위치를 점했다. 명대의 저온 단색 유약 중에 가장 훌륭한 성과는 바로 명 성화成化 연간의 공작록孔雀綠(법취法翠)과 홍치 연간의 황유黃釉였다. 공작록은 구리를 착색제로 만든 채색 유약이다. 이 유약을 고온 응고하는 기술은 성화 연간에 시작되었으나, 이 공작록을 입힌 기물이 대량 생산된 것은 명 정덕正德 때이다. 비취처럼 푸르고 우아한 느낌을 주는 이 유약의 빛깔이 공작의 깃털과 흡사하여 공작록이라 부른 것이다.

남인화포藍印花布(꽃무늬를 넣은 남색 천)는 중국의 전통 염색 공예품 중 하나로 제작 공정이 상당히 복잡하다. 일단 기름종이를 새겨서 화판을 만들어 흰 천에 덮어씌운다. 그런 다음 석회와 콩가루 따위를 배합해 만든 방염 풀을 꽃무늬 사이 빈 곳에 찍어 햇볕에 말리고, 다시 남색 염료로 염색해서 햇볕에 말리는 과정을 여러 차례 반복한다. 남인화포는 보통 휘장, 이불보, 앞치마 등에 사용되며 옷감으로 사용되기도 한다. 명청대에는 남인화포가 민간에서 크게 유행했다. 남색 바탕에 흰 꽃무늬와 흰 바탕에 남색 꽃무늬 두 가지가 주된 양식이었다. 중국 일부 농촌 지역에서는 지금까지도 이 수공 기술을 보존하고 있다.

명대에는 염료 작물의 재배와 염색 공예가 큰 발전을 이루었다. 그래서 명대의 과학자 송응성宋應星도 "다섯 가지 쪽(다람茶藍, 요람蓼藍, 마람馬藍, 오람吳藍, 현람莧藍) 모두를 남색 염료로 쓸 수 있다"고 말했다. 당시 남초는 광범위한 지역에서 재배되었지만 그중에서도 복건이 생산량과 품질 모두에서 최고였다. 기록에 따르면, 민閩(복건) 사람들은 산에 심는 것이 온통 다람이었으며 그 수는 다른 쪽들의 몇 배나 되었다. 산중에서 대바구니를 짜서 배로 옮겨 사방으로 가서 팔았으며 사람들은 이것을 '복건청福建靑'이라 불렀다. 다음으로 유명한 곳은 강서의 공주贛州였다. 서북 지방의 큰 상인들이 1년에 한 번씩 와서 쪽으로 만든 염료를 배로 싣고 갔다. 공주 사람들은 이것으로 상당한 소득을 챙겼다. 이외에도 안휘 태평부太平府와 절강 귀안歸安 등이 남색 염료의 산지로 이름을 날렸으며, 명 홍무洪武 때는 의진儀眞, 육합六合 등지에 관방 염료 공급처인 남전소藍靛所를 두었다.

남색은 많은 민족들이 아끼는 색이다. 특히 장족壯族은 남색을 아주 좋아하며, 만주족, 회족, 묘족, 몽고족이 좋아하는 색깔 중에도 남색이 들어 있다. 서양에서 남색은 남성의 색으로 인식된다. 그래서 남자아이가 태어나면 남색 옷을 입히고 남색 물건을 쓰게 한다. 반대로 여자아이를 대표하는 색은 분홍이다.

7. 자색[紫]

자색(자주색)은 남색과 홍색을 더해서 만든 색이다. 자색에는 고귀함, 상서로움, 신비, 원대함, 장중함, 화려함 등의 의미가 들어 있다. 노을에 반사되어 자색을 띠는 높은 하늘을 '자허紫虛' 혹은 '자명紫冥'이라 부른다. 조식은 「유선시遊仙詩」에서 "여섯 날개를 힘차게 떨치려, 안개를 밀어내고 자허로 솟아오르네[意欲奮六翮, 排霧凌紫虛]"라고 노래했고, 이백은 「여러 공들과 형양으로 돌아가려는 진랑을 함께 전송하며[與諸公送陳郎將歸衡陽]」라는 시에서 "형산은 푸르디푸르러 자명으로 들어가고, 아래로 남극의 노인성을 보는구나[衡山蒼蒼入紫冥, 下看南極老人星]"라고 했다. 북경의 고궁은 자금성紫禁城으로도 불린다. 고대인들은 자미성紫微星을 황제의 거처로 여겨 황궁을 '자금궁'이라 불렀다. 그래서 수도 변두리의 도로 역시 '자맥紫陌'이라는 이름이 붙었다. 당대 시인 유우석劉禹錫은 「원화 10년에 꽃을 보는 여러 군자들에게 재미로 보냄[元和十年戲贈看花諸君子]」에서 "자맥의 붉은 먼지 얼굴에 끼쳐 오고, 한마디 거들지 않는 이 없이 꽃을 보고 돌아오네[紫陌紅塵拂面來, 無人不道看花回]"라고 노래했다.

자기紫氣는 일종의 신비로운 기체로 보물이나 신성한 물건에서 나오는 상서로운 기운을 말한다. 『진서晉書』「장화전張華傳」에는 "오가 아직 망하지 않았을 때 두우斗牛 사이에 항상 자기가 있었다"는 기록이 있다. 이에 대해 남북조의 뇌차종雷次宗은 『예장기豫章記』에서 좀 더 자세히 말했다. "오가 아직 망하지 않았을 때 견우성과 남두성 사이에 항상 자기가 있었다. 장화張華가 천문에 밝다는 뇌공장雷孔章에게 물으니 이렇게 답한다. '견우성과 남두성 사이에 기이한 기운이 있으면 이것은 바로 보물입니다. 정기가 예장 풍성에 있습니다.' 장화는 곧 공장을 풍성령으로 삼는다. 고을로 가서 2길 깊이로 땅을 파자 8자 크기의 옥갑이 나왔다. 열어보니 검 두 자루가 있었다. 그날 밤 견우성과 남두성은 모습을 감추었다."

그러나 자기가 처음부터 사람들의 환영을 받은 건 아니다. 왜냐하면 자색은 치우친 색, 부정不正의 색이고 주朱가 대홍大紅, 즉 정색正色이었기 때문이다. 공자는 "자주색이 붉은색을 빼앗는 것이 밉고, 정鄭나라의 소리가 아악을 문란하게 하는 것이 밉고, 말재주로 나라와 집안을 뒤엎어 버리는 것이 밉다"고 했다. 『맹자』「진심장구하盡心章句下」에서는 이에 대한 설명을 더했다. "사이비를 미워하는 것이다. 강아지풀을 미워함은 그것이 벼의 싹을 어지럽힐까 걱정되기 때문이고, 아첨을 미워함은 그것이 의義를 어지럽힐까 걱정되기 때문이며, 말만 번지르르한 것을 미워함은 그것이 신의를 어지럽힐까 걱정되기 때문이고, 정나라의 소리를 미워함은 그것이 음악을 어지럽힐까 걱정되기 때문이며, 자색을 미워함은 그것이 주색朱色을 어지럽힐까 걱정되기 때문이고, 향원鄕原(마을의 인정에 영합하여 군자인 척하는 위선자)을 미워함은 그것이 덕을 어지럽힐까 걱정되기 때문이다." 공자와 맹자 시대는 자색이 확실히 부정한 색이었음을 알 수 있다. 자색 옷차림은 주례周禮의 전통에 어긋난다. 『논어』「향당鄕黨」에서는 "군자는 감색이나 검붉은 색으로 옷 장식을 하지 않고, 홍색이나 자색으로 평상복을 만들지 않는다"고 했다. 유가의 관념에서 자색, 감색, 검붉은 색, 홍색은 대아지당大雅之堂에 오를 수 없을뿐더러 평상복으로도 만들어선 안 되는 것이었다. 순색을 숭상하고 잡색을 싫어하는데다 홍색과 자색이 피를 연상시킬 수 있기 때문에 이런 색들이 고대에 배척을 받는 건 당연했다. 이렇듯 '주자朱紫'는 그 자체가 옳고 그름, 바름과 어긋남을 비유하는 색이었다.

그러나 세월이 흐르면서 자색은 오히려 권위있고 귀한 자의 대명사로서 의미에 큰 변화가 온다. 진나라의 승상은 금색 도장과 자색 인끈을 받았다.

백거이는 『진중음秦中吟』「가오歌午」에서 "눈 속에서 조정을 나오는 이들, 주색과 자색으로 모두가 공후들이구나[雪中退朝者, 朱紫盡公侯]"라고 했다. 이외에도 자색 도포와 금색 허리띠 등도 모두 고관을 대신 부르는 말이었다. 당대가 되면 자색 복식의 위치가 '주색'을 초월한다. 『신당서』의 기록에 따르면, 자색은 3품 이상의 관복 색인 반면 주색은 3품 이하 5품 이상의 관복 색이었다. 송대의 관복 규정 역시 당대와 같았다. 신종 때는 9품 18급으로 직제가 바뀌어 관복의 색깔 역시 4품 이상은 자색, 6품 이상은 비緋색, 9품 이상은 녹색으로 바뀌었다.

사실 자색 의복은 전국시대 때도 이미 유행했다. 『한비자』「외저설外儲說」에 관련 기록이 있다. 제 환공이 자색 옷을 좋아하자 나라 사람들이 모두 자색 옷을 입었다. 이를 걱정한 환공이 관중에게 말했다. "과인이 자색 옷을 좋아하여 자색이 지나치게 비싸졌소. 나라 안 백성들이 여전히 자색 옷만 찾으니 어찌하면 좋겠소?" 관중이 답했다. "폐하께서 입지 않으시면 되지 않겠습니까? 그리고 좌우 신료들에게는 자색의 냄새를 매우 싫어한다고 말씀하십시오." 이에 환공은 자색 옷을 입은 신료가 다가와 말을 올리려 하면 꼭 이렇게 반응했다. "좀 물러나시오. 나는 자색 냄새가 무척 싫소." 이날 조정에서는 아무도 자색 옷을 입지 않았고, 다음날에는 나라 안에서 아무도 자색 옷을 입지 않았으며, 그 다음날에는 국경 지역까지 아무도 자색 옷을 입지 않았다. 이렇듯 당시 사람들이 자색 옷에 푹 빠진 것은 황제에게 잘 보이기 위함일 뿐이었다.

도가에서는 자색을 숭상하여 선인들은 자색 도포를 입는다. 고궁박물원에 소장된 임인발任仁發(원대의 학자, 수리 전문가이자 화가. 인물과 말 그림에 능함)의 「장과견명황도張果見明皇圖」는 8선仙 중 한 명인 장과로張果老가 당 현종을 뵙고 법술을 부리는 장면을 그린 것이다. 그림에서 장과로는 자색 도포에 높은 관을 쓰고 학처럼 깡마른 모습이다. 현종은 황색 도포에 관을 쓰고 고귀한 분위기를 풍기고 있다. 불교에서 자색 가사는 득도한 고승의 복식이었다. 누구든 쉽게 입는 옷이 아니었던 것이다. 북송 신종神宗 때는 가난으로 장례를 치를 수 없는 사람들의 관을 국가에서 나서 사찰에 맡겼다가 황무지를 주며 대신 안장해 주도록 했다. 3천 명을 안장하는 사람은 머리를 깎고 승려가 될 수 있었으며, 연속으로 3년 이상을 안장하면 자색 가사와 사호師號(조정에서 덕이 높은 고승에게 주는 칭호. 대사大師, 국사國師, 선사禪師 등)를 주었다.

진한 대에는 자색을 하늘의 색으로 여겼다. 자궁紫穹, 자주紫宙, 자소紫宵, 자허紫虛, 자명紫冥이 모두 하늘을 가리키는 말이었다. 그리고 신선과 천제가 사는 곳은 자부紫府, 자방紫房, 자궁紫宮, 자청紫淸이라 하고, 천상의 구름과 연기는 자운紫雲과 자기紫氣라 했으며, 자신紫宸, 자정紫庭, 자금紫禁, 자원紫垣, 자궐紫闕, 자미紫微는 황제의 거처 혹은 황제의 지위를 가리켰다. 진시황은 함양 부근에 함곡관函谷關 동쪽 나라들의 궁전 양식을 모방하여 수많은 궁전들을 지었다. 뿐만 아니라 위수渭水 남쪽에 거대하고 화려한 아방궁까지 지었다. 함양궁의 배치는 천상의 자미궁을 그대로 따랐다고 하니 그야말로 인간세상에 사는 천제의 거처이자 천하통일의 상징이었다. 장안에는 자신전紫宸殿이 있고, 북경에는 자금성이 있다. 이처럼 제왕의 거처를 '자'로 이름 지은 것은 결코 우연이 아니다.

진한 이후에는 자색이 황실과 고관대작들이 좋아하는 장식의 색이 되었다. 『수서隋書』「여복지輿服志」에서는 "여러 장군과 시종의 복장은 자색 적삼에 몸의 앞뒤를 덮은 갑옷을 금 거북껍질로 장식했다"고 했다. 당대 시인 호유정胡幽貞은 「제서시완사석題西施浣紗石」에서 "하루아침에 자궁으로 들어와 만고에 아름다운 향기 남겼네. 지금도 시냇가 꽃들은, 푸른 봄날에도 감히 어여쁨을 뽐내지 못하네[一朝入紫宮, 萬古遺芳塵. 至今溪邊花, 不敢嬌青春]"라고 노래했다. 윗사람들이 좋아하니 아랫사람들 사이에서도 자색이 유행했다.

고대 악부 「맥상상陌上桑」에는 "연노랑 비단으로 치마를 만들고, 자색 비단으로 저고리를 지었네[緗綺爲下裳, 紫綺爲上襦]"라는 구절이 있다. 남조 시인 포조鮑照는 「대회남왕代淮南王」에서 "자방의 궁녀가 밝은 귀고리 만지작거리며, 난새 노래와 봉황 춤으로 임의 애간장 끊어놓네[紫房彩女弄明璫, 鸞歌鳳舞斷君腸]"라고 노래했다.

자색의 유행은 민간 전통 공예의 번영을 촉진시켰다. 강소 율수현溧水縣 신선동神仙洞의 신석기시대 동굴에서는 길이 2.5센티미터, 폭 1.8센티미터, 두께 0.5센티미터의 도기 조각과 그보다 더 작은 조각 하나가 발견되었다. 현미경으로 관찰해 보니 도기 조각의 재료는 미세한 모래가 섞인 보통의 진흙이었다. 표면에는 제작 과정 중 손가락으로 표면을 평평하게 문지를 때 생긴 무늬가 있었다. 조각의 한쪽 면은 흑갈색에 검은 재 알갱이가 그 사이에 퍼져 있었고 가운데 자홍색 층이 끼어 있었다. 당삼채는 단순히 세 가지 색으로만 이해해서는 안 된다. 사실 그보다 더 많거나 더 적기도 하기 때문이다. 불에 구워 완성한 당삼채는 알록달록한 유약과 밝은 광택, 그리고 자색을 비롯한 각종 색채로 아름다움을 뽐낸다. 남송과 북송 때는 단색 칠기가 유행했다. 대야, 접시, 대접, 합盒 등의 칠기는 순흑색이 가장 많고 자색이 그다음, 주홍색이 그다음이었으며, 간혹 안과 밖의 색이 다른 것도 있었다. 하지만 아무런 무늬나 장식도 넣지 않은 점은 공통적이었다. 청대의 오색 자기는 강희 때에 예술성이 최고에 달했다. 이 자기의 그림에 사용된 색채는 홍, 녹, 자赭(적갈색), 자紫 위주였다. 명청대의 칠기 중 단색 칠기는 자색이 대단히 많았다. 대대로 전해진 단색 칠기는 흑색이 가장 많고, 주색과 자색이 그다음이며, 황, 녹, 갈색 등은 적은 편이다. 물론 주칠과 자칠 등도 서로 다른 색으로 더 세분할 수 있다. 척서剔犀(기물을 두세 가지 색으로 두껍게 칠한 다음 칼로 무늬를 새겨 넣는 방법)의 기법은 척홍剔紅(기물을 붉은색으로 수십 겹 칠한 다음 무늬를 새겨 넣는 방법)과 마찬가지로 원말명초에 최고 수준에 달했으며, 이후 명청대를 거쳐 근대까지도 명맥을 유지해 왔다. 척서 기법에서 표면에 칠한 색은 흑, 자, 주 3색을 벗어나지 않는다.

자색과 홍색은 꽃을 대신 가리키는 말로 늘 쓰였다. 온갖 꽃이 만발하여 울긋불긋하다는 의미인 '만자천홍萬紫千紅'이 대표적인 예이다. 또 꽃이 여성에 비유되듯 자색 역시 항상 여성과 관계되는 말로 쓰였다. 예를 들어 '자방紫房'은 일반적으로 여자의 방을 가리킨다. 한위시대에는 호선狐仙(신선이나 사람으로 변한 여우)을 '아자阿紫'로 부르는 경우가 많았는데 이 역시 여성을 가리킨다. 명대 희곡작가 탕현조湯顯祖의 '임천사몽臨川四夢'* 중 『자차기紫釵記』라는 작품이 있다. 여기서 '자차'가 바로 여성을 대신 가리키는 말이다.

외국에서 자색을 보는 관점은 어느 정도 차이가 있다. 영어에서 바이올렛(Violet) 색은 전통적으로 영성을 대표하며 제수용품을 만드는 피와 관련이 있다. 예배의식 때 쓰는 자색의 바이올렛은 참회, 속죄, 명상 등의 의미를 갖는다. 이 자색 바이올렛은 남색과 홍색을 섞은 색이므로 지혜와 사랑을 동시에 대표하기도 한다. 예수의 수난을 표현한 그림들을 보면 모두 바이올렛 색 망토를 걸치고 있다. 바이올렛 색은 자홍색과 비슷하며 고대 유럽에서는 군주와 부자들이 이 색의 옷을 즐겨 입었다. 라틴어 Roccella와 스페인어 Orchilla는 자홍색 염료를 가리키며, 이 염료는 주로 카나리아 제도에서 생산된다.

자색은 차가운 색에 속하는 아주 깊은 색이다. 색채 전문가에 따르면, 사람들은 나이에 따라 색깔에 대한 기호가 달라진다고 한다. 나이가 들수록 좋아하는 색깔은 따뜻한 색에서 차가운 색으로 바뀐다. 그래서 자색을 좋아하는 사람을 보면 대부분 연령대가 높다. 또 이지적이고 절제를 잘하고 침착한 사람들도 자색을 좋아한다. 고대 로마에서 자색은 지혜가 풍부한 철학자의 복색이었다.

*임천사몽臨川四夢: 임천 출신 탕현조의 꿈과 관련된 대표 희곡 『자차기』, 『목단정牧丹亭』, 『남가기南柯記』, 『한단기邯鄲記』 네 편을 가리킨다

8. 백색[白]

중국 문화에서 백색은 일반적으로 정절과 순결을 상징한다. 백색은 일곱 가지 빛이 모두 반사되어 나오는 색으로서 사람들에게 고요, 청결, 빛, 담백함, 휴식, 평온, 무미, 맑은 향 등의 느낌을 준다. 허신은 『설문해자』에서 백색을 '서쪽의 색'이라고 했다. 이는 한대의 오행설을 반영한 해석이다. 태극도에서 양의兩儀의 색은 양흑陽黑과 음백陰白이다. 태극도의 'S' 곡선에서 좌측은 백색, 우측은 흑색인 것이다. 오행의 색 중에서는 금이 백색이다. 오색의 토에서 서쪽이 백토이고, 오방의 색에서 서쪽이 백색이다. 청나라 때 주준성朱駿聲은 『설문통훈정성說文通訓定聲』에서 장기蔣驥의 말을 인용하여 "(백白 자는) '일日'에서 온 것이다. 위쪽은 해가 아직 나오지 않을 때 처음 생기는 희미한 빛을 본딴 것이다"라고 했다. 백색은 가을의 색이라고도 한다. 『이아爾雅』「석천釋天」에서 "가을은 백장白藏이다"라고 했다. 가을은 또 '백상白商'이라고도 했다. 장협張協은 『칠명七命』에서 "백상과 소절素節이 되면 추위를 대비한 옷을 지어 입는다"고 했다('소절' 역시 가을철을 가리키는 말이다). 사방을 지키는 신수神獸 중에서 서쪽을 지키는 짐승이 바로 백호白虎이다. 『예기』「곡례상曲禮上」에서는 "행군할 때 앞에는 주작, 뒤에는 현무, 왼쪽에는 청룡, 오른쪽에는 백호"의 깃발을 든다고 했다. 곽말약은 『금문총고金文叢考』에서 백이 엄지손가락의 의미라고 했다. 이것이 백중세伯仲勢의 백伯으로 의미가 확장되고 백색의 백은 그것의 가차자라는 것이다. '白' 편방을 쓰는 글자는 모두 백색의 의미가 있다. 예를 들어 '석皙'은 피부색이 깨끗하고 하얀 것을 말한다. '교皎' 자에 대해 『설문해자』에서는 "달이 하얀 것이다"고 했으며, '애皚'는 "서리나 눈이 하얀 것이다"

라고 했다.

고대에는 '소素'가 흰색을 가리키는 말로 대신 쓰였는데 이는 염색 기술이 발전한 이후의 일이다. '소'는 곧 소견素絹(하얀 명주)을 뜻하며 '소견'에는 '화려하지 않은 질박함'의 의미가 들어 있다. 『노자』에서는 "흰 명주의 소박함을 드러내고 통나무의 질박함을 품에 안는다[見素抱樸]"고 했다. 그리고 『논어』「팔일八佾」을 보면 자하가 "'보조개가 들어간 웃는 얼굴은 얼마나 어여쁜가. 새까만 눈동자는 얼마나 아름다운가. 흰 비단에 꽃 그림을 그리네'라는 말은 무엇을 이름입니까?"라고 공자에게 묻는다. 그러자 공자는 "먼저 흰 바탕이 있은 다음에 꽃 그림을 그리는 것이다"라고 답한다. 사람도 아름다운 바탕이 있어야 거기에 꾸밈을 더할 수 있다는 말이다. 상商나라 사람들은 백색을 무척 좋아했다. 그래서 상대를 '백색의 시대'라고도 한다. 백색은 서리와 눈의 색이기도 하여 '깨끗함'의 의미를 갖게 되었으며, 여기서 나아가 광명, 현명함, 밝음, 맑고 바름 등의 품격과 관련된 의미로도 확장되었다. 『순자』「영욕榮辱」에서는 "몸은 죽어도 이름은 백白이 가득하다"고 했다. 여기서 '백'은 곧 밝게 빛난다는 의미이다.

백색의 상징원은 백색 자신의 색원체와 관련이 있다. 예를 들어 백색은 백운白雲, 백설, 백화, 백옥의 색과 연관되며 그렇기 때문에 순결, 순정, 소박하고 우아함, 맑고 밝음 등의 의미를 갖게 되었다. 옛 시에서도 '백'을 포함한 단어들을 흔히 볼 수 있다. 백마, 백구白駒, 백석, 백일, 백호, 백치白雉, 백모白茅, 백로, 백수白首, 백골, 백사白沙, 백제白帝, 백적白狄, 백학, 백설, 백운, 백견白絹, 월백月白, 백로 등이 그 예이다. 『시경』에는 "잔잔한 물결 속에 흰 돌이 씻겨 깨끗하여라[揚之水, 白石鑿鑿]", "갈대는 짙푸르게 우거지고 흰 이슬은 서리가 되었네[蒹葭蒼蒼, 白露爲霜]" 등의 시구가 있다. 또 『초사』에서는 "푸른 구름저고리에 하얀 무지개치마 입고, 긴 화살 들어 천랑 별을 쏘네[青雲衣兮白霓裳, 擧長矢兮射天狼]"라고 노래했다.

백은 서리와 눈의 색이기도 하고 햇빛이 밝게 빛나는 모양이기도 하다. 그래서 낮을 의미하는 말로 '백천白天'이나 '백주白晝'를 쓰는 것이다. 한여름의 태양이 강하고 눈부시게 내리쬐는 모습에서 의미를 따와 어떤 일이나 감정이 최고조에 이른 상태를 흔히 '백열화白熱化'라고 한다. 또 어떤 일이 훤히 드러난다는 의미의 '진상대백眞相大白' 역시 한낮에 모든 사물이 분명하게 보이는 것에서 온 말이다. 여기서 나아가 어떤 문제를 시원하게 밝히거나 명확히 알린다는 의미로 '표백表白', '변백辨白', '고백告白' 등의 말이 쓰이게 되었고, 희곡에서도 말만 하고 창을 하지 않는 것을 '독백獨白', '대백對白'이라 부르게 되었다.

백은 죽음과 불행을 상징하는 색이기도 하다. 『주례』「춘관春官」'보장씨保章氏'에 대한 주석에서 정사농鄭司農(한나라 때의 경학가로 본명은 정중鄭衆이다)은 "청색은 병충해, 백색은 죽음, 적색은 전쟁의 재앙, 흑색은 홍수, 황색은 풍년"이라고 했다. 그래서 고대 사람들은 백색을 장례의 색으로 여겼으며 흉사 때 쓰는 흰색 거마를 소거백마素車白馬(흰 수레와 흰 말)라 불렀다. 『시자尸子』에서는 "은나라 탕왕은 가뭄을 해소하기 위해 소거백마를 타고 몸에 흰 띳집을 둘러 몸을 희생으로 바쳤다"고 했다. 나중에 이 소거백마는 영구를 묘지로 보낸다는 의미로 쓰이게 되었다. 호의縞衣는 하얀 명주로 지은 상복으로 "발인 날에는 관리들로 하여금 호의를 입고 국문 밖에서 영구를 전송토록 했다"(『태평광기』 권26「엽법선葉法善」). 그래서 지금도 '백사白事'는 장례를 가리키는 말로만 쓰인다. 고대 중국에서 평민은 흰색의 포의布衣(무명옷)를 입었다. 그래서 공명이 없는 사람을 흔히 포의라 불렀다. 『사기』「유림열전서」에서는 "공손홍公孫弘이 『춘추』를 지어 백의白衣가 천자의 삼공이 되었다"고 했다. 나중에 '백의'는 관부에서 일하는 사람으로 의미가 확장되었다.

중국인은 본래 백색을 기피하지 않았다. 송대 정대창程大昌은 『연번로演繁

露』에서 "『수지隋志』에 따르면 송과 제나라의 천자는 공무 외의 활동 때 흰색의 높은 모자를 썼다"고 말했다. 수나라 때는 흰색의 겹옷이 경사스러운 일과 불행한 일에 함께 쓰였으며 국자감의 학생은 흰색의 비단 두건을 썼다. 진나라 때는 흰색의 접리接䍦를 썼다. 두빈竇蘋의 『주보酒譜』에 따르면 '접리'는 두건을 가리킨다. 남제南齊 때 환숭조桓崇祖는 수춘壽春을 맡아 지키면서 백사모白紗帽(하얀 깁으로 만든 모자)를 쓰고 가마를 타고 성에 올랐다고 한다. 지금 사람들은 이상하게 생각할지 모르지만 당시에는 이처럼 흰색을 꺼리지 않았다. 악부 「백저가白紵歌」에서는 "바탕이 가벼운 구름 같고 색깔은 은 같아, 도포를 짓고 나머지는 두건을 만든다네[質如輕雲色如銀, 制以爲袍餘作巾]"라고 노래했다. 요즘 사람들은 백저(흰 모시)로 옷을 만들진 않을 것이다. 『당육전唐六典』에 따르면 천자는 백사모를 쓰고 치마, 저고리, 버선 등도 모두 흰색을 썼으며, 이 복장으로 조정에 나가 정사를 돌보고 빈객을 접견하고 행차에 나섰다. 하지만 그 아래의 주석에는 '오사모烏紗帽(검은 깁으로 만든 모자)'를 쓰기도 했다는 기록이 있다.

흰옷에는 특수한 함의가 담겨 있다. 당대의 진사시 때는 과거에 응시한 서생들 모두가 습관적으로 흰색 삼베로 만든 도포와 저고리를 입었다. 그래서 사람들은 시험에 합격한 진사를 '백의경상白衣卿相'이나 '일품백삼一品白衫'이라 부르며 칭찬했다. 이는 결국 흰색의 깨끗함, 현명함, 맑고 바름 등의 상징적 의미에서 온 것이다. 그런데 고대에는 덕이 높고 품행이 올바르면서도 관직에 오르지 못한 사람을 '소왕素王'이라 했다. 유가에서도 공자를 항상 '소왕'이라 부른다. 아주 오랜 옛날에는 현명한 왕도 소왕이라 불렀다. 『사기』「은殷본기」에서는 "소왕은 태고의 상황上皇이다. 그 도가 질박하고 꾸밈이 없어 소왕이라 부른다"고 했다. 당송대에는 아직 관리가 되지 않은 진사를 '백의공경'이라 부르고, 벼슬길에 들지 않은 지식인 혹은 평민을 '백토白土', '백정白丁', '백의한사白衣寒士' 등으로 불렀다. 재야의 현인은 백구白駒(흰 준마)에 비유되었다. 위魏의 곽하주郭遐周는 「증혜강贈嵇康」이라는 시에서 "낭떠러지 동굴에는 전설이 숨어 있고, 차가운 골짜기는 흰 준마를 받아들이네[巖穴隱傳說, 寒谷納白駒]"라고 했다.

중국은 도자기의 나라이다. 사람들이 백색의 순결함을 좋아하여 백자 공예 역시 역대로 많은 발전을 거듭했다. 북방의 자기 공예에서 가장 뛰어난 성과는 백자를 구워서 완성했다는 것이다. 하남 안양安陽의 북제시대 범수范粹의 묘에서는 공기, 잔, 귀가 셋 달린 항아리 등의 백자가 출토되었다. 하북 내구內丘의 형요邢窯 유적에서도 북조의 백자가 발견되었다. 당대의 자기와 관련해서는 소위 '남청북백南青北白'의 설이 있었다. 즉, 남쪽은 주로 청자를 생산하고 북쪽에서는 백자를 주로 생산한다는 말이다. 고고학의 발굴에 따르면, 초당初唐의 묘에서 출토된 백자는 유약에 옅은 푸른색이 보이지만 성당盛唐 이후 백자의 유약은 순정한 색으로 바뀌었다. 당대 백자 생산의 중심지는 하북의 형요였다. 형요의 자기는 섬세하고 깨끗한 바탕에 희고 윤기가 흐르는 유약을 발랐으며 종류도 대단히 다양했다.

모든 색이 다 사라진 후나 빛의 스펙트럼에서 모든 색깔이 동시에 나타날 때에만 백색이 만들어지기 때문에 서양에서는 백색이 인류가 타락하기 전 에덴동산의 천진무구함을 상징하기도 하고 속세의 모든 인간들이 추구하는 최종 목표, 즉 영혼의 정화와 잃어버린 순수함을 상징하기도 한다. 다양한 문화에서 흰색 혹은 염색하지 않은 옷은 제사의 복장으로 쓰인다. 순결과 진리를 상징하기 때문이다. 세례를 마친 기독교도는 새하얀 덧옷을 몸에 걸친다. 종말을 표현한 그림에서 정직의 영혼은 백색으로 묘사된다. 교황의 하얀 도포는 이상, 영광, 천국으로 가는 길을 상징한다. 피타고라스는 성가를 부르는 사람은 하얀 옷을 입자고 제안한 적이 있다. 흰색의 동물은 하늘의 신에게 바치는 제물로 쓰인 반면, 검은색의 동물은 저승의 신령에게 바치는 제물로 쓰였다. 성령은 하얀 비둘기로 묘사되며, 백합은 기독교에서 순결과 신성의 사랑을 상징한다. 영어에서 흰색 계열에 속하는 색으로는 상아색(Ivory), 진주색(Pearl), 은색(Silver)이 있다.

백색의 또 다른 상징은 '죽음의 창백함'과 관련이 있다. 꿈에서 백마는 항상 죽음의 생각 혹은 죽음의 경험과 관련된다. 많은 문화에서 귀신은 하얀 옷을 입거나 귀신 자체가 하얀색이다. 어둠과는 완전히 반대인 것이다. 중국어의 '백색공포' 역시 이런 의미에서 기원한다. 러시아에서 흰색은 눈과 얼음으로 덮인 대지, 죽음, 생명의 사라짐 등을 의미한다. 영어에서 흰색은 운이 좋음, 피를 흘리지 않음, 텅 빔을 의미한다. 'White Day(운 좋은 날)', 'White War(피를 흘리지 않은 전쟁)', 'White Area(특정 계획에 포함되지 않는 지역)' 등이 그 예이다. 중국어에서도 투항을 의미하는 '백기'가 비슷한 용례라고 볼 수 있다. 고대 인디언들은 흰색, 노란색, 붉은색, 검은색 조가비를 꿰어 만든 일종의 '증표'를 갖고 있었다. 그중 흰색은 평화, 강화, 투항을 의미했으며 다른 증표들은 상대에게 황금을 바친다거나 그렇지 않으면 유혈의 전쟁을 일으켜 재앙을 가져올 것임을 의미했다. 영어의 'White Face'와 중국어의 '백검白臉'은 의미가 다르다. 'White Face'는 무대 위의 어릿광대 혹은 백인 분장의 등장인물을 가리키고, '백검白臉'은 원래 경극에서 나온 말로 나쁜 사람, 악인을 의미한다. 요즘은 백색이 순결, 정신 노동자, 정부 업무 보고, 놀람과 두려움을 상징한다. 청백淸白(순결함), 백령白領(화이트칼라), 백피서白皮書(화이트페이퍼), 살백煞白(놀라서 얼굴이 창백해지다) 등의 단어가 그 예이다.

홍과 흑이 반대의 상징적 의미를 갖듯이 홍과 백 역시 상반된 의미를 갖는다. 여기서 백은 반동을 상징한다. 홍군/백군(국민당 군), 홍당/백당(반동파), 홍구/백구(국민당 통치 구역) 등에서 그 쓰임을 볼 수 있다. 홍과 백은 남녀의 관계에서도 반대의 의미를 갖는다. 시대의 도덕관념에 맞게 정상적으로 결혼을 준비하며 서로 예물을 주고받는 것을 '전홍傳紅'이라 하고 남자

측에서 여자 측에 보내는 예물을 '홍정紅定' 이라 했다. 반대로 비정상적인 남녀 관계는 백색으로 표시했다. 고대에는 이런 식으로 남녀가 모이는 곳을 '백문白門' 이라 했다. 남조의 민가 「양반아楊叛兒」에서는 "잠시 백문 앞을 나가보니, 버드나무에 까마귀가 숨겠네[暫出白門前, 楊柳可藏烏]"라고 노래했다. 하지만 백색의 반대 의미로 더 자주 쓰이는 색은 역시 흑색이다. 백은 정의, 옳음, 긍정의 의미를 가지는 반면, 흑은 악, 옳지 않음, 부정의 의미를 담고 있다. 『초사』 「회사懷沙」에서는 "이루(눈이 밝았던 고대의 인물)가 눈을 가늘게 뜨니 장님은 이를 눈이 멀었다 하고, 흰색을 바꾸어 검은색으로 여기고 위의 것을 뒤집어 아래 것으로 여긴다네[離婁微睇兮, 瞽謂之不明, 變白以爲黑兮, 倒上以爲下]"라고 했다. 또 『춘추번로』 「보위권保位權」에서는 "흑백을 분명히 한 후에야 백성들이 나아갈 바를 알게 된다"고 했고, 조식은 「증백마왕표贈白馬王彪」라는 시에서 "파리는 백과 흑을 뒤섞고, 중상과 아첨은 가까운 이를 멀리 만든다네[蒼蠅間白黑, 讒巧令親疏]"라고 했다. 청과 백의 반대 의미 역시 사실은 흑과 백의 반대 의미를 말한다. 죽림칠현 중 한 사람인 완적은 청백안青白眼으로 자기가 좋아하는 사람과 싫어하는 사람을 보았다. 허례만을 숭상하는 고관이나 귀인들에게는 눈알을 기울여 흰자위만 보여준 반면 자기가 좋아하거나 존경하는 사람에게는 푸른(검은) 눈동자를 가운데 두고 똑바로 보았다는 것이다. 그래서 훗날 '백안白眼', '청래青睞(호감, 호의)' 등의 단어가 생긴 것이다. 당대의 왕유王維는 「처사 최흥종의 숲 속 정자를 지나며[過崔處士興宗林亭]」라는 시에서 "두건 벗고 나이 든 소나무 아래 두 발 뻗고 앉아, 저 세상 사람들을 백안시한다네[科頭箕踞長松下, 白眼看他世上人]"라고 노래했다. 당대 시인 이하李賀는 흰색을 무척 좋아해서 시구에도 '백' 자를 많이 썼다. "온 산은 오직 하얀 새벽[一山唯白曉]", "9월의 광활한 들판은 하얗고[九月大野白]" 등의 구가 그 예이다. 이백 역시 시에서 흰색을 잘 썼다. "하얀 이슬 구슬로 꿰여 가을 달에 떨어지고[白露垂珠滴秋月]", "하얀 파도는 기와집 관각보다 높네[白浪高於瓦官閣]", "흰 구름 물에 비쳐 빈 성을 흔들고[白雲映水搖空城]", "백발삼천장白髮三千丈", "하얀 술 새로 익어 산중에서 돌아오네[白酒新熟山中歸]" 등에서 '백' 자는 화룡점정의 역할을 하고 있다.

불교에서는 황색과 백색을 숭상한다. 황색은 속세를 벗어난 초탈의 색으로, 백색은 성스럽고 순결한 색으로 보는 것이다. 석가모니의 어머니 마야부인은 꿈에서 보살이 흰 코끼리를 타고 온몸의 광채로 천하를 비추는 모습을 보았다고 한다. 보살은 육아백상六牙白象을 타고 마야부인의 태내로 들어왔다. 잠에서 깨어난 부인은 곧 태기를 느꼈고, 석가모니가 태어나자 궁중 연못에서는 수레 덮개만큼 큰 흰색 연꽃 한 송이가 피어났다. 석가모니는 태어나자마자 일곱 걸음을 걸었고 발이 닿는 곳마다 하얀 연꽃이 피어났다. 중국 최초의 불교 사원인 백마사白馬寺 역시 백색과 관련이 있다. 이 사원의 벽에는 백마가 불경과 불상을 등에 지고 있는 모습이 그려져 있다. 이는 인도의 두 성승聖僧을 기념하는 그림이라고 한다.

몽고족은 흰색과 숫자 9를 숭상한다. 흰색은 순결을 상징하고 9는 상서로운 숫자로 여기기 때문이다. 『몽고비사蒙古秘史』에 따르면 테무진이 태어나자 아홉 개의 버들고리로 요람을 짜고 그 안에 아홉 장의 흰 양가죽을 깔았다고 한다. 여기서 흰색은 테무진의 순결함과 고귀함을 상징한다. 몽고족은 흰색 문화와 뗄 수 없는 관계에 있다. 흰 구름, 흰 양떼, 흰 마유馬乳, 하얀 몽골포(게르), 하얀 카펫 등 어느 것 하나 없어서는 안 되는 것들이다. 몽고족은 봄을 '백절白節', 1월을 '백월白月'이라고도 부른다. 칸이든 백성이든 모두 하얀 도포를 걸치고 하얀 가죽신을 신는다. 사람들끼리는 흰색 선물을 주고받는다. 이금곽낙伊金霍洛 일대의 몽고족들은 춘절이면 집에 백마가 그려진 백기를 건다. 이 말은 불을 등에 업고 있다. 순결함과 왕성함을 동시에 상징하는 것이다.

9. 흑색[黑]

『설문해자』에서 "흑黑은 불에 그을린 색이다"라고 했다. 이에 대해 단옥재段玉裁는 오행설에 근거하여 "흑은 북방의 색이고, 북방의 신은 흑제라 불리며, 북방의 하늘은 현천玄天이라 불린다"는 주석을 달았다. 또 『여씨춘추』「유시有始」에서도 "북방을 현천이라 이른다"고 했다. '흑' 자 외에 흑색의 의미를 가진 글자로는 치緇, 조皂, 묵墨, 검黔, 현玄 등이 있다. 치는 검은 비단이다. 조는 원래 상수리인데 껍질 삶은 물로 비단을 검게 염색할 수 있다. 『옥편』「백부白部」에서 "조는 색이 검은 것이다"라고 했다. 조백은 곧 흑백을 말하고, 청홍조백이 나뉘지 않았다는 말은 시시비비가 분명치 않다는 의미이다. 묵은 안색이 어두운 것을 말한다. 『좌전』「애공哀公」 13년에서 "육식자는 얼굴에 어두운 기색이 없다"고 했다. 고대에는 묵형墨刑이라는 형벌이 있었다. 오형五刑 중에 가장 가벼운 형벌인 묵형은 범인의 얼굴에 칼로 죄명을 새긴 후 먹물을 입히는 것이다. 검은 곧 '여黎'이며 전국시대와 진나라 때는 백성들을 '검수黔首'라 불렀다. 현은 적색을 띤 흑색으로 흑과는 약간 차이가 있다. 높은 하늘의 짙푸른 색 역시 현이라 부른다. 소위 '천지현황天地玄黃'은 깊고 오묘한 도와 우주의 본체를 가리킨다. 그러나 고대에 현은 검은색을 지칭하는 말로도 널리 쓰였다. 이백은「잡시雜詩」에서 "한 번 먹으면 검은 머리로 머물고, 두 번 먹으면 홍안으로 남는다네[一食駐玄髮, 再食留紅顔]"라고 했다. 사계절의 색 중에는 현동玄冬이 있고 사방을 지키는 짐승 중에는 현무玄武가 있다. 흑색은 무거움, 깊음, 갈피를 잡지 못함, 무겁고 단단함, 실의, 걱정, 검은 연기, 석탄 등의 이미지를 연상시킨다.

상나라는 백색을 숭상했지만 주와 진나라는 흑색을 숭상했다. 『예기』

「월령」에 따르면, 주 천자는 겨울에도 "현당玄堂에 머물고", "현로玄路를 오르고", "현기玄旗를 싣고, 흑의를 입고, 현옥玄玉을 찼다". 『사기』「진시황본기」에는 "그때가 수덕水德일 때라 한 해의 시작을 바꾸어 천자를 알현하는 것도 10월 초하루부터 시작했다. 의복과 깃발에 모두 검은색을 입혔다"는 기록이 있다. 당시에는 온 나라에 검은색 옷이 유행하고 황제와 관원의 조복 역시 검은색이었다. 이렇듯 진나라 때는 검은색에 악이나 반동의 의미는 없었으며 오히려 물을 끌어다가 불을 끈다는 의미로 검은색을 썼다. 한나라 때도 황제는 여전히 검은 복장을 즐겼다. 『태평광기』 권236 「소유궁霄遊宮」에 한 성제成帝의 이야기가 나온다. 성제는 미행을 즐겼다. 그는 태액지太液池에 소유궁을 지어 기둥에 옻칠을 하고 검은색으로 얽은 천막을 깔고 기물, 복장, 수레를 모두 검은색으로 맞추었다. 또 암행을 좋아하여 등불로 비추는 것을 싫어했으며 궁중의 미녀들도 모두 검은 옷을 입게 하여 반희班姬 이하의 첩들 모두가 검은 인끈을 묶었다. 『열자列子』에는 검은 옷과 관련된 재미난 이야기가 전한다. 양주楊朱의 동생 포布가 흰옷을 입고 밖에 나갔다가 비가 와서 흰옷을 벗고 검은 옷으로 갈아입은 다음 집에 돌아왔다. 집에 있던 개가 그를 보고 짖자 양포는 화가 나서 개를 때리려 했다. 그러자 양주는 "때리지 말거라. 너도 마찬가지다. 네 개가 흰색으로 나갔다가 검은색으로 돌아오면 어찌 괴이한 생각이 들지 않겠느냐!"고 말했다고 한다. 옛날에는 하급 관리를 '조리皂吏'라 부르기도 했다. 조색이 곧 하인의 색이었기 때문이다. 이 의미는 '흑의黑衣'에서 근원한다. 전국시대에 흑의는 궁정의 시위侍衛를 대신 칭하는 말이었다. 『전국책』「조책趙策」에 보면 "흑의의 수를 보충하여 왕궁을 호위하도록 하길 바란다"는 내용이 있다.

고대에는 여덟 명이 드는 큰 가마가 있었다. 고관들이 타는 이 가마는 덮개가 모두 흑색이었다. 한대의 문관들은 대학사大學士 이하부터 3품 이상 문관까지는 은 천장에, 검은 덮개, 검은 휘장의 가마를 탔다. 도성에서는 이

가마를 네 명이 들고 도성을 벗어나면 여덟 명이 들었다. 또 4품 이하는 주석 천장, 검은 덮개, 검은 휘장의 가마를 탔으며 가마꾼은 둘이었다. 벼슬이 없는 부자 혹은 평민은 천장을 검은 기름으로 고르게 바르고 검은 휘장을 두른 민교民轎를 탔다. 민교는 두 명의 가마꾼이 드는 작은 가마였다.

고대에 흑색은 부정적 이미지가 아니었다. 현조玄鳥, 즉 검은 제비는 상나라 사람들의 토템이었다. 『시경』「상송商頌」'현조'에서는 "하늘이 현조에게 명하여 내려가 상을 낳도록 했네"라고 했다. 고대의 전적에서 현조는 현녀玄女가 되어 '구천현녀九天玄女'라 불리기도 했다. 현녀는 황제黃帝가 치우蚩尤와의 전쟁에서 이기도록 했다. 『사기』에 따르면 제곡帝嚳의 어린 왕비 중에 융씨娀氏의 딸 간적簡狄이 있었다. 춘분에 현조가 오는 날 고매高禖 신에게 제사를 지내자 현조가 알을 주었다. 간적이 그것을 삼키고 아이를 가져 계契를 낳았고, 계는 은나라의 시조가 되었다. 현조는 길조이다. 『한서』「명신주名臣奏」를 보면 승상 설선薛宣이 이런 말을 한다. "무릉茂陵에서 음식을 바치던 날 현조가 모여들어 머금고 있던 흑자색의 대두大豆를 토해내더니 전각 위를 빙빙 돌며 날았습니다. 이는 폐하께서 하늘과 더불어 끝이 없고 천하에 큰 행운이 온다는 뜻입니다." 또 『산해경山海經』에는 현사玄蛇(검은 뱀)에 대해 이렇게 썼다. "흑수 남쪽에 검은 뱀이 있는데 먼지를 먹는다. 거인의 나라에는 큰 청사靑蛇가 있는데 머리는 사각이고 먼지를 먹는다." 고대에는 검은색이 아름다움의 상징이기도 했다. '현처玄妻'는 곧 검은 미인을 가리킨다. 『좌전』에서는 "옛적에 잉씨仍氏가 딸을 낳았는데 머리가 새까맣고 매우 아름다웠으며 비춰볼 수 있을 만큼 빛이 나 현처라 이름을 지었다"고 했다.

고대인들의 검은색에 대한 애착은 전통 공예에도 그대로 반영되었다. 선사시대의 중국 도기 문화는 동서 두 계열로 나눌 수 있다. 동쪽 계열은 흑도를 대표로 하고 서쪽 계열은 채도를 대표로 하며 하남河南이 그 경계 지역이었다. 그러나 채도 문화는 서방의 문화가 동쪽으로 전해진 이후의 산물이므로 중국 고유문화를 대표하는 것은 역시 흑도라고 볼 수 있다.

회화에 '묵분오채설墨分五彩說(먹물의 농담에 따라 색채를 다섯 가지로 나눔)'이라는 것이 있다. 흑과 백은 무색 계열의 두 가지 기본색이다. 그중에서 흑색은 엄숙함, 장중함의 느낌을 주고 백색은 광명과 고요한 느낌을 준다. 흑과 백이 교묘하게 결합하면 매력있는 색채감을 연출할 수 있다. 흑색은 단순하지만 표현력이 풍부하다. 소식은 "검은 구름이 먹을 흩날렸으나 산은 가리지 않았고, 하얀 빗줄기는 구슬처럼 뛰어 어지러이 배로 들어오네[黑雲飜墨未遮山, 白雨跳珠亂入船]"라는 시구로 흑백의 강렬한 대비가 주는 매력을 표현했다. 중국화에는 채색의 산수도 있고 흑백의 산수도 있다. '묵분오채'의 기법을 쓰면 먹물의 농도를 천천히 줄여감으로써 다채로운 느낌을 화선지에 옮길 수 있다. 중국의 서법은 계백당흑計白當黑(글자의 구조와 배치에 성김과 조밀함, 허함과 실함을 함께 고려하여 획일성에서 벗어남)의 법칙을 준수한다. 흑과 백은 소박하고 담담한 아름다움을 전해준다. 하지만 흑백의 강렬한 대비가 만들어내는 예술적 정취 역시 사람들의 탄성을 자아낸다. 민간의 건축은 대부분 검은 기와에 하얀 담장이다. 이는 서로 다른 농담의 먹물이 혼연일체가 되는 중국화의 분위기와 흡사하다.

흑색에 악함의 의미가 더해진 건 육조六朝 때라고 볼 수 있다. 불교에서는 색계의 선업을 항상 '백白'으로 이름 지었다. 백업은 곧 선업, 흑업은 곧 악업이었다. 『구사론俱舍論』에서는 "모든 선하지 않은 업을 항상 '흑'이라 이름 짓는다. 본성을 오염시키기 때문이다"고 했다. 불교의 영향이 커지면서 사람들은 흑의 사악한 함의를 받아들이게 되었다.

검은 옷이 제사의 복장인 적도 있었다. 『주례』「춘관春官」'사복司服'에는 "군소 제사에 검은 면류관을 썼다"는 기록이 있다. 이에 대해 정현은 "면류관을 쓴 이는 모두 검은 저고리에 분홍 치마를 입었다"고 주석을 달았다.

주나라 때부터 이미 검은 옷을 제사용 복장으로 썼던 것이다. 또 『예기』「왕제王制」에는 "주나라 사람들은 면류관을 쓰고 제사를 올리고, 검은 옷을 입고 노인을 봉양했다"는 기록이 있다. 『예기』「단궁상檀弓上」과 『상대기喪大記』에는 관 안의 벽장식에 대한 규정이 나와 있다. 이에 따르면 임금은 홍, 녹의 두 가지 색 비단을 금으로 만든 못과 상아로 고정하고, 대부는 흑, 녹의 두 가지 색 비단을 쇠뼈 못으로 고정하고, 사士는 흑색 비단만 쇠뼈 못으로 고정했다.

고대에 묵리墨吏는 항상 탐관오리를 가리켰다. 이는 묵의 상징적 의의와 관련이 있다. 『좌전』「소공昭公」 14년에 "탐욕으로 관직을 더럽힌 자를 묵이라 한다"는 기록이 있다. 이에 대해 두예杜預는 "묵은 깨끗하지 않음을 일컫는다"라고 주석을 달았다. "근주자적近朱者赤, 근묵자흑近墨者黑"이라는 성어도 있다. 흥미로운 사실은 '흑黑' 편방을 쓰는 글자는 대부분 부정적 의미라는 것이다. '출黜'은 내쫓는다는 의미이고, '힐黠'은 교활하다는 뜻이며, '독黷'은 때가 묻어 주변을 더럽힌다는 뜻이다. 또 '검黔'은 흑색을 뜻하며, '검수黔首'는 일반 서민을 가리키는 말이다.

지금도 검은색에는 불법, 재난, 치욕, 비정상, 음흉함, 잔인함 등의 상징적 의미가 포함되어 있다. 예를 들어 블랙마켓, 블랙코미디, 검은 금요일, 흑창黑槍(불법 총기), 흑심장黑心腸(검은 속셈을 가진 음흉한 사람), 흑화黑話(은어) 등이 그 예이다. 흑백이 전도됨, 흑백 TV, 흑백이 분명함 등에서 볼 수 있듯이 흑과 백의 순서는 보통 흑이 먼저이다. 구미에서는 검은색을 기피한다. 'News Blackout(보도 관제)'에서 보이듯이 영어에서 Black은 봉쇄의 의미를 갖고 있다. 여기서 더 나아가 불법 세력이라는 의미도 갖는다. 'Blackhand(흑수단, 비밀 폭력 집단)'가 그 예이다.

서양에서 흑색은 신학자의 복색이기도 하다. 흑색은 교회의 대표색이다. 이때 흑색은 저속한 자기과시와는 반대되는 보수적 색채이다. 그러나 전체적으로 서양인들은 흑색을 좋지 않은 색으로 간주한다. 정신분석학에서 검은색은 의식을 완전히 잃고 암흑과 슬픔의 나락으로 떨어졌음을 의미하며, 검정 옷을 입은 사람과 그림자 속의 집은 모두 사람을 절망에 빠뜨리는 주체가 된다. 악마는 항상 검은 옷을 입으며, 하나님을 조롱하는 악마의 의식은 '검은 미사'로 불린다.

인도 신화에서 대흑신大黑神 마하카라는 공포의 신이다. 기독교 이전 중동의 모성신은 검은색의 외모를 갖고 있었다. '검은 달' 하이커티 신이 그 예이다. 힌두교에는 검은색의 여신 칼리가 있다. 하지만 이 여신은 무서운 존재가 아니다. 이 영향으로 유럽의 일부 신전에는 검은 성모마리아 그림이 등장하기도 했다.

'흑해'가 정말로 검지는 않다. 이는 중국인과는 다른 방위 관념에서 기원한 것이지만 북쪽을 흑으로 본 것은 중국의 관념과 일치한다. '흑해'는 남쪽 연안인 그리스, 페르시아, 터키 사람들이 사용한 말이다. 그들에 따르면 황색은 동쪽, 남색과 녹색은 서쪽, 홍색은 남쪽, 흑색은 북쪽의 색이다. '흑해'라는 이름을 가진 것은 이 바다가 그리스 북방에 있기 때문이었다.

10. 회색[灰]

회灰(재)는 물질이 연소한 이후의 잔유물이며, 회색은 '은회색' 같은 검은색과 흰색 사이의 색을 말한다. 검은색과 흰색 사이에서 대수 관계에 따라 몇 가지 등급으로 나눈 것을 '회도등급'이라 한다. 사진 촬영에서 회도등급은 흑백 이미지의 선명도를 결정하는 변수 중 하나로서 회도등급이 많을수록 흑백의 층차가 더욱 풍부해지고 이미지의 효과가 더욱 좋아진다. 회는 오래전부터 비유의 용법으로도 쓰여왔다. 지금도 흔히 쓰는 '회심灰心'은 『장자』 「제물론齊物論」의 "몸은 마른나무처럼 되게 할 수 있고, 마음은 꺼져 버린 재처럼 되게 할 수 있다[形固可使如槁木, 而心固使如死灰乎]"에서 나온 말이다.

근대에 북방에서 유행한 '오대문五大門'은 신비로운 동물 숭배 신앙이다. '오대문'은 여우, 족제비, 고슴도치, 쥐, 뱀의 다섯 가지 동물에 대한 숭배를 총칭하는 말이다. 민간에서는 이 중에서 네 동물에게 사람의 성씨를 주었다. 그래서 여우는 '호문胡門', 족제비는 '황문黃門', 고슴도치는 '백문白門', 뱀은 '상문常門' 혹은 '류문柳門'의 성씨를 주어, 이를 '호, 황, 백, 상 4대문'이라 불렀다. 그리고 쥐는 얼굴색을 따서 '회문灰門'이라 불렀지만 '회'를 성으로 쓰진 않았다.

회백색을 고대에는 '창蒼'이라 했다. 이 글자는 대부분 희끗희끗한 머리칼을 가리킬 때 쓰였다. 한유韓愈는 「제십이랑문祭十二郎文」에서 "내 나이 마흔도 되지 않았는데 눈은 침침하고 머리칼은 희끗희끗하고 이는 흔들거린다[吾年未四十, 而視茫茫, 而髮蒼蒼, 而齒牙動搖]"고 했다. 달빛의 회색 역시 '창창蒼蒼'으로 썼다. 가지賈至의 『상화가사相和歌辭』 「동작대銅雀臺」에는 "희미한 시내 위 달빛이, 소첩의 혼 날아가는 모습 비추겠지요[蒼蒼川上月, 應照妾魂飛]" 라는 구절이 있다. 하지만 역시 '창'은 주로 푸른색의 의미로 쓰였다. 예를 들어 전국시대에 '창두蒼頭'는 푸른 수건으로 머리를 감싼 군대를 가리켰다.

재는 쓸데없는 물건이 아니다. 상고시대 사람들은 재를 숭상하기까지 했다. 『한비자』「내저설內儲說」, 『사기』「이사李斯열전」, 『한서』「오행지五行志」에 따르면 고대에는 재를 길에 뿌리는 사람은 두 손을 자르거나 경형黥刑에 처하는 규정이 있었다. 이 금기는 아마 '초목회草木灰', 즉 풀이나 나무를 태운 재에 대한 숭배에서 기인한 것으로 보인다. 농작물에 대한 숭배가 초목회에 대한 숭배까지 이어진 것이다. 『주례』「치인薙人」, 『여씨춘추』「상농上農」, 『예기』「월령」, 『사기』「평준서平準書」에 모두 초목회가 농사에서 기이한 용도로 자주 쓰였다는 기록이 있다. 그래서 재는 영물로 취급되었으며 재에 대한 미신 숭배 역시 농사에서 처음으로 시작되었다. 동시에 재는 질병을 없애고 삿된 것을 물리치고 귀신을 쫓는 등의 활동에 응용되었으며, 지금까지도 일부 오지 농촌에는 재를 뿌려 귀신을 쫓는 풍습이 남아 있다.

회색은 차가운 색조에 속해서 활력이 없다는 느낌을 준다. 옛 시에서 흔히 보이는 '한회寒灰(차가운 재)'라는 단어가 이런 색채감을 대변해 준다. 한회는 불꽃이 사라지고 남은 재를 말한다. 불꽃은 꽃과 마찬가지로 청춘과 격정, 인생의 절정을 의미한다. 하지만 봄이 가면 꽃은 지고 젊음 이후 찾아오는 것은 회색의 센머리이다. 절정은 다시 찾아오지 않고 잔치는 이미 끝나 버렸다. '한회'는 바로 이런 느낌의 시어이다. 위응물韋應物은 「추야이수秋夜二首」에서 "한 해가 가는 즈음 처마를 올려다보니 마음이 마치 차가운 재와 같구나[歲晏仰空宇, 心事若寒灰]"라고 했다. 또 최각崔玨은 「문전류門前柳」에서 "백발은 실과 같고 마음은 재와 같구나[白髮如絲心似灰]"라는 시구로 '회灰'와 '백白'을 잘 조합했다. '회' 안에 포함된 '백'에서 생기라곤 전혀 찾아볼 수 없다. 이는 단순한 무채색의 느낌에서 한 걸음 더 나아간 것이다. 정확히 말하면 머리칼도 회백색, 마음도 회백색이다. 두보는 「왕재往在」에서 "괴로운 마음으로 나무 신주를 애석해하니, 하나하나마다 회색의 슬픈 바람이 드네[疚心惜木主, 一一灰悲風]"라고 읊었다. 망망한 회색의 천지가 슬픔을 자아낸다. 이상은은 '회' 자를 무척 잘 썼다. "봄누에는 죽어서야 실이 다하고, 촛불은 재가 되어서야 눈물이 마르네[春蠶到死絲方盡, 蠟炬成灰淚始乾]"라는 「무제無題」의 시구가 대표적이다. 또 「마외이수馬嵬二首」에서는 "기 땅의 말과 연 땅의 무소가 땅을 흔들며 오니, 스스로 홍분에 파묻혀 스스로 재가 되었네[冀馬燕犀動地來, 自埋紅粉自成灰]"라고 읊었다. 그리움은 마치 촛불과 같아서 한 치가 타면 한 치만큼의 재가 남는 것이다. 그래서 그는 「무제사수」 중 두 번째에서 "춘심은 꽃과 함께 다투어 피지 못하니, 한 치의 그리움에 한 치의 재로구나[春心莫共花爭發, 一寸相思一寸灰]"라고 노래했다.

도기는 상대의 주요 생활용기였고, 그만큼 도기 제조업은 상대의 중요한 수공업 중 하나였다. 도기 굽는 기술이 아직 성숙하지 않았을 때는 색의 종류가 많지 않았고 항상 회색 도기가 주를 이루었다. 하지만 회색 도기 역시 나름의 심미적 가치는 충분했다. 회색 도기를 굽는 기술은 우연히 발명되었다. 도기를 구울 때 산소의 공급량이 부족하면 불완전연소가 되어 금속산화물이 금속 혹은 저가의 산화물로 환원되고 원료 중의 철 산화물은 대부분 2가 철로 바뀌어 산화철이 된다. 이때 환원되는 비율이 매우 높아서 도기가 회색이나 검은 회색의 회도가 된 것이다. 또 도기를 가마에서 꺼내기 전에 물을 부어 회색, 검은 회색 혹은 검은색이 더욱 도드라지게 하고 용기 자체도 더욱 단단하게 만들었다. 기록에 의하면 산동 거현莒縣 능양하凌陽河에서 출토된 회색 항아리에는 돌도끼 도상이 그려져 있었다고 한다. 이 도끼는 자루가 도끼 폭의 네 배 정도로 그렇게 긴 편은 아니었다. 한 손으로 휘두르기에 적당한 무기였던 것이다.

회색은 어두운 색채, 그리고 재나 먼지 등과의 밀접한 연관성 때문에 혼인이나 경사에 쓰기에는 적합하지 않았으며 반대로 상례의 색으로는 상당히 자연스러웠다. 『예기』「곡례」의 상례에 따르면, 백 일 동안 곡을 마친 후 의려倚廬(장례를 치를 때까지 관을 지키기 위한 임시 오두막)를 일부 수리하고 거적을 깐다. 이후 1년 상을 마치면 의려를 없애고 그 자리에 작은 집을 세워서 백회로 담을 칠하고 보통의 침석을 깔아 그 안에 머문다. 이 집을 악실堊室이라 한다. 청대의 규정에 따르면, 1~2품 관원은 붉은색 염금殮衾(시신에 덮는 이불)을 쓰고, 3~4품은 검은색, 5품은 청색, 6품은 감색, 7품은 회색을 썼다.

회색은 밝으면서도 어둡기 때문에 중간 지대 혹은 이도 저도 아닌 상태라는 뜻으로도 쓰인다. 예를 들어 국제무역에서 'Gray Zone 조치'는 합법과 비합법 사이의 명확한 법률적 제약이 없는 각종 보호무역 조치로서 일반적으로 선진국이 자국의 이익을 위해 제정한다. 제어이론에는 '회색시스템이론'이라는 것이 있다. 이는 정보가 일부는 알 수 있고 일부는 알 수 없는 시스템을 가리킨다.

11. 금색[金]

황금 같은 색을 의미하는 금색은 밝고 광택이 있는 황색의 일종이다. 금빛 찬란함, 금발의 벽안, 금칠 상자 등의 금색이 이에 해당한다. 금색은 또 황금색으로도 불린다. 태양광(고대어 중에 태양을 의미하는 '금오金烏'가 있다), 금귤, 벼가 누렇게 익은 황금 들판의 색이 이에 해당한다. 가을은 성숙의 계절로 '금천金天' 혹은 '금소金素'라고도 부른다. 고대인들은 금에 태양의 빛이 들어 있어서 '음'을 주관하는 은과 상대를 이루어 '양'을 주관한다고 간주했다. 오행으로 보면 금은 백색이고, 백색은 가을의 색이자 서쪽의 색이며, 사방의 신들 중에 서쪽을 지키는 신은 백호이다. '금천'과 '금소'라는 말도 이 의미에서 온 것이다.

오행설에서 보든 고대인들의 황색 숭배에서 보든 금색은 사람들이 싫어하는 색이 아니었음은 분명하다. 또 황금 자체의 가치 때문에 금색은 애초부터 정색正色, 귀한 색에 속했다. 자색이 처음에는 배척되었다가 나중에야 금색과 비슷한 지위에 오른 것과는 다르다. 이처럼 인간의 생활 속으로 들어온 색채는 반드시 관념적 요소와 한데 섞여 색깔에 대한 인간의 심미관을 형성했다. 『신이경神異經』「서북황경西北荒經」에는 이런 기록이 있다. "서북황에 두 금궐金闕이 있다. 높이가 백 길이나 되고…… 가운데 있는 금계金階의 서북쪽을 통해 두 궐로 들어가며 이를 '천문天門'이라 한다." 여기서 금궐은 원래 천제天帝가 사는 곳을 가리키나 나중에는 궁궐을 널리 칭하는 말이 되었다. 주돈유朱敦儒는 『자고천鷓鴣天』「서도작西都作」에서 "옥루금궐에서 돌아가기가 싫어 매화 꽂고 낙양에서 취한다네[玉樓金闕慵歸去, 且插梅花醉洛陽]"라고 노래했다. 진한대에는 승상, 태위, 태사공, 태부 등이 모두 금색 인장에 자색 인끈을 받았다. 이 전통은 후대에까지 이어져 장군, 왕공대신들도 모두 금색과 자색 옷을 입었다.

불교에서는 금색을 무척 숭상한다. 『후한서』에 이런 기록이 있다. "명제明帝가 꿈에 금인金人을 보았는데 키가 1장 남짓이고 머리에 광명이 있었다. 군신들에게 묻자 한 신하가 이렇게 답했다. '서방의 부처라는 신이 1장 6척의 키에 황금색 형상입니다.' 이에 황제는 천축에 사신을 보내 부처의 도법을 묻고 나라 안에 그 형상을 그리도록 했다." 불교에서는 부처의 법어를 '금언'이라고 한다. 『낙양가람기洛陽伽藍記』「성서융각사城西融覺寺」에서는 "비록 석실 안에 쓴 금언이나 초당에서 전하는 가르침이라도 그냥 지나쳐서는 안 된다"고 했다. 일상생활에서 '금언'은 보통 소중한 말씀을 가리킨다. 불상은 '금신金身'이라고도 한다. 사공서司空曙는 「제능운사題凌雲寺」에서 "백 길 금신이 푸른 벽을 열고, 만 개 감실의 등불이 무성한 초목을 갈라 놓네[百丈金身開翠壁, 萬龕燈焰隔煙夢]"라고 했다. 『화엄경華嚴經』에는 "하물며 여래의 금구金口가 말하는 바에야"라는 구절이 있다. 여기서 '금구'는 부처의 입을 가리킨다. 하지만 일반적으로 '금구'는 대단히 얻기 힘든 말을 뜻했으며, 나중에는 상대의 말에 대한 존칭으로 쓰이게 되었다. 이와 비슷한 단어로 '금낙金諾'이 있다. 금낙은 '틀림없는 승낙' 혹은 '소중한 승낙'을 뜻한다.

옛사람들은 금색으로 일상용품, 특히 옷을 즐겨 장식했다. 여자들이 장식으로 가장 즐겨 쓴 색이 금색이었다. 「염가행艶歌行」에서는 "진씨에게 아름다운 딸이 있으니, 이름은 나부라 하네. 머리에는 금비취 장식을 쓰고, 귀에는 명월의 구슬을 꿰었네[秦氏有好女, 自字爲羅敷. 首戴金翠飾, 耳綴明月珠]"라고 노래했다. 여자들의 장식인 금비녀는 여성을 대신 칭하는 말로 흔히 쓰인다. 이와 유사한 것으로 '금루金縷'가 있다. 금루는 여자가 입는 금색의 옷을 말한다. 또 '금침金枕'은 여자들이 쓰는 수놓은 베개를 가리킨다. 「주천자酒泉子」에서는 "달은 떨어지고 별은 숨고 누각 위에서는 미인이 봄잠에 들었네. 푸른 구름 기울고 금침은 매끈하고 꽃병풍은 깊구나[月落星沉, 樓上美人春睡. 綠雲傾, 金枕膩, 畫屏深]"라고 노래했다. 여자의 발은 '금련金蓮'이라 한다. 『남사南史』「제동혼후기齊東昏侯紀」에는 "금을 깎아 연꽃을 만들어서 땅에 붙여놓고 반비潘妃로 하여금 그 위를 걷게 했다"는 기록이 있다. 이렇게 해서 훗날 어떤 사람이 여자의 작은 발을 '금련'이라 부르게 되었고, 여기에 '칠촌七寸'을 덧붙여 작다는 의미를 더욱 부각시켰다. '금준金樽'과 '금잔金盞'은 술잔을 가리킨다. 모두 부자들의 사치품이었다. 이백은 「장진주將進酒」에서 "인생에서 뜻을 얻었으면 모름지기 실컷 즐겨야지, 황금 술잔이 빈 채로 달을 바라보게 하진 마시게[人生得意須盡歡, 莫使金樽空對月]"라고 했다. 고대인들은 말도 금색으로 장식하길 좋아했다. 굴레를 의미하는 '금기金羈', '금낙두金絡頭' 등이 그 예이다. 조식은 「백마편白馬篇」에서 "백마는 금 굴레로 꾸미고, 나는 듯 서북으로 내달리네[白馬飾金羈, 連翩西北馳]"라고 읊었다.

'금분金盆(금대야)'과 '금토金兎(금토끼)'는 모두 달을 가리킨다. 당대 시인 노동盧仝은 「월식月蝕」에서 "붉은 현은 이제 막 연주가 끝나고, 금토끼는 참으로 절경이로다[朱絃初罷彈, 金兎正奇絕]"라고 했다. 두보의 시 「촉승 여구 사형께 드림[贈蜀僧閭丘師兄]」에는 "밤이 끝나갈 무렵 부드러운 말씀 받으니, 떨어지는 달은 금대야 같네[夜闌接軟語, 落月如金盆]"라는 구절이 있다. '금파金波(금물결)'는 달빛을 가리킨다. 소식은 「동선가洞仙歌」에서 "금파는 담담하고, 옥승(뭇별)은 낮게 도는구나[金波淡, 玉繩低轉]"라고 했다. 또 『한서』「예악지禮樂志」에는 "달이 금물결로 고요하다"라는 구절이 있다. 안사고顔師古는 이에 대해 "달빛의 고요함이 마치 금물결이 흐르는 것 같다는 말이다"라고 했다. 물론 '금분'은 글자 그대로 부잣집 여자들이 쓰는 세숫대야를 가리키는 말로도 쓰였다. 송사宋詞에 "금대야의 물이 차가워 다시 데우고, 화장대에는 가까이 가려 하지 않네[金盆水冷又重煨, 不肯傍妝臺]"라는 구절이 있다. 사람들은 화려하면서도 고풍스런 분위기를 풍기는 금색 장식을 즐겼다. 예를 들어 궁정 정원의 우물은 항상 금색으로 새겨 장식했다. 왕창령王昌齡은 「장신추사長信秋詞」에서 "금정 오동나무의 낙엽은 노랗고, 주렴은 말지 않아 밤사이 서리가 내렸네[金井梧桐秋葉黃, 珠簾不卷夜來霜]"라고 했다. 제사용 제단도 금색으로 장식하는 경우가 많았다. 범운范雲의 「답구용도선생答句容陶先生」을 보면 "금단金壇에서 아홉 신선을 알현한다"는 구절이 있다. 여기서 금단은 도교에서 신선을 받드는 제단을 말한다. 고대에는 술그릇도 금색으로 칠하는 경우가 많았다. '금구金甌(금사발)' 도 그중의 하나이다. 고명高明은 『비파기琵琶記』 「고당칭수高堂稱壽」에서 "봄꽃은 고운 소매를 밝히고, 봄술은 금사발에 넘실넘실[春花明彩袖, 春酒泛金甌]"이라고 노래했다. 술의 색깔이 술잔 속에서 흔들리다 금색으로 변하기 때문에 '금파金波' 로 술잔 속의 술을 묘사하기도 했다. 장양호張養浩의 『보천악普天樂』 「대명호범주大明湖泛舟」에 "술잔 속에선 금물결이 출렁출렁[杯斟的金波灩灩]"이라는 시구가 있다. 고대의 여자들은 금분金粉으로 치장하길 좋아했기 때문에 후대에는 이 금분이 아름다운 여자를 칭하는 말로 쓰이곤 했다. 이외에도 금관金管은 금으로 장식한 붓을, 금방金榜은 금색의 편액이나 명단을 게시한 방을 가리킨다.

금색은 황가의 상징이다. 당송 때 금난전金鑾殿은 황제가 조신들을 접견하는 곳이었다. 이백은 「종제 남평태수 지요에게 보냄[贈從弟南平太守之遙二首]」에서 "은혜를 입고 처음으로 은대문으로 들어와, 책을 쓰며 홀로 금난전에 있었네[承恩初入銀臺門, 著書獨在金鑾殿]"라고 읊었다. 황제의 수레인 '여輿' 는 예여禮輿, 보여步輿, 경보여輕步輿, 편여便輿의 네 가지로 나뉘었다. 예여는 장방형에 녹나무로 만들었다. 2층으로 이루어진 덮개 중 1층은 팔각형이고 2층은 사각형이며, 각 모서리마다 금색의 용을 장식했다. 덮개 한가운데는 구슬과 금을 박아 넣은 보병寶甁을 얹었으며, 덮개의 처마에는 밝은 황색 비단을 드리웠다. 가마를 들기 위한 열네 개의 봉에는 붉은 칠을 하고 금색 구름과 용무늬를 그려 넣었다. 이 가마를 움직이기 위해서는 무려 열여섯 명의 가마꾼이 필요했다. 황제가 군사 등의 대사에 관한 칙서를 내릴 때는 항상 금패金牌를 사용했다. 이 금패는 금자패金字牌라고도 했다. 금패의 금색은 지고무상의 권력을 상징했다. 송대의 규정에서 금패는 보체步遞, 마체馬遞, 급각체急脚遞의 3등급으로 나뉘었다. 그중에서 급각체가 가장 빨랐다. 급각체는 나무패를 주홍색 바탕으로 칠하여 그 위에 눈이 부실 만큼 빛나는 금색으로 글자를 썼다. 사람들은 이 금패를 보면 반드시 피해줘야 했다. 그래서 하루에 5백 리 이상을 갈 만큼 전달 속도가 빨랐다. 『송사宋史』「악비전岳飛傳」에 따르면 악비는 금의 올출兀朮을 크게 무찌른 후 이틀 사이에 금자패를 열두 통이나 받는다. 급히 수도로 돌아오라는 명이었다. 그는 분노의 눈물을 흘리며 동쪽을 보고 재배한 후 탄식한다. "10년의 공이 하루아침에 무너지는구나!"

금색은 중국 전통 공예에서도 즐겨 쓰는 색이다. 호북 광화光化의 서한 묘에서 발굴된 칠기 술잔은 조수鳥獸와 구름무늬 사이에 금색을 넣어 무늬가 더욱 생생하게 빛나도록 했다. 송원대에 한창 유행이던 '창금戧金(기물의 도안에 금을 상감하는 공예)' 칠기가 서한대에 이미 등장했던 것이다. '금휴金髹'는 일종의 단색 칠기로 '혼금칠渾金漆'이라고도 한다. 북경의 공예가들은 이를 '명금明金'이라 부른다. 명금은 금색이 밖으로 드러나고 그 위에 다시 칠을 덮지 않기 때문에 '조금칠罩金漆'과는 다르다. 명금의 금색은 닳아서 손상되기가 쉽고 심지어 떨어져 나가 버리기도 한다. 절강 동양東陽의 목조 공예, 그리고 복건, 광동의 목조 가구와 건축 재료는 복잡하게 무늬를 새겨 표면을 대부분 금휴로 장식한다. 『태평광기』 권401「연옥편軟玉鞭」에는 당 덕종德宗 영태永泰 연간에 동해의 미라국彌羅國에서 바친 벽잠사碧蠶絲에 관한 내용이 있다. "그 나라에 뽕나무가 있는데 가지와 줄기가 구불구불 땅을 덮으며 자란다. 큰 것은 수십 리나 이어지고 작은 것도 백 이랑은 덮는다.

그 위에 누에가 있으니 길이가 네 치나 된다. 누에의 색깔이 금색이고 실은 푸른색이라 '금잠사金蠶絲'라고도 일컫는다. 가만두면 한 척이지만, 늘이면 한 길이나 된다. 그것을 반대로 꼬아 칼집을 만들면 겉과 속이 마치 거문고를 관통해 놓은 것처럼 투명하게 빛나며, 사내 열 명이 힘으로 그것을 당겨도 끊어지지 않는다. 그것으로 가야금의 현을 만들면 귀신이 슬퍼하고, 궁노의 현을 만들면 화살이 천 걸음이나 나가고, 활의 현을 만들면 화살이 오백 걸음이나 나간다." 이 기록을 통해 당시에 이미 외국의 비단이 중국에 유통되고 있었음을 알 수 있다.

서양에서 금색은 완전한 아름다움과 천국을 상징한다. 중세의 말안장과 동방 교회의 성상은 황금을 재료로 쓴 경우가 많았다. 뿐만 아니라 수많은 고대 문명에서 금색은 통치자를 상징하여 태양의 금속에 속하는 금으로 왕관 꼭대기를 제작하곤 했다.

12. 은색[銀]

'양'을 주관하는 금과 상대되는 것이 '음'을 주관하는 은이다. 은색은 은의 색으로 일종의 맑게 빛나는 백색이며 은백색이라고도 부른다. '은병銀屏'이나 '은하銀河'가 그 예이다. 은병은 규방의 침상을 가리킨다. 송사에 "꽃피는 아침과 달 뜨는 저녁, 가장 괴로운 건 쓸쓸한 은병[花朝月夕, 最苦冷落銀瓶]"이라는 구절이 있다. 은하는 천하天河, 은황銀潢, 은한銀漢 등으로도 쓴다. 포조鮑照는 「야청기夜聽妓」에서 "밤사이 얼마나 앉아 있었던가, 은한은 기울고 이슬은 떨어졌네[夜來坐幾時, 銀漢傾露落]"라고 읊었다. 전설에 따르면 선계仙界의 궁궐은 모두 금과 은으로 지어졌다고 한다. 은대銀臺는 원래 전설 속의 신선이 거주하는 곳인데 흔히 여신 왕모王母가 사는 곳이라고도 한다. 『후한서』「장형전張衡傳」에 "은대에서 왕모를 모셔다가 옥지玉芝를 바치고 병을 치료하다"라는 기록이 있다.

불교에서도 은색을 좋아한다. 은색이 탈속을 상징하기 때문이다. 은화銀花, 은하銀荷에 바로 이런 의미가 깃들어 있다. 진晉대 지승재支僧載의 『외국사外國事』에 다음과 같은 기록이 있다. "화가조국和訶條國은 큰 바다 한가운데 있으며 땅의 크기는 사방 2만 리이다. 나라 안에 큰 산이 있고, 산에 돌우물이 있으며, 우물 안에는 천엽千葉의 백련화가 자란다. 우물 주변의 청석青石 위에는 네 부처의 족적이 총 여덟 군데 남아 있다. 매월 6일 재일齋日에 미륵보살이 여러 천신들과 함께 예불을 올리고 예불이 끝나면 바로 날아간다. 부도와 강당이 모두 칠보로 장식되어 있고, 국왕과 장자가 항상 금수은화金樹銀花, 은수금화銀樹金花를 만들어 부처에게 공양한다."

달빛은 은색이다. 그래서 달은 은구銀鉤, 은섬銀蟾, 은반銀盤으로도 불린다. 달에 비친 사물은 빛을 내게 마련이며 이것을 '은해銀海'라 부르곤 했다. 두보는 「여산驪山」에서 "정호의 용은 멀리 떠나고, 은해의 기러기는 깊숙이 날아가네[鼎湖龍去遠, 銀海雁飛深]"라고 했다. 은해는 눈을 비유하기도 한다. 소식은 「눈이 온 후 북대벽에 쓰다[雪後書北臺壁]」에서 "얼음이 옥루를 덮쳐 추위에 닭살이 돋고, 빛이 은해를 흔들어 어질어질 흐릿하네[凍合玉樓寒起粟, 光搖銀海眩生花]"라고 표현했다. 은해가 있으니 은랑銀浪(은물결)도 있게 마련이다. 양 무제는 「여염시如炎詩」에서 "금물결이 하얀 거품을 날리고, 은물결이 초록의 부평초를 뒤집네[金波揚素沫, 銀浪翻綠萍]"라고 읊었다. 서양에서 은색은 달의 신과 관련이 있다. 유럽의 연금술사들은 글을 쓸 때 항상 달의 여신인 루나로 은을 칭하곤 했다. 은색은 달의 하얀빛과 매우 가깝다. 이백은 「고숙잡영姑熟雜詠 · 사공댁謝公宅」에서 "청산의 해가 어둑해지니, 적막한 사공의 댁. 대나무 안으로 인기척 하나 없고, 연못 속 텅 빈 달은 하얗구나[青山日將暝, 寂寞謝公宅. 竹裏無人聲, 池中虛月白]"라고 읊었다.

밝게 빛나는 색의 이름에도 '은'이 들어간 경우가 많다. 예를 들어 은주색銀朱色은 밝고 아름다운 선홍색을 가리킨다. 옛사람들은 비나 고드름을 은죽銀竹에 비유하곤 했다. 이백은 「숙하호宿蝦湖」에서 "하얀 비가 차가운 산에 비치니, 빽빽함이 은죽과 같구나[白雨映寒山, 森森似銀竹]"라고 했다. 땅위의 얼음은 은상銀床(은침상)에 비유했다. 두보는 「겨울에 낙성 북쪽의 현원황제 사당을 찾아뵙고[冬日洛城北謁玄元皇帝廟]」에서 "풍경은 옥기둥에서 불고, 덮개 없는 우물엔 은침상이 얼어붙었네[風箏吹玉柱, 露井凍銀床]"라고 썼다. 붉은색과 은색은 특히 밤에 잘 어울려 강렬한 빛살을 뿜는다. 그래서 눈부시게 빛나는 등불을 흔히 '화수은화火樹銀花'라 한다. 화수은화가 만발한 대보름 밤에 사람들은 다투어 거리로 나가 등불놀이를 즐긴다. 이 밖에도 '은산銀山'은 은처럼 하얗고 산처럼 높은 파도, 특히 밤에 보는 파도를 비유하며, '은속銀粟'은 눈꽃이 은빛으로 반짝반짝 빛나는 모습을 가리킨다.

은장식은 고상하고 우아한 느낌을 준다. 고쟁古箏이나 비파를 뜯을 때는 은갑, 즉 은으로 만든 손톱을 끼어 품위를 더했다. 부유한 자제들은 말안장에 은색 장식을 더해 고귀함을 뽐냈다. 이백은 「협객행俠客行」에서 "은안장이 백마를 비추니, 질주하는 모습 유성과 같네[銀鞍照白馬, 颯沓如流星]"라고 노래했다. 고대의 여인들은 은색 장식을 머리에 쓰는 것이 보편적이었다. 또 술병도 은으로 만들어 '은병'이라 불렀다. 두보의 「소년행少年行」에 "통성명도 없이 거칠고 호방함만 가득한 채, 은병을 가리키고 술을 달라 하여 맛을 보네[不通姓字粗豪甚, 持點銀瓶索酒嘗]"라는 구절이 있다. 큰 술그릇은 '은해銀海'라 했다. 『건찬자乾饌子』 「비애굉태悲哀宏泰」에서는 "은해가 있어 한 말 넘게 받아 손으로 받치고 마셨다"고 했다. 여자들은 보통 은장식으로 고귀함과 순결함을 표현했다. 하지만 근대에 들어 귀주의 동족侗族 여성들은 출가할 때 옛날 옷을 입고 짚신을 신고 머리에는 은장식도 하지 않았다. 이는 첫 시작의 괴로움을 잃지 않겠다는 의미이다.

군인이 입는 은갑은 은으로 장식한 갑옷을 말한다. 전쟁터에서 반짝반짝 빛나는 은색은 적군의 눈을 어지럽힌다. 『신당서』 「예악지禮樂志」에는 태종 때의 궁정무宮庭舞를 엿볼 수 있는 기록이 있다. 태종은 여재呂才에게 명하여 그림에 나온 대로 악공 280명에게 은갑을 입혀 창을 들고 춤을 추도록 한다. 은빛이 반짝이는 장면은 그야말로 장관이었을 것이다.

은색은 중고등의 작위를 상징한다. 진한 대에 삼공과 구경의 고급 관원들은 각각 금인金印과 자색 인끈, 은인銀印과 청색 인끈을 썼다. 그래서 사람들은 흔히 '금자' 혹은 '은청'으로 고급 관원들을 칭했다. 금인과 은인은 모두 고급 관원을 말한다. 『한서』 「양복전楊僕傳」에는 "은황銀黃을 품고 세 가닥의 인끈을 드리웠다"는 기록이 있다. 안사고顔師古의 주석에 따르면, '은'은 은인을, '황'은 금인을 가리킨다. 자색과 청색 인끈 외에 은색 인끈을 받기도 했는데, 이들 모두 권력과 고귀함을 상징했다.

전통 공예에서 은색 자기는 상당히 위상이 높다. 복건 건양현建陽縣 수길진水吉鎭에는 은색 자기를 생산하는 건요建窯가 있다. 이 가마는 오니요烏泥窯라고도 한다. 여기에서 나온 자기의 특징은 바탕이 되는 몸체가 자흑색이고 유약의 층은 두텁고 윤기가 흐르는 흑색이면서도 그 층에서 은색 빛이 투과되어 나온다는 것이다. 송 휘종은 이 자기를 무척이나 마음에 들어했고, 이때부터 건요가 황제에게 바치는 진상품이 되었다고 한다.

은의 가치를 금에 비할 순 없다. 서양의 풍속에 따르면 결혼 25주년을 은혼, 50주년을 금혼이라 부른다. 또 "말은 은이고, 침묵은 금이다"라는 속담도 있다.

사람들은 은이 악귀를 쫓는다고 믿기도 했다. 고대 로마의 제사에서는 야만적인 침입자를 마귀로 간주하고, 이들 마귀를 막기 위해 로마제국의 국경에 수많은 은조각상을 묻었다고 한다. 훗날 조각상들은 캐내지고 로마제국은 고스족, 흉노족, 트라키아에게 점령당한다.

13. 도홍桃紅, 연지臙脂

도桃(복숭아나무)는 장미과의 낙엽교목으로 엷거나 진한 홍색 혹은 흰색의 꽃이 핀다. 도홍桃紅은 복사꽃 색이다. 가지賈至는 「증설요영贈薛瑤英」에서 "춤추며 가벼운 옷 무거울까 겁내고, 웃으며 복사꽃 얼굴 필까 걱정하네[舞怯銖衣重, 笑疑桃臉開]"라고 했다. 도홍은 분홍색이기도 하다. 분홍색은 붉은색과 흰색을 합친 담홍색으로 봄날 복사꽃이 필 때의 색이다. 복사꽃은 꽃중의 꽃이며 항상 여자에게 비유되곤 한다. 복사꽃의 색깔이 여자의 붉은 뺨과 닮았기 때문이다.

복사꽃은 색깔이 다양하지만 그중에서도 붉은색이 가장 흔하다. 왕건王建은 「조소령調笑令」에서 "백엽百葉의 복사꽃나무 붉구나. 붉은 나무, 붉은 나무, 제비가 지저귀고 앵무새가 울며 날은 저무네[百葉桃花樹紅. 紅樹, 紅樹, 燕語鶯啼日暮]"라고 노래했다. 옛사람들은 여인의 겉모습을 복사꽃에 비유하곤 했다. 당대 시인 최호崔護의 「제도성남장題都城南莊」은 후대 사람들의 칭송을 듬뿍 받은 시이다. 특히 "사람의 얼굴과 복사꽃이 서로를 붉게 비쳤네"는 밝고 아름다운 색채를 기막히게 표현한 명구로 여겨진다. 복사꽃과 여성을 드러나게 비유하진 않았지만 오히려 직접적인 비유보다 더 나은 시적 효과를 내고 있다. 전체 시는 이렇다. "지난해 오늘 이 문에서, 사람의 얼굴과 복사꽃이 서로를 붉게 비쳤네. 사람의 얼굴은 어디로 갔는지 모르겠고, 복사꽃만 여전히 봄바람에 웃고 있구나[去年今日此門中, 人面桃花相映紅. 人面不知何處去, 桃花依舊笑春風]."

고대에는 복사꽃이 사람의 마음을 흔드는 여인의 모습을 상징했지만 사실 처음부터 그런 것은 아니다. 『시경』 「도요桃夭」에서는 "어여쁜 복숭아나무, 활짝 꽃이 피었네. 그 아가씨 시집을 가면, 온 집안이 화목해지겠지[桃之夭夭, 灼灼其華. 之子於歸, 宜其室家]"라고 했다. 여기서는 복사꽃 피는 계절을 비흥比興의 대상으로 쓰고 있을 뿐이다. 처음으로 복사꽃을 미인에 비유한 시인은 '삼조三曹' 중 한 명인 조식曹植이다. 그의 「잡시칠수雜詩七首」에 "남국에 가인이 있으니, 아름다운 얼굴이 복사꽃, 자두꽃 같네[南國有佳人, 容華若桃李]"라는 구가 있다. 후대 시인들은 아예 '도검桃臉' 혹은 '도화검桃花臉(복사꽃 얼굴)'으로 미녀의 용모를 형용하곤 했다. 당대의 한악韓偓은 「신추新秋」에서 "복사꽃 얼굴에 눈물이 줄줄, 참다 참다 베개 위까지 흐르네[桃花臉裏汪汪淚, 忍到更深枕上流]"라고 읊었다.

도홍색은 여자들이 화장할 때 가장 좋아하는 색이다. 그래서 도홍색은 아름다운 여인을 가리키는 말로 쓰이곤 했다. 두보가 「복거卜居」에서 "도홍의 객이 오면, 옛사람처럼 푹 빠지겠지[桃紅客若至, 定似昔人迷]"라고 읊은 것이 그 예이다. 당대의 화장법에 '도화장桃花妝'이라는 것이 있었다. 당대 우문사宇文士의 「장대기妝臺記」에 이런 기록이 있다. "얼굴에 분을 칠한 다음 다시 연지를 손바닥에서 고르게 골라 두 뺨에 발랐다. 짙게 바르면 '주훈장酒暈妝'이 되고 엷게 바르면 '도화장'이 되었다." 또 위장韋莊은 「여관자女冠子」에서 "여전한 복사꽃 고운 얼굴, 버들잎 눈썹을 자주 내리까네[依舊桃花面, 頻低柳葉眉]"라고 노래했다.

시에서는 '도홍(복사꽃 분홍)'과 '유록柳綠(버들 초록)'을 대구로 자주 썼다. 붉은색과 녹색은 보색으로 선명한 대비를 이룬다. 홍화紅花와 녹엽綠葉이 눈부시게 빛나듯 도홍과 유록 역시 봄날의 생기발랄함을 상징한다. 녹색 버들과 붉은 복사꽃이 서로를 비춰 춘색이 만연하게 되는 것이다. 당시에서는 도홍과 유록의 대비를 엄격하게 따른다. 황보염皇甫冉「한거閑居」의 "복사꽃 분홍은 밤비를 거듭 머금고, 버들 초록은 봄안개를 다시 둘렀네[桃紅復含宿雨, 柳綠更帶春煙]"라는 구절이 대표적이다. 봄날의 도홍은 다른 색과도 잘 어울려 눈을 즐겁게 한다. 양나라 때 유견오庾肩吾는 "붉은 복사꽃과 하얀 버들개지, 햇빛에 비치고 다시 바람에 날려, 그림자는 붉은 성 밖으로 나오고, 향은 푸른 전각 안으로 돌아가네[桃紅柳絮白, 照日復隨風. 影出朱城外, 香歸靑殿中]"라고 노래했다. 색채의 표현에 능한 시인이 홍, 백, 주, 청에 녹색까지 더해 색채의 교향곡을 만들어낸 것이다.

도홍색은 민간의 풍속에서도 상서로운 색으로 여겨졌다. 중국은 남송 때부터 고관의 귀인이든 평범한 백성이든 신부를 맞이하거나 시집을 갈 때면 꼭 가마를 탔다. 이 가마를 속칭 '채교彩轎', '희교喜轎', '화교花轎' 혹은 '채정彩亭'이라 불렀다. 처음에는 가마가 상당히 소박했다. 남색 명주 천으로 가마의 휘장을 만들고 네 모서리에 도홍색 구슬을 다는 정도였다. 도홍색 옷도 오래전부터 등장했다. 이는 고대 염색 기술의 발달과 관계가 깊다. 명대 송응성宋應星의 『천공개물天工開物』「창시彰施」'제색질료諸色質料' 편에 따르면 당시에 이미 염색 가능한 색이 대홍大紅, 연홍蓮紅, 도홍, 자색, 금황金黃, 다갈茶褐, 모청毛靑 등 총 26색에 달했다. 도홍색 옷은 여자들이 좋아했으며 속옷으로 만들어지는 경우가 많았다. 이건 지금도 마찬가지다. 아마 도홍색이 피부색과 잘 어울리기 때문일 것이다. 도홍색은 여자가 사사로이 정을 통한 것을 상징하기도 한다. 잘 익은 복숭아가 바로 이 색깔이기 때문이다. 그래서 남녀 사이의 사적인 일을 흔히 '도색 소식'이라 부르곤 한다.

고대 여성들이 얼굴에 바른 도홍색 홍분紅粉은 두 가지 원료를 썼다. 하나는 연분鉛粉, 다른 하나는 연지이다. 연분은 연화鉛華라고도 한다. 조식은 「낙신부洛神賦」에서 "향수도 더하지 말고, 연화도 바르지 말라[芳澤無加, 鉛華勿御]"라고 했다. 이선李善은 이에 대한 주석에서 "연화는 분粉이다"라고 했다. 연지는 연지燕脂, 연지燕支라고도 한다. 전설에 따르며 은 주왕紂王 때 연燕 땅 사람이 자기가 키우던 붉은 꽃 혹은 야생의 붉은 꽃을 따다가 붉은 연지를 만들어 얼굴에 발랐다고 한다. 고대의 부녀자들은 항상 두 눈썹이나 이마 위에 연지나 연분으로 붉은 점을 찍었으며 이것을 '점단點丹'이라 했다. 한대의 후비后妃들이 바로 이 화장법을 썼다고 한다. 하지만 애초에 이 점단은 단순히 치장을 위한 것이 아닌 일종의 표시였다. 즉, 후비가 월경 때가 되면 이마에 조그맣게 붉은 점을 찍어 황제를 모실 수 없음을 표시했고, 이 풍습이 후대에 하나의 화장법으로 유행하게 된 것이다.

연지 역시 도홍과 마찬가지로 '연지면面'이나 '연지검臉'으로 쓰여 여자의 얼굴을 가리켰다. 백거이는 「후궁사後宮詞」에서 "삼천 궁녀의 연지 찍은 얼굴, 몇 번의 봄이 와야 눈물 흔적 없어질까[三千宮女臙脂面, 幾個春來無淚痕]"라고 했다. 연지는 미녀를 칭하기도 한다. 진여의陳與義는 「우미인虞美人」에서 "연지가 잠에서 일어나니 비로소 봄이 좋구나[臙脂睡起春才好]"라고 노래했다. 상심한 여인이 눈물을 흘리는 모습을 연지와 함께 표현하는 경우도 많았다. 장비張泌「호접아胡蝶兒」의 "까닭없이 눈물과 섞여 연지를 적시고 공연히 두 날개를 드리우게 하네[無端和淚濕臙脂, 惹教雙翅垂]"라는 구절이 그 예이다.

14. 강색[絳]

『설문해자』에서 "강絳은 대적大赤이다"라고 했다. 강색(진홍)은 주색朱色보다 약간 더 붉은색이다. 청대 학자 단옥재는 지금의 대홍大紅, 주홍朱紅이 바로 강색이라고 했다. 『광아廣雅』「석기釋器」에서 "강은 적赤이다"라고 했다. 고대에는 적을 정색으로 보고, 그 밖에 적과 가까운 홍, 비緋, 단丹, 표縹, 강, 주 등은 모두 간색으로 보았다. 따라서 정색을 받들고 간색을 무시하는 경향에 따라 강색은 자색과 마찬가지로 일정한 지위를 얻지 못했다. 『논어』「향당」에서 "공자는 감紺색과 추緅색으로 장식을 하지 않았다"고 했다. 감색은 짙은 청색이고 추색은 곧 강색이다. 다시 말해 공자는 짙은 청색과 강색으로 옷의 장식을 만들지 않았다는 것이다. 그러나 훗날 사람들은 소위 간색을 오히려 더 좋아하게 되었다. 그래서 자색이 귀한 색이 되었을 때 강색의 지위도 훨씬 높아졌다. 강색은 제후의 복식에도 썼다. 『묵자』「공우公孟」에 "옛날 초 장왕莊王은 고운 모자에 갓끈을 매고 강색 저고리에 얇은 도포를 입고 나라를 다스렸다"는 기록이 있다.

도교와 불교에서 강색은 상서로운 색으로 통한다. 사찰 앞의 문궐은 강색으로 칠하는 경우가 많아 이를 '강궐絳闕'이라 불렀으며 사찰을 가리키는 말로도 강궐을 쓰기도 했다. 소동파는 「수룡음水龍吟」에서 "예로부터 구름바다가 아득했으니, 도산의 강궐이 어느 곳인 줄 알겠는가[古來雲海茫茫, 道山絳闕知何處]!"라고 했다. 하늘의 궁문 역시 강궐이라 했다. 부현傅玄은 「운중백자고행雲中白子高行」에서 "마침내 천문天門의 장수에게 가서 아뢰니 문이 활짝 열리면서 자미성의 강궐이 보이고 천제의 궁궐은 높디높았다"고 했다. 불교와 도교 사원에서 거는 깃발 역시 대부분 강색이다. 또 사원에서 불상에 개광開光 공양을 할 때도 길일을 택해 의식을 거행하고 불상의 얼굴을 가리고 있던 강색 비단을 걷어낸다.

하늘에 강색 구름이 피어오르면 이는 상서로운 조짐을 뜻한다. 유신庾信은 「도사보허사십수道士步虛詞十首」에서 "북궐은 현수玄水에 임하고, 남궁에 선 진홍 구름이 피어오르네[北闕臨玄水, 南宮生絳雲]"라고 했다. 강색은 상서로운 색이므로 눈꽃을 백白이 아닌 강絳으로 묘사하곤 했다. 객관적 사실에는 어긋나지만 사람들의 심리에는 더 가까웠기 때문이다. 조존약趙存約은 「조산여화락鳥散餘花落」에서 "오색구름 옥섬돌에 흩날리고, 진홍색 눈이 신선의 집에 내리네[彩雲飄玉砌, 絳雪下仙家]"라고 노래했다. 강연絳煙은 진홍빛의 연기를 말한다. 이 역시 선경仙境에서나 볼 수 있는 상서로운 연기이다. 위응물은 「온천행溫泉行」에서 "옥 같은 숲의 옥 같은 눈은 차가운 산에 가득하고, 현각玄閣으로 올라가니 진홍 연기가 떠도는구나[玉林瑤雪滿寒山, 上升玄閣遊絳煙]"라고 묘사했다.

은하는 강하絳河라고도 한다. 왕달王達의 『여해집蠡海集』 「천문류天文類」에 따르면 이 이름은 고대 천문학과 관련이 깊다. 고대 천문학에서는 하늘을 관측할 때 북극을 중심으로 삼았다. 이렇게 되면 하늘에 보이는 모든 것들이 북극의 남쪽에 있게 된다. 오행설에 따르면 남쪽은 화火에 속하고 색으로는 붉은색이기 때문에 은하를 강하로 부른 것이다. 당대 시인 두심언杜審言은 「칠석七夕」에서 "하얀 이슬은 밝은 달을 머금고, 푸른 노을은 붉은 은하를 끊었네[白露含明月, 青霞斷絳河]"라고 읊었다. 송사에도 "광활한 하늘은 깨끗하고, 붉은 은하는 맑고도 얕고, 하얀 달은 곱고 어여쁘네[長天淨, 絳河清淺, 皓月嬋娟]"라는 구절이 있다.

색깔은 사실 자연계 어느 곳에나 존재한다. 사람들은 마음대로 이 색깔을 사용할 수 있으며 누구도 이것을 소장하거나 점유할 순 없다. 그러나 고대에는 색깔의 사용에도 불문율이 있었다. 일반 백성들은 자색, 금색, 강색,

은색 등을 쓸 수가 없었다. 피일휴皮日休는 「문자蚊子」에서 “가난한 선비는 진홍의 옷도 없이, 괴로움 참으며 초가집에 눕는다네[貧士無絳紗, 忍苦臥茅屋]”라고 했다. 강색은 일반 평민이 아닌 귀족이나 장군, 관리들의 전용 색이었다. 『수서』 「여복지輿服志」에는 “여러 장군과 시종의 복장은 자색 적삼에 몸의 앞뒤를 덮은 갑옷을 금 거북껍질로 장식하기도 하고, 자색 적삼에 금장식 갑옷을 앞뒤로 두르기도 하고, 강색 적삼에 은장식 갑옷을 앞뒤로 두르기도 했다”는 기록이 있다. 『송서宋書』 「설안도전薛安都傳」에도 설안도가 강색 옷을 입은 채 적진으로 말을 몰고 들어갔다는 기록이 있다.

고대에는 공부를 가르치는 선생님도 강색을 사용할 권리가 있었다. 『후한서』 「마융전馬融傳」에서는 “항상 높은 당에 앉아 진홍빛 깁[絳紗]으로 만든 휘장을 펼쳐 놓고 앞으로는 생도들을 가르치고 뒤로는 여악女樂을 배열했다”고 했다. 여기서 여악은 고대의 가무기歌舞伎를 가리킨다. 이처럼 마융이 설치한 휘장이 진홍색이라 강사絳紗 혹은 강장絳帳이라 한 것이다. 훗날 강사는 학생들을 가르치는 행위 자체 혹은 스승을 가리키는 말이 되었다. 존경이나 칭송의 의미가 더해진 것이다. 물론 강사제자絳紗弟子는 학생을 가리키는 말이 되었다. 이상은은 「이위공李衛公」에서 “강사의 제자들은 소식이 끊기고, 난새 거울 가인들의 옛 모임은 드물어졌네[絳紗弟子音塵絕, 鸞鏡佳人舊會稀]”라고 노래했다.

역대 통치자들은 색깔의 사용에 일정한 규정을 두었다. 특히 국가적 의식이나 특정 장소에서의 복색은 엄격한 규정이 적용되었다. 당대에는 재례災禮(자연재해, 특히 일식이나 월식이 있을 때 지내는 제사)를 행할 때 강색 옷을 입고 북을 울려 일월日月을 지키는 의식을 치렀다. 당대 『개원례開元禮』에는 ‘합삭벌고合朔伐鼓’ 의례에 대한 규정이 있다. 이에 따르면 합삭(해, 달, 지구가 일직선이 되어 달이 전혀 보이지 않을 때로 보통 매월 초하루를 가리킨다)이 되기 삼각三刻(고대에는 하루 밤낮을 백 각으로 나누었으며 삼각은 43분에 해당한

다) 전에 교사령教社令과 문지기는 머리에 적색 두건을 쓰고 몸에 강색 옷을 입고 제단의 네 문을 지켰다. 청대 관원은 사후에 입는 수의壽衣에도 색깔의 규정이 있었다. 1~2품 관원은 강색, 3~4품은 흑색, 5품은 청색, 6품은 감색, 7품은 회색을 썼다. 고대에는 명정銘旌(죽은 이의 관직과 성명을 써서 영구 앞에 세우는 기)의 길이와 색깔에도 규정을 두었다. 길고 가는 비단으로 제작하는 명정은 사자의 신분에 따라 그 길이가 달라졌다. 연구에 따르면 수당 이후에는 명정의 규정에 상당히 신경을 썼다고 한다. 당시에는 강색의 비단에 분으로 글씨를 썼으며, 길이가 1~3품까지는 9척, 4~5품은 8척, 6품 이하는 7척이었다.

고대에는 복식과 수레의 색깔에 등급을 두었다. 황색은 황가의 복색이라 평민들은 절대 사용할 수 없었다. 명대에도 수레의 색깔에 엄격한 등급이 있었다. 황제는 밝은 황색, 친왕과 3품 이상은 홍색, 나머지는 수레 주인의 기호에 따라 남보석藍寶石(사파이어)색, 동색銅色, 강색, 녹색 등을 썼다. 그러나 일반 백성들의 가마는 면포나 마포로만 만들 수 있었으며, 색깔도 검푸른 색 혹은 짙은 남색을 써야 했다. 당대 대신들의 장복章服(일월성신을 수놓은 고대의 예복)도 강색이었다. 왕건王建은 「장학사의 '신수장복'에 화답함[和蔣學士新授章服]」에서 "오색의 상자 속 장복은 봄이고, 홀笏의 무늬 백어白魚가 되어 새롭네"라고 노래했다. 고대에는 깃발도 강색으로 만들곤 했다. 맹교는 「대부에게 양양을 바침[獻襄陽於大夫]」에서 "철마는 만 개의 서리와 눈이고, 진홍빛 깃발은 천 개의 무지개로다[鐵馬萬霜雪, 紅旗千虹霓]"라고 했다. 옛사람들은 진홍빛 깃발이 혼을 불러낸다고 믿기도 했다. 당대 시인 포용鮑溶은 「잡곡가사雜曲歌辭 · 비재행悲哉行」에서 "곡하기 전 낭랑하게 노래하고, 진홍빛 깃발은 숨은 혼을 이끄네[朗朗哭前歌, 絳旌引幽魂]"라고 했다. 장례를 치르고 혼을 불러낼 때 항상 강색 깃발을 썼던 것이다.

붉은 계열의 색은 여성과 밀접한 관련이 있다. 강색도 예외는 아니다. 여자들의 강색 옷차림은 전설 속 선녀를 모방한 것으로 볼 수 있다. 당대의 양형楊衡은 「선녀사仙女詞」에서 "옥경은 처음으로 자황군을 모시고, 금실의 원앙은 진홍 치마에 가득하네[玉京初侍紫皇君, 金縷鴛鴦滿絳裙]"라고 노래했다. 여인들의 규방도 강색 휘장을 즐겨 썼다. 북송의 사詞 작가 이지의李之儀는 「완계사浣溪沙」에서 "어제 서리 바람이 진홍 휘장으로 들어와, 내실의 깊은 뜰에 수놓은 주렴을 드리웠네[昨日風霜入絳帷, 曲房深院繡簾垂]"라고 노래했다. 강라絳羅 역시 진홍 휘장을 가리킨다. 고대의 여인들은 화장을 할 때 입술을 대홍大紅, 즉 강색으로 칠했다. 그래서 이런 입술을 강순絳脣이라고 했다. '점강순點絳脣'이라는 사패詞牌의 이름이 바로 고대에 이 화장법이 매우 보편적이었음을 말해준다. 그만큼 시에서도 강순을 묘사하는 경우가 흔했다. 이백은 「풍취생곡風吹笙曲」에서 "이별의 소리 크게 부르려 진홍빛 입술 열고, 헤어짐의 노래 다시 탄식하며 가는 손가락 흘리네[欲嘆離聲發絳脣, 更嗟別調流纖指]"라고 했다. 또 남조 때 포조鮑照는 「무성부蕪城賦」에서 "남국의 가인, 깨끗한 마음에 고운 성품, 옥 같은 용모에 진홍빛 입술[南國佳人, 蕙心紈質, 玉貌絳脣]"이라고 묘사했으며, 당대 시인 유희이劉希夷는 「채상採桑」에서 "넘실넘실 패수는 굽어 있고, 걸음걸음 봄향기는 푸르네. 붉은 얼굴에 밝은 구슬 빛나고, 진홍 입술은 백옥을 머금었네[盈盈灞水曲, 步步春芳綠. 紅臉耀明珠, 絳脣含白玉]"라고 노래했다.

강색과 관련된 사물은 대부분 아름답다. 예를 들어 옛사람들이 치정의 상징으로 여겼던 붉은 초는 강랍絳蠟으로도 불렸다. 송대의 한진韓畛은 「고양대高陽臺 · 제야除夜」에서 "은죽롱 소리 자주 들려, 진홍빛 초에 거듭 불을 댕기네[頻聽銀簽, 重燃絳蠟]"라고 했다. 무지개의 강색과 관련해서는 아름다운 전설이 전한다. 옛날 어느 부부가 흉년에 채소만 먹다가 죽어서 무지개의 청색과 강색이 되었고, 그래서 무지개를 흔히 '미인홍美人虹'이라 불렀던 것이다(『이원異苑』에서 출전). 자연의 강색 역시 아름답다. 진홍의 목단이 그 예이다. 백거이는 「목단방牧丹芳」에서 "천 개의 조각 붉은 꽃부리로 노을이 활활 타고, 백 개의 가지 진홍빛 점으로 등불은 반짝반짝[千片赤英霞爛爛, 百枝絳點燈煌煌]"이라고 노래했다. 석류꽃 역시 강색이다. 한유는 「제장십일여사삼영題張十一旅舍三詠 · 유화榴花」에서 "오월의 석류꽃이 눈에 밝게 비치고, 가지 사이로 처음 생긴 열매가 간혹 보이네[五月榴花照眼明, 枝間時見子初成]"라고 노래했다.

강색은 중국화에서도 한자리를 차지한다. 조맹부趙孟頫의 산수화에는 두 가지 풍격이 있다. 하나는 청록으로 착색한 것이다. 이는 수당 이래의 청록산수를 계승한 것으로 「추교음마도秋郊飮馬圖」(고궁박물원 소장)가 대표적이다. 다른 하나는 옅은 강색으로 착색한 것이다. 이는 오대 동원董源과 거연巨然의 수묵을 계승한 풍격으로 「수촌도水村圖」(고궁박물원 소장)가 대표적이다. 「작화추색도鵲華秋色圖」는 이 두 가지 풍격을 겸비한 것이다. 조맹부는 이 그림을 친구인 주밀周密에게 주었다. 주밀이 제齊(지금의 산동) 지역 사람이라 제남濟南 교외의 작산鵲山과 화부주산華不住山을 그렸다. 두 산은 멀리서 서로를 바라보고 그 가운데로 평원과 모래섬이 있으며, 붉은 나무와 갈대, 초가집과 고깃배가 보이고 행인이 오간다. 화법은 동원을 본떠서 옅은 진홍 위주에 청록을 약간 입혔다. 왕유가 개창한 수묵산수화는 원사가元四家(원대 산수화의 대표 화가들로 보통 조맹부, 오진吳鎭, 황공망黃公望, 왕몽王蒙을 이른다)를 거쳐 심주沈周, 문징명文徵明까지 이어지면서 '남종南宗'을 형성한다. 수묵이나 옅은 진홍을 더하는 기법을 중시한 반면 청록으로 세밀하게 그리는 산수화는 낮게 평가하는 것이 남종파를 관통하는 주요 사상이었다.

15. 상색[緗], 미색[米]

'상緗'은 엷은 황색이다. 『석명釋名』「석채백釋采帛」에서 "상은 상桑이다. 뽕잎이 처음 돋아날 때의 색이다"라고 했다. '상'의 글자 모양은 이것이 견직물과 큰 관계가 있음을 말해준다. 상은 엷은 황색으로 염색한 비단이며 우아하고 온화한 느낌을 준다. 상색은 고대의 지식인들이 좋아한 색이기도 하다. 그들은 항상 상색의 비단으로 책을 장식하고 보존했다. '상질緗帙', '상소緗素', '상표緗縹' 등은 모두 책을 대신 가리키는 말이다. 원래 상질은 담황색의 책싸개를 말한다. 상소는 엷은 황색의 비단이다. 고대에 이것으로 책싸개를 만들곤 해서 책을 가리키는 말로도 쓰인 것이다. 상표는 상색과 표색을 합한 말로 담황색과 담청색의 비단을 의미한다. 고대 상인들은 이 색의 옷만 입을 수 있었다고 한다. 또 옛날에는 이 비단으로 책주머니와 책싸개도 만들었다. 소통은 『문선文選』 서문에서 "글쓰기에 능한 재인才人들은 이름이 표낭縹囊(담청색 주머니)에 넘치고, 글을 짓고 붓을 휘둘러 책이 상질緗帙(엷은 황색의 책싸개)에 가득했다"고 말했다. 그래서 후대에는 상표 역시 책을 가리키는 말로 쓰이게 된 것이다.

대자연의 상색은 사람을 즐겁게 한다. 엷은 황색의 연꽃과 복사꽃은 보기만 해도 기분이 좋아진다. 그래서 남조 때 시인 사조謝朓는 「여름이 시작되고 유잔릉 시에 화답함[夏始和劉潺陵詩]」에서 "하얀 부평초는 멀리서 치달아오고, 상색의 연꽃은 분분히 스며오네[白萍望已騁, 緗荷紛可襲]"라고 노래하고, 북송의 유영柳永은 「목란화만木蘭花慢」에서 "상색의 복사꽃이 들판을 수놓으니, 아름다운 경치가 병풍과 같구나[緗桃繡野, 芳景如屏]"라고 감탄했다. 엷은 황색의 꽃은 마치 천진난만한 소녀처럼 예쁘고 생기가 넘친다. 담황은 가을의 색이기도 하다. 유우석劉禹錫은 「추사이수秋詞二首」에서 “산은 밝고 물은 맑고 밤에는 서리가 내려, 몇 그루 나무의 진한 홍색에서 엷은 황색이 비치네. 높은 누각에 올라 맑음이 뼛속까지 스미니, 사람 미치게 하는 춘색이라도 어찌 이만 하겠는가[山明水淨夜來霜, 數樹深紅出淺黃. 試上高樓淸入骨, 豈如春色嗾人狂]”라고 노래했다.

예로부터 상색은 규방 여인의 옷과 장식에 흔히 쓰였다. 겸상縑緗에서 ‘겸’은 엷은 황색의 비단을 가리킨다. 『회남자淮南子』 「제속훈齊俗訓」에서는 “겸의 본성은 황색이나 이것을 주사로 염색하면 적색이 된다”고 했다. 소녀들이 상색의 치마를 입으면 천진하고 소박하고 우아하고 낭만적인 느낌을 준다. 고래서 고대 농가의 여자들도 상색 치마를 즐겨 입었다. 「맥상상陌上桑」에서는 “상색 비단으로 아래치마를 만들고, 자색 비단으로 윗저고리를 만드네”라고 했다.

미색은 상색과 가깝다. ‘미米’는 껍질을 벗긴 곡물의 알맹이로 아주 연한 황색이다. 그러므로 미색은 희면서도 약간 노란색, 즉 담황색이다. 담황은 황색과 동일한 상징적 의미를 갖기도 한다. 당대 이래로 밝은 황색(즉, 담황색)은 황제의 전용 색이었다. 이는 토土를 중심으로 삼고 황색을 숭상한 오행 이론에서 비롯한다. 또 사원에서도 담황의 휘장을 썼다. 이는 황색에 탈속의 의미가 들어 있기 때문이다. 담황은 상색과 마찬가지로 신분이 낮은 여자들이 좋아하는 옷 색깔이기도 하다. 그래서 하층 여인들의 상징이 되다시피 했다. 당대의 기녀들은 담황색 의상을 입었다. 최애崔涯는 「도기悼妓」에서 “붉은 판교 서쪽의 작은 대나무 울타리, 무궁화는 지난해 이맘때 그대로네. 담황의 적삼은 흐려져 색이 바래고, 애간장 끊는 정향은 참새를 그리네[赤板橋西小竹籬, 槿花還似去年時. 淡黃衫子渾無色, 斷腸丁香畫雀兒]”라고 했다.

16. 자색[赭]

자赭는 본래 붉은 흙을 가리킨다. 『관자管子』 「지수地數」에서는 "위에 단사丹砂가 있으면 아래에 황금이 있고, 위에 자석이 있으면 아래에 구리가 있고, 위에 녹석綠石이 있으면 아래에 아연, 주석, 적동赤銅이 있으며, 위에 붉은 흙이 있으면 아래에 철이 있다는 뜻이다. 이는 산이 영화로움을 보여주는 것이다"라고 했다. 『사기』 「진시황본기」에는 "죄수들로 하여금 상산湘山의 나무를 모두 베게 해서 산을 붉게 만들었다"는 기록이 있다. 초목들을 모두 베어버리자 상산의 붉은 흙이 드러나 자색, 즉 홍갈색이 되었다는 말이다. 임혜상林惠祥의 『문화인류학』에 따르면, 토인들은 처음에는 피를 붉은 안료로 삼아 몸에 발랐다가 나중에는 대부분 자토赭土를 사용했다.

대자연에서 자색은 정상적인 색이 아니다. 자색은 흔히 특수한 기후를 표현할 때 쓰곤 한다. 온정균은 「회창병인풍세가會昌丙寅豐歲歌」에서 "병인년, 우마를 쉬게 하고, 바람은 떠다니는 구름 같고, 해는 악자渥赭 같구나[丙寅歲, 休牛馬, 風如吹煙, 日如渥赭]"라고 노래했다. 여기서 '악자'는 아주 진한 자색을 가리킨다. '자산한수赭山寒水'는 척박한 지방을 말한다. 유우석은 「군산회고君山懷古」에서 "속거(황제가 출타할 때 수행하는 수레) 81승이 이곳에서 큰바람에 막히고, 천년의 위세가 자산한수에서 다하였네[屬車八十一, 此地阻長風. 千載威靈盡, 赭山寒水中]"라고 했다.

고대인들에게 자색은 원래 비천한 색깔 중 하나였다. 죄인들도 자색 옷을 입었다. 기록에 따르면 진나라 때 가장 무거운 형벌은 성단城旦(4년 동안 성을 쌓는 노역)이었다고 한다. 이 벌을 받은 죄수들은 머리를 깎고, 자색 옷을 입고, 목에 쇠칼을 쓰고, 발에는 철 족쇄를 차야 했다. 사마천의 「보임안서」에 "그다음은 옷을 갈아입고 치욕을 받는 것"이라는 기록이 있는데, 여기서 옷을 갈아입었다는 것은 자색 옷으로 갈아입었음을 말한다. 또 같은 글에 "위기魏其는 대장의 몸으로 자색 옷을 입고 목과 손발에 형구를 찼다"는 기록도 있다.

『한서』「형법지刑法志」에 "간사한 자들이 함께 생기고 자색 옷이 길을 막는다"는 기록이 있다. 여기서 자색 옷은 도적이나 강도를 가리킨다. 또 『한서』「가산전賈山傳」에서도 "자색 옷을 입은 자들이 길을 막고, 도적떼가 산에 가득하다"고 했다. 이 때문에 악인의 형상을 묘사할 때도 자색을 쓰곤 했다. 『여씨춘추』에 "진陳나라에 돈흡수미敦洽讎糜라는 악인이 있었다. 툭 튀어나온 이마에 얼굴이 넓고, 낯빛이 자색 칠을 해놓은 것 같았으며, 머리를 코까지 길게 늘어뜨리고, 팔꿈치가 길고 구부러져 있었다. 진후가 그 모습을 보고 몹시 즐거워했다"는 기록이 있다. 자색 얼굴은 지금도 흔히 말하는 돼지 간 색깔의 얼굴이다. 고대인들이 이런 얼굴빛을 대단히 무시했음을 알 수 있다.

그러나 자색을 준마에 쓰면 좋은 의미가 된다. 자색의 말은 기기騏驥이다. 신기한 모습의 이 말은 땀도 자색이라고 한다. 『문선』 권35 「칠명七命」 '천기지준天驥之駿' 에서는 이 말이 "침은 붉은 것을 날리는 듯하고, 땀은 피를 떨치는 듯하다"라고 했다. 침은 붉은 흙 같고 땀은 피 같다는 것이다. 후대 시인들에게 이 말은 인간세상의 것이 아니었다. 당대의 원진元稹은 「팔준도시八駿圖詩」에서 "꼬리는 푸른 파도를 검게 흔들고, 땀은 흰 구름을 붉게 물들이네[尾掉滄波黑, 汗染白雲赭]"라고 했다.

진한 이후에는 자색의 위상이 훨씬 높아진다. 특히 복식에서 자색은 평민의 복색에서 고관의 복색으로 수직 상승한다. 당나라 때는 공을 세워 이름을 날리면 자색 옷을 입어 높은 자리에 올랐음을 표시했다. 두엄杜淹은 「기증제공寄贈齊公」에서 "자색 옷으로 촉도에 오르고, 흰 머리로 진천과 이별하네[赭衣登蜀道, 白首別秦川]"라고 했다. 또 잠삼岑參은 「부사가 되어 하서로 돌아가는 장헌심에게 보내는 시[送張獻心充副使歸河西雜句]」에서 "서른도 안 되어 이미 높은 자리에 올라, 허리 사이 금인은 색깔이 붉구나[未至三十已高位, 腰間金印色赭然]"라고 했다.

자색은 고귀한 황권의 상징으로 여겨져 황가에서 사용하는 색깔이 된다. 황제의 용포는 황색 바탕에 자색을 살짝 띠었으며, 평소에 쓰는 비단 두건까지도 자황赭黃색이었다. 화예부인花蕊夫人의 「궁사宮詞」에 "단오 때 여름옷을 황제의 침상에 바치니, 자황의 비단 두건이 금 상자를 덮었네[端午生衣進御床, 赭黃羅帊覆金箱]"라는 구절이 있다. 이렇듯 자황색 옷차림은 곧 황제를 가리켰다. 황제가 자색 용포를 입었기 때문에 시에서도 자포赭袍로 황제를 대신 칭하는 경우가 많았다. 두목은 「장안잡제장구長安雜題長句」에서 "궁궐의 금색 푸른빛이 높은 산을 비추고, 만국의 사절들은 자색 용포를 받드네[觚棱金碧照山高, 萬國珪璋捧赭袍]"라고 했다.

자색은 전통 중국화에서도 많이 썼다. 재료는 보통 자석赭石 혹은 자색 염료였다. 「유춘도遊春圖」(고궁박물원 소장)는 북제北齊 전자건展子虔의 그림 중 유일하게 전하는 작품으로 청록색과 자석赭石으로 색을 칠했다. 북송 왕희맹王希孟의 「천리강산도千里江山圖」는 따뜻한 느낌의 자석 위로 석청과 석록을 부각시켜 통일과 조화 속에서 눈부신 아름다움을 드러내고, 드넓은 대지의 웅장하고 화려함을 선명하게 느끼게 해준다. 자색은 예술적 표현력에 있어서도 묵직한 느낌을 잘 표현하므로 광활하고 넓고 무거운 화면에 항상 사용된다. 왕원기王原祁(1642~1715)는 평생토록 황공망黃公望의 화법을 추구하여 건필乾筆(수묵을 아주 적게 쓰는 필법으로 고필枯筆이라고도 한다)로 층층의 주름을 두텁게 그린 다음 자석, 화청, 석청, 석록 등을 층마다 더했다. 이런 화법을 통해 '진하면서도 담담하고, 가득 차 있으면서도 맑은' 예술적 효과를 연출한 것이다.

17. 창색[蒼]

창색은 보통 청색靑色으로 여겨진다. 예를 들어 '창송취백蒼松翠柏'에서 창송은 곧 청송을 말한다. 『광아』「석기釋器」에서도 "창은 청이다"라고 했다. 『예기』「월령」 '맹춘'의 "창룡蒼龍에 오르다"라는 기록에 대해 정현鄭玄은 "창 역시 청이다"라는 주석을 달았다. 그러나 창색은 청색보다 함의하는 바가 더 많다. 창색에는 남색과 녹색의 의미도 들어 있다. 중국인이 청색과 남색을 구분하지 않는 이유도 아마 창색 때문일 것이다. 어떤 경우에는 창색이 회백색의 의미가 되기도 한다. 창염蒼髥(희끗희끗한 수염), 백발창창白髮蒼蒼 등이 그 예이다. 『시경』「왕풍王風」 '서리黍離'에 "끝없이 아득한 푸른 하늘, 이것은 누가 만든 것인가[悠悠蒼天, 此何人哉]!"라는 구절이 있다. 여기서 창천은 곧 청천靑天(푸른 하늘)이자 남천藍天(파란 하늘)이다. 그러나 창천이 청천과 같은 것은 아니다. 『이아』「석천釋天」에서 "봄은 창천에 있다"고 했다. 이순李巡은 이에 대해 "봄에 만물이 소생하는데 그 색이 푸르디푸르기 때문에 '창천'이라 한다"고 했다. 『설문해자』에서 "창은 초색草色이다"라고 했다. 초색은 사계절의 변화가 매우 크다. 따라서 창색은 청색보다 포용하는 범위가 훨씬 넓다고 볼 수 있다. 그래서 '창'이 '끝없이 넓음'의 의미를 갖는 것이다. 창망蒼茫, 창생蒼生, 창창蒼蒼 등의 단어에서 '창'을 '청'으로 대체할 순 없는 이유도 이 때문이다. '창망'은 넓고 아득하다는 뜻이다. 이백은 「관산월關山月」에서 "밝은 달이 천산에서 나오니, 아득한 구름바다 사이로구나[明月出天山, 蒼茫雲海間]"라고 했다. '창생'은 천하의 초목이나 백성을 가리킨다. 『서書』「익직益稷」에 "하늘 아래 제왕의 빛, 바다 귀퉁이 창생에게까지 이르네"라는 기록이 있다. 공영달孔穎達은 이에 대해 "바다 귀퉁이 푸르디푸른 초목에까지 황제의 덕이 미친다"는 의미라고 했다. '창창'은 심원하다는 의미이다. 『장자』「소요유」에서는 "하늘의 푸르디푸름[天之蒼蒼]은 그것의 본래 색깔인가? 멀고 아득하여 끝이 없는 것인가?"라고 했다.

동방의 창룡, 남방의 주작, 서방의 백호, 북방의 현무는 전설에 등장하는 사방의 신수神獸이다. 여기서 창룡은 곧 청룡이다. 또 고대에 가장 현명했던 네 군왕은 사방의 제왕들이 감동하여 낳았다고 전해진다. 요임금은 적제가 감동하여 낳고, 순임금은 황제가 감동하여 낳고, 우임금은 백제가 감동하여 낳고, 탕왕은 흑제가 감동하여 낳고, 주 문왕은 창제蒼帝가 감동하여 낳았다는 것이다. 『산해경』「대황동경大荒東經」에는 짐승의 모습을 한 우레의 신이 등장한다. 이 신은 "소의 형상에 몸은 푸르고 뿔이 없으며 발은 하나이다. 물속을 출입할 때는 꼭 비바람이 일고, 그 빛은 일월과 같고, 그 소리는 우레와 같다"고 한다. 이렇듯 상고시대에는 창색이 청색의 자리를 대신했으며, 색깔을 의미하는 '청'은 나중에 생긴 글자이다. 글자의 자형을 봐도 '창' 자가 '청' 자보다 일찍 등장했음을 알 수 있다. '艹'가 들어간 '蒼'은 곧 초색을 가리키며, 이는 사람들이 가장 쉽게 인식할 수 있는 색깔이다.

창색이 주는 느낌은 성숙, 넘치는 힘, 활력, 윤택, 포만 등이다. 왕포王褒는 「동소부洞簫賦」에서 "지극한 오묘함의 넉넉함과 빛남을 마시고, 창색의 윤택함과 견고함을 부여받고, 음양의 변화에 감응하여, 황천에 생명을 부여하네[吸至精之滋熙兮, 稟蒼色之潤堅. 感陰陽之變化兮, 附性命乎皇天]"라고 노래했다. 명대 영락永樂, 선덕宣德 연간의 청화자기는 '미증유의 기이함을 열어젖혔다'는 평가를 받는다. 이 자기는 청, 남, 녹 등의 색채를 모두 사용하여 밝고 선명하면서도 묵직한 느낌을 준다. 청색을 내는 재료로는 페르시아에서 수입한 '소니발청蘇泥勃靑'을 사용했다. 소니발청의 창창한 색감은 청색이라는 단순한 한마디로 개괄할 수 없다.

청과 창은 가까운 색으로 함께 쓰이곤 했다. 그러나 둘은 다른 색이다.

창은 대자연의 색인 반면 청은 인간의 색이다. 이는 후대인들이 색을 뜻하는 글자를 사용하면서 하나의 습관으로 굳어진 결과이며 그 속에는 풍부한 문화적 상징이 내포되어 있다. 예를 들어 청사靑史는 죽간에 사건을 기록한 사서를, 청운靑雲은 높은 관작을, 청천靑天은 청렴한 관리를, 청피靑皮는 무뢰한 자를, 청의靑衣는 지위가 낮은 사람을, 청아靑娥는 젊은 여자를 가리키며, 청루는 원래 호화롭고 아름다운 누각을 가리키나 나중에는 기방의 의미로 쓰였다. 자연의 색은 대부분 창색을 쓴다. 창천蒼天과 창운蒼雲에 깨끗한 관리와 고관대작의 의미는 없다. 하지만 다른 상징적 의미로는 쓰인다. 예를 들어 사조謝朓「답왕세자시答王世子詩」의 "창운은 구중으로 어둡고, 북풍은 온갖 소리를 내며 부는구나[蒼雲暗九重, 北風吹萬籟]"에 나오는 창운은 험난한 앞길을 상징한다. 백운白雲 역시 창운이라 불리기도 한다. 이는 창에 본래 백의 의미가 들어 있어서가 아니라 구름이 푸른 하늘에 있기 때문이다. 옛사람들은 백설을 강설이라 부른 것처럼 백운도 창운이라 부르곤 했던 것이다. 심약沈約은「제구행齊謳行」에서 "층층의 봉우리가 창운을 타고 있네[層峰駕蒼雲]"라고 썼다. 창천은 인격화 혹은 신격화되어 지고무상의 하늘이나 사람의 운명을 주재하는 권력으로서 슬픔에 싸이고 곤경에 빠진 이들의 호소의 대상이기도 하다. 혜강은「사친시思親詩」에서 "창천에 호소해도 하늘은 듣지 않으니, 눈물은 비처럼 흐르고 탄식은 구름이 되었네[訴蒼天兮天不聞, 淚如雨兮嘆成雲]"라고 슬퍼했다. '청천'과 '창천'은 상징적 의미도 다르다. 청천은 사람으로서의 청렴한 관리를 상징하지만, 창천 혹은 창호蒼昊는 그보다 훨씬 큰 의미의 심판자를 상징한다.

'창'을 겹쳐 쓴 '창창'은 푸른 정도가 더함을 나타내며 보통은 하늘, 대지, 숲 등의 광활한 모습을 가리킨다.「칙륵가敕勒歌」에서는 "하늘은 둥근 집 같아 대바구니가 사방 들판을 덮었네. 하늘은 푸르디푸르고 들판은 아득하구나[天似穹廬, 籠蓋四野. 天蒼蒼, 野茫茫]"라고 노래했다. '창창'은 하늘을 가리키기도 한다. 후한 말의 여류시인 채염蔡琰은 「호가십팔박胡笳十八拍」에서 "피눈물 흘리며 고개 들어 하늘에 호소하니, 나를 낳고서 어찌 홀로 이런 재앙을 맞게 하십니까[泣血仰頭兮訴蒼蒼, 生我兮獨罹此殃]!"라고 했다. 달빛 아래의 천지도 '창창'으로 형용했다. 설도薛濤는 「송우인送友人」에서 "수국水國의 갈대는 밤에 서리가 내리고, 달빛 차가운 산색은 모두가 창창하구나[水國蒹葭夜有霜, 月寒山色共蒼蒼]"라고 했다. 달빛에 비친 희미한 청백의 산색을 창색으로 잘 표현하고 있다. '창창'이 비바람을 형용하는 말로 쓰이면 희미하고 아득한 느낌을 준다. 백거이는 「야우夜雨」에서 "가을하늘은 아직 밝지도 않고, 비바람은 창창하기만 하네[秋天殊未曉, 風雨正蒼蒼]"라고 읊었다.

18. 갈색[褐], 다색[茶]

'갈褐'은 본래 동물의 털이나 거친 삼베로 만든 짧은 옷을 가리킨다. 고대에는 빈천한 사람들이 이런 옷을 입었다. 『맹자』「등문공상」에 "허자許子는 갈옷을 입는다"는 구절이 있다. 조기趙岐는 이에 대해 "갈은 털을 짜서 만들며 지금의 마의馬衣와 같다……. 일설에는 거친 베옷이라고 한다"고 주석을 달았다. '갈'은 빈천한 사람을 대신 칭하는 말로도 쓰였다. 『좌전』「애공哀公」13년에 "나는 갈옷[褐]을 입은 노인과 함께 그것을 흘겨보았다"는 기록이 있다. 두예杜預는 이에 대해 "갈은 빈한하고 천한 사람이다"라는 주석을 달았다. '갈'에 포함된 갈색의 의미가 동물의 털로 만든 갈옷의 색깔에서 온 것인지 아니면 '갈褐'이 '갈鶡'과 통해서 갈색이라는 의미로 파생된 것인지는 판단하기 힘들다. '鶡'은 꿩의 일종으로 털이 검누렇다. 『산해경』「중산경中山經」에 "그 새들의 대부분은 갈이다"라는 기록이 있다. 그러나 '鶡' 역시 거친 베로 만든 짧은 옷의 의미로도 쓰였다. 유준劉峻은 「변명론辨命論」에서 "갈관鶡冠과 옹유甕牖라도 반드시 하늘과 이어지는 날이 있으리라"고 했다. 여향呂向은 여기에 "옹유는 빈천한 이들의 거처이고, 갈관은 빈천한 이들의 옷이다"라고 주석을 붙였다. '褐'과 '鶡'이 어떤 의미로든 서로 가차할 수 있는 글자임을 알 수 있다.

갈색은 진한 차의 색깔이자 석탄재, 즉 갈탄의 색깔이다. 차는 홍차, 녹차, 흑차, 청차, 백차, 황차의 여섯 가지로 크게 나뉘지만 차색은 하나의 색일 뿐이다. 다갈색, 비연색鼻煙色을 의미하는 차색은 차나무나 찻잎의 색이 아니다. '차茶'의 본래 글자는 '도荼'이다. 『이아』「석목釋木」에서 "가檟는 고도苦荼(쓴 씀바귀)이다"라고 했다. 『이아주爾雅注』에서는 이에 대해 "나무는 치자처럼 작고 겨울에 잎이 나며 그것을 끓여 죽으로 만들어 마실 수 있다. 지금은 일찍 딴 것을 '차荼'라 하고, 늦게 딴 것을 '명茗', 혹은 일명 '천荈'이라 한다. 촉蜀 땅 사람들은 이것을 '고도'라 한다"고 썼다. 차가 전국적으로 유행한 것은 당대부터였다. 『구당서』「육우전陸羽傳」에 이런 기록이 있다. "육우는 차를 즐겼으며, 「다경茶經」 3편을 지어 차의 원류, 다법茶法, 다구茶具에 대해 잘 갖추어 소개했다. 이렇게 해서 세상은 차를 마시는 법을 더 잘 알게 되었다. 이후 차를 맛보는 일이 크게 유행하여 회흘回紇족은 조정에 들어와 처음으로 하는 일이 말을 몰고 가서 차를 사는 것이었다." 다색은 대단히 우아한 느낌을 준다. 그래서 옷이나 원림에도 다색을 쓰는 경우가 많았다. 송대 시인 매요신梅堯臣은 「곤산으로 돌아가는 양옥상인을 보내며[送良玉上人歸昆山]」라는 시에서 "올 때는 다색의 도포를 입었는데, 돌아갈 때는 오디 색 옷으로 변했네[來衣茶色袍, 歸變椹色服]"라고 했다. 또 북송 이구李覯의 시 「송황승백送黃承伯」에는 "다갈색 원림에 버들색이 새롭다[茶褐園林新柳色]"는 구절이 있다. 비연은 잎담배의 일종으로 역시 다갈색이다.

'갈'은 빈천한 사람을 가리키지만 갈색은 그렇지 않다. 당나라 때 진사는 이부吏部에서 주관하는 '석갈시釋褐試'를 치러야 했다. 여기서 신身, 언言, 서書, 판判 시험에 합격해야 비로소 거친 무명옷을 벗고[釋褐] 관리가 될 수 있었다. 송대의 선비들도 급제를 하면 바로 무명옷을 벗고 관리가 되었다. 갈색은 나이 많은 어른의 복색이기도 했다. 백거이는 「불준의이수不准擬二首」에서 "기세등등 가마를 탄 한 노인, 갈색 갖옷에 검은 모자에 하얀 콧수염[籃輿騰騰一老夫, 褐裘烏帽白髭鬚]"이라고 했다. 춤추는 사람들도 갈색 옷을 입었다. 당대 시인 길교吉皎는 「칠로회시七老會詩」에서 "허리 구부려 미친 듯 춤추며 붉은 소매 드리우고, 축筑을 치며 노래 부르니 갈색 옷자락 멋대로 나풀거리네[低腰醉舞垂緋袖, 擊筑謳歌任褐裾]"라고 노래했다.

자연으로 눈을 돌려보면 다 익은 밤 껍질이 바로 갈색이다. 그래서 갈색을 율색栗色이라 부를 때도 있다. 상나라 때 왕균王均은 녹색, 갈색, 백색의 연옥軟玉을 만들었다. 속칭 호호발呼呼餑, 산화상山和尙이라고도 부르는 대승戴勝(후투티)이라는 새는 아래쪽 등과 어깨가 흑갈색에 갈색이 섞인 모습이다. 왕건은 「대승사戴勝詞」에서 "자주색 모자 곱디곱고 갈색 깃털은 알록달록, 잠자리 입에 물고 처마 위로 날아가네[紫冠采采褐羽斑, 銜得蜻蜓飛過屋]"라고 했다.

갈색은 곧 흑황색으로 황갈과 흑갈의 구분이 있다. 황색에 치우친 것이 황갈, 흑색에 치우친 것이 흑갈이다. 그 외에도 회갈, 홍갈 등도 있다. 1960년 전후에 강소성 문물공작대는 오강吳江 매언梅堰의 신석기시대 유적에서 홍갈색 위주의 채색 도기를 발견했다. 신석기시대 도기는 한 면이 흑갈색이고 다른 한 면은 황갈색이며 간혹 짙은 회색이나 옅은 회색이 섞여 있다. 상주商周 시대에는 진흙으로 만든 갈색 도기와 모래를 섞은 갈색 도기 등이 유행했다. 도기를 불에 구운 후에는 표면에 도의陶衣를 한 층 더 입힌다. 도의의 색으로는 갈색, 홍색, 백색 등을 썼다. 1959년에 호남 상덕常德 덕산德山의 전국시대 말기 무덤에서는 진한 갈색의 붉은 용무늬 경대가 발견되었다. 전국시대의 칠기 장식은 이전의 수준을 훨씬 뛰어넘어 색채도 더욱 풍부해졌다. 하남 신양信陽 장태관長台關의 초나라 묘에서 출토된 소형 슬瑟은 갈색을 포함하여 최소 아홉 가지 색을 사용했다. 동방의 제나라는 다채로운 무늬의 명주로 유명했다. 몇몇 제나라 무덤에서 출토된 명주는 갈, 홍, 흑, 자, 황 등의 여러 색으로 염색이 되어 있었다. 수당시대는 자기 제조업이 크게 번성했다. 여기에 갈색 유약의 등장으로 다양한 색채의 등燈이 민간에 보급되기도 했다. 『당육전唐六典』, 『신당서』 「백관지百官志」 등에 따르면 당대의 수공업 기술은 이미 최고 수준에 달해 있었다. 당시 칠현금의 기본색이 바로 자갈색, 소위 말하는 '율각색栗殼色(밤 껍질 색)'이었다. 1978년 호북 임리臨利의 당대 무덤에서는 흑갈색의 공기, 대야, 찬합, 국자, 사발 등이 출토되었다. 예로부터 갈색은 중후하고 깊고 예스럽고 숙련된 느낌을 주었다.

19. 감색[紺]

감색은 붉은빛이 감도는 진한 푸른색이다. 한 말의 예형禰衡은 「앵무부鸚鵡賦」에서 “감색 발에 붉은 부리, 녹색 옷에 비취 옷깃”이라고 앵무새를 묘사했다. 감은 간색의 일종이라 선진 사람들은 이를 무시했으며 군자는 감색으로 옷을 지어 입어서는 안 된다고 보았다. 『논어』 「향당」에서도 “군자는 감색이나 검붉은 색으로 옷 장식을 하지 않는다”고 했다. 선진 사람들은 감, 홍, 표縹, 자紫, 유황流黃(황갈색) 등을 간색으로 인식하고 꺼렸지만, 진한 이후에는 이런 관념이 색채에 대한 사람들의 기호에 기본적으로 영향을 주지 않았다. 심지어 홍색과 자색은 지존의 위치까지 올라간다. 황자와 친왕, 군왕이 황제의 특별 윤허를 받고 황금색 복장을 했다. 또 청대의 백관들은 일반적으로 석청石青색 혹은 감색의 도포를 입었다. 유소劉昭 『속한서續漢書』 「예의지하禮儀志下」를 보면 “근신과 2천 석 이하는 모두 유황留黃의 관을 착용했다”는 기록이 있다. 유황은 곧 유황流黃을 말한다. 표는 담청색이다. 유리기와와 책싸개는 항상 이 색을 썼다. 색에 대한 관념보다는 색에 대한 심미적 판단이 색의 선택을 좌우하게 된 것이다. 이 때문에 소위 정색과 간색의 구별은 금세 무의미해지고 진대 이후에는 이를 언급하는 사람이 거의 없었다.

얼핏 보기에는 색깔이 어떤 차별의 표지로서는 별다른 의미가 없는 듯하지만, 사실 특정 색을 택하고 다른 색은 택하지 않는 행위 자체에 이미 심미적 판단이 들어가 있는 것이다. 사료에 따르면, 수 양제 때 비각秘閣의 책은 “상품은 붉은 유리로 축을 쓰고, 중품은 감색 유리로 축을 쓰고, 하품은 옻나무로 축을 썼다”고 한다. 또 청대의 규정에 따르면 관원은 사후에 입는 수의壽衣도 1~2품은 강색, 3~4품은 흑색, 5품은 청색, 6품은 감색, 7품은 회색을 썼다. 이렇듯 색채 역시 계급 관념의 상징적 의미로서 분명하게 작용했던 것이다.

고대인들은 색채에 대한 심미적 느낌을 일정한 관념과 통일시켜 색채를 운용할 줄 알았다. 그래서 장엄하고 무거운 느낌을 주는 감색은 전당이나 사원에 흔히 쓰였다. 당대 시인 왕발王勃은 「익주덕양현선적사비益州德陽縣善寂寺碑」에서 "붉은 난간 저녁에 밝아지니 명월의 궁전에서 노는 듯 하고, 감색 집[紺宇] 새벽에 환해지니 오색구름 떠도는 궁궐을 마주한 듯하네"라고 했다. 여기서 감우는 사찰을 가리킨다. '감원紺園' 역시 산중의 고찰古刹을 가리키는 말로 쓰였다. 당대의 유헌劉憲은 「'행삼회사'에 삼가 화답함[奉和幸三會寺應製]」에서 "높고 험한 산 속의 창사대, 훤하고 밝게 감원이 열렸네[岧嶢倉史臺, 敞朗紺園開]"라고 했다.

감색에는 비범함, 기이함 등의 상징적 의미가 들어 있어서 신선과 관계되는 경우가 많다. 남조 때 서릉徐陵은 「간문제의 '새한고조묘' 시에 화답함[和簡文帝賽漢高祖廟詩]」에서 "붉은 휘장은 영험한 산들과 가까이 맞대고, 감색 자리에는 뭇 신선들이 내려오네[丹帷迫靈嶽, 紺席下群仙]"라고 노래했다. 감색 머리카락은 도를 터득한 선옹仙翁을 가리켰다. 백거이는 「송모선옹送毛仙翁」에서 "선옹은 이미 도를 터득하여, 흔적을 남기지 않고 암천巖泉을 찾네. 피부는 빙설처럼 밝고, 의복은 오색 구름 노을처럼 선명하고, 감색 머리칼은 실가닥처럼 곱고, 아이 같은 얼굴은 꽃처럼 아름답구나[仙翁已得道, 混迹尋巖泉. 肌膚氷雪瑩, 衣服雲霞鮮. 紺髮絲并致, 齠容花共妍]"라고 했다. 감색의 초탈 이미지는 백련白蓮에 대한 묘사에서도 드러난다. 백거이는 「육년 가을에 다시 백련으로 시를 씀[六年秋重題白蓮]」에서 "하얀 방 이슬을 머금고 옥 장식 모자는 곱고, 감색 잎 바람에 흔들리고 금 상감 부채는 둥글구나[素房含露玉冠鮮, 紺葉搖風鈿扇圓]"라고 노래했다.

감색은 본래 여자의 머리카락을 형용한다. '감루紺縷'가 곧 감색의 머리카락이다. 남송 시인 왕기손王沂孫은 「염화범釅花犯 · 태매苔梅」에서 "감색 머리칼 흩날려 이별의 심사 묶어두기가 어려움을 탄식하네[嘆紺縷飄零, 難繫離思]"라고 했다. 또 감대紺黛(감색 눈썹먹)는 여자를 가리킨다. 포조鮑照의 누이 포영휘鮑令暉는 「의청청하반초擬青青河畔草」에서 "우는 악기 줄은 밤 달에 부끄러워하고, 감색 눈썹먹은 봄바람에 수줍어하네[鳴絃慚夜月, 紺黛羞春風]"라고 노래했다.

오채 누공 구름 봉황무늬 병

붉은색 도기 병

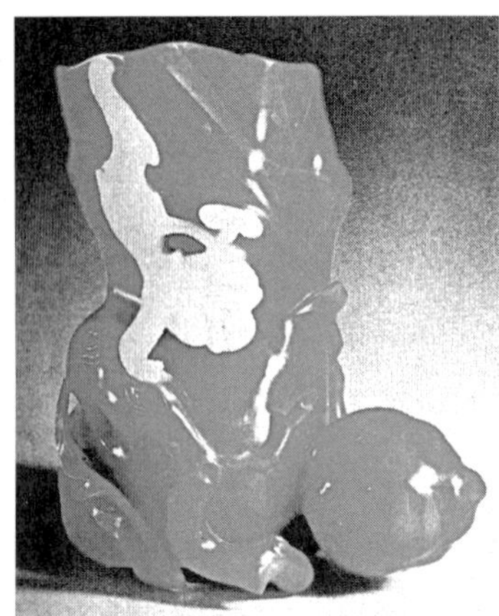

붉은 마노 복숭아 세洗(붓을 씻는 용기)

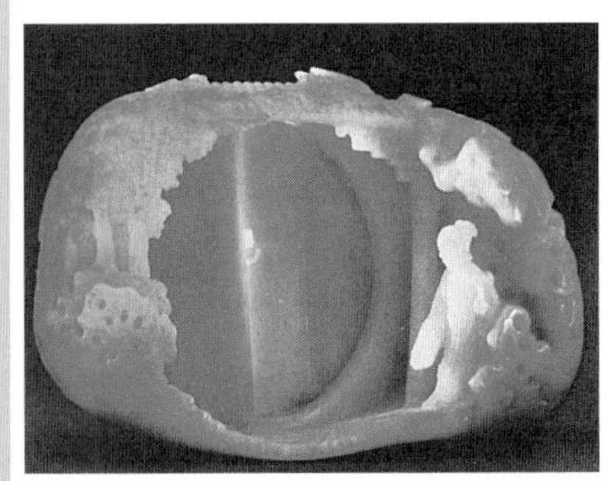

강색 '동음사녀도桐蔭仕女圖' 옥 조각

황색 바탕 산수 주발

백조조봉도百鳥朝鳳圖

청자신수존靑瓷神獸尊

장사요長沙窯
황색 바탕 도기 관罐

위화衛盉

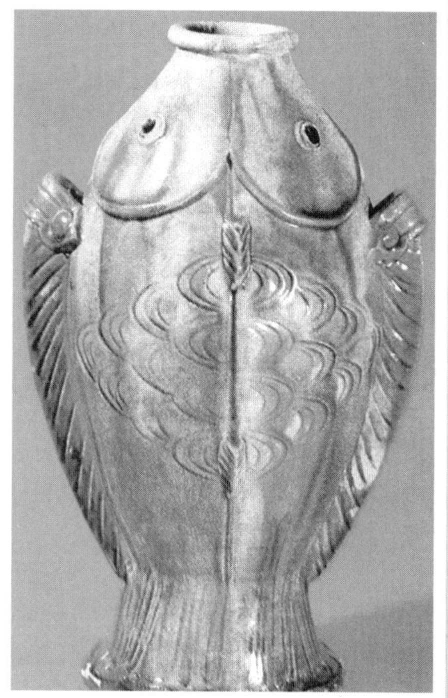

여요汝窯 자기 주발

삼채쌍계어병三彩雙繫魚瓶

녹색으로 새긴 용봉 무늬 주발

화과花果 무늬 주발

용천요龍泉窯 청자 쌍어세雙魚洗

청색 꽃무늬 주발

덕화요德化窯
자기 조각 관음상

제청분채묘쌍금연존霽青粉彩描雙金燕尊

자단목 가구

자단 조각상

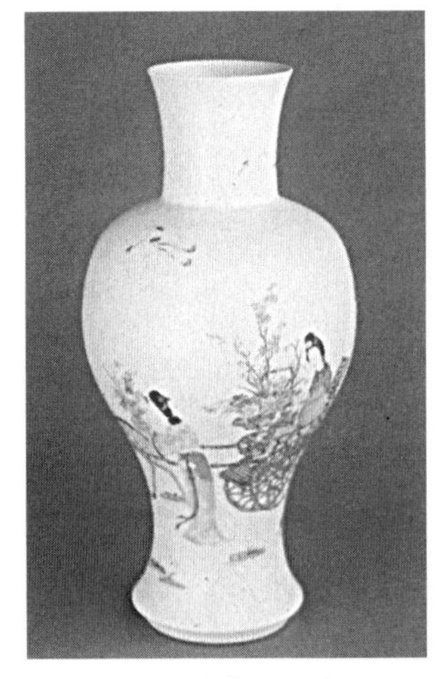
흰 바탕 축수도 병

높고 깨끗한 남조의 조각

오왕부차감吳王夫差鑑

당삼채 흑도마黑陶馬

괵계자백반虢季子白盤

꽃을 새긴 금 주발

둥근 꽃을 새긴 금잔

복수문福壽紋을 금으로 묘사한
뚜껑 달린 병

등봉요登封窯 쌍호 무늬 병

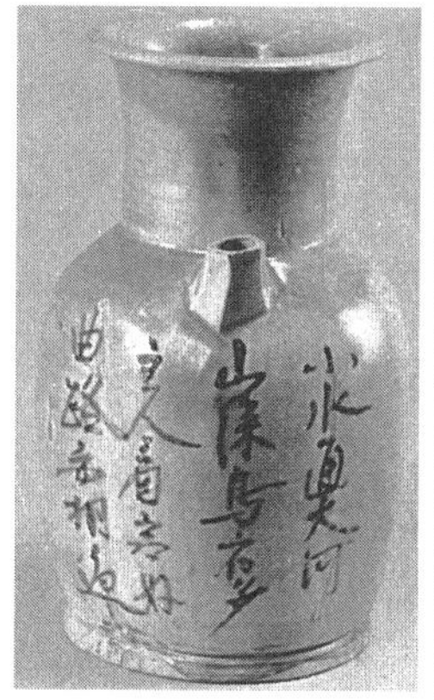

장사요 제시집병題詩執瓶

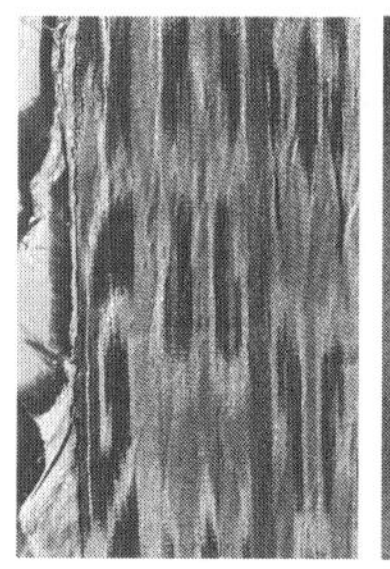

갈포

연지색 어루존魚簍尊

뚜껑 달린 감색 주발

정요定窯 쌍어 무늬 대야

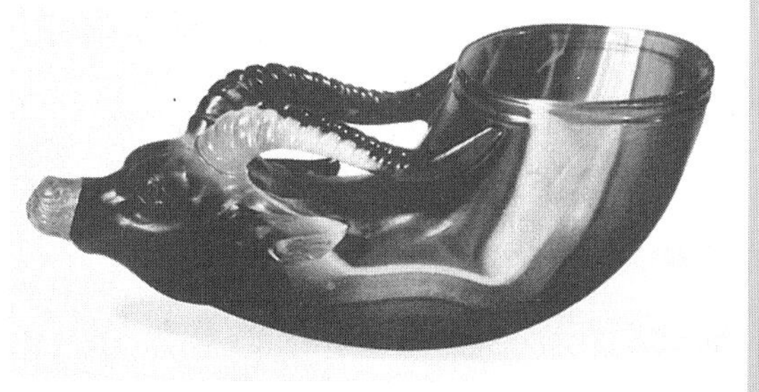

흑색과 감색이 섞인 공예품

제9권

팔괘八卦를 보고 구주九州에 노닐다 · 숫자 편

1. 일一

'一' 보다 간단한 숫자는 없다. '一' 은 숫자의 시작이자 가장 작은 자연수이다. 그러나 중국 문화에서 '一' 은 생각만큼 그렇게 간단치 않다. 단순한 하나의 숫자가 아니라는 것이다. '一' 은 대단히 풍부한 사상적, 문화적 함의를 지닌다. '一' 은 중국인의 철학관, 세계관, 심미관, 인생관 등이 농축된 숫자이다. 오히려 '一' 보다 복잡한 숫자는 없다고 해도 과언이 아니다. '一' 은 간단한 복잡함인 것이다.

'一' 은 수의 시작이다. 아무리 큰 수도 '一' 에서 시작한다. '一' 은 수의 기원이다. 『황제내경黃帝內經』에서는 "천하의 지극한 수는 一에서 시작한다"고 했다. 그러나 중국 문화에서 '一' 은 단순한 숫자의 시작에만 머물지 않는다. '一' 은 세계의 근원이고 세계의 기점이다. 『설문해자』에서는 "태초에는 도道가 一에서 세워졌을 것이다. 이것이 하늘과 땅으로 나뉘고 만물로 만들어졌으니, 모두가 一을 이은 것이고 모두가 一로부터 비롯되었다"고 했다. 즉, 최초에는 우주 전체가 하늘과 땅으로도 나뉘지 않은 혼돈의 '一' 이었고, 모든 사물은 '一' 에서 탄생했다는 말이다. 따라서 '一' 이야말로 세계의 기원이자 근원이 되는 것이다. 만사만물, 모든 중생, 형형색색이 '一' 에서 비롯되었다가 결국은 '一' 로 돌아간다. 노자는 "도가 일을 낳고, 일이 이를 낳고, 이가 삼을 낳고,

일단화기壹團和氣

삼이 만물을 낳는다"고 했다. 장자는 「제물론」에서 "태초에는 무無가 있었다. 유有도 없고 이름도 없었다. 거기서 '一'이 일어남으로써 '一'이 있게 되었으나 아직 형체는 없었다"고 했다. 선진 때의 『열자列子』에서는 "'一'이란 형체가 변화하는 것의 시작이다"라고 했다. 『주역』에 따르면 "태극이 양의兩儀를 낳고, 양의가 사상四象을 낳고, 사상이 팔괘八卦를 낳고" 이로 말미암아 "팔괘가 서로를 씻고, 강함과 부드러움이 서로를 문질러" 모든 세계가 만들어졌다. 여기서 태극이 바로 신비로운 '一'에 해당한다. 이렇듯 초기의 제자백가는 모두 '一'을 세계의 기원으로 보았으며, 아주 오래전부터 '一'은 사람들의 인식 속에서 단순한 하나의 숫자 이상이었다. '一'이야말로 "천지의 모든 것을 남김없이 아우르고, 만물을 빠짐없이 만든다"고 말할 수 있다. 그러므로 '一'은 가장 풍부하다. 보기에는 단순하지만 끝없이 풍부한, 단순한 풍부함인 것이다. '一'이 가지고 있는 이런 포괄적 의미 때문에 전국시대 명가名家는 크고 한없이 넓고 큰 우주를 '태일太一'이라 불렀다. 명가의 대표 인물 혜시惠施는 "지극히 커서 바깥이 없는 것을 태일太一이라 하고, 지극히 작아서 안이 없는 것을 소일小一이라 한다"고 했다. 바깥이 없을 정도로 큰 세계, 즉 우주 전체를 태일이라 한 것이다. '一'은 세계의 근원으로 모든 것이 여기서 말미암는다. 그러므로 '一'은 영원히 변하지 않는다. 이런 영원불변의 '一'을 도교에서는 '정일正一'이라 불렀다. 정일은 생사도 없고 변화도 없는 유일이다. 그래서 도교 서적 『이하론夷夏論』에서는 "도를 정일이라 하고, 일은 무사無死로 돌아간다"고 했다. 즉, 변화무쌍한 유형의 사물 외에 영원불멸의 기점이 있고 이 기점이 바로 '정일'이라는 것이다. 원대에는 『정일경正一經』을 받드는 도교 신도들이 기존의 도교에서 분리해 나와 '정일도'라는 분파를 형성했다.

'一'은 절대적 근원, 절대적 시작, 절대적 유일, 절대적 최고의 의미가 되었다. '一'이 '태일'이라 불리는 것도 바로 이 때문이다. 『장자』「천하天下」

에서는 세상이 이제 막 시작되었을 때 세상은 텅 빈 무의 상태로서 오로지 태일밖에 없었다고 했다. 『회남자』「전언훈詮言訓」에서는 "천지가 한데 합쳐지고 관통하여 혼돈스럽고 소박한 상태에서 아직 사물로 이루어지지 않은 것을 태일이라 한다"고 했다. 태일에 대해 더욱 명확한 정의를 내린 것이다. 태일은 세상이 만들어지기 전의 상태이다. 태일은 이런 절대적 위상 때문에 신비로운 베일에 싸이고 일종의 숭고한 지위를 갖게 되었다. 태일이 숭배의 대상, 즉 신이 된 것이다. 이로써 태일은 중국인이 숭배하는 주요 천신天神 중 하나로 자리 잡았다. 한 무제는 태일신을 특히 숭배해서 방사들의 요청에 따라 장안 동남쪽 교외에 태일단太一壇을 세우고 그 주위로 오제단五帝壇까지 세웠다. 삼황오제는 고대 중국의 가장 현명한 성군들로서 드높은 위상을 자랑한다. 그러나 그들도 태일신의 보좌일 뿐이었다. 그만큼 태일신의 위치는 숭고했던 것이다. 도교의 『진령위업도眞靈位業圖』에서 나열한 첫 번째 신계神階의 오른쪽 자리가 바로 옥천태일군玉天太一君이다. 이처럼 태일군은 신들 중에서도 최고의 신, 뭇 신선들을 호령하는 신이었다. 중국 민간의 점성술에서도 태일군은 최고의 신이다. 신화에 나오는 태상노군太上老君이 사실상 '태일신' 이다. 『천관서天官書』에서는 태일을 '태일泰一' 이라고도 했다. 태일泰一은 천제의 다른 이름이다. 유백장劉伯莊은 "태일은 천신 중에 가장 존귀한 자이다"라고 했다. 중국 민간에는 태일신을 숭배하는 태일교까지 등장했다. 금대의 소포진蕭抱珍은 도교에서 분리해 나와 태일도太一道를 세웠다. 물론 태일도 역시 태일신을 최고로 신봉한다. 이미 '一' 은 신비로운 숭배의 상징이 된 것이다.

모든 것은 '一' 에서 기원하여 결국에는 '一' 로 돌아간다. 노자는 "만물은 一을 얻음으로써 생겼다"고 했다. 사람들의 마음속에서 '一' 은 가장 근본적이고 가장 중요한 존재였다. 아무리 복잡한 현상이라도 모두 '一' 에서 기원하여 다시 '一' 로 돌아가므로, 사실 '一' 이야말로 가장 완전하고 가장 원만하고 가장 좋고 가장 높고 가장 근원적이다.

'一'은 위에서 말한 것처럼 중국 문화뿐 아니라 중국인의 마음속에서도 일종의 특수한 의미로 자리 잡았다. 그래서 사람들은 '一'에 대해 각별한 느낌을 갖게 되었다. '一'에 대한 숭배는 중국인으로 하여금 자기도 모르게 '하나를 바라고[求一]', '온전함을 바라고[求全]', '원만함을 바라는[求滿]' 인식을 갖게 했다. 이러한 구일, 구전, 구만의 사상은 중국인의 사유와 정치와 문화에 지대한 영향을 끼쳤다. 중국 정치의 '대통일' 전통, 철학의 '천인합일' 관념 등이 바로 '一'의 사상과 밀접한 관계가 있다. 중국 역사를 보면 분열 국면이 여러 번 출현하여 심각한 상황에 이르기도 했지만(위진남북조, 송요금, 민국 군벌할거 시기 등), 이런 분열 국면도 결국에는 통일된 하나의 국가로 귀결되었다. 이유야 여러 가지겠지만 중국인의 마음속 깊이 내재되어 있는 '一'을 바라는 일종의 사유방식 역시 크게 작용했음은 분명하다. 이것이야말로 중국 통일을 위한 무한한 잠재력이었다. 아래에서는 '一'의 사유방식이 중국 문화에 어떤 영향을 미쳤는지 다섯 가지 측면에서 살펴보자.

1) '一'과 함축의 문풍

'一'은 가장 작고 가장 눈길을 끌지 못하는 숫자이지만 모든 만물의 기원이기도 하다. 가장 작은 것이 가장 큰 것을 표현하고, 가장 적은 것이 가장 많은 것을 표현하고, 가장 유한한 것이 가장 무한한 것을 표현한다. 이 때문에 중국인들은 '작은 것 속에서 큰 것을 보는[小中見大]' 태도를 무척 중시해 왔다. 작은 꽃잎 하나에서 세상을 보고, 작은 모래알 속에서 우주를 본다. 작은 것 속에서 큰 것을 보고, 적은 것으로 많은 것을 보는 이런 사상이 사람들의 사유방식으로 굳어졌고, 이것이 중국 예술의 발전에 막대한 영향을 끼쳤다. 그래서 중국 예술은 항상 가장 작고 가장 유한한 언어와 선으로 가장 많고 가장 풍부한 뜻을 표현하고자 했으며, 이런 경향이 중국 예술의 독특한 함축미과 심오함을 형성했다.

노자는 "무無는 천지의 시작을 말한다"고 했다. 그리고 "도가 일을 낳고, 일이 이를 낳았으며" 그 후에 이 과정이 세계 전체에까지 미쳤다고 강조했다. 노자가 볼 때 모든 것은 '무'와 '일'에서 생긴 것이었다. 가장 단순한 것이 가장 풍성한 것을 낳을 수 있고, 가장 풍성한 것이 보기에는 가장 적고, 가장 맛이 좋은 것이 보기에는 가장 맛이 없는 듯하다. 그래서 노자는 "큰 소리는 잘 들리지 않고, 큰 모습은 형체가 없으며", "가장 뛰어난 것은 마치 서투른 듯하다"고 했다. 그가 인공적으로 꾸미는 것을 반대하고 담백하고 자연스러우면서도 무궁한 함의를 지닌 표현 방식을 추구한 것도 같은 맥락이다. 『주역』에서는 "심오한 이치를 탐구하고 숨은 뜻을 찾고, 깊은 것을 추구하고 먼 곳까지 이르러, 천하의 길흉을 정하고 천하의 모든 일들을 이루게 해주는 것 중에 시초점과 거북점보다 좋은 것은 없다"고 했다. 『주역』의 지혜는 '일음일양一陰一陽'의 단순한 '효爻'로 모든 세상의 길흉화복을 이끌어냄으로써 더없이 신비롭고 넓고 깊은 이치를 보여준다는 데 있다. 책으로는 말을 다할 수 없고, 말로는 뜻을 다할 수 없으며, 성인은 상象을 세워 뜻을 다한다는 관념을 『주역』은 제시한다. 아울러 사람의 생각을 말로는 정확하게 표현할 수 없으므로 어떤 구체적 상을 가지고 끝없는 의미를 표현할 것을 요구한다. 장자 역시 "천지는 큰 아름다움이 있으면서도 말하지 않는다"고 하면서 인공이 가미되지 않은 '자연 그대로의 소리'를 숭상했다. 장자는 윤편이 수레바퀴를 깎고[輪扁斫輪], 포정이 소의 뼈와 살을 발라내는[庖丁解牛] 이야기를 통해 가장 오묘한 뜻의 전달은 말로 할 수 없고 오직 스스로의 체득을 통해서만 가능함을 주장했다. 아울러 그는 "말의 목적이 뜻에 있으므로 뜻을 얻으면 곧 말을 잊는다"는 관점을 제시하며 사람들에게 표면적이고 유한한 언어의 속박을 벗어나 언어 밖의 무궁무진한 의미를 직접 체득할 것을 제안했다. 가장 유한한 것으로 가장 무한한 것을 표현하는, 이런 '一'의 사유방식은 중국 예술로 하여금 가장 적은 언어로 가장 풍부한 내용을 담고, 언어 밖에서 무궁한 의미를 찾고, 극소의 언어로 심오한 의미를 묘사해 내도록 했다. 그래서 사람들은 '맛 밖의 맛'과 '말 밖의 말'을 찾으려 애쓰고 가장 정련된 언어로 가장 풍부한 뜻을 표현하고자 했으며, 글자 하나하나를 되새기고 문구를 다듬고 또 다듬어 한 글자도 섣불리 더하려 하지 않았다. 그래서 당대 시인 가도賈島는 「제시후題詩後」에서 "두 구절을 3년 만에 얻어, 읊자마자 두 눈에서 눈물이 흐른다[二句三年得, 一吟雙淚流]"고 읊었으며, '천금 같은 한 글자[一字千金]', '한 글자의 스승[一字之師]' 같은 아름다운 이야기도 전해지게 되었다. 시구를 끊임없이 고치고 다듬는 고음苦音 시인들은 한 글자에 무궁한 뜻을 담고 한 수의 시로 청사에 영원히 이름을 남길 수 있었다. 이렇듯 중국 예술은 지극히 간결하고 지극히 함축적이었다. 그래서 괴테는 중국의 가장 함축적인 시가 서양의 가장 함축적인 시보다 더 함축적이라고 했다. 그렇다고 중국의 시가 일부러 어렵고 심오하게 함축을 한 것은 아니다. 오히려 형식적으로 중국시는 매우 단순해 보인다. 소식蘇軾은 도연명陶淵明과 유종원柳宗元의 시를 가장 좋아한다고 말했다. 이들의 시가 "간결하고 예스러움에서 섬세하고 짙은 풍격을 발하고, 담담함과 고요함 속에 지극한 맛을 기탁했기" 때문이다. 담담[淡]하다고 해서 결코 맛이 적은 것은 아니며, 간결[簡]하다고 해서 결코 비루한 것은 아니다. 가장 단순한 풍부함이 바로 담담함과 간결함이다. 그림 역시 마찬가지다. 중국의 회화는 표현 방식이 간결하다. 단순하면서도 정련된 선으로 무궁한 세계를 그려낸다. 중국화에서는 항상 여백을 남기거나 아예 한 귀퉁이만 그림으로써 감상자들이 마음껏 상상할 수 있도록 해준다. '마일각馬一角', '하반변夏半邊'* 등이 대표적이다. 이런 간결한 형식은 그 간결함이 심지어 무

*마일각과 하반변은 각각 남송의 화가 마원馬遠과 하규夏圭를 가리킨다. 둘 모두 여백을 중시하는 '일각一角'과 '반변半邊'의 구도를 즐겨 사용하여 이런 이름이 붙었다. 두 화가는 이당李唐, 유송년劉松年과 함께 흔히 남송사대가로 불린다

형식의 경지에까지 이르렀다. 예를 들어 도연명은 항상 현이 없는 금을 가지고 친한 벗에게 음악을 연주해 주곤 했다. 유성有聲보다 나은 무성無聲은 '지음知音' 만이 그 맛을 느낄 수 있다. 무한한 '기탁', 무한한 '정신', 무한한 '오묘함' 이 그저 한두 마디의 말과 몇 가닥의 선으로 표현된다. 이야말로 가장 농축된 예술이자 가장 깨끗하고 담백한 예술이다. "말하고 싶지만 말하지 않는[欲說還休]" 예술이야말로 있는 듯 없고 없는 듯 있는 담담한 애상을 잘 표현할 수 있다. 이것이 바로 중국 예술의 매력이다.

2) '一' 과 희극의 '대단원'

'一' 에 대한 추구, 가득함에 대한 추구는 중국인으로 하여금 더할 나위 없이 기쁜 대단원, 대원만의 상황, 모든 것이 완벽하고 더없이 훌륭한 결과를 추구하도록 했다. 비극에서 이런 '대단원' 의 사상은 더욱 명확하게 표현된다. 많은 비극들이 슬픔으로 시작했다가 기쁨으로 끝나고, 이별에서 시작했다가 만남으로 끝을 맺는다. 극중 연인들은 살아서 부부가 되지 못하면 죽어 원앙과 나비가 되어서라도 영원히 함께 한다. 「양산백梁山伯과 축영대祝英臺」, 「공작동남비孔雀東南飛」 등의 비극이 모두 그렇다. 또 살아서 원한을 씻지 못하면 죽은 후 귀신이 되어서라도 누명을 벗고 자신의 바람을 이룬다. 「두아원竇娥冤」, 「왕괴부계영王魁負桂英」 등이 그렇다. 설사 해당 작품에 대단원의 결말이 없다 하더라도 누군가가 속편을 써서 작품 속 인물의 이야기를 완성하고 모두가 기뻐하는 '대단원' 을 이룬다. 수많은 『홍루후몽紅樓後夢』이 바로 그런 예이다. 사람들은 중국에 진정한 비극이 없다고 지적한다. 예를 들어 채원배蔡元培는 「북경 통속교육연구회에서의 연설문」에서 이렇게 말했다. "서양 사람들과 반대되는 것이 또 한 가지 있다. 서양인들은 비극을 중시하지만, 우리나라는 희극을 좋아한다. 예를 들어 전통극의 남녀 간 사랑 이야기를 보면 대부분 갖가지 좌절을 먼저 겪어야 한다. 혹은 남자는 멀리 떠나고 여자는 갖은 고초를 당한다. 그러다가 어느 날 남자가 금의환향하여 다시 만난다. 이런 이야기는 천편일률적이다.” 또 호적胡適은 「문학의 진화관념과 희곡의 개량」이라는 글에서 “중국 문학에서 가장 부족한 것은 비극 관념이다. 소설이든 희극이든 모두 아름다운 대단원이 있을 뿐이다”고 했다. 노신魯迅 역시 중국에는 진정한 비극이 없다고 지적하며 이렇게 말했다. “역사적으로 대단원이 이루어지지 않은 것은 소설 속에서 전부 대단원을 이뤄주고, 업보를 치르지 않은 것은 업보를 치러주며 서로를 속인다—사실 이건 국민성과 관련된 문제이다.” 주광잠朱光潛 역시 『비극심리학』에서 이런 말을 했다. “중국에서 희극戲劇은 사실상 희극喜劇의 동의어이다. 중국의 극작가들은 항상 선업에는 훌륭한 보답이 따르고 악업에는 악한 보답이 따르는 대단원의 결말을 좋아했다. (100년도 안 되는) 원대만 해도 5백여 편의 희극 작품이 있으나 그중에 진정한 비극이라고 할 만한 것은 하나도 없다.” 중국의 비극에는 이런 창작 경향이 분명히 존재한다. ‘대단원’ 결말의 출현은 결코 우연적인 것이 아니다. 그 이유는 물론 복잡하겠지만, 이것이 ‘一’을 추구하고 원만함을 바라는 사유방식과 관계가 없지 않음은 분명하다.

3) ‘一’과 시 속의 숫자 대비 방식

‘一’은 가장 작지만, 동시에 가장 크기도 하다. 그래서 사람들은 숫자 ‘一’을 말할 때 종종 ‘많음’을 생각하고, 그보다 훨씬 큰 십, 백, 천 혹은 만 등의 숫자와 함께 사용함으로써 강렬한 효과를 이끌어내기도 한다. 시에서 ‘一’ 자를 쓸 때는 항상 그렇다. 이런 예는 부지기수다. “한 사람의 계획을 쓰지 않아, 만 리가 텅 비고 쓸쓸해졌다[一人計不用, 萬里空蕭條]”라는 왕창령王昌齡 「실제失題」의 구절도 그 예이다. 이는 당 현종이 안녹산安祿山을 죽이자는 장구령張九齡의 계획을 듣지 않아 처참한 비극이 도래했음을 지적한 것이다. 또 이백 「촉도난蜀道難」의 "한 사람이 관문을 지키면 만 사람도 뚫지 못한다[一夫當關, 萬夫莫開]"는 시구는 촉으로 가는 길의 험준함을 더없이 훌륭하게 표현했다. 두보 「곡강이수曲江二首」의 "한 조각 꽃잎 날려도 봄이 줄거늘, 바람에 만 점으로 날리니 시름만 더하네[一片花飛減却春, 風飄萬點正愁人]"라는 구절은 봄을 안타까워하는 시인의 마음을 잘 드러내고 있다. 어현기魚玄機「완사묘浣紗廟」의 "한 쌍의 웃는 보조개가 얼굴을 돌리니, 십만 정병이 모두 창을 뒤집었네[一雙笑靨才回面, 十萬精兵盡倒戈]"는 오왕 부차의 호색好色이 나라를 망쳤음을 형상적으로 표현했다. 송대의 이관李冠은 「접련화蝶戀花」에서 "한 치 그리움과 천만의 심사, 인간세상에 편히 놓을 곳 없구나[一寸相思千萬緖, 人間沒個安排處]"라고 했다. 일촌과 천만을 대비시켜 사랑하는 이들 사이의 그리운 정을 잘 그려냈다. 그 밖에도 이백의 "한 무더기 깊은 색 꽃은, 열 가구 중인들의 부역이라네[一叢深色花, 十戶中人賦]", 섭이중聶夷中의 "한 줄 글도 읽지 않고, 몸은 만 호의 후로 봉해졌네[一行書不讀, 身封萬戶侯]", 유종원의 "일신으로 나라 밖 6천 리로 떠나, 만 번 죽도록 12년을 거친 땅에 유배되었네[一身去國六千里, 萬死投荒十二年]", 진량陳亮의 "한 떨기가 갑자기 먼저 변하니, 백화百花가 모두 뒤이어 향을 풍기네[一朵忽先變, 百花皆後香]", 진자룡陳子龍의 "한 쌍의 춤추는 제비, 만 점으로 날리는 꽃, 지는 햇빛은 땅에 가득[一雙舞燕, 萬點飛花, 滿地斜陽]" 등도 하나같이 일을 십, 백, 천 혹은 만과 함께 사용하여 강렬한 심미적 효과를 이끌어내고 있다. 일보다 더 큰 단위를 쓰지 않은 경우에는 보통 그 뒤에 '만滿', '전全'이나 '천하', '사해' 처럼 다수 혹은 전체를 의미하는 단어를 함께 썼다. "한 냇가엔 안개비, 온 성엔 바람에 날리는 버들개지, 매실은 노래지고 때마침 비는 내리네[一川煙雨, 滿城風絮, 梅子黃時雨]"라는 하주賀鑄의 시구를 예로 들 수 있다.

4) '一'과 '허일이정虛一而靜'의 전통

'一' 은 가장 작고 가장 단순하다. 하지만 그렇기 때문에 무한히 많음에 도달할 수 있는 가능성을 가진다. '一' 은 일종의 '무無' 혹은 '공空' 의 완전한 상태에 해당한다. '무' 하거나 '공' 하기 때문에 그것으로부터 모든 것을 만들어낼 수 있는 것이다. 따라서 만약 어떤 사람의 마음이 외부 세계의 갖가지 복잡한 인상을 배제하고 주위의 소란스러움을 잊어버릴 수 있다면, 그 사람은 사물과 나 모두를 완전히 잊어버리는, 마치 텅 빈 것 같은 청정의 단계로 들어가게 된다. 이것이 바로 '一' 의 경지이다. 고대 중국에서는 세상의 진리를 진정으로 인식하기 위해서 반드시 '허일虛一' 의 마음가짐이 필요하다고 강조했다. 『순자』「해폐解蔽」에서는 "그러므로 다스림의 요체는 도를 앎에 있다. 사람은 어떻게 도를 아는가? 마음[心]이다. 마음은 어떻게 아는가? '허일이정(마음을 하나로 텅 비우고 고요하게 사물을 관찰함)' 이다." '허일' 은 자신의 모든 속마음을 철저히 지워 버리고 마음이 허공, 진공의 상태에 이르도록 함으로써 외부 세계로부터 아무런 방해도 받지 않는 상태를 말한다. '허일' 은 자신의 모든 욕망을 텅 비운 상태이다. 그렇게 되면 현묘한 세상의 도를 깨달을 수 있다. 동시에 순자는 사람이 '일심一心' 의 상태에 도달하기란 여간 어려운 일이 아니라고 일깨워 주었다. 왜냐하면 마음은 외부 세계의 간섭으로 인해 '두 마음' 혹은 '여러 마음' 으로 쉽게 변해 버리기 때문이다. 그래서 순자는 마음을 하나로 모을 것을 특별히 강조했다. 중국 민간의 기공 혹은 도교 수련자들은 '수일守一', '연일煉一', '포일抱一' 혹은 '일여一如' 의 상태를 대단히 중시한다. 이는 의식과 생각을 완전히 하나로 모아 마음속의 모든 잡념을 버리고 깊고 적막한 심경心境으로 들어감으로써 가장 본원적인 인식에 도달하는 것을 말한다.

노자는 "텅 빔에 이르기를 지극히 하고 고요함을 지키기를 돈독히 하라. 만물이 더불어 일어나지만 나는 이를 통해 다시 돌아감을 본다"고 했다. 노자는 살아 있는 모든 것들, 복잡한 모든 사물을 대하는 가장 좋은 방법은 바로 허정虛靜의 태도로 사물의 발전과 변화를 '조용히 관찰[靜觀]' 하는 것이라고 했다. 그는 자기 마음속에 있는 기존의 생각들을 깨끗이 지워 버려야 현묘하고도 현묘한 그 무엇을 볼 수 있다고 했다. 장자 역시 마음을 평화롭고 안정되고 깨끗하고 고요히 해야만 외부 사물에 영향을 받지 않는 경지에 이른다고 강조했다. 그는 '심재心齋(잡념을 버리고 마을 텅 비움)' 와 '좌망坐忘(물아 모두를 잊는 경지)' 을 통해 세속의 시비공과와 포상, 작록 따위를 모두 잊을 것을 제안했다. 그래야 마음이 '一' 의 상태에 도달하여 자유를 느끼고 소요할 수 있기 때문이다. 애타타哀駝它 이야기를 예로 들어보자. 그는 생김새가 추하기 그지없었지만 국왕은 그와 이야기를 나누고 싶어했고 남자들은 그와 친구를 맺고자 했으며 여자들은 그의 아내가 되고 싶어했다. 장자는 그가 "정신을 얻고 형상을 잊음으로써" 일종의 망아忘我의 상태로 들어가 '순일純一' 의 자유로운 경지에 이르렀기 때문에 위와 같은 일이 가능해졌다고 생각했다. 이러한 '一' 의 심리는 중국의 예술 창작에 지대한 영향을 미쳤다. 전일專一의 경지는 텅 비고 맑은 마음으로 외부 세계의 간섭을 배제할 것을 요구한다. 이것이야말로 예술의 성공적 창작을 위한 전제가 되는 심미 태도이기 때문이다. 이처럼 허정虛靜을 강조하는 것은 중국 예술 전통 중 하나였다. 서진의 육기陸機는 『문부文賦』에서 자신의 창작 경험을 총괄하여 "외부 사물을 고요하고 깊게 관찰하고, 각종 전적을 통해 마음과 뜻을 길러야 한다"고 했다. 다시 말해 창작을 위해서는 외재적인 간섭을 스스로 배제하고 깊은 사색의 상태로 들어가야 한다는 말이다. 또 유협劉勰은 『문심조룡文心雕龍』에서 "문학적 사색을 도야하기 위해서는 텅 빈 마음과 고요함을 귀하게 여겨야 한다"고 했으며, 소식은 "오묘한 시어를 바란다면 공空과 정靜을 싫어해선 안 된다"고 했다. 이들 모두가 텅 비고 고요하고 하나로 집중된 마음속 경지를 창작의 중요 요소로 본 것이다. 이렇듯 '一' 은 '허일이정' 의 중국 예술 전통에 큰 영향을 미쳤다.

5) '一'과 선종의 돈오頓悟

'一'은 하나의 세계이다. 예로부터 전해 내려온 이런 생각과 지혜가 중국 선종의 사유방식에도 일정한 영향을 주었다. 아울러 선종이 중국 문학에 준 영향도 상당한데, 이 역시 중국 문학에 대한 '一'의 직접적 영향으로 볼 수 있다. 눈에 보이지 않는 지극히 사소한 것으로부터 세계 전체를 이해할 수도 있다. 어떤 순간, 어떤 하나의 사건에서 이치를 깨닫는다면 모든 우주와 인생에 대해서도 깨달음을 얻을 수 있다. 이것이 바로 선종이고, 이것이 바로 '一'이다. 선종에서는 끝없는 진리에 대한 순간적인 '돈오'를 강조한다. 일단 깨우치기만 하면 마치 '물통의 밑바닥이 떨어져 나간[桶底脫]' 것처럼 모든 오묘한 진리를 깨달을 수 있다. 그러므로 선종에서는 오랜 세월에 걸친 각고의 수련을 주장하지 않는다. 모든 것은 '마음의 전함[心傳]'으로 말미암고 "부처의 오묘한 이치는 문자와 관련이 없다"고 여긴다. 모든 일은 당신이 깨닫기만 하면 그것이 바로 오묘한 이치이다. "물을 긷고 땔감을 베는 것도 오묘한 도가 아닌 것이 없으며", "배가 고프면 먹고, 피곤하면 잠을 자는" 것도 모두가 선禪이다. 그러므로 선종에서는 마음의 '一'을 특히 강조한다. 일단 마음이 '한 번 깨달으면[一悟]' 그 '한 번'이 모든 것이 된다. "보리는 원래 나무가 아니고, 명경 역시 대臺가 아니다. 본래 하나의 사물도 없거늘 어찌 진애塵埃에 물이 들겠는가"라는 선종의 게송이 있다. 마음으로 깨달으면 만물이 하나가 되고, 만물이 모두 무無이고 세상에 본래 아무런 사물도 없는데 어찌 세속에 물들 수 있겠느냐는 의미이다. 순간의 깨달음을 얻으면 앞이 훤하게 트이면서 세계 전체를 얻게 된다. 그러나 깨달음을 얻지 못하면 영원히 아무것도 얻지 못한다. 순간의 깨달음이 일생을 결정하는 것이다. 일순一瞬과 일생일세一生一世, 일오一悟와 일천일지一天一地, 이것이 바로 선종식 지혜이다. 이런 선종의 지혜가 당대 이후 유행하기 시작하여 중국인들 사이에 신속히 퍼져 나간 것은 중국 내부에 이미 사상적 기초가 있었기 때문에 가능했다. 노장老莊 이래로 이어져 온 '一'의 사유전통이 바로 선종 사상의 기초가 되었던 것이다. "선禪으로써 시를 깨우칠[以禪喩詩]" 것을 제안한 송대의 엄우嚴羽가 "선도禪道는 오로지 오묘한 깨달음에 있고, 시도詩道 역시 오묘한 깨달음에 있다"고 말한 이후로 선종식의 사유와 가치관은 중국 시가 예술의 탄생에 막대한 영향을 미쳤다.

중국어에 '一'과 관련된 성어는 대단히 많다. 『성어사해成語辭海』에는 '一'과 관련된 성어가 7백 개도 넘는다. 일패도지一敗塗地(철저히 패배하다), 일본만리一本萬利(적은 자본으로 큰 이익을 얻다), 일보등천一步登天(한 걸음에 하늘로 오르다, 갑자기 출세하다), 일주막전一籌莫展(한 가지 계책도 생각해 내지 못하다, 속수무책이다), 일반천금一飯千金(밥 한 끼를 천금으로 갚다, 후하게 보답하다), 일개이론一槪而論(일률적으로 논해 버리다), 일린반조一鱗半爪(용의 비늘 한 조각과 발톱 반쪽, 단편적인 사물의 일면), 일견종정一見鐘情(첫눈에 반하다), 일모불발一毛不拔(털 한 가닥도 뽑지 않다, 매우 인색하다), 일수차천一手遮天(한 손으로 하늘을 가리다, 속임수로 사람들의 이목을 가리다), 일사천리一瀉千里, 일일삼성一日三省 등이 모두 그 예이다.

2. 이二

『설문해자』에서 "이二는 땅의 수이다"라고 했다. 중국에서 하늘은 一이고 땅은 二이다. 그래서 二가 땅의 숫자라고 한 것이다. 중국은 아주 오래전부터 소박한 변증법이 있었다. 노자는 "되돌아옴이 도의 움직임이다"라고 했다. 즉, 사물은 서로 대립하면서 통일을 이루는 것이 보편적 이치라는 말이다. "변방의 노인이 말을 잃었다고 해서 어찌 이것이 복이 아님을 알겠는가"라는 말도 사실 같은 맥락이다. 고대 중국인들은 사물의 한 측면을 보는 동시에 다른 측면까지 보려고 의식적으로 노력했다. 내외, 상하, 강약, 동정, 대소, 물아, 천지, 음양, 원근 등의 개념을 함께 거론하고 마음속에 항상 '二'의 변증 사상을 갖고 있었던 것도 이 때문이다. 이런 중국인의 사유방식은 "위로는 우주의 거대함을 우러러보고, 아래로는 만물의 번성함을 굽어살피며", "밖으로는 자연의 조화를 스승으로 삼고, 안으로는 마음의 근원을 터득하며", "영달하면 천하를 고루 구제하고, 궁하면 스스로 몸을 잘 수양하라" 등의 말처럼 꼭 두 가지 측면을 동시에 고려하도록 했으며, 이런

이룡희주二龍戲珠
산동 유현濰縣의 목판화

사유방식이야말로 중국인으로 하여금 사물을 진정으로 인식할 수 있게 해주었다. 그래서 중국인들은 '二'라는 숫자를 좋아하고 쌍雙을 상서로운 것으로 여기며 좋은 일도 항상 쌍으로 오길 바랐다. 민간에서는 결혼할 때 반드시 초팔일, 초열흘 같은 짝수 날을 택했다. 초사흘이나 초닷새 같은 홀수 날에는 결혼하지 않았다. 동시에 중국인들은 음양의 두 기운이 세계 전체를 구성하는 두 가지 근본적 힘이라고 보았다. 음양이 서로를 낳고 서로를 밀고 서로를 문지름으로써 모든 세계가 만들어졌다는 것이다.

중국에 전파된 종교에서도 '二'와 관련된 것들을 흔히 볼 수 있다. 예를 들어 '이도二道'는 불교에서 말하는 무애문도無碍問道와 해탈도解脫道를 가리킨다. 전자는 유혹을 끊는 지혜, 후자는 이치를 증명하는 지혜이다. 정토종에서 '이도'는 난행도難行道와 이행도易行道를 가리킨다. 인욕이 횡행하는 세상에서 수행을 통해 성불하기란 여간 어려운 일이 아니다. 이것이 바로 난행도이다. 반면 아미타불을 믿고 정토에서 왕생하여 성불하는 것은 행하기가 쉽다. 이것이 바로 이행도이다. '이도'는 또 유루도有淚道와 무루도無淚道를 가리키기도 한다. 진체眞諦를 보기 이전, 번뇌가 아직 끊이지 않을 때의 모든 수행은 유루도이다. 반면 진체를 본 이후 번뇌가 끊기면 바로 무루도가 된다. '이체二諦' 역시 불교 용어이다. '체諦'는 '진眞'의 의미이고 '이체'는 '세속체世俗諦'와 '제일의체第一義諦'를 가리킨다. '이신二身'은 부처의 법신法身과 생신生身을 가리킨다. 법신은 법성法性의 몸으로 정확하고 틀림없는 지고무상한 진리의 불신佛身을 대표한다. 생신은 부처의 육신으로 부모에 의지하여 태어난다. 법신과 생신은 진신眞身과 응신應身으로도 불린다. 진신은 진리와 서로 부합하는 부처의 법신이고, 응신은 인연에 응하여 드러나는 세간의 몸을 말한다.

'이부二府'는 중국 행정제도와 관련이 있다. 한나라 때 이부는 승상부와 어사부를 가리켰다. 송대 이후에는 군사를 관장하는 추밀원과 정무를 관장하는 중서성이 최고의 권력을 행사했는데, 이 두 기구를 '이부'라 불렀다.
'이랑신二郎神'은 중국 고대 신화 속 인물로 중국에서는 대부분 그를 물의 신으로 여긴다. 『소주부지蘇州府志』에 관련 기록이 있다. 수나라 때 조욱趙昱이 가주嘉州 태수를 역임할 때 그곳의 교룡이 큰 우환거리였다. 결국 조욱은 직접 물속으로 들어가 교룡을 베었고 사후에 '이랑신'이 되었다. 『서유기』와 『봉신연의封神演義』에도 '이랑신' 이야기가 등장한다. 이 두 책에서는 양전楊戩을 '이랑신'으로 보았다.

'이리두 문화二里頭文化'는 중국 청동기시대를 대표하는 문화로서 1952년에 처음으로 발견되었고 1959년에는 하남 언사偃師의 이리두 유적이 발굴되었다. 이리두 문화는 대략 기원전 21세기부터 17세기까지의 문화로서 하남 중서부 정주鄭州 부근과 이수伊水, 낙수洛水, 영하潁河, 여하汝河 유역, 그리고 산서 남부 분수汾水 하류 일대에 주로 퍼져 있었다. 유적에서는 구리를 주조하고, 도기를 만들고, 뼈를 가공하고, 옥을 다듬는 작업장이 발견되었고, 청동기로 만든 공구와 병기도 발견되었다.

'이교二喬'는 선녀처럼 아름다워 국색이라 불리던 삼국시대의 두 미인을 가리킨다. 언니 대교는 손책孫策의 아내가 되고, 동생 소교는 주유周瑜의 아내가 되었다. 손책과 주유라는 풍운의 인물들이 함께 역사에 이름을 남기면서 두 여인 역시 중국 문화에 상당한 흔적을 남기게 되었다. 소식은 「염노교念奴嬌·적벽회고赤壁懷古」에서 "이제 막 소교에게 장가들어, 멋진 자태 한껏 드날리고, 깃털 부채와 윤건綸巾을 쓰고[小喬初嫁了, 雄姿英發, 羽扇綸巾]"라는 시구로 당시의 역사에 대해 탄식했다. 두목杜牧 역시 「적벽赤壁」에서 "동풍이 주유의 편이 아니었다면, 봄 깊은 동작대에 이교를 가두었겠지[東風不與周郎便, 銅雀春深鎖二喬]"라는 구절로 그때의 일을 개탄했다. 「이천영월二泉映月」은 화언균華彦鈞이 작곡한 유명한 얼후(二胡) 독주곡이다. 강소 무석無錫의 혜산천惠山泉은 속칭 '천하제이천天下第二泉'이라고도 하는데 곡의 이름을 바로 여기서 따온 것이다. 이 곡은 풍경에 마음을 기탁하여 인적이 없는 고요한 밤, 샘은 맑고 달은 차가운 한 폭의 그림을 재현하고 있다.

'얼런좐(二人轉)'은 중국 동북 3성과 내몽고 동부에서 유행하고 있는 공연 형식으로 속칭 '뻥뻥(蹦蹦)' 혹은 '쐉완이얼(雙玩藝兒)'이라고도 한다. 두 사람이 단旦과 축丑을 맡아 빙빙 돌며 춤을 추고 노래를 부르는 방식이다. 초기의 얼런좐은 남자만 역을 맡았으나 나중에는 남녀 한 명씩으로 바뀌었다. '노래, 이야기, 동작, 춤'을 중시하며 희극적 효과와 뜨거운 무대 분위기에 신경을 많이 쓴다. 주로 사용되는 곡조로는 '호호강胡胡腔', '대구가大救駕', '나팔패자喇叭牌子' 등이 있으며, 반주는 판호板胡(호금胡琴의 일종인 현악기), 쇄눌嗩吶(태평소), 죽판竹板 등으로 한다. 공연할 때는 항상 부채나 손수건 등의 도구를 사용한다. 얼런좐은 일반적으로 두 명이 공연하지만, 한 사람이 '단출두單出頭'*를 부르는 경우도 있다. 여기에 사용되는 전통 곡목으로는 「양팔저유춘楊八姐遊春」, 「저팔계공지豬八戒拱地」, 「서상西廂」, 「포공배정包公賠情」 등이 있다. 얼런좐은 형식이 다양해지면서 네 유파로 나뉘게 되었다. 길림吉林시를 중심으로 하는 '동로東路', 영구營口를 중심으로 하는 '남로南路', 흑산黑山을 중심으로 하는 '서로西路', 북대황北大荒을 중심으로 하는 '북로北路'가 그것이다.

'이세부二稅簿'는 송나라 때의 조세 장부로서 하추조세부夏秋租稅簿라고도 한다. 이 장부에는 각 현과 향의 호수, 그리고 부담해야 할 조세의 총액, 각각의 집에서 부담해야 할 세액이 상세하게 기록되었다. 지방의 관부가 세금을 독촉할 때 근거로 썼던 것이다. '이월이二月二'는 중국의 전통 명절로 속칭 '용대두龍擡頭'라고 하며, '춘룡절春龍節', '청룡절青龍節', '화조절花朝節', '답청절踏青節' 등으로도 불린다. 음력 2월 2일이 되면 사람들은 칼 모양의

---

*단출두單出頭: 얼런좐에서 파생된 형식으로 '두자오씨(獨角戲)'라고도 하며 관중들에게 자신의 이야기를 노래로 부르는 경우가 대부분이다

자와 각종 곡식, 과일의 씨 따위를 선물하고, 교외로 나가 새로 돋아난 풀을 밟고 나물을 캐고 부富를 맞이하는 활동을 벌인다.

중국어에는 '二'가 들어간 말들이 적지 않다. 예를 들어 '이인동심二人同心, 기리단금其利斷金'은 두 사람이 마음을 합치면 쇠를 자르는 예리한 칼만큼 그 힘이 강해진다는 의미이다. 『주역』「계사상」에 "둘이 마음을 합치면 그 예리함이 쇠를 자를 만하고, 같은 마음의 말은 그 향기가 난초와 같다[二人同心, 其利斷金, 同心之言, 其臭如蘭]"는 말이 있다. '이삼기덕二三其德'은 마음이 이랬다저랬다 변덕이 심한 것을 가리킨다. 『시경』「위풍衛風」에서 "남자란 헤아릴 수가 없으니, 그 마음 이랬다저랬다 하는구나[士也罔極, 二三其德]"라고 했다. 또 잘 알려진 성어로 '이자불가득겸二者不可得兼'이 있다. 두 가지 물건을 동시에 얻을 수 없다는 것, 혹은 두 가지 일을 동시에 할 수 없다는 말이다. 『맹자』에 관련 내용이 있다. "물고기도 내가 바라는 것이고 곰발바닥 또한 내가 바라는 것이나, 두 가지 모두를 얻을 수 없다면[二者不可得兼] 물고기를 버리고 곰발바닥을 택하겠다. 생명도 내가 바라는 바이고 의리 또한 내가 바라는 바이나, 두 가지 모두를 얻을 순 없다면 생명을 버리고 의리를 취하리라." 두 가지 일을 동시에 할 수 없다면 가장 중요한 일을 택해서 하라는 뜻이다.

3. 삼三

중국인은 '三' 을 숭배한다. '一' 은 하늘, '二' 는 땅이고, '三' 은 우주의 전부인 천, 지, 인을 포함하기 때문이다. 중국 고대 철학자들은 '수數' 가 최종적으로 '三' 에서 완성되고 만물은 '三' 에서 태어난다고 보았다. 노자는 "도가 일을 낳고, 일은 이를 낳고, 이는 삼을 낳고, 삼은 만물을 낳는다"고 했다. 일은 최초의 혼돈이고, 이는 음양의 갈라짐이며, 삼에 이르면 서로를 비춰주고 전체가 조화롭게 통일되어 만물이 이로부터 번식하고 생장한다는 것이다. 그러므로 '三' 이야말로 이 세계를 구성하는 기수基數라 할 수 있다. 예로부터 '천지인' 과 '진선미' 의 개념이 있었고, 독서와 학문에서도 세 가지 경지를 나누곤 했으며, 숫자는 정수와 음수와 영으로 구성되고, 공간 역시 길이, 폭, 높이의 세 요소가 필요하다. 또 완전한 논리를 위해서는 3단계를 거쳐야 하고, 가장 안정적인 구조는 3족足의 정립이며, 3권 분립은 서양에서 보편적으로 인정되는 국가 조직의 원리이다. 사회문제를 분석할 때는 '사람, 사회, 자연' 의 관점 혹은 '개인, 집단, 국가' 의 관점을 고려한다. 이렇듯 '삼' 은 사물이 온전한 통합을 이루는 최고의 경지인 것이다. 『사서史書』「율서律書」에서 "숫자는 一에서 시작하여 十에서 끝나고 三에서 완성된다"고 했다. 『설문해자』에서도 "三은 숫자의 이름이며 천지인의 도道이다"라고 했다. 따라서 '三' 이 중국 문화에서 대단히 중요한 위치를 차지한 것은 당연했다.

『역경』에서 가장 많이 쓴 숫자가 바로 '三' 이다. 모두 스물한 곳에서 '三' 을 썼다. 소위 "육획六劃의 괘卦가 이루어졌다"는 것은 『역경』의 부호체계가 '三' 과 그것의 배수인 '六' 의 기초 위에서 만들어졌음을 의미한다.

팔괘에서 건乾과 곤坤은 가장 기본적인 두 개의 괘상이다. 건괘는 하늘을 본딴 것이다. 하늘은 양陽이고, 양은 홀수이며, 이것을 그리면 '三'이 된다. 그중에 '一'은 양의 시작[始]을, '二'는 양의 번창[昌]을, '三'은 양의 끝[極]을 표시한다. 곤괘는 땅을 본딴 것이다. 땅은 음이고, 음은 짝수이며, 이것을 그리면 '三三'이 된다. 여기서 '一一'은 음의 시작을, '二二'는 음의 번창을, '三三'은 음의 끝을 표시한다. 이 '일시一始, 이창二昌, 삼극三極'이 바로 『노자』의 '一, 二, 三' 설이다.

『논어』에도 '三'이 여러 번 등장한다. "나는 매일 세 번 내 몸을 돌아본다", "세 번 생각한 후에 행동하다", "세 사람이 길을 가면 반드시 내 스승이 있다", "군자는 세 가지 경계해야 할 바가 있으니, 어려서는 혈기가 아직 정해지지 않아 여색을 경계해야 하고, 장성해서는 혈기가 왕성해지니 싸움을 경계해야 하고, 늙어서는 혈기가 이미 쇠하였으므로 얻으려는 마음을 경계해야 한다", "군자는 두려워하는 바가 세 가지가 있으니, 천명을 두려워하고, 대인을 두려워하고, 성인의 말을 두려워한다" 등이 그 예이다.

수학의 개념에서 '三'은 순서의 반복을 뜻한다. 그래서 '三'은 자연스럽게 '많음[多]'의 의미를 갖게 된다. 수천 년 전 주나라 때부터 이미 "사람이 셋이면 무리가 되고, 짐승이 셋이면 떼가 된다"고 인식했다. 고대 중국어에서 '三'이 많음을 뜻하는 허수로 쓰인 예는 부지기수다. 예를 들어 '三'이 숫자와 함께 사용되면 이때의 '三'은 항상 많음을 뜻한다. 고대 중국어든 현대 중국어든 '三'은 1에서 9까지의 다른 숫자와 함께 쓰여 성어나 숙어를 이루는 경우가 대단히 많다. '거일반삼擧一反三(하나를 보고 열을 알다)', '일일불견一日不見, 여격삼추如隔三秋(하루만 안 봐도 3년을 떨어져 있는 듯하다)', '접이연삼接二連三(계속 잇따르다)', '삼천양두三天兩頭(사흘이 멀다 하고, 뻔질나게)', '조삼모사朝三暮四', '불삼불사不三不四(볼품없다, 이도 저도 아니다)', '격삼차오隔三差五(며칠에 한 번씩, 자주)', '오대삼조五大三粗(체격이 우람하다)', '삼고육파三姑六婆(천한 직업에 종사하는 부녀자들)', '삼두육비三頭六臂(세 개의 머리와 여섯 개의 팔, 초인적인 능력 혹은 그런 사람)', '삼혼칠백三魂七魄(세 가지 영혼과 일곱 가지 혼백)', '삼재팔난三宰八難(세 가지 재앙과 여덟 가지 고난, 온갖 질병과 재난)', '삼교구류三教九流(종교나 학술 등의 각종 유파)' 등이 모두 그렇다. 위의 예들 중에는 '三'이 실수 그대로를 의미하는 것도 있다. '삼교구류'의 삼교는 유교, 도교, 불교를, 구류는 유가, 도가, 음양가, 법가, 명가, 묵가, 종횡가, 잡가, 농가의 구가九家를 가리킨다. 또 '삼고육파'에서 삼고는 비구니, 여자 도사, 여자 점쟁이를, 육파는 인신매매를 하는 여자, 매파, 여자 무당, 기생어미, 여자 돌팔이, 산파를 가리킨다. 하지만 현대로 들어와서는 이런 숫자들도 더 이상 실수의 의미는 사라지고 대부분 '많음'의 의미로 쓰이게 되었다. 그래서 '삼교구류'는 보통 종교나 학문 분야의 각종 유파 혹은 사회의 각종 직업과 그에 종사하는 사람들을, '삼고육파'는 정당하지 않은 일에 종사하는 부녀자를 가리키는 말로 쓰이게 되었다.

고대 중국어에서 '三'이 실수로 쓰였는지 허수로 쓰였는지는 앞뒤 문맥을 봐야 제대로 알 수 있다. 예를 들어 '일문삼부지一問三不知(시치미를 뚝 떼다, 전혀 모르다)'의 '삼부지'는 항상 '모르는 것이 아주 많다'고 잘못 해석된다. 이는 '三'을 허수로 보고 이해한 것이다. 그러나 '삼부지'의 '삼'은 사실 세 가지 측면을 가리키는 실수이다. 『좌전』「애공」 27년에 관련 기록이 있다. 진晉나라의 순요荀瑤가 군대를 이끌고 정鄭나라를 공격할 때, 순문자荀文子는 적의 상황에 대해 자세히 모르는 상황에서 함부로 공격할 순 없다며 이렇게 말한다. "군자의 계책은 처음, 중간, 마지막 계책까지 다 세운 연후에야 공격해 들어갈 수 있다. 지금 우리가 세 상황을 제대로 알지도 못하면서 공격해 들어간다면 이 또한 어렵지 않겠는가?" 이처럼 '삼부지'는 원래 일의 처음, 중간, 끝 모두를 알지 못한다는 의미였다. 『홍루몽』 제50회에도 '삼부지'라는 말이 나온다. "자기 일이 아니면 입을 열지 않고, 한 번 물으면 세 번 모른다고 고개를 젓는다[不干己事不張口, 一問搖頭三不知]"가 그것이다. 여기서 '삼부지'는 자기와 무관한 일에는 전혀 관심을 기울이지 않는다는 뜻이지 '모르는 일이 아주 많다'는 의미는 전혀 아니다. 현대 중국어에서 '일문삼부지'의 '삼'은 '아무것도 모른다'는 '다수'의 의미로 해석된다.

고대와 현대 중국어의 성어, 숙어 중에는 '三'이 '적다[少]'의 의미로 쓰인 경우도 있다. '삼촌금련三寸金蓮'은 여자의 발이 아주 작다는 의미이고, '삼분자색三分姿色'은 그럭저럭 괜찮게 생겼다는 뜻이며, '삼언양어三言兩語'는 말수가 아주 적음을, '삼삼양양三三兩兩'은 사람 수가 아주 적음을 표시한다.

중국 문화에서 '三'과 관련된 이야기는 흔히 볼 수 있다. '삼고초려三顧草廬', "집 문을 세 번 지나도록 들어가지 않다", "세 명이 길을 걸으면 그중에 반드시 내 스승이 있다" 등이 대표적이다. 동한 말, 유비는 융중隆中에 은거해 있던 제갈량을 모셔오기 위해 세 번이나 제갈량의 초옥을 찾아간다. 이후 제갈량은 유비를 도와 조조, 손권과 패권을 다투고 성도에 도읍을 정해 천하를 삼분한다. 자기를 알아준 은혜에 감격한 제갈량은 평생토록 유비에 대한 충심을 잃지 않았다. 이때부터 '삼고초려'는 뛰어난 인재를 맞이하기 위해 참을성있게 노력한다는 의미로 쓰이게 되었다. "집 문을 세 번 지나도록 들어가지 않다"는 전설 속의 하우夏禹가 홍수를 다스리기 위해 집 밖에서 13년을 있으면서 여러 번 자기 집을 지나쳤으나 한 번도 문 안으로 들어가지 않았다는 이야기에서 나온 말이다. "세 명이 길을 걸으면 그중에 반드시 내 스승이 있다"는 『논어』「술이述而」에 나오는 말이다. "그중 좋은 점을 골라 배우고, 좋지 않은 점은 고칠 것이다"라는 구절이 바로 뒤따른다. 그 밖에 "석 달 동안 고기 맛을 잊었다"는 말도 있다. 이는 공자가 제나라에서 「소韶」라는 음악을 듣고 그 즐거움에 취해 석 달 동안 고기 맛을 잊었음을 말한다. 음악의 매력과 예술의 즐거움을 만끽했다는 의미이다. '삼정구열三貞九烈' 이라는 성어도 있다. 여기서 삼과 구는 실제의 수가 아닌 '다수'를 의미한다. 이는 여자는 반드시 정조를 잃어서는 안 되고 개가를 해서도 안 된다는 봉건사회의 도덕관념이 그대로 반영된 말이다. 봉건사회에서는 예교를 충실히 따르는 여자들을 '삼정구열' 이라는 말로 칭찬했다. 고대의 결혼 풍속에는 '삼서三書' 의 전통이 있었다. 삼서는 빙서聘書, 예서禮書, 영친서迎親書를 말한다. 빙서는 정혼의 글로서 남녀가 정식으로 혼약을 한다는 표시이다. 예서는 예물의 종류와 수량을 상세히 적은 예물 목록이다. 영친서는 결혼 당일 신부를 맞아들이는 글이다. '삼분오전三墳五典' 은 중국 최초의 책으로 알려져 있다. 삼분은 삼황, 즉 복희伏羲, 신농神農, 황제黃帝가 지은 책이다. 오전은 소호少昊, 전욱顓頊, 고신高辛, 당唐, 우虞가 지은 책이다. '삼궤구배三跪九拜' 는 중국 고대에 황제와 부처에게 올린 가장 성대한 예절이다. 무릎을 세 번 꿇으면서 그때마다 세 번씩 고개를 조아려 총 세 번 무릎을 꿇고 아홉 번 절을 하게 된다.

'삼파三巴' 는 중국 고대의 지명으로 파군巴郡, 파동巴東, 파서巴西를 가리킨다. 지금의 사천 파현에서 충현忠縣 일대까지가 파군이고, 운양雲陽, 봉절奉節현 일대가 파동, 낭중閬中현이 파서이다. '삼초三楚' 역시 중국의 옛 지명이다. 진한 대에는 초 땅을 셋으로 나누어 회수淮水 북쪽의 패沛, 진陳, 여남汝南, 남군南郡을 서초로, 팽성彭城 동쪽의 동해東海, 오吳, 광릉廣陵을 동초로, 형산衡山, 구강九江, 장사長沙를 남초로 불렀다. '삼배三拜' 는 중국 고대에 주인이 빈객들에게 행하던 배례이다. 주인은 서남쪽에서 빈객들을 향해 세 번 절을 함으로써 예를 표한다. 주인이 삼배를 마치면 빈객들은 각각 일배一拜로 답례를 한다. '삼종사덕三從四德' 은 부녀자들의 언행에 대한 규정이었다. 결혼하기 전엔 아버지를 따르고, 결혼한 후에는 남편을 따르고, 남편이 죽으면 자식을 따라야 한다는 것이 삼종이고, 사덕은 부덕婦德(여자의 덕), 부용婦容(여자의 몸가짐), 부언婦言(여자의 말), 부공婦功(여자가 하는 일)을 말한다. '삼강三綱' 은 중국 고대 봉건 윤리도덕의 세 가지 기본 원칙인 '군위신강君爲臣綱', '부위자강父爲子綱', '부위부강夫爲婦綱' 이다. 즉, 임금은 신하의 벼리가 되고, 아버지는 자식의 벼리가 되고, 남편은 아내의 벼리가 된다는 것이다. '삼촌금련' 은 중국 여성들의 전족 전통 때문에 생긴 말이다. 남당南唐의 후주後主는 비빈들의 발을 금련화 위에서 춤을 출 수 있도록 세 치[三寸] 정도로 꽁꽁 싸매도록 했다. 그래서 전족을 한 여성들의 작은 발을 '삼촌금련' 이라 불렀다. '삼보三寶' 는 도교에서 지극한 보배로 숭배하는 옥청천보군玉淸天寶君, 상청영보군上淸靈寶君, 태청신보군太淸神寶君을 가리킨다. 도교는 도를 배우고[學道], 도를 행하고[行道], 도를 닦는[修道] 것을 근본으로 하기 때문에 이 세 가지를 삼보라 부르기도 한다. 불교의 삼보는 불佛, 법法, 승僧을 말한다. 또 중의학에서는 인체의 정精, 기氣, 신神을 삼보라 부른다. '삼계三界' 는 불교에서 욕계欲界, 색계色界, 무색계無色界의 세 가지 경계를 가리킨다. 욕계는 음욕과 식욕을 가리키고, 색계는 음욕과 식욕은 초월했으나 여전히 외부 세계의 각종 사물에 속박된 상태, 무색계는 정신의 깨달음만 남기고 모든 사물의 속박으로부터 벗어난 상태를 말한다.

순자는 '삼본三本' 이라는 개념으로 예禮의 근본을 설명했다. 『순자』「예론禮論」에서 "예禮에는 세 가지 근본이 있다. 천지는 생명의 근본이고, 선조는 씨족의 근본이고, 군주는 다스림의 근본이다"라고 했다. 결국 '삼본' 은 천지, 선조, 군주를 가리키는 것이다. '삼병三病' 은 중국 회화 용어로서 붓을 놀릴 때의 세 가지 병폐를 가리킨다. 북송 때 곽약허郭若虛는 『도화견문지圖畵見聞志』에서 "그림에는 세 가지 병폐가 있다. 첫 번째는 판板, 두 번째는 각刻, 세 번째는 결結이다"라고 했다. '판' 은 붓을 동그랗게 그리지 못하는 것이고, '각' 은 붓을 머뭇머뭇 움직여 삐져 나온 부분이 많은 것이고, '결' 은 붓놀림이 시원스럽지 않아 뻗어야 할 부분에서 뻗지 못하고 흩뜨려야 할 부분에서 흩뜨리지 못하는 것을 말한다. '삼불후三不朽'는 고대 중국의 지식인들이 인생의 이상이자 가치로 추앙한 입덕立德(덕을 세움), 입공立功(공을 세움), 입언立言(말을 세움)을 가리킨다. 이는 『좌전』「양공襄公」 24년의 "최고는 입덕, 다음은 입공, 그다음은 입언이다. 이들은 오래도록 없어지지 않으므로 불후不朽라 일컫는다"에서 나온 말이다. '삼재三才'는 천, 지, 인을 통칭한다. 이 말은 『역』「계사하」의 "『역』의 글됨은 그 내용이 광대하고 모든 것이 갖추어져 있다. 하늘의 도가 있고, 사람의 도가 있고, 땅의 도가 있다. 이 세 가지 바탕을 함께 갖추고 그것이 둘로 나뉘어 육六이 된다"에서 나왔다. '삼조三曹'는 위진대의 유명한 정치가이자 군인이자 시인인 조조와 그의 아들 조비曹丕, 조식曹植을 가리킨다. 이들은 정치와 문학 모두에서 후대에 큰 족적을 남겼다. '삼국'은 동한 말년에 중국을 삼분했던 세 개의 정권, 즉 북방의 위, 남서쪽의 촉, 동남쪽의 오를 말한다. 삼국의 분쟁은 결국 북방의 위나라가 전국을 통일하면서 끝을 맺는다. 나관중羅貫中의 유명한 장편소설 『삼국연의』가 바로 이 시기의 역사 이야기를 서술한 작품이다. 진수陳壽의 『삼국지』는 당시의 역사를 기록한 정사이다. '삼품三品'은 고대 중국의 서화書畵를 평가하는 세 가지 등급, 즉 신품神品, 묘품妙品, 능품能品을 말한다. 이 삼품은 송대에 일품逸品이 더해져 총 사품四品이 된다. '삼성三省'은 수당대의 국가 최고 행정기관으로 중서성中書省, 문하성門下省, 상서성尙書省을 가리킨다. 중서성은 정책을 결정하고, 문하성은 심의하고, 상서성은 이를 집행했다. '삼우三友'는 이롭거나 해로운 세 종류의 친구들을 가리킨다. 『논어』에서는 이로운 벗으로 정직한 벗, 신의가 있는 벗, 견문이 넓은 벗을 들었고, 해로운 벗으로는 한쪽으로 치우친 벗, 굽실거리기를 잘하는 벗, 말만 번지르르하는 벗을 들었다. '세한삼우歲寒三友'라는 말도 있다. 여기서 '삼우'는 송松, 죽竹, 매梅를 가리킨다.

'三'과 함께 쓰이는 단어는 이외에도 많다. '삼족정립'에서 정鼎은 고대에 음식을 삶던 세발솥이다. 이 솥이 안정감이 뛰어나기 때문에 삼족정립은 세 집단이 각자의 위치를 점하여 호각의 형세가 된 상태를 뜻하게 되었다. 조씨의 위, 유비의 촉, 손권의 동오가 바로 이 삼족정립의 형세였다. '삼반육방三班六房' 이라는 말도 있다. 명청 때 주현州縣의 관아에 근무하던 관리와 심부름꾼을 통틀어 가리키는 말이다. 삼반은 조반皂班, 장반壯班, 쾌반快班을, 육방은 이, 호, 예, 병, 형, 공을 일컫는다. '삼촌지설三寸之舌' 은 말재주가 보통이 아니라는 의미이다. 관련 이야기는 『사기』 「회음후淮陰侯열전」에 나온다. 유세객 역이기는 입 하나로 제나라의 70여 성을 설복하여 진나라에 투항토록 했다. 사람들은 그가 닳지 않는 세 치의 혀를 갖고 있다고 했다. '삼성오신三省吾身' 은 『논어』의 "증자가 말하기를 '나는 매일 세 가지로 내 스스로를 되돌아본다' 고 했다"에서 나온 말이다. 여기서 '三' 은 '세 방면' 으로 해석할 수도 있고 '세 번' 이 될 수도 있다. 그 밖에 '삼생유연三生有緣' 은 전생, 현생, 내생 모두에 인연이 있는, 즉 대단히 만나기 힘든 인연을 의미한다. '삼사이후행三思而後行' 은 여러 번 신중하게 생각한 후에 일을 처리한다는 뜻이다. 또 '삼척동자' 는 어린아이를, '삼척지고三尺之孤' 는 어린 고아를 가리킨다.

명대 석각 「혼원삼교구류도混元三教九流圖」

4. 사四

지금도 홍콩, 대만, 일본, 한국 등지에서는 '四'를 '死' 자와 연관시켜 불길한 숫자로 간주한다. 글자의 음이 같아서 일종의 미신으로 굳어진 것이다. 그러나 사실 고대인들의 '四'에 대한 관념은 전혀 달랐다. '사'에 대한 관념이 처음 비롯될 때는 오히려 신성한 의미였다. 이는 고대 중국의 우주관에서 기인하다. 춘추시대 제나라의 관중管仲이 지은 『관자管子』에 이미 사방상하四方上下를 합친 '우합宇合'의 개념이 등장한다. 전국시대 때 시교尸佼는 『시자尸自』에서 "상하사방을 '우宇'라 하고, 고왕금래古往今來를 '주宙'라 한다"고 했다. 후대인들은 이 둘을 합해 '우주'라 썼다. 『회남자』「제속훈齊俗訓」에도 같은 말이 나온다. 『회남자』「남명훈覽冥訓」에서는 고대의 '여와보천女媧補天' 신화를 이야기하면서 '사극四極'을 세 번 언급한다. "아주 오랜 옛날 하늘을 받치고 있던 사방의 기둥[四極]이 무너져…… 여와는 오색의 돌을 불려 하늘을 채우고 자라의 발을 잘라 네 기둥을 세웠다……. 하늘은 채워지고 네 기둥은 바르게 세워졌다." 여기서 '사극'은 단순히 동서남북의 네 방향을 가리키는 것이 아니라 끝없이 넓은 우주 전체를 뜻한다. 고대인들의 우주에 대한 관념은 곧 천지에 대한 관념이었다. 그들은 하늘은 둥글고 땅은 네모나며, 둥근 하늘과 네모난 땅의 원주와 직경의 비율이 3:4라고 믿었다. 그래서 '三'과 '四'는 하늘과 땅, 그리고 둥글고 네모남의 상징적 숫자가 되었다. 또 『역』「계사」에서는 "양의兩儀는 사상四象을 낳고, 사상은 팔괘八卦를 낳는다"고 했다. 이는 "사물을 관찰하여 상象을 취하는" 고대 중국 민족의 사유방식이 반영된 것이다. '양의'는 천지 혹은 음양을 가리키고, '사상'은 시간을 점유하는 1년 사계절과 하루의 주야조석을 포괄할 뿐 아니라 공간을 점유하고 금, 목, 수, 화로 대표되는 동서남북 사방까지 포괄한다. 세계 혹은 우주와 그 운동은 '상'의 변화인 동시에 '수'의 연산이다. 세계 만물은 음양으로 구성되고, 음양의 서로 다른 조합은 '수'로 개괄할 수 있다. 사물이 있으면 곧 상이 있고, 상이 있으면 곧 그에 상응하는 수가 있다. 그러므로 '사상'은 곧 천지시공, 다시 말해 모든 우주가 된다. 이렇듯 중국 문화에서 '四'는 사람들의 우주관을 대표한다.

특히 공간의 관점에서는 '四'라는 수 혹은 '사방'이라는 공간 방위 관념을 벗어날 수가 없다. 허신許愼은 '四'의 '口'이 사방을 본뜬 것이라고 했다. 그래서 '四' 자가 들어간 복합어들은 모두 주변 세계를 가리키는 말로 쓰인다. 사방, 사극, 사린四隣, 사해, 사주四周, 사면, 사면팔방, 사문팔진四門八陣, 사통팔달 등이 모두 그렇다. '四' 자는 사방이 네모로 꽉 막힌 '口' 안에 '八' 자를 넣은 모양이다. 그래서 '四' 자는 전체, 모두의 개념, 즉 우주의 개념으로 간주되었고, 여기서 나아가 안정적이고 완전하고 번창하는 사물을 상징하게 되었다. 천하가 태평한 것을 '사해승평四海升平'이라 하고, 충애忠愛, 무사無私, 용현用賢, 도량度量을 '치국사술治國四術'이라 하고, 세상의 동란을 '봉연사기烽煙四起'라 하는 것도 이런 이유 때문이다. 또 '四'와 '八'이 합쳐진 단어는 대부분 완전하고 원만하다는 의미를 나타낸다. 사평팔온四平八穩(모든 것이 안정됨 혹은 지나치게 안전한 것만을 추구함), 사면팔방, 사통팔달, 사시팔절四時八節 등이 그 예이다. 중국 민속에서는 혼례 때도 '四'라는 숫자에 신경을 쓴다. 예를 들어 『금병매사화金瓶梅詞話』에서 서문경西門慶은 아들의 약혼식 때 전병 네 접시, 과일 네 접시, 죽 네 접시, 금과 보석 반지 네 개 등을 예물로 준비하도록 분부한다. 이 '사례四禮'의 풍속은 지금도 일부 지방에 남아 있다. 동북 지방에서는 이를 '사합례四盒禮'라 부르고, 복건 지방의 혼례에서는 이를 '네 가지 색을 먹다[吃四色]'라고 표현하며, 하북 지방에서는 신부 쪽에게 처음으로 예복을 사줄 때 반드시 네 벌 혹은 여덟 벌로 맞춰야 한다.

'四'의 우주관은 중국 희곡에서도 그대로 드러난다. 중국 희곡은 '사절일설자四折一楔子'*를 기본 형식으로 하고 '사공오법四功五法'**의 연기력을 중시한다. 그래서 이런 요소들을 잘 표현한 원곡元曲 4대가와 4대 극본이 탄생했으며, 근대에는 4대 휘반徽班, 4대 명단名旦, 4대 수생鬚生 등도 생겨났다. 이들 모두가 '四'와 뗄 수 없는 관계에 있는 것이다. 중국 고대의 의학에도 '四'가 적용되었다. 후한의 명의 화타華佗는 병을 진단하는 망望(얼굴빛을 살핌), 문聞(목소리를 들음), 문問(증상을 물음), 절切(진맥)의 네 가지 단계를 제시했다.

수많은 사자성어는 '四'의 숫자 개념이 중국어에 반영된 가장 대표적인 예이다. 중국 민족의 인문정신이 반영된 이 사자성어야말로 강한 생명력을 지닌 언어 구조라 할 수 있다. 중국어의 4자 구조는 그 역사가 대단히 유구하다. 민간의 구어에서도 문인의 글에서도 4자 구조는 가장 많은 환영을 받고 그만큼 가장 활발하게 쓰였다. 그중에서도 가장 안정적으로 틀이 잡힌 것이 사자성어가 되었다. 이 '四' 자의 언어 구조는 중국 민족성의 형성에도 지대한 작용을 했다.

'四'는 완정, 대칭, 화해 등을 상징하는 상서로운 숫자로 여겨져 왔다. 중국 전통 미학에서는 대칭과 완벽을 아름다움으로 여기며, 이런 모든 요소들이 '四'라는 숫자에서 체현될 수 있다. 사각형이나 사합원은 대칭미가 뚜렷한 대표적 예들이다. '사시'는 온전한 한 해를 의미하고, '사해'는 모든 세계를 가리키며, '사세동당四世同堂'은 한 집안이 최고로 흥한 상태를 형용한다.

---

*사절일설자四折一楔子: 절은 지금의 막에 해당하고, 원래 쐐기를 의미하는 설자는 인물이나 줄거리를 간단히 소개하는 짤막한 단락으로 극의 맨 앞이나 뒤 혹은 절 사이에 들어간다

**사공오법四功五法: 사공은 창唱(노래), 염念(발음), 주做(동작), 타打(무공)를 말하고, 오법은 일반적으로 수手(손놀림), 안眼(눈빛), 신身(몸매), 보步(걸음걸이), 법法(이상의 요소들을 잘 표현할 수 있는 방법 혹은 규칙)을 가리킨다

한자는 네모반듯한 필획으로 상하, 좌우, 안팎의 대칭을 중시하며 소리의 높낮이인 성조도 사성으로 나뉜다. 4자 형식이 가장 아름다운 구조인 몇 가지 이유가 있다. 우선 대칭의 구조라는 것이다. 4자 성어는 대부분 2자—2자로 이루어진다. 즉, 두 글자와 두 글자 사이에 작은 틈이 있다는 말이다. 두 글자가 병렬된 구조라 눈으로 봤을 때 가지런한 대칭의 미가 느껴진다. 연소운산煙消雲散(연기처럼 사라지고 구름처럼 흩어지다), 번래복거翻來覆去(엎치락뒤치락하다, 여러 번 되풀이하다) 등이 그 예이다. 앞뒤 각각의 두 글자는 주어+동사, 동사+목적어, 동사+보어, 한정 등의 구조를 이룬다. 두 번째는 조화로운 운율의 음악미를 들 수 있다. 4자 구조의 소리는 엄격한 대칭을 이루고, 평측平仄이 서로 어울리고, 고저가 조화를 이루어 귀에 쏙쏙 들어온다. 예를 들어 '풍화일난風和日暖', '담월청풍淡月清風' 등을 읽어보면 마치 네 개의 음표가 음절을 두 개로 나누고 두 글자가 한 음절이 된 듯한 느낌을 받는다. 세 번째는 간략한 글과 풍부한 의미가 주는 미감이다. 사자성어는 유명한 말이나 이야기를 농축해 놓은 경우가 대부분이다. '정위전해精衛塡海'*, '우공이산愚公移山', '완벽귀조完璧歸趙'**, '사면초가', '학이불염學而不厭(배우면서 싫증내지 않는다는 의미로 『논어』「술이述而」에 나온다)' 등이 그 예이다. 이 사자성어들은 모두 깊은 철학과 삶의 태도가 담긴 이야기나 역사적 사실들에서 나온 것들이다. 네 번째는 중복이 가능한 네 글자 형식이기 때문에 뜻을 강조하는 효과를 낸다는 것이다. 예를 들어 '삼언양어三言兩語'에서 '삼언'과 '양어'는 모두 '말'을 가리킨다. 그러나 이를 네 글자로 만들면 내용상으로도 의미가

*정위전해精衛塡海: 염제炎帝의 딸이 동해에서 죽은 후 정위라는 새가 되어 매일 산 위의 돌을 입에 물고 날아가 동해를 메웠다는 이야기에서 나온 말로, 의지가 강하고 어려움을 두려워하지 않는 것을 비유할 때 쓰인다. 이야기는 『산해경』「북산경北山經」에 나온다

**완벽귀조完璧歸趙: 『사기』「염파인상여廉頗藺相如열전」에 나오는 이야기이다. 전국시대 조나라의 인상여는 화씨벽和氏璧을 진 소왕昭王에게 바치며 열다섯 개의 성과 바꾸고자 했으나 진왕이 거짓말을 하고 있음을 알고 꾀를 써서 옥을 그대로 조나라로 가져왔다. 그래서 '완벽귀조'는 물건을 원래 그대로 주인에게 돌려준다는 의미로 흔히 쓰인다

강조될 뿐 아니라 형식적으로도 숫자 '삼'과 '이'가 서로 대응하고 소리도 입에 착착 감기게 된다. 이로써 음音, 형形, 의意가 전체적 예술미를 더하는 것이다.

중국인의 '四'에 대한 숭상은 '四' 자와 관련된 고대의 무수한 사례들에서 볼 수 있다. 예를 들어 '사대미인'은 서시, 초선, 왕소군, 양귀비를, '사대명산'은 오대산五臺山, 아미산峨眉山, 보타산普陀山, 구화산九華山을 가리킨다. 또 '사단四端'은 측은지심, 사양지심, 수오지심, 시비지심을, '사서'는 『대학』, 『중용』, 『논어』, 『맹자』를, '사부四部'는 경, 사, 자, 집을, '사학'은 유학, 현학玄學, 사학, 문학을, '사교四教'는 문文, 행行, 충忠, 신信을, '사사四史'는 『사기』, 『한서』, 『후한서』, 『삼국지』를, 앞서 소개한 '사덕'은 부덕, 부언, 부용, 부공을, '사물四勿'은 예禮가 아니면 보지도 듣지도 행동하지도 말하지도 말라는 것을, '사희四喜'는 오랜 가뭄에 단비가 내리고, 타향에서 친구를 만나고, 신혼 첫날밤에 화촉을 밝히고, 과거에 급제한 것을 가리킨다. 이 밖에도 '사대기서'는 『삼국연의』, 『수호전』, 『서유기』, 『금병매』를, '문방사보文房四寶'는 호필湖筆, 휘묵徽墨, 선지宣紙, 단연端硯을, '사군자'는 매, 난, 국, 죽을, 중국의 '사대발명'은 화약, 나침반, 제지술, 인쇄술을, 음악에서 '사궁四宮'은 궁宮, 상商, 치徵, 우羽를 가리킨다. 이외에도 중국 문화에서 '四' 자가 쓰인 경우는 부지기수다.

'四' 자가 들어간 말은 사람들에게 익숙한 것들이 매우 많다. '사면초가'도 그중 하나이다. 초 패왕 항우가 해하垓下에서 유방군에게 포위되었다. 군대는 적고 군량도 바닥난 상황에서 유방군은 항우를 겹겹이 에워싼다. 밤중에 유방군이 사방에서 초 땅의 노래를 부르자 항우는 길게 탄식한다. "초의 군대가 이렇게도 많단 말인가!" 결국 항우는 힘이 미치지 못함을 깨닫고 스스로 목숨을 끊는다. 이후 사면초가는 아무에게도 도움받지 못하는 힘든 상황에 처했음을 의미하는 말로 쓰이게 되었다. '사대개공四大皆空'에서 '사대' 는 물질세계를 구성하는 네 가지 원소인 지地, 화火, 수水, 풍風을 가리킨다. 불교에서는 이들이 모두 공허한 것일 뿐이라고 말한다. '사불요육四不拗六' 은 '사' 가 '육' 을 꺾지 못한다는, 즉 소수가 다수를 이길 수 없다는 의미이다. '사방지지四方之志' 는 작은 것에 뜻을 두지 말고 세상 전체로 눈을 돌리고 큰 포부를 가지라는 말이다. '사해구주四海九州' 는 온 중국을 가리킨다. 고대 중국인들은 중국이 4면의 바다로 둘러싸여 있다고 보았다. 그러므로 '사해' 는 전국 각지를 의미한다. 또 고대 중국은 아홉 개 주로 나뉘었으므로 구주 역시 중국 전체를 대표하는 것이다. '사시四時' 는 1년 사계절이고, '팔절八節' 은 입춘, 춘분, 입하, 하지, 입추, 추분, 입동, 동지이다. 따라서 '사시팔절' 은 1년을 구성하는 사계와 절기를 가리킨다. '사체불근四體不勤, 오체불분五穀不分' 이라는 말도 있다. '사체' 는 사지, 즉 두 손과 두 발을 가리키고 '오곡' 은 보통 벼, 메기장[稷], 기장, 보리, 콩을 가리킨다. 따라서 이 말은 사지도 부지런하지 않고 오곡도 제대로 구분할 줄 모를 정도로 무식하다는 의미이다. 이 말은 『논어』「미자微子」에 나온다. 자로가 한 노인에게 "저희 선생님을 혹시 보셨습니까?"라고 묻자 노인은 이렇게 답한다. "팔다리도 부지런히 쓰지 않고 오곡도 구분하지 못하는데 선생은 무슨?" 노인은 공자를 전혀 대수롭지 않게 본 것이다.

5. 오五

중국 문화에서 '五'에 대해 논한다면 '오행五行'이 가장 먼저 떠오를 것이다. 오행 이론은 우주의 탄생과 관련된 이론이자 중국 고전철학의 정수이다. 오행설은 주나라 말기에 등장했다. 고대의 사상가들은 일상에서 흔히 볼 수 있는 금, 목, 수, 화, 토의 다섯 가지 물질로 세상 만물의 기원과 다양성을 해석했다. 전국시대 때는 오행설이 상당히 유행했다. 추연鄒衍 등은 오행설을 음양, 일월성신日月星辰, 사계오색四季五色, 건곤팔괘와 연관시킨 소위 '음양오행설'을 발전시켰다. 이 학설은 천문, 입법, 의학 등의 각 분야로 적용되어 하나의 사상적 방법론을 넘어서 중국 상고上古 문화의 대표로 자리를 잡았다.

오행설의 가장 큰 특징은 '상생상승相生相勝' 이론이다. 상생은 이 다섯 가지 물질이 서로를 낳는다는 것이다. 목은 화를 낳고, 화는 토를 낳고, 토는 금을 낳고, 금은 수를 낳고, 수는 목을 낳는다. 상생은 상극相剋이라고도 한다. 수는 화를 이기고, 화는 금을 이기고, 금은 목을 이기고, 목은 토를 이기고, 토는 수를 이긴다. 오행에서 각종 사물은 상생상극하며 대립과 통일을 이루고 서로를 의존한다. 이런 과정을 통해 하나의 조화로운 세계를 이루는 것이다. '五'의 윤회는 '五'를 기수基數로 하는 사유방식을 만들어냈다. 고대 중국에서 발명한 선진적인 십진법에는 '오진수'의 관념이 들어가 있다. 중국인들은 一五一十, 十五二十, 二十五, 三十…… 식으로 숫자를 셌다. 이는 서양의 여섯 자리 기수 단위보다 훨씬 과학적이고 합리적이고 편하다. 지금도 중국에서는 명절이나 기념일이 숫자 五나 十과 겹치면 큰 경사로 간주한다. 이렇듯 중국인의 마음속에서 五는 十과 마찬가지로 완전무결하고 상서로운 숫자였다. 사람들은 십전십미十全十美(완전무결함)를 추구하듯 오곡의 풍성함과 오색의 찬연함을 노래했다. '五에 대한 숭상'은 중국 숫자 문화의 큰 특징 중 하나였던 것이다.

민속 문화에서는 단오절이 '五'와 가장 인연이 깊다. 음력 5월 5일 단오는 멱라강汨羅江에 뛰어든 굴원을 기념하는 날이다. 5월의 첫 5일이라 '단오'라 하고, '5' 자가 두 개 겹쳤으므로 '중오重五'라고도 한다. 옛 풍속에 따르면 단옷날에는 오색의 비단 끈을 머리, 팔, 손목에 묶었다. "정월은 좋아하고 오월은 싫어한다"는 옛 속담이 있었다. 오월은 날씨가 무더워 병균이 금세 번식하고 해충과 짐승들이 창궐하여 갖가지 병에 걸리기 쉽다. 그래서 사람들은 단오절에 '오독을 물리친다[辟五毒]'고 한다. 오독은 뱀, 지네, 전갈, 도마뱀, 두꺼비를 가리킨다. 이중에 도마뱀과 두꺼비는 평소에는 인간에게 직접적 해를 끼치지 않지만 약재로 쓰면 독이 생긴다고 한다. 그래서 단오절에 사람들은 자기 집 문에 다섯 가지 약초를 걸어두고 오독을 물리쳤다.

'오'와 관련된 사건들도 대단히 많았다. '쌀 다섯 말 때문에 허리를 꺾진 않은[不爲五斗米折腰]' 도연명도 그 예이다. 도연명이 현령으로 있을 때 군수가 독우督郵(교령을 전달하고 소속 지방관들을 감독하는 군수 휘하의 관리)를 파견했다. 이럴 경우 현령은 의관을 정제하고 도독을 뵙는 것이 관례였으나 도연명은 번잡하고 쓸데없는 허식에 얽매이고 싶지 않았다. 결국 그는 "쌀 다섯 말 때문에 한낱 소인배에게 허리를 꺾진 않겠다"는 말과 함께 스스로 관직을 버리고 고향으로 돌아가 농사를 지었다. 쌀 다섯 말의 녹봉을 받고자 구차하게 스스로의 자유와 자존심을 버리고 싶진 않았던 것이다. '오십보로 백보를 비웃다[五十步笑百步]' 이야기도 있다. 싸움터에서 50걸음을 도망간 사람이 백 걸음을 도망간 사람을 비웃는다는 말로 『맹자』에 나온다. 이 이야기를 통해 맹자는 여러 일들이 겉으로는 정도가 다른 것 같지만 사실은 매한가지인 경우가 많음을 일깨워 주고자 했다. '오체투지'에서 '오체'는 머리와 사지이고, '투지'는 땅에 바짝 엎드린다는 뜻이다. 머리와 두 발꿈치, 두 무릎을 함께 땅에 대고 엎드려 상대에게 최고의 예를 표하는 것이다. '오장육부五臟六腑'는 인체의 내장기관을 총칭한다. 중의학에서는 심장, 간장, 비장, 폐장, 신장을 오장이라 하고, 쓸개, 위, 대장, 소장, 방광, 삼초三焦를 육부라 한다. '오음부전五音不全'은 기본적인 음악적 감각이나 재능이 부족하여 노래가 형편없음을 뜻한다. 여기서 '오음'은 중국 고대 음악의 다섯 음률, 즉 궁, 상, 각, 치, 우를 가리킨다. '오마분시五馬分尸'는 중국 고대의 혹형 중 하나이다. 사람의 머리와 사지를 다섯 마리의 말에 각각 묶고 말에 채찍질을 해서 몸을 찢는 형벌이다. 그래서 '거열車裂'이라고도 불렀다. '오릉연소五陵年少'란 말도 있다. '오릉'은 한나라 다섯 황제의 무덤인 장릉長陵, 안릉安陵, 양릉陽陵, 무릉茂陵, 평릉平陵을 말한다. 이 오릉은 모두 장안성 북쪽 근교에 조성되었다. 당시 오릉 부근에 권문귀족이나 외척들이 살았기 때문에 '오릉연소'는 귀족의 자제를 가리키는 말로 쓰이게 되었다.

'五'가 들어간 말은 이외에도 많다. '오패五覇'는 춘추시대 때 패자로 칭했던 다섯 제후, 즉 제齊 환공桓公, 송宋 양공襄公, 진晉 문공文公, 진秦 목공穆公, 초楚 장왕莊王을 가리킨다. 한나라 때 동중서는 맹자가 말한 인, 의, 예, 지 '사단'에 '신信'을 더해 '오상五常'이라 불렀다. 이 오상은 '삼강三綱'과 더불어 중국 고대 윤리도덕의 기본 강령으로 여겨졌다. '오대五代'는 당과 송 사이의 다섯 왕조, 즉 후량後梁, 후당後唐, 후진後晉, 후한後漢, 후주後周를 가리킨다. '오제五帝'는 하夏 왕조 이전에 중원 땅을 지배했던 다섯 명의 전설 속 제왕들로 흔히 황제黃帝, 전욱顓頊, 제곡帝嚳, 제요帝堯, 제순帝舜을 이른다. 전국시대 때 한비자는 유가, 종횡가, 협객, 황제의 근신들, 공상업 종사자를 '오두五蠹'로 규정했다. 사회에 해악을 끼치는 다섯 부류의 좀이라는

「오복봉수五福奉壽」
남색으로 찍은 민간의 화포花布

뜻이다. 『상서』에서는 인생의 '오복五福'으로 장수, 부귀, 건강하고 마음이 편함, 미덕, 천수를 다하는 것을 들었다. '오경五經'은 유가의 다섯 경전인 『시경』, 『서경』, 『역경』, 『예기』, 『춘추』를 말한다. '오금희五禽戲'는 신의神醫 화타가 호랑이, 사슴, 곰, 원숭이, 새의 동작을 본떠 만든 건강체조이자 양생법의 일종이다. '오계五戒'는 신도들이 평생토록 지켜야 할 계율이다. 불교에서는 살생하지 않고, 도둑질하지 않고, 음탕한 짓을 하지 않고, 거짓말하지 않고, 술을 먹지 않는 것이다. 도교에서는 살생하지 않고, 술과 고기 음식을 먹지 않고, 겉과 속이 다르지 않고, 도둑질하지 않고, 음탕한 짓을 하지 않는 것이다. '오로五勞'는 중의학에서 말하는 과로의 다섯 가지 원인이다. 오래 보면 피가 상하고, 오래 누워 있으면 기가 상하고, 오래 앉아 있으면 살이 상하고, 오래 서 있으면 뼈가 상하고, 오래 걸으면 힘줄이 상한다고 한다. 이와 달리 폐, 심장, 비장, 간장, 신장에 무리가 가는 것을 '오로'로 보기도 한다.

6. 육六

'六' 은 중국인이 좋아하는 숫자이다. '六' 을 '순조롭다[順]' 의 의미로 보기 때문이다. 6이 들어간 날을 길일로 택하거나 전화번호에 '6' 자를 선호하는 것 등이 그 예이다. 만약 어떤 상점의 전화번호가 '666' 이라면 복을 부른다는 의미로 금자 간판을 만들어 눈에 잘 띄는 곳에 걸어두는 게 좋을 것이다. 그러나 중국과는 달리 서양에서 6은 항상 불길한 숫자로 간주되어 왔다. 미국 대통령을 역임한 레이건은 퇴임 전 미시건주 벨레어에 별장을 한 채 샀다가 이 별장이 666번지라는 것을 알고 대경실색했다고 한다. 성경에서 666은 곧 악마의 숫자이기 때문이다. 게다가 미국 전 대통령 케네디는 암살자가 6층에서 쏜 총에 맞아 숨졌고, 히틀러라는 이름은 여섯 개의 알파벳으로 이루어졌다. 생각이 이에 미치자 레이건은 더욱 두려웠고 결국은 자신의 권력을 이용하여 별장의 번지수를 바꿔 버렸다. 상서로운 상징으로서의 '六' 은 순전히 중국 문화의 산물로 봐야 할 것이다.

六과 관련된 중국 문화는 매우 풍부하고 다채롭다. 고대에는 남녀가 결혼할 때 반드시 납채納采, 문명問名, 납길納吉, 납징納徵, 청기請期, 영친迎親의 '육례六禮' 를 거쳐야 했다. 납채는 중매를 서도록 부탁하는 것이고, 문명은 남자 측에서 중매인을 통해 여자의 이름과 사주팔자를 묻는 것이고, 납길은 중매인을 통해 간단한 예물을 보내는 것이고, 납징은 정식으로 큰 예물을 보내는 것이고, 청기는 길일을 택하는 것이고, 영친은 신부 집으로 가서 신부를 모셔오는 것이다. 중국 행정제도에는 '육부六部' 가 있었다. 이는 고대 중앙정부의 관제로 이부, 호부, 예부, 병부, 형부, 공부를 말한다. '육조六曹' 는 고대의 관직 이름이다. 동한 때는 상서를 삼공조三公曹, 사조史曹, 이천 석조二千石曹, 민조民曹, 남북주객조南北主客曹의 육조로 나누어 권력을 분산시켰다. 육조는 사실상 후대의 육부와 같았다. '육출기산六出祁山' 이라는 성어가 있다. 삼국시대 초나라의 승상 제갈량은 여섯 차례나 기련산祁連山으로 나가 위나라를 공격했고, 역사에서는 이를 '육출기산' 이라 한다. 228년, 기산의 공격을 감행한 제갈량은 가정街亭 전투에서 마속馬謖을 잘못 써서 패하고 만다. 같은 해 겨울과 229, 230, 231, 234년까지 제갈량은 총 여섯 차례 위나라를 공격한다. 마지막 공격 때 제갈량은 오장원五丈原에서 사마상여와 100여 일을 대치한 후 병사하고, 이때부터 초나라는 급격히 망해간다.

'육전六典' 은『주례』「천관天官」'대재大宰' 에 나오는 말로 고대에 나라를 다스린 여섯 가지 방법을 가리킨다. "첫째는 치전治典이다. 이것으로 나라를 경영하고, 관부를 다스리고, 만민을 다스린다. 둘째는 교전敎典이다. 이것으로 나라를 안정시키고, 관부를 교육시키고, 만민을 어루만져 준다. 셋째는 예전禮典이다. 이것으로 나라를 평화롭게 하고, 백관을 하나로 만들고, 만민을 화합시킨다. 넷째는 정전政典이다. 이것으로 나라를 평등하게 하고, 백관을 바르게 하고, 만민을 고르게 한다. 다섯째는 형전刑典이다. 이것으로 나라를 꾸짖고, 백관을 벌하고, 만민을 바로잡는다. 여섯째는 사전事典이다. 이것으로 나라를 부강하게 하고, 백관을 임명하고, 만민을 낳는다." '육법六法' 은 고대 중국에서 그림을 품평할 때 적용하던 여섯 가지 기준이다. 남조의 사혁謝赫이『고화품록古畵品錄』에서 처음으로 제창한 이후 후대인들이 이를 평가의 기준으로 삼은 것이다. 여섯 가지는 기운생동氣韻生動(생동하는 기운의 표현), 골법용필骨法用筆(정확하고 힘이 넘치는 선線의 필법), 응물상형應物象形(사물 자체의 모습에 따라 형상을 표현함), 수류부채隨類賦彩(대상의 종류에 따라 채색을 달리함), 경영위치經營位置(화면을 살려주는 구도), 전이모사傳移模寫(선인의 그림을 그대로 본뜸)이다. 중국은 술의 고향이다. 사람들은 술의 맛을 제대로 내기 위한 여섯 가지 조건도 '육법' 이라 불렀다. 좋은 곡식을 준비하고, 누룩을 만들 날을 고르고, 청결을 유지해 물에 담그고, 좋은 물을 택해 술을 빚고, 좋은 용기에 술을 담아, 발효를 충분히 시키는 것이다. '육근六根' 혹은 '육정六情'은 안眼, 이耳, 비鼻, 설舌, 신身, 의意의 여섯 가지 감각기관과 그 기능을 가리킨다. 불교에서 흔히 말하는 '육근부정六根不淨'은 사람의 감각기관과 마음이 물질세계를 초월하지 못해 연연한다는 의미이다. '육국六國'은 전국시대 진秦을 제외한 제齊, 초楚, 연燕, 한韓, 조趙, 위魏의 여섯 나라를 말한다. 육국은 진나라에 의해 모두 멸망한다.

'육합六合'은 천지사방이다. 동서남북과 상하까지 합쳐 온 천하를 가리키는 말이 되었다. 『장자』「제물론」에서는 "육합의 바깥을 성인은 있다고 하면서도 논하진 않았다"고 했다. 이백은 「고풍古風」에서 "진왕이 육합을 쓸어버리고, 호랑이 눈으로 노려보니 그 얼마나 영웅다운가[秦王掃六合, 虎視何雄哉]!"라고 읊었다. 또 중국 고대의 음양가들은 12지지의 배합으로 길일을 택하여 이를 '육합'이라 불렀다. 「공작동남비孔雀東南飛」에 "육합이 딱 맞으니, 30일이 좋은 날이네[六合正相應, 良辰三十日]"라는 구절이 있다. '육극六極' 역시 상하, 동서남북의 육합을 말한다. '육가六家'는 선진부터 한대 초까지의 6대 학파인 음양가, 유가, 명가, 법가, 묵가, 도덕가를 가리킨다. 사마담司馬談이 「논육가지략論六家持略」에서 처음으로 이 여섯 학파를 육가로 개괄했다.

'육친'은 가장 가까운 혈연관계의 친족으로 보통 부모, 형제, 처자를 가리키며 처자 대신 부부를 넣기도 한다. '육서六書'는 한자를 만드는 여섯 가지 규칙, 즉 상형, 지사, 회의, 형성, 전주, 가차를 말한다. '육예六藝'는 유가에서 말하는 예禮(예의범절), 악樂(음악), 사射(활쏘기), 어御(마차 몰기), 서書(붓글씨 쓰기), 수數(수학)의 여섯 가지 교과 과목을 가리킨다. 『시詩』, 『서書』, 『예禮』, 『역易』, 『악樂』, 『춘추春秋』를 '육예'라 부르기도 한다.

'六'이 들어간 많은 성어들을 통해 중국의 오랜 문화적 함의를 엿볼 수 있다. '육조금분六朝金粉'에서 육조는 오吳, 동진東晉, 송宋, 제齊, 양梁, 진陳의 여섯 조대를 가리킨다. 이 왕조들은 모두 지금의 남경을 수도로 삼았다. 금분은 고대 부녀자들이 화장에 썼던 분이다. 여기서 의미가 파생되어 '육조금분'은 육조시대의 번화한 모습을 형용하는 말이 되었다. 불교에서는 중생이 겪는 세상을 천天, 인人, 아수라阿修羅, 지옥地獄, 악귀惡鬼, 축생畜生의 여섯 가지로 나누고 이를 '육도'라 부른다. '육도윤회'는 인간 각자가 선악의 업인業因에 따라 마치 수레바퀴처럼 육도에서 나고 죽는 과정을 반복함을 일컫는다. '육가삼시六街三市'는 번화하고 복잡한 도심을 말한다. '육가'는 당대 장안성에서 가장 번화했던 여섯 대로이다. 북송 변경卞京에도 여섯 대로가 있었다. 이후 '육가'는 도시 안에서도 가장 복잡하고 시끌벅적한 곳을 뜻하게 되었다. '삼시'는 아침, 점심, 저녁때의 세 시장을 말한다. '육궁분대六宮粉黛'에서 육궁은 고대 황제의 침궁寢宮을 일컫는다. 황제는 정침正寢 하나와 다섯 개의 행궁行宮으로 총 여섯 개의 침궁을 썼다. 그래서 '육궁'은 왕비들이 거주하는 곳을 뜻하고, '육궁분대'는 황궁 안의 황후, 비빈, 궁녀들을 가리키는 말이 되었다. 도교에서는 심장, 폐, 간, 신장, 비장, 쓸개의 여섯 내장을 주재하는 신을 '육신六神'이라 부른다. '육신무주六神無主'는 이들 신이 불안한 상태, 즉 사람의 마음이 몹시 두렵고 어지러운 상태를 가리킨다. '육월비상六月飛霜'이라는 말이 있다. 이는 억울한 일을

육합동춘六合同春(절강 목판화)

당한 사람이 하늘을 감동시켜 유월 한여름에 하늘에서 서리가 내린다는 의미이다. 사람들은 자신의 억울함을 호소할 때면 꼭 이 말을 쓰곤 했다. 희곡 『두아원竇娥冤』에서 두아가 억울하게 사형당하기 직전 하늘을 원망하며 세 가지 바람을 호소하는데 그중 하나가 바로 한여름 유월에 한발이 날리는 것이다.

7. 칠七

'一'부터 '十'까지의 자연수는 하나하나가 모두 신비로움을 간직하고 있다. 이 신비로운 숫자 관념은 신화시대부터 시작한다. 어떤 숫자는 재앙과 복을 불러들이는 마력이 있다고 간주된다. 이것이 소위 말하는 '마법의 숫자'이다. 그중에서도 가장 신비한 마법의 숫자는 바로 '七'일 것이다. '七'의 문화적 함의는 하나의 민족만이 아닌 여러 문화에 걸쳐 나타나는 현상으로 볼 수 있다. 고대 헤브라이인들의 전설 중에는 6일 동안 세상을 짓고 7일째 되는 날을 안식일로 정한 이야기가 있다. 유태력의 1년 3대 명절은 각 명절을 7일 동안 지내고 첫 번째와 두 번째 명절 사이가 7주이다. 기독교에서도 하나님이 7일 사이에 만물을 완성했다고 믿는다. 성모마리아에게는 일곱 가지 기쁜 일과 일곱 가지 슬픈 일이 있다. 예수는 7일 만에 부활했고, 아담과 이브가 에덴동산에 머문 시간은 일곱 시간이었다. 이슬람교에서도 7을 숭상한다. 그들에 따르면, 천당은 7층이고, 성스러운 빛으로 만들어진 일곱 번째 층이 최고의 천당이며, 바로 이곳에서 천사들이 전지전능의 신 알라를 일제히 찬양한다. 이 천사들은 각각 7만 개의 머리가 있고, 각 머리마다 7만 개의 얼굴이 있으며, 각 얼굴마다 7만 개의 입이 있고, 각 입마다 7만 개의 혀가 있으며, 각 혀마다 7만 가지의 언어가 있다. 무슬림은 7일마다 예배를 갖는다. 라마단이 끝나는 날 읽는 찬송은 보통 일곱 번을 읽어야 한다.

불교 전설에서 석가모니는 7일을 면벽하고 문득 깨달음을 얻는다. '칠불七佛'은 과거의 여섯 부처와 석가모니를 함께 부르는 말이다. 불교에서는 인생에 수水(홍수), 화火(화재), 귀鬼(죽은 귀신으로 인한 재난), 나찰羅刹(악령으로 인한 재난), 도장刀杖(칼과 몽둥이로 인한 재난), 가쇄枷鎖(옥에 갇히는 재난), 원적怨賊(원한에 찬 도적으로 인한 재난)의 일곱 가지 재난이 있다고 본다. 중국 한족 불교의 탑은 대부분 7층이다. 그래서 "한 사람의 목숨을 구하는 것이 7층탑을 짓는 것보다 낫다"는 말도 있다.

도교 역시 '七'과 관련된 경우가 많다. '칠보七報'는 도가에서 말하는 일곱 가지 인과응보이다. 도교에서는 북두칠성이 하늘과 땅을 좌우하고 인명을 다스릴 수 있다고 본다. 그래서 도사는 칠성관七星冠을 쓰고, 칠성등七星燈에 불을 붙이고, 칠성에 제사를 지냄으로써 마귀를 몰아내고 사악한 기운을 누른다. 고대 중국인들은 하늘에 일, 월, 금, 목, 수, 화, 토라는 일곱 개의 신성한 별이 존재한다고 믿었다. 이들 모두가 '七'의 신성함과 신비로움을 말해주는 것이다.

그렇다면 7은 왜 이런 대우를 받는 것일까? 가장 큰 이유는 역시 7을 조물주의 우주수宇宙數로 여겼기 때문일 것이다. 어떤 종교든 스스로를 만물의 최고 주재자로 규정하고 자연스럽게 7과 결합하거나 혹은 자기도 모르게 7이라는 숫자를 빌어 자신의 신비로운 힘을 상징했다. 태고부터 이어져 온 7의 신비로운 상징은 초자연적 힘을 숭배하는 종교 관념의 기호로 작용했다. 종교가 신도들에게 주는 경건한 효험과 믿음의 위력으로 인해 7은 세상을 창조한 더없이 큰 극수極數에서 지고무상의 종교적 성수聖數가 되었다. 갑골문과 금문金文에는 '七'이 '十'으로 쓰여 있는데, 이는 당시의 방위 관념과 관련이 있다. '十'의 네 끝은 동서남북의 네 방향을 가리키고, 두 선이 교차하는 중심점은 상중하 세 방위를 함께 가리킨다. 결국 '七'은 '十'이라는 2차 공간의 기호를 빌려 3차 공간을 표현한 것이다. 이렇게 해서 '七'은 무한한 시간의 상징이자 무한한 공간의 상징이 된다. 고대 숫자 이론에 따르면 우주의 도는 '七'을 시간순환의 임계점으로 삼아 운동한다. '七'은 유한한 숫자이면서도 무한한 시간을 상징하므로 한없이 큰 우주수가 될 수 있다. 이것이 바로 옛 책들에서 '七'을 지극히 큰 것을 상징하는 수로 쓴 이유이다.

숫자는 본래 사물의 양을 구분해 주는 일종의 기호로서 다른 모든 언어 기호와 마찬가지로 임의성을 지닌다. 그러나 사람들은 이 숫자를 경외하고 미신함으로써 원래는 신비롭거나 초월적인 힘이 전혀 없는 언어 기호인 숫자를 신비화시켜 특정 숫자가 길흉화복을 점치는 마력을 지닌다고 믿었다. 그래서 사람들은 재앙을 피하고 복을 불러들이기 위해 서로 다른 숫자에 대해 서로 다른 태도를 갖게 되었다. 즉, 어떤 숫자는 아끼고 가까이한 반면 어떤 숫자는 증오하고 멀리한 것이다. 극수, 성수, 운명의 수로 여겨진 '七'은 당연히 상서로운 대길大吉의 숫자였다. 중국뿐 아니라 세계의 수많은 민족들이 마치 약속이나 한 듯 좋은 일이나 사물을 7과 관련시켰다. 고대의 예절에 따르면 천자에게는 일곱 개의 사당이 있었다. 민간에서는 음력 7월 7일을 '칠석七夕'이라 불렀다. 하늘 저편으로 멀리 떨어진 연인이 1년에 한 번 만날 수 있는 날이 이날이다. 주나라 때는 '칠현七賢'이 있었고, 위진 때는 '죽림칠현竹林七賢'이 있었으며, 건안 대에는 '건안칠자建安七子'가 있었다. 또 명대에도 전칠자前七子, 후칠자後七子가 있었고, 1930년대에는 심균유沈鈞儒 등의 항일투사 일곱 명을 '칠군자七君子'라 불렀다.

'七'과 관련된 가장 유명한 이야기로 '칠보시七步詩'와 '칠금칠종七擒七縱'을 들 수 있다. 위 문제 조비는 동생인 '동아왕東阿王' 조식에게 일곱 걸음 안에 시 한 수를 짓도록 명하고 만약 지어내지 못하면 중벌에 처하겠다고 위협했다. 조식은 말이 떨어지기 무섭게 시 한 수를 뚝딱 지어냈다. "콩을 삶아서 죽을 만들고, 콩을 걸러서 즙을 만드네. 콩깍지는 솥 아래에서 불에 타고, 콩은 솥 안에서 우네. 본디 같은 뿌리에서 났건만, 어찌 이리도 급하게 졸여댄단 말인가!" 조비는 이 시를 듣고 스스로가 몹시 부끄러워졌다. 이 이야기는 조식의 민첩한 시재와, 권력을 차지하기 위해 친동생까지도 여지없이 내치는 잔혹한 현실을 보여준다. '칠금칠종'은 제갈량이 남쪽 정벌을 나서 이민족 수령인 맹획孟獲을 일곱 번 잡았다가 다시 일곱 번 풀어준 이야기이다. 맹획은 이에 감동하여 촉나라에 완전히 몸을 맡기고 다시는 반란을 일으키지 않았다. '칠금칠종'은 상대가 자기를 철저히 믿도록 만드는 제갈량의 지혜가 담긴 이야기이다. '칠규생연七竅生煙'이라는 성어도 있다. '칠규'는 눈, 귀, 입, 코에 난 일곱 개의 구멍이다. '칠규생연'은 화가 머리 끝까지 치밀면 두 눈, 두 귀, 두 콧구멍, 그리고 입에서 연기가 난다는 의미이다. '칠정육욕七情六欲'에서 칠정은 희喜(기쁨), 노怒(노여움), 애哀(슬픔), 구懼(두려움), 애愛(사랑), 오惡(미움), 욕欲(욕망)을, 육욕은 생生, 사死, 이耳, 목目, 구口, 비鼻의 욕구를 가리킨다. 따라서 칠정칠욕은 사람의 다양한 감정과 욕구를 총칭하는 말이 된다.

중국 문화에서 '七'과 관련된 현상은 이외에도 많다. '칠거七去' 혹은 '칠기七棄'라고도 하는 '칠출七出'은 고대에 남자가 여자를 버린 일곱 가지 이유를 뜻한다. 자식을 낳지 못함, 음탕함, 시부모를 섬기지 않음, 말이 많음, 도둑질, 질투, 몹쓸 병의 일곱 가지가 바로 그것이다. '칠교七教'는 서주 때 향학에서 가르치던 교과목 중 하나이다. 부자, 형제, 부부, 군신, 장유, 붕우, 빈객의 일곱 가지 인간관계에서 반드시 지켜야 할 예절을 말한다. 중의학에서 '칠정七情'은 희, 노, 우憂(근심), 사思(생각에 골몰함), 비悲(슬픔), 공恐(두려움), 경驚(놀람)의 일곱 가지 심리적 변화를 가리킨다. 『예기』에서 칠정은 앞서 언급한 희, 노, 애, 구, 애, 오, 욕의 일곱 가지 감정을 말한다. 『칠략七略』은 중국 최초의 종합 도서 목록으로 서한의 유흠劉歆이 편찬했다. 집략輯略, 예문략藝文略, 제자략諸子略, 시부략詩賦略, 병서략兵書略, 술수략術數略, 방기략方技略의 일곱 가지이다. '칠살七殺'은 고대 중국의 일곱 가지 살인 방식으로, 위협해 죽이고, 음모로 죽이고, 고의로 죽이고, 때려서 죽이고, 잘못 죽이고, 장난치다 죽이고, 과실로 죽이는 것을 가리킨다.

'칠선녀七仙女'는 중국 고대 전설에 등장하는 옥황상제의 딸이다. 인간세상의 소년 동영董永이 집안이 가난하여 몸을 팔아 아버지를 장사지내자 칠선녀는 그 처지를 안타까워하다가 그를 사랑하게 된다. 그래서 몰래 인간세상으로 내려가 홰나무 아래에서 동영과 부부의 연을 맺고 돈을 빌려준 원외員外의 집으로 가 100일 동안 베를 짜서 동영의 빚을 갚고자 한다. 이 사실을 안 옥황상제는 사신을 인간세상으로 내려보내 칠선녀를 데려오도록 한다. 칠선녀는 동영에게 해가 미칠까 걱정되어 혼약을 맺은 홰나무 아래에서 다시 영원한 이별을 할 수밖에 없었다. 이 이야기는 「장성에서 곡한 맹강녀孟姜女」, 「견우와 직녀」, 「백사전白蛇傳」과 함께 중국 4대 민간 전설로 불린다. '七'이 들어간 성어는 이외에도 많다. 칠취팔설七嘴八舌(여러 사람이 왁자지껄 이야기하다), 칠왜팔뉴七歪八扭(구불구불하다), 칠사팔활七死八活(고통으로 죽을 지경에 이르다), 칠상팔하七上八下(몹시 불안해하다), 칠령팔쇄七靈八碎(산산조각 나다) 등이 그 예이다.

8. 팔八

사람들에게 '八'은 더없이 상서로운 숫자이다. '八'의 음이 '發財(부자가 되다)'의 '發(fa)'와 비슷하기 때문이다. 중국인들은 숫자 '18'을 무척 좋아한다. 역시 '18'의 음인 '야오빠'가 '要發(큰돈을 벌게 되다)'와 비슷하게 발음되기 때문이다. 그래서 전화번호가 '8' 자로 끝나는 경우에는 돈을 더 얹어줘야 한다. 이것이 바로 흔히 말하는 '번호 고르는 비용[選號費]'이다. 남편이 임신한 아내에게 이렇게 명령하는 만화도 있다. "반드시 8월 8일 8시 8분 8초에 애를 낳아야 해!" 8에 대한 숭배가 어느 정도인지 알 만하다.

사실 중국인들만 '8' 자를 좋아하는 건 아니다. 독일에서도 '8'을 좋은 숫자로 여겨서 100년 만에 찾아온 1988년 8월 8일에 가장 많은 사람들이 결혼식을 올렸다. 심지어 어떤 신랑신부는 결혼식 시간을 8일 아침 8시 8분으로 맞추기까지 했다. 사람들은 88마르크를 던져 주며 축복했다. 독일인이 8을 좋아하는 이유는 모양 때문이다. 두 개의 '0'이 모인 '8'을 안정과 조화를 상징하는 신비한 기호로 본 것이다. 심지어 앞서 소개한 만화 속의 남편처럼 8을 지나치게 숭배하여 미신의 단계에까지 이른 사람들도 있다. 그러나 엄격하게 말하면 중국어의 '八' 자는 '發'과 발음이 아주 가까운 건 아니다. 굳이 가깝다고 한다면 영남 쪽 광동어 정도만 그렇다고 볼 수 있다. 그런데 광동과 홍콩에서 '八' 자는 원래 나쁜 의미로 쓰이는 경우가 많았다. 사실 '八'은 좋은 의미와 나쁜 의미, 길과 흉 모두에 쓰일 수 있다. 왜냐하면 '팔'은 '벌罰(fa)'과도 음이 비슷하기 때문이다.

좀 더 살펴보면 흥미로운 사실을 발견할 수 있다. 고대에는 '一'부터 '十'까지의 숫자들 모두에 좋은 의미를 부여했다. 그런데 이 숫자들 중 나쁜 의미가 가장 많은 숫자를 고른다면 그것 역시 '八'이다. 주대에는 백성들을 징벌하는 '팔형八刑'이 있었고, 송대에는 '팔봉八棒'이라는 장형杖刑이 있었다. 서진 때는 온 나라와 백성들을 재앙에 빠뜨린 '팔왕八王의 난'이 일어났다. 남제 때 심약沈約은 시를 지을 때 피해야 하는 성률상의 '여덟 가지 병폐[八病]'를 정리했고, 두보는 「팔애八哀」라는 시를 남겼으며, 명청대의 과거시험에서는 '팔고문八股文'이라는 특수한 문체를 썼다. '八' 자가 들어간 성어를 보면 대부분 별로 좋지 않은 의미들이다. 횡칠수팔橫七竪八(어수선하게 흩어져 있는 모습), 난칠팔조亂七八糟(엉망진창), 칠전팔도七顚八倒(뒤죽박죽), 왕팔단王八蛋(개자식) 등이 그 예이다. 이렇듯 '八' 자는 흡사한 발음 때문에 상서로움을 상징하기도 하고 재앙이나 불운을 상징하기도 하는 양날의 검인 것이다. 그러므로 맹목적으로 '八' 자를 숭상할 필요는 없다.

불교는 여러 부분에서 '八' 자와 인연을 맺고 있으며 이들은 모두 신비롭고 신성한 색채를 띤다. 석가모니가 탄생한 날이 바로 음력 4월 초 8일이다. 불교 경전에도 '八' 자가 들어간 가르침을 흔히 볼 수 있다. '팔풍八風'은 사람의 마음을 부추기는 여덟 가지, 즉 이익, 노쇠, 비방, 영예, 칭송, 비웃음, 고통, 환락을 말한다. '팔식八識'은 사물을 인식하는 여덟 가지 경로를 말한다. 안식眼識, 이식耳識, 비식鼻識, 설식舌識, 신식身識, 의식意識, 말나식末那識, 아뢰야식阿賴耶識이 그것이다. '팔고八苦'는 생, 노, 병, 사의 사고四苦와 애별리고愛別離苦(사랑과 이별의 고통), 원증회고怨憎會苦(싫어하는 것과 만나는 고통), 애부득고求不得苦(구해도 얻지 못하는 고통), 오음성고五陰盛苦(오음의 집착에서 오는 고통)를 말한다. '팔계八戒'는 재계에 든 사람이 지켜야 할 여덟 가지 계율로 '중생을 죽이지 말라', '도둑질하지 말라', '음행하지 말라', '거짓말하지 말라', '술을 먹지 말라', '연지나 향분을 바르지 말고 화려한 옷을 입지 말고 가무를 즐기지 말라', '높고 큰 침상에 누워 자지 말라', '때가 아닌 음식을 먹지 말라'를 일컫는다.

도교 역시 '八'과 밀접한 관련이 있다. 도교에는 부채, 칼, 호리병박, 향판響板, 꽃바구니, 죽장, 장적長笛, 연꽃의 여덟 가지 표지가 있으며 각 표지는 '팔선八仙' 중 한 명을 대표한다. '팔선'은 도교 전설에 등장하는 여덟 명의 신선인 철괴리鐵拐李, 종리한鍾離漢, 여동빈呂洞賓, 장과로張果老, 남채화藍采和, 한상자韓湘子, 조국구曹國舅, 하선고何仙姑를 가리킨다. 당대에 이미 「팔선도八仙圖」, 「팔선전八仙傳」이 있었다. 원대에도 팔선을 다룬 잡극이 있었으나 그때까지만 해도 팔선의 이름은 확정이 되지 않은 상태였다. 위에 언급한 팔선의 이름이 처음으로 확정된 것은 명 오원태吳元泰의 『팔선출처동유기八仙出處東遊記』에서였다.

'八'과 관련된 문화 중에 '팔괘'만큼 중국 문화의 특색을 가장 잘 체현한 것은 없다. 도가에서는 무극無極이 태극을 낳고, 태극이 양의兩儀를 낳고, 양의가 사상四象을 낳고, 사상이 팔괘를 낳고, 팔괘가 다시 88의 64괘를 낳는다고 본다. 선인들은 이들의 관계를 정팔각형의 팔괘도로 그렸다. 팔괘도의 각 변에는 '—(양)'과 '– –(음)'의 두 가지 기호로 구성된 여덟 개의 기호가 그려져 있다. 특수한 도형을 이루는 이 여덟 개의 기호들은 특정 명칭을 갖고 특정 의미를 대표한다. 이를 통해 자연계와 인류 사회의 변화를 해석하고 총괄할 수 있는 것이다. 이렇듯 숫자는 중국 전통문화에서 대단히 중요한 역할을 해왔다. '숫자'는 중국 고대 철학의 주요 개념이며, '술수術數'의 관념은 중국인의 기본적인 우주관이자 세계관이라 할 수 있다. 우주만물은 시간과 공간 안에서 운동한다고 사람들은 생각한다. 천, 지, 인, 즉 우주만물의 운동 중에 '수'의 제약을 받지 않는 것은 없다. 우주생멸의 규칙을 해석하고 사회와 인간사의 변화 추이와 발전 방향, 즉 세상사의 운명을 점치기 위해 옛 선인들은 숫자를 교묘하게 이용한 술수학術數學을 만들어냈다. 이로써 숫자는 문자와 수학의 범주를 훌쩍 넘어선 일종의 철학관 혹은 우주관이 되었다. 중국 문화에서 숫자는 순서를 표시하는 단순한 숫자가 아닌 하나의 철학이었던 것이다.

'팔고문'은 '八'과 관련하여 중국인에게 가장 큰 영향을 준 문화적 요소 중 하나이다. 팔고문은 명청대 과거시험의 문체 중 하나로 제예制藝, 제의制義, 시의時義, 시문時文, 팔비문八比文, 사서문四書文이라고도 한다. 각 편은 『사서四書』의 내용을 제목으로 하고, 시작은 파제破題와 승제承題, 다음은 기강起講, 그다음은 입수入手, 기고起股, 중고中股, 후고後股, 속고束股의 다섯 단락으로 나누어 의론을 전개한다. 이 중에서 기, 중, 후, 속고의 각 단락이 두 개의 대구對句로 구성되어 총 팔고가 되었으므로 팔고문이라 부른 것이다. 명 초의 향시鄕試, 회시會試 규정에 따르면 『오경五經』의 제목은 글자 수를 500자로 한정하고, 『사서』의 제목은 300자로 한정했다. 나중에 청 순치順治 때는 자수를 550자로 정하고, 강희 때는 이를 600자로 늘렸다가 그 후에 700자로 다시 늘렸다. 청 광서 말에 팔고의 과거시험은 폐지된다.

『대학大學』의 '팔조목八條目'이 준 영향도 상당하다. 격물, 치지, 성의, 정심, 수신, 제가, 치국, 평천하가 그것이다. 『대학』의 기록은 이렇다. "예전에 천하에 밝은 덕을 밝히고자 하는 이는 먼저 그 나라를 다스리고, 그 나라를 다스리려는 자는 먼저 그 집안을 가지런히 하고, 그 집안을 가지런히 하려는 자는 먼저 그 몸을 닦고, 그 몸을 닦으려는 자는 먼저 그 마음을 바로 하고, 그 마음을 바로 하려는 자는 먼저 그 뜻을 진실하게 하고, 그 뜻을 진실하게 하려는 자는 먼저 그 앎에 이르렀으니, 앎에 이르는 것은 사물의 이치를 탐구함에 있다. 사물의 이치를 탐구한 후에야 앎이 이르고, 앎이 이른 후에야 뜻이 진실해지며, 뜻이 진실한 후에야 마음이 바로 되고, 마음이 바로 된 후에야 몸이 닦이고, 몸이 닦인 후에야 집안이 가지런해지고, 집안이 가지러진 후에야 나라가 다스려지며, 나라가 다스려진 후에야 천하가 태평해지는 것이다." 이 '팔조목'은 중국 고대 지식인들의 행동 강령이자 목표이자 이상이었다.

누르하치가 만든 청대의 '팔기제八旗制' 는 만주족의 사회조직이다. 누르하치는 만주족을 '기旗' 로 편성하고 깃발을 표지로 삼았다. 처음에는 황, 백, 홍, 남의 네 기를 설치했다가 나중에 사람이 많아지면서 양황鑲黃, 양백, 양홍, 양남의 네 기를 더했다. 즉 황기, 백기, 남기에 홍색 테두리를 두르고 홍기에 백색 테두리를 두른 것이다. 이렇게 해서 총 '팔기' 가 되었다. 청대 중기 이후부터는 '팔기' 가 갈수록 부패하고 전투력도 거의 사라졌으며 청말에는 완전히 와해되었다.

의형제 혹은 의자매를 가리키는 '팔배지교八拜之交' 도 익숙한 성어이다. 고대에 '팔배' 는 원래 아버지 세대의 친지들에게 행하는 예절이었으나 나중에는 사회에서 의를 맺은 형제자매를 가리키는 말로만 쓰이게 되었다. '팔두지재八斗之才' 는 사령운謝靈運이 한 말이다. 그에 따르면 천하의 인재를 모두 합하면 한 섬[石]이 되는데 조식 한 사람만 그중 여덟 말[斗]을 차지한다는 것이다. 이때부터 사람들은 재능이 탁월한 사람을 흔히 '팔두지재' 혹은 '재고팔두才高八斗' 라는 말로 칭찬하곤 했다.

9. 구九

중국 문화에서 '九'는 상서로운 숫자이자 신성한 숫자이다. 『황제내경』「소문素問」 '삼부구후론三部九侯論'에서는 "천지의 지극한 수는 一에서 시작하여 九에서 끝난다"고 했다. 중국 고대에 '九'는 숫자의 끝으로 인식되었다. 『주역』에서는 '九'로 건곤과 만물을 대표했다. '九'는 가장 큰 양수로서 양陽의 극極이자 수의 끝이다. 청나라 때 왕중汪中은 『술학述學』「석삼구釋三九」에서 "무릇 一과 二로 다할 수 없는 것은 三으로 묶어 그 많음을 보여주고, 三으로 다할 수 없는 것은 九로 묶어 그 지극히 많음을 보여준다"라고 했다. 이렇듯 '九'는 '지극히 많음'의 의미를 대표한다.

중국 전통문화에서 제왕의 상징이나 대명사로 쓰일 수 있는 두 글자가 있다. '龍'과 '九'가 그렇다. 고대에는 제왕을 '구오지존九五之尊'이라 칭했다. 『주역』「건괘」에서 "구오는, 비룡이 하늘에 있으니 대인을 만남이 이롭다"고 했다. '초구初九'의 '잠룡'에서 '구오'의 '비룡'으로 뛰어올라 꼭대기까지 다다르므로 가장 높은 자리를 의미하는 '구오지존'이라 한 것이다. 역학의 원리에 따르면 홀수 9와 5는 모두 양수에 속하며 그것을 곱한 45는 낙서洛書의 수이다. 또 팔괘에 음과 양을 조합한 각 효爻의 총수를 모두 더하면 45가 된다. 그래서 45는 신비로운 숫자로 여겨져 왔다.

중국 전통문화에서 '九'는 지고무상의 황권뿐 아니라 민속 문화에서도 중요한 영향을 미쳤다. 백성들에게 '九'는 대단히 상서로운 숫자였다. 그 중에서도 손꼽을 수 있는 민속 문화로 9월 9일 중양절重陽節이 있다. 양수인 9가 두 번 겹치는 날이기 때문에 중양절이라 한다. '九의 문화'는 고대의 전적과 시문, 음악, 바둑 등 각종 문화예술을 통해 체현되었다. 예를 들어 '구경九經'은 유가의 아홉 경전인 『주례』, 『의례』, 『예기』, 『좌전』, 『공양전公羊傳』, 『곡량전穀梁傳』, 『역』, 『서』, 『시』를 이른다.

중국은 바둑의 고향이다. 일찍이 남북조 때부터 바둑기사의 실력을 '구품九品'으로 나누었다. 지금의 '구단'과 마찬가지다. 중국 고대전설에도 '九'와 관련된 이야기들이 많다. 도교 전설 속의 '구천현녀九天玄女(무궁의 법력을 가진 정의의 여신으로 옥황상제가 안민安民의 공을 높이 사 구천현녀로 봉해주었다)', 불교 전설 속의 '구색록九色鹿(양쪽 뿔은 눈처럼 하얗고 온몸이 아홉 색의 털로 덮인 상서로운 사슴)' 등이 그 예이다. 중국 고대에는 '구배九拜'의 예절이 있었다. 계수稽首, 돈수頓首, 공수空首, 진동振動, 길배吉拜, 흉배凶拜, 기배奇拜, 포배褒拜, 숙배肅拜가 그것이다. 이들 배례는 절을 할 때 모두 땅에 무릎을 꿇어야 했다. 앞의 네 가지는 윗사람을 알현할 때 썼고, 뒤의 다섯 가지는 상갓집이나 군대 등의 특수한 상황에서 썼다. '구단九丹'은 도교의 아홉 가지 단약을 말한다. 사람들은 이 아홉 단약을 복용하면 신선이 될 수 있다고 믿었다. 『포박자抱朴子』「내편內篇」에 나오는 '구단'의 명칭은 단화丹華, 신부단神符丹, 신단神丹, 환단還丹, 이단餌丹, 연단煉丹, 유단柔丹, 복단伏丹, 한단寒丹이다. 중국 고대에는 '구덕九德(아홉 가지 미덕)'이 있었다. 『상서』에서 규정한 구덕은 관대하면서도 엄격함, 부드러우면서도 주관이 뚜렷함, 겸손하면서도 엄숙함, 다재다능하면서도 진지함, 온순하면서도 굳셈, 정직하면서도 온화함, 솔직하면서도 세밀히 신경을 씀, 강직하면서도 착실함, 강하면서도 의로움을 말한다. 이 '구덕'은 중국 고대 지식인들의 도덕적 좌표였다. '구가九歌'는 전국시대의 유명한 시인 굴원이 민간 제사음악을 개작해 만든 노래이다. 여기서 '九'는 실수가 아닌 허수로 '많음'을 의미한다. '구가'는 「동황태일東皇太一」, 「운중군雲中君」, 「상군湘君」, 「상부인湘夫人」, 「대사명大司命」, 「소사명少司命」, 「동군東君」, 「하백河伯」, 「산귀山鬼」, 「국상國殤」, 「예혼禮魂」의 11편으로 구성되어 있다. '구방고九方皐'는 중국 고대의 유명한 말 관상가이다. 진 목공이 그에게 천리마를 한 필 구해오도록 명하자 그는 3개월 후에 말을 구해 돌아온다. 목공이 어떤 말을 끌고 왔느냐고 묻자 그는 황색의 어미 말이라고 대답한다. 목공이 사람을 보내 살펴보니 그 말은 검은색의 수컷 말이었다. 목공이 몹시 기분이 상해 있자 백락伯樂이 이렇게 말한다. "구방고는 '그 정수를 보고 그 거침은 잊고, 그 안을 보고 그 밖은 잊는' 식으로 말의 관상을 봅니다." 나중에 구방고가 구해온 말은 확실한 천리마였음이 밝혀졌다. 이후 '구방고'는 감정 전문가 혹은 음률에 정통한 사람의 대명사가 되었다.

'구궁격九宮格'은 서예에서 연습용으로 쓰는 격자형 종이를 말한다. 하나의 네모 안에 '井' 자를 그려 똑같은 크기의 네모 아홉 개를 만든 모양이기 때문에 범본의 글씨를 따라 쓸 때 글자의 모양을 대조하기가 쉽고 어느 부분에서 붓끝을 놀려야 하는지 금방 파악할 수 있다. '구품중정제九品中正制'는 위진남북조 때의 관리 선발제도이다. 각 주州에 중정관中正官을 설치하여 그 지역의 인재를 신身, 덕德, 재才, 행行에 따라 상상上上에서 하하下下까지 총 9등급으로 평가하도록 한 제도이다. 평가 결과는 관리 선발의 근거로 쓰였다. 그러나 인물을 평가하면서 갈수록 집안만 따지게 되어 나중에는 "상품上品에는 가난한 집안이 없고, 하품下品에는 세족이 없는" 지경에까지 이르렀다. 결국 우수한 인재를 뽑겠다는 처음의 의도가 완전히 변질된 것이다. 중국의 고대 전적에서는 하늘을 아홉 개 구역으로 나눠 '구천九天'이라 했다. '구천'은 하늘의 가운데와 나머지 8방을 가리킨다. 이 중에서 가운데 하늘은 구천鈞天이라 하고, 동쪽 하늘은 창천蒼天, 동북쪽 하늘은 변천變天, 북쪽 하늘은 현천玄天, 서북쪽 하늘은 유천幽天, 서쪽 하늘은 호천灝天, 서남쪽 하늘은 주천朱天, 남쪽 하늘은 염천炎天, 동남쪽 하늘은 음천陰天이라 했다. '구천'은 결국 하늘 전체를 가리키는 말인 것이다. 『구장산술九章算術』은 현존하는 중국 최초의 수학책으로 기원후 1세기 무렵에 지어졌다. 전체 책은 총 9권 246개의 문제로 구성되어 있으며, 방전장方田章, 속미장粟米章, 쇠분장衰分章, 소광장少廣章, 상공장商功章, 균수장均輸章, 영부족장

盈不足章, 방정장方程章, 구고장勾股章의 9장으로 나뉘어 '구장산술' 이라 불렸다. 방전장은 면적의 계산과 분수 사칙연산, 속미장은 비율에 따른 곡물 교환 계산, 쇠분장은 물자와 세금의 분배 비율, 소광장은 평방과 입방을 구하는 방법, 상공장은 각종 공사의 체적 계산, 균수장은 인구, 물자, 도로 등의 세수 및 부역의 계산, 영부족장은 각종 손익 문제의 해법 및 관련 문제, 방정장은 방정식 문제, 구고장은 피타고라스정리의 운용과 간단한 측량 문제이다.

'九' 와 관련된 사례는 그 밖에도 많다. "9척의 높은 대臺도 흙을 쌓는 것에서 시작한다"는 말이 있다. 이는 아무리 위대한 사업이라도 아주 작은 일에서 시작됨을 뜻한다. 『노자』 제64장의 관련 기록은 이렇다. "아름드리 큰 나무도 작은 싹에서 나오고, 9층의 누대도 흙을 쌓는 것에서 비롯하며, 천릿길도 발밑에서 시작한다." '구화일광九和一匡' 은 춘추시대 제 환공이 여러 차례 제후들을 회합하고 패주로 불림으로써 당시의 혼란한 국면을 안정시킨 것에서 나온 말이다. 이후 '구화일광' 은 탁월한 정치적 재능을 가리키는 말로 쓰이게 되었다. '구구귀일九九歸一' 은 주산에서 나온 말로 아무리 계산을 해도 원래 값으로 돌아온다는 뜻이다. 그래서 이 말은 '돌고 돌아 원점으로 돌아가다' 의 의미로 쓰인다. '구우일모九牛一毛' 에서 '구' 는 대단히 많음을 뜻하는 허수이다. 이 말은 여러 마리의 소에서 뽑은 털 한 가닥, 즉 거의 없는 것이나 마찬가지인 극소수를 가리킬 때 쓴다. '구천지하九泉之下' 에서 구천은 '황천' 이라고도 한다. 사람이 죽어서 묻히는 곳이다. 따라서 '구천지하' 는 사람이 죽어서 머무르는 곳을 일컫는다. '구세지구九世之仇' 에서 '구세' 는 9대를 말한다. 결국 '구세지구' 는 9대에 걸쳐 맺힌 원한, 즉 뼛속 깊이 사무친 원한을 가리키는 것이다. '구소운외九霄雲外' 는 하늘 끝 저 멀리, 까마득히 먼 곳을 가리킨다. 옛사람들은 하늘이 아홉 겹이라고 믿었다. 따라서 구소 밖은 하늘 중에서도 가장 높은 곳의 바깥쪽이 된다. 그만큼 그림자도 종적도 없는 까마득히 먼 곳이라는 말이다.

10. 십十

중국인은 십전십미十全十美(완전무결)와 실실재재實實在在(확실함)*를 추구하며 '十'을 완전함과 상서로움의 상징으로 본다. 그래서 생일을 비롯한 각종 축하의식에서 '十'을 큰 경사로 여기는 것이 중국의 전통으로 자리 잡았다. 뿐만 아니라 '10대 우수 청년', '10대 명승지' 등에서도 중국인들이 '十'을 완전한 숫자로 본다는 것을 알 수 있다.

중국 문화를 보면 '十'과 함께 쓰인 말이 적지 않다. 예를 들어 '십악불사十惡不赦(십악은 사면하지 않음)'에서 '십악'은 중국 고대의 가장 무거운 열 가지 죄명, 즉 모반謀反, 대역大逆, 모반謀叛, 불경不敬, 부도不道, 악역惡逆, 불효不孝, 불목不睦, 불의不義, 내란內亂을 일컫는다. 진나라 때는 불효와 불경을 대죄로 규정했고, 한나라 때는 여기에 부도와 모반, 대역, 내란 등의 죄명을 더했으며, 남북조 때가 되어 처음으로 '열 가지 중죄'가 정해졌다. 황제가 천하에 대사면령을 내려도 이 열 가지 범죄는 사면을 받을 수가 없었다. 그래서 '십악불사'라 한 것이다. 불교에서는 '팔계'의 기초 위에 '십계'를 만들었다. '중생을 죽이지 말 것', '도둑질하지 말 것', '음행하지 말 것', '거짓말하지 말 것', '술을 먹지 말 것', '화려하게 장식하거나 향을 바르지 말 것', '가무를 즐기지 말 것', '높고 큰 침상에 앉지 말 것', '때가 아닌 음식을 먹지 말 것', '금은과 재물을 쌓지 말 것'이 바로 열 가지 계율이다. 중국 고대의 과거시험에는 인재 선발의 기준이라 할 수 있는 '십과十科'가 있었다. 수나라 때 십과는 지극한 효성, 두터운 덕행, 칭찬할 만한 절개, 맑은 품행, 강직함, 공평한 법 집행, 우수한 학업, 아름다운 문장, 용병의 모

*중국어로 '十'과 '實'은 발음과 성조가 같다

략, 건장하고 용감함을 가리켰다.

중국 음악 중에 「십면매복十面埋伏」이라는 유명한 비파 독주곡이 있다. 이 곡은 기원전 202년 초와 한이 전쟁을 벌인 역사적 사건이 제재이며, 주요 단락으로는 '매복', '계명산소전鷄鳴山小戰', '구리산대전九里山大戰'이 있다. 이 곡은 유방이 10면에서 매복하는 계책으로 항우를 물리치는 격렬한 전투 장면를 묘사한다. 문학작품 중에는 유명한 「십미도十美圖」가 있다. 작품의 전체적 내용은 이렇다. 명대의 간신 엄숭嚴嵩, 엄세번嚴世藩 부자는 삼변총독三邊總督 증선曾銑을 죽이고 증선의 두 아들은 가까스로 달아난다. 둘은 갖은 고생을 겪은 후 마침내 과거에 장원급제하여 해서海瑞를 도와 간당들을 물리치고 원수를 갚는다. 두 형제가 떠돌이 생활을 하면서 열 명의 여인을 아내로 맞기 때문에 '십미도'라 부른 것이다.

'열 걸음 안에 반드시 향기로운 풀이 있다'란 말은 도처에 인재가 있음을 일컫는다. 한나라 때 유향劉向은 『설원說苑』 「담총談叢」에서 "열 걸음 안에 반드시 향기로운 풀이 있고, 열 가구의 마을에 반드시 충성스런 선비가 있다"고 했다. '십리장정十里長亭'은 고대에 큰길가에 세운 공공주택으로 주된 용도는 여행객의 숙소였으며 친구를 전별할 때도 쓰였다. 장정은 단정短亭과 상대되는 개념이다. 고대에는 5리마다 정자를 하나씩 세우고 이를 단정이라 했으며, 10리마다 하나씩 세운 정자는 장정이라 했다. 십리장정은 '친구와 송별하는 장소'의 의미로 흔히 쓰인다. '십년한창十年寒窓'이라는 말이 있다. 고대의 독서인들은 공명을 얻고 높은 관직에 오르기 위해 오랜 세월을 책 속에 파묻혔으며, 일단 과거에 급제만 하면 관직이 보장되고 영화와 부귀를 누릴 수 있었다. 바로 이런 유혹이 무수한 독서인들을 '사서오경'에 푹 파묻히도록 한 것이다. '십년한창'은 지금도 오랜 세월 힘들게 학문에 힘쓰는 것을 가리키는 말로 쓰이고 있다. '십년수목十年樹木, 백년수인百年樹人'이라는 말이 있다. 나무를 재배하는 데는 10년이 필요하고, 인재를 기르는 데는 100년이 필요하다는 것이다. 이는 장기간의 계획을 가지고 인재를 키워야 한다는 것, 그리고 뛰어난 인재를 찾기란 그만큼 힘들다는 것을 뜻한다. 이 말은 『관자管子』「권휴權休」의 "1년의 계획은 곡식을 심는 것만 한 것이 없고, 10년의 계획은 나무를 심는 것만 한 것이 없으며, 평생의 계획은 사람을 심는 것만 한 것이 없다"에서 처음 나왔다.

이외에도 '十'과 함께 쓰인 성어는 대단히 많다. '십생구사十生九死'는 위험하고 험난한 상황을 무수히 겪고 살아남았거나 죽을 고비를 힘들게 버텨냈음을 의미한다. '십실구공十室九空(열 집 가운데 아홉 집이 텅 비다)'은 화재, 전란, 가혹한 정치 등으로 인해 집들은 텅 비고 사람들은 타향을 떠도는 처량한 광경을 형용한다. '십서쟁혈十鼠爭穴(열 마리 쥐가 굴을 다투다)'은 나쁜 사람들이 득실거리며 서로 다투는 모습을 비유한다. '십만팔천리十萬八千里'는 거리가 아주 멀거나 차이가 굉장히 큼을 의미한다. '십만화급十萬火急'은 대단히 긴급하다는 의미로 원래 전보나 공문에 쓰였다. 지금은 사정이 아주 긴급하다는 의미로 널리 쓰이고 있다. '십양구목十羊九牧'은 양 열 마리에 목동 아홉이라는 뜻으로 백성은 적은데 관리는 많아 매우 번거롭고 부담스럽다는 의미로 쓰인다. 이 말은 『수서隋書』「양상희전楊尙希傳」에 처음 나온다. "지금의 군현은 예전보다 배나 많다. 땅은 백 리도 안 되는데 현은 몇 개나 설치되고, 천 가구가 되지 않는데도 군에서는 이를 몇 개로 나누어 다스리니…… 이것이 소위 관리는 많고 백성은 적으며, 양 열 마리에 목동은 아홉이나 된다는 것이다." '십지연심十指連心'은 열 손가락 모두가 마음과 이어져 있다는 뜻이다. 열 손가락 중 하나만 아파도 마음속까지 통증이 전해오듯 사람 혹은 사물과의 관계가 아주 각별하다는 의미로 흔히 쓰인다. 『봉신연의封神演義』에 이런 내용이 있다. "봉어관奉御官이 구리 국자를 불에 놓고 벌겋게 달군 다음 강황후姜皇后의 두 손에 얹었다. 벌건 구리 국자가 강황후의 다친 살갗을 태우자 근육과 뼈는 불에 익어 끊어지고 두 손의 뼈가 모두 말라 버렸다. 구리 국자에서는 연기가 피어오르고 살 타는 냄새가 훅 끼쳤다. 열 손가락은 마음속까지 이어졌다고 했던가, 불쌍한 강황후는 그 자리에서 혼절하여 죽고 말았다."

기획, 구상, 목차와 세부 항목 설정, 제목 선정 등 이 책의 완성을 위한 일련의 작업들은 길지만 즐거운 과정이었다. 특히 베이징대학 지시엔린(季羨林) 선생님은 책의 출판 계획을 듣고 무척 기뻐하시며 열정적으로 우리에게 힘을 실어주셨다. 또 필자가 베이징대학 재학 시의 은사들과 함께 장따이니엔(張岱年) 선생님을 뵈러 갔을 때 장 선생님 역시 격려의 말씀을 아끼지 않으셨다. 장따오이(張道一) 은사께서는 우리의 계획을 아신 후 적극적으로 격려를 해주시며 이 책의 학술 고문까지 흔쾌히 맡아주셨다.

앞선 분들의 많은 관심과 존경하는 선생님들의 기대와 격려는 우리가 힘을 잃지 않고 나아가기 위한 영원한 동력이 되었다.

이에 우리는 학계에서 활발히 활동하고 있는 박사들을 신중히 뽑아 각자의 전문 분야에 따라 공동 작업을 진행했다. 그들의 열정은 이제 막 댕겨놓은 마음의 향불을 더욱 밝고 아름답게 해주었다. 각 권별 담당 필진은 아래와 같다.

주편:전체 기획, 세부 항목 설정, 본문 감수
부주편:필진 조직 및 협조, 본문 공동 감수
제1권:왕샤오양(汪小洋) (상하이대학)
제2권:저우전화(周振華) (난징대학)
제3권:후리엔위(胡蓮玉) (난징사범대학)
제4권:황허우밍(黃厚明), 이추안화(衣傳華) (난징예술학원)
제5권:콩칭마오(孔慶茂), 리즈롱(李子榮) (난징사범대학)
제6권:차오지엔(曹建), 차이시엔량(蔡顯良) (난징예술학원)

제7권:야오이빈(姚義斌) (난징예술학원)

제8권:콩칭마오(孔慶茂), 리즈롱(李子榮) (난징사범대학)

제9권:커우펑청(寇鵬程) (푸단대학)

이 책이 인쇄 단계에 들어설 즈음, 장따이니엔 선생께서 세상을 떠나셨다. 여기에 선생님을 위한 애가哀歌를 바친다.

오호통재라! 따이니엔 선생이시여!
구름 낀 산은 푸르디푸르고, 강물은 철철 흘러넘치고,
선생의 기풍은 산처럼 강물처럼 영원하리라.
명철함과 총명함, 온화하고 선량한 인덕,
야위어가는 철인哲人을 보고 그 누가 가슴 아파하지 않으리!

견고한 바위도 끝내 닳아 없어지고, 화려한 별도 결국은 빛을 잃지만,
오직 도道만은 창성하여 영원히 끊어지지 않으리라.
하늘까지 미치는 재능, 고금을 관통하는 지식,
이제 이곳을 떠나 다시 어디로 가시려는가?
구름 타고 학에 오른 선생께서는 어느 때나 다시 돌아오실까?
슬프도다!
상향.

갑신년 음력 2월에

이스위.

모양의 본뜸에서 출발한 한자漢字는 그 자체가 노골적인 기호였다. '山'은 우뚝한 산의 모습을, '水'는 물이 흐르는 모양을 그대로 본 딴 글자이다. 따라서 한자는 쓰는 글자라기보다는 오히려 그리는 글자로 보는 것이 옳다. 흔히 글자를 쓰지 않고 그린다는 핀잔을 하지만, 뜻글자인 한자에서는 오히려 이것이 더 정확한 필법일지 모른다. 글자 하나를 그리면서도 그 속에 담긴 사연과 의미를 생각하는 것이다. 단자單字의 기호는 둘 이상이 모여 또 하나의 기호가 된다. '산'과 '수'가 뭉쳐서 '자연'이 되고, '천'과 '지'는 뭉쳐서 '온 세상'이 되며, 그 과정에서 기호가 갖는 의미는 대폭 확장된다. 이 책 『중국문화사전』은 오랜 역사를 거치면서 한 겹 한 겹 의미가 더해진 중국 문화의 대표적 기호들에 대한 설명이다. 중국 문화의 핵심어들을 주제별로 분류하고, 그것이 사전적 의미를 넘어 하나의 기호로서 어떤 문화적 함의를 갖는지 살폈다. 이 책의 원제목이 『중국의 기호(中國符號)』인 이유이다.

중국인들의 자국 문화에 대한 관심과 자부심은 대단하다. '중화中華'는 원래 중원中原 한족의 강토와 문화를 지칭하지만, 사실 여기에는 주변의 모든 소수민족과 문화가 바로 이 중심을 향한다는 의미가 내포되어 있다. 대략 10여 년 전부터 중국인들 사이에서는 소위 '국학열國學熱'이라는 것이 몰아쳤다. 여기서 '국학'은 중국에 관한 학문 전체를 가리킬 수도 있지만, 그보다는 중국의 전통문화와 유학儒學 중심의 학문이라는 좀 더 좁은 의미로 보는 것이 옳다. '논어', '맹자', '삼국지' 등의 고전에 대한 교양강의는 수많은 시청자들을 TV 앞으로 다가앉도록 했고, 서점에서는 중국 고대 문화와 역대 인물들에 대한 책과 영상자료가 불티나게 팔려 나갔다. 지금도 이어지고 있는 이 '국학열'은 중국 문화에 대한 중국인들의 자부심을 대변한다. 그들이 한때 누리고 소유했던 옛것들을 진지하게 공부하고 받아들이는 모습은 마치 오랜 전통과 문화 속에서 현재뿐 아니라 미래 중국의 모습까지 찾으려는 것처럼 보인다. 공자가 자신이 이상국가로 규정한 주周나라로의 복귀를 일관되게 호소했듯이, 지금 중국인들은 정치, 사회, 문화 모든 면에서 가장 강하고 안정적이고 화려했던 고대의 한 시기로의 회귀를 꿈꾸고 있을지 모른다.

자국 문화에 대한 중국인들의 자부심은 전 세계에 그들의 문화를 적극 전파하는 단계로 이미 접어들었다. 2008년 베이징 올림픽 개막식은 중국 4대 발명에 대한 소개가 거의 전부였다. 제지술을 상징하는 그림 두루마리 위에서 활자가 춤을 추고, 바닷길로 원정을 떠나는 정화鄭和의 손에는 나침반이 쥐어져 있었으며, 이 모든 장면들 위로는 화려한 폭죽이 터졌다. 중국 문화에 대한 자부심을 가장 위대한 발명 네 가지로 압축해 놓은 한 편의 극이었다. 올림픽 개막식이 중원의 한족 문화 위주였다면, 2010년 광저우 아시안게임 개막식은 철저히 소수민족 중심이었다. 남방 소수민족의 민요를 배경으로 '물'과 함께 해온 그들의 역사와 문화를 거대한 스케일로 표현했다. 이는 곧 소수민족의 문화 역시 한족만큼 유구하고 자랑스러우며, 그 문화가 바로 지금 중국의 문화 중 하나임을 세상에 확인시키려는 시도였다. 그래서 이 두 번의 개막식은 마치 중원과 변방, 한족과 소수민족을 막론한 중국 문화 전체를 1부와 2부로 나누어 전 세계에 '중화'의 의미를 알리기 위한 기획이었다는 느낌마저 준다.

중국 교육부가 2007년에 설립한 '공자학원'은 더욱 적극적인 중국 문화의 공식 전파 매개이다. 2010년 10월 기준으로 아시아 30개 지역 81개소, 유럽 31개국 105개소, 아프리카 16개국 21개소 등 전 세계 총 322곳의 공자학원 분원에서 전문 강사가 중국어를 교육하고 중국 문화를 부지런히 전파하고 있다. 이런 노력은 외국의 인재들에 대한 지원에서도 드러난다. 공자학원은 외국의 우수 한학자들을 중국으로 초빙하여 연구, 지원하는 프로그램을 진행 중이며, 중국 정부는 해외의 인재들을 끌어오기 위해 장학금과 연구비를 비롯한 지원 예산을 갈수록 늘리고 있다. 뿐만 아니라 베이징이나 상하이 등의 대도시들은 소재 대학의 유학생들에게 정부 차원과는 별도로 장학금을 지원한다. 중국에게 이런 해외의 인재들은 중국 문화의 잠재해 있는 긍정적 전파자가 된다. 경제성장을 위해 앞만 보고 달려온 중국이 이제 그 경제력을 발판 삼아 자신의 문화를 나라 밖으로 퍼뜨리고 있는 것이다.

『중국문화사전』 역시 자국 문화에 대한 중국인들의 관심과 욕구, 그리고 중국 문화를 체계적으로 전파하려는 노력이 빚어낸 하나의 결과물이다. 중국의 문화를 신화, 인물, 화초, 건축 등의 아홉 가지 주제와 2백여 개의 문화기호로 나눈 이 책은, 과거뿐 아니라 지금도 그 의미가 유효한 중국 문화의 여러 요소들을 독자들에게 소개한다. 여기에는 이들 문화기호가 갖는 인문학적 의미와 가치가 망라되어 있다.

이 책이 중국 문화의 여러 주제 중에서도 '신화'를 가장 첫 편에 둔 이유는 분명하다. '신화' 편에 등장하는 각양각색의 신들은 중원에만 머물지 않는다. 그들이 깊은 잠에서 깨어나 활동한 무대는 동서남북과 천지사방에 걸쳐 있다. 이는 곧 중국문화가 중원뿐 아니라 사방의 모든 신들에게서 비롯되었음을 의미한다. 책의 첫 편에서 이미 '중화'의 의미를 넌지시 비추고 있는 것이다. 신들이 책의 첫머리를 열어젖힌 이후로는 인간의 삶과 문화가 책의 끝까지 이어진다. '신화' 편 다음에 바로 '인물' 편을 배치함으로써 이제 사람의 이야기가 시작되었음을 알려준다. 이 '인물' 편에서는 지금도 중국인들의 입에 자주 오르내리고 공연의 소재로도 흔히 쓰이는 옛 사람들의 이야기가 생동감있게 펼쳐진다. 이후 '동물' 편은 현실과 상상의 동물들이 중국인의 삶 속에서 갖는 상징적 의미에 초점을 맞추었으며, '화초' 편은 중국에서 가장 많은 사랑을 받아온 초목들의 문학적 소재로서의 가치와 그 감상에 중점을 두었다. 또 '취미와 공예' 편은 고대 중국인들의 일상과 지금까지 남아 있는 전통예술에 대해 주로 다루었고, '건축' 편은 대표적인 중국의 건축 유형들이 어떤 궤적을 밟아 지금의 모습이 되었는지를 살폈다. 이렇듯 이 책의 각 편은 나름의 풍격을 갖는다. 때로는 신화로, 때로는 소설로, 때로는 시로, 때로는 철학으로, 때로는 생활사로 독자들에게 다가온다. 책 속에 소개된 문화기호들 하나하나는 마치 표제어처럼 중국 문화라는 큰 사전을 구성한다. 번역의 과정에서 이 책의 제목을 『중국문화사전』으로 새롭게 바꾼 이유이다.

문화는 인류가 쌓아온 정신적인 유산의 총화이다. 문화를 알아야 하는 가장 중요한 이유는 그것이 갖는 역사성 때문이다. 인류가 오랜 세월에 걸쳐 버릴 건 버리고 잊을 건 잊은 후 정수로 남겨놓은 것이 바로 문화이다. 한 나라의 문화 역시 마찬가지다. 긴 세월이 지나는 동안 그 나라의 구성원들에게 어느새 스며들어 간 정신적 자산이 곧 그 나라의 문화이다. 앞서 언

급한 공자학원이 중국어를 중국 문화와 함께 보급하고 있는 점은 그래서 의미심장하다. 한 나라를 제대로 이해하기 위해 그 문화를 알아야 함은 너무나도 식상한 당위이다. 이 책이 중국을 알고자 하는 모든 독자들에게 훌륭한 길잡이가 되길 기원한다.